Franz Simmler

Morphologie des Deutschen

Germanistische Lehrbuchsammlung

herausgegeben von
Hans-Gert Roloff

Band 4

Franz Simmler

Morphologie des Deutschen

Flexions- und Wortbildungsmorphologie

Mit 166 Schemata, Skizzen und Tabellen

WEIDLER Buchverlag Berlin

1. Auflage 1998

Satz: Weidler & Partner Büroservice, Berlin
Druck und Bindearbeiten: Druckhaus Köthen GmbH, 06351 Köthen
Printed in Germany

ISBN 3-89693-304-3

Vorwort

Die vorliegende Untersuchung ist im Laufe der letzten Jahre entstanden und geht auf verschiedene Lehrveranstaltungen im Rahmen der akademischen Ausbildung zurück. Während der Entstehungszeit waren akademische Mitarbeiterinnen und Mitarbeiter in unterschiedlichem Maße und in verschiedenen Abständen an der Literaturbeschaffung und am Korrekturlesen des von den beiden Sekretärinnen, Frau Doris Hammer und Frau Carola Redzich, zu etwa gleichen Teilen in den PC eingegebenen Textes beteiligt. Es waren die Wissenschaftlichen Mitarbeiterinnen Frau Ellen Klein, M.A., Frau Sabine Schlüter und Frau Dr. Anja Voeste, der Wissenschaftliche Mitarbeiter Herr Dr. Thomas Sommer und die Studentischen Hilfskräfte Frau Anne Biedermann und Herr Torsten Teske. Zum Schluß lag die Koordinierung aller Kontrollarbeiten in den Händen des Wissenschaftlichen Assistenten Herrn Dr. Ulrich Möllmann, M.A. Die Verwendung von geometrischen Figuren auf den Umschlagseiten beruht auf einer Idee von Frau Sabine Schlüter. Allen Helferinnen und Helfern danke ich herzlich für ihr Engagement.
Ein besonderer Dank gilt meinem Kollegen Herrn Prof. Dr. Dr. h. c. Hans-Gert Roloff, einmal für die Aufnahme der Publikation in die Reihe der Lehrbuchsammlung, mehr noch aber für die erwiesene Geduld.

Berlin, im Juni 1998 Franz Simmler

Inhalt

Verzeichnis der Schemata der Wortartensysteme

Verzeichnis der Skizzen

Verzeichnis der Tabellen

Verzeichnis der Abkürzungen

(Die Abkürzungen beziehen sich auf die Schemata, Skizzen und Tabellen, wo sie bei ihrem ersten Auftreten ebenfalls erläutert sind. Im Text kommen nur die Abkürzungen für die verschiedenen Morphemtypen vor.)

A	=	Adjektiv
a	=	adjektivisch (in Verbindung mit Morphemtypen gebraucht; aGM = adjektivisches Grundmorphem)
Ab	=	Abstraktum
adv	=	adverbiell
AF	=	Affixoid
D	=	Determinans
DeK	=	Dekompositum
FM	=	Formationsmorphem
GM	=	Grundmorphem
gGM	=	gebundenes Grundmorphem
GMT	=	Grundmorphemteil
H/G	=	Höhe/Geschlossenheit
H/O	=	Höhe/Offenheit
i	=	interjektional
K	=	Konsonant
k	=	konjunktional
Ko	=	Konkretum
K+V	=	Konsonant + Vokal
M/G	=	Mitte/Geschlossenheit
M/O	=	Mitte/Offenheit
Np	=	Nomen proprium
P	=	Präposition
p	=	präpositional
PoM	=	Portemanteaumorphem
Pr	=	Pronomen
pr	=	pronominal
P/R	=	Palatal/Rundung
P/U	=	Palatal/Ungerundetheit
PsM	=	Pseudomorphem
RD	=	Reduplikation
RM	=	Relationsmorphem
S	=	Substantiv
s	=	substantivisch
sä	=	satzäquivalent
SM	=	Suppletivmorphem
T/G	=	Tiefe/Geschlossenheit
T/O	=	Tiefe/Offenheit
V	=	Verb
v	=	verbal
V+K	=	Vokal + Konsonant
V/R	=	Velar/Rundung
WK	=	Wortkreuzung
ZB	=	Zusammenbildung
ZR	=	Zusammenrückung

1. Formenlehre und Wortbildung innerhalb der Grammatiktheorie

1.1 Formenlehre und Wortbildung gehören zu den zentralen Bereichen einer jeden Grammatiktheorie, unabhängig davon, ob ein weiter oder enger Grammatikbegriff verwendet wird. Versteht man unter Grammatik im weitesten Sinne „die allgemeinen Gesetzmäßigkeiten, nach denen eine Sprache funktioniert“ (SERÉBRENNIKOW, II, 1975: 160), dann reichen die Objektbereiche der Grammatiktheorie vom Phonem bis zur Textsorte. Die Objektbereiche werden von den Einheiten des sprachlichen Systems, der *langue*, gebildet, die der Sprachwissenschaftler durch die Anwendung besonderer Methoden aus den allein vorhandenen und kommunikativ funktionierenden Äußerungen, der *parole*, gewinnt, um die Funktionalität zu begreifen.

1.2 Ein enger Grammatikbegriff zeigt sich, wenn die Lehre von den Strukturen und Funktionen einer Sprache in die drei Hauptteile von Phonologie, Grammatik und Lexikologie eingeteilt ist. Die Grammatik wird hier von der Phonologie und Lexikologie abgehoben und weiter in Morphologie und Syntax gegliedert. Bei der Abgrenzung von der Phonologie spielt die Auffassung vom sprachlichen Zeichen eine Rolle. Alle sprachlichen Zeichen sind Einheiten der *langue* und bestehen aus einer Ausdrucksseite und einer Inhaltsseite, während die *langue*-Einheiten der Phonologie, die durch Minimalpaarbildungen wie *Hase : Hose* ermittelten Phoneme wie /ā/ : /ō/, ausschließlich eine Ausdrucksseite besitzen.

1.3 Grammatik und Lexikologie ist der Bezug zum Begriff des Wortes gemeinsam, das sich so „als grundlegende strukturell-semantische Einheit der Sprache“ (STEPANOWA 1973: 7) darstellt. Die Grammatik beschäftigt sich mit den allgemeinen Kategorien von Wortarten, mit einem begrenzten Inventar und mit den Bezügen des Wortes zu kleineren und größeren Einheiten. Die Lexikologie befaßt sich dagegen mit den Inhaltsseiten der einzelnen Wortschatzeinheiten und den von ihnen bezeichneten außersprachlichen Realitäten, mit einem unbegrenzten Inventar und mit Wörtern als ganzheitlichen Einheiten.

1.4 Vor allem das Kriterium der Anzahl von Einheiten, ihrer Typen und Kombinationen im jeweiligen Objektbereich führt zur traditionellen Unterteilung der Grammatik in Morphologie und Syntax. Der Terminus Morphologie kommt von griech. *ἡ μορφή* 'die Form‘ und bezeichnet die Wissenschaft von den Formen, von der inneren Struktur der Wörter. Der Terminus Syntax geht auf griech. *ἡ σύνταξις* 'Zusammenstellung, Fügung‘ zurück;

er bezeichnet die Wissenschaft von den Fügungen der Wörter, von den Regeln der Wortkombination in Satzgliedern und Sätzen.

2 Innerhalb der Morphologie können drei Teilbereiche unterschieden werden, die sich gleichermaßen auf die Einheit des Wortes und die sie konstituierenden Einheiten beziehen: 1. die Wortarten, die bestimmte Funktionsklassen bilden; 2. die Flexion, in der sich paradigmatische morphologische Strukturen zeigen; 3. die Wortbildung, die neben der Wortschöpfung und der Wortübernahme für eine Ausweitung des bestehenden Wortschatzes sorgt. Die beiden ersten Teilbereiche sind insofern miteinander verbunden, als sich die Flexion auf die flektierenden Wortarten Verb, Substantiv, Pronomen und Adjektiv bezieht und die nichtflektierenden Wortarten unberücksichtigt lassen kann.

3 Die im Rahmen eines weiten oder engen Grammatikbegriffs vorgenommene Aufteilung des komplexen Phänomenbereichs einer Einzelsprache in weniger komplexe Objektbereiche ist ein wissenschaftssystematisches Vorgehen. Es bedeutet noch nicht, daß den Objektbereichen oder Ebenen der sprachwissenschaftlichen Analyse eine Autonomie zuerkannt wird, so als könnte ein Objektbereich völlig ohne wenigstens eine teilweise Berücksichtigung der anderen Objektbereiche beschrieben werden (FLÄMIG 1986: 305, RAMAT 1987: 461): Die „Paradigmen der Flexionsformen sind ja ohne Berücksichtigung der Funktionskategorien, also ihrer syntaktischen Bezüge, kaum darstellbar“ (ERBEN 1984: 13; 1998: 13). Völlig unabhängig von der gewählten Metasprache wird die Grammatik nicht „als ein Komplex autonomer Subsysteme von Regeln und Prinzipien“ aufgefaßt, „die eigene Struktur besitzen, aber miteinander interagieren“ (OLSEN 1986: 45). Werden die syntaktische und die lexikalische Komponente als „zwei autonome Subsysteme (Module) der Grammatik“ (ebd.: 49) betrachtet, dann besteht die Gefahr, daß in Äußerungen gemeinsam auftretende Phänomene künstlich getrennt und unter dem Vorwand der Beschreibung „einer generativen Kraft“ bzw. der Konzentration auf „die kreative Komponente der Grammatik“ (ebd.: 17, 50) die Notwendigkeit einer einigermaßen vollständigen Analyse von einem Modul auf das andere verlagert, dort aber nicht durchgeführt wird. Die Konstituierung von Objektbereichen beinhaltet auch nicht die Vorstellung des Primats eines Objektbereichs über einen oder die anderen, so als könnte die Syntax generell als „kreative Komponente der Grammatik“ postuliert werden, in deren syntaktische Tiefenstrukturen „die Wörter des Lexikons“ nur eingesetzt zu werden brauchten (OLSEN 1986: 50), ohne sie selbst in ihren Strukturen zu erfassen. Die objektbereichsgebundene Analyse ist vielmehr mit der Annahme verbunden, über die Beschreibung der Einheiten, Strukturen und Funktionen der einzelnen Objektbereiche zu einer Gesamtanalyse des Phänomenbereichs einer Einzelsprache zu gelangen. Diese mehr additive Vorgehensweise erfordert eine mehr offene Grammatikkonzeption (ADMONI 1971: 22-24) im Gegensatz zu einer geschlossenen, in der ein herrschendes Prinzip postuliert wird (COSERIU 1988: 97).

4.1 Bereits bei der Ermittlung der Anzahl und der Hierarchisierung von Objektbereichen fließen theoretische Prämissen in die Entscheidungen ein. Um so mehr gilt dies bei der Abgrenzung der Objektbereiche voneinander, bei der Feststellung ihrer spezifischen Einheiten und bei ihrer metasprachlichen Erfassung. Neben den beiden schon erwähnten Prämissen der Wahl der Grammatiktheorie bzw. der Annahme von Anzahl und Relation der linguistischen Ebenen einschließlich des Grades ihrer postulierten Abhängigkeit oder Unabhängigkeit voneinander (BARTSCH/VENNEMANN 1982: 86) sind es die Auffassungen vom sprachlichen Zeichen und seinem Aufbau (GECKELER 1971: 48-69) und die primär einzelsprachlich oder universell geprägten Erkenntnisinteressen (WURZEL 1984: 35).

4.2 So wird von Vertretern der amerikanischen linguistischen Schulen das Wort nicht als grundlegende sprachliche Einheit angesehen, weil es eine innere Struktur besitzt. Aufgrund von Wortform-Oppositionen wie *ich gehe : du gehst* können die kleineren Einheiten *geh* bzw. *e* und *st* ermittelt werden. *Geh* signalisiert eine lexikalische Bedeutung wie 'aufrecht mit Füßen in durchschnittlicher Geschwindigkeit fortbewegen', während *e* und *st* auf grammatische Bedeutungen verweisen, *st* z.B. auf 2. Person Singular, also auf die grammatischen Kategorien Person und Numerus. Gemeinsam ist den Einheiten das Vorhandensein einer Inhaltsseite mit identifizierender und distinktiver Funktion (vgl. *ich eile : du eilst*). Dies führt einmal dazu, sie als Einheiten der *langue* aufzufassen und sie – in Analogie zum Begriff des Phonems – als Morpheme zu bezeichnen und sie zum anderen universell (als Einheiten der *langage*) zu definieren: „A morpheme is the smallest unit in the expression system which can be correlated directly with any part of the content system." (GLEASON 1961: 54). Bei einer solchen Definition spielen einzelsprachliche Ausprägungen des Morphems und funktionelle Unterschiede bei einzelnen Morphemtypen (vgl. *geh* mit *st*) keine Rolle.

5.1 Mit der Entdeckung des Morphems als *langue*-Einheit ergeben sich mehrere Notwendigkeiten: Erstens ist das Morphem einem Objektbereich der Grammatiktheorie zuzuordnen. Zweitens ist eine morphologische Analyse des gleichen sprachlichen Materials durchzuführen, das bisher mit Hilfe der Termini Wurzel, Stamm und Endung beschrieben wurde, um die Leistungsfähigkeit der neuen Einheit vorzuführen und der Gefahr eines bloßen Nomenklaturenwechsels ohne zusätzlichen Erkenntnisgewinn zu entgehen. Dabei ist drittens der Begriffsumfang des Morphems festzulegen, wozu neben universellen auch einzelsprachliche Überlegungen einzubeziehen sind.

5.2 Der Begriffsumfang des Morphems hängt neben den einzelsprachlichen oder universellen Erkenntnisinteressen von einzelnen Prämissen ab, die mehr oder weniger implizit in die Darstellungen einfließen und häufig nicht weiter reflektiert werden. So wird von HARRIS (1946: 161) das Morphem als unmittelbare Komponente einer Äußerung (*Warum eilst du so?*) angesehen. Dies führt weiter zu der Annahme, daß nur das Morphem eine *langue*-Einheit sei und dem Wort nur der Status einer Einheit der *parole* zuerkannt werden könne (LINDGREN 1967: 218). Der Objektbereich der Morphologie wird dadurch auf die Analyse von Morphemkombinationen festgelegt. Daneben erscheint das Morphem bei MATTHEWS (1974: 6, 22, 144) als Komponente der *langue*-Einheit des Wortes, weil beide Einheiten identifizierende und distinktive Funktion besitzen und durch wenigstens eine *differentia specifica* zu unterscheiden seien. Auf diese Weise wird der Objektbereich der Morphologie auf zwei *langue*-Einheiten (Wort und Morphem) bezogen und nicht auf eine einzige.
5.3 Für den Begriffsumfang des Morphems ist es weiter wichtig, wie das Morphem als sprachliches Zeichen definiert wird, ob Ausdrucks- und Inhaltsseite gleichermaßen berücksichtigt werden bzw. ob eine primär ausdrucksseitige oder primär inhaltsseitige Definition erfolgt. Ferner wird sein Begriffsumfang davon bestimmt, ob es den gleichen Grad der Abstraktion besitzt wie die *langue*-Einheiten in den übrigen Objektbereichen, was erst eine Verbindung der Ergebnisse ermöglicht (SERÉBRENNIKOW, II, 1975: 189, 191f., 208).
5.4 Die mit der *langue*-Einheit des Morphems verbundenen Prämissen führen SERÉBRENNIKOW bei seinem Überblick über die Entwicklung des Morphembegriffs zu der Feststellung, daß „trotz der häufigen Verwendung des Morphems in der linguistischen Praxis und der zahlreichen Versuche, grammatische Systeme mit Hilfe dieser Einheit aufzubauen, trotz ihrer verstärkten Beachtung in der Sprachtheorie und vielleicht gerade wegen dieser außergewöhnlichen Beachtung [...] der Morphembegriff bei weitem noch nicht klar und einheitlich interpretierbar“ (II, 1975: 192) ist.
5.5 Die Schwierigkeiten, den Morphem-Begriff exakt zu fassen, können jedoch nicht zum Verzicht auf ihn und zum Ersatz durch 'Stämme‘ führen, „die Lexeme formal ausbuchstabieren und damit über eine gewisse Art der Bedeutung verfügen“ (NEEF 1996: 37, 45). In einer solchen gewählten generativen Metasprache werden die zeichentheoretischen Probleme nur von der Tiefenstruktur auf die Oberflächenstruktur verlagert, wenn als einzige „relevante Wohlgeformtheitsbedingung“ lediglich gefordert wird, daß „die phonologischen und die morphologischen Wohlgeformtheitsbedingungen [...] es einem Stamm ermöglichen“ müssen, „als Oberflächenform zu erscheinen“ (ebd.: 44).

6 Im folgenden wird von den aufgezeigten Positionen ein weiter Grammatikbegriff mit einer offenen Grammatikkonzeption verbunden, um den Objektbereich der Morphologie mit seinen *langue*-Einheiten Wort und Morphem anhand des Neuhochdeutschen im Hinblick auf flektierende Wortarten, Flexion und Wortbildung darzustellen. Mit ERBEN wird unter 'Neuhochdeutsch' die neuhochdeutsche Schriftsprache verstanden, „deren grammatisches System spätestens seit 1800 in allen wesentlichen Zügen vorliegt" (1984: 7). Soweit möglich, werden auch standardsprachliche und umgangssprachliche Verhältnisse einbezogen, nicht aber dialektale Gegebenheiten. Zunächst werden die morphologischen Verhältnisse anhand der Gegenwartssprache (nach 1945) dargestellt, ehe die Befunde seit der Goethezeit einbezogen werden, was vor allem geschieht, um veraltete Formen mitzubehandeln, die nicht zum Zentrum, sondern zur Peripherie des Systems gehören. Bei der morphologischen Analyse ist es das Ziel, eine in sich stimmige Morphemkonzeption (SIMMLER 1987: 115) auf alle relevanten Fälle anzuwenden und die Entscheidungen zu begründen (als Desiderat bei WERNER 1994: 13; L. HOFFMANN, in: ZIFONUN/HOFFMANN/STRECKER 1997: 11). Das bedeutet für die Wortbildungsmorphologie, daß auch die in der generativen Grammatikkonzeption dem Lexikon zugeordneten und nicht durch „den kreativen Operationsmodus der [...] Wortstrukturregeln" erfaßbaren „komplexen Wörter" mit ihren „idiosynkratische[n] Bedeutungsmerkmale[n]" (OLSEN 1986: 51f.) in ihren Morphemstrukturen zu beschreiben sind. Andere morphologische Konzeptionen und Klassifizierungen werden – soweit sie das Deutsche betreffen – einbezogen, wobei besonderer Wert darauf gelegt wird, die jeweils unterschiedlichen Kriterien und Prämissen der morphologischen Einteilungen aufzuzeigen. Auf diese Weise sollen die morphologischen Verhältnisse des Neuhochdeutschen, die empirischen Befunde und die Beschreibungsprobleme einschließlich der Lösungswege nachvollziehbar in den Grundzügen vorgeführt werden, ohne den theoretischen Rahmen von vornherein einzuengen. Nach HERINGER/KELLER-BAUER (1984: 76) sollen die „Terminologien verschiedener Anwendungsbereiche eines Fachs [...] ohne prinzipielle Veränderungen aneinander anschließbar" sein, was durch die Orientierung an den *langue*-Einheiten Wort und Morphem in der vorliegenden Untersuchung von Flexions- und Wortbildungsmorphologie auch angestrebt wird. Eine absolute Vollständigkeit des Stoffes kann für alle einbezogenen Varietäten nicht erreicht werden; auch wird nicht danach gestrebt, eine Geschichte des Morphembegriffs und eine solche der linguistischen Schulen zu geben und Morphemtypen zu berücksichtigen, die für das Deutsche irrelevant sind. Doch dürfte die aufgeführte Literatur ausreichen, auch für diese Fragen einen Einstieg zu ermöglichen. Nach diesen Zielen richtet sich die Kapitelgliederung: Auf die terminologische Grundlegung (Kapitel 2) folgt die Anwendung auf die

Flexionsmorphologie (3) und die Wortbildungsmorphologie (4). Über das die Paragraphen-Großgliederung einbeziehende Inhaltsverzeichnis und die Paragraphengliederung und ihre Spezifizierung hinaus wird der Band durch ein Sachregister und ein Wortregister erschlossen.

2. Terminologische Grundlagen morphologischer Analysen

2.0 Vorbemerkung

7 Die vorhandenen Wortdefinitionen (JUILLAND/ROCERIC 1972) berücksichtigen den Aufbau sprachlicher Zeichen, die verschiedenen möglichen Abstraktionsstufen und die Unterscheidung von *parole, langue* und *langage* in unterschiedlichem Maße. So entsteht ein Eindruck von Unübersichtlichkeit und Ungenauigkeit, der noch dadurch verstärkt wird, daß der Terminus 'Wort' gleichermaßen für alle linguistischen Abstraktionsstufen gebraucht wird. Ist das Erkenntnisziel einer morphologischen Analyse auf die Ermittlung von distinktiven Einheiten ausgerichtet, dann müssen sie aus der allein vorhandenen *parole* mit den Methoden der Identifikation und Distinktion hergeleitet werden können. Die dabei vorzunehmenden Analyseschritte und Abstraktionsvorgänge sollen im folgenden vorgeführt werden. Sie dienen zugleich der Begründung der *langue*-Einheit des Wortes und bereiten seine Definition und die Differenzierung in verschiedene Morphemtypen vor.

2.1 Wort, Wortstruktur, Wortarten und Wortdefinition

8 In den Beispielen (1) *Ein Hase hoppelt über ein Feld.* und (2) E i n H a s e h o p p e l t ü b e r e i n F e l d. zeigen sich verschiedene graphische Realisationen. Dennoch können in ihnen einzelne Einheiten identifiziert und isoliert werden, z.B. die Einheit <Hase>, die vorläufig mit dem Terminus 'Wort' bezeichnet werden soll. Eine Identifikation des Wortes <Hase> ist möglich, weil 1. die gleiche außersprachliche Realität bezeichnet ist, 2. die gleiche begriffliche Vorstellung existiert, 3. die gleiche Inhaltsseite festgestellt werden kann und 4. die graphischen Variationen neben den Unterschieden so viele Gemeinsamkeiten zeigen, daß sie ein Wiedererkennen gestatten. Die Identifikation erfolgt primär über die drei ersten Kriterien, die den in einem Zeichendreieck darstellbaren Charakter der Einheit des Wortes ausmachen (OGDEN /RICHARDS 1960: 11; dazu WOTJAK 1997: 32f. mit weiterweisender Literatur), und erst sekundär über das graphische Medium. Zu letzterem gehören auch die Spatienbildungen vor und hinter dem Wort, die BERGENHOLTZ /SCHAEDER (1977: 19) zur einzigen Grundlage einer sog. 'pragmatischen Definition' machen, indem sie als Wort „eine solche Einheit, die von Zwischenräumen oder von Satzzeichen umgrenzt ist", ansehen. Sie erkennen damit zwar ein wichtiges ausdrucksseitiges Kriterium, das der Zusammenschreibung, welches es ihnen ermöglicht, auch *Feldhase* als ein Wort aufzufassen, nicht aber *ist gehoppelt*,

wodurch sie der Komplexität der Worteinheit nicht gerecht werden, wie noch zu zeigen sein wird. Außerdem erfassen sie mit ihrem Kriterium eine mögliche Realisation von (1) im lautlichen Medium nicht, weil für ein Lautkontinuum keine vergleichbaren Abgrenzungsformen existieren. Eine Wortdefinition muß aber die Merkmale der Ausdrucksseite unabhängig vom gewählten Medium in der *parole* systematisieren können.

9 Eine Identifikation des Wortes <Hase> ist auch in Beispiel (3) *Ich sehe einen Hasen auf dem Feld.* aus den gleichen Gründen möglich, obwohl <Hasen> hier eine andere syntaktische Funktion erfüllt. In (1-2) ist <Hase> Nukleus eines Satzgliedes im Nominativ mit der Satzgliedfunktion des Subjektes, in (3) ist <Hasen> Nukleus eines Satzgliedes im Akkusativ mit der Satzgliedfunktion des Objektes. <Hase> und <Hasen> erweisen sich als Wortformen eines Wortes, von dem eine Wortform als Lexikoneintrag erscheint. Wortformen und Wort liegen somit auf unterschiedlichen Abstraktionsebenen. Mit MATTHEWS (1974: 22) wird der höhere Abstraktionsgrad des Wortes durch Majuskeln wie bei HASE ausgedrückt. Die Wortformen des Wortes HASE können graphisch <Hase> oder phonisch [ha: zə] in einer bestimmten Variationsbreite in der *parole* realisiert und phonologisch auf Phoneme /hāzə/ als *langue*-Einheiten zurückgeführt werden. Jedes Wort der flektierenden Wortarten besteht aus einer begrenzten Anzahl von Wortformen, deren Aufbauprinzipien oder „internal structure" (BYBEE 1985: 49) durch die Paradigmata in der Flexionsmorphologie beschrieben werden. Innerhalb der nichtflektierenden Wortarten, zu denen die Präpositionen ÜBER (1), AUF (3) gehören, besitzt ein Wort gewöhnlich eine einzige Wortform.

10 Die Aufbauprinzipien der Wortformen können über Oppositionsbildungen in ihrer morphologischen Struktur erkannt werden. So führt die Opposition von *Hase : Hasen* zur Ermittlung der Morpheme *hase* und *n*. *Hase* signalisiert die lexikalische Bedeutung und *n* die grammatische Bedeutung, bezogen auf (3) den Akkusativ Singular. Um die *langue*-Einheit des Morphems von derjenigen des Phonems auch metasprachlich abzuheben, wird sie in geschweifte Klammern { } gesetzt. Da Morpheme aus einer Ausdrucksseite und einer Inhaltsseite bestehen und die Ausdrucksseite auf der Ebene der *langue* durch Phoneme beschrieben wird, können in den Klammern nur Phoneme erscheinen, wenn zwischen der Phonem- und der Morphemebene eine Homogenität im Abstraktionsgrad vorhanden sein soll. Die graphische Wortformrealisation <Hasen> repräsentiert die beiden Morpheme {hāzə} und {n}. Prinzipiell ist es auch möglich, die Morpheme als Phonemfolgen /hāzə/ und /n/ darzustellen (WERNER 1970: 356). Wird jedoch die Wortform <dick> phonologisch als /dik/, morphologisch aber als {dick} metasprachlich erfaßt (WEBER 1973: 167; 1980: 163), dann ist das Homogenitätsprinzip wenigstens durch eine unscharfe Metasprache verletzt, denn Graphisches als *parole*-Realisierung erscheint auf der Ebene der *langue*.

11 Verletzungen des Homogenitätsprinzips wirken sich jedoch auch auf die weitere Begriffsbildung aus, wenn analog zum Gegensatz von Phon : Phonem die Begriffe Morph : Morphem eingeführt und definiert werden. So wie ein Phon eine lautliche Repräsentation eines Phonems ist (HEIKE 1972: 31), kann auch das Morph „als konkrete analysierbare Einheit der Äußerung" dem Morphem „als abstrakte Einheit der Klassifizierung im System" gegenübergestellt werden. Morph und Morphem sind aufgrund ihrer Spezifik als sprachliche Zeichen Einheiten „mit Ausdruck und Inhalt" (WEBER 1973: 167; 1980: 163 fehlt dieser Hinweis). Daraus ergibt sich weiter, daß die Ausdrucksseite des Morphs phonisch oder graphisch und die des Morphems phonologisch zu erfassen ist. Diese Basis wird anhand der Oppositionen von *klein : kleiner* und *Kind : Kinder* verlassen, wenn <er> in *kleiner* und *Kinder* nur als ein Morph aufgefaßt wird, das „als Ausdruck zweier verschiedener Morpheme, des Komparativ- und des Plural-Morphems" (WEBER 1973: 167; 1980: 163) fungiert. Jetzt ist das Morph nur noch ausdrucksseitig und das Morphem nur noch inhaltsseitig definiert, was den zunächst gegebenen Definitionen widerspricht. Die hier angenommene Nicht-Klassifikation bei den Morphen findet sich auch bei KASTOVSKY (1973a: 158) im Rahmen der generativen Tradition des amerikanischen Strukturalismus (zur Auseinandersetzung SIMMLER 1987: 116-119). Werden jedoch Morphe und Morpheme als Einheiten des Ausdrucks und des Inhalts begriffen, dann sind die Morphe <er> in *Kinder, kleiner* zwar ausdrucksseitig, nicht aber inhaltsseitig identisch (MANGOLD o.J.: 124; MEIER 1961: 179). Sie sind homophon, aber nicht homosem. In einer Äußerung (4) *Meine Kinder sind kleiner als deine.* signalisieren die Morphe einmal die grammatische Bedeutung Nominativ Plural und zum anderen diejenige des Komparativs.

12.1 Die Phonemfolge /ər/ gibt die jeweilige grammatische Bedeutung nicht in isolierter Form an, sondern erst in Verbindung mit den Phonemfolgen /kind/ und /klain/, die auf die lexikalische Bedeutung verweisen. Mit {kind} ist durch die Kombination mit {ər} eine grammatische Bedeutung Komparativ ebensowenig realisierbar wie mit {klain} diejenige des Nominativ Plural. {kind} + {ər} bzw. {klain} + {ər} bilden vielmehr eine komplexe neue Einheit, die mehr signalisiert als die Summe seiner Morpheme. Es handelt sich um Wortformen der Wortarten Substantiv bzw. Adjektiv, die als *differentia specifica* eine kategoriale Bedeutung (COSERIU 1976: 8) besitzen, die zu der bereits erkannten lexikalischen und grammatischen Bedeutung hinzutritt. Da alle Wortformen zu jeweils einem Wort und jedes Wort jeweils zu einer Wortart mit unterschiedlichen Funktionen gehören, erweisen sich Wortformen bzw. Wort als distinktive Einheiten, die von den sie konstituierenden Morphemen unterschieden werden können. Die Wortarten bilden Klassen von *langue*-Einheiten und besitzen als Klassenbildungen einen anderen Abstraktionsgrad als das Wort. Dennoch gehören Klasse und Klassenelement der gleichen linguistischen Ebene an, denn die sich in der Wortartangabe ausdrückende Funktionsgemeinschaft ist an der Distinktion der Wörter beteiligt. Die Auffassung vom homonymen Morph *-er* konnte erst aufgrund der aufgezeigten Inhomogenität und in Verbindung mit der Ansicht entstehen, daß das Wort keine Einheit der *langue* sei und sich wie Wortgruppen und Sätze aus Morphemen zusammensetzen lasse (WEBER 1973: 164; 1980: 162).

12.2 Inhomogenität und Nicht-Distinktivität des Wortes spielen auch eine Rolle, wenn von den Termini Morph und Morphem behauptet wird, daß sie sich „zueinander wie Wortform und Wort" (WEBER 1973: 167; 1980: 163 fehlt dieser Hinweis) verhalten. Wortform und Wort liegen zwar auf unterschiedlichen Abstraktionsebenen, doch besteht eine Wortform ebensowenig nur aus einer Ausdrucksseite wie das Wort nur aus einer Inhaltsseite. Wenn aber das Wort mit BLOOMFIELD (1926/1976: 39; 1933/1967: 178) als „minimale freie Form" bzw. als kleinste in einer Äußerung isolierbare Einheit (*minimum free form*) aufgefaßt wird, dann fällt dieser Begriff mit dem der Wortform zusammen, und die schon der traditionellen Grammatik bekannte und notwendige Unterscheidung geht wieder verloren. Wird das Morphem „als formal einheitlich identifizierbare Folge von Segmenten, der (wenigstens) eine als einheitlich identifizierbare außerphonologische Eigenschaft zugeordnet ist", definiert (WURZEL 1984a: 38) und werden „sprachliche Einheiten trotz partieller Variation in der Semantik und/oder Form dennoch als Instanzen ein und desselben Morphems interpretiert" (WURZEL 1986a: 157), fallen Wort- und Morphembegriff zusammen und ihre je spezifische Funktionalität bleibt unberücksichtigt. Es genügt nicht nur zu bedauern, „daß die moderne Linguistik nicht der traditionellen Praxis gefolgt ist, in der das Wort als die 'abstraktere' Einheit definiert war" (LYONS 1975: 201), sondern es sind die sprachtheoretischen Konsequenzen zu ziehen. Solche Konsequenzen finden sich bei ENGEL/SCHRAMM (1975: 17), indem sie die abstrakte Einheit, die im Lexikon erscheint, als Lexem und ihre Aktualisierungen als Wörter bezeichnen (so auch SADZIŃSKI 1984: 44), ohne jedoch weitergehende Angaben über deren Zuordnung zur *langue* oder *parole* zu machen. BERGENHOLTZ/MUGDAN (1979: 117) klassifizieren die Wörter zusätzlich als 'grammatische Wörter', die den gleichen 'Stamm' enthalten und im gleichen Flexionsparadigma stehen müssen. Da gegenüber der Unterscheidung von Wort und Wortform nur terminologische Änderungen vorliegen, wird letztere beibehalten.

13.1 Mit jeder Wortform ist eine Inhaltsseite des Typs der kategorialen Bedeutung verbunden. Auch eine grammatische Bedeutung kann bei jeder

Wortform festgestellt werden, nach COSERIU (1976: 8) aber nicht eine lexikalische Bedeutung. Wörter mit grammatischer Bedeutung und Funktionalität, aber ohne lexikalische Bedeutung werden von ihm als Kategoreme zusammengefaßt; zu ihnen gehören die Pronomina. Wörter mit grammatischer und lexikalischer Bedeutung wie Verben, Substantive, Adjektive und Adverbien erhalten die Sammelbezeichnung Lexeme (COSERIU 1976: 8). Diese generelle Unterscheidung ist zeichentheoretisch problematisch, wenn Wörter als sprachliche Zeichen aus Ausdrucksseite und Inhaltsseite definiert werden (WEINRICH 1985: 225). Sie ist auch empirisch kaum haltbar, da selbst Pronomina ein gemeinsames Konstituierungssem besitzen (§ 156). Wenn daher die Unterscheidung beibehalten werden soll, ist die Definition der Kategoreme oder in anderer Terminologie Grammeme (HENNE, in: DUDEN 1995: 553) dahingehend zu modifizieren, daß sie neben der grammatischen Bedeutung eine „merkmalsarm[e] und nicht dominant[e]" Inhaltskomponente besitzen (DIEWALD 1997: 1). Dadurch erweisen sie sich als sprachliche Zeichen und nicht als „rein syntaktische Faktoren", die „nicht den vollgültigen semantischen Status und die Struktur echter [sic] Wörter" haben und daher als „Pseudowörter" einzuschätzen seien (ULLMANN 1972: 54f.). Durch ihre andere Inhaltsstruktur sind sie weiterhin von den Lexemen mit einer anders konstituierten lexikalischen Bedeutung abgrenzbar. Nicht jedes Lexem besitzt im Hinblick auf die lexikalische Bedeutung nur eine Inhaltsseite. In den Beispielen (5) *Die Blätter fallen von den Bäumen.* – (6) *Das liberale Blatt vertritt diese Ansicht.* – (7) *Er verwendet weiße Blätter als Konzeptpapier.* besitzt das Wort BLATT drei Inhaltsseiten, nämlich 'Laub' (5), 'Zeitung' (6) und 'Papierbogen' (7). Die verschiedenen Inhaltsseiten nennt SCHMIDT (1966: 16) aktuelle Bedeutungen, andere Sprachwissenschaftler verwenden den Terminus Sememe (WOTJAK 1977: 23-25; WOTJAK 1997: 41). Die Summe aller aktuellen Bedeutungen bzw. Sememe ist die lexikalische Bedeutung, die zusammen mit den Wortformen die *langue*-Einheit des Wortes bildet. Bei einer konkreten sprachlichen Äußerung wird mit der Realisation einer Wortform gewöhnlich nur ein Semem verbunden, es sei denn, ein Sprecher/Schreiber drücke sich bewußt oder unbewußt mehrdeutig aus. In den meisten Fällen wird die Erkennung des Semems durch den Vorgang der Monosemierung oder inhaltsseitigen Ausdifferenzierung, d.h. durch die Wirkung von Mikro- oder Makrokontext und von externen Faktoren der Kommunikation, der Kommunikationssituation, gesichert. Nach WICHTER (1988: 76 mit Anm. 5) können einer Ausdrucksseite mehrere Bedeutungen zugeordnet sein, jedoch ergibt sich für ihn „für jede einzelne Zuordnung genau ein Zeichen, so daß mehrere verschiedene, signifikantgleiche Zeichen vorliegen". Auf diese Weise wird zwar die besondere Rolle der Inhaltsseite hervorgehoben, doch bleibt die ausdrucksseitige Variation eines Wortes in seinen Wortformen unberücksichtigt, die bei einer „Verschiedenheit in nur einer Komponente" ebenfalls zum Ansatz unterschiedlicher Zeichen führen müßte. So wie die Zuordnung mehrerer Wortformen zu einer abstrakteren Worteinheit nicht der Konzeption vom sprachlichen Zeichen grundsätzlich widerspricht, so gilt dies auch für die Zuordnung von mehreren Sememen zur selben abstrakten Worteinheit.

13.2 Die distinktive Inhaltseinheit des Semems kann weiter in semantische Merkmale, in Seme, zerlegt werden; die Seme konstituieren einen semantischen Kern, um den sich ein oder mehrere weitere Seme gruppieren und eine jeweils spezifische Inhaltsseite bilden. Das ganze Sembündel ermöglicht die Unterscheidung von anderen Sememen des gleichen Wortes bzw. von solchen anderer Wörter. So kann das Semem_1 von BLATT mit 'flächenförmig ausgebildetes, durch Blattgrün gefärbtes Organ höherer Pflanzen' (5) angegeben und vom Semem_2 'gleichmäßig beschnittenes Stück Papier' (7) unterschieden werden (WAHRIG 1977: 704). Der semantische Kern beider Sememe besteht aus dem Sem_a 'flächenförmige Ausbildung', zu dem Sem_b 'durch Blattgrün gefärbt' und Sem_c 'Organ höherer Pflanzen' bzw. Sem_d 'gleichmäßige Beschneidung' und Sem_e 'aus Papier' hinzutreten, um eine Distinktivität zu gewährleisten.

14 Die grammatische Bedeutung umfaßt die verschiedenen grammatischen Kategorien der einzelnen Wortarten. Jede Wortart besteht aus einem spezifischen Kategorienbündel. So verweist die Wortart Verb auf die grammatischen Kategorien von Tempus, Modus, Person, Numerus und Genus verbi, die Wortart Substantiv auf diejenigen von Kasus, Numerus und Genus in Verbindung mit einer Artikelfähigkeit. Auch durch die Wortart Adjektiv werden die Kategorien Kasus, Numerus und Genus signalisiert. Der Unterschied zum Substantiv besteht in der häufig möglichen Komparierbarkeit, in anderen syntaktischen Funktionen und in einer anderen internen phonologischen Struktur der Morpheme, die die entsprechenden Kategorien repräsentieren. Unter grammatischer Bedeutung wird hier zusammengefaßt, was COSERIU (1976: 8) in instrumentale und syntaktische Bedeutung trennen möchte. Die ontische Bedeutung begegnet nur bei Sätzen und spielt daher für den Objektbereich der Morphologie keine Rolle.

15 Neben den inhaltsseitigen Kriterien müssen für den Nachweis einer *langue*-Einheit Wort auch ausdrucksseitige Kriterien herangezogen werden. Auf sie wurde schon gelegentlich bei der Behandlung der Inhaltsseite der Wortformen durch die Erwähnung der Zusammenschreibung (§ 8) und der internen phonologischen Struktur (§ 14) hingewiesen, ohne sie schon systematisch behandelt zu haben. Insgesamt können sechs ausdrucksseitige Kriterien herangezogen werden (REICHMANN 1969: 3; 1976: 4f.), nämlich Zusammenschreibung, Hervorhebbarkeit, syntaktische Funktionsgemeinschaft, bedingte Umstellbarkeit, interne morphologische und interne phonologische Struktur.

16.1 Die Zusammenschreibung ist für eine Wortkonstitution nur teilweise relevant. Sie spielt bei Komposita wie *Feldhase* eine Rolle und markiert auf der graphischen Ebene in Verbindung mit der Kleinschreibung bei <hase> eine neue Worteinheit, obwohl die Bestandteile dieser neuen Einheit auch isoliert vorkommen und dann eigene Worteinheiten bilden.

16.2 Bei den Verben mit trennbarem ersten Bestandteil ist die Zusammenschreibung nur bei Infinitivsätzen (8) und analytischem Verbgebrauch (9) vorhanden, während sie bei synthetischem Verbgebrauch (10) nicht realisiert ist, sondern vom zweiten Bestandteil getrennt erscheint und mit diesem eine charakteristische Satzklammer bildet: (8) *Aufhören!* (dazu SIMMLER 1989) – (9) *Er wird mit seinem Vorhaben aufhören.* – (10) *Er hört mit seinem Vorhaben auf.* Dennoch bildet AUFHÖREN eine Worteinheit, jedoch vor allem aufgrund der in (8) bis (10) gemeinsamen Inhaltsseite.

16.3 Inhaltsseitige Kriterien führen auch dazu, bei Wortformen wie *ist gehoppelt* (§ 8) oder *wird aufhören* (9) jeweils von einer einzigen Wortform zu sprechen, die aus zwei Wortformteilen besteht, und nicht jeweils zwei verschiedene Wortformen anzusetzen. Der erste Wortformteil, das Verbum finitum, signalisiert vor allem die grammatische Bedeutung, während der zweite Wortformteil, das Verbum infinitum, vor allem auf die lexikalische Bedeutung verweist. Das Verbum infinitum ist jedoch auch an der Kennzeichnung der grammatischen Bedeutung beteiligt; die kategoriale Bedeutung wird ebenfalls nur von beiden Wortformteilen gemeinsam angegeben. Die Funktionsgemeinschaft der Wortart Verb kann von synthetischen und analytischen Wortformen repräsentiert werden; die analytischen Verbformen können aus bis zu vier Wortformteilen bestehen (GELHAUS, in: DUDEN 1984: 117, § 186; 1995: 115, § 209; vgl. ferner Konjugationsparadigma A in § 79).

17 Das Kriterium der Hervorhebbarkeit ist an den Satzakzent gebunden, durch den jede Wortform eines Satzgliedes bzw. eines Satzes unabhängig von ihrer Wortartzugehörigkeit kontrastiv hervorgehoben werden kann. Dabei verstärkt der Satzakzent jeweils den Wortakzent und besteht wie dieser aus einem Zusammenwirken von Druckstärke, Tonhöhe und Quantität. So können zum Beispielsatz (11) *Kinder spielen hinter Bäumen.* nacheinander Kontraste zu *Jungen*, zu *laufen*, zu *neben* und zu *Büschen* ausgedrückt werden.

18 Der Aspekt der syntaktischen Funktionsgemeinschaft bezieht sich nicht auf das Zusammenwirken der Wortformen in einer sprachlichen Äußerung, um die – hierarchisch gesehen – höheren Einheiten eines Satzgliedes und eines Satzes zu konstituieren. Mit diesem Kriterium sind vielmehr alle Funktionen gemeint, die eine Worteinheit innerhalb von Satzgliedern und

Sätzen übernehmen kann. Die Summe der Funktionen ist von Wortart zu Wortart verschieden und daher an der Wortartendistinktion beteiligt. So hat die Präposition HINTER in (11) die syntaktischen Funktionen der Kasusrektion und der Bildung eines Satzgliedteils, der in den Serialisierungsregeln vor dem Bezugswort (wie in 11), hinter ihm (*des Hasen wegen*) bzw. vor und hinter ihm (*um des Hasen willen*) vorkommen kann.

19 Beim Kriterium der Umstellbarkeit muß diejenige von Satzgliedern von derjenigen von Wortformen als Satzgliedteilen unterschieden werden. Für den Nachweis der Worteinheit ist die Umstellbarkeit von Satzgliedern nur dann von Belang, wenn sie wie <Kinder> in (11) nur aus einer einzigen Wortform bestehen. Nur dann sind Umstellungen ohne größere Einschränkungen (Restriktionen) möglich: (12) *Jungen spielen gern Fußball. – Fußball spielen Jungen gern. – Gern spielen Jungen Fußball.* Die ebenfalls mögliche Umstellung der synthetischen Verbform *spielen* in (13) *Spielen Jungen gern Fußball?* führt zur Änderung der Satzart vom Aussagesatz (12) zur Entscheidungsfrage (13). Ein größerer Umfang eines Satzgliedes kann durch Substitutionen (*Mehrere kleine, schön herausgeputzte Kinder* statt *Kinder* in (11) erreicht werden. Ist ein solcher gegeben, dann sind Restriktionen vorhanden, weshalb insgesamt nur von einer bedingten Umstellbarkeit gesprochen werden kann. So ist die Position von *Mehrere* fest und nicht veränderbar, während *kleine* und *schön herausgeputzte* umgestellt werden kann, wodurch aber meist Modifikationen in der kommunikativen Funktion entstehen, die auch in (12) vorhanden sind. Für die Ermittlung der Einheit des Wortes können sie wie Satzartänderungen unberücksichtigt gelassen werden, müssen aber in der Syntax und in der Textlinguistik in die Analyse einbezogen werden.

20 Angaben zur internen morphologischen Struktur setzen bereits eine bisher noch nicht vorgenommene Unterscheidung einzelner Morphemtypen und die Beschreibung ihrer Kombinationsmöglichkeiten, ihrer Morphotaktik, voraus. In Anlehnung an die Terminologie ERBENS (1980: 24) und auf der Grundlage der bisherigen Überlegungen (§ 10) können zunächst Morpheme mit lexikalischer Bedeutung wie {hāzə} als Grundmorpheme (GM) und solche mit ausschließlich grammatischer Bedeutung wie {n} als Relationsmorpheme (RM) bezeichnet werden. Ihre Morphotaktik zeigt fast immer die Abfolge GM + RM und nicht diejenige von RM + GM.

21 Aussagen zur phonologischen Struktur haben diejenigen zur morphologischen Struktur als Grundlage. So besteht hier die interne phonologische Struktur der Relationsmorpheme sehr häufig nur aus einem Konsonanten, z.B. {n} wegen der Opposition von *Hase : Hasen*, oder aus einem Vokal, z.B. {ə} wegen der Opposition von *Tag : Tage*, oder aus einer Kombination von Vokal + Konsonant, z.B. {ər} wegen der Opposition von *Kind : Kinder*. Eine solche interne phonologische Struktur begegnet bei keinem Grundmor-

Errata

Aufgrund eines technischen Fehlers sind die beiden ersten Zeilen der Seite 424 nicht gesetzt und die beiden letzten Zeilen (identisch mit den beiden ersten Zeilen auf Seite 425) doppelt gesetzt worden. Die beiden fehlenden Zeilen lauten:

"ist und weil der Terminus 'Konfix' wegen seiner Bildungsweise eine Nähe zum Terminus 'Affix' suggeriert, die aber durch die Interpretation der"

Die beiden letzten Zeilen der Seite 424 sind zu tilgen.

Im Schema 19/2 auf Seite 295 ist unter VII.7 beim N.P. -c durch -ə zu ersetzen.

phem. Die Grundmorpheme besitzen vielmehr andere phonologische Aufbauprinzipien, die innerhalb eines Lautkontinuums den Beginn und das Ende der Grundmorpheme signalisieren und damit zur Identifizierung der Grundmorpheme durch einen Hörer und zur Aufnahme der lexikalischen Bedeutung beitragen. Im Deutschen sind am Grundmorphembeginn die konsonantischen Kombinationen von verschiedenen Konsonanten mit den Liquiden *r* und *l* häufig und am Grundmorphemende diejenigen von Liquid + Konsonant, vgl. *Trab* mit *Bart*, *Fleiß* mit *Schilf*. Da sich diese Kombinationen am Beginn und Ende von Grundmorphemen ausschließen, entsteht eine spiegelbildliche phonotaktische Anordnung, die die interne phonologische Struktur von Grundmorphemen in hohem Maße bestimmt (SEILER 1962/1970, AUGST 1986).

22 Durch die Analyse inhaltsseitiger und ausdrucksseitiger Kriterien ergibt sich, daß jede Wortform wenigstens eine *differentia specifica* gegenüber den schon erkannten und noch zu behandelnden Morphemtypen besitzt. Eine oder mehrere Wortformen bilden die distinktive Einheit des Wortes, und jedes Wort ist Element einer Wortart. Wird von den distinktiven Aspekten der Wortarten abgesehen und der Blick auf die gemeinsamen Eigenschaften gerichtet, dann läßt sich auf der Grundlage der Verhältnisse in der Einzelsprache des Deutschen (dazu JUILLAND/ROCERIC 1976: 48) eine wortartenübergreifende Wortdefinition geben, die jedoch wegen der Wortartenunterschiede nicht ohne alternative Angaben auskommen kann (spezifiziert gegenüber SIMMLER 1987: 122f.): Ein Wort ist eine komplexe Einheit aus einer Wortform oder mehreren Wortformen mit einem Wortformteil oder mehreren Wortformteilen, die aus Ausdrucksseite und Inhaltsseite besteht und über eine begriffliche Vorstellung im Bewußtsein der Sprecher auf eine außersprachliche Realität bezogen ist. Das Wort ist ausdrucksseitig an den Kriterien der Zusammenschreibung, der Hervorhebbarkeit, der syntaktischen Funktionsgemeinschaft, der bedingten Umstellbarkeit, der internen morphologischen und der internen phonologischen Struktur zu erkennen. Inhaltsseitig zeigt jedes Wort eine kategoriale Bedeutung, die entweder mit einer grammatischen Bedeutung und einer merkmalsarmen Inhaltskomponente oder mit grammatischer und lexikalischer Bedeutung gekoppelt ist, wobei die lexikalische Bedeutung aus einem Semem oder mehreren Sememen besteht und jedes Semem eine Bündelung von Semen darstellt.

2.2 Morphemtypen und ihre Einteilungskriterien

23 Bei der Erläuterung des Wortdefinitionskriteriums der internen morphologischen Struktur erfolgt im Begriff des Morphems – wie in dem des Wortes – eine Konzentration auf einzelne gemeinsame Eigenschaften (Signal einer Inhaltsseite, kleinste Inhaltseinheit), die bei weitergehenden Spezifizierungen zu inhaltsseitigen Ausprägungen mit wenigstens einer *differentia specifica* führen, so daß insgesamt die sechs Typen der Grund-, Relations-, Formations-, Portemanteau-, Suppletiv- und Pseudomorpheme zu unterscheiden sind.

2.2.1 Grund-, Relations- und Formationsmorpheme

24.1 Die Unterscheidung von Grund-, Relations- und Formationsmorphemen stammt von ERBEN (1980: 24). Anhand der Opposition von *Hase : Hasen* wurde das Grundmorphem {hāzə} ermittelt, dessen *differentia specifica* darin besteht, daß es eine besondere Inhaltsseite, die lexikalische Bedeutung, signalisiert (§ 20). Werden alle Wortformen des Wortes HASE berücksichtigt, könnte der Eindruck entstehen, als sei das Grundmorphem eines Wortes immer in allen Wortformen gleich, also eine Invariante. Dies ist aber nicht der Fall wie die Oppositionen *die Mutter : die Mütter, der Pfahl : die Pfähle, das Lamm : die Lämmer*, *sie binden : sie banden : sie haben gebunden* zeigen, die aus Äußerungen wie (1) *Die Mutter band das Lamm an einen Pfahl.* und (2) *Die Mütter banden die Lämmer an Pfähle.* und weiteren Substitutionen gewonnen werden können. Aufgrund der Oppositionen müssen zu den Wörtern MUTTER, PFAHL und LAMM der Wortart Substantiv bzw. zum Wort BINDEN der Wortart Verb jeweils zwei Grundmorpheme {mutər}, {mütər}; {pfāl}, {pfǟl}; {lam,}, {lɛm} oder mehrere wie {bind}, {band} und {bund} bzw. {bint} und {bant} angesetzt werden. Im Hinblick auf alle Wortformen der jeweiligen Wörter zeigen sich charakteristische Verteilungen: Die Grundmorpheme {mutər}, {pfāl} und {lam} erscheinen im Teilparadigma des Singulars und {mütər}, {pfǟl}, {lɛm} in dem des Plurals. Die Grundmorpheme des Wortes BINDEN sind – über die angegebenen Beispiele hinausgehend (vgl. § 103.4) – auf die Teilparadigmata von Präsens Indikativ und Konjunktiv ({bind}) und Imperativ ({bind} und {bint}), Präteritum Indikativ ({band} und {bant}), Präteritum Konjunktiv ({bɛnd}) und die analytischen Verbformen mit Partizip II ({bund}) verteilt. Innerhalb der Teilparadigmata von Präsens Indikativ und Konjunktiv, von Präteritum Konjunktiv und der analytischen Verbformen mit Partizip II besteht keine Variabilität. Eine konsonantische Variabilität ist jedoch innerhalb der Teilparadigmata des Imperativs und des Präteritum Indikativs vorhanden. Sie betrifft den konsonantischen Ausgang der Grundmorpheme und ist von der internen phonologischen Struktur der auf die Grundmorpheme folgenden Relationsmorpheme abhängig. Die interne phonologische Struktur der Grundmorpheme {bind} und {band} endet mit dem Phonem /d/, wenn die Relationsmorpheme – wie in *banden* (2) – mit einem vokalischen Phonem beginnen; die Grundmorpheme gehen auf ein Phonem /t/ aus, wenn das – wie in *band* (1) bzw. in der 2. Person Imperativ Singular *bind* in (3) *Bind das Lamm an einen Pfahl!* – nicht der Fall ist. Eine von den Relationsmorphemen unabhängige vokalische Variabilität zeigt sich in den Teilparadigmata durch den Wechsel von /i/ mit /a/ und /u/ bzw. mit /ɛ/. Bei den Substantiven MUTTER, PFAHL und LAMM ist eine Variabilität durch den Wechsel der Vokale /u/ mit /ü/, /ā/ mit /ǟ/ und /a/ mit /ɛ/ gegeben, während die Konsonanten der Grundmorpheme keine Variabilität besitzen. Invariable und variable Konsonanten und variable Vokale machen die phonologische Struktur der Grundmorpheme aus. Die Variabilität der Vokale ist nicht beliebig, sondern folgt zusätzlichen Gesetzmäßigkeiten, die aus den phonetisch-phonologischen Aufbauprinzipien der Vokalsysteme zu entnehmen sind. Bei den Substantiven wechseln velare Vokale (/u/, /ā/, /a/) mit palatalen Vokalen (/ü/, /ǟ/, /ɛ/); die velaren Vokale erscheinen im Grundmorphem des Singular-Teilparadigmas, die palatalen im Grundmorphem des Plural-Teilparadigmas. Bei den Verben erfolgt beim Ablaut (z.B. /i/, /a/, /u/; vgl. § 85.2) u.a. ein Wechsel der sog. Extremvokale des Vokaldreiecks, beim Umlaut (z.B. /a/, /ɛ/, vgl. § 86.6) ein Wechsel von velaren und palatalen Vokalen und bei der Vokalerhöhung (z.B. *ich helfe, du hilfst*; vgl. §§ 87.1, 87.4) ein Wechsel, an dem u.a. der vorderste palatale ungerundete Vokal der mittleren Vokalreihe beteiligt ist.

24.2 Für die Funktionsgemeinschaften der Wortarten Substantiv und Verb bedeutet dieser Befund, daß in einzelnen Fällen die Grundmorpheme nicht nur auf die lexikalische Bedeutung verweisen, sondern über ihre interne phonologische Struktur ebenso an der Kennzeichnung der grammatischen Kategorie des Numerus beim Substantiv und von Person und Numerus bei Verben beteiligt sein können bzw. die Kennzeichnung der Tempuskategorie bei einer Subklasse der Wortart Verb in zentraler Weise vornehmen. Da es aber innerhalb der Wortart Substantiv auch Wörter gibt, die nur aus einem Grundmorphem bestehen wie {hāzə}, kann die primäre Funktion der substantivischen Grundmorpheme im Hinweis auf die lexikalische Bedeutung gesehen werden, und erst als sekundär ist die Übernahme auch grammatischer Bedeutungen zu werten. Dabei zeigen die Subklassen der Wortart Substantiv verschiedene Grade des Zusammenwirkens dieser beiden Funktionen innerhalb der Grundmorpheme.

24.3 In viel stärkerem Maße als bei den Substantiven bestimmt die Anzahl der Grundmorpheme pro Verb und ihre interne phonologische Struktur die

Subklassenbildung dieser Wortart. Neben Verben wie BINDEN mit mehreren Grundmorphemen kommen solche wie TANZEN vor, die nur ein einziges Grundmorphem {tants} besitzen, das ausschließlich eine lexikalische Bedeutung signalisiert. Sind mehrere Grundmorpheme vorhanden und zeigen sie einen Vokalwechsel und einen Konsonantenwechsel, dann sind diese Grundmorpheme auch an der Kennzeichnung grammatischer Bedeutungen beteiligt. Von der Subklassenbildung abgesehen besitzen auch die verbalen Grundmorpheme die primäre Funktion des Hinweisens auf die lexikalische Bedeutung und die sekundäre Funktion des Signalisierens grammatischer Bedeutungen.

24.4 Wie aus den Beispielen zu entnehmen ist, zeigen sich Grundmorpheme mit ausschließlich lexikalischer Bedeutung und solche mit lexikalischer und grammatischer Bedeutung nur in der Wortartengruppe der Lexeme. In der Wortartengruppe der Kategoreme oder Funktionswörter (wie Präpositionen, Konjunktionen), deren „Elemente im wesentlichen grammatische Funktionen ausüben", von denen „nicht immer eine spezifische lexikalische Bedeutung getrennt werden" kann (HELBIG/BUSCHA 1986: 21), sind aber ebenfalls Grundmorpheme vorhanden. Sie unterscheiden sich von denen der Lexeme dadurch, daß sie primär auf eine grammatische Bedeutung verweisen und sekundär mit einer merkmalsarmen Inhaltskomponente (§ 13.1) verbunden sind.

25.1 Für die Definition des Morphemtypus des Grundmorphems bedeutet dies, daß die Unterschiede der beiden Wortartengruppen mitzuberücksichtigen sind. Sie lautet daher unter Bezug zur Wortdefinition: Grundmorpheme sind kleinste, ausdrucksseitig und inhaltsseitig distinktive Einheiten der *langue*. Ausdrucksseitig bestehen sie aus einem oder mehreren kontinuierlich angeordneten Phonemen mit teilweise spezifischer Phonotaktik. Allein oder in Verbindung mit einem oder weiteren Morphemen (Grund-, Pseudo-, Relations-, Formationsmorphemen) sind sie am Aufbau von Wortformen der Einheit des Wortes beteiligt. Inhaltsseitig signalisieren sie bei Lexemen lexikalische oder lexikalische und grammatische Bedeutung und bei den Kategoremen grammatische Bedeutung in Verbindung mit einer merkmalsarmen Inhaltskomponente.

25.2 Zu den Grundmorphemen, die ausdrucksseitig nur aus einem Phonem bestehen, gehören Interjektionen wie <O!, Oh!>, die phonologisch mit /ō/ und morphologisch mit {ō} zu beschreiben sind.

26.1 Relationsmorpheme kommen nur bei den flektierenden Wortarten vor und bilden bei ihnen jeweils spezifische Relationsmorphemsätze (dazu §§ 82.11, 89.1, 92.1, 135.1, 160.1, 177.1). Zum Wort HASE der Wortart Substantiv ist unter vorläufiger Nichtberücksichtigung des Artikels folgender Morphemsatz vorhanden:

Skizze 1: Morphemsatz zum Wort HASE unter Nichtberücksichtigung des Artikels

N. S.	{hāzə}	–	{∅}	N. Pl.	{hāzə}	–	{n}
G. S.		–	{n}	G. Pl.		–	{n}
D. S.		–	{n}	D. Pl.		–	{n}
A. S.		–	{n}	A. Pl.		–	{n}

Die Relationsmorpheme konstituieren – anders als die Grundmorpheme – nie allein eine Wortform, sondern bilden immer gemeinsam mit einem Grundmorphem eine Wortform und sind auch erst zusammen mit diesem in der Lage, auf wortartenspezifische grammatische Bedeutungen zu verweisen. Daher ist es unter morphologischen Aspekten problematisch, den „Endungen und Suffixe[n]" die generelle Funktion zuzuschreiben, „die Kategorie des Gesamtausdruckes" zu bestimmen und zu repräsentieren, und sie als 'morphologische Köpfe' zu interpretieren (U. WANDRUSZKA 1997: 153). Selbst wenn „die Stämme ihrer Endung keine syntaktische Funktion zuweisen", folgt daraus noch nicht die Klassifizierung der Endungen „als morphosyntaktischer *Kopf*" (ebd.: 220).

26.2 Innerhalb der paradigmatischen Strukturen ergeben sich für die Wortform <Hase> zwei prinzipiell gleichberechtigte metasprachliche Darstellungen. <Hase> kann in seiner internen morphologischen Struktur als eingliedrig oder als zweigliedrig angesehen werden. Beim Ansatz einer Eingliedrigkeit besteht <Hase> nur aus einem Grundmorphem {hāzə}, verhält sich also wie die nichtflektierenden Wortarten. Für die übrigen Wortformen des Paradigmas ergibt sich aber eine Zweigliedrigkeit aus dem Grundmorphem {hāzə} und dem Relationsmorphem {n}, so daß in dieser Darstellung das gesamte Paradigma aus einer Verbindung einer eingliedrigen mit einer zweigliedrigen morphologischen Struktur besteht. Wird für <Hase> eine Zweigliedrigkeit angenommen, dann geschieht dies wegen der Oppositionen zu den übrigen Wortformen, und die Wortform besteht aus dem Grundmorphem {hāzə} und einem sog. Nullmorphem {∅}. Anhand des slavischen Kasussystems spricht sich DE SAUSSURE (1967: 103) für „das Zeichen Null" wegen der „Gegenüberstellung von Etwas und Nichts" aus (ebenso DOKULIL 1968: 61; SCHIFKO 1973: 29). Für das Gesamtparadigma bedeutet dies, daß es grundsätzlich zweigliedrig und aus einer Kombination von Grundmorphem + Relationsmorphem aufgebaut ist. Nach U. WANDRUSZKA (1997: 154f.) ist bei *(des) Kind-es* „der Nukleus [=*kind*] zwar funktional neutralisiert, er repräsentiert jedoch in Gestalt der jeweiligen Grund- oder Zitierform eine bestimmte lexikalische Kategorie". U. WANDRUSZKA möchte solche Einheiten „als 'Stammwörter' bezeichnen, d.h. als Grundwortformen, die auch als Stämme auftreten", doch ist diese terminologische Differenzierung unnötig, wenn beachtet wird, daß auch die sog. Grundform eine Wortform mit einer spezifischen morphologischen

Struktur ist und die Festlegung einer Grundform zunächst nichts anderes ist als das Ergebnis einer lexikographischen Praxis.

26.3 Die Annahme eines Nullmorphems ist an zwei Bedingungen gebunden, an die Einheit von Wortformen und an die Struktur des Paradigmas. Syntagmatisch ist es anhand einer Äußerung wie (4) *Ein Hase hoppelt über das Feld.* und in Verbindung mit der Konzeption einer sich aus Morphemen konstituierenden Äußerung nicht nachzuweisen (so auch MEIER 1961: 179, der den Ansatz eines Nullmorphems ablehnt). Paradigmatisch ist es aber „ein brauchbares Konstrukt" (BERGENHOLTZ 1976: 42). Es ist Teil der neuen *langue*-Einheit der Wortform, die wiederum Teil eines Paradigmas ist, das ebenfalls zur *langue* gehört und distinktive Oppositionen sichtbar macht, die über diejenigen in syntagmatischen Strukturen hinausgehen (DE GROOT 1948: 458; HALLIDAY 1961: 262), denn in (4) ist nur ein Nominativ Singular einsetzbar. Der Begriff des Paradigmas geht über den einer Substituierbarkeit in einem gegebenen Kontext hinaus und erfordert auch nicht die Annahme, „that paradigms consist of clusters of closely related surface forms, one of which is basic and the others are derived from it" (BYBEE 1985: 49f.). In Anlehnung an SEILER (1966: 190, 198) und über LEIBIGERS (1985: 23) allgemeine Formulierung, daß ein Paradigma „a group of affixes which attaches to a particular group of stems" sei, hinausgehend läßt sich ein Paradigma folgendermaßen bestimmen: Ein Paradigma ist eine Menge von Wortformen, die zueinander in inhaltsseitigen und ausdrucksseitigen Relationen stehen, die enger zueinander gehören als zu irgendeiner anderen Form, die nicht Bestandteil des Paradigmas ist, zwischen denen engere und weniger enge Beziehungen bestehen, die insgesamt an der Konstitution der Klasse einer Wortart und seiner Subklassen beteiligt sind. – Im Rahmen des Paradigmas ist dabei für das Nullmorphem zu beachten, daß bei ihm anders als bei {hāzə} – {n} „keine Solidarität zwischen Ausdruck und Inhalt" vorhanden ist, „weil der Ausdruck erst von Linguisten konstruiert wird" (BERGENHOLTZ 1976: 42).

26.4 Unter kognitiven Aspekten wird der Paradigma-Begriff in modifizierter Form aufgenommen. KÖPCKE (1993: 81f.) geht bei der Behandlung der substantivischen Pluralbildung davon aus, daß „der Sprecher des Deutschen die Formen nicht isoliert im Hinblick auf eine bestimmte Funktion speichert und abarbeitet, sondern vielmehr zu Schemata zusammenschließt", die „eine probalistische und prototypische Struktur" aufweisen sollen. Die Annahme, daß bei der Pluralbildung Singular und Plural getrennt signalisiert werden (ebd.: 71-73), ist jedoch aus den Substantivklassen (§ 135.1) nicht zu begründen. Auf Paradigmata als „mnemonic clusters or memory-patterns in the mind of the speaker" weist bereits FUNKE (1965: 119) hin.

27 Mit dem Nachweis eines Nullmorphems ist eine Grundlage für eine Definition des Relationsmorphems geschaffen: Relationsmorpheme sind kleinste, ausdrucksseitig und inhaltsseitig distinktive Einheiten der *langue*. Ausdrucksseitig bestehen sie aus einem oder mehreren kontinuierlich angeordneten Phonemen mit teilweise spezifischer Phonotaktik oder können in Verbindung mit einem Grundmorphem bei einer Wortformkonstitution auch Null sein. Am Aufbau der Einheit der Wortform eines Wortes sind sie nur in Verbindung mit wenigstens einem Grundmorphem (und einem oder mehreren möglichen Formationsmorphemen) beteiligt. Inhaltsseitig signalisieren sie grammatische Bedeutung.

28.1 Von den Grund- (GM) und Relationsmorphemen (RM) unterscheiden sich die Formationsmorpheme (FM), die zusammen mit mindestens einem Grundmorphem eine neue Worteinheit mit neuer lexikalischer Bedeutung konstituieren, „die nicht isoliert zu interpretieren sind, sondern denen nur in Verbindung mit anderen gebundenen oder freien Morphemen eine bestimmte Bedeutung zugeordnet werden kann“ (U. WANDRUSZKA 1997: 13). Es handelt sich um Morpheme, die ausschließlich zur Wortbildung verwendet werden. So können von der Basis des substantivischen Grundmorphems {hail} aus mit Hilfe der Formationsmorpheme {un} und {uŋ} neue Substantive UNHEIL und HEILUNG gebildet werden, mit Hilfe des Formationsmorphems {ix} (zur phonischen Realisation WÄNGLER 1967: 150; DUDEN. AUSSPRACHEWÖRTERBUCH 1990: 74f.) entsteht ein neues Adjektiv HEILIG. Auch Kombinationen von Formationsmorphemen können zur Wortschatzerweiterung dienen: UNHEILIG, HEILIGUNG. Die neu gebildeten Wörter werden einer paradigmatischen Klasse oder Subklasse zugewiesen und erhalten bei flektierenden Wortarten deren Relationsmorpheme. Aufgrund der Oppositionen *das Unheil : des Unheils, die Heilung : die Heilungen* läßt sich die morphologische Struktur dieser Wortformen mit FM + GM + RM (bei UNHEIL) bzw. GM + FM + RM (bei HEILUNG) angeben. Formationsmorpheme, die vor bzw. hinter die Basis eines Grundmorphems treten, können weiter in Präfixe und Suffixe terminologisch unterschieden werden. Wird für Präfixe und Suffixe eine Klassenbezeichnung Affixe eingeführt, dann entspricht das der Klassenbezeichnung Formationsmorpheme.

28.2 Der Terminus Affix wird jedoch nicht nur in bezug auf Formationsmorpheme verwendet, sondern erscheint auch als Sammelbezeichnung für alle Morpheme, die einem Grundmorphem als Kern zugeordnet werden, also auch für Relationsmorpheme. Diese Position wird von BÜNTING (1983: 101, 107) eingenommen, der hervorhebt, daß alle Wörter „mindestens ein Kernmorphem“ enthalten, und dann nach der „Stellung in Bezug auf die Kerne in Wörtern“ weiter zwischen „P r ä f i x e n, die vor den Kernen stehen, und S u f f i x e n, die hinter den Kernen stehen“, unterscheidet. Bei dieser ausschließlich positionell gebundenen Bezeichnung aller Morpheme neben dem Grundmorphem ist in der Wortform *des Heils* das {s} auch als Suffix zu charakterisieren. Dadurch bleiben inhaltsseitige und ausdrucksseitige Unterschiede zwischen den Morphemtypen der FM und RM unberücksichtigt (ADMONI 1982: 42). Während die RM inhaltsseitig grammatische Bedeutung signalisieren, sind die FM nicht auf diese Funktion beschränkt, da sie gemeinsam mit den GM am Aufbau einer neuen lexikalischen Bedeutung beteiligt sind. Ausdrucksseitig haben RM und FM eine weitestgehend verschiedene interne phonologische Struktur; die Phonemfolgen /un/, /ix/, /uŋ/ kommen nie bei RM vor. Morphotaktisch folgen RM immer auf Kombinationen von FM + GM oder GM + FM und zeigen auch so ihren spezifischen Status in Abgrenzung von den übrigen Morphemtypen. RM und FM besitzen im Hinblick auf die GM zwar gewisse positionelle ausdrucksseitige Gemeinsamkeiten, doch erweisen sich die Summen ausdrucks- und inhaltsseitiger Merkmale als distinktiv, so daß sie typologisch zu unterscheiden sind. Die Position zum GM kann als zusätzliche Beobachtung bei den FM zu deren Subklassifizierung in Präfixe und Suffixe genutzt werden. Bei einer solchen Terminologie entspricht jedem Terminus eine spezifische Beobachtung und wird ein Teil des Unbehagens an einer unnötigen terminologischen Vielfalt (COSERIU 1988: 113) vermieden.

28.3 Die Unterscheidung von RM und FM wirkt sich auch auf die Beschreibung verbaler morphologischer Strukturen aus. Aufgrund des Gegensatzes von *ich spiele : ich spielte* ergibt sich für die beiden Wortformen die morphologische Struktur GM + RM bei {špīl} + {ə} bzw. GM + RM + RM bei {špīl} + {t} + {ə}. Das Morphem {t} signalisiert ausschließlich eine grammatische Bedeutung, nämlich das Tempus Präteritum, und sollte daher als RM {t} und nicht als *t*-Suffix bezeichnet werden.

29 Die terminologischen Überlegungen abschließend kann folgende Definition des Formationsmorphems gegeben werden: Formationsmorpheme sind kleinste, ausdrucksseitig und inhaltsseitig distinktive Einheiten der *langue*. Ausdrucksseitig bestehen sie aus einem oder mehreren kontinuierlich angeordneten Phonemen mit teilweise spezifischer Phonotaktik. Sie konstituieren die Einheit einer Wortform eines Wortes, indem sie mit wenigstens einem Grundmorphem eine Verbindung eingehen, wobei sie als Präfixe vor und als Suffixe hinter dieses treten. Inhaltsseitig sind sie zusammen mit dem Grundmorphem am Aufbau einer neuen lexikalischen Bedeutung beteiligt.

30 Das Zusammenwirken von Grund- und Formationsmorphemen beim Aufbau einer neuen lexikalischen Bedeutung kann dadurch terminologisch noch stärker zum Ausdruck gebracht werden, wenn mit ADMONI (1982: 41) von „Grundmorphemen verschiedenen Grades" gesprochen wird. Auf diese Weise lassen sich die Wortbildungsvorgänge bei NEHMEN, VERNEH-

MEN und VERNEHMUNG und die paradigmatische Einordnung der neuen Wörter erfassen und aufeinander beziehen. So besteht der Infinitiv *nehmen*, der in der Äußerung (5) *Er wird das Buch nehmen.* in der analytischen Verbform *(er) wird nehmen* vorkommt, aus einem GM {nēm} und einem RM {ən}. Da {nēm} nicht in weitere Inhaltseinheiten zerlegbar ist und aufgrund der Morphotaktik von GM + RM erweist sich {nēm} als Grundmorphem 1. Grades. Die Kennzeichnung als Grundmorphem 1. Grades ist nur sinnvoll, wenn auf der Grundlage des neuen Wortes weitere neue Wörter gebildet werden. Dies ist bei VERNEHMEN in der Äußerung (6) *Er wird die Nachricht vernehmen.* der Fall. Ohne weitere Berücksichtigung des Ableitungsweges kann *vernehmen* in das GM {nēm}, das RM {ən} und das FM {fɛr} zerlegt werden. Die neue lexikalische Bedeutung wird von {fɛr-nēm} gemeinsam signalisiert, an das die RM antreten, um die grammatische Bedeutung zu kennzeichnen. Wie bei *nehmen* entsteht somit eine gleiche zweigliedrige morphologische Struktur im Verbparadigma. Dies führt dazu, {fɛrnēm} als Grundmorphem 2. Grades zu bezeichnen. Grundmorpheme 2. Grades sind also immer aus einem Grundmorphem 1. Grades und einem Formationsmorphem aufgebaut. Das Substantiv VERNEHMUNG ist auf der Grundlage von VERNEHMEN gebildet. Es besteht aus dem GM 2. Grades {fɛrnēm}, dem FM {uŋ} und dem RM {∅}. Das GM 2. Grades und das FM bilden ein GM 3. Grades {fɛrnēmuŋ}. Es wird mit dem Relationsmorphemsatz verbunden, der die Subklasse der Wortart Substantiv kennzeichnet, in die das neue Wort integriert wird. Grundmorpheme 3. Grades bestehen daher immer aus einem Grundmorphem 2. Grades und einem zusätzlichen Formationsmorphem oder – wenn der Ableitungsweg weniger beachtet wird – aus einem Grundmorphem und zwei verschiedenen Formationsmorphemen. In der gleichen Weise können Grundmorpheme noch höheren Grades (wie *unersetzlich, Unersetzbarkeit*) gekennzeichnet werden.

31 Die Unterscheidung verschiedener Grade von Grundmorphemen ermöglicht es auch, den historischen Prozeß der Erweiterung des Bestandes an Grundmorphemen zu erfassen und synchrone und diachrone Aspekte der Wortbildung miteinander zu verbinden. FLEISCHER (1982: 46) verweist darauf, daß Grundmorpheme und Formationsmorpheme, vor allem Suffixe, „im Laufe der Zeit verschmelzen können und dann als monomorphematisch aufgefaßt werden müssen". HENZEN (1965: 118) spricht von Elementen, die „längst als lebendige Ableitungsmittel erloschen" sind, und bezeichnet sie daher als 'erloschene und verdunkelte Suffixe'. Zu solchen neu entstandenen Grundmorphemen gehört {hɛlm}, das in der Gegenwartssprache aufgrund der Opposition *der Helm : die Helme* ermittelt werden kann. Eine weitere morphologische Analyse ist bei {həlm} nicht möglich. Eine solche ergibt sich erst, wenn das Wort etymologisch bis ins Germanische und Indogermanische zurückverfolgt wird (KLUGE/MITZKA 1975: 297 zu *hehlen*, 303 zu *Helm*): So wird im Germanischen zur Verbalwurzel **hĕl* 'verbergend bedecken' mit Hilfe des Suffixes *m* ein neues Substantiv **hëlma-* gebildet (vgl. ferner KLUGE/SEEBOLD 1995: 369; PFEIFER 1989: 663f., 675). Dieses Substantiv ist im Deutschen seit der althochdeutschen Sprachperiode als *helm* tradiert. Da im Althochdeutschen daneben das Verbum *helan* mit den Sememen 'verbergen', 'verhehlen', 'verheimlichen' (SCHÜTZEICHEL 1995: 163) vorhanden ist, kann für diese Sprachstufe des Deutschen eine morphologische Analyse vorgenommen werden: *helan* besteht aus dem GM {hɛl} und dem RM {an}; *helm* ist ein GM 2. Grades {hɛlm} aus dem GM 1. Grades {hɛl}, dem FM {m} und dem RM {∅} (vgl. auch SPLETT, I.1, 1993: 377). Durch die Vokaldehnung in offener Silbe, die beim Verbum zum GM {hēl} führt, und durch den weitestgehenden Verzicht auf die Verwendung des Semems 'etwas verbergen' dürfte die morphologische Durchsichtigkeit der beiden Wörter HELM und HEHLEN seit dem Frühneuhochdeutschen verlorengegangen und beim Substantiv das neue GM {hɛlm} entstanden sein.

32.1 Neue Wörter werden neben der Verbindung von einem Grundmorphem mit wenigstens einem Formationsmorphem auch durch die Kombination von einem Grundmorphem mit einem zweiten Grundmorphem konstituiert. Im ersten Falle zeigt sich der Wortbildungsprozeß der Derivation, im zweiten der der Komposition. Von den Komposita aus zwei Grundmorphemen werden Kombinationen aus drei und mehr Grundmorphemen als Dekomposita (§ 186) abgehoben. Komposita und Dekomposita ist aber als generelles Verbindungsprinzip die Kombination von GM gemeinsam, auch lassen sich Dekomposita des Typus Determinativkompositum wie Komposita auf eine binäre Struktur zurückführen (§ 194).

32.2 Durch Komposition entstehen neue Wörter wie HAUSTÜR, HOCHHAUS, HAUSHOCH, WASCHHAUS. Aufgrund von Oppositionen wie *die Haustür : die Haustüren* ist die morphologische Struktur mit GM_1 + GM_2 + RM wiederzugeben, wobei die Zahlenindizes bei den GM ausschließlich auf die Reihenfolge der Morpheme verweisen. In den meisten Fällen bestimmt das GM_2 die Wortart der ganzen Komposition; so ist HOCHHAUS ein Substantiv und HAUSHOCH ein Adjektiv (zu weiteren Typen und Regelausnahmen §§ 188.22, 190.6, 196.2, 203.10, 217.1, 218.1, 219.1, 223, 225.1, 226.1, 227.1, 228.1). Nach dem GM_2 richtet sich daher auch der Relationsmorphemsatz des Paradigmas, dem das Kompositum zugewiesen wird. Es legt durch den Bezug auf die außersprachliche Realität auch die Bezeichnungsklasse fest. So verweist {tǖr} in HAUSTÜR auf die Bezeichnungsklasse 'Vorrichtung zum Verschließen einer Öffnung, eines

Ein- oder Durchgangs', {haos} in HOCHHAUS, WASCHHAUS gibt die Bezeichnungsklasse 'als Unterkunft oder Arbeitsstätte dienendes Gebäude mittlerer Größe' (beides WAHRIG 1977: 3639, 1671) an. Das GM_1 bestimmt bei diesen Beispielen die Bezeichnungsklasse näher (zu anderen Typen §§ 190.4, 191.7, 191.12, 192.1, 192.11). Zwischen GM_1 und GM_2 besteht somit die Beziehung von Determinans und Determinatum.

32.3 Die Grundmorpheme {haos}, {tǖr}, {hōx} und {vaš} kommen auch in Wortfomen nichtzusammengesetzter Wörter, in Simplizia, vor, z.B. im N.S. *das Haus, die Tür,* der Äußerung (7) *Das Haus ist neu, die Tür kaputt.*, im Prädikativum *hoch* der Äußerung (8) *Das Haus ist hoch.* und im Imperativ Singular *wasch!* der Äußerung (9) *Wasch das Auto!* In allen diesen Fällen ist mit dem GM ein RM {∅} verbunden, das die syntagmatischen Beziehungen mit aufbaut. Dies ist jedoch bei {haos} in HAUSTÜR, bei {hōx} in HOCHHAUS und bei {vaš} in WASCHHAUS nicht der Fall. Hier werden die GM ohne ein RM {∅} verwendet, denn es fehlen paradigmatische Strukturen für seinen Ansatz. Diese Besonderheit der Morphotaktik ist neben der Zusammenschreibung (§ 16) ein wichtiges ausdrucksseitiges Merkmal, um Komposita und ihre Kompositionsglieder, die GM, von Simplizia zu unterscheiden.

32.4 Die angegebenen ausdrucksseitigen Unterschiede werden vernachlässigt, wenn Komposita wie HAUSTÜR als aus zwei Wörtern, zwei Simplizia, bestehend aufgefaßt und als Verbindungen zweier Substantive, eines Grundwortes TÜR und eines Bestimmungswortes HAUS, beschrieben werden (BECKER 1824: 370; PAUL 1920/1975: 325-328; HENZEN 1965: 38f.). Außerdem ist es terminologisch ungeschickt, wenn die Segmente einer neuen Einheit und die neue Einheit selbst mit demselben Terminus 'Wort' bezeichnet werden und teilweise erkannte *differentiae specificae* metasprachlich nicht zum Ausdruck kommen. Wenn neben der generellen Morphotaktik $GM_1 + GM_2 + RM$ bei den Wortformen der Wörter HAUSTÜR, HOCHHAUS, HAUSHOCH und WASCHHAUS zusätzlich noch angegeben werden soll, daß die gleichen Morpheme auch als Grundmorpheme von Simplizia bestimmter Wortarten verwendet werden (vgl. FLEISCHER 1982: 82), dann bietet sich eine Siglenerweiterung durch vorangestellte Kleinbuchstaben an, die diese Verwendung in Simplizia markieren: s, a, v = auch als substantivisches, adjektivisches, verbales Grundmorphem in Simplizia in Gebrauch. Die Morphotaktik von HAUSTÜR ist dann $sGM_1 + sGM_2 + RM$, die von HOCHHAUS $aGM_1 + sGM_2 + RM$, die von HAUSHOCH $sGM_1 + aGM_2 + RM$ und die von WASCHHAUS $vGM_1 + sGM_2 + RM$ (zu anderen Typen und einer Typentabelle §§ 188.2, 191.7, 192.11).

Die Definition der Simplizia als „Einsilber und Wortformen mit Pseudosuffix" (ESCHENLOHR 1977: 32), die auf die Auffassung von der „Einsilbigkeit als eines der Hauptkritierien der nativen deutschen Morphem[e]"

(WURZEL 1970: 170) zurückgeht, wird weder der Phonotaktik der GM gerecht (so schon ISSATSCHENKO 1974: 145) noch entsteht durch den Terminus 'Pseudosuffix' (vgl. § 242.5) ein über die Angaben zur internen phonologischen Struktur von GM hinausreichender Begriff. Eine terminologische Vergleichbarkeit des Terminus mit dem hier gebrauchten Pseudomorphem-Begriff (§ 40) ist nicht gegeben.

33.1 Die neue Worteinheit eines Kompositums zeigt sich neben den ausdrucksseitigen Merkmalen auch an den inhaltsseitigen, denn die „Semantik der Konstituenten komplexer Wörter und der zwischen ihnen bestehenden (bzw. gemeinhin beschriebenen) Relationen ergibt noch nicht – wenigstens nicht generell – die Semantik der komplexen Wörter selbst" (HERBERMANN 1981: 71; ähnlich jetzt auch EISENBERG 1995: 32). Auch PLANK (1981: 195) verweist darauf, daß bei Komposita eine Anlehnung an Simplizia nicht dazu führt, „daß Form und besonders Bedeutung des Ganzen sich als regelhafte Funktion von Form und Bedeutung der morphologischen Teile ergeben würden". So führt die Inhaltsseite von HOCH 'sich nach oben erstreckend' in Addition mit der Inhaltsseite von HAUS (§ 32.2) 'als Unterkunft oder Arbeitsstätte dienendes Gebäude mittlerer Größe' nicht zur Inhaltsseite von HOCHHAUS 'Haus mit vielen (mehr als sechs) Stockwerken' (WAHRIG 1977: 1801). Andererseits ist es offensichtlich, daß die Inhaltsseiten der GM einen „Aufschluß über den Inhalt des jeweiligen komplexen Wortes" geben, daß sie als „Indiz für die Semantik des komplexen Wortes" fungieren. HERBERMANN (1981: 72) bezeichnet diesen Aufschlußwert daher als „Bedeutungsindizierung" oder „Begriffsindizierung".

33.2 Schon BÜHLER (1934/1965: 341) hat darauf hingewiesen, daß „vieles in den Kompositionen nur angedeutet wird" und daß zur Erfassung der Inhaltsseite des Kompositums auch eine „Sachkenntnis" (ebd.: 174) bzw. ein „Sachwissen" (ebd.: 65) hinzutreten muß. Der Aspekt der Andeutung entspricht der Bedeutungsindizierung bei HERBERMANN, derjenige der Sachkenntnis dem Bezug auf die außersprachliche Realität, der über eine begriffliche Vorstellung erfolgt.

33.3 Ähnlich stellt BAYER (1975: 211) anhand historischen Sprachmaterials wie mhd. *venster* 'Lichtluke, Öffnung, Loch, Fenster', *bret* 'Brett, Schild, Strafbank', *stein* 'Stein, Fels, Felsenschloß, Feste' und den Komposita *vensterbret* 'Fensterladen', *vensterstein* 'Fensterrahmen' fest, daß „die Strukturelemente in erster Linie die begriffliche *Basis* des Morphemgefüges" darstellen, daß „mit den semantischen Komponenten" eine „begriffliche Orientierungshilfe" gegeben ist.

33.4 Über Bedeutungsindizierung und Sachkenntnis hinaus führt HERINGER (1984: 5f.) für das „richtige Verständnis von Komposita" drei Grundlagen an, mit deren Hilfe auch *ad hoc*-Komposita in verschiedenen Textsorten verstehbar sind. Die erste Grundlage ist die Kenntnis von Kompositionsregeln, die zweite die Kenntnis der Inhaltsseiten der Kompositionsglieder und die dritte „das gemeinsame Wissen der Partner“. Alle drei Grundlagen fließen in die „allgemeine Deutungsregel“ ein, daß die Kompositionsglieder etwas miteinander zu tun haben; sie bilden den Beginn einer Bedeutungsindizierung. Über das gemeinsame Wissen, das „Bestandteil jeder Kommunikation“ (ebd.: 11) ist, erfolgt die Präzisierung der Bedeutungsindizierung. Zum gemeinsamen Wissen gehören Dauerwissen und „Laufwissen“ (ebd.: 8). Das Laufwissen besteht aus dem kontextuellen, dem situationellen, dem episodischen und dem generischen Wissen, die hierarchisch anzuordnen sind. Grundlegend sind Kontext und Situation; das episodische Wissen enthält u.a. „gemeinsames Wissen über früheres Geschehen“, also anschließbare Redesorten und Textsorten. Zum generischen Wissen gehören u.a. „das Wissen über allgemeine Formen und Zusammenhänge der Welt, der Kultur, des sozialen Umgangs“ (ebd.: 9). Kommunikationstheoretisch bilden Kontext und Situation α-Einheiten; das episodische und generische Wissen kann den γ-Einheiten zugeordnet werden (SIMMLER 1984: 36f.). So wie auf der Textebene durch diese Einheiten der Textsinn erschlossen wird, erfolgt hier die Erschließung des Wortinhalts von Komposita. WELLMANN (1993: 163) bezeichnet die “'Quersumme‘ aus den Inhalten des Kompositums in wechselnden Situationen, die Schnittmenge also aus diesen Verwendungsinhalten [...] als begriffliche '**Subsumtionsbedeutung**‘ des Kompositums" und weist mit Recht darauf hin, daß auch Simplizia eine solche „subsumtive Funktion“ erfüllen können.

34 Die Bedeutungsindizierung, in der sich der „Grund für die jeweilige Benennung“ (HERBERMANN 1981: 343) zeigt, kann von *native speakers* bzw. *participants* des Deutschen durch syntaktische Paraphrasierungen sichtbar gemacht werden. Dabei handelt es sich um ein methodisches Verfahren, bei der die „Wortbildung so in ihre Bestandteile“ zerlegt wird, „daß mit ihnen die Bedeutung der Bildung angemessen umschrieben (paraphrasiert) werden kann (vgl. *Eisentür – Tür aus Eisen/eine Tür, die aus Eisen besteht* o.ä.“ (WELLMANN, in: DUDEN 1984: 387; 1995: 401). Mit diesem Verfahren wird nicht behauptet, daß die Kenntnis der Inhaltsseiten der Wörter EISEN und TÜR automatisch die Kenntnis der Inhaltsseite des Kompositums EISENTÜR ergebe.

35 Ein solcher Standpunkt wird jedoch vertreten, wenn von einer inhaltsseitigen Identität zwischen der Wortbildung und der syntaktischen Paraphrase ausgegangen wird. Dabei wird das Resultat des Wortbildungsprozesses, das sowohl Derivata als auch Komposita umfassende 'komplexe‘ Wort, auf einen isolierten einfachen Satz oder eine Attributivkonstruktion zurückgeführt. Entsprechend wird die Wortbildung „ein spezieller Fall einer allgemeinen Satzbeschreibung“, sie verliert ihren Status „als autonome Disziplin oder als Teilgebiet der Morphologie" (KÜRSCHNER 1974: 1, 43) und geht im Objektbereich der Syntax auf. Das Wort wird nicht als *langue*-Einheit betrachtet und bildet daher auch keinen eigenen Objektbereich (vgl. §§ 1-6).

36.1 Alle Auffassungen vom komplexen Wort als reduziertem oder kondensiertem einfachen isolierten Satz gehen auf MARCHAND (1969: 31) zurück, der seine Grundannahme an englischem Material entwickelt und so formuliert: „Morphologic composites (= compounds, suffixal derivatives, prefixal combinations) are 'reduced' sentences in substantival, adjectival, or verbal form and as such explainable from 'full' sentences: **washing machine** sb from '(we) wash with the machine', **color-blind** adj from '(he is) blind with regard to colors', **rewrite** vb from '(we) write again', **stone** vb from '(we) kill with stones'." MARCHANDS These wird zur Beschreibung der Wortbildung im Deutschen von VON POLENZ und BREKLE übernommen. Nach VON POLENZ (1972: 215) kann die Wortbildungsanalyse „nur an Genauigkeit gewinnen, wenn man stets von vollständigen Sätzen mit verbalen Prädikaten als Paraphrasen ausgeht", und für BREKLE (1970/1976: 28) lassen sich Wortbildungen „aus satzsemantisch interpretierten Satzbegriffsstrukturen mittels eines generell wirkenden Regelsystems 'erzeugen'", wobei die „Kompositions- und Derivationsprozessen zugrunde liegenden Strukturen – eben 'Satzbegriffe' – als *außerhalb* oder *vor* der Generierung der Strukturen vollständiger, in Sprechakten aktualisierbarer Sätze anzusiedeln sind" (BREKLE 1970/1976: X).

36.2 Die genannten Arbeiten werden von HERBERMANN mit Recht in folgenden Punkten kritisiert: Einmal fehlen Kriterien oder Regeln, wie man von einem komplexen Wort zum „underlying sentence" (MARCHAND 1969: 32) oder „Basissatz" (VON POLENZ 1972: 223) oder umgekehrt gelangt, denn aus den Basissätzen *The man writes.* und *Der Professor prüft (die) Kandidaten.* werden die Konstituenten der zu bildenden Wörter *writer*; *Prüfprofessor, Prüfer* recht willkürlich ausgewählt (HERBERMANN 1981: 25, 47). Zum anderen bleibt die postulierte tiefenstrukturelle Identität zwischen Satz und komplexem Wort unbewiesen und vernachlässigt den ausdrucksseitig und inhaltsseitig erkennbaren „Rest der Satzstrukturen", der „mit einer Tilgungstransformation" nicht einfach beseitigt werden kann (1981: 35, 45). Ferner reicht die sog. Zweigliedrigkeit des Satzes nicht aus, um die Beziehung von Thema und Rhema bzw. *Topic* und *Comment* im Satz mit der Beziehung von Determinatum und Determinans (vgl. § 32.2) im Wort gleichzusetzen (HERBERMANN 1981: 45f.).

37.1 Die Rückführung von Wortbildungen auf Attributivkonstruktionen wird von MOTSCH bei Derivationen und von KÜRSCHNER bei Kompositionen vorgenommen. Die Konstruktionen aus einem Nukleus und einem Attribut werden als Tiefenstrukturen angenommen, während die Wortbildungen die Oberflächenstrukturen bilden. So gehen *Jäger* und *Raucher* „auf Tiefenstrukturen zurück, die durch *jemand, der jagt* bzw. *jemand, der raucht* umschrieben werden können" (MOTSCH 1967: 35).

37.2 Das gleiche Verfahren wendet KÜRSCHNER (1974: 38) für die Herleitung der „Oberflächenstruktur von Nominalkomposita" an. Er leitet aus der Tiefenstruktur *Haus (aus Holz)* mit dem Nukleus *Haus* und dem für verschiedene mögliche Attribute stehenden Präpositionalattribut *aus Holz* das Kompositum *Holzhaus* der Oberflächenstruktur her. Dabei wird aus dem Nukleus das zweite Kompositionsglied, das Determinatum, und aus dem Präpositionalattribut das erste Kompositionsglied, das Determinans.

37.3 Die Gleichsetzung von Attributivkonstruktion und Kompositum vernachlässigt jedoch Unterschiede in der kategorialen Bedeutung, die sich aus der Gegenüberstellung von drei Wörtern und einem Wort und entsprechenden syntagmatischen morphologischen Strukturen und dem Fehlen aller mit der Präposition AUS verbundenen grammatischen Bedeutungen (Kasusrektion, Dativ Singular-Morphem {∅} bei {holts}) ergeben. Zudem ist die lexikalische Bedeutung von HOLZHAUS nicht vollständig erfaßt, wenn in die Attributivkonstruktion die Inhaltsseiten von HAUS 'als Unterkunft oder Arbeitsstätte dienendes Gebäude mittlerer Größe' und HOLZ 'von Rinde und Bast befreiter Stamm der Bäume und Sträucher' (WAHRIG 1977: 1816) eingesetzt werden. Dies wird bei anderen Wortbildungen noch deutlicher, denn ein EINKÄUFER ist nicht *jemand, der einkauft*, sondern jemand, der hinsichtlich seiner Tätigkeit Repräsentant eines bestimmten Berufstyps ist, und eine PUTZFRAU ist nicht *eine Frau, die putzt* oder *eine putzende Frau*. Auch nicht jede „habituell" putzende Frau (KÜRSCHNER 1974: 93) ist eine Putzfrau, da auch Kellnerinnen und Lehrlinge Räume habituell putzen (so HERBERMANN 1981: 52). Durch die Rückführungen von Derivationen und Kompositionen auf Attributivkonstruktionen wird keine Inhaltsidentität bewiesen (so auch GAUGER 1971: 149), sondern es werden Bedeutungsindizierungen beschrieben, die relativ nahe an die lexikalische Bedeutung heranführen, aber auch von ihr noch recht weit entfernt sein können. Doch selbst bei einer Annäherung an die lexikalische Bedeutung unterscheiden sich Komposita von den Wortgruppen der Attributivkonstruktion „durch ihre einheitliche Gestaltung und im Zusammenhang damit auch durch eine etwas größere bedeutungsmäßige Einheitlichkeit" (SMIRNIZKI 1953: 844).

38.1 Den aufgezeigten Schwierigkeiten versuchen die genannten Autoren zu entgehen, indem sie durch die Gegenüberstellung von Lexikalisierung, Idiomatisierung, Nicht-Motiviertheit, De-Motivierung und Motivierung eine Reduzierung ihres Objektbereichs vornehmen (so auch ERNST 1981: 47, 49). KÜRSCHNER (1974: 28) unterscheidet „zwischen lexikalisierten und regulären (syntaktischen) Komposita", von denen „nur die regulären Bildungen syntaktisch beschrieben werden können, während lexikalisierte

Bildungen im Lexikon zu behandeln sind". Die regulären Komposita sind die motivierten Bildungen, deren Morpheme „auch außerhalb der im Wörterbuch vorkommenden Konstruktion als (freie oder gebundene) Morpheme auftreten können" (KÜRSCHNER 1974: 29). Über die tatsächliche Beschaffenheit der sog. Lexikalisierung fehlen aber nähere Angaben, ebenso über die Aufbauprinzipien des Lexikons (HERBERMANN 1981: 53). Dadurch bleiben die Grenzen zwischen Motivierung und Lexikalisierung fließend und lassen einen großen subjektiven Spielraum in den Zuordnungen offen.

38.2 Mit der Annahme von Lexikalisierungen wird nicht nur die These verbunden, daß durch sie „der Syntagmacharakter in mehr oder weniger starkem Maße" verlorengehe (LIPKA 1981: 120), sondern es werden auch Auffassungen vom sprachlichen Zeichen vertreten, die nicht haltbar sind. Nach LIPKA (1981: 121), für den Idiomatisierung und Demotivierung „Aspekte der Lexikalisierung" sind, ist mit der Demotivierung, „d.h. dem Verlust der Motivation – oder besser Motiviertheit eines Syntagmas", sogar „das Schwinden des Zeichencharakters einer oder mehrerer seiner Konstituenten" verbunden, wofür er als Beispiel das Kompositum *Uhrmacher* anführt. Dem steht entgegen, daß die Kompositionsglieder *Uhr* und *macher* eine Zeichenstruktur besitzen, die beim Kompositum *Uhrmacher* zur Bedeutungsindizierung genutzt wird, auch wenn dadurch die Inhaltsseite des Kompositums noch nicht vollständig erfaßt ist und Präzisierungen durch das Laufwissen (§ 33.4) notwendig werden. Die Bedeutungsindizierung kann als eine Invariante verstanden werden, die u.a. durch den Kontext um weitere semantische Merkmale angereichert wird, so daß das Semem des Kompositums entsteht. Mit Recht verweist SEPPÄNEN (1986: 91) darauf, daß dies „kein Spezifikum der Komposita" ist, „sondern genau das, was allen Sprachelementen in Redezusammenhängen geschieht".

38.3 Ein ähnlicher Motivationsbegriff wird auch von FLEISCHER (1982: 13) verwendet, obwohl er von einer morphologisch-semantischen Motivation ausgeht – im Gegensatz zur syntaktischen Motivation bei KÜRSCHNER und MOTSCH – und die Wortbildungslehre der Morphologie und nicht der Syntax zuordnet (1982: 28). Nach ihm bestimmt die „Polarität zwischen Motivation und Idiomatisierung" die „Entwicklung und Verwendung aller Morphemkonstruktionen", wobei es zwischen „den beiden Polen eindeutiger und vollständiger morphologisch-semantischer Motivation einerseits und völliger Idiomatisierung andererseits [...] allmähliche Übergänge" gebe (1982: 13).

38.4 Nach dem bisher Ausgeführten ist das Postulat einer völligen Motivierung von Wortbildungen nicht haltbar. Dennoch lassen sich Grade der Bedeutungsindizierung erkennen, die über Paraphrasen (§ 34) verdeutlicht und mit einem modifizierten Motivationsbegriff in der Skala von hoher bis geringer und schließlich 'verdunkelter' Motiviertheit verbunden werden können. Sowohl Komposita mit einem hohen Grad der Motiviertheit bei der Bedeutungsindizierung als auch solche mit einer 'verdunkelten' Motiviertheit bei der Bedeutungsindizierung sind morphologisch beschreibbar und gehören damit zum Gegenstand der Wortbildungsmorphologie.

2.2.2 Pseudo-, Portemanteau- und Suppletivmorpheme

39.1 Mit dem Aspekt der 'verdunkelten' Motiviertheit bei der Bedeutungsindizierung erscheint – wie bei den 'verdunkelten' Suffixen (§ 31) – ein diachrones Moment in der synchronen morphologischen Analyse der Gegenwartssprache. Es zeigt sich bei Wörtern wie BROMBEERE und BRÄUTIGAM. Zu *Brombeere* kann *Erdbeere* in Opposition gesetzt werden. Zu *Erdbeere* lassen sich Reihen wie *Erdball, Erdbeben* bzw. *Stachelbeere, Blaubeere* bilden. Auf diese Weise und wegen der ebenfalls synchron vorhandenen Simplizia ERDE und BEERE ist die morphologische Struktur von ERDBEERE mit {ērt} + {bērə} + {∅} anzugeben; es liegt ein Kompositum aus zwei Grundmorphemen $GM_1 + GM_2$ vor. Das GM_2 ist auch in BROMBEERE vorhanden; der verbleibende Rest <Brom> ist aber synchron an kein Simplex anschließbar, so daß ihm auch keine Inhaltsseite zugewiesen werden kann. Dennoch ist <Brom> isolierbar; es besitzt in Opposition zu *Stachelbeere, Blaubeere* auch eine Inhaltsseite, ohne daß sie aber exakt anzugeben ist. Die Feststellung der Inhaltsseite der Worteinheit BROMBEERE bereitet mit 'Rosengewächs mit glänzendschwarzen Früchten' (WAHRIG 1977: 762) jedoch keine Schwierigkeiten. Andererseits ist es aber notwendig, „daß jedes Fragment des Lautbestandes einer Äußerung einem bestimmten Morphem zugeordnet ist" (SERÉBRENNIKOW, III, 1976: 198).

39.2 Für eine synchrone Analyse ist es daher prinzipiell möglich, „die betreffenden Gebilde als monomorphematisch (aus nur einem Morphem bestehend)" (FLEISCHER 1982: 39) zu bezeichnen, also ein Grundmorphem {brombērə} anzusetzen. Gegen eine solche Morphemanalyse sprechen ein synchrones und ein diachrones Argument. Synchron ist durch die Oppositionen und Reihenbildungen ein GM {bērə} klar segmentierbar; der Rest besitzt distinktive Funktion, muß also als Morphem anerkannt werden. Unter diachronem Aspekt ist BROMBEERE auf ahd. *brāmberi* 'Brombeere' zurückführbar und mit den Simplizia *brāma* 'Dorn' und *beri* 'Beere, Traube' vergleichbar, woraus sich als Bedeutungsindizierung 'Beere des Dornenstrauchs' ergibt. In der Sprachstufe des Althochdeutschen liegt eine eindeutige Komposition vor, die als Worteinheit bis zur Gegenwartssprache tradiert wird. Der Charakter als Kompositum ist auch noch im Mhd. erkennbar. Erst im Frühnhd. wird auf den Gebrauch des Substantivs BRAME 'Dornstrauch' verzichtet. Damit wird die Bedeutungsindizierung reduziert, und das erste Kompositionsglied unterliegt den lautlichen Veränderungen, die zu nhd. *brom* führen. Die morphologische Durchsichtigkeit wird durch den Verlust des synchronen Nebeneinanders von GM in Simplizia und Komposita tangiert, was weitere Sprachwandelphänomene auf der Ebene der Phoneme hervorruft (HENZEN 1965: 74f.). WILMANNS (1930: 550) bezeichnet daher solche Bildungen als 'verdunkelte Komposita', „deren erstes Glied als selbständiges Wort nicht mehr begegnet". FLEISCHER (1982: 39) entschließt sich aufgrund der genannten Argumente zum Ansatz eines besonderen, von GM, RM und FM abzugrenzenden Morphemtypus, den des Pseudomorphems oder des unikalen/blockierten Morphems. Die Blockierung besteht dabei nicht ausdrucksseitig, sondern nur inhaltsseitig durch die fehlende Möglichkeit einer exakten Zuordnung einer lexikalischen Bedeutung, was wiederum die Kombinationsmöglichkeit mit verschiedenen anderen Morphemen ausschließt. Die Pseudomorpheme sind Ausdruck einer „Gegenwartsdiachronie" (LEISI 1978: 154) in einem auf der Wortebene problemlos funktionierenden sprachlichen Zustand. Wörter mit Pseudomorphemen entziehen sich nicht „jeglichem wortbildungstheoretischen Zugriff", und es ist für morphologische Analysen nicht notwendig, „daß hinter den betreffenden Segmenten Konzepte stehen, welche mit den entsprechenden einfachen Wörtern kompatibel sind." (so aber RICKHEIT 1993: 23).

39.3 Das Beispiel BRÄUTIGAM zeigt ein Pseudomorphem als zweites Kompositionsglied. Im Ahd. liegt aufgrund der Wörter BRŪTIGOMO 'Bräutigam', BRŪT 'Braut, junge Frau', GOMO 'Mann, Mensch' ein Kompositum aus zwei substantivischen GM mit der Bedeutungsindizierung 'Mann der jungen Frau' vor. Auch hier wird die Bedeutungsindizierung im Frühnhd. durch den fehlenden Gebrauch des Simplex GOME eingeschränkt, was weitere phonologische Veränderungen hervorruft (zu zusätzlichen Typen HENZEN 1965: 45f., 260f.; WILMANNS 1930: 550-555).

39.4 Im Hinblick auf Komposita bedeutet dies, daß sie aus zwei Grundmorphemen oder einem Grundmorphem und einem Pseudomorphem bestehen können, das als Erstglied oder als Zweitglied der Worteinheit auftreten kann.

40 Vor allem in Abgrenzung vom Grundmorphem und Formationsmorphem ergibt sich diese Definition des Pseudomorphems (vgl. SIMMLER 1987: 132): Pseudomorpheme sind Segmente, die in einer isolierten Kombination mit einem eindeutig ausdrucksseitig und inhaltsseitig bestimmbaren Morphem (Grundmorphem) zusammen auftreten und kompositionelle Wortformen der Einheit des Wortes konstituieren, ohne selbst eine reihenbildende Funktion zu besitzen. Sie verhalten sich aufgrund von Oppositionsbildungen bei Wortformen und Reihenbildungen beim Grundmorphem ausdrucksseitig wie Grundmorpheme mit teilweise entsprechender spezifischer Phonotaktik. Inhaltsseitig sind sie mit dem Grundmorphem am Aufbau einer lexikalischen Bedeutung beteiligt, ohne daß ihnen aber synchron – wohl aber diachron – eine explizite Inhaltsseite, ein Semem, zugewiesen werden kann.

41.1 Eine Durchsichtigkeit der Bedeutungsindizierung bei Komposita kann auch durch den Einfluß der sog. Volksetymologie angestrebt werden. Volksetymologie ist der Versuch der Sprachteilhaber, eine bereits im Gebrauch befindliche Worteinheit morphologisch an andere synchron vorhandene Simplizia anzuschließen, um ihre Bildungsweise durchsichtig zu machen und so die Verwendung des Wortes zu erleichtern. Volksetymologische Einflüsse zeigen sich im sekundär- und im primärsprachlichen Wortschatz. Nhd. *Armbrust* ’alte Schußwaffe mit Pfeilen‘ (WAHRIG 1977: 437) ist ein Lehnwort aus dem Lateinischen: Lat. *arcuballista* ’mit Bogen versehene Schleuder‘ setzt sich aus lat. *arcus* ’Bogen‘ und griech. *ballista* ’Wurfmaschine‘ zusammen und wird im Ahd. als *armbrust, armst* entlehnt. Dabei wird es ausdrucksseitig so umgestaltet, daß es an die Simplizia *arm* ’Arm‘ und *brust* ’Brust‘ angelehnt werden konnte, was auf eine volksetymologische Paraphrase der Bedeutungsindizierung wie ’Waffe, die mit Arm und Brust zu halten ist‘ schließen läßt.

41.2 Nhd. *Einöde* ’einsame Gegend‘ (WAHRIG 1977: 1025) ist ein primärsprachliches Wort, das im Ahd. aus dem adjektivischen Grundmorphem {ein} ’allein, einzig, verlassen‘ und dem Formationsmorphem {ōti} gebildet wurde, das vom Substantiv *ōdi* ’Verwüstung‘ synchron in der phonologischen Struktur deutlich zu trennen ist. Im Mhd. führt die Lenisierung von <t> zu <d> beim FM zu zwei phonologisch identischen Ausdrucksseiten. Da auch eine inhaltsseitige Nähe zwischen der lexikalischen Bedeutung des Derivats *einœde* ’Einsamkeit, Einöde‘ und dem Simplex *œde* ’unbebauter und unbewohnter Grund‘ bestand, konnte *einœde* auch volksetymologisch als Kompositum aus *ein* ’einsam‘ und *œde* aufgefaßt werden. Die Paraphrasierung der Bedeutungsindizierung ist etwa mit ’einsamer, unbebauter und unbewohnter Grund‘ anzugeben.

42 Werden die Ausführungen zur Entstehung neuer Grundmorpheme (§ 31), zu Pseudomorphemen und Volksetymologie zusammengefaßt, ergeben sich für ihre Existenz folgende diachrone Bedingungen: Ihre Entstehung setzt immer eine unterschiedlich lange sprachliche Tradition von Komposita und Derivaten bzw. einzelnen Simplizia voraus. Der Verlust eines Simplex, beider Simplizia oder einzelner Sememe führt zur synchronen morphologischen Undurchsichtigkeit einer tradierten Worteinheit in einem folgenden Sprachzustand. Als Ergebnis des Sprachwandels zeigen sich Pseudomorpheme, völlig neue Grundmorpheme oder volksetymologische neue morphologische Deutungsversuche. Alle Sprachwandelphänomene setzen die Einheit des Wortes als *langue*-Einheit voraus und ergeben – trotz ihrer Vielfalt in phonologischer, morphologischer und inhaltsseitiger

Hinsicht – in jedem Sprachstadium des Deutschen eine lexikalische Funktionalität. Da auch die Gegenwartssprache eine Einheit aus unterschiedlich alten sprachlichen Traditionen darstellt, führt deren Kenntnis zu einem besseren wissenschaftlichen Verständnis der synchron undurchsichtigeren morphologischen Zustände. Synchrone und diachrone Methoden ergänzen sich im wissenschaftlichen Bemühen um Erkenntnis und schließen sich bei aller methodologischen Differenz nicht aus.

43.1 Schwierigkeiten bei der morphologischen Analyse treten auch bei den unterstrichenen Segmenten in den Äußerungen (1) *Sie tritt ans Fenster.* – (2) *Sie tritt an das Fenster.* – (3) *Er geht zur Feier.* – (4) *Er geht zu der Feier.* auf. Nach GELHAUS (in: DUDEN 1984: 221) handelt es sich bei *ans, zur* um eine „Verschmelzung des Artikels mit bestimmten Präpositionen" (1995: 318 lautet die Überschrift 'Verschmelzungen (Kontraktionen)'), die dann auftritt, wenn die Artikelformen „schwach betont" (1995: 318 „nicht betont") sind, d.h. keinen Satzakzent erhalten. Aussagen zur morphologischen Struktur fehlen in beiden Auflagen. Sie werden von EISENBERG (1986: 255; 1994: 267) angedeutet, für den Verschmelzungen „Einheiten mit einem präpositionalen Anteil und einem Artikelanteil" sind, „wobei es nicht immer möglich ist, beide Anteile morphologisch voneinander zu trennen".

43.2 Für die morphologische Analyse hilfreich ist der ausdrucksseitige syntaktische Hinweis, daß die Verschmelzungen „in einer sonst von zwei Einzelmorphemen ausgefüllten Stellung" (SERÉBRENNIKOW, II, 1975: 197) erscheinen, wie aus den Beispielen (2) und (4) zu ersehen ist. Es existiert somit ein synchrones Nebeneinander von Verschmelzung und zwei Wortformen (WERNER 1994: 13), die jeweils aus einem Morphem bestehen. Dies nimmt VATER (1979: 41) zum Anlaß, die Verschmelzung als „Kurzform" den „'vollen' Formen" gegenüberzustellen.

43.3 Ausdrucksseitig erweisen sich die Verschmelzungen durch die syntaktische Funktionsgemeinschaft und die Zusammenschreibung und inhaltsseitig durch ihre spezifische Funktionalität als eine einzige Wortform, deren Wortartenzugehörigkeit noch zu ermitteln ist. Die Hauptfunktion der Verschmelzungen ist es, den Kasus des folgenden Nukleus festzulegen. Als Nebenfunktion kann die Markierung des Genus angesehen werden, doch geschieht dies nicht durch ein vollständiges Paradigma mit einem entsprechenden Relationsmorphemsatz. Es gibt Verschmelzungen wie *beim*, die nur einen Kasus, den Dativ, regieren und auf ein maskulines oder neutrales Genus verweisen, und Verschmelzungen wie *überm*, *übern*, *übers* mit Hinweisen auf Dativ Maskulinum oder Neutrum, Akkusativ Maskulinum und Akkusativ Neutrum. Eine Verschmelzung mit einer Genitivrektion gibt es nicht (EISENBERG 1986: 255; 1994: 267), ebenso keine mit substituierbaren Artikelformen im Plural (VATER 1979: 41). Es scheint daher angebracht zu sein, die Verschmelzungen als Subgruppe der Wortart Präposition anzusehen, sie morphologisch als aus einem einzigen Morphem bestehend zu analysieren und den neuen Morphemtypus mit der von HOCKETT (1947: 339) eingeführten Bezeichnung 'Portemanteaumorpheme' zu belegen, ohne aber seine Argumentation zu übernehmen (dazu § 49).

43.4 Inhaltsseitig kann zwischen *ans* und *an das* eine Inhaltsidentität gegeben sein (HABERLAND 1985: 103). Häufiger sind jedoch mit der Verwendung von Portemanteaumorphemen auch inhaltsseitige Unterschiede verbunden. Es wird durch sie mit dem Substantiv „ganz allgemein" ein Bereich „der Zugehörigkeit, der Herkunft, des Beschäftigtseins" (GELHAUS, in: DUDEN 1984: 222; 1995: 319) markiert, während die syntaktische Konstruktion aus Präposition + bestimmtem Artikel auf etwas Vorausgesetztes, durch den Kontext schon Erwähntes oder durch die Situation Gegebenes verweist (HARTMANN 1978: 73).

43.5 Die Spezifik bei der Verwendung von Präposition + bestimmtem Artikel wird von GELHAUS (in: DUDEN 1984: 222) mit einer sog. 'demonstrativen Kraft' in Verbindung gebracht. In der Auflage von 1995 (DUDEN 1995: 320) wird eine 'demonstrative Funktion' des Artikels bei Zeitangaben angenommen. Das kann aber noch nicht bedeuten, daß der bestimmte Artikel bereits in ein Demonstrativpronomen übergegangen ist, denn das setzt die Verwendung des Satzakzents voraus, während die 'demonstrative Kraft' oder 'demonstrative Funktion' auch ohne ihn wirken kann.

43.6 Ein synchrones Nebeneinander von Portemanteaumorphem und Präposition + bestimmtem Artikel ist nicht in allen Kontexten gegeben. Einschränkungen in der Substituierbarkeit ergeben sich durch die Verwendung eines Portemanteaumorphems in festen Wendungen (*Sie legte ihm die Reise ans Herz.*), in Datumsangaben (*Wir treffen uns am elften Mai.*) und in der „Fügung *am* + Superlativ" (GELHAUS, in: DUDEN 1984: 222; 1995: 319). Solche Restriktionen tangieren jedoch den Befund einer potentiellen Substituierbarkeit mit und ohne Inhaltsunterschieden, die für die Definition des Portemanteaumorphems wichtig ist, nicht.

44 Die Gesamtanzahl der in der Schriftsprache zugelassenen Portemanteaumorpheme ist relativ begrenzt, auch wenn durch den Einfluß der Formen gesprochener Sprache, der Standardsprache und der Umgangssprachen, die Grenzen fließend sind. Dies gilt auch für die wechselseitigen Beeinflussungen von standardsprachlichen und umgangssprachlichen Formen gesprochener Sprache. Als nur umgangssprachlich gelten Formen wie *an'n* (*Setz dich an'n Kamin!*), *auf'n* (*Setz dich auf'n Stuhl!*), die bei ihrer schriftlichen Wiedergabe durch einen Apostroph als Portemanteaumorphem markiert werden. Nur *vorn* (*Setz dich nicht schon wieder vorn Fernseher!*) wird bereits ohne Apostroph geschrieben. Umgangssprachlich gibt es auch Portemanteaumorpheme, die aus der Verschmelzung von verbaler Wortform und bestimmter Artikelform entstehen (*Er schlug'n* [=*schlug den*] *Nagel in die Wand*; GELHAUS, in: DUDEN 1984: 223; 1995: 320).

45 Aus den vorgeführten Überlegungen ergibt sich diese Portemanteaumorphemdefinition: Portemanteaumorpheme sind kleinste, ausdrucksseitig und inhaltsseitig distinktive Einheiten der *langue*, die in gleicher syntaktischer Position in einem synchronen Nebeneinander mit zwei syntaktisch verbundenen, meist aus jeweils einem Morphem konstituierten Wortformen vorkommen und allein dieselbe grammatische und lexikalische Bedeutung signalisieren wie diese. Ausdrucksseitig bestehen sie aus mehreren kontinuierlich angeordneten Phonemen, die weitgehend mit Teilen des Phonembestandes der substituierbaren Wortformen übereinstimmen, ohne daß eine exakte phonotaktische Trennung und damit eine morphologische Distinktion möglich ist. Inhaltsseitig zeigen sie neben gleicher grammatischer und lexikalischer Bedeutung wie ihre potentiellen Substitute auch zusätzliche inhaltsseitige Merkmale.

46 Eine den Portemanteaumorphemen teilweise vergleichbare, in anderen Aspekten aber von ihnen zu unterscheidende morphologische Struktur liegt in den Wortformen zum Paradigma des Verbs SEIN vor (§ 93.1). Aus den Oppositionen von *ich bin* : *ich war* bzw. von *er ist* : *wir sind* lassen sich zwar die grammatischen Kategorien des Verbs Tempus, Modus, Person, Numerus und Genus verbi gewinnen, eine weitergehende morphologische Analyse in Grundmorpheme und Relationsmorpheme wie bei den Verbformen *ich spiele* : *ich spielte*, *er spielt* : *wir spielen* bzw. *ich binde* : *ich band*, *er bindet* : *wir binden* (§§ 82.11, 89.1) ist jedoch bei den Verbformen *bin*, *ist* und *sind* aus dem Teilparadigma des Präsens Indikativ nicht möglich, während aufgrund von Oppositionen wie *ich war* : *du warst* : *wir waren* im Teilparadigma des Präteritum Indikativ eine Segmentierung in ein Grundmorphem {vār} und die Relationsmorpheme {∅}, {st} und {ən} vorgenommen werden kann. Phonotaktische Ähnlichkeiten bei den Verbformen *ich bin*, *du bist* bzw. *wir sind*, *ihr seid* weisen zwar auf eine ehemals vorhandene, durch etymologische Überlegungen für das Indogermanische erschließbare Segmentierbarkeit hin, die aber im Germanischen und speziell innerhalb der Geschichte der deutschen Sprache verschiedenen Sprachwandelphänomenen unterlag und zur morphologischen Unsegmentierbarkeit in der Gegenwartssprache führte (VON KIENLE 1969: 264). Für die Verbformen {bin}, {bist}, {ist}, {zait}, {zint} ist somit eine monomorphematische Struktur anzusetzen. Die aus einem Morphem bestehenden Verbformen werden in einem Gesamtparadigma verwendet, um ein solches zu konstituieren. Sie treten neben Verbformen mit klarer morphologischer Segmentierbarkeit in GM und RM auf und ergänzen das Paradigma an den Stellen, an denen die GM eines anderen Teilparadigmas nicht zur Bildung von Wortformen verwendet werden, damit eine vollständige paradigmatische Struktur entstehen kann. Wegen ihrer paradigmaergänzenden Funktion werden sie Suppletivformen genannt (SZEMERÉNYI 1980: 184f., 282f.).

47 Die Suppletivformen haben mit den Portemanteaumorphemen (PoM) die Funktion gemeinsam, daß sie in einem Morphem die Inhaltsseiten signalisieren, die in anderen vergleichbaren Wortformen durch zwei Morpheme ausgedrückt werden. Von den PoM unterscheiden sie sich aber durch folgende Eigenschaften: Bei den PoM sind zwei Morpheme zweier verschiedener Wortformen zweier Wortarten zu einer neuen Einheit verbunden, während es bei den Suppletivformen zwei Morpheme einer einzigen vergleichbaren Wortform einer einzigen Wortart sind. Bei den PoM kann ein synchrones Nebeneinander zur syntaktischen Konstruktion aus zwei Wortformen erkannt werden, so daß die morphologischen Entstehungsprozesse synchron nachvollzogen werden können; bei den Suppletivformen muß die ehemals vorhandene morphologische Struktur durch die Etymologie erschlossen und durch Vergleiche innerhalb des Gesamtparadigmas bzw. zu anderen Paradigmata plausibel gemacht werden; das Suppletivwesen „setzt feste paradigmatische Beziehungen zwischen den verschiedenen Flexionsformen eines und desselben Wortes voraus" (BECHERT 1969a: 22). Bei den PoM spielen im Gegensatz zu den Suppletivformen paradigmatische Strukturen keine Rolle. Insgesamt liegen mehr Unterschiede als Gemeinsamkeiten vor, so daß es besser ist, für die Suppletivformen einen eigenen Morphemtypus, den des Suppletivmorphems, anzusetzen, als die Suppletivformen als Subgruppe der PoM zu begreifen.

48 Das Suppletivmorphem läßt sich vor allem wegen des Unterschieds zum Portemanteaumorphem so definieren: Suppletivmorpheme sind kleinste, ausdrucksseitig und inhaltsseitig distinktive Einheiten der *langue*, die innerhalb eines Gesamtparadigmas zusammen mit anders morphologisch strukturierten Wortformen vorkommen, um eine vollständige Paradigmatik zu ermöglichen. Ausdrucksseitig haben sie eine spezifische Phonotaktik, die sie von den übrigen Wortformen des Paradigmas deutlich abhebt; einzelne Übereinstimmungen im Phonembestand zwischen den Suppletivmorphemen eines Teilparadigmas lassen weder eine phonotaktische Trennung noch eine morphologische Distinktion zu. Inhaltsseitig besitzen sie die gleiche lexikalische und kategoriale Bedeutung wie die übrigen Wortformen des Paradigmas und signalisieren die gleichen grammatischen Kategorien der jeweiligen Wortart, jedoch in jeweils spezifischer morphologischer Ausprägung.

49.1 Mit dieser Definition des Suppletivmorphems (SM) und seiner Abgrenzung vom Portemanteaumorphem (PoM) wird der sehr weite Interpretationsspielraum beseitigt, den das PoM seit HOCKETT hatte (§ 43) und mit dem es auch in die morphologische Analyse des Deutschen übernommen wurde. Für HOCKETT (1947: 339) sind auch die Verbformen *sie beißen* und *sie bissen* als Portemanteaumorpheme aufzufassen, weil sie aufgrund des Vergleiches mit *sie spielen* und *sie spielten* die Opposition der grammatischen Kategorien von Präsens und Präteritum anders als diese ausdrücken. Im Hinblick auf die morphologische Analyse von englisch *took* gegenüber *take* lehnt HOCKETT (1954: 223f.) eine Interpretation als „a single morpheme" ab, weil sie „controverts the tactical parallelism between *took* and *baked* and many other obviously composite forms". Diese von PALMER (1974: 109) und STAMMERJOHANN (1975: 279) übernommene Konzeption beachtet die Einheit des Wortes und seine Paradigmatik ebensowenig wie die ausdrucksseitigen Unterschiede in der Phono- und Morphotaktik. Sie setzt vielmehr die inhaltsseitigen Gemeinsamkeiten absolut, die aber nur darin bestehen, daß gleiche grammatische Kategorien gekennzeichnet werden. Aufgrund der Oppositionen von *sie beißen* zu *er beißt* bzw. *sie bissen* zu *er biß* ergibt sich für die Verbformen eine weitergehende morphologische Distinktion in die GM {bais} und {bis} und die RM {ən}, {t} und {∅}. Anders als bei der präteritalen Verbform *sie spielten* mit dem GM {špīl} und den beiden RM {t} und {ən}, bei der die Tempuskategorie durch ein spezifisches Morphem signalisiert ist, ist bei *sie bissen* die Tempuskategorie mit dem GM verbunden, das auch auf die lexikalische Bedeutung hinweist. Der gleichzeitige Hinweis auf mehrere grammatische Kategorien – {bis} verweist auch noch auf Modus und Genus verbi – durch ein Morphem – hier durch ein GM – kann jedoch nicht schon zum Ansatz eines Portemanteaumorphems führen, weil sonst eine Übereinstimmung zwischen einer grammatischen Kategorie und ihrer Repräsentation durch ein Morphem postuliert wird, obwohl eine solche 1:1-Relation durch Oppositionsbildungen nicht zu rechtfertigen ist. Für *sie beißen* und *sie bissen* scheidet daher eine Interpretation als PoM oder SM aus.

49.2 Die Orientierung an morphologischen Strukturen, die wegen der Abfolge von Morphemen innerhalb einer Wortform mit jeweils spezifischer Funktionalität als 'normal' oder 'regulär' angesehen werden, ist für HOCKETT (1947: 339) die Voraussetzung, um englisch *men* „as a single portmanteau morph, representing the morpheme sequence {man} + {s}" aufzufassen. Die Morphemfolge {man} + {s} wird in Analogie zu *bed* und *beds* konstruiert, wo das Morphem {s} aber tatsächlich – jedoch als [z] – auch ausdrucksseitig realisiert ist, während es bei {man} + {s} reines Konstrukt einer *men* angeblich zugrunde liegenden morphologischen Struktur ist. Darüber hinaus geht HOCKETT beim Ansatz des Morphems {s} von der graphischen Repräsentation <s> in *beds* aus, obwohl das <s> – in seiner Terminologie – ein Allomorph /z/ repräsentiert (§ 54.2). Hier und bei der Übertragung auf die Gegensätze von *sing* : *sang* bzw. *sie beißen : sie bissen* entfernt sich das metasprachliche Darstellungsverfahren von der synchron vorhandenen Opposition *man : men* nicht nur durch die ausschließliche

Berücksichtigung der Inhaltsseite sprachlicher Zeichen, sondern auch durch die Konstruktion einer einheitlichen Tiefenstruktur unter Vernachlässigung der Oberflächenstruktur. Daher kann auch für diese Fälle kein PoM oder SM angenommen werden.

49.3 Bei KASTOVSKY (1971: 17) wird schließlich die bei HOCKETT vorbereitete Gleichsetzung von grammatischer Kategorie und Morphemen vorgenommen, wenn er das Morphem {ə} in *ich spiele* als Portemanteaumorphem interpretiert, weil „person and number always occur together and thus form a complex morphemic unit (portmanteau)". Jetzt ist überhaupt keine synchrone Vergleichsgrundlage für eine solche Aussage mehr vorhanden, sondern entscheidend ist ein sprachtheoretisch aufgestelltes Postulat, daß jede grammatische Kategorie durch ein Morphem repräsentiert werden müsse. Eine so weite Auslegung des PoM-Begriffs macht ihn unpraktikabel und geht an den nachweisbaren distinktiven Funktionen vorbei.

49.4 Ein weiter, aber durchaus möglicher PoM-Begriff wird von WEBER (1973: 168) bei der Anwendung auf die deutsche Sprache verwendet. In Analogie zum Gegensatz von *ich spiele : ich spielte* wird zunächst die Opposition von *ich bin : ich war* als solche von Portemanteaumorphemen begriffen. Dann werden auch die Formen der Graduierung bei *gut, besser, am besten* bzw. *viel, mehr, am meisten* aufgrund des Vergleichs zu den morphologisch segmentierbaren Wortformen *lieb, lieber, am liebsten* unter dem PoM-Begriff subsumiert (WEBER 1973: 171). Wenn dieser PoM-Begriff beibehalten wird, müssen zwei Subgruppen von PoM unterschieden werden: In der ersten Subgruppe ist ein tatsächliches synchrones Nebeneinander von Portemanteaumorphemen und zwei Morphemen zweier Wortformen gegeben. Sie entspricht der hier für das PoM im engeren Sinne gegebenen Definition. In der zweiten Subgruppe kommen die PoM vor, die aufgrund des Vergleichs zu morphologisch zweigliedrig strukturierten Wortformen als morphologisch eingliedrig mit gleicher Funktionalität zu analysieren sind. Es handelt sich um die paradigmatisch bedingten Strukturen, die hier von den PoM als eigener Morphemtypus, als Suppletivmorpheme, abgegrenzt wurden.

50.1 Bei den Suppletivmorphemen lassen sich aufgrund der internen phonologischen Struktur mehrere Subgruppen unterscheiden (WERNER 1977: 271). Die erste Subgruppe enthält solche paradigmatisch verbundenen Wortformen, die bei Teilparadigmata keine Ähnlichkeit in ihrer Phonotaktik besitzen. Zu dieser Subgruppe gehört das Verbum SEIN mit den Teilparadigmata von Präsens Indikativ (*ich bin, du bist, er ist, wir sind, ihr seid, sie sind*) und Präteritum Indikativ (*ich war, du warst, er war, wir waren, ihr wart, sie waren*).

50.2 Die zweite Subgruppe besteht aus paradigmatisch verbundenen Wortformen, die in Teilparadigmata Elemente enthalten, die in anderen Paradigmata zu Grundmorphemen hinzutreten und als Relationsmorpheme segmentierbar sind, in den gegebenen Wortformen jedoch nur eine phonologische Vergleichbarkeit ohne Segmentierbarkeit besitzen. Diese Subgruppe wird von den Graduierungsformen *gut*, *besser*, *am besten* bzw. *viel*, *mehr*, *am meisten* gebildet. In *besser* ist die Phonemfolge /ər/ nachzuweisen, die bei der Graduierung von *lieb* in *lieber* als RM {ər} mit der Funktion der Komparativkennzeichnung neben dem GM {līb} erkennbar ist. Diese Funktionalität hat /ər/ in *besser* nicht mit gleicher Deutlichkeit, da sonst der Phonemfolge /bɛs/ ein Grundmorphemstatus mit lexikalischer Bedeutung zugewiesen werden müßte. Die Superlativform *am liebsten* ist morphologisch in das GM {līp}, das RM {st} mit Superlativkennzeichnungsfunktion und das RM {ən} zu segmentieren. Die Phonemfolgen /st/ und /ən/ erscheinen auch bei *am besten*, doch führte ihre Interpretation als Relationsmorpheme zum Ansatz eines GM {bɛ}. WEBER (1973: 171) betrachtet in der ersten Auflage seines Lexikonartikels eine solche Segmentierung neben einer Auffassung als PoM als gleichberechtigte Analysemöglichkeit, während er in der zweiten Auflage beide Klassifikationsformen nicht mehr erwähnt, sondern nur noch feststellt, daß „eine Segmentierung problematisch" (1980: 165) sei. Bei *mehr* und *am meisten* müßten die Klassifikationen zu den Morphemen {mē} und {r} bzw. {mai}, {st} und {ən} führen. Vor allem die Schwierigkeiten der Verbindung einer lexikalischen Bedeutung mit den als Grundmorphemen zu interpretierenden Phonemfolgen läßt synchron die Annahme von Suppletivmorphemen mit Resten einer morphologischen Segmentierbarkeit als bessere Klassifikation erscheinen.

50.3 Die dritte Subgruppe wird von den Formen des bestimmten Artikels gebildet. Ihre Besonderheit besteht darin, daß im gesamten Paradigma ausdrucksseitig auf der Graphebene und teilweise auch auf der Phonemebene Elemente vorkommen, die beim unbestimmten Artikel oder beim Demonstrativpronomen (vgl. §§ 150.10f.; 154.4f.) als Repräsentationen von Relationsmorphemen aufzufassen sind. So können die Wortformen des maskulinen Teilparadigmas des unbestimmten Artikels *ein*, *eines*, *einem*, *einen* in das GM {ain} und die RM {∅}, {əs}, {əm}, {ən} morphologisch segmentiert werden. Die Wortformen des Demonstrativpronomens im maskulinen Teilparadigma *dieser*, *dieses*, *diesem*, *diesen*; *diese*, *dieser*, *diesen*, *diese* bestehen aus dem GM {dīz} und den RM {ər}, {əs}, {əm}, {ən}, {ə}. Die Wortformen des bestimmten Artikels *der*, *des*, *dem*, *den*; *die*, *der*, *den*, *die* sind graphisch vergleichbar, ohne aber eine Segmentierung in ein GM {d} und entsprechende RM zu ermöglichen. Eine solche morphologische Analyse wird zwar erwogen, wegen der fehlenden Zuordnungsmöglichkeit einer lexikalischen oder grammatischen Bedeutung zum {d} aber mit Recht wieder verworfen (VATER 1979: 16 Anm. 6). Außerdem besteht die Vergleichbarkeit ausdrucksseitig vor allem auf der Graphebene, während phonologisch bei /dēr/, /dɛs/, /dēm/, /dēn/ Unterschiede in der Vokalqualität und vor allem der Vokalquantität existieren, die die Vergleichbarkeit einschränken und zusammen mit der Unmöglichkeit einer inhaltsseitigen Differenzierung für den Ansatz von Suppletivmorphemen sprechen.

50.4 Zu den Subgruppen des Suppletivwesens möchte WERNER (1977: 271f.) auch die Gegensätze von *geh : ging* und diejenigen von *Bau : Baut-en, hab-e : ha-tte* rechnen und sie den Typen Ä bzw. ÄF zuweisen. Nach ihm liegen „Suppletivwurzeln" vor, „die lautlich zwar irgendwelche, z.T. sogar große Ähnlichkeiten zeigen, die aber trotzdem nicht nach generellen Regeln voneinander ableitbar sind; sie können für sich stehen (Typ Ä) oder mit den üblichen Flexiven (Typ ÄF)". Bei *ich gehe* : *ich ging : ich bin gegangen* erscheinen im Gesamtparadigma des Verbs GEHEN drei Grundmorpheme, die außer durch den Wechsel der Vokale in den GM {gē}, {giŋ}, {gaŋ} am Ausgang der GM der präteritalen Teilparadigmata noch das Phonem /ŋ/ zeigen, das neben dem Vokalwechsel an der Signalisierung der Tempuskategorie beteiligt ist. In allen Teilparadigmata ist ein GM mit einem Relationsmorphemsatz verbunden, so daß eine morphologische Distinktion möglich ist, die eine Einordnung unter die Suppletivmorpheme nicht gestattet. Das Argument einer fehlenden Generalisierbarkeit von Regeln hat mit dem Suppletivwesen nicht direkt zu tun, denn es trifft auch auf alle Verben wie *ich stoße, ich stieß, ich habe gestoßen* zu, deren Vokalwechsel in den GM bei gleichem Konsonantenbestand nur einmal vorkommt (vgl. GELHAUS, in: DUDEN 1984: 127; 1995: 125). Der Wechsel von Konsonanten am Ausgang von GM ist nicht auf das Verb GEHEN beschränkt (GELHAUS, in: DUDEN 1984: 129; 1995: 127); er ist als sekundäres Merkmal der Phonotaktik von GM neben dem primären Merkmal des Vokalwechsels zu erfassen und begründet Subgruppen in der Klasse von Verben, die primär nach dem Vokalwechsel in den GM klassifiziert werden (§ 103.4); eine Suppletivform wird durch dieses sekundäre Merkmal noch nicht begründet (anders jedoch PLANK 1981: 30, der Suppletion mit einer „ausdrucksseitig unsystematischen Beziehung zwischen paradigmatischen Formen" gleichsetzt und damit viel zu weit faßt). Der Aspekt der Herleitbarkeit einer Wortform aus einer anderen ist ein metasprachliches Darstellungsverfahren, dessen Problematik bei Suppletivformen besonders deutlich wird, aber nicht auf sie beschränkt ist (§§ 56.1-5). Auch er ist daher nicht geeignet, bei den Wortformen von GEHEN eine Suppletivität nachzuweisen.

50.5 Anders als bei GEHEN liegen die Verhältnisse bei *Bau* und *Bauten*. Hier handelt es sich um zwei Wörter BAU und BAUTEN. Das Wort BAU ist mit den Sememen 'Errichtung, technisches oder organisches Gefüge' ein Substantiv, das „nur ungegliederte Objekte" bezeichnet (HELBIG/BUSCHA 1986/1994: 276). Es ist daher ein auf den Singular beschränktes Singulariatantum. Durch die Opposition *der Bau : des Baus* zeigt sich seine interne morphologische Struktur aus GM {bao} und den RM {∅}, {s}. Auf der Basis des GM {bu̅w} wurde im Mittelniederdeutschen mit Hilfe des FM {etə} das neue Substantiv *bu̅wete* gebildet (HENZEN 1965: 175), das durch lautliche Entwicklungen zu *Baute* mit der Pluralform *Bauten* wurde. In die überregionale Schriftsprache und die Standardsprache fand nur die Pluralform Eingang, während die Singularform nur regional gebraucht wird (KLUGE/MITZKA 1975: 58; KLUGE/SEEBOLD 1995: 86f.; PFEIFER 1989: 132f.). *Bauten* mit dem Semem 'Gebäude' bezeichnet gegliederte Objekte und ist als Pluraliatantum auf den Plural beschränkt. Die Opposition *Baute : Bauten* (vgl. *Löwe : Löwen*) zeigt die interne morphologische Struktur aus GM {baotə} und RM {n}, wobei das GM diachron gesehen ein Grundmorphem zweiten Grades ist, dessen interne morphologische Struktur aber in der Schriftsprache der Gegenwartssprache nicht mehr zu erkennen ist, so daß synchron nur ein einziges GM anzusetzen ist. Da auch das Singulariatantum BAU das Semem 'Gebäude' besitzt, kann das Pluraliatantum *Bauten* als Pluralform zu *Bau* aufgefaßt werden. Singulariatantum und Pluraliatantum werden zu einem Paradigma verbunden, um beide Numeri zu einem Semem ausdrücken zu können. Werden mit WERNER (1977: 271) unter Suppletivwesen die Sonderfälle zusammengefaßt, „bei denen eine grammatische Kategorie ausnahmsweise statt durch flexivische Mittel (auch) durch lexikalische ausgedrückt wird", dann liegt im aus *Bau* und *Bauten* gebildeten Paradigma eine besondere Form des Suppletivwesens vor. Die erkennbare interne morphologische Struktur zeigt aber, daß die Vollständigkeit des Paradigmas nicht mit Hilfe von Suppletivmorphemen hergestellt wird, sondern durch den Zusammenschluß verschiedener GM mit entsprechenden RM.

50.6 Eine Verbindung verschiedener GM zu einem Paradigma exisistiert auch beim Verb HABEN (vgl. § 80.10). Die GM stammen aus zwei verschiedenen Ausgangsparadigmata, eines mit nicht-kontrahierten Wortformen und eines mit kontrahierten, die im Neuhochdeutschen durch die Mischung nicht-kontrahierter und kontrahierter Wortformen zu einem Paradigma verbunden wurden (WERNER 1977: 276). Die Oppositionen von *ich habe : ihr habt* bzw. *du hast : er hat* lassen aber eine interne morphologische Struktur erkennen, die aus den GM {ha̅b}, {ha̅p} bzw. {ha} und den RM {ə}, {t} und {st} besteht. Wiederum liegt eine Sonderform des Suppletivwesens vor, ohne den Typus des Suppletivmorphems bei der Paradigmenkonstitution zu verwenden.

2.2.3 Morphemtypen und die Unterscheidung von Morphem, Morph und Allomorph

51 Die Spezifizierungen des Kriteriums der internen morphologischen Struktur (§ 23) haben zur Unterscheidung von insgesamt sechs Morphemtypen in der deutschen Gegenwartssprache geführt. Sie können in einer Skizze zusammengefaßt und in Bezug zum Morphembegriff gesetzt werden:

Skizze 2: Morphem und Morphemtypen

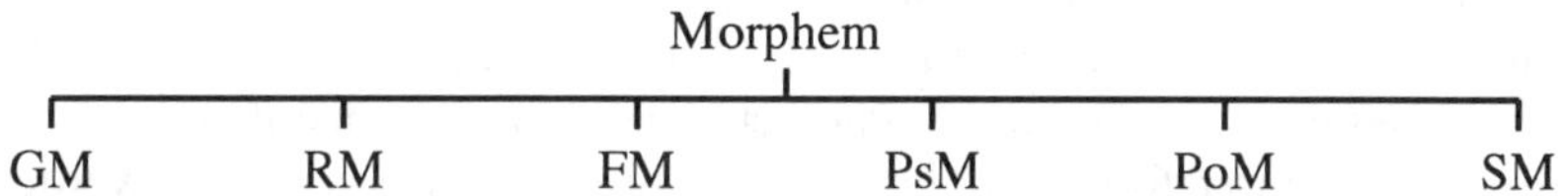

Das Schema macht zugleich deutlich, daß der Morphembegriff auf einer höheren Abstraktionsebene liegt als die sechs Morphemtypen. Er vereinigt in sich die Eigenschaften, die den sechs Typen gemeinsam sind und vernachlässigt diejenigen, die diese Typen in besonderer Weise konstituieren. Ein so abstrakter Morphembegriff dient vor allem zur Abgrenzung von den Einheiten des Phonems und des Wortes oder Satzes, bei denen vergleichbare Abstraktionsebenen zu unterscheiden sind.

52 Werden die gemeinsamen Eigenschaften der sechs Typen zusammengefaßt, dann kann folgende Morphemdefinition gegeben werden, die in Abgrenzung von der Wortdefinition (§ 22) den Begriffsumfang des Morphems (§ 5) präzisiert (SIMMLER 1987: 127): Ein Morphem ist die kleinste, ausdrucksseitig und inhaltsseitig distinktive Einheit der *langue*. Allein oder in Verbindung mit einem oder weiteren Morphemen ist es am Aufbau von einer Wortform oder von Wortformen der Einheit des Wortes beteiligt. Inhaltsseitig signalisiert das Morphem eine lexikalische, eine grammatische oder eine lexikalische und grammatische Bedeutung. In Verbindung mit einem Grundmorphem kann bei einer Wortformkonstitution ein Relationsmorphem auch Null sein.

53 Nach der Definition der *langue*-Einheit des Morphems und der Morphemtypen lassen sich auch die Auffassungen vom Morph als Einheit der *parole* (§ 11) präzisieren. Dabei kann auf eine Definition von HEIKE (1972: 40) zurückgegriffen werden, die um graphische Aspekte zu erweitern ist (SIMMLER 1987: 127): Ein Morph ist die graphisch oder phonisch variierende Realisation eines Morphems in der *parole* bei gleichbleibender Inhaltsseite. Die Realisation kann aus einem oder mehreren Graphen bzw. Phonen bestehen. Bei paradigmatisch gebundenen Wortformen kann die Realisation eines Relationsmorphems in Verbindung mit der Realisation eines Grundmorphems auch Null sein.

54.1 Von der Definition der Einheiten des Morphems und Morphs ist der Gebrauch der Einheit des Allomorphs abhängig. Das Allomorph wurde von NIDA (1948/1976: 152 mit Anm. 13) in die morphologische Analyse eingeführt, weil nicht jedes Wort nur aus einem einzigen Morphem besteht, sondern verschiedene Wortformen eine Worteinheit konstituieren können. Um diese Alternationen von Wortformen zu erfassen, formuliert NIDA (1948/1976: 152-154) die Prinzipien 2 und 3 zur Identifikation von Morphemen. Gemeinsam ist beiden Prinzipien diese Grundaussage: „Formen, die einen gemeinsamen Bedeutungsunterschied zu anderen Formen haben, sich aber in der Lautform unterscheiden (das heißt, ihren lautlichen Bestandteilen oder deren Zusammenfügung), bilden ein einziges Morphem". Die Grundaussage wird um zwei Voraussetzungen erweitert, nämlich „daß die Distribution ihrer formalen Unterschiede phonologisch bestimmt werden kann" (Prinzip 2) bzw. beim Fehlen dieser Bedingung, daß „die Formen in komplementärer Verteilung stehen", wodurch die „Distribution morphologisch bestimmt ist" (Prinzip 3). Die beiden Prinzipien führen zum Allomorph-Begriff, denn die „Morphemalternanten können praktischerweise ALLOMORPHE genannt werden" (ebd.: 152 Anm. 13). Der Terminus Allomorph wird zum Terminus Morphem gebildet, um eine Entsprechung zur Gegenüberstellung von Allophon und Phonem auszudrücken.
54.2 Als Beispiel für phonologisch bestimmte Allomorphe führt NIDA die Pluralformen englischer Substantive an. Der 'gemeinsame Bedeutungsunterschied' ist bei ihnen in der mit den jeweiligen lexikalischen Bedeutungen verbundenen grammatischen Kategorie des Numerus gegeben. In *beds* 'Betten', *bets* 'Wetten', *roses* 'Rosen' kommen die Allomorphe /-z/, /-s/ und /-əz/ vor, wobei die metasprachliche Darstellung NIDAS beibehalten wird, obwohl bei *roses* nicht /əz/, sondern /iz/ vorliegt (vgl. § 74.2). Ihre Verteilung richtet sich nach dem phonologisch differenzierbaren Ausgang des sog. Stammallomorphs. Befindet sich an dieser Stelle ein stimmhafter Konsonant (ein Verschlußlaut, Reibelaut, Nasal oder Liquid) oder ein Vokal, dann steht das Allomorph /-z/ (*beds*). Endet das Stammallomorph auf einen stimmlosen Konsonanten (*bets*), erscheint das Allomorph /-s/. Bei einem Ausgang auf einen Sibilanten, einen Zischlaut (*roses*), kommt das Allomorph /-əz/ vor. Diese Alternation wird von NIDA metasprachlich als /-əz ~ -z ~ -s/ dargestellt, wobei das Symbol ~ zur Kennzeichnung der phonologischen Bestimmtheit verwendet wird. Alle drei Allomorphe bilden gemeinsam das Morphem /-əz ~ -z ~ -s/, das die grammatische Kategorie des Plurals bei Substantiven signalisiert.
54.3 Auch morphologisch bestimmte Allomorphe werden mit Hilfe von Pluralformen von Substantiven belegt. So zeigt *oxen* 'Ochsen' nach NIDA (1948/1976: 154f.) das Allomorph /ən/ und *sheep* 'Schafe' das Allomorph /∅/. Bei *oxen* geht das Stammallomorph auf einen Sibilanten aus, ohne daß

das Allomorph /-əz/ verwendet wird. Bei *sheep* wird trotz des Ausgangs auf einen stimmlosen Konsonanten kein Allomorph /-s/ verwendet; vielmehr wird in Analogie zu *bed, beds* ein Nullallomorph angenommen. In beiden Fällen kann das Pluralallomorph nicht mit Hilfe einer Regel hergeleitet werden, sondern seine Verwendung ist für jedes Stammallomorph einzeln festzulegen, was als morphologische Bestimmtheit interpretiert wird. Morphologisch bestimmte Alternanten werden durch das Symbol ∞ gekennzeichnet. Für die angeführten Beispiele kann somit das Morphem /(-əz ~ -z ~ -s) ∞ -ən ∞ ∅/ angesetzt werden.

55 Die von NIDA gewählte metasprachliche Darstellung, in der die interne phonologische Struktur der Allomorphe noch angegeben wird, wird von anderen Sprachwissenschaftlern übernommen und zum Teil weiterentwickelt. So wird NIDAS Morphem /-əz ~ -z ~ -s/ von GLEASON (1955/1961: 82) als „English noun plural morpheme $\{-Z_1\}$" wiedergegeben. Als Morphem erscheint jetzt nur noch die Ausdrucksseite eines einzigen Allomorphs, ohne daß für die Auswahl – wie schon bei BLOOMFIELD (1933/1967: 164) – Kriterien angegeben werden bzw. genannt werden können. Bei KASTOVSKY (1973b: 164, 1973c: 367) und MUGDAN (1977: 30) wird das Morphem als {Plural} gekennzeichnet. Hier ist das Morphem nur noch eine inhaltsseitig bestimmte Einheit, die mit der Angabe einer oder mehrerer grammatischer Kategorien zusammenfällt. Entsprechend ist das Morphem als „eine Menge von Minimalzeichen mit bestimmtem Inhalt und beliebigem Ausdruck" (MUGDAN 1977: 31) ohne jeden Bezug zur Ausdrucksseite und zum Aufbau sprachlicher Zeichen definiert. Auf diese Weise wird das Homogenitätsprinzip verletzt, denn die *langue*-Einheiten der Phoneme und Morpheme werden unterschiedlich definiert und sind damit im Rahmen einer Grammatiktheorie nicht mehr miteinander verbindbar. Während ein Allophon eine ausdrucksseitige Variante des ausdrucksseitig definierten Phonems ist, ist ein Allomorph eine ausdrucksseitige Variante eines inhaltsseitig definierten Morphems. Die Inhomogenität wird erst aufgehoben, wenn das Morphem ausdrucksseitig und inhaltsseitig definiert ist (zur Problematik MUGDAN 1986: 38f.).

56.1 Der nur ausdrucksseitig orientierte Allomorph-Begriff und die Nicht-Berücksichtigung der *langue*-Einheit des Wortes wirkten sich auf die morphologische Analyse von Wortformen wie *das Lamm : die Lämmer, sie binden : sie banden : sie haben gebunden* aus, die in ihrem Phonembestand variieren (§ 24). Beide Aspekte führen zum Ansatz von sog. Stellvertretermorphemen, die auch als „substitution, replacive oder negativ-additive morphemes" (SERÉBRENNIKOW, II, 1975: 197) bezeichnet werden. Da mit der Annahme von Stellvertretermorphemen ein Übergang von einzelnen taxonomisch geprägten Morphemanalysen zu generativen Darstellungen einer *Item-and-Process*-Grammatik markiert ist und letztere den Anspruch einer dynamischen Sprachbeschreibung mit größerer Einfachheit und explanativer Adäquatheit erheben, dieser metaprachlichen Darstellungsweise aber dennoch nicht gefolgt wird, müssen die Prinzipien dieser morphologischen Analyse und ihre Grenzen kurz dargestellt werden.

56.2 KASTOVSKY(1973b: 172) beschreibt die Oppositionen von *beißen : biß : bissen* folgendermaßen: „*biß* wird betrachtet als bestehend aus dem Morphem {beiß} + {Präteritum}. Das Allomorph des Präteritalmorphems wird definiert als ersetzendes Morph, das heißt, das Allomorph besteht aus einer Art Gebrauchsanweisung, wonach /ai/ getilgt und durch /i/ ersetzt wird. Dies wird graphisch dargestellt als /i ← ai/". Das Morphem {beiß} signalisiert als abstrakte Einheit die lexikalische Bedeutung; mit ihm sind zusätzlich alle verbalen grammatischen Kategorien wie Präsens, Präteritum, Indikativ, Konjunktiv verbunden. Das Morphem {Präteritum} ist eine abstrakte Einheit, die alle Möglichkeiten zusammenfaßt, mit denen im Deutschen die grammatische Kategorie dieses Tempus ausgedrückt werden können. Dazu gehören u.a. /t/ wie in *spielte*, /i ← ai/ wie in *biß*, /a ← i/ wie in *band*, /ō ← ǖ/ wie in *log*. Das Allomorph /i ← ai/ ist morphologisch und nicht phonologisch bestimmt, weil es zu den Eigenschaften des Verbs *beißen* gehört, sein Präteritum als *biß* zu bilden (KASTOVSKY 1973c: 372).

56.3 Die Grenzen einer solchen Analyse liegen in Verletzungen des Homogenitätsprinzips, in der Nichterfassung klarer Distinktionen und in einer nicht einfachen Sprachbeschreibung. Der Ansatz der beiden Morpheme {beiß} und {Präteritum} ist selbst innerhalb der gewählten Metasprache inhomogen, weil nicht der gleiche Grad der Abstraktion gegeben ist. {beiß} besitzt eine – hier graphisch gekennzeichnete – Ausdrucksseite, während {Präteritum} zunächst nur inhaltsseitig bestimmt ist. Zum Morphem {Präteritum} gehört das Allomorph /i ← ai/, das in zweifacher Weise charakterisiert ist, einmal ausdrucksseitig durch die Angabe von Phonemen und nicht Graphen wie in {beiß}, zum anderen als Ersetzungsregel. Der Ersetzungsregel /i ← ai/ kann isoliert und ohne Bezug zum Morphem {beiß} keine grammatische Bedeutung zugesprochen werden, weil eine solche Regel auch bei den Gegensätzen von *heißen : hissen, Reif : Riff* oder *Reise : Risse* angewandt werden könnte. Durch die verschiedenen Ebenen der Abstraktion bei {beiß} und {Präteritum} wird die Morphemebene nicht mehr mit der Phonemebene verbindbar.

56.4 Die Nichterfassung klarer Gegensätze in der *parole* hängt damit zusammen, daß das Morphem nicht mehr als ausdrucksseitiges und inhaltsseitiges sprachliches Zeichen aufgefaßt wird. In der *parole* treten die Gegensätze von *sie beißen : sie bissen* auf. Vom Relationsmorphem {ən} abgesehen wird der Gegensatz von *Präsens : Präteritum* durch die Phonemfolgen /bais/ : /bis/ signalisiert. Es liegen einheitliche interne phonologische Strukturen vor, die als Einheiten distinktiv wirken und neben ihrer grammatischen Bedeutung auch eine lexikalische Bedeutung besitzen. Wenn ein Morphem eine distinktive Einheit der *langue* bleiben soll, dann muß es von den einzelnen grammatischen Kategorien, die seine jeweilige grammatische Bedeutung bestimmen und die auch als Bündel auftreten können, unterschieden werden. Wird aber die distinktive Einheit /bis/ in zwei Morpheme {beiß} + {/i ← ai/} zerlegt, dann wird diese Einheit unnötigerweise zerrissen. Es ist daher für das Deutsche angebrachter, ein Grundmorphem {bis} anzusetzen.

56.5 Die morphologische Analyse von {bis} als ein Morphem und nicht als zwei Morpheme ist einfacher und leichter mit dem Aufbau sprachlicher Zeichen und dem Homogenitätsprinzip verbindbar. Ein dynamischer Aspekt wird auch durch die Unterscheidung von Wort, Wortform und morphologischer Strukturen der Wortformen sichtbar und ist nicht automatisch nur mit einer einzigen möglichen Metasprache gegeben.

57.1 Die Nicht-Berücksichtigung der *langue*-Einheit des Wortes und ein dadurch bedingter Allomorph-Begriff führen auch im Rahmen einer taxonomisch geprägten *Item-and-Arrangement*-Grammatik zu nicht akzeptablen morphologischen Analysen, die meist anhand des Gegensatzes von englisch *take : took* vorgeführt werden. Seit BLOCH (1947: 400f.) werden folgende morphologische Analysen für *took* vorgeschlagen (Zusammenstellungen in unterschiedlichen metasprachlichen Notationen bei HOCKETT 1954/1976: 319f.; PALMER 1974: 110): 1. *took* ist ein einziges Morphem; 2. *took* ist ein Portemanteaumorphem der beiden Morpheme *take* und *d* bzw. /ed/ (§§ 43-45); 3. *took* besteht aus zwei Allomorphen, einmal einem Allomorph /tuk/ zum Morphem *take*, zum anderen aus dem Allomorph /∅/ zum Morphem *d* bzw. */ed/*; 4. *took* besteht aus zwei Allomorphen, einem diskontinuierlichen Allomorph /t...k/ zum Morphem *take* und einem Infix-Allomorph /u/ zum Morphem *d* bzw. /ed/; 5. *took* besteht aus zwei Allomorphen, einem Allomorph /teik/ zum Morphem *take* und einem Stellvertretermorphem /u ← ei/ zum Morphem *d* (§ 56). Bei allen fünf Möglichkeiten wird die Präsensform *take* als ein einziges Morphem aufgefaßt. Lediglich mit der vierten Lösungsmöglichkeit wird eine Variante verbunden (PALMER 1974: 110), in der für die Präsensform *take* ebenfalls von zwei Allomorphen ausgegangen wird, einem diskontinuierlichen Allomorph /t...k/ zum Morphem *take* und einem Infix-Allomorph /ei/ zum Morphem *Präsens*.

57.2 Bei der Anwendung der morphologischen Analyse auf das Deutsche entscheidet sich WERNER(1970a: 357) für dieVariante des vierten Lösungsweges. Konsequent werden dabei das ausdrucksseitig definierte Allomorph und das inhaltsseitig definierte Morphem metasprachlich unterschieden, wenn *take* in die beiden Allomorphe /t...k/ und /-ey-/ zerlegt und den Morphemen {lexikalische Bedeutung} und {Präsens} zugeordnet wird. Entsprechend besteht *took* aus den beiden Allomorphen /t...k/ und /-u-/ der

Morpheme {lexikalische Bedeutung} und {Präteritum}. Die morphologische Parallelität im Aufbau wird zu den Wortformen *bake : baked* hergestellt, indem *bake* in die Allomorphe /beyk-/ und /Null/ der Morpheme {lexikalische Bedeutung} und {Präsens} bzw. *baked* in die Allomorphe /beyk-/ und /-t-/ der Morpheme {lexikalische Bedeutung} und {Präteritum} zerlegt werden. WERNER weist bei Oppositionen von *wir raten : wir rieten, wir reiten : wir ritten* bzw. *wir lügen : wir logen* jedoch darauf hin, daß die lexikalischen Bedeutungen „nicht allein an die unterbrochenen Phonemketten /r...t/ oder /l...g/ gebunden" sind, sondern „auch an die Vokale, die daneben (und vor allem) den Tempusgegensatz tragen". Nach ihm überschneiden sich in den Vokalen „zweierlei Funktionen", denn sie tragen „– phonemisch unauflöslich – einerseits mit an der 'lex. Bed.', andererseits tragen sie a l l e i n den Tempus-Gegensatz". Hier liegt eine Interpretation vor, die durch die Gegenüberstellung von Relevanz und Irrelevanz weiter abgesichert werden soll, ohne daß jedoch die Kriterien für diese Zuordnungen sichtbar werden. So stellt WERNER (1970: 358) lediglich fest, daß die „phonemischen Gegensätze jeweils innerhalb eines Satzes (*ei-i, a-ie...*)" für die lexikalische Bedeutung „irrelevant" seien, während sie für das Tempus „das allein Relevante" darstellten. Wenn jedoch die Phonemfolge /rait/ insgesamt auf die lexikalische Bedeutung verweist, dann gilt dies auch für /rit/. Sind die Phonemfolgen für die lexikalische Bedeutung eine unauflösliche Einheit, dann gilt dies auch für die Kennzeichnung der Tempuskategorie. Die Phonemfolgen wirken als Ganzes distinktiv und erweisen sich so als Morpheme. Die identischen Phoneme /r/ und /t/ in beiden Morphemen und der nicht völlig beliebige Vokalwechsel von /ai/ und /i/ ermöglichen eine Identifikation der Morpheme als Wortformteile eines Wortes und ihre Distinktivität bei der Kennzeichnung der verbalen grammatischen Kategorien. Die Trennung der Bündelung von lexikalischer und grammatischer Bedeutung, die hier in einem Morphem vorliegt, erfolgt durch den Verzicht auf den Wort-Begriff. Daher ist es notwendig, einem Allomorph die Leitfunktion für die Kennzeichnung der lexikalischen Bedeutung zuzuweisen, die Allomorphe mit grammatischer Bedeutung von ihm zu trennen und alle Allomorphe von dieser Grundform abzuleiten. Dabei ist es „sometimes of little importance which allomorph is selected as the base form" (GLEASON 1961: 82). Alle Ableitungsmechanismen entfallen, wenn pro Worteinheit ein oder mehrere Grundmorpheme angenommen werden.

57.3 Die Verbindung der *langue*-Einheiten Wort, Wortform und Morphem führt zum ersten Lösungsvorschlag innerhalb der taxonomischen Morphemanalyse zurück, ohne mit diesem identisch zu sein, weil er ohne Berücksichtigung der Worteinheit im Rahmen einer *Word-and-Paradigm*-Grammatik (dazu ROBINS 1959: 118f.; MATTHEWS 1975: 97-100) formuliert wurde. Doch selbst innerhalb der *Item-and-Arrangement*-Grammatik überzeugen die Gründe für eine Ablehnung der Interpretation von *took* als ein Morphem nicht: „If *took* is a single morpheme different from *take*, then there can be no morphological connection between them – just as there is none between *took* and *talk*; but since the semantic and syntactic relation of *took* to *take* is exactly the same as that of *waited* to *wait*, we do not like to give up the possibility of connecting them in a morphological system" (BLOCH 1947: 400). Diese Argumentation von BLOCH wird von HOCKETT (1954/1976: 320) und auch von PALMER (1974: 109) übernommen, obwohl von letzterem die Interpretation von *take* und *took* als jeweils ein Einzelmorphem als „vielleicht die einzige echte Lösung im Sinne einer strengen Auslegung der ursprünglichen Bloomfieldschen Vorstellung" angesehen und auf Ähnlichkeiten von Ausdruck und Inhalt bei *take* und *took* verwiesen wird. Die „morphological connection" zwischen *take* und *took* besteht in der gemeinsamen lexikalischen Bedeutung, der Unterschied betrifft die grammatische Bedeutung. Die phonetische und phonologische Ähnlichkeit zeigt sich in den Anfangs- und Endkonsonanten. Beide Beobachtungen lassen sich verbinden, wenn Wort und Morphem als sprachliche Zeichen aus Ausdruck und Inhalt aufgefaßt werden.

58.1 Obwohl der Allomorph-Begriff in seiner weiten Fassung (§§ 54-57) nicht akzeptabel ist, erweist sich seine Verwendung in eingeschränkterer Weise als notwendig, um das Nebeneinander von Verbformen wie 2. Sg. Prät. Konj. *du sängest* und *du sängst* bzw. von Substantivformen wie D.S. *dem Staate* und *dem Staat* erfassen zu können. Die Morphe <est> und <st> bzw. <e> und <∅> können alternativ in freier Wahl in der Gegenwartssprache verwendet werden, um dieselben grammatischen Kategorien von Person und Numerus bzw. Kasus und Numerus zu signalisieren. Sie werden jeweils mit einem Grundmorphem verbunden, das entweder ausschließlich die gleiche lexikalische Bedeutung angibt ({štāt}) oder neben dieser noch auf eine grammatische Bedeutung verweist ({zεŋ}). In ihrer internen phonologischen Struktur sind sie bis auf die Existenz oder das Fehlen des Phonems /ə/ identisch. Wegen ihrer graphischen und phonischen Variationen müssen bereits die Morphe als Elemente einer Klasse von Morphen aufgefaßt werden. Die Klassen von Morphen sind die Allomorphe {əst} und {st} bzw. {ə} und {∅}, die dann ein Morphem {(ə)st} oder {ə, ∅} repräsentieren. Die Allomorphe {əst} und {st} stimmen in ihrer internen phonologischen Struktur weitestgehend überein, während dies bei einem Vorhandensein oder Fehlen nur eines Elements, des /ə/, nicht in gleicher Weise einsichtig ist, sich aber aus dem Vergleich zum Morphem {(ə)st} ergibt.

58.2 Werden die Überlegungen zusammengefaßt, ergibt sich folgende Allomorph-Definition (SIMMLER 1987: 128): Ein Allomorph ist eine Klasse von Morphen und als solche eine Variante eines Morphems. Mit einem oder mehreren anderen Allomorphen signalisiert es die gleiche Inhaltsseite und stimmt mit ihm oder ihnen außer bei paradigmatisch begründeten Nullallomorphen in der internen phonologischen Struktur weitestgehend überein.

2.2.4 Morphemtypen und die Unterscheidung von Wurzel, Stamm und Endung

59 Die Struktur der Wortformen und Wörter wird in der Gegenwartssprache auch mit Hilfe der Termini Wurzel, Stamm und Endung beschrieben. Prinzipiell müssen bei der Verwendung dieser Termini mehrere Aspekte auseinandergehalten werden. Zunächst müssen die Arbeiten, die vor der Entdeckung des Morphems als *langue*-Einheit erschienen sind, von denen abgehoben werden, die danach eine Analyse der Formenlehre und Wortbildung vornahmen. Die ersteren sind durch junggrammatische Sprachauffassungen geprägt und entsprechend zu beurteilen, vor allem wenn ein diachrones und kein synchrones Erkenntnisziel formuliert wird. Bei letzteren ist zu beachten, ob die Analyse ausschließlich mit Hilfe von Morphemtypen vorgenommen wird oder ob beide Terminologien nebeneinander gebraucht werden. Werden beide Terminologien verwendet, ist zu prüfen, ob ihre Berücksichtigung zu jeweils spezifischen Erkenntnissen führt, ob ein Erkenntnisgewinn durch Beschreibung mit Morphemtypen gegeben ist oder ob eine bloße metasprachliche Umsetzung einer älteren Terminologie in eine jüngere ohne Erkenntnisgewinn vorliegt.

60.1 Die Termini Wurzel, stammbildendes Element, Stamm und Endung wurden bei der morphologischen Beschreibung der indogermanischen und der frühesten Überlieferungen der germanischen Sprachen einschließlich der Rekonstruktion einer idg. bzw. germ. Grundsprache entwickelt. Die Wurzel spielt dabei sowohl in der Formenlehre als auch in der Wortbildung eine Rolle. Sie bildet die Basis einer Dreigliedrigkeit von Wortformen. Die Wurzel ist ein Konstrukt, die Herleitung eines ehemaligen sprachlichen Zustandes, die von den synchronen Befunden der überlieferten Einzelsprachen ausgeht und ein einheitliches Bezugssystem schafft, von dem aus die spezifischen Befunde der Einzelsprachen hergeleitet werden können. Der Realitätsgehalt der rekonstruierten Wurzeln ist umstritten (SZEMERÉNYI 1980: 29). Für MEID (KRAHE/MEID, III, 1969: 47) sind Wurzeln „nichts anderes als Wörter *einer weit zurückliegenden Sprachepoche*, wenngleich in fortgeschritteneren Stadien der Sprachentwicklung sie nicht viel mehr sind als eine Abstraktion, der formale und semantische Kern, der einer Reihe etymologisch verwandter Wörter gemeinsam ist“. Während für MEID Wurzeln noch einen ehemaligen Wortstatus besitzen, hebt DE SAUSSURE(1967: 222) hervor, „daß eine Wurzel als solche nicht ein Wort darstellen“ kann, weil ein Wort „immer eine verhältnismäßig bestimmte Vorstellung“ repräsentiert, „was im Gegensatz steht zu der Allgemeinheit und Abstraktheit, die der Wurzel eigen sind.“

60.2 In der Flexionsmorphologie zeigt sich die Dreigliedrigkeit der Wortformenstruktur z.B. in lat. *duc-tu-s*. Die Wurzel wird von *duc* gebildet; sie liegt auch „in allen anderen Wörtern der gleichen Sippe vor: *dūc-ere, duc-s* (= dux)“ (KRAHE/MEID, II, 1969: 8). In der Wortbildungsmorphologie besteht die Dreigliedrigkeit z.B. aus einer Abfolge von Wurzel + Suffix + Endung, wie sie in griech. *φορ-ό-ς* 'tragend' oder *φόρ-ο-ς* 'Beitrag' vorliegt. Beide neuen Wörter sind mit Hilfe des vokalischen idg. Suffixes -o- gebildet worden. Dieses Suffix dient dazu, „Nomina agentis und Nomina actionis direkt aus Verbalwurzeln“ zu schaffen. Das zugrunde liegende Verbum ist *φέρ-ειν* 'tragen'. *φορ-* und *φερ-* sind ausdrucksseitig nicht identisch; sie bilden zwei durch Ablautstufen verbundene Varianten und werden auf eine einzige rekonstruierte Wurzel **bher-* zurückgeführt (KRAHE/MEID, III, 1969: 58).

61.1 Der auf die Wurzel folgende zweite Teil der morphologischen Dreigliedrigkeit ist in der Flexionsmorphologie das stammbildende Element, in *duc-tu-s* ist es *-tu-*. Es dient als Kennzeichen einer paradigmatischen Struktur und begründet die Unterscheidung von vokalischen und konsonantischen „Stamm- oder Deklinationsklassen“ (KRAHE/MEID, II, 1969: 8). Wurzel und stammbildendes Element bilden zusammen den Stamm, an den die Endungen als „Kennzeichen der Flexion“ (DE SAUSSURE 1967: 221) treten.

61.2 In der Wortbildungsmorphologie ist der Stamm anders definiert; er ist ein abgeleitetes Element, das aus einer Wurzel und einem Affix (Suffix oder Präfix) besteht. Der Stamm ist ein „zur Flexion präparierter Grundstock des Wortes, eine Grundform“ (HENZEN 1965: 8). Die Kombination von Wurzel + Suffix ist eine primäre Ableitung; eine sekundäre Ableitung liegt vor, wenn diese Basis um ein weiteres Suffix erweitert wird. So werden im Althochdeutschen auf der Grundlage einer verbalen Wurzel mit dem Suffix *-t* neue Substantive, Verbalabstrakta, gebildet. Aus der Verbalwurzel *mag-* des Verbs *magan* 'vermögen' und dem Suffix *-t* entsteht als primäre Ableitung der Stamm *maht* 'Macht' mit einer Nullendung. Der Stamm *maht* ergibt mit einem Suffix *-īg* eine sekundäre Ableitung, den Adjektivstamm *mahtig* 'mächtig' mit entsprechenden Adjektivendungen (MEID in: KRAHE/MEID, III, 1969: 46).

62.1 Auf den aus Wurzel + stammbildendem Element bzw. Wurzel + Affix gebildeten Stamm folgt als letztes Element der morphologischen Dreigliedrigkeit die Endung. Die Endungen bilden veränderliche Bestandteile „des Wortendes, wodurch die Formen eines nominalen oder verbalen Paradigmas unterschieden werden“ (DE SAUSSURE 1967: 221).

62.2 Im Indogermanischen gab es auch Wörter wie griech. *πώς* 'Fuß', *lat. mūs* 'Maus', die ohne stammbildendes Element und ohne Suffix gebildet wurden. Bei ihnen trat die Endung unmittelbar an die Wurzel, weshalb sie die Bezeichnung Wurzelwörter (Wurzelnomina, -verba) erhielten. Unter dem Aspekt der Stammbildung kann auch formuliert werden, daß bei ihnen der „Stamm somit gleich der Wurzel war" (KRAHE/MEID, III, 1969: 47).
63.1 Anders als im Indogermanischen und Germanischen besitzen die Wortformen der flektierenden Wörter in der deutschen Gegenwartssprache nicht eine dreigliedrige morphologische Grundstruktur, sondern eine zweigliedrige, was durch die Gegenüberstellung von Grundmorphemen und Relationsmorphemen hervorgehoben wird. Unter diachronem Aspekt wurden die „innere Einteilung und Bestimmung" der Wortformen und Wörter „wiederholt verändert" (DE SAUSSURE 1967: 129), so daß die Forderungen einer synchronen Analyse, die jeweils distinktiven Einheiten und ihre Funktionen in einem Sprachzustand zu ermitteln, zu neuen morphologischen Segmentierungen von Wortformen und neuen paradigmatischen Strukturen führen kann und für die Gegenwartssprache sogar führen muß. Eine Übertragung der Termini Wurzel, Stamm und Endung auf die Befunde in der Gegenwartssprache ist daher ohne deren teilweise Neudefinition nicht möglich.
63.2 Am deutlichsten wird dies in der Flexionsmorphologie, bei der verschiedene diachrone Entwicklungen dazu führten, daß „Thema [=stammbildendes Element] und Endungen z.T. verschmolzen, z.T. geschwunden" sind (SCHMIDT 1980: 201). In der Gegenwartssprache gibt es keine stammbildenden Elemente mehr. Durch diese Entwicklung ist eine Gleichsetzung von Wurzel mit Grundmorphem bzw. von Endung mit Relationsmorphem nicht möglich; auch eine Gleichsetzung von „Stammformans" oder stammbildendem Element und Formationsmorphem (MEINEKE 1996: 142, 325) geht an ihrer jeweils spezifischen Funktionalität vorbei. Beliebig wird die Terminologie, wenn beim Verbum BRECHEN *brech-* als Wurzel und *brach-* als Stamm, speziell als „Präteritalstamm zur Wurzel *brech-*" angesehen wird und schließlich *brech-* sowohl „als Wurzel gilt" als auch „ein Stamm" sein soll (VENNEMANN 1982: 332). Es ist daher angebracht, den Begriff der Wurzel bei der Ermittlung von distinktiven Einheiten in der Gegenwartssprache nicht zu verwenden, sondern ihn „für die etymologische Wurzel in diachronischen Untersuchungen" zu reservieren (BÜNTING 1975: 22).
63.3 Wegen der Verschmelzung von stammbildenden Elementen und Endungen ist auch der Stamm nicht ohne weiteres mit dem Grundmorphem identisch. Wird der Terminus Stamm in der Flexionsmorphologie dennoch verwendet, müßte auf seine Neuverwendung im Rahmen einer Zweigliedrigkeit der Wortstruktur verwiesen werden. Insofern sind die Aussagen von

GELHAUS (in: DUDEN 1984: 118; 1995: 116), daß man den „Wortstamm, an dem sich die Formenbildung des Verbs vollzieht, [...] durch die Kürzung des Infinitivs um seine Endung *-(e)n*“ erhalte, zu präzisieren. Bei den Wortformen *wir singen : wir sangen : wir haben gesungen* stellt sich das Problem der Stammfestlegung in gleicher Weise wie bei der Verwendung des Grundmorphem-Begriffs. GELHAUS (in: DUDEN 1984: 126; 1995: 124f.) unterscheidet vom Stamm *sing-*, den er willkürlich aus dem Infinitiv gewinnt, sog. Stammformen, ohne jedoch das Verhältnis von Stamm zu Stammformen weiter zu thematisieren. Die Stammformen sind keine Varianten des Stammes, sondern einzelne Wortformen aus einem nicht näher beschriebenen Stamm und einer Endung, die gemeinsam als Basis zur Herleitung anderer Wortformen eines Lexems innerhalb eines Paradigmas dienen: „Von der ersten Stammform (1. Pers. Sing. Ind. Präs.) werden alle Präsensformen, der Imperativ, das 1. Partizip und gegebenenfalls der Infinitiv abgeleitet, von der 2. Stammform (1. Pers. Sing. Ind. Prät.) die Präteritumformen; die 3. Stammform stellt das 2. Partizip (Partizip Perfekt) dar“. Über die interne phonologische Struktur des Stammes und über die Regeln des wohl morphologisch zu verstehenden Herleitungsverfahrens fehlen weitergehende Angaben.

63.4 Der Wortstamm wird von MUGDAN (1977: 39) ebenso wie von GELHAUS definiert: Um die Varietäten in den Wortformen von Verben wie SINGEN erfassen zu können, setzt MUGDAN nicht nur einen Stamm an, sondern geht von „verschiedenen synonymen Stämmen“ aus. Auch die Opposition von *der Koch : die Köche* beim Substantivlexem KOCH wird mit Hilfe von /kox/ und /køx/, zwei „synonymen Stämmen“, beschrieben. Daneben setzt MUGDAN (1977: 59) zur Beschreibung des Gegensatzes von *das Wort : die Wörter* „eine Wahl zwischen umgelauteten und nicht umgelauteten Allomorphen des Stammes“ an, also eine Wahl zwischen den Allomorphen „{/vort/} und {/vørt/}“. Beide metasprachlichen Darstellungen sind aber nicht beliebig austauschbar und besitzen wegen ihrer unterschiedlichen Auffassungen vom sprachlichen Zeichen und seiner Struktur nicht die gleiche Reichweite. Während die Annahme mehrerer Stämme eines Lexems mit der Auffassung von mehreren Grundmorphemen eines Lexems vergleichbar ist, führt der Ansatz eines einzigen Stammes mit zwei oder mehr Allomorphen von der Vorstellung vom sprachlichen Zeichen als einer Einheit aus Ausdrucks- und Inhaltsseite fort, und der 'Stamm‘ wird wie das Morphem primär inhaltsseitig definiert. Bei einer solchen Auffassung vom 'Stamm‘ liegt zwar eine Neudefinition innerhalb einer morphologischen Zweigliedrigkeit von flektierenden Wortformen vor, wegen der Übereinstimmung mit dem Morphembegriff ist jedoch kein Erkenntnisgewinn vorhanden.

63.5 Innerhalb der Wortbildungsmorphologie besitzt der Terminus Stamm bei der Analyse der Gegenwartssprache den gleichen Stellenwert wie bei der Beschreibung der idg. und germ. Verhältnisse. Er bezeichnet jeweils den Rest einer derivationell oder kompositionell gebildeten Wortform, nachdem die Endung bzw. das Relationsmorphem abgestrichen worden ist. In der Binnenstruktur des Stammes besteht jedoch ein zentraler Unterschied. Während er in der einen Konzeption aus Wurzel + Affix besteht, ist er in der anderen Konzeption aus Grundmorphem + Formationsmorphem aufgebaut, wobei Wurzel und Grundmorphem nicht identische Segmente bezeichnen.

Dennoch werden Wurzel und Grundmorphem seit NIDA (1949/1967: 81f.) gelegentlich als Bezeichnungen für gleiche morphologische Strukturen verwendet (ADMONI 1982: 41). In diesem Falle bezeichnet das Grundmorphem in der Flexionsmorphologie etwas anderes als in der Wortbildungsmorphologie, was der terminologischen Klarheit nicht förderlich ist. Wird dann noch der Stamm als „ein Morphem (oder eine Morphemkonstruktion)“ angesehen (FLEISCHER 1982: 38), reicht sein Begriffsumfang von der Wurzel bis zu den Ableitungen und Zusammensetzungen, so daß seine spezifische Funktion verlorengeht, als Oberbegriff für eine aus mindestens einem Grundmorphem und mindestens einem Formationsmorphem bestehende Einheit fungieren zu können. Ohne diese Neudefinition bietet die Verwendung des Terminus Stamm in der Wortbildungsmorphologie nur Anlaß zu Mißverständnissen.

63.6 Ein Stamm-Begriff ohne Erkenntnisgewinn liegt bei WEBER (1980: 163) vor. Er schreibt: „Das Morphem, zu dem Suffixe und Präfixe hinzutreten, wird als Stamm bezeichnet.“ Da er unter Suffixen all die Morpheme versteht, die hinter einem Stamm vorkommen (also Relationsmorpheme und die Formationsmorpheme der Suffixe), geht die spezifische Funktionalität des Stammes in der Wortbildungsmorphologie verloren. Dies gilt auch für kategorialgrammatische Darstellungen, in denen ein Stamm ein „morphologisch nicht-abgeschlossene[r] Ausdruck“ ist, der erst mit Endungen und Suffixen „ein Wort“ bildet (U. WANDRUSZKA 1997: 153). Der Stamm wird nicht mehr durch ein einheitliches Verfahren, das Abstreichen der Relationsmorpheme, gewonnen (BÜNTING 1975: 22), sondern fällt mit dem Grundmorphem-Begriff zusammen.

63.7 Um der terminologischen Vielfalt und Mißverständnissen zu entgehen, wird hier folgende terminologische Regelung praktiziert: In der Flexionsmorphologie werden die Termini Grundmorphem und Relationsmorphem beim Nachweis einer morphologischen Zweigliedrigkeit bei flektierenden Wortarten verwendet, während die Termini Wurzel, stammbildendes Element, Stamm und Endung für die Analyse von dreigliedrigen morphologischen Strukturen und für etymologische Untersuchungen vorbehalten bleiben. In der Wortbildungsmorphologie werden die Termini Grundmorphem, Formationsmorphem (Präfix und Suffix) und Grundmorphem verschiedenen Grades zur metasprachlichen Analyse herangezogen; auf eine Neudefinition des Stammes wird verzichtet. Auf die übrigen Morphemtypen (§ 51) wird je nach sprachlichem Befund zurückgegriffen.

2.2.5 Morphemtypen und andere metasprachliche Darstellungen

64 Neben den bisher vorgestellten Morphemtypen (§ 51) kommen andere Morphemtypeneinteilungen vor. Es handelt sich um die Unterscheidungen von freien und gebundenen Morphemen, von lexikalischen und grammatischen Morphemen und von geschlossenen und offenen Morphemklassen. Daneben werden diskontinuierliche und exophorische Morpheme angesetzt und die Affixe in Subgruppen unterteilt, die über diejenigen der Präfixe und Suffixe hinausgehen. Die Einteilungen beruhen auf verschiedenartigen Kriterien; diese sollten kurz vorgeführt und in ihrer Reichweite mit der bereits behandelten Terminologie verglichen werden.

65.1 Die Unterscheidung von freien und gebundenen Morphemen setzt den Bezug zur Einheit des Wortes und seiner Wortformen voraus, obwohl in den gleichen Arbeiten sehr häufig die Existenz einer solchen Einheit bestritten wird. WEBER (1973: 168; 1980: 163) nimmt diese Unterscheidung „nach der Distribution der Morpheme im Wort“ vor. Freie Morpheme sind für ihn „Wörter und können vollständige Äußerungen bilden“, während gebundene Morpheme „nur als Teile von Wörtern“ vorkommen.

65.2 Der Aspekt der Bildung vollständiger Äußerungen aus Wörtern führt zum Ansatz von Nominalsätzen (SIMMLER 1985) und Infinitivsätzen (SIMMLER 1989) neben Satztypen mit einem Verbum finitum als Strukturierungszentrum. Wird die Morphemstruktur solcher Wörter betrachtet, dann können Präpositionen und Konjunktionen problemlos als freie Morpheme begriffen werden. Erste zusätzliche Präzisierungen sind notwendig, wenn auch Substantive wie *Haus* und Adjektive wie *klein* als freie Morpheme angesehen werden. Eine solche Auffassung ist nur möglich, wenn bei ihrer morphologischen Analyse auf den Begriff des Nullmorphems verzichtet wird, sie also nur als aus einem Grundmorphem bestehend interpretiert werden, das ohne Relationsmorphem vorkommt. Wird jedoch ein Relationsmorphem {∅} aus paradigmatischen Gründen angesetzt, dann liegt kein freies Morphem wie bei Konjunktionen und Präpositionen vor. Von einem freien Morphem kann dann nur gesprochen werden, wenn sein Begriffsumfang erweitert wird und auch Wortformrealisierungen aus Grundmorphem und Relationsmorphem {∅} als freie Morphemrealisierungen angesehen werden. Da alle deutschen Substantive im Nominativ Singular ein Nullmorphem besitzen, scheint eine solche Erweiterung problemlos möglich zu sein.

65.3 Die Probleme entstehen jedoch einmal, wenn bei den Substantiven Nominativ Plural-Formen wie (1) *Häuser! – Hunde! – Kinder!* 'vollständige Äußerungen' bilden. Zum anderen ergeben sich generelle Beschreibungsprobleme im Verbalbereich, wenn 'vollständige Äußerungen' wie (2) *Gib! – Geben!* zum Verb GEBEN bzw. (3) *Komm! – Kommen!* zum Verb KOMMEN morphologisch beschrieben werden sollen. Hier ist eine nochmalige Erweiterung des Begriffsumfangs des 'freien Morphems' erforderlich. Eine solche wird von BERGENHOLTZ /MUGDAN (1979: 118f.) vorgenommen; für sie ist ein Morphem auch dann frei, „wenn eines seiner Allomorphe [...] ein Wort bilden kann". Wegen der Substantivform *Haus* ist daher auch in derjenigen von *Häuser* ein freies Morphem {haos} vorhanden. Auch für die Verbform *Kommen!* oder *kommt* in *Er kommt nach Hause.* müßte wegen der Imperativ Singular-Form *Komm!* ein freies Morphem {kom} angenommen werden. Diese Möglichkeit lehnen BERGENHOLTZ /MUGDAN jedoch ausdrücklich ab und sprechen sich für ein gebundenes Morphem {kom} aus. Nach ihnen sind beim Imperativ Singular „immer mindestens zwei Morpheme" vorhanden, nämlich „{'komm'} und {'Imperativ Singular'}", wobei zum Imperativ Singular-Morphem zwei Allomorphe *-e* und ∅ existieren, von denen letzteres bei *Komm!* realisiert ist. Neben der widersprüchlichen Behandlung von Substantiv- und Verbformen zeigt sich als metasprachliche Analysegrundlage ein Allomorph- und Zeichenbegriff, der das Homogenitätsprinzip verletzt und sich nicht zwingend aus der Berücksichtigung paradigmatischer Strukturen ergibt.
65.4 Mit der Unterscheidung eines freien Morphems {man} zu *Mann, Männer* bzw. {haos} zu *Haus, Häuser* und eines gebundenen Morphems {kom} zu *Kommen!, er kommt, Komm!* wird deutlich, daß sich die Termini freies und gebundenes Morphem bzw. Grund- und Relationsmorphem nicht entsprechen. Dies ist auch dann der Fall, wenn {kom} als freies Morphem aufgefaßt wird, denn es existieren auch Verbformen wie *sie rechnen*, wo ein GM {rɛxn} und ein RM {ən} nachgewiesen werden können, wobei das GM nie in 'freier' Verwendung vorkommt.
65.5 Der Terminus 'freies Morphem' stimmt bei einzelnen Wortarten wie Präpositionen und Konjunktionen mit dem Terminus 'Grundmorphem' überein. Bei einzelnen Substantiven und Verben ist eine Übereinstimmung nur unter bestimmten Voraussetzungen gegeben. Bei Wortformen mit gebundenen GM ist diese Übereinstimmung durchbrochen. Der Terminus 'gebundenes Morphem' umfaßt einmal die Relations- und Formationsmorpheme und zum anderen eine Anzahl von GM. Vor allem die Überschneidungen bei den GM zeigen, daß die Unterscheidung von GM, RM und FM zu klarer abgrenzbaren Morphemtypen führt als diejenige von freien und gebundenen Morphemen. Für die Definition von Grundmorphemen bedeu-

tet dies, daß dazu das Kriterium des freien Vorkommens (FLEISCHER 1982: 38) nicht und schon gar nicht ausschließlich herangezogen werden kann (FISCHER 1985: 216). Außerdem ist die Freiheit oder potentielle Selbständigkeit zur Konstituierung vollständiger Äußerungen nicht primär an einen bestimmten Morphemtyp gebunden. Diese systematische Möglichkeit ist vielmehr primär eine solche der Einheit des Wortes und einzelner seiner Wortformen und erst sekundär eine solche von Morphemen. Dabei sind die Grenzen zwischen Wort und Satz ebensowenig fließend wie die zwischen Morphem und Wort. So wie zu einem Morphem wenigstens eine *differentia specifica* hinzutritt, um die Einheit des Wortes zu konstituieren, ist dies auch beim Wort der Fall, wenn es zusätzlich zur Wortfunktion über den Satzgliedstatus einen bestimmten Satztypus realisiert (SIMMLER 1985, 1989).

66.1 Die gebundenen Grundmorpheme (gGM) müssen von den Pseudomorphemen (§§ 39f.) unterschieden werden, auch wenn sie in einzelnen Merkmalen mit ihnen übereinstimmen. Anders als die PsM kommen die gGM in Simplizia (*rechnen*), Derivaten (*verrechnen, Rechnung*), Komposita (*Torwart*) und Phraseologismen (*Fug und Recht*) vor. Ein Vergleich zu den PsM ist nur bei Komposita möglich. Dabei ist gGM und PsM gemeinsam, daß sie nicht an ein Simplex zur Ermittlung einer morphologischen Durchsichtigkeit angeschlossen werden können und daß sie an eine feste Position innerhalb des Kompositums gebunden sind. Im Unterschied zu den PsM kommt das gGM als Kompositionsglied nicht nur einmal, sondern mindestens zweimal mit gleicher Inhaltsseite und in gleicher Position vor (FISCHER 1985: 217). So zeigt sich {vart} außer in *Torwart* noch in Komposita wie *Zeugwart, Tankwart* und ist auch in den Verben (*das Material*) *warten* bzw. *aufwarten* vorhanden (FLEISCHER 1982: 39), so daß sich daraus ein inhaltsseitiger Aufschlußwert, eine Bedeutungsindizierung, ergibt. Dies gilt auch für den Phraseologismus *Fug und Recht* durch den Anschluß an *Unfug, befugt*.

66.2 Die gGM bilden eine Subgruppe innerhalb der GM. Je nach Vorkommensweise in Simplizia, Derivaten und Komposita sind verschiedene Grade der morphologischen Durchsichtigkeit erkennbar, wobei bei den Komposita in primärsprachlichem Material ein Übergangsstadium zu den PsM gegeben ist. Die Pseudomorpheme bilden einen „Endpunkt der sprachlichen Entwicklung, weil diese Elemente für eine schöpferische und produktive Verwendung [...] nicht mehr zur Verfügung stehen" (FISCHER 1985: 223). Die fehlende oder eingeschränkte morphologische Durchsichtigkeit tangiert jedoch die kommunikative Funktionalität nicht. Dies ist auch bei sekundärsprachlichen Wörtern der Fall, die verwendet werden können, ohne daß die sekundärsprachlichen morphologischen Strukturen – wie bei *Intrige* – bekannt zu sein brauchen. Daneben gibt es aber produktive sekundärsprachliche gGM wie in *Grammophon, Telephon* bzw. *Kriminalrat, Kriminalfilm*,

und schließlich können ehemals gGM als Kurzwörter (vgl. § 292.1 mit Tabelle 127) und damit auch als Simplex (*der Mini*) verwendet werden, wodurch sich in Teilen des sekundärsprachlichen Wortschatzes eine Umkehrung einer primärsprachlichen Entwicklung zeigt (FISCHER 1985: 223).
66.3 Eine etwas andere Einteilung nimmt VON POLENZ (1973: 148, 1980: 172) vor. Er unterscheidet die Typen der unikalen/blockierten Plereme und der Pseudoplereme. Die ersteren sind „in keiner anderen Umgebung vorkommende Plereme in Zus.[ammensetzungen] mit einem freien Plerem: *Him-* in *Him + beere*". Bei den Pseudopleremen handelt es sich um „Phonemfolgen in stark idiomatisierten Abl.[eitungen], die bei der Segmentierung nach Abtrennung eines identifizierbaren Affixes übrigbleiben, aber in keiner anderen Umgebung wiederkehren: z.B. *gess* in *ver + gess|en*". Sein Einteilungskriterium ist das nach den Wortbildungsarten von Komposition und Derivation, während das Kriterium der Gebundenheit bei den unterschiedenen Typen gleich ist. Sein erster Typus entspricht dem der Pseudomorpheme. Sein zweiter Typus ist, wenn die Morpheme ausdrucksseitig und inhaltsseitig definiert werden, nicht als eigenständiger Typus erkennbar. Wie seine Beispiele *vergessen, gelingen, beginnen* zeigen, handelt es sich bei {gɛs}, {liŋ} und {gin} um gebundene Grundmorpheme aus dem Verbalbereich, die mit den Präfixen {fɛr}, {gə} und {bə} Grundmorpheme zweiten Grades konstituieren und deren Besonderheit darin besteht, daß die Grundmorpheme ersten Grades nicht mehr in Simplizia vorkommen (vgl. § 271.4). Völlig isoliert sind die Grundmorpheme zweiten Grades nicht, denn sie zeigen sich ferner in Wörtern wie VERGESSLICH, VERGESSENHEIT, GELINGEN (Subst.), BEGINN, so daß von ihnen aus ein inhaltsseitiger Aufschlußwert möglich ist, der sich bei GELINGEN auch noch durch das Adjektiv GELUNGEN ergibt.
67.1 Lexikalische und grammatische Morpheme werden durch das Kriterium der Offenheit und Geschlossenheit bei der Klassenbildung unterschieden. Lexikalische Morpheme bilden „umfangreiche, offene, im Lexikon beschriebene Klassen", grammatische Morpheme dagegen „kleine, geschlossene, in der Grammatik beschriebene Klassen" (WEBER 1973: 168; 1980: 163). Unter den lexikalischen Morphemen werden die Grundmorpheme der Wortarten Verb, Substantiv und Adjektiv zusammengefaßt. Der Gesamtumfang der Wörter und damit auch der Grundmorpheme dieser Wortarten ist offen, weil er durch Wortschatzerweiterungen ständig zunimmt. Die hier vorhandene Übereinstimmung zwischen lexikalischen Morphemen und Grundmorphemen gilt nicht generell. Auch die Wörter und Wortformen der Wortarten der Pronomina, Präpositionen und Konjunktionen besitzen Grundmorpheme; da diese Morpheme in ihrer Anzahl begrenzt sind, werden sie jedoch zur Klasse der grammatischen Morpheme hinzuge-

rechnet. Zu den grammatischen Morphemen gehören wegen ihrer Geschlossenheit auch die Relations- und Formationsmorpheme.

67.2 Die Einteilung in lexikalische und grammatische Morpheme ist nicht mit der in freie und gebundene Morpheme identisch. So sind Präpositionen grammatische Morpheme, die aber frei vorkommen, und lexikalische Morpheme wie {rɛxn} in *rechnen* kommen nur gebunden vor.

67.3 Von BERGENHOLTZ(1976: 38f.) werden durch die Verbindung des Kriteriums der Offenheit und Geschlossenheit mit den Aspekten der Worteneinteilung fünf Klassen von Morphemen unterschieden. Diese Klasseneinteilung wird von MUGDAN (1977: 35-38) übernommen und von beiden Verfassern noch einmal gemeinsam dargestellt und präzisiert (BERGENHOLTZ /MUGDAN 1979: 120). Dabei steht eine offene Klasse vier geschlossenen Klassen gegenüber. Die offene Klasse wird von den freien und gebundenen Morphemen mit lexikalischer Bedeutung der Hauptwortarten Substantiv, Verb und Adjektiv gebildet. Die Morpheme dieser Klasse werden als Kernmorpheme bezeichnet. Die vier geschlossenen Klassen bestehen aus Partikelmorphemen, Flexions-, Derivations- und Pronominalmorphemen, deren Definition „nur durch Aufzählung" (MUGDAN 1977: 36) möglich sein soll. Die Partikelmorpheme sind an der Konstitution der Wortarten Präposition (*aus*), Konjunktion (*weil*), einzelner Adverbien wie *sehr*, Negationswörter wie *nicht*, Interjektionen wie *pfui* und Satzäquivalenten wie *ja* beteiligt, können allein ein Wort bilden und sind insofern freie Morpheme. Die Flexionsmorpheme sind dagegen gebundene Morpheme und werden recht vage als „Morphe der Substantivflexion, der Verbdeklination [sic!], der Adjektivdeklination und -komparation und der Pronominalflexion" (BERGENHOLTZ 1976: 38) oder in einer nie vollständigen Aufzählung in der Form „{'Gen'}" [= Genitiv] (MUGDAN 1977: 36) ausschließlich inhaltsseitig gefaßt. Unter den Derivationsmorphemen werden gebundene Morpheme als Wortbildungsmittel verstanden, die mit Hilfe von Morphemen wie „{'Dim'}" [= Diminuierung] und Allomorphen wie „{/xən/}, {/lain/}" exemplarisch vorgeführt werden (MUGDAN 1977: 36) und zu denen auch das Fugenmorphem als „Infix" (BERGENHOLTZ /MUGDAN 1979: 120) hinzugezählt wird (vgl. § 68). Die Pronominalmorpheme können „nur gemeinsam mit einem Flexionsmorphem ein grammatisches Wort bilden", sind daher gebundene Morpheme und können darüber hinaus „nicht mit anderen Arten von Morphemen im gleichen grammatischen Wort auftreten". Auch ein Morphem *d-* wie in *der, des, dem* wird zu den Pronominalmorphemen hinzugerechnet (BERGENHOLTZ /MUGDAN 1979: 120). Bei MUGDAN (1977: 37) erscheinen diese Morpheme in der Klasse der „Nominalia", worunter „die Pronomina und Artikel der traditionellen Grammatik" zusammengefaßt sind. Dem inhaltsseitigen Morphembegriff entsprechend wird *des* als „'Art+best+Sing+Gen+mask'" beschrieben und *du* als „'PersPron+2Pers+Sing+Nom'".

67.4 Der Begriff der Kernmorpheme entspricht zum Teil dem der Grundmorpheme. In letzterem sind jedoch auch die Partikelmorpheme und einzelne Pronominalmorpheme enthalten. Da substantivische, verbale und adjektivische bzw. pronominale Grundmorpheme auch mit Nullmorphem gebraucht werden (*der Mann, Komm!, die Blume ist schön* bzw. *dies*) und in diesem Falle von den generell flexionslosen Partikeln nicht zu trennen sind, erweist sich eine Differenzierung in Kern-, Partikel- und Pronominalmorpheme als nicht zwingend. Ihre generelle Funktion ist die der Bildung der morphologischen Basis eines Wortes bzw. einer Wortform, was in ihrer einheitlichen Kennzeichnung als Grundmorpheme zum Ausdruck gebracht wird. Weitergehende Differenzierungen, die sich durch die Verteilung einzelner GM auf einzelne Wortarten ergeben, müssen bei den Wortartendefinitionen berücksichtigt werden (§§ 96, 132, 157, 174) und können dann durch hinzutretende Attribute (substantivisches GM) markiert werden. Eine solche Differenzierung wird durch die Gegenüberstellung von Kern-, Partikel- und Pronominalmorphemen noch nicht geleistet, weil durch diese Termini nicht Wortarten, sondern Wortartengruppen zusammengefaßt werden, so daß eine weitergehende Spezifizierung noch aussteht.

67.5 Die Flexionsmorpheme entsprechen den Relationsmorphemen und die Derivationsmorpheme den Formationsmorphemen. Der zentrale Unterschied besteht in der nur inhaltsseitig ausgerichteten Morphemdefinition, während RM und FM ausdrucks- und inhaltsseitig definiert sind.

67.6 Auffallend ist ferner, daß bei BERGENHOLTZ und MUGDAN in diesem Zusammenhang die morphologische Typisierung in Pseudo-, Portemanteau- und Suppletivmorpheme fehlt, die bei verschiedenen Wortarten des Deutschen vorkommen. So werden z.B. die zentralen morphologischen Unterschiede zwischen dem unbestimmten Artikel *eine*, dem bestimmten Artikel *des* und dem Personalpronomen *du* innerhalb der Pronominalmorpheme nicht sichtbar und durch eine bloße Aufzählung der Elemente dieser Klasse nicht erkannt. Werden bei einer Morphemdefinition die Ausdrucks- und Inhaltsseite sprachlicher Zeichen berücksichtigt, dann sind diese Unterschiede auch definitorisch zu erfassen.

67.7 Die Berücksichtigung des Gegensatzes von Offenheit und Geschlossenheit bei der Unterscheidung lexikalischer und grammatischer Morpheme zeigt, daß bei dieser Morphemklassifizierung die Differenzierung der Inhaltsseite sprachlicher Zeichen in lexikalische und grammatische Bedeutung keine Rolle gespielt hat. So haben einerseits 'lexikalische Morpheme' zwar immer eine lexikalische Bedeutung; sie weisen aber im Substantiv- und Verbalbereich auch auf grammatische Kategorien hin. Andererseits signalisieren 'grammatische Morpheme' wie Formationsmorpheme zwar neben einer kategorialen Bedeutung aufgrund einer spezifischen Phonotaktik, z.B. bei {in} in *Lehrerin*, auch eine grammatische Bedeutung, die jedoch nicht mit den grammatischen Kategorien der RM identisch ist. Zusätzlich sind die FM aber bei der durch sie entstehenden neuen Worteinheit gemeinsam mit den Grundmorphemen am Aufbau einer neuen lexikalischen Bedeutung beteiligt.

67.8 Der Notwendigkeit der Unterscheidung von lexikalischer und grammatischer Bedeutung (STEPANOWA 1973: 31) und ihrer Zuordnung zu verschiedenen Morphemtypen sollte auch terminologisch Rechnung getragen werden. So ist zwar die lexikalische Bedeutung in aktuelle Bedeutungen zu untergliedern und mit dem Morphemtypus der GM in Beziehung zu setzen; zur Kennzeichnung von grammatischen Kategorien des Morphemtypus der RM sollte der Terminus der aktuellen Bedeutung (so bei BERGENHOLTZ 1976: 37) zur Vermeidung terminologischer Überschneidungen daher nicht verwendet werden.

68 Bei der Einteilung in Affixe, Präfixe und Suffixe und andere -fixe – allerdings im Gegensatz zu den Konfixen (§ 200.3) – ist die Position zu einem Kern das entscheidende Einteilungskriterium. Dieser Kern wurde bisher Grundmorphem genannt, entsprechend wurden bei den Formationsmorphemen Präfixe und Suffixe unterschieden. Bei einer fehlenden Differenzierung von Formations- und Relationsmorphemen erscheinen auch letztere als Affixe (§ 28). Neben Präfixen und Suffixen werden für das Deutsche auch Infixe und Zirkumfixe angenommen.

69.1 Infixe kommen im Deutschen – im Gegensatz zu anderen Einzelsprachen (ANDERSON 1985: 166f.) – nur in der Wortbildungsmorphologie und in dieser nur bei Komposita vor. Nach BÜNTING (1983: 101), für den alle nicht wortfähigen Morpheme Affixe sind (§ 28), werden Infixe dadurch definiert, daß sie „zwischen Kernen" stehen. Als Beispiele führt er das Infix {s} in *Friedensengel* und *Arbeitsamt* an, das sich zwischen jeweils zwei Kernen befindet; Beispiele für komplexere Kompositionsglieder werden nicht aufgeführt. Aus den möglichen Paraphrasen *Engel des Friedens* bzw. *Amt der Arbeit*, *Amt für die Vermittlung von Arbeit* ergibt sich jedoch, daß das Phonem /s/ gemeinsame und unterschiedliche Funktionen innerhalb der Komposita übernimmmt. Die gemeinsame Funktion besteht in der Markierung der Fuge, an der zwei Grundmorpheme zur neuen Worteinheit des Kompositums zusammentreten. Aufgrund dieser Funktion nehmen BERGENHOLTZ /MUGDAN (1979: 120, 174) für das Infix, das sie Interfix nennen, ein ausschließlich inhaltsseitig definiertes „Morphem {'Fuge'}" mit verschiedenen ausdrucksseitig definierten Allomorphen wie <s> an. Außer Grundmorphemen ersten Grades können auch solche eines höheren Grades wie bei *Gemeinschaftsleistung* als Kompositionsglieder erscheinen. Neben Komposita mit einem Fugenelement kommen auch solche vor, bei denen wie bei *Haustür* kein explizites Fugenelement erkennbar ist. Wegen des Gegensatzes zu Komposita mit explizitem, ausdrucksseitig realisiertem Fugenelement wird auch in diesen Fällen ein Fugenelement Null angenommen (ŽEPIĆ 1970: 24). Da aber anders als beim Ansatz eines Relationsmorphems Null keine paradigmatische Reihe mit klaren Oppositionen existiert, läßt sich ein Fugenelement Null nicht begründen. Die unterschiedlichen Funktionen ergeben sich aus den Paraphrasen bzw. aus dem Vergleich zu den Paradigmata, in denen Grundmorpheme ersten Grades bei Simplizia bzw. solche höheren Grades bei Derivaten vorkommen. In *Friedensengel* ist das /s/ als Genitiv Singular-Morphem {s} erkennbar. Es besitzt neben der Funktion der Fugenkennzeichnung eine grammatische Bedeutung und sollte daher als Fugenmorphem bezeichnet werden. In *Arbeitsamt* hat das /s/ keine grammatische Bedeutung. Es dient der Ausspracheerleichterung, hat also eine euphonische (wohlklingende) Funktion, und sollte terminologisch als Fugenzeichen vom Fugenmorphem abgehoben werden. Eine vergleichbare Unterscheidung nehmen WELLMANN/REINDL /FAHRMAIER (1974: 359 Anm. 5) vor, indem sie „Fugen, die mit einem Flexiv für den Nom. Gen. Akk. Sg./Pl. übereinstimmen, [...] als paradigmatisch, die übrigen als unparadigmatisch" bezeichnen.

69.2 Die Unterscheidung von Fugenmorphemen und Fugenzeichen ist für die weitere morphologische Analyse der Komposita wichtig, denn alle Elemente von Komposita müssen einem Morphem als *langue*-Einheit zugewiesen werden. Dabei existieren zwei konträre Positionen, die den Fugenelementen einen Morphemstatus generell zusprechen bzw. ebenso generell absprechen. Die erste Position wird von ŽEPIĆ (1970: 10, 17) vertreten, der alle Fugenelemente einschließlich eines Nullelements als 'Verbindungsmorpheme' interpretiert. Ihm schließen sich AUGST (1975a: 74) und BÜNTING (1983: 101), letzterer durch die Kennzeichnung der Fugenelemente als Infixe, an. GRUBE (1976: 219f.), der auch Bindestriche wie in *Fernseh-Koch* zu den Fugenelementen rechnet, legt sich morphologisch nicht fest. Bei einer generellen morphologischen Interpretation muß den Verbindungsmorphemen der recht allgemeine Inhalt 'Verbindung' zugeordnet werden (VON POLENZ 1973: 149). Nur ein so definiertes Verbindungsmorphem kann als Infix bezeichnet werden. Die Inhaltsseite eines solchen Infixes ist aber nicht am Aufbau einer neuen lexikalischen Bedeutung beteiligt, was sich aus dem Nebeneinander von *Waldrand* und *Waldesrand* mit den Infixen {∅} und {əs} ergibt (STEPANOWA/FLEISCHER 1985: 90). Die Infixe unterscheiden sich inhaltsseitig deutlich von den Präfixen und Suffixen und können daher nicht den Formationsmorphemen zugewiesen werden. Auch von den Relationsmorphemen mit ihren grammatischen Bedeutungen heben sie sich inhaltsseitig deutlich ab. Wenn daher der Terminus Infix überhaupt gebraucht wird, dann muß der inhaltsseitige

Unterschied zu den mit den Termini Präfix und Suffix bezeichneten Morphemen hervorgehoben werden. Da aber den Fugenzeichen keine grammatische Bedeutung zugeordnet werden kann und mit ihnen kein regelmäßiger Bedeutungsunterschied verbunden ist (HERINGER 1984: 3 Anm. 1), ist es für das Deutsche angebrachter, auf den Ansatz eines eigenen Morphemtypus der Infixe zu verzichten.

69.3 Die zweite Position wird von WURZEL und VON POLENZ eingenommen. WURZEL (1970: 95) faßt die Fugenelemente „als Stammbildungselemente" auf, während sie VON POLENZ (1973: 149, 1980: 172) ähnlich „als phonemische Teile der ersten Konstituente" interpretiert und die Annahme von Infixen ausdrücklich ablehnt, wobei jedoch die zusätzliche Kennzeichnung der Fugenelemente als „Pseudoplereme" inkonsequent ist, weil Plereme als kleinste sprachliche Zeichen einen Inhalt besitzen und dem Morphem entsprechen. Beide berücksichtigen dabei, daß die Fugenzeichen keine grammatische Bedeutung haben, vernachlässigen aber die noch klar erkennbaren Inhaltsseiten bei den Fugenmorphemen. Bei diesen bestehen zwar im Vergleich zu den Relationsmorphemen die Besonderheiten, daß sie mit einem auch in einem Simplex vorkommenden Grundmorphem fest zu einem Kompositionsglied verbunden sind und daß bei ihnen ein paradigmatisch bedingter Wechsel verschiedener Relationsmorpheme nicht gegeben ist, doch reichen diese Besonderheiten nicht aus, die Relationsgebung der Fugenmorpheme, die auf ehemalige syntagmatische Strukturen in Wortgruppen zurückgehen kann (HENZEN 1965: 54) und synchron durch Paraphrasen noch nachvollziehbar ist, nicht zu beachten. Als Lösung bietet sich daher eine Verbindung beider Positionen, getrennt nach Fugenmorphemen und Fugenzeichen, an, die zu dieser die bisherigen Überlegungen zusammenfassenden Definition führt:

70 Fugenelemente bestehen aus Fugenzeichen bzw. Fugenmorphemen, sind Teile von ersten Kompositionsgliedern zweigliedriger Komposita und markieren die Kompositionsfuge. Die Fugenzeichen dienen darüber hinaus der Aussprachеerleichterung, bilden mit Grundmorphemen verschiedenen Grades anderer Wörter eine feste interne phonologische Struktur und konstituieren besondere, auf Komposita beschränkte neue Grundmorpheme. Die Fugenmorpheme signalisieren zusätzlich eine grammatische Bedeutung, die synchron auf eine potentielle und diachron auf eine ehemalige syntagmatische Struktur verweisen kann.

71.1 Neben Infixen werden für das Deutsche auch Zirkumfixe bzw. diskontinuierliche Morpheme sowohl in der Flexions- als auch in der Wortbildungsmorphologie angenommen (MUGDAN 1977: 50). Die Grundlagen der Konzeption gehen auf HARRIS (1945: 121) zurück. In der Flexionsmorphologie wird die Konzeption von KASTOVSKY (1973b: 170) bei der Analyse von analytischen Verbformen wie *er hat gesagt* bzw. *er ist gereist* auf das

Deutsche übertragen. Er setzt bei der morphologischen Analyse des Partizip II ein diskontinuierliches Allomorph /gə...t/ an, das aus zwei Teilen besteht, die sich vor und nach dem Morphem {zāk} bzw. in seiner Terminologie und metasprachlichen Darstellung nach dem Allomorph /rais/ des Morphems {reis} befinden und gemeinsam die Bedeutung '2. Partizip' signalisieren, und das er so definiert: „Tragen zwei oder mehrere Morphe nur zusammen eine Bedeutung und stehen sie in einer syntagmatischen Beziehung zueinander, so liegt ein diskontinuierliches Allomorph eines Morphems vor". Auf die problematischen Prämissen, die in diese Definition einfließen, wurde bereits hingewiesen (§§ 55f.). Zusätzlich entsteht das theorieinterne Problem, daß zwei Morphe ein einziges Allomorph bilden sollen. Den Schwierigkeiten kann man entgehen, wenn man zwei Relationsmorpheme {gə} und {t} annimmt, die vor und hinter einem Grundmorphem {zāk} angeordnet sind (SIMMLER 1987: 132f.). Gemeinsam, wenn auch nicht allein, weisen sie im Rahmen der analytischen Verbform *hat gesagt* auf die grammatische Kategorie des Tempus hin. Auch der erste Wortformteil *hat*, das Verbum finitum, ist am Hinweis auf die Tempuskategorie beteiligt. Wird <hat> in der Linearität einer Äußerung realisiert, dann ist ein folgendes Relationsmorphem {gə} bereits eine Kennzeichnung der grammatischen Kategorie des Partizip II. Diese Kennzeichnung wird durch das Relationsmorphem {t} noch einmal gegeben; nach FLEISCHER(1980: 55) prägt {t} „erst das Ganze als Partizipialform". Zusätzlich erfolgt durch {t} gemeinsam mit {gə} ein Hinweis auf die Klasse der sog. schwachen Verben (§§ 98-101). Folgt ein {ən} wie in *er hat gebissen*, ist ein Partizip II der Klasse der sog. starken Verben markiert (§§ 102-107). Die Annahme eines diskontinuierlichen Morphems wurde außer durch die gewählte Morphemkonzeption durch die isolierende Betrachtung des Partizip II ohne Hinzuziehung des Verbum finitum und durch eine Verabsolutierung des binären Prinzips bei der Morphemanalyse hervorgerufen.

71.2 In der Wortbildungsmorphologie werden diskontinuierliche Morpheme von B. NAUMANN(1986: 19) zur Analyse verwendet. Er versucht damit, Substantive „mit *ge-* + Kernmorphem + *-e*, also *Gelache, Gesinge, Getue*" zu erfassen, „in denen die wortbildende Funktion ausdrucksseitig auf zwei Formelemente verteilt ist, die links und rechts des Kernmorphems stehen". Doch auch bei diesen Beispielen ist die Annahme eines diskontinuierlichen Morphems nicht zwingend. Aus den Gegenüberstellungen von *Gefühl* und *fühlen*, *Gesang* und *singen, sang* bzw. von *Liege* und *liegen*, *Binde* und *binden* können die Formationsmorpheme {gə} und {ə} ermittelt werden, die mit einem verbalen Grundmorphem als Präfixe bzw. Suffixe ein neues Wort der Wortart Substantiv konstituieren. In *Gelache, Gesinge, Getue* werden die durch das synchrone Nebeneinander bekannten Präfixe und Suffixe gleichzeitig mit einem verbalen Grundmorphem verbunden, um zum gleichen Ergebnis, einer neuen Worteinheit der Wortart Substantiv, zu gelangen. Im Gegensatz zu den bei *Liege, Binde, Gefühl, Gesang* möglichen Pluralformen sind die Bildungen mit Präfix und Suffix, die von GELHAUS (in: DUDEN 1984: 470; 1995: 501) als „kombinierte Präfixableitung" bezeichnet werden, „nicht pluralfähig", eine Besonderheit, die sich aus der iterativen Inhaltsseite der Substantive ergeben und die gleichzeitige Verwendung von Präfix und Suffix begünstigt haben könnte (vgl. §§ 239, 242.2-6). STEPANOWA/FLEISCHER (1985: 135) weisen zwar auf die „Kombination aus Präfix und Suffix" hin, setzen aber weiterhin eine „diskontinuierliche Konstituente" an, obwohl Präfix und Suffix sonst verschiedene Morpheme kennzeichnen (zu Präfix-/Suffixbildungen vgl. §§ 250, 281-283).

71.3 Die alternativen Morphemanalysen zeigen, daß für das Deutsche in der Flexions- und der Wortbildungsmorphologie auf den Morphemtyp des diskontinuierlichen Morphems verzichtet werden kann.

72.1 Im Zusammenhang mit Morphemkombinationen weist AUGST (1975b: 59) auf Morpheme hin, „die nichts bezeichnen, so die Epenthese des *t* in *namen-t-lich, ander-t-halb*". Unter einer Epenthese wird eine „Einfügung von Konsonanten als Gleitlaute im In- oder Auslaut ohne etymologische Motivation" (BUSSMANN 1983: 124) bzw. eine „Einfügung von Vokalen oder Konsonanten als Gleitlaute zwischen Konsonanten im In- oder Auslaut ohne etymologische Motivation" (BUSSMANN 1990: 216) verstanden. Wie beim Fugenzeichen besteht die Notwendigkeit, die eingefügten Konsonanten einem Morphem zuzuordnen. AUGST entscheidet sich für die Annahme eines sog. leeren Morphems bzw. leeren Morphs in der Terminologie von NIDA (1948/1976: 148), bewertet sie damit anders als die Fugenelemente und nimmt den Widerspruch zu seiner Ausdrucks- und Inhaltsseite berücksichtigenden Morphemdefinition in Kauf, da ein leeres Morphem keine Inhaltsseite besitzt. Tatsächlich kann dem /t/ wie den Fugenzeichen keine Inhaltsseite zugewiesen werden. Es bietet sich daher an, bei Epenthesen wie beim Fugenzeichen zu verfahren und sie als phonologische Teile eines neuen Morphems – bei den genannten Beispielen liegen Grundmorpheme vor – zu interpretieren, wodurch der zeichentheoretisch nicht haltbare Ansatz des Morphemtypus eines leeren Morphems entfällt (vgl. § 69).

72.2 Leere Morpheme nimmt AUGST (1975b: 67) auch für die Reste von „Pseudoableitungen" wie bei *ver-lier-en* an. Es handelt sich bei den Resten um gebundene Grundmorpheme (§ 66), die „eine gemeinsame, sich wiederholende Bedeutung" besitzen, „da die Wörter, die solche Elemente enthalten, sich gegenseitig motivieren" (STEPANOWA/FLEISCHER 1985: 93).

73.1 In Anlehnung an von WUNDERLICH(1973: 103) zusammengestellte Referenzmittel führt ABRAHAM (1974: 280) den Morphemtypus der exophorischen Morpheme auf, worunter „Morpheme mit deiktischer Funktion" verstanden werden. BÜNTING (1983: 102) übernimmt diesen Typus unter dem Terminus der deiktischen Morpheme. Sie verweisen explizit auf die externen Faktoren jeglicher Kommunikation, auf Sprecher, Hörer, Ort und Zeit. Entsprechend unterscheidet BÜNTING personaldeiktische Morpheme oder Morpheme der Rollendeixis *(ich, du*; *er, sie, es*), lokaldeiktische Morpheme (*hier, dort, oben, unten*) und temporaldeiktische Morpheme (*jetzt, heute, gestern, morgen*). Dabei faßt er den Begriff der Deixis sehr weit, indem er auch die Tempusmorpheme innerhalb der Flexionsmorphologie und die Mittel der Textverknüpfung als anaphorische Deixis einbezieht.

73.2 Die Beispiele zeigen, daß kein spezifisch neuer Morphemtypus vorliegt, sondern eine an der kommunikativen Funktion von Grundmorphemen orientierte Klassifizierung, ohne daß eine spezifische morphologische Struktur zu erkennen ist. Unter kommunikativen Kriterien sind zu den Grundmorphemen der einzelnen Wortarten verschiedenste Klassifizierungen möglich, die zur Subgruppenbildung bei den Wortarten auch genutzt werden. Die Ermittlungen von Morphemtypen und die Klassifizierungen nach kommunikativen Funktionen erfolgen mit unterschiedlichen Kriterien und erfassen unterschiedliche Aspekte der Distinktivität. Die Morpheme mit deiktischer Funktion bilden eine oder mehrere Subgruppen der Grundmorpheme und nicht einen gegenüber den bisher ermittelten Morphemtypen (§ 51) gleichrangigen Typus. Daher ist für sie ein eigener Terminus wie exophorisches Morphem, der in Analogie zu textkonstituierenden Elementen wie Anaphorika und Kataphorika gebildet ist, unnötig.

74.1 Neben den bisher festgestellten Morphemtypen (§ 51) werden auch noch Morphophoneme zur morphologischen Beschreibung des Deutschen verwendet, wobei ein Morphonem „die als morphonologische Einheit gedachte [sic] Gesamtheit der an der betreffenden Alternation beteiligten Phoneme" ist (TRUBETZKOY 1934: 30). Ihre metasprachliche Darstellung geht auf HARRIS zurück und steht in Verbindung mit der Annahme von Archiphonemen durch TRUBETZKOY(1977: 71). Um den Zusammenhang zwischen *knife* und *knives* in einer auf das Wort als *langue*-Einheit verzichtenden Morphemkonzeption darzustellen, erfindet HARRIS (1942/1976: 130) „ein morpho-phonemisches Symbol, sagen wir /F/, das vor /-z/ 'Plural' /v/, und überall sonst /f/ repräsentiert und sagen, daß es nur ein englisches Morphem /najF/ gibt".

74.2 Auf das Deutsche wird diese Konzeption von MUGDAN (1977: 53f.) übertragen, der die Wortformen *der Wald, des Waldes*, die phonologisch als /valt/ bzw. /vald-əs/ wiederzugeben sind und die am Ausgang der Grundmorpheme {valt} bzw. {vald} die Phoneme /t/ bzw. /d/ zeigen, mit Hilfe von Morphophonemen beschreibt. Für den Wechsel von /t/ und /d/ am Ausgang der beiden Grundmorpheme, der mit den Relationsmorphemen {∅} bzw. {əs} gekoppelt auftritt, setzt er ein Morphophonem //D// an und definiert das Morphophonem als „Menge miteinander wechselnder Ausdruckssegmente“. Auch die Segmente, die nicht mit anderen im Wechsel stehen, betrachtet er als „einelementige Morphosegmente“ und kann so „jede Folge von Ausdruckssegmenten auf einer höheren Ebene einer Folge von Morphosegmenten“ zuordnen. Für die Morphosegmente können „beliebige Symbole“ gewählt werden; MUGDAN (1977: 53f.) verwendet „für einelementige Morphosegmente Kleinbuchstaben und für mehrelementige Großbuchstaben“. Die Morphosegmente konstituieren Hypermorphe, die „Hyperallomorphe von Morphemen“ bilden. Da MUGDAN – anders als HARRIS – auch den Vokalwechsel innerhalb von Grundmorphemen wie in *der Wald, die Wälder* in die morphophonologische Darstellung einbezieht, erhält er zum Kernmorphem {'WALD'} ein Hyperallomorph {//vAlD//}. Entsprechend wird für die bereits bei der Behandlung der Allomorphie (§§ 54f.) berücksichtigten englischen Pluralformen ein Hyperallomorph {//s//} mit //s//= /s/ ~ /z/ ~ /iz/ des Morphems {'Plural'} angesetzt (ebenso BERGENHOLTZ/MUGDAN 1979: 82-86).

74.3 In allen Arbeiten ist die metasprachliche Darstellung einmal durch den Verzicht auf den Wortbegriff und einen ausschließlich inhaltsseitig gefaßten Morphembegriff bedingt. Zum anderen wird das Homogenitätsprinzip verletzt, denn Phoneme und Morpheme besitzen nicht den gleichen Grad der Abstraktion. Damit hängt zusammen, daß den linguistischen Teildisziplinen von Phonologie und Morphologie bei der Behandlung ihrer Objektbereiche eine Autonomie zugewiesen wird, die dann auch für die Morphophonologie beansprucht wird. Schließlich erweist sich die gewählte Metasprache weder als einfacher noch als erklärungsadäquater als eine Metasprache, die zur Segmentierung und Klassifizierung sprachlicher Äußerungen die *langue*-Einheiten Wort, Wortform, Morphem und Phonem unter Beachtung ihrer *differentiae specificae* und des Homogenitätsprinzips heranzieht.

3. Flexionsmorphologie der Gegenwartssprache

3.0 Wortarten und Einteilungskriterien

75 Eine Klassifizierung von Wörtern des Deutschen in Wortarten hat sich an den Kriterien zu orientieren, die bei der Entwicklung der Wortdefinition als relevant erkannt wurden (§ 22). Da das Wort auf der Grundlage der Einzelsprache des Deutschen definiert wurde, sind die Wortarten-Einteilungskriterien ebenfalls einzelsprachlich orientiert und folgen nicht der Forderung nach einer „übereinzelsprachlichen Basis" (so aber HENTSCHEL/WEYDT 1995: 39) und dem daraus abgeleiteten Schluß, auch „bei der Behandlung morphologisch reichhaltig strukturierter Sprachen [...] schon um der Vergleichbarkeit willen dieses Merkmal nicht zur Klassifikationsgrundlage zu machen und auf andere (funktionale, syntaktisch-semantische) Kriterien" zurückzugreifen und die „sprachspezifischen Merkmale" nur für „eine Zusatzbestimmung oder Feindifferenzierung" (L. HOFFMANN, in: ZIFONUN/HOFFMANN/STRECKER 1997: 24) zu nutzen (mit Recht ablehnend bereits UERPMANN/FISCHER 1982: 18). Nach HEGER (1985: 152; ähnlich schon DE GROOT 1948: 499) sind Wortarten „als Klassen von Vokabeln ebenso wie diese selbst je einzelsprach-abhängig", was jedoch einen Vergleich mit Wortartenbestimmungen für weitere Einzelsprachen nicht ausschließt; lediglich die Forderung eines ausschließlich universell orientierten Vorgehens ist abzulehnen. Sprachübergreifende Aspekte setzen die Analysen von Einzelsprachen voraus und können sie nicht ersetzen. Kriterien von Wortdefinitionen werden in der wissenschaftlichen Literatur in recht unterschiedlichem Maße bei der Wortarteneinteilung berücksichtigt, weil Reflexionen über den Wortbegriff häufig fehlen und die Auswahl eines einzigen Kriteriums für eine Klassifikation als ausreichend angesehen wird (vgl. GASSER 1984: 43f. zur sich daraus ergebenden terminologischen Vielfalt). Im folgenden sollen solche Ansätze in Auswahl vorgeführt werden, um in Abgrenzung von ihnen eine andere Vorgehensweise zu begründen. Es ist daher nicht das Ziel, die Literatur zu den Wortartenklassifikationen auch nur annähernd vollständig auszubreiten (dazu KALTZ 1983; OSSNER 1988), weil die Hauptschwierigkeiten bei der Klassifikation der nichtflektierenden Wortarten auftreten, die hier wegen ihrer einheitlichen internen morphologischen Struktur unberücksichtigt bleiben können. Auf die morphologisch relevanten Probleme bei der Definition der flektierenden Wortarten und die Aspekte ihrer Subklassifizierungen wird jedoch ausführlich eingegangen.

76.1 BERGENHOLTZ/SCHAEDER (1977: 14, 19) unterscheiden insgesamt 51 flektierende und nichtflektierende Wortarten, indem sie von einer „'äußerlichen' Definition des Wortes in geschriebener Sprache" ausgehen, das Wort als eine Einheit bezeichnen, „die von Zwischenräumen oder von Satzzeichen umgrenzt ist", und für seine Klassifikation ausschließlich die „Unterscheidung syntaktischer Positionen und Funktionen" benutzen. Bezogen auf die Wortdefinition (§ 22) verwenden sie zwei ausdrucksseitige Kriterien, das der Zusammenschreibung (zur Wortdefinition) und das der syntaktischen Funktionsgemeinschaft (zur Wortartenunterscheidung). Der Vorteil, der durch die Anwendung nur eines Kriteriums entsteht, wird durch den Mangel wieder aufgehoben, die Struktur sprachlicher Zeichen nur unvollständig zu erfassen.

76.2 Ausschließlich das Kriterium der Inhaltsseite verwenden SLOTTY (1929), HEMPEL (1954) und POLLAK (1958) zur Wortarteneinteilung. Ihren Klassifikationen ist gemeinsam, daß der SemantikBegriff vage bleibt und unterschiedlich gebraucht wird, daß die Einteilungen Überschneidungen innerhalb des jeweiligen Ansatzes ergeben, daß diese Überschneidungen mit der Komplexität des Objektbereichs der Wörter begründet werden, ohne dieser aber durch eine entsprechende Wortdefinition gerecht zu werden, und daß die Berücksichtigung des gleichen Kriteriums bei den Autoren zu unterschiedlichen Ergebnissen führt.

76.3 Eine ausschließlich morphologische Klassifikation nimmt BERGENHOLTZ (1976: 58-64) vor. Er konzentriert sich auf die Wortarten Verb, Substantiv und Adjektiv, bezieht aber auch die Partikel und das Nominale als restliche Wortarten mit ein. Zur Wortart Partikel gehören Konjunktionen, Präpositionen und die sog. reinen Adverbien wie *gern*, d.h. Wörter, die kein Relationsmorphem besitzen. Ebenfalls hierhin rechnet er die Interjektionen wie *Ah*! und die sog. Verbzusätze oder trennbaren Präfixe wie bei *vortragen*. Die Wortart Nominale umfaßt Pronomina und Artikel, die wiederum Flexionselemente zeigen.

76.4 Die Wahl von nur einem Kriterium zur Wortarteneinteilung wird mit dem Ziel einer widerspruchsfreien Einteilung begründet. Da aber die alleinige Berücksichtigung eines syntaktischen oder semantischen oder morphologischen Kriteriums nicht zu gleichen Ergebnissen führt, werden diese als prinzipiell gleichberechtigt angesehen. BERGENHOLTZ/SCHAEDER (1977: 36) sind der Auffassung, „daß auch morphologische bzw. semantische Kriterien je für sich zu einem abgeschlossenen Wortartensystem einer Sprache führen können"; entsprechend geht BERGENHOLTZ (1976: 54) von „drei verschiedenen Wortartensystemen" aus. Beide Autoren haben insofern Recht, als alle Ergebnisse von der gewählten Metasprache und den damit verbundenen Prämissen abhängig sind. Sie sind im Unrecht, wenn sie daraus eine Gleichrangigkeit der erzielten Ergebnisse abzuleiten versuchen, weil jede Metasprache einschließlich ihrer Prämissen anhand der Realisationsformen der deutschen Sprache, deren Strukturen und Funktionen erfaßt werden sollen, überprüft werden kann.

77.1 Eine Kombination von morphologischen, syntaktischen und semantischen Kriterien legt FLÄMIG (in: AGRICOLA /FLEISCHER/PROTZE/EBERT, II, 1970: 835) seiner Wortarteneinteilung zugrunde. Im Hinblick auf die Wortdefinition (§ 22) zieht er eine größere Anzahl von als notwendig erkannten Kriterien heran als die bisher erwähnten Autoren, weshalb seine Einteilung als Ausgangspunkt weiterer Überlegungen genommen werden soll. Sein Kriterienkatalog ist allerdings weder vollständig noch ist er bei allen Klassifikationen widerspruchsfrei angewandt. In der Feststellung „F o r m (Laut und Schreibform) wird die akustisch und visuell wahrnehmbare Seite der Sprache genannt" (ebd.: 834) bleiben einmal die verwendeten ausdrucksseitigen Kriterien zu undifferenziert. Zum anderen wird FLÄMIG durch die Definition „Die I n t e r j e k t i o n e n sind formal unbestimmt; sie bilden keine Wortart im eigentlichen Sinne. Man erfaßt unter dieser Bezeichnung Ausrufe und Empfindungswörter, die als relativ selbständige satzwertige Elemente nicht unmittelbar zum Satz gehören." (ebd.: 835) den Interjektionen nicht völlig gerecht. Wenn die Interjektionen 'formal unbestimmt' sind, d.h. keine Relationsmorpheme besitzen, dann gehören sie zur Gruppe der Partikeln im weiteren Sinne (GELHAUS, in: DUDEN 1984: 345; dazu ferner 1995: 369 mit Anm. 1), in der die nicht-flektierenden Wortarten zusammengefaßt sind. Werden sie nach inhaltsseitigen Kriterien als 'Ausrufe und Empfindungswörter' bezeichnet, dann sind sie Wörter und müssen als solche einer Wortart zugewiesen werden können, so daß die Aussage, sie seien 'keine Wortart im eigentlichen Sinne', unhaltbar wird. Sind sie 'relativ selbständige satzwertige Elemente', dann müssen sie dennoch aus Wörtern bestehen, denn Satztypen ohne Wort und Satzgliedstruktur wurden bisher noch nicht angesetzt, wenn das Wort als sprachliches Zeichen angesehen wird. Außerdem erweist sich dieses Kriterium als zweifelhaft, da auch isolierte Äußerungen wie *Mist*! *Tor*! *Schön*! *Doch*! *Wo*? 'satzwertige Elemente' darstellen (SIMMLER 1983).

77.2 FLÄMIG wendet die genannten drei Kriterien in einer bestimmten Reihenfolge an. Er beginnt mit dem morphologischen Kriterium und erhält zwei Gruppen, nämlich flektierbare und unflektierbare Wortarten; letztere erhalten die Sammelbezeichnung Partikeln. Innerhalb der flektierbaren Wortarten unterscheidet er konjugierbare und deklinierbare. Konjugierbar ist nur eine Wortart, das Verb. Es zeigt spezifische Grundmorpheme bzw. Relationsmorpheme, die die grammatischen Kategorien von Tempus und Modus signalisieren, und dies macht u.a. ihre Konjugierbarkeit aus. Bei den deklinierbaren Wortarten unterscheidet er Substantive, Adjektive und Pronomina. Die Substantive haben neben anderen Merkmalen die Fähigkeit, einen Artikel zu sich zu nehmen (*das Haus*, *ein Haus*). Die Adjektive besitzen neben anderen Charakteristika das Merkmal, daß sie Komparationsformen bilden können (*langsam*, *langsamer*, *am langsamsten*). Da auch Adverbien – in seiner Terminologie (vgl. §§ 167, 174) – teilweise komparierbar sind (*Er arbeitet langsamer/am langsamsten*; dazu ERBEN 1980: 320), ist die Komparierbarkeit kein ausreichendes Differenzierungskriterium. Wird jedoch zusätzlich die syntaktische Funktion des pränuklearen Attributs und die durch Relationsmorpheme signalisierte Beteiligung an der Kennzeichnung der grammatischen Kategorien Kasus, Numerus und Genus (*ein langsamer Arbeiter*, *eine langsamere Arbeiterin*, *ein langsameres Kind*) berücksichtigt, ist die Komparierbarkeit in ein Bündel distinktiver Merkmale einbezogen. Andererseits gibt es nichtkomparierbare Adverbien (*gern*), die keine Attributfunktion übernehmen können und auch keine Relationsmorpheme zur Kennzeichnung von Kasus, Numerus und Genus besitzen. Die Pronomina sind bei FLÄMIG schließlich „die restlichen Wörter mit Kasusformen" (FLÄMIG in: AGRICOLA/FLEISCHER/PROTZE/EBERT, II, 1970: 835). Kasusformen zeigen auch Substantive und Adjektive, so daß kein spezifisches Merkmal angegeben ist und der der Einteilung zugrunde liegende Charakter einer Restgruppe bei den Pronomina besonders sichtbar wird.

77.3 Die Partikeln, die sich nach morphologischen Kriterien nicht weiter aufgliedern lassen, werden in einem zweiten Klassifikationsschritt „nach syntaktischen Merkmalen" (ebd.: 835) weiter differenziert. Das heißt jedoch nicht, daß bei den flektierbaren Wortarten überhaupt keine syntaktischen Kriterien berücksichtigt wurden. Auf ihre Angabe wurde bei der Begründung der Klasseneinteilung lediglich verzichtet, weil die morphologischen Kriterien bereits zur Klassenbildung ausreichten. In den Einzelanalysen zu den Wortarten werden sie herangezogen und führen zu Subklassenbildungen.

77.4 In einem dritten Klassifikationsschritt bezieht FLÄMIG semantische Kriterien ein. Dies führt aber ausschließlich zu Subklassenbildungen innerhalb der bereits morphologisch und syntaktisch ausgegrenzten Wortarten.

77.5 Seine Klassifizierung verbindet FLÄMIG mit folgendem Merkschema, dessen Wert in seiner Einprägsamkeit und nicht etwa in den einzelnen im Schema auswählend herangezogenen Kriterien liegt und das er an anderer Stelle (in: FLEISCHER/HARTUNG/SCHILDT/SUCHSLAND 1983: 144) in nur leicht abgewandelter Form erneut vorlegt (Schema 1):

Schema 1: Wortartenmerkschema (nach FLÄMIG)

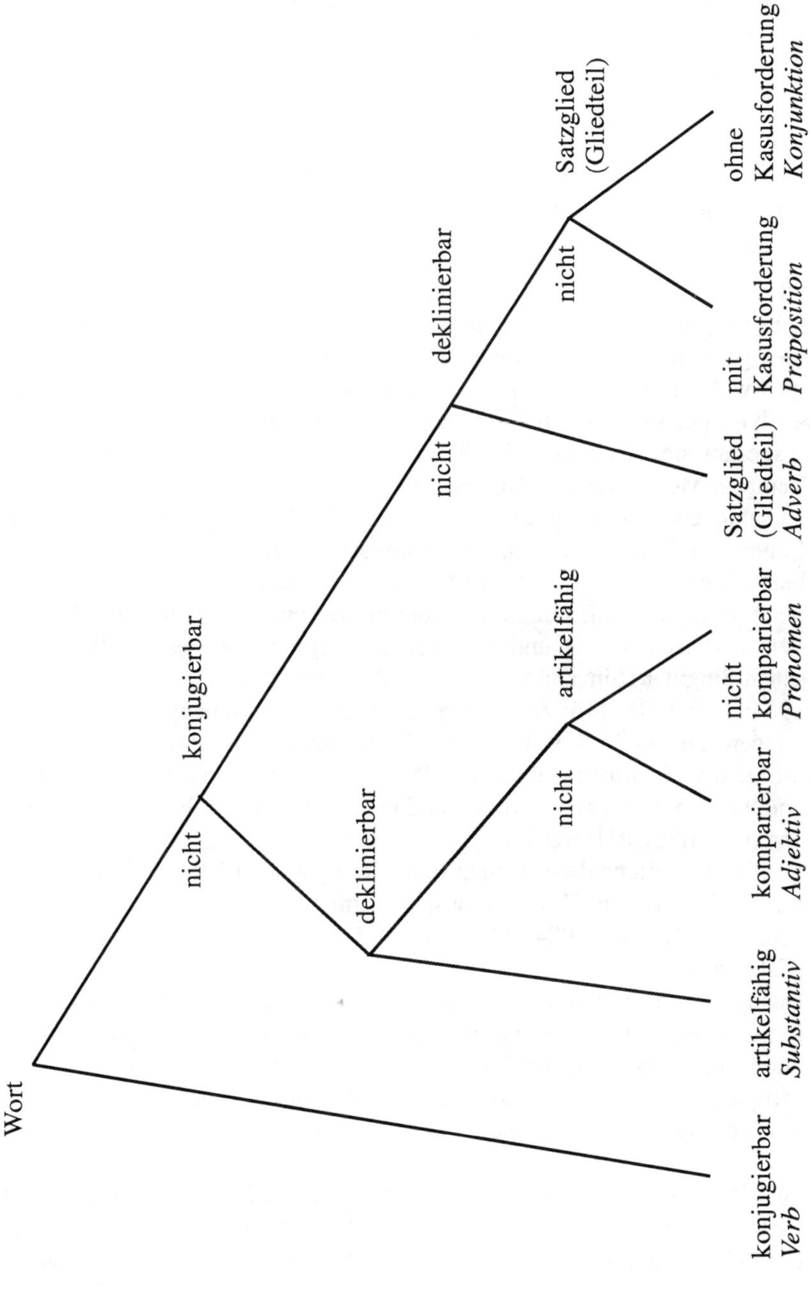

Das Schema soll nur das Klassifikationsverfahren erläutern; die in ihm berücksichtigten Kriterien werden auch von FLÄMIG selbst nicht als ausreichende und umfassende Wortartencharakterisierung verstanden. Eine solche soll jetzt für die flektierbaren Wortarten unter Beachtung der bereits bei der Herleitung der Wortdefinition erzielten Ergebnisse vorgenommen werden.

3.1 Das Verb, seine Klassen und Subklassen

3.1.1 Morphologische Strukturen, grammatische Kategorien und Konjugationsparadigmata

78 Die morphologische Struktur der Wortart Verb wird durch das Vorhandensein von Grund- und Relationsmorphemen bzw. von Suppletivmorphemen geprägt, die die jeweiligen synthetischen oder analytischen Verbformen wie *ich liebe* bzw. *ich werde lieben* konstituieren (zur Gesamtanzahl analytischer Verbformen und ihren Aufbauprinzipien RASTER 1985: 118). Insgesamt signalisieren die Verbformen die grammatischen Kategorien von Tempus, Modus, Person, Numerus und Genus verbi. Jede Kategorie zeigt verschiedene Ausprägungen: „So wird beim Tempus zwischen Präsens, Präteritum, Futur I, Perfekt, Plusquamperfekt und Futur II unterschieden, beim Genus zwischen Aktiv und Passiv (Vorgangs- und Zustandspassiv), beim Modus zwischen Indikativ, Konjunktiv I und II und Imperativ, bei der Person zwischen 1., 2. und 3. Person und beim Numerus schließlich zwischen Singular (Einzahl) und Plural (Mehrzahl)." (GELHAUS, in: DUDEN 1984: 114; 1995: 113; zur Annahme von bis zu zehn temporalen Ausprägungen THIEROFF 1992). In das Kategoriensystem sind auch die fünf infiniten Verbformen von Infinitiv Präsens, Infinitiv Futur, Infinitiv Perfekt und Partizip Präsens (1. Partizip) und Partizip Perfekt (2. Partizip) einbezogen (GUCHMANN 1961: 426f.).

79 Die Verteilung der grammatischen Kategorien auf die einzelnen Verbformen ist aus dem Konjugationsparadigma A ersichtlich, das von GELHAUS (in: DUDEN 1984: 115-118; 1995: 114-116) übernommen wurde (Tabelle 1).

Das Konjugationsparadigma A dient als Grundlage für eine erste morphologische Strukturanalyse. Es wird um weitere Paradigmata, Teilparadigmata und Wortformen anderer Verben erweitert, um zu einer vollständigen Morphemklassifikation zu gelangen. Damit wird eine umfassende Definition der Wortart Verb vorbereitet und die Grundlage geschaffen für eine Aufstellung der paradigmatischen verbalen Strukturen.

80.1 In den synthetischen Verbformen des Verbs LIEBEN kommen zwei Grundmorpheme {līb} und {līp} vor. Das erste GM erscheint vor Relationsmorphemen, deren interne phonologische Struktur mit dem Vokal /ə/

Tabelle 1: Konjugationsparadigma A (nach GELHAUS, in: DUDEN)

1.1: Konjugationsparadigma (Aktiv/Teil 1)

Teilparadigma gr. Kat.			Genus verbi: Aktiv		
Temp.	Num.	Pers.	Indikativ	Konjunktiv I	Konjunktiv II
Präs.	Singular	1.	ich lieb-e	ich lieb-e	
		2.	du lieb-st	du lieb-est	
		3.	er lieb-t	er lieb-e	
			sie lieb-t	sie lieb-e	
			es lieb-t	es lieb-e	
	Plural	1.	wir lieb-en	wir lieb-en	
		2.	ihr lieb-t	ihr lieb-et	
		3.	sie lieb-en	sie lieb-en	
Prät.	Singular	1.	ich lieb-t-e		ich lieb-t-e
		2.	du lieb-t-est		du lieb-t-est
		3.	er lieb-t-e		er lieb-t-e
			sie lieb-t-e		sie lieb-t-e
			es lieb-t-e		es lieb-t-e
	Plural	1.	wir lieb-t-en		wir lieb-t-en
		2.	ihr lieb-t-et		ihr lieb-t-et
		3.	sie lieb-t-en		sie lieb-t-en

Fut. I	Singular	1.	ich	werde		ich	werde		ich	würde	
		2.	du	wirst		du	werdest		du	würdest	
		3.	er	wird		er	werde		er	würde	
			sie	wird	lieben	sie	werde	lieben	sie	würde	lieben
			es	wird		es	werde		es	würde	
	Plural	1.	wir	werden		wir	werden		wir	würden	
		2.	ihr	werdet		ihr	werdet		ihr	würdet	
		3.	sie	werden		sie	werden		sie	würden	
Perf.	Singular	1.	ich	habe		ich	habe				
		2.	du	hast		du	habest				
		3.	er	hat		er	habe				
			sie	hat	geliebt	sie	habe	geliebt			
			es	hat		es	habe				
	Plural	1.	wir	haben		wir	haben				
		2.	ihr	habt		ihr	habet				
		3.	sie	haben		sie	haben				
Plusq.	Singular	1.	ich	hatte					ich	hätte	
		2.	du	hattest					du	hättest	
		3.	er	hatte					er	hätte	
			sie	hatte	geliebt				sie	hätte	geliebt
			es	hatte					es	hätte	
	Plural	1.	wir	hatten					wir	hätten	
		2.	ihr	hattet					ihr	hättet	
		3.	sie	hatten					sie	hätten	

Fut. II	Singular	1.	ich werde	ich werde	ich würde
		2.	du wirst	du werdest	du würdest
		3.	er wird	er werde	er würde
			sie wird geliebt	sie werde geliebt	sie würde geliebt
			es wird haben	es werde haben	es würde haben
	Plural	1.	wir werden	wir werden	wir würden
		2.	ihr werdet	ihr werdet	ihr würdet
		3.	sie werden	sie werden	sie würden

1.2: Konjugationsparadigma (Aktiv/Teil 2)

Teilparadigmata / gr. Kat.	Genus verbi: Aktiv	
Infinitiv	Präsens	lieb-en
	Futur I	lieben werden
	Perfekt	geliebt haben / (gesegelt sein)
	Futur II	geliebt haben / (gesegelt sein werden)

Partizip	Präsens (1. Partizip)	lieb-end
	Perfekt (2. Partizip)	ge-lieb-t

Imperativ	Singular	lieb-e!
	Plural	lieb-t!

1.3: Konjugationsparadigma A (Passiv: Grundlage 3. Person Singular)

Teilparadigmata gr. Kat.	Genus verbi: Passiv (Vorgangs- oder *werden*-Passiv: 3. Person Singular)		
Tempus	Indikativ	Konjunktiv I	Konjunktiv II
Präsens	er wird geliebt sie wird geliebt es wird geliebt	er werde geliebt sie werde geliebt es werde geliebt	
Präteritum	er wurde geliebt sie wurde geliebt es wurde geliebt		er würde geliebt sie würde geliebt es würde geliebt
Futur I	er wird geliebt werden sie wird geliebt werden es wird geliebt werden	er werde geliebt werden sie werde geliebt werden es werde geliebt werden	er würde geliebt werden sie würde geliebt werden es würde geliebt werden
Perfekt	er ist geliebt worden sie ist geliebt worden es ist geliebt worden	er sei geliebt worden sie sei geliebt worden es sei geliebt worden	
Plusquamperfekt	er war geliebt worden sie war geliebt worden es war geliebt worden		er wäre geliebt worden sie wäre geliebt worden es wäre geliebt worden
Futur II	er wird geliebt worden sein sie wird geliebt worden sein es wird geliebt worden sein	er werde geliebt worden sein sie werde geliebt worden sein es werde geliebt worden sein	er würde geliebt worden sein sie würde geliebt worden sein es würde geliebt worden sein

Infinitiv	Präsens	geliebt werden
	Perfekt	geliebt worden sein

Imperativ	Singular	werde geliebt!
	Plural	werdet geliebt!

1.4: Konjugationsparadigma A (Passiv: Grundlage 3. Person Singular)

Teilparadigmata gr. Kat.	Genus verbi: Passiv (Zustands- oder *sein*-Passiv: 3. Person Singular)		
Tempus	Indikativ	Konjunktiv I	Konjunktiv II
Präsens	er ist verzaubert sie ist verzaubert es ist verzaubert	er sei verzaubert sie sei verzaubert es sei verzaubert	
Präteritum	er war verzaubert sie war verzaubert es war verzaubert		er wäre verzaubert sie wäre verzaubert es wäre verzaubert
Futur I	er wird verzaubert sein sie wird verzaubert sein es wird verzaubert sein	er werde verzaubert sein sie werde verzaubert sein es werde verzaubert sein	er würde verzaubert sein sie würde verzaubert sein es würde verzaubert sein
Perfekt	er ist verzaubert gewesen sie ist verzaubert gewesen es ist verzaubert gewesen	er sei verzaubert gewesen sie sei verzaubert gewesen es sei verzaubert gewesen	

Teilparadigmata gr. Kat.	Genus verbi: Passiv (Zustands- oder *sein*-Passiv: 3. Person Singular)		
Tempus	Indikativ	Konjunktiv I	Konjunktiv II
Plusquamperfekt	er war verzaubert gewesen sie war verzaubert gewesen es war verzaubert gewesen		er wäre verzaubert gewesen sie wäre verzaubert gewesen es wäre verzaubert gewesen
Futur II	er wird verzaubert gewesen sein sie wird verzaubert gewesen sein es wird verzaubert gewesen sein	er werde verzaubert gewesen sein sie werde verzaubert gewesen sein es werde verzaubert gewesen sein	er würde verzaubert gewesen sein sie würde verzaubert gewesen sein es würde verzaubert gewesen sein

Infinitiv	Präsens	verzaubert / geöffn-e-t sein
	Perfekt	verzaubert / geöffn-e-t gewesen sein

Imperativ	Singular	sei verzaubert!
	Plural	seid verzaubert!

beginnt, während das zweite vor RM auftritt, die mit einem stimmlosen Phonem beginnen oder nur aus einem solchen bestehen. Diese besondere Distribution zeigt sich im Präsens Indikativ vor den RM {st} und {t}, im Präteritum vor dem Tempusallomorph {t} und im Partizip Präteritum bei analytischen Verbformen vor dem RM {t}. Insgesamt ist das GM {līp} an der Konstituierung einer größeren Anzahl von Verbformen beteiligt als das GM {līb}, was nicht unberücksichtigt bleiben kann, wenn für andere metasprachliche Darstellungen eine Form als zugrunde liegende ausgewählt (§§ 5456) oder für alle Verbformen ein einziger Verbstamm angenommen wird (GELHAUS, in: DUDEN 1984: 118; 1995: 116).

80.2 Unter den gleichen distributionellen Bedingungen wechseln die GM {zāg} und {zāk} beim Verbum SAGEN und die GM {rāz} und {rās} beim Verbum RASEN. Phonologisch handelt es sich um einen Wechsel von Phonemen, die aufgrund des gleichen Artikulationsmodus und der gleichen Artikulationsstelle in dieselbe Phonemreihe eingeordnet werden, wegen des Gegensatzes im Überwindungsmodus (Stimmhaftigkeit : Stimmlosigkeit) und in der Druckstärke (schwächerer : stärkerer Druck) aber zwei verschiedene Teilreihen bilden. So ist /g/ ein stimmhaftes, velares Verschlußphonem mit geringerer Druckstärke, während es sich beim /k/ um ein stimmloses, velares Verschlußphonem mit größerer Druckstärke handelt. Der in der Verschlußphonemreihe vorhandene Gegensatz von /d/ : /t/ wird zur Konstitution verschiedener Grundmorpheme nicht genutzt, weil bei Verben wie REDEN nur Relationsmorpheme mit einem /ə/ am Morphembeginn vorkommen. Der Gegensatz von /v/ : /f/ in der Reibephonemreihe ist unter dem Aspekt der Morphemkonstitution funktionell schwach belastet, weil er nur bei einem Verbum (HIEVEN) zu erkennen ist (DUDEN 1977, III: 1230). Im Rechtschreibungs-DUDEN (1986: 327) ist ausschließlich die Realisation eines /f/ verzeichnet, im DUDEN-Aussprachewörterbuch (1974: 359; 1990: 366) werden die Realisationen [f] und [v] vermerkt, was insgesamt auf eine Sprachwandeltendenz zur Aufgabe einer funktionell schwach belasteten Opposition hinweisen könnte. Während im DUDEN-Wörterbuch (1977, III: 1230) nur die Realisation [v] verzeichnet ist, fehlt in der Neuauflage (1974, IV: 1574) jede Angabe zur phonischen Realisation. Werden die beschriebenen Gegensätze zusammengefaßt, dann liegt eine Lenis (stimmhaft und geringere Druckstärke) : Fortis (stimmlos und größere Druckstärke) Opposition am Ausgang von Grundmorphemen einzelner Verbformen vor.

80.3 Der distributionelle Befund läßt sich in diese Regel fassen: Verbformen, die vor den mit dem Vokal /ə/ beginnenden Relationsmorphemen oder Allomorphen ein Lenisphonem am Ausgang des Grundmorphems zeigen, bilden vor den übrigen Relationsmorphemen oder Allomorphen ein Grundmorphem, das am Ausgang das Fortisphonem der entsprechenden Reihe zeigt und sonst weitestgehend dieselbe interne phonologische Struktur besitzt. – Diese Regelformulierung berücksichtigt die Worteinheit, führt einen dynamischen Aspekt in die Distributionsanalyse ein und zeigt, daß die Betonung des dynamischen Prinzips nicht an eine generative Metasprache gebunden ist.

80.4 Bei den mit dem FM {(ə)l} gebildeten GM 2. Grades von Verben wie SAMMELN, HANDELN, KLINGELN kommen in den Teilparadigmata von Präsens Indikativ und Konjunktiv und im Imperativ zwei GM 2. Grades vor. Das GM 2. Grades wie /zaml/ ist auf die 1. Sg. Präs. Ind. *ich samml-e*, auf die 1. und 3. Sg. Präs. Konj. *ich samml-e*, *er samml-e* und den Imp. Sg. *samml-e*! beschränkt, während das GM 2. Grades /zaməl/ in allen übrigen Verbformen erscheint. Durch die distributionelle Beschränkung übernimmt /zaml/ sekundär auch einen Hinweis auf die Tempuskategorie des Präsens und die Numeruskategorie des Singular.

80.5 Historisch korrekt führen HELBIG/BUSCHA (1986/1994: 27) das GM 2. Grades /zaml/ darauf zurück, daß „im Stamm das *e* ausgestoßen" werde. Auch von GELHAUS (in: DUDEN 1984: 120 Anm. 3; 1995: 119 Anm. 1) wird durch den Hinweis auf das Auswerfen des „*e* dieses Wortbildungsmittels" eine diachrone Begründung geliefert, wodurch diese „*e*-Tilgung" metasprachlich anders als die *e*- bzw. *t*-Erweiterungen behandelt ist (vgl. §§ 81.2f., 81.5, 82.2).

80.6 In den verschiedenen Umgangssprachen des Deutschen zeigt sich ein auf gleiche Weise entstandenes Grundmorphem in Verben wie RUDERN, ÄNDERN, KLETTERN, die neben dem mit dem FM {ər} gebildeten GM 2. Grades (wie {rūdər}) in der 1. Sg. Präs. Ind. und Konj. auch noch das GM 2. Grades {rūdr} (in *ich rudre*) besitzen (dazu HELBIG/BUSCHA 1986/1994: 27).

80.7 Neben den GM mit Unterschieden im Konsonantismus kommen bei den Verben BRENNEN, KENNEN, NENNEN und RENNEN auch solche im Vokalismus vor. Dabei zeigen die GM im Teilparadigma des Indikativ Präteritum und in allen mit dem Partizip II gebildeten analytischen Verbformen den Vokal /a/ (*es brannte*, *es hat gebrannt*), in den übrigen GM ist der Vokal /ɛ/ vorhanden. Die GM mit dem Vokal /a/ signalisieren die Tempuskategorie zusammen mit den konsonantischen Phonemen. Sie verhalten sich damit – wenigstens zum Teil – im Hinblick auf die Tempuskategorie wie die Verben, die die Erscheinung des Ablauts (§ 85) zeigen und dem Konjugationsparadigma B (§ 84) zugeordnet sind. Dennoch können sie nicht in dieses Konjugationsparadigma einbezogen werden, weil sie neben dem besonderen GM mit dem Vokal /a/ auch noch ein spezifisches Tempusallomorph {t} besitzen, was sie mit allen Verben des Konjugationsparadigmas A verbindet. Zusätzlich haben sie die zu diesem Paradigma gehörenden RM-Sätze. Von den Verben des Konjugationsparadigmas B unterscheiden sie sich ferner dadurch, daß bei ihnen die dort erkennbaren

Kennzeichnungen der verbalen Kategorien mit Hilfe des Umlauts und der Vokalerhöhung nicht vorhanden sind (§§ 86f.).

80.8 Eine besondere Stellung nehmen die Verben SENDEN und WENDEN ein, weil sie im Teilparadigma des Indikativ Präteritum und in den mit dem Partizip II gebildeten analytischen Verbformen zwar den Vokal /a/ wie das Verbum BRENNEN, zusätzlich aber einen anderen konsonantischen Ausgang der GM besitzen, wodurch die Tempuskategorie doppelt markiert ist. Dies wird aus Oppositionen wie *sie senden* : *sie sandten* bzw. *sie brennen* : *sie brannten* deutlich, die zum Ansatz der GM {zɛnd} und {zan} bzw. {brɛn} und {bran} führen. NOWICKA (1972: 92) möchte ein Allomorph /zan-/, das im Vergleich zu {zɛnd} eine Pause als „Resultat der substanzlosen Artikulation" enthält, ansetzen. Sie wird den vorhandenen internen phonologischen Strukturen der GM nicht gerecht, weil sie eine Pause einer Phonemrealisation gleichsetzt, ohne für dieses nicht realisierte Element eine paradigmatische Begründung geben zu können. Morphotaktisch folgen auf die GM {zan} und {bran} die RM {t} und {ən}. Die Morphemstruktur {zan} + {t} + {ən} entsteht dadurch, daß der Dental des ehemals vorhandenen GM {zant} mit dem RM {t} aufgrund artikulatorischer Identität und Kontaktposition zusammengefallen ist (vgl. BRAUNE/EGGERS 1975: 363b), wodurch sich eine andere interne phonologische Struktur beim GM ergibt. Dies gilt auch für das Partizip II *gebrannt*. Für die Konjunktiv-PräteritumFormen ergäben sich vergleichbare morphologische Strukturen, doch werden sie kaum noch verwendet (GELHAUS, in: DUDEN 1984: 134, 140, 142; 1995: 133, 139, 142). Bei den neben *er sandte, er hat gesandt* bzw. *er wandte, er hat gewandt* gebrauchten Verbformen *er sendete, er hat gesendet* bzw. *er wendete, er hat gewendet* handelt es sich um eine analogische Angleichung an die Morphemstrukturen ohne *e*/*a*-Wechsel (vgl. §§ 99.6, 100.6). Auf diese Weise entstehen zwei Wörter, die inhaltsseitig übereinstimmen, nicht aber in ihrer Ausdrucksseite (HENKEL 1974: 3). Es können aber neben den ausdrucksseitigen auch inhaltsseitige Unterschiede mit den beiden Wörtern verbunden sein (§§ 107.9f.).

80.9 Ein vergleichbarer Unterschied in der phonologischen Struktur zwischen den präsentischen und den präteritalen GM besteht bei den Verben BRINGEN, DENKEN und DÜNKEN. Aus den Oppositionen *sie bringen* : *sie brachten* bzw. *sie denken* : *sie dachten* ergeben sich die präteritalen GM {brax} und {dax}, die die Tempuskategorie durch den Vokal und den konsonantischen GM-Ausgang doppelt markieren. Unter diachronem Aspekt handelt es sich um einen bereits urgermanisch vollzogenen Nasalschwund mit anschließender Vokaldehnung (BRAUNE/EGGERS 1975: 128 Anm. 1, 364), die im Frühnhd. durch die Vokalkürzung in geschlossener Silbe wieder beseitigt wurde. Die durch die Gleichsetzung sog. Irregularitäten mit

Suppletion bedingte Annahme von „Suppletivformen" (WERNER 1994: 8) ist unnötig und nicht begründet (vgl. §§ 50.1-6). Ähnlich verhält es sich beim GM {doix} in Verbformen wie *ihn deuchte*, die zusätzlich durch einen Ausgleich der GM in den Teilparadigmata von Präteritum Indikativ und Konjunktiv, die im Mhd. in *dūhte*, *diuhte* noch unterschieden wurden (PAUL/MOSER/SCHRÖBLER/GROSSE 1982: 170), im Frühnhd. entstanden. Auch bei DÜNKEN existieren Zweitformen (*dünkte*, *gedünkt*), durch die die Sonderstellung dieses Verbs zum Teil beseitigt wird. Bei allen Zweitformen ist die Tendenz zu größerer morphologischer Vereinheitlichung innerhalb des Gesamtparadigmas zu erkennen.

80.10 Vokalische und konsonantische Unterschiede bestimmen die interne phonologische Struktur der GM des Verbums HABEN, das als Hilfsverb (§ 79 zu den Konjugationsformen) und als Vollverb vorkommt. Sie beruhen auf der Verbindung nicht-kontrahierter und kontrahierter Wortformen zu einem Paradigma, wodurch eine Sonderform des Suppletivwesens begründet wird, ohne den Morphemtypus des Suppletivmorphems zu verwenden (§ 50). Aufgrund von Oppositionen ist eine klare morphologische Segmentierung möglich, die zu RM-Sätzen führt, die den Verben des Paradigmas A entspricht (§ 82.9). Die morphologische Sonderstellung ergibt sich aus der Anzahl und der internen phonologischen Struktur der GM, wobei neben Gemeinsamkeiten einige Unterschiede zu den bisher ins Paradigma A einzubeziehenden Verben sichtbar werden. Insgesamt kommen die vier GM {hāb}, {ha}, {hāp} und {hε} vor. Das GM {hāb} ist im Teilparadigma des Präs. Konj. vorhanden und verbindet sich mit dem gleichen RM-Satz wie das Verbum LIEBEN. Es erscheint ferner in der 1. Sg. bzw. 1. und 3. Pl. Präs. Ind. mit den gleichen RM wie das GM {līb}; auch der Wechsel mit dem GM {hāp} ist an die gleiche distributionelle Bedingung, die Existenz des RM {t}, gebunden. Eine Abweichung ergibt sich durch die Verwendung des GM {ha} in der 2. und 3. Sg. Präs. Ind. Ein solcher GM-Wechsel existiert bei keinem anderen Verbum des Paradigmas A. Bei den gleichen Verbformen können zwar im Paradigma B ebenfalls GM-Wechsel nachgewiesen werden, doch fehlen bei HABEN die dort erkennbaren Gesetzmäßigkeiten der Vokalerhöhung (§ 87.1). Das GM {ha} kommt auch im ganzen Teilparadigma des Prät. Ind. vor und verbindet sich dort mit dem Tempusallomorph {t} und dem RM-Satz zur Kennzeichnung der Person und Numeruskategorie, wie aus der Opposition von *du hast* : *du hattest* ({ha} + {st} versus {ha} + {t} + {əst}) hervorgeht. Ein solcher GM-Wechsel existiert sonst bei keinem Verb des Paradigmas A, doch stellt der RM-Satz den Bezug zu diesem Paradigma her. Der Wechsel mit dem GM {hε}, das im Teilparadigma des Prät. Konj. erscheint und durch das die Moduskategorie eindeutig markiert ist, findet sich sonst im Paradigma A nur noch bei Verben wie BRINGEN und DENKEN, deren GM {brax} und {brɛx} (*sie brachten : sie brächten*) bzw. {dax} und {dɛx} (*sie dachten : sie dächten*) ebenfalls Umlaut zeigen und darüber hinaus gegenüber dem GM des Präsens einen anderen phonemischen Morphemausgang besitzen. Die Umlautphänomene stellen einen Bezug zu den Verben des Konjugationsparadigmas B her (§ 86), doch erweisen sich die morphologischen Gemeinsamkeiten zu den Verben des Paradigmas A als größer. Der Zuordnung von HABEN zur Klasse I der Verben durch HALLE (1953/1970: 326) kann somit zugestimmt werden, nicht aber seiner Behauptung, daß dieses Verb „völlig unregelmäßig" sei.

81.1 Wird das Teilparadigma des Präsens Konjunktiv zunächst allein im Hinblick auf seine Relationsmorpheme beschrieben, ergibt sich ein fester Satz von sechs RM bzw. Allomorphen {ə}, {əst}, {ə}, {ən}, {ət} und {ən}, von denen jeweils zwei homophon sind (vgl. § 82.9). Ihre verschiedenen Inhaltsseiten treten erst in Verbindung mit den Personalpronomina *ich*, *er* bzw. *wir*, *sie* oder in der 3. Person in Verbindung mit Nomina appellativa (*ein Kind spielt*, *mehrere Kinder spielen*) bzw. Nomina propria (*Adam spielt*, *Adam und Klaus spielen*) auf. Die Personalpronomina, die in der Gegenwartssprache immer zu finiten Verbformen hinzutreten, wirken in bezug auf die grammatischen Kategorien der homophonen RM oder Allomorphe monosemierend. Der Relationsmorphem-Satz bleibt bei allen Verben für das Teilparadigma des Präsens Konjunktiv gleich und erweist sich so im Gesamtparadigma als stabilisierender Faktor.

81.2 Eine Variation zeigt sich dagegen bei den RM im Teilparadigma des Präsens Indikativ, wenn zum Teilparadigma des Verbums LIEBEN dasjenige von REDEN (*ich rede*, *du redest*, *er redet*, *wir reden*, *ihr redet*, *sie reden*) vergleichend herangezogen wird. Die RM {ə} und {ən} sind identisch, während bei den übrigen bei völlig gleicher Funktionalität eine Allomorphie zwischen *st*, *est* bzw. *t*, *et* besteht. Die Allomorphe {əst} und {ət} treten bei den Verben auf, deren GM auf ein Dentalphonem /d/ oder /t/ (RETTEN) oder auf eine konsonantische Zweierkombination aus einem Verschluß oder Reibephonem und den Nasalphonemen /m/ (ATMEN, WIDMEN) oder /n/ (RECHNEN, WAPPNEN) in postkonsonantischer Position ausgehen. Die letzte Distributionsregel wird von GELHAUS (in: DUDEN 1984: 119; 1995: 118) durch den Hinweis auf eine „nasalische Doppelkonsonanz" terminologisch nur unzureichend erfaßt. Werden die ersten Konstituenten der Zweierkombinationen phonologisch exakt beschrieben, erübrigt sich bei den Verben LERNEN, LÄRMEN und QUALMEN die Formulierung der Ausnahme, daß eine '*e*-Erweiterung' nicht stattfinde, „wenn dem Nasal *r* oder *l* vorausgeht" (GELHAUS, in: DUDEN 1984: 120; 1995: 118; ebenso HELBIG/BUSCHA 1986/1994: 26). Da die

Allomorphe eine gleiche Funktion besitzen und die gleiche Position im Teilparadigma einnehmen, aber in unterschiedlichen Distributionen erscheinen, bilden sie komplementäre Allomorphe der RM {(ə)st} bzw. {(ə)t}.

81.3 Die Allomorphe {əst} und {ət} werden von GELHAUS (in: DUDEN 1984: 119; 1995: 118) als eine „*e*-Erweiterung" beschrieben, ohne daß dieser Terminus und seine methodologischen Prämissen erläutert werden (dazu SZULC 1974: 21, 25f. mit Anm. 12). Eine diachrone Aussage kann damit nicht verbunden sein, denn das <e> ist in diesen Allomorphen bereits seit dem Mittelhochdeutschen vorhanden (PAUL/MOSER/SCHRÖBLER/GROSSE 1982: 155, 167), so daß kein ehemals historisch vorhandenes <st> um ein <e> erweitert wurde, obwohl es sprachliche Traditionen gibt, die zu Morphemerweiterungen führen (§ 69). Die Annahme einer *e*-Erweiterung beruht vielmehr auf der Methode der internen Rekonstruktion, die im Gegensatz zur kontrastiven Sprachanalyse auch in der historischen Phonologie und Morphologie angewandt wird, um ein „Auffinden der zu Grunde liegenden Form unter Berücksichtigung der inneren Gesetzmäßigkeiten nur einer Sprache" (SZULC 1987: 18f.) zu ermöglichen. Die rekonstruierten Formen werden „durch innertheoretische Voraussetzungen" begründet, wobei „Einfachheitserwägungen" eine große Rolle spielen (MOTSCH 1967a: 120f.). Mit Recht verweist bereits LOUNSBURY (1953: 11, 14) darauf, daß die „method of internal reconstruction" ein ausschließlich synchron ausgerichteter Herleitungsmechanismus ist, der in keiner Weise „represents a previous state of the language". Dies gilt auch für das synchrone Herleitungsverfahren des <est> aus Verbformen mit <st> durch GELHAUS im DUDEN. Der synchron vorhandene distributionelle Befund erfordert die gewählte Metasprache nicht und ist auch nicht einfacher als andere Darstellungen. Die Methode der internen Rekonstruktion hebt weder ein dynamisches Prinzip in besonderer Weise hervor noch bildet sie die Kompetenz eines Sprechers/Schreibers der deutschen Gegenwartssprache in spezifischer Form ab; sie hat vielmehr die Tendenz, sich zu verselbständigen und die in der Tradition einer Sprache tatsächlich vorhandene Dynamik unberücksichtigt zu lassen.

81.4 Terminologisch noch unpräziser sind die morphologischen Strukturen dieser Verbformen bei HELBIG/BUSCHA (1986/1994: 26) erfaßt. Nach ihnen wird „zwischen Stamm und Personalendung ein *e* eingefügt". Durch eine solche Formulierung wird nicht klar, ob das <e> ein eigenständiges Element zwischen 'Stamm' und 'Personalendung' sein soll oder Teil der 'Endung' wie bei GELHAUS im DUDEN. Dagegen wird die nicht erläuterte Annahme einer Ausgangsform wie *du spiel-st* deutlich, in der sich zwischen 'Stamm' und 'Endung' kein <e> befindet. Die Wahl einer mehr oder weniger beliebigen Ausgangsform führt hier innerhalb der selbst gewählten Metasprache zu einer morphologisch ungenauen Analyse.

81.5 Eine morphologische Besonderheit liegt bei den GM vor, die wie FEIXEN, HETZEN und WACHSEN 'mit Wachs versehen' generell auf das Fortisphonem /s/ ausgehen, oder bei denen – wie bei RASEN – in Abhängigkeit vom folgenden RM ein Wechsel zwischen Lenis /z/ und Fortis /s/ existiert. Wenn das folgende RM mit dem Vokal /ə/ beginnt, steht /z/, sonst /s/. Bei ihnen zeigt sich in der 2. Sg. Präs. Ind. das RM {t} wie in *du rast*. Im Mittelhochdeutschen finden sich bei ihnen noch die Formen *du ras-est* mit dem RM {əst} (PAUL/MOSER/SCHRÖBLER/GROSSE 1982: 155, 167). Unter diachronem Aspekt fiel auf dem Weg zur Gegenwartssprache das <e> aus, und das /s/ des RM verschmolz wegen der phonologischen Identität und der Kontaktposition mit dem /s/ am Ausgang der GM der entsprechenden Verben. Der phonologische Vorgang der Verschmelzung führte dazu, daß das /s/ des RM im /s/ des GM aufging, was sich morphologisch auswirkte, da sich die interne phonologische Struktur des RM änderte und das RM {t} entstand. Die diachrone Entwicklung umkehrend und graphische und phonetische Aspekte vermischend erklärt GELHAUS (in: DUDEN 1984: 120; 1995: 118), daß wegen des phonologischen GM-Ausganges in der Regel „die *e*-Erweiterung" unterbleibe, was zur Folge habe, „daß *s*, *ß*, *x* und *z* mit der Endung *-st* zu den Kurzformen *-st*, *-ßt*, *-xt* und *-zt* verschmelzen". Es handelt sich jedoch nicht um ein Unterbleiben einer '*e*-Erweiterung', auch nicht bei Verben wie NASCHEN (so GELHAUS, in: DUDEN 1984: 120 Anm. 1; 1995: 118 Anm. 1), sondern um einen *e*-Verlust und einen Phonemzusammenfall mit morphologischen Konsequenzen. Entsprechend falsch ist die Aussage, daß „diese Erweiterungen [...] als veraltet, poetisch oder geziert" (GELHAUS, in: DUDEN 1984: 120; 1995: 118) gelten; vielmehr besteht die Archaisierung in einer Bewahrung bzw. im bewußten Rückgriff auf eine ehemals vorhandene sprachliche Tradition, die als noch verstehbar zur Peripherie des morphologischen Systems der Gegenwartssprache gehört.

81.6 Bei Verben wie SAMMELN, HANDELN und KLINGELN werden nach dem GM 2. Grades (wie {zaməl}) im Infinitiv (*sammeln*), in der 1. und 3. Plural Präs. Ind. (*wir*, *sie sammeln*) und im Präsens Konjunktiv bei der 2. Singular (*du sammelst*) und im ganzen Plural (*wir sammeln*, *ihr sammelt*, *sie sammeln*) die Allomorphe {n}, {st} und {t} verwendet (GELHAUS, in: DUDEN 1984: 120; 1995: 119). Völlig identisch sind die Relationsmorpheme bei Verben wie RUDERN, ÄNDERN, KLETTERN, deren GM 2. Grades mit dem FM {ər} gebildet sind. Diachron handelt es sich um einen Ausfall, eine Synkope, des /ə/ (vgl. § 80.5f.).

81.7 In den Umgangssprachen kommen die Allomorphe ohne /ə/ bei weiteren Verben vor, vor allem bei solchen wie FREUEN und FLEHEN, deren GM auf einen Vokal ausgehen. Selbst in der Literatur sind sie „aus vers- und satzrhythmischen Gründen" zu finden (GELHAUS, in: DUDEN 1984: 120; 1995: 119). Der gleiche Befund begegnet auch bei Verben wie FÜHLEN und HÖREN, deren GM-Ausgang eine Liquida ist (ERBEN 1980: 78).

81.8 Die Allomorphie im Teilparadigma des Imperativs zeigt im Plural dieselben distributionellen Bedingungen wie bei der 2. Pl. Präs. Ind. (§ 81.2). Im Singular kommen die Allomorphe {ə} und {∅} vor. Das Allomorph {ə} wird am häufigsten verwendet; das Allomorph {∅} erscheint neben {ə} bei Verben wie KÄMMEN, RÜHMEN, NENNEN, LEHNEN, DÜNGEN, QUALMEN, LERNEN und LÄRMEN, deren GM postvokalisch auf einen Nasal oder auf die Konsonantenkombination aus Liquid + Nasal ausgehen (*kämm*! *rühm*! *nenn*! *lehn*! *düng*! *qualm*! *lern*! *lärm*!). Die Regelformulierung von GELHAUS (in: DUDEN 1984: 174; 1995: 168), daß ein Allomorph {∅} vorhanden sein könne, „wenn dem *m* oder *n* ein *m*, *n*, *r*, *l* oder ein einfaches *h* vorausgeht", orientiert sich einmal am GM-Ausgang aus Konsonant + Nasal wie in ATMEN (*atme*!) und zum anderen am graphischen und nicht am phonologischen Befund.

82.1 Werden beim Verbum LIEBEN die Teilparadigmata von Präsens Indikativ und Konjunktiv mit denen von Präteritum Indikativ und Konjunktiv verglichen, ergibt sich für alle Präteritumformen ein Allomorph {t}, das den Tempusunterschied markiert. Bei Verben wie REDEN, RETTEN, ATMEN, WIDMEN, RECHNEN, WAPPNEN tritt aus den bereits behandelten Gründen ein Allomorph {ət} auf; beide Allomorphe bilden das RM {(ə)t}, das ausschließlich die grammatische Kategorie des Tempus, speziell die des Präteritum, signalisiert. Das RM {(ə)t} tritt nur in den Teilparadigmata von Präteritum Indikativ und Konjunktiv auf, in den Teilparadigmata von Präsens Indikativ und Konjunktiv fehlt ein spezifisches, das Tempus explizit markierendes Morphem. Das RM {(ə)t} bildet mit dem Relationsmorphemsatz {ə, əst, ə, ən, ət, ən}, der für Präteritum Indikativ und Konjunktiv identisch ist, eine besondere morphotaktische Struktur aus einem Grundmorphem und zwei Relationsmorphemen, deren Reihenfolge fest ist: GM + RM_1 + RM_2. Das RM_1 besteht aus einem Allomorph des Tempusmorphems {(ə)t}, das RM_2 aus einem RM des Relationsmorphemsatzes des jeweiligen Teilparadigmas.

82.2 Der durch das Tempusmorphem {(ə)t} gebildete Gegensatz zu den Präsensformen wird von GELHAUS (in: DUDEN 1984: 119; 1995: 118) als „*t*-Erweiterung" interpretiert, wobei die bereits dargestellten und abzulehnenden Prämissen die Metasprache bestimmen. Von den Prämissen absehend gibt der Ansatz eines „die Endung erweiternde[n] *t*" die morphologischen Verhältnisse nur ungenau wieder, weil das <t> ein eigenes RM_1

konstituiert und nicht Teil einer auch die RM_2 umfassenden komplexeren 'Endung' ist.

82.3 Eine andere morphologische Segmentierung der präteritalen Verbformen schlagen HELBIG/BUSCHA (1975: 29; 1986/1994: 27) vor.
1975 segmentieren sie das Teilparadigma in der Form

Skizze 3: Morphologische Segmentierung präteritaler Verbformen (HELBIG / BUSCHA 1975)

ich	frag	–	t	–	e		wir	frag	–	t	–	en
du	frag	–	te	–	st		ihr	frag	–	te	–	t
er	frag	–	t	–	e		sie	frag	–	t	–	en

und 1986/1994 in der Form

Skizze 4: Morphologische Segmentierung präteritaler Verbformen (HELBIG / BUSCHA 1986/1994)

ich	frag	–	te	–	∅		wir	frag	–	te	–	n
du	frag	–	te	–	st		ihr	frag	–	te	–	t
er	frag	–	te	–	∅		sie	frag	–	te	–	n

1975 lassen sich HELBIG /BUSCHA vom Kontrast zum Teilparadigma des Präsens Indikativ leiten und behalten in den fünf unterstrichenen Fällen die RM bei. Für die 3. Person Singular Präteritum sind sie jedoch zum Ansatz eines eigenen spezifischen RM {ə} gezwungen, so daß sie das Ziel einer vollständigen Identität des Person und Numerus signalisierenden Relationsmorphemsatzes zwischen Präsens und Präteritum nicht erreichen. Außerdem führt ihre Interpretation des Befundes dazu, neben den Allomorphen {t} und {ət} noch zwei weitere Allomorphe {tə} und {ətə} anzusetzen, die zusammen das RM {(ə)t(ə)} konstituieren.

82.4 Eine Beurteilung der Reichweite der einzelnen morphologischen Segmentierungen ergibt sich durch die Berücksichtigung des Gesamtparadigmas. HELBIG /BUSCHA (1975) nehmen für die präteritalen Teilparadigmata von Präteritum Indikativ und Konjunktiv ein RM {(ə)t(ə)} mit vier Allomorphen und einem Relationsmorphemsatz {ə, st, ə, ən, t, ən} an. Von GELHAUS (in: DUDEN 1984, 1995), der die Grundlage der hier vorgenommenen morphologischen Analyse bereitstellt, wird von einem RM {(ə)t} mit zwei Allomorphen und dem Relationsmorphemsatz {ə, əst, ə, ən, ət, ən} ausgegangen. Die Relationsmorphemsätze für Präsens Indikativ {ə, (ə)st, (ə)t, ən, (ə)t, ən} und Präsens Konjunktiv {ə, əst, ə, ən, ət, ən} sind in beiden Darstellungen gleich. Da der RM-Satz {ə, əst, ə, ən, ət, ən} für Prät. Ind., Prät. Konj., Präs. Konj. und – bis auf das RM {(ə)t} – im Präs.

Ind. für Verben wie REDEN, RETTEN, ATMEN, WIDMEN, RECHNEN, WAPPNEN gilt, müssen nur für das RM {(ə)t} und die Allomorphe {st} und {t} im Präs. Ind. besondere Distributionsbedingungen angegeben werden. Der RM-Satz {ə, st, ə, ən, t, ən) ist im Prät. Ind., Prät. Konj. und – bis auf das RM {(ə)t} – im Präs. Ind. bei Verben wie LIEBEN, FRAGEN vorhanden. Besondere Distributionsbedingungen müssen im Präs. Ind. für das RM {(ə)t} und die Allomorphe {əst} und {ət} angegeben werden. Zusätzlich müssen die RM {əst} und {ət} für Präs. Konj.-Bildungen gesondert aufgeführt werden. Da die auf GELHAUS (in: DUDEN 1984, 1995) basierende morphologische Analyse vier morphologische Angaben oder Regeln – für zwei RM im Präs. Konj. und zwei Allomorphe des Tempusmorphems – weniger benötigt als die von HELBIG/BUSCHA (1975), erweist sie sich als die morphologisch einfachere und bessere Segmentierung.

82.5 1986/1994 kehren HELBIG/BUSCHA zum Ansatz eines Tempusmorphems {(ə)tə} aus zwei Allomorphen zurück, nehmen aber andere Allomorphe als GELHAUS im DUDEN ({(ə)t}) an. Dadurch geht die 1975 angestrebte Identität zu den RM, die Person und Numerus signalisieren, bis auf die RM {st} und {t} verloren. Die Reduzierung der Tempusallomorphe führt andererseits zur Erweiterung der Anzahl der RM durch die neuen RM {∅} und {n}, die von denen des Präsens Indikativ verschieden sind. Da alle anderen distributionellen Befunde im Vergleich zur morphologischen Analyse von 1975 identisch bleiben, ergibt sich keine prinzipielle Verbesserung der morphologischen Segmentierung.

82.6 Die Berücksichtigung des Gesamtparadigmas zeigt bei den Relationsmorphemsätzen eine morphologische Eigenheit der deutschen Sprache. Sie tritt besonders deutlich bei den RM {(ə)st} und {əst} auf, denn diese RM signalisieren nicht nur in eindeutiger Weise die grammatische Kategorie der Person (hier 2. Person), sondern enthalten ebenso eindeutig einen Hinweis auf die grammatische Kategorie des Numerus (hier Singular). Das Deutsche besitzt also keine zwei verschiedenen RM in einer verbalen Wortform, von denen ein RM auf die Person- und das andere auf die Numeruskategorie verweisen. Beide grammatischen Kategorien sind vielmehr in einem RM zu einem Merkmalbündel verbunden (dazu GRUCZA 1972: 197), das als Ganzes eine distinktive Funktion erfüllt, wie die Opposition von *du lieb-st* zu *er lieb-t* zeigt. B. WIESE (1994: 164) verbindet diesen Befund mit einer auf der Anzahl der Konsonanten in den RM beruhenden Schwere und konstatiert „eine sich mit zunehmendem Endungsgewicht verengende Funktionalität“, doch leidet seine gesamte Analyse der „Rangordnung der Endungen nach Endungsgewicht/Spezifik“ an der isolierenden Betrachtungsweise der RM, der Konzentration auf wortartenübergreifende Strukturen, auf sog. Standardausprägungen und der Ausklammerung verschiedener Verbalbereiche (ebd.: 162). Bei den übrigen RM ist die Bündelung grammatischer Kategorien nicht so deutlich, doch signalisiert das RM {ən} immer den Numerus Plural und verweist auf die erste oder dritte Person. Das RM {ə} gibt immer einen Hinweis auf den Singular und auf die erste oder dritte Person. Dieser Funktionalität wird B. WIESE (1994: 164) durch die Kennzeichnung des {ə} „als unspezifische Endung“ nicht gerecht. Durch die hinzutretenden Personalpronomina werden bereits eindeutige Kennzeichnungen grammatischer Kategorien in ihrer Signalfunktion gestärkt, während noch nicht völlig spezifizierte Kategorien präzisiert werden. Dadurch wird in Wortgruppen, die wie die periphrastischen Verbformen eine analytische Strukturierung besitzen, das morphologische Prinzip der Redundanz, d.h. der Mehrfachcharakterisierung, für eine Sprache wie das Deutsche bestimmend.

82.7 Die Kennzeichnung von zwei grammatischen Kategorien durch ein Morphem kann nicht als „Koppelung zum Portemanteau Pers./Num.“ (KERN/ZUTT 1977: 22) aufgefaßt werden. Es fehlt die Bedingung des synchronen Nebeneinanders von zwei Morphemen, die jeweils für sich auf die Kategorien Person und Numerus verweisen (§§ 43-45). Außerdem ergäbe sich eine Fülle von Portemanteaumorphemen, wenn jede Bündelung grammatischer Kategorien zum Ansatz eines solchen Morphemtypus führte. NIDA (1972: 145) lehnt es daher mit Recht ab, bei flektierenden Sprachen „zusätzliche Bedeutungen willkürlich mit bestimmten Formen zu verbinden oder lange Null-Ketten zu konstruieren, um die formalen Lücken auszufüllen“. Dagegen halten KERN/ZUTT (1977: 17) ein solches Verfahren für prinzipiell möglich. Für die 2. Sg. Präs. Ind. *du legst* geben sie als morphologische Struktur „/leg-/“ als ’Lexem‘, „/-∅-/“ als Repräsentation des Morphems ’Präsens‘, wiederum „/-∅-/“ als Repräsentation des Morphems ’Indikativ‘ und „/-st/“ als Repräsentation des Portemanteaumorphems ’Person/Numerus‘ an. Nach ihnen würde aber eine solche „Segmentierung von ∅-Allomorphen für Präs. und Ind. [...] den Darstellungsapparat außerordentlich aufschwellen“. Deshalb setzen sie ihrem „Sprachgefühl“ folgend „Ind./Präs. als Normalformen an, von denen sich alle anderen abheben, die aber selbst nicht besonders gekennzeichnet sind“. In der Wahl dieser „Basisformen“ sehen sie eine Entsprechung zu CHOMSKYs „Markiertheitstheorie, die im Zusammenhang mit dem Einfachheitskriterium für eine Grammatik das häufigste oder neutralste Element eines Paradigmas als unmarkiert annimmt und die restlichen Elemente positiv oder negativ spezifiziert“. Aufgrund dieser Prinzipien und unter Beachtung der Opposition 3. Sg. Präs. Ind. *er lieb-t* zu 3. Sg. Präs. Konj. *er lieb-e* setzen sie für das Teilparadigma des Präsens Konjunktiv das Morphem ’Konjunktiv I‘ an und „/-e-/ als Konj.Allomorph für das gesamte Paradigma“ (KERN/ZUTT 1977: 21). Ihre morphologische Segmentierung des Teilparadigmas des Präsens Konjunktiv sieht daher folgendermaßen aus:

Skizze 5: Morphologische Segmentierung des Präsens Konjunktiv (KERN / ZUTT)

ich	lieb	–	e	–	∅		wir	lieb	–	e	–	n
du	lieb	–	e	–	st		ihr	lieb	–	e	–	t
er	lieb	–	e	–	∅		sie	lieb	–	e	–	n

Sie sind gezwungen, für die Person- und Numeruskennzeichnung bei den Morphemen '1. Sg.', '3. Sg.', '1. Pl.' und '3. Pl.' die Allomorphe {∅} und {n} zusätzlich einzuführen, wodurch die Gemeinsamkeiten in der phonologischen Struktur der RM, die für das Gesamtparadigma charakteristisch sind, verlorengehen. Bei der Analyse der Teilparadigmata von Präteritum Indikativ und Präteritum Konjunktiv müssen sie unterschiedliche Segmentierungen vornehmen, die der dort vorhandenen gemeinsamen Morphotaktik nicht gerecht werden und in sich widersprüchlich sind. So ergibt sich bei ihnen zur 1. Sg. Prät. Ind. *ich liebte* die Segmentierung *lieb-t-e*, wobei /-t-/ Allomorph zum Morphem 'Präteritum' ist. Zur 1. Sg. Prät. Konj. *ich liebte* legen sie die Segmentierung *lieb-t-e* vor, bei der /-t-/ als Allomorph zum Morphem 'Konjunktiv II' aufgefaßt wird. Zur 1. Sg. Prät. Konj. *ich arbeitete* geben sie das Allomorph /-ete-/ an, so daß im Teilparadigma des Prät. Konj. einmal das <e> zum Allomorph des Konjunktiv II-Morphems gehört, ein andermal nicht (KERN / ZUTT 1977: 20-23). In allen Segmentierungen geht die Leistung des <t>, die Tempuskategorie mit einem spezifischen Segment zu markieren, verloren. Insgesamt liegt – von den Prämissen eines ausschließlich inhaltsseitigen Morphembegriffs und der unübersichtlichen formalen metasprachlichen Darstellung abgesehen – eine morphologische Analyse vor, die den eigenen Ansprüchen der Einfachheit und Erklärungsadäquatheit nicht gerecht wird.

82.8 Der Ansatz von Nullelementen bei den grammatischen Kategorien von Tempus und Modus durch KERN / ZUTT ist auf Überlegungen von HALLE (1953/1970: 323-325) zurückzuführen. Dieser geht von der Morphotaktik 'Stamm + Tempussuffix + Modalsuffix + Endungssuffix' aus und setzt „-0 für den Ind. und /-e-/ für den Konj." an. Bei den sog. schwachen Verben „wird das Prät. durch das nicht-finale /-te-/ ausgedrückt, bei starken Verben durch die nicht-finale Null-Stelle (-0-) und durch eine vom Präs. unterschiedene Stammalternante". Entsprechend wird die 3. Pl. Präs. Ind. (*sie*) *loben* morphologisch in /lo: b-∅-∅-en/ und die 3. Pl. Präs. Konj. (*sie*) *loben* in /lo: b-∅-e-en/ segmentiert, wobei aus Gründen der Schreibvereinfachung die 'Null-Suffixe' nicht immer angeführt sind. Um zur 3. Pl. Präs. Konj. *loben* gelangen zu können, muß HALLE (1953/1970: 322) die Zusatzregel aufnehmen, daß bei einem Zusammentreffen zweier /-e-/ ein /-e-/ ausfällt. Diese Regel hat weder eine synchrone noch eine diachrone Basis und beruht ausschließlich auf der Annahme eines spezifischen Modusmorphems, das jedoch wegen der morphologischen Strukturen im Gesamtparadigma nicht zu rechtfertigen ist.

82.9 Noch weiter von den synchron vorhandenen Oppositionen entfernt sich RICHTER (1982: 179f.). Er geht von einer „Konstanthaltung der Personenendungen“ ∅, st, ∅, (e)n, t, (e)n für die sog. starken und schwachen Verben bei den Teilparadigmata des Prät. Ind. und Präs. Ind. und Konj. aus, um sich von ihnen aus dem Teilparadigma des Präs. Ind. mit der „Sperrigkeit der Endung *-t* der 3. Pers. Sg. Ind. Präs.“ zu nähern. Für die ersten drei Teilparadigmata setzt er verschiedene Stämme aus einer Wurzel plus einem zusätzlichen Element an. So werden die 1. Sg. Prät. Ind. (*ich*) *sagte*, die 1. Sg. Präs. Konj. (*ich*) *sage* zum Verbum SAGEN und die 1. Sg. Präs. Konj. (*ich*) *treffe* zum Verbum TREFFEN von ihm als „(sag-te)-∅“, „(sag-e)-∅“ und „|treff-e|-∅“ segmentiert. Die in runden Klammern befindlichen Segmente bilden die 'Stämme', die aus „(WURZEL & t̲e̲)“ bzw. aus „(WURZEL & e̲)“ bestehen. Für die starken Verben setzt er einen 'Stamm' „|n-WURZEL & e̲|“ an, wobei die 'Wurzel' als „Konsonantengerüst“ aufgefaßt wird, „dessen Vokalisierungen die jeweilige Ablautreihe ausmachen“. 'n-WURZEL' bedeutet „'Wurzel mit neutraler Vokalisierung', d.h. mit Vokalisierung des Infinitivs bzw. der im Präsens überwiegenden Vokalisierung“. Die in dieser Arbeit erstrebte Allgemeinheit und Einfachheit erzielt weder eine explanative noch eine deskriptive Adäquatheit, weil sie nur durch Unvollständigkeit und Ungenauigkeit erreicht wird. Die Darstellung kommt bei den 'Endungen' *en* und *n* in der 1. 3. Pl. Prät. Ind. *wir, sie trafen, sagten* nicht ohne Alternativangaben aus, ist in der Ermittlung der 'Stämme' im Hinblick auf Verben wie SAMMELN (§ 80.4), RUDERN (§ 80.6), BRENNEN (§ 80.7), WENDEN (§ 80.8), BRINGEN (§ 80.9) und HABEN (§ 80.10) und in Bezug auf die 'Endungen' (§§ 81, 82.11) unvollständig, gebraucht einen 'Stamm'-Begriff, bei dem über die Funktionalität des zur Wurzel hinzutretenden Elements nichts ausgesagt wird, und läßt durch den Grad der Allgemeinheit klare Oppositionen unberücksichtigt.

82.10 Das Prinzip der Mehrfachcharakterisierung tritt im Deutschen auch innerhalb der morphologisch segmentierten Verbformen auf. In diesen kommt es zu einem morphologischen Zusammenwirken der Morphemtypen, deren spezifische Funktionalität zunächst durch ein isolierendes, auf eindeutige Segmentierbarkeit ausgerichtetes Verfahren im Vordergrund der Analyse stand. Das Zusammenwirken der Morpheme in Verbformen eines Paradigmas ergibt dabei inhaltsseitige Informationen, die über die Summe der Inhaltsseiten der Morpheme hinausgehen. Durch das Zusammenwirken übernehmen die GM {līb}, {zāg} und {hīv} der Verben LIEBEN, SAGEN und HIEVEN neben der primären Funktion des Hinweises auf die lexikalische Bedeutung auch eine sekundäre Kennzeichnung der grammatischen

Bedeutung, speziell der Tempuskategorie Präsens. Dies geschieht durch den Ausgang der GM auf die stimmhaften labialen und velaren Verschlußphoneme /b/ und /g/ bzw. auf das stimmhafte labiodentale Reibephonem /v/, weil diese in allen Präteritumformen fehlen. Auch in den GM {līp}, {zāk} und {hīf} sind grammatische Informationen enthalten. Folgt ein RM {t} mit Person- und Numeruskennzeichnung, ergibt sich eine Fixierung der Tempuskategorie auf das Präsens und eine solche der Moduskategorie auf den Indikativ. Folgt dagegen ein RM {t} mit Tempuskennzeichnung, an das sich dann noch RM mit Person- und Numeruskennzeichnung anschließen müssen, signalisieren die GM sekundär auch die Tempuskategorie Präteritum mit.

82.11 Die bisherigen Überlegungen zu den Relationsmorphemen der finiten Verbformen zusammenfassend, ergibt sich dieser Gesamtbestand (Tabelle 2):

Tabelle 2: Relationsmorphemsätze zum Konjugationsparadigma A

Numerus	Person	Präsens		Präteritum
		Indikativ	Konjunktiv I	Indikativ + Konjunktiv II
Singular	1.	{ə}	{ə}	{(ə)t} + {ə}
	2.	{(ə)st, t}	{(ə)st}	{(ə)t} + {əst}
	3.	{(ə)t}	{(ə)}	{(ə)t} + {ə}
Plural	1.	{(ə)n}	{(ə)n}	{(ə)t} + {ən}
	2.	{(ə)t}	{(ə)t}	{(ə)t} + {ət}
	3.	{(ə)n}	{(ə)n}	{(ə)t} + {ən}

Die RM des Imperativ Singular bzw. Imp. Plural sind {ə, ∅} (*liebe*!, *qualm*!) und {(ə)t} (*liebt*! *redet*!).

82.12 REDDER (1992: 129-132) möchte die Flexionsformen des Verbparadigmas „nicht nach der vielfältig kritisierten Kategorie der 'Person' [...] strukturieren, sondern nach der prozeduralen Opposition von Deixis und (operativer) Phorik (*er, sie, es; sie*)“. Mit Bezug auf „die beiden Aktanten der Kommunikationssituation“, auf Sprecher oder Hörer, „in der Position des grammatischen Subjekts“ glaubt sie durch die Angabe der „sprecherdeiktische[n] Suffixe : -ø -n“ und der „hörerdeiktische[n] Suffixe: -st -t“ ein „e i n h e i t l i c h e s S u f f i x - S y s t e m“ aufstellen zu können. Für den 'Indikativ Präsens, aktiv' mit S-[Sprecher-] oder H-[Hörer]Verweis gibt sie dabei folgende morphologische Segmentierung an: Sprecherdeixis Singular (*ich*) *leg-ø-*(ə)*ø*, (*ich*) *sing-ø-*(ə)*ø*, Plural (*wir*) *leg-ø-*(ə)*n*, (*wir*) *sing-ø-*(ə)*n* und Hörerdeixis Singular (*du*) *leg-ø-st*, (*du*) *sing-ø-st*, Plural (*ihr*) *leg-ø-t*, (*ihr*) *sing-ø-t*. Im Indikativ Präsens wird das erste Nullmorphem durch die

Opposition zum „Tempus-Morphem -t-“ in *(ich) leg-t-*(ə)*ø* begründet; bei *(ich) sang-ø* wird das <a> in *sang* als „Infix“ aufgefaßt. Das ə in *(ich) leg-ø-*(ə)*ø* soll „eine phonetische Variante“ bilden, im Indikativ Präteritum bei *(du) leg-t-*(ə)*st* dagegen soll es „phonetisch bzw. phonotaktisch bedingt“ sein; im Konjunktiv I bei *(ich) leg-e-ø* wird dasselbe Graph <e> als Morphem -e-, als „einziges und phonetisch vom /ə/ tendenziell [sic] zum /e/ verschärftes Modus-Morphem“, interpretiert; im Konjunktiv II bei *(ich) leg-t-e-ø* soll <e> ein „zusätzliches Modus-Morphem neben -t-“ bilden, ebenso bei *(ich) säng-e-ø* neben „**Umlautung** des bereits abgeleiteten Stammes“. Von der fehlenden Analyse eines Gesamtparadigmas abgesehen liegen hier relativ willkürliche morphologische Interpretationen eines graphischen bzw. phonetischen Befundes, Vernachlässigungen vorhandener Oppositionen und eine inhomogene Metasprache vor. So bleibt morphologisch unbegründet, wieso die 1. Sg. Prät. Ind. *(ich) legte* als *leg-t-*(ə)*ø* und die homophone 1. Sg. Prät. Konj. *(ich) legte* als *leg-t-e-ø* segmentiert werden kann, wieso bei Oppositionen wie 1. Sg. Präs. Ind. *(ich) lege* : 2. Sg. Präs. Ind. *(du) legst* das <e> in *(ich) leg-e* keinen Morphemstatus besitzen soll und wieso bei *(ich) sang* ein Infix, bei *(ich) sänge* dagegen kein Infix, sondern ein 'Morphem' „Umlautung“ angesetzt wird. Unerfindlich ist auch die Segmentierung von *(ich) singe* als *sing-ø-*(ə)*ø* mit einem sog. Tempus-Morphem ø, das im Vergleich zu *(ich) sang* gar keine Opposition zu einem „Tempus-Morphem -t-“ bilden kann. Die Beobachtung, daß einzelne RM auch eine pragmatische Funktion besitzen können, indem sie auf Sprecher und Hörer verweisen, ist problemlos mit einer anderen, auch die grammatischen Kategorien des Verbs berücksichtigenden morphologischen Analyse zu verbinden. Dazu ist es nicht notwendig, „die traditionell als 'Personalendungen' beschriebenen Morpheme in ihrer Formcharakteristik neu [zu bestimmen] sowie handlungssystematisch diskursive von deskriptiven Prädikaten als zwei grundlegende Prädikations-Weisen“ (ebd.: 132) zu unterscheiden und mit beliebigen morphologischen Segmentierungen zu verbinden.

83.1 Die morphologische Struktur der infiniten Formen zeigt gegenüber derjenigen der finiten Formen im Hinblick auf die Morphotaktik von GM + RM und die dabei vorhandenen distributionellen Regelungen keine prinzipiellen Unterschiede. Die Relationsmorpheme des Infinitivs bzw. Partizips II, die in analytischen Verbformen vorkommen, lauten {(ə)n} *(lieben, sammeln, rudern)* bzw. {gə} und {(ə)t} *(geliebt, geredet)*. Die Morphotaktik des Partizips II, der sog. Perfektpartizipien, RM {gə} + GM + RM {(ə)t} gilt nicht generell (GELHAUS, in: DUDEN 1984: 192f.; 1995: 188). Bei Präfixoidbildungen wie ABHÖREN (zur von GELHAUS abweichenden morphologischen Klassifikation vgl. §§ 233.1, 233.6f.) findet sich die Serialisierungsregel AF + RM {gə)+ GM + RM {(ə)t} *(er hat abgehört)*.

Bei „anfangsbetonten Verben, die von Zusammensetzungen abgeleitet sind" (ebd.) wie WETTEIFERN erscheint die Abfolge RM {gə} + GM_1 + GM_2 + RM {(ə)t} (*er hat mit ihm gewetteifert*). Alle „einfachen und präfigierten Verben, die nicht auf der ersten Silbe betont sind" wie STUDIEREN, alle „Zusammensetzungen mit Verben dieser Gruppe" (ebd.) wie EINSTUDIEREN und alle „zusammengesetzten Verben, die nicht auf dem ersten Glied betont sind" (ebd.) wie ÜBERRASCHEN bilden das Perfektpartizip ohne das RM {gə} (*er hat studiert*, *er hat dies einstudiert*, *er hat ihn überrascht*). Daß in dieser Arbeit Verben wie EINSTUDIEREN und ÜBERRASCHEN – anders als bei GELHAUS (ebd.) – nicht als 'Zusammensetzungen', sondern als Präfixoidbildungen klassifiziert werden (zur Begründung vgl. §§ 233.1, 233.6-8), tangiert die hier getroffenen Aussagen zur Morphotaktik des RM {gə} nicht. Das Fehlen des RM {gə} bei diesen analytischen Verbformen und bei Verben mit untrennbaren FM wie VERHÖREN (*er hat ihn verhört*) zeigt, daß das {gə} bei seinem Auftreten eine eigenständige Funktionalität besitzt und nicht nur Teil eines diskontinuierlichen Morphems ist (§ 71). – Das Fehlen des RM {gə} kann auch nicht dazu führen, das FM {fɛr} als Portemanteaumorphem aufzufassen, da es „die Rolle eines benachbarten Präfixes" mitübernehme, „also dessen Tilgung" bedinge (VON POLENZ 1980: 172). {fɛr} steht nicht für {fɛr} + {gə} in **ver/ge/hör/t*, weil ein solches Nebeneinander synchron nicht existiert; „die gleichzeitige Repräsentation zweier nebeneinanderstehender Plereme durch ein einziges Morphem" (ebd.) ist gerade nicht gegeben. – Auf die morphologische Struktur der mit den infiniten Verben verbundenen finiten Verben, die im Rahmen der analytischen Verbformen die Funktion eines Hilfsverbs erfüllen (ENGEL 1988/1996: 391), wird gesondert eingegangen (§§ 80.10, 88.5f., 89.9, 111).

83.2 Eine isolierte Stellung im Gesamtparadigma nimmt das Partizip Präsens ein, da es weder zur Bildung von synthetischen noch von analytischen Verbformen verwendet wird (FLÄMIG, in: HEIDOLPH/FLÄMIG/MOTSCH 1981: 567). Es wird gewöhnlich in das Paradigma einbezogen, weil es ein mit den Verbformen vergleichbares GM besitzt und inhaltsseitig „das mit dem Verb genannte Geschehen oder Sein als ablaufend (und zwar im allgemeinen in aktiver Bedeutung), dauernd, unvollendet" (GELHAUS, in: DUDEN 1984: 192; 1995: 187) kennzeichnet. Wegen des Vergleichs zu den finiten Verbformen *du liebst*, *du sammelst*, *du ruderst* ergibt sich für die Partizipien *liebend*, *sammelnd*, *rudernd* das Morphem {(ə)nd, (ə)nt} mit den Inhaltskomponenten des Ablaufs, der Dauer und Unvollendetheit (zum Morphemstatus vgl. § 288). Das Morphem signalisiert nicht die mit der Wortart Verb verbundenen grammatischen Kategorien, sondern bildet zusammen mit einem in verbalen Wortformen vorkommenden GM ein neues

GM zweiten Grades mit spezifischer phonologischer Struktur, das die Basis einer neuen Wortart darstellt. Als Adjektiv in adverbieller Funktion (*Er kam rudernd an.*) fehlt ein spezifisches RM, während in attributiver Funktion (*Der rudernde Mann*) ein RM aus dem RM-Satz der Wortart Adjektiv zum neuen GM zweiten Grades hinzutritt. Bei der Substantivkonstitution auf der Grundlage eines Partizips I (*der Rudernde, die Rudernden*) ist keine Derivation, sondern eine Konversion vorhanden (§ 288.6). Auch bei Infinitiven und Perfektpartizipien sind Wortartwechsel möglich, die zu Veränderungen der internen phonologischen Struktur bei den Morphemen führen, worauf bei der Behandlung der Konversionen (§§ 284-289) näher eingegangen wird.

83.3 Nach HELBIG/BUSCHA (1986/1994: 110) wird das Partizip Präsens „durch Anhängen von *-d* an den Infinitiv gebildet" (so auch ENGEL 1988/1996: 430), wodurch sie die Auffassung von HALLE (1953/1970: 325) übernehmen. Abgesehen davon, daß das *d* hier ausschließlich ein Hinweis auf die graphische Ausdrucksseite sein kann (in *er kam rudernd an* repräsentiert das <d> ein Phonem /t/), bedeutete dies, daß für ein Partizip Präsens eine morphologische Struktur GM + RM_1 {(ə)n} + RM_2 {d, t} anzusetzen wäre. Eine solche Interpretation scheidet aus, weil in der Form *rudernd* das *n* nicht mehr die grammatische Bedeutung 'Infinitiv' signalisiert, zu der durch *d* die grammatische Bedeutung 'Partizip Präsens' hinzutritt, und weil aufgrund der Opposition zu *du ruderst* dem *nd* gemeinsam die grammatische Bedeutung 'Partizip Präsens' zukommt (so auch, jedoch mit anderer Argumentation DITTMER 1983: 93; zu einer anderen morphologischen Klassifikation § 288). Bei HELBIG/BUSCHA wird ein in interner Rekonstruktion mögliches Herleitungsverfahren über die in einem Gesamtparadigma vorhandenen Oppositionen gestellt.

84.1 Die Kategorie des Tempus wird bei Verben nicht nur durch ein spezifisches RM {(ə)t} signalisiert, sondern ebenso durch einen Vokalwechsel innerhalb von GM. Die dabei auftretenden Gesetzmäßigkeiten und das Zusammenwirken mit den RM kann aus folgendem Konjugationsparadigma B (aus GELHAUS, in: DUDEN 1984: 124; 1995: 122f.) entnommen werden (Tabelle 3).

Das Konjugationsparadigma B dient ferner der Herausarbeitung der Gemeinsamkeiten und Unterschiede zum Konjugationsparadigma A. Durch den Verweis auf Gemeinsamkeiten kann die morphologische Analyse entlastet werden.

84.2 Ein zentraler Unterschied zum Konjugationparadigma A zeigt sich in der Gegenüberstellung der Formen *wir singen* : *wir sangen*. Die grammatische Kategorie des Tempus wird nicht durch ein RM {(ə)t} signalisiert, sondern durch den Gegensatz zweier Grundmorpheme {ziŋ} und {zaŋ}.

Tabelle 3: Konjugationsparadigma B (nach GELHAUS, in: DUDEN)

gr. Kat. / Teilparadigmata			Genus verbi: Aktiv	
Tempus	Numerus	Person	Indikativ	Konjunktiv
Präsens	Singular	1.	ich sing-e (trage, breche)	ich sing-e
		2.	du sing-st (trägst, brichst)	du sing-est
		3.	er sing-t (trägt, bricht) sie sing-t (trägt, bricht) es sing-t (trägt, bricht)	er sing-e sie sing-e es sing-e
	Plural	1.	wir sing-en (tragen, brechen)	wir sing-en
		2.	ihr sing-t (tragt, brecht)	ihr sing-et
		3.	sie sing-en (tragen, brechen)	sie sing-en
Präteritum	Singular	1.	ich sang (blieb)	ich säng-e (bliebe)
		2.	du sang-st (bliebst)	du säng-[e]st (bliebest)
		3.	er sang (blieb) sie sang (blieb) es sang (blieb)	er säng-e (bliebe) sie säng-e (bliebe) es säng-e (bliebe)
	Plural	1.	wir sang-en (blieben)	wir säng-en (blieben)
		2.	ihr sang-t (bliebt)	ihr säng-[e]t (bliebet)
		3.	sie sang-en (blieben)	sie säng-en (blieben)

Inf.	Präsens	sing-en

Part.	Präsens (1. Part.)	sing-end
	Perfekt (2. Part.)	ge-sung-en

Imp.	Singular	sing-e! (brich!)
	Plural	sing-t! (brech-t!)

Diese stimmen außer in der lexikalischen Bedeutung in ihrer internen phonologischen Struktur in den konsonantischen Phonemen überein und variieren ausschließlich im vokalischen Phonem. Die Opposition wird von allen Phonemen der GM gebildet, so wie von allen GM die lexikalische Bedeutung signalisiert wird. Die auf GRIMM zurückgehende Auffassung von TSCHIRCH (1983: 41), daß die „Sachaussage, die 'Bedeutung' eines Wortes [...] an seinen Konsonanten" hinge und „die Vokale [...] die genauere Einzelsituation, die jeweilige Abwandlung [...], die diese Bedeutung im und vom Gesamt des Satzes her erfährt" angäben, läßt sich aufgrund der vorhandenen gemeinsamen Distinktivität für die Gegenwartssprache nicht bestätigen und ist auch im Hinblick auf die Entstehungsgeschichte der Vokalwechsel umstritten (dazu STEDYE 1987). Diese ältere Auffassung kehrt metasprachlich wieder, wenn bei einem Verbum wie SINGEN „die Phonemfolge /z ... Vr ... ŋ -ən/ der gemeinsamen Bedeutung" zugeordnet wird und /i/ und /a/ als „Infixmorpheme innerhalb unterbrochener diskontinuierlicher Morpheme" oder als ersetzendes Morphem beschrieben werden (TARANTOWICZ 1984: 16f.). Die gemeinsame Distinktivität aller Phoneme der GM wird auch von MULLER (1988: 67) unbeachtet gelassen, wenn er bei der Verbform *sie wurden gezeigt* eine morphologische Segmentierung in W-U-RD-EN GE-ZEIG-T vornimmt und W + RD als „morphis de la voix" und U als „amalgame du morphème du temps [...] et du morphème du mode" interpretiert.

Zur Bildung der analytischen Verbformen mit einem Partizip II (*wir haben gesungen*) wird ein weiteres GM mit Vokalalternation verwendet. Es wird mit dem RM {gə} und dem RM {ən} verbunden, wobei letzteres auf die Verben des Konjugationsparadigmas B beschränkt ist. Die GM sind in charakteristischer Weise auf die einzelnen Teilparadigmata verteilt. Das GM {ziŋ} erscheint im Präsens Indikativ und Konjunktiv, im Imperativ und in den analytischen Verbformen, die mit dem Infinitiv *singen* gebildet sind. Das GM {zaŋ} kommt im Präteritum Indikativ vor. Das GM {zuŋ} erscheint bei den analytischen Verbformen, deren Verbum infinitum ein Partizip II ist. Ein viertes GM zum Verb SINGEN ist {zεŋ}, das auf den Konjunktiv Präteritum beschränkt ist und somit eine spezifische Kennzeichnung der Moduskategorie bildet, aber auch die Tempuskategorie markiert. Die GM {zaŋ} und {zεŋ} besitzen eine Polyfunktionalität, da sie auf zwei Kategorien verweisen (DANEŠ 1982: 164f. Anm. 2), und dies ist ein zentrales morphologisches Kennzeichen der zum Konjugationsparadigma B gehörenden Verben (vgl. auch §§ 82.6, 82.10).

84.3 Derselbe Vokalwechsel und die gleiche Verteilung auf die Teilparadigmata kommen auch bei Verben wie DRINGEN, KLINGEN vor, die eine andere interne phonologische Struktur am Morphemanfang besitzen. Sie zeigen sich ferner bei Verben wie TRINKEN und BINDEN, die am Morphemanfang und -ausgang eine andere phonologische Struktur haben. Alle Verben werden durch eine gleiche Anzahl von GM und bei diesen durch einen gleichen Vokalwechsel mit gleicher Funktionalität verbunden. Bei Verben wie BINDEN können im Indikativ Präteritum zwei GM mit unterschiedlichem Morphemausgang nachgewiesen werden, {bant} erscheint vor dem RM {∅} in der 1. und 3. Prät. Ind., in allen übrigen Verbformen dagegen {band}. Das GM {bant} signalisiert daher nicht nur die Tempuskategorie Präteritum und die Moduskategorie Indikativ, sondern ebenso die Numeruskategorie Singular. Die gleiche Funktionalität besitzt beim Verbum BINDEN auch das RM {∅}, das in denselben Verbformen vorkommt. Bei den Verben ohne phonologische Variation bei den Konsonanten am Morphemausgang signalisiert nur das RM {∅} die entsprechenden Kategorien. Obwohl das Verbum BINDEN ein zusätzliches GM besitzt, das durch einen besonderen Konsonantismus des Morphemausgangs gekennzeichnet ist, gehört es aufgrund der gemeinsamen Vokalalternation in den Grundmorphemen zur selben Gruppe von Verben.

84.4 Ein anderer Vokalwechsel in den GM ist beim Verbum BLEIBEN festzustellen. Die GM {blaib} und {blaip} kommen im Präsens Indikativ vor, {blaip} nur vor den Allomorphen {st} und {t}; {blaib} gilt darüber hinaus für alle Formen des Präsens Konjunktiv. Die GM {blīb} und {blīp} finden sich im Präteritum Indikativ, {blīb} ist in allen Formen des Präteritum Konjunktiv und im Partizip II vorhanden. Das GM {blīp} erscheint in allen Formen des Präteritum Singular, weshalb es neben seiner Hinweisfunktion auf die Tempus- und Moduskategorie auch eine solche auf die Numeruskategorie enthält. Das GM {blīp} dagegen signalisiert in isolierter Betrachtungsweise nur die Tempuskategorie und nicht auch die Moduskategorie. Wird es aber mit dem RM {ə} zu *ich, er bliebe* verbunden, das isoliert gesehen nur auf eine 1. oder 3. Person wie in *ich bleibe*, *er bleibe* verweist, enthalten die Wortformen auch einen Hinweis auf die Moduskategorie. Innerhalb einer paradigmatischen Struktur führt die Verbindung zweier Morphemtypen zur neuen Einheit der Wortform, bei dieser zu einer spezifischen Funktionalität, worauf auch LEHNERT (1969: 13, 17) in anderem Begründungszusammenhang hingewiesen hat. Anders als bei BINDEN gibt es zwischen den GM der Teilparadigmata von Präteritum Indikativ bzw. Konjunktiv keinen Vokalwechsel, während ein solcher zwischen den Teilparadigmata des Präsens und denen des Präteritum vorhanden ist.

84.5 Beim Verbum TRAGEN ist wiederum ein anderer Vokalwechsel bei den GM {trāg}, {trāk}, {trǟk}, {trūg}, {trūk}, {trǖg} und {trǖk} vorhanden. Er betrifft das GM {trǟk}, das auf die 2. und 3. Sg. Präsens Indikativ beschränkt ist (*du trägst*, *er trägt*) und das daher neben der Tempus- und Moduskategorie auch die Numeruskategorie Singular markiert. In Verbindung mit diesem GM bewirkt das Allomorph {t} eine eindeutige Spezifizierung der Personkategorie, obwohl ein Allomorph {t} auch in der 2. Plural nachzuweisen ist (*ihr tragt, ihr trugt, ihr trüg(e)t*). Die Verteilung der übrigen GM folgt den bereits beschriebenen distributionellen Gesetzmäßigkeiten. Ein vergleichbarer Vokalwechsel innerhalb des Präsens Indikativ-Teilparadigmas war bei den Verben SINGEN und BLEIBEN nicht festzustellen.

84.6 Zum Verbum BRECHEN können die GM {brɛx}, {brix}, {brāx} und {brox} ermittelt werden. Das GM {brix} kommt in den gleichen Verbformen wie das GM {trǟk} vor (*du brichst, er bricht*) und signalisiert die gleichen grammatischen Kategorien, obwohl es zusätzlich in der 2. Sg. Imperativ (*brich*!) auftritt.

84.7 Bei den Vokalwechseln innerhalb von GM lassen sich primäre, sekundäre und tertiäre Funktionen unterscheiden. Unterscheidungskriterien sind die Kennzeichnung der entsprechenden grammatischen Kategorien pro Verb und deren Ausnutzung innerhalb von Teilparadigmata. Als primär erweist sich die Funktion der Tempusunterscheidung, die bei allen, dem Konjugationsparadigma B zuzuordnenden Verben vorhanden ist. Die bei einer Anzahl von Verben im Präsens oder Präteritum nicht realisierte Modusunterscheidung ist als sekundär zu werten. Fehlt eine eindeutige morphologische Kennzeichnung der Moduskategorie durch eine Verbform, wird sie durch die Verwendung der *würde* + Infinitiv-Konstruktion (SCHRÖDER 1959), den Mikrokontext des Gesamtsatzes oder durch Makrostrukturen bis hin zur Textsorte übernommen. Eine tertiäre Funktionalität ist durch die Numerusunterscheidung gegeben; sie kommt bei einer begrenzten Anzahl von Verben und bei diesen nur in zwei Verbformen des Teilparadigmas vom Präsens Indikativ vor. Als tertiär können auch die bei einigen Verben mit den Vokalwechseln verbundenen konsonantischen Variationen am Ausgang von GM angesehen werden, die an der Kennzeichnung der Kategorien von Tempus, Modus und Numerus beteiligt sind.

84.8 Die unterschiedliche Funktionalität des Vokalwechsels in den GM, die jeweils verschiedenen Vokale und die anderen Bedingungen der historischen Entstehung haben dazu geführt, die Vokalalternationen als Ablaut, Umlaut und Vokalerhöhung zu bezeichnen. Im folgenden werden die beiden ersten, synchron ausgerichteten Kriterien primär herangezogen, während das dritte, diachrone Kriterium nur sekundär berücksichtigt wird, um die Leistungen der verschiedenen Ausprägungen des Vokalwechsels im Rahmen der GM erfassen zu können (dazu SIMMLER 1987: 141-144). Die Formulierung der Gesetzmäßigkeiten der Vokalalternationen wird erleichtert, wenn das Vokalsystem der Gegenwartssprache berücksichtigt wird.

84.9 Bei den Vokalen können die drei Teilsysteme der Kurz- und Langvokale und der Diphthonge unterschieden werden, die nach den phonischen Kriterien von Mundöffnungsgrad, Zungenstellung und Lippenrundung geordnet sind (WÄNGLER 1967: 90). Der Mundöffnungsgrad wird von /i, ü, u/ über /ε, ö, o/ zu /a/ größer, was durch die Grade Höhe, Mitte, Tiefe (= H, M, T im Schema) markiert wird. Im API-System werden vier Grade der Mundöffnung unterschieden (KOHLER 1977: 242f.), die denen bei WÄNGLER entsprechen, wenn die Grade halbgeschlossen und halboffen seinem Bereich der Mitte zugewiesen werden. Bei der Zungenstellung wird ein vorderer palataler Bereich (=P) von einem hinteren velaren Bereich (=V) abgehoben. Die Beteiligung der Lippenrundung ist durch die Angaben der Ungerundetheit (=U) und der Gerundetheit (=Rundung =R) einbezogen. Zu den Phonemen /a/ bzw. /ā/ existieren im Deutschen eine vordere und eine hintere Variante. Da sie keine distinktive Funktion besitzen, ist die Einordnung von /a/ und /ā/ schwierig. Wegen des noch zu erläuternden Zusammenhangs mit den Phonemen /ü, ö/ bzw. /ǖ, ȫ/ erfolgt eine Zuordnung zu dieser Phonemreihe. Im Deutschen spielen noch die Gegensätze von Offenheit und Geschlossenheit bzw. von Gespanntheit und Ungespanntheit, die mit dem Quantitätsgegensatz gekoppelt auftreten, eine Rolle. So ist in *Rosse* das <o> ein Hinweis auf einen kurzen offenen ungespannten Vokal [ɔ], in *Rose* dagegen ein solcher auf einen langen geschlossenen gespannten Vokal [o:]. Die Termini offen : geschlossen beziehen sich auf das Spannungsempfinden in der Artikulationsmuskulatur. Im Deutschen sind alle kurzen Vokale offen und ungespannt, alle langen geschlossen und gespannt; lediglich im Teilsystem der Langvokale existiert bei *Ähre* (in Opposition zu *Ehre*) ein langer offener ungespannter Vokal [ε:], der ein Phonem /ǟ/ repräsentiert. Wegen dieses Gegensatzes sind auch noch die Angaben der Offenheit (=O) und Geschlossenheit (=G) in das Schema übernommen und mit dem Mundöffnungsgrad verbunden worden. Das Phonem /ə/ ist zwar ein typischer Mittelzungenvokal, da aber seine Relation zu den Vokalen /ε, ö, o/ nicht exakt angegeben werden kann, wird er etwas außerhalb des Teilsystems der Kurzvokale aufgeführt. Die Diphthonge werden nach dem zweiten Bestandteil auf der ersten bzw. zweiten Klassifikationsebene angeordnet (Tabelle 4):

Tabelle 4: Vokalsystem der deutschen Gegenwartssprache

Kurzvokale				Langvokale				Diphthonge		
	P/U	P/R	V/R		P/U	P/R	V/R			
H/O	i	ü	u	H/G	ī	ǖ	ū	ai		oi
M/O	ε	ö	o/ə	M/G	ē	ȫ	ō		ao	
				M/O	ǟ					
T/O		a		T/G		ā				

85.1 Für die primäre Funktion des Ablauts, die Tempusunterscheidung in Verbindung mit den übrigen Phonemen der GM, gibt es nach GELHAUS (in: DUDEN 1984: 127; 1995: 125) 39 verschiedene Formen des Vokalwechsels. Diese Zahl ist auf 42 Formen zu erweitern (§ 103.2), weil die Verben TUN, GEHEN und STEHEN zu den ablautenden Verben hinzuzurechnen sind (§§ 88.4, 89.2). In 40 Fällen findet bei der Präsens : Präteritum-Opposition ein Wechsel zwischen den Reihen P/U und P/R (*sie finden* : *sie fanden*; ebenso *sie stehen* : *sie standen*), P/U und V/R (*sie biegen* : *sie bogen*) bzw. P/R und V/R (*sie lügen* : *sie logen*) oder V/R und P/R (*sie tuen* : *sie taten*) statt, der eine optimale Unterscheidung der GM sichert. Nur je einmal kann innerhalb der Reihe P/U ein Wechsel zwischen M/O und H/O bzw. M/G und H/O festgestellt werden (*sie hängen* : *sie hingen* bzw. *sie gehen* : *sie gingen*). Die Phoneme /ɛ/ (*hängen*, *sprechen*), /ē/ (*heben*, *gehen*) und /ā̈/ (*gären*) kommen dabei nie im Teilparadigma des Präteritum Indikativ, sondern nur in dem des Präsens Indikativ oder im Partizip II (*gebeten*) vor, so daß sich keine Funktionsüberschneidungen zu den GM ergeben können, die eine spezifische Moduskennzeichnung übernehmen. Lediglich beim Verbum STEHEN erscheint das Phonem /ē/ im Präsens Indikativ und das Phonem /ɛ/ im Prät. Konj. (*sie ständen*), doch sichern hier der vokalische Quantitätsgegensatz und die Unterschiede am GM-Ausgang die Opposition, die vokalisch noch deutlicher in der Prät. Konj.-Form *sie stünden*, die gleichberechtigt neben *sie ständen* vorkommt (GELHAUS, in: DUDEN 1984: 141; 1995: 140), ausgedrückt ist.

85.2 Damit läßt sich der Ablaut trotz seiner vielfältigen Realisationsformen in seiner gemeinsamen Funktionalität erfassen und für die Gegenwartssprache folgendermaßen bestimmen (vgl. SIMMLER 1987: 144): Der Ablaut ist der regelmäßige, paradigmatisch gebundene und Teilparadigmata übergreifende Wechsel von Vokalen in Grundmorphemen von Verben mit der synchronen Funktion, in Verbindung mit den übrigen konsonantischen Phonemen der Grundmorpheme primär die grammatische Kategorie des Tempus und sekundär die des Modus zu kennzeichnen.

86.1 Der Umlaut tritt im Teilparadigma des Präteritum Konjunktiv auf und konstituiert spezifische GM mit, die primär die Moduskategorie und sekundär die Tempuskategorie signalisieren. Die Vokale der GM im Präteritum Konjunktiv bilden keine beliebige Auswahl aus den Vokalphonemen der Gegenwartssprache, sondern hängen von den Vokalen der GM im Präteritum Indikativ ab. Stehen in diesen die velaren gerundeten Vokale /ū/ und /ō/ (*sie fuhren*, *sie logen*), erscheinen im Konjunktiv Präteritum die palatalen gerundeten Vokale /ǖ/ und /ȫ/ (*sie führen*, *sie lögen*) der gleichen Phonemreihe. Das gleiche gilt für die Vokalalternation von /u/ und /o/ mit /ü/ und /ö/ (*sie wurden*, *sie würden*; *sie flossen*, *sie flössen*).

86.2 Der Wechsel von /a/ mit /ɛ/ (*sie banden, sie bänden*) bzw. von /ā/ mit /ǟ/ (*sie gaben, sie gäben*) ordnet sich morphologisch in dieses Prinzip ein, auch wenn phonologisch und phonisch keine völlige Gleichheit gegeben ist. Bisher wechselten die Vokale in der Reihe V/R und P/R, jetzt liegt ein Wechsel in den Reihen P/R und P/U vor. Identisch bleibt das Prinzip des Wechsels mit dem im Vokalsystem am nächsten liegenden vorderen Vokal. Nur wenn man von den velaren Varianten der Phoneme /a/ und /ā/ ausgeht, ergibt sich ein genereller Wechsel zwischen velaren und palatalen Phonemen in den jeweiligen GM. Doch selbst dann spielt das Merkmal der Lippenrundung keine Rolle und ist mit der Veränderung der Zungenstellung eine solche des Mundöffnungsgrades verbunden.
86.3 Neben dem regelmäßigen Wechsel von velaren und palatalen Phonemen kommen im Teilparadigma des Konjunktiv Präteritum auch Vokale vor, die nicht von den im Indikativ Präteritum vorhandenen abgeleitet werden können. Sie bilden ältere sprachliche Traditionen, die in der Einheit des Wortes bewahrt wurden. So beruht die Konjunktiv Präteritum-Form *sie würfen* (zum Ind. Prät. *sie warfen*), auf dem im Plural Präteritum Indikativ im Mittelhochdeutschen noch regelmäßigen und in den Ablaut einbezogenen Vokal /u/ (mhd. *sie wurfen*), der durch den frühnhd. Sprachwandel des Ausgleichs der GM im Teilparadigma des Indikativ Präteritum beseitigt wurde. Das GM {šölt} (*sie schölten* zum Verbum SCHELTEN) geht auf das GM {šolt} des Partizip II *gescholten* zurück.
86.4 Das Nebeneinander zweier verschiedener GM im Konjunktiv Präteritum wie in *sie begännen, sie begönnen* zu BEGINNEN bzw. in *sie höben, sie hüben* zu HEBEN beruht auf unterschiedlichen schreibdialektalen Verhältnissen, die bei der Herausbildung der nhd. Schriftsprache eine Rolle spielten. Bei diesen Formen setzt sich die Vereinheitlichung fort, indem eine Form seltener gebraucht wird (*sie begönnen*) oder – als Folge der geringen Frequenz – als veraltet (*sie hüben*) anzusehen ist (GELHAUS, in: DUDEN 1984: 125f.; 1995: 124).
86.5 Von GELHAUS (in: DUDEN 1984: 125; 1995: 123) werden auch die Vokalwechsel in den Formen der 2. und 3. Sg. Präs. Ind. zum Umlaut hinzugerechnet, „sofern der betreffende Stamm einen umlautfähigen Vokal enthält". Diese generelle, an den GM der 1. Sg. Präs. Ind. bzw. dem Infinitiv orientierte, nur die Gegenwartssprache einbeziehende und in historischen sprachlichen Zuständen vorhandene Umlautbedingungen unberücksichtigt lassende Regelformulierung wird den Unterschieden zu den bisher behandelten Umlautphänomenen nicht gerecht und arbeitet die spezifische Funktionalität des in der 1. bis 3. Sg. Präs. Ind. vorhandenen Vokalwechsels nicht exakt genug heraus. So existiert ein palataler Vokal /ō̈/ neben einem velaren Vokal /ō/ nur beim Verbum STOSSEN (*ich stoße, du stößt, er stößt*), während ein solcher unter gleichen Bedingungen bei den Verben KOM-

MEN und RUFEN fehlt. Das relativ häufige, aber nicht ausschließlich vorhandene Nebeneinander von /a/ und /ε/ (*ich falle, du fällst, er fällt*) bzw. von /ā/ und /ǟ/ (*ich fahre, du fährst, er fährt*) läßt sich nicht widerspruchsfrei mit dem Prinzip des Nebeneinanders von Velarität und Palatalität verbinden. Auch der Wechsel von /ao/ mit /oi/ (*ich laufe, du läufst, er läuft*) nimmt eine Sonderstellung ein, weil er nicht in dieses Prinzip einbezogen werden kann: Wird vom Diphthong /ao/ ausgegangen, dann existiert beim ersten Vokal des Diphthongs /oi/ im Vergleich zu /a/ eine Vokalerhöhung, eine palatale Komponente ist nicht vorhanden. Eine solche könnte beim Vergleich des /o/ aus /ao/ mit dem zweiten Vokal des Diphthongs /oi/ angenommen werden, doch handelt es sich beim /i/ nicht um einen der bisher als Umlautphoneme bezeichneten Vokale. Da nach den Prinzipien des Vokalsystemaufbaus der Wechsel von /ε/ und /i/ (*ich breche, du brichst, er bricht*), von /ē/ und /ī/ (*ich lese, du liest, er liest*) und von /ē/ und /i/ (*ich nehme, du nimmst, er nimmt*) eine Vokalerhöhung darstellt, zeigen sich in den GM der 1. bis 3. Sg. Präs. Ind. morphologische und phonologische Gemeinsamkeiten. Sie sollten dazu führen, nicht eine von den Heterogenes zusammenfassenden Umlautphänomenen als „*e*/*i*-Wechsel" (GELHAUS, in: DUDEN 1984: 128f.; 1995: 127) getrennt zu behandelnde Erscheinung anzusetzen. Vielmehr sollten die Gemeinsamkeiten, trotz eines verschiedenen historischen Ursprungs (SIMMLER 1987: 142), zu einer Neubestimmung der als Vokalerhöhung anzusehenden Phänomene und ihrer morphologischen Relevanz in der Gegenwartssprache genutzt werden. Als Umlaut können dann ausschließlich die im Teilparadigma des Präteritum Konjunktiv im Vergleich zum Teilparadigma des Präteritum Indikativ erscheinenden palatalen Vokalphoneme in verbalen GM angesehen werden, was zu einer einheitlichen morphologischen und phonologischen Analyse führt.

86.6 Die morphologische und phonologische Ausgrenzung der Verbformen mit Umlaut ergibt folgende Funktionsbeschreibung des Umlauts in der Gegenwartssprache: Der Umlaut ist das regelmäßige, an das Teilparadigma des Präteritum Konjunktiv gebundene Auftreten der palatalen Vokale /ü, ö, ε, ǖ, ȫ, ǟ/ in den Grundmorphemen von Verben, deren Grundmorpheme im Teilparadigma des Präteritum Indikativ die velaren Vokale /u, o, a, ū, ō, ā/ zeigen. Die synchrone Funktion des Umlauts besteht darin, in Verbindung mit den übrigen konsonantischen Phonemen der Grundmorpheme primär die grammatische Kategorie des Modus und sekundär die des Tempus zu kennzeichnen.

87.1 Die Vokalerhöhung betrifft neben den bereits behandelten Fällen den Wechsel von /ǟ/ mit /ī/ (*ich gebäre, du gebierst, sie gebiert*) bzw. den von /ö/ mit /i/ (*ich erlösche, du erlischst, er erlischt*). Der Wechsel /ǟ/ mit /ī/ ist auf ein einziges Verb beschränkt, zu dem die Verbformen *du gebärst, sie* *gebärt* bereits üblicher sind (GELHAUS, in: DUDEN 1984: 135 mit Anm. 5; 1995: 134 mit Anm. 3). Der Wechsel von /ö/ mit /i/ kommt nur beim Verbum LÖSCHEN und den mit dem GM {löš} neu gebildeten Verben AUSLÖSCHEN, ER- und VERLÖSCHEN vor, soweit sie syntaktisch intransitiv verwendet werden (GELHAUS, in: DUDEN 1984: 137 mit Anm. 3; 1995: 136 mit Anm. 1).

87.2 Die Vokalerhöhung zeigt sich auch im Imperativ Singular. Sie ist dabei auf die Verben beschränkt, die im Singular Präsens Indikativ die Vokalwechsel /ɛ/ mit /i/, /ē/ mit /ī/, /ē/ mit /i/, /ǟ/ mit /ī/ und /ö/ mit /i/ besitzen (*brich*! *lies*! *nimm*! *gebier*! *erlisch*!). Das Verbum WERDEN bildet den Imp. Sg. ohne Vokalerhöhung (*werde*!). Bei den Verben mit dem Vokalwechsel /a/ mit /ɛ/ bzw. /ā/ mit /ǟ/ zwischen der 1. bzw. 2. 3. Sg. Präs. Ind. besitzen die Imperativ Singular-Formen keine Vokalerhöhung (*fall*! *fahr*!).

87.3 Anders als beim Umlaut, der im Teilparadigma des Prät. Konj. regelmäßig auftritt, wenn im Prät. Ind. ein umlautfähiger Vokal vorhanden ist, kommt die Erscheinung der Vokalerhöhung nicht bei allen Verben vor, die den gleichen distributionellen Bedingungen unterliegen. So fehlt eine Vokalerhöhung mit entsprechender morphologischer Funktionalität bei Verben wie STECKEN 'sich in etwas befinden'; BEWEGEN 'veranlassen', GENESEN, HEBEN, GEHEN, STEHEN, WEBEN; SCHEREN; HÄNGEN; GÄREN; SCHAFFEN, SCHALLEN; HAUEN, SAUGEN und SCHNAUBEN (dazu die Zusammenstellung aller Besonderheiten der Konjugation von GELHAUS, in: DUDEN 1984: 133-143; 1995: 132-142). Dies alles sind Ergebnisse unterschiedlicher sprachlicher Traditionen, die an die Einheit des Wortes gebunden sind und eine solche Einheit voraussetzen. Sie bewirken Umgestaltungen ehemals systematischer Verhältnisse, die zur Unterscheidung von Vokalerhöhung und Primärumlaut geführt haben (SIMMLER 1987: 142f.), und bilden die Grundlage für eine neue Systematisierung, in die dann auch das Verbum STOSSEN morphologisch einbezogen werden kann, obwohl die phonologischen Bedingungen nicht dieselben sind (vgl. PAUL /MOSER/SCHRÖBLER /GROSSE 1982: 156 Anm. 1).

87.4 Die morphologische und phonologische Analyse der Verben mit Vokalerhöhung führt zu dieser Funktionsbeschreibung: Die Vokalerhöhung ist der bei einer größeren Anzahl von Verben vorhandene paradigmatisch gebundene Vokalwechsel in Grundmorphemen. Sie erscheint im Teilparadigma des Präsens Indikativ bei der 2. und 3. Singular im Vergleich zu den übrigen Verbformen und im Teilparadigma des Imperativs im Singular im Vergleich zum Plural. Im Präsens Indikativ betrifft die Vokalerhöhung den Wechsel von /a/ mit /ɛ/, /ā/ mit /ǟ/, /ao/ mit /oi/, an dem jeweils der tiefste Vokal beteiligt ist, und den Wechsel von /ɛ/ mit /i/, /ē/ mit /ī/, /ē/ mit /i/ und /ǟ/ mit /ī/, an dem jeweils der vorderste palatale ungerundete Vokal der mittleren Vokalreihe beteiligt ist. Am Aufbau des Imperativ-Teilparadigmas wirkt nur die zweite Gruppe mit. Die synchrone Funktion der Vokalerhöhung besteht darin, in Verbindung mit den übrigen konsonantischen Phonemen der Grundmorpheme, primär die grammatische Kategorie des Numerus zu signalisieren und sekundär bzw. tertiär an der Kennzeichnung der grammatischen Kategorien des Tempus bzw. des Modus und der Person beteiligt zu sein. Dieser morphologischen Funktionalität ordnet sich auch das Verb STOSSEN mit dem Vokalwechsel von /ō/ mit /ȫ/ unter.

88.1 Mit dem Ablaut sind bei einigen Verben konsonantische Phonemwechsel am Ausgang von GM verbunden, oder es existieren Gegensätze von vokalischem und konsonantischem GM-Ausgang. Es lassen sich drei Gruppen unterscheiden. Bei der ersten Gruppe kommen im Vergleich zum Präsens Indikativ die Konsonantenwechsel nur in den Teilparadigmata des Präteritum Indikativ und des Imperativs vor, wobei ihr Auftreten mit einzelnen RM verbunden ist und nur für einige Verbformen der Teilparadigmata gilt. Die zweite Gruppe enthält Verben, bei denen die zwei Teilparadigmata des Präteritums einschließlich der mit dem Partizip II verbundenen analytischen Verbformen im Vergleich zu den zwei Teilparadigmata des Präsens bei allen Verbformen einen anderen GM-Ausgang zeigen. In der dritten Gruppe sind Verben enthalten, deren GM im Präsens einen vokalischen, im Präteritum dagegen einen konsonantischen Phonemausgang besitzen.

88.2 Zur ersten Gruppe gehören Verben wie BERGEN, BIEGEN, BINDEN, LADEN, WERBEN, GEBEN und BLASEN. Sie haben am Ausgang der GM vor dem RM {∅} in der 1. und 3. Sg. Prät. Ind. (*ich*, *er gab*) und im Imp. Sg. (*gib*!) ein Fortisphonem. Wenn die GM nicht auf einen Dental ausgehen, auf den die Allomorphe {əst} und {ət} folgen (*du bandest*, *ihr bandet*), steht das jeweilige Fortisphonem auch vor den Allomorphen {st} und {t} der 2. Sg. Prät. und der 2. P1. Prät. (*du gabst*, *ihr gabt*). Damit ordnen sich diese Verbformen einmal in den bereits ermittelten Wechsel von Lenis- und Fortisphonemen ein, der in den Teilparadigmata des Präs. Ind. und des Prät. Konj. unter gleichen distributionellen Bedingungen vorkommt (§ 80.2). Zum anderen weisen die GM mit Fortisphonemen in unterschiedlichem Maße in Verbindung mit den übrigen Phonemen auf die Numeruskategorie hin. Bei GM mit /d/ : /t/-Wechsel (*du ludest*, *ihr 1udet*, *ich*, *er lud*) ist das Fortisphonem in eindeutiger Weise an der Kennzeichnung der Numeruskategorie beteiligt. Dies gilt neben dem Prät. Ind.-Teilparadigma auch für dasjenige des Imperativs (*lad*! *ladet*!). Bei den übrigen Verben mit Lenis : Fortis-Oppositionen ist diese Funktion bei isolierender Analyse wegen der 2. P1. Prät. (*ihr gabt*) nicht vorhanden; durch die Kombination mit dem RM {∅} erfolgt jedoch im Prät. Ind. eine Hervorhebung der

Numeruskategorie. Beim Imp. Sg. führt die Verbindung mit dem RM {∅} zu einer eindeutigen Kennzeichnung der Moduskategorie.

88.3 Die zweite Gruppe wird von den Verben SIEDEN, LEIDEN, SCHNEIDEN, ERKIESEN und SITZEN gebildet. Bei ihnen besitzt der konsonantische GM-Ausgang einen eindeutigen Hinweis auf die Tempuskategorie, durch den die Funktion des Ablauts verstärkt wird (*sie sieden* : *sie sotten*, *sie leiden* : *sie litten*, *sie schneiden* : *sie schnitten*, *sie erkiesen* : *sie erkoren*, *sie sitzen* : *sie saßen*). Diese einheitliche Funktion in der Gegenwartssprache beruht auf verschiedenen historischen sprachlichen Zuständen. Die Konsonantenwechsel bei den ersten vier Verben gehen auf die Erscheinung des grammatischen Wechsels zurück, der im Althochdeutschen im Teilparadigma des Prät. Ind. zusätzlich die Singular- von den Pluralformen unterschied (SIMMLER 1987: 144f.). Die konsonantischen Phoneme am Ausgang der GM beim Verbum SITZEN beruhen auf der Tradition von Reflexen der westgermanischen Konsonantengemination und der zweiten Lautverschiebung (BRAUNE/EGGERS 1975: 158).

88.4 Die dritte Gruppe besteht aus den Verben ZIEHEN, GEHEN, STEHEN, HAUEN und TUN. Das Verbum ZIEHEN gehört unter diachronem Aspekt zu den Verben mit grammatischem Wechsel zwischen /h/ und /g/; dies setzt in den entsprechenden Epochen des Deutschen voraus, daß das Graph <h> intervokalisch auf einen Hauchlaut [h] und ein Phonem /h/ verweist (BRAUNE/EGGERS 1975: 102). In der Gegenwartssprache wird das <h> in dieser Distribution nicht mehr als Hauchlaut realisiert (MEINHOLD/STOCK 1974: 128), so daß das GM {tsī} auf einen Langvokal endet und das <h> neben dem <e> als Dehnungszeichen fungiert (PHILIPP 1974: 128). Die Annahme von „Suppletivformen" (WERNER 1994: 8) überbetont die phonotaktischen Unterschiede. Aus den gleichen Gründen besitzen die präsentischen GM {gē} und {štē} der Verben GEHEN und STEHEN einen vokalischen GM-Ausgang. Der konsonantische GM-Ausgang der präteritalen GM {giŋ} bzw. {štant}, {štand} und {štɛnd} (*sie gingen* bzw. *sie stand*, *sie standen*, *sie ständen*) beruht dagegen nicht auf einem ehemaligen grammatischen Wechsel, sondern es handelt sich um die Verbindung zweier Verben mit gleicher Inhaltsseite, aber verschiedenen Ausdrucksseiten zu einem einzigen neuen Gesamtparadigma (vgl. PAUL/MOSER/SCHRÖBLER/GROSSE 1982: 176f.). Das Verb HAUEN bildet das Teilparadigma des Prät. Ind. mit den GM {hīp} (*er hieb*) und {hīb} (*sie hieben*) und das Partizip II mit dem GM {hao} (*er hat gehauen*). Die Phoneme /p/ und /b/ bilden gegenüber dem GM {hao} des Präsens Indikativ und Konjunktiv einen konsonantischen Ausgang des GM. Beim Verbum TUN lautet der Unterschied zwischen den GM des Präsens und Präteritum {tū} versus {tāt}. Der Infinitiv *tun* wird mit dem Allomorph {n} gebildet. Das GM des Partizips

II *getan* lautet {tā} und hat wie {tū} keinen konsonantischen Phonemausgang. Während HAUEN den gleichen Ablaut wie LAUFEN zeigt, ist der Ablaut von TUN auf dieses Verb beschränkt, was jedoch für achtzehn weitere Verben ebenfalls gilt (§ 103.2).

88.5 Eine morphologische Sonderstellung nimmt das Verbum WERDEN ein (vgl. GELHAUS, in: DUDEN 1984: 131; 1995: 130), das aufgrund von Ablaut, Umlaut und Vokalerhöhung zum Bestand der Verben gehört, die dem Konjugationsparadigma B zuzuweisen sind (zu den Konjugationsformen des Hilfsverbs vgl. § 79). Die morphologische Sonderstellung wird einmal durch das GM {vir} in der 2.und 3. Sg. Präs. Ind. (*du wirst*, *er wird*) begründet, das keinen Dental am Morphemausgang zeigt. Im Mhd. lauteten die Verbformen noch *du wirdest, er wirdet*; daneben kommt bereits *er wirt* mit Apokope des <e>, Zusammenfall der Dentale aufgrund von Kontaktposition und damit Veränderung der morphologischen Struktur vor (vgl. PAUL / MOSER / SCHRÖBLER / GROSSE 1982: 155). Bei *du wirdest* dürfte die Entwicklung über eine Apokope des <e> mit anschließendem Verlust des dentalen Verschlußphonems vor dem RM {st} verlaufen sein. Damit wird die morphologische Struktur der RM beibehalten, und das GM {vir} fügt sich aufgrund seiner gleichen internen phonologischen Struktur in die im Paradigma B vorhandene Möglichkeit des GM-Wechsels zwischen der 1. bzw. der 2. und 3. Sg. Präs. Ind. ein. Zum anderen zeigt sich die morphologische Sonderstellung darin, daß zur Bildung der 1. und 3. Sg. Prät. Ind. nicht das RM {∅}, sondern das RM {ə} verwendet wird (*ich, er wurde*), weshalb das GM {vurd} auf eine Lenis /d/ und nicht auf eine Fortis /t/ ausgeht. Die Lenis /d/ findet sich auch im GM {vɛrd} des Imp. Sg. *werde!* Schließlich ist bei der Bildung analytischer Verbformen ein morphologischer Unterschied zwischen dem Gebrauch als Hilfsverb und dem als Vollverb vorhanden. Beim Hilfsverb lautet das Partizip II *worden* ohne RM {gə} (*Er ist geliebt worden.*), beim Vollverb wird es mit dem RM {gə} gebildet (*Er ist Lehrer geworden.*).

88.6 Aufgrund der morphologischen Sonderstellung von WERDEN und einzelner morphologischer Übereinstimmungen mit dem Verb HABEN möchte BECH (1969: 118) für diese beiden Verben „eine kleine Flexionsklasse für sich" ansetzen. Er glaubt, eine „Reduktion des flexivischen Inventars" und eine „bedeutende Vereinfachung der Deskription" zu erreichen, wenn er die Formen 2. und 3. Sg. Präs. Ind. *du wirst, er wird* als „/vir/ + /st/" bzw. „/vir/ + /t/" morphologisch segmentiert und damit eine gleiche Segmentierung wie bei der 2. und 3. Sg. Präs. Ind. *du hast, er hat* in /ha/ + /st/ bzw. /ha/ + /t/ vornimmt (BECH 1969: 114f.). Um die morphologische Übereinstimmung auch im Präteritum zu erreichen, segmentiert er die 1. und 3. Sg. Prät. Ind. *ich, er wurde* als „/vur/ + /də/", wobei /də/ eine „sonst nirgends vorhandene Variante des schwachen Präteritalformans" /tə/ ist, das nach BECH (1969: 117) in *ich, er holte* bzw. *ich, er hatte* vorliegt. WERDEN wird aufgrund dieser Analyse – wie HABEN – zu einem 'schwachen' Verbum. Eine solche Analyse vernachlässigt völlig die Übereinstimmungen zu den sog. 'starken' Verben, die durch die Vokalalternationen des Ablauts, des Umlauts und der Vokalerhöhung existieren, die bei BECH durch Zusatzregeln einzeln aufgeführt werden müssen. Die spezifische Form des Ablauts, die hier für WERDEN angesetzt ist (Klasse II. 29, § 103.3) berücksichtigt neben den übrigen morphologischen Gemeinsamkeiten gerade diese Aspekte. Eine auf ein Verb beschränkte Form des Ablauts begegnet bei achtzehn weiteren Verben (§ 103.3) und ist daher keine „unerhörte Erscheinung". Werden die 2. und 3. Sg. Präs. Ind. als {vir} + {st} bzw. als {virt} + {∅} und die 1. 3. Sg. Prät. Ind. als {vurd} + {ə} segmentiert, sind im Rahmen der Leitformen und der RM-Sätze drei morphologische Besonderheiten beim GM {vir} und den RM {∅} und {ə} anzugeben. BECH dagegen muß die für die Gesamtparadigmatik sehr weitreichende Konsequenz eines Tempusallomorphs /də/ in Kauf nehmen, muß das Allomorph {ət} in der 2. Pl. Präs. Ind. *ihr werdet* gegenüber {t} in ihr habt aufführen, muß die Verteilung des GM {hāp} (*ihr habt*) erfassen, muß das RM {ən} im Partizip II (*ge*)*worden* vom RM {t} in *gehabt* abheben und muß schließlich für die Erscheinungen des Ablauts, des Umlauts und der Vokalerhöhung drei Regeln mehr als beim Verbum HABEN verzeichnen. Er braucht also vier morphologische Angaben mehr als in der hier vorgenommenen Analyse, weshalb seine Beschreibung keine Vereinfachung darstellen kann.

88.7 TARANTOWICZ (1984: 23f.) möchte neben den Konsonantenwechseln für die Beschreibung der Formen *ziehen* : *zog, hauen* : *hieb, gehen* : *ging* und *stehen* : *stand* „eine konsonantische Nullalternation /K - ∅/" annehmen und den „deutschen Konsonantenalternationen" eine „für das System der Sprache nebensächliche Bedeutung" zuweisen. Die Annahme eines Nullelements ist aber weder paradigmatisch wie beim RM {∅} zu rechtfertigen noch wird sie der internen phonologischen Struktur der GM und ihrer Funktionalität gerecht. Dem Phonem /g/ in *zog* kann isoliert keine grammatische Inhaltsseite zugeordnet werden, so wie /ts.../ allein keine lexikalische Bedeutung signalisieren kann, was TARANTOWICZ aber für /z ... Vr ... ŋ - en/ bei *singen* postuliert (§ 84.2). Auch die konsonantischen GM-Ausgänge sind bei einer Berücksichtigung der internen phonologischen Struktur anders zu bewerten: Sie sind an der Kennzeichnung grammatischer Kategorien beteiligt, bestimmen verschiedene Subklassenbildungen mit und wirken sich auf die Wahl einzelner Allomorphe von RM aus.

89.1 Mit den ablautenden Verben sind folgende Relationsmorphemsätze verbunden (Tabelle 5):

Tabelle 5: Relationsmorphemsätze zum Konjugationsparadigma B

Numerus	Person	Präsens		Präteritum	
		Indikativ	Konjunktiv	Indikativ	Konjunktiv
Singular	1.	{ə, ∅}	{ə}	{∅, ə}	{ə}
	2.	{(ə)st, t, ∅}	{əst}	{(ə)st}	{(ə)st}
	3.	{(ə)t, ∅}	{ə}	{∅, ə}	{ə}
Plural	1.	{(ə)n}	{ən}	{ən}	{ən}
	2.	{(ə)t}	{ət}	{(ə)t}	{(ə)t}
	3.	{(ə)n}	{ən}	{ən}	{ən}

Die RM des Imperativ Singular bzw. Imp. Pl. sind {∅, ə} bzw. {(ə)t}.

89.2 Die im Präsens Indikativ in der 1. Sg. und der 1. und 3. Pl. auftretenden Allomorphe {∅} und {n} sind auf das Verbum TUN beschränkt, das darüber hinaus auch die bei den meisten Verben üblichen Allomorphe {ə} und {ən} besitzt, wobei das Nebeneinander von *ich tu(e), wir tu(e)n, sie tu(e)n* „auch schriftsprachlich anerkannt“ ist (ERBEN 1980: 78). Bis auf das Verbum TUN ist das Vorkommen des Allomorphs {n} in der 1. bzw. 3. Pl. Präs. Ind. ein Hinweis auf Verben des Konjugationsparadigmas A (§ 82.9). Die in schematischen Anordnungen vorhandenen generellen Aussagen müssen unter distributionellen Aspekten und im Hinblick auf eine Wortgebundenheit näher erläutert werden, weil sie sonst einen ungenauen Eindruck von der Frequenz und der funktionellen Belastung eines Allomorphs vermitteln.

89.3 Das Allomorph {t} in der 2. Sg. Präs. Ind. ist auf ablautende Verben beschränkt, deren präsentische GM auf /s/ ausgehen (vgl. *du beißt, preist, fließt, liest, frißt, ißt, wächst, bläst, haust, sitzt, stößt, heißt* aus dem Schema 3 mit den Leitformen ablautender Verben § 103.2). Das Allomorph {∅} in der 2. Sg. Präs. Ind. kommt nur beim Verb BERSTEN vor (*du birst*), das darüber hinaus das Allomorph {∅} auch noch in der 3. Sg. Präs. Ind. besitzt. Die besondere Allomorphie ist durch den konsonantischen Ausgang /rst/ des GM bedingt. Veraltet sind die Formen *du berstest, er berstet* (GELHAUS, in: DUDEN 1984: 133; 1995: 132), deren Allomorphe sich nach dem das GM abschließenden Dental /t/ richten, während das Nullallomorph durch die Konsonantengruppe /rst/ bedingt ist.

89.4 Das Allomorph {əst} in der 2. Sg. Präs. Ind. zeigt sich zwar nach GM, die auf Dentale ausgehen (*du reitest*), dennoch ist nicht die gleiche Distributionsregel wie beim Konjugationsparadigma A aufstellbar, da auch Verben mit dem Allomorph {st} wie *du rätst* vorkommen. Im Konjugationsparadigma B stehen sich vielmehr zwei Gruppen von GM gegenüber, die alle auf einen Dental ausgehen und entweder das Allomorph {əst} oder das Allomorph {st} fordern. Zur ersten Gruppe gehören die Verbformen *du* *reitest, leidest, bindest, meidest, siedest, bietest, schindest* und *bittest*; die zweite Gruppe besteht aus den Verbformen *du giltst, flichtst, lädst, trittst, rätst* und *hältst* (§ 103.2). Lediglich bei den konsonantischen Phonemkombinationen /nd/ bzw. /lt/ und /xt/ führen die Phonemdistributionen am Morphemausgang zu einer exakten Zuordnung zu den beiden Gruppen. Bei den übrigen GM muß die gesamte übrige Phonotaktik mitberücksichtigt werden. Geht dem Dental ein Diphthong voraus (*reitest, leidest, meidest*), wird das Allomorph {əst} ausgewählt. Bei einem vorausgehenden Langvokal führt ihre Spezifizierung als /ī/ bzw. /ǟ/ zur Allomorphauswahl. Wenn ein Kurzvokal vorausgeht, muß auch noch der Konsonantismus am GM-Beginn berücksichtigt werden, um die Wahl des Allomorphs zu begründen. Neben der phonologischen Distribution spielt jedoch der morphologische Bezug zu den übrigen GM eine besondere Rolle bei der Allomorphverteilung: Existiert im Präsens nur ein GM mit Dental am Morphemausgang, steht das Allomorph {əst}. Sind dagegen zwei GM vorhanden und zeigt das in der 2. Sg. Präs. Ind. eine Vokalerhöhung, dann verbindet sich dieses trotz dentalen Morphemausgangs mit dem Allomorph {st}. Bei den Verben des Paradigmas A wird die Allomorphie nur vom konsonantischen GM-Ausgang geregelt, bei den Verben des Paradigmas B wirken Vokalismus und Konsonantismus am GM-Ausgang zusammen, wobei sich die Rolle des Vokalismus erst aus der paradigmatischen Struktur des Präsens Indikativ-Teilparadigmas ergibt.

89.5 Die beiden Gruppen mit Dental am GM-Ausgang sind noch mit einer weiteren Allomorphie verbunden. Die erste Gruppe verhält sich wie die Verben des Paradigmas A und bildet die 3. Sg. Präs. Ind. mit dem Allomorph {ət}; in der zweiten Gruppe erscheint dagegen das Allomorph {∅}. Das Allomorph {ət} der 2. Pl. Präs. Ind. haben beide Gruppen gemeinsam; sie stimmen darin mit den Verben des Paradigmas A überein. Unter diachronem Aspekt geht das Allomorph {∅} auf ein Allomorph {ət} zurück, wie aus dem Nebeneinander der Formen *er giltet, er gilt* im Mittelhochdeutschen und der ahd. Form *er giltit* zu entnehmen ist. Zur Gegenwartssprache hin wurde das mhd. Nebeneinander zweier Formen zugunsten von *gilt* beseitigt. Die Form mhd. *gilt* beruht auf einer Synkope des <e> der 'Endung' <et> (PAUL/MOSER/SCHRÖBLER/GROSSE 1982: 155), wodurch aufgrund von phonologischer Identität und Kontaktposition das /t/ des GM-Ausgangs und das /t/ des RM zusammenfielen. Dadurch veränderte sich die interne phonologische Struktur des GM nicht, dagegen entstand ein neues RM, das Nullmorphem.

89.6 In verschiedenen Umgangssprachen erscheint bei *du flichst, du fichst* eine die Konsonantenkombination an der Verbindungsstelle von GM und RM erleichternde Aussprache (GELHAUS, in: DUDEN 1984: 135 Anm. 2f.;

1995: 133 Anm. 5, 134 Anm. 1), durch die ein neues GM {flix} bzw. {fix} mit neuer Phonotaktik entsteht.

89.7 Ablautende Verben mit dem konsonantischen GM-Ausgang auf Verschluß oder Reibephonem plus Nasalphonem /m/ oder /n/ existieren nicht, so daß damit verbundene Morphemdistributionen (vgl. § 81.2) nicht vorkommen.

89.8 Im Konjugationsparadigma B fehlen im Präsens Konjunktiv die Allomorphe {st}, {n} und {t}, die an Verben wie SAMMELN mit GM 2. Grades und spezifischer phonologischer Struktur gebunden sind (vgl. § 81.6).

89.9 Im Präteritum bestehen die Unterschiede zwischen den Paradigmata A und B im Vorhandensein bzw. Fehlen des RM {(ə)t} mit Tempusfunktion und in der Notwendigkeit, im Paradigma B zwei RM-Sätze für die Teilparadigmata von Prät. Ind. und Konj. anzusetzen, während im Paradigma A ein einheitlicher RM-Satz genügt. Diese Notwendigkeit ist durch die spezifischen RM {∅} in der 1. und 3. Sg. Prät. Ind. gegeben, auch wenn die sonstigen RM in den Teilparadigmata innerhalb des Paradigmas B übereinstimmen. Dieser generelle Befund erfordert eine wortgebundene Erweiterung, weil nur das Verbum WERDEN die 1. und 3. Sg. Prät. Ind. mit dem RM {ə} bildet (*ich wurde, er wurde*), wodurch es sich wie ein Verbum des Paradigmas A verhält. Dies gilt auch für die Imp. Sg.-Form *werde*! Alle übrigen morphologischen Strukturen führen für WERDEN jedoch zur Zuordnung zum Paradigma B (§ 88.5). Das RM {ə} in den angegebenen Verbformen ist der wortgebundene Reflex einer *e*-Epithese, eines etymologisch und lautgesetzlich nicht gerechtfertigten Zusatzes, der im Frühnhd. jedoch morphologisch relevant war, auf analogischem Einfluß der morphologischen Strukturen der Verben der Klasse I beruhte und eine morphologische Besonderheit der Verben der Klasse II darstellte, im Nhd. aber wieder – bis auf WERDEN – aufgegeben wurde (IMSIEPEN 1983: 120 mit Anm. 3). Anders als im Paradigma A existieren in B die Allomorphe {st} und {t} in den Teilparadigmata von Prät. Ind. (*du sangst, ihr sangt*) und Prät. Konj. (*du sängst, ihr sängt*), wenn zwischen den Vokalen der GM eine Umlautbeziehung besteht und die GM nicht auf die konsonantischen Phoneme /z/, /s/, /š/ (*du läsest, du bissest, du wüschest*) bzw. /d/ und /t/ (*du bändest, du bötest*) ausgehen.

89.10 Die Allomorphie der 2. Imp. Pl. richtet sich nach den gleichen distributionellen Bedingungen wie die in der 2. Pl. Präs. Ind. (§§ 81.2.8, 89.5). Von den Allomorphen {∅} und {ə} wird das erstere bei den meisten Verben verwendet. Das Allomorph {ə} kommt häufiger neben {∅} bei Verben wie BINDEN und BIETEN vor, deren GM auf einen Dental ausgehen (*binde*! *biete*!). Der Imperativ *siehe*! zu SEHEN ist auf Querverweise funktionell und textsortengebunden eingeschränkt. In standardsprachlichen und umgangssprachlichen Realisationen zeigen sich Formen mit {ə}, wo sie schriftsprachlich nicht verwendet werden, z.B. in *trinke*! *wasche*! und *gehe*! (GELHAUS, in: DUDEN 1984: 174 mit Anm. 2; 1995: 168 mit Anm. 2).

89.11 Bei Goethe und Herder finden sich u.a. die Imp. Sg. Formen *trete*! *verspreche*! *schelte*! *nehme*! ohne die Erscheinung der Vokalerhöhung und mit dem Allomorph {ə}, d.h. daß ein einziges GM im Imperativ-Teilparadigma vorhanden ist. Dieser Ausgleich, der auch bei Heine und Börne nachzuweisen ist, hat sich bei der Herausbildung der gegenwartssprachlichen Verhältnisse nicht durchsetzen können (GELHAUS, in: DUDEN 1984: 174 Anm. 1; 1995: 168 Anm. 1).

89.12 Das Partizip II, das an der Konstitution analytischer Verbformen beteiligt ist, wird mit den RM {gə} und {(ə)n} gebildet. Das RM {(ə)n} ergibt den zentralen Unterschied zum Partizip II im Konjugationsparadigma A (§ 83.1). Bei Verben wie SEHEN, FLIEHEN, SCHREIEN und SPEIEN, deren GM im Partizip II auf einen Vokal und nicht auf einen Konsonanten ausgehen, kommen die Allomorphe {ən} und {n} vor. Das Allomorph {n} erscheint in den verschiedenen Umgangssprachen und in literarischen Textsorten aus vers- und satzrhythmischen Gründen (GELHAUS, in: DUDEN 1984: 192; 1995: 188). In den übrigen Distributionen gilt das Allomorph {ən}. Morphotaktisch treten die gleichen Gesetzmäßigkeiten wie im Konjugationsparadigma A auf: Bei Präfixoidbildungen wie EINSEHEN (vgl. §§ 233.1, 233.6f.) zeigt sich die Serialisierungsregel AF + RM {gə} + GM + RM {(ə)n} (*er hat eingesehen*); die gleiche Position nimmt {gə} bei Verben wie HAUSHALTEN ein, „die aus einer syntaktischen Fügung entstanden sind“ (GELHAUS, in: DUDEN 1984: 192; 1995: 188; zur hier vorgenommenen morphologischen Klassifikation als Zusammensetzung vgl. §§ 231.1f.), was zur Serialisierungsregel GM_1 + RM {gə} + GM_2 + RM {ən} (*er hat hausgehalten*) führt. Wie die Verben STUDIEREN, EINSTUDIEREN und ÜBERRASCHEN (§ 83.1) verhalten sich die Verben BERUFEN, EINBERUFEN und HINTERTREIBEN (*er hat berufen, einberufen, hintertrieben*). Verben wie STUDIEREN gehören häufig zum Konjugationsparadigma A, Verben wie HAUSHALTEN dagegen zum Paradigma B.

89.13 Insgesamt bestehen trotz einer Reihe von Gemeinsamkeiten in den Relationsmorphemsätzen der Konjugationsparadigmata A und B so viele Unterschiede, die es – auch bei einer Berücksichtigung der internen phonologischen Struktur der Grundmorpheme – erfordern, zwei verschiedene Paradigmata anzusetzen und nicht nur ein einziges.

90 Bei einer Reihe von Verben wird die Tempuskategorie durch ein spezifisches RM {t} und durch einen zusätzlichen Vokalwechsel, der kein *e/a*-Wechsel ist, signalisiert. Der Vokalwechsel umfaßt auch die GM des Präsens Indikativ und des Konjunktiv Präteritum und ist mit besonderen

RM-Sätzen verbunden. Das Zusammenwirken von GM und RM und wortgebundene Sonderregelungen ergeben sich aus dem Konjugationsparadigma C (Tabelle 6, aus GELHAUS, in: DUDEN 1984: 130; 1995: 129):

Tabelle 6: Konjugationsparadigma C (nach GELHAUS, in: DUDEN)

Teilparadigmata gr. Kat. + Personal-Pron.		Verben und Verbformen						
		dürfen	können	mögen	müssen	sollen	wollen	wissen
Indikativ Präsens	ich	darf	kann	mag	muß	soll	will	weiß
	du	darfst	kannst	magst	mußt	sollst	willst	weißt
	er	darf	kann	mag	muß	soll	will	weiß
	sie	darf	kann	mag	muß	soll	will	weiß
	es	darf	kann	mag	muß	soll	will	weiß
	wir	dürfen	können	mögen	müssen	sollen	wollen	wissen
	ihr	dürft	könnt	mögt	müßt	sollt	wollt	wißt
	sie	dürfen	können	mögen	müssen	sollen	wollen	wissen
Konjunktiv I	ich	dürfe	könne	möge	müsse	solle	wolle	wisse
	du	dürfest	könnest	mögest	müssest	sollest	wollest	wissest
	er	dürfe	könne	möge	müsse	solle	wolle	wisse
	sie	dürfe	könne	möge	müsse	solle	wolle	wisse
	es	dürfe	könne	möge	müsse	solle	wolle	wisse
	wir	dürfen	können	mögen	müssen	sollen	wollen	wissen
	ihr	dürfet	könnet	möget	müsset	sollet	wollet	wisset
	sie	dürfen	können	mögen	müssen	sollen	wollen	wissen
Indikativ Präteritum	ich	durfte	konnte	mochte	mußte	sollte	wollte	wußte
	du	durftest	konntest	mochtest	mußtest	solltest	wolltest	wußtest
	er	durfte	konnte	mochte	mußte	sollte	wollte	wußte
	sie	durfte	konnte	mochte	mußte	sollte	wollte	wußte
	es	durfte	konnte	mochte	mußte	sollte	wollte	wußte
	wir	durften	konnten	mochten	mußten	sollten	wollten	wußten
	ihr	durftet	konntet	mochtet	mußtet	solltet	wolltet	wußtet
	sie	durften	konnten	mochten	mußten	sollten	wollten	wußten
Konjunktiv II	ich	dürfte	könnte	möchte	müßte	sollte	wollte	wüßte
	du	dürftest	könntest	möchtest	müßtest	solltest	wolltest	wüßtest
	er	dürfte	könnte	möchte	müßte	sollte	wollte	wüßte
	sie	dürfte	könnte	möchte	müßte	sollte	wollte	wüßte
	es	dürfte	könnte	möchte	müßte	sollte	wollte	wüßte
	wir	dürften	könnten	möchten	müßten	sollten	wollten	wüßten
	ihr	dürftet	könntet	möchtet	müßtet	solltet	wolltet	wüßtet
	sie	dürften	könnten	möchten	müßten	sollten	wollten	wüßten

91.1 Die Verben WISSEN und MÖGEN zeigen den insgesamt ausgeprägtesten Vokalwechsel in jeweils vier GM. Beim Verbum MÖGEN kommt ein weiteres GM durch einen besonderen Konsonantenwechsel am Ausgang von zwei GM hinzu, die sonst den gleichen Vokal besitzen. Die GM mit Vokalwechsel treten innerhalb des Gesamtparadigmas in einer sich wiederholenden charakteristischen Verteilung auf. Von den GM des Verbums WISSEN {vais}, {vis}, {vus} und {vüs} ist das erste auf die 1. bis 3. Sg. des Präsens Indikativ-Teilparadigmas beschränkt und signalisiert so die grammatischen Kategorien von Tempus, Modus und Numerus in eindeutiger Weise. Das GM {vis} kommt im Plural Präsens Indikativ und im Teilparadigma des Präsens Konjunktiv vor. In Verbindung mit den RM {ə} und {əst} wird eine Spezifizierung auf die l. bis 3. Sg. Präsens Konjunktiv vorgenommen. Die Kombination mit den RM {t} bzw. {ət} bewirkt die Festlegung auf die 2. Pl. Präs. Ind. bzw. Konj. Lediglich bei den Verbformen *wir wissen*, *sie wissen* ist ein Mikro- oder Makrokontext notwendig, um Indikativ und Konjunktiv unterscheiden zu können. Das GM {vus} erscheint im Teilparadigma des Präteritum Indikativ und bildet mit dem RM {t} eine eindeutige doppelte Kennzeichnung der Tempuskategorie. Das GM {vüs} ist nur im Teilparadigma des Prät. Konj. vorhanden und markiert in spezifischer Form die Moduskategorie.
91.2 Die GM {māk}, {mȫg}, {mȫk}, {mox} und {möx} des Verbums MÖGEN verhalten sich wie diejenigen des Verbums WISSEN, wenn die GM {mȫg} und {mȫk} dem GM {vis} gemeinsam gegenübergestellt werden, was aufgrund des gleichen Vokals möglich ist. Das GM {mȫk} erscheint vor dem RM {t} der 2. Pl. Präs. Ind., so daß die Numeruskategorie durch das RM und den konsonantischen GM-Ausgang doppelt gekennzeichnet ist. Eine zusätzliche Kennzeichnung einer grammatischen Kategorie neben dem Vokalwechsel, nämlich des Tempus, erfolgt durch das Phonem /x/ am Ausgang der im Präteritum vorhandenen GM.
91.3 Die Verben DÜRFEN und KÖNNEN besitzen jeweils drei GM mit Vokalwechsel. Die GM {darf}, {dürf} und {durf} des Verbums DÜRFEN sind in gleicher Weise auf die Teilparadigmen verteilt wie die GM {vais}, {vis} und {vus} des Verbums WISSEN. Dagegen existiert kein spezifisches GM für das Teilparadigma des Prät. Konj.; diese Kennzeichnungsfunktion wird vom GM {dürf} mit übernommen, wodurch es in den Teilparadigmata von Präsens und Präteritum Konjunktiv vorkommt. Dennoch ergibt sich morphotaktisch bereits durch das im Prät. Konj. hinzutretende RM {t} mit der besonderen Tempusmarkierung eine eindeutige Unterscheidung von Präsens und Präteritum Konjunktiv. Die gleichen Funktionen und distributionellen Regelungen wie bei den GM des Verbums DÜRFEN sind bei den GM {kan}, {kön} und {kon} des Verbums KÖNNEN vorhanden.

91.4 Das Verbum MÜSSEN hat zwei GM mit Vokalwechsel, {mus} und {müs}. Der Unterschied zum Verbum DÜRFEN besteht darin, daß für die 1. bis 3. Sg. Präs. Ind. kein GM mit nur ihm eigenem Vokal (wie {darf}) existiert, sondern an diesen Stellen des Teilparadigmas – wie im Teilparadigma des Prät. Ind. – auch das GM {mus} verwendet wird. Sonst finden sich bei {müs} und {mus} die gleichen distributionellen Regularitäten wie bei {dürf} und {durf}.

91.5 Das Verbum WOLLEN besitzt zwar zwei GM mit Vokalwechsel, doch sind sie ausschließlich im Präsens Indikativ vorhanden: {vil} erscheint im Singular und {vol} im Plural, wodurch wie bei den bisher behandelten Verben die Numeruskategorie in besonderer Weise hervorgehoben ist. Da {vol} in allen anderen Teilparadigmata vorkommt, liegt die spezifische Kennzeichnungsfunktion beim GM {vil}.

91.6 Das Verbum SOLLEN besteht nur aus einem GM {zol}. Da es sich dadurch wie Verben des Konjugationsparadigmas A verhält und darüber hinaus wie diese im Präteritum ein besonderes RM {t} mit Tempuskennzeichnungsfunktion besitzt, kann es von ihnen morphologisch nur abgehoben werden, wenn spezifische RM zur Markierung der Person- und Numeruskategorie existieren.

92.1 Aus dem Konjugationsparadigma C können folgende RM-Sätze zusammengestellt werden (Tabelle 7):

Tabelle 7: Relationsmorphemsätze zum Konjugationsparadigma C

Numerus	Person	Präsens		Präteritum	
		Indikativ	Konjunktiv	Indikativ	+ Konjunktiv
Singular	1.	{∅}	{ə}	{t}	+ {ə}
	2.	{st, t}	{əst}	{t}	+ {əst}
	3.	{∅}	{ə}	{t}	+ {ə}
Plural	1.	{ən}	{ən}	{t}	+ {ən}
	2.	{t}	{ət}	{t}	+ {ət}
	3.	{ən}	{ən}	{t}	+ {ən}

92.2 Bei allen Verben, die zum Konjugationsparadigma C gehören, wird die 1. und 3. Sg. Präs. Ind. mit dem RM {∅} gebildet, das in eindeutiger Weise primär die Numeruskategorie signalisiert und sekundär einen durch die Personalpronomina zu präzisierenden Hinweis auf die Personkategorie enthält, indem die 2. Person ausgeschlossen wird. Das Allomorph {t} der 2. Sg. Präs. Ind. ist auf die Verbformen beschränkt, deren GM auf das Phonem /s/ ausgehen (*du mußt, du weißt*). Das Allomorph {t} tritt unter den gleichen distributionellen Bedingungen wie bei Verben des Konjugationsparadigmas A auf (§ 81.5). Das RM {∅} markiert aber einen klaren morphologischen Unterschied zu diesen Verben; dies gilt auch für die im Paradigma A vorhandenen Allomorphe {əst}, {n} und {ət} (§ 82.9), die hier im Präsens Indikativ-Teilparadigma fehlen. Auch die diachrone Aussage von GELHAUS (in: DUDEN 1984: 130; 1995: 128), daß die Besonderheit der Verben des Paradigmas C darin bestehe, „daß sie ihr altes Präsens verloren haben und daß die so entstandene Lücke durch Präteritumformen mit nun präsentischer Bedeutung gefüllt wurde", ist synchron aufgrund des Vergleichs zu den RM-Sätzen des Paradigmas B (§ 89.1) morphologisch zu präzisieren, was einer Forderung STUTTERHEIMS (1965: 108) und seinem Hinweis auf den „Komplex formal-semantischer Einheiten" entspricht. Im Präteritum Indikativ-Teilparadigma von B fehlt im Vergleich zum Präsens Indikativ-Teilparadigma (den alten Präteritumformen) von C das Allomorph {t} der 2. Person Singular, während in C die Allomorphe {əst}, {ə} und {ət} nicht vorhanden sind.

92.3 Stärker sind die morphologischen Übereinstimmungen in den RM-Sätzen im Präsens Konjunktiv. Zwischen dem RM-Satz des Paradigmas C und den in A herrscht Übereinstimmung bis auf die in A vorhandenen Allomorphe {st}, {n} und {t}, die hier fehlen. Zwischen C und B besteht eine völlige Übereinstimmung, wenn ein Vergleich mit dem Präsens Konjunktiv durchgeführt wird, nicht aber, wenn der RM-Satz des Prät. Konj. verglichen wird, weil in B die Allomorphe {st} und {t} erscheinen, in C dagegen nicht.

92.4 Wegen der Existenz des Tempusmorphems {t} im Paradigma C ist nur ein Vergleich zum Paradigma A sinnvoll (§ 82.9). In diesem ist ebenfalls das Tempusallomorph {t} vorhanden; zusätzlich erscheint auch das Allomorph {ət}, das in C fehlt. Der auf die Person- und Numeruskategorie verweisende RM-Satz stimmt in C und A überein.

92.5 Die in den RM-Sätzen zum Teil vorhandene Übereinstimmung zwischen den Verben der Konjugationsparadigmata A und C wird weitestgehend wieder aufgehoben, wenn die Verbindungen einbezogen werden, die die RM mit den GM eingehen. So besteht bei den Verben DÜRFEN, KÖNNEN, MÖGEN, MÜSSEN und WISSEN im Präteritum Indikativ und Konjunktiv ein auf der Erscheinung des Umlauts beruhender Vokalwechsel in den GM zwischen den Vokalen /u/ und /ü/ bzw. /o/ und /ö/, der im Paradigma A nie vorkommt. Der dort bei einigen Verben vorhandene *a-/e*-Wechsel spielt im Paradigma C keine Rolle. Der charakteristische Gegensatz zweier GM im Präsens Indikativ aufgrund eines Vokalwechsels ist bei keinem Verb des Paradigmas A vorhanden. Beim Verbum WOLLEN fehlt zwar die Erscheinung des Umlauts, aber der Vokalwechsel im Präsens Indikativ stellt die Beziehung zu den übrigen Verben her. Lediglich beim Verbum SOLLEN besteht im Hinblick auf die GM-Anzahl kein Unterschied zu den Verben des Paradigmas A, zu denen ROLLEN gehört. Morphologisch unterscheiden sich die Verben SOLLEN und ROLLEN ausschließlich in den Verbformen der 1. Sg. Präs. Ind. *ich soll*, *ich rolle* bzw. der 3. Sg. Präs. Ind. *er soll*, *er rollt*.

92.6 Der in den Verben des Paradigmas C erkennbare Vokalwechsel in den GM hat nicht die gleiche Funktionalität wie bei den ablautenden Verben und betrifft auch nicht die gleichen Vokale. So gestattet der Vokalwechsel zwischen den GM des Singulars und Plurals im Teilparadigma des Präsens Indikativ, der auch die 1. Sg. Präs. Ind. einbezieht, keine Zusammenfassung mit den ablautenden Verben. Ein Zusammenhang mit der Erscheinung der Vokalerhöhung besteht nicht, weil bei dieser andere Vokale beteiligt sind (§§ 86f.). Keine Verbindung zu den ablautenden Verben ist auch aufgrund der Umlautvokale im Präsens Konjunktiv möglich. Der Zusammenhang, der im Präteritum durch das Vorhandensein von velaren und palatalen Vokalen in GM von Verben der Paradigmata C und B besteht, wird durch das zusätzliche Vorkommen eines Tempusmorphems {t} im Paradigma C wieder relativiert. Trotz einzelner Gemeinsamkeiten mit den Paradigmata A und B bilden die Verben des Paradigmas C eine eigene paradigmatische Struktur. Es ist daher nicht möglich, die Verben einfach dem Paradigma A zuzuordnen und sie zugleich als „völlig unregelmäßig" wieder auszuklammern (so HALLE 1953/1970: 326). Sie sind ebenfalls regelmäßig gebildet, es ist jedoch eine andere Regelmäßigkeit als die der Verben des Paradigmas A. Im Paradigma C ist ein Zentralbereich, der aus den Verben WISSEN, MÖGEN, DÜRFEN, KÖNNEN und MÜSSEN besteht, von einzelnen Peripherbereichen zu unterscheiden, die immer weniger Gemeinsamkeiten mit dem Zentralbereich aufweisen und sich morphologisch an andere paradigmatische Strukturen annähern, ohne jedoch mit diesen zusammenzufallen oder als deren Subgruppen aufgefaßt werden zu können. Das Verbum MÜSSEN rückt wegen seiner GM-Anzahl an den Rand des Zentralbereichs, gehört ihm aber aufgrund gemeinsamer morphologischer Funktionen noch an. Einen ersten Peripherbereich bildet das Verbum WOLLEN und einen zweiten das Verbum SOLLEN.

92.7 Von den generativen Zielen seiner Darstellung abgesehen, legt REED (1973: 165f.) „three sets of verbal inflections, each with phonologically determined allomorphs" vor. Der erste RM-Satz gilt für „present tense of all verbs except *sein* and the modals", der zweite für „past tense of strong verbs and present tense of modals" und der dritte für „past tense of weak verbs and of *werden*; subjunctive of all verbs except *sein*". Diese Darstellung reicht aus folgenden Gründen nicht aus: Einmal bleibt das Verbum TUN ausgeklammert, und der Imperativ wird überhaupt nicht berücksichtigt. Zum anderen werden die RM-Sätze losgelöst von den GM aufgestellt, um formale Zusammenfassungen zu ermöglichen, was aber zur Vernachlässigung gemeinsamer Funktionen und paradigmatischer Strukturen führt. So fehlt der Bezug zwischen den angesetzten RM und GM wie {zaml} zu SAMMELN und {vir} zu WERDEN. Die RM der Teilparadigmata der Klasse II sind auf REEDS Sätze I-III, die der Klasse I auf REEDS Sätze I und III verteilt; die RM im präteritalen Teilparadigma der Klasse III werden unter den *modals* nicht aufgeführt. Ferner sind die Angaben zu den einzelnen RM unvollständig: Für die Klasse II fehlen die Hinweise auf das Allomorph {∅} in der Form *du birst* im Präs. Ind. zum Verbum BERSTEN und die Allomorphe {st} und {t} im Prät. Konj. der Formen *du sängst*, *ihr sängt* zum Verbum SINGEN. Schließlich sind Distributionsangaben wie „if the stem vowel changes the ending is ∅" für die 3. Sg. Präs. Ind. zu allgemein formuliert, denn sie umfaßt Formen wie *er gilt*, *flicht*, *lädt*, *tritt*, *rät*, *hält* (§ 89.4), deren Vokalvariationen in den GM des Präs. Ind. bekannt sein müssen, um die distributionellen Hinweise konkretisieren zu können.

93.1 Das Verbum SEIN, dessen Verbformen als Hilfsverb (zum Formenbestand § 79) und Vollverb identisch sind, bildet aufgrund seiner spezifischen morphologischen Struktur ein eigenes Konjugationsparadigma D (Tabelle 8, nach GELHAUS, in: DUDEN 1984: 132; 1995: 131):

Tabelle 8: Konjugationsparadigma D (nach GELHAUS, in: DUDEN)

	Präs. Ind.	Präs. Konj.	Prät. Ind.	Prät. Konj.
Sg.	1. ich bin	1. ich sei	1. ich war	1. ich wäre
	2. du bist	2. du seiest	2. du warst	2. du wärest
	3. er ist	3. er sei	3. er war	3. er wäre
Pl.	1. wir sind	1. wir seien	1. wir waren	1. wir wären
	2. ihr seid	2. ihr seiet	2. ihr wart	2. ihr wäret
	3. sie sind	3. sie seien	3. sie waren	3. sie wären

Die Imperativformen lauten *sei*! und *seid*! für die 2. Sg. bzw. 2. Pl. Anders als bei allen bisher behandelten Verben besteht zwischen den Teilparadigmata des Präsens und denen des Präteritums keine Ähnlichkeit in der Phonotaktik, so daß eine erste Subgruppe von Suppletivmorphemen anzusetzen ist (§ 50).

93.2 Vor allem im Teilparadigma des Präsens Indikativ wird die paradigmatische Struktur von Suppletivmorphemen gebildet, bei denen eine morphologische Segmentierung in GM und RM nicht möglich ist. So besteht zwischen *ich bin* : *er ist* zwar jeweils als Ganzes eine Opposition, nicht aber zwischen einzelnen Segmenten. Lediglich aufgrund der Opposition von *ihr seid* : *ihr seiet* kann in der 2. Pl. Präs. Ind. eine Segmentierung in ein GM {zai} und ein RM {t} vorgenommen werden. Bei den Verbformen *ich bin* : *du bist* lassen sich zwar gleiche Phoneme /bi/ und verschiedene Phoneme /n/ und /st/ trennen, ohne daß die Phoneme und Phonemfolgen Morpheme konstituieren. Die Phonemfolge /st/ konstituiert in anderen Verbformen (*du liebst*) zwar ein RM, das auch paradigmatisch am gleichen Platz erscheint, aber dem verbleibenden Rest /bi/ kann keine Inhaltsseite mit lexikalischer Bedeutung zugewiesen werden, die in *ich bi-n* wiederzuerkennen wäre.

93.3 Dennoch wird von ERBEN (1980: 78) für das Teilparadigma des Präsens Indikativ eine Segmentierung vorgenommen, indem er die 'Endungen' *-n*, *-st*, *-t(d)*, *-nd* ansetzt (*ich bi-n, du bi-st, er is-t, wir si-nd, ihr sei-d, sie si-nd*). Er kann sie jedoch nicht synchron durch Oppositionen innerhalb des Gesamtparadigmas begründen, sondern muß sie etymologisch durch einen Rückgriff bis ins Indogermanische herleiten. Von der fehlenden Zuordnungsmöglichkeit einer lexikalischen Bedeutung abgesehen entstehen auch RM, die kaum begründet werden können, selbst wenn die RM-Sätze der bereits analysierten Verben der Paradigmata A bis C kontrastiv herangezogen werden. So bliebe ein RM {n} ebenso völlig isoliert wie ein RM {nt}. Für die Gegenwartssprache ist es daher besser, ein Teilparadigma des Präsens Indikativ anzusetzen, das aus den fünf Suppletivmorphemen {bin}, {bist}, {ist} und zweimal {zint} aufgebaut ist. Die ersten drei Suppletivmorpheme signalisieren zugleich die lexikalische Bedeutung und in eindeutiger Weise die grammatischen Kategorien von Tempus, Modus, Person und Numerus. {zint} signalisiert die gleichen Inhaltsseiten; lediglich die Personkategorie ist nicht eindeutig markiert; sie ergibt sich erst durch die hinzutretenden Personalpronomina *wir* und *sie*. Nur die Verbform *ihr seid* ermöglicht eine Segmentierung in ein GM {zai} und ein RM {t}, weil im Gesamtparadigma Oppositionen existieren, die eine solche Auffassung begründen können. Die Verbindung beider Morphemtypen ergibt eine eindeutige Kennzeichnung der verbalen Kategorien, weil im Teilparadigma des Präsens Konjunktiv keine identische Morphemstruktur vorhanden ist.

93.4 Eine noch weitergehende Segmentierbarkeit als bei ERBEN wird von PIKE (1965: 195f.) vorgenommen. Er hält Segmentierungen wie *b-ist* oder sogar solche wie *b-i-s-t* für möglich. Bei *b-ist* glaubt er „simple semantic correlates of the formatives" /b/ und /ist/ erkennen zu können: „The /b/ might be called 'non-3rd singular' " und „/ist/ might be called 'non-1st singular', and therefore shares with /b/ a role in giving a cue as to the presence of 2nd singular". Eine Korrelation seiner Formative zur lexikalischen Bedeutung wird nirgends hergestellt und ist auch nicht möglich, wenn *wir sind* in *z-in-t* und *ihr seid* in *z-ai-t* zerlegt werden. Nicht jeder Kontrast, der zur Phonemermittlung führen kann, ist zugleich ein Mittel zur Morphemerkennung, und daher ist PIKES „matrix structure" keine paradigmatische morphologische Struktur.

93.5 Der weitestgehenden Unsegmentierbarkeit im Präsens Indikativ steht eine Segmentierbarkeit in den übrigen Teilparadigmata gegenüber. Dabei entsprechen die morphologischen Strukturen im Präteritum Indikativ und

Konjunktiv wegen der GM {vār} und {vǟr} einschließlich ihrer Umlautbeziehung und der mit ihnen verbundenen RM-Sätze denen von Verben des Paradigmas B (§ 89.1). Im Präsens Konjunktiv existieren – bis auf die 1. und 3. Sg. *ich sei*, *er sei* – Übereinstimmungen mit den Paradigmata A bis C, das RM {∅} bei der 1. und 3. Sg. Präs. Konj. begründet aber auch bei diesem Morphemtypus eine Sonderstellung des Verbums SEIN. Aufgrund der im Gesamtparadigma verwendeten Morphemtypen der Suppletiv-, Grund- und Relationsmorpheme, wegen ihrer spezifischen Verteilung auf einzelne Teilparadigmata und durch ihre besondere Phonotaktik konstituieren die Verbformen von SEIN allein ein eigenes Konjugationsparadigma D.

3.1.2 Syntaktische und inhaltsseitige Funktionen

94 Neben der morphologischen besteht das Verb auch aus einer syntaktischen und inhaltsseitigen Funktionsgemeinschaft. Syntaktisch besitzt das Verb einen Satzgliedwert. Als Satzglied konstituiert es entweder allein (*Spielt*!) oder in Verbindung mit nominalen Satzgliedern die Einheit eines einfachen Satzes (*Das Kind spielt im Garten.*). Es übernimmt dabei die Satzgliedfunktion des Prädikats. In Verbindung mit nominalen Satzgliedern zeigt das Prädikat bestimmte Satzgliedpositionen; es erscheint in Spitzenposition (*Spielt im Garten*!), in Zweitposition (s.o.) und in Endposition (*Die Mutter weiß, daß das Kind im Garten spielt.*). Durch die Satzgliedpositionen ist das Prädikat zusammen mit Intonationen und Hervorhebungsphänomenen wie dem Satzakzent an der Hinweisfunktion auf Satzarten wie Aussagesatz (*Das Kind spielt im Garten.*), Imperativsatz (*Spielt im Garten*!), Entscheidungsfragen (*Spielt das Kind im Garten*?) und Ergänzungsfragen (*Wo spielt das Kind*?) beteiligt (ERBEN 1980: 242-245). Das Verb besitzt die Fähigkeit der Valenz, durch die es eine begrenzte Anzahl nominaler Satzglieder notwendigerweise als Ergänzungen an sich bindet (HELBIG/BUSCHA 1986/1994: 625-629), so daß Verbalsatztypen aufgebaut werden.

95 Inhaltsseitig bezeichnet ein Verb ein Geschehen oder Sein (ERBEN 1980: 59). Eine Klassifizierung kann daher „nach der Bedeutungsstruktur der Verben selbst, nach ihrer Aktionsart und nach dem Grad ihrer Grammatikalisierung bzw. Desemantisierung (nach der Möglichkeit oder Unmöglichkeit, allein das Prädikat zu bilden)“ (HELBIG/BUSCHA 1986/1994: 68) vorgenommen werden. So bezeichnet das Verb ARBEITEN im Satz *Der Maler arbeitet.* eine Tätigkeit; es drückt aus, „daß ein tätiges Subjekt (ein Täter oder Agens) in aktiver Weise etwas tut, eine Handlung ausführt“. Im Satz *Der Maler ermüdete.* bezeichnet ERMÜDEN einen Vorgang, d.h. „eine Veränderung, einen Prozeß, den das Subjekt an sich erfährt und der das Subjekt in seinem Zustand oder in seiner Beschaffenheit verändert“. Das Verb SEIN in *Er ist Maler.* markiert einen Zustand (HELBIG/BUSCHA

1986/1994: 68). Mit den Verben können auch Kennzeichnungen der Aktionsart, d.h. „der Verlaufsweise des Vorgangs" (ERBEN 1980: 69), verbunden sein; so wird von ERMÜDEN nicht nur generell der Vorgang, sondern auch speziell der Beginn, das Einsetzen des Vorgangs zum Ausdruck gebracht.

3.1.3 Verbdefinition und das Verhältnis von Zentrum und Peripherie

96 Werden die morphologischen, syntaktischen und inhaltsseitigen Funktionen der Wortart Verb zusammengefaßt, dann ergibt sich unter Berücksichtigung der Wortdefinition (§ 22) folgende Verbdefinition (SIMMLER 1987: 124): Das Verb ist eine morphologisch-syntaktische und inhaltsseitige Funktionsgemeinschaft. Es signalisiert die grammatischen Kategorien Tempus, Modus, Person, Numerus und Genus verbi. Es besitzt einen Satzgliedwert, übernimmt die Satzgliedfunktion des Prädikats, weist über eine bestimmte Satzgliedposition auf Satzarten hin und besitzt die Fähigkeit der Valenz, die am Aufbau von Verbalsatztypen beteiligt ist. Es bezeichnet inhaltsseitig eine Tätigkeit, einen Vorgang oder einen Zustand.

97.1 In der Definition werden die generellen Eigenschaften der Wörter dieser Wortart zusammengestellt, ohne ihre spezifischen Ausprägungen bei den einzelnen Wörtern zu berücksichtigen. So bleibt morphologisch unberücksichtigt, mit welchen Morphemtypen und mit welcher Phonotaktik die grammatischen Kategorien ausgedrückt werden. Diese Aspekte werden erst wieder bei einer Klassen- und Subklassenbildung innerhalb der Wortart Verb einbezogen. Für die Wortartbestimmung wird als ausreichend angesehen, daß eine begrenzte Anzahl von grammatischen Kategorien signalisiert wird und daß ein solches Kategorienbündel bei keinem Wort einer anderen Wortart auftritt. Syntaktisch wird nicht ausgeführt, welche Ausprägungen der Satzgliedfunktion vorliegen, welche Satzgliedpositionen im einzelnen eingenommen und welche Valenzen von einer Nullwertigkeit bis zur Fünfwertigkeit realisiert werden.

97.2 Ebenfalls unberücksichtigt bleibt, daß nicht alle Verben alle Eigenschaften des Verbs besitzen, sondern daß einzelne Restriktionen existieren. Daher muß zwischen Verben, die alle Eigenschaften zeigen und somit das Zentrum der Wortartdefinition bilden, und solchen, die auf einzelne Eigenschaften nicht hinweisen und sich damit vom Zentrum zur Peripherie bewegen, unterschieden werden (dazu DANEŠ 1982: 133). So gibt es Verben wie ERHALTEN, die nicht passivfähig sind und nur einen Aspekt der Kategorie des Genus verbi ausdrücken. Bei den Modalverben wie SOLLEN ist die Moduskategorie eingeschränkt, weil mit ihnen kein Imperativ gebildet wird. Bei unpersönlichen Verben wie REGNEN und bei persönlichen Verben wie BLÜHEN sind nicht alle Möglichkeiten der Person- und Numeruskategorie ausgenutzt (dazu GELHAUS, in: DUDEN 1984: 113, 175, 182; 1995: 111, 169, 176f.). Bei Verben wie GELINGEN, die „ein Geschehen oder Sein signalisieren, es aber nicht nennen“, werden in den verschiedenen Teilparadigmata nur die grammatischen Kategorien der Person und des Numerus, beschränkt auf die 3. Person Singular und Plural (*Das Experiment gelingt. Die Experimente gelingen.*), realisiert (SCHULZ/GRIESBACH 1978: 28). Für die Zuordnung zur Wortart Verb genügt es, daß diese Verben in den übrigen Eigenschaften mit den Verben des Zentralbereichs übereinstimmen und trotz ihrer Anordnung im Peripherbereich mit keinem Peripherbereich einer anderen Wortart zusammenfallen.

3.1.4 Verbklasse I und Subklassen

98 Die Aufstellung von paradigmatischen Strukturen hat sich an den in der Verbdefinition enthaltenen Merkmalen zu orientieren. Wird primär von den morphologischen Aspekten ausgegangen, bilden die Morphemtypen und die von ihnen signalisierten grammatischen Kategorien die Grundlage der Klasseneinteilung. Prinzipiell kann jede grammatische Kategorie als Klassifikationsgrundlage dienen. Wird ein Kriterium als Klassenkennzeichnung ausgewählt, richtet sich die Subklassifizierung nach der Anzahl der ihm zuzuordnenden Verben und der Zahl der mit ihm zusätzlich verbundenen Morphemtypen und ihrer Funktionalität. Die Ermittlung der Verbklassen und ihrer Subklassen kann sich dabei auf die morphologischen Analysen der Konjugationsparadigmata A bis D stützen.

99.1 Das Klassenkennzeichen der Verbklasse I besteht aus der Existenz eines spezifischen RM {(ə)t} zur Markierung der Tempuskategorie und aus dem Vorhandensein von vier RM-Sätzen für die Teilparadigmata von Präs. Ind., Präs. Konj., Präteritum Indikativ und Konjunktiv und dem nur aus zwei RM aufgebauten Imperativ-Teilparadigma.

99.2 Das Zentrum der Klasse I wird von zwei Subklassen gebildet, bei denen nur jeweils ein GM in allen Teilparadigmata vorhanden ist. Der konsonantische Ausgang der GM regelt die Auswahl der Allomorphe beim Tempusmorphem und bei den RM-Sätzen. Die Subklasse a wird von Verben wie SPIELEN gebildet, über deren GM-Ausgänge keine spezifizierenden Angaben gemacht zu werden brauchen, weil für die übrigen Subklassen solche vorhanden sind. Zur Subklasse a gehören die meisten Verben der Klasse I. Die morphologische Struktur läßt sich bei ihnen mit der geringsten Anzahl von Morphemtypen (ein GM, ein Tempusallomorph, vier RM-Sätze) und phonotaktischen Angaben (keine Aufzählungen der GM-Ausgänge) erfassen, weshalb sie als Ausgangspunkt einer Klassifizierung dienen können. Die Subklasse b, der REDEN-Typus, besteht aus Verben, deren GM auf einen Dental /d/ oder /t/ bzw. in postkonsonantischer Position in Zweierkombinationen nach Verschluß- oder Reibephonemen auf die Nasale /m/ oder /n/ ausgehen. Diese besondere Phonotaktik bewirkt eine Auswahl einzelner Allomorphe, nämlich {ət} als Tempuskennzeichen, {ət} als Partizip II-Merkmal und {əst} und {ət} zur Bildung der 2. Sg. bzw. 2. Pl. Präs. Ind.-Formen (§ 81.2).

99.3 Ein erster Peripherbereich wird von der Subklasse c mit dem HETZEN-Typus gebildet. Es handelt sich um Verben, die postvokalisch oder postkonsonantisch am Ausgang ihrer GM das Phonem /s/ haben. Zur Konstitution der 2. Sg. Präs. Ind. verwenden sie das Allomorph {t} (§ 81.5). Sonst stimmen alle Formen in den RM mit der Subklasse a überein.

99.4 Ein zweiter Peripherbereich besteht aus den Subklassen d und e. Die Subklasse d, der LIEBEN-Typus, zeigt einen Lenis : Fortis-Gegensatz am Ausgang von zwei GM in Abhängigkeit von der internen phonologischen Struktur der folgenden RM, vom vokalischen Beginn der RM oder von ihrem konsonantischen Phonembestand (§ 80.1). Sonst entsprechen die RM-Sätze denen des SPIELEN-Typus. Die Subklasse e, der RASEN-Typus, besitzt den gleichen Lenis : Fortis-Gegensatz wie der LIEBEN-Typus; zusätzlich wird die 2. Sg. Präs. Ind. – wie beim REISSEN-Typus – mit dem Allomorph {t} gebildet.

99.5 Ein dritter Peripherbereich wird durch die Subklasse f, den SAMMELN-Typus, repräsentiert. In dieser Subklasse treten Verben auf, die zwei GM 2. Grades besitzen, an deren Konstitution die FM {(ə)l} und {ər} beteiligt sind. Das GM {zaml} kommt nur vor dem Allomorph {ə} vor, um die Formen der 1. Sg. Präs. Ind., der 1. und 3. Sg. Präs. Konj. und des Imp. Sg. zu bilden (§ 80.4). Das GM {zaməl} gilt in allen anderen Formen des Gesamtparadigmas. In den Teilparadigmata des Präs. Ind. und Konj. entsteht eine Abweichung von der Subklasse a, weil die 1. und 3. Pl. mit dem Allomorph {n} und die 2. Sg. bzw. 2. Pl. Präs. Konj. mit den Allomorphen {st} bzw. {t} gebildet werden (§ 81.6).

99.6 Ein vierter Peripherbereich faßt die Subklassen g und h, die BRENNEN- und SENDEN-Typen, zusammen. Sie zeigen einen *e*/*a*-Wechsel in den GM des Präsens und Präteritum, wodurch die Markierung der Tempuskategorie verstärkt wird. Beim SENDEN-Typus erfolgt eine weitere Hervorhebung dieser Kategorie durch die konsonantischen Unterschiede am Ausgang dieser beiden GM (§§ 80.7f.). Im Teilparadigma des Präsens Indikativ verhält sich SENDEN wie der REDEN-Typus.

99.7 Ein fünfter Peripherbereich ist in der Subklasse i mit dem BRINGEN-Typus vorhanden. Die Subklasse i besteht nur aus zwei Verben, aus BRINGEN und DENKEN. Diese besitzen drei GM, deren Vokalgegensätze einmal die Tempuskategorie zusätzlich hervorheben und die durch den Umlaut auch die Moduskategorie im Teilparadigma des Prät. Konj. besonders kennzeichnen (§ 80.9).

99.8 Ein sechster Peripherbereich, der DÜNKEN-Typus der Subklasse j, ist morphologisch mit dem BRINGEN-Typus verbunden. Zwischen Präsens Ind. und Konj. auf der einen und Prät. Ind. und Konj. auf der anderen Seite existiert ein gleicher Gegensatz von zwei GM, der auf vergleichbaren Prinzipien des Vokalwechsels und des Konsonantengegensatzes beruht. Der GM-Gegensatz in den Teilparadigmata des Prät. Ind. und Konj. ist jedoch bei DÜNKEN nicht vorhanden. Anders als in der Subklasse i existieren aber Zweitformen, deren morphologische Struktur der des Zentralbereichs entspricht (§ 80.9). Daraus läßt sich als morphologisches Sprachwandelprinzip herleiten, daß morphologische Strukturen, die nur auf ein Verb eines vom Zentrum relativ weit entfernten Peripherbereichs mit auch noch geringer Gebrauchsfrequenz konzentriert sind, die Tendenz besitzen, entweder zu verschwinden oder in den Zentralbereich der eigenen oder einer anderen Klasse übernommen zu werden.

99.9 Der siebte Peripherbereich, der HABEN-Typus der Subklasse k, widerspricht diesem Prinzip nicht. Er hat durch die Existenz von vier GM mit Vokal- und Konsonantenwechseln zwar eine recht große Entfernung vom Zentralbereich (§ 80.10), doch ist die Gebrauchsfrequenz aller Verbformen in der Verwendung als Vollverb und als Hilfsverb besonders hoch, so daß dadurch die morphologische Vielfalt – wie beim Verbum SEIN, das ein eigenes Paradigma bildet – gesichert ist.

99.10 Der achte bis zehnte Peripherbereich wird von den Subklassen l bis n gebildet und besteht jeweils aus einem Verbum. Das Verbum SPALTEN verhält sich morphologisch wie das Verbum REDEN der Subklasse b, bis auf das Partizip II, zu dem zwei Formen *gespaltet* und *gespalten* existieren. Da das Verbum SPALTEN in der Form *gespalten* in der morphologischen Struktur derjenigen der Klasse II entspricht, also eine morphologische Überschneidung existiert, wird es an dieser Stelle in den Peripherbereich eingeordnet. Das Verbum SALZEN entspricht bis auf das Partizip II dem HETZEN-Typus (Subklasse c). Das Verbum MAHLEN stimmt bis auf das Partizip II mit dem Verbum SPIELEN der Subklasse a überein und unterscheidet sich von den Subklassen l und m dadurch, daß zum Partizip II keine Doppelformen vorhanden sind, sondern nur eine der Klasse II entsprechende morphologische Struktur (§ 107.6).

99.11 Die Unterscheidung von Zentrum und Peripherie innerhalb von Klasseneinteilungen und die Berücksichtigung aller relevanten morphologischen Strukturen und nicht nur eines morphologischen Merkmals ermöglichen eine Subklassifizierung und führen dazu, daß auch Verben wie SALZEN einbezogen werden können, die sonst „unbeachtet bleiben“, weil sie sich „nicht eindeutig einer Klasse zuordnen lassen“ (FABRICIUS-HANSEN 1977a: 196 Anm. 6).

100.1 Die Subklassen der Klasse I lassen sich zu einem Schema zusammenfassen. Es beruht auf der Berücksichtigung der Grund- und Relationsmorpheme und ihrer internen phonologischen Struktur. Das Schema enthält eine begrenzte Anzahl von Leitformen, von denen aus – verbunden mit der Kenntnis der RM-Sätze – jede Verbform des Gesamtparadigmas A hergeleitet werden kann. Dieses Herleitungsverfahren beruht auf der vorgeführten morphologischen Analyse und setzt diese in eine andere, regelgeleitete Metasprache um, um die Einprägsamkeit zu erhöhen. Es darf nicht mit der Methode der internen Rekonstruktion (§ 81.3) und nicht mit der morphologischen Analyse selbst verwechselt werden. Bei den meisten Subgruppen genügt die Angabe von vier Leitformen; nur bei den Subgruppen f und i bzw. der Subgruppe k sind fünf bzw. sechs Leitformen erforderlich.

100.2 Als Leitformen werden bei allen Subgruppen der Infinitiv, die 2. Sg. Präs. Ind., die 1. Sg. Prät. Ind. und das Partizip II ausgewählt. Vom Infinitiv aus können mit den RM-Sätzen des Präs. Ind., des Präs. Konj. und des Imperativs (§ 82.11) alle Formen des Präsens und des Imperativs gebildet werden. Da die RM-Sätze Allomorphe enthalten, ist zusätzlich die Angabe der 2. Sg. Präs. Ind. erforderlich, um die Zuordnung der Allomorphe zu erfassen. So weist das {st} in (*du*) *spielst* auf die Allomorphe {ə}, {st}, {t}, {ən}, {t}, {ən} des Präsens Indikativ, die Allomorphe {ə}, {əst}, {ə}, {ən}, {ət}, {ən} des Präsens Konjunktiv und die Allomorphe {ə} und {t} des Imperativs hin. Diese Allomorphie dient als Grundlage der weiteren Regelformulierung. Sie findet sich so in den Subklassen g, i, j. Das {əst} in (*du*) *redest* ist ein Hinweis auf die Allomorphe {əst} und {ət} in der 2. Sg. und Pl. Präs. Ind. und auf das Allomorph {ət} der 2. Pl. Imp., während sonst die Allomorphe mit der Subklasse a übereinstimmen. Wie REDEN verhält sich SENDEN aus der Subklasse h. Das {t} in (*du*) *hetzt* markiert nur diese Form als einzige Abweichung von der Subklasse a. Die Form (*du*) *liebst* dient als Hinweis auf das GM mit Fortisausgang, das noch in der 3. Sg. und 2. Pl. Präs. Ind. und im Imp. Pl. erscheint; die RM-Sätze zeigen gegenüber der Subklasse a keine Änderungen. Die Form (*du*) *rast* kennzeichnet wie (*du*) *liebst* die Verbformen mit einer Fortis am GM-Ausgang, wobei die distributionelle Verteilung identisch ist, und markiert die Verwendung des Allomorphs {t} in der 2. Sg. Präs. Ind., wodurch eine Übereinstimmung mit dem HETZEN-Typus gegeben ist. Sonst gibt es keine Unterschiede zur Subklasse a.

100.3 Der Infinitiv *sammeln* markiert gegenüber der Subklasse a eine besondere Allomorphie in den Teilparadigmata des Präsens, die durch das Fehlen des /ə/ phonotaktisch bestimmt ist. Außer im Infinitiv kommt das Allomorph {n} in der 1. und 3. Plural Präsens Indikativ und Konjunktiv vor, die Allomorphe {st} und {t} erscheinen in der 2. Sg. und 2. Pl. Präs. Konj. Über die Angaben des Infinitivs und der 2. Sg. Präs. Ind. hinaus ist noch eine weitere Leitform notwendig, um für die 1. und 3. Sg. Präs. Konj. und den Imp. Sg. die besondere Phonotaktik des GM herleiten zu können; dies geschieht durch die Auswahl der 1. Sg. Präs. Ind. (*ich*) *sammle.*

100.4 Von den Leitformen *haben* und (*du*) *hast* kann nicht das ganze Präsens hergeleitet werden. Vom Infinitiv bzw. der 2. Sg. Präs. Ind. kann nicht auf die 2. Pl. Präs. Ind. (*ihr*) *habt* mit einem Fortisphonem am GM-Ausgang geschlossen werden, weshalb diese Form als Leitform zusätzlich aufzunehmen ist. Von ihr aus ist dann der Imp. Pl. ableitbar. Die 2. Sg. Präs. Ind. dient zur Herleitung der 3. Sg. Präs. Ind., die das gleiche GM besitzt. Alle anderen Formen können vom Infinitiv aus gebildet werden.

100.5 Die 1. Sg. Prät. Ind. dient als Grundlage, um von ihr aus alle Formen des Präteritums herleiten zu können. Lediglich in den Subklassen i und k ist neben der 1. Sg. Prät. Ind. noch die Angabe einer weiteren Leitform, der 1. Sg. Prät. Konj., erforderlich, weil die GM durch den Umlaut verschieden sind. Von der 1. Sg. Prät. Ind. ist das Indikativ-Teilparadigma herzuleiten und von der 1. Sg. Prät. Konj. dasjenige des Konjunktivs. Das Partizip II dient als Grundlage für die Bildung der entsprechenden analytischen Verbformen.

100.6 Die Leitformen sind – ohne Personalpronomina – in folgendem Schema zusammengestellt (Schema 2):

Schema 2: Subklassen und Leitformen der Verbklasse I

Leitform / Subklasse	Infinitiv	2.Sg.Präs.Ind.	Zusatzform a) 1.Sg.Präs.Ind. b) 2.Pl.Präs.Ind.	1.Sg.Prät.Ind. (+ Konj.)	Part. II
Zentrum	a spielen	spielst		spielte	gespielt
	b reden	redest		redete	geredet
Peripherie	c hetzen	hetzt		hetzte	gehetzt
	d lieben	liebst		liebte	geliebt
	e rasen	rast		raste	gerast
	f sammeln	sammelst	a) sammle	sammelte	gesammelt
	g brennen	brennst		brannte	gebrannt
	h senden	sendest		sandte	gesandt
	i bringen	bringst		brachte (+ brächte)	gebracht
	j dünken	dünkst		deuchte	gedeucht
	k haben	hast	b) habt	hatte (+ hätte)	gehabt
	l spalten	spaltest		spaltete	gespaltet, gespalten
	m salzen	salzt		salzte	gesalzt, gesalzen
	n mahlen	mahlst		mahlte	gemahlen

101.1 Werden alle Aspekte der Subklassen zusammengefaßt, ergibt sich diese Definition der Verbklasse I, durch die die Spezifika gegenüber der Verbdefinition deutlich werden: Die Klasse I der Verben wird gebildet durch ein spezifisches Relationsmorphem {(ə)t} zur Markierung der Tempuskategorie, durch ein spezifisches Relationsmorphem {(ə)t}, das in Verbindung mit dem Relationsmorphem {gə} an der Konstitution des Partizip II und damit von analytischen Verbformen beteiligt ist, durch vier Relationsmorphemsätze für die Teilparadigmata von Präsens Indikativ, Präsens Konjunktiv, Präteritum Indikativ/Konjunktiv und Imperativ, wobei letzteres nur aus zwei Relationsmorphemen besteht, und durch die Existenz von einem, gelegentlich zwei und seltener drei oder vier Grundmorphemen, deren interne phonologische Struktur an der Kennzeichnung der grammatischen Kategorien in unterschiedlicher Weise beteiligt ist, die Auswahl der Allomorphe bei den Relationsmorphemen regelt und mit diesen die Subklassenbildung bestimmt.
101.2 Die Verbklasse I wird von GELHAUS (in: DUDEN 1984: 115; 1995: 113) als „regelmäßige Konjugation“ bezeichnet, wodurch die auf GRIMM zurückgehende Bezeichnung als Klasse der 'schwachen Verben‘ abgelöst wird. Wichtiger als eine Auseinandersetzung um die Adäquatheit von Verbklassenbezeichnungen ist eine exakte morphologische Beschreibung und Definition der Verbklassen. Morphologisch gesehen sind die hier behandelten Verben nicht regelmäßiger als die „unregelmäßigen Verben“ (GELHAUS, in: DUDEN 1984: 115 Anm. 1; 1995: 113 Anm. 1) oder als die 'starken Verben‘ GRIMMS, sondern sie sind durch die Kombination anderer Morpheme mit anderer Phonotaktik und eine andere Verteilung der verbalen grammatischen Kategorien auf die Morpheme bestimmt.
101.3 Die Subklassen g bis j werden von KERN/ZUTT (1977: 18) von den Subklassen a bis f abgehoben und als eigene Klasse „nV_3“ (= nhd. Verbklasse 3) der Klasse „nV_2“, den 'schwachen‘ Verben (aus den Subgruppen a-f), gegenübergestellt. Als Kriterium dienen ihnen ausschließlich der „Wechsel des Lexemvokals im Prät.“ und die Existenz vom „Dentalsuffix im Prät.“, doch reichen sie nicht aus, eine Klasseneinteilung zu begründen. Werden alle morphologischen Merkmale in die Analyse einbezogen, führt dies zur Zusammenlegung der Klassen „nV_3“ und „nV_2“ zur Klasse I mit den entsprechenden Subklassen. Die Subklassifizierungen zeigen, daß sich nicht „alle Verben“ der von KERN/ZUTT (1977: 19) aufgestellten Klassen „prinzipiell gleichartig verhalten“, sondern daß neben den Gemeinsamkeiten deutliche Unterschiede in der internen phonologischen Struktur und in der durch sie erfolgenden Kennzeichnung der morphologischen Funktionen existieren.

3.1.5 Verbklasse II und Subklassen

102 Das erste Klassenkennzeichen der Verbklasse II ist der im GM vorhandene Ablaut, durch den primär die Tempuskategorie und sekundär die Moduskategorie gekennzeichnet wird (§ 85.2) und durch den die Abgrenzung von der Verbklasse I in allen Fällen morphologisch eindeutig vorgenommen werden kann. Mit dem Ablaut ist das RM {(ə)n} verbunden, das immer an der Konstitution eines Partizips II und damit an der Bildung analytischer Verbformen beteiligt ist. Das zweite Klassenmerkmal ist die Existenz von fünf RM-Sätzen, von je einem für die Teilparadigmata von Präs. Ind., Präs. Konj., Prät. Ind., Prät. Konj. und Imperativ, wobei letzteres nur aus zwei RM besteht. Mit diesen beiden Hauptkennzeichen sind die Erscheinungen des Umlauts, der Vokalerhöhung und des Konsonantenwechsels am Ausgang der GM verbunden. Sie fungieren als Nebenkennzeichen, weil sie im Gegensatz zu den Hauptkennzeichen nicht bei jedem Verb dieser Klasse vorhanden sind. Durch den Umlaut wird primär die Moduskategorie und sekundär die Tempuskategorie signalisiert. Die Vokalerhöhung markiert primär die Numeruskategorie, sekundär die Tempus- bzw. Moduskategorie und tertiär die Personkategorie. Die Konsonantenwechsel sind in unterschiedlichem Maße an der Kennzeichnung der verbalen grammatischen Kategorien beteiligt; sie wirken sich vor allem auf die Wahl der Allomorphe der RM aus (§§ 88f.), wobei weitestgehend dieselben Auswahlprinzipien gelten wie bei der Verbklasse I.

103.1 Die Aspekte des Ablauts, Umlauts, der Vokalerhöhung und des Konsonantenwechsels bestimmen die Wahl der Leitformen und damit die Subklassenbildung. Der Ablaut wird durch die Angabe der Leitformen des Infinitivs, der 1. Sg. Prät. Ind. und des Partizip Perfekt signalisiert. Da er bei jedem ablautenden Verbum auftritt, bildet er das entscheidende Kriterium der Aufstellung von Subklassen. Jede unterschiedliche Ausprägung des Ablauts bildet, unabhängig von der Anzahl von Verben, die ihn zeigen, eine eigene Subklasse. Die umfangreichste Subklasse wird vom *ai* - *i* - *i* - Ablaut (*gleichen* – *glich* – *geglichen*) gebildet, der bei 23 Verben vorkommt; nur jeweils ein Verbum ist bei 19 Subklassen vorhanden, z.B. ist der *i* - $\bar{a}$ - ε - Ablaut auf das Verbum SITZEN beschränkt (*sitzen* – *saß* – *gesessen*). Auf diese Weise können insgesamt 42 Subklassen ablautender Verben ermittelt werden.

103.2 Die 42 Subklassen sind in folgendem Schema aufgeführt (Schema 3):

Schema 3: Ablautende Verben und Subklassen (Verbklasse II)

Leitform / Subklasse	Infinitiv	2. Sg. Präs.Ind.	1. Sg. Prät. Ind.	Zusatzform 1. Pl.Prät.Ind.	1. Sg.Prät.Konj.	Part. II
1. (23)	a. gleichen	gleichst	glich			geglichen
(ai-i-i)	b. reiten	reitest	ritt			geritten
	c. leiden	leidest	litt			gelitten
	d. beißen	beißt	biß			gebissen
2. (19)	a. klingen	klingst	klang		klänge	geklungen
(i-a-u)	b. binden	bindest	band	banden	bände	gebunden
3. (16)	a. scheinen	scheinst	schien			geschienen
(ai-ī-ī)	b. meiden	meidest	mied	mieden		gemieden
	c. preisen	preist	pries	priesen		gepriesen
	d. bleiben	bleibst	blieb	blieben		geblieben
4. (11)	a. riechen	riechst	roch		röche	gerochen
(ī-o-o)	b. sieden	siedest	sott		sötte	gesotten
	c. fließen	fließt	floß		flösse	geflossen
5. (11)	a. frieren	frierst	fror		fröre	gefroren
(ī-ō-ō)	b. bieten	bietest	bot		böte	geboten
	c. schieben	schiebst	schob	schoben	schöbe	geschoben
	d. erkiesen	erkiest	erkor		erköre	erkoren
	e. ziehen	ziehst	zog	zogen	zöge	gezogen

6. (9)	a. helfen	hilfst	half		hülfe, (selten:) hälfe	geholfen
(ε-a-o)	b. gelten	giltst	galt		gölte, gälte	gegolten
	c. bersten	birst	barst		bärste	geborsten
	d. sterben	stirbst	starb	starben	stürbe	gestorben
	e. bergen	birgst	barg	bargen	bärge	geborgen
7. (7)	a. dreschen	drischst	drosch		drösche, (veraltet:) dräsche	gedroschen
(ε-o-o)	b. flechten	flichtst	flocht		flöchte	geflochten
	c. schmelzen	schmilzt	schmolz		schmölze	geschmolzen
8. (6) (i-a-o)	spinnen	spinnst	spann		spönne, spänne	gesponnen
9. (6)	a. fahren	fährst	fuhr		führe	gefahren
($\bar{a}$-$\bar{u}$-$\bar{a}$)	b. laden	lädst	lud	luden	lüde	geladen
	c. graben	gräbst	grub	gruben	grübe	gegraben
10. (6)	a. sehen	siehst	sah		sähe	gesehen
($\bar{e}$-$\bar{a}$-$\bar{e}$)	b. treten	trittst	trat		träte	getreten
	c. lesen	liest	las	lasen	läse	gelesen
	d. genesen	genest	genas	genasen	genäse	genesen
	e. geben	gibst	gab	gaben	gäbe	gegeben
11. (5) (ε-$\bar{a}$-o)	sprechen	sprichst	sprach		spräche	gesprochen

12. (5) (ε-ā-ε)	a. fressen b. essen c. stecken	frißt ißt steckst	fraß aß stak		fräße äße stäke	gefressen gegessen gesteckt
13. (5) (ē-ō-ō)	a. scheren b. heben	scherst hebst	schor hob, (veraltet:) hub	 hoben	schöre höbe, (veraltet:) hübe	geschoren gehoben
14. (4) (a-ū-a)	a. schaffen b. waschen c. wachsen	schaffst wäschst wächst	schuf wusch wuchs		schüfe wüsche wüchse	geschaffen gewaschen gewachsen
15. (4) (ā-ī-ā)	a. schlafen b. raten c. blasen	schläfst rätst bläst	schlief riet blies	 bliesen		geschlafen geraten geblasen
16. (3) (a-ī-a)	a. fallen b. halten c. lassen	fällst hältst läßt	fiel hielt ließ			gefallen gehalten gelassen
17. (3) (ē-ā-ō)	stehlen	stiehlst	stahl		stähle, (seltener:) stöhle	gestohlen
18. (3) (ǟ-ō-ō)	a. gären b. erwägen	gärst erwägst	gor erwog	 erwogen	göre erwöge	gegoren erwogen
19. (3) (ǖ-ō-ō)	lügen	lügst	log	logen	löge	gelogen

20. (2) (i-o-o)	glimmen	glimmst	glomm		glömme	geglommen
21. (2) (ao-ī-ao)	a. laufen b. hauen	läufst haust	lief hieb	 hieben		gelaufen gehauen
22. (2) (ao-ō-ō)	saugen	saugst	sog	sogen	söge	gesogen
23. (2) (a-i-a)	fangen	fängst	fing			gefangen
24. (i-ā-ε)	sitzen	sitzt	saß		säße	gesessen
25. (i-u-u)	schinden	schindest	(schund)	(schunden)	(schünde)	geschunden
26. (i-ā-ē)	bitten	bittest	bat		bäte	gebeten
27. (ī-ā-ē)	liegen	liegst	lag	lagen	läge	gelegen
28. (a-o-o)	schallen	schallst	scholl		schölle	(erschollen)
29. (ē-u-o)	werden	wirst	wurde		würde	(ge)worden
30. (ē-ā-o)	nehmen	nimmst	nahm		nähme	genommen
31. (o-ā-o)	kommen	kommst	kam		käme	gekommen
32. (ō-ī-ō)	stoßen	stößt	stieß			gestoßen
33. (ū-ī-ū)	rufen	rufst	rief			gerufen
34. (ε-i-a)	hängen	hängst	hing			gehangen
35. (ǟ-ā-ō)	gebären	gebierst	gebar		gebäre	geboren
36. (ö-o-o)	erlöschen	erlöschst	erlosch		erlösche	erloschen

37. ($\bar{ö}$-$\bar{o}$-$\bar{o}$)	schwören	schwörst	schwor, (veraltet:) schwur		schwüre, (selten:) schwöre	geschworen
38. (ao-o-o)	saufen	säufst	soff		söffe	gesoffen
39. (ai-$\bar{i}$-ai)	heißen	heißt	hieß			geheißen
40. ($\bar{u}$-$\bar{a}$-$\bar{a}$)	tun	tust	tat		täte	getan
41. ($\bar{e}$-i-a)	gehen	gehst	ging			gegangen
42. ($\bar{e}$-a-a)	stehen	stehst	stand	standen	stünde, stände	gestanden

103.3 In der ersten vertikalen Spalte sind die Subklassen von 1 bis 42 durchnumeriert. Die Numerierung folgt der Anzahl von Verben, die zur jeweiligen Subklasse gehören. Auf sie wird in Klammern nach der Numerierungsziffer hingewiesen. So bedeutet „1. (23)", daß es sich um die erste Subklasse mit der größten Verbanzahl, nämlich 23, handelt. Unter der die Subklasse markierenden Ziffer wird der Ablaut, z.B. „(ai - i - i)", aufgeführt. Ab der Subklasse 24 wird direkt hinter die Subklassen-Nummer der Ablaut gesetzt, z.B. „24. (i - ā - ε)", weil alle diese Subklassen nur durch ein einziges Verbum gebildet werden.
Prinzipiell kann auf der Grundlage dieses Schemas auch eine andere Reihenfolge der Subklassen vorgenommen werden, um einzelne Übereinstimmungen zwischen den Subklassen in der Form des Ablauts zu markieren. Dabei begründen Übereinstimmungen in der Vokalqualität die größte Nähe von Subklassen, wie dies bei den Subklassen 2 (i - a - u) und 8 (i - a - o) der Fall ist. Auch die bei gemeinsamen Vokalqualitäten vorhandenen Unterschiede in der Vokalquantität wie bei den Subklassen 1 (ai - i - i) und 3 (ai - ī - ī) dürften eine Nähe zueinander signalisieren, wobei jedoch die gleichen konsonantischen GM-Ausgänge nicht vernachlässigt und die graphischen Übereinstimmungen nicht überschätzt werden dürfen.

103.4 Innerhalb der Subklassen wird durch die Buchstabenzählung a bis e auf Untergruppen hingewiesen. Diese Untergruppen besitzen zwar den gleichen Ablaut, unterscheiden sich aber im Hinblick auf mindestens eins der Kriterien von Umlaut, Vokalerhöhung, Konsonantenwechsel und Vokal : Konsonant-Gegensatz am GM-Ausgang voneinander, wobei sich der konsonantische GM-Ausgang vor allem auf die Wahl von Allomorphen aus dem jeweiligen RM-Satz auswirkt. Durch die Untergruppen werden alle internen phonologischen Strukturen der GM sichtbar und nicht nur die Ablautphänomene. Daher ist es notwendig, als weitere Leitformen generell die 2. Sg. Präs. Ind., gelegentlich die 1. Sg. Prät. Konj. und seltener die 1. Pl. Prät. Ind. aufzuführen.

103.5 Von den Leitformen aus kann in Verbindung mit der Kenntnis der RM-Sätze jede Verbform des Gesamtparadigmas B hergeleitet werden. Vom Infinitiv und der 2. Sg. Präs. Ind. kann auf die Teilparadigmata von Präs. Ind., Präs. Konj. und des Imperativs geschlossen werden. Die Leitformen *gleichen*, *gleichst* weisen auf die Allomorphe {ə}, {st}, {t}, {ən}, {t}, {ən} des Präs. Ind., den RM-Satz des Präs. Konj., der generell keine Allomorphie zeigt, und die Allomorphe {∅} und {t} des Imperativs hin. Die Leitformen *reiten*, *reitest* führen durch den dentalen GM-Ausgang und die fehlende Vokalerhöhung zur Auswahl der Allomorphe {əst} und {ət} in der 2. Sg. und der 3. Sg. bzw. 2. Pl. Präs. Ind. und der Allomorphe {ə} und (ət} im Imperativ. Sonst gelten die Allomorphe wie beim Verbum GLEICHEN.

103.6 Bei den Leitformen *treten*, *trittst* bzw. *laden*, *lädst* mit dentalem GM-Ausgang und Vokalerhöhung sind zwei Hinweisfunktionen zu unterscheiden, die sich nach den an der Vokalerhöhung beteiligten Vokalen richten. Bei einem *e/i*-Wechsel wird die 2. Sg. Imp. mit dem GM der 2. Sg. Präs. Ind. und dem Allomorph {∅} gebildet (*tritt*!); bei einem anderen Vokalwechsel verbindet sich das GM des Infinitivs mit dem Allomorph {ə} (*lade*!). Im Hinblick auf die übrigen Auswahlvorgänge verhalten sich die Verben mit dentalem GM-Ausgang und Vokalerhöhung gleich: Sie bilden die 2. Pl. Präs. Ind. und die 2. Pl. Imp. mit dem Allomorph {ət} und die 3. Sg. Präs. Ind. mit dem Allomorph {∅}. Mit dem Allomorph {ət} verbindet sich das GM des Infinitivs, mit dem Allomorph {∅} das der 2. Sg. Präs. Ind.
103.7 Die Leitform *beißt* verweist auf das besondere Allomorph {t} bei der 2. Sg. Präs. Ind., wenn das GM auf das Phonem /s/ ausgeht. Sonst liegen die gleichen Allomorphe wie bei GLEICHEN vor. Die Leitform *tun* markiert die auf das Verb TUN beschränkte Allomorphie {n} für den Infinitiv und die 1. und 3. Pl. Präs. Ind. und {∅} für die 1. Sg. Präs. Ind. {§ 89.2).
103.8 Die Leitformen *bleiben*, *bleibst* signalisieren das Nebeneinander von Lenis- und Fortisphonemen am GM-Ausgang innerhalb der Teilparadigmata des Präsens. Die Lenis gilt vor Allomorphen, die aus dem Vokal /ə/ bestehen oder mit ihm beginnen, die Fortis in den übrigen Fällen. Wegen einer anderen Allomorphie (§§ 103.5f.) sind die Dentale /d/ und /t/ nicht in diese Regelung einbezogen.
103.9 Im Präteritum Indikativ sind alle Lenis- und Fortisphoneme einschließlich der Dentale am Aufbau zweier GM beteiligt, weshalb bei den in Frage kommenden Verben zwei Leitformen anzugeben sind. Von der Leitform 1. Sg. Prät. Ind. ist auf die 3. Sg. Prät. Ind. zu schließen, von der 1. Pl. Prät. Ind. auf die übrigen Formen des Indikativ Präteritums (vgl. *band*, *banden*). Die Allomorphe {ə} der 1. und 3. Sg. Prät. Ind. sind nur beim Verbum WERDEN (*ich*, *er wurde*) vorhanden, sonst gilt {∅}. Die Allomorphe {əst} und {ət} in der 2. Sg. und 2. Pl. Prät. Ind. und auch Konj. richten sich nach dem dentalen GM-Ausgang. In allen anderen Fällen kommen die Allomorphe {∅}, {st}, {∅}, {ən}, {t}, {ən} für Prät. Ind. und {ə}, {st}, {ə}, {ən}, {t}, {ən} für Prät. Konj. vor.
103.10 Von der Leitform der 1. Sg. Prät. Konj. können alle Formen des Prät. Konj. mit Umlaut hergeleitet werden. Auf die Angabe dieser Leitform kann aus zwei Gründen nicht verzichtet werden. Einmal existieren Umlaute, die von der Leitform der 1. Sg. Prät. Ind. auch durch die Angabe einer generellen Umlautregel nicht abgeleitet werden können, weil sie ältere sprachliche Traditionen repräsentieren. Dies gilt für die Leitform *stürbe* und für Doppelformen wie *hülfe*, *hälfe*; *gölte*, *gälte*; *höbe*, *hübe* und *schwüre*, *schwöre* (§ 103.2). Zum anderen setzt eine von der Leitform der 1. Sg. Prät. Ind. ausgehende generelle Regel für den Umlaut im Teilparadigma des Prät.

Konj. eine Aufzählung der umlautfähigen Vokale voraus und vernachlässigt so durch die Alternativangaben die konkrete distinktive Funktion des GM mit einem Umlautvokal innerhalb des Gesamtparadigmas.

103.11 Die Leitform des Partizip II wird angegeben, um von ihr aus die mit dem Partizip II gebildeten analytischen Verbformen herleiten zu können. Morphologische Besonderheiten treten bei *gegessen* auf, weil zwei RM, das RM {gə} und das RM {g}, zur Bildung des Partizip II neben dem RM {ən} verwendet werden. Bei einzelnen Verben wie ERWÄGEN erscheint das Partizip II ohne das RM {gə} (§ 83.1).

Beim Verbum STECKEN wird das Partizip II mit dem RM {gə} und {t}, also wie bei Verben der Verbklasse I, gebildet, während alle anderen morphologischen Eigenschaften eine Zuordnung zur Verbklasse II erfordern (zu Übergängen zwischen den Verbklassen § 107). Da kein Nebeneinander zweier Formen vorliegt, erfolgt die Zuordnung zur Klasse II, verbunden mit der besonderen Kennzeichnung der Partizip II-Bildung.

103.12 Anders wird das Partizip II *gegessen* von FABRICIUS-HANSEN (1977b: 26) morphologisch segmentiert. Sie setzt ein RM {gə}, ein GM {gɛs} und ein RM {ən} an, wobei sich {gɛs} „durch den stammanlautenden Konsonantenzusatz g vom Präs. und Prät. unterscheidet". Diese Analyse beruht auf einem paradigmatischen Vergleich zum GM {ɛs} des Präs. Ind. unter Ausklammerung diachroner Kenntnisse. Historisch gesehen liegt in mhd. *gezzen* ein RM {g} vor, dessen /ə/ vor Vokal ausfiel, weshalb im Nhd. zur Verdeutlichung eine nochmalige Verwendung des RM {gə} erfolgte (PAUL/MOSER/SCHRÖBLER/GROSSE 1982: 156 Anm. 4). Beide Segmentierungen beziehen sich auf ein einziges Verb und erfassen synchron vorhandene Oppositionen. Die zusätzliche Vereinbarkeit mit der aufzeigbaren diachronen Entwicklung spricht für den Ansatz zweier RM {gə} und {g}.

104.1 Aus den 42 Subklassen und ihren Untergruppen läßt sich zusammenfassend folgende Definition der Verbklasse II gewinnen (vgl. SIMMLER 1987: 145): Die Klasse II der Verben wird gebildet durch fünf Relationsmorphemsätze für die Teilparadigmata von Präsens Indikativ und Konjunktiv, Präteritum Indikativ und Konjunktiv und Imperativ, durch eine begrenzte Anzahl von zwei bis fünf Grundmorphemen und durch das RM {(ə)n}, das immer an der Konstitution des Partizip II beteiligt ist. Die Grundmorpheme zeigen eine besondere interne phonologische Struktur aus vokalischen und konsonantischen Phonemen, die in unterschiedlicher Weise an der Kennzeichnung der grammatischen Kategorien beteiligt sind, die Auswahl der Allomorphe bei den Relationsmorphemen regeln und die Subklassenbildung bestimmen. Die vokalischen Phoneme zeigen immer die Erscheinung des Ablauts, durch die primär die Tempuskategorie und sekundär die Moduskategorie gekennzeichnet wird, und je nach Verb die Erscheinungen des Umlauts und der Vokalerhöhung. Die konsonantischen Phoneme sind in unterstützender Funktion an der Kennzeichnung der grammatischen Kategorien beteiligt.

104.2 Die Subklassen sind folgendermaßen zu definieren (vgl. SIMMLER 1987: 145): Eine Subklasse der Klasse II besteht aus der spezifischen internen phonologischen Struktur von Grundmorphemen, soweit sie von einer spezifischen Form des Ablauts bestimmt ist, wie sie sich aus den tempusrelevanten Leitformen des Infinitivs, der 1. Sg. Prät. Ind. und des Partizip II ergibt.

104.3 Die Untergruppen der Subklassen lassen sich so definieren: Eine Untergruppe einer Subklasse besitzt neben der jeweils gleichen Form des Ablauts mindestens eine zusätzliche vokalische oder konsonantische Eigenschaft, die ihre Spezifik in der internen phonologischen Struktur ausmacht. Vokalisch handelt es sich um die Erscheinungen der Vokalerhöhung und des Umlauts, konsonantisch um spezifische Phoneme und Phonemkombinationen am Ausgang von einem oder mehreren Grundmorphemen.

105 Die Klassifizierung der ablautenden Verben bildet die Grundlage für die folgende Verbliste aller ablautenden Verben (Schema 4):

Schema 4: Verbliste ablautender Verben und Subklasseneinteilung (Verbklasse II)

Subklasse		Verben
1.	a.	bleichen, gleichen, greifen, kneifen, k r e i s c h e n, pfeifen, schleichen, s c h l e i f e n, streichen, weichen
	b.	g l e i t e n, reiten, schreiten, streiten
	c.	leiden, schneiden
	d.	sich befleißen, beißen, reißen, scheißen, s c h l e i ß e n, s c h m e i ß e n, spleißen
2.	a.	d i n g e n, dringen, gelingen, klingen, mißlingen, ringen, schlingen, schwingen, singen, sinken, springen, stinken, trinken, wringen, zwingen
	b.	binden, empfinden, finden, winden
3.	a.	gedeihen, leihen, s c h e i n e n, schreien, speien, zeihen
	b.	meiden, scheiden
	c.	preisen, weisen
	d.	bleiben, reiben, schreiben, schweigen, steigen, treiben
4.	a.	kriechen, riechen, t r i e f e n
	b.	s i e d e n
	c.	fließen, genießen, gießen, schießen, schließen, sprießen, verdrießen
5.	a.	fliehen, frieren, verlieren
	b.	bieten
	c.	biegen, fliegen, schieben, s t i e b e n, w i e g e n
	d.	e r k i e s e n
	e.	ziehen

Subklasse		Verben
6.	a.	HELFEN, werfen
	b.	GELTEN, schelten
	c.	bersten
	d.	sterben, verderben, werben
	e.	bergen
7.	a.	DRESCHEN, m e l k e n, quellen, schwellen
	b.	fechten, flechten
	c.	schmelzen
8.		BEGINNEN, GEWINNEN, RINNEN, SCHWIMMEN, SINNEN, SPINNEN
9.	a.	fahren
	b.	laden
	c.	(f r a g e n), graben, schlagen, tragen
10.	a.	geschehen, sehen
	b.	treten
	c.	lesen
	d.	genesen
	e.	geben
11.		brechen, s c h r e c k e n, sprechen, stechen, treffen
12.	a.	fressen, messen, vergessen
	b.	essen
	c.	s t e c k e n
13.	a.	s c h e r e n
	b.	bewegen, HEBEN, p f l e g e n, w e b e n
14.	a.	BACKEN, s c h a f f e n
	b.	waschen
	c.	wachsen
15.	a.	schlafen
	b.	braten, raten
	c.	blasen
16.	a.	fallen
	b.	halten
	c.	lassen
17.		BEFEHLEN, EMPFEHLEN, STEHLEN
18.	a.	g ä r e n, s c h w ä r e n
	b.	w ä g e n
19.		k ü r e n, lügen, trügen
20.		g l i m m e n, k l i m m e n
21.	a.	laufen
	b.	h a u e n
22.		saugen, s c h n a u b e n
23.		empfangen, fangen

In der linken vertikalen Spalte sind die Subklassen mit den Untergruppen aufgeführt, in der rechten Spalte sind die Verben mit der Leitform des Infinitivs genannt, die die für die Subklassen und Untergruppen relevanten morphologischen Strukturen zeigen. Dabei sind zunächst ausschließlich Simplizia angegeben; alle auf der Grundlage der GM der Simplizia vorkommenden Derivate wie *erbleichen*, *begleichen*, *vergleichen*, *zerschleifen*, *entweichen*, Präfixoidbildungen wie *abschleifen*, *angleichen*, *aufweichen* (§ 233) und Komposita wie *haushalten*, *hochhalten* (§ 231.1 mit Tabelle 86), durch die sich die Anzahl der ablautenden Verben wesentlich erhöht, werden nicht aufgenommen. Nur bei den Wörtern GELINGEN, MISSLINGEN, EMPFINDEN, GEDEIHEN, GENIESSEN, VERDRIESSEN, VERLIEREN, ERKIESEN, VERDERBEN, BEGINNEN, GEWINNEN, GESCHEHEN, GENESEN, VERGESSEN, BEWEGEN, BEFEHLEN, EMPFEHLEN und EMPFANGEN sind die Ergebnisse von Wortbildungsvorgängen aufgeführt, weil zu ihnen in der Gegenwartssprache keine Simplizia mehr existieren, was aber ihre morphologische Segmentierbarkeit nicht behindert (§ 271.4). Großschreibung weist auf Doppelformen eines Verbs und Sperrdruck auf ein Nebeneinander von zwei Verben mit Verbformen aus den Verbklassen I und II hin.

106.1 Die Doppelformen kommen ausschließlich im Präteritum Indikativ und Konjunktiv vor und beruhen auf einem ehemaligen durch Ablaut geregelten regelmäßigen Nebeneinander zweier GM (SIMMLER 1987: 138f.). Im Frühnhd. führte die Tendenz zur Vereinheitlichung der GM im präteritalen Teilparadigma zu verschiedenen schreibdialektalen Ausprägungen, die dann in unterschiedlicher Weise in die sich herausbildende überregionale Varietät der nhd. Schriftsprache Eingang fanden. Die Tendenz zur Vereinheitlichung ist in der Gegenwartssprache noch nicht abgeschlossen, wie die Doppelformen zeigen (GELHAUS, in: DUDEN 1984: 125f.; 1995: 124).

106.2 Bei den Doppelformen lassen sich drei Gruppen erkennen. Die erste besteht aus Formen, die gleichberechtigt nebeneinander gebraucht werden. Es handelt sich einmal um die Leitformen 1. Sg. Prät. Konj. *ich gölte*, *ich gälte*; *ich spönne*, *spänne*; *ich stünde*, *stände* zu den Verben GELTEN, SPINNEN, STEHEN der Subklassen 6b, 8, 42. Zu dieser Gruppe gehört zum anderen das Nebeneinander von *ich beföhle*, *befähle*; *ich gewönne*, *gewänne* bei den Verben BEFEHLEN und GEWINNEN (Subklassen 17, 8).

106.3 Die zweite Gruppe enthält Doppelformen, von denen eine aufgrund von Frequenzanalysen als seltener oder selten gebraucht anzusehen ist. So ist beim Verbum HELFEN (Subklasse 6a) *ich hälfe* seltener als *ich hülfe*, d.h. es setzt sich im Prät. Konj. die Form durch, bei der im Vergleich zur 1. Sg. Prät. Ind. *ich half* der Umlaut nicht direkt ableitbar ist. Diese Ausgleichstendenz hat beim Verbum STERBEN (6d) bereits zur allein gültigen

Leitform *stürbe* geführt. Die gleiche Tendenz liegt bei den Doppelformen *empföhle*, (seltener:) *empfähle*; *schwömme*, (seltener:) *schwämme*; *schwüre*, (seltener:) *schwöre* zu den Verben EMPFEHLEN, SCHWIMMEN, SCHWÖREN (Subklassen 17, 8, 37) vor. Bei den Verben STEHLEN (17) und BEGINNEN (8) setzt sich die Doppelform durch, die eine direkte Ableitung des Umlautvokals ermöglicht, vgl. *stähle*, (seltener:) *stöhle* und *begänne*, (seltener:) *begönne*.

106.4 Bei den Doppelformen der dritten Gruppe erweist sich eine als veraltet, weshalb sie als Archaisierungsmittel eingesetzt werden kann. Veraltet sind bei den Leitformen *drösche*, *dräsche* zu DRESCHEN (7a), *höbe*, *hübe* zu HEBEN (13b) und *sänne*, *sönne* zu SINNEN (8) jeweils die zweiten Formen, deren Umlautvokal nicht direkt von der 1. Sg. Prät. Ind. hergeleitet werden kann. Bei den Verben HEBEN und SCHWÖREN existieren auch zur Leitform der 1. Sg. Prät. Ind. Doppelformen. Bei *hob*, *hub* ist die zweite Form veraltet, so daß die gleiche Tendenz wie beim Prät. Konj. besteht. Dagegen ist bei *schwor*, *schwur* durch das Veraltetsein von *schwur* eine andere Vereinheitlichungstendenz vorhanden als im Prät. Konj.

106.5 Insgesamt sind alle Verben der Subklassen 8 und 17 von der Vereinheitlichungstendenz betroffen. Wenn diese in der erkennbaren Richtung weitergeht und sich eine der Doppelformen durchsetzt, wird es zur Herausbildung von jeweils zwei Untergruppen je nach Vokal im GM des Prät. Konj.-Teilparadigmas kommen.

106.6 Neben den Vereinheitlichungstendenzen wirkt noch eine weitere Tendenz, nämlich die, die Prät. Konj.-Formen durch eine *würde* + Infinitiv-Konstruktion zu ersetzen (GELHAUS, in: DUDEN 1984: 126; 1995: 124).

106.7 Die Vereinheitlichungstendenz und die Herausbildung der *würde* + Infinitiv-Konstruktion läßt sich seit ca. 1800, seit der Sprache Goethes, innerhalb des Neuhochdeutschen verfolgen. Goethe gebraucht die Leitformen 1. Sg. Prät. Ind. *hub*, *schwur* noch regelmäßig (FISCHER 1929: 326, 557), Doppelformen begegnen bei ihm im Prät. Ind. noch nicht. Zum Verbum STEHEN kann bei Goethe noch relativ häufig die Leitform 1. Sg. Prät. Ind. *stund* neben *stande* belegt werden (ebd.: 594). Während bei den Verben HEBEN und SCHWÖREN bei Goethe noch keine Vereinheitlichungstendenz vorhanden ist, setzt sie bei STEHEN schon ein. Bei der *würde* + Infinitiv-Konstruktion läßt sich ihre Zunahme „vorzugsweise auf die Verwendung der erlebten Rede und des inneren Monologs zurückführen, die sich erst nach 1800 als eine gewöhnliche Erscheinung entwickelt hat“ (ENGSTRÖM-PERSSON 1979: 136).

107.1 Bei einer größeren Anzahl von Verben können im Präteritum und im Partizip Perfekt Doppelformen festgestellt werden, die zu jeweils zwei ausdrucksseitig verschiedenen Verben der Klassen I und II gehören. Insgesamt kommen acht verschiedene Gruppen vor. In der ersten Gruppe besteht ein gleichberechtigtes Nebeneinander bei den Leitformen des Präteritums und des Partizips II. Es findet sich bei den Verben GLIMMEN (20), KLIMMEN (20), SCHLEISSEN (ld), STIEBEN (5c) und TRIEFEN (4a), z.B. in den Leitformen *glomm*, *glimmte* bzw. *geglommen*, *geglimmt* (zu den übrigen Formen und den im folgenden behandelten Beispielen die Zusammenstellungen von GELHAUS, in: DUDEN 1984: 133-143; 1995: 132-142; MUTHMANN 1994: 396-400 und FAUST 1980: 400-404, letzterer mit Angaben zum Alter des Nebeneinanders). Aufgrund eines literatursprachlichen Materialkorpus kann ALDENHOFF (1961: 513, 519f., 527) die Aussagen von GELHAUS nur für GLIMMEN und TRIEFEN uneingeschränkt bestätigen. Für KLIMMEN, SCHLEISSEN und STIEBEN kann er das Nebeneinander nicht belegen, alle seine Belege zeigen die morphologischen Strukturen der Klasse II. Da seine Untersuchung über 20 Jahre zurückliegt, können in den Angaben von GELHAUS jüngere sprachliche Traditionen erfaßt sein, zu denen auch ein Eindringen umgangssprachlicher Verhältnisse in schriftsprachliche bzw. Ausprägungen verschiedener Stilschichten gehören können. Weitere Untersuchungen sind erforderlich, um die gegenwartssprachlichen Verhältnisse in allen Einzelheiten darstellen zu können.

107.2 Die zweite Gruppe wird nur vom Verbum STECKEN (12c) gebildet. Bei ihm ist ein Nebeneinander von Leitformen im Präteritum vorhanden (*stak*, *steckte*), während das Partizip II *gesteckt* die morphologische Struktur der Klasse I zeigt.

107.3 In der dritten Gruppe mit den Verben ERKIESEN (5d), GLEITEN (lb), SCHEREN (13a), SCHMELZEN (7c) und WÄGEN (18b) werden die Leitformen der Klasse II im Präteritum und beim Partizip II häufiger gebraucht als diejenigen der Klasse I. Dies kann auf Frequenzunterschieden beruhen wie bei *erkor*, *erkieste*, *erkoren*, *erkiest* (ebenso WÄGEN, SCHEREN) oder mit dem Aspekt des Veraltetseins wie *glitt*, *gleitete*, *geglitten*, *gegleitet* (ebenso SCHMELZEN) verbunden sein. Nach ALDENHOFF (1961: 505) sind bei GLEITEN ausschließlich Flexionsformen der Klasse II vorhanden.

107.4 In der vierten Gruppe überwiegen aus den gleichen Gründen die Leitformen der Klasse I. Zu dieser Gruppe gehören die Verben KREISCHEN (la), KÜREN (19), SCHNAUBEN (22), SCHWÄREN (18a) und SIEDEN (4b). Bei KREISCHEN sind die ablautenden Leitformen nicht nur veraltet, sondern besitzen darüber hinaus noch eine Hinweisfunktion auf dialektalen Sprachgebrauch.

107.5 Die fünfte Gruppe enthält die Verben HAUEN (21b), BACKEN (14a) und SCHINDEN (25). Sie besitzen im Partizip II die morphologische Struktur der Klasse II; beim präteritalen Teilparadigma werden die Leitformen der Klasse I häufiger als die der Klasse II gebraucht. Neben den Frequenzunterschieden bei *haute*, *hieb* wird *hieb* syntaktisch auf Kontexte eingeschränkt, in denen das Schlagen mit einer Waffe bezeichnet wird. Bei SCHINDEN wird die Form *schund* fast völlig gemieden, weshalb sie im Klassifikationsschema in Klammern gesetzt ist (§ 103.2).

107.6 In der sechsten Gruppe ist das Nebeneinander nur auf das Partizip II beschränkt. Da mit dem Partizip II nur analytische Verbformen gebildet werden und mit ihm keine Kennzeichnungen der grammatischen Kategorien von Person und Numerus verbunden sind, es also in seiner morphologischen Struktur jeweils gleiche Funktionen erfüllt, hat das Nebeneinander von zwei Formen bei ihm nicht dieselbe paradigmatische Relevanz wie in den präteritalen Teilparadigmata. Es ist daher möglich, bei Verben mit zwei Partizip II-Formen aufgrund der übrigen morphologischen Strukturen eine Zuordnung zu einer einzigen Verbklasse vorzunehmen (§§ 99.10f.), die zweite Partizip II-Form als Doppelform innerhalb der gleichen Klasse zu behandeln und auf den Ansatz von zwei ausdrucksseitig verschiedenen Verben zu verzichten.

Beim Verbum SALZEN, das aufgrund der Gesamtheit der morphologischen Verhältnisse in die Klasse I einzuordnen ist, wird die Form *gesalzen* häufiger als *gesalzt* gebraucht. Mit dem Semem 'versehen mit Anspielungen' (*eine Rede salzen*) wird ausschließlich *gesalzen* verwendet. Ähnlich verhält sich das Verb SPALTEN. Beim Verbum MAHLEN existiert kein Nebeneinander, sondern es gilt ausschließlich mit *gemahlen* die Form der Klasse II.

107.7 Beim Verbum DINGEN (2a), das die siebte Gruppe bildet, überwiegt im Präteritum die Leitform der Klasse I (*dingte*, *dang*), im Partizip II dagegen die der Klasse II (*gedungen*, *gedingt*).

107.8 Ein umgangssprachlich und dialektal bedingtes Nebeneinander findet sich in der Gruppe acht. Zum Verbum FRAGEN (9c) wird gelegentlich noch *frug* umgangssprachlich neben regelmäßigem *fragte* gebildet. Wegen dieser Form wird es in die Verbliste und in die Subklassenbildung aufgenommen, aber in Klammern gesetzt, um den Unterschied zu den übrigen Verben zu dokumentieren. HELBIG/BUSCHA (1986/1994: 40) nehmen es nicht in ihre Klassenbildung auf, weshalb ihre Klasse 7b, die bei den Verben mit einem Langvokal /ā/ im Infinitiv der Subklasse 9 entspricht, nur aus fünf statt sechs Verben besteht. Beim Verbum SCHEINEN (3a) wird umgangssprachlich manchmal *scheinte*, *gescheint* neben standardsprachlichem *schien*, *geschienen* verwendet. Das Partizip II *gewunken* zum Verbum WINKEN wird dialektal gebraucht, standardsprachlich gilt *gewinkt*.

107.9 Das Nebeneinander von Verbformen der Klassen I und II kann auch inhaltsseitig, syntaktisch oder wortbildungsmorphologisch geregelt sein. Sememunterschiede zeigen sich bei den Verben GÄREN (18a), PFLEGEN (13b), SCHAFFEN (14a), SCHLEIFEN (1a), SCHMEISSEN (1d), STEKKEN (12c), WEBEN (13b), WEICHEN (1a) und WIEGEN (5c). So wird WEBEN mit dem Semem$_1$ 'sichtbar werden lassen, erzeugen' (*das Licht* *wob einen Schleier*) nach der Klasse II morphologisch strukturiert, mit dem Semem$_2$ 'durch Kreuzen und Verflechten von Fäden herstellen' (*sie webten einen Teppich*) dagegen nach der Klasse I.

107.10 Syntaktische Unterschiede sind bei den Verben LÖSCHEN (36) und SCHWELLEN (7a) vorhanden. In intransitivem Gebrauch richten sich beide nach der Klasse II, in transitivem nach der Klasse I.

107.11 Wortbildungsmorphologische Unterschiede begegnen bei den Simplizia SCHRECKEN (11), WÄGEN (18b), LÖSCHEN (36) und den mit ihren GM gebildeten Derivaten. So werden *er-* und *aufschrecken* nach der Klasse II und nach der Klasse I konjugiert, je nach intransitivem oder transitivem Gebrauch. *Abschrecken* folgt in ausschließlich transitivem Gebrauch der Klasse I. Die wortbildungsmorphologischen Aspekte sind dabei immer mit syntaktischen Unterschieden gekoppelt.

107.12 Wenn das Nebeneinander von Verbformen der Klassen I und II in den Subklassen und Untergruppen 4b, 5d, 12c, 13a, 18a+b, 20 und 21b zugunsten der Klasse I entschieden werden sollte, dann wirkt sich dies unmittelbar auf die Anzahl der Subklassen und Untergruppen aus. In den übrigen Subklassen und Untergruppen kommt es lediglich zu Verschiebungen in der Anzahl der ihnen zuzuordnenden Verben.

3.1.6 Verbklasse III und Subklassen

108.1 Das Klassenkennzeichen der Verbklasse III besteht aus dem Vorkommen eines spezifischen RM {t}, das die Tempuskategorie signalisiert, und aus drei RM-Sätzen für die Teilparadigmata von Präs. Ind., Präs. Konj. bzw. Prät. Ind. und Konj. Ein RM-Satz für den Imperativ existiert nicht (SOETEMAN 1967: 143).

108.2 Das Zentrum der Klasse III wird von den fünf Verben MÖGEN, WISSEN, DÜRFEN, KÖNNEN und MÜSSEN gebildet. Sie haben nicht nur die genannten Klassenkennzeichen, sondern besitzen zwei zusätzliche morphologische Eigenschaften. Diese betreffen den Umlaut im GM des Prät. Konj.-Teilparadigmas zur Kennzeichnung der Moduskategorie und den Vokalwechsel im Teilparadigma des Präsens Indikativ zur primären Markierung der Numeruskategorie und als sekundären Hinweis auf die Tempuskategorie. Beide Merkmale können als Klassenkennzeichen nicht verwendet werden, weil sie beim Verbum SOLLEN fehlen und das Verbum WOLLEN nur die Numerusmarkierung zeigt.

108.3 Der Wechsel zwischen velaren und palatalen Vokalen in den GM der Teilparadigmata von Prät. Ind. und Prät. Konj. entspricht in seiner Funktionalität demjenigen in der Verbklasse II (§ 86), völlig unabhängig von den Fragen seiner historischen Entstehung (PAUL /MOSER /SCHRÖBLER /GROSSE 1982: 172). In der Gegenwartssprache ist die entscheidende morphologische Leistung des Umlauts innerhalb der GM die Markierung der Indikativ : Konjunktiv-Opposition bei den Verben der Klassen II und III. Die Opposition von „Präsens Plural und Präteritum Plural", die WURZEL (1984b: 649) in das „Auftreten des Umlauts in der Flexion" einbeziehen möchte, tritt hinter diese Funktion eindeutig zurück. Am Tempusgegensatz ist der palatale Vokal /ü/ im Singular in den Formen *ich darf* : *ich durfte* überhaupt nicht beteiligt. Der Tempusunterschied beruht auf dem spezifischen RM {t}, das in allen Formen des Präteritums erscheint. Die spezifische Leistung des /ü/ im GM {dürf} zeigt sich nicht in der Opposition zum Teilparadigma des Prät. Ind., sondern innerhalb des Präs. Ind.-Teilparadigmas in Opposition zum /a/ im GM {darf}. Der Vokalwechsel in den GM des Präs. Ind. ist jedoch von den Umlautphänomenen morphologisch und phonologisch zu trennen, weil die Funktionalität eine andere ist und weil – bis auf {mus} und {müs} – die Vokale /ü/, /ö/ und /ō̄/ in den GM des Plural Präsens Indikativ {dürf}, {kön} und {mō̈g} nicht mit den entsprechenden velaren Vokalen in den GM des Singular Präsens Indikativ alternieren, sondern mit /a/ und /ā/ in {darf}, {kan} und {māk}. Das Verbum WISSEN zeigt überhaupt keine in Umlautphänomene einbeziehbare Vokalalternation, obwohl eine solche wie bei den anderen Verben des Zentrums vorhanden ist. Diese Vokalalternation erfüllt zwar eine morphologische Funktion, es ist jedoch nicht die des Umlauts. Durch die besondere morphologische Funktion heben sich die Verben des Zentrums von den Verben der Klasse II LÜGEN (Subklasse 19), ERLÖSCHEN (36) und SCHWÖREN (37) ab. Diese besitzen zwar auch im Präs. Ind.-Teilparadigma einen palatalen Vokal, aber keine Vokalalternation. Die Vokale sind vielmehr in die Ablautphänomene integriert. Schließlich sind die Verben des Zentrums von Substantiven wie TÜR und HÖLLE abzugrenzen, bei denen auch palatale Vokale erscheinen. Diese sog. „nicht-alternierenden 'Umlautvokale' [...] sind als solche in den Lexikoneintragungen der Wörter repräsentiert und haben keinen anderen Status als die übrigen Vokale und Diphthonge" und „erfüllen keinerlei morphologische Funktion" (WURZEL 1984b: 648). Insgesamt führen ehemals vorhandene phonetisch-phonologische Umlautbedingungen und von ihnen ausgehende Analogiebildungen zu spezifischen internen phonologischen Strukturen von GM, die in unterschiedlicher Weise grammatische Kategorien kennzeichnen und am Aufbau paradigmatischer Strukturen beteiligt sind.

108.4 Die Peripherie der Klasse III ist mit den Verben WOLLEN und SOLLEN gegeben. WOLLEN besitzt kein spezifisches GM mit Umlaut zur Kennzeichnung der Moduskategorie, eine solche muß vielmehr durch den Mikro- oder Makrokontext erfolgen. Es hat aber wie die Verben des Zentrums den Vokalwechsel im Präs. Ind.-Teilparadigma mit den entsprechenden Funktionen. SOLLEN besitzt beide Merkmale nicht und nähert sich so der morphologischen Struktur der Klasse I, bleibt von dieser jedoch durch das RM {∅} in der 1. und 3. Sg. Präs. Ind. und das Fehlen eines Imperativ-Teilparadigmas geschieden.

109.1 Aufgrund der GM-Anzahl und der Möglichkeit der Herleitung des Gesamtparadigmas läßt sich folgendes Schema aufstellen, aus dem sich die Unterschiede zwischen Zentrum und Peripherie auch aus der Anzahl der Leitformen ergeben (Schema 5):

Schema 5: Subklassen und Leitformen der Verbklasse III

Leitform / Subklasse	Infinitiv	2.Sg. Präs.Ind.	Zusatzform 2.Pl.Präs.Ind.	1.Sg. Prät.Ind.	1.Sg. Prät.Konj.	Part. II
Zentrum	a. mögen	magst	mögt	mochte	möchte	gemocht
	b. wissen	weißt		wußte	wüßte	gewußt
	c. dürfen	darfst		durfte	dürfte	gedurft
	d. können	kannst		konnte	könnte	gekonnt
	e. müssen	mußt		mußte	müßte	gemußt
Peripherie	f. wollen	willst		wollte		gewollt
	g. sollen			sollte		gesollt

109.2 In Verbindung mit den beiden RM-Sätzen für die Teilparadigmata des Präs. Ind. und Konj. kann vom Infinitiv auf die Pluralformen des Präs. Ind. und das ganze Präs. Konj. geschlossen werden. Von der 2. Sg. Präs. Ind. sind die Singularformen des Präs. Ind. herleitbar. Die Wahl der RM {st} und {t} folgt dem konsonantischen Ausgang der GM nach den bereits ermittelten Regelungen (§§ 99.4, 103.7). Da es zum Verbum SOLLEN kein eigenes GM für die 1.-3. Sg. Präs. Ind. gibt, genügt die Angabe nur einer Leitform. Die Zusatzform der 2. Pl. Präs. Ind. ist wegen des Lenis-Fortis-Gegensatzes am Ausgang der GM nur beim Verbum MÖGEN aufzuführen und gilt ausschließlich für diese Verbform. Die 1. Sg. Prät. Ind. und die 1. Sg. Prät. Konj. bilden in Verbindung mit einem ihnen gemeinsamen RM-Satz die Basis zur Herleitung der präteritalen Teilparadigmata. Da die Verben WOLLEN und SOLLEN im Präteritum kein GM mit Umlaut besitzen, reicht bei ihnen eine Leitform aus, um das Präteritum herleiten zu können.

109.3 Neben den klaren morphologischen Unterschieden zwischen Zentrum und Peripherie besteht die Besonderheit der Klasse III darin, daß jede Subklasse nur ein einziges Verb enthält. Diese Besonderheit korreliert mit gemeinsamen syntaktischen und inhaltsseitigen Eigenschaften (ADMONI 1982: 165f.; RAMAT 1971: 179). Sie können syntaktisch ein anderes Verb im sog. reinen Infinitiv regieren (*er kann schwimmen*; dazu WELKE 1965: 8f.) und drücken inhaltsseitig das „modale Verhältnis zwischen dem Repräsentanten des Subjekts und dem Verbalgeschehen“ als Notwendigkeit,

Möglichkeit, Gewolltheit, Erlaubnis, Vermutung und Behauptung aus oder weisen auf eine „Stellungnahme des Sprechers" (*er soll schwimmen können*) hin (FLÄMIG, in: HEIDOLPH/FLÄMIG/MOTSCH 1981: 536). Die syntaktische Eigenschaft besitzen auch Verben wie GEHEN (*er geht schwimmen*; dazu LEYS 1983: 87), doch fehlt ihnen die inhaltsseitige. Beide Eigenschaften konstituieren die Gruppe der Modalverben (BIRKMANN 1987: 5). Das Verb WISSEN steht den Modalverben nahe, weil es in Verbindung mit dem Infinitiv mit *zu* ähnliche Inhaltsseiten ausdrückt (*er weiß zu erzählen*), was durch Substitutionen mit Modalverben verdeutlicht werden kann (*er kann erzählen*; dazu HELBIG/BUSCHA 1986/1994: 126f.). Von ENGEL (1988/1996: 477) wird es als Modalitätsverb von den Modalverben, zu denen er auch BRAUCHEN hinzurechnet, getrennt behandelt. Die Korrespondenz zwischen morphologischen, syntaktischen und inhaltsseitigen Merkmalen beruht auf einer sprachgeschichtlichen Entwicklung, die von der morphologisch bestimmten Klasse der Präteritopräsentien zur syntaktisch-semantisch definierten Klasse der Modalverben führt, wobei einzelne Präteritopräsentien ausstarben oder in die Klasse I übergingen wie TAUGEN, GÖNNEN und GENÜGEN (BIRKMANN 1987: 374).

110.1 Werden alle Merkmale berücksichtigt, dann ergibt sich für die Gegenwartssprache folgende Definition der Verbklasse III: Die Klasse III der Verben wird morphologisch durch ein spezifisches Relationsmorphem {t} zur Kennzeichnung der Tempuskategorie, durch die Relationsmorpheme {gə} und {t} zur Konstitution des Partizips II und durch drei Relationsmorphemsätze für die Teilparadigmata von Präsens Indikativ, Präsens Konjunktiv und Präteritum Indikativ/Konjunktiv gebildet. Im Zentrum der Klasse werden die Relationsmorpheme mit zwei bis fünf Grundmorphemen verbunden, deren interne phonologische Struktur an der Markierung der grammatischen Kategorien beteiligt ist. In Verbindung mit den konsonantischen Phonemen verweisen der Umlaut im Präteritum Konjunktiv-Teilparadigma auf die Kategorie des Modus bzw. der Vokalwechsel im Präsens Indikativ-Teilparadigma primär auf die Kategorie des Numerus und sekundär auf die des Tempus; die Konsonanten am Grundmorphemausgang steuern die Wahl einzelner Allomorphe und signalisieren bei MÖGEN die Tempuskategorie mit. In der Peripherie der Klasse erfolgt eine Verbindung der Relationsmorpheme mit zwei Grundmorphemen oder einem, wobei erstere die Numeruskategorie markieren und letzteres keine grammatische Funktion besitzt. Syntaktisch übernehmen die Verben u.a. die Funktion, einen Infinitiv zu regieren. Inhaltsseitig drücken sie ein modales Verhältnis zwischen Subjekt und Verbgeschehen bzw. eine Sprecherstellungnahme aus.

110.2 Die Subklassen beruhen auf einer unterschiedlichen Anzahl von Grundmorphemen in Verbindung mit verschiedenen Formen des Umlauts und des Vokalwechsels und einzelnen konsonantischen Phonemen am Grundmorphemausgang, deren Summe jeweils subklassenspezifisch ist.

3.1.7 Verbklasse IV

111.1 Die Verbklasse IV wird ausschließlich vom Verb SEIN gebildet (§ 93). Seine spezifischen morphologischen Strukturen führen zum Ansatz einer eigenen Klasse; der Klassenstatus kann nicht dadurch geleugnet werden, daß für ihn kategorisch die Existenz von „Gruppen von Wörtern" (WURZEL 1984a: 67) gefordert wird. Das Verb SEIN besteht aus fünf Teilparadigmata, von denen das Teilparadigma des Präs. Ind. bis auf (*ihr*) *seid* aus Suppletivmorphemen konstituiert wird. Die übrigen vier Teilparadigmata zeigen eigene RM-Sätze, die mit den GM {zai}, {vār} und {vär} verbunden sind, so daß für sie Leitformen gewählt werden können. Als Leitformen erweisen sich die 2. Sg. Präs. Konj. (*du*) *seiest*, die 1. Sg. Prät. Ind. (*ich*) *war* und die 1. Sg. Prät. Konj. (*ich*) *wäre*. In Verbindung mit den jeweiligen RM-Sätzen kann von *seiest* auf die Teilparadigmata des Präs. Konj. und des Imperativs und auf die 2. Pl. Präs. Ind. geschlossen werden. Von den beiden übrigen Leitformen können die Teilparadigmata des Prät. Ind. und Konj. abgeleitet werden. Mit dem Partizip II *gewesen* werden die analytischen Verbformen gebildet.

111.2 Als Definition bietet sich daher an: Die Klasse IV der Verben besteht nur aus dem Verbum SEIN. Es besitzt eine spezifische morphologische Struktur, indem zu seiner Bildung Suppletivmorpheme und Grund- bzw. Relationsmorpheme verwendet werden, die in charakteristischer Weise auf die Teilparadigmata verteilt sind. Die Suppletivmorpheme begegnen im Präsens Indikativ. Die Grundmorpheme der übrigen Teilparadigmata sind mit spezifischen Relationsmorphemsätzen verbunden; sie zeigen aber keine Ähnlichkeiten in der Phonotaktik zwischen Präsens und Imperativ auf der einen und Präteritum auf der anderen Seite.

3.1.8 Andere Verbklasseneinteilungen

112 In den verschiedenen Darstellungen zur deutschen Gegenwartssprache kommen unter morphologischen Aspekten andere Festlegungen verbaler Klassen vor. Die Unterschiede beziehen sich auf die Gesamtanzahl der Klassen und – vor allem bei der Klasse II, den sog. starken Verben – auf die Subklassifizierungen. Da diese Klassifizierungen ebenfalls nach morphologischen Kriterien erfolgen, sollen die Gemeinsamkeiten und Unterschiede kurz aufgezeigt werden.

113.1 Am häufigsten werden die Verben in vier Klassen eingeteilt. Diese Einteilung findet sich im DUDEN (1966), bei SCHMIDT (1977), HEIDOLPH/FLÄMIG/MOTSCH (1981), JUNG/STARKE (1984) und zuletzt noch bei

ENGEL (1988/1996). Im DUDEN (1966: 73f.) werden „nach den Veränderungen oder Nichtveränderungen des Verbstammes [...] starke, schwache und unregelmäßige Verben" unterschieden, zu denen bei der Analyse noch solche mit einem „Schwanken zwischen starker und schwacher Konjugation" hinzukommen. In keinem Fall herrscht eine völlige Übereinstimmung zu der hier vorgenommenen Klasseneinteilung. Dies liegt einmal daran, daß im DUDEN die beiden ersten Klassen nur durch ein einziges morphologisches Merkmal definiert werden, während hier ein Merkmalbündel in Verbindung mit der Unterscheidung von Zentrum und Peripherie herangezogen wurde. Zum anderen werden die beiden folgenden Klassen von den ersten beiden nicht durch spezifische Merkmale abgehoben, sondern in Bezug auf diese ausschließlich negativ bestimmt. 'Unregelmäßig' sind Verben, die „weder in die starke noch in die schwache Konjugation eingereiht" werden können. In dieser Restgruppe sind morphologisch so unterschiedlich strukturierte Verben wie NENNEN (hier Klasse I, Subklasse g, § 100.6), DENKEN, BRINGEN (beide I.i), ZIEHEN (II.5e), SITZEN (II.24), SEIN (IV) bzw. die erst später als „ganz unregelmäßig" (DUDEN 1966: 120) aufgeführten GEHEN (II.41), STEHEN (II.42), TUN (II.40), ferner HABEN (I.k) und WERDEN (II.29) und schließlich alle sieben Verben der Klasse III wie MÖGEN vereinigt, weil es nicht gelungen ist, den *e*/*a*-Wechsel und die verschiedenen GM-Ausgänge mit den zu einseitig definierten Merkmalen für 'Stärke' und 'Schwäche' zu verbinden. 'Stark' ist nämlich ein Verb, „dessen Stammvokal im Präteritum (vgl. 765) sich von dem des Präsens (vgl. 725) unterscheidet (Ablaut) und dessen 2. Partizip (vgl. 1180) auf -en ausgeht", während ein Verb 'schwach' ist, wenn es „bei gleichbleibendem Stammvokal das Präteritum mit t bildet und im 2. Partizip die Endung -[e]t hat" (DUDEN 1966: 73f.). Lenis : Fortis-Gegensätze, die ebenfalls einen verschiedenen GM-Ausgang bewirken, und verschiedene RM-Sätze bleiben ebenso außerhalb der definitorischen Überlegungen wie die mit den Ablautphänomenen teilweise verbundenen Erscheinungen von Umlaut und Vokalerhöhung. Die 'schwankenden' Verben, die hier der Klasse I und II zugeordnet sind, erfassen Verben wie GLIMMEN und MELKEN. Genau die gleiche Einteilung einschließlich der Klassenbezeichnungen, der herangezogenen Kriterien und der den Klassen zugewiesenen Verben findet sich bei SCHMIDT (1977: 205-207).

113.2 Bei JUNG/STARKE (1984: 171-181) wird zwischen starken, schwachen, gemischten und unregelmäßigen Verben unterschieden. Die Einteilung entspricht der bei DUDEN und SCHMIDT; die gemischte Klasse ist mit der dort als 'schwankend' bezeichneten identisch; bei den drei anderen Klassen stimmen Klassenbezeichnungen und Einteilungskriterien überein. Bei den starken Verben werden der Umlaut und die Vokalerhöhung als 'e/i-Wechsel' klarer einbezogen, ohne daß sich dies jedoch auf die Anzahl der Leitformen auswirkt. Die Klassifikation von JUNG, die auch für ältere Auflagen Geltung besitzt, wird von SPITZ (1966/1971: 308-313) „als Grundlage der exakten Klassifizierung durch Ausbau bis zu Einzelverben benutzt", wobei es ihm vor allem um eine Präzisierung der Subklassifizierung bei den 'unregelmäßigen' Verben geht. Die Kriterien für 'Unregelmäßigkeit' sind 1. die Inflexion, „worunter jedwede Stammvokalveränderung verstanden werden soll", 2. das RM {(ə)n} beim Perfektpartizip (Partizip II), 3. das Fehlen eines spezifischen Tempusmorphems bzw. die Existenz eines Tempusmorphems {∅}, 4. das RM {∅} für die 1. und 3. Sg. Prät. Ind. und 5. „redundante Kennzeichen der Unregelmäßigkeit" wie Konsonantenfortfall (bei HABEN, WERDEN), Konsonantenzusatz (bei HAUEN, ESSEN), Konsonantenalternation (bei BRINGEN) und Suppletivismus (bei SEIN). Die Kriterien gelten nicht zugleich für alle als 'unregelmäßig' bezeichneten Verben, so daß sich kein einheitliches Klassenkennzeichen ergibt. Nach dem ersten Kriterium unterscheidet SPITZ zwei Großklassen, nämlich „Klasse I: 1-1 (ohne Inflexion)" und „Klasse II: 1-2 (mit Inflexion)", wobei die arabischen Ziffern 1 und 2 auf eine Identität oder Verschiedenheit der Vokale der Leitformen für die Teilparadigmata des Präsens oder Präteritums verweisen. Die Großklasse I wird in zwei Subklassen unterteilt „nach der 3. Grundform, dem Partizip". Die „Klasse 1: 1-1-1" besteht aus den sechs Verben MAHLEN, SALZEN, SPALTEN; SOLLEN, WOLLEN und HABEN, die "Klasse 2: 1-1-2" nur aus dem Verbum DINGEN. Die Großklasse II wird zunächst „nach der Relation des Perfektstammvokals zu Infinitiv und Präteritum in "drei Klassen zweiter Ordnung" (1-2-1, 1-2-2, 1-2-3) und dann „nach weiteren Kennzeichen der Unregelmäßigkeit in Klassen dritter, vierter usw. Ordnung" eingeteilt, so daß zu den Klassen 1 und 2 noch 15 weitere Klassen (= Subklassen) auf der gleichen Klassifikationsebene entstehen. Die selbstgestellte Forderung nach der Berücksichtigung aller vokalischen und konsonantischen Merkmale der Unregelmäßigkeit wird jedoch nicht erfüllt. So fehlt in der Subklasse 1 bei HABEN die Berücksichtigung des Quantitätsgegensatzes und bei WOLLEN der Vokalgegensatz im Präsens Indikativ. Der Quantitätsgegensatz führt auch bei den übrigen Klassifizierungen nicht zu verschiedenen Subklassen, weshalb SCHLAFEN und FANGEN zur gleichen Subklasse gehören (Nr. 3 bei SPITZ). Auch die Struktur der RM ist nicht in allen Fällen berücksichtigt. Zwar bildet HALTEN wegen des RM {∅} (*er hält*) eine Subgruppe innerhalb der Subklasse 3a, doch werden BLASEN und SCHLAFEN in der gleichen Subklasse als eine eigene Subgruppe gewertet, obwohl sie für die 2. Sg. Präs. Ind. zwei verschiedene Allomorphe besitzen (*du bläst*, *du schläfst*). Im GLEICHEN-Typus (hier II.1, bei SPITZ 7b) fehlen die Subgruppierungen, die sich aus den verschiedenen konsonantischen GM-Ausgängen ergeben. Durch die nicht vorhandene Berücksichtigung eines morphologischen Merkmalbündels und die nicht praktizierte Unterscheidung von Zentrum und Peripherie werden morphologisch so heterogene Verben wie MAHLEN (hier I.n), GLEICHEN (II.1a), SOLLEN (III.g), MÖGEN (III.a) und SEIN (IV) in einer 'unregelmäßigen' Klasse vereinigt und morphologisch zusammengehörende Verben wie SOLLEN und MÖGEN verschiedenen Subklassen zugewiesen. Dennoch liegt in der Subklassifizierung der 'unregelmäßigen' Klasse ein erster Versuch vor, der internen phonologischen Struktur der Morpheme gerecht zu werden, was zur Berücksichtigung von fünf und nicht – wie bisher – nur drei Leitformen führt.

113.3 FLÄMIG (in: HEIDOLPH/FLÄMIG/MOTSCH 1981: 499, 560-563) verwendet die gleiche Terminologie, zieht jedoch die Grenzen zwischen den Klassen anders. Die gemischte Klasse besteht bei ihm aus Verben wie BRENNEN, deren Präteritumformen „durch Prät.-Suffix in Verbindung mit Stammlautabwandlung" gebildet werden. Er grenzt diese neue Klasse aus der 'unregelmäßigen' bei DUDEN, SCHMIDT, JUNG/STARKE aus, beläßt es aber sonst bei der Heterogenität der 'unregelmäßigen' Klasse. Auf die morphologischen Übereinstimmungen des NENNEN-Typus mit den Subklassen der von ihm als 'schwach' eingestuften Verben geht er nicht ein. Zu den Doppelformen, die bei den übrigen Autoren zum Ansatz der 'schwankenden' Klasse geführt haben, äußert er sich nicht.

113.4 ENGEL (1988/1996: 393-402) unterscheidet neben den starken, schwachen und unregelmäßigen Verben als vierte Klasse die Verben HABEN, SEIN und WERDEN. Unregelmäßige Verben sind bei ihm solche, die Merkmale der 'starken' und 'schwachen' Konjugationsarten aufweisen. Da es bei ihm bei den 'schwachen' Verben „weder Stammvokaländerungen noch Konsonantenwechsel" gibt, ist die Klasse der unregelmäßigen Verben sehr heterogen besetzt. Zu ihr gehören der BRENNEN- und SENDEN-Typus (hier Klasse I.g.h), das Verb WISSEN (III.b), der BRINGEN- und DÜNKEN-Typus (I.i.j), der SPALTEN-, SALZEN- und MAHLEN-Typus (I.1-n), die drei „alternativ stark oder schwach" konjugierten Verben KÜREN, MELKEN und SIEDEN und schließlich das in „diesen Zusammenhang" einzubeziehende Verb BACKEN. Dabei werden BRENNEN, SENDEN und WISSEN aufgrund der Merkmale „*t*-Suffix und Vokalwechsel" zu einer Subklasse zusammengefaßt; die konsonantischen Unterschiede am Ausgang der beiden GM des Verbs SENDEN (§§ 80.7f.) bleiben ebenso unberücksichtigt wie die verschiedenen Ausprägungen der Vokalwechsel, der Umlautphänomene und der RM-Sätze bei den Verben BRENNEN, SENDEN auf der einen und WISSEN auf der anderen Seite. Überhaupt nicht in der Aufzählung erscheinen die Modalverben, obwohl sie ebenfalls Merkmale der 'starken' und 'schwachen' Konjugationsarten aufweisen. Sie sind vielmehr in einem gleichrangigen Gliederungspunkt „Sonderformen beim

Partizip II" (ENGEL 1988/1996: 403) neben die vier Verbklassen gestellt, ohne daß sie morphologisch näher analysiert werden; auf die morphologischen Gemeinsamkeiten zum Verb WISSEN wird nicht eingegangen. Die unterschiedlichen Grade der Beteiligung an Merkmalen der 'starken' und 'schwachen' Verbklasse, die hier zur Neueinteilung genutzt wurden, spielen innerhalb der Klasse der unregelmäßigen Verben bei ENGEL keine Rolle. Die Verben HABEN, SEIN, WERDEN sind zwar „wegen ihrer flexivischen Besonderheiten" in einer Klasse zusammengefaßt, die Besonderheiten werden aber nicht dargestellt. Vielmehr werden bloß die Flexionsformen des Präsens Indikativ und vier Leitformen aufgeführt; eine morphologische Analyse erfolgt jedoch nicht, so daß die unterschiedlichen morphologischen Strukturen dieser Verben nicht weiter thematisiert werden. Für die Zusammenfassung in einer Klasse scheint eher das syntaktische und morphologische Kriterium, daß alle drei Verben „sowohl Hauptverben wie Auxiliarverben" sein können (ENGEL 1988/1996: 402), bestimmend zu sein.

113.5 Ausschließlich in zwei große Verbklassen teilt GELHAUS (in: DUDEN 1984: 115; 1995: 113) ein. Die Klasse der 'regelmäßigen' Verben bilden die sog. 'schwachen' Verben, die der 'unregelmäßigen' die sog. 'starken' Verben. Die Unregelmäßigkeit bezeichnet all die Verben, die sich morphologisch anders als die verhalten, die als 'regelmäßig' postuliert worden sind, so daß eine andere Auffassung von der Unregelmäßigkeit als in den bisher behandelten Grammatiken vorliegt. In beiden Klassen werden Subklassen unterschieden. Bei den 'regelmäßigen' Verben sind es diejenigen mit *t*- und *e*-Erweiterung bzw. mit *e*-Tilgung (dazu §§ 80.5, 81.2-5, 82.2), die jedoch noch keine vollständige Subklassifizierung ergeben und die vorhandenen morphologischen Strukturen nicht exakt genug erfassen. Bei den 'unregelmäßigen' Verben erfolgt einmal eine Subklassifizierung in Verben mit Ablaut, mit Mischformen, mit Vokal- und Konsonantenwechsel und in Modalverben und die Verben SEIN, HABEN und WERDEN (GELHAUS, in: DUDEN 1984: 123-131; 1995: 122-131). Zum anderen sind bei den ablautenden Verben als „Mittel der Formenbildung" die „Endungen und das Präfix ge-", der Umlaut, der Ablaut, die *e*-Erweiterung, die *e*-Tilgung, der *e*/*i*-Wechsel und der Konsonantenwechsel als weitere morphologische Eigenschaften genannt, die sich jedoch nicht auf die Anzahl der Leitformen auswirken, obwohl in der „Liste aller unregelmäßigen Verben" (GELHAUS, in: DUDEN 1984: 133-143; 1995: 132-142) zu den drei sog. Stammformen zusätzliche Verbformen angegeben sind (GELHAUS, in: DUDEN 1984: 133 Anm. 1; 1995: 132 Anm. 1). Diese erhalten einen anderen Status als die drei Stammformen, weshalb sie und die Stammformen nicht mit den hier angegebenen Leitformen identisch sind, auch wenn teilweise Übereinstimmungen existieren.

113.6 HELBIG/BUSCHA (1986/1994: 34-49) unterscheiden wie GELHAUS (in: DUDEN 1984; 1995) „zwischen regelmäßigen und unregelmäßigen Verben“, wobei sie dasselbe Verständnis für Regel- und Unregelmäßigkeit entwickeln, auch wenn sie in einzelnen morphologischen Segmentierungen nicht mit GELHAUS übereinstimmen. Zu den 'regelmäßigen' Verben rechnen sie außer dem SPIELEN-Typus (hier Klasse I.a) vier „Gruppen von Verben, die in ihrer Tempusbildung einige Besonderheiten aufweisen“. Es sind 1. der BRENNEN- und SENDEN-Typus (I.g.h), 2. der BRINGEN-Typus (I.i), 3. die Modalverben (III) und 4. das Verb HABEN (I.k). Vor allem der Zuordnung des Verbs HABEN zur Klasse I kann aufgrund der hier vorgenommenen morphologischen Analyse ausdrücklich zugestimmt werden. Nicht gefolgt werden kann der Klassifizierung der Modalverben als Subklasse der Verbklasse I. Eine solche Zuordnung wäre nur aufgrund des Tempusmorphems {t} möglich, während die übrigen morphologischen Merkmale für den Ansatz einer eigenen Klasse sprechen. Innerhalb der unregelmäßigen Verben ermitteln HELBIG/BUSCHA (1986/1994: 37-40) acht Klassen, von denen sie zusätzlich drei Gruppen abheben, „die in der Konjugation Besonderheiten aufweisen“. Es handelt sich um die Verben a) GEHEN, STEHEN und TUN, b) WERDEN und c) SEIN. Die Verben der Gruppe a) haben nach HELBIG/BUSCHA „nicht nur einen von den normalen Gruppen abweichenden Vokalwechsel, sondern zusätzlich einen Wechsel im Konsonantismus“. Beide Kriterien reichen nicht aus, um sie als Besonderheiten neben die 'Normalität' der übrigen Klassen ablautender Verben zu stellen. Die Verben zeigen zwar jeweils eine auf sie beschränkte Vokalalternation (Klasse II, Subklassen 40-42), doch gilt dies ebenso für die Vokalalternationen der Verben SITZEN bis HEISSEN (II.24-39). Einen Konsonantenwechsel besitzen außer ihnen auch die Verben LEIDEN (II.1c), ERKIESEN (II.5d), ZIEHEN (II.5e), HAUEN (II.21b), SITZEN (II.24) und WERDEN (II.29) und alle Verben mit einem Lenis : Fortis-Gegensatz wie BINDEN (II.2b). WERDEN konstituiert eine eigene Subklasse, weil es einen spezifischen Vokalwechsel besitzt wie achtzehn andere Verben auch. Das Verbum SEIN setzt sich nicht nur „aus verschiedenen Stämmen“ mit besonderen Vokalalternationen zusammen, was zur Zuordnung zu den ablautenden Verben führen könnte, sondern zeigt im Teilparadigma des Präs. Ind. den spezifischen Morphemtypus der Suppletivmorpheme, wodurch es sich in zentraler Weise von allen anderen Verbklassen unterscheidet, so daß der Ansatz einer eigenen Klasse morphologisch begründeter ist.
113.7 ADMONI (1982: 162-167) unterscheidet fünf Klassen. Die beiden Hauptklassen bilden die 'starken' und 'schwachen' Verben und die drei Nebenklassen die Präteritopräsentien, die kausativen Verben und die Hilfsverben SEIN, HABEN, WERDEN. Die drei ersten Klassen werden auch hier aufgrund morphologischer Merkmalbündel angesetzt. Kausative Ver-

ben sind nach ADMONI solche, „die den durch das Objekt bezeichneten Gegenstand veranlassen, eine Tätigkeit auszuüben oder in einen anderen Zustand überzugehen (oder ihn daran hindern). Formell sind einige kausative Verben dadurch gekennzeichnet, daß sie schwache Verben sind, die den starken Verben mit gleichem Grundmorphem gegenübergestellt sind, wobei der Vokal ihres Grundmorphems sich von dem der starken Verben unterscheidet." Es handelt sich um Verben wie TRÄNKEN und SETZEN, die in einem ehemals vorhandenen sprachlichen Zustand zu einem präteritalen GM der jetzigen Verben TRINKEN und SITZEN gebildet worden sind (HENZEN 1965: 212f.). Dieser Wortbildungsvorgang ist in der Gegenwartssprache nicht mehr zu erkennen und kann daher ebenso nicht zur Grundlage einer besonderen Klassenbildung gemacht werden wie die inhaltsseitigen Kriterien, der „Bedeutungsgehalt" ADMONIS. Morphologisch sind diese Verben in die Klasse I einzubeziehen, worauf ADMONI selbst teilweise hingewiesen hat. Wie bei ENGEL (§ 113.7) bilden die Hilfsverben SEIN, HABEN, WERDEN auch bei ADMONI aus primär inhaltsseitigen und funktionalen Gründen eine eigene Klasse. Morphologisch werden zwar weitere Gründe angegeben: Der Hinweis auf den Suppletivismus bei SEIN müßte bei seiner Spezifizierung zu einer eigenen Klassenbildung führen; derjenige auf „verschiedene Unregelmäßigkeiten in der Bildung ihrer Formen" bleibt für HABEN und WERDEN zu unpräzis und kann „eine gewisse gemeinsame morphologische Besonderheit" mit SEIN nicht begründen.

113.8 HENKEL (1973, 1974) legt eine Klassifizierung in sieben Verbklassen vor, wobei der Artikel von 1974 eine „überarbeitete und erweiterte Fassung" (1974: 1 Anm. 1) des ein Jahr älteren ist. Die sieben Klassen bestehen aus den Verben SEIN (1.), TUN (2.), WERDEN (3.), den Modalverben (4.) den 'starken' Verben mit Vokalerhöhung wie GEBEN (5.), den von der fünften Klasse nicht erfaßten 'starken' Verben (6.) und den Verben HABEN, DENKEN, BRINGEN, DÜNKEN, BRENNEN, NENNEN, KENNEN, RENNEN, SENDEN, WENDEN und den sog. 'schwachen' Verben vom Typ SAGEN (HENKEL 1974: 6). HENKEL (1974: 5) geht einmal von den fünf Teilparadigmata von Präs. Ind. und Konj., Prät. Ind. und Konj. und Imperativ und zum anderen von den „Personalmorphemen", d.h. den RM-Sätzen, aus. Insgesamt erhält er so 26 RM, die jeweils eine „Matrix" bilden, d.h. am Aufbau eines Gesamtparadigmas beteiligt sind. Wenn bei einem Verbum an einer Stelle ein einziges RM verschieden ist, setzt er eine eigene Klasse an. Auf diese Weise vernachlässigt er aber – bis auf den GEBEN-Typus – die Anzahl der GM, ihre interne phonologische Struktur und die damit verbundenen Kombinationsregeln mit den RM bei der Klassenfestlegung. Erst innerhalb einer bereits festgelegten Klasse sollen die „in ihr enthaltenen Verballexeme nach der Beschaffenheit ihrer für die vier Tempus- und Modusreihen charakteristischen Stammvokale und stammauslautenden Konsonanten jeweils in Unterklassen (Konjugationstypen) unterteilt" (HENKEL 1974: 6) werden. Obwohl die RM primär die Klasseneinteilung bestimmen sollen, sind sie nicht in allen Einzelheiten erfaßt: So gehören die Verben BERSTEN und GELTEN zur Klasse 5 wie das Verb GEBEN, zu dem die 2. und 3. Sg. Präs. Ind. *du gibst*, *er gibt* mit den Allomorphen {st} und {t} gehören. BERSTEN hat aber die Formen *du birst*, *er birst* jeweils mit den Allomorphen {∅}. Da diese Allomorphe auf dieses Verb beschränkt sind (§ 89.3), müßte für es nach HENKELS Prinzipien eine eigene Klasse angesetzt werden. Dies gilt auch für GELTEN, bei dem das RM {∅} in der Form *er gilt* vorhanden ist (§ 89.4). Ferner sind in der Klasse 6 nicht alle RM berücksichtigt. So bilden die Verben GLEICHEN, REITEN, BEISSEN (vgl. II.1a.b.d) die 2. Sg. Präs. *du gleichst*, *reitest*, *beißt* jeweils mit unterschiedlichen Allomorphen, was durch die Klasseneinteilung HENKELS nicht sichtbar wird. Bei den Verben TUN und WERDEN führt die besondere Allomorphie bei den RM (§§ 89.2, 88.5) in Verbindung mit den übrigen morphologischen Merkmalen nicht – wie bei HENKEL – zu zwei verschiedenen Klassenbildungen, sondern zu zwei Subklassen innerhalb einer einzigen Klasse, der Klasse II (Subklassen 29, 40; vgl. § 103.2). Spezifische Klassenbildungen werden wie bei HENKEL für SEIN (hier Klasse IV) und die 'Modalverben' (hier Klasse III) vorgenommen. Sie beruhen aber auf der Berücksichtigung eines morphologischen Merkmalbündels und nicht nur auf derjenigen der RM.

113.9 A. BITTNER (1985: 58) gliedert auf der theoretischen Grundlage der von MAYER-THALER (1981) und WURZEL (1984a) entwickelten 'natürlichen' Morphologie die Verben in sieben Klassen. Diese Einteilung wird auch in einer späteren Publikation (A. BITTNER 1996: 83-104) beibehalten, lediglich die Modalverben bilden eine neue, eine achte Klasse. Die Einteilung beruht auf „Charakteristika der nhd. Verbflexion" (A. BITTNER 1985: 54), die nicht durch eine eigene Untersuchung gewonnen, sondern auswählend aus verschiedenen Grammatiken zusammengestellt werden. Die Charakteristika der Klasse I sind 1. Bildung des Präteritum und des Partizips II „durch Ablaut", 2. Bildung des Partizips II „mit der Endung <u>-en</u>", 3. Bildung der 1./3. Sg. Prät. Ind. „ohne <u>-e</u>", 4. Bildung des Konj. Prät. „mit Umlaut", 5. Bildung der 2./3. Sg. Präs. Ind. „mit Umlaut bzw. <u>e</u>/<u>i</u>-Wechsel" und 6. Bildung des Imperativs „mit <u>e</u>/<u>i</u>-Wechsel und/oder Ø-Endung" (A. BITTNER 1985: 54). Die Charakteristika werden 1996 um einzelne flexivische Marker erweitert (A. BITTNER 1996: 61). Zum Charakteristikum 4 wird „-e 1./3. Sg. Konj. vs. -Ø 1./3. Sg. Ind." hinzugefügt, zum Charakteristikum 5 wird das Vorkommen derselben Bedingung auch für die 1.-3. Person angegeben. Das Charakteristikum „1./3. Sg. Präs.: Ø" gilt für die Modalverben/Präteritopräsentien (ebd.: 58), die – im Gegensatz zur Analyse von 1985 – als eine eigene Klasse gewertet werden. Zur Klasse I (1996: 85

„(Teil)Flexionsklasse 1.6") gehören „die prototypischen 'starken' Verben des Nhd.", die „alle Charakteristika der 'starken' Flexion" zeigen (A. BITTNER 1985: 57; 1996: 85). Die Klasse I wird von 31 Verben (1996: 85f. von 29 Verben) gebildet, zu denen LESEN, ESSEN, GEBEN, GESCHEHEN, HELFEN, LASSEN, NEHMEN, SEHEN, SPRECHEN, STERBEN und SEIN gehören; SEIN wird später ohne Begründung wieder aus dieser Klasse herausgenommen (A. BITTNER 1996: 85f.). Bereits diese Zusammenstellung ohne weitere Subkategorisierungen zeigt, daß bei der Klassifizierung die spezifischen Ausprägungen des Ablauts (Charakteristikum 1) und des Umlauts (Charakteristika 4 und 5) keine Rolle spielen. Unbeachtet bleiben weiter alle konsonantischen Unterschiede am Ausgang der GM, die RM-Sätze einschließlich der Allomorphe und das RM {gə} bei der Bildung des Partizips II. Erstaunlich ist die Zuordnung des Verbs SEIN zur Klasse der starken Verben, was durch Formen wie *ich war* und *ich bin gewesen* noch gerechtfertigt werden könnte, nicht aber durch die Formen des Teilparadigmas des Präsens Indikativ (§§ 93, 111.1-2). Die morphologische Segmentierung der Form (*ich*) *bin* in *bi-* und „die Endung -n" (A. BITTNER 1985: 70 Anm. 14) geht am besonderen Status der Suppletivmorpheme vorbei und ist relativ beliebig (vgl. § 93.3). Die Vernachlässigung einer Leitform für die Herleitung des Infinitivs bzw. der Formen von Präs. Ind. und Präs. Konj. ist nicht nur beim Verbum SEIN vorhanden, sondern gilt generell, ohne daß ihre Ausklammerung aus der Ablautfolge begründet wird. Eine solche Begründung ist auch nicht möglich, da der Ablaut kein auf Präteritum und Partizip II begrenztes Phänomen ist.

Die Klasse VII (1996: 103 „(Teil)Flexionsklasse 1.0") ergibt sich aus folgenden Charakteristika: 1. Bildung des Präteritum „mit -t(e)", 2. Bildung des Partizips II „mit der Endung -(e)t", 3. Bildung der 1./3. Sg. Prät. Ind. „mit -e" und 4. Bildung des Imperativs „ohne e/i-Wechsel, aber mit -e-Endung" (A. BITTNER 1985: 55). Das Charakteristikum 1 wird 1996 (A. BITTNER 1996: 60) in „-(e)t-" korrigiert, das Charakteristikum 4 in den Marker „-(e)" spezifiziert. Zur Klasse VII gehören „die prototypischen 'schwachen' (maximal normalen) Verben des Nhd." (A. BITTNER 1985: 65; 1996: 103 steht in Klammern „normalen, unmarkierten"). Als Typus für ca. 3800 Verben wird SAGEN angegeben. Wie bei der Klasse I sind auch bei der Klasse VII einzelne morphologische Merkmale nicht berücksichtigt. So fehlen bei der Bildung des Präteritum (Charakteristikum 1) der Hinweis auf das Allomorph {ət} wie in *er red -et -e* (§ 82.1) und beim Imperativ (Charakteristikum 4) der 1996 aufgenommene Hinweis auf die Allomorphe {Ø} beim Imp. Singular (*qualm!*) bzw. {ət} beim Imp. Plural (*redet!*) (vgl. § 82.11). Bei der Bildung des Partizips II (Charakteristikum 2) wird das RM {gə} unbeachtet gelassen. Wie bei der Klasse I spielen alle phonotaktischen

Unterschiede, die zur Subklassenbildung führen (§ 100.6), ebenso keine Rolle wie die verschiedenen RM-Sätze (§ 82.11).

Die zwischen den Klassen I und VII liegenden Klassen II bis VI folgen nach A. BITTNER (1985: 55) einem „Stark-schwach-Kontinuum", d.h. sie enthalten Verben „mit unterschiedlichem Abbaugrad der 'starken' Charakteristika". In der Klasse II (1996: 90 „(Teil)Flexionsklasse 1.5)" sind Verben wie FAHREN, BACKEN, GRABEN, LADEN, TRAGEN, WACHSEN zusammengefaßt, die „nur 'schwache' Imperativformen" zeigen, „während sie sonst noch durchgängig 'starke' Charakteristika aufweisen." (A. BITTNER 1985: 57; 1996: 90 in fast identischer Formulierung). Das bedeutet, daß gegenüber der Klasse I eine einzige *differentia specifica* bereits als ausreichend zur Konstitution einer 'Klasse' und nicht etwa einer Subklasse angesehen wird. Daher kann SEIN hier eingeordnet werden (A. BITTNER 1996: 90). Der Hinweis auf „weitere Besonderheiten der Formenbildung" und die scheinbare Begründung, daß die „generelle Einordnung suppletiver Verben in (Teil)Flexionsklassen [...] aufgrund ihrer relativen Regelhaftigkeit" (ebd.: 91 mit Anm. 59) geschehe, wird den morphologischen Strukturen von SEIN nicht gerecht. Die Zuordnung zu den Klassen I oder II zeigt ein hohes Maß an Beliebigkeit, und der Verweis auf das Lexikon, wo „Verben der Suppletionsdomäne lexikalisch repräsentiert sind" (ebd.: 91 Anm. 59), ist ein Ausweichen vor der synchron notwendigen morphologischen Klassifizierung und Funktionsermittlung der Morpheme. Hier zeigt sich, daß nicht eine alle morphologischen Aspekte berücksichtigende Klassifikation angestrebt wird, sondern sich die Auswahl der Merkmale an den Charakteristika der Klasse VII orientiert, um „eine implikativ hierarchische Ordnung von Flexionscharakteristika" zu erhalten, auf deren Grundlage sich „der Übergang der 'starken' und 'gemischten' nhd. Verben mit Ausnahme der Präteritopräsentien und der Rückumlautverben" zu den prototypisch schwachen Verben (A. BITTNER 1985: 67) vollziehen soll.

Innerhalb der Klasse II werden nach jeweils einem (in der Subklasse d nach zwei Merkmalen) weiteren unterschiedlichen Merkmal Subklassen gebildet. Neben der Subklasse (a) aus dem FAHREN-Typus bilden Verben wie BLASEN, FALLEN, HAUEN, LAUFEN, SCHLAFEN die Subklasse (b); sie haben „Ø Umlaut im Konj. Prät." (A. BITTNER 1985: 57), wobei Ø „das Nichtvorhandensein eines Charakteristikums aufgrund der phonologischen Umgebung" (ebd.: 71 Anm. 16) bezeichnet. Wie aber ohne Berücksichtigung der RM-Sätze einschließlich ihrer Phonotaktik (vgl. § 79) bei Formen wie 1. und 3. Pl. Prät. Ind. (*wir, sie*) *bliesen* und 1. und 3. Pl. Prät. Ind. (*wir, sie*) *bliesen* ein Einfluß der phonologischen Umgebung erkannt werden kann, bleibt unbegründet. Die Subklasse (c) zeigt „Ø Vokalwechsel im Präsens" (ebd.: 57) und besteht aus Verben wie BIEGEN, BINDEN, BITTEN, FINDEN, LIEGEN, RIECHEN, SCHWIMMEN, TRINKEN; die

Subklasse (d) enthält Verben wie BEISSEN, BLEIBEN, REITEN, SCHREIBEN, STREITEN „mit Ø Vokalwechsel im Präsens, Ø Umlaut im Konj. Prät." (ebd.: 57). In der späteren Darstellung wird diese Subklassifizierung aufgegeben (A. BITTNER 1996: 90). Die Subklassen (a) und (b) bilden die Klasse II (Teil-Flexionsklasse 1.5); HAUEN aus der Subklasse (b) wird in die Klasse III (Teil-Flexionsklasse 1.4) übertragen, wo auch die Subklassen (c) und (d) neben den dort weiter eingeordneten HEBEN und RUFEN erscheinen.

Die Klasse III (1996: 92 „(Teil)Flexionsklasse 1.4") mit den Subklassen (a) HEBEN und (b) RUFEN „haben die 'starken' Imperativformen und den Vokalwechsel im Präsens abgebaut" (A. BITTNER 1985: 59; 1996: 93 in fast identischer Formulierung). Hier wird die metasprachliche Gebundenheit an die beiden Vergleichspunkte (Klassen I und VII) besonders deutlich, denn synchron wird nichts abgebaut, sondern es sind nur morphologische Strukturen vorhanden, die zu anderen in Opposition stehen und die angegebenen Merkmale nicht zeigen, wobei die generelle Aussage zum Imp. Sg. mit dem RM {Ø} kaum haltbar ist (vgl. §§ 89.10-11). Sollte mit dem 'Abbau' ein diachrones Moment gemeint sein (ebd.: 59), so hat dies synchron zu neuen morphologischen Verhältnissen geführt. Eine relative Beliebigkeit in der Zuordnung zeigt sich bei KOMMEN, das trotz des Imp. Sg.-RM {Ø} in *komm!* in die Subklasse (a) integriert und synchron völlig unbegründet einer „Suppletionsdomäne" (A. BITTNER 1985: 70 Anm. 12) zugeordnet wird. Eine weitere Beliebigkeit in der Zuordnung ergibt sich durch den Vergleich der beiden Subklassen. Während die Verben der Subklasse (a) HEBEN, GENESEN, KOMMEN, SCHAFFEN den Konj. Prät. mit Umlaut bilden, also ein Charakteristikum der Klasse I enthalten, ist der Umlaut im Konj. Prät. bei den Verben der Subklasse (b) RUFEN und BRATEN nicht vorhanden und auch diachron nie vorhanden gewesen. Bei ihnen fehlt zwar ein Charakteristikum der Klasse I, aber 'abgebaut' wurde es nicht. Andererseits zeigt BRATEN in der 2./3. Sg. Präs. Ind. *du brätst, er brät* gerade einen 'Vokalwechsel', der in der Klasse III als 'abgebautes' Charakteristikum nicht vorkommen soll. Daß „Übergangstendenzen" bei BRATEN zu den umlautlosen Formen in der 2./3. Sg. Präs. Ind. in der Gegenwartssprache vorkommen sollen (A. BITTNER 1985: 59), begründet noch nicht die hier vorgenommene Zuordnung. In der späteren Analyse wird die Subklassifizierung aufgegeben; gleichzeitig erfolgt eine Ausweitung der Klassenelemente um Verben aus der Klasse II (Teil-Flexionsklasse 1.5).

Die Klasse IV (1996: 99 „(Teil)Flexionsklasse 1.3") ist noch heterogener zusammengesetzt. Ihre Elemente „zeigen das Strukturbildungsprinzip der 'schwachen' Verben, haben aber Ablaut und Umlaut im Konj. Prät." (A. BITTNER 1985: 61; 1996: 99 in ähnlicher Formulierung und zusätzlichem Hinweis auf ein „-(e)t-Suffix"). Die Klasse IV wird von Verben wie

BRENNEN, DÜRFEN, BRINGEN, DENKEN, WISSEN gebildet; eine Subklassifizierung findet nicht statt. Bei den Verben DÜRFEN, KÖNNEN, MÖGEN, MÜSSEN „steht der Umlaut in der unmarkierten flexivischen Kategorie Präsens, und zwar im Infinitiv und im Pl. Präs. Ind.", obwohl der Umlaut als Klassenkennzeichen nur im Konj. Prät. auftreten dürfte. A. BITTNER (1985: 62) versucht, seine Klassifikation zu retten, indem er auf „ein außermorphologisches Merkmal", eine semantische Eigenschaft, zurückgreift und postuliert, daß der Umlaut „im Präsens also nicht die flexivische Kategorie, sondern die lexikalische Kategorie 'Modalverb'" markiere, wobei er die Flexionsformen im Singular des Präsens Indikativ einfach übersieht. Dann spielt es auch keine Rolle mehr, daß „der Umlaut hier ebenfalls als eine Art Ablaut interpretiert werden kann." Das Verb WISSEN verbleibt ohne weitere morphologische Begründung und trotz seiner besonderen morphologischen Strukturen (§§ 108.3, 109.1-2) als „einzige Ausnahme" (ebd.: 63) in dieser Klasse. Zu den Verben BRINGEN und DENKEN fehlen im Rahmen der Klasseneinteilung begründende Ausführungen, doch wird BRINGEN im Einleitungsteil behandelt und dort neben SEIN, WERDEN; HABEN; GEHEN, KOMMEN, LAUFEN; GEBEN; NEHMEN; TRAGEN; SAGEN, SPRECHEN; SEHEN, SCHAUEN; ESSEN „der engeren Suppletionsdomäne" zugewiesen (ebd.: 54, 69 Anm. 7). Selbst wenn „suppletive Formen lexikalisch erworben und verwendet werden" sollten (ebd.: 54), sind sie morphologisch zu beschreiben und in eine Klasseneinteilung einzubeziehen und nicht einfach wegen sog. „Unregelmäßigkeiten" aus der Gesamtanalyse auszugrenzen.

In der späteren Abhandlung werden nur noch die neun Verben BRENNEN, KENNEN, NENNEN, RENNEN, SENDEN, WENDEN bzw. BRINGEN und DENKEN und zusätzlich HABEN in der Klasse IV (Teil-Flexionsklasse 1.3) aufgeführt (A. BITTNER 1996: 99). Wegen „seiner relativen Regularität" wird HABEN „trotz sicherlich lexikalisch erfolgender Repräsentation" aufgenommen (ebd.: 101). Die Verben DÜRFEN, KÖNNEN, MÖGEN, MÜSSEN, SOLLEN, WOLLEN und WISSEN werden aus der Klasse IV herausgenommen und einer neu gebildeten „Flexionsklasse 2.0" zugewiesen, die „die nhd. Modalverben" umfaßt (ebd.: 103). Nach A. BITTNER (1996: 104) gehören sie „aufgrund ihrer separaten und einheitlichen semantischen und syntaktischen Eigenschaften, an die diese Flexionsklasse gekoppelt ist, nicht in das bisher dargestellte Kontinuum." Anders als bisher werden die Einteilungskriterien gewechselt und die „semantische Eigenschaft 'Modalverb'" als „klassenbasierendes Merkmal" angesehen (ebd.: 104).

In der Klasse V (1996: 101 „(Teil)Flexionsklasse 1.2") finden sich die Verben DINGEN, SCHINDEN und SCHLEISSEN, die „'starke' Formen im Partizip Perf." (A. BITTNER 1985: 65) besitzen. Zusätzlich zeigen sie – bis auf SCHLEISSEN – einen Umlaut im Konj. Prät., „obwohl der Ind. Prät.

schon Präsensvokal und -t aufweist" (A. BITTNER 1996: 101). Die Klasse VI (1996: 102 „(Teil)Flexionsklasse 1.1") schließlich enthält die Verben MAHLEN, MELKEN, BERSTEN, FECHTEN, FLECHTEN; sie zeigen als letztes Charakteristikum aus der Klasse I noch ein „'starkes' Partizip Perf." (A. BITTNER 1985: 65). In der späteren Darstellung wird noch zusätzlich das Verb (ER)SCHALLEN aufgenommen (A. BITTNER 1996: 102).
Aufgrund der vorgelegten Klasseneinteilung soll die Annahme, daß die „Strukturregularitäten" (A. BITTNER 1985: 67), die mit WURZEL (1984a: 122) auch als „implikative Paradigmenstrukturbedingungen" bezeichnet werden, „in der Spracherwerbsphase des Kindes für die Erlernung und Handhabung speziell von so komplexen morphologischen Systemen wie der nhd. Verbflexion von Bedeutung sind" (ebd.: 68), nicht weiter geprüft werden. Der Anspruch jedoch, „die bisher vernachlässigten wesentlichen strukturellen Zusammenhänge" (ebd.: 67), die „allgemeineren, das Flexionssystem determinierenden und definierenden Strukturbildungsprinzipien" (A. BITTNER 1996: 69) innerhalb des nhd. Verbalsystems aufgezeigt und „erklärt" (A. BITTNER 1985: 52; 1996: 210 in ähnlicher Formulierung) zu haben, wird unter morphologischen Aspekten weder paradigmatisch noch syntagmatisch erfüllt.

114.1 Die Subklassifizierung der Verben der Klasse II gehört seit dem Artikel von HALLE (1953/1970) zu den am häufigsten behandelten morphologischen Klassifikationsproblemen. PONTEN (1976: 44) möchte inventarisierende, strukturisierende und regulierende Versuche unterscheiden. Inventarisierend sind Arbeiten, die vollständige, alphabetisch geordnete Listen von Verben enthalten, die zur Klasse II zu rechnen sind, auch wenn sie ausschließlich graphische Befunde widerspiegeln, keine morphologische Analyse enthalten und Phonem- und Morphemebene nicht verbinden (dazu neuerdings GELHAUS, in: DUDEN 1984: 133-143; 1995: 132-142; HELBIG/BUSCHA 1986/1994: 41-46), wodurch das „Lexikon [...] an die Stelle der Grammatik" tritt (AUGST 1975c: 234). Strukturierend sind die Arbeiten, die mit Hilfe von einem oder mehreren morphologischen oder morphologisch relevanten Kriterien eine Subklassifizierung vornehmen. Eine Strukturanalyse kann aber nur dann erfolgreich sein, wenn sie alle *langue*-Einheiten und ihre Strukturen und Funktionen erfaßt und die Inventare in die Beschreibung integriert. Bei den regulierenden Arbeiten handelt es sich „um das Aufstellen eines dynamischen Regelkomplexes in generativem Sinne" (PONTEN 1976: 47), wie dies bei den Analysen von ROSS (1967) und WURZEL (1970) der Fall ist. Als regulierend sind über PONTEN hinaus aber auch die Arbeiten anzusehen, die aus sprachdidaktischen Überlegungen heraus Regeln entwickeln, nach denen Sprecher mit der Sekundärsprache Deutsch sich die Verben der Klasse II besonders gut und leicht einprägen können. Seit HALLE (1953/1970) sind solche Überlegungen häufig mit den sprachsystematischen Fragen einer adäquaten Beschreibung verknüpft (MARCHAND 1955: 138). Die Regeln sollen eine Vorhersagbarkeit von Strukturen und Funktionen ermöglichen und können unter dem Aspekt der Erlernung einer Sekundärsprache verschiedene Grade der Vollständigkeit besitzen. Doch selbst dann müssen sie „eine genügend große Effizienz haben", d.h. „Regeln und Ausnahmen müssen in einem angemessenen Verhältnis stehen", und die Regeln müssen auch „einen regelhaften Anwendungsbereich" besitzen (AUGST 1975c: 244).

114.2 HALLE (1953: 45/1970: 320) wählt die 3. Sg. Prät. Ind. „as the basic form", als „Grundform", und nimmt von ihr aus eine Einteilung der 'starken' Verben in vier Subklassen vor. Die erste Subklasse wird von Verben gebildet, deren „Vokal der Grundform /-u-/ oder /-u: -/ ist". Die weiteren Subklassen zeigen die Vokale /o/ oder /ō/, /i/ oder /ī/ bzw. /a/ oder /ā/ (HALLE 1953/1970: 327-330). Diese Klassifizierung stellt nur eine relativ beliebige Gruppierung von Verben dar, bildet keine in sich stimmige paradigmatische Struktur, läßt keine eindeutige Vorhersagbarkeit zu und kommt nicht ohne Zusatzregeln und die Formulierung von Ausnahmen aus, was durch ULVESTAD (1956/1970: 339) und AUGST (1975c: 237) bereits festgestellt wurde. So schließt HALLE (1953/1970: 327f.) von *fuhr* mit Langvokal /ū/ auf den Infinitiv *fahren* und das Partizip II *gefahren*, weil das GM auf /r/ ausgeht. HALLE gibt auch noch den GM-Ausgang auf /l/ an, doch ein solches Verb existiert nicht. Von *wusch* mit Langvokal /ū/ leitet er die Formen *waschen, gewaschen* her. Der GM-Ausgang auf /r/ bewirkt die Vokallänge in den herzuleitenden Formen, sonst findet sich Vokalkürze; die Vokalqualität ist jedoch anzugeben und nicht herleitbar. Von *schund* mit Vokalkürze /u/ sind die Formen *schinden* und *geschunden* mit verschiedenen Vokalqualitäten abzuleiten. Nach *fuhr* richten sich noch fünf weitere Verben (Klasse II.9), nach *wusch* drei weitere Verben (Klasse II.14), *schund* bleibt isoliert (II.25). Neben den bereits bei der Subklassenbildung nicht berücksichtigten Unterschieden in der Vokalquantität, der Vokalqualität und dem konsonantischen GM-Ausgang muß HALLE noch den Vokalwechsel zu *du fährst* und sein Unterbleiben bei *du schaffst* aufführen. Ferner ist GRABEN zusätzlich zu nennen, weil es Langvokale in den herzuleitenden Formen besitzt, obwohl das GM nicht auf /r/ ausgeht. Wegen des Nebeneinanders von *hub* und *hob* zu HEBEN (II.13b) fällt dieses Verb als „unregelmäßig" aus der Subklassenbildung heraus. Auf die Lenis : Fortis-Gegensätze bei den Verben GRABEN, SCHLAGEN, TRAGEN (II.9c) geht HALLE ebensowenig ein wie auf die durch die konsonantischen GM-Ausgänge bei LADEN (II.9b) und WACHSEN (II.14b) bewirkten Allomorphe im Bereich der Relationsmorpheme. Die Klassifizierung von HALLE findet sich auch bei BRINKMANN (1971: 228), der die Wahl des Präteritumvokals funktionell begründen möchte. Nach ihm kommt allein dem „Stammvokal des Präteritums [...]

eine unterscheidende Bedeutung zu; die Unterschiede in der Vokalgestalt des Präsens sind demgegenüber bedeutungslos ('neutralisiert')". Zusätzliche morphologische Begründungen für die Subklassifizierung fehlen. Dies gilt auch für ERBEN (1980: 89-92), der in dieser Tradition steht und neben dem Ablaut den grammatischen Wechsel (ERKIESEN), Konsonantenwechsel (SITZEN), Konsonantenzusatz (HAUEN) und einen Suppletivstamm (SEIN) als Abweichungen im „Konsonantenstand" aufführt, aber daraus keine morphologischen Konsequenzen zieht.

114.3 Neben der Heraushebung einer Grundform kommen Subklassifizierungen vor, die von den Vokalalternationen in drei sog. Stammalternanten oder Stammformen des Präsens, Präteritum und Partizip II ausgehen. Im DUDEN (1966: 73f.) werden „drei Gruppen" oder Subklassen unterschieden. In der ersten Gruppe „haben Präsens, Präteritum und 2. Partizip jeweils verschiedenen Stammvokal"; sie umfaßt die sechs Verben SCHWIMMEN, SCHWINDEN, BITTEN, LIEGEN, HELFEN und GEBÄREN, die jeweils eine andere Vokalalternation besitzen und daher als Subgruppen einzeln aufgeführt werden müssen. In der zweiten Gruppe „haben Präsens und 2. Partizip gleichen Stammvokal, während das Präteritum abweicht", und in der dritten Gruppe „haben Präteritum und 2. Partizip gleichen Stammvokal, während das Präsens abweicht". Zur zweiten Gruppe gehören neun und zur dritten zehn Subgruppen. Bereits die Notwendigkeit der Bildung von 25 Subgruppen zeigt, daß die drei Subklassen keine paradigmatische Aussagekraft besitzen, sondern eine bloße Gruppierung von Verben nach einem abstrakt formulierten Vokalalternationskriterium sind. Innerhalb einer Subklasse ist es nicht möglich, von einer 'Stammform' eines Verbs auf die übrigen zu schließen oder gar von einer Subgruppe auf die nächste. Die Erscheinungen von Umlaut, Vokalerhöhung und alle Formen konsonantischer Unterschiede werden in die Klassifizierung nicht einbezogen. Die Klassifizierung bleibt in der 3. Auflage des DUDEN (1973: 126) und wird erst in der vierten und fünften geändert. Sie erscheint in gleicher Weise bei SCHMIDT (1977: 206), SCHULZ/GRIESBACH (1978: 23f.) und JUNG/STARKE (1984: 172-175) und auch bei TARANTOWICZ (1986: 172), der nach der „Anzahl" der „Ablautalternanten" gliedert und die Beliebigkeit des Vokalismus bei der Klassenkennzeichnung als „/V_1-V_2-V_1/", „V_1-V_2-V_2/" bzw. „/V_1-V_2-V_3/" sichtbar werden läßt, da V „jeden beliebigen Vokal" repräsentiert, aber dennoch nicht jeder Vokal des Deutschen an jeder Leitformbildung beteiligt ist und auch die Vokalabfolge in den Leitformen bestimmten Restriktionen unterliegt.

114.4 Von den Subklassenbildungen nach abstrakt formulierten Kriterien lösen sich einzelne Autoren, indem sie die spezifischen Vokalalternanzen als Grundlagen wählen und zu einer Einteilung in sieben bis zehn Subklassen mit weitergehenden Spezifizierungen kommen. ROSS (1967: 52-54) unterscheidet in seiner primär generativ ausgerichteten Arbeit „zehn Typen des Vokalwechsels“, wobei er auch die in der 2. 3. Sg. Präs. Ind. vorhandenen Vokalalternationen einbezieht, nicht aber die Umlautphänomene. Diese Typen sind weder einheitlich noch widerspruchsfrei definiert, noch enthalten sie alle relevanten Verben. ROSS bezieht die Verben mit *e/a*-Wechsel (BRENNEN) und die Modalverben in die Typologie ein (Typen 8 und 9), ohne die Gesamtheit aller morphologischen Merkmale zu berücksichtigen. Bei den Modalverben bleibt WISSEN ausgeklammert, obwohl es morphologisch gleiche Merkmale besitzt, und kommt auch sonst in keinem der anderen Typen vor. Im Typ 4 mit der Vokalalternation „ē/e - ā/a - ō/o - i“ wie in *helfen*, *half*, *geholfen*, *hilft* spielen die Unterschiede in der Vokalquantität keine Rolle, so daß auch NEHMEN zu diesem Typ gehört, während im Typ 6 die Vokalquantitätsunterschiede bei LESEN und ESSEN zum Ansatz zweier Subgruppen a) und b) führen. Warum das Verb LIEGEN als Subgruppe c) ebenfalls diesem Typus zugeordnet ist, bleibt undurchsichtig. Aus dem Typ 1a (SINGEN) fällt das Verb SCHINDEN heraus, ohne daß sich dies auf die Subgruppierungen auswirkt. Alle konsonantischen Unterschiede am Ausgang der GM werden zur Subklassifizierung nicht herangezogen.

114.5 HOOK (1968: 220f.) unterscheidet acht „Klassen“ (=Subklassen) 'starker‘ Verben, klammert aber von vornherein „die besonders unregelmäßigen Typen (wie bringen)“ aus. Seine Einteilungskriterien sind primär der Vokal des Infinitivs und der Konsonantismus des 'Stamm‘-Ausgangs und sekundär die Vokalalternanz bei drei 'Stamm‘formen; die Erscheinungen der Vokalerhöhung und des Umlauts werden nicht systematisch einbezogen. Auch diese Einteilung ist nicht in sich stimmig durchgeführt und kommt nicht ohne Ausnahmen aus: Die Klasse VI ist völlig heterogen zusammengesetzt, umfaßt die Verben BEWEGEN, ERWÄGEN, FECHTEN, LÜGEN und SCHWÖREN und muß dennoch STECHEN und GEBÄREN als Ausnahmen zulassen. Die Klasse Ia ist zwar einheitlich definiert (sie enthält den Diphthong /ai/ im Infinitiv, der 'Stamm‘ geht auf einen stimmhaften Konsonanten oder vokalisch aus, und der Vokalwechsel ist /ai/, /ī/, /ī/), differenziert aber die GM-Ausgänge im Hinblick auf die folgenden RM nicht weiter und muß LEIDEN als Ausnahme aufführen.

114.6 LODGE (1971: 71, 89f.) ermittelt aufgrund „the stem vowel phase and the following consonant(s)“ zehn Subklassen, berücksichtigt dabei aber die Phänomene von Umlaut und Vokalerhöhung nicht und bezieht auch die Verben WERDEN bzw. GEHEN, SCHWÖREN, STEHEN, SCHINDEN nicht in die Systematik ein. Für WERDEN wird – wie für HABEN und SEIN – wegen der „idiosyncratic morphologies“ eine eigene Klasse angenommen; die anderen Verben „historically classified as strong verbs [...] no longer fit into any of the above patterns“ (LODGE 1971: 82). Wie bei ROSS und HOOK werden die Subklassen nicht einheitlich und ohne Ausnahmen aufgestellt. So besteht die Subklasse IIIa aus den Verben BERSTEN und NEHMEN, deren Unterschiede in der Vokalquantität unbeachtet bleiben, und dem als Ausnahme gewerteten Verb KOMMEN. In der Subklasse Va werden GEBEN und ESSEN nebeneinandergestellt, ohne die Rückwirkung der GM-Ausgänge auf die folgenden RM zu beachten.

114.7 Am umfangreichsten werden die Vokalalternationen von DELACK (1975) im Rahmen seiner generativen Darstellung einbezogen. Er berücksichtigt als erstes Leitformen für das Präsens und den Imperativ, für Prät. Ind. und Konj. und für das Partizip II und erfaßt so alle Vokalalternationen. Als zweites geht er auf den „phonological shape (in quasiphonetic notation)", vor allem auf den konsonantischen GM-Ausgang, ein und kommt so zu insgesamt 9 Subklassen, die er jeweils in zwei bis vier Subgruppen unterteilt, so daß er insgesamt 21 Typen erhält (DELACK 1975: 254f.). Dennoch enthält auch seine Typisierung Ungenauigkeiten; sie ist ferner teilweise widersprüchlich und unvollständig: So wird die Subklasse 8c aus den Verben HEISSEN, LAUFEN, HAUEN, RUFEN und STOSSEN gebildet, die sich alle wenigstens in einem Vokal einer Leitform unterscheiden. Die Subklassen 9a und b bestehen aus den Verben BLEIBEN und BEISSEN mit den Vokalwechseln /ai/ - /ī/ - /ī/ bzw. /ai/ - /i/ - /i/; die weitergehenden Differenzierungen nach den konsonantischen GM-Ausgängen (vgl. Klasse II.1 und II.3 in § 103.2) unterbleiben jedoch. Von den neunzehn Verben mit spezifischem Ablaut (II.24-42, § 103.2) erscheinen bei DELACK nur SAUFEN, RUFEN und STOSSEN. Die übrigen bleiben unberücksichtigt oder werden ohne ausreichende Begründung einer Subklasse zugewiesen, obwohl vokalische Unterschiede vorhanden sind. Auf diese Weise verbindet DELACK das Verb GEBÄREN mit STEHLEN in seiner Subklasse 2a bzw. ERLÖSCHEN mit FLECHTEN in seiner Subklasse 3a.

114.8 Die in den bisherigen Arbeiten erst durch systematische Vergleiche erkennbaren Unvollständigkeiten werden von DURRELL(1980: 23f., 26-28) zum Ausgangspunkt seiner Darstellung gemacht, indem er von vornherein „die stammauslautenden Konsonanten außer Betracht läßt und die rein morphonologisch bedingten Variationen ebenfalls ausschließt", um zum „sehr einfachen Bild" von „bloß acht Alternanztypen" zu gelangen. Durch die Ausklammerung von 15 % aller Verben von SCHNEIDEN über LÜGEN, ESSEN, KOMMEN, SITZEN u.a. bis zu STEHEN kann kein Anspruch auf deskriptive oder explanative Adäquatheit der linguistischen Analyse erhoben werden. Doch selbst bei den behandelten Verben sind die Angaben unvollständig. So spielt in der Klasse 1 in der sog. „Grundform des Ablauts" (ai - i - i) die Vokalquantität noch keine Rolle, sondern sie wird erst durch eine sog. morphonologische Regel, die den konsonantischen GM-Ausgang angibt, eingeführt. Auf diese Weise werden die distinktiven

Funktionen der GM in eine Grundform und eine Regel zerlegt, ohne daß die Wahl der Grundform näher begründet ist. Unberücksichtigt bleiben auch die Erscheinungen der Vokalerhöhung in der 2. 3. Sg. Präs. Ind. und die des Umlauts und das Zusammenwirken von GM und RM. Vor diesem Hintergrund kann der Anspruch von DURRELL (1980: 23), daß „eine Darstellung, die sich auf die paradigmatische Veränderung von Wortformen gründet, zur Beschreibung des systematischen Funktionierens der starken Verben geeigneter ist als eine segmentierende, morphematische Darstellung" nicht nachvollzogen werden. Auch eine regelgeleitete Metasprache ist an die vorherige exakte systematische Erfassung der sprachlichen Gegebenheiten gebunden.
114.9 BORN (1980: 421-423, 429f.) stellt zunächst für die Standardsprache 19 Subklassen auf, indem sie die Vokalalternationen der drei Leitformen für Präsens, Präteritum und Partizip II berücksichtigt und auch die konsonantische „root structure" einbezieht. Die Subklassen werden weiter differenziert, so daß insgesamt 35 Subgruppen entstehen. Danach reduziert sie aufgrund des „phenomenon of preterite elimination in colloquial NHG" (BORN 1980: 426) die 19 Subklassen auf sieben und glaubt so, eine „simplification in the ablaut system" (S. 428) erreicht zu haben. Durch die Eliminierung des Präteritums *gab* erscheinen dann Verben wie GEBEN nicht mehr als ablautende Verben, weil die Vokale im Präsens (*geben*) und im Partizip II (*gegeben*) identisch sind. Auf diese metasprachlichen Vereinfachungen, die den obd. Präteritumschwund (LINDGREN 1957) absolut setzen, braucht nicht weiter eingegangen zu werden. Doch auch die zunächst aufgestellten 19 Subklassen erfassen den sprachlichen Befund nicht vollständig und nicht widerspruchsfrei. So werden Konsonantenwechsel wie bei SCHNEIDEN nicht berücksichtigt, „since they are restricted to a very limited number of verbs" (BORN 1980: 439 Anm. 34). Die Verben mit einem nur einmal vorkommenden Ablaut (vgl. Klasse II.24-42 in § 103.2) werden in unterschiedlichster Weise berücksichtigt. Sie bilden wie STOSSEN, RUFEN, HEISSEN, KOMMEN und STEHEN jeweils eine eigene Subklasse (K, M, O, Q, R bei BORN), werden wie NEHMEN als Subgruppe innerhalb der sechsten Subklasse (F bei BORN) zusammen mit STEHLEN, TREFFEN und HELFEN behandelt oder bilden wie SCHWÖREN, ERLÖSCHEN bzw. LIEGEN, BITTEN, SITZEN jeweils mit einem oder zwei weiteren Verben mit ebenfalls spezifischem Ablaut eine Subklasse (N, S bei BORN). In der Systematik erscheinen die Verben SCHINDEN, SCHALLEN, WERDEN, GEBÄREN und TUN überhaupt nicht. Die erste Subklasse (A bei BORN) besteht aus den Subgruppen REITEN und BLEIBEN, deren 'root structure' mit dem Hinweis auf die Existenz von stimmlosen und stimmhaften Konsonanten jedoch zu global angegeben wird, so daß wie bei DELACK (§ 114.6) alle weiteren Differenzierungen nach den konsonantischen GM-Ausgängen und den damit verbundenen RM unterbleiben (vgl.

Klasse II.1.3 in § 103.2). Nicht einheitlich werden auch die Verben mit spezifischer Vokalalternation behandelt. Die Verben STEHEN, LIEGEN, BITTEN, HÄNGEN und GEHEN werden der Gedächtnisarbeit der Sprecher/Schreiber und damit dem Lexikon zugewiesen und als „no longer rule governed" (BORN 1980: 439 Anm. 40) erklärt; zu den übrigen Verben fehlen entsprechende Bemerkungen. Es ist jedoch nicht möglich, alle nur einmal vorkommendenVerben mit spezifischem Ablaut einfach ins Lexikon zu verweisen, weil selbst in diesem deren morphologische Struktur anzugeben ist und von den GM der Simplizia aus neue Verben gebildet werden, was der Isolation entgegenwirkt (vgl. BESTEHEN, ENTSTEHEN, VERSTEHEN, AUFSTEHEN, UNTERSTEHEN). Im Hinblick auf eine Analyse der Morphemstrukturen ist die Frage, welche Verben im Lexikon und welche in der Grammatik behandelt werden sollen, als sekundär anzusehen. Das Lexikon kann auf keinen Fall dazu dienen, in der Grammatik eine einfache Darstellung künstlich herzustellen.

114.10 Eine Einteilung in acht Subklassen legt FOURQUET (1970, 1985) im Abstand von fünfzehn Jahren vor, die sich bis auf eine Subgruppenzuordnung bei den Verben HEBEN, ERWÄGEN, SCHWÖREN und GÄREN nicht unterscheidet. Einteilungskriterien sind einmal die Vokale der drei Leitformen, ihre generelle Verschiedenheit bzw. ihre teilweise Übereinstimmung, nach der die acht Subklassen in drei Großgruppen zusammengefaßt sind. Die Differenzierung in die Subklassen erfolgt dann über den spezifischen Vokal des Partizips II (FOURQUET 1970: 58) bzw. die zusätzliche Berücksichtigung des Präsensvokals (FOURQUET 1985: 2). Die Großgruppeneinteilung nimmt die Dreiteilung des DUDEN auf (§ 114.3), während in der Subklassenbildung andere Schwerpunkte durch die Konzentration auf den Vokal einer Leitform und nicht die Vokalalternation in allen drei Leitformen gesetzt werden. Wie im DUDEN werden in den einzelnen Subklassen nur recht grobe Gemeinsamkeiten zusammengestellt, deren morphologische Aussagekraft nicht sehr groß ist. So sind in der Subklasse 1 (1970: 58: Classe *a* der Zone 1; 1985: 2: Classe L1 der Base L) die Verben GREIFEN und BLEIBEN enthalten, die Unterschiede in der Vokalquantität im Präteritum und Partizip II bleiben ebenso unbeachtet wie die verschiedenen konsonantischen GM-Ausgänge und deren Rückwirkung auf die RM; lediglich der Konsonantenwechsel bei LEIDEN wird einbezogen. Noch heterogener ist die Subklasse 2 aufgebaut. Sie umfaßt Verben wie VERDRIESSEN, SIEDEN, SCHIEBEN, LÜGEN, ZIEHEN, BIETEN, SAUFEN, SAUGEN (FOURQUET 1970: 58; 1985: 6) und die Subgruppe von HEBEN bis GÄREN, die 1970 noch zur achten Subklasse gehörte. Gemeinsam ist allen Verben eine Vokalidentität zwischen Präteritum und Partizip II, doch ist weder vom Präsensvokal auf deren Vokalquantität noch vom Präteritum bzw. Partizip II auf den Präsensvokal zu schließen. Als 'inclassables' erweisen sich für FOURQUET(1985: 4) die Verben WERDEN, STEHEN und TUN, doch auch HEISSEN ist ohne Zusatzangaben nicht in seine Klassifizierung einbeziehbar.

114.11 Ebenfalls auf der Basis der „drei Stammformen: Präsens, Präteritum, Partizip II" legen HELBIG/BUSCHA(1986/1994: 37-40) eine Einteilung in acht Klassen (=Subklassen) vor, bei der auch „der folgende Laut" einbezogen ist. Bis auf die Subklassen 6 und 8 sind alle Subklassen in zwei Subgruppen unterteilt, so daß insgesamt 14 Typen vorliegen. Die Subklassen und Subgruppen sind aber weder ohne Ausnahmen und widerspruchsfrei definiert noch erfassen sie die ablautenden Verben vollständig. Während die Subgruppen der Subklassen 1 bis 3 jeweils eine spezifische Vokalalternation besitzen, werden für die Subklassen 4a („e-a/a: -o"), 6 („e: -o: -o: oder e-o-o"), 7a („a-i: -a oder a: -i: -a: "), 7b („a-u: -a oder a: -u: -a:") und 8 („au/ei/o: /u: -i: -au/ei/o: /u: ") Alternativen angegeben. Die Subklasse 8 stellt eine Verbindung von vier verschiedenen Ablautformen aufgrund des gleichen Präteritumvokals dar (LAUFEN, HEISSEN, STOSSEN, RUFEN), während bei den übrigen Subklassen die Vokalquantität unberücksichtigt bleibt (z.B. HELFEN, BRECHEN in 4a), obwohl sie bei den Subklassen 1a (ei-i: -i: , BLEIBEN) und 1b (ei-i-i, GLEITEN) zu einer Differenzierung führte. Als relativ beliebig erweist sich die Ordnung, wenn zur Subklasse 2a (GIESSEN) vermerkt wird: „Von Klasse 8 gehört hierher: saufen; von Klasse 3b gehören hierher: glimmen, klimmen". Doch selbst Vokalalternanzen bleiben in der Systematik unberücksichtigt, wenn zur Subklasse 6 (s.o.) die Verben ERWÄGEN, GÄREN, LÜGEN, SCHWÖREN, BETRÜGEN und VERLÖSCHEN mit abweichendem Präsensvokal gestellt werden; zu denen sich dann auch noch ERSCHALLEN aus der Subklasse 7a gesellt. Auch die konsonantischen GM-Ausgänge sind mit Widersprüchen erfaßt. So soll die Subklasse 5b Verben enthalten, bei denen auf den „Stammvokal" ein „stimmhaftes *s* oder kein Konsonant" wie bei LESEN folgt. Die ebenfalls hierhin gestellten Verben GEBEN, TRETEN, LIEGEN und BITTEN erfüllen diese Bedingung jedoch nicht, und auch für LESEN trifft die Aussage wegen des Lenis : Fortis-Gegensatzes nicht auf alle Verbformen zu. Die Subklasse 2b enthält Verben mit der Vokalalternation „i: -o: -o: ", auf deren „Stammvokal" ein „anderer Konsonant (als unter 2a) oder kein Konsonant" folgen soll. Unter 2a sind stimmlose Reibelaute aufgeführt. Die negativ bestimmte Distributionsangabe, die die Kenntnis des Konsonantismus einer anderen Subklasse voraussetzt, überzeugt nicht so wie eine solche mit positiv formulierten Merkmalen und ist auch nicht umfassend genug, da das Verb SIEDEN zu dieser Subklasse hinzugerechnet werden muß, obwohl es im Präteritum und Partizip II einen Kurzvokal /o/ und nicht einen Langvokal /$\bar{o}$/ als Mittel des Ablauts besitzt. Allen Einteilungen in sieben bis zehn Subklassen ist das Bemühen gemeinsam, die zu abstrakten Gruppierungen in drei oder vier Subklassen zu überwinden, doch reichen die verwendeten Klassifizierungsgrundlagen nicht aus, eine neue und überzeugende Klassifikation vorzulegen.

114.12 Eine grundsätzlich andere Einteilung stellt ULVESTAD(1956/1970: 341-344) vor, indem er „vollständige Erfassung und maximale Vorausbestimmbarkeit" miteinander zu verbinden sucht. Er geht von vier Leitformen aus, vom Infinitiv (="Präsensstufe I"), von der 2. 3. Sg. Präs. Ind. (="Präsensstufe II"), vom Präteritum und dem Partizip II (ULVESTAD 1956/1970: 340) und kommt mit insgesamt 48 Subklassen in eine Größenordnung, die in die Nähe der hier aufgestellten 42 Subklassen gelangt. Auf die hier weiter berücksichtigten Leitformen der 1. Sg. Prät. Ind. und der 1. Sg. Prät. Konj. glaubt er verzichten zu können, da er „die regelmäßige Stimmlosigkeit stimmhafter Konsonanten in Endposition" nicht besonders kennzeichnet und er der Meinung ist, daß „die Form des Konj. meist aufgrund der Form des Ind. erschlossen werden kann" (ULVESTAD 1956/1970: 340f.). Die Angabe einer generellen Umlautregel erfaßt jedoch nicht alle Möglichkeiten der Konjunktivbildung und vernachlässigt die interne phonologische Struktur der GM, weshalb auf diese Leitform nicht verzichtet werden kann (§ 103.10). Auch die Erscheinung der Vokalerhöhung ist regelhaft, und dennoch wird sie von ULVESTAD bei der Aufstellung der Leitformen berücksichtigt. Die interne phonologische Struktur der GM wird auch von den konsonantischen Unterschieden am GM-Ausgang, zu denen der Lenis : Fortis-Gegensatz gehört, mitbestimmt und regelt die Wahl der Allomorphe im Bereich der RM (§§ 102, 88f.). Bei der Ermittlung der internen phonologischen Strukturen von Morphemen kann der Konsonantismus nicht prinzipiell anders behandelt werden als der Vokalismus. ULVESTAD verhält sich im Bereich des Konsonantismus inkonsequent, weil er bei Verben wie LEIDEN in der Form „/-i-/ & /d/ → /t/" die Veränderung des Konsonantismus zwischen einzelnen Teilparadigmata in einer Ersetzungsregel angibt, während er beim Lenis : Fortis-Gegensatz innerhalb von Teilparadigmata auf eine solche Angabe verzichtet. Die Vernachlässigung des Konsonantismus entsteht zum Teil dadurch, daß er die „Regeln für die Verbindung [der GM] mit den entsprechenden Prä- und Suffixen [=RM]" nicht selbst behandelt, sondern auf deren angemessene Formulierung in den meisten Lehrbüchern verweist (ULVESTAD 1956/1970: 340). Mit der nicht vollständigen Berücksichtigung der konsonantischen Distributionen sind einzelne anders als hier (§ 103.3) vorgenommene Subklassifizierungen verbunden. So führen bei ULVESTAD die Angaben „/-ai-/ vor stl. Kons." bzw. „/-ai-/ nicht vor stl. Kons." bei Verben wie BLEICHEN (II.1a) und SCHEINEN (II.3a) zum Ansatz der zwei 'Ausnahmen' HEISSEN (II.39) bzw. LEIDEN, SCHNEIDEN (II.1c) in jeweils einer eigenen Subklasse (Nr. 26 bzw. 20 bei ULVESTAD), während es hier gelingt, die Verben LEIDEN, SCHNEIDEN in die

Subklasse 1 einzubeziehen, also eine Subklasse weniger anzusetzen. Außerdem ist die Aussage 'nicht vor stl. Kons.' insofern ungenau, weil sie GM-Ausgänge ohne Konsonantismus wie bei SPEIEN, LEIHEN (II.3a) bestenfalls indirekt erfaßt. Insgesamt ist der Verweis auf die vorhandene oder fehlende Sonorität zu generell formuliert, da nicht alle Konsonanten, die die Bedingungen erfüllen, als GM-Ausgänge erscheinen. Ist hier die Distributionsangabe zu weit, so ist sie bei „/-i: -/ vor /s/" zu eng. Sie beschreibt so ULVESTADS Subklasse 3 (FLIESSEN); für die Verben KRIECHEN, RIECHEN (Subklasse 22), TRIEFEN (Subklasse 33), SIEDEN (Subklasse 32), die aber genau den gleichen Ablaut besitzen, muß er drei weitere Subklassen annehmen, während es hier gelingt, sie in einer Subklasse zu vereinigen (II.4a-c). In sich inkonsequent ist ULVESTADS vierte Subklasse zusammengestellt, weil sie Verben mit „/-i: -/, /-ö: -/ oder /-ü: -/ vor sth. Kons." enthält, während er sonst vokalische Alternativangaben meidet. Wegen der vorhandenen Vokalalternation sind hier für TRÜGEN (II.19), SCHWÖREN (II.37) und FLIEGEN (II.5) eigene Subklassen angesetzt. Die von ULVESTAD (1956/1970: 340) thematisierte Entscheidung, aufgrund von umgangssprachlichen Realisationen vor allem in Norddeutschland die Vokalunterschiede zwischen /ē/ und /ä̅/ unberücksichtigt zu lassen, wirkt sich auf den Umfang seiner Subklassen 13 und 15 aus, die neben HEBEN bzw. STEHLEN auch GÄREN, ERWÄGEN bzw. GEBÄREN enthalten, die hier wegen der in Süddeutschland vorhandenen Opposition eigene Subklassen bilden (II.18.35). Anders als bei ULVESTAD(1956/1970: 343) werden die Verben TUN und WERDEN nicht „in speziellen Paradigmen" beschrieben, sondern aufgrund morphologischer Gemeinsamkeiten der Klasse II zugeordnet (II.29.40). Trotz der aufgezeigten Einschränkungen stellt ULVESTADS Klassifizierung gegenüber den bisher behandelten Arbeiten einen deutlichen Fortschritt im Hinblick auf die Genauigkeit der Analyse und die Vollständigkeit der Materialbehandlung dar.

114.13 Eine Verbindung der Ergebnisse von HALLE, DUDEN (1966, 1973) und ULVESTAD versucht FABRICIUS-HANSEN (1977a, b). Als Hauptkriterium der Klassifikation dienen ihr erstens ein Vergleich des Vokals des Partizip II-'Stamms' mit dem des Präterital- und des Präsens-'Stamms' und zweitens „die Qualität des Stammvokals im Präteritum" (FABRICIUS-HANSEN 1977a: 195). Durch das erste Kriterium erhält sie „drei Typen", die den drei Gruppen des DUDEN (1966, 1973) entsprechen, und das zweite Kriterium führt zu „vier Kategorien", die mit HALLES Subklassifizierungen identisch sind. Über die Reichweite dieser Klassifikationen wurde das Notwendige bereits ausgeführt (§§ 114.2f.). Die Kombination der 'drei Typen' und 'vier Kategorien' führt zu „insgesamt 10 Klassen", weil zwei der zwölf theoretisch möglichen Kombinationen nicht realisiert wurden. Ein Erkenntnisgewinn gegenüber dem DUDEN (1966, 1973) und HALLE wird dadurch noch nicht erreicht, wohl aber durch die weitergeführte Subklassifizierung. Dabei wird zunächst „nach der Quantität des Präteritalvokals in Unterklassen eingeteilt (1.: kurz, 2.: lang), die nach sonstigen Unterschieden der Vokalalternation in weitere Subklassen zerfallen". Insgesamt ergeben sich so „47 durch den Vokalwechsel definierte Subklassen" (FABRICIUS-HANSEN 1977a: 196). In den 47 Subklassen sind auch die Verben TUN und WERDEN enthalten, die mit Recht zu den 'starken' Verben hinzugerechnet werden, auch wenn zur Begründung die alleinige Berücksichtigung der Vokalalternationen um weitere morphologische Beobachtungen ergänzt werden muß. Die 47 Subklassen enthalten alle 42 hier ermittelten Subklassen der Verbklasse II (§ 103.2). Die Unterschiede bestehen bei einer begrenzten Anzahl von Verben, die hier in vier Subklassen zusammengefaßt sind, bei FABRICIUS-HANSEN (1977a: 196-198) aber zu neun Subklassen führen. Dies liegt daran, daß FABRICIUS-HANSEN zwar prinzipiell die Subklassen nach der Form des Ablauts, ihren sog. 'drei primären Tempusstämmen', bestimmt, daß sie aber gelegentlich von diesem Prinzip abweicht, indem sie „zwei sekundäre Tempusstämme" berücksichtigt, nicht um zu Subgruppen der Subklassen zu gelangen, sondern um mit ihrer Hilfe weitere Subklassen aufzustellen. Die 'sekundären Tempusstämme' sind „ein sekundärer Präsensstamm bei Verben mit Vokaländerung innerhalb des Präs." und „der Stamm des Konj. Prät. bei Verben mit umlautfähigem Vokal im Präteritalstamm" (FABRICIUS-HANSEN 1977b: 22). So bilden bei FABRICIUS-HANSEN die Verben LAUFEN und HAUEN zwei verschiedene Subklassen, obwohl sie den gleichen Ablaut besitzen, da sie sich durch die 2. 3. Sg. Präs. Ind. *du läufst*, *er läuft* bzw. *du haust*, *er haut* unterscheiden. Hier führt der Ablaut zur Subklasse 21, während die Vokale der 2. 3. Sg. Präs. Ind. die Subgruppen a und b ergeben (§ 103.2). Ebenso verhält es sich bei den beiden von FABRICIUS-HANSEN angesetzten Subklassen BACKEN, WACHSEN, WASCHEN bzw. SCHAFFEN, die hier zur Subklasse 14 vereint sind. Bei BACKEN sind die Formen *du backst*, *er backt* bereits häufiger als die mit Vokalwechsel (*du bäckst*, *er bäckt*). Auch die drei Subklassen TRETEN und GESCHEHEN, SEHEN, GEBEN, LESEN bzw. GENESEN beruhen auf der Berücksichtigung des Vokals in der 2. 3. Sg. Präs. Ind., während dieser hier nur zur Subgruppenbildung innerhalb der Subklasse 10 genutzt wird. Die Verben STERBEN, VERDERBEN, WERBEN, BERGEN, WERFEN, HELFEN bzw. BERSTEN, GELTEN, SCHELTEN bilden bei FABRICIUS-HANSEN zwei Subklassen; dagegen sind sie hier zur Subklasse 6 zusammengefaßt. Sie stimmen in der Form des Ablauts und der Vokalerhöhung überein, differieren aber im Vokal des Konj. Prät., worauf FABRICIUS-HANSEN (1977a: 198) durch die Angaben „/a/ (/y/)" bzw. „/a/ (/∅, ε /)" hinweist. Diese Angaben sind aber nicht ganz genau, denn der Umlaut /∅, ε / (= /ö/, /ε/) findet sich nur bei GELTEN (II.6b) im synchronen Nebeneinander zweier Formen (*gölte*, *gälte*), während bei BERSTEN (II.6c) nur /ε/ und bei SCHELTEN (II.6b) nur /ö/ erscheint. Das /y/ = (=/ü/) kommt nur bei STERBEN, VERDERBEN, WERBEN und WERFEN vor, während im Konj. Prät. bei BERGEN nur /ε/ vorhanden ist und HELFEN ein Nebeneinander von /ü/ und /ε/ zeigt (vgl. II.6a.d.e). Werden auch die konsonantischen GM-Ausgänge bei der Subklassifizierung berücksichtigt, entstehen weitere Subgruppen innerhalb der Subklassenbildung. Die von FABRICIUS-HANSEN einbezogenen vokalischen Aspekte verhalten sich nicht grundsätzlich anders als die Unterschiede im Konsonantismus, sie sind bei dem Verb HAUEN (II.21b), aber auch bei den Verben TRETEN (II.10b), LESEN (II.10c), GENESEN (II.10d) sogar miteinander gekoppelt. FABRICIUS-HANSEN (1977a: 196) betont zwar, daß in den einzelnen Subklassen „die Anordnung der Verben soweit möglich nach dem Stammauslaut" erfolgt, doch erschöpft sich dieses Verfahren in der Trennung der 'Stammausgänge' nach primär orthographischen Prinzipien durch den Einsatz eines Semikolons. So werden die Verben GLEITEN, LEIDEN, GREIFEN, BEISSEN und BLEICHEN zwar in ihrer 'Anordnung' getrennt, die phonologische Gemeinsamkeit der Verben GREIFEN und GLEICHEN, die die Subklasse 1a bilden, wird aber nicht erkannt. Obwohl die „Kenntnis des stammauslautenden Konsonantenwechsels bzw. -zusatzes [...] eine Voraussetzung für die korrekte Anwendung" der von ihr aufgestellten Regeln ist, wird der Konsonantismus nicht in gleicher Weise systematisiert wie der Vokalismus. Vielmehr werden Verben, die „Ausnahmen einer Regel bilden oder Änderungen im Konsonantismus" zeigen „vorne und hinten durch einen Stern" als „unregelmäßig" gekennzeichnet (FABRICIUS-HANSEN 1977a: 196, 203). Um eine „Korrelation zwischen dem Präsensstamm eines starken Verbs und seiner Klassenzugehörigkeit" (ebd.: 203) aufzeigen zu können, werden die Regeln zu allgemein und mit zu vielen Ausnahmen formuliert und erreichen nicht das Ausmaß der Genauigkeit, das bei der Aufstellung der Subklassen teilweise erzielt wurde.

114.14 Zur gleichen Zeit wie FABRICIUS-HANSEN legen KERN/ZUTT (1977: 19) eine Klassifizierung in 41 Subklassen vor. Sie stützen sich auf die Angabe des DUDEN (1973: 127-135) und berücksichtigen ausschließlich die verschiedenen Formen des Ablauts. Bis auf das bei ihnen fehlende Verb TUN (II.40) sind die Subklassen mit den hier vorgelegten identisch. Bei KERN/ZUTT fehlen aber alle Subgruppierungen aufgrund der Erscheinungen von Vokalerhöhung und Umlaut und der Berücksichtigung der konsonantischen GM-Ausgänge und alle Aussagen, die sich aus der Verbindung der GM und der Allomorphe der RM ergeben.

114.15 In zwei Arbeiten unterteilt VEITH (1982, 1984) die 'starken' Verben in sechs Klassen, indem er vom Vokal des Partizips II ausgeht. Innerhalb der Klassen unterscheidet er Subklassen, „die sich bei den Einzelvokalen erstens nach der phonetischen Länge oder Kürze und zweitens nach dem Präsensvokal richten" (VEITH 1982: 177). Auf diese Weise erhält er 1982 40 Subklassen (VEITH 1982: 178-180) und 1984 41 Subklassen (VEITH 1984: 50-53). Die Subklassen sind bis auf das Verb WERDEN identisch, das 1982 fehlt und 1984 aufgenommen ist. Seine Subklasseneinteilung stimmt bis auf das bei ihm nicht aufgenommene Verb TUN mit der hier vorgelegten Einteilung überein. Anders als bei FABRICIUS-HANSEN fehlen bei VEITH alle weiteren Subgruppierungen, die sich durch die Erscheinungen der Vokalerhöhung und den Umlaut ergeben; sie sind lediglich durch verschiedene Formen der Unterstreichung, jedoch ohne paradigmatische Konsequenz, erfaßt. Wie bei FABRICIUS-HANSEN spielen die durch den Konsonantismus hervorgerufenen Subgruppierungen bei VEITH keine Rolle. Die Wichtigkeit der Kenntnis der RM-Sätze, die dem „Ausdruck von Numerus und Person" (VEITH 1982: 174) dienen, wird zwar erwähnt, die Kombinationsregeln bei der Verbindung von GM und RM werden jedoch nicht behandelt. Anders als in allen bisherigen Darstellungen bezieht VEITH (1982: 178; 1984: 50) die Formen *war/gewesen* in die ablautenden Verben ein und ordnet sie dem GEBEN-Typus (vgl. II.10) zu, weil SEIN „nur in der angegebenen Form als stark belegt ist" (VEITH 1982: 180). Eine Klassifikation ohne die Berücksichtigung der Teilparadigmata des Präsens ist aber nicht möglich, weshalb hier für SEIN eine eigene Klasse IV angesetzt wurde (§ 111).

114.16 Die Klassifikationen von ULVESTAD bis VEITH (§§ 114.12-15) fließen in die Darstellung von GELHAUS (in: DUDEN 1984; 1995) ein, die hier zum Ausgangspunkt weiterführender Überlegungen gemacht wurde (§§ 84-89). Insgesamt ist in allen Abhandlungen die Tendenz zu erkennen, von allgemeinen und groben Klassifizierungen zu solchen zu gelangen, die der internen phonologischen Struktur der GM im Bereich des Vokalismus und Konsonantismus gerecht werden und auch die Verbindung der GM mit den RM und damit die morphologischen Aufbauprinzipien eines Gesamtparadigmas einbeziehen.

3.2 Das Substantiv, seine Klassen und Subklassen

3.2.1 Morphologische Strukturen, grammatische Kategorien und Deklinationsparadigmata

115 Die morphologische Struktur der Wortart Substantiv wird einmal durch Grund- und Relationsmorpheme und zum anderen durch die Existenz von Artikeln, die zu einer anderen Wortart gehören (EROMS 1988: 269), geprägt. Die Artikel bestehen entweder aus Suppletivmorphemen (*der*, *die*, *das*) oder aus GM und RM (*ein*, *eine*). Die Substantivformen verweisen auf die grammatischen Kategorien von Kasus, Numerus und Genus. Im Deutschen existieren die vier Kasus Nominativ, Genitiv, Dativ und Akkusativ, die im Singular und Plural vorkommen. Singular und Plural bilden die beiden Numeri und Maskulinum, Femininum und Neutrum die drei Genera. In den einzelnen Substantivformen werden die grammatischen Kategorien in unterschiedlichem Maße gekennzeichnet. Die dabei auftretenden internen morphologischen und phonologischen Strukturen wirken sich auf die Klasseneinteilungen aus.

116.1 Eine Verbindung von Substantiven mit Artikeln ist nicht in allen Äußerungen notwendig. Werden die Substantive, speziell die Nomina appellativa, im Plural in generalisierender Funktion gebraucht (*Kinder schenken Müttern Blumen.*), kann „ganz auf den Artikel verzichtet" (GELHAUS, in: DUDEN 1984: 215) bzw. in anderer Terminologie „die pluralische Nullform des unbestimmten Artikels" (GELHAUS, in: DUDEN 1995: 313) gewählt werden. Wenn Substantive Stoffe bezeichnen und „der jeweilige Stoff ganz allgemein oder eine bestimmte Menge davon gemeint ist" (*Wir kaufen Butter.*), fehlt der Artikel „üblicherweise" auch im Singular (GELHAUS , in: DUDEN 1984: 217; ähnlich 1995: 316). Bei Nomina propria, die schon „ganz bestimmte Einzelwesen oder -dinge bezeichnen, also individualisieren" (*Arnold ist ein starker Junge.*), wird „im allgemeinen" kein Artikel verwendet (GELHAUS, in: DUDEN 1984: 218; ähnlich 1995: 315). Bei einer Artikelverwendung hebt ein Sprecher/Schreiber mit dem unbestimmten Artikel „etwas aus einer gegliederten Gesamtheit heraus und drückt aus, daß es unbekannt ist oder als unbekannt angesehen wird" (*Fritz hat ein Geschenk besorgt.*). Mit dem bestimmten Artikel läßt sich ausdrücken, „daß etwas bereits bekannt ist oder als bekannt vorausgesetzt wird" (*Das Geschenk ist schön.* – GELHAUS, in: DUDEN 1984: 214). Für die morphologische Analyse ist eine vollständige Aufzählung aller Verwendungsweisen von Substantiven mit und ohne Artikel unnötig (dazu BISLE-MÜLLER 1991: 4-6; 116-124; CONFAIS 1993: 190-195; GELHAUS, in: DUDEN 1984: 214-221; 1995: 309-318; GRIMM 1986, VATER 1979). Es genügt festzuhalten, daß die Substantive eine Artikelfähigkeit besitzen, durch die über die angegebenen Funktionen hinaus auch die grammatische Kategorie des Genus markiert wird. Wegen dieser Funktionalität und um das Zusammenwirken der Morpheme bei der Kennzeichnung der substantivischen grammatischen Kategorien darstellen zu können, wird im folgenden bei den Deklinationsparadigmata jeweils der bestimmte Artikel mit angegeben. Auf das Zusammenwirken von Artikel als Determinans (neben anderen Determinanten) + Adjektiv + Substantiv als Nukleus innerhalb von nominalen Satzgliedern wird bei der Behandlung der Adjektive näher eingegangen (§§ 169.1, 170.1).

116.2 Durch die Verbindung von bestimmtem Artikel und Substantiv wird jedoch noch nicht der Auffassung zugestimmt, daß der bestimmte Artikel ein „grammatisches Morphem des Substantivs" sei (NEUMANN 1967: 22), weil er „immer unbetont" und „niemals 'selbständig' als Minimaläußerung" vorkommt (ebd.: 19). Mit Recht weist NEUMANN (1967: 19f.) zwar darauf hin, daß im Gegensatz zum Wort nur „der Satz [...] in der Kommunikation als syntaktisch selbständige, d.h. im allgemeinen konstruktionell unabhängige und allein äußerbare Einheit der Rede" auftrete und daß ein Satz „nur aus e i n e m Satzglied bestehen" und dieses „durch nur e i n Wort realisiert" sein könne (dazu auch SIMMLER 1984: 33-35; SIMMLER 1985: 455, 468), aber seine davon abgehobenen Aussagen zum Wort und weiter zum bestimmten Artikel sind nicht zwingend. Von einer Selbständigkeit des Wortes möchte er „nur im Rahmen der Rede" sprechen und das Wort als die „kleinste sprachliche Einheit, die in der Lage ist, als Satzglied – im Sonderfall als einziges – zu fungieren" definieren. Alle Elemente, die dieser Definition nicht genügen, sind nach ihm „entweder Morpheme, die zum Wort treten, wie der Artikel und die Präpositionen, oder es sind Syntaxeme, die Funktionen beim Aufbau und bei der Verbindung der Sätze und Satzteile haben wie z.B. die echten Konjunktionen und die modalen Partikeln". Die Konzentration der Wortartenermittlung auf ein einziges syntaktisches Kriterium, das der potentiellen Satzgliedhaftigkeit, vernachlässigt die morphologischen und inhaltsseitigen Kriterien und wird auch der syntaktischen Funktionalität von Wortarten nicht gerecht, weil Wortarten wie Präpositionen auch ausschließlich eine Satzgliedteilfunktion signalisieren können bzw. eine solche Funktion auch neben eine Satzgliedfunktion wie beim Substantiv treten kann. Morphologisch und inhaltsseitig wird der Wortartenstatus des bestimmten Artikels besonders deutlich. Seine paradigmatische Struktur besteht aus Suppletivmorphemen, deren Funktionen dem anders morphologisch aufgebauten unbestimmten Artikel entsprechen, von dem er sich in seinen lexikalischen Funktionen unterscheidet, mit dem er aber gemeinsam „eine Vorausinformation über das folgende Nomen" gibt, „die sich auf seine diskursivtextuelle und auf seine kategoriale Einordnung nach Genus, Numerus und Kasus bezieht" (EROMS 1988: 268).

117.1 Ein erster Eindruck von der Verteilung der grammatischen Kategorien auf die einzelnen Substantivformen ergibt sich aus dem Deklinationsparadigma A:

Tabelle 9: Deklinationsparadigma A der Substantive

N.S. der Fisch[1]	N.P. die Fisch-e[2]
G.S. des Fisch-es	G.P. der Fisch-e[2]
D.S. dem Fisch-e[2]	D.P. den Fisch-en
A.S. den Fisch[1]	A.P. die Fisch-e[2]

117.2 Die Wortformen des Substantivs FISCH bestehen alle aus einem GM {fiš} und dem RM-Satz {∅, əs, ə, ∅; ə, ə, ən, ə}. Unter Nichtbeachtung der Artikelformen entstehen zwei durch Indizes gekennzeichnete homophone Formen, durch die die Kasus- und Numeruskategorie nicht eindeutig markiert sind. Werden die Artikelformen einbezogen, bleibt nur noch die Homophonie beim N.A.P. übrig, die die Eindeutigkeit der Kasuskategorie tangiert. Eine Einschränkung in der kommunikativen Funktion entsteht jedoch nicht, weil durch die grammatische Kongruenz zwischen Subjekt und Prädikat bzw. durch die Verbrektion in Verbalsätzen eine Kennzeichnung der Kasuskategorie erfolgt (NEUMANN 1961: 59). Für die Gegenwartssprache ist es charakteristisch, daß die Numeruskennzeichnung weitestgehend bereits morphologisch gesichert ist, während zur Kennzeichnung der Kasuskategorie ein Zusammenwirken morphologischer und syntaktischer Merkmale erforderlich wird (WERNER 1970b: 124).
117.3 Eine besondere Markierung der Numeruskategorie liegt beim Substantiv BART vor, weil im Vergleich zu FISCH zwei GM und nicht nur ein einziges vorkommen. Die GM {bārt} und {bǟrt} verteilen sich auf die Teilparadigmata von Singular und Plural und signalisieren die Numeruskategorie in eindeutiger Weise. Durch die beiden GM ist die Homophonie zwischen D.S. und N.G.A.P. beseitigt, soweit sie die Numeruskategorie betrifft. Der Vokalwechsel in den beiden GM gehört zur Erscheinung des Umlauts, der zusammen mit den konsonantischen Phonemen der GM bei der Wortart Substantiv somit eine andere morphologische Funktion besitzt als bei der Wortart Verb (§ 86). Da der RM-Satz identisch bleibt, bilden die Wörter FISCH und BART aufgrund der unterschiedlichen GM-Anzahl zwei verschiedene Subklassen der durch den RM-Satz bestimmten Klasse.
117.4 Von den im Vokalsystem erkennbaren sieben prinzipiellen Umlautmöglichkeiten (§ 84.8) werden alle sieben in Verbindung mit dem RM-Satz des Deklinationsparadigmas A ausgenutzt (vgl. Zusammenstellungen bei HELBIG/BUSCHA 1986/1994: 239f.). Neben dem Umlaut von /ā/ : /ǟ/ (BART) kommen die Umlaute von /a/ : /ɛ/ (*der Ball* : *die Bälle*), /o/ : /ö/ (*der Bock* : *die Böcke*), /ō/ : /ȫ/ (*der Sohn* : *die Söhne*, *das Floß* : *die Flöße*), /u/ : /ü/ (*der Fuchs* : *die Füchse*), /ū/ : /ǖ/ (*der Hut* : *die Hüte*) und von /ao/ : /oi/ (*der Traum*: *die Träume*) vor. Wird die Anzahl der Vokalwechsel in den GM als Mittel der Subklassifizierung verwendet, dann bilden die spezifischen sieben Vokalwechsel sieben Untergruppen der durch einen Vokal-

wechsel in GM markierten Subklasse. In allen Untergruppen zeigen sich Maskulina, während das Genus des Neutrums nur in der Untergruppe /ō/ : /ȫ/ erscheint. Die interne phonologische Struktur der GM in den übrigen Subgruppen enthält somit auch einen Hinweis auf die grammatische Kategorie des Genus, der jedoch erst in Verbindung mit dem RM-Satz des Paradigmas A spezifiziert wird, wie der Vergleich zum Paradigma B, zu dem nur Feminina gehören, zeigt (§ 118).

117.5 Neben dem Vokalwechsel entstehen unterschiedliche phonologische Strukturen von GM auch durch Konsonantenwechsel am GM-Ausgang. Dieser Konsonantenwechsel kommt bei Substantiven mit und ohne Umlautmöglichkeiten vor (GRAD, BRAND). Eine bedeutende Rolle spielt dabei das RM {∅}, das aufgrund von paradigmatisch gebundenen Oppositionen generell für alle N.S.-Formen völlig unabhängig von der Substantivklasse anzusetzen ist. Vor dem RM {∅} bzw. vor einem mit dem Vokal /ə/ beginnenden RM ergibt sich der bereits im Verbalbereich beschriebene Wechsel von Fortis- und Lenisphonemen (§ 80.3) bei Substantiven wie GRAD, BRAND, MOND, MORD, HUND, GRUND; KORB, DIEB; TAG, SCHLAG, ZUG, WEG und GREIS, GAS. Tritt eine Fortis im Paradigma A im Wechsel mit einer Lenis auf, dann ist sie immer ein zusätzlicher Hinweis auf die Numeruskategorie des Singular.

117.6 Aus Oppositionen wie *der Halm* : *die Halme*, *der Tag* : *die Tage*, *das Schaf* : *die Schafe*, *der Dolch* : *die Dolche*, *der Dom* : *die Dome*, *das Tor* : *die Tore*, *der Besuch* : *die Besuche*, *der Hund* : *die Hunde*, *der Ruf* : *die Rufe* und *der Laut* : *die Laute* geht hervor, daß der Umlaut nicht generell in Verbindung mit dem Pluralmorphem {ə} auftritt, sondern wortgebunden verwendet wird. In den beiden Subklassen müssen die Substantive mit und ohne Umlaut aufgezählt werden, wenn sie einsilbig sind. Bei den Substantiven mit einem einsilbigen GM und der allgemeinen Phonotaktik K+V+K oder K+V+K+K ist es nicht möglich, eine generelle Umlautregel zu formulieren. Bei den Substantiven, die dem Paradigma A zuzuordnen sind, ist der Umlaut „heute kein eigenes Bildungsprinzip für den Plural", sondern „eine Variation zu bestehenden Pluralbildungsmöglichkeiten, deren Bedingung synchron oft nicht durchschaubar ist" (AUGST 1975d: 16). Die Wirkung des Umlauts als Pluralanzeiger wird auch dadurch eingeschränkt, daß einzelne Substantive wie STÜCK, KÄFIG und GÄNSERICH bereits in den Singularformen einen Umlautvokal besitzen, so daß es zwischen den Singular- und Pluralformen zu keiner Vokalalternation kommen kann. Daher erweist sich das Pluralmorphem {ə} als das für die Klassenbildung relevante Merkmal, jedoch nicht allein, sondern als Teil eines RM-Satzes, der die Klasse primär morphologisch bestimmt; der Umlaut kann nur sekundär und damit zur Subklassenbildung herangezogen werden.

KÖPCKE (1994: 92) möchte anhand der Pluralbildung monosyllabischer Maskulina zeigen, „daß die Umlautung des Stammvokals nicht zufällig erfolgt, sondern auf spezifische semantische und/oder phonologische Gemeinsamkeiten der in Frage kommenden Nomina zurückzuführen ist“ und „auf Schemata basiert, die mehr oder weniger verläßlich ein spezifisches grammatisches Verhalten für gegebene Wörter signalisieren.“ Als semantisches Schema glaubt er erkennen zu können, „daß das Deutsche die Umlautung des Stammvokals bei der Pluralbildung dafür ausnutzt, *Nähe* zum Menschen zu signalisieren. Komplementär hierzu wird gerade dann auf den Umlaut verzichtet, wenn *Entfernung* zum Menschen ausgedrückt werden soll.“ (ebd.: 93). Wenn dabei Wörter wie WOLF, SCHWAN, FROSCH, BART und STUMPF eine größere Nähe zum Menschen als HUND, STAR, LACHS, ARM und HALM kennzeichnen sollen, wird das Ausmaß rein subjektiver Entscheidungen deutlich. Davon abgesehen reicht es methodisch nicht aus, nur einsilbige Maskulina zu behandeln, die Mehrsilbler auszuklammern und auf die anderen Umlautungen nicht einzugehen.
117.7 Von der Relevanz für die Fragen der Klassifizierung abgesehen, lassen sich dennoch für das Fehlen bzw. Vorhandensein des Umlauts einzelne distributionelle Regelungen erkennen, auf die GELHAUS (in: DUDEN 1984: 239; 1995: 227) unter der Rubrik „Substantive mit charakteristischem Wortausgang“ hinweist. Morphologisch handelt es sich um Substantive, die aus einem GM und mindestens einem FM gebildet wurden. Solche Substantive wie TRUNKENBOLD, GROBIAN, SCHEUSAL, BOTTICH, DUMMERJAN „haben nie Umlaut“ in den Pluralformen (AUGST 1975d: 15). Bei den Substantiven mit einsilbigen GM, die Feminina sind (GANS, KUNST, MAUS), findet sich immer der Umlaut. Da bei den Neutra „nur ausnahmsweise“ (FLOSS), bei den Maskulina aber wieder „oft“ (BACH, SOHN, FUCHS) der Umlaut im GM der Pluralformen steht (GELHAUS, in: DUDEN 1984: 239; 1995: 227), ist die Rückschlußmöglichkeit von der internen morphologischen und phonologischen Struktur auf das Genus nur gering ausgeprägt. Die substantivische Kategorie des Genus erweist sich als eine „partikulare morphologische Kategorie“, die von „allen anderen grammatischen Erscheinungen unabhängig“ ist und einen „absoluten Charakter“ trägt, weshalb die Substantive weitestgehend „genusbestimmt und genusfest“ sind (JARNATOWSKAYA 1968: 214). Das Genus ist zwar bei einer Klassifizierung zu berücksichtigen (WERNER 1975: 44), tritt aber zu den bisher vorgenommenen Klassifizierungen hinzu und führt zu einzelnen Gruppenbildungen innerhalb der Subklassen und Untergruppen, die inhaltsseitig begründet sind (BRINKMANN 1965: 359f.). Unabhängig von der Frage, wie das Genus bei einer Klassenbildung einzubeziehen sei, erfolgt die Genuszuweisung von die Gegenwartssprache mitprägenden Lehnwörtern aus der Sekundärsprache des Englischen, das selbst

keine grammatische Genusunterscheidung kennt, nach primärsprachlichen phonologischen, morphologischen und inhaltsseitigen Kriterien (CARSTENSEN 1980: 55; SCHLICK 1984, KÖPCKE/ZUBIN 1983: 167; KÖPCKE/ZUBIN 1984: 28f.), was unterstreicht, wie wichtig es ist, bei einer Wortartenanalyse ausdrucksseitige und inhaltsseitige Kriterien zu berücksichtigen.

117.8 Im Paradigma A ist in den Wechsel von Fortis- und Lenisphonemen am GM-Ausgang neben dem N.S. auch der A.S. einbezogen, weil er ebenfalls mit dem RM {∅} gebildet wird. Dieser Wechsel spielt ferner im G.S. und D.S. eine Rolle, sofern die Allomorphe {s} und {∅} neben oder anstelle der Allomorphe {əs} und {ə} verwendet werden. Im G.S. zeigt sich ein Nebeneinander der Allomorphe {əs} und {s} bei Substantiven wie FREUND und TAG, es überwiegt jedoch der Gebrauch des {əs}. Bei FREUND dürfte dies daran liegen, daß ein „Nebeneinander von drei oder mehr Konsonanten" vermieden werden soll, während sich bei TAG die Einsilbigkeit der phonologischen GM-Struktur auswirken dürfte (GELHAUS, in: DUDEN 1984: 234; 1995: 222). Die Allomorphwahl ist teilweise auch syntaktisch bedingt, da bei pränuklearen Genitivattributen (*des Tages Hitze*) regelmäßig das Allomorph {əs} verwendet wird (GELHAUS, in: DUDEN 1984: 234; 1995: 221). Anders als bei den Verschlußphonemen ist bei den Reibephonemen im G.S. keine Fortis vorhanden, weil bei einem GM-Ausgang auf das Graph <s> immer {əs} folgt (*des Glases*), so daß <s> auf eine Lenis /z/ verweist. Bei Substantiven, die mit dem FM {nis} gebildet sind (BILDNIS), kommt immer die Fortis /s/ vor, was sich vor den mit /ə/ beginnenden RM im Doppelgraph <ss> zeigt (*des Bildnisses*). Ausschließlich ein Fortisphonem ist bei Substantiven wie ABEND, KÖNIG, ALLTAG vorhanden, „die auf eine unbetonte Silbe, insbesondere auf *-e*, *-ler*, *-ner*, *-le*, *-en*, *-sel*, *-tel*, *-chen*, *-el*, *-er*, *-lein* und *-ling*, enden" (GELHAUS, in: DUDEN 1984: 234; 1995: 222), weil sie den G.S. mit dem Allomorph {s} bilden (u.a. *des Abends*).

117.9 Zur Verwendung der Allomorphe {ə} und {∅} beim D.S. stellt GELHAUS (in: DUDEN 1984: 236; 1995: 223), indem er PFEFFER/JANDA (1979: 38) folgt, präskriptiv fest, daß das {ə} „zur Kennzeichnung des Dativs in der Gegenwartssprache nicht mehr gefordert" werde. Dennoch ist für ihn in einer Reihe von Substantiven, zu denen auch die mit einem potentiellen Fortis : Lenis-Wechsel gehören (§ 117.8), „das Dativ-*e* möglich und wird auch aus rhythmischen Gründen oder um stilistischer Wirkungen willen gelegentlich gesetzt" (GELHAUS, in: DUDEN 1984: 235; 1995: 223). Mit dieser Möglichkeit ist bei FREUND und TAG zu rechnen, doch überwiegen die D.S.-Formen mit dem Allomorph {∅}, das bei Substantiven des ABEND-Typus eine ausschließliche Geltung besitzt. Beim GLAS-Typus ist ein Nebeneinander beider Allomorphe vorhanden, wodurch sich ein anderes Verhalten als bei der Bildung des G.S. ergibt.

117.10 Die distributionellen Regelungen, die anhand der Rückwirkungen auf die GM-Struktur bei Substantiven mit einer Fortis : Lenis-Opposition dargestellt wurden, kommen auch bei Substantiven wie BART, TOR und KOPF vor, deren konsonantischer GM-Ausgang keiner Variation unterliegt. Daher werden beide Wortgruppen in Grammatiken oft gemeinsam behandelt, wobei die Fortis : Lenis-Opposition häufig unbeachtet bleibt. Darüber hinaus werden bei der Regelformulierung die Ebenen der Graphe und Phoneme nicht deutlich genug getrennt. So stellt GELHAUS(in: DUDEN 1984: 234; 1995: 221) fest, daß die „volle Form *-es*" immer „bei Substantiven auf *-s*, *-ß*, *-x*, *-z*" stehe. Die Regel ist – wie bei PFEFFER/MORRISON (1984: 9) – graphisch bestimmt und mit der Angabe „*-s*" nicht in der Lage, die phonologischen und morphologischen Unterschiede der GLAS- und BILDNIS-Typen zu erfassen. Wird jedoch vom Allomorph {əs} ausgegangen und wird die phonologische Struktur der GM berücksichtigt, dann kann die Regel einfach gefaßt werden: Nach GM, die auf die Phoneme /z/ und /s/ ausgehen, erscheint das G.S.-Allomorph {əs}. Das Phonem /z/ kommt nur postvokalisch nach Langvokal vor, während /s/ postvokalisch nach Kurzvokal und postkonsonantisch in Zweier- und Dreierkombinationen wie bei REFLEX, GEWÜRZ steht, wobei die Graphe <x> und <z> jeweils eine Phonemkombination /ks/ bzw. /ts/ repräsentieren.

117.11 M.W. JØRGENSEN(1987: 135f.) möchte eine andere morphologische Segmentierung beim Deklinationsparadigma A vornehmen. Er geht davon aus, daß das deutsche Substantiv „immer zwei Markierungen besitzt, eine Numerusmarkierung und eine Kasusmarkierung". Er sieht sie in *den Fisch-e-n* verwirklicht und setzt eine entsprechende Struktur für die übrigen Flexionsformen an, indem er „Ø-Markierungen" einführt und diese in „Gliedelement[e] mit nicht-manifester Markierung" und „Glied[er] mit nicht-manifester Markierung" unterscheidet und diese als „Ø (Null)" bzw. als „- (Minus)" notiert (ebd.: 137). Das Deklinationsparadigma A hat nach ihm dann folgende Struktur:

N.S.	der Fisch	-	-	N.P.	die Fisch	e	-
G.S.	des Fisch	-	es	G.P.	der Fisch	e	-
D.S.	dem Fisch	-	Ø/e	D.P.	den Fisch	e	n
A.S.	den Fisch	-	Ø	A.P.	die Fisch	e	-
		Num.	Kas.			Num.	Kas.

Der N.S. *der Fisch* zeigt die nicht-manifeste Gliedmarkierung, die übrigen Formen – außer dem D.P. *den Fisch-e-n* – jeweils eine nicht-manifeste Gliedmarkierung, im Singular beim Numerus, im Plural beim Kasus. Dativ und Akkusativ besitzen zusätzlich eine nicht-manifeste Gliedelementmarkierung beim Kasus. Eine solche Differenzierung wird den vorhandenen

Oppositionen innerhalb des Paradigmas nicht gerecht und führt bei der Gegenüberstellung von N.S. und A.S. *der/den Fisch* sogar zu Oppositionen von verschiedenen Nicht-Markierungskombinationen.

118.1 Die im Deklinationsparadigma A erkannten morphologischen Strukturen zur Kennzeichnung der substantivischen grammatischen Kategorien zeigen sich in ähnlicher Weise im Paradigma B:

Tabelle 10: Deklinationsparadigma B der Substantive

N.S. die Trübsal^1	N.P. die Trübsal-e^2
G.S. der Trübsal^1	G.P. der Trübsal-e^2
D.S. der Trübsal^1	D.P. den Trübsal-en
A.S. die Trübsal^1	A.P. die Trübsal-e^2

118.2 Mit dem Paradigma A stimmen die RM des Plural-Teilparadigmas überein, während die des Singular-Teilparadigmas abweichen und für alle vier Kasus das Nullmorphem zeigen. Dadurch ist die Anzahl der homophonen Formen größer als im Paradigma A. Im Singular führen auch die Artikel zu keiner eindeutigen Kennzeichnung der grammatischen Kategorien, eine solche erfolgt erst innerhalb der syntaktischen Strukturen.

118.3 Wie beim Paradigma A ergeben sich zwei Subklassen durch die Existenz von einem bzw. zwei GM ohne oder mit Umlaut. Die Subklasse mit Umlaut besteht aus sechs Untergruppen, die durch die Substantive KRAFT, NAHT, NOT, FRUCHT, SCHNUR und MAUS repräsentiert werden; lediglich vom Typus /o/ : /ö/ wird kein Gebrauch gemacht. In beiden Subklassen kommen ausschließlich Feminina vor. Da das Genus nicht an der Subklassifizierung beteiligt ist, erweist es sich als ein der GM-Anzahl untergeordnetes Klassifikationsmerkmal.

118.4 Da der ganze Singular mit dem RM {∅} gebildet wird, erhalten die GM-Ausgänge mit Fortis : Lenis-Opposition (HAND, MAUS) eine eindeutigere Kennzeichnungsfunktion, da eine Fortis in Opposition zur Lenis im Plural immer ein Hinweis auf die Numeruskategorie des Singulars ist.

119.1 Das Deklinationsparadigma C wird vom Substantiv BRETT gebildet:

Tabelle 11: Deklinationsparadigma C der Substantive

N.S. das Brett^1	N.P. die Brett-er^2
G.S. des Brett-es	G.P. der Brett-er^2
D.S. dem Brett-e	D.P. den Brett-ern
A.S. das Brett^1	A.P. die Brett-er^2

119.2 Das Paradigma C stimmt mit dem Paradigma A in den RM des Singular-Teilparadigmas überein, zeigt aber spezifische RM im Plural-Teilparadigma. Die vorhandene Homophonie wird im G.P. durch den Artikel *der* beseitigt, im N.A.S. bzw. N.A.P. sind syntaktische Beziehungsgefüge

zur Differenzierung notwendig. Bei Maskulina wie LEIB sind diese nur für den N.A.P. erforderlich, für den Singular führen bereits die Artikel die eindeutige Kennzeichnung der grammatischen Kategorien herbei.
119.3 In der Subklasse mit Umlaut in den GM sind von sieben möglichen Untergruppen sechs funktionell belastet (MANN, BAD, DORF, WURM, BUCH, KRAUT) vorhanden, der Umlaut von /ō/ : /ȫ/ wird nicht ausgenutzt. Wenn ein GM einen umlautfähigen Vokal besitzt, erscheint dieser immer in Verbindung mit den RM des Pluralteilparadigmas. Da die RM {ər} und {ərn} in keiner anderen paradigmatischen Struktur im Bereich der Substantive vorkommen, ist durch sie und den Umlaut im GM des Plurals die Numeruskategorie zweimal eindeutig gekennzeichnet.
120.1 Das Deklinationsparadigma D wird durch das Substantiv MITTEL repräsentiert:

Tabelle 12: Deklinationsparadigma D der Substantive

N.S. das Mittel^{1}	N.P. die Mittel^{1}
G.S. des Mittel-s	G.P. der Mittel^{1}
D.S. dem Mittel^{1}	D.P. den Mittel-n
A.S. das Mittel^{1}	A.P. die Mittel^{1}

120.2 Werden die Teilparadigmata des Singulars und Plurals mit denen der Paradigmata A-C verglichen, dann liegt nie eine völlige Identität vor. Die Unterschiede sind im Plural größer als im Singular, denn in keinem Fall stimmt zwischen den Paradigmata A, B bzw. C und D ein einziges RM des Plurals in der internen phonologischen Struktur überein. Im N.A.S. sind dagegen die RM in allen vier Paradigmata identisch, im D.S. besteht eine Identität zwischen Paradigma D und B und einem Allomorph der Paradigmata A und C. Auch im G.S. besteht bei einem Allomorph eine Übereinstimmung zwischen den Paradigmata D bzw. A, C.
120.3 Das Paradigma D besitzt ein hohes Maß an Homophonie, lediglich der G.S. und der D.P. sind von der Homophonie nicht betroffen. Durch den hinzutretenden Artikel werden der D.S. und der G.P. spezifiziert, die auch dann noch identischen N.A.S. und N.A.P. sind aufgrund der syntaktischen Funktionen zu unterscheiden. Wenn das Substantiv ein Maskulinum ist (LEHRER), wird die Homophonie im Singular durch die Artikel beseitigt; im Plural zeigen sich die gleichen Strukturen wie bei neutralen Substantiven.
120.4 Die Subklasse mit Umlaut besteht aus vier Untergruppen (APFEL, NAGEL, VOGEL, KLOSTER, BRUDER). Von den Oppositionen /o/ : /ö/, /u/ : /ü/ bzw. /ao/ : /oi/ wird kein Gebrauch gemacht. Bis auf das Substantiv KLOSTER gehören alle Substantive mit Umlaut zu den Maskulina, so daß in dieser Subklasse auch die Genuskategorie durch die interne phonologische Struktur teilweise markiert ist. Alle Substantive besitzen einen charak-

teristischen GM-Ausgang, der aus dem Vokal /ə/ und einer Liquida /r/ oder /l/ besteht. Die GM mit Umlaut erscheinen jedoch – anders als im Paradigma C – nicht regelmäßig; vielmehr wird der Umlaut wortgebunden nicht genutzt. Bezogen auf die Gesamtanzahl der Umlautmöglichkeiten, werden sogar mehr Möglichkeiten nicht gebraucht (BAGGER, TADEL, KOFFER, HOBEL, TUNNEL, STRUDEL). Neutra wie KABEL und LAGER nutzen die Umlautmöglichkeit /ā/ : /ǟ/ generell nicht, so daß eine gewisse Genusmarkierung vorhanden ist.

120.5 Mit seiner Einteilung der Substantive in drei Singular- und fünf Pluralklassen (dazu §§ 141f.) verbindet MARKO (1972: 363) morphologische Segmentierungen, die der paradigmatischen Struktur der Wörter MITTEL und LEHRER nicht gerecht werden. So nimmt er für jede Singularform „eine dreiteilige Struktur" aus Grundmorphem + Numerusmorphem + Kasusmorphem mit fester Morphotaktik an und segmentiert den N.S. *der Lehrer* als Lehrer-Ø-Ø, den G.S. *des Lehrers* als Lehrer-Ø-s und den D.P. *den Lehrern* als Lehrer-Ø-n (ebenso MARKO 1978: 83). Allen Segmentierungen ist der Ansatz eines sog. „Null-Singulatem [s]" gemeinsam, das trotz gegenteiliger Versicherungen ein „Absurdum" ist, weil durch die Trennung von Numerus- und Kasusmorphem vernachlässigt wird, daß das RM {s} nicht nur den Kasus markiert, sondern auch auf den Numerus Singular verweist. Die in einem Morphem verbundene Kasus- und Numerusmarkierung führt jedoch zu einer Zweigliedrigkeit und nicht zu einer Dreigliedrigkeit der Morphemstruktur deutscher Substantive.

120.6 Die Phonotaktik der GM auf /əl/ und /ər/ führt zu einer bestimmten Verbindung mit RM, die den Plural markieren, oder anders formuliert zu einer besonderen Auswahl aus den in einem synchronen sprachlichen Zustand bei allen Substantiven vorhandenen Möglichkeiten zur Pluralkennzeichnung. Um diese Zuordnung zu erfassen, ist es – unabhängig von der Frage der „psychischen Realität der Pluralregeln" (WEGENER 1995: 41) – weder notwendig, für den GM-Ausgang auf /əl/ und /ər/ sog. „Pseudosuffixe" *-əl* und *-ər* anzusetzen, noch eine „Schwa-Tilgungsregel" zu postulieren, mit deren Hilfe ein „Schwa-Laut" getilgt wird, „wenn in der Endsilbe der Singularform bereits ein /ə/ enthalten ist" (so WEGENER 1995: 18). Ist die Singularform und damit auch ihre Phonotaktik bekannt, erfolgt paradigmatisch gebunden eine Zuordnung eines RM-Satzes; bei dieser Zuordnung kommt in der Phonotaktik der RM kein Schwa vor, es braucht daher auch nicht getilgt zu werden. Dies gilt in gleicher Weise für GM, die auf /ə/ bzw. /ən/ ausgehen (JACKE, BOTE; GARTEN, ZEICHEN). Ob mit den postulierten Pluralzuweisungsregeln und Tilgungsregeln tatsächlich ein „Teil der mentalen Grammatik des kompetenten Sprechers" (ebd.: 41) abgebildet wird, kann wegen der ihnen zugrunde liegenden morphologischen Analyse bezweifelt werden.

121.1 Das Deklinationsparadigma E zeigt diese morphologische Struktur:

Tabelle 13: Deklinationsparadigma E der Substantive

N.S. der Besen^1	N.P. die Besen^1
G.S. des Besen-s	G.P. der Besen^1
D.S. dem Besen^1	D.P. den Besen^1
A.S. den Besen^1	A.P. die Besen^1

121.2 Die RM des Singular-Teilparadigmas stimmen völlig mit denen des Paradigmas D überein. Im Plural-Teilparadigma ist der D.P. verschieden, während auch sonst eine Übereinstimmung vorhanden ist. Da der D.P. wie die übrigen Pluralformen mit dem RM {Ø} gebildet wird, sind sieben der acht Formen homophon. Die durch die Homophonie nicht direkt erkennbaren grammatischen Kategorien werden durch die hinzutretenden Artikel bzw. durch die syntaktischen Relationen markiert. Dies gilt für Maskulina (BESEN) ebenso wie für Neutra (BECKEN).

121.3 In der Subklasse mit Umlaut können nur drei Subgruppen festgestellt werden (GARTEN, FADEN, BODEN). In sechs Subgruppen bleiben dagegen die Umlautmöglichkeiten ungenutzt (BALKEN, BRATEN, KNOCHEN, SCHUPPEN, KUCHEN, DAUMEN). Bei den Umlauten von /a/ : /ɛ/ und /ā/ : /ǟ/ liegen wortgebundene Verteilungen vor, während sonst jeweils andere Ausprägungen des Umlauts genutzt werden bzw. ungenutzt bleiben. Die GM mit Umlaut treten nur bei Maskulina auf und enthalten somit auch eine gewisse Hinweisfunktion auf das Genus. Eine solche Hinweisfunktion besitzt auch der GM-Ausgang aus Vokal /ə/ und Nasal /n/, weil er nur bei Maskulina und Neutra vorkommt.

121.4 Eine morphologische Besonderheit zeigt sich bei den Substantiven FRIEDEN, HAUFEN und SAMEN, zu denen Nebenformen mit einer anderen Phonotaktik existieren. Die Nebenformen *der Friede, der Haufe, der Same* werden von GELHAUS (in: DUDEN 1984: 237; 1995: 224) als „gehoben“ und „meist seltener“ gebraucht eingeschätzt, während die Formen auf den Konsonanten /n/ als „heute gebräuchlich“ gelten. Die Formen mit der Phonotaktik auf /n/ gehören problemlos zur Klasse E, denn der RM-Satz ist identisch und wird mit einem einzigen GM mit gleicher Phonotaktik am GM-Ausgang verbunden. Bei den Nebenformen entstehen aufgrund der paradigmainternen Oppositionen andere Morphemstrukturen. Zunächst ist ein GM wie {zāmə} festzustellen. Das Singular-Teilparadigma könnte dann diesen Aufbau zeigen:

N.S.	der Same -	Ø
G.S.	des Same -	ns
D.S.	dem Same -	n
A.S.	den Same -	n

Dies ergäbe einen neuen RM-Satz und den Ansatz einer eigenen Klasse oder die Eingliederung in die Klasse J (§§ 126.1-3) mit einem spezifischen G.S.-Relationsmorphem {ns}. Dies würde aber dazu führen, für ein Wort eine zweifache Klassifizierung vorzunehmen und die Übereinstimmung in den Wortformen außer dem N.S. unberücksichtigt zu lassen. Daher ist es morphologisch sinnvoller, für den N.S. zwei GM {zāmən} und {zāmə} anzusetzen und wegen des Überwiegens von {zāmən} auch für {zāmə} eine Zuordnung zur Klasse E vorzunehmen (zu den Doppelformen bei FUNKE, GEDANKE, NAME, GLAUBE und WILLE vgl. § 126.4; zu historischen Entwicklungen § 140.2).

122.1 Zum Deklinationsparadigma F gehören nur die beiden Substantive MUTTER und TOCHTER:

Tabelle 14: Deklinationsparadigma F der Substantive

N.S. die Mutter[1]	N.P. die Mütter[2]
G.S. der Mutter[1]	G.P. der Mütter[2]
D.S. der Mutter[1]	D.P. den Mütter-n
A.S. die Mutter[1]	A.P. die Mütter[2]

122.2 Obwohl das Paradigma F aus zwei sehr häufig gebrauchten Wörtern besteht, gehört es unter klassifikatorischen morphologischen Kriterien zur Peripherie und nicht zum Zentrum der paradigmatischen Strukturen der Wortart Substantiv. Im Paradigma F fehlt die Subklasse mit nur einem GM völlig, und in der Subklasse mit Umlaut werden nur zwei von sieben möglichen Untergruppen realisiert und darüber hinaus mit nur jeweils einem Wort in der Frequenz gering ausgelastet.

122.3 Dennoch bestehen morphologische Berührungspunkte zu den zum Zentrum gehörenden paradigmatischen Strukturen. Das Singular-Teilparadigma ist mit dem im Paradigma B identisch; wie in diesem kommen auch im Paradigma F nur Feminina vor. Das Plural-Teilparadigma stimmt mit dem im Paradigma D überein. Die morphologische Übereinstimmung zum Paradigma D ist größer als zum Paradigma B, weil nur das RM des G.S. {Ø} innerhalb der RM-Sätze anders ist. Bei den GM-Strukturen besteht zwischen den Paradigmata D und F eine kleine komplementäre Verteilung der Umlauttypen, die darüber hinaus noch mit der Genuskategorie gekoppelt ist. Die Homophonie des Paradigmas F betrifft die gleichen Wortformen wie im Paradigma B, in dem ebenfalls nur Feminina vorkommen.

123.1 Das Deklinationsparadigma G besitzt diesen Aufbau:

Tabelle 15: Deklinationsparadigma G der Substantive

N.S. der Uhu[1]	N.P. die Uhu-s[2]
G.S. des Uhu-s[2]	G.P. der Uhu-s[2]
D.S. dem Uhu[1]	D.P. den Uhu-s[2]
A.S. den Uhu[1]	A.P. die Uhu-s[2]

123.2 Es stimmt im Singular-Teilparadigma mit den Paradigmata D und E überein, zeigt aber ein völlig anders strukturiertes Plural-Teilparadigma. Alle zum Paradigma G gehörenden Substantive bilden eine Subklasse mit nur einem GM; eine Subklasse mit zwei GM und Umlautformen existiert nicht und unterscheidet das Paradigma G von allen bisher behandelten Paradigmata. Die Subklasse mit einem GM enthält Substantive, die auf einen Vokal außer /ə/ enden; dabei sind die beiden Genera Maskulinum und Neutrum vertreten (*der Uhu*, *das Echo*). Ferner gehören zu dieser Subklasse Kurzwörter und Abkürzungswörter (*der Akku*, *der LKW*; dazu ZIMMERMANN 1987: 102; §§ 291.1, 292.1 mit den Tabellen 126f.), einige Wörter aus der Seemannssprache und der Meteorologie (*das Deck*, *das Hoch*) und Wörter sekundärsprachlicher Herkunft (*das Hotel*, *der Fan*). Die erste Subklasse besteht aus so vielen Untergruppen mit einer so großen Anzahl von Substantiven, daß das Paradigma G zum Zentralsystem und nicht etwa zum Periphersystem der Substantive zu rechnen ist (BORNSCHEIN/BUTT 1987: 144).
123.3 Die Homophonie der beiden Formen *Uhu* und *Uhus* führt durch die hinzutretenden Artikel und die syntaktischen Relationen zu funktioneller Eindeutigkeit. Dabei zeigen sich Gesetzmäßigkeiten, die bereits behandelt wurden (§§ 120.3, 121.2).
124.1 Einen gegenüber dem Paradigma G nur geringfügigen Unterschied im morphologischen Aufbau besitzt das Deklinationsparadigma H:

Tabelle 16: Deklinationsparadigma H der Substantive

N.S. die Mutti[1]	N.P. die Mutti-s[2]
G.S. der Mutti[1]	G.P. der Mutti-s[2]
D.S. der Mutti[1]	D.P. den Mutti-s[2]
A.S. die Mutti[1]	A.P. die Mutti-s[2]

124.2 Der Unterschied besteht darin, daß der G.S. mit dem RM {Ø} gebildet wird. Mit diesem RM ist in Verbindung mit dem RM-Satz zugleich ein Genusunterschied verbunden, weil zum Paradigma H nur Feminina gehören. Bei den Feminina existieren die gleichen Subklassen wie im Paradigma G: Neben Substantiven, die auf einen Vokal außer /ə/ enden (*die Oma*), kommen Abkürzungswörter und Kurzwörter (*die Kripo*, *die Lok*; dazu §§ 291.1, 292.1 mit den Tabellen 126f.), Wörter aus der Seemannssprache (*die Pier* neben *der Pier*) und solche sekundärsprachlicher Herkunft (*die Kritik*) vor.

124.3 Durch die Verwendung des Nullmorphems im G.S. sind die homophonen Formen im Paradigma H genau auf die Teilparadigmata des Singulars und Plurals verteilt. Ihre funktionelle Eindeutigkeit wird durch den hinzutretenden Artikel und die syntaktischen Beziehungsgefüge hergestellt.

125.1 Das Deklinationsparadigma I zeigt diesen Aufbau:

Tabelle 17: Deklinationsparadigma I der Substantive

N.S. die Frau[1]	N.P. die Frau-en[2]
G.S. der Frau[1]	G.P. der Frau-en[2]
D.S. der Frau[1]	D.P. den Frau-en[2]
A.S. die Frau[1]	A.P. die Frau-en[2]

125.2 Es stimmt im Singular-Teilparadigma mit dem des Paradigmas H überein, besitzt aber im Plural-Teilparadigma ein spezifisches RM {(ə)n}. Das Allomorph {ən} kommt bei Wörtern wie FRAU, ART, BAHN, SCHRIFT vor, die alle aus einem einsilbigen GM mit der Phonotaktik KKV, VKK, KVK, KKVKK bestehen. Das Allomorph {n} tritt bei Wörtern wie GABE, ACHSEL, FEDER bzw. METZGEREI, LEHRERIN, EIGENHEIT, EITELKEIT, ERRUNGENSCHAFT, ERNENNUNG auf, die einmal zweisilbig sind und auf das Phonem /ə/ oder die Phonemkombinationen /əl, ər/ ausgehen bzw. zum anderen mit bestimmten FM gebildet sind (AUGST 1975d: 13; GELHAUS, in: DUDEN 1984: 240; 1995: 228). Alle zum Paradigma I gehörenden Substantive bilden eine Subklasse mit nur einem GM ersten oder höheren Grades und sind darüber hinaus auch Feminina. Die Wahl eines besonderen FM und der spezifische RM-Satz enthalten somit einen Hinweis auf die Genuskategorie und ergeben eine mit dem Paradigma H vergleichbare Kennzeichnungsfunktion. Mit dem Paradigma H stimmen auch die Formen der Homophonie und die Möglichkeiten zur Herstellung der funktionellen Eindeutigkeit überein.

125.3 HARNISCH (1994: 100f.) möchte in Anlehnung an WURZEL (1984a: 38) aufgrund von Oppositionen wie *Rose : Röslein* eine andere morphologische Segmentierung vornehmen, wobei er auch vom Umlaut absieht. Für ihn liegt bei *Rose* ein 'Stamm' *Ros* vor, dem ein 'Suffix'-*e* folgt. Die Inhaltsseite für -*e* ist „so etwas" wie ein „Klassen-Anzeiger", der die „Zugehörigkeit von Wörtern gleicher Endungsstrukturen und gleichen Genus zu ein und derselben Flexionsklasse" signalisiert. Bei einem solchen Verfahren werden einmal durch Wortbildungen entstehende neue morphologische Strukturen in neuen Wörtern überbetont und durch Oppositionen gesicherte paradigmatische Strukturen bei den Wortformen eines Wortes vernachlässigt. Zum anderen gehen die in der Klasse I vorhandenen morphologischen Gemeinsamkeiten zwischen ROSE und FRAU verloren, weil bei letzterer der postulierte 'Klassen-Anzeiger' nicht existiert. Schließlich kann der phonologische Ausgang auf das Phonem /ə/ nicht nur beim N.S. *die Rose*, sondern auch beim N.S. *der Bote, der Funke, der Hase* (§ 126.3) nachgewiesen werden, was die Funktion als 'Klassen-Anzeiger' aufhebt. Wenn das /ə/ bei *Rose* erst durch die Kenntnis des Genus zum Klassenanzeiger wird, dann ist die Klasse durch den Artikelgebrauch konstituiert und nicht durch ein hypothetisches Morphem.

126.1 Ähnliche und andere morphologische Strukturen sind im Deklinationsparadigma J vorhanden:

Tabelle 18: Deklinationsparadigma J der Substantive

N.S. der Mensch	N.P. die Mensch-en[1]
G.S. des Mensch-en[1]	G.P. der Mensch-en[1]
D.S. dem Mensch-en[1]	D.P. den Mensch-en[1]
A.S. den Mensch-en[1]	A.P. die Mensch-en[1]

126.2 Mit dem Paradigma I stimmt das Plural-Teilparadigma des Paradigmas J überein. Im Singular-Teilparadigma ist eine Übereinstimmung nur im N.S., im Kasus rectus, gegeben. In den Kasus obliqui kommt das Allomorph {ən} wie im gesamten Plural vor. Dadurch wird die Anzahl der homophonen Formen auf sieben erhöht. Die Homophonie wird bis auf den N.A.P. bereits durch die Artikelformen beseitigt; beim N.A.P. sind dazu weitere syntaktische Relationen notwendig. Der RM-Satz wird mit jeweils einem GM verbunden; GM mit Umlaut kommen nicht vor.

126.3 Zum Paradigma J gehören ausschließlich Maskulina wie MENSCH, BÄR, FÜRST und PRINZ. Sie bilden alle Formen außer dem N.S. mit dem Allomorph {ən}. Bei BÄR und FÜRST sind Umlautphoneme an der Konstitution des GM beteiligt, ohne an einer Vokalalternation teilzunehmen und die Numeruskategorie zu kennzeichnen. Das Allomorph {n} ist in den gleichen Kasus wie das Allomorph {ən} wiederum nur bei maskulinen Substantiven wie BOTE, FUNKE, HASE vorhanden, deren GM zwei- oder mehrsilbig sind und auf das Phonem /ə/ ausgehen, so daß sich bei den Allomorphen eine Komplementarität ergibt. WURZEL (1975: 228) möchte das <e> in diesen Wörtern „als Stammbildungselement" interpretieren, um „die wichtige Generalisierung, daß alle normalen [sic] nativen Morpheme einsilbig sind", zu erreichen. Eine beliebige Verwendung des Stamm-Begriffs und eine Vernachlässigung von in Paradigmata vorhandenen Oppositionen begründet jedoch noch keine Generalisierung. Wie beim Paradigma I besitzt der RM-Satz beim Paradigma J ebenfalls eine Hinweisfunktion auf das Genus.

126.4 Bei den Substantiven FUNKE, GEDANKE, NAME, GLAUBE und WILLE existieren für den N.S. die Doppelformen *der Funken, Gedanken, Namen, Glauben* und *Willen* (GELHAUS, in: DUDEN 1984: 237; 1995: 224). Da die Nebenformen mit /n/ als „gehoben" und „meist seltener" gebraucht eingestuft werden, sollten sie nicht mehr die Grundlage der paradigmeninternen Oppositionen bilden (anders bei FRIEDEN, HAUFEN, SAMEN, vgl. § 121.4). Als GM ergibt sich daher z.B. {fuŋkə} mit dem RM {Ø}; das G.S.-Relationsmorphem ist dann {ns}, und in allen anderen Flexionsformen des Singulars und Plurals ist das RM {n} vorhanden. Aufgrund der Übereinstimmungen im RM-Satz bis auf das RM {ns} des G.S. sind die entsprechenden Substantive der Klasse J zuzuweisen. Das RM {ns} wird in der Repräsentation der Substantivklassen (Schema 6, § 135.1) neben dem RM {(ə)n} aufgeführt und in Klammern gesetzt, um auf die Besonderheit der Existenz von Doppelformen hinzuweisen. Wird von den selteneren Nebenformen ausgegangen, ergibt sich ein G.S.-Morphem {s} und eine Zuordnung zur Klasse E (§ 121.4). Durch die Existenz von Doppelformen werden in einem synchronen sprachlichen Zustand Veränderungen in der Substantivklassenzugehörigkeit sichtbar, die auf unterschiedlichen historischen Traditionen beruhen (§ 140.2). Nach WURZEL (1985b: 140f.) ist der Übergang bei *der Funken* bereits vollzogen.

126.5 Unabhängig von den Klassifikationsproblemen bei Substantiven mit Doppelformen möchte WURZEL (1985b: 135f.) das Substantiv *Bote* segmentieren und ein „Morphem /e/" ansetzen, das bei Maskulina „faktisch ein Marker für Belebtheit" sein soll, wie zusätzliche Beispiele wie *Gatte, Genosse, Sachse, Löwe* und *Rabe* zeigen sollen. Es wird zwar auf belebte Maskulina ohne /e/ wie *Held, Mensch, Bär, Bassist, Doktor, Präsident* und auf unbelebtes *Käse* mit /e/ hingewiesen (ebd.: 143 Anm. 6f.), doch werden sie nicht weiter berücksichtigt. Im Vergleich zur Segmentierung von *Rose* (§ 125.3), wo das /e/ ein Klassenanzeiger sein soll, werden relativ beliebige morphologische Segmentierungen und noch beliebigere Funktionszuweisungen sichtbar.

127.1 Das Deklinationsparadigma K wird durch das Substantiv STAAT repräsentiert:

Tabelle 19: Deklinationsparadigma K der Substantive

N.S. der Staat[1]	N.P. die Staat-en[2]
G.S. des Staat-es	G.P. der Staat-en[2]
D.S. dem Staat-e	D.P. den Staat-en[2]
A.S. den Staat[1]	A.P. die Staat-en[2]

127.2 Es zeigt im Plural-Teilparadigma die gleiche morphologische Struktur, wie sie in einem Allomorphbereich bei den Paradigmata I und J gegeben ist. Im Singular-Teilparadigma herrscht eine Übereinstimmung mit den Paradigmata A und C. Dabei gelten für das Nebeneinander der Allomorphe {(ə)s} und {ə,Ø} beim selben Wort die gleichen Regeln wie dort (§ 117.8-10). Neben Maskulina wie STAAT, GECK, SCHMERZ, KORREKTOR gehören auch Neutra wie BETT, OHR, STATUT zum Paradigma K. Die funktionelle Eindeutigkeit der homophonen Formen wird durch den Artikelgebrauch und syntaktische Relationen hergestellt.

128.1 Im Deklinationsparadigma L sind folgende Flexionsformen vorhanden:

Tabelle 20: Deklinationsparadigma L der Substantive

N.S. der See^1	N.P. die $See\text{-}n^2$
G.S. des See-s	G.P. der $See\text{-}n^2$
D.S. dem See^1	D.P. den $See\text{-}n^2$
A.S. den See^1	A.P. die $See\text{-}n^2$

128.2 Die morphologische Struktur des Plural-Teilparadigmas stimmt mit jeweils einer Allomorphreihe der Paradigmata I und J überein. Das Singular-Teilparadigma zeigt Übereinstimmungen mit der Allomorphie der Paradigmata A, C und K und mit den RM der Paradigmata D, E und G. Neben ein- und mehrsilbigen Maskulina wie SEE, MUSKEL, PANTOFFEL, VETTER gehören auch zwei- und mehrsilbige Neutra wie AUGE, ENDE, INTERESSE zum Paradigma L. Die GM der Maskulina gehen auf einen Vokal außer /ə/ bzw. auf die Phonemfolge /ə/ + Liquida /l/ oder /r/ aus, während die GM der Neutra immer auf den Vokal /ə/ enden und auf die angegebenen Beispiele beschränkt sind.

129.1 Das Deklinationsparadigma M besteht nur aus dem neutralen Substantiv HERZ:

Tabelle 21: Deklinationsparadigma M der Substantive

N.S. das $Herz^1$	N.P. die $Herz\text{-}en^2$
G.S. des Herz-ens	G.P. der $Herz\text{-}en^2$
D.S. dem $Herz\text{-}en^2$	D.P. den $Herz\text{-}en^2$
A.S. das $Herz^1$	A.P. die $Herz\text{-}en^2$

129.2 In der morphologischen Struktur stimmt HERZ im Plural-Teilparadigma mit demjenigen im Paradigma K und einer Allomorphreihe in den Paradigmata I und J überein. Im Singular-Teilparadigma bestehen Übereinstimmungen mit den Paradigmata I, K und L im N.A.S. und mit dem Paradigma J im D.S. Das Allomorph {əns} kommt nur bei HERZ vor und begründet mit den übrigen RM seine besondere paradigmatische Struktur. Unter diachronem Aspekt stellt das Allomorph {əns} eine Erweiterung der ehemals vorhandenen Allomorphe {ən, in} (BRAUNE/EGGERS 1975: 221) um das häufig vorhandene Allomorph {s} im Frühnhd. (WEGERA 1987: 102) dar, um die Eindeutigkeit der Kasuskennzeichnung zu sichern. Da der Typus nur einmal funktionell belastet ist, gehört er zum Peripher- und nicht zum Zentralsystem der Substantive und scheint daher in der Gegenwartssprache paradigmatischen Ausgleichstendenzen zu unterliegen. So stellt GELHAUS (in: DUDEN 1984: 236 Anm. 2; 1995: 223 Anm. 2) fest, daß „mit dem Genitiv *des Herzens* die Form *des Herzes* zu konkurrieren beginnt". Dadurch erfolgt eine Annäherung an das Paradigma K, zu dem bereits die stärksten morphologischen Affinitäten vorhanden waren, und damit wieder ein Bezug zum Zentralsystem.

3.2.2 Syntaktische und inhaltsseitige Funktionen

130.1 Neben den in den Deklinationsparadigmata erläuterten morphologischen besitzt das Substantiv auch syntaktische und inhaltsseitige Funktionen. Syntaktisch bildet das Substantiv den Nukleus nominaler Satzglieder und ist somit an der Kennzeichnung einzelner Satzgliedfunktionen (OTTO 1928: 424) in zentraler Weise beteiligt. Im Satz (1) *Vater arbeitet.* bildet das Substantiv ohne weitere Wortarten allein ein Satzglied im Nominativ Singular und markiert die Satzgliedfunktion des Subjekts. Im Satz (2) *Mein erkälteter Vater arbeitet.* besteht das Satzglied aus dem Nukleus *Vater*, von dem die Pronominalform *Mein* und die Adjektivform *erkälteter* abhängig sind; gemeinsam signalisieren sie die Subjektfunktion. Im Satz (3) *Vater legt ein schönes Geschenk auf den geschmückten Tisch.* bilden die Substantivformen *Geschenk* und *Tisch* Nuklei nominaler Satzglieder mit den Satzgliedfunktionen Objekt und Adverbiale.

130.2 Das Substantiv kann jedoch nicht nur den Nukleus von Satzgliedern, sondern auch den von Attributen, von Satzgliedteilen, bilden. Im Satz (4) *Der Vater meines Freundes arbeitet bei einem Architekten aus Kassel.* sind die Substantivformen *Freundes* und *Kassel* Nuklei eines Genitiv- bzw. Präpositionalattributes, die den Nuklei *Vater* und *Architekten* untergeordnet sind.

130.3 Neben der Fähigkeit zur Bildung von Nuklei von Satzgliedern und Attributen können Substantive auch allein Nominalsätze konstituieren (zu damit in Zusammenhang stehenden sog. absoluten Kasuskonstruktionen PIIRAINEN 1969). Die Nominalsätze können eingliedrig (*Vater! - Ein schöner Mist!*) und zweigliedrig sein (*Berlin – eine interessante Stadt*). In den Äußerungen (5) *Bernhard Dietz dann im Zusammenspiel mit einem Mannschaftskameraden.* und (6) *Heinz Flohe mit einem schönen Paß über fünfundzwanzig dreißig Meter herüber auf die andere Seite zum Benjamin der deutschen Mannschaft, zu Hansi Müller.* kommen sogar drei- und viergliedrige Nominalsätze der Typen Akteur + Aktion + Aktionsrichtung mit

Personbezug (5) bzw. Akteur + Aktion + Aktionsrichtung mit Ortsbezug + Aktionsrichtung mit Personbezug (6) vor (SIMMLER 1985: 466f.).

130.4 Wie die Verben, so besitzen auch die Substantive die Fähigkeit der Valenz. Gegenüber dem Verb ergeben sich Besonderheiten dadurch, „daß fast alle Aktanten des Substantivs fakultativ stehen“ (SOMMERFELDT / SCHREIBER 1983: 31, ebenso TEUBERT 1979: 47) und daß fast „alle Attributarten“ in der Lage sind, „Leerstellen von Substantiven zu besetzen“ (SOMMERFELDT/SCHREIBER 1983: 19). In der Äußerung (7) *Das sind zwei Männer.* ist das Substantiv MANN mit dem Semem$_1$ 'männlicher Mensch' nullwertig gebraucht; dagegen liegt in der Äußerung (8) *Er ist der Mann meiner Freundin.* das Substantiv MANN mit dem Semem$_2$ 'Ehemann' in einwertigem Gebrauch vor (ebd.: 16). Wenn ein Substantiv allein einen Nominalsatz konstituiert, ist es immer mit einer Nullwertigkeit verbunden, die beim Verb bei Imperativsätzen der Einzelanrede (*Komm!*) und bei Infinitivsätzen (*Aufhören!*) vorkommt (SIMMLER 1989).

130.5 Innerhalb der nominalen Satzglieder nehmen die Nuklei eine besondere Stellung ein. Ihnen gehen Pronomina als Determinanten und flektierte Adjektive voraus (*mein erkälteter Vater*). Wenn ein Determinans auftritt, nimmt es diese Position vor dem Nukleus ein, während ein Adjektiv auch in unflektierter Form postnuklear erscheinen kann (*mein Vater, erkältet und geschwächt*). Diese Regelungen werden mit den übrigen Attributarten kombiniert, wobei z.B. Genitivattribute prä- und postnuklear stehen können (*meines Vaters Erkältung, die Erkältung meines Vaters*).

131 Inhaltsseitig bezeichnet das Substantiv in Satzgliedern mit Subjektfunktion „den Träger des Geschehens oder Seins (Handlungs-, Vorgangs- oder Zustandsträger)“ (ERBEN 1980: 139). In Objektfunktion bezeichnen die Substantive „die gesamte Welt möglicher Objekte, alles, was als Gegenstand oder Ertrag menschlichen Tuns erkannt oder hingestellt wird“ bzw. die „Bezugsrichtung des Geschehens oder Seins“ (ebd.: 144, 146). In Adverbialefunktion verweisen die Substantive auf „Bestimmungen von Ort, Zeit, Ursache, Art und Weise“, auf „'Begleitumstände' des ausgesagten Geschehens/Seins“ (ebd.: 149). Von den Funktionen innerhalb der Satzglieder abgesehen, bezeichnet ein Sprecher/Schreiber mit Substantiven „Lebewesen (Menschen oder Tiere) und Pflanzen, Dinge und Nichtgegenständliches, Gedachtes und Begriffliches“ (GELHAUS, in: DUDEN 1984: 196; 1995: 192). E.-V. ZIMMERMANN (1989: 15) geht davon aus, daß das inhaltsseitige Zentrum von Substantiven gebildet wird, die das Merkmal 'Gegenständlichkeit' „in reinster Form“ enthalten.

3.2.3 Substantivdefinition und das Verhältnis von Zentrum und Peripherie

132 Die morphologischen, syntaktischen und inhaltsseitigen Funktionen der Wortart Substantiv führen unter Beachtung der Wortdefinition (§ 22) zu folgender Definition: Das Substantiv ist eine morphologisch-syntaktische und inhaltsseitige Funktionsgemeinschaft. Es ist artikelfähig und signalisiert die grammatischen Kategorien Kasus, Numerus und Genus mit Hilfe spezifischer Morpheme allein oder in Verbindung mit anderen Wortarten in mehr oder weniger eindeutiger Weise. Es übernimmt die Nukleusfunktion in nominalen Satzgliedern und nominalen Attributen, besitzt in ihnen eine bestimmte Position und hat die Fähigkeit der Valenz. Es kann allein oder zusammen mit anderen Wortarten ein Attribut, ein Satzglied oder einen Nominalsatz konstituieren. Als Attribut ist es appositiv, genitivisch oder präpositional an einen substantivischen Nukleus angeschlossen. Bildet es allein oder mit anderen Wortarten ein Satzglied, dann übernimmt es die Satzgliedfunktion von Subjekt, Objekt, Präpositionalobjekt und Adverbiale und kennzeichnet einen Träger, ein Ziel oder einen Umstand eines Geschehens oder Seins. Darüber hinaus bezeichnet es inhaltsseitig Lebewesen (Menschen oder Tiere) und Pflanzen, Dinge und Nichtgegenständliches, Gedachtes und Begriffliches.

133.1 Wie bei der Verbdefinition (§ 97.1) werden nur die generellen Eigenschaften der zur Wortart Substantiv gehörenden Wörter in der Definition erfaßt; auf ihre spezifischen Ausprägungen bei den einzelnen Wörtern wird nicht eingegangen. Morphologisch unberücksichtigt bleiben die für Klassen- und Subklassenbildungen wichtigen Morphemtypen mit ihrer Phonotaktik, durch die die gleichen grammatischen Kategorien in unterschiedlicher Weise ausgedrückt werden. Syntaktisch werden die einzelnen Ausprägungen der Satzgliedfunktionen und der Attributfunktionen nicht ausgeführt. Ebensowenig sind die jeweiligen Serialisierungsregeln innerhalb von Satzgliedern und Attributen bzw. die verschiedenen Substantivvalenzen im einzelnen dargestellt.

133.2 In der Substantivdefinition ist auch nicht enthalten, welche Substantive alle Merkmale der Definition besitzen und daher das Zentrum der Wortart bilden und welche sich durch das Fehlen einer Eigenschaft zur Peripherie hin bewegen. So sind nicht bei allen Substantiven Artikel vorhanden, obwohl die Artikelfähigkeit festgehalten ist (§ 116).

Nicht bei allen Substantiven ist die Opposition von Singular und Plural ausgeprägt. Das gilt für Singulariatantum wie OBST, WILD, SCHMUCK, „die nur ungegliederte Objekte bezeichnen und deshalb nur im Singular vorkommen" und Pluraliatantum wie LEUTE, FERIEN, KOSTEN, „die stets gegliederte Objekte bezeichnen und demzufolge auf den Plural beschränkt sind" (HELBIG/BUSCHA 1986/1994: 276). Nach WURZEL (1988a:

181f.) handelt es sich um „Blockierungen" aus semantisch-syntaktischen bzw. pragmatischen Gründen. Wie beim Verb gilt jedoch, daß die Summe aller pro einzelnem Substantiv vorhandenen Merkmale die jeweilige Wortartenzugehörigkeit sichert, ohne zu Überschneidungen mit anderen Wortarten zu führen.

133.3 Die Unterscheidung von Zentrum und Peripherie in einem Merkmalbündel ermöglicht es, bei einer Wortartendefinition auch solche Merkmale zu berücksichtigen, die nicht „allen Elementen der Wortklasse ohne Ausnahme zukommen" (BEST 1980: 37). Das Merkmalbündel und der Bezug zu einem Paradigma gestatten es ferner, Substantive wie MILCH morphologisch in ein GM {milx} und ein RM {Ø} zu segmentieren und dem Deklinationsparadigma I zuzuordnen, obwohl bei *die Milch*, *der Milch* im Bereich der RM kein Gegensatz von etwas zu nichts vorhanden ist. Die von BEST (1980: 39) genannten Probleme der Klassifikation entstehen nur, wenn zur Klassifikation ausschließlich das Kriterium der Morphologie herangezogen wird und paradigmatische Aspekte unbeachtet bleiben. Singulariatantum und Pluraliatantum bilden nur Teilparadigmata eines Gesamtparadigmas und sind vor dem Hintergrund der Gesamtparadigmata morphologisch zu beschreiben. Für das Gesamtparadigma und nicht für ein Teilparadigma gilt die Regel, daß Nullelemente „nur dann zu akzeptieren" sind, „wenn ein grammatisches Morphem mindestens in einem Fall durch ein materiell vorhandenes Morph repräsentiert wird" (BEST 1980: 32).

3.2.4 Substantivklassen und Subklassen

134 Die Klassifikation der Substantive kann nach den grammatischen Kategorien von Kasus, Numerus und Genus und ihren morphologischen Ausprägungen vorgenommen werden. Dabei ist wichtig, welche Kategorie primär bzw. sekundär und tertiär berücksichtigt wird. Da die einzelnen Kategorien morphologisch durch RM gemeinsam ausgedrückt werden und nicht jeweils ein spezifisches RM pro grammatischer Kategorie existiert, bildet der in den Deklinationsparadigmata vorgestellte RM-Satz die primäre Grundlage für die Festlegung der Substantivklassen. Die Bildung der Subklassen innerhalb der Klassen beruht auf dem sekundären Kriterium der Berücksichtigung der GM-Anzahl und ihrer internen phonologischen Struktur. Die erste Subklasse (a) besteht aus Substantiven mit nur einem GM. Die zweite Subklasse (b) wird von Substantiven gebildet, die zwei GM besitzen, die sich am GM-Ausgang durch den Lenis : Fortis-Gegensatz unterscheiden. Zur dritten Subklasse (c) werden Substantive zusammengefaßt, bei denen zwei GM mit und ohne Umlautvokal vorhanden sind. Nach der besonderen internen phonologischen Struktur lassen sich unter tertiärem Aspekt innerhalb jeder Subklasse Untergruppen bilden. Mit allen Einteilungen wird die

Angabe des Genus verbunden (§ 117.7), durch die auf die entsprechenden paradigmatischen Strukturen bei den Artikeln verwiesen wird.

135.1 In der Gegenwartssprache können insgesamt dreizehn Klassen von Substantiven festgestellt werden, die im Schema 6 zusammengefaßt sind.

135.2 Das Schema ist folgendermaßen aufgebaut: In der vertikalen Achse erscheinen die grammatischen Kategorien und die sie repräsentierenden Morpheme, bei denen die geschweiften Klammern aus Gründen einer einfacheren Darstellung weggelassen sind. In der horizontalen Achse werden einmal die Substantivklassen mit den Großbuchstaben A bis M gekennzeichnet. Die runden Klammern um die Buchstaben (F) und (M) verweisen auf die geringe Anzahl (zwei Wörter bzw. ein Wort) von Wörtern, die diese Klassen bilden. Zum anderen wird unter jedem Großbuchstaben pro Genus ein Substantiv angegeben, das den entsprechenden RM-Satz zeigt. Das Genus ist jeweils in Klammern hinter dem jeweiligen Substantiv vermerkt (vgl. FISCH (m), JAHR (n) zur Klasse A). Es sind nach Möglichkeit nur solche Substantive aufgeführt, die zur Subklasse (a) mit nur einem GM gehören, um der weiteren Subklassenbildung nicht vorzugreifen. In der Klasse (F) ist das nicht möglich, weil diese nur aus zwei Substantiven der Subklasse (c) besteht.

135.3 Die Anordnung der Klassen A bis (M) ist so gewählt, daß die Übereinstimmungen zwischen den Teilparadigmata einzelner Klassen, die bereits bei der Behandlung der Deklinationsparadigmata beschrieben wurden, leicht zu erkennen sind. Insgesamt gibt es keine Klasse, in der alle drei Genera des Deutschen enthalten sind. Vielmehr existieren charakteristische Verbindungen von Maskulina und Neutra in den Klassen A, C, D, E, G, K und L. In den übrigen sechs Klassen kommt nur jeweils ein Genus vor: Die Feminina finden sich in den Klassen B, (F), H und I; in der Klasse J erscheinen nur Maskulina und in der Klasse (M) nur das Neutrum HERZ. Aus diesen Verteilungen läßt sich aber noch nicht der Schluß ziehen, daß „das Flexionsklassensystem [...] dem Genussystem untergeordnet“ (WURZEL 1986b: 90) sei (§ 117.7) bzw. eine Kopplung der „Distinktionen im Flexionsverhalten [...] eindeutig an das Genus der Substantive“ (D. BITTNER 1994: 66) vorliege. Es genügt nicht, „Fast alle wesentlichen Abweichungen von dem an das Genus bzw. die Eigenschaften [+Fem.]/[-Fem.] geknüpften Flexionsverhalten [...] auf phonologische Unverträglichkeiten der Silbenstrukturen bzw. der Wortausgänge mit den jeweils favorisierten Flexiven“ zurückzuführen und beim dann ermittelten „allgemeinen Aufbau des Flexionssystems [...] nicht alle Details der Substantivflexion“ (ebd.: 71,74 Anm. 14) zu berücksichtigen.

135.4 Die Übereinstimmungen in den Teilparadigmata verweisen auf der Wortart Substantiv gemeinsame Strukturen, können aber nicht einfach als Grundlage einer ’macroclass‘ bzw. des Ansatzes eines ’macroparadigm‘

Schema 6: Substantivklassen der deutschen Gegenwartssprache

Klasse gr. Kat.	A FISCH (m) JAHR (n)	B TRÜBSAL (f)	C GEIST (m) BRETT (n)	D HOBEL (m) MITTEL (n)	E BESEN (m) ZEICHEN (n)	(F) TOCHTER (f)	
N.S.	Ø	Ø	Ø	Ø	Ø	Ø	
G.S.	(ə)s	Ø	(ə)s	s	s	Ø	
D.S.	ə, Ø	Ø	ə, Ø	Ø	Ø	Ø	
A.S.	Ø	Ø	Ø	Ø	Ø	Ø	
N.P.	ə	ə	ər	Ø	Ø	Ø	
G.P.	ə	ə	ər	Ø	Ø	Ø	
D.P.	ən	ən	ərn	n	Ø	n	
A.P.	ə	ə	ər	Ø	Ø	Ø	
	G UHU (m) ECHO (n)	H MUTTI (f)	I FRAU (f)	J MENSCH (m)	K STAAT (m) OHR (n)	L SEE (m) ENDE (n)	(M) HERZ (n)
N.S.	Ø	Ø	Ø	Ø	Ø	Ø	Ø
G.S.	s	Ø	Ø	(ə)n, (ns)	(ə)s	s	əns, əs
D.S.	Ø	Ø	Ø	(ə)n	ə, Ø	Ø	ən
A.S.	Ø	Ø	Ø	(ə)n	Ø	Ø	Ø
N.P.	s	s	(ə)n	(ə)n	ən	n	ən
G.P.	s	s	(ə)n	(ə)n	ən	n	ən
D.P.	s	s	(ə)n	(ə)n	ən	n	ən
A.P.	s	s	(ə)n	(ə)n	ən	n	ən

(CARSTAIRS 1986: 5) fungieren. Werden nämlich GAST, APFEL und HAND zu einem Makroparadigma zusammengefaßt, dann sind für die Genitiv-Singular-Formen *des Gastes*, *des Apfels*, *der Hand* die Alternativangaben „Ø in Feminines; -(e)s in non-Feminines" und für die Pluralbildung die Angaben „Umlaut alone in nouns ending in -el, -er, -en; *umlaut plus* -e *in other nouns Umlaut plus* -(e)n" notwendig. Bei einer solchen Beschreibung gehen einmal die Oppositionen, die ein Paradigma konstituieren, verloren, und der Paradigma-Begriff wird unnötig ausgeweitet, zum anderen wird durch Angaben wie 'Umlaut + -e' das Homogenitätsprinzip verletzt. Die für den Ansatz von Makroklassen und Makroparadigmen bemühte Ökonomie der Beschreibung steht in Widerspruch zu den Prinzipien der Identifikation und Distinktion und den darauf beruhenden der Klassenbildung und kann daher keinen Fortschritt in der Erfassung der Phänomene darstellen.

136.1 Die Subgruppen der Subklasse (a) sind im Schema 7 zusammengestellt:

Schema 7: Subgruppen der Subklasse (a) mit einem Grundmorphem

Klasse / Subgruppe		Genus	A	C	K
1.	GM-Ausgang auf /t/, /s/,/š/	m n	LAUT, RISS, FISCH BOOT, MASS	GEIST BRETT	STAAT, SCHMERZ BETT
2.	GM-Ausgang auf andere Phoneme	m n	AAL JAHR	 EI	FLECK OHR
			I (f)	J (m)	
1.	GM-Ausgang auf /ə/, /əl/, /ər/		GABE, SCHACHTEL, FEDER	HASE	
2.	GM-Ausgang auf andere Phoneme		FRAU	MENSCH	

136.2 Subgruppen werden nach der internen phonologischen Struktur der GM gebildet, mit der die Wahl der Allomorphe zur Kennzeichnung einzelner grammatischer Kategorien verbunden ist. In den Klassen A, C und K treten zwei Subgruppen auf, je nachdem, ob die GM auf die Phoneme /t/, /s/ und /š/ (LAUT, RISS, FISCH) oder auf andere Phoneme ausgehen (AAL, JAHR). Im G.S. kommt bei der ersten Subgruppe das Allomorph {əs} und bei der zweiten {s} vor (§§ 117.2f., 117.9). In den Klassen I und J wirkt sich eine andere Phonotaktik auf die Subgruppenbildung aus. Die erste Subgruppe besteht aus Substantiven, deren GM auf das Phonem /ə/ (GABE) bzw. die Phonemfolgen /əl/, /ər/ (SCHACHTEL, FEDER) ausgehen (§ 125.2); die zweite Subgruppe enthält Substantive mit einem anderen GM-Ausgang (FRAU). Mit der Phonotaktik der GM ist folgende Allomorphie verbunden:

die Feminina der Klasse I haben in der ersten Subgruppe im Plural-Teilparadigma das Allomorph {n}, die der zweiten Subgruppe {ən}. Bei den Maskulina ist bis auf den N.S. das Gesamtparadigma betroffen; in der ersten Subklasse steht das Allomorph {n} und in der zweiten {ən}.

136.3 Nicht in die Subklassenbildung sind die Neutra und Maskulina der Klasse L einbezogen, obwohl die Substantive ENDE, AUGE, INTERESSE bzw. SEE, MUSKEL, VETTER eine den Klassen I und J vergleichbare Phonotaktik besitzen. Anders als in diesen Klassen führen die unterschiedlichen GM-Ausgänge nicht zu verschiedenen Allomorphen, sondern zu einer einheitlichen Ausprägung des RM-Satzes. Eine Besonderheit besteht insofern, als in der Klasse L der GM-Ausgang auf /ə/ auf die Neutra beschränkt ist.

137.1 Die Subgruppen der Subklasse (b) aus zwei GM mit Lenis : Fortis-Opposition sind im Schema 8 enthalten:

Schema 8: Subgruppen der Subklasse (b) aus zwei Grundmorphemen mit Lenis : Fortis-Opposition

Klasse / Subgruppe	Genus	A	C
1. /d/ : /t/	m	GRAD	
	n	PFUND	BILD
2. /b/ : /p/	m	DIEB	LEIB
	n		
3. /g/ : /k/	m	TAG	
	n		
4. /z/ : /s/	m	GREIS	
	n	GAS	

137.2 Die Subgruppen werden durch die Oppositionen /d/: /t/, /b/: /p/, /g/: /k/ und /z/: /s/ gebildet. Von der Opposition /v/: /f/ wird innerhalb der Substantivflexion kein Gebrauch gemacht. Die Subgruppen sind auf die Klassen A und C beschränkt und nur in der Klasse A besonders ausgeprägt vorhanden.

138.1 Die Subgruppen der Subklasse (c) aus zwei GM mit und ohne Umlautvokal sind aus dem Schema 9 zu entnehmen.

138.2 Die Anzahl der Subgruppen orientiert sich an den sieben prinzipiell vorhandenen Umlautmöglichkeiten. Von allen Möglichkeiten des Umlauts wird nur in der Klasse A Gebrauch gemacht. In den Klassen B und C ist jeweils eine Umlautmöglichkeit nicht ausgenutzt. In der Klasse D kommen drei, in der Klasse E vier und in der Klasse F sogar fünf Umlautmöglichkeiten nicht vor. Die beiden Umlautformen in der Klasse F sind auf jeweils ein Substantiv beschränkt (TOCHTER, MUTTER).

Schema 9: Subgruppen der Subklasse (c) aus zwei Grundmorphemen mit und ohne Umlautvokal

Klasse / Umlaut	A 2 GM	B 2 GM	C 2 GM	D 2 GM	E 2 GM	F 2 GM
1. /a/ : /ɛ/	BALL (m)	KRAFT (f)	MANN (m) AMT (n)	APFEL (m)	GARTEN (m)	–
2. /ā/ : /ǟ/	BART (m)	NAHT (f)	BAD (n)	NAGEL (m)	FADEN (m)	–
3. /o/ : /ö/	BOCK (m)	–	GOTT (m) DORF (n)	–	–	TOCHTER (f)
4. /ō/ : /ȫ/	SOHN (m)		–	VOGEL (m)	BODEN (m)	–
		NOT (f)				
	FLOSS (n)			KLOSTER (n)		
5. /u/ : /ü/	FUCHS (m)	FRUCHT (f)	WURM (m)	–	–	MUTTER (f)
6. /ū/ : /ǖ/	HUT (m)	SCHNUR (f)	BUCH (n)	BRUDER (m)	–	–
7. /ao/ : /oi/	TRAUM (m)	MAUS (f)	KRAUT (n)	–	–	–

138.3 Neben den Umlautphänomenen kommen in der Subklasse (c) auch noch die Grundmorphemausgänge vor, die bei den Subklassen (a) und (b) zur Subgruppenbildung geführt haben. Über die sich so ergebenden Unterteilungen gibt das Schema 10 einen Überblick.

138.4 Die GM-Ausgänge auf /t/, /s/ und /š/ sind mit dem Umlaut und einer entsprechenden Allomorphie in den Klassen A und C vorhanden, nicht aber in der Klasse K, die mit der Subklasse (a) verbunden ist. In der Klasse K ist der GM-Ausgang alleiniges Kriterium zur Subgruppenbildung; in den Klassen A und C sind Umlaut und GM-Ausgang teilweise miteinander verbunden. Der Umlaut erweist sich bei der Subklasse (c) als das primäre Kriterium zur Subgruppenbildung, weil er einmal innerhalb des Gesamtparadigmas eine größere Anzahl von Wortformen erfaßt und zum anderen auch in Klassen vorkommt, wo der besondere GM-Ausgang keine Rolle spielt. So ist der GM-Ausgang auf /t/ bzw. /s/ auch in der Klasse B vorhanden (AXT, NAHT, NOT, FRUCHT, HAUT – NUSS), ohne daß er sich auf eine Allomorphie bei den RM auswirkt.

138.5 In den Klassen A, B und C sind die Lenis : Fortis-Oppositionen mit den Umlautformen verbunden, nicht aber bei den Klassen D bis E. Die Lenis : Fortis-Oppositon ist dabei in der Klasse C innerhalb der Subklasse (c) an der Konstitution von mehr substantivischen Wortformen beteiligt als bei der Subklasse (b). In der Klasse B kommt die Lenis : Fortis-Opposition nur mit dem Umlaut gekoppelt vor. In der Klasse A ist sie etwa gleichmäßig auf Formen mit und ohne Umlaut verteilt.

139.1 Aus den Klassen und Subklassen mit ihren weiteren Subgruppierungen können wie bei den Verben Leitformen gewonnen werden, mit deren Hilfe alle Wortformen des jeweiligen Substantivs hergeleitet werden können. Als relevant erweisen sich die Leitformen des Nominativ Singular, des Genitiv Singular und des Nominativ Plural. Durch diese drei Leitformen werden die Anzahl der GM und die interne phonologische Struktur der GM und ihre Rückwirkung auf die Allomorphie bei den RM erkannt. Mit dem N.S. muß die Angabe des bestimmten Artikels zur Genuskennzeichnung verbunden sein, um die morphologische Analyse abzuschließen und die morphologischen paradigmatischen Strukturen in morphologischen syntagmatischen Strukturen verwenden zu können. Die Kenntnis des Genusgebrauchs, der Suppletivmorphemsätze des bestimmten Artikels, der dreizehn Relationsmorphemsätze und der drei Leitformen ermöglicht es, zu jedem Substantiv jede Wortform herleiten zu können.

139.2 So führen die Leitformen *das Jahr*, *des Jahrs*, *die Jahre* zu einem Neutrum der Substantivklasse A. Die Existenz eines einzigen GM verweist auf die Subklasse (a); der GM-Ausgang auf /r/ in Verbindung mit dem Allomorph {s} ergibt die entsprechende Subgruppe. Die Leitformen *der Fisch*, *des Fisches*, *die Fische* zeigen ebenfalls ein Substantiv der Klasse A;

Schema 10: Unterteilungen der Subgruppen der Subklasse (c) nach dem Grundmorphem-Ausgang

Unterteilung / Subgruppe	Grundmorphen-Ausgang auf /t/, /s/, /š/		
	Klasse A		Klasse C
1. /a/ : /ɛ/	AST (m), PLATZ (m)		BLATT (n), FASS (n)
2. /ā/ : /ǟ/	BART (m)		
3. /o/ : /ö/	FROST (m), FROSCH (m)		GOTT (m), HOLZ (n)
4. /ō/ : /ȫ/	STOSS (m), FLOSS (n)		
5. /u/ : /ü/	DUFT (m), FLUSS (m), BUSCH (m)		
6. /ū/ : /ǖ/	HUT (m), FUSS (m)		GUT (n)
7. /ao/ : /oi/			KRAUT (n)

Unterteilung / Subgruppe	Grundmorphen-Ausgang auf Lenis : Fortis-Opposition		
	Klasse A	Klasse B	Klasse C
1. /a/ : /ɛ/	BRAND (m), HALS (m)	HAND (f)	WALD (m), BAND (n), KALB (n)
2. /ā/ : /ǟ/	SCHLAG (m)		BAD (n), GRAB (n), GLAS (n)
3. /o/ : /ö/	KORB (m)		
4. /ō/ : /ȫ/			
5. /u/ : /ü/	GRUND (m)		MUND (m)
6. /ū/ : /ǖ/	ZUG (m)		
7. /ao/ : /oi/		MAUS (f)	HAUS (n)

es ist ein Maskulinum, gehört zur Subklasse (a) und aufgrund des G.S.-Allomorphs {əs} und des GM-Ausgangs /š/ zu einer anderen Subgruppe. Selbst wenn nur die Leitform des G.S. ohne morphologische Begründung gelernt wird, ergibt dies einen Hinweis auf die Klasse A der Substantive. Die Leitformen *der Dieb*, *des Diebes*, *die Diebe* führen innerhalb der Klasse A zur Lenis : Fortis-Opposition am Ausgang des GM, die graphisch nicht markiert und ein Merkmal der Subklasse (b) ist. Die Leitformen *der Tag*, *des Tages*, *die Tage* ergeben die gleiche Klassifizierung und den Hinweis, daß kein Umlaut vorhanden ist. Die Leitformen *der Ball*, *des Balles*, *die Bälle* markieren den wortgebundenen Umlaut und verweisen auf die Subklasse (c) der Klasse A.

139.3 Für die einzelnen Substantivklassen ist wegen der verschiedenen Subklassenbildungen und weiterer Untergruppierungen eine unterschiedliche Anzahl von Leitformen-Zusammenstellungen notwendig. An den Subklassenbildungen sind die Klassen G, H, L und M überhaupt nicht beteiligt, so daß für sie eine besondere Aufstellung von Leitformen unnötig ist. Zu den Klassen B, D, E, F, I, J, K existieren zwar Subklassifizierungen, doch betreffen sie jeweils nur einen Subklassifizierungsaspekt, so daß die Leitformen leicht aus den Schemata 7-10 entnommen werden können. Lediglich bei der Klasse B müssen dabei Subgruppen und weitere Unterteilungen berücksichtigt werden. Zu den Klassen A und C ist jedoch eine eigene Aufstellung von Leitformen sinnvoll, weil bei ihnen drei verschiedene Subklassifizierungen und eine zusätzliche Unterteilung einer Subklasse erforderlich sind.

139.4 Die Subklassen und Subgruppen der Substantivklasse A sind einschließlich ihrer Leitformen im Schema 11 zusammengestellt:

Schema 11: Subklassen, Subgruppen und Leitformen der Substantivklasse A

Leitform / Subklassen, -gruppen	N.S.	G.S.	N.P.
(a) ein GM			
aa) GM-Ausgang auf /t/, /s/, /š/			
1. Maskulina	der Laut	des Lautes	die Laute
2. Neutra	das Boot	des Bootes	die Boote
ab) GM-Ausgang auf andere Phoneme			
3. Maskulina	der Aal	des Aals	die Aale
4. Neutra	das Jahr	des Jahr(e)s	die Jahre
(b) zwei GM mit Lenis : Fortis-Opposition (= O.)			
ba) /d/ : /t/			
5. Maskulina	der Grad	des Grades	die Grade
6. Neutra	das Pfund	des Pfundes	die Pfunde

Leitform Subklassen, -gruppen	N.S.	G.S.	N.P.
bb) /b/ : /p/			
7. Maskulina	der Dieb	des Diebes	die Diebe
bc) /g/ : /k/			
8. Maskulina	der Tag	des Tages	die Tage
bd) /z/ : /s/			
9. Maskulina	der Greis	des Greises	die Greise
10. Neutra	das Gas	des Gases	die Gase
(c) zwei GM mit und ohne Umlautvokal			
ca) /a/ : /ɛ/			
11. a) Maskulina auf /t/, /s/, /š/	der Ast	des Astes	die Äste
b) Mask. auf andere Phoneme	der Ball	des Balls	die Bälle
c) Mask. mit Lenis : Fortis-O.	der Brand	des Brandes	die Brände
cb) /ā/ : /ǟ/			
12. a) Mask. auf /t/, /s/, /š/	der Bart	des Bartes	die Bärte
c) Mask. mit Lenis : Fortis-O.	der Schlag	des Schlages	die Schläge
cc) /o/ : /ö/			
13. a) Mask. auf /t/, /s/, /š/	der Frost	des Frostes	die Fröste
b) Mask. auf andere Phoneme	der Bock	des Bocks	die Böcke
c) Mask. mit Lenis : Fortis-O.	der Korb	des Korbes	die Körbe
cd) /ō/ : /ȫ/			
14. a) Mask. auf /t/, /s/, /š/	der Stoß	des Stoßes	die Stöße
b) Mask. auf andere Phoneme	der Sohn	des Sohns	die Söhne
15. a) Neutra auf /t/, /s/, /š/	das Floß	des Floßes	die Flöße
ce) /u/ : /ü/			
16. a) Mask. auf /t/, /s/, /š/	der Duft	des Duftes	die Düfte
c) Mask. auf Lenis : Fortis-O.	der Grund	des Grundes	die Gründe
cf) /ū/ : /ǖ/			
17. a) Mask. auf /t/, /s/, /š/	der Hut	des Hutes	die Hüte
c) Mask. mit Lenis : Fortis-O.	der Zug	des Zug(e)s	die Züge
cg) /ao/ : /oi/			
18. b) Mask. auf andere Phoneme	der Traum	des Traums	die Träume

139.5 Auf der horizontalen Achse sind die Leitformen von N.S., G.S. und N.P. angegeben. Auf der vertikalen Achse sind die Subklassen (a) bis (c) aufgeführt und nach der internen phonologischen Struktur und dem Genus weiter in insgesamt achtzehn Untergruppen eingeteilt, die in der Subgruppe (c) zusätzlich untergliedert sind.

139.6 Die Subklassen und Subgruppen der Substantivklasse C sind im Schema 12 enthalten:

Schema 12: Subklassen, Subgruppen und Leitformen der Substantivklasse C

Leitform / Subklassen, -gruppen	N.S.	G.S.	N.P.
(a) ein GM			
aa) GM-Ausgang auf /t/, /s/, /š/			
1. Maskulina	der Geist	des Geistes	die Geister
2. Neutra	das Brett	des Brettes	die Bretter
ab) GM-Ausgang auf andere Phoneme			
3. Neutra	das Ei	des Eis	die Eier
(b) zwei GM mit Lenis : Fortis-Opposition (= O.)			
ba) /d/ : /t/			
4. Neutra	das Bild	des Bild(e)s	die Bilder
bb) /b/ : /p/			
5. Maskulina	der Leib	des Leibs	die Leiber
(c) zwei GM mit und ohne Umlautvokal			
ca) /a/ : /ɛ/			
6. b) Mask. auf andere Phoneme	der Mann	des Mann(e)s	die Männer
c) Mask. mit Lenis : Fortis-O.	der Wald	des Wald(e)s	die Wälder
7. a) Neutra auf /t/, /s/, /š/	das Blatt	des Blattes	die Blätter
c) Neutr. mit Lenis : Fortis-O.	das Band	des Band(e)s	die Bänder
cb) /ā/ : /ǟ/			
8. c) Neutra mit Lenis : Fortis-O.	das Bad	des Bad(e)s	die Bäder
cc) /o/ : /ö/			
9. a) Mask. auf /t/, /s/, /š/	der Gott	des Gottes	die Götter
10. a) Neutra auf /t/, /s/, /š/	das Holz	des Holzes	die Hölzer
b) Neutr. auf andere Phoneme	das Dorf	des Dorf(e)s	die Dörfer
ce) /u/ : /ü/			
11. b) Mask. auf andere Phoneme	der Wurm	des Wurm(e)s	die Würmer
c) Mask. mit Lenis : Fortis-O.	der Mund	des Mund(e)s	die Münder
cf) /ū/: /ǖ/			
12. a) Neutra auf /t/, /s/, /š/	das Gut	des Gutes	die Güter
b) Neutr. auf andere Phoneme	das Buch	des Buch(e)s	die Bücher
cg) /ao/ : /oi/			
13. a) Neutra auf /t/, /s/, /š/	das Kraut	des Krautes	die Kräuter
c) Neutr. mit Lenis : Fortis-O.	das Haus	des Hauses	die Häuser

139.7 Das Schema 12 ist nach den gleichen Prinzipien wie das Schema 11 aufgebaut, führt aber nur zu dreizehn Untergruppen. Die Unterschiede in der Anzahl der Untergruppen ergeben sich 1. aus Genusunterschieden, die ganze Subklassen bzw. einzelne ihrer Untergruppen betreffen, 2. aus Verteilungsunterschieden bei Lenis : Fortis-Oppositionen und Umlautphänomenen und 3. aus Ausnutzungsunterschieden bei Untergliederungsmerkmalen innerhalb der durch den Umlaut bestimmten Untergruppen. So kommen in den Subklassen cb, cf und cg Neutra nur in der Klasse C (Schema 12) und Maskulina nur in der Klasse A (Schema 11) vor. In den Subklassen ab und ba sind in der Klasse C nur Neutra, in der Klasse A dagegen Neutra und Maskulina enthalten. GM mit den Oppositionen /g/: /k/ bzw. /z/: /s/ fehlen in der Klasse C, nicht aber in A. Dies gilt auch für GM mit dem Umlaut von /ō/: /ȫ/ (Subklasse cd). In den vom Umlaut bestimmten Untergruppen kommen jeweils vier Untergruppen (11a, 13b, c, 16a bzw. 7a, c, 10a, b) nur in der Klasse A bzw.in der Klasse C vor.

140.1 Bei einer Anzahl von Substantiven kommen Doppelformen im Singular und Plural vor. Sie sind das Ergebnis verschiedener sprachlicher Traditionen und führen zu Übergängen zwischen den einzelnen Deklinationsklassen (vgl. §§ 121.4, 126.4). Mit Recht weist GELHAUS (in: DUDEN 1984: 238; 1995: 226) darauf hin, „daß sich in der heutigen Standardsprache eine starke Neigung zum Ausgleich und zur Vereinheitlichung bemerkbar macht", so daß sich Frequenzunterschiede und Verteilungen auf standardsprachliche bzw. umgangssprachliche und dialektale Varietäten ergeben.

140.2 Die bisher unter den Aspekten einer synchronen morphologischen Segmentierung und Klassenbildung behandelten Substantive (§§ 121.4, 126.4) beruhen auf unterschiedlich alten sprachlichen Traditionen. Unter diachronem Aspekt repräsentiert z.B. *der Same* eine ältere sprachliche Tradition. Es gehörte zum Deklinationstyp mhd. *bote* (PAUL/MOSER/SCHRÖBLER/GROSSE 1982: 129f.), und dieser Typus ist noch heute in der Klasse J (BOTE, HASE) vorhanden. Im Frühneuhochdeutschen wird das Allomorph {n} aus den Kasus obliqui des Singularteilparadigmas auf den Kasus rectus übertragen. Dadurch ändert sich einmal die Phonotaktik des GM im N.S. von {zāmə} zu {zāmən}; zum anderen führt dies aufgrund der Oppositionsbildungen innerhalb des Gesamtparadigmas zu generellen Verschiebungen der Morphemgrenzen. Das GM zeigt dadurch immer die Phonotaktik {zāmən}, das RM {n} wird Teil des neuen GM, so daß als neues RM {Ø} entsteht. Damit erhält frühnhd. *samen* bis auf den G.S. die gleiche morphologische Struktur wie nhd. BESEN, ZEICHEN (Klasse E). Durch die Übernahme des RM {s} im G.S. *des samens* ist der Übertritt von einer Deklinationsklasse in eine andere, von der nhd. Klasse J in die Klasse E, vollzogen (vgl. WEGERA 1987: 79, 99). Die Form *der Same* ist ein Relikt eines ehemals ausschließlich geltenden sprachlichen Zustandes (SPIEWOK

1975: 168), der sich synchron in der Existenz einer zur Klasse E hinzuzurechnenden Doppelform niederschlägt.

140.3 Bei einigen Doppelformen treten regionale Unterschiede auf. So wird in Österreich in umgangssprachlichen Realisierungen im Gegensatz zur Schriftsprache bei Wörtern wie SCHÜTZE, KÄSE die <e>-lose Variante bevorzugt. Bei BUB, BURSCH gilt in Österreich auch standardsprachlich die <e>-lose Variante (TATZREITER 1988: 79f.), vor allem weil BUBE gemeindeutsch mit pejorativer Bedeutung verwendet wird (WAHRIG 1977: 772). Morphologisch bleibt die Zuordnung zur Klasse J bestehen, lediglich die Phonotaktik des GM und die Auswahl der Allomorphe ändern sich.

140.4 Im Plural-Teilparadigma verteilen sich die Doppelformen auf eine standardsprachliche Form und auf umgangssprachliche, dialektal oder stilistisch bedingte Formen. So ist der N.P. *die Kerle* standardsprachlich, *die Kerls* dagegen in niederdeutschen umgangssprachlichen Varietäten häufig. Der N.P. *die Kragen* ist standardsprachlich, die Form mit Umlaut *die Krägen* ist im südd., österr. und schweiz. Sprachgebiet verbreitet (zu weiteren Beispielen GELHAUS, in: DUDEN 1984: 241-245; 1995: 229-233).
In einigen Wörtern ergeben sich aufgrund regionaler Unterschiede andere Zuordnungen zu den Substantivklassen. So gehört (*das*) SCHEIT binnendeutsch zur Klasse A, in Österreich und der Schweiz wegen des Plural-Teilparadigmas (*die Scheit-er*) dagegen zur Klasse C (vgl. EBNER 1969: 195; FENSKE 1973: 295; KAISER 1970: 137; TATZREITER 1988: 83).

3.2.5 Andere Substantivklasseneinteilungen

141 Die in anderen Darstellungen vorhandenen Klasseneinteilungen weichen von der hier vorgelegten im Hinblick auf die Gesamtanzahl der Klassen und Subklassen ab, wobei unterschiedliche Kriterien und Grade der Abstraktion angewandt werden. Die Gemeinsamkeiten und Unterschiede in der Klassifizierung sollen kurz aufgezeigt werden, wobei auf die Wiedergabe von bereits referierten älteren Auffassungen (RETTIG 1972: 41-65; BETTELHÄUSER 1976: 53-77; AUGST 1979) verzichtet werden kann, sofern sie nicht spätere Klassifizierungen beeinflußt haben.

142.1 Die Untersuchungen von RETTIG (1972) und BETTELHÄUSER (1976) haben in unterschiedlichem Maße die Darstellungen von GELHAUS (in: DUDEN 1984; 1995) und von HELBIG/BUSCHA (1986/1994) beeinflußt. RETTIG (1972: 21, 24, 33) geht zunächst von einer die Morpheme des Singulars und des Plurals trennenden Analyse aus (dagegen fordert WURZEL 1994: 42 ein einheitliches Flexionsparadigma), behandelt dann die ein Paradigma konstituierenden Kombinationen der Singular- und Pluralreihen, stellt danach dreizehn Paradigmen auf, um diese schließlich über Regelformulierungen zu fünf sog. Klassen, d.h. Großklassen, zu verbinden. Seine dreizehn Paradigmen sind zum größten Teil mit den hier aufgestellten dreizehn Deklinationsklassen identisch. Unterschiede zeigen sich einmal darin, daß seine Paradigmen 1 und 2 (FÜRST, HASE) bzw. 3 und 4 (FRAU, ACHSE) hier jeweils nur eine Deklinationsklasse J bzw. I bilden und innerhalb dieser Klassen als Subgruppen der Subklasse (a) (Tabelle 15) fungieren. Zum anderen tauchen bei ihm die Deklinationsklassen E (BESEN, ZEICHEN) und (M) (HERZ) als Paradigmen nicht auf; das Fehlen von HERZ kritisiert bereits M.W. JØRGENSEN(1980: 241). Die Wörter der Klasse E werden bei RETTIG als „Sondertyp" dem Paradigma 6 (STACHEL, ENDE, VETTER) zugeordnet, das der Klasse L entspricht. Die Zuordnung versucht er damit zu begründen, „daß nach einem im Auslaut des Lexems schon vorhandenen -n das -n des Nominalmorphems getilgt wird" (RETTIG 1972: 20 Anm. 14). Bei RETTIG werden die sog. Vereinfachungen in der Großklassifizierung durch einen Wechsel in der Metasprache erreicht, indem er eine synchrone Herleitungsregel, eine *n*-Tilgungsregel, von einer hypothetischen und auch diachron nicht zu begründenden Basis (*Wagen-n* → *Wagen*) annimmt. Eine vergleichbare Regel, die „/ə/-Tilgungsregel" (RETTIG 1972: 25), setzt er an, um seine Paradigmen 1+2, 3+4, 5+6, 7+8, 9+10 zusammenfassen zu können. So entstehen für ihn die N.P. *Schalen*, *Amseln* aus „*/ša: lə+ən/ → /ša: lən/" bzw. aus „*/amsələn/". Um eine Generalisierung der Regel zu erreichen, nimmt er auch für den N.P. *Hebel* „eine potentielle Form auf -e" an und postuliert die Regel „*/he: bəl-ə/ → /he: bəl/" (RETTIG 1972: 26; kritisch dazu, doch positiv zu allgemeinen Regelformulierungen LEYS 1986: 307), der KORTE (1986: 24) sogar den Rang einer „psychische[n] Realität" gibt. Eine solche metasprachliche Darstellung ist aber zum einen nicht einfacher als die hier vorgelegte; zum anderen ist sie in sich inhomogen und vernachlässigt vorhandene Oppositionen. Überhaupt nicht berücksichtigt sind die internen phonologischen Strukturen, die zur hier vorgelegten Subklassenbildung führen. Der Umlaut wird zwar erwähnt (RETTIG 1972: 29), jedoch ohne Differenzierung nach Kurz- und Langvokalen und ohne auf seine besonderen Ausnutzungen je nach Deklinationsklasse einzugehen (kritisch dazu bereits M.W. JØRGENSEN 1980: 241).

142.2 Wie RETTIG geht auch BETTELHÄUSER(1976: 48-52) von nicht frei kombinierbaren Singular- und Pluralreihen aus, gelangt aber zu neunzehn Deklinationsklassen, weil er – anders als RETTIG – „eigene Paradigmen für Umlaut oder Umlaut + Morphem" (S. 50) ansetzt. Daher erscheinen RETTIGS Deklinationsklassen 7, 8, 9 und 13 jeweils zweigeteilt als Klassen 9 (TAG, TISCH), 10 (BACH, FLOSS); 14 (MUSTER, LEHRER), 15 (APFEL, KLOSTER); 3 (KENNTNIS, TRÜBSAL), 4 (KRAFT, ANGST) und 11 (LEIB, BILD), 12 (MANN, BUCH). Anders als RETTIG setzt BETTEL-

HÄUSER aber für ABEND, SCHAF eine eigene Klasse 17 an und bezieht sie nicht in seine Klasse 9 ein. Er nimmt für diese Klasseneinteilung eine Opposition der G.S.-Morpheme {əs} und {s} an, die in dieser generellen Klassenverteilung nicht existiert (§ 117). Mit der gleichen Begründung verteilt er die bei RETTIG eine Klasse 5 bildenden Substantive BETT, STAAT bzw. OHR auf seine Klassen 13 und 18. Wie bei RETTIG fehlen die Klassen E (BESEN, ZEICHEN) und (M) (HERZ). Die Klasse (M) bleibt unberücksichtigt, weil sie „nur durch das Neutrum *Herz* vertreten“ ist, „für das im Genitiv Singular verschiedene Flexionsendungen belegt werden konnten“ (BETTELHÄUSER 1976: 47f.). Die geringe Frequenz der Klasse (M) kann jedoch nicht zu ihrer Vernachlässigung führen, sondern nur ihre Einordnung in einen Peripherbereich begründen. Bei der Zusammenfassung der 19 Deklinationsklassen zu sechs umfangreicheren Klassen, d.h. Großklassen, übernimmt BETTELHÄUSER von RETTIG die *e*-Tilgungsregel. Die Großklassen entsprechen sich weitestgehend; lediglich RETTIGs Großklasse 3 wird von BETTELHÄUSER in die Großklassen III (KENNTNIS, TRÜBSAL; KRAFT, ANGST; TAG, TISCH; BACH, FLOSS; ABEND, SCHAF) und IV (MUTTER, TOCHTER; MUSTER, LEHRER; APFEL, KLOSTER) aufgeteilt. BETTELHÄUSERs Großklasse III umfaßt die Klassen A und B der hier vorgelegten Einteilung und seine Großklasse IV die Klassen D und F. Es ist offensichtlich, daß das gemeinsame Teilparadigma des Plurals die Grundlage dieser Großklassenbildung ist. Ebenso deutlich ist aber auch, daß von der Pluralbildung nicht auf die Morpheme des Singulars geschlossen werden kann. Die Zusammenfassung der Feminina, die „im Genitiv Singular immer durch das Allomorph -Ø gekennzeichnet sind“ mit den Maskulina und Neutra „mit gleicher Pluralbildung“ (BETTELHÄUSER 1976: 51) erfolgt relativ willkürlich, weil sie Oppositionen in den Teilparadigmata des Singulars unberücksichtigt läßt. Strukturelle Gemeinsamkeiten in Teilparadigmata werden auch sichtbar, wenn die Oppositionen der Relationsmorphemsätze, die Singular und Plural umfassen, einander gegenübergestellt werden. Zugleich wird so eine Verbindung verschiedener metasprachlicher Darstellungen und die Annahme hypothetischer Formen und davon ausgehender hypothetischer Regeln vermieden und eine Subklassifizierung unter Berücksichtigung der internen phonologischen Struktur der Substantive ermöglicht, auf die RETTIG und BETTELHÄUSER verzichten.

142.3 Von GELHAUS (in: DUDEN 1984: 245-247; 1995: 220f., 233f.) werden zunächst drei bzw. fünf 'Deklinationstypen' des Singulars bzw. Plurals unterschieden, ehe ihre Kombinationsmöglichkeiten zur Aufstellung von zehn 'Deklinationstypen' führen. Wie bei RETTIG und BETTELHÄUSER fehlen die Klassen E und (M). Der Deklinationstyp III umfaßt die Klassen K und L. Dadurch wird vernachlässigt, daß sich in den Klassen K und L sowohl Maskulina (STAAT vs. SEE) als auch Neutra (OHR vs.

ENDE) befinden, während bei GELHAUS durch die Beispiele und ihre Zuordnung eine Verteilung der Allomorphe bzw. Allomorphsätze auf Maskulina (STAAT) und Neutra (AUGE) suggeriert wird. Da aber bei den Wörtern der Klasse L die Pluralallomorphe {ən} und die Singularallomorphe {əs} und {ə} nie vorkommen, geht ihre paradigmatische Zusammenfassung mit der Klasse K an dieser Distinktivität vorbei. Eine exakte Berücksichtigung der internen phonologischen Struktur der Morpheme wird von GELHAUS nicht vorgenommen.

142.4 Auch HELBIG/BUSCHA (1986/1994: 236, 239) gehen von drei bzw. fünf Typen der Deklination im Singular bzw. Plural aus, stellen aber ihre Kombinationsmöglichkeiten nicht dar, sondern gehen typweise auf einzelne distributionelle Besonderheiten ein, die sie jedoch ausschließlich graphisch und nicht phonologisch formulieren bzw. beim Umlaut auf einer höheren Abstraktionsebene. Im Zusammenhang mit den drei Singulartypen setzen sie einen „Mischtypus aus Typ 1 und 2" an, zu dem sie Maskulina wie NAME und FUNKE und das Neutrum HERZ rechnen, ohne jedoch zu klären, ob dadurch ein eigener vierter Typus entsteht oder was für eine Subklassifizierung angesetzt wird. Als entscheidend für die Typenbildung im Plural sehen sie „die Bildung des Nominativs Plural“ an. Dadurch entstehen jedoch zu heterogene Gruppierungen, wie am „Typ 3: *ohne Endung* (bei umlautfähigem Stammvokal mit und ohne Umlaut)“ (S. 241) gezeigt werden kann. Zu diesem Typus gehören die „meisten Maskulina auf *-el*, *-en*, *-er*“ wie TADEL, BALKEN, ANKER, „Neutra auf *-el*, *-en*, *-er*; *-chen*, *-lein*, *-sel* (ohne Umlaut)“ wie KABEL, BECKEN, HÄUSCHEN, aber auch Neutra und Feminina mit Umlaut wie KLOSTER, MUTTER, TOCHTER. Die Heterogenität dieses Typus zeigt sich darin, daß der D.P. unterschiedlich gebildet wird (*den Tadeln*, *den Balken*) und die Singularbildung der Feminina MUTTER, TOCHTER von den übrigen Substantiven abweicht.

143.1 ENGEL (1988/1996: 505-509) nutzt die Formen der Singular- und Pluralbildungen zur Festlegung von Klassen und Subklassen. Er geht von der Pluralbildung aus und erhält so „fünf Deklinationsklassen, die gemäß weiteren Flexionsmerkmalen (vor allem im Genitiv Singular) in insgesamt dreizehn Subklassen zerfallen“ (S. 505). Eine Begründung, warum RM des Plurals klassenbildend, solche des Singulars jedoch nur subklassenbildend fungieren, bleibt ENGEL schuldig. Die Klassen ENGELS sind Großklassen in den bisher behandelten Darstellungen (§ 142). Seine „5. Deklinationsklasse: Plural ohne eigene Endung, teilweise Umlaut“ (S. 508) entspricht dem Typ 3 bei HELBIG/BUSCHA. Sie enthält drei Subklassen, nämlich erstens „Maskulina und Neutra auf *en*“ (BODEN, ESSEN mit G.S. *des Bodens*, *des Essens*), zweitens „alle Maskulina und Neutra der fünften Deklinationsklasse, die im Nominativ Singular nicht auf *n* enden, so die

Maskulina auf *er* [...] viele Nomina auf *el* [...] die Neutra *Fenster*, *Kloster*" (KATER, SEGEL mit G.S. *des Katers*, *des Segels*) und drittens „die Feminina *Mutter* und *Tochter*, die im Plural umgelautet werden" (G.S. der *Mutter*, *der Tochter*). Trotz der vorhandenen Subklassifizierung bleiben morphologische Inkonsequenzen bestehen. So bilden BODEN, ESSEN den D.P. auf {Ø}, KATER und SEGEL dagegen auf {n}, ohne daß dies aufgrund der angegebenen Subklassifizierungskriterien zu erkennen ist. Die Aussage „viele Nomina auf *el*" und die Angabe „die Neutra *Fenster*, *Kloster* [...]" führen zu keinen klaren Subklassenbildungen, sondern nur zu Aufzählungen, denen ebenfalls aufgezählte Ausnahmen wie FLOSKEL, MUSKEL gegenübergestellt werden müssen. ENGELs Subklassenbildungen liegen auf der Ebene der hier aufgestellten Substantivklassen, ohne mit ihnen völlig identisch zu sein. So entsprechen seine Subklassen 1 bis 3 zwar den Klassen E, D und (F), aber bei seiner „1. Deklinationsklasse: Pluralendung *(e)n*" sind seine Subklassen 1 (BOTE) und 2 (MENSCH) hier zur Klasse J zusammengefaßt, und seine Subklasse 4 entspricht den Klassen L (SEE, ENDE) und K (OHR, STAAT). Die Subklassifizierung ENGELs beruht also nicht auf der Berücksichtigung der internen phonologischen Struktur, die er – auch bei seinen allgemeinen Angaben zum Umlaut – in seine Klassifizierungen nicht einbezieht.

143.2 Eine völlig andere Klassifizierung legen KERN/ZUTT (1977: 71f.) vor. Nach dem Genus unterscheiden sie zwei Klassen, einmal die Feminina und zum anderen die Maskulina und Neutra, die sie zu einer einzigen Klasse zusammenfassen. Nach den Pluralzeichen werden die Feminina in vier und die Maskulina/Neutra in fünf sog. Subklassen unterteilt; die fünfte Subklasse auf *-en* zerfällt weiter in zwei Untergruppen a (STAAT) und b (BÄR), die hier als eigene Klassen K und J behandelt sind. Obwohl sie den Anspruch erheben, „die gesamte Morphemik der nhd. Substantive" zu berücksichtigen, ist ihre Darstellung sowohl im Hinblick auf die Anzahl der sog. Subklassen als auch der Pluralzeichen unvollständig, völlig abgesehen von der nicht haltbaren Meinung, daß trotz eines solchen Anspruchs „phonologisch bedingte Varianten unberücksichtigt bleiben können" (ebd.: 70). So fehlen bei KERN/ZUTT die Klassen D, E, (F) mit dem RM {Ø} im N.P. ebenso wie die Klassen L und (M) mit den RM {n} und {ən}. Warum für GAST, FLOSS, NACHT ein Plural-Zeichen „y < x...*e*" angesetzt wird, wobei y < x für einen potentiellen Umlaut eines umlautfähigen Vokals steht, nicht aber auch ein Pluralzeichen y < x...*er* für *das Kalb* : *die Kälber* bzw. nur y < x für *die Mutter* : *die Mütter*, bleibt ebenso unbegründet wie der Verzicht auf das Pluralzeichen {Ø} für *der Wagen* : *die Wagen*. Die spätere Behandlung der Allomorphe eines sog. Morphems 'Plural' „/y < x..-e/~ */y<x..-Ø/*" zu *der Gast* : *die Gäste* und *der Bruder* : *die Brüder* bzw. „*/-er/~ /y<x..-er/*" zu *der Geist* : *die Geister* und *der Mann* : *die Männer* (ebd.: 73)

hebt die klassifikatorischen Widersprüche nicht auf und zeigt im Falle von /*y < x..-e*/~/*y < x..-Ø*/ willkürliche Festlegungen von Allomorphen, so daß die eigenen Ansprüche nicht erfüllt werden.

144.1 Mit dem Anspruch, „wohl zum ersten Mal nicht nur alle Substantive sondern auch die Substantivierungen" zu erfassen, legt DARSKI (1985: 125) eine Einteilung in 23 Muster, 9 bzw. 10 Deklinationstypen und drei Großklassen vor. Sie beruht darauf, „die Deklinationsklassen getrennt für den Singular und Plural nach den syntaktischen Exponenten festzusetzen" (S. 96). Der Terminus 'syntaktischer Exponent' entspricht nicht den Termini Endung oder RM, sondern markiert „die Rolle des Lexems im Satz", während Unterschiede zwischen den sog. syntaktischen Stämmen „die Opposition zwischen Singular und Plural" widerspiegeln (S. 94f.) . Die Opposition *das Kind* : *die Kinder* führt DARSKI auf zwei syntaktische Stämme ['kinD] und ['kindɒ] zurück, womit er aber weder der Leistung des <er> noch den Oppositionen im Gesamtparadigma gerecht wird. Für den Plural der Substantive erkennt DARSKI (1985: 96f.) nur den syntaktischen Exponenten <n> im Dativ Plural an (*den Kinder-n*) und gelangt für die Plural ausschließlich zu zwei Deklinationsklassen, die er „unveränderliche Deklination und N-Deklination" nennt. Zur ersteren gehören „Substantive, die im Nominativ Plural auf n, s, i und a enden" (*die Hemden*, *die Autos*, *die Numeri*, *die Paradigmata*); zur zweiten werden „Substantive gezählt, die im Nominativ Plural auf e, er und l ausgehen" (*die Schläge*, *die Bänder*, *die Fehler*, *die Tunnel*), weil bei ihnen im Dativ Plural ein *n*-Exponent (*den Schläge-n*) vorhanden ist. DARSKIs Unterscheidung orthographischer und phonetischer Deklinationstypen berücksichtigt zwar die *parole* und erfaßt über die Schreibkonvention D für [d, t] auch Lenis : Fortis-Gegensätze, versäumt es aber, die notwendige Beziehung zur *langue*-Ebene der Phoneme herzustellen. Die Aufstellung der 23 Muster folgt den Teilparadigmata des Singulars, wobei das <e> des Dativ Singular prinzipiell nicht berücksichtigt wird (S. 98), was die orthographischen Regelungen in der Gegenwartssprache nicht exakt wiedergibt (§ 117.9). Die orthographischen Ausgangsformen führen DARSKI u.a. dazu, für JASPIS, die Bezeichnung eines Halbedelsteins, einen syntaktischen Exponenten <ses> für den G .S. *des Jaspisses* anzusetzen, der ein eigenes Muster 8 und einen eigenen Deklinatypus 6 begründen soll. Für den Storchenvogel IBIS nimmt DARSKI aufgrund des G.S. *des Ibisses* ein Muster 12 an, das sich vom Muster 8 (JASPIS) dadurch unterscheidet, daß der syntaktische Exponent <ses> obligatorisch erscheint, während er bei JASPIS fakultativ ist, da der G.S. *des Jaspis* mit dem Exponenten <Ø> ebenfalls vorkommt (S. 99, 116). Die 23 Muster werden zu 9 orthographischen und 10 phonetischen Deklinationstypen zusammengefaßt, die nach den syntaktischen Exponenten des G.S. in die drei Großklassen der S-, (E)N- und Ø-Deklination gegliedert werden

(S. 116f.). Einteilungkriterium ist dabei der graphische bzw. phonetische Ausgang des syntaktischen Exponenten. Die S-Deklination enthält die Deklinationstypen 1-6 und besteht aus drei Subklassen mit obligatorischem, fakultativem und unter gewissen Bedingungen obligatorisch weglaßbarem syntaktischen Exponenten. Zur ersten Subklasse gehören die Muster 1-3 (HERZ, BUCHSTABE, FRIEDE) und 9-12 (AUGE, GAS, KIND, IBIS). Die zweite Subklasse wird von den Mustern 6-8 (ICH, KEKS, JASPIS) gebildet, die dritte von den Mustern 4 und 5 (MAX, OTTO). Die (E)N-Deklination enthält die Deklinationstypen 7 und 8 mit den Mustern 13 (JUNGE) und 14 (MENSCH). Die Ø-Deklination besteht aus dem Deklinationstyp 9 mit dem Muster 15 (FRAU). Die vom „Deklinationswechsel betroffenen Substantive" der Muster 17-23 (UNTERTAN, GREIF, FEX, AUGUR, AB(B)ATE, MÄRZ, MAI) werden der (E)N- bzw. der S-Deklination zugewiesen. Die drei Großklassen nähern sich den drei Deklinationstypen des Singulars bei GELHAUS (in: DUDEN 1984: 234; 1995: 221) an, ohne jedoch wegen der anderen Festlegung von 'Stämmen' mit ihnen zusammenzufallen und ohne die dort bereits vorhandene morphologische Segmentierung zu erreichen. DARSKI hat sein Ziel, möglichst alle Substantive in eine Klassifikation einzubeziehen, zwar erreicht, aber mit morphologisch nicht überzeugenden Segmentierungen verbunden.

144.2 Unter Berücksichtigung der theoretischen Konzeption der 'natürlichen' Morphologie (vgl. § 113.9) unterscheiden BITTNER/BITTNER (1990) drei Flexionsklassen und 17 Paradigmentypen. Die Flexionsklasseneinteilung beruht auf drei „generellen außermorphologisch basierten PSB [= Paradigmenstrukturbedingungen]" (ebd.: 31). Als außermorphologisch fungiert die Kategorie des Genus, entsprechend enthält das Gesamtsystem „die Flexionsklasse der Feminina, die einschließlich des Paradigmentyps von **Werkstatt** mindestens sechs Paradigmentypen umfaßt; die Flexionsklasse der Nichtfeminina, die einschließlich der Paradigmentypen von **Herz** und **Bau** mindestens zehn Paradigmentypen aufweist und die Flexionsklasse der Msk. [= Maskulina] auf /e/ und der belebten endbetonten Msk. mit mindestens zwei Paradigmentypen" (ebd.: 31). Die Paradigmentypen beruhen auf „Sets morphologischer Marker" (ebd.: 25). Die Paradigmentypen sind mit den hier aufgestellten Substantivklassen (§ 135.1) vergleichbar, obwohl die Marker-Sets wegen der Einbeziehung von Umlautphänomenen in der Form „-¨er" = Umlaut + *er* (*Lämmer*) nicht in allen Einzelheiten mit den hier ermittelten RM-Sätzen übereinstimmen. Die Flexionsklassen sind nichts anderes als Großklassen, wobei die generelle Einordnung des Genus als 'außermorphologisch' mehr als problematisch ist, weil einzelne Rückschlüsse von der internen morphologischen und phonologischen Struktur auf das Genus möglich sind (§§ 117.7, 121.3, 122.3, 124.2, 125.1, 126.3);

das RM {əns} ist sogar ein eindeutiger Hinweis auf die Genuskategorie Neutrum, auch wenn es nur bei HERZ vorkommt (§ 129.1).
Die Paradigmentypen beruhen auf einer „Trennung von Sg.- und Pl.-Flexion“ (D. BITTNER 1988: 38). Fünf Teilparadigmata des Singulars stehen neun Teilparadigmata im Plural gegenüber; ihre Kombinationen werden durch Linienverbindungen hergestellt. Während die 'phonologischen Marker' im Singular bei D. BITTNER (1988: 39) und BITTNER/BITTNER (1990: 25) in vier Teilparadigmata identisch sind, wird das Teilparadigma N.S. -Ø, G.S. -(e)n, D.S. -(e)n, A.S. -(e)n (= HASE) 1990 im D.S. -(e)n/0 und A.S. -(e)n/0 (= HASE, BAR, PRÄSIDENT) um einen 'phonologischen Marker' erweitert; die Klammern kennzeichnen „phonologisch bedingte Alternationen der phonologischen Marker“, die Symbole Ø bzw. 0 verweisen nicht auf ein Nullmorphem, sondern repräsentieren „das Nichtauftreten eines morphologischen Markers“ (BITTNER/BITTNER 1990: 26, 35 Anm. 11). Die größten Veränderungen in den Konzeptionen von 1988 und 1990 zeigen sich im Plural. Während 1988 nur die Angabe des N.P. und D.P. für ausreichend angesehen wurde, erscheinen 1990 die Marker für alle vier Kasus. Auch bei der Segmentierung der Flexionsformen ergeben sich Veränderungen. So setzt D. BITTNER (1988: 39) beim D.P. *den Jahr -en* nur einen Marker „-en“ an, während BITTNER/BITTNER (1990: 26) von einer zweigliedrigen Struktur des Markers „-e -n“ ausgehen und damit einen eigenen Marker für den Kasus postulieren. Diese Segmentierung wird auf andere D.P.-Formen übertragen und führt bei den D.P.-Formen *den Tasse -n -0* und *den Wagen -0 -0* dazu, ein oder zwei fehlende Marker zu postulieren, was den vorhandenen Oppositionen widerspricht.
Bevor die durch die Verbindung von Singular- und Pluralteilparadigmata entstehenden Paradigmentypen mit den hier ermittelten Substantivklassen verglichen werden können, muß auf einige unterschiedliche theoretische Positionen eingegangen werden. Sie betreffen einmal das Postulat von sog. außermorphologischen Eigenschaften, zu denen das Genus, die phonologische Struktur des Wortausgangs und die semantische Eigenschaft der Belebtheit gehören sollen (ebd.: 27; D. BITTNER 1988: 36). Nach WURZEL (1984a: 116) haben die flexionsmorphologischen Eigenschaften eines Wortes, die seine Flexionsklassenzugehörigkeit bestimmen, „einen anderen Status als seine phonologischen und semantischen Eigenschaften“, da die morphologischen Eigenschaften eines Wortes „etwas Zusätzliches“ darstellen sollen, „das im allgemeinen unabhängig von Lautstruktur und Semantik erlernt werden muß.“ Diese Trennung widerspricht der Zeichenstruktur von Wörtern und Morphemen und führt bei den Phonemen, die die Ausdrucksseite dieser Zeichen bilden, zu einem relativ beliebigen Vorgehen, wenn der konsonantische 'Wortausgang' als außermorphologisch angesehen wird, zugleich aber der Umlaut, der ebenfalls ausdrucksseitig durch

spezifische Phoneme gekennzeichnet ist, in der allgemeinen Notation als Anführungsstrich – hier durch zwei Punkte wiedergegeben – wie in „¨-e" (*Hähne*) als Teil der phonologischen Marker dargestellt wird, ohne die Inhomogenität der Marker-Symbolisierung als Problem zu erkennen. Die Vernachlässigung der Phonotaktik der Morpheme führt in der Darstellung von BITTNER/BITTNER dazu, daß jegliche Subkategorisierungen unterbleiben. Was mit Paradigmenstrukturbedingungen nicht zu erfassen ist, wird als außermorphologisch interpretiert oder ins Lexikon verwiesen. Eine weitergehende theoretische Annahme ist es, wenn ein Flexionsparadigma bzw. ein Paradigmentyp nicht als paradigmatische Struktur aus ausdrucksseitig und inhaltsseitig zusammengehörenden Flexionsformen aufgefaßt wird, sondern als eine Struktur „aus der paradigmenkonstituierenden Grundform und den abgeleiteten Flexionsformen" (WURZEL 1984a: 61), d.h. aus einer Verbindung von einer Grundform und Regelformulierungen. Für die Substantive werden auf dieser theoretischen Grundlage von BITTNER /BITTNER (1990: 26) Paradigmenstrukturbedingungen formuliert, so daß aus einem Marker „das übrige Flexionsverhalten [...] implizierbar ist." Diese Paradigmenstrukturbedingungen sind nichts anderes als metasprachlich andere Darstellungen von innerparadigmatischen Beziehungen, die in anderen Präsentationen von Deklinationsparadigmata und in der hier vorgenommenen Gegenüberstellung von Grundmorphemen und Relationsmorphemsätzen ebenfalls erkennbar sind. Zu klären bleibt jedoch noch der Anspruch, mit der vorgelegten Klassifizierung der Substantive in 13 bzw. 17 Paradigmentypen ein „recht konsistentes Modell der nhd. Substantivflexion" (D. BITTNER 1988: 37) vorzulegen bzw. „ein 'Organisationsprinzip' im Sinne eines [...] innersystematischen Strukturzusammenhangs, der Aufbau und Veränderung des Flexionssystems determiniert" (BITTNER/BITTNER 1990: 24) neu zu ermitteln.

Das erste Teilparadigma im Singular besteht aus den Markern N.S. -0, G.S. -(e)s, D.S. -0/e, A.S. -0. Es wird mit acht Pluralteilparadigmata zu acht Paradigmentypen verbunden. Der 1. Paradigmentyp enthält die Pl.-Marker N.P. -e, G.P. -e, D.P. -e -n, A.P. -e mit den Beispielen JAHR, TAG und MÜHSAL (ebd.: 26). Da vom Pluralteilparadigma auch eine Linie zum Teilparadigma des Singulars mit „-0" in allen Kasus verläuft, wird ein zweiter Paradigmentyp sichtbar; zu welchem Paradigmentyp die aufgeführten drei Substantive gehören, läßt sich so nicht erkennen. Werden jedoch die Zuordnungen durch einen RM-Satz vorgenommen, entfallen diese Schwierigkeiten: JAHR und TAG gehören zur Substantivklasse A, MÜHSAL zur Klasse B. Zugleich wird die Sonderstellung der Feminina deutlich, die bei der Singular-Plural-Zuordnung verloren geht.

Die zweite Zuordnung erfolgt zum Pluralteilparadigma N.P. -¨e, G.P. -¨e, D.P. -¨e -n, A.P. -¨e mit den Substantiven HAHN und LUST (= 3. Paradig-

matyp). Vom Plural verläuft eine Verbindung zum Singularteilparadigma mit „-0" in allen Kasus (4. Paradigmatyp). Wiederum wird nicht deutlich, welches Substantiv sich wie im Hinblick auf die Singular-Plural-Zuordnung verhält. HAHN entspricht der Klasse A und gehört dort – wegen der anderen Behandlung des Umlauts – zur Subklasse (c) und der 1. Subgruppe (Schema 9, § 138.1); LUST gehört zur Klasse B, Subklasse (c) und Subgruppe 5. Warum BITTNER/BITTNER (1990: 26) die Plural-Marker mit und ohne Umlaut bei JAHR und HAHN getrennt aufführen, sie aber bei LAMM und MANN zu einer Alternation „-(¨)er" verbinden, ohne ein Beispiel für den fehlenden Umlaut (KIND) anzugeben, bleibt unbegründet. Dies gilt auch für die beiden weiteren Paradigmentypen (SEGEL, MAGEN) und (STAAT, WERKSTATT).
Die dritte Zuordnung richtet sich auf das Pluralteilparadigma N.P. -0, G.P. -0, D.P. -0 -(n), A.P. -0 mit den Substantiven SEGEL, GABEL (5. Paradigmatyp). Die Klassifizierung entspricht der Klasse D, jedoch mit dem zentralen Unterschied, daß in dieser eine feste Zuordnung von Singular-Relationsmorphemen existiert (§§ 120.1-2), was aus den Markern bei BITTNER/BITTNER nicht hervorgeht. Die Singular-Plural-Zuordnung verstellt hier Einsichten in eine variationslose RM-Struktur, die an die besondere Phonotaktik des GM-Ausgangs bzw. die der 'Grundform' gekoppelt ist. Auch die Alternation im D.P. „-0 -(n)" ist bei SEGEL und GABEL nicht gerechtfertigt, denn sie kommt bei diesen Substantiven nicht vor. Ein Beispiel für einen D.P. „-0 -0" wird von BITTNER/BITTNER nicht gegeben. Belege wären BESEN und ZEICHEN, die jedoch aufgrund des spezifischen RM-Satzes ohne Alternationen zur Klasse E zu rechnen sind (§§ 121.1-2).
Die vierte Zuordnung bezieht sich auf das Pluralteilparadigma N.P. -¨0, G.P. -¨0, D.P. -¨0 -(n), A.P. -¨0 mit den Substantiven MAGEN, MUTTER (6. Paradigmatyp). Vom Pluralteilparadigma verläuft eine Zuordnung zum Singularteilparadigma mit -0 in allen Kasus (7. Paradigmatyp). Welches Substantiv zu welchem Paradigmentyp gehört, wird nicht sichtbar. MAGEN entspricht der Klasse E, die jedoch keine Alternationen in den RM des Singulars zeigt; MUTTER gehört zur Klasse F und konstituiert zusammen mit TOCHTER eine Klasse (§§ 122.1-3), wiederum ohne Alternationen bei den RM. Für den D.P. bedeutet das, daß gar keine Alternation „-¨0 -(n)" vorliegt, sondern eine klare Verteilung der 'Marker' auf zwei Klassen, die darüber hinaus einen Genusunterschied signalisieren, der bei BITTNER/BITTNER nicht zu erkennen ist. Die Klasse E enthält Maskulina (MAGEN) und die von BITTNER/BITTNER nicht erwähnten Neutra (ZEICHEN), die Klasse F nur zwei Feminina.
Die Paradimatypen 5 und 6 sind jedoch in ihrem Substantivbestand morphologisch nicht vollständig beschrieben. So gehören zum 6. Paradigmatyp auch die Substantive APFEL, NAGEL, VOGEL, KLOSTER, BRUDER

(§ 120.4), die im Gegensatz zu MAGEN den D.P.-Marker „-¨0 -n“ besitzen und in den RM des Singulars mit MAGEN übereinstimmen. Allerdings entstehen dann Zuordnungsprobleme im Vergleich zum 5. Paradigmatyp, wo neben dem von BITTNER /BITTNER genannten Substantiv GABEL auch BAGGER, KOFFER, HOBEL, TUNNEL, STRUDEL einen umlautfähigen Vokal besitzen, ohne ihn für die Pluralbildung zu nutzen (§ 120.4). Nach welchen Kriterien die Verteilung auf die Paradigmatypen 5 und 6 erfolgt, wird von BITTNER /BITTNER nicht behandelt.
Diê fünfte Zuordnung führt zum Pluralteilparadigma mit „-(e)n“ in allen vier Kasus und den Substantiven STAAT, WILLE, HASE, FLUT (8. Paradigmatyp). Vom Pluralteilparadigma führen weitere Verbindungslinien zu den Singular-Markern von HERZ (9. Paradigmatyp), FUNKE und WILLE (10. Paradigmatyp), HASE, BAR und PRÄSIDENT (11. Paradigmatyp) und LIGA/DIVA, MUTTER, LUST/FLUT, KENNTNIS (12. Paradigmatyp). Bei HERZ (Klasse M) wird aufgrund der Singular-Plural-Zuordnung nicht sichtbar, daß im Plural nur das RM {ən} erscheint und keine Alternation möglich ist. Bei FUNKE und WILLE (Klasse J) fehlt ein Hinweis auf Nebenformen und dadurch bedingte Klassifikationsprobleme (§§ 121.4, 126.4); der Ansatz eines eigenen Paradigmatyps neben HASE, BAR und PRÄSIDENT (Klasse J) ist nicht ohne weiteres zu rechtfertigen. Im 11. Paradigmatyp ist der Marker mit 0 im D.S. und A.S. nicht begründet. Beim 12. Paradigmatyp entspricht FLUT der Singular-Plural-Zuordnung (Klasse I); KENNTNIS ist nicht weiter präzisiert und gehört zum 1. Paradigmatyp (JAHR).
Die sechste Zuordnung bezieht das Pluralteilparadigma N.P. -(¨)er, G.P. -(¨)er, D.P. -(¨)er -n, A.P. -(¨)er mit den Substantiven LAMM, MANN ein (13. Paradigmatyp); ein Beispiel ohne Umlaut im Plural (KIND) wird nicht gegeben (Klasse C).
Die siebte Zuordnung ist auf das Pluralteilparadigma gerichtet, das in allen Kasus des Plurals den Marker „-s“ hat (14. Paradigmatyp). Als Substantive werden KINO und DIVA genannt. Aus der Zuordnung wird nicht sichtbar, daß im Singular nur der Marker -s bei KINO vorkommt und die aufgeführten Alternationen ausscheiden (Klasse G). Vom Pluralteilparadigma erfolgt eine Zuordnung zum Singularteilparadigma mit dem Marker „-0" in allen Kasus (15. Paradigmatyp), was für DIVA zutrifft (Klasse H).
Die achte Zuordnung führt zum Substantiv BAU (16. Paradigmatyp), zu dem die Plural-Marker „-ten“ in allen Kasus angegeben sind. Dieser gegenüber D. BITTNER (1988: 39) zusätzliche Paradigmatyp ist unbegründet, denn die Marker „-ten“ stellen keine RM dar, sondern das Paradigma besteht nicht aus einem, sondern aus zwei Wörtern BAU und BAUTEN (§ 50.5).

Der 17. Paradigmatyp verbindet den Singular mit -0-Markern und den Plural mit -en-Markern. Als Beispiel wird das Substantiv WERKSTATT genannt, das hier einmal wegen der anderen Behandlung des Umlauts der Klasse B und der 1. Subgruppe der Subklasse (c) zugewiesen wurde. Als Grundlage dienen dabei die RM ə, ə, ən, ə des Pluralteilparadigmas (GELHAUS, in: DUDEN 1986: 827; ferner ebd.: 706 zu *Stätte*). Der bei D. BITTNER (1988: 39) noch fehlende Ansatz eines eigenen Paradigmatyps durch die -¨en-Marker müßte näher begründet werden. Insgesamt können BITTNER/BITTNER (1990) und D. BITTNER (1988) ihren eigenen Anspruch, innersystematische Strukturzusammenhänge der Substantive aufzuzeigen und eine in sich stimmige Neuklassifikation vorzulegen, nur zum Teil erfüllen.

3.3 Das Pronomen, seine Klassen und Subklassen

3.3.1 Morphologische Strukturen, grammatische Kategorien und Deklinationsparadigmata

145.1 Das Pronomen bildet eine „vielgegliederte Funktionsgemeinschaft von nicht einmal hundert Wörtern“ (ERBEN 1980: 377). Hinter dieser Formulierung verbirgt sich die Schwierigkeit, die morphologischen, syntaktischen und inhaltsseitigen Gemeinsamkeiten zu formulieren, die zum Ansatz der Wortart Pronomen führen können. Dabei darf der für die Wortart gewählte lateinische Terminus *pronomen* nicht bereits als Wortart-Definition mißverstanden werden. Mit dem Terminus *pronomen* 'Fürwort‘, nach griech. ἀντωνυμία 'Stellvertreter des Nomens‘, wird lediglich eine Funktion angedeutet, die nicht für alle Klassen und Subklassen in gleicher Weise und ohne Einschränkungen gilt. Es ist die Funktion, „wie ein Nomen, d.h. nennend (substantivisch) oder charakterisierend (adjektivisch) zu fungieren, als Bezeichnung dann einzuspringen, wenn der eigentliche 'Name‘ nicht bekannt ist oder nicht gebraucht oder nicht wiederholt werden soll“ (ebd.).

145.2 Für die Zusammengehörigkeit der Elemente der Wortart Pronomen ist nicht die metasprachliche Bezeichnung dieser Wortart entscheidend, sondern die Herausarbeitung des sie konstituierenden Merkmalbündels. Von GLINZ (1971: 171) wird die Wortartbestimmung einmal in Abgrenzung von den Wortarten Substantiv und Adjektiv vorgenommen, zum anderen erfolgt – wie hier – eine morphosyntaktische Begründung. Negativ abgrenzend gehören zur Sammelklasse Pronomen „alle fallbestimmten Wörter (also alle als Subjekt und Objekt möglichen Wörter, auch ohne besondere Kasussignale), die nicht auf Grund der spezielleren Definitionen und Operationen und ggf. auf Grund von Konventionen zu den Klassen 'Nomen‘ oder 'Adjektiv‘ zu rechnen sind.“ Morphologisch geht es GLINZ (1971: 170) vor allem um die Integration der Artikel, die in anderen Konzeptionen einer eigenen Wortklasse zugewiesen werden: „Der Unterschied zwischen Artikel und Pronomen (Relativpronomen wie Demonstrativpronomen) ruht bei den Wörtern 'der, die, das' darauf, ob diese Wörter als Pronominalteile auftreten (dann sind sie Artikel), ob sie Sätze mit F-Endstellung [F = Verbum finitum] einleiten (dann sind sie Relative) oder ob sie gewöhnliche Satzglieder sind (dann sind sie Demonstrative)." Syntaktisch nehmen die Elemente der Wortart Pronomen eine gemeinsame Position ein, die GLINZ (1971: 111) „Pronominalteil" nennt und die u.a. in den Distributionstypen Pronomen + Adjektiv + Substantiv bzw. Präposition + Pronomen + Adjektiv + Substantiv erscheint (dazu § 166.1). In dieser Distribution erkennt GLINZ (1968: 282) „eine Art Arbeitsteilung innerhalb des reinen Größengefüges", in die der Artikel einbezogen ist: „Wir fassen daher '*der*' nur als das allgemeinste dieser 'Hinweiswörter' (das dazu der Verschmelzung mit Fallfügteilen fähig ist) und erweitern im übrigen den Begriff 'Hinweiswörter' vorläufig so, daß er alle Stücke umfaßt, die den folgenden Begleitform-Artwörtern die genauere Fall- und Geschlechtscharakterisierung abnehmen."

146.1 Der Heterogenität der Wortart Pronomen entspricht auch die unterschiedliche morphologische Struktur seiner Klassen. Neben Deklinationsparadigmata aus Suppletivmorphemen kommen solche aus Grund- und Relationsmorphemen und solche aus Kombinationen dieser Morphemtypen vor, die auf verschiedene grammatische Kategorien verweisen. Nach den internen morphologischen und phonologischen Strukturen können die acht Klassen der Personalia, Reflexiva, Possessiva, Demonstrativa, Relativa, Interrogativa, Indefinita und der Artikel unterschieden werden, die wiederum in eine Reihe von Subklassen zerfallen (GELHAUS, in: DUDEN 1984: 313-344; zur Position von 1995 vgl. § 154.12).

146.2 Mit der morphologischen Heterogenität und unterschiedlichen syntaktischen Funktionen ist – wie bei den anderen flektierbaren Wortarten auch – die Schwierigkeit verbunden, die Einheit des Wortes bei den einzelnen Pronomina zu markieren. Die meisten Grammatiken vermeiden Aussagen zur Worteinheit und kennzeichnen die Pronomina durch einzelne Wortformen, ohne dabei jedoch konsequent und widerspruchsfrei vorzugehen. So tauchen bei GELHAUS (in: DUDEN 1984: 327; 1995: 335) bei den Demonstrativa in einer Überschrift einmal die Formen des N.S.M./F./N. „dieser, diese, dieses; jener, jene, jenes" als Subklassenmarkierungen auf, zum anderen wird anschließend von den „Pronomen *dieser* und *jener*" nur mit Hilfe der Formen des N.S.M. in gleicher Funktion gesprochen. Bei den Indefinita haben „jeder" und „kein" die gleiche Aufgabe der Subklassenkennzeichnung (GELHAUS, in: DUDEN 1984: 340f.; 1995: 349f.), obwohl bei ihnen die Formen N.S.M./F./N. *jeder*, *jede*, *jedes* und *kein*, *keine*, *kein* existieren. Während mit *dieser*, *jener*, *jeder* sowohl eine Attributfunktion als auch eine Satzgliedfunktion übernommen werden kann, ist mit *kein* nur die Kennzeichnung einer Attributfunktion möglich; die Konstitutionsmöglichkeit von Satzgliedern mit Hilfe von *keiner*, *keine*, *keines* ergibt sich aus der Leitform *kein* nicht. Es scheint also so zu sein, daß die Attributfunktion eher, wenn auch nicht konsequent, zur Markierung der Worteinheit der jeweiligen Pronomina verwendet wird als die Satzgliedfunktion. Es wird damit ein anderes Verfahren als bei den Adjektiven angewandt, die in gleicher Attributfunktion vorkommen, bei denen aber die Form des prädikativen Gebrauchs zur Kennzeichnung der Worteinheit üblich ist, wenn eine solche überhaupt vorgenommen wird.

146.3 Bei den Pronomina erweist sich jedoch die Übernahme der Satzgliedfunktion neben den anderen Funktionen als zentral. Dies kommt allein dadurch zum Ausdruck, daß es Pronomina wie die Personalia (§ 147) und Teile der Indefinita (§ 153.14) gibt, die nur diese Funktion und keine Attributfunktion ausüben. Es erweist sich daher als sinnvoll, aus diesem Funktionsbereich eine oder mehrere Leitformen zu wählen, um die Einheit des Wortes bei den Pronomina zu kennzeichnen. Da in Formen wie *dieser*, *diese*, *dieses* nicht nur auf Besprochenes generell verwiesen wird, sondern auch eine Genusdifferenzierung der besprochenen Größen erfolgt, was sich in unterschiedlichen potentiellen Substitutionen (*dieser*: *der Mann* / *diese*: *die Frau* / *dieses*: *das Kind hat mich gefragt*) ausdrückt, werden hier alle drei Formen als Leitformen für die Worteinheit dieses Pronomens gewählt und durch Kapitälchen ausgedrückt. Der Worteinheit DIESER, DIESE, DIESES müssen dann die übrigen Flexionsformen aus einem oder mehreren Deklinationsparadigmata und die unterschiedlichen syntaktischen Verwendungsweisen zugeordnet werden. Wenn ein Pronomen nur attributiv verwendet wird, erfolgt wie beim Indefinitum IRGENDWELCHER (§ 153.13) die Kennzeichnung der Worteinheit durch die Form des Nominativ Singular Maskulinum.

146.4 Wie bei den Substantiven werden zu den einzelnen Klassen der Wortart Pronomen Deklinationsparadigmata angegeben und mit arabischen Großbuchstaben unterschieden. Die acht Klassen des Pronomens werden mit römischen Ziffern versehen. Die Deklinationsparadigmata werden klassenweise morphologisch beschrieben. Beim Auftreten gemeinsamer morphologischer Strukturen, die neben inhaltsseitigen und syntaktischen Gemeinsamkeiten zum Ansatz einer Wortart Pronomen beitragen, wird die Darstellung durch Querverweise entlastet.

147.1 Das Deklinationsparadigma der Personalia hat folgenden Aufbau (vgl. GELHAUS, in: DUDEN 1984: 317; 1995: 325):

Tabelle 22: Deklinationsparadigma der Personalia

	1. Person	2. Person		3. Person		
		vertraulich	höflich	Mask.	Fem.	Neutr.
N.S.	ich	du	Sie	er	sie	es
G.S.	meiner	deiner	Ihrer	seiner	ihrer	seiner
D.S.	mir	dir	Ihnen	ihm	ihr	im
A.S.	mich	dich	Sie	ihn	sie	es
N.P.	wir	ihr	Sie		sie	
G.P.	unser	euer	Ihrer		ihrer	
D.P.	uns	euch	Ihnen		ihnen	
A.P.	uns	euch	Sie		sie	

147.2 Die primäre Funktion der Personalia ist es, die grammatische Kategorie der Person zu markieren: „Das Pronomen *ich* bezeichnet den Sprecher, *du* den Angesprochenen, während *wir* und *ihr* Personengruppen bezeichnen, zu denen mindestens einer der Kommunikationspartner gehört. Die Kommunikationspartner sind durch ihre jeweilige kommunikative Rolle als Sprecher bzw. als Angesprochener bereits identifiziert, bevor der Hörer (der Angesprochene) beginnt, die betreffende Äußerung zu analysieren und zu verstehen." (ISENBERG, in: HEIDOLPH/FLÄMIG/MOTSCH 1981: 637). Mit der Kennzeichnung der Personkategorie ist die Einbettung in die notwendigen externen Faktoren jeglicher Kommunikation verbunden (SIMMLER 1984: 32). WEINRICH (1993: 94f.) möchte daher die Personalpronomina als 'Rollen-Pronomina', die die „primären Gesprächsrollen Sprecher ('ich') und Hörer ('du')" ausdrücken, von den 'Referenz-Pronomina' „zum Ausdruck von Referenten in der Referenzrolle ('3. Person')" abheben. Mit Recht weisen HELBIG/BUSCHA (1986/1994: 232) darauf hin, daß die Personalia der 1. und 2. Person „das einzige adäquate Bezeichnungsmittel für die sprechende und angesprochene Person (bzw. Personengruppe)" sind und daß sie keine anderen Wörter vertreten. Ihre weitergehende Folgerung, daß daher „die Bezeichnung nicht der Funktion des Pronomens" entspreche, verabsolutiert jedoch das Kriterium der Substituierbarkeit und vernachlässigt, daß die Funktion der Nennung ebenso wie die Übernahme einer Satzgliedfunktion nicht an die Wortart Substantiv gebunden ist. Auch mit deiktischen Mitteln wie den Personalia kann in allgemeiner Weise benannt werden. Da die deiktische Personkennzeichnung und die damit verbundene Konstitution eines Satzgliedes die primäre Funktion der Personalia (nicht nur derjenigen der 1. und 2. Person) bildet, ist ihre Klassifikation als „Stellvertreter des Substantivs" (GELHAUS, in: DUDEN 1984: 316; 1995: 322) falsch bzw. nicht ausreichend.

147.3 Diese Klassifikation ist durch den Befund bei der 3. Person veranlaßt, denn anders als bei der 1. und 2. Person sind bei dieser Substitutionen möglich. Eine Äußerung (1) *Vater gibt Mutter das Geschenk.* kann auch pronominal (2) *Er gibt ihr es.* gefaßt werden. Das Pronomen wird einmal eingesetzt, wenn das Besprochene nicht bekannt ist oder nicht genannt werden soll. Es wird aber auch verwendet, „um die unmittelbare Wiederholung von Substantiven in verschiedenen (Teil)sätzen zu vermeiden" (GELHAUS, in: DUDEN 1984: 318; 1995: 326) und „um etwas vorher Genanntes identifizierend weiter zu benennen" (GELHAUS, in: DUDEN 1984: 318) bzw. um „anaphorisch (rückweisend) auf Personen, Dinge und Sachverhalte" (GELHAUS, in: DUDEN 1995: 326) Bezug zu nehmen, worin sich eine textkonstituierende Funktion zeigt. Bei dem Besprochenen handelt es sich jedoch „nicht immer nur um Personen, sondern auch um Nicht-Personen im weitesten Sinne (Gegenstände, abstrakte Begriffe, verbale Aussagen usw.)" (HELBIG/BUSCHA 1986/1994: 232). Insofern geht die Funktion der Personalia der 3. Person über diejenige der 1. und 2. Person hinaus. Neben der gemeinsamen primären Funktion existieren auch zusätzliche Funktionen, die für die Personalia der 3. Person charakteristisch sind. Wird im Terminus 'Personalpronomen' nur die Kennzeichnung der Personkategorie gesehen, dann erweist sich tatsächlich „der erste Teil der Bezeichnung ('Person') als irreführend" (ebd.).

147.4 Neben der primären Funktion der Personalia können ferner sekundäre Funktionen nachgewiesen werden. Sie bestehen bei allen Personalia darin, daß auch die grammatischen Kategorien von Kasus und Numerus markiert sind. Bei den Personalia der 3. Person kommt als tertiäre Funktion noch die Kennzeichnung des Genus hinzu, die bei den Personalia der 1. und 2. Person fehlt. Ebenfalls als tertiär können die schon behandelten Funktionen einer Nicht-Personen-Kennzeichnung und einer Beteiligung am Textaufbau angesehen werden.

147.5 Morphologisch werden die Bündel grammatischer Kategorien durch Suppletivmorpheme (SM) und durch Verbindungen von Grundmorphemen (GM) und Relationsmorphemen (RM) gekennzeichnet. Im Teilparadigma der 1. Person sind {ix}, {mīr}, {mix} und {vīr} SM. Sie signalisieren wegen ihrer jeweils anderen Phonotaktik Person, Kasus und Numerus in jeweils spezifischer Weise. Nach WEINRICH (1993: 95) handelt es sich um „einfache, kurze Morpheme", in denen „grammatische Bedeutungen der verschiedensten Art miteinander verschmolzen ('amalgamiert')" sind. Eine Segmentierung in einen „*m*-Stamm, an den die Flexive *-ir* und *-ich* treten" (WURZEL 1984a: 67) ist weder morphologisch noch inhaltsseitig zu begründen und widerspricht den selbst aufgestellten Bedingungen für einen Morphemstatus, nämlich daß eine Segmentfolge „als formal einheitlich" zu identifizieren und ihr „eine einheitliche Bedeutung" zuzuordnen sei (ebd.:

38). Dies gilt auch für die 2. Person, für die Segmentierung von *du* in einen „*d*-Stamm" und einen Rest (ebd.: 67). Aufgrund der Opposition von <uns> : <unser> ist für diese Formen eine morphologische Zweigliedrigkeit anzusetzen, die aus den GM {uns} bzw. {unz} und den RM {Ø} bzw. {ər} besteht. Das jeweilige GM gibt neben dem allgemeinen deiktischen Hinweis auf den Sprecher die grammatische Kategorien der Person (1. Person) und des Numerus (Plural) in eindeutiger Weise an. Der Hinweis auf den Kasus erfolgt in verschiedener Weise. Durch die Wahl der GM {uns} und {unz} ist der Nominativ prinzipiell ausgeschlossen. Das GM {unz} ist wegen der Lenis /z/ am GM-Ausgang bereits ein Hinweis auf den Kasus Genitiv. Durch das Hinzutreten des RM {ər} wird die Festlegung der Pronominalform auf den Kasus Genitiv zusätzlich gesichert. Das GM {uns} ist ein Hinweis auf die Kasus Dativ oder Akkusativ. Das RM {Ø} führt zu keiner zusätzlichen Kasusdifferenzierung; ob ein Dativ oder Akkusativ vorliegt, ist morphologisch nicht zu erkennen; eine Differenzierung erfolgt erst durch die Verbrektion. Auch die Form <meiner> ist im Vergleich zu <unser> in ein GM {main} und ein RM {ər} zu zerlegen, wobei das GM {main} die Kategorien Person (1. Person) und Numerus (Singular) festlegt und das RM {ər} den Kasus Genitiv eindeutig markiert.
Aus der Bedeutungsangabe zu den SM und GM und aus dem Vergleich zu den Sememspezifizierungen bei Verben und Substantiven geht hervor, daß den Personalia – und allen weiteren Pronomina – „zwar die ausgeprägten lexikalischen Bedeutungen" fehlen, daß sie aber dennoch „bestimmte allgemeine Grundbedeutungen" besitzen. Diese werden „durch verschiedene grammatisch-semantische Merkmale wie Person, Zahl, Verneinung, Frage usw. bestimmt, von denen jeweils eines für ein Pronomen besonders charakteristisch ist." (HELBIG/BUSCHA 1986/1994: 231f.).

147.6 In „altertümlichen Wendungen wie *Gedenke mein*!" (ERBEN 1980: 380 Anm. 836) ist ein ehemaliger Sprachzustand erhalten. Die Formen mit dem RM {ər} in <meiner, deiner, seiner, ihrer> sind in Analogie zum G.P. *unser*, *euer* im Laufe des 14.-17. Jahrhunderts entstanden (WALCH/HÄCKEL 1988: 28, 33 mit Anm. 14, 74-76, 149), haben zu einer Veränderung der morphologischen Struktur geführt und setzten sich im Neuhochdeutschen durch.

147.7 Im Teilparadigma der 2. Person findet sich bei den vertraulich-familiären Anredeformen eine dem Teilparadigma der 1. Person im Singular und N.P. vergleichbare morphologische Struktur. Lediglich die übrigen Pluralformen weichen ab, da zwischen <euch> : <euer> keine Opposition festzustellen ist, die der von <uns> : <unser> entspricht. <euch> und <euer> sind morphologisch nicht segmentierbar und daher als SM mit der Phonotaktik {oix} und {oiər} aufzufassen. Dabei ist {oiər} ein eindeutiger Hinweis auf die grammatischen Kategorien Person (2. Person), Kasus (Genitiv) und

Numerus (Plural). Die Signalfunktion von {oix} entspricht der von {uns}; Dativ und Akkusativ sind durch die Verbrektion zu differenzieren. Der N.P. der 2. Person {īr} ist ausdrucksseitig identisch mit dem D.S. der 3. Person; eine Differenzierung erfolgt syntaktisch über die Erscheinungen von grammatischer Kongruenz und Rektion.

147.8 In den Teilparadigmata der 3. Person ist aufgrund der Oppositionen von <ihr> : <ihrer> und <ihn> : <ihnen> eine zweigliedrige morphologische Struktur aus dem GM {īr} und den RM {Ø} und {ər} bzw. dem GM {īn} und den RM {Ø} und {ən} anzusetzen. Analog dazu ist auch <seiner> zu segmentieren. Bei den übrigen Formen liegen SM vor. WERNER (1975: 46) hält zwar unter Verweis auf PIKE (1965: 201) eine Segmentierung von *ih-m* und *ih-r* für prinzipiell möglich, „um nur gewisse Teile am Ende der zumeist einsilbigen Ausdrücke als Genus-abhängig zu betrachten", erkennt aber „keine durchgehende Systematik" und neigt daher eher dazu, „alle Fälle als Amalgamierungen in der gesamten Wurzel zu betrachten", was wiederum zum Ansatz von Suppletivmorphemen hinführt. Im Teilparadigma der 3. Person Maskulinum signalisiert jede Pronominalform im Singular die Kategorien der Person, des Kasus und des Numerus eindeutig. Eine eindeutige Genuskennzeichnung liegt nur bei {ēr} und {īn} vor; bei {zain-ər} und {īm} ist nur das Femininum ausgeschlossen; eine Genusdifferenzierung zwischen Maskulinum und Neutrum erfolgt nicht morphologisch, sondern innerhalb von Sätzen oder Textexemplaren durch Renominalisierungen bzw. durch externes Wissen über den pronominalen Bezug. Im Teilparadigma der 3. Person Neutrum gilt für den Singular bei {zain-ər} und {īm} dasselbe wie für das maskuline Teilparadigma. Das SM {εs} verweist eindeutig auf Person, Numerus und Genus; als Kasusmarkierung sind Genitiv und Dativ ausgeschlossen, die Differenzierung von Nominativ und Akkusativ erfolgt syntaktisch über die Erscheinungen der grammatischen Kongruenz und Rektion. Die geringsten Kennzeichnungen grammatischer Kategorien zeigen sich im Teilparadigma der 3. Person Femininum. Werden Singular- und Pluralformen der 3. Person berücksichtigt und im Gesamtparadigma auch die Formen der höflichen Anrede der 2. Person und die vertrauliche Anrede des N.P. {īr} kontrastiv berücksichtigt, besitzt keine einzige Pronominalform eine eindeutige Kennzeichungsfunktion aller grammatischen Kategorien. Durch das SM {zī} werden lediglich die 1. Person und die vertrauliche Anrede der 2. Person ausgeschlossen, und als Kasus scheiden Genitiv und Dativ aus. Die Fixierung der Numeruskategorie erfolgt über die Erscheinung der grammatischen Kongruenz und die externe Kommunikationssituation. Ist durch sie eine Festlegung auf die 3. Person und den Numerus Singular erfolgt, ist {zī} auch ein Hinweis auf das Genus Femininum. Die weitere Konkretisierung der Kasuskategorie auf Nomina-

tiv oder Akkusativ ist an die Erscheinungen der grammatischen Kongruenz und Rektion gebunden.
Die Unterscheidung von höflicher Anrede in der 2. Person und von dritter Person erfolgt durch die externe Kommunikationssituation. Wenn sie durchgeführt ist, ist {ī̄n-ən} ein eindeutiger Hinweis auf den Kasus Dativ und auf den Numerus Plural. Die Unterscheidung der übrigen Formen des Plurals vom Teilparadigma der 3. Person Singular Femininum wird syntaktisch durch die Erscheinungen der grammatischen Kongruenz und Rektion vorgenommen. Insgesamt zeigt sich ein explizites Zusammenwirken von externen Faktoren der Kommunikation, syntaktischen Erscheinungen und morphologischen Strukturen, das für die Klasse der Personalia typisch ist. Hierarchisch gesehen verläuft die Fixierung der grammatischen Kategorien von oben nach unten, von den externen Merkmalen jeder Kommunikation über in diesem Rahmen vorkommende Textexemplare und/oder Satzexemplare zur Morphologie und nicht etwa umgekehrt.

147.9 Wie beim G.S. (§ 147.6) sind die nhd. Formen des G.P. *ihrer* und D.P. *ihnen* Analogiebildungen. Die Analogie beruht auf der Übernahme von adjektivischen RM seit dem 14. Jahrhundert im G.P. bzw. seit dem 12. Jahrhundert im D.P., die sich in der frühnhd. Sprachperiode durchsetzten und zu den gegenwärtigen synchronen Sprachzuständen führten (VON KIENLE 1969: 187).

147.10 Zwischen dem Teilparadigma des Plurals der 3. Person und der höflichen Anredeform im Teilparadigma der 2. Person besteht eine morphologische Identität, weil als „höfliche, distanzwahrende Anredeform [...] gegenüber einem oder mehreren Fremden die großgeschriebene Pluralform der 3. Pers." (ERBEN 1980: 381) verwendet wird. Mit Recht verweisen WALCH/HÄCKEL (1988: 28 Anm.) darauf, daß durch diese Anredeformen „nicht die Bildung, sondern die Verwendung der Flexionsformen" betroffen ist. Dennoch wird durch diese Gebrauchsweise neben dem vertraulichen ein weiteres Teilparadigma geschaffen, das in das Deklinationsparadigma aufzunehmen ist.

147.11 Unabhängig von seiner Unterscheidung von Determinativen und Pronomina (§ 162) nimmt ENGEL (1988: 651, 655) eine andere Klassifizierung der Personalia vor, indem er sie nicht einer Klasse, sondern zwei Klassen zuordnet. Nach inhaltsseitigen Funktionen trennt er die Personalia der 1. und 2. Person als Partnerpronomina, die „die unmittelbar an einem Gespräch Beteiligten" bezeichnen, von den Personalia der 3. Person als Verweispronomina, die Größen nur mittelbar kennzeichnen, „indem sie auf innersprachliche Elemente (Textstellen) verweisen, die ihrerseits direkt außersprachliche Größen bezeichnen" (ebd.: 649). Bei einer solchen Klassifikation wird das Substitutionskriterium als Differenzierungsmerkmal überbetont. Die gemeinsamen morphologischen Eigenschaften (Kennzeichnung von Kasus, Numerus und Person) und das gemeinsame syntaktische Merkmal der Satzgliedfunktion, die hier zum Ansatz einer einzigen Klasse führen, werden dagegen vernachlässigt.

148.1 Die morphologische Struktur der Reflexiva ergibt sich aus diesem Deklinationsparadigma (vgl. GELHAUS, in: DUDEN 1984: 320; 1995: 328):

Tabelle 23: Deklinationsparadigma der Reflexiva

	1. Person	2. Person	3. Person		
			Mask.	Fem.	Neutr.
N.S.	–	–	–	–	–
G.S.	meiner	deiner	seiner	ihrer	seiner
D.S.	mir	dir	sich	sich	sich
A.S.	mich	dich	sich	sich	sich
N.P.	–	–	–		
G.P.	unser	euer	ihrer		
D.P.	uns	euch	sich		
A.P.	uns	euch	sich		

148.2 Aus dem Vergleich zu dem Deklinationsparadigma der Personalia (§ 147.1) ergibt sich für die Reflexiva eine sehr weitgehende morphologische Übereinstimmung. In den Teilparadigmata der 1. und 2. Person kommen keine Reflexiva im Nominativ vor, doch die übrigen Flexionsformen sind völlig identisch. Das bedeutet, daß sich bei ihnen die Unterschiede durch die syntaktische Verwendungsweise ergeben: Ein Reflexivum liegt vor, „wenn Träger (Agens) und Zielgröße (Patiens) des Geschehens identisch sind" (ERBEN 1980: 387), wie in den Äußerungen (3) *Ich wasche mich. – Wir waschen uns.*

148.3 Im Teilparadigma der 3. Person sind die Übereinstimmungen auf den G.S. und den G.P. beschränkt. Sowohl im D.A.S. als auch im D.A.P. erscheint das Reflexivum *sich*. Anders als bei den Personalia der 3. Person ist mit ihm im D.A.S. kein Hinweis auf die Genuskategorie verbunden; auch eine Numerusunterscheidung ist mit *sich* nicht gegeben, wie die Beispiele (4) *Er wäscht sich die Hände.* und (5) *Sie waschen sich die Hände.* im Vergleich zu (6) *Er wäscht ihm/ihnen die Hände.* mit den Personalpronomina *ihm* und *ihnen* zeigen. Im Hinblick auf die Kasuskategorie werden lediglich Nominativ und Genitiv ausgeschlossen. Welcher Kasus durch *sich* signalisiert wird, ergibt sich aus der Verbrektion. Das Reflexivum *sich* hat die primäre Funktion des Rückbezugs auf den Handlungs- oder Geschehensträger und die sekundäre Funktion eines eingeschränkten Kasushinweises. Wegen dieser Funktion und da es Teil eines Gesamtparadigmas ist, bildet es den Typus des Suppletivmorphems mit der Phonotaktik /zix/.

148.4 Wegen der morphologischen Übereinstimmungen mit den Personalia werden die Reflexiva von ERBEN (1980: 380-389) als Subgruppe dieser Wortart behandelt, während von GELHAUS (in: DUDEN 1984: 319-321; 1995: 327-329) – wie hier – wegen der morphologischen Unterschiede eine eigene Klasse angesetzt wird.

149.1 Die Possessiva drücken „ein Besitzverhältnis oder ganz allgemein eine Zugehörigkeit, Zuordnung, Verbundenheit oder Zusammengehörigkeit" aus (GELHAUS, in: DUDEN 1984: 321f.; 1995: 320). Sie besitzen eine „Doppelfunktion", indem sie einmal auf einen 'Besitzer' und zum anderen auf ein 'Besitztum' verweisen (ENGEL 1988/1996: 657). Als Besitzer treten Sprecher, Angesprochener und Besprochener auf; durch sie wird die Wahl des Grundmorphems des jeweiligen Possessivums gesteuert. Auf den oder die Sprecher sind {main} und {unzər} bezogen; auf den oder die Angesprochenen sind es {dain}, {i̅r}, {oiər} und auf den oder die Besprochenen {zain} und {i̅r}. Die Wahl der Relationsmorpheme ist durch das Besitztum festgelegt; die RM sorgen vor allem für die Genusfestlegung. Zusätzlich wird die Phonotaktik der RM noch davon beeinflußt, ob das Possessivum allein ein Satzglied bzw. ein Attribut, einen Satzgliedteil, bildet oder ob es als Nukleus eines Satzgliedes in Verbindung mit einem Determinans auftritt. Mit den unterschiedlichen syntaktischen Funktionen sind morphologische Unterschiede verbunden, die zur Aufstellung von zwei Subklassen mit zwei recht verschiedenen Relationsmorphemsätzen führen. Alle Strukturen werden im folgenden anhand der mit dem GM {main} konstituierbaren Subklassen dargestellt; wenn nichts anderes vermerkt ist, verhalten sich die anderen Possessiva ebenso.

149.2 Die erste Subklasse wird von Possessiva gebildet, die die Funktionen eines Satzgliedes und eines Attributes übernehmen können. In beiden syntaktischen Funktionen verwenden sie bis auf den N.S.M., N.S.N. und A.S.N. die gleichen RM, was dazu führt, eine einzige Subklasse mit zwei Subgruppen aufzustellen.
Die Subgruppe eins der ersten Subklasse besteht aus den Possessiva, die allein ein Satzglied konstituieren. Anders jedoch als bei den Personalia und Reflexiva, bei denen isolierte Satzäußerungen in einer externen Variablenkonstellation möglich sind, ist die Satzgliedkonstitution bei Possessiva an die Existenz eines Textexemplars gebunden; das Possessivum bezieht sich auf einen vorausgegangenen Satz, einen sog. „Vortext", in dem Besitzer und Besitztum genannt wurden (ENGEL 1988/1996: 659). Das satzübergreifende Beziehungsgefüge zeigt sich in Beispiel (7) *Die Kopie gehört Fritz. Meine* (für: *Meine Kopie*) *habe ich verloren.* und (8) *Fritz zeigte mir sein Paßbild. Meines* (für: *Mein Paßbild*) *war schlechter*. Vor allem aus dem letzten Beispiel geht hervor, daß die Possessiva eine eigene Möglichkeit zur Satzgliedkonstitution darstellen und nicht auf eine Elliptizitätsform mit

ausgelassenem Nukleus aufgrund einer Vorerwähntheit zurückgeführt werden können.

149.3 Für die Subgruppe eins der ersten Subklasse der Possessiva mit Satzgliedfunktion ergibt sich folgendes Deklinationsparadigma (nach ENGEL 1988/1996: 658):

Tabelle 24: Erste Subklasse der Possessiva mit Satzgliedfunktion

	Mask.	Fem.	Neutr.
N.S.	mein-er^{1}	mein-e^{4}	mein-es^{5}
G.S.	–	mein-er^{1}	–
D.S.	mein-em^{2}	mein-er^{1}	mein-em^{2}
A.S.	mein-en^{3}	mein-e^{4}	mein-es^{5}
N.P.		mein-e^{4}	
G.P.		mein-er^{1}	
D.P.		mein-en^{3}	
A.P.		mein-e^{4}	

149.4 Alle Flexionsformen der Possessiva bestehen aus einem GM und einem RM. Das GM signalisiert die Personkategorie und verweist auf die externen Faktoren jeglicher Kommunikation. So gibt das GM {main} die 1. Person und den Sprecher an. Die RM kennzeichnen in mehr oder weniger eindeutiger Weise in den Teilparadigmata des Singulars die grammatischen Kategorien von Kasus, Numerus und Genus, im Teilparadigma des Plurals nur die Kategorien Kasus und Numerus. Die Unterschiede ergeben sich aus den homophonen Formen, die durch Zahlen-Indizes hervorgehoben sind. Das RM {əs} markiert das Genus (hier: Neutrum) und den Numerus (hier: Singular) in eindeutiger Weise, während sich der Kasus Nominativ oder Akkusativ erst aus den syntaktischen Relationen ergibt (vgl. Beispiel 8 in § 149.2); die Kasus Genitiv und Dativ sind jedoch von vornherein ausgeschlossen. Das RM {əm} kennzeichnet Kasus (Dativ) und Numerus (Singular) in eindeutiger Weise; beim Genus schließt es lediglich das Femininum aus; ob Maskulinum oder Neutrum vorliegen, regelt der syntaktische Bezug auf das Besitztum. Die übrigen RM haben allein in Verbindung mit dem GM keine eindeutige Kennzeichnungsfunktion; sie schließen vielmehr nur einzelne Kategorien aus. So grenzt das RM {ən} die Kasus Nominativ und Genitiv aus; beim RM {ə} sind es die Kasus Genitiv und Dativ. Eine Präzisierung der grammatischen Kategorien erfolgt erst durch die Erscheinungen der grammatischen Kongruenz und Rektion in Verbalsätzen und das Beziehungsgefüge zwischen zwei Sätzen innerhalb eines Textexemplars.

149.5 In den gesprochenen Varietäten der Standardsprache und den Umgangssprachen wird neben dem Allomorph {əs} in *meines* auch das Allomorph {s} in *meins* verwendet. Die sog. „salopperen Kurzformen" (ENGEL 1988: 658) kommen auch bei den Possessiva DEINER, DEINE, DEINES und SEINER, SEINE, SEINES vor.

149.6 Bei den Possessiva UNSERER, UNSERE, UNSERES und EUERER, EUERE, EUERES treten Variationen bei GM auf. ENGEL (1988: 658) unterscheidet neben <unserer, unsere, unseres> „die salopperen, jedoch durchaus gängigen Nebenformen" <unsrer, unsre, unsres>. Bei EUERER, EUERE, EUERES stellt er im Hinblick auf die Verwendungshäufigkeit ein umgekehrtes Verhältnis fest, da die neben <eurer, eure, eures> vorhandenen „längeren Nebenformen" <euerer, euere, eueres> „gestelzt klingen und im allgemeinen vermieden werden". Morphologisch liegen jeweils zwei GM {unzər} und {unsr} bzw. {oir} und {oiər} vor, von denen die Sprecher/Schreiber je nach Varietät und Kommunikationssituation in unterschiedlicher Weise Gebrauch machen.

149.7 Die Deklinationsformen der Subgruppe zwei der ersten Subklasse mit Attributfunktion sind aus folgendem Deklinationsparadigma zu entnehmen, in dem die Possessiva in Zusammenhang mit dem Nukleus dargestellt werden, auf den sie sich attributiv beziehen (GELHAUS, in: DUDEN 1984: 290, 323; 1995: 279, 331):

Tabelle 25: Deklinationsparadigma der Possessiva (Subklasse 1, Subgruppe 2) in Verbindung mit Substantiva

	Mask.		Fem.		Neutr.	
N.S.	mein-Ø	Mann-Ø	mein-e	Frau-Ø	mein-Ø	Kind-Ø
G.S.	mein-es	Mann-es	mein-er	Frau-Ø	mein-es	Kind-es
D.S.	mein-em	Mann-Ø	mein-er	Frau-Ø	mein-em	Kind-Ø
A.S.	mein-en	Mann-Ø	mein-e	Frau-Ø	mein-Ø	Kind-Ø
N.P.		mein-e	Männ-er,	Frau-en,	Kind-er	
G.P.		mein-er	Männ-er,	Frau-en,	Kind-er	
D.P.		mein-en	Männ-ern,	Frau-en,	Kind-ern	
A.P.		mein-e	Männ-er,	Frau-en,	Kind-er	

149.8 Beim Typus Pr + S (attributives Pronomen + Substantiv) zeigt das Possessivum eine zweigliedrige Morphemstruktur aus GM und RM. Struktur und Funktion stimmen weitgehend mit der der ersten Subgruppe überein, so daß nur auf die Unterschiede einzugehen ist. Lediglich im N.S.M. und im N.S.N. bzw. A.S.N. sind andere RM vorhanden. Die Beziehung zwischen den beiden Subgruppen wird daher von GELHAUS (in: DUDEN 1984: 323) nicht durch zwei Deklinationsparadigmata ausgedrückt, sondern vom attributiven Gebrauch ausgehend verbal formuliert: „Wenn das Possessivpronomen nicht als Attribut bei einem Substantiv steht (etwa bei substantiviertem Gebrauch), dann erhält es, wenn es ohne Artikel u.ä. gebraucht wird, zusätzlich im Nom. Mask. Sing. ein *-er*, im Nom. und Akk. Neutr. Sing. ein -[*e*]*s*". In der fünften Auflage wird der unterstrichene Teil des Zitats durch „elliptisch oder prädikativ gebraucht wird und ohne Artikel steht" (GELHAUS, in: DUDEN 1995: 331) ersetzt.

149.9 Durch die Verwendung des Ø-Morphems im N.S.M., N.S.N. und A.S.N. wird ausschließlich die Numeruskategorie eindeutig signalisiert. Im Hinblick auf die Kasuskategorie werden nur die Kasus Genitiv und Dativ ausgeschlossen; eine Fixierung des Kasus auf den Nominativ oder Akkusativ erfolgt nicht durch die morphologische Struktur des substantivischen Nukleus, sondern durch die syntaktischen Beziehungen von grammatischer Kongruenz und Rektion. In bezug auf die Genuskategorie wird nur das Femininum ausgegrenzt; eine eingeschränkte Genusfestlegung ergibt sich durch die Verbrektion, denn wenn durch diese der Kasus Akkusativ festgelegt ist, ist das RM {Ø} beim Possessivum des Satzgliedes *mein Kind* zugleich ein Hinweis auf das Genus Neutrum. Mit der sich durch die grammatische Kongruenz zwischen Subjekt und Prädikat ergebenden Kennzeichnung des Kasus Nominativ ist jedoch bei den Satzgliedern *mein Mann* und *mein Kind* keine weitere Genuspezifizierung verbunden. Ob ein Maskulinum oder Neutrum vorliegt, kann nur durch Pronominalisierungen im weiteren Textzusammenhang und durch Artikelgebrauch oder andere Attribuierungen zum gleichen Nukleus innerhalb eines Textexemplars erschlossen werden, oder das Genuswissen ist mit der Kenntnis des Substantivs verbunden.

149.10 Beim Possessivum UNSER treten mehrere morphologische Besonderheiten auf (vgl. GELHAUS, in: DUDEN 1984: 323; 1995: 331; ENGEL 1988/1996: 534). Sie werden im folgenden Schema, jedoch ohne Nuklei, zusammengefaßt:

Tabelle 26: Deklinationsparadigma des Possessivums UNSER in Verbindung mit einem (hier ausgelassenen) Substantiv

	Mask.	Fem.	Neutr.
N.S.	unser -Ø	uns(e)r -e	unser -Ø
G.S.	uns(e)r -es	uns(e)r -er	uns(e)r -es
D.S.	unser -(e)m	uns(e)r -er	unser -(e)m
A.S.	unser -(e)n	uns(e)r -e	unser -Ø
N.P.		uns(e)r -e	
G.P.		uns(e)r -er	
D.P.		unser -(e)n	
A.P.		uns(e)r -e	

Bei den RM zeigt sich eine Allomorphie bei den Morphemen {(ə)m} bzw. {(ə)n} im Dativ Singular Maskulinum und Neutrum bzw. im Akkusativ Singular Maskulinum und im Dativ Plural. Sie sind mit dem GM {unzər} gekoppelt. Ausschließlich mit diesem GM ist auch das RM {Ø} verbunden. Mit den RM {əs}, {ə} und {ər} kann entweder dasselbe GM verwendet werden, oder es kommt das GM {unsr} vor. Während das GM {unzər} in allen Flexionsformen erscheinen kann, ist das GM {unsr} auf die angegebenen Distributionen beschränkt, so daß ein Nebeneinander zweier GM im Gesamtparadigma entsteht. Durch dieses Nebeneinander übernehmen die GM nicht nur die Funktion der Personcharakterisierung; sie sind zusätzlich auch an der Kennzeichnung der grammatischen Kategorien von Kasus, Numerus und Genus mitbeteiligt, wenn auch in keinem Falle in völlig eindeutiger Weise: Kommt ausschließlich das GM {unzər} im Singular vor, dann ist – ein GM-Nebeneinander vorausgesetzt – das Genus Femininum ausgeschlossen. Im Hinblick auf den Kasus ist ferner ein Genitiv nicht möglich. Erfolgt eine Zuordnung zu einem Nukleus im Plural, ist {unzər} ein zweiter Hinweis auf diesen Numerus und zugleich ein solcher auf den Kasus Dativ.
Ohne Bezug zu den synchronen morphologischen Konsequenzen wird von GELHAUS (in: DUDEN 1984: 323; 1995: 331) der distributionelle Befund dargestellt. Es wird lediglich hervorgehoben, daß beim Gebrauch der Allomorphe {ə}, {əs} oder {ər} „das *-e-* des Stammes ausgelassen" und „bei der Endung *-em* oder *-en* [...] entweder das *-e-* des Stammes oder das der Endung getilgt" werden kann. Andererseits ist in dieser Formulierung eine diachrone Aussage enthalten, denn getilgt werden kann nur etwas, was vorher vorhanden war (dazu WALCH/HÄCKEL 1988: 357f.).
149.11 Wie UNSER wird auch EUER flektiert. Unter dem Aspekt der Frequenz sind „die Formen *unsern*, *unserm* gängiger als die Formen *unsren*, *unsrem*, während umgekehrt die Formen *euern*, *euerm* seltener sind als die Formen *euren*, *eurem*." (ENGEL 1988/1996: 534).
149.12 In der zweiten Subklasse übernehmen die Possessiva eine Nukleusfunktion, indem sie eine Verbindung mit dem bestimmten Artikel eingehen. Die dabei auftretenden morphologischen Strukturen sind aus diesem Deklinationsparadigma zu entnehmen (nach ENGEL 1988/1996: 658):

Tabelle 27: Deklinationsparadigma der Possessiva (Subklasse 2) in Nukleusfunktion

	Mask.	Fem.	Neutr.
N.S.	der mein -e	die mein -e	das mein -e
G.S.	des mein -en	der mein -en	des mein -en
D.S.	dem mein -en	der mein -en	dem mein -en
A.S.	den mein -en	die mein -e	das mein -e
N.P.		die mein -en	
G.P.		der mein -en	
D.P.		den mein -en	
A.P.		die mein -en	

149.13 Morphologisch entsprechen die RM-Sätze im Typus D + Pr (Determinans + Pronomen) demjenigen der Adjektive, wenn sich diese im Typus D + A + S (Determinans + Adjektiv + Substantiv) nach dem bestimmten Artikel in pränuklearer Position zum substantivischen Nukleus befinden (GELHAUS, in: DUDEN 1984: 323; 1995: 331 und §§ 169.1, 169.7). Die Relationsmorphemsätze bleiben auch dann gleich, wenn die Possessiva bzw. Adjektive substantiviert werden (GELHAUS, in: DUDEN 1984: 299; 1995: 288f.).

150.1 Die Demonstrativa „dienen wie das Personalpronomen der 3. Person zur allgemeinen Bezeichnung des Besprochenen. Sie unterscheiden sich vom Personalpronomen aber durch ihren Hinweischarakter. Innerhalb der Demonstrativa ist noch zwischen solchen mit reinem Hinweischarakter (*der*, *derjenige*) und solchen mit einer konkretisierenden Nebenbedeutung (*dieser*, *jener*, *ein solcher/solche*) zu unterscheiden." (HELBIG/BUSCHA 1986/1994: 234). Sie werden syntaktisch „als Begleiter eines Substantivs (*diese Person*) und/oder – ähnlich wie das Personalpronomen der 3. Person – als Stellvertreter eines Substantivs (+ Artikel) gebraucht" (GELHAUS, in: DUDEN 1984: 324; 1995: 332), d.h. sie zeigen explizit die Merkmale, die von GELHAUS (in: DUDEN 1984: 313; 1995: 322) auch als Merkmale der gesamten Klasse der Pronomina angesehen werden. Aufgrund morphologischer Unterschiede können in Verbindung mit den inhaltsseitigen Differenzen bei den Demonstrativa vier Subklassen auseinandergehalten werden.

150.2 Die erste Subklasse wird von dem Demonstrativum DÉR, DÍE, DÁS gebildet, das immer kontrastierend hervorgehoben ist. Je nach syntaktischer Funktion als Attribut oder als Satzglied entstehen zwei Subgruppen (SCHULZ/GRIESBACH 1978: 170f.). Als Attribute sind die Formen des Demonstrativums einem substantivischen Nukleus zugeordnet und unterscheiden sich vom bestimmten Artikel inhaltsseitig durch die Hinweisfunktion und die Hervorhebung. Morphologisch stimmen sie in ihrer Struktur mit dem bestimmten Artikel überein. TAUCH (1995: 86) beschreibt die attributive Verwendung des Demonstrativums DÉR, DÍE, DÁS anhand der Oppositionen von (a) *Der Wein schmeckt lieblich.* – (b) *Dér Wein schmeckt lieblich.* – (c) *Der schmeckt lieblich.* inhaltsseitig. Nach ihr wird in (b) wie in (a) „die Bestimmtheit angezeigt (DEF), ohne daß der Gegenstand [= *Wein*] ersetzt wird, die semantische Betonung verlagert sich aber auf das hinweisende Moment (DEMO)." Dieses Moment bleibt wie in (c) „aktiviert", ersetzt aber *Wein* nicht (PRO), so daß „das Konstituierungssem PRO maskiert" vorliegt. Die Maskierung „bedeutet somit eine Veränderung der Sem-Gewichtung." Durch die inhaltsseitige Analyse wird deutlich, daß zwischen „attributivisch gebrauchten Wörtern ('Struktur-Prowörtern') und ihren formgleichen ('Voll-') Prowörtern [...] eine enge semantische Beziehung" besteht. Das Deklinationsparadigma zeigt diesen Aufbau, wobei die Kennzeichnung der Hervorhebung aus Gründen der Vereinfachung jeweils unterbleibt:

Tabelle 28: Deklinationsparadigma des Demonstrativums DÉR, DÍE, DÁS (Subklasse 1) in Verbindung mit Substantiva

	Mask.	Fem.	Neutr.
N.S.	der^1 Mann-Ø	die^5 Frau-Ø	das^6 Kind-Ø
G.S.	des^2 Mann-es	der^1 Frau-Ø	des^2 Kind-es
D.S.	dem^3 Mann-Ø	der^1 Frau-Ø	dem^3 Kind-Ø
A.S.	den^4 Mann-Ø	die^5 Frau-Ø	das^6 Kind-Ø
N.P.	die^5 Männ-er,	Frau-en,	Kind-er
G.P.	der^1 Männ-er,	Frau-en,	Kind-er
D.P.	den^4 Männ-ern,	Frau-en,	Kind-ern
A.P.	die^5 Männ-er,	Frau-en,	Kind-er

150.3 Morphologisch sind die Flexionsformen des Demonstrativums Suppletivmorpheme. Sie verbinden mit der Hinweisfunktion Kennzeichnungen der grammatischen Kategorien Kasus und Numerus; im Singular wird zusätzlich das Genus markiert. Dabei treten unterschiedliche Grade der Eindeutigkeit auf, was aus den durch Indizes gekennzeichneten homophonen Formen hervorgeht.

Durch die Flexionsform *das* werden Genus und Numerus eindeutig festgelegt. Als Kasus werden Genitiv und Dativ ausgeschlossen; die Fixierung auf Nominativ oder Akkusativ erfolgt durch die Erscheinungen von grammatischer Kongruenz und Rektion in Verbalsätzen. Die Demonstrativformen *des* und *dem* charakterisieren eindeutig Kasus und Numerus und schließen als Genus das Femininum aus. Eine Differenzierung nach Maskulinum und Neutrum erfolgt hier nicht durch die Morphologie der substantivischen

Nuklei, sondern textimmanent durch mögliche Pronominalisierungen oder extern durch das mit der Substantivkenntnis verbundene Genuswissen. Morphologisch sind nur einige wenige Substantivformen wie *des Menschen, des Herzens* in der Lage, eine Genusdifferenzierung herbeizuführen, weil sie genusspezifische Relationsmorpheme besitzen (§ 136.1). Die Demonstrativform *den* schließt allein betrachtet die Kasus Nominativ und Genitiv aus. Zusammen mit dem substantivischen Nukleus legt sie eindeutig die Kategorie des Numerus und mit diesem im Singular das Genus fest. Mit Hilfe der Form *der* wird – isolierend vorgehend – der Kasus Akkusativ ausgegrenzt. Zusammen mit dem Nukleus erfolgt eine Fixierung des Numerus und im Plural eine solche des Kasus Genitiv. Im Singular ist lediglich das Genus Neutrum ausgeschlossen. Eine über den Ausschluß des Akkusativs hinausgehende Kasusfestlegung und damit verbunden die Genusbestimmung wird erst durch die syntaktischen Relationen von grammatischer Kongruenz und Rektion in Verbalsätzen geleistet. Die Form *die* markiert im Singular das Genus Femininum eindeutig, durch die hinzutretenden Nuklei ist der Numerus festgelegt. Ausgeschlossen sind jeweils die Kasus Genitiv und Dativ; durch die syntaktischen Relationen werden die Kasus Nominativ und Akkusativ spezifiziert.

150.4 In der Satzgliedfunktion kann für das Demonstrativum DÉR, DÍE, DÁS folgendes Deklinationsparadigma aufgestellt werden (vgl. GELHAUS, in: DUDEN 1984: 325; 1995: 333):

Tabelle 29: Deklinationsparadigma des Demonstrativums DÉR, DÍE, DÁS (Subklasse 1) in Satzgliedfunktion

	Mask.	Fem.	Neutr.
N.S.	der	die	das
G.S.	dess-en	der-en	dess-en
D.S.	dem	der	dem
A.S.	den	die	das
N.P.		die	
G.P.		der-en / der-er	
D.P.		den-en	
A.P.		die	

150.5 Der Unterschied zur ersten Subgruppe besteht ausschließlich in den Formen des G.S. und G.P. und des D.P., alle übrigen Flexionsformen stimmen im morphologischen Aufbau überein. Aufgrund der Opposition von *der* : *deren* : *derer* bzw. von *den* : *denen* und des Vergleichs der paradigmatischen Strukturen aus der ersten und zweiten Subgruppe (G.S.M. *des* : G.S.M. *dessen*) werden die Genitiv-Formen und die Dativ Plural-Form als morphologisch zweigliedrig aufgefaßt. Sie bestehen aus dem SM {dē̄r} und den RM {ən} und {ər), aus dem SM {dɛs} und dem RM {ən} bzw. aus dem SM {dē̄n} und dem RM {ən}. Die Funktion der SM ist dieselbe wie in der ersten Subgruppe. Im G.S.M. und G.S.N. wird bei *dessen* durch das RM {ən} keine zusätzliche Präzisierung der grammatischen Kategorien erreicht (vgl. § 150.3), sondern nur eine solche der syntaktischen Funktion. Dies ist jedoch bei den Formen G.S.F. *deren* und G.P. *deren* anders, denn durch das RM {ən} ergibt sich eine eindeutige Kennzeichnung der Kasuskategorie (hier: Genitiv). Der Numerus ist jedoch morphologisch nicht markiert, sondern ergibt sich intern aus dem Wechsel von Nominalisierung und Renominalisierung innerhalb eines Textes bzw. extern aus der deiktischen Funktion der Demonstrativa. Mit der Form *deren* erhält auch die Form *der* im Gesamtparadigma eine Präzisierung. Sie signalisiert eindeutig die grammatische Kategorie des Numerus (hier: Singular) und grenzt die Kasus Genitiv und Akkusativ aus. Die Kasusfixierung geschieht durch die syntaktischen Relationen. Spezifische morphologische Kennzeichnungsfunktionen besitzt die Form *denen*: Sie verweist in eindeutiger Weise auf die Kategorien Kasus (hier: Dativ) und Numerus (hier: Plural). Zugleich wird dadurch auch die Funktion der Form *den* im Gesamtparadigma eindeutig: Sie charakterisiert die Kategorien Kasus, Numerus und Genus ganz genau.

150.6 Neben den Formen *dessen* und *deren* kommen auch noch die Formen *des* und *der* vor. Sie sind veraltet und stellen eine ältere sprachliche Tradition dar (WALCH/HÄCKEL 1988: 184186, 195, 198, 244f.). Diese hat sich noch in Sprichwörtern wie (10) *Wes Brot ich ess', des Lied ich sing'.* und „in der Dichtung, vor einem attributiven Genitiv oder Präpositionalgefüge mit *von* und in Zusammensetzungen" (GELHAUS, in: DUDEN 1984: 325; 1995: 333) gehalten. Unter diachronem Aspekt kann LÜHR (1991: 201) zeigen, daß die Erweiterungen „eindeutig vom alem. Dialektgebiet" ausgehen: „Die älteste Form ist beim Pron. der Dat. Pl. *denen* (14. Jh., hochalem.), dann folgt der Gen. Pl. *deren* (a. 1400 unter hochalem. Einfluß), darauf der Gen., Dat. Sg. fem. *deren* (zweite Hälfte des 15. Jh.s, schwäb., basler. bzw. schwäb., basler. und hochalem.) und schließlich *dessen* (1476, hochalem.)." Aufgrund des Vergleichs mit den älteren und zeitgenössischen Flexionsformen des Personal- und Possessivpronomens kommt LÜHR zu dem Ergebnis, daß sie zum Muster für die Demonstrativformen D.P. *den-en*, G.P. *der-en*, G.S.F. *der-en*, G.P. *der-er* wurden, während beim G.S.M./N. *dess-en* ein innerparadigmatischer Ausgleich vorliegt (ebd.: 210). Der historische Befund zeigt die Gründe für die besondere morphologische Struktur des Deklinationsparadigmas (Tabelle 29) auf, das aus einer Verbindung von SM und SM plus RM, einer sonst recht ungewöhnlichen Morphemkombination, besteht.

150.7 Im G.P. beruht das Nebeneinander von *deren* und *derer* ebenfalls auf unterschiedlich alten sprachlichen Traditionen. Von GELHAUS (in: DUDEN

1984: 326; 1995: 334) werden Funktionsunterschiede angenommen, indem *deren* als Mittel des Rückverweisens und *derer* als solches des Vorausweisens aufgefaßt werden. Die Nebenform im G.S.F. *derer* wird im Zusammenhang mit den Funktionsdifferenzierungen im G.P. als allgemein unüblich eingeschätzt. Für ENGEL (1988/1996: 660) dagegen spiegeln die Doppelformen im G.S.F. und im G.P. „unterschiedliche Gebrauchsweisen wider, die noch nicht zureichend erforscht sind."

150.8 Die Demonstrativa werden in Textsorten in unterschiedlicher Weise verwendet. In Folgen von Hauptsätzen wie (11) *Es war einmal ein König. Der hatte eine schöne junge Frau...* aus den Märchen der Brüder Grimm wirkt der demonstrative Anschluß „archaisierend oder alltagssprachlich" (ENGEL 1988: 661) und steht in Zusammenhang mit anderen sprachlichen Mitteln, die die Linearität des Erzählens sichern (SIMMLER 1981: 387f.). In den gesprochenen Varietäten des Deutschen bilden „*er/sie* und *der/die* in ihrer Hauptfunktion als Subjektträger ein eng verbundenes (Teil-) Paradigma [...], in welchem *er/sie* vorwiegend die schwachtonigen und *der/die* vorwiegend die starktonigen Varianten stellt" (BELLMANN 1989: 343). Während *er/sie* auf „seine Funktion in der indirekten Redeerwähnung und textuell seine gegenüber *der/die* größere Verweisreichweite" beschränkt ist, erfährt *der/die* in den gesprochenen Varietäten „eine Ausweitung seiner Funktionen und zugleich eine erhöhte Textfrequenz" (ebd.: 344). Die Funktionsausweitung besteht 1. in der Verwendung am Anfang und Ende von Sätzen und Gesprächsbeiträgen, die durch „Gesichtspunkte der Fokussierung, der Sprecherperspektive und der psychischen Disposition" bedingt sind, 2. in seiner realdeiktischen Verwendung und 3. in einem „überwiegend negativ-konnotierenden" Gebrauch (ebd.).

150.9 Die zweite Subklasse besteht aus den Demonstrativa DIESER, DIESE, DIESES und JENER, JENE, JENES. Sie zeigen jeweils die gleiche morphologische Struktur aus GM und RM, werden als Begleiter und Stellvertreter des Substantivs gebraucht und kommunikativ verschieden verwendet: „Mit *dieser* weist der Sprecher/Schreiber identifizierend auf eine Person, Sache u.ä. hin, die ihm räumlich oder zeitlich näher ist bzw. im Text zuletzt genannt worden ist. Mit *jener* wird eine Person, Sache u.ä. oft als entfernter gekennzeichnet und identifiziert" (GELHAUS, in: DUDEN 1984: 327; 1995: 335). Als Begleiter des Substantivs ist nach HIMMELMANN (1997: 50) „die mit Abstand häufigste Verwendung" von JENER, JENE, JENES diejenige „vor etablierenden Relativsätzen (*jene Handelvergünstigungen, die zur Norm geworden sind*)". Für DIESER, DIESE, DIESES existieren nach ihm keine Distanzmerkmale; vielmehr liege die Hauptfunktion dieses Demonstrativums im „anamnestischen Gebrauch", durch den „auf einen im Redeuniversum weit entfernten (d.h. nicht aktivierten) Referenten verwiesen wird" (ebd.: 71 mit Anm. 53).

150.10 Da die morphologische Struktur bei der syntaktischen Verwendung als Attribut bzw. als Satzglied identisch ist, wird das Deklinationsparadigma nur in Verbindung mit einem Nukleus dargestellt:

Tabelle 30: Deklinationsparadigma des Demonstrativums DIESER, DIESE, DIESES (Subklasse 2) in Verbindung mit Substantiva

	Mask.		Fem.		Neutr.	
N.S.	dies-er^{1}	Mann-Ø	dies-e^{5}	Frau-Ø	dies-es^{2}	Kind-Ø
G.S.	dies-es^{2}	Mann-es	dies-er^{1}	Frau-Ø	dies-es^{2}	Kind-es
D.S.	dies-em^{3}	Mann-Ø	dies-er^{1}	Frau-Ø	dies-em^{3}	Kind-Ø
A.S.	dies-en^{4}	Mann-Ø	dies-e^{5}	Frau-Ø	dies-es^{2}	Kind-Ø
N.P.	dies-e^{5}	Männ-er,		Frau-en,		Kind-er
G.P.	dies-er^{1}	Männ-er,		Frau-en,		Kind-er
D.P.	dies-en^{4}	Männ-ern,		Frau-en,		Kind-ern
A.P.	dies-e^{5}	Männ-er,		Frau-en,		Kind-er

150.11 Die Relationsmorphemsätze stimmen weitgehend mit dem Possessivum MEIN in attributiver Funktion überein (vgl. § 149.10). Lediglich N.S.M. {ər} und N.S.N./A.S.N. {əs} sind verschieden. Auch zum Demonstrativum der ersten Subklasse in attributiver Funktion existieren Übereinstimmungen im Hinblick auf die signalisierten grammatischen Kategorien und die Verteilung der homophonen Formen (§ 150.2). Gelegentlich werden noch weitergehende Übereinstimmungen zwischen den suppletiven Demonstrativa und den demonstrativen RM postuliert und zum Ausgangspunkt von Überlegungen gemacht, das Demonstrativum *der* morphologisch in ein GM {d} und ein RM {ē̄r} zu segmentieren. Diese Auffassungen gehen zu sehr von der graphischen Ausdrucksseite aus und vernachlässigen völlig die phonetische Ausdrucksseite und die Phonemebene. Zwischen *dies-er* und *d-er* bestehen zwar Übereinstimmungen in der Graphfolge <er>, doch verweist diese auf unterschiedliche Phon- bzw. Phonemfolgen, nämlich [ər] und /ər/ bei *dieser* bzw. [ɛ:r] und /ēr/ bei *der*. Eine morphologische Segmentierung bei *der* läßt sich so synchron weder durch Oppositionen noch durch die Phonotaktik begründen.

150.12 Neben der Form N.S.N./A.S.N. *dieses* wird noch die Form *dies* mit Nullmorphem vor allem in Satzgliedfunktion verwendet (GELHAUS, in: DUDEN 1984: 327 Anm. 2; 1995: 335 Anm. 2). Zum Demonstrativum *jenes* fehlt aber eine solche Nebenform. Gelegentlich wird statt des G.S.M. *dieses Mannes* die Form *diesen Mannes* in Satzgliedern wie *dank diesen Mannes* gebraucht. Das RM {ən} wird von der Adjektivflexion übertragen; es ist das regelmäßige Adjektiv-RM, wenn das Adjektiv nach einer Präposition mit Genitivrektion im Typus P + A + S ohne zusätzliches Determinans allein beim substantivischen Nukleus steht (*statt weichen Stoffes*; vgl. GELHAUS, in: DUDEN 1984: 316, 327 Anm. 1; 1995: 323, 335 Anm. 1).

150.13 Die dritte Subklasse besteht aus den Demonstrativa DERJENIGE, DIEJENIGE, DASJENIGE und DERSELBE, DIESELBE, DASSELBE. Sie werden beide als Attribute und als Nuklei von Satzgliedern gebraucht. Syntaktisch bestehen Unterschiede darin, daß die Demonstrativa DERJENIGE, DIEJENIGE, DASJENIGE immer ein „Bezugswort für restriktive Relativsätze“ bilden, während für DERSELBE, DIESELBE, DASSELBE ein solches Vorausweisen möglich, aber nicht notwendig ist. Inhaltsseitig besitzen sie verschiedene Funktionen. Die Demonstrativa DERJENIGE, DIEJENIGE, DASJENIGE haben einen besonderen Hinweischarakter, der stärker ist als derjenige der Demonstrativa DÉR, DÍE, DÁS, die die gleiche syntaktische Position einnehmen können. Aus dem Beispiel (12) *Dort trainieren diejenigen Spieler, die gestern angekommen sind.* ist zusätzlich zu entnehmen, daß sie auch die „Exklusivität der Teilmenge, die durch den Relativsatz charakterisiert wird“ hervorheben. Die Demonstrativa DERSELBE, DIESELBE, DASSELBE bezeichnen dagegen Größen, die mit einer anderen Größe identisch sind (alle Zitate ENGEL 1988/1996: 537). Sie konkurrieren dabei mit den Identitätskennzeichnungen durch *der gleiche, die gleiche, das gleiche*. Eine gewisse Funktionsverteilung entsteht dadurch, daß *der gleiche* eher „zur Kennzeichnung der Klassenidentität“ dient, während *derselbe* „stärker die Identität eines Einzelwesens oder Einzeldings betont“ (GELHAUS, in: DUDEN 1984: 329; 1995: 337).

150.14 Morphologisch bestehen die Demonstrativa der dritten Subklasse aus der Verbindung eines Suppletivmorphems mit einem Grundmorphem. Die Relationsmorphemsätze der neuen Worteinheit richten sich dabei nach dem GM. Die SM sind jeweils mit denen des Deklinationsparadigmas des bestimmten Artikels identisch. In der neuen Worteinheit ist der bestimmte Artikel am Aufbau der neuen Funktionen von Hinweis und Identität beteiligt, die er allein als Begleiter eines Substantivs nicht besitzt. Die GM sind morphologisch entweder nicht weiter strukturiert wie bei {zɛlb} oder aus einem GM {jēn} (wie in JENER) und einem FM {ig} aufgebaut, so daß sie ein GM zweiten Grades {jēnig} bilden. Die GM sind mit einem Relationsmorphemsatz verbunden, der dem von Adjektiven entspricht, die nach einem Determinans der Gruppe 1 in pränuklearer Position einem substantivischen Nukleus zugeordnet sind (§ 169.1). Dabei wirkt der erste suppletive Bestandteil des Kompositums noch wie ein Element einer Wortgruppe, aus der das Kompositum durch die positionelle Nähe auch entstanden ist (WALCH/HÄCKEL 1988: 507509 mit Anm. 1f., 518f.). Innerhalb der neuen Einheit entsteht so der Eindruck einer doppelten Flexion (ENGEL 1988/1996: 537).

150.15 Das Deklinationsparadigma wird anhand der Demonstrativa DERJENIGE, DIEJENIGE, DASJENIGE und ihrer Verwendung als Nuklei eines Satzgliedes dargestellt, weil auf die morphologischen Beziehungsgefüge im Typus $D_1 + A + S$ bei der Flexion des Adjektivs noch eingegangen wird (§§ 169.1-7):

Tabelle 31: Deklinationsparadigma des Demonstrativums DERJENIGE, DIEJENIGE, DASJENIGE (Subklasse 3) in Satzgliedfunktion

	Mask.	Fem.	Neutr.
N.S.	derjenig -e	diejenig -e[4]	dasjenig -e[6]
G.S.	desjenig -en[1]	derjenig -en[5]	desjenig -en[1]
D.S.	demjenig -en[2]	derjenig -en[5]	demjenig -en[2]
A.S.	denjenig -en[3]	diejenig -e[4]	dasjenig -e[6]
N.P.		diejenig -en[7]	
G.P.		derjenig -en[5]	
D.P.		denjenig -en[3]	
A.P.		diejenig -en[7]	

150.16 Die Relationsmorphemsätze sind identisch mit denen beim Possessivum *sein*, wenn dieses mit dem bestimmten Artikel verbunden ist (§ 149.12). Feste und nichtfeste Verbindungen mit dem Artikel bei den Pronomina und nichtfeste Verbindungen des Artikels mit Adjektiven im Typus $D_1 + A + S$ zeigen morphologische Übereinstimmungen, die sich aus vergleichbaren syntaktischen Positionen und ihren Weiterentwicklungen ergeben. Sie führen zu entsprechenden Subklassenbildungen innerhalb der Pronomina und nicht etwa zu Abgrenzungsschwierigkeiten zwischen Pronomina und Adjektiven.

150.17 Im Deklinationsparadigma kommen bei isolierender Analyse sieben homophone Formen vor, durch welche die grammatischen Kategorien des Genus (Nr. 1, 2), Kasus (Nr. 3, 4, 5, 6, 7) und Numerus (Nr. 3, 5) nicht immer eindeutig zu erkennen sind. Wie bei den Possessiva mit bestimmtem Artikel führen die Erscheinungen der grammatischen Kongruenz und Rektion zu Spezifizierungen. Bei den Demonstrativa der dritten Subklasse wirken die Relativpronomina der notwendigen oder fakultativen Relativsätze, wie in Beispiel (13) *Das Buch gehört demjenigen, das du gestern getroffen hast* (Bezug: *das Kind*) zusätzlich differenzierend, so daß trotz der relativ hohen Anzahl homophoner Formen die Kennzeichnung der grammatischen Kategorien gewährleistet ist.

150.18 Die vierte Subklasse besteht aus den Demonstrativa SOLCHER, SOLCHE, SOLCHES, die „in allgemeiner Form auf schon erwähnte oder anderweitig bekannte Eigenschaften von Größen“ verweisen und daher „ein qualifikatives Demonstrativum" bilden (ENGEL 1988/1996: 538). Von GELHAUS (in: DUDEN 1984: 286; 1995: 275) wird zwar gesehen, daß *solcher* wie *dieser* und *jener* eine „demonstrative Bedeutung" besitzt, doch führt das den Adjektiven vergleichbare Deklinationsverhalten dazu, es als 'demonstratives Adjektiv' der Wortart Adjektiv zuzuweisen. *solcher* wird zwar hauptsächlich attributiv verwendet, doch ist der Gebrauch als Nukleus eines Satzgliedes nicht ausgeschlossen, worauf ERBEN (1980: 419) durch die Beispiele (14) *Es gibt solche und solche.* und (15) *Das soll natürlich nicht heißen, wir wollten die Gegenwart zum Maßstabe unserer Urteile über das Mittelalter machen; denn solches wäre...* hinweist. Eine vergleichbare syntaktische Verwendungsweise findet sich bei Adjektiven ebensowenig wie die inhaltsseitige Hinweisfunktion, so daß die Zuordnung zu den Pronomina und nicht den Adjektiven gerechtfertigt ist.

150.19 Wegen des relativ seltenen Gebrauchs als Nukleus eines Satzgliedes wird das Deklinationsparadigma von SOLCHER in attributiver Funktion dargestellt:

Tabelle 32: Deklinationsparadigma des Demonstrativums SOLCHER (Subklasse 4) in attributiver Funktion

	Mask.	Fem.	Neutr.
N.S.	solch-er Stoff-Ø	solch-e Macht-Ø	solch-es Tuch-Ø
G.S.	solch-en Stoff-es	solch-er Macht-Ø	solch-en Tuch-es
D.S.	solch-em Stoff-Ø	solch-er Macht-Ø	solch-em Tuch-Ø
A.S.	solch-en Stoff-Ø	solch-e Macht-Ø	solch-es Tuch-Ø
N.P.	solch-e Stoff-e,	Mächt-e,	Tüch-er
G.P.	solch-er Stoff-e,	Mächt-e,	Tüch-er
D.P.	solch-en Stoff-en,	Mächt-en,	Tüch-ern
A.P.	solch-e Stoff-e,	Mächt-e,	Tüch-er

150.20 Die RM stimmen bis auf zwei Fälle mit denen von DIESER überein (§ 150.10). Das RM {ən} im G.S.M. und im G.S.N. entspricht der Adjektivflexion, wenn dieses nach einem Determinans der Gruppe 1 in pränuklearer Position vor einem substantivischen Nukleus wie in *des großen Stoffes, Tuches* steht (ENGEL 1988/1996: 538). Formen mit dem RM {əs} gelten in der Gegenwartssprache „nicht als ausgesprochen unkorrekt", sondern wirken „veraltet" (ebd.: 539).

150.21 Neben dem isolierten Gebrauch im Typus Pr + S verbindet sich *solcher* „oft mit dem indefiniten Artikel *ein*, besonders wenn es sich um konkrete Größen, teilweise auch um Mengen oder um Eigenschaften und Zustände im Singular handelt." (ENGEL 1988/1996: 539). Im Typus D_2 (unbestimmter Artikel) + Pr + S wird *solcher* wie ein Adjektiv in gleicher syntaktischer Position flektiert (§ 170.1); im Typus Pr + D_2 (unbest. Art.) + S erscheint es wie in *solch eines Stoffes* mit dem RM {Ø}.

150.22 In eingeschränktem Gebrauch kommt *solch* mit dem RM {Ø} vor (GELHAUS, in: DUDEN 1984: 287; 1995: 276). Es steht dann vor einem neutralen, seltener maskulinen Substantiv und verweist eindeutig auf die grammatische Kategorie des Numerus (Singular) und ohne weitere Differenzierung auf die Kasus Nominativ oder Akkusativ, deren Fixierung im übrigen Satzkontext erfolgt. Bei Beispielen wie *solch Wetter* und *solch Leckerbissen* spielen neben Stilschichten auch noch die lexikalischen Bedeutungen der Nuklei eine Rolle, doch müßten solche Restriktionen noch weiter untersucht werden.

151.1 Die Relativa ermöglichen es, „ein Geschehen (Sein) einer vorgenannten (Bezugs-)Größe zuzuordnen" (ERBEN 1980: 434). Sie sind einmal „an den Attributsatz im engeren Sinne und an den weiterführenden Nebensatz gebunden" (HELBIG/BUSCHA 1986/1994: 236). In Attributsätzen wie (14) *Der Bauer, der im Gebirge wohnt, arbeitet hart.* steht das Relativum „für ein Substantiv, das im Hauptsatz vorerwähnt ist und auf das sich der Nebensatz bezieht" (ebd.). In weiterführenden Nebensätzen wie (15) *Der Bauer arbeitet für seine Familie hart, was uns freut.* fungiert es „als zusammenfassendes Wort für den Satzinhalt des vorangehenden Hauptsatzes, dem der Relativsatz formal untergeordnet ist" (ebd.). Zum anderen leiten die Relativa auch Ergänzungssätze ein, konstituieren dann u.a. Subjektsätze wie (16) *Wer im Gebirge wohnt, arbeitet hart.* und sind auf „unbestimmte Größen" bezogen (ERBEN 1980: 441f.). Die Größenbezüglichkeit ist also unterschiedlich ausgeprägt und wird mit dem Hinweis auf eine generelle Stellvertreterfunktion für Substantive (GELHAUS, in: DUDEN 1984: 330; 1995: 339) nur unzureichend erfaßt (vgl. §§ 151.13, 152.1).

151.2 Bei den Relativa können drei Subklassen unterschieden werden; sie werden von DER, DIE, DAS; WELCHER, WELCHE, WELCHES und WER, WAS gebildet. Sie stiften eine Relativbeziehung zwischen einem übergeordneten und einem untergeordneten Teilsatz im Rahmen eines Gesamtsatzes. Dabei bilden die Relativa „eine gemeinsame Stelle", durch die die beiden Teilsätze „miteinander verbunden" sind. Die gleiche Funktion besitzen auch die Relativpartikel WO, WIE, WOHIN, WOHER und WODURCH (GELHAUS, in: DUDEN 1984: 671; 1995: 730f.).

151.3 Wird von den Funktionen in Ergänzungssätzen und weiterführenden Nebensätzen abgesehen, dann ist das Relativum DER, DIE, DAS der Hauptträger der attributiven Relativbeziehung. Während sich die Attributfunktion des Demonstrativums der 4. Subklasse SOLCHER syntaktisch in einer pränuklearen Position zum substantivischen Nukleus zeigt, nimmt das Relativum DER, DIE, DAS eine andere Stellung ein. Es steht mit dem Attributsatz, in dem es allein oder zusammen mit einer Präposition die erste

Satzgliedposition besetzt, in postnuklearer Position zu einem Substantiv, das Nukleus eines Satzgliedes oder Attributes im übergeordneten Teilsatz ist.
Das Relativum WELCHER, WELCHE, WELCHES wird vor allem verwendet, „um eine Wortwiederholung zu vermeiden“ (ERBEN 1980: 436) und wenn es wie das Relativum DER, DIE, DAS eine postnukleare Position einnimmt. Erscheint es in pränuklearer Position, verhält es sich wie das Demonstrativum SOLCHER, ohne daß ein stilistischer Aspekt der Variation eine Rolle spielt.
Nach einem pronominalen Neutrum, nach Ortsangaben, Zeitbestimmungen und Bezeichnungen der Art und Weise erscheinen auch WAS, WO, WIE in „relativer Funktion“ (ebd.: 437-440).
151.4 In Ergänzungssätzen und weiterführenden Nebensätzen ist die Kennzeichnung der grammatischen Kategorie des Kasus von der „syntaktischen Rolle im Relativsatz“ abhängig. Dies gilt auch für Attributsätze, doch sind die Relativa der Attributsätze als „Zeichen struktureller Zusammengehörigkeit“ zusätzlich noch „mit dem Bezugsglied des übergeordneten Satzes in Genus und Numerus“ kongruent (ERBEN 1980: 434), wie das Beispiel (17) *Der Bauer/Die Bäuerin, dem/der die Arbeiter davonlaufen, jammert.* zeigt. Die Genuskongruenz gilt dabei nur für den Singular.
151.5 Das Relativum DER, DIE, DAS der ersten Subklasse zeigt morphologisch keine Unterschiede im Hinblick auf seine verschiedenen syntaktischen Verwendungsweisen. Daher kann sich eine Beschreibung auf die Hauptfunktion, die Attributfunktion, konzentrieren. Die attributive Funktion des Relativums DER, DIE, DAS wird gemeinsam mit den Nuklei, auf die es sich beziehen kann, dargestellt. In dem folgenden Deklinationsparadigma signalisieren die geschweiften Klammern {} um die Pronominalformen, daß sie jeder Form des substantivischen Nukleus zugeordnet werden können. Diese Zuordnung erfolgt in Abhängigkeit von der syntaktischen Funktion der Relativa im Attributsatz und unter Beachtung der morphologischen Numerusmarkierungen und unter Berücksichtigung externer Genuskenntnisse bei den Substantiven:

Tabelle 33: Deklinationsparadigma des Relativums DER, DIE, DAS (Subklasse 1) in attributiver Funktion

	Mask.	Fem.	Neutr.
N.S.	der Mann, {der}	die Frau, {die}	das Kind, {das}
G.S.	des Mannes, {dessen}	der Frau, {deren}	des Kindes, {dessen}
D.S.	dem Mann, {dem}	der Frau, {die}	dem Kind, {dem}
A.S.	den Mann, {den}	die Frau, {die}	das Kind, {das}

N.P.		die Männer,	die Frauen,	die Kinder,	{die}
G.P.		der Männer,	der Frauen,	der Kinder,	{deren}
D.P.		den Männern,	den Frauen,	den Kindern,	{denen}
A.P.		die Männer,	die Frauen,	die Kinder,	{die}

151.6 Morphologisch ist das Gesamtparadigma ebenso aufgebaut wie das Paradigma des Demonstrativums aus der ersten Subklasse, wenn es als Satzglied fungiert (§ 150.4). Diese morphologische Struktur entspricht der Verweisfunktion und der syntaktischen Rolle des Relativums im Attributsatz.
151.7 Wie beim Demonstrativum (§ 150.6) kommt im G.S.M.und G.S.N. auch die Form *des* vor. Sie bildet eine ältere sprachliche Tradition, die noch bei Goethe in Beispiel (18) *Wo bist du, Faust, des Stimme mir erklang?* (GELHAUS, in: DUDEN 1984: 331; 1995: 339) zu belegen ist.
151.8 Auch im G.P. existiert wie beim Demonstrativum (§ 150.7) in Satzgliedfunktion bzw. in Nukleusfunktion die Nebenform *derer*. GELHAUS (in: DUDEN 1984: 331 mit Anm. 2; 1995: 340 mit Anm. 1) sieht darin einen falschen Gebrauch, der „die alte Unterscheidung nach Vorausweisung und Rückweisung (*derer* = Vorausweisung, *deren* = Rückweisung), die beim Demonstrativpronomen voll in Geltung ist", durchkreuzt. EGGERS (1980: 137) möchte aufgrund seines Materials aus dem Saarbrücker Korpus die Entstehung einer neuen Regel erkennen, nach der *derer* „alleinstehend, *deren* dagegen attributiv vor einem Substantiv gebraucht" werde. Die herangezogenen Beispiele (19) *Träume, deren man sich entsinnt* und (20) *die Verfahren, auf Grund derer entschieden werden konnte* zeigen jedoch, daß die Nebenform mit *derer* nur in präpositionalen Satzgliedern innerhalb von Attributsätzen auftritt, in denen das Relativum den Nukleus bildet und die Präposition einen Genitiv fordert (zu diesen Rektionen GELHAUS, in: DUDEN 1984: 359, 369; 1995: 376, 387). BÆRENTZEN (1995: 200f., 206) kann anhand der Beispiele (21) *dort begegnete man Dichtern, deren Werke man kannte* und (22) *Märtyrer steigern die Kräfte derer, denen sie Vorbild wurden* zwischen einer prä- und einer postnuklearen attributiven Verwendungsweise unterscheiden und „die topologische Position des Pronomens im Verhältnis zum Definitor [= Nukleus]" als entscheidend für die „Wahl der jeweiligen Pronominalvariante" nachweisen. Anders als LÜHR (§ 150.6) ist BÆRENTZEN (1995: 215f.) der Ansicht, „daß das zweite Flexiv der Form *derer* mit dem starken Adjektivflexiv im Genitiv Femininum Singular und Genitiv Plural identisch ist."
151.9 Die Nebenform *der* im G.P. ist auf umgangssprachliche Varietäten beschränkt (GELHAUS, in: DUDEN 1984: 331; 1995: 339).
151.10 Das Relativum der zweiten Subklasse WELCHER, WELCHE, WELCHES zeigt in Attributsätzen in postnuklearer Position folgendes Deklinationsparadigma (zum Aufbau § 151.5):

Tabelle 34: Deklinationsparadigma des Relativums WELCHER, WELCHE, WELCHES (Subklasse 2) in attributiver Funktion

	Mask.		Fem.		Neutr.	
N.S.	der Mann,	{welch-er}	die Frau,	{welch-e}	das Kind,	{welch-es}
G.S.	des Mannes,	{dess-en}	der Frau,	{der-en}	des Kindes,	{dess-en}
D.S.	dem Mann,	{welch-em}	der Frau,	{welch-er}	dem Kind,	{welch-em}
A.S.	den Mann,	{welch-en}	die Frau,	{welch-e}	das Kind,	{welch-es}
N.P.	die Männer,		die Frauen,		die Kinder,	{welch-e}
G.P.	der Männer,		der Frauen,		der Kinder,	{der-en}
D.P.	den Männern,		den Frauen,		den Kindern,	{welch-en}
A.P.	die Männer,		die Frauen,		die Kinder,	{welch-e}

151.11 Morphologisch und phonotaktisch stimmen alle Genitivformen mit denen der ersten Subklasse der Relativa überein (GELHAUS, in: DUDEN 1984: 332; 1995: 340). Die RM der übrigen Flexionsformen sind mit denen der Demonstrativa der zweiten und vierten Subklasse identisch (§§ 150.10, 150.18).

151.12 In pränuklearer Position vor einem substantivischen Nukleus werden im Genitiv die Formen *welches Mannes*, *welcher Frau*, *welches Kindes*; *welcher Männer*, *Frauen*, *Kinder* gebraucht, wodurch im Relativmorphemsatz eine völlige Übereinstimmung zum Demonstrativum der zweiten Subklasse existiert (§ 150.10). Im G.S.M. kommt auch die Form *welchen Mannes* vor, wobei das RM {ən} von der Adjektivflexion übernommen wird, wenn das Adjektiv im Typus A + S allein bei einem substantivischen Nukleus steht (vgl. §§ 150.6, 150.12; 168.1).

151.13 Die Relativa der dritten Subklasse WER und WAS werden syntaktisch nur in eingeschränktem Maße als Einleitungen von Attributsätzen verwendet. Wenn im übergeordneten Teilsatz ein neutrales Bezugswort existiert, steht wie in (21) *Der Bauer besorgt manches, was seine Kinder freut.* das Pronomen *was* (HELBIG/BUSCHA 1986/1994: 678f.). In Ergänzungssätzen, die pronominal wie in (22) *Wem ich zuerst begegne, den frage ich.* wieder aufgenommen werden, besteht eine vergleichbare Relation zwischen einer Form von WER und dem wiederaufnehmenden Pronomen (ebd.: 678). Am häufigsten kommen die Relativa WER, WAS als Einleitungen von Ergänzungssätzen wie in (23) *Der Bauer begrüßt, wen er kennt.* und als solche von weiterweisenden Nebensätzen wie in (24) *Der Bauer begrüßt uns, was uns freut.* vor. Sie bilden dann Nuklei von Satzgliedern.

In den angegebenen Beispielen (21-24) ist eine Substituierbarkeit durch Substantive ohne Veränderungen der Gesamtsatzstrukturen, der Satzgliedpositionen und der Satzinhalte nicht möglich. Daher ist die Aussage, daß die Relativa WER, WAS „Stellvertreter eines Substantivs“ (GELHAUS, in:

DUDEN 1984: 333; 1995: 342) sein können, zu modifizieren. Entscheidend ist nicht eine durch Substitutionen nachweisbare Stellvertreterfunktion, wie sie beim Demonstrativum der 2. Subklasse in den Beispielen (25) *Dieser war es.* und (26) *Der Bauer war es.* festgestellt werden kann, sondern die pronominale Hinweisfunktion auf eine Größe, die in anderen Satzkonstruktionen auch durch ein Substantiv benannt werden kann. Die Nennung kann wie bei Attributsätzen satzintern durch einen Nukleus erfolgen, während in Ergänzungssätzen eine Präzisierung nur extern vorgenommen werden kann, wenn sie bei unbekannten Größen überhaupt möglich ist. Bei weiterweisenden Nebensätzen überwiegt sogar die gar nicht an Substantive gebundene Verknüpfungsfunktion von Sätzen und Textteilen.

151.14 Im Vergleich zu den anderen Subklassen der Relativa bilden WER, WAS ein eingeschränktes Flexionsparadigma. Von GELHAUS (in: DUDEN 1984: 334; 1995: 342) wird für alle syntaktischen Verwendungsweisen folgendes Paradigma angegeben:

Tabelle 35: Deklinationsparadigma des Relativums WER, WAS für alle syntaktischen Verwendungsweisen (nach GELHAUS, in: DUDEN)

	Mask./Fem.	Neutr.
N.	wer	was
G.	wessen	wessen
D.	wem	–
A.	wen	was

In diesem Paradigma wird im Genus „nicht nach maskulinen und femininen Formen“ unterschieden, und auch eine Numerusdifferenzierung unterbleibt. Doch selbst die Genusdifferenzierung ist bei *wessen* nicht gegeben und bei *was* in Attributsätzen geht sie vom Bezugswort aus und weniger vom Relativum *was* (vgl. Beispiel 21 in § 151.13). Als besondere Leistung neben der Kasusfestlegung bleibt somit nicht eine eingeschränkte Genusfixierung, sondern die Unterscheidung von Person und Nicht-Person durch die Relativa WER, WAS, die sich damit wie die Interrogativa verhalten (HELBIG/BUSCHA 1986/1994: 253).

151.15 Aufgrund dieser Überlegungen läßt sich dieses Deklinationsparadigma für alle syntaktischen Verwendungsweisen aufstellen:

Tabelle 36: Deklinationsparadigma des Relativums WER, WAS (Subklasse 3) für alle syntaktischen Verwendungsweisen

	Person	Nicht-Person
N.	wer	was
G.	wess-en	wess-en
D.	wem	–
A.	wen	was

151.16 Morphologisch ist der Genitiv *wessen* aus einem SM {vɛs} und einem RM {ən} aufgebaut (zur Argumentation § 150.5); alle übrigen Formen bestehen nur aus Suppletivmorphemen. Bis auf den N.A. *was* wird die grammatische Kategorie des Kasus jeweils völlig eindeutig signalisiert; bei *was* sind die Kasus Genitiv und – bezogen auf Maskulina und Feminina – Dativ ausgeschlossen, die weitere Kasusfestlegung erfolgt durch das syntaktische Beziehungsgefüge.

151.17 Die Nebenform *wes* im Genitiv ist veraltet und auf Sprichwörter wie (27) *Wes Brot ich ess', des Lied ich sing'.*, auf Redensarten und Zusammensetzungen beschränkt (GELHAUS, in: DUDEN 1984: 334; 1995: 342).

152.1 Die Interrogativa „erfragen Größen oder die Beschaffenheit von Größen" (ENGEL 1988/1996: 681). Sie sind „die wichtigsten Bildungsmittel der Ergänzungsfrage und eng an diese Satzart gebunden" (HELBIG/BUSCHA 1986/1994: 233). Im Beispiel (28) *Wer half dem Bauern?* kann *wer* zwar durch *der Knecht* substituiert werden, doch ändert sich dann in (29) *Der Knecht half dem Bauern?* die Satzart; aus der Ergänzungsfrage ist eine Entscheidungsfrage geworden. Ohne Satzveränderungen sind keine Substitutionen möglich, so daß die Beschreibung der Interrogativa als „Stellvertreter eines Substantivs (+ Artikel)" (GELHAUS, in: DUDEN 1984: 330; 1995: 339) zu ungenau ist. Entscheidend ist hier der Satzgliedstatus der Interrogativa und nicht eine, in Ergänzungsfragen gar nicht vorhandene Stellvertreterfunktion für Substantive. Insofern bestehen grundlegende Übereinstimmungen zu den Personalia der 1. und 2. Person, die auch keine Stellvertreterfunktion besitzen (§ 147.2).

Bei den Interrogativa lassen sich die drei Subklassen WER, WAS; WAS FÜR EINER, EINE, EINES und WELCHER, WELCHE, WELCHES unterscheiden. Das Pronomen WER fragt „nach Menschen", während WAS „prinzipiell unbelebte Größen oder Sachverhalte" erfragt (ENGEL 1988/1996: 683, 681). Mit dem „formelhaften Ausdruck *was für ein*" (GELHAUS, in: DUDEN 1984: 333; 1995: 341) wird „nach Eigenschaft, Qualität, Beschaffenheit beliebiger Größen" (ENGEL 1988/1996: 684) gefragt. Das Interrogativum WELCHER, WELCHE, WELCHES fragt nach einer Größe oder einem Element „aus einer im substantivischen Bezugswort angedeuteten Mehrheit (Gruppe, Komplex)" (ERBEN 1980: 425).

Die Interrogativa der Subklassen zwei und drei können in Ergänzungsfragen in Satzgliedfunktion (*Was für einer/Welcher half dem Bauern?*) und in Attributfunktion (*Was für ein/Welcher Knecht half dem Bauern?*), auftreten. In der Subklasse eins kommt nur die Genitivform *wessen* in beiden Funktionen vor (*Wessen gedachte er? – Wessen Knecht half dem Bauern?*), während die übrigen Formen ausschließlich in Satzgliedfunktion erscheinen.

152.2 ENGEL (1988/1996: 681) möchte WELCHER, WELCHE, WELCHES nicht zu den Interrogativa, sondern zu den Determinativen rechnen, „weil es auch attributiv verwendbar ist und bei autonomem Gebrauch keine flexivischen Besonderheiten aufweist." Er vernachlässigt dabei völlig die Fragefunktion, gibt der Attributfunktion in pränuklearer Position zu einem substantivischen Nukleus ein zu großes Gewicht bei der Wortartenbestimmung, geht auf die flexivische Besonderheit der Genitivbildung in Attributsätzen nicht ein (§ 151.11) und läßt die selbst beobachtete „gelegentliche Konkurrenz zu *was für einer*", d.h. Übereinstimmungen in der Fragefunktion, unbeachtet. Von den generellen Problemen einer Trennung der Wortartengruppen der Determinative und Pronomina einmal abgesehen (dazu § 162), reichen die angegebenen Kriterien nicht aus, WELCHER, WELCHE, WELCHES aus den Interrogativa auszugrenzen.
Auch VALENTIN (1989/1990: 178) sieht WELCHER, WELCHE, WELCHES immer als „Determinans einer Nominalgruppe", hebt aber als Inhaltsseite hervor, daß es als Determinans „überhaupt nicht definiert, sondern nur identifiziert oder individualisiert" (ebd.: 181). Die Relativierung der Satzgliedfunktion führt ihn dazu, für ein isoliertes Vorkommen „eine elliptische Nominalgruppe" (ebd.: 178) anzusetzen (so auch HERINGER/KELLER-BAUER 1984: 80), ohne jedoch seinen Ellipsenbegriff näher zu erläutern. Werden für die Annahme einer Ellipse die Ellipsenbedingungen des synchronen Nebeneinanders mit und ohne elliptischem Element und die Inhaltsidentität des Geäußerten aufgestellt (SIMMLER 1985: 450), dann kann zwar bei Äußerungen wie *Meine Studenten haben gestern demonstriert. – Welche? / Welche Studenten?* eine Ellipse begründet werden, nicht aber bei Äußerungen wie *Politiker mögen Kinder. – Haben sie auch welche?*, so daß auf den Satzgliedstatus bei der Beschreibung der Funktionen von WELCHER, WELCHE, WELCHES nicht verzichtet werden kann.
152.3 Für die erste Subklasse der Interrogativa WER, WAS läßt sich folgendes Deklinationsparadigma aufstellen (nach HELBIG/BUSCHA 1986/1994: 253), wenn die Interrogativa in Satzgliedfunktion verwendet werden:

Tabelle 37: Deklinationsparadigma der Interrogativa WER, WAS (Subklasse 1) in Satzgliedfunktion

	Person	Nicht-Person
N.	wer	was
G.	wess-en	wess-en
D.	wem	–
A.	wen	was

152.4 Der morphologische Aufbau entspricht dem der dritten Subklasse der Relativa (§ 151.15f.). Wie dort sind die Kasusformen „unvollständig ausgebildet“ (HELBIG/BUSCHA 1986/1994: 253), weil für den Dativ der Nicht-Person eine Flexionsform fehlt. GELHAUS (in: DUDEN 1984: 334; 1995: 343) weist darauf hin, daß für den Dativ „in der älteren Literatur und heute noch in der Umgangssprache die Form *was*“ gebraucht werde und führt als Beispiele (30) *Zu was die Posse?* (Goethe) und (31) *Wie willst du sonst leben? Von was?* (Brecht) an. Mit Recht präzisieren HELBIG/BUSCHA (1986/1994: 254), daß hier die „Verbindung Präposition + *was*“ vorliegt, in der die Kasusrektion von der Präposition ausgeht, und daß es für eine solche Kasusfestlegung „im reinen Dativ keine Entsprechung“ gibt.

152.5 Die zweite Subklasse der Interrogativa besitzt im Gegensatz zur ersten Subklasse „ein vollständig ausgebildetes Deklinationssystem“, differenziert aber nicht zwischen Person und Nicht-Person (HELBIG/BUSCHA 1986/1994: 253f.). Es wird hier anhand der Satzgliedfunktion vorgeführt:

Tabelle 38: Deklinationsparadigma des Interrogativums WAS FÜR EINER, WAS FÜR EINE, WAS FÜR EINES (Subklasse 2) in Satzgliedfunktion

	Mask.	Fem.	Neutr.
N.S.	was für ein-er	was für ein-e	was für ein-(e)s
G.S.	was für ein-es	was für ein-er	was für ein-es
D.S.	was für ein-em	was für ein-er	was für ein-em
A.S.	was für ein-en	was für ein-e	was für ein-(e)s
N.P.		was für welch-e	
G.P.		was für welch-er	
D.P.		was für welch-en	
A.P.		was für welch-e	

152.6 Im dreiteiligen Interrogativum der zweiten Subklasse wird nur der dritte Teil flektiert. Er besteht aus dem GM {ain} und Relationsmorphemsätzen, die identisch sind mit denen des Possessivums MEINER, MEINE, MEINES in Satzgliedfunktion bzw. mit denen des Indefinitums EINER, EINE, EINES in gleicher Funktion. Im Plural „kommt das Pronomen nicht vor; hier tritt ersatzweise *was für welche* ein, wobei wieder nur der letzte Teil (wie das Determinativ *welcher*) flektiert wird“ (ENGEL 1988/1996: 684). Wie beim Possessivum MEINER, MEINE, MEINES und beim Indefinitum EINER, EINE, EINES kommen im Singular in der Satzgliedfunktion und in der Attributfunktion teilweise verschiedene RM vor.

152.7 Im N.S.N. und A.S.N. zeigen sich die Allomorphe {əs} und {s} des RM {(ə)s} (HELBIG/BUSCHA 1986/1994: 255). Ob es bei ihnen unterschiedliche Verwendungshäufigkeiten in der Schriftsprache und in den gesprochenen Varietäten der Gegenwartssprache gibt, wurde bisher noch nicht weiter untersucht.

152.8 Für die dritte Subklasse der Interrogativa ergibt sich folgendes Deklinationsparadigma (nach HELBIG/BUSCHA 1986/1994: 254). Es ist in Satzglied- und in Attributfunktion identisch:

Tabelle 39: Deklinationsparadigma des Interrogativums WELCHER, WELCHE, WELCHES (Subklasse 3) in Satzglied- und Attributfunktion

	Mask.	Fem.	Neutr.
N.S.	welch-er	welch-e	welch-es
G.S.	welch-es	welch-er	welch-es
D.S.	welch-em	welch-er	welch-em
A.S.	welch-en	welch-e	welch-es
N.P.		welch-e	
G.P.		welch-er	
D.P.		welch-en	
A.P.		welch-e	

152.9 Morphologisch liegt eine zweigliedrige Struktur aus GM und RM vor. Die Relationsmorphemsätze stimmen in Satzgliedfunktion und in Attributfunktion überein und sind identisch mit denen des Possessivums und des Demonstrativums, wenn diese eine Satzgliedfunktion besitzen.
152.10 VALENTIN (1988: 203, 205) möchte die sog. W-Wörter *wer* und *was* als „Substantiva besonderer Art" beschreiben und nicht als „Pro-Nomina oder Pro-Formen". Er geht dabei von der Annahme aus, daß „einem einzigen Sprachzeichen eine einzige Bedeutung" zukomme (ebd.: 202) und sieht sie in der Angabe „nicht definierbare Größe mit dem Merkmal 'menschlich' bzw. 'nichtbelebt'" (ebd.: 206) verwirklicht. Mit dieser Angabe einer allgemeinen lexikalischen Bedeutung ist zwar der ebenfalls hervorgehobene Satzgliedstatus vereinbar, nicht aber der spezifische Fragecharakter in Ergängzungsfragen und der bei Substantiven sonst nicht vorhandene Morphemtypus der SM mit seinen spezifischen Kennzeichnungen der grammatischen Bedeutung. Die morphologischen und syntaktischen Unterschiede (§ 132) lassen es nicht zu, für *wer* und *was* eine Subklasse der Substantive anzusetzen.
153.1 Die Indefinita kennzeichnen „situationsgebotene Größen, die der Sprecher nicht definit benennen kann, will oder muß", indem er Unterscheidungen nach „Art (Gattung) und Individualität", nach „Anzahl und Individualität" und nach Umfang, Ausdehnung und Menge vornimmt (ERBEN 1980: 390). Mit den inhaltsseitigen Funktionsunterschieden sind solche in der Syntax (HELBIG/BUSCHA 1986/1994: 258f.) und in der Morphologie verbunden. Insgesamt lassen sich dreizehn Subklassen unterscheiden, die zu fünf größeren Gruppen zusammengefaßt werden können. Zur Großgrup-

penbildung werden morphologische und syntaktische Kriterien herangezogen.

153.2 In der ersten Großgruppe sind solche Indefinita zusammengefaßt, die die gleichen Relationsmorphemsätze besitzen und syntaktisch in Attribut- und in Satzgliedfunktion vorkommen. Es werden nach dem Grad der Vollständigkeit der paradigmatischen Strukturen vier Subklassen unterschieden. Zur ersten Subklasse gehören Indefinita, die „ein vollständig ausgebildetes Deklinationssystem" besitzen; die zweite Subklasse bilden Indefinita mit einem eingeschränkten Singulargebrauch; die dritte Subklasse umfaßt Indefinita, die in ihrer Satzgliedfunktion Restriktionen besitzen, und die vierte Subklasse solche, die auf den Singular beschränkt sind.

153.3 Die erste Subklasse besteht aus dem Indefinitum MANCHER, MANCHE, MANCHES. Durch es wird „eine unbestimmte Anzahl von Wesen, Dingen u.ä. bezeichnet, und zwar nicht als geschlossene Gruppe, sondern als vereinzelte Exemplare: der eine und der andere unter vielen" (GELHAUS, in: DUDEN 1984: 342; 1995: 351). Die Relationsmorphemsätze sind in Attribut- und in Satzgliedfunktion identisch. Das Deklinationsparadigma wird nach der attributiven Funktion dargestellt, in der sich die Indefinita in pränuklearer Position vor einem substantivischen Nukleus befinden:

Tabelle 40: Deklinationsparadigma des Indefinitums MANCHER, MANCHE, MANCHES (Subklasse 1) in Attributfunktion

	Mask.	Fem.	Neutr.
N.S.	manch-er Mann-Ø	manch-e Frau-Ø	manch-es Kind-Ø
G.S.	manch-es Mann-es	manch-er Frau-Ø	manch-es Kind-es
D.S.	manch-em Mann-Ø	manch-er Frau-Ø	manch-em Kind-Ø
A.S.	manch-en Mann-Ø	manch-e Frau-Ø	manch-es Kind-Ø
N.P.	manch-e Männ-er,	Frau-en,	Kind-er
G.P.	manch-er Männ-er,	Frau-en,	Kind-er
D.P.	manch-en Männ-ern,	Frau-en,	Kind-ern
A.P.	manch-e Männ-er,	Frau-en,	Kind-er

153.4 Morphologisch entsprechen die Relationsmorphemsätze des Indefinitums denen des Demonstrativums der zweiten Subklasse (§ 150.10). Im G.S.M. und G.S.N. wird neben *manches* auch die Form *manchen* mit dem aus der Adjektivflexion stammenden RM {ən} gebraucht, wenn sich das Adjektiv in gleicher Position allein vor dem substantivischen Nukleus befindet (§ 168.1). Die Form *manch* mit RM {Ø} wird „gelegentlich" noch im N./A.S.N. wie in *manch Abenteuer* verwendet (GELHAUS, in: DUDEN 1984: 342; 1995: 351; vgl. § 150.12).

153.5 Die Indefinita EINIGER, EINIGE, EINIGES und ETLICHER, ETLICHE, ETLICHES bilden die zweite Subklasse. Sie werden vorwiegend pluralisch verwendet und bezeichnen dann „eine unbestimmte, nicht große, gegliederte Anzahl", d.h. „mehr als zwei bis drei, aber nicht viele" (GELHAUS, in: DUDEN 1984: 339; 1995: 347f.). Im Singular wird wie in *einiges Geld*, *einige Mühe* attributiv eine Beziehung nur zu solchen Nuklei hergestellt, die auf ungegliederte Begriffe wie „Stoffbezeichnungen, Abstrakta" (ebd.) und „Ungewöhnliches, Unerwartetes, Unwillkommenes" (ENGEL 1988/1996: 542) hinweisen, von denen die Indefinita 'ein wenig' ausgrenzen. Noch eingeschränkter ist die Satzgliedfunktion singularischer Formen; sie ist in Beispielen wie (32) *Wir sammeln einiges/etliches.* ebenfalls auf ungegliederte Begriffe bezogen.
153.6 Morphologisch verhalten sich die Indefinita der zweiten Subklasse wie die der ersten. Unter Frequenzaspekten wird ETLICHER, ETLICHE, ETLICHES „selten verwendet und hat als veraltend zu gelten" (ENGEL 1988/1996: 543).
153.7 Die dritte Subklasse enthält das Indefinitum ALLER, ALLE, ALLES, das „eine Gesamtheit, die Totalität (d.h. sämtliche Elemente) einer Menge" kennzeichnet (ENGEL 1988/1996: 540) und neben der Menge auch eine „Masse, Domäne als 'voll' bezeichnet" (SCHANEN 1993: 60). Für die attributive Verwendung existiert ein vollständiges Deklinationsparadigma, das wie MANCHER, MANCHE, MANCHES aufgebaut ist. Eine Satzgliedfunktion wird durch die Pluralformen wie in (33) *Allen wird geholfen.* ausgedrückt. Im Singular können Satzgliedfunktionen nur von den Formen des Neutrums wie in (34) *Er gibt allem nach.* und (35) *Alles schwieg.* übernommen werden, wobei sich *alles* wie in (35) auch auf „eine Gesamtheit von Menschen" beziehen kann (ENGEL 1988/1996: 667).
153.8 Zur vierten Subklasse gehören die Indefinita JEDER, JEDE, JEDES; JEDWEDER, JEDWEDE, JEDWEDES und JEGLICHER, JEGLICHE, JEGLICHES. Sie bezeichnen „die Gesamtheit der einzelnen Elemente einer gegebenen Menge" und stellen dabei „diese einzelnen Elemente in den Vordergrund" (ENGEL 1988/1996: 544). Im allgemeinen werden sie nur singularisch verwendet. JEDWEDER, JEDWEDE, JEDWEDES ist „veraltet und kommt in Texten der deutschen Gegenwartssprache praktisch nicht mehr vor"; JEGLICHER, JEGLICHE, JEGLICHES dagegen wird noch verwendet. Es wird dabei auf negierte Ausdrücke konzentriert und auf Verwendungsweisen, in denen „die Vereinzelung der betreffenden Größen" stärker als bei JEDER, JEDE, JEDES hervorgehoben wird (ebd.: 545). Morphologisch stimmen die RM im Singular mit denen von MANCHER, MANCHE, MANCHES überein, weshalb sie dieser Großgruppe zugeordnet wurden.

153.9 Von GELHAUS (in: DUDEN 1984: 340f.; 1995: 349) wird auch *jedermann* zusammen mit *jeder, jedweder, jeglicher* behandelt. Diese Zuordnung ist inhaltsseitig begründet. Da aber JEDERMANN ausschließlich in Satzgliedfunktionen verwendet wird, darüber hinaus morphologische Besonderheiten zeigt und auch inhaltsseitige Restriktionen auf „die Gesamtheit aller in einem gegebenen Zusammenhang in Frage kommenden Menschen" (ENGEL 1988/1996: 671) existieren, wird hier eine Zuordnung zu einer anderen Großgruppe vorgenommen und in dieser eine eigene Subklasse angesetzt (§ 153.21).

153.10 Die zweite Großgruppe besteht aus Subklassen, bei denen morphologische Unterschiede nachgewiesen werden können, wenn die Indefinita als Attribute oder Satzglieder verwendet werden. Um den Zusammenhang der Subklassen der Indefinita stärker zu betonen, werden die Subklassen durchgezählt. Die fünfte Subklasse zeigt in beiden syntaktischen Funktionen ein vollständig ausgebautes Deklinationsparadigma und besteht aus dem Indefinitum KEINER, KEINE, KEINES. In beiden syntaktischen Funktionen wird auf ein „Nicht-Vorhandensein", auf eine „Nicht-Gültigkeit" von Größen hingewiesen (ENGEL 1988/1996: 549); für den attributiven Gebrauch hebt EROMS (1993: 7, 14) die „Parallelen zum Artikel *ein*" hervor, gibt als primäre Funktion von *kein* „die indefiniten Artikelaufgaben" an, die mit den sekundären Funktionen der Determination und Quantifikation verbunden sein können, und bezeichnet *kein* als „indefinite[n] Negationsartikel oder Nominalnegator". Die Verteilung der RM auf die beiden syntaktischen Funktionen entspricht derjenigen bei den Possessiva (§§ 149.3, 149.10). Es ist daher sinnvoller, auf diese Übereinstimmungen in den beiden Klassen von Pronomina hinzuweisen, als für den attributiven Gebrauch eine Parallele zum unbestimmten Artikel für den Singular und zum Demonstrativum *dieser* für den Plural herzustellen bzw. in der Satzgliedfunktion die Parallele zum Pronomen *einer* für den Singular hervorzuheben und allgemein auf die zusätzliche Existenz von Pluralformen zu verweisen (so ENGEL 1988/1996: 549, 678).

153.11 Die sechste Subklasse besteht aus dem Indefinitum IRGENDEINER, IRGENDEINE, IRGENDEINES, das in Attribut und in Satzgliedfunktion auf den Singular beschränkt ist. Es kennzeichnet „ein einzelnes Element einer Menge" unter dem Aspekt der „Unbestimmtheit" (ENGEL 1988/1996: 543) und verhält sich morphologisch wie die Possessiva (§§ 149.3, 149.10). Um Pluralformen in Attributfunktion bilden zu können, wird das Gesamtparadigma um das Plural-Teilparadigma des Indefinitums IRGENDWELCHER, IRGENDWELCHE, IRGENDWELCHES ergänzt (dazu § 153.13).

153.12 Die dritte Großgruppe enthält nur eine einzige, die siebte Subklasse. Sie wird vom Indefinitum MEHRERE gebildet, das zwar als Attribut und als Satzglied verwendet wird, aber auf den Numerus Plural beschränkt ist. Da im Plural keine Unterschiede in den RM zwischen den beiden ersten Großgruppen existieren, wurde auf eine Zuordnung zu ihnen verzichtet und eine eigene Gruppe angesetzt. MEHRERE kennzeichnet „eine begrenzte Menge“ und hebt von dieser „das Merkmal 'Mehrzahl' “ hervor (ENGEL 1988/1996: 547).

153.13 Auch die vierte Großgruppe besteht nur aus einer, der achten Subklasse, mit einem Indefinitum, das nur in attributiver Verwendung vorkommt. Das Indefinitum IRGENDWELCHER kennzeichnet „unbestimmte Mengen, auch Zustände, vorzugsweise wenn sie in Zweifel gezogen oder in Abrede gestellt werden“ (ENGEL 1988/1996: 544). Im Singular ist es daher nur mit entsprechenden Substantiven kombinierbar. Es besitzt in Attributfunktion ein vollständiges Paradigma, das in den Relationsmorphemsätzen MANCHER, MANCHE, MANCHES entspricht.

153.14 Umfangreicher ist dagegen die fünfte Großgruppe, in der die Indefinita zusammengefaßt sind, die ausschließlich eine Satzgliedfunktion besitzen. Von den unflektierbaren Indefinita ETWAS und NICHTS (dazu GELHAUS, in: DUDEN 1984: 339, 343; 1995: 348, 352) bzw. MEINESGLEICHEN, LAUTER, EIN WENIG (ENGEL 1988/1996: 542, 545, 673) abgesehen, lassen sich weitere fünf Subklassen unterscheiden.

153.15 Die neunte Subklasse enthält die Indefinita IRGENDWER und WER. Durch sie wird „die Unbestimmtheit der bezeichneten Größe, deren Identifizierbarkeit meist nur noch theoretisch besteht“ hervorgehoben (ENGEL 1988/1996: 671). Der Plural wird nicht gebraucht, und auch der Genitiv Singular ist nicht üblich, so daß sich folgendes Paradigma ergibt:

Tabelle 41: Deklinationsparadigma des Indefinitums IRGENDWER (Subklasse 9)

N.S.	irgendwer
G.S.	–
D.S.	irgendwem
A.S.	irgendwen

Morphologisch liegt ein Kompositum aus einem GM {irgent} und einem SM vor, das die grammatischen Kategorien von Kasus und Numerus jeweils eindeutig signalisiert. Die Phonotaktik der SM entspricht der bei den Interrogativa (§ 151.14) und zeigt zusätzlich bis auf das erste Phonem Übereinstimmungen mit dem Demonstrativum der ersten Subklasse (§ 150.2). Das GM hat gegenüber dem SM eine verstärkende Funktion.

153.16 In umgangssprachlichen Varietäten wird auch das Indefinitum WER gebraucht, das „einen Menschen als beliebiges, nicht weiter identifizierbares Element einer Menge" kennzeichnet (ENGEL 1988/1996: 676). Die Phonotaktik der SM ist identisch mit der von IRGENDWER.

153.17 Die zehnte Subklasse wird von den Indefinita JEMAND und NIEMAND gebildet. Mit JEMAND wird „eine beliebige, nicht näher bestimmte Person" gleich welchen Geschlechts bezeichnet (GELHAUS, in: DUDEN 1984: 341; 1995: 349). NIEMAND ist ebenfalls sexus- und genusneutral auf denkbare Personen bezogen (ERBEN 1980: 391) und grenzt sie aus. Beide Indefinita kommen nur im Singular vor und zeigen ein völlig gleiches Flexionsverhalten, das anhand von JEMAND dargestellt ist:

Tabelle 42: Deklinationsparadigma des Indefinitums JEMAND (Subklasse 10)

N.S.	jemand-Ø
G.S.	jemand-(e)s
D.S.	jemand-em
A.S.	jemand-en

153.18 Morphologisch bestehen sie aus einem GM und einem Relationsmorphemsatz. Dieser entspricht bis auf den N.S. dem Singular-Teilparadigma des Demonstrativums *dieser* in Satzgliedfunktion. Doch auch im N.S. existieren Gemeinsamkeiten, weil auch bei *dies* ein RM {Ø} verwendet wird (§ 150.12). Während es sich beim Demonstrativum um eine Nebenform handelt, liegt bei JEMAND ein genereller Gebrauch vor. In den Formen gesprochener Sprache und „teilweise auch in der geschriebenen Sprache" werden D.S. und A.S. neben den RM {əm} und {ən} mit dem RM {Ø} gebraucht; für die „Alltagssprache" glaubt ENGEL (1988/1996: 672, 679) bereits eine generelle Geltung des Nullmorphems ansetzen zu müssen.

153.19 Die elfte Subklasse besteht aus dem Simplex EINER, EINE, EINES und dem Kompositum UNSEREINER, UNSEREINE, UNSEREINES. Durch das Simplex wird „ein beliebiges, aber identifizierbares Element aus einer Menge von Größen" bezeichnet, durch das Kompositum „ein beliebiges und (Gegensatz zu *einer*) nicht identifizierbares Element einer Menge von Menschen, die in jedem Fall den Sprecher miteinschließt" (ENGEL 1988/1996: 668, 674). Diese Indefinita werden im Singular gebraucht und wie MANCHER, MANCHE, MANCHES flektiert; jedoch ist der G.S. nicht üblich.

153.20 Zur zwölften Subklasse gehört nur das Indefinitum MAN. Es bezeichnet „eine nicht umgrenzte und im allgemeinen auch nicht umgrenzbare Menge von Menschen" und wird numerus- und sexus-/genusneutral verwendet (ENGEL 1988/1996: 673). Ein Paradigma, in dem ausschließlich die Kasuskategorie den Aufbau bestimmt, entsteht durch Übernahmen von Formen aus dem Teilparadigma von *einer*; die Form *man* ist – unabhängig von ihrer historischen Herkunft – auf den Nominativ beschränkt und nicht flektiert; sie signalisiert den Kasus Nominativ durch die Oppositionen innerhalb des Paradigmas und durch ihre besondere Phonotaktik:

Tabelle 43: Deklinationsparadigma des Indefinitums MAN (Subklasse 12)

N.	man
G.	–
D.	ein-em
A.	ein-en

Das Paradigma ist nicht vollständig, weil eine Genitivform nicht verwendet wird.

153.21 Die dreizehnte Subklasse wird von dem Indefinitum JEDERMANN gebildet, das sexus-/genusneutral „ausschließlich Menschen, und zwar immer die Gesamtheit aller in einem gegebenen Zusammenhang in Frage kommenden Menschen“ bezeichnet (ENGEL 1988/1996: 671). Es zeigt einen besonderen morphologischen Aufbau in seinem Deklinationsparadigma, weil außer im Genitiv immer das RM {Ø} verwendet wird:

Tabelle 44: Deklinationsparadigma des Indefinitums JEDERMANN (Subklasse 13)

N.	jedermann-Ø
G.	jedermann-s
D.	jedermann-Ø
A.	jedermann-Ø

Die Differenzierung der homophonen Formen erfolgt innerhalb von Sätzen durch die Erscheinungen der grammatischen Kongruenz und Rektion.

153.22 ENGEL (1988/1996: 549, 678-680) behandelt KEINER, KEINE, KEIN und NIEMAND nicht als Subklassen der Indefinita, sondern weist ihnen einen eigenen Klassenstatus neben den Indefinita zu, indem er sie als ein 'negatives Determinativ' bzw. 'negatives Pronomen' von den Indefinita abgrenzt. Von der primär syntaktischen Aspekten verpflichteten Unterscheidung von Determinativen und Pronomina abgesehen (dazu § 162), wird hier ein Überwiegen inhaltsseitiger Merkmale über solche der Morphologie und der Syntax sichtbar, was zu inkonsequenten Klassifizierungen führt.

153.23 HELBIG/BUSCHA (1986/1994: 513) setzen zwar auch eine eigene Wortart 'Negationswörter' an und begründen dies mit dem gemeinsamen Inhaltsmerkmal der Verneinung einer Aussage (ebd.: 515), heben aber andererseits hervor, daß die Negationswörter wegen „ihrer verschiedenen Positionen im Satz [...] unterschiedlichen Wortklassen“ zuzuordnen sind. Hier werden unterschiedliche inhaltsseitige und syntaktische Klassifikationskriterien deutlich, durch die die Enteilung in die Wortklassen Verb, Substantivwörter, Adjektiv, Adverb, Artikelwörter, Pronomen *es*, Präpositionen, Konjunktionen, Partikeln, Modalwörter, Negationswörter und Satzäquivalente vorgenommen wird, was in Widerspruch steht zu dem Anspruch, eine Wortklasseneinteilung „nach syntaktischen Kriterien" (ebd.: 19) vorzunehmen.

154.1 Die letzte Klasse der Pronomina wird vom Artikel gebildet, bei dem als Subklassen der bestimmte und der unbestimmte unterschieden werden. Beide Artikel-Subklassen werden „ausschließlich in Verbindung mit Substantiven, d.h. als Begleiter von Substantiven gebraucht". Da die Substantive auch ohne Artikel verwendet werden können, nicht aber die Artikel ohne Substantiv, können die Artikel als Attribute des Substantivs aufgefaßt werden (GELHAUS, in: DUDEN 1984: 316). Diese 1984 vertretene Auffassung wird zum Teil 1995 (GELHAUS, in: DUDEN 1995: 304, 321) wieder aufgegeben (vgl. § 154.12). Die ausschließliche Attributfunktion teilen die Artikel mit dem Indefinitum IRGENDWELCHER (§ 153.13). Sie nehmen immer die pränukleare Position ein. Auch MOSKALSKAJA(1975: 48) hebt hervor, daß der Artikel „keinen Satzgliedwert" besitzt, ihr Hinweis jedoch, daß „die Pronomen in scheinbar gleicher Stellung Satzglieder" seien, ist nicht haltbar. Inhaltsseitig besitzen die Artikel „keine klar abgrenzbare Bedeutung" (HELBIG/BUSCHA 1986/1994: 367), d.h. aber nicht, daß bei den Artikeln generell „keine eigene lexikalische Bedeutung" (MOSKALSKAJA 1975: 48) vorhanden ist. Der bestimmte Artikel „signalisiert vor allem die *Identifizierung* (= die Eindeutig-Machung) von Objekten der außersprachlichen Realität [...] durch Individualisierung, durch den Situationskontext, durch den sprachlichen Kontext oder durch Generalisierung" (HELBIG /BUSCHA 1986/1994: 367). Der unbestimmte Artikel „signalisiert vor allem die *Indeterminiertheit* der bezeichneten Objekte der Realität [...] 1. als beliebiges Objekt einer Klasse 2. als Klasse 3. als Stellvertreter einer Klasse" (ebd.: 374). EROMS (1989: 311) sieht „die Grundleistung der Artikel in einer Delimitation nominaler Ausdrücke im Verhältnis von 'Individuation' zu 'Klasse'".

154.2 Das Deklinationsparadigma des bestimmten Artikels DER zeigt folgenden Aufbau und wird zusammen mit dem Substantiv aufgeführt, auf das sich die Artikelformen beziehen:

Tabelle 45: Deklinationsparadigma des bestimmten Artikels DER

	Mask.		Fem.		Neutr.	
N.S.	der	Mann-Ø	die	Frau-Ø	das	Kind-Ø
G.S.	des	Mann-es	der	Frau-Ø	des	Kind-es
D.S.	dem	Mann-Ø	der	Frau-Ø	dem	Kind-Ø
A.S.	den	Mann-Ø	die	Frau-Ø	das	Kind-Ø
N.P.	die	Männ-er,		Frau-en,		Kind-er
G.P.	der	Männ-er,		Frau-en,		Kind-er
D.P.	den	Männ-ern,		Frau-en,		Kind-ern
A.P.	die	Männ-er,		Frau-en,		Kind-er

154.3 Phonotaktisch ist der bestimmte Artikel in allen Artikelformen mit dem Demonstrativum DÉR, DÍE, DÁS identisch, wenn dieses in attributiver Funktion vorkommt. Auch die Kennzeichnungen der grammatischen Kategorien Kasus, Numerus und Genus stimmen überein (§§ 150.2f.). Es ist daher – trotz expliziter Ablehnung durch VATER (1979: 30-33, 54) – davon auszugehen, daß der bestimmte Artikel eine grammatische Bedeutung besitzt (FLEISCHER 1967: 139; zustimmend BENTZINGER 1976: 51, 54). Dabei ist die Existenz einer grammatischen Bedeutung nicht an eine mögliche Segmentierbarkeit und die Annahme eines *d*-Morphems (so DURRELL 1977: 44) gebunden, dem so etwas wie eine „referentielle [...] Determination" (KOLDE 1996: 6 Anm. 11) zugeordnet wird. Die fehlende Zuordnung von lexikalischer und grammatischer Bedeutung zu einzelnen Segmenten ist im Morphemstatus der SM begründet, durch den sich ein Zusammenwirken von lexikalischer und grammatischer Bedeutung in einem Morphem ergibt. Trotz der phonotaktischen Gemeinsamkeiten ist die Aussage, daß der bestimmte Artikel „durch die Formen des Demonstrativpronomens *der, die, das*" repräsentiert werde (FLÄMIG, in: HEIDOLPH/FLÄMIG/MOTSCH 1981: 599), zu ungenau und gibt die Klassenunterschiede nicht wieder. Es wird nicht deutlich, daß inhaltsseitige Unterschiede zwischen Identifizierungsfunktion (bestimmter Artikel) und Hinweisfunktion (Demonstrativum) und syntaktische Unterschiede zwischen Nicht-Hervorhebung (bestimmter Artikel) und Hervorhebung (Demonstrativum) bzw. zwischen ausschließlicher Attributfunktion (bestimmter Artikel) und zusätzlicher Satzgliedfunktion (Demonstrativum) bestehen. Nicht die Demonstrativa repräsentieren Funktionen des bestimmten Artikels, sondern zwei Pronomina unterschiedlicher Klassen stimmen in einzelnen distinktiven Merkmalen überein, in anderen aber nicht, so daß sich insgesamt eine Distinktivität ergibt, die die Zuordnung zu verschiedenen Klassen begründet.

154.4 Das Deklinationsparadigma des unbestimmten Artikels besitzt folgenden Aufbau:

Tabelle 46: Deklinationsparadigma des unbestimmten Artikels EIN

	Mask.	Fem.	Neutr.
N.S.	ein-Ø Mann-Ø	ein-e Frau-Ø	ein-Ø Kind-Ø
G.S.	ein-es Mann-es	ein-er Frau-Ø	ein-es Kind-es
D.S.	ein-em Mann-Ø	ein-er Frau-Ø	ein-em Kind-Ø
A.S.	ein-en Mann-Ø	ein-e Frau-Ø	ein-Ø Kind-Ø

154.5 Morphologisch ist der unbestimmte Artikel im Singular bei den RM wie das Possessivum MEIN in Attributfunktion strukturiert (§§ 149.10f.). Der zentrale morphologische Unterschied besteht darin, daß der unbestimmte Artikel kein Teilparadigma besitzt, um den Numerus Plural auszudrücken. Inhaltsseitig signalisiert der unbestimmte Artikel Indeterminiertheit, das Possessivum dagegen ein Besitzverhältnis; syntaktisch übernimmt der unbestimmte Artikel eine Attributfunktion, das Possessivum zusätzlich Nukleus- und Satzgliedfunktionen. Aus der unterschiedlichen Summe der distinktiven Merkmale ergibt sich die Zuordnung zu verschiedenen Klassen.

154.6 Auch im Vergleich zum Indefinitum EINER, EINE, EINES ergeben sich Gemeinsamkeiten und Unterschiede (§ 153.19). Bis auf die Formen des N.S. stimmen die RM in ihrer Phonotaktik und im Hinblick auf die Kennzeichnung der grammatischen Kategorien Kasus, Numerus und Genus überein. Inhaltsseitig bestehen jedoch Unterschiede in der Opposition von Indeterminiertheit (unbestimmter Artikel): Beliebigkeit, aber Identifizierbarkeit eines Elementes (Indefinitum), und syntaktisch stehen sich Attributfunktion (unbestimmter Artikel) und Satzgliedfunktion (Indefinitum) gegenüber.

154.7 Mit dem Fehlen eines Teilparadigmas für den Plural beim unbestimmten Artikel hängt der Ansatz eines sog. Nullartikels zusammen (GRIMM 1971: 263, 268 Anm. 7). So heben HELBIG/BUSCHA (1986/1994: 377) hervor, daß der Nullartikel auftrete, „wenn im Singular der unbestimmte Artikel steht (weil es keinen Plural des unbestimmten Artikels im Deutschen gibt)“. Sie betonen aber weiter, daß er nicht an dieses Paradigma gebunden sei, sondern auch „als Ersatzform“ für den bestimmten Artikel diene, wobei er teils „durch semantische Gruppen von Substantiven, teils durch bestimmte syntaktische Konstruktionen bedingt“ sei, und außerdem stehe er „bei Eigennamen (vor allem Personennamen und geographischen Namen)“ (ebd.: 376), wobei sich jedoch verschiedene Gruppen von Eigennamen unterschiedlich verhalten (FLEISCHER 1967: 148 mit Anm. 66, 68).

Ein Nullartikel wird auch von WEINRICH (1993: 358) aus ausschließlich syntaktischen Gründen angenommen. Aus der Formulierung, daß die Nominalklammer „unter bestimmten Bedingungen von einem Null-Artikel eröffnet werden“ könne, geht der Wunsch hervor, alle Bauprinzipien von

Substantivgruppen in Parallele zur Verbalklammer auf eine Nominalklammer zurückzuführen, was aber den syntaktischen und morphologischen Funktionen der Distributionstypen A + S bzw. P + A + S widerspricht (§§ 166.1, 168.1).

154.8 Die Annahme eines Nullartikels (so auch PATTEE 1994: 216-250) geht über alle bisherigen, mit dem Ansatz eines Nullmorphems verbundenen Überlegungen hinaus. Bisher ist die Annahme eines Nullmorphems paradigmatisch an den Gegensatz von etwas : nichts gebunden und auf den Morphemtypus der RM beschränkt. Wenn im Deklinationsparadigma des unbestimmten Artikels für das Pluralteilparadigma ein Nullartikel angesetzt wird, dann hat dieses folgendes Aussehen:

Skizze 6: Nullartikel des unbestimmten Artikels im Pluralteilparadigma

N.P.	Ø Männer,	Frauen,	Kinder
G.P.	Ø Männer,	Frauen,	Kinder
D.P.	Ø Männern,	Frauen,	Kindern
A.P.	Ø Männer,	Frauen,	Kinder

Es zeigt sich, daß sich hier das Nullmorphem nicht nur auf den Typus der RM, sondern auch auf den der SM bezieht. Hier wird einem Gegensatz zwischen einer vorhandenen Wortform und einer fehlenden Wortform, der in Äußerungen wie (36) *Ein Mann geht über die Straße.* und (37) *Männer gehen über die Straße.* vorhanden ist, eine morphologische und paradigmatische Relevanz zuerkannt, die aus den Beispielen nicht hergeleitet werden kann und die bei allen unvollständigen Paradigmata allein innerhalb der Klassen der Pronomina zu einem Auffüllen mit Nullmorphemen führen müßte, die tatsächlich vorhandene Oppositionen verdecken würde. Der in den Beispielen (36f.) vorhandene Gegensatz ist syntaktisch und nicht morphologisch bedingt. Mit der Pluralform *Männer* ist bereits der Hinweis auf eine unbestimmte Anzahl, auf eine Indeterminiertheit, verbunden. Alle morphologischen Numeruskennzeichen erfolgen an der Substantivform selbst. Diese Funktion wird durch die Annahme eines Nullartikels weder wiederholt noch verstärkt noch präzisiert noch in irgendeiner anderen Weise modifiziert, d.h. der Nullartikel hat gar keine Funktion, und sein Ansatz ist daher unbegründet. Nach BISLE-MÜLLER (1991: 5) müßten für die von ihm unterschiedenen sechs Typen artikelloser Substantivverwendungen „sechs verschiedene Nullartikel" angenommen werden, da „die Kontrastverhältnisse zu den anderen Artikelwörtern [...] jeweils unterschiedlich" sind. PÉRENNEC (1993: 36) möchte die „Opposition zwischen Artikelsetzung und Artikellosigkeit" auf die Textebene verlagern, „wobei Artikellosigkeit nicht mit einem Nullzeichen gleichgesetzt wird, sondern die Entbehrlichkeit jedes expliziten Determinans anzeigt", d.h. daß auch sie auf die Annahme eines Nullartikels verzichtet. Wenn alle syntaktisch besetzbaren, aber nicht besetzten Satzpositionen durch Nulleinheiten symbolisiert würden, gäbe es in Beschreibungen bald mehr Nullelemente als tatsächlich realisierte Einheiten, wie eine Gegenüberstellung von Beispiel (37) mit (38) *Einige alte Männer aus Dortmund in Westfalen gehen ganz langsam über die neue Straße ins Stadion.* zeigt. Die potentielle Kontrastivität durch anschließbare Wortformen im Vergleich zu nicht realisierten begründet noch keine morphologisch-paradigmatische Struktur.

154.9 Auch in singularischem Gebrauch, wo völlig ausgebaute Teilparadigmata beim bestimmten und unbestimmten Artikel existieren, ist ein Nullartikel morphologisch nicht zu begründen. Im Beispiel (39) *Männer trinken gern Bier.* signalisiert nicht der Nullartikel „vor Stoffbezeichnungen im Singular" eine „unbestimmte Menge eines Stoffes" (HELBIG/BUSCHA 1986/1994: 377), sondern die Unbestimmtheit der Menge ist Teil der Inhaltsseite des Substantivs BIER. Soll diese Unbestimmtheit nicht realisiert werden, müssen weitere Einheiten mit dem Substantiv verbunden werden wie in (40) *Der Ober bringt seinem Gast das Bier.*, wo der Stoff identifiziert ist, was durch die Form des bestimmten Artikels signalisiert wird. Wenn auch für den Singular ein Nullartikel angesetzt wird, dann würde er für den bestimmten und unbestimmten Artikel jeweils ein eigenes Paradigma als Subklasse begründen, das ausschließlich aus Nullartikeln bestünde, was morphologisch nicht zu begründen ist (ironisierend ablehnend auch LÖBNER 1986: 64f.).

154.10 ENGEL (1988/1996: 525) sieht zwar, daß der Kategorie 'Nullartikel' „kein Ausdruckselement" entspricht, weist aber den Einwand einer willkürlichen Festlegung zurück. Er begründet vielmehr den Ansatz dieser Kategorie damit, daß „die drei verschiedenen Artikel [...] die Flexion nachfolgender attributiver Adjektive" regeln, und stellt *der kleine Kerl*, *ein kleiner Kerl*, *kleiner Kerl* einander gegenüber. Bei ihm wird die ausschließlich syntaktische Argumentation besonders deutlich, die eine morphologisch-paradigmatische ersetzt. Substantive können allein, mit Adjektiv und im Typus $D_{1,2}$ + A + S ein Satzglied bilden. Dabei treten syntaktische Beziehungsgefüge auf, die morphologisch unterschiedlich signalisiert werden. Aus dem Tyus D_2 + A + S (§ 170.1) kann jedoch für den Typus A + S (§ 168.1) nicht hergeleitet werden, daß er ebenfalls dem Typus (D) + A + S angehöre, wobei (D) ein sog. Nullartikel sei. Völlig unberücksichtigt bleibt jedoch selbst unter syntaktischem Aspekt, daß alle drei genannten Satzglieder nie in völlig gleicher syntaktischer Umgebung vorkommen, wie Substitutionen beim Beispiel (41) *Ein kleiner Kerl geht über die Straße.* zeigen. Syntaktisch vergleichbar und anschließend morphologisch auswertbar ist die pränukleare Position des Adjektivs, doch gilt diese Auswertungsmöglichkeit nur für die Wortart Adjektiv. Der Typus A + S gibt für die morphologische Struktur des Determinans (bestimmter oder unbestimmter Artikel) nichts her, weil kein Determinans vorhanden ist.

154.11 Mit dem Klassenstatus innerhalb der Wortart der Pronomina wird dem Befund Rechnung getragen, daß der Artikel „eine gewisse Sonderstellung" besitzt (FLEISCHER 1967: 139; so auch GRIMM 1986: 9). Die Übereinstimmungen mit den übrigen Klassen führen zur angegebenen Klassifizierung und lassen es nicht als beliebig erscheinen, ob die Sonderstellung „innerhalb einer Wortklasse" behandelt wird oder „ob man eine eigene Wortklasse 'Artikel' akzeptiert"; Gründe des „praktischen Sprachunterrichts" (FLEISCHER 1967: 139) können höchstens sekundär eine Rolle spielen. Dies wird auch von BENTZINGER (1976: 51) hervorgehoben, der wegen „ihrer ähnlichen syntaktischen und semantischen Funktion" Artikel und Pronomina „als eine Wortart" faßt.

154.12 Das Verhältnis von Wortart und Klasse bzw. Subklasse einer Wortart wird von GELHAUS (in: DUDEN 1995: 303-321) in bezug auf die Beurteilung von bestimmtem und unbestimmtem Artikel anders gesehen. Während er in der vierten Auflage Artikel und Pronomen noch zu einer Wortart „Die Begleiter und Stellvertreter des Substantivs (der Artikel und die Pronomen)" (DUDEN 1984: 313) zusammenfaßt, nimmt er in der fünften Auflage wieder eine Wortartendifferenzierung in Artikel und Pronomen vor. Er unterscheidet „zwischen einem Artikel im engeren Sinne und einem Artikel im weiteren Sinne", wobei der Artikel im engeren Sinne aus dem bestimmten und dem unbestimmten Artikel und dem sog. Nullartikel besteht (DUDEN 1995: 304). Zu den Artikeln im weiteren Sinne rechnet er die Demonstrativa, Possessiva, Interrogativa und Indefinita „einschließlich 'Negationspartikel' *kein* und unbestimmtes Zahlwort" (ebd.: 321).

In diese Unterscheidung fließen einzelne Prämissen ein, die vorhandenen Oppositionen und morphologischen Gemeinsamkeiten widersprechen. So sollen die Artikel im engeren Sinne – wie die übrigen „Artikelwörter" – „immer [sic] in Begleitung eines Substantivs vorkommen und mit dem Substantiv kongruieren"; sie sollen „vor dem Substantiv" stehen und „mit diesem zusammen eine unauflösliche Einheit" bilden, so daß sie „nur zusammen mit dem Substantiv verschoben werden können" (ebd.: 304). Dies gilt zwar für das allein aufgeführte „Stellungsmuster" (ebd.: 305) $D_{1,2}$ + A + S, nicht aber für die Distributionstypen A + S und P + A + S (§ 168.1), in denen ein Artikel fehlt, so daß die generelle Aussage nur durch die Einführung eines Nullartikels (dazu §§ 154.7-10) beibehalten werden kann. Dieser Nullartikel ist dann auch bei allen substantivischen Pluralformen anzusetzen, bei denen vor dem Substantiv kein ausdrucksseitig erkennbares Element erscheint.

Als zweites erfolgt bei den Artikeln im weiteren Sinne eine Differenzierung nach ihrer syntaktischen Funktion. So werden die Demonstrativa, Possessiva, Interrogativa und Indefinita „als Begleiter eines Substantivs" der Wortart Artikel zugeordnet; wenn sie aber „als Stellvertreter oder Platzhalter für ein Nomen dienen", sollen sie die Wortart Pronomen konstituieren (ebd.: 321). Hier werden morphologisch vergleichbare Strukturen aus GM und RM aufgrund einer unterschiedlichen syntaktischen Funktion vernachlässigt, während bei der Wortart Adjektiv unterschiedliche syntaktische Funktionen, die attributiven, prädikativen und adverbiellen Verwendungsweisen, wegen der Existenz eines gemeinsamen Grundmorphems nicht zur Annahme verschiedener 'Adjektiv-Wortarten' führen. Schließlich bleibt die identische morphologische Struktur zwischen dem Artikel im engeren Sinne DER (§ 154.2) und zwei Pronominalklassen, dem Demonstrativum DÉR, DÍE, DÁS (§ 150.2) und dem Reflexivum DER, DIE, DAS (§ 151.1), völlig unberücksichtigt.

154.13 Durch den Ansatz einer Subklasse des unbestimmten Artikels wird dem Versuch HEIDOLPHS (in: HEIDOLPH/FLÄMIG/MOTSCH 1981: 277) nicht gefolgt; „die **Unterscheidung von unbestimmtem Artikel und Zahlwort aufzugeben**" und *ein* „in jedem Fall" als „Zahlwort" zu interpretieren. GRIMM (1982: 336f.) kann jedoch anhand syntaktischer Unterschiede in der Kombinierbarkeit mit Artikelwörtern im Sinne HELBIG/BUSCHAs (§ 163) und mit einzig und aufgrund von Oppositionen zu Pluralbildungen zeigen, daß es „Verwendungen von 'ein'" gibt, „die eindeutig als Artikel, und solche, die eindeutig als Numerale zu interpretieren sind".

154.14 LANGE (1981: 21) möchte die Unterscheidung „der zwei Wortarten Artikel und Personalpronomen" aufgeben und an ihre Stelle „die eine Wortart der Referenzzeichen" setzen, die „auf Entitäten im letztgültigen gemeinsamen Kommunikationsrahmen" und auf solche, „die aus dem Umfeld der Äußerung erschlossen werden können", verweisen. Seine Konzentration auf die Referenzfunktion vernachlässigt völlig die zentralen morphologischen und syntaktischen Unterschiede.

3.3.2 Syntaktische und inhaltsseitige Funktionen

155.1 In stärkerem Maße als bei den bisher behandelten Wortarten spielten die syntaktischen und inhaltsseitigen Funktionen der Pronomina bereits bei der Aufstellung der Deklinationsparadigmata eine besondere Rolle. Dies liegt daran, daß sich die Pronomina syntaktisch nicht völlig gleich verhalten, sondern Unterschiede zeigen, die mit den Begriffen von Zentrum und Peripherie erfaßt werden können. Unter syntaktischem Aspekt wird das Zentrum der Pronomina von solchen gebildet, die sowohl Satzglieder als auch Attribute bilden können und zugleich morphologisch die grammatischen Kategorien von Kasus, Numerus und Genus mit entsprechenden Relationsmorphemsätzen signalisieren. Innerhalb des Zentrums sind zwei

Gruppen zu unterscheiden, nämlich Pronomina, die für beide syntaktischen Funktionen völlig identische RM-Sätze verwenden, und solche, deren RM-Sätze je nach syntaktischer Funktion einzelne unterschiedliche RM zeigen. Zur ersten Gruppe gehören die Subklassen zwei bis vier der Demonstrativa (DIESER, DIESE, DIESES; DERJENIGE, DIEJENIGE, DASJENIGE; SOLCHER, SOLCHE, SOLCHES), die Subklasse drei der Interrogativa (WELCHER, WELCHE, WELCHES) und die Subklassen eins bis drei der Indefinita (MANCHER, MANCHE, MANCHES; EINIGER, EINIGE, EINIGES; ALLER, ALLE, ALLES). Die zweite Gruppe wird von der Subklasse eins der Possessiva (MEINER, MEINE, MEINES) mit ihren zwei Subgruppen, von den zwei Subgruppen der fünften Subklasse der Indefinita (KEINER, KEINE, KEINES) und von den im Plural paradigmatisch ergänzten zwei Subgruppen der zweiten Subklasse der Interrogativa (WAS FÜR EINER, EINE, EINES) gebildet. Ebenfalls in diese Gruppe gehören auch die beiden Subgruppen der ersten Subklasse der Demonstrativa (DÉR, DÍE, DÁS), deren Paradigma hauptsächlich aus SM und nur bei wenigen Formen aus SM + RM besteht.

Nicht mehr direkt zum Zentrum gehören unter syntaktischem Aspekt die Pronomina, die nur eine syntaktische Funktion, die Satzglied- oder Attributfunktion, ausüben. Ihre Verbindung mit morphologischen und inhaltsseitigen Aspekten ergibt verschiedene Grade der Entfernung vom Zentrum und hin zur Peripherie, was die Heterogenität der Wortart Pronomen ausmacht (dazu §§ 145.1-2, 146.1-4). Für die Behandlung der syntaktischen Funktionen genügt es festzuhalten, daß einzelne Pronomina Satzglied- und Attributfunktion besitzen, während andere auf eine dieser syntaktischen Funktionen beschränkt sind.

155.2 Die Pronomina mit Satzgliedfunktion, nicht die mit ausschließlicher Attributfunktion, können auch allein Nominalsätze konstituieren. Sie sind sehr häufig eingliedrig (*Dieser! – Wer?*), bilden jedoch auch mit nicht-pronominalen Satzgliedern zweigliedrige (*Der da! – ein Lügner?*) oder mehrgliedrige Nominalsätze (*Der dann im Zusammenspiel mit einem Mannschaftskameraden.*).

155.3 Wie die Substantive, so zeigen auch die Pronomina die Fähigkeit der Valenz. Alle Aktanten der Pronomina dürften einen fakultativen Status besitzen. Bei den nukleusbildenden Pronomina sind die Möglichkeiten wesentlich begrenzter als bei den Substantiven (*Der! – Der da!*). Die Pronomina in Attributfunktion sind in der Lage, die Leerstellen von Substantiven zu besetzen, wobei einzelne Restriktionen vorkommen.

156 Mit den verschiedenen syntaktischen Funktionen hängt auch zusammen, daß eine einheitliche inhaltsseitige Funktion nur in sehr allgemeiner Weise angegeben werden kann. Die Pronomina erweisen sich als „größenbezügliche Formwörter mit situationsbestimmtem Funktionswert" (ERBEN

1980: 443), der dann zu den inhaltsseitigen Funktionsunterschieden bei den acht Klassen von Pronomina führt. Unter Ausgrenzung der Reflexiva und der Artikel gibt ERBEN (1980: 443) folgende Funktionsbestimmungen: Die Pronomina „dienen dem Sprecher zur allgemeinen Bezeichnung der Gesprächspartner (von Sprecher und Angesprochenem), im übrigen vor allem zur allgemeinen oder unbestimmten Nennung besprochener Größen, die er nicht genauer benennen will, muß oder kann (Funktionsträger: Personalia – Indefinita), zum nachdrücklichen Hinweis auf bekannte (bzw. im folgenden bekanntgemachte) wie zum fragenden, aufschlußsuchenden Hinweis auf unbekannte, näher zu 'spezifizierende' Größen (Demonstrativa – Interrogativa) sowie zur Zuordnung von Wesenheiten oder Geschehnissen an Personen und Dinge (Possessiva – Relativa)." TAUCH (1995: 47, 149), die nur die Inhaltsseite „von Prowörtern im engeren Sinne [...], d.h. von den Elementen, die syntaktisch in der Funktion NP → pro vorliegen", behandelt, weist daraufhin, „daß die traditionelle Klasse der Pronomina durch ein Sem, das Konstituierungssem PRO, zusammengehalten wird. PRO kennzeichnet eine Beziehung bzw. eine Zuordnung und Übereinstimmung zwischen dem mit PRO Gekennzeichneten und etwas bzw. jemandem."

3.3.3 Definition der Wortart Pronomen und das Verhältnis von Zentrum und Peripherie

157 Die morphologischen, syntaktischen und inhaltsseitigen Funktionen der acht Klassen von Pronomina ergeben unter Beachtung der Wortdefinition (§ 22) folgende Definition der Wortart Pronomen: Das Pronomen ist eine verschiedene Klassen und Subklassen verbindende morphologisch-syntaktische und inhaltsseitige Funktionsgemeinschaft. Mit Hilfe spezifischer Morpheme signalisiert es die grammatischen Kategorien Kasus, Numerus und Genus oder Kasus und Numerus oder nur Kasus in mehr oder weniger eindeutiger Weise. Syntaktisch übernimmt es eine Satzglied- und Satzgliedteilfunktion oder konstituiert ausschließlich ein Satzglied oder einen Satzgliedteil. Als Satzglied ist es substituierbar oder nichtsubstituierbar; bei einer Substituierbarkeit steht es stellvertretend für einen substantivischen Nukleus und dessen Attribute; bei präpositional oder determinativ eingeleiteten Satzgliedern vertritt es nur den Nukleus und ist dann ein nukleuskonstituierender Satzgliedteil; als Satzgliedteil neben substantivischen Nuklei bildet es Attribute. In seinen syntaktischen Funktionen nimmt es bestimmte Positionen ein; es besitzt die Fähigkeit der Valenz und kann in Satzglied- oder Nukleusfunktion allein oder zusammen mit anderen Wortarten einen Nominalsatz konstituieren. In ausschließlicher Satzgliedfunktion verweist es auf die externen Faktoren Sprecher und Hörer bzw. auf identifizierbare oder nichtidentifizierbare unbestimmte Größen. In seiner

Satzglied-, Nukleus- und Stellvertreterfunktion kennzeichnet es Träger, Ziel und Bezugsgröße eines Geschehens oder Seins kontext- und situationsbestimmt in allgemeiner Form. In Attributfunktion charakterisiert es Größen und Geschehnisse in bezug auf die notwendigen externen Faktoren jeglicher Kommunikation Sprecher, Hörer, Ort und Zeit.

158.1 Obwohl wegen der Heterogenität der Wortart Pronomen in viel stärkerem Maße neben gemeinsamen auch teilweise unterschiedliche Merkmale in die Definition aufgenommen worden sind, können dennoch nicht alle spezifischen Ausprägungen bei den einzelnen Wörtern in der Definition genannt werden. Morphologisch unberücksichtigt bleiben die für die Klassen- und Subklassenbildungen wichtigen Unterschiede bei den Morphemtypen und deren Phonotaktik. So signalisieren die Pronomina MEINER, MEINE, MEINES und DÉR, DÍE, DÁS zwar die gleichen grammatischen Kategorien (Kasus, Numerus, Genus) und besitzen ferner die gleichen syntaktischen Funktionen (Satzglied, Attribut), gehören aber wegen ihrer unterschiedlichen morphologischen Strukturen (GM + RM : SM bzw. Kombination beider Strukturen), anderer Phonotaktik und inhaltsseitiger Unterschiede zu zwei verschiedenen Subklassen der Possessiva und Demonstrativa.

Syntaktisch werden Unterschiede bei den einzelnen Ausprägungen der Satzglied- und Attributfunktion, Restriktionen in der Kombinierbarkeit der Satzglieder und Attribute nicht ausgeführt. Auch die verschiedenen Serialisierungsregeln werden nicht vollständig dargelegt.

158.2 Die Definition der Wortart Pronomen gibt auch keine Auskunft darüber, welche Pronomina mit welchen Merkmalbündeln das Zentrum der Wortart bilden und welche Pronomina durch fehlende oder andere Merkmale stufen- oder ringförmig zur Peripherie der Wortart hinrücken, ohne jedoch mit anderen Wortarten, die u.a. gleiche Kategorien signalisieren, zusammenzufallen. Bei der Darstellung des Verhältnisses von Zentrum und Peripherie wird in Klammern auf die Schemata mit den Klassen- und Subklasseneinteilungen verwiesen, die sich aus der Analyse der Deklinationsparadigmata ergeben haben und in ihrem Aufbau erst im folgenden Kapitel (3.3.4) behandelt werden.

158.3 Das Zentrum der Pronomina wird von solchen gebildet, die eine Satzglied- und Attributfunktion besitzen und die grammatischen Kategorien von Kasus, Numerus und Genus innerhalb eines vollständig ausgebauten Paradigmas mit Hilfe von RM-Sätzen oder Sätzen aus SM und einigen wenigen RM signalisieren. Zum Zentrum gehört als erstes die ganze Klasse der Demonstrativa (IV) mit ihren vier Subklassen. Keine andere Klasse ist mit allen ihren Subklassen am Zentralbereich der Pronomina beteiligt. Zum Zentrum sind zweitens zu rechnen die Subklasse eins der Possessiva (III.1), die Subklasse drei der Interrogativa (VI.3), die Subklassen eins bis drei und fünf der Indefinita (VII.1-3,5). Ebenfalls noch ins Zentrum sollte drittens die Subklasse zwei der Interrogativa (VI.2) einbezogen werden, obwohl sie im Teilparadigma des Plurals paradigmatisch durch andere Pronominalformen ergänzt und damit in ihrer Struktur etwas heterogener als die anderen Subklassen erscheint.

158.4 Eine erste Abstufung gegenüber dem Zentrum liegt bei Pronomina vor, die beide syntaktische Funktionen besitzen, aber eine der drei grammatischen Kategorien teilweise oder ganz nicht signalisieren. Hierhin gehören die Subklassen sechs und vier der Indefinita (VII.6,4), bei denen jeweils die Numeruskategorie betroffen ist. In der Subklasse sechs existieren in Attributfunktion Pluralformen, nicht aber in der Satzgliedfunktion. Bei der Subklasse vier gibt es in beiden syntaktischen Funktionen keine Pluralformen.

158.5 Eine zweite Stufe vom Zentrum sind die Pronomina entfernt, die beide syntaktische Funktionen ausfüllen, aber kein vollständiges Paradigma besitzen und in den vorhandenen Teilparadigmata nur zwei der drei grammatischen Kategorien angeben. Hierhin gehört einmal die Subklasse sieben der Indefinita (VII.7). Sie besitzt ausschließlich Pluralformen, mit denen zusätzlich auf die Kasuskategorie verwiesen wird. Zum anderen ist hierhin auch die Subklasse eins der Interrogativa (VI.1) zu rechnen. Auch sie signalisieren nur die Kasuskategorie im Singular. Dabei treten zusätzliche Restriktionen auf, weil in Satzgliedfunktion bei der Kennzeichnung von Nicht-Personen eine Form für den Dativ fehlt; in Attributfunktion existiert sogar nur eine Form für den Genitiv. Da jedoch mit der Kennzeichnung von Person bzw. Nicht-Person auch ein zusätzliches Merkmal vorhanden ist, wird eine Zuordnung zur zweiten Stufe vorgenommen.

158.6 Eine dritte Entfernungsstufe ergibt sich bei Pronomina, die nur eine syntaktische Funktion ausüben, aber alle drei grammatischen Kategorien von Kasus, Numerus und Genus in einem vollständigen Paradigma signalisieren. Die syntaktischen Funktionen umfassen die Satzglied-, Nukleus- oder Attributfunktion. Die Satzgliedfunktion zeigt sich in der Subklasse drei der Personalia (I.3); über die Kategorien von Kasus, Numerus und Genus hinaus wird noch diejenige der Person markiert. Wie die Personalia (I.3) verhält sich die Subklasse drei der Reflexiva (II.3), jedoch mit der Einschränkung, daß keine Formen für den Nominativ vorhanden sind, so daß die Kasuskategorie nicht vollständig angegeben ist. Ebenfalls hierhin gehören die Subklassen eins und zwei der Relativa (V.1-2), die in Satzgliedfunktion auf alle drei Kategorien verweisen. Die Nukleusfunktion in Verbindung mit den drei grammatischen Kategorien tritt in der Subklasse zwei der Possessiva (III.2) auf. Die Attributfunktion kommt mit Hinweis auf alle drei grammatischen Kategorien in der Subklasse eins der Artikel (VIII.1) und in der Subklasse acht der Indefinita (VII.8) vor, wobei in letzterer Einschränkungen in der Kombinierbarkeit mit Substantiven existieren. Insgesamt lassen sich relativ viele Subklassen der Pronomina dieser Entfernungsstufe zuordnen.

158.7 Auf einer vierten Stufe des Absetzens vom Zentrum befinden sich Pronomina, die eine syntaktische Funktion erfüllen, aber eine der drei grammatischen Kategorien nicht markieren. So wird in Satzgliedfunktion von den Subklassen eins und zwei der Personalia (I.1-2) eine Genuskategorie nicht angegeben, dafür wird aber zusätzlich die Personkategorie signalisiert. Ebenso verhalten sich die Subklassen eins und zwei der Reflexiva (II.1-2), nur daß sie zusätzlich keine Form für den Nominativ besitzen. In Attributfunktion ist in der Subklasse zwei der Artikel (VIII.2) die Numeruskategorie tangiert, weil keine Pluralformen vorhanden sind; die Kategorien Kasus und Genus sind im Singular gekennzeichnet.

158.8 Vom Zentrum sind in einer fünften Stufe die Pronomina abgehoben, die mit einer syntaktischen Funktion, der Satzgliedfunktion, in den ausschließlich vorhandenen Teilparadigmata die Kennzeichnung einer grammatischen Kategorie, nämlich des Kasus, verbinden. Es handelt sich einmal um die Subklasse drei der Relativa (V.3); sie besitzt zusätzlich eine Kennzeichnung von Person und Nicht-Person; im Teilparadigma der Nicht-Person fehlt eine Dativform. Zum anderen gehören hierhin verschiedene Subklassen der Indefinita (VII.9-13). Die Subklasse zehn besitzt keine Pluralformen, verweist jedoch neben dem Kasus noch auf den Singular. Die Subklassen neun und elf zeigen das gleiche Verhalten, zusätzlich fehlt aber jeweils eine Form für den Genitiv. Die Subklasse dreizehn wird numerusneutral verwendet. Dies gilt ebenso für die Subklasse zwölf, in der zusätzlich eine Genitivform fehlt und im Dativ und Akkusativ andere Pronomina das Paradigma ergänzen.

158.9 Die letzte Stufe der Entfernung vom Zentrum wird durch einzelne Indefinita erreicht, die überhaupt nicht flektiert werden und neben ihrer Inhaltsfunktion nur noch eine Satzgliedfunktion übernehmen. Es handelt sich um die Indefinita ETWAS, NICHTS, LAUTER, MEINESGLEICHEN und EIN WENIG.

3.3.4 Klassen und Subklassen der Wortart Pronomen

159 Eine Klassifikation der Wortart Pronomen nach nur einem Prinzip läßt sich nicht durchführen, weil nicht alle Pronomina die gleichen syntaktischen Funktionen besitzen und auch nicht die gleiche Anzahl grammatischer Kategorien signalisieren. Bei den Pronomina sind vielmehr unterschiedliche Bündel grammatischer Merkmale zu erkennen, die zur Aufstellung von acht verschiedenen Klassen führen. Die distinktiven Bündel grammatischer Merkmale sind trotz ihrer Verschiedenheit nach einem gemeinsamen morphologischen Grundprinzip gebildet: Sie werden von RM und SM mit besonderer Phonotaktik jeweils als Ganzes ausgedrückt, und es ist nicht etwa so, daß jeder grammatischen Kategorie ein spezifisches Morphem entspricht. Wegen dieser morphologischen Struktur bilden die in den Deklinationsparadigmata vorgestellten Sätze von RM, SM oder Kombinationen von RM und SM innerhalb eines Paradigmas die primäre Grundlage für die Festlegung der Klassen der Pronomina. Als sekundäres Klassifikationskriterium erweist sich die syntaktische Funktion als Satzgliedteil. Bei einer Reihe von Subklassenbildungen spielen die syntaktischen Funktionen im Hinblick auf die Gestaltung der Morphemstrukturen keine Rolle; bei einer anderen Anzahl von Subklassenbildungen wirken sie sich jedoch auf die Morphemauswahl aus. Mit den primären und sekundären Einteilungsprinzipien wird schließlich drittens die Inhaltsseite der GM und SM verbunden, um das Merkmalbündel zu vervollständigen und die Klassenbildung abzuschließen.

160.1 Insgesamt können acht Klassen von Pronomina aufgestellt werden, die in den Schemata 13-20 erfaßt sind:

Schema 13: Die Klasse der Personalia (I) und ihre Subklassen

Subklasse	I.1 (1. Person)	I.2 (2. Person)	I.3 (3. Person): SGF		
gr. Kat.	SGF	SGF	M	F	N
N.S.	ix	dū	ēr	zī	ɛs
G.S.	main-ər	dain-ər	zain-ər	īr-ər	zain-ər
D.S.	mīr	dīr	īm	īr	īm
A.S.	mix	dix	īn	zī	ɛs
N.P.	vīr	īr	zī		
G.P.	unz-ər	oiər	īr-ər		
D.P.	uns-Ø	oix	īn-ən		
A.P.	uns-Ø	oix	zī		

Schema 14: Die Klasse der Reflexiva (II) und ihre Subklassen

Subklasse	II.1 (1. Person)	II.2 (2. Person)	II.3 (3. Person): SGF		
gr. Kat.	SGF	SGF	M	F	N
N.S.	–	–	–	–	–
G.S.	main-ər	dain-ər	zain-ər	īr-ər	zain-ər
D.S.	mīr	dīr	zix	zix	zix
A.S.	mix	dix	zix	zix	zix
N.P.	–	–	–		
G.P.	unz-ər	oiər	īr-ər		
D.P.	uns-Ø	oix	zix		
A.P.	uns-Ø	oix	zix		

Schema 15: Die Klasse der Possessiva (III) und ihre Subklassen

Subklasse + Leitform + Genus	III.1.1 (MEINER, MEINE, MEINES): SGF			III.1.2 (MEIN): AF			III.2 (DER MEINE): D + NF		
gr. Kat.	M	F	N	M	F	N	M	F	N
N.S.	ər	ə	əs	Ø	ə	Ø	ə	ə	ə
G.S.	–	ər	–	əs	ər	ən	ən	ən	ən
D.S.	əm	ər	əm	əm	ər	ən	ən	ən	ən
A.S.	ən	ə	əs	ən	ə	Ø	ən	ə	ə
N.P.		ə			ə			ən	
G.P.		ər			ər			ən	
D.P.		ən			ən			ən	
A.P.		ə			ə			ən	

Schema 16: Die Klasse der Demonstrativa (IV) und ihre Subklassen

Subklasse + Leitform + Genus	IV.1.1 (DÉR): AF			IV.1.2 (DÉR, DÍE, DÁS): SGF			IV.2. (DIESER, DIESE, DIESES): AF/SGF			IV.3 (DERJENIGE, DIEJENIGE, DASJENIGE): AF/SGF			IV.4 (SOLCHER, SOLCHE, SOLCHES): AF/SGF		
gr. Kat.	M	F	N	M	F	N	M	F	N	M	F	N	M	F	N
N.S.	dēr	dī	das	dēr	dī	das	ər	ə	əs	ə	ə	ə	ər	ə	əs
G.S.	dɛs	dēr	dɛs	dɛs-ən	dēr-ən	dɛs-ən	əs	ər	əs	ən	ən	ən	ən	ər	ən
D.S.	dēm	dēr	dēm	dēm	dēr	dēm	əm	ər	əm	ən	ən	ən	əm	ər	əm
A.S.	dēn	dī	das	dēn	dī	das	ən	ə	əs	ən	ə	ə	ən	ə	əs
N.P.		dī			dī			ə			ən			ə	
G.P.		dēr			dēr-ən, dēr-ər			ər			ən			ər	
D.P.		dēn			dēn-ən			ən			ən			ən	
A.P.		dī			dī			ə			ən			ə	

Schema 17: Die Klasse der Relativa (V) und ihre Subklassen

Subklasse + Leitform + Genus	V.1 (DER, DIE, DAS): SGF			V.2 (WELCHER, WELCHE, WELCHES): SGF			Subklasse + Leitform + Person-kennz.	V.3 (WER, WAS): SGF	
gr. Kat.	M	F	N	M	F	N	Kasus	Person	Nicht-Person
N.S.	dēr	dī	das	ər	ə	əs	N.	vēr	vas
G.S.	dɛs-ən	dēr-ən	dɛs-ən	dɛs-ən	dēr-ən	dɛs-ən	G.	vɛs-ən	vɛs-ən
D.S.	dēm	dēr	dēm	əm	ər	əm	D.	vēm	–
A.S.	dēn	dī	das	ən	ə	əs	A.	vēn	vas
N.P.		dī			ə				
G.P.		dēr-ən			dēr-ən				
D.P.		dēn-ən			ən				
A.P.		dī			ə				

Schema 18: Die Klasse der Interrogativa (VI) und ihre Subklassen

Subklasse + Person-kennz.	VI.1.1 (WER, WAS): SGF		VI.1.2 (WER, WAS): AF	
Kasus	Person	Nicht-Person	Person	Nicht-Person
N.	vēr	vas	–	–
G.	vɛs-ən	vɛs-ən	vɛs-ən	vɛs-ən
D.	vēm	–	–	–
A.	vēn	vas	–	–

Subklasse + Leitform + Genus	VI.2.1 (WAS FÜR EINER, EINE, EINES): SGF			VI.2.2 (WAS FÜR EIN): AF			VI.3 (WELCHER, WELCHE, WELCHES): SGF/AF		
gr. Kat.	M	F	N	M	F	N	M	F	N
N.S.	ər	ə	(ə)s	Ø	ə	Ø	ər	ə	əs
G.S.	əs	ər	əs	əs	ər	əs	əs	ər	əs
D.S.	əm	ər	əm	əm	ər	əm	əm	ər	əm
A.S.	ən	ə	(ə)s	ən	ə	Ø	ən	ə	əs
N.P.	was für welch		-ə	was für welch		-ə		ə	
G.P.			-ər			-ər		ər	
D.P.			-ən			-ən		ən	
A.P.			-ə			-ə		ə	

Schema 19/1: Die Klasse der Indefinita (VII) und ihre Subklassen (1)

Subklasse + Leitform + (Genus)	VII.1 (MANCHER, MANCHE, MANCHES): AF/SGF			VII.2 (EINIGER, EINIGE, EINIGES): (AF/SGF)			VII.3 (ALLER, ALLE, ALLES): AF/(SGF)			VII.4 (JEDER, JEDE, JEDES): AF/SGF			VII.5.1 (KEIN): AF			VII.5.2 (KEINER, KEINE, KEINES): SGF		
gr. Kat.	M	F	N	M	F	N	M	F	N	M	F	N	M	F	N	M	F	N
N.S.	ər	ə	əs	ər	ə	əs	ər	ə	əs	ər	ə	əs	Ø	ə	Ø	ər	ə	əs
G.S.	əs	ər	əs	əs	ər	əs	əs	ər	əs	əs	ər	əs	əs	ər	əs	əs	ər	əs
D.S.	əm	ər	əm	əm	ər	əm	əm	ər	əm	əm	ər	əm	əm	ər	əm	əm	ər	əm
A.S.	ən	ə	əs	ən	ə	əs	ən	ə	əs	ən	ə	əs	ən	ə	Ø	ən	ə	əs
N.P.		ə			ə			ə						ə			ə	
G.P.		ər			ər			ər						ər			ər	
D.P.		ən			ən			ən						ən			ən	
A.P.		ə			ə			ə						ə			ə	

Schema 19/2: Die Klasse der Indefinita (VII) und ihre Subklassen (2)

Subklasse + Leitform + (Genus)	VII.6.1 (IRGENDEIN): AF			VII.6.2 (IRGENDEINER, IRGENDEINE, IRGENDEINES): SGF			VII.7 (MEHRERE): AF/SGF	VII:8 (IRGENDWELCHER): (AF)			VII.9 (IRGEND-WER): SGF	VII.10 (JEMAND): SGF
gr. Kat.	M	F	N	M	F	N		M	F	N		
N.S.	Ø	ə	Ø	ər	ə	(ə)s		ər	ə	əs	irgendwer	Ø
G.S.	əs	ər	əs	əs	ər	əs		əs	ər	əs	–	(ə)s
D.S.	əm	ər	əm	əm	ər	əm		əm	ər	əm	irgendwem	əm
A.S.	ən	ə	Ø	ən	ə	(ə)s		ən	ə	əs	irgendwen	ən
N.P.	irgendwelch		-ə				-c		ə			
G.P.			-ər				-ər		ər			
D.P.			-ən				-ən		ən			
A.P.			-ə				-ə		ə			

Schema 19/3: Die Klasse der Indefinita (VII) und ihre Subklassen (3)

Subklasse + Leitform + (Genus) gr. Kat.	VII.11 (EINER): SGF	Subklasse Kasus	VII.12 (MAN): SGF	VII.13 (JEDERMANN): SGF
N.S.	ər	N.	man	Ø
G.S.	–	G.	–	s
D.S.	əm	D.	ein-əm	Ø
A.S.	ən	A.	ein-ən	Ø

Schema 20: Die Klasse der Artikel (VIII) und ihre Subklassen

Subklasse	VIII.1 (DER): AF			VIII.2 (EIN): AF		
gr. Kat.	M	F	N	M	F	N
N.S.	dēr	dī	das	Ø	ə	Ø
G.S.	dɛs	dēr	dɛs	əs	ər	əs
D.S.	dēm	dēr	dēm	əm	ər	əm
A.S.	dēn	dī	dēn	ən	ə	Ø
N.P.		dī				
G.P.		dēr				
D.P.		dēn				
A.P.		dī				

Die Klassen werden benannt und mit römischen Ziffern (I-VIII) in Klammern versehen; auf die Subklassen wird mit arabischen Ziffern hingewiesen, die zu den römischen hinzugefügt sind.

160.2 Das Schema 13 ist folgendermaßen aufgebaut: In der vertikalen Achse erscheinen die grammatischen Kategorien Kasus und Numerus, die von allen Personalia signalisiert werden. In der horizontalen Achse sind die syntaktische Funktion und die grammatischen Kategorien von Person und Genus aufgeführt. Auf sie wird mit den Siglen SGF = Satzgliedfunktion, M = Maskulinum, F = Femininum und N = Neutrum verwiesen. Die syntaktische Funktion, die Satzgliedfunktion, ist allen Personalia gemeinsam, während die Ausprägungen der Personkategorie (1.-3. Person) und das Fehlen oder Vorhandensein der Genuskategorie zur Aufstellung von drei Subklassen führt. Die die Merkmalbündel repräsentierenden Morpheme werden aus Gründen der einfacheren Darstellung ohne geschweifte Klammern in das Schema eingetragen.

160.3 Das Schema 14 ist nach denselben Prinzipien aufgebaut; die jeweils fehlenden Nominativformen sind durch einen Gedankenstrich markiert.

160.4 Das Schema 15 folgt in der vertikalen Achse den Prinzipien der beiden ersten Schemata. In der horizontalen Achse ergeben sich Unterschiede: Es wird jeweils die Genuskategorie vermerkt, die von allen Subklassen signalisiert wird. Zusätzlich sind die syntaktischen Funktionen aufgeführt; neben der schon eingeführten Sigle SGF verweisen AF auf die Attributfunktion und D + NF auf die Kombination von Determinans (D) plus Nukleus (N), durch die beim Possessivum eine Nukleusfunktion (NF) entsteht. Da die Satzglied- und Attributfunktion nur in fünf RM von insgesamt 32 RM zu unterschiedlichen Ausprägungen führt, werden die RM-Sätze zu zwei Subgruppen einer Subklasse zusammengefaßt und nicht zu zwei verschiedenen Subklassen. Die Zusammengehörigkeit wird durch die erste arabische Ziffer gekennzeichnet (III.l), auf die Unterschiede weist die zweite arabische Ziffer hin (III.1.1, III.1.2). Da die Possessiva nicht nur aus einem Pronomen bestehen, wird zusätzlich jeweils eine Leitform angegeben, die in Klammern hinter der Ziffernkombination erscheint.

160.5 Das Schema 16 ist nach den gleichen Merkmalen wie das Schema 15 aufgebaut. Die Siglenkombination AF/SGF besagt, daß die gleichen RM-Sätze in der Attribut- und in der Satzgliedfunktion verwendet werden.

160.6 Das Schema 17 ist zweigeteilt, worauf eine doppelte senkrechte Linie hinweist. Die Subklassen eins und zwei folgen den Einteilungsprinzipien der Schemata 15 und 16. Für die Subklasse drei ist eine andere Anordnung der Merkmale notwendig: In der vertikalen Achse erscheint nur noch die Kasuskategorie, durch die die Verbindung zu den beiden ersten Subklassen hergestellt wird. In der horizontalen Achse begründet die Angabe der syntaktischen Funktion neben der gleichen Inhaltsfunktion die Klassengemeinsamkeit, während die Person- bzw. Nicht-Person-Kennzeichnung zur Subklassenbildung beiträgt.

160.7 Auch das Schema 18 ist zweigeteilt. Der Aufbau der ersten Subklasse der Interrogativa folgt dem der Subklasse drei der Relativa. Der Aufbau der Subklasse drei der Interrogativa entspricht dem der Demonstrativa. Dies gilt auch für die Subklasse zwei der Interrogativa, jedoch mit dem Unterschied, daß eine Ergänzung des Paradigmas durch andere Pronominalformen im Plural existiert. Darauf wird hingewiesen, indem die Ergänzungen – bis auf die RM in graphischer Realisationsweise – in das Paradigma eingetragen werden.

160.8 Den heterogensten Aufbau zeigt das Schema 19, in dem die Indefinita behandelt sind. Der Heterogenität des Aufbaus entspricht es auch, daß die verschiedenen Subklassen der Indefinita unterschiedlichen Stufen im Verhältnis von Zentrum und Peripherie zugeordnet werden mußten (§ 158). Die Aufbauprinzipien der Subklassen eins bis acht entsprechen denen der Demonstrativa (Schema 16). Einzelne Unterschiede ergeben sich bei den Kennzeichnungen der syntaktischen Funktionen und der Genuskategorie. So weisen die Klammern um die Siglen (AF/SGF), (SGF) und (AF) auf einzelne Restriktionen im Gebrauch hin, die schematisch nicht anders zu erfassen sind. Auf fehlende Teilparadigmata wird durch Leerfelder in den entsprechenden Positionen hingewiesen. Bei der Subklasse sieben führt die Beschränkung auf die Pluralformen dazu, daß die Genuskategorie nicht markiert ist. Bei den Subklassen neun bis dreizehn ist eine Markierung der Genuskategorie nicht gegeben, obwohl Singularformen vorhanden sind. Bei den Subklassen zwölf und dreizehn fehlen auch Hinweise auf die Numeruskategorie, so daß die vertikale Achse ausschließlich von der Kasuskategorie gebildet wird. In den Subklassen 6.1, 9 und 12 werden die Besonderheiten der Flexion durch eine graphische Repräsentation der Flexionsformen angegeben.

160.9 Das Schema 20 ist wie das Schema 16 aufgebaut; das Fehlen von Pluralformen in der Subklasse zwei der Artikel wird durch ein Leerfeld gekennzeichnet.

3.3.5 Andere Klasseneinteilungen und ihre Kriterien

161 Bei anderen Klasseneinteilungen liegt eine andere Berücksichtigung der morphologischen, syntaktischen und inhaltsseitigen Funktionen der Wörter vor. Die Unterschiede ergeben sich entweder aus der Konzentration auf ein einziges Kriterium oder aus einer anderen Bewertung der primär, sekundär oder tertiär heranzuziehenden Merkmale. Auf syntaktische, pragmatische, textlinguistische und semantisch-logische Aspekte, die nicht zu einer Klassenbildung führen, wird hier nicht weiter eingegangen (dazu unter Einschluß der morphologisch-syntaktischen Aspekte jetzt KOLDE 1996). Im folgenden werden solche Einteilungen vorgestellt, die zu besonders stark abweichenden Klassifizierungen in bezug auf die Anzahl und den Umfang der Klassen geführt haben. Auf einzelne Unterschiede in der Festlegung von Subklassen wird hier nicht noch einmal eingegangen, weil auf sie bei der Herleitung und Begründung der eigenen Klasseneinteilung verwiesen wurde, wie die Ausführungen zu den Verweis- und Partnerpronomina (§ 147.11), zu den Negationswörtern (§ 153.22) und zum Nullartikel (§§ 154.7-10) zeigen.

162.1 Unter primärer Berücksichtigung syntaktischer Aspekte legt ENGEL (1988/1996: 523, 649) eine Unterscheidung der Wortarten der Determinative und der Pronomina vor. Unter Determinativen versteht er Wörter, „die in ihrer Hauptfunktion **Begleiter des Nomens** und nur teilweise in einer Nebenfunktion auch Vertreter der Nominalphrase sind". Pronomina dagegen sind „Wörter mit der ausschließlichen Funktion, Nominalphrasen zu vertreten" (ebd.: 524). Die Gegenüberstellung der syntaktischen Attribut- und Satzgliedfunktionen wird jedoch nicht konsequent durchgehalten. Bei den Determinativen stellt ENGEL (1988/1996: 524) zwar fest, daß sie „immer attributiv verwendbar" seien, weshalb er darin ihre Hauptfunktion sieht, hebt aber andererseits hervor, daß einige „auch autonom“, d.h. in Satzgliedfunktion, vorkommen. In dieser syntaktischen Funktion erkennt er daher eine Nebenfunktion. Ist die Zuweisung von Haupt- und Nebenfunktion im Hinblick auf die Gesamtanzahl der betroffenen Wörter noch nachvollziehbar, so erweisen sich andere Entscheidungen als willkürlich. Bei Wörtern mit unterschiedlicher Flexion „im attributiven bzw. autonomen Gebrauch“ erfolgt eine Zuordnung zu „verschiedenen Wortklassen“. In Attributfunktion sollen Determinative und in Satzgliedfunktion Pronomina vorliegen. Eine vergleichbare Aufteilung wird jedoch bei den Wörtern, die bei völlig gleicher Morphemstruktur eine Attribut- und Satzgliedfunktion ausüben, nicht vorgenommen. ENGEL (1988/1996: 524) rechnet „solche Wörter auch bei autonomen Gebrauch zu den Determinativen“. Damit verhält er sich erstens im Hinblick auf die Beachtung syntaktischer Prinzipien bei der Klassifizierung inkonsequent. Zweitens geht er zwar sekundär auch auf morphologische Aspekte ein, berücksichtigt sie jedoch nur bei vorhandenen morphologischen Unterschieden unter gleichzeitiger Nichtbeachtung der morphologischen Übereinstimmungen bei Wörtern mit Attribut- und Satzgliedfunktion. Im Hinblick auf die Demonstrativa (Schema 16) kommt er so zu keiner einheitlichen Klassenbildung, denn die Subklassen IV.1.1 und IV.2-4 erscheinen bei den Determinativen und die Subklasse IV.1.2 bei den Pronomina. Das bedeutet, daß neben der unzureichenden Berücksichtigung der morphologischen Aspekte drittens auch gemeinsame inhaltsseitige Funktionen unbeachtet bleiben.

162.2 Eine mit ENGELs Einteilung vergleichbare Klassifikation in die Wortart „Determinativ“ und die Wortartengruppe der „Proterme“ findet sich bei L. HOFFMANN (in: ZIFONUN/HOFFMANN/STRECKER 1997: 27, 33, 37). Obwohl er hervorhebt, daß für seine Darstellung „unterschiedliche Kriterien (funktionale, morphologische, syntaktische, semantische Eigenschaften des Ausdrucks) relevant“ seien, wird die Klassifikation von „syntaktisch-semantischen Gesichtspunkten“ bestimmt (ebd.: 27). Die Determinative „haben die Funktion der Determination: sie sind geeignet, kombiniert mit Nomina (Substantiven, nominal verwendeten Adjektiven oder nominalisierten Verben) Nominalphrasen zu bilden und insbesondere als Teil von Termen die Funktionen des Verweisens, der Thematisierung oder der thematischen Fortführung zu ermöglichen“ (ebd.: 33). Als „Subklassen der Determinative“ werden der „definite Artikel“ (= bestimmter Artikel), der „indefinite Artikel“ (= unbestimmter Artikel), das „possessive Determinativ“ (= Possessiva), das „quantifizierende Determinativ“ (= Indefinita), das „Determinativ“ (= Interrogativa), das „deiktische Determinativ“ (= Demonstrativa) unterschieden (ebd.: 33-37). Ihre Einteilung entspricht der hier vorgenommenen in Pronomina mit Attributfunktion.

Während die Determinative als eine Wortart mit Subklassen aufgefaßt werden, erscheinen die „Proterme" als Bezeichnung einer Wortartengruppe mit den Wortarten Anapher und Reflexivum (*er*, *sie*, *es* und *sich*; vgl. Schema 13, Personalia, und Schema 14, Reflexiva), Persondeixis (*ich*, *du/Sie*, *wir*; vgl. Schema 13, Personalia), Objektdeixis (*der*, *dieser*; vgl. Schema 16, Demonstrativa), Relativum (*der*, *welcher*; vgl. Schema 17, Relativa), Possessivum (*meiner*, *seine*; vgl. Schema 15, Possessiva), Quantifikatum (*alle*, *jeder*, *manche*; vgl. Schema 19, Indefinita), W-Objektdeixis (*wer*, *was*; vgl. Schema 18, Interrogativa) und Indefinitum (*etwas*, *jemand*, *man*; vgl. Schema 19, Indefinita) (ebd.: 37-44). Allen Protermen ist gemeinsam, „daß sie selbständig Argumentfunktion haben können und daher wie Eigennamen als Terme zu betrachten sind" (ebd.: 37). Die Argumentfunktion entspricht der hier herangezogenen Satzgliedfunktion. Während ENGEL nur eine Wortart Pronomen ansetzt, nimmt L. HOFFMANN acht verschiedene Wortarten innerhalb der Wortartengruppe der „Proterme" an.
Wegen der Dominanz der syntaktisch-semantischen Aspekte und der weitestgehenden Vernachlässigung morphologischer Gemeinsamkeiten haben „Viele Determinative [...] Pendants bei den 'Protermen'" (ebd.: 33). So haben die Demonstrativa DIESER, DIESE, DIESES (Schema 16, Subklasse IV.2), DERJENIGE, DIEJENIGE, DASJENIGE (Schema 16, Subklasse IV.3), SOLCHER, SOLCHE, SOLCHES (Schema 16, Subklasse IV.4), das Interrogativum WELCHER, WELCHE, WELCHES (Schema 18, Subklasse VI.3) und die Indefinita MANCHER, MANCHE, MANCHES (Schema 19, Subklasse VII.1), EINIGER, EINIGE, EINIGES (Schema 19, Subklasse VII.2), JEDER, JEDE, JEDES (Schema 19, Subklasse VII.4) und MEHRERE (Schema 19, Subklasse VII.7) in Attribut- und Satzgliedfunktion jeweils denselben RM-Satz, so daß die Wortartenklassifikation ausschließlich aufgrund syntaktisch-semantischer Aspekte erfolgt sein kann. Warum aber diese 'Pendants' bei den Determinativen nur den Status einer Subklasse der Wortartklasse Determinativ besitzen, bei den Protermen dagegen den Status einer eignen Wortartenklasse, bleibt unbegründet.
Auch in anderen Fällen ist der Status als Klasse, Subklasse oder Subgruppe wenig reflektiert. So setzt L. HOFFMANN (ebd.: 35) beim 'possessiven Determinativ' „die Subklassen *mein*, *dein/Ihr*, *sein*, *unser*, *euer/Ihr*, *ihr*" an, während er beim 'quantifizierenden Determinativ' zu keiner Subklassifizierung kommt, sondern sich mit einer Aufzählung „u.a. *all-*, *einig-*, *etlich-*, *irgendein*, *irgendwelch-*, *jed-*, *jedwed-*, *kein*, *manch-*, *mehrer-*" (ebd.: 36) begnügt.
Selbst bei der Anwendung der selbstgewählten syntaktisch-semantischen Aspekte der Wortartenklassifikation ergeben sich teilweise inkonsequente Entscheidungen. So werden bei den Protermen „Anapher (Ana) und Reflexivum (Refl)" (ebd.: 37) zu einer Wortart zusammengefaßt, obwohl bei

ihnen morphologische und syntaktische Unterschiede existieren. Der Hinweis, daß das Reflexivum „eine besondere Form der 'syntaktisch gebundenen' Anapher" sei, „die den satzinternen Rückbezug auf den mit dem Subjekt, dem Akkusativkomplement oder (selten) dem Dativkomplement ausgedrückten Redegegenstand" erlaube (ebd.: 38), reicht zur Subklassenbildung nicht aus.
Bei der Unterscheidung der Proterme Anapher (*er*, *sie*, *es*) und Persondeixis (*ich*, *wir*; *du*, *ihr*, *Sie*) bzw. der Proterme Anapher (*er*) und Objektdeixis (*er*) (ebd.: 37, 39, 41) treten gemeinsame syntaktische Eigenschaften und einzelne semantische Eigenschaften zugunsten von anderen semantischen Eigenschaften zurück. So spielt bei der Differenzierung von Anapher und Persondeixis der gemeinsame Satzgliedstatus ebenso keine Rolle wie die gemeinsame Funktion, auf Personen zu verweisen. Dominant sind vielmehr die Gegensätze von 1. und 2. Person (Sprecher und Angesprochener) und 3. Person (Besprochener) bzw. die Anaphereigenschaft „der Anzeige kontinuierlicher Orientierung auf bereits eingeführte oder sonst präsente Gegenstände oder Sachverhalte" (ebd.: 37). Dieselbe Anaphereigenschaft besitzen jedoch auch Demonstrativa wie DÉR, DÍE, DÁS und DIESER, DIESE, DIESES, ohne daß dies bei ihnen zu weitergehenden Klassifizierungen führt. Bei der Unterscheidung von Anapher und Objektdeixis, wobei durch letztere „auf Objekte im weitesten Sinn und Personen verwiesen werden" kann, „die sich in einem Verweisraum (Wahrnehmungsfeld, Text-/Rederaum) befinden" (ebd.: 41) ist die Differenzierung allein an das Wahrnehmungsfeld gebunden, das bei der Anapher *er* nicht vorhanden sein muß, ein Aspekt, der aber wiederum auch bei der Persondeixis existiert.
Syntaktisch und morphologisch unvollständig ist die Analyse des Proterms „Possessivum" (ebd.: 40). So fehlt die Subklasse DER MEINE (Schema 15, Subklasse III.2), die eine spezifische syntaktische Verwendungsweise und eine besondere morphologische Struktur zeigt. Zu wenig beachtet werden im Rahmen der vorgenommenen Klassifizierungen auch die morphologischen Unterschiede zwischen MEINER, MEINE, MEINES (Schema 15, Subklasse III.1.1) in Satzgliedfunktion und MEIN (Schema 15, Subklasse III.1.2) in Attributfunktion. Die morphologische Aussage, daß beim Proterm Possessivum die Flexionsformen „numerus-, kasus- und im Singular auch genusdifferenziert" (ebd.: 40) bzw. beim possessiven Determinativ „kasus und numerusdifferenziert, im Singular auch genusdifferenziert" (ebd.: 35) seien, ist viel zu allgemein formuliert, wird den tatsächlichen morphologischen Strukturen und den durch sie gekennzeichneten grammatischen Kategorien nicht gerecht (vgl. §§ 149.4, 149.9) und zeigt die Dominanz syntaktisch-semantischer Aspekte bei der Unterscheidung von Wortarten.

Insgesamt liegt eine Klassifikation vor, die morphologische Klassifikationsmerkmale weitgehend unberücksichtigt läßt und die selbst gewählte syntaktisch-semantische Klassifikationsgrundlage beim Ansatz von Klassen und Subklassen nicht konsequent und frei von relativ beliebigen Zuordnungen von Klassen- und Subklassenmerkmalen anwendet.

163.1 Während ENGEL die Wortarten Determinativ und Pronomen neben die Wortart Substantiv auf eine Klassifikationsebene stellt, nehmen HELBIG / BUSCHA (1986/1994: 229, 355) mit der Unterscheidung von Substantivwörtern und Artikelwörtern eine etwas andere Klassifikationshierarchie vor, auch wenn sie in der primären Berücksichtigung syntaktischer Kriterien mit ENGEL übereinstimmen. Innerhalb der Klasse der Substantivwörter grenzen sie die Subklasse bzw. 'Hauptgruppe' der Substantive von derjenigen der 'substantivischen Pronomina' ab. Für die Klassifikation ist der syntaktische 'Substitutionsrahmen' entscheidend. Ein Substantiv „kann normalerweise ein Artikelwort und ein Adjektiv vor sich und ein weiteres Substantiv (als Attribut im Genitiv oder im Präpositionalkasus) nach sich haben", während ein 'substantivisches Pronomen' „zwar in der gleichen Position auftreten kann, aber bei einer Substitution nicht nur das Substantiv, sondern auch das davorstehende Artikelwort (und Adjektiv) ersetzt" (ebd.: 229). Nach sekundär herangezogenen inhaltsseitigen Aspekten unterscheiden sie Personalia, Interrogativa, Demonstrativa, Indefinita, Possessiva und Relativa; zusätzlich noch die Pronominaladverbien. Als Artikelwörter werden solche Wörter zusammengefaßt, die 1. immer „vor einem Substantiv" stehen, 2. keine koordinative Verknüpfung mit einem anderen Artikelwort zulassen, 3. nur gemeinsam mit einem „zugehörigen Substantiv" im Satz permutierbar sind und 4. „mit dem zugehörenden Substantiv (und einem dazwischenstehenden Adjektiv) in Genus, Kasus und Numerus" kongruieren (ebd.: 355f.). Daher rechnen sie zu den Artikelwörtern die Artikel und die adjektivischen Demonstrativa, Possessiva, Interrogativa und Indefinita. Die Hinweise auf die Substituierbarkeit und den adjektivischen Gebrauch zeigen, daß der Gegensatz von Satzgliedfunktion und Attributfunktion für die Wortartzuordnung entscheidend ist. Wie bei ENGEL werden morphologische und inhaltsseitige Aspekte erst sekundär oder gar nicht berücksichtigt, so daß sich die gleichen Einschränkungen gegenüber dieser Klassifizierung wie bei ENGEL ergeben.

163.2 Die postulierte Substitutionsmöglichkeit der Pronomina durch Substantive führt bei den Indefinita zur terminologischen Unterscheidung von „substantivischen Indefinitpronomina, die auch als Artikelwörter verwendet werden" und „nur substantivisch gebrauchten Indefinitpronomina". Hinter dieser Terminologie verbirgt sich die Verlegenheit, morphologische Gemeinsamkeiten angemessen zu berücksichtigen, weil bei der ersten Gruppe „die Deklinationsformen der substantivischen Indefinitpronomina

[...] mit den Deklinationsformen der gleichlautenden Artikelwörter" im allgemeinen übereinstimmen (ebd.: 258f.).

163.3 Auch die Zuordnung der Personalia der 1. und 2. Person zu den substantivischen Pronomina ist eine Verlegenheitslösung, die durch die primäre Berücksichtigung des syntaktischen Aspekts bei der Klassifizierung hervorgerufen wird. Die Zuordnung erfolgt, obwohl klar gesehen wird, daß bei den Personalia der 1. und 2. Person überhaupt keine Substitution durch ein Substantiv möglich ist (ebd.: 232). Wird jedoch nicht das Substitutionskriterium als zentral angesehen, sondern die Übernahme einer Satzgliedfunktion, entfallen die Schwierigkeit und Notwendigkeit einer Zuordnung zu den Substantivwörtern.

164.1 Ebenfalls primär syntaktisch orientiert ist die Einteilung in Artikel und Pronomina durch EISENBERG (1986: 152, 176; 1994: 159, 185). Als 'syntaktisches Hauptcharakteristikum' der Artikel sieht er „ihr Auftreten beim Substantiv" an, und als 'entscheidendes Merkmal' der Pronomina, daß sie „alle oder doch wesentliche syntaktische Funktionen erfüllen können, die auch von Nominalen mit einem Substantiv erfüllt werden". Auf diese Weise kommt er zu den Artikeln bestimmter und unbestimmter Artikel, Negationsartikel *kein* und Possessivartikel *mein* und zu den Pronomina der Personalia, Relativa, Interrogativa und zu den Determinativa, die eine Zusammenfassung von Demonstrativa, Possessiva und Indefinita bilden.

164.2 Wie bei ENGEL (§ 162.1) sind mit der Gegenüberstellung eines sog. 'adsubstantivischen Gebrauchs' (= Artikel) und eines 'selbständigen und unselbständigen oder phorischen Gebrauchs' (= Pronomina) Inkonsequenzen und willkürliche Festlegungen verbunden. So unterscheidet EISENBERG (1986: 152f., 191f.; 1994: 160, 201f.) den Possessivartikel *mein* vom Determinativum (Subklasse Possessiva) *meiner*, weil die Formen von *mein* „speziell auf den adsubstantivischen Gebrauch abgestimmt" seien, während *meiner* zwar auf den Artikel *mein* „morphologisch bezogen" sei, „selbst aber nicht adsubstantivisch verwendbar" ist (EISENBERG 1986: 152; 1994: 160). Werden die Deklinationsparadigmata betrachtet (Schema 15), dann können für den adsubstantivischen Gebrauch nur im N.S.M. und im N./A.S.N. spezielle Formen, d.h. spezifische RM, erkannt werden. Wenn das Fehlen von Formen des G.S.M. und G.S.N. bei *meiner* mit einbezogen wird, existieren fünf spezifische Formen für den adsubstantivischen Bereich, während 27 Formen adsubstantivisch und substantivisch (= pronominal) übereinstimmen. Beim Teilparadigma für das Femininum ist sogar eine völlige morphologische Identität gegeben. Von einer speziellen morphologischen Abstimmung auf den adsubstantivischen Gebrauch kann daher nicht gesprochen werden. Unter morphologischem Aspekt läßt sich nur eine Zusammenfassung zu einer Klasse begründen. EISENBERGS Klassendifferenzierung ist primär syntaktisch begründet und berücksichtigt inhaltsseitige Merkmale gar nicht und morphologische nur in Auswahl.

164.3 Mit der Dominanz syntaktischer Merkmale sind bei den Wörtern, deren morphologische Strukturen in Attribut- und in Satzgliedfunktion identisch sind, willkürliche Entscheidungen verbunden. Bei den Determinativa (hier: Demonstrativa) *dieser* und *jener* stellt EISENBERG(1986: 190; 1994: 200) fest, daß sie „formgleich als Artikel und als Pronomina" verwendet werden. Dennoch will er „nicht davon sprechen, daß es die Artikel und die Pronomina **dieser** und **jener** gibt, sondern daß die Pronomina **dieser** und **jener** auch als Artikel verwendet werden können. Sie gehören also immer der syntaktischen Kategorie PRON an, auch wenn sie bei einem Substantiv stehen wie in **dieses Haus, aus diesen Büchern**. Ihr Auftreten als selbständige Satzglieder unterscheidet sie von den Artikeln, die auf das Vorkommen beim Substantiv beschränkt sind." Während EISENBERG bei den Possessiva noch alle syntaktischen Funktionen berücksichtigt, erklärt er bei den Demonstrativa nur die Satzgliedfunktion für relevant, ohne dies begründen zu können. Da ENGEL (§ 162.1) bei den gleichen Wörtern zu einer Zuordnung zu den Determinativen kommt, die eine Attributfunktion besitzen, wird die Beliebigkeit der Zuordnung bei einer ausschließlichen Berücksichtigung syntaktischer und darüber hinaus noch ausgewählter Merkmale offenkundig. Alle weiteren, bei ENGEL genannten Einschränkungen gelten auch für EISENBERG

164.4 Doch selbst wenn EISENBERGs Klassifikationskriterien übernommen werden, ergeben sich Einschränkungen in der Konsequenz ihrer Anwendung. Die Liste der Wortarten, die die Gruppe der Artikel bilden, ist nämlich unvollständig. Unter den Bedingungen eines adsubstantivischen Gebrauchs und morphologischer Unterschiede zum pronominalen Gebrauch müßte EISENBERG neben dem Negationsartikel *kein* (vgl. Schema 19, Subklasse VII.5.1-2) und dem Possessivartikel *mein* (Schema 15, Subklasse III.1.1-2) auch einen Demonstrativartikel *der* (Schema 16, Subklassen IV.1.12), einen Interrogativartikel *was für ein* (Schema 18, Subklasse VI.2.1-2) und die Indefinitartikel *irgendein* und *irgendwelcher* (Schema 19, Subklassen VII.6.1-2, VII.8) ansetzen.

164.5 Auch innerhalb der Wortartengruppe der Pronomina entstehen bei EISENBERG Klassifikationsprobleme, weil die angesetzten Wortarten nicht auf der gleichen Ebene der Abstraktion liegen. EISENBERG (1986: 189; 1994: 198f.) wendet sich gegen die seiner Meinung nach ausschließlich inhaltsseitig begründete Unterscheidung von Possessiva, Demonstrativa und Indefinita und möchte sie unter syntaktischem Aspekt „zur Kategorie der Determinativpronomina (DETPR) vereinigen und den Personalia, Relativa und Fragepronomina gegenüberstellen". Die Determinativa werden weiter „syntaktisch [gemeint: semantisch] subklassifiziert danach, ob sie

Definitheit signalisieren oder nicht (Kategorien DEF – NDEF, zur syntaktischen Rechtfertigung 5.2). Demonstrativa (DEMPR) und Possessiva (POSPR) gehören zu DEF, die Indefinitpronomina (IDFPR) sind NDEF.“ Eine explizite syntaktische Begründung für den Ansatz der Klasse der Determinative auf der gleichen Ebene wie die Personalia, Relativa und Interrogativa wird ebenso wenig gegeben wie eine solche für die Zweiteilung der definiten Determinativa in Demonstrativa und Possessiva. Da für die Pronomina *dieser*, *jener*, *solcher*, *meiner*, *keiner*, *einer*, *mancher*, *einiger*, *jeder*, *weniger*, *vieler*, *welcher* ein gleiches pronominales Deklinationsschema angegeben wird (EISENBERG 1986: 190; 1994: 199f.), dürften auch gleiche RM-Sätze, also ein morphologisches Kriterium, eine Rolle bei der gemeinsamen Klassifikation gespielt haben.
Die Zusammenfassung der Possessiva, Demonstrativa und Indefinita zu einer Klasse ist jedoch nur dadurch möglich, daß einzelne syntaktische, morphologische und inhaltsseitige Aspekte, die zu Subklassifizierungen führen, unberücksichtigt bleiben. So behandelt EISENBERG den Typus DER MEINE bei den Possessiva (Schema 15, Subklasse III.2) überhaupt nicht. Bei den Demonstrativa verweist er auf *dieser* und *solcher*, nicht jedoch auf DERJENIGE, DIEJENIGE, DASJENIGE und die Attributfunktion von DÉR (Schema 16, Subklassen IV.3, IV.1.1).
Die syntaktischen Unterschiede zwischen einer ausschließlichen Satzgliedfunktion bei *meiner* und einer Satzglied- und Attributfunktion bei *dieser* und *solcher*, die ihn zum Ansatz eines Possessivartikels *mein* führten, spielen bei der Zusammenfassung von *meiner*, *dieser*, *solcher* zu einer Klasse keine Rolle mehr. Daß zu *meiner* keine Formen des G.S.M./N. existieren, besitzt für EISENBERG keine klassifikatorische Relevanz. Von den Indefinita (vgl. Schema 19) bezieht er *mancher*, *einiger*, *jeder*, *einer* ein, erwähnt aber nicht, daß sich *mancher*, *einiger* in der Attributfunktion von *meiner* unterscheiden, daß *jeder* kein Plural-Teilparadigma besitzt, daß dies auch für *einer* gilt und zu *einer* zusätzlich keine G.S.-Form existiert und die Genuskategorie durch dieses Pronomen unbezeichnet bleibt. Auch *keiner* wird von EISENBERG aufgeführt und von *kein* als Negationsartikel und nicht als Indefinitartikel abgehoben, ohne die inhaltsseitige Klassifizierung durch das Merkmal der Negation zu begründen. Alle anderen Subklassen der Indefinita, die die Heterogenität dieser Klasse ausmachen, werden bei EISENBERG nicht behandelt. Das heißt, daß EISENBERG nur einzelne Subklassen auswählt, um zur generellen Klassifizierung der Determinativa zu gelangen. Was er vorlegt, ist eine Gruppenbildung, die nicht auf der gleichen klassifikatorischen Ebene liegt wie seine Einteilung in Personalia, Relativa und Interrogativa. Werden alle Subklassen berücksichtigt, ergeben sich die Klassen der Possessiva, Demonstrativa und Indefinita, die sich auf der gleichen Klassifikationsstufe wie die Personalia, Relativa und Interro-

gativa befinden. Eine Klasse der Determinativa läßt sich mit den angegeben Kriterien nicht begründen.

165.1 Über die bisher vorgestellte Einteilung einer begrenzten Anzahl von Wörtern in zwei Klassen geht VATER (1985a, 1986a, b) hinaus, indem er eine solche in drei Klassen vornimmt. Seine Dreiteilung in Determinantien und Quantoren auf der einen und Pronomina auf der anderen Seite stellt eine Erweiterung der früher von ihm vertretenen Zweiteilung in Artikelwörter und Pronomina dar (VATER 1979: 44, 112f.). Die Erweiterung besteht darin, daß er die ehemaligen Artikelwörter unter syntaktischen und inhaltsseitigen Aspekten in Determinantien und Quantoren aufgliedert und dieser Unterscheidung einen Klassenstatus, einen Wortarten-Status, zuspricht. Die Ausführungen zu den Pronomina bleiben unverändert. Sie können allein oder in eingeschränkter Kombinierbarkeit mit anderen Wörtern „den Kern einer NP [=Nominalphrase]“, d.h. den Kern eines Satzgliedes, bilden. Die Determinantien und Quantoren sind dagegen „Ko-Konstituenten von N (und AP) [= von Nomina (und Adjektivphrasen)]“, d.h. Attribut eines Nukleus (VATER 1986a: 27). Als zentral erweist sich damit die Gegenüberstellung von Satzglied- und Attributfunktion. Dabei wird für die Pronomina einschließlich der Personalpronomina *ich*, *du*, *wir*, *ihr* sogar die Auffassung eines Eintretens für ein Nomen bzw. eine Nominalphrase beibehalten (VATER 1985: 108).

165.2 Mit den drei syntaktischen Kriterien „a. Position eines Elements, b. Verbindbarkeit eines Elements mit anderen Konstituenten, c. Relevanz eines Elements für syntaktische Regularitäten“ und dem inhaltsseitigen Kriterium „d. Funktion eines Elements im Hinblick auf das Syntagma, in dem es vorkommt“ (VATER 1986a: 27) versucht VATER weiter, den Klassenstatus von Determinantien und Quantoren nachzuweisen. Dabei versteht er unter Determinantien sprachliche Ausdrücke, die ein Substantiv als Kern eines Satzgliedes oder Satzgliedteils determinieren, d.h. anaphorisch „auf einen vorerwähnten Referenten“ verweisen, assoziativ „einen 'verwandten' vorerwähnten Referenten“ aufnehmen, situativ einen Referenten „in der unmittelbaren Situation“ suchen und sich abstrakt-situativ auf ein „Vorwissen des Adressaten“ beziehen (VATER 1984a: 38; ähnlich 1986b: 136). Quantoren sind für ihn „sprachliche Ausdrücke, die eine Quantität bezeichnen“ (VATER 1984a: 26 Anm. 8). Als Determinantien fungieren für ihn *der*, *derselbe*, *dieser*, *derjenige*, *mein* und andere Possessiva und *jener*; Quantoren sind für ihn *ein*, *jeder*, *beide*, *kein*, *all*, *mehrere*, *einige* und *manch* (VATER 1984a: 25 Abb. 2).

165.3 Die Trennung von Determinantien und Quantoren ergibt sich für VATER (1984a: 26f.) aus den Kriterien der Kombinierbarkeit, der Distanzstellung und der Rechtsverlagerung, die sich in den Beispielen (42) *Die vielen/wenigen Menschen störten mich nicht.* – (43) *Brot ist keins da.* – (44)

Ich habe es gefunden, das Buch. zeigen. So kommt eine Distanzstellung (43) nur bei Quantoren und eine Rechtsverlagerung oder Ausklammerung aus dem von Verbum finitum und infinitum gebildeten Satzrahmen (44) nur bei Determinantien vor. Zusätzlich folgert VATER aus der Verbindbarkeit von Determinantien und Quantoren (42), „daß sie zwei verschiedenen Positionsklassen angehören". In einer anderen Arbeit deutet VATER (1984b: 208) sogar eine Dreiteilung in '(eigentliche) Determinantien' (*der*, *dieser*, *jener*, *derjenige*, *derselbe* und *Possessiva*), 'Totalisatoren' (*alle*, *jeder*, *beide*), „die primär eine (absolute oder relative) Gesamtheit bezeichnen und nur indirekt (sekundär) determinieren", und in 'eigentliche Quantoren' (*ein*, *manch*, *einige*, *mehrere*, *viel*, *wenig*), „die nur quantifizieren und nicht determinieren", an.

165.4 Die Dominanz syntaktischer Kriterien bei der Ermittlung von Wortklassen durch VATER führt zu problematischen Klassifizierungen, die einmal die Unterscheidung von Pronomina versus Determinantien und Quantoren und zum anderen den Klassenstatus von Determinantien und Quantoren betreffen. So ordnet VATER die Demonstrativa DIESER, DIESE, DIESES und DERJENIGE, DIEJENIGE, DASJENIGE bzw. DERSELBE, DIESELBE, DASSELBE (Schema 16) ohne nähere Begründung den Determinantien und die Indefinita MANCHER, MANCHE, MANCHES; EINIGER, EINIGE, EINIGES; ALLER, ALLE, ALLES; JEDER, JEDE, JEDES und MEHRERE (Schema 19) den Quantoren zu, obwohl sie neben der Attributfunktion auch eine Satzgliedfunktion – wie die Pronomina – besitzen. Diese Übereinstimmung mit den Pronomina spielt für seine Klassenzuweisung ebenso keine Rolle wie die in beiden syntaktischen Funktionen völlig identischen Relationsmorphemsätze. Trotz der morphologischen Identität und der syntaktischen Übereinstimmung in Attribut und Satzgliedfunktion nimmt VATER nicht nur eine Trennung von den Pronomina, sondern auch noch eine Zuordnung zu zwei verschiedenen Klassen, den Determinantien und Quantoren, vor. Er begründet dies mit zusätzlichen syntaktischen Merkmalen, die er zugleich als relevant für die Klassenbildung ansieht. Die Nichtbeachtung gemeinsamer syntaktischer Merkmale und die Hervorhebung einzelner syntaktischer Merkmale zeigen, daß bei der Klassifizierung selbst unter syntaktischem Aspekt auswählend und nicht alle Merkmale berücksichtigend vorgegangen wird. Da die Auswahl nicht weiter begründet wird, entsteht der Eindruck einer Beliebigkeit im Hinblick auf die für Klassifikationen heranzuziehenden Kriterien. Wenn die Existenz eines spezifischen syntaktischen Merkmals schon zur Konstitution einer Klasse und nicht etwa einer Subklasse ausreicht, dann müßte für jede Subklasse der Pronomina (Schemata 13-20) ein Klassenstatus angenommen werden, weil sich für jede Subklasse, wenn nicht sogar für jedes Wort einer Subklasse, spezifische syntaktische Verwendungsweisen nachweisen lassen (vgl. ERBEN 1980: 377448). Eine solche Vorgehensweise verstößt jedoch gegen das Klassifizierungsprinzip des Voranschreitens von den gemeinsamen zu den spezifischen Merkmalen, völlig abgesehen davon, daß die Konzentration auf syntaktische Merkmale zeichentheoretisch nicht zu begründen ist.

3.4 Das Adjektiv, seine Klassen und Subklassen

3.4.1 Morphologische Strukturen, grammatische Kategorien und Deklinationsparadigmata

166.1 Die morphologische Struktur der Wortart Adjektiv besteht aus Grund- und Relationsmorphemen und ist in ihrer internen phonologischen Struktur und ihrer Funktionalität von der Existenz anderer Wortarten mitbestimmt. Eine paradigmatische Struktur des Adjektivs kommt nur vor, wenn das Adjektiv in attributiver Funktion einem Substantiv untergeordnet ist und diesem Nukleus gegenüber eine pränukleare Position einnimmt (zur postnuklearen Position § 172.1). Dabei kann das Adjektiv in folgende generelle Distributionstypen einbezogen sein: 1. Adjektiv + Substantiv (Typus A + S), 2. Präposition + Adjektiv + Substantiv (Typus P + A + S), 3. Determinans + Adjektiv + Substantiv (Typus $D_{1,2}$ + A + S) und 4. Präposition + Determinans + Adjektiv + Substantiv (Typus P + $D_{1,2}$ + A + S). Erweiterungstypen entstehen, wenn in den generellen Typen zwei oder mehr Determinanten oder Adjektive auftreten. Die Indizierung $D_{1,2}$ verweist darauf, daß die Determinantenfunktion von zwei verschiedenen Gruppen von Determinanten (§ 169.1, 170.1) übernommen wird (dazu ENDRE 1977: 57). Unter Determinantenfunktion wird dabei die von verschiedenen pronominalen Subklassen ausgeübte Funktion verstanden, in Relation zum substantivischen Nukleus und in Abhängigkeit von ihm an der Kennzeichnung der grammatischen Kategorien von Kasus, Numerus und Genus innerhalb der Distributionstypen $D_{1,2}$ + A + S und P + $D_{1,2}$ + A + S durch spezifische morphologische Strukturen insgesamt in höherem Maße beteiligt zu sein als die übrigen in den Distributionstypen auftretenden Wortarten. Daß die Determinantenfunktion mit einer bestimmten syntaktischen Position verbunden ist, bedeutet jedoch nicht, daß die Determinanten in den Distributionstypen die Funktion des Nukleus übernehmen. Sie sind daher nicht – wie in der Government-Binding-Theorie – der funktionelle 'Kopf (head)‘ (so OLSEN 1988a: 137, 143; VATER 1991: 19; 1993: 67f.). Auch folgt daraus unter dependentiellem Aspekt nicht zwingend, beim Typus D_1 + A + S (*das laute Bellen*) ein Regens „*d-*“ und ein Dependens „*-as - Bellen*“ (ÁGEL 1993: 28) anzusetzen. Schließlich ist zu beachten, daß vergleichbare determinierende Funktionen auch vom Adjektiv in den Distributionstypen A + S und P + A + S ausgeübt werden.

Da das Adjektiv in diesen Distributionstypen immer dem Substantiv untergeordnet ist, unterliegt seine Verbindungsmöglichkeit mit dem Substantiv zunächst ausschließlich den Bedingungen der semantischen Kongruenz. Der Typus A + S ist darüber hinaus in seiner Verwendung an eingeschränktere morphologische und syntaktische Bedingungen gebunden als der Typus P + A + S. Er ist dort möglich, wo das Substantiv auch allein ein Satzglied konstituieren kann (§ 116.1). So sind Adjektive mit substantivischen Pluralformen in generalisierender Funktion (*Kleine Kinder schenken lieben Müttern bunte Blumen.*) bzw. mit substantivischen Singularformen bei Abstrakta (*Großes Glück ist selten . – Wir hatten großes Glück.*) verbindbar. Der Typus A + S kommt bei Genitiv-Attributen aber auch dort vor, wo ein Substantiv nicht allein einen Satzgliedteil bilden kann (*Momente des Glücks* vs. *Momente großen Glücks*). Dies gilt auch für Genitiv-Attribute im Plural (*Der Kauf der Autos* vs. *Der Kauf kleiner Autos*). Innerhalb der Distributionstypen sind die Adjektivformen in mehr oder weniger eindeutiger Weise an der Kennzeichnung der grammatischen Kategorien von Kasus, Numerus und Genus beteiligt. Aus den Distributionstypen und den morphologischen und phonologischen Strukturen ergibt sich die aus den Deklinationsparadigmata zu begründende Klassen- und Subklassenbildung.

166.2 Nicht in diese Klassenbildung werden Adjektivverwendungen mit dem RM {ø} in pränuklearer Position einbezogen. Es handelt sich um „Reste alten Sprachgebrauchs", die in „poetischer und volkstümlicher Sprache" besonders bei neutralen Substantiven im Nominativ und Akkusativ vorkommen (*Ein garstig Lied! - Abendrot, gut Wetter droht.*), in festen Wendungen auftreten (*auf gut Glück, ruhig Blut*) oder bei bestimmten Farbadjektiven (*ein rosa Landhaus*) sogar als üblich anzusehen sind (GELHAUS, in: DUDEN 1984: 266-268; 1995: 255-257).

166.3 Morphologisch nicht weiter zu berücksichtigen ist auch die attributive Verwendungsweise von Adjektiven in Bezug auf einen adjektivischen (*Der Schüler ist schön dumm. Der schön dumme Schüler*) bzw. adverbiellen (*Das Dorf liegt tief unten.*) Nukleus (GELHAUS, in: DUDEN 1984: 270; 1995: 259). Es liegt keine paradigmatische Struktur vor; das Adjektiv ist immer unflektiert; wegen fehlender Oppositionen ist in dieser Distribution der Ansatz eines RM {ø} unnötig. Syntaktisch ist das Adjektiv immer Satzgliedteil.

167.1 Neben den generell vorhandenen Relationsmorphemen, die auf Kasus, Numerus und Genus verweisen, besitzen die Adjektive noch weitere potentielle Relationsmorpheme, mit denen eine Komparation, eine Graduierung, ausgedrückt werden kann. In *Der klein-e Garten, Der klein-er-e Garten, Der klein-st-e Garten* bzw. *Das schnell-e Auto, Das schnell-er-e Auto, Das schnell-st-e Auto* signalisiert das RM {ər} im Vergleich zur Bezugsgröße, zum Nukleus, *Garten*, daß diese die in der lexikalischen

Bedeutung des adjektivischen Grundmorphems ausgedrückte Inhaltsseite, hier eine 'Eigenschaft', in einem ungleichen Grade in Relation zu einer Vergleichsgröße besitzt, die im gleichen Satz noch genannt wird oder aus dem weiteren sprachlichen Kontext bzw. aus den externen Faktoren der Kommunikationssituation bekannt ist. Das Allomorph {st} signalisiert innerhalb des Vergleichsrahmens den höchsten Grad (ERBEN 1980: 185). Das RM {ər} markiert den Komparativ, das Allomorph {st} den Superlativ, von dem inhaltsseitig noch ein in der internen phonologischen Struktur identischer Elativ unterschieden werden kann (GELHAUS, in: DUDEN 1984: 309; 1995: 299; ERBEN 1980: 187; HELBIG/BUSCHA 1986/1994: 304). In der Morphotaktik GM + RM_1 + RM_2 folgen die Graduierungsmorpheme (RM_1) immer auf das GM, erst danach zeigen sich die auf Kasus, Numerus und Genus hinweisenden RM_2.

167.2 Von der internen phonologischen Struktur der Grundform hängt bei Graduierungsformen die morphologische Segmentierung ab. Endet das GM der Grundform auf einen Konsonanten (*klein*), eine Konsonantenkombination (*nackt, sanft*) oder auf einen Vokal (*nah* = /nā/ bzw. Diphthong (*frei*), wird der Komparativ durch die Graphfolge <er> signalisiert. Dies ist auch der Fall, wenn sich die Phonotaktik des GM als mehrsilbig (*genau, fleißig, rigoros*) erweist. Geht jedoch die Grundform auf den Vokal /ə/ aus (*müde, müder; weise, weiser*), ergeben sich zwei Segmentierungsmöglichkeiten: Entweder wird das <r> allein als Komparativmerkmal aufgefaßt (so P. JØRGENSEN 1963: 113), oder es wird eine einheitliche Komparativkennzeichnung durch <er> angenommen. Im ersten Fall ist ein einziges Grundmorphem {mǖdə} anzusetzen, auf das ein Komparativmorphem {(ə)r} mit zwei Allomorphen {ər} und {r} folgt, die komplementär verteilt sind: Das Allomorph {r} erscheint, wenn ein adjektivisches GM auf den Vokal /ə/ ausgeht, das Allomorph {ər} bei allen anderen vokalischen und konsonantischen GM-Ausgängen. Wird jedoch – wie im zweiten Fall – ein Komparativmorphem {ər} ohne Allomorphie und mit der Phonemfolge /ər/ angenommen, entsteht die Notwendigkeit, bei auf den Vokal /ə/ ausgehenden Adjektiven wie MÜDE zwei Grundmorpheme anzusetzen. Das GM {mǖdə} erscheint in allen syntaktischen Verwendungsweisen, in denen die Grundform unflektiert verwendet wird (§§ 172.1-4). Bei der Komparativbildung *müder* liegt dann ein zweites Grundmorphem {mǖd} vor, daß mit dem RM {ər} verbunden wird und mit diesem zusammen neben der lexikalischen Bedeutung einen Hinweis auf die grammatische Kategorie des Komparativs enthält. Vergleichbare Überlegungen spielen auch bei den Adjektivformen eine Rolle, die in attributiver pränuklearer Verwendungsweise vor einem substantivischen Nukleus (§ 168.8) vorkommen und zum Ansatz von RM-Sätzen ohne Allomorphie führen. Daher erweist sich die Annahme eines Komparativmorphems {ər} als eine einfachere morphologische Beschreibung als der Ansatz eines Morphems {(ə)r}. Nur unter dieser morphologischen Voraussetzung kann die generelle Aussage, daß der Komparativ „durch Anhängen von *-er* an die Grundstufe“ gebildet werde (GELHAUS, in: DUDEN 1984: 307; 1995: 296; ähnlich HELBIG/BUSCHA 1986/1994: 304), formuliert und akzeptiert werden.

Ein anderes Nebeneinander zweier Grundmorpheme in der Grundform und der Komparativform von Adjektiven zeigt sich bei den Adjektiven, deren Grundformen auf die Graphe <b, d, g> und <s> ausgehen (*lieb, blöd, klug; fies*). Bei den syntaktischen Verwendungsweisen, in denen die Grundform unflektiert erscheint, kommen am GM-Ausgang die Fortes /p, t, k/ und /s/ vor, während am GM-Ausgang der Komparativform vor dem RM {ər} wegen des folgenden /ə/ die Lenes /b, d, g/ und /z/ auftreten. Daher sind die Lenes in Verbindung mit dem RM {ər} auch an der Kennzeichnung der grammatischen Kategorie des Komparativs beteiligt. Eine vergleichbare Verteilung von Fortis und Lenis findet sich in süddeutscher Aussprache auch bei den Adjektiven, die mit Hilfe des Formationsmorphems {ik, ig} gebildet werden (*gütig, gütiger*). Liegt eine norddeutsche Aussprache vor, wird statt der Fortis [k] eine Frikativa [ç] realisiert (WÄNGLER 1967: 131; DUDEN. AUSSPRACHEWÖRTERBUCH 1990: 75).

167.3 Der Superlativ wird durch das RM {(ə)st} gekennzeichnet. Das Allomorph {əst} zeigt sich, wenn das GM der Grundform auf /sk/ (*brüsk*) oder einen dental-alveolaren Konsonanten ausgeht, der graphisch durch <d, t, dt, tt, s, ß, sch, x, z> repräsentiert werden kann (*blöd, blond, gesund, zart, gewandt, matt, bös, fies, lieblos, heiß, rasch, fix, kurz*), wobei <s> und <t> auch am Ausgang der mit dem Affixoid {lōs} (§§ 212.2, 212.4) bzw. dem Formationsmorphem {haft} gebildeten Adjektive (*lieblos, gewissenhaft*) auftreten können. Bei allen anderen konsonantischen GM-Ausgängen der Grundformen erscheint im Superlativ das Allomorph {st} (GELHAUS, in: DUDEN 1984: 308; 1995: 298).

KEFER (1996: 293) berücksichtigt nicht nur GM als Basen, sondern auch komplexere morphologische Strukturen und kann aufgrund von Superlativbildungen wie *lebhaftest*, *gebildetst*, *glänzendst* und *Goetheschst*, *Schillerschst*, *unkeuschest*, *süddeutschest*, *seriösest*, *unseriöstest*, *clowneskest*, *burleskest* die Verteilungsregel für die Verwendung des Allomorphs {əst} präzisieren, indem er die Phonotaktik der Basen berücksichtigt. Das Allomorph {əst} wird verwendet, wenn die morphologische Grundlage auf einen dental-alveolaren Konsonanten mit den phonetischen Merkmalen „[- sonorant, + koronal]“ ausgeht und die „letzte Silbe [...] einen anderen Vokal als [ə] hat“.

Das Phonem /ə/ ist Teil des Allomorphs {əst} und nicht etwa ein in der Funktion nicht näher beschreibbarer dritter Teil, der „zwischen Wortstamm und Superlativformativ: *weit-e-st, heiß-e-st, frei-e-st*“ (FLÄMIG, in: HEIDOLPH/FLÄMIG/MOTSCH 1981: 627) tritt.

Die Graphe <s> und <d> besitzen unterschiedliche Funktionen. Im GM der Grundform weisen sie in postvokalischer Position vor dem RM {ø} auf eine Fortis /s/ und /t/, im GM der Superlativform wegen des folgenden /ə/ im Allomorph {əst} auf eine Lenis /z/ und /d/ hin, d.h. diese beiden Lenes sind wie bei den Komparativformen auch bei den Superlativformen an der Kennzeichnung der Komparation beteiligt. Der Wechsel von Fortis und Lenis begegnet ebenfalls bei der Graphkombination <nd>.

167.4 Innerhalb der Adjektivgruppen mit distributionell bedingten Verteilungen der Allomorphe kommen wortgebundene Verwendungsweisen vor. So treten bei GM, die auf /t/ und /š/ in der Grundform ausgehen, „gelegentlich“ Superlativbildungen mit {st} (*holdste* neben *holdeste, buntste* neben *bunteste, raschste* neben *rascheste*) auf (GELHAUS, in: DUDEN 1984: 308; 1995: 298), was dazu führt, daß der GM-Ausgang von *holdste* wie in der Grundform eine Fortis /t/ besitzt.

Eine morphologische und wortgebundene Sonderstellung nimmt der Superlativ *größte* ein (GELHAUS, in: DUDEN 1984: 308; 1995: 298). Er ist zwar aus *größeste* durch den Ausfall (Synkope) des /ə/ entstanden, doch führt das dadurch hervorgerufene Nebeneinander von /s/ am Ausgang des GM und /s/ am Beginn des Allomorphs {st} zur Assimilation, zur Ekthlipsis (SOLMS/WEGERA 1991: 91, 290f.), und weiter zu einer morphologischen Veränderung: Das Allomorph des Superlativs lautet nicht mehr {st} (so aber GELHAUS, in: DUDEN 1984: 308; 1995: 298), sondern {t}.

Bei einzelnen Adjektiven ist die Allomorphverteilung davon abhängig, ob – wie bei *blöd, blöde* und *bös, böse* – ein Nebeneinander zweier Grundformen existiert oder nicht.

Wenn die GM der Grundform auf einen Vokal oder Diphthong ausgehen (*froh; frei, lau*), schwankt der Gebrauch der Allomorphe {əst} und {st} je nach Sprecher und Schreiber; nach GELHAUS (in: DUDEN 1984: 308; 1995: 298) steht „überwiegend“ {st} und nur „bei besonderer Betonung des Superlativs“ {əst}.

167.5 Neben dem eingeschränkt vorhandenen Fortis: Lenis-Wechsel am Ausgang von Grundmorphemen kommen beim Vergleich von Positiv auf der einen und Komparativ, Superlativ auf der anderen Seite noch weitere Unterschiede in der internen phonologischen Struktur der Grundmorpheme vor, die die Kennzeichnung der Graduierung zusätzlich unterstützen.

167.6 Das auffallendste Merkmal ist das Auftreten von Umlautvokalen bei umlautfähigen Vokalen. Dabei ist zu beachten, daß ein Umlaut erstens nicht bei allen Adjektiven mit umlautfähigen Vokalen vorhanden ist, sondern wortgebunden vorkommt, und daß von den sieben prinzipiellen Umlautmöglichkeiten in unterschiedlicher Weise Gebrauch gemacht wird. Überhaupt nicht umgelautet werden bei der Komparation Adjektive mit dem Diphthong /ao/ im GM der Grundform (vgl. *faul, fauler, faulst*; dazu AUGST 1971: 425; DUDEN 1966: 232). Der Umlaut von /a/ zu /ɛ/ (*alt, älter, ältest*), /ā/ zu /ǟ/ (*nah, näher, nächst*), /ō/ zu /ȫ/ (*groß, größer, größt*), /u/ zu /ü/ (*jung, jünger, jüngst*) und /ū/ zu /ǖ/ (*klug, klüger, klügst*) erscheint neben nicht-umgelauteten Komparationsformen bei *nackt, lahm, toll, froh, plump* und *stur* (DUDEN 1966: 232). Bei einsilbigen Adjektiven zeigen 24 einen Umlautvokal und 99 nicht (AUGST 1971: 426).

Bei einigen Adjektiven existiert umgangssprachlich ein Nebeneinander von umgelauteten und nicht-umgelauteten Komparationsformen (*blaß, blässer/blasser, blässest/blassest*); in der standardsprachlichen Varietät werden die umlautlosen Formen bevorzugt (GELHAUS, in: DUDEN 1984: 309; 1995: 298).

Wenn Adjektive in der Grundform eine mehrsilbige Phonotaktik besitzen, bilden Sie die Komparation ohne Umlautvokale; lediglich bei *gesund* existiert ein Nebeneinander von *gesunder/gesünder* und *gesundest/gesündest.*

167.7 Bei Adjektiven, deren GM in der Grundform als Morphemausgang die Phonemfolge /əl/ zeigt (*dunkel, edel*), lautet das GM in den Komparativformen {duŋkl} und {ēdl} (*dunkler, edler*), in den Superlativformen aber – wie in der Grundform – {duŋkəl} und {ēdəl} (*dunkelst, edelst*). Wenn die Adjektive in der Grundform auf die Phonemfolgen /ər/ und /ən/ ausgehen (*heiter, trocken*), erscheinen im Komparativ zwei Formen nebeneinander (*heiterer, trockener* neben *heitrer, trockner*); das Allomorph {haitr} oder {trokn} wird in Flexionsformen wie *ein heiteres Wetter, ein trockneres Handtuch* verwendet, um ein Nacheinander „dreier unbetonter *e*" (GELHAUS, in: DUDEN 1984: 307; 1995: 296) zu vermeiden. Geht der Phonemfolge /ər/ im GM der Grundform ein Diphthong voraus (*teuer*), erscheint im Komparativ das GM {toir} (*teurer*), im Superlativ dagegen wie im GM der Grundform das GM {toiər} (*teuerst*; GELHAUS, in: DUDEN 1984: 307; 1995: 296). Das bedeutet, daß die Phonotaktik der GM ohne das Phonem /ə/ ebenfalls an der Kennzeichnung der grammatischen Kategorie des Komparativs beteiligt ist.

167.8 Weniger distributionell, sondern wortgebunden ist der Wechsel in der internen phonologischen Struktur bei der Komparation der Adjektive *hoch* (*höher, höchst*) und *nahe*, seltener *nah* (*näher, nächst*). Bei *hoch* wechseln die GM {hōx}, {hȫ} und {hȫx} und bei *nah* die GM {nā}, {nǟ} und {nǟx} in ihrer Verteilung auf die Adjektivformen von Positiv, Komparativ und Superlativ. Das GM des Komparativs wird von der Phonotaktik K + V bestimmt, wobei der Vokal im Vergleich zum Vokal der Grundform ein Umlautvokal ist. Das Graph <h> ist Dehnungszeichen und Teil der Grapheme <öh> bzw. <äh> zur Markierung der Langvokalphoneme /ȫ/ und /ǟ/. Bei den Superlativformen zeigt sich in der Phonotaktik K + V + K neben

dem Umlautvokal als Superlativkennzeichen die Graphfolge <ch>, die das Phonem /x/ repräsentiert und phonisch die Allophone [ӿ] und [ç] wiedergibt. Unter diachronem Aspekt liegt für die ahd. und mhd. Sprachperiode ein regelmäßiger Wechsel der Phoneme /h/ und /x/ vor, die beide im Ahd. (*hōh, hōhir, hōhisto; nāh, nāhir, nahisto*) durch das Graph <h> repräsentiert werden: <h> medial intervokalisch markiert das Phonem /h/, einen Hauchlaut [h], <h> final postvokalsich vor dem RM {ø} repräsentiert das Phonem /x/, eine Frikativa [x] (BRAUNE/EGGERS 1975: 143, 147), die in dieser Position im Mhd. auch durch das Graphem <ch> wiedergegeben wird (PAUL/WIEHL/GROSSE 1989: 156). Im Frühnhd. fällt medial intervokalisch der Hauchlaut [h], das Phonem /h/, durch immer schwächer werdende phonische Realisation aus (EBERT/REICHMANN/SOLMS/WEGERA 1993: 125), das Graph <h> bleibt jedoch in der Schreibung der Wortform erhalten, wird aber in seinem phonologischen Status uminterpretiert und zu einem Dehnungszeichen für den vorausgehenden Vokal (MOSER 1909/1971: 167, 171). Das ahd. Superlativmorphem {ist} (BRAUNE/EGGERS 1975: 226) wird mhd. zu {əst} abgeschwächt (PAUL/WIEHL/GROSSE 1989: 214), frühnhd. fällt das /ə/ aus. Zusätzlich gibt es im Frühnhd. morphologische Ausgleichsprozesse: So ist einmal finales postvokalisches /x/ in Analogie zur medialen intervokalischen Position im Mitteldeutschen beseitigt worden (*nah*); zum anderen wird finales postvokalisches /x/ im Oberdeutschen auf andere Positionen übertragen (*hoch, hocher* statt *hoher; höchst* nach *hoch*; MOSER 1909/1971: 171).
Die gegenwartssprachlichen Verhältnisse sind Reflexe der ehemals regelmäßigen distributionell bedingten Verteilung der Phoneme /h/ und /x/ und von phonologischen und morphologischen Sprachwandlungen. Nur unter diachronem Aspekt ist es möglich, von „Veränderungen eines Konsonanten" (GELHAUS, in: DUDEN 1984: 311; 1995: 301) zu sprechen, synchron ist aus der Phonotaktik K + V + K bzw. K + V lediglich das Vorhandensein bzw. Nichtvorhandensein eines Konsonanten am Ausgang der GM des Superlativs bzw. Komparativs festzustellen. TARANTOWICZ (1979: 114) versucht die unterschiedlichen GM-Ausgänge auf eine im Gegensatz zum Polnischen unproduktive „Alternation /x - ø/", d.h. eine 'konsonantische Nullalternation', zurückzuführen, ohne jedoch auf die morphologische Funktionalität einzugehen. Alle aufgezeigten Sprachwandelphänomene führen jedoch in der Gegenwartssprache weder zu einer einheitlichen noch zu einer einfacheren, d.h. ökonomischeren morphologischen Struktur. Vielmehr bleibt eine morphologische Funktion durch alle Sprachstufen des Deutschen hindurch erhalten, nämlich in häufig gebrauchten Adjektiven auch mit Hilfe der Phonotaktik in den Grundmorphemen die Adjektivformen Positiv, Komparativ und Superlativ zu differenzieren. Das bedeutet für die Ermittlung von Sprachwandelerscheinungen, daß gerade nicht „jeder

Sprachwandelprozeß [...] generell in Richtung von mehr zu weniger Markiertheit verläuft und sich bei Neutralisierungs- und Ausgleichsprozessen jeweils die weniger markierte Erscheinung gegenüber der mehr markierten durchsetzt" (WURZEL 1988b: 260).
Mit Recht wendet sich WERNER (1989: 38, 42) gegen solche voreiligen Folgerungen und betont, daß „Komprimierungen/Irregularitäten keineswegs nur ein unerwünschter oder allenfalls geduldeter Nebeneffekt des 'egoistischen' Lautwandels sind, sondern morphologischen Eigenwert besitzen".
WURZEL (1985a: 128) möchte die morphologische Struktur der Grundmorpheme bei der Komparation von HOCH und GROSS in den Bereich der Suppletion einordnen, doch gelingt ihm das nur, indem er die Suppletionsdefinition sehr erweitert. Nach ihm liegt Suppletion „genau dann vor, wenn in einem Flexionsparadigma (wenigstens) eine Flexionsform auftritt, die nicht aufgrund von generellen phonologischen und morphologischen Regeln aus der Grundform abgeleitet werden kann". Die Phonotaktik der verglichenen Flexionsformen zeigt bei HOCH und GROSS jedoch so viele Gemeinsamkeiten, daß sich die Annahme von einer Suppletion und damit verbunden der Ansatz eines spezifischen Morphemtypus als unbegründet erweist.
167.9 Ein besonderer Morphemstatus ist bei der Komparation von *gut* (*besser, best*) und *viel* (*mehr, meist*) gegeben (GELHAUS, in: DUDEN 1984: 311; 1995: 301). Es liegen Suppletivmorpheme mit Resten einer morphologischen Segmentierbarkeit vor (§ 50.2). Bei der Komparation von *wenig* (*minder, mindest*; neben *weniger, wenigst*) ist die morphologische Segmentierbarkeit gegeben. Das GM {mind} mit der lexikalischen Bedeutung 'wenig, klein' ist kein unikales Morphem; es ist auch noch in Substantiven (*Minderheit, Verminderung*) und Verben (*mindern, vermindern*) vorhanden (PFEIFER 1989: 1106).
167.10 Neben den Adjektiven, die eine Komparierbarkeit besitzen, gibt es auch einige, denen diese Eigenschaft fehlt. Es handelt sich um Adjektive, die bestimmte Verfahren oder Zustände ausdrücken (*schriftlich, tot*), die den Inhalt des in der Wortbildung vorhandenen Grundmorphems negieren (*unrettbar*) oder auf sein Fehlen hinweisen (*bargeldlos*), um Zahladjektive wie *neunfach*, um indeklinable Farbadjektive wie *lila*, um Adjektive, die nur in attributiver (*der obere Rand, der gestrige Tag*) oder nur in prädikativer Funktion (*Wir sind quitt, Er ist schuld*) verwendet werden (GELHAUS, in: DUDEN 1984: 312f.; 1995: 301-303). Generell entscheidet die Inhaltsseite der Adjektive, „ob und gegebenfalls unter welchen Umständen kompariert werden kann" (ILUK 1987: 98). Da es auch einige wenige Adverbien gibt, die wie *oft, öfters, am öftesten* (GELHAUS, in: DUDEN 1984: 354; 1995: 356f.) komparierbar sind, handelt es sich beim Wortartenmerkmal der

Komparierbarkeit um eine „abstufbare Eigenschaft der betreffenden Wortarten“ (BEST 1980: 38), die durch die Unterscheidung von Zentrum und Peripherie erfaßt wird. Auf syntaktische Konsequenzen einer vorhandenen Komparierbarkeit (ILUK 1987: 99) muß unter morphologischem Aspekt nicht weiter eingegangen werden.

168.1 Da die komparierten Adjektive ebenso wie die nicht-komparierten flektiert werden, können Sie im Hinblick auf die Kasus, Numerus und Genus signalisierenden RM gemeinsam behandelt werden. Ein erster Eindruck von der Verteilung der grammatischen Kategorien auf die einzelnen Adjektivformen ergibt sich aus dem Deklinationsparadigma A (vgl. GELHAUS, in: DUDEN 1984: 299; 1995: 277), das den Adjektivgebrauch in den generellen Distributionstypen A + S und P + A +S wiedergibt (§ 166).

Tabelle 47: Adjektivisches Deklinationsparadigma A (der Typen A + S und P + A + S)

Genus Kasus + Numerus	Maskulinum		Femininum		Neutrum	
N.S.	weich-er^{1}	Stoff-Ø	warm-e^{4}	Speise-Ø	hart-es^{5}	Metall-Ø
G.S. (statt)	weich-en^{2}	Stoff-(e)s	warm-er^{1}	Speise-Ø	hart-en^{2}	Metall-s
D.S. (aus)	weich-em^{3}	Stoff-Ø	warm-er^{1}	Speise-Ø	hart-em^{3}	Metall-Ø
A.S. (für)	weich-en^{2}	Stoff-Ø	warm-e^{4}	Speise-Ø	hart-es^{5}	Metall-Ø
N.P.	weich-e^{4}	Stoff-e	warm-e^{4}	Speise-n	hart-e^{4}	Metall-e
G.P. (statt)	weich-er^{1}	Stoff-e	warm-er^{1}	Speise-n	hart-er^{1}	Metall-e
D.P. (aus)	weich-en^{2}	Stoff-en	warm-en^{2}	Speise-n	hart-en^{2}	Metall-en
A.P. (für)	weich-e^{4}	Stoff-e	warm-e^{4}	Speise-n	hart-e^{4}	Metall-e

168.2 Das adjektivische Deklinationsparadigma A ist auf der vertikalen Achse nach den Kennzeichnungen der grammatischen Kategorien von Kasus, Numerus und der durch Klammern signalisierten potentiellen Existenz von Präpositionen mit Kasusrektionen und auf der horizontalen Achse nach den Genera Maskulinum, Femininum und Neutrum gegliedert und zeigt bereits dadurch seine syntaktische und morphologische Abhängigkeit vom substantivischen Nukleus. Im Gesamtparadigma sind unter Nichtbeachtung der syntaktischen Beziehungsgefüge, d.h. der Substantivformen und der Präpositionen mit ihren Rektionen, durch Indizes die homophonen Adjektivformen gekennzeichnet. Die morphologische Analyse geht von den einzelnen Teilparadigmata aus und bezieht dann das Gesamtparadigma ein. Dadurch soll „eine vollständige Analyse der Exponenten von Zahl, Fall und Geschlecht“ gegeben werden, die DARSKI (1979: 193) mit Recht in den bisherigen Grammatikdarstellungen vermißt und die ADMONI (1982: 78) als „monoflexivische 'Kooperation'“ bezeichnet und mit der generellen

„Tendenz zur Monoflexion“ verbindet, die „eine außerordentlich große Rolle im gesamten Deklinationssystem der deutschen Sprache“ spielt.

168.3 Im Teilparadigma des Maskulinums mit dem Nukleus STOFF aus der substantivischen Deklinationsklasse A hat das Adjektiv WEICH das GM {vaix} und den RM-Satz {ər, ən, əm, ən; ə, ər, ən, ə}. Insgesamt kommen drei homophone Formen vor, durch die die grammatischen Kategorien von Kasus und Numerus nicht eindeutig markiert sind. Lediglich durch das RM {əm} erfolgt eine eindeutige Fixierung auf den Kasus Dativ und den Numerus Singular. Dies bleibt auch so, wenn das Gesamtparadigma A beachtet wird, denn {əm} kommt in gleicher Funktionalität auch bei einem neutralen Substantiv wie METALL (Klasse A) vor. Das RM {əm} besitzt somit auch eine eingeschränkte Kennzeichnungsfunktion für die Genuskategorie, denn ein feminines Substantiv ist bei seiner Verwendung ausgeschlossen.

Die erste homophone Form im maskulinen Teilparadigma ist das zweimal vorhandene *weicher*. Werden die Flexionsformen des Substantivs STOFF aus der substantivischen Deklinationsklasse A einbezogen, zeigt sich eine klare Markierung der Kasus- und Numeruskategorie. Hat die Substantivform das RM {ø}, dann kennzeichnet das RM {ər} eindeutig den Numerus als Singular. Diese Funktion bleibt auch erhalten, wenn die beiden übrigen femininen und neutralen Teilparadigmata berücksichtigt werden. Lediglich die Kasuskategorie wird im Vergleich zu femininen Substantiven wie SPEISE aus der Klasse I nicht deutlich signalisiert, da das RM {ər} bei ihnen auf den Genitiv oder Dativ verweisen kann. Tritt jedoch eine Präposition auf, erfolgen weitere Ausdifferenzierungen durch deren Kasusrektion, die nur die Kasus Genitiv, Dativ und Akkusativ betreffen kann, nicht aber den Nominativ. Kommt der Typus P + A {ər} + S {ø} mit den nach den Wortartensiglen aufgeführten RM vor, scheidet der Nominativ als Kasus generell aus, auch eine Akkusativrektion ist nicht mehr möglich, und es bleiben nur noch die Kasus Genitiv oder Dativ übrig. Bei der Verwendung des Typus A {ər} + S {ø} müssen daher die syntaktischen Erscheinungen der grammatischen Kongruenz zwischen Subjekt und Prädikat bzw. innerhalb nominaler Satzglieder und die der Verbrektion zu einer weiteren Fixierung der grammatischen Kategorien beitragen. Ist eine Festlegung auf den Nominativ erfolgt (*Weicher Stoff schmeichelt der Haut.*), ist das RM {ər} zugleich ein Hinweis auf die grammatische Kategorie des Genus.

Wenn im maskulinen Teilparadigma das Substantiv das RM {ə} besitzt, ist das adjektivische RM {ər} ein Hinweis auf den Numerus Plural und auf den Kasus Genitiv.

Wird das adjektivische Deklinationsparadigma A mit den dreizehn substantivischen Deklinationsklassen A bis M zur Konstitution potentieller nominaler Wortgruppen verbunden (§ 135.1), tritt zunächst der gleiche adjektivische RM-Satz auf. Auch die anhand der Beziehungen von WEICH und STOFF beschriebene wechselseitige morphologische Differenzierung der grammatischen Kategorien bleibt bestehen. Lediglich bei den Substantiven der Klassen D (der HOBEL) und E (der BESEN) ergibt sich im Typus A + S keine morphologische Ausdifferenzierung (N.S. *kleiner Hobel, kleiner Besen* vs. G.P. *kleiner Hobel, kleiner Besen*), weil die substantivischen Wortformen keine spezifische Pluralmarkierung besitzen. In diesen Fällen muß sich die Kennzeichnung der grammatischen Kategorien aus den syntaktischen Beziehungsgefügen innerhalb von Verbal- und Nominalsätzen ergeben.

Die gleichen Regelungen wie im maskulinen Teilparadigma kommen in den femininen und neutralen Teilparadigmata der adjektivischen Deklinationsklasse A vor. Wenn die Substantive eine spezifische Pluralmarkierung besitzen, ist das adjektivische RM {ər} ein Hinweis auf die beiden Kategorien Plural und Genitiv. Für die neutralen Substantive der Klassen D (das MITTEL) und E (das ZEICHEN) gilt dasselbe wie für die maskulinen Substantive derselben Klassen.

Die zweite homophone Adjektivform im maskulinen Teilparadigma ist *weichen*; sie kommt im G.S., A.S. und D.P. vor. Isoliert besitzt das RM {ən} daher keine spezifische Hinweisfunktion auf die grammatischen Kategorien von Kasus und Numerus. In Verbindung mit den RM des Substantivs STOFF ergibt sich in allen drei Kombinationen von Adjektivform und Substantivform eine Fixierung des Kasus und des Numerus. Vor allem im A.S. wird die sich wechselseitig konkretisierende Funktion der RM deutlich, denn sowohl *weichen* als auch *Stoff* sind im jeweiligen Wortartenparadigma homophone Formen, in ihrer syntaktischen Verbindung aber eindeutige Markierungen des A.S.

Das RM {ən} kommt im neutralen Teilparadigma in zwei homophonen Formen, im G.S. und D.P. – wie bei den Maskulina – vor und wird in Verbindung mit den entsprechenden substantivischen Relationsmorphemen zur eindeutigen Markierung von Kasus und Numerus. Eine besondere Genusmarkierung existiert nicht; lediglich beim G.S. ist ein feminines Substantiv ausgeschlossen.

Im femininen Teilparadigma ist das RM {ən} nur einmal nachzuweisen und damit isoliert und in Verbindung mit den RM der Substantivform in der Lage, die grammatischen Kategorien von Kasus und Numerus zu fixieren.

Da das RM {ən} in allen drei Teilparadigmata des adjektivischen Deklinationsparadigmas A im D.P. festzustellen ist, sind durch es keine Hinweise auf die Kategorie des Genus möglich.

Werden die homophonen Adjektivformen mit dem RM {ən} mit den Substantivformen aus den Deklinationsklassen A bis M verbunden (§ 135.1), ergeben sich – bis auf die Maskulina der Klassen E, G, J und die

Neutra der Klasse G – die gleichen Ausdifferenzierungen der grammatischen Kategorien von Kasus und Numerus wie beim Substantiv STOFF aus der Klasse A. Das Maskulinum MENSCH (Klasse G) führt in den Kombinationen mit Adjektiven im G.S. *statt dynamischen Menschen,* A.S. *in dynamischen Menschen vernarrt* und D.P. *mit dynamischen Menschen* weiterhin zu homophonen Formen bei Adjektiven und Substantiven, so daß die Hinweise auf die grammatischen Kategorien erst aus den weiteren syntaktischen Beziehungsgefügen zu erkennen sind. Das Maskulinum BESEN (Klasse E) führt zusammen mit Adjektiven im A.S. *suche großen Besen* und im D.P. *mit großen Besen kehren* zu homophonen adjektivischen und substantivischen Formen; das Maskulinum UHU und das Neutrum ECHO (beide Klasse G) besitzen im G.S. (*erster Ausflug jungen Uhus, lauten Echos Schall*) und D.P. (*mit jungen Uhus spielen, mit gestellten Echos Geschäfte machen*) homophone adjektivische und substantivische Formen. Ihre exakten Kategorienkennzeichnungen ergeben sich aus den umfassenderen syntaktischen Beziehungsgefügen.
Die dritte homophone Adjektivform im maskulinen Teilparadigma ist *weiche*, das im N.A.P. vorkommt. Durch das RM {ə} ist ein Hinweis auf die grammatische Kategorie des Numerus (Plural) gegeben, nicht aber auf die des Kasus, die auch durch die Verbindung mit einem Substantiv der Klasse A nicht spezifiziert wird; die Fixierung erfolgt bei Nominativ und Akkusativ leicht innerhalb von Verbalsätzen durch die Erscheinungen der grammatischen Kongruenz und Rektion. Da die RM aller Adjektive und die RM der jeweiligen Substantive der Klassen A bis M im N.A.P. identisch sind (§ 135.1), gilt dies für alle Verbindungsmöglichkeiten von Adjektiven und Substantiven in den Typen A + S und P + A + S.
168.4 Im Teilparadigma des Femininums mit dem Nukleus SPEISE aus der substantivischen Deklinationsklasse I kommen zwei homophone Formen vor. Die Adjektivform *warme* mit dem RM {ə} zeigt sich im N.A.S. und N.A.P. In Verbindung mit den substantivischen RM {ø} und {n} ergibt sich eine Festlegung der Numeruskategorie. Die Differenzierung der Kasus Nominativ und Akkusativ erfolgt im Typus A + S durch das umfassendere syntaktische Beziehungsgefüge, im Typus P + A + S genügt bereits das Auftreten einer Präposition.
Die morphologischen Ausdifferenzierungen bei der homophonen Adjektivform *warmer* wurden bereits im Zusammenhang mit der Adjektivform *weicher* behandelt (§ 168.3).
Die Berücksichtigung der Kombinationsmöglichkeiten von Adjektiven mit den femininen Substantiven der Klassen L (TRÜBSAL), F (TOCHTER) und H (MUTTI) ergibt bei den Adjektiven den gleichen RM-Satz und die gleiche Anzahl von homophonen Formen. Die morphologischen Ausdifferenzierungen der grammatischen Kategorien sind dieselben wie in Verbin-

dung mit dem Substantiv SPEISE (Klasse I), auch wenn bei den Substantiven unterschiedliche Pluralmarkierungen auftreten.
Insgesamt ergibt sich bei den Typen A + S und P + A + S im Teilparadigma des Femininums ein wesentlich einheitlicheres morphologisches Beziehungsgefüge als im Teilparadigma der Maskulina.

168.5 Im Teilparadigma des Neutrums mit dem Nukleus METALL aus der substantivischen Deklinationsklasse A sind drei homophone Formen vorhanden. Die Adjektivform *hartes* mit dem RM {əs) kommt im N.A.S. vor. Das RM {əs} ist auf das neutrale Teilparadigma beschränkt und signalisiert daher in eindeutiger Weise die grammatischen Kategorien von Numerus und Genus. Das RM {əs} ist das einzige RM, das bereits durch seine isoliert vorgenommene morphologische Analyse eine eindeutige Markierung der Genuskategorie vornimmt. Durch das RM {əs} sind die Kasus Genitiv und Dativ ausgeschlossen, die Differenzierung von Nominativ und Akkusativ geschieht im Typus P + A + S bereits durch eine hinzutretende Präposition, beim Typus A + S erfolgt Sie innerhalb des Satzverbandes durch die Erscheinungen der grammatischen Kongruenz und Rektion.

Die zweite homophone Form *harten* erscheint im G.S. und D.P. Treten die RM der substantivischen Nuklei hinzu, erfolgt eine Fixierung auf die grammatischen Kategorien von Kasus und Numerus. Dies gilt neben den Substantiven der Klasse A (METALL, JAHR) auch für die Substantive der Klassen C (BRETT), D (MITTEL), E (ZEICHEN), K (OHR), L (ENDE) und M (MENSCH). Lediglich in der Klasse G (ECHO) ist keine Ausdifferenzierung vorhanden (§ 168.3); sie erfolgt durch die umfassenderen syntaktischen Beziehungsgefüge.

Bei der dritten homophonen Form *harte* zeigen sich die gleichen Verhältnisse wie im maskulinen Teilparadigma (§ 168.3).

Innerhalb des neutralen Teilparadigmas besitzt das RM {əm} wie bei den Maskulina eine eindeutige Hinweisfunktion auf die grammatischen Kategorien von Kasus (Dativ) und Numerus (Singular).

Unter ausschließlicher und isolierender Betrachtung des neutralen Teilparadigmas hat auch das RM {ər} eine Kennzeichnungsfunktion für die Kategorien Kasus (Genitiv) und Numerus (Plural). Werden jedoch die morphologischen Strukturen des Gesamtparadigmas einbezogen, ergeben sich die beiden kategorialen Bestimmungen erst durch das Zusammenwirken mit dem RM {ə} in *Metalle* (vgl. § 168.3).

Bei der Kombination von Adjektiv und neutralem Substantiv der Klassen D (MITTEL) und E (ZEICHEN) existiert im G.P. *harter Mittel, neuer Zeichen* durch das RM {ø} bei den Substantivformen kein morphologischer Unterschied zum N.S. *weicher Stoff*, so daß die Fixierung der grammatischen Kategorien erst durch den weiteren Satzkontext vorgenommen wird.

168.6 Werden die Relationsmorphemsätze der Adjektive innerhalb des gesamten Deklinationsparadigmas A ohne die aufgezeigten Interrelationen zu den substantivischen Nuklei betrachtet, dann kann die Identität aller Pluralmorpheme in den drei Genera festgestellt werden. Eine weitere Identität besteht zwischen den RM des G.S. und D.S. bei den Maskulina und Neutra, während im N.S. und A.S. die RM bezogen auf die drei Genera der Substantive eine jeweils spezifische Phonotaktik besitzen.

168.7 Werden dagegen die Relationsmorphemsätze der Adjektive aus dem Deklinationsparadigma A in Relation zum jeweiligen substantivischen Nukleus aus den Substantivklassen A bis M (§ 135.1) bzw. in Relation zur Präposition des Typus P + A + S ausgewertet, ergeben sich verschiedene Grade der Homophonie und der Ausdifferenzierung der grammatischen Kategorien von Kasus und Numerus, die neben der durch die Relationsmorphemsätze bedingten Klasseneinteilung zu zusätzlichen Subklassifizierungen führen und im Schema 21 erfaßt sind.

Das Schema zeigt in der vertikalen Achse die drei RM-Sätze der Maskulina, Feminina und Neutra. Auf der horizontalen Achse sind die Klassen und Subklassen aufgeführt. Die Klassenbildung ergibt sich aus der Anzahl der isolierend betrachteten homophonen Adjektivformen bezogen auf den jeweiligen RM-Satz. Die Subklassenbildung erfolgt einmal nach der Anzahl von homophonen Verbindungen, die sich aus der Einbeziehung der Adjektivformen in die Typen A + S und P + A + S ergeben, zum anderen aus den besonderen homophonen Verbindungen, die durch die Wahl der Substantivklasse entstehen. Die Klasse I beruht auf drei homophonen Adjektivformen (N.S. + G.P., G.S. + A.S. + D.P., N.A.P.) und dem Typus 3/1/0. Die erste Ziffer verweist auf die Anzahl der homophonen Adjektivformen, die zweite Ziffer gibt die Anzahl der homophonen Verbindungen von A + S an, die dritte diejenige, die beim Typus P + A + S zu erkennen ist. Die erste Subklasse wird von den Substantiven gebildet, die genau dem Typus entsprechen. Es ist die umfangreichste Subklasse und enthält substantivische Nuklei aus den Substantivklassen A, C, D, K und L. Die zweite Subklasse zeigt eine zusätzliche Homophonie im G.S. und D.P., wenn die substantivischen Nuklei aus der Substantivklasse G stammen. Die dritte Subklasse entsteht durch eine zusätzliche Homophonie im A.S. und D.P. bei substantivischen Nuklei aus der Substantivklasse E, und die vierte Subklasse durch eine zusätzliche Homophonie im G.S., A.S. und D.P. bei substantivischen Nuklei aus der Substantivklasse J. Die Klasse II beruht auf zwei homophonen Adjektivformen (N.A.S. + N.A.P., G.D.S. + G.P.) und dem Typus 2/2/0. Bei den substantivischen Nuklei aus den Substantivklassen B, F, H und I ergeben sich keine Subklassifixierungen. Die Klasse III hat drei homophone Adjektivformen (N.A.S., G.S. + D.P., N.A.P.) und den Typus 3/2/0. Die erste Subklasse entspricht dem Typus; sie ist am umfang-

Schema 21: RM-Sätze, Homophonieformen und ihre Ausdifferenzierung bei den Typen A + S und P + A + S

Homophonieformen und Ausdifferenzierung	Klasse I: drei homophone Adjektivformen (Typus 3/1/0)			
RM-Sätze	1. nur Typus	2. zusätzl. Homophonie G.S. + D.P.	3. zusätzl. Homophonie A.S. + D.P.	4. zusätzl. Homophonie G.S. + A.S. + D.P.
mask. RM-Satz: N.S. ər N.P. ə G.S. ən G.P. ər D.S. əm D.P. ən A.S. ən A.P. ə	A. STOFF, FISCH C. GEIST, D. HOBEL K. STAAT, L. SEE	G. UHU	E. BESEN	J. MENSCH
femin. RM-Satz	Klasse II: zwei homophone Adjektivformen (Typus 2/2/0)			
N.S. ə N.P. ə G.S. ər G.P. ər D.S. ər D.P. ən A.S. ə A.P. ə	B. TRÜBSAL, F. TOCHTER, H. MUTTI, I. SPEISE/FRAU			
neutr. RM-Satz	Klasse III: drei homophone Adjektivformen (Typus 3/2/0)			
	1. nur Typus	2. Homophonie G.S. + D.P. bleibt	3. zusätzliche Homophonie N.S.M. + G.P.N.	
N.S. əs N.P. ə G.S. ən G.P. ər D.S. əm D.P. ən A.S. əs A.P. ə	A. METALL, JAHR C. BRETT, K. OHR L. ENDE, M. HERZ	G. ECHO	D. MITTEL E. ZEICHEN	

reichsten und enthält substantivische Nuklei aus den Substantivklassen A, C, K, L und M. Die zweite Subklasse zeigt sich bei substantivischen Nuklei aus der Substantivklasse G, weil bei Ihnen die Homophonie im G.S. und D.P. bleibt. Die dritte Subklasse entsteht dadurch, daß bei substantivischen Nuklei aus der Substantivklasse D und E eine zusätzliche klassenübergreifende Homophonie zwischen dem N.S.M. und G.P.N. vorhanden ist, die in der ersten Subklasse fehlt.

168.8 Innerhalb der Subklassen sind morphologisch begründete weitere Subgruppenbildungen unter dem Aspekt der GM-Anzahl möglich. Sie betreffen die Adjektive, die in der Phonotaktik ihrer Grundmorpheme einmal auf einen Vokal /ə/ enden, einmal nicht. Dabei treten gleiche Verteilungsregeln wie bei der Komparativbildung auf (§ 167.2). Das GM mit dem Vokal /ə/ wie in {mǖdə} erscheint postnuklear nach einem substantivischen Nukleus mit dem RM {ø} wie in *Männer, müde*. In pränuklearer Position vor einem Substantiv ist in den Typen A + S und P + A + S (*müd-er Mann, statt müd-er Männer*) ein GM ohne /ə/ wie in {mǖd} anzusetzen, um für alle Adjektive in den beiden generellen Distributionstypen von einem einheitlichen RM-Satz ausgehen zu können.

Eine vergleichbare Verteilung zweier Grundmorpheme je nach postnuklearem oder pränuklearem Gebrauch bei einem substantivischen Nukleus entsteht ferner bei Adjektiven wie LIEB, BLÖD, KLUG und FIES mit einem GM-Ausgang auf die Fortes /p, t, k/ und /s/ bzw. einem solchen auf die Lenes /b, d, g/ und /z/ (§ 167.2), bei Adjektiven wie EDEL, DUNKEL mit dem GM-Ausgang auf /əl/ oder nur /l/ (*edler Mensch, dunkler Wald*, vgl. § 167.7), bei Adjektiven wie SAUER und FINSTER mit den GM-Ausgängen auf /ər/ oder nur /r/ wie in *Milch, sauer, aber gut* und *saure Milch schmeckt* (ERBEN 1980: 172), nicht aber bei FINSTER (vgl. § 167.7), und schließlich wortgebunden beim Adjektiv HOCH in den Äußerungen *Berge, hoch und mächtig* und *hohe Berge überragen das Tal* mit den GM {hōx} und {hō} (vgl. § 167.8; ERBEN 1980: 172). Wie bei der Komparation ist die Verteilung der GM in Verbindung mit den RM an der Kennzeichnung der syntaktischen Position und pränuklear an derjenigen der grammatischen Kategorien von Kasus und Numerus, teilweise Genus, beteiligt.

Die Vernachlässigung der Phonotaktik von Grundmorphemen und ihrer Funktionalität führt zu unhaltbaren Aussagen. So stellen HELBIG/BUSCHA (1986/1994: 299) fest, daß „Einsilbige nicht-abgeleitete Adjektive mit stimmhaftem Reibe- oder Verschlußlaut im Auslaut (*s, b, d, g*) [...] in prädikativer Stellung gewöhnlich auf *-e*“ enden. Enden jedoch Adjektive wie WEISE auf ein Phonem /ə/, sind sie zweisilbig und nicht einsilbig, das Reibephonem /z/ ist stimmhaft. Steht das Graph <s> wie bei FIES im Auslaut, repräsentiert es ein stimmloses Reibephonem /s/ und kein stimmhaftes, die Morphemstruktur ist einsilbig. Der hier herausgearbeitete Wechsel von unterschiedlichen GM-Ausgängen in attributiver pränuklearer und postnuklearer Position bei einem substantivischen Nukleus wird so nicht sichtbar.

Die Subgruppierungen treten unabhängig von den adjektivischen Deklinationsparadigmata A bis C auf, so daß sich bei den übrigen Paradigmata eine erneute Darstellung erübrigt.

Werden alle syntaktischen Verwendungsweisen des Adjektivs einbezogen, dann kann in prädikativer und adverbieller Verwendungsweise (§§ 172.2-5) dieselbe Phonotaktik wie in postnuklearer Distribution bei einem substantivischen Nukleus nachgewiesen werden.

Die fünf ermittelten Subgruppierungen sind im Schema 22 zusammengestellt.

Die Tabelle gibt auf der horizontalen Achse die Distributionen an, differenziert nach substantivischem Nukleus mit post- und pränuklearer Position und nach prädikativem und adverbiellem Gebrauch. Als letztes wird ein Wort als Typus angegeben, bei dem die entsprechende Phonotaktik vorkommt. Auf der vertikalen Achse sind die jeweiligen GM-Ausgänge angegeben, die die Subgruppenbildungen bestimmen. Die letzte Subgruppe ist wortgebunden. Den Subgruppenbildungen wird unter den vertikal angegebenen syntaktischen Distributionen das jeweilige Grundmorphem des als Typuskennzeichnung ausgewählten Wortes zugeordnet, wobei eine phonologische Darstellung des GM gewählt wird. In pränuklearer Position bei einem substantivischen Nukleus ist jeweils noch allgemein auf den RM-Satz verwiesen, der je nach Deklinationsparadigma A bis C zu spezifizieren ist.

168.9 Vor dem Hintergrund des im einzelnen beschriebenen morphologischen Beziehungsgefüges kann der Versuch DARSKIs (1979: 199) beurteilt werden, die Funktion des Adjektivs in den generellen Distributionstypen A + S und P + A + S mit einer einfachen Regelformulierung zu erfassen. Er stellt fest, daß „das Substantiv durch die Suffixe *-s, -es* (Genitiv Singular) und *-n* (Dativ Plural) determiniert ist“, d.h. die Determinierung erfolgt bei diesen Substantivformen in den grammatischen Kategorien des Kasus und Numerus. Dieser Aussage kann in Bezug auf die Substantivklassen A, C, D, K und L (§ 168.7) bei den Maskulina gefolgt werden, nicht aber bei den Substantivklassen G (UHU), E (BESEN) und J (MENSCH), bei denen durch eine zusätzliche Homophonie zwischen G.S. + D.P., A.S. + D.P. und G.S. + A.S. + D.P. genau diese Kategorien nicht spezifiziert sind. Vergleichbare Einschränkungen ergeben sich bei den neutralen Substantiven und ihren Klassen (§ 168.7). Das bedeutet, daß die Determinierung durch substantivische RM wesentlich differenzierter zu betrachten ist. In gleicher Weise zu global formuliert ist die weitergehende Aussage DARSKIs (ebd.), daß „die Adjektivendung die Determination der ganzen Gruppe“ übernehme, wenn „das Substantiv formal nicht determiniert“ sei. Von einer solchen

Schema 22: Phonotaktisch bedingte Subgruppen innerhalb der Subklassen der adjektivischen Deklinationsparadigmata A, B und C

Distribution GM-Ausgang	substantivischer Nukleus		prädikativer und adverbieller Gebrauch	Worttypus
	postnuklear	pränuklear		
1. Vokal /ə/ oder fehlender Vokal	/mǖdə/	/mǖd/ + RM-Satz	/mǖdə/	MÜDE
2. Fortes oder Lenes	/līp/, /blȫt/, /klūk/, /fīs/	/līb/, /blȫd/, /klūg/, /fīz/ + RM-Satz	/līp/, /blȫt/, /klūk/, /fīs/	LIEB, BLÖD, KLUG, FIES
3. /əl/ oder /l/	/ēdəl/	/ēdl/ + RM-Satz	/ēdəl/	EDEL
4. /ər/ oder /r/	/zaoər/	/zaor/ + RM-Satz	/zaoər/	SAUER
5. / hōx/ oder /hō/	/hōx/	/hō/ + RM-Satz	/hōx/	HOCH

generellen Determinierung, die von DARSKI nicht weiter spezifiziert wird, ist das Adjektiv weit entfernt, wie die Analyse der Homophonien in den Distributionstypen gezeigt hat. Für DARSKIs generelle Regeln „1. Kommen in der Substantivgruppe (*Determinativ +) Adjektiv + Substantiv* im Singular der Kasus und das Genus und im Plural nur der Kasus formal zum Ausdruck, so hat das Adjektiv im Nominativ Singular aller Genera und im Akkusativ Singular bei Feminina und Neutra das Suffix *-e*, sonst in allen anderen Fällen sowohl im Singular als auch im Plural das Suffix *-en*. - 2. Kommen in der Substantivgruppe (*Determinativ* +) *Adjektiv* + *Substantiv* im Singular der Kasus und das Genus und im Plural der Kasus formal nicht zum Ausdruck, so nimmt das Adjektiv die entsprechenden Suffixe des Determinativs *dies-**er**, dies-**e**, dies-**es**; die-**se*** (Plural) im erforderlichen Fall an." (zum Verzicht auf die Regelformulierung mit einbezogenem Personalpronomen vgl. § 171.6), in denen 'formal' „ausgedrückt durch ein Morphem, das im gesamten Paradigma des Wortes eindeutig ist" (DARSKI 1984: 37), bedeutet, gelten ähnliche Einschränkungen. DARSKI legt didaktisch vermittelbare ausdruckseitig orientierte und mit einzelnen inhaltlichen Hinweisen versehene Verteilungsregeln von adjektivischen RM-Sätzen in Wortgruppen mit einem pränuklearen Attribut vor einem substantivischen Nukleus vor, die aber weder eine exakte morphologische Analyse der grammatischen Funktionalität der Beziehungsgefüge geben noch eine solche ersetzen und auch eine Klassenbildung nicht begründen können.

168.10 Bei dem Versuch, „einen Algorithmus, d.h. ein überschaubares strukturiertes Schema der für die Produktion der Sprachformen [des Adjektivs] relevanten Operationen zu erarbeiten", geht SCHLEMMER (1985: 75, 86f.) vom gegensätzlichen Gebrauch des Adjektivs im „Verb-Verband" und im „Substantiv-Verband" aus. Um die attributiven Verwendungsweisen des Adjektivs zu beherrschen, muß „der Lerner" als Voraussetzung „die Strukturgesetze des nicht-attribuierten einfachen Substantivverbandes, der Nominalphrase" kennen (ebd.: 88). Dann ist es allerdings notwendig, die fünfte Operation mit der Unterscheidung von Determinanten mit und ohne „grammat[isches] Signal" nach den als Determinanten vorkommenden pronominalen Klassen und Subklassen zu differenzieren, bei *ein, kein* und Possessivpronomina zwischen dem Kasus rectus und den Kasus obliqui zu unterscheiden und die generelle Aussage, daß das Adjektiv nach Determinanten ohne grammatisches Signal zum „Träger des Genus-, Numerus- u[nd] Kasus-Signals" werde (ebd.: 86), im Hinblick auf die jeweils tatsächlich signalisierten grammatischen Kategorien zu präzisieren.

168.11 Wenn der Typus A + S als Genitiv-Attribut verwendet wird und der Genitiv bei alltäglichen Mengenangaben eine partitive Funktion besitzt, kann in der Gegenwartssprache neben der Form *eine Tasse heißen Tees* „in der Praxis der gesprochenen Sprache" auch die Form *eine Tasse heißer Tee*

nachgewiesen werden. Hier handelt es sich um „die Verwendung der Parallelflexion", bei der „das Attribut im gleichen Kasus gebraucht [wird] wie das Beziehungswort" (HENTSCHEL 1993: 322).
Der Typus A + S verhält sich im Hinblick auf die Kennzeichnung des partitiven Genitivs anders als bei einer Verbindung eines substantivischen Nukleus mit einem eine Menge, einen Stoff oder eine Gattung bezeichnenden Substantiv (*ein Schwarm Bienen, eine Tonne Rohkohle, sieben Liter Blut*), bei der aus dem Verhältnis der Subordination „ein Verhältnis der Koordination" geworden ist (DREBENSTEDT 1986: 98). Die Verwendung „der Nullform des Substantivs bewirkt in den meisten Fällen eine gewisse Zusammenziehung, eine Raffung der Substantivfügungen" und dient nach DREBENSTEDT (1986: 102f.) einer „Ausdrucksökonomie". Im Typus P + A + S (*wegen schweren Diebstahls*) ist jedoch der Kasus wiederum markiert.

169.1 Das adjektivische Deklinationsparadigma B zeigt einen vom Paradigma A völlig verschiedenen Aufbau (Tabelle 48).
Es kommen nur zwei verschiedene adjektivische RM {ə} und {ən} vor, weshalb die Homophonie durch den Index 1 nur beim RM {ə} angegeben ist. Insgesamt führt dieser Morphembestand dazu, daß die Adjektivformen innerhalb des morphologischen Beziehungsgefüges der Typen D_1 + A + S und P + D_1 + A + S nur wenig zur Kennzeichnung der grammatischen Kategorien beitragen. Das kann aber nicht dazu führen, aus dem „Mitteilungsinhalt des ganzen NS [= nominalen Syntagmas]" zu folgern, daß in *des hohen Baums* bzw. *dieses hohen Baums* „ein [sic] diskontinuierliches Morphem [...] *-s-n-s* in *des hohen Baums*" (FOURQUET 1979: 46f.) bzw. *-es-n-s* anzusetzen sei. In dieser Tradition steht auch ÁGEL (1993: 22), für den „**die sog. starken Adjektivflexive** – inklusive natürlich der flektierten Teile von Determinantien (*d-er, d-em, ein-en, ein-es, jen-en* usw.) – **Substantivflexive sind**, die standardsprachlich nicht am Substantiv, sondern an determinierenden Elementen realisiert werden", was zur Annahme diskontinuierlicher Substantivflexive (ebd.: 26) führt. Als repräsentatives Beispiel für ein Determinans aus der an gleichen Morphemstrukturen von Nominalgruppen beteiligten Determinantengruppe I wird das Demonstrativum DIESER, DIESE, DIESES (§§ 150.9-12) ausgewählt. Die Indizierung bei D_1 verweist darauf, daß die morphologische Struktur des Adjektivs außer vom substantivischen Nukleus von der Wahl einer bestimmten Determinantengruppe abhängt, durch die die jeweilige Wortgruppe entweder direkt oder nach einer Präposition eingeleitet wird.

169.2 Im Teilparadigma des Maskulinums besitzt das RM {ə} in isolierender Betrachtungsweise eine eindeutige Hinweisfunktion auf den Kasus Nominativ und den Numerus Singular. Da das RM {ə} in den Teilparadigmata des Femininums und Neutrums ebenfalls im N.S. und darüber hinaus auch im A.S. erscheint, ist das RM {ə} vom Gesamtparadigma aus gesehen

Tabelle 48: Adjektivisches Deklinationsparadigma B (der Typen $D_1 + A + S$ und $P + D_1 + A + S$ mit Determinanten der Gruppe I)

Genus / Kasus + Numerus	Maskulinum			Femininum			Neutrum		
N.S.	dies-er	weich-e[1]	Stoff-Ø	dies-e	warm-e[1]	Speise-Ø	dies-(es)	hart-e[1]	Metall-Ø
G.S. (statt)	dies-es	weich-en	Stoff-(e)s	dies-er	warm-en	Speise-Ø	dies-es	hart-en	Metall-s
D.S. (aus)	dies-em	weich-en	Stoff-Ø	dies-er	warm-en	Speise-Ø	dies-em	hart-en	Metall-Ø
A.S. (für)	dies-en	weich-en	Stoff-Ø	dies-e	warm-e[1]	Speise-Ø	dies-(es)	hart-e[1]	Metall-Ø
N.P.	dies-e	weich-en	Stoff-e	dies-e	warm-en	Speise-n	dies-e	hart-en	Metall-e
G.P. (statt)	dies-er	weich-en	Stoff-e	dies-er	warm-en	Speise-n	dies-er	hart-en	Metall-e
D.P. (aus)	dies-en	weich-en	Stoff-en	dies-en	warm-en	Speise-n	dies-en	hart-en	Metall-en
A.P. (für)	dies-e	weich-en	Stoff-e	dies-e	warm-en	Speise-n	dies-e	hart-en	Metall-e

ausschließlich ein expliziter Hinweis auf die grammatische Kategorie des Numerus Singular. Im Hinblick auf die Kasuskategorie werden die Kasus Genitiv und Dativ ausgeschlossen, die Kasus Nominativ und Akkusativ sind durch das RM {ə} nicht differenziert. Durch die hinzutretenden RM der Nuklei der Substantive STOFF, SPEISE und METALL erfolgt ebenfalls keine weitere Kategorienspezifizierung. Eine solche ergibt sich im Typus D_1 + A + S nur im Maskulinum-Teilparadigma auf den Kasus Nominativ durch das Demonstrativum *dieser*, während in den Teilparadigmata des Femininums und Neutrums auch die Demonstrativformen *diese* und *dies(es)* nicht zur Unterscheidung vom Nominativ und Akkusativ führen, sondern diese Differenzierung erst durch die Erscheinungen der grammatischen Kongruenz und Rektion ermöglicht wird. Anders ist es im Typus P + D_1 + A + S, weil allein schon durch das Vorkommen einer Präposition bei den Feminina und Neutra eine Fixierung des Kasus Akkusativ erfolgt.

169.3 Eine explizite Kennzeichnungsfunktion grammatischer Kategorien ist durch das RM {ən} der Adjektivformen nicht gegeben. Auf das Gesamtparadigma bezogen wird durch das RM {ən} lediglich die Kategorienkombination N.S. ausgeschlossen. Das bedeutet, daß die Hinweise auf die grammatischen Kategorien innerhalb der Typen D_1 + A + S und P + D_1 + A + S durch die Verbindung mit den übrigen Wortarten erfolgen muß. Im Teilparadigma des Maskulinums ist bereits durch das RM {(ə)s} des substantivischen Nukleus eine Festlegung der Kasuskategorie auf den Genitiv und der Numeruskategorie auf den Singular gegeben. Das Demonstrativum *dies-es* markiert beide Kategorien ein zweites Mal eindeutig. Allein durch das RM {əm} des Demonstrativums erfolgt die Fixierung des D.S. Das RM {ən} von *diesen* legt den Kasus Akkusativ bzw. Dativ erst gemeinsam mit den RM des substantivischen Nukleus fest, die zusätzlich die Kennzeichnung der Numeruskategorie übernehmen. Das RM {ə} in *diese* unterstützt einmal die durch das RM {ə} in *Stoffe* bereits erfolgte Fixierung des Numerus und fügt eine Festlegung auf die Kasus Nominativ oder Akkusativ hinzu. Im Typus D_1 + A + S werden diese Kasus durch die Erscheinungen der grammatischen Kongruenz und Rektion ausdifferenziert, im Typus P + D_1 + A + S genügt das Vorkommen einer Präposition.

HELL (1972: 366) möchte die Funktion der RM der Adjektive im Typus D_1 + A + S – unter besonderer Konzentration auf den bestimmten Artikel als D_1 – darin sehen, daß sie „auf die geschlechtsbestimmende Rolle des Artikels" hinweisen. Das RM {ə} verstärke diese Rolle, während das RM {ən} darauf verweise, „daß der Artikel nicht als 'echter' geschlechtsanzeigender Artikel aufgefaßt werden darf." Damit wird er aber weder dem morphologischen Beziehungsgefüge im Typus D_1 + A + S gerecht noch der Kennzeichnungsfunktion des bestimmten Artikels (§§ 150.2, 154.3) oder vergleichbarer Pronomina im Hinblick auf die grammatische Kategorie des

Genus, vor allem da der Grad der 'Geschlechtsbestimmung' durch den Artikel und der Grad der Verweisfunktion der adjektivischen RM nicht spezifiziert wird.

169.4 Im Teilparadigma des Femininums ist das RM {ən} der Adjektivform in Verbindung mit dem RM {ø} des substantivischen Nukleus ein Hinweis auf die Numeruskategorie Singular und ein solcher auf die Kasus Dativ und Genitiv. Dieser Hinweis wird durch die hinzutretenden Demonstrativa mit dem RM {ər} nur wiederholt und nicht präzisiert, so daß die Kasusfixierung durch weitere syntaktische Phänomene übernommen werden muß. In Verbindung mit dem RM {n} des substantivischen Nukleus ist das RM {ər} in *dieser* jedoch ein Hinweis auf den Kasus Genitiv; die Pluralmarkierung erfolgt am Substantiv. Das RM {ən} in *diesen* ist in Verbindung mit der Pluralmarkierung am Substantiv – wie bei den Maskulina und Neutra – eine eindeutige Kennzeichnung des Kasus Dativ. Wegen der Homophonie mit dem A.S.M. besitzt *diesen* innerhalb des Gesamtparadigmas keine Hinweisfunktion auf die Numeruskategorie.

169.5 Im Teilparadigma des Neutrums zeigen sich im G.S. und D.S. dieselben morphologischen Beziehungsgefüge und Ausdifferenzierungen der grammatischen Kategorien wie im maskulinen Teilparadigma. Dies gilt auch für die Relationen im N.A.P. Im G.P. sichert erst das Plural-RM des substantivischen Nukleus eine Unterscheidung von G.D.S. der Feminina; gemeinsam erfolgt die Fixierung der Kategorien Genitiv und Plural.

169.6 Werden alle Substantivklassen in das adjektivische Deklinationsparadigma B einbezogen, ergibt sich unter dem Aspekt der Homophonie sowohl bei den Maskulina als auch bei den Neutra jeweils eine vom generellen Befund abweichende Subklasse. Bei den Maskulina besteht sie aus den Substantiven der Klassen E (BESEN) und J (MENSCH). Es entsteht jeweils eine zusätzliche homophone Verbindung im A.S. (*dies-en weich-en Besen-ø, dies-en weich-en Mensch-en*) und im D.P. (*dies-en weich-en Besen-ø, dies-en weich-en Mensch-en*), die in den übrigen Substantivklassen fehlt. Die Spezifizierung der jeweiligen grammatischen Kategorien erfolgt durch den übrigen Satzkontext. Die Subklasse bei den Neutra findet sich bei den Substantiva der Klasse E (ZEICHEN). Die homophone Verbindung zeigt sich in der Gegenüberstellung des A.S.M. (*dies-en weich-en Stoff-*ø) und des D.P.N. (*dies-en klein-en Zeichen-*ø). Auch hier werden die grammatischen Kategorien durch den übrigen Satzkontext ausdifferenziert.

169.7 Die morphologische Funktion, die die Subklasse der Demonstrativa DIESER, DIESE, DIESES in den Typen $D_1 + A + S$ und $P + D_1 + A + S$ ausübt, wird auch von anderen pronominalen Klassen und Subklassen übernommen, die zusammen eine erste Gruppe von Determinanten bilden. Völlig identische morphologische Beziehungsgefüge werden von den Subklassen der Demonstrativa DÉR (§§ 150.2f.) und DERJENIGE, DIEJENI-

GE, DASJENIGE (§§ 150.13f.) und von der Subklasse des bestimmten Artikels DER (§§ 154.2f.) aufgebaut. Dies gilt auch für die Subklasse der Interrogativa WER, WAS (§ 152.1) und die Subklasse der Indefinita JEDER, JEDE, JEDES (§ 153.8), die jedoch in ihrem paradigmatischen und damit in ihrem syntagmatischen Gebrauch in verschiedenem Maße eingeschränkt sind.

169.8 Ebenfalls zur ersten Determinantengruppe gehören weitere Subklassen der Pronomina, doch treten bei ihnen einzelne morphologische Besonderheiten auf, weil nach ihnen „die Deklination des folgenden Adjektivs schwankt" (GELHAUS, in: DUDEN 1984: 289; 1995: 279). Es handelt sich um die Subklasse der Demonstrativa SOLCHER, SOLCHE; SOLCHES (§§ 150.18-21), die Subklasse der Interrogativa WELCHER, WELCHE, WELCHES (§§ 152.8f., ferner 152.2) und die Subklassen der Indefinita MANCHER, MANCHE, MANCHES (§§ 153.3f.) und EINIGER, EINIGE, EINIGES (§§ 153.5f.) und ALLER, ALLE, ALLES (§ 153.7) und IRGENDWELCHER (§ 153.13) bzw. die in eingeschränkter paradigmatischer und syntagmatischer Verwendungsweise vorkommende Subklasse der Indefinita MEHRERE (§ 153.12).

169.9 Das Demonstrativum SOLCHER, SOLCHE, SOLCHES nimmt nicht nur wegen des morphologischen Nebeneinanders einzelner RM des ihm folgenden Adjektivs eine Sonderstellung ein, sondern weil es auch selbst im G.S.M. (*solch-en weich-en Stoff-(e)s* vs. *dies-es weich-en Stoff-(e)s)* und G.S.N. (*solch-en weich-en Tuch-es* vs. *dies-es hart-en Metall-s*) ein anderes RM als DIESER, DIESE, DIESES besitzt (§ 150.20). Innerhalb der substantivischen Wortgruppen der Typen D1 + A + S und P + D1 + A + S entstehen so jedoch keine weiteren homophonen Verbindungen; auch die Kennzeichnung der grammatischen Kategorien ist nicht eingeschränkt, da die Signalfunktion vom RM des substantivischen Nukleus ausgeht (§ 169.3). Gelegentlich wird im G.D.S. bei einem femininen Nukleus das RM {ər} statt des RM {ən} beim folgenden Adjektiv verwendet (GELHAUS, in: DUDEN 1984: 295; 1995: 285), d.h. statt *solch-er warm-en Speise-ø* also *solch-er warm-er Speise-ø*. Im D.S. kann auch bei einem maskulinen Nukleus in der Adjektivflexion statt des RM {ən} das RM {əm} wie in *aus solch-em weich-em Stoff-ø* nachgewiesen werden. Insgesamt liegt sowohl bei den spezifischen pronominalen RM im G.S.M. und G.S.N. als auch bei der besonderen, der Pronominalform folgenden Adjektivflexion eine gemeinsame Tendenz vor, die Tendenz, das Pronomen SOLCHER, SOLCHE, SOLCHES und das folgende Adjektiv morphologisch mit denselben RM zu versehen. Diese Tendenz tritt im N.A.P. bei Feminina und im G.P. bei Feminina und Maskulina im substantivischen Nukleus nach GELHAUS (in: DUDEN 1984: 295; 1995: 285) sogar „ziemlich häufig" auf; nach den Frequenzzählungen LJUNGERUDs (1955: 300) verhalten sich 42,86% seiner Belege so; die Zählungen von HANSEN (1963: 132) bestätigen LJUNGERUDs Angaben. FICHTNER (1990: 40) möchte die „situation in flux" mit einem „semantic feature" verbinden, den er „Generality" nennt. Nach ihm soll die „parallel order" mit „Non-Generality" korrelieren, während die nicht-parallele morphologische Struktur, die „serial order of endings", das Merkmal „Generality" signalisieren soll.

169.10 Eingeschränkt auf wenige Verbindungsformen ist der Gebrauch von *solch* mit dem RM {ø} (GELHAUS, in: DUDEN 1984: 287; 1995: 276). Der Typus D_1 (Demonstrativum) + A + S wie in *solch herrliches Wetter* kann auch zum Typus D_2 (unbestimmter Artikel) + D (Demonstrativum) + A + S wie in *eines solch außerordentlichen Kindes Pflegerin* (Beleg nach LJUNGERUD 1955: 234) erweitert sein. In dem von HANSEN (1961: 143) untersuchten Material kommt das RM {ø} nur im Singular und nie im Plural vor. Dagegen führt WÄLTERLIN (1941: 62) aus der Pressesprache die Pluralbelege N.P. *solch herrliche Spielzeuge* und G.P. *solch veredelter Nahrungsmittel* als üblich auf. PFEFFER/LINDER (1984: 158) nennen in ihrem, auch gesprochene Sprachformen berücksichtigenden Material neben Singularformen D.S. *bei solch edlem Bemühen* auch Pluralformen N.P. *solch gewaltige Leistungen*.

169.11 Wie *solch* wird auch *welch* mit dem RM {ø} im Typus D_1 + A + S (*welch hartes Los*) verwendet (GELHAUS, in: DUDEN 1984: 296; 1995: 286). HANSEN (1961: 141f.) verweist darauf, daß in „Ausrufen und Ausrufesätzen" die Fügung *welch ein* wie in *Welch ein verfluchtes Dasein!* „üblich" sei, daneben in gleicher Funktionalität aber auch *welch* mit RM {ø} wie in *Welch fabelhafte Gesellschaft war auf diesen Blättern beisammen!* vorkomme. Nach seinen Frequenzangaben überwiegt *welch ein* die Form *welch* im Verhältnis von 2 : 1. WÄLTERLIN (1941: 67) gibt neben Belegen wie *welch unsägliches Elend* auch solche mit einem Auslassungszeichen *welch' schrecklicher Gedanke!, mit welch' logischer Schärfe* an, ohne die Funktion der Auslassungszeichen bzw. ihre Problematik zu behandeln, wenn er nach *welch* mit RM {ø} „von starker Flexion" beim folgenden Adjektiv als genereller Regel ausgeht. PFEFFER/LINDER (1984: 159f.) führen in ihrem auch gesprochene Sprachformen berücksichtigenden Material nur Bildungen mit *welch* wie *welch altes Kleid, welch neue Schuh'* auf.

169.12 Das RM {ø} kann auch bei *manch* in *manch veraltetes Wort* nachgewiesen werden (GELHAUS, in: DUDEN 1984: 295; 1995: 284). Zusätzlich zeigt sich im Teilparadigma des Plurals die bereits bei SOLCHER, SOLCHE, SOLCHES behandelte Tendenz der Verwendung gleicher RM beim Pronomen und Adjektiv wie im N.A.P. *manch-e weich-e Stoff-e* bzw. G.P. *manch-er weich-er Stoff-e* (GELHAUS, in: DUDEN 1984: 294; 1995: 284), eine Tendenz, die von PFEFFER/LINDER (1984: 157) unter Beachtung gesprochener Sprachformen wie N.P. *manche neue Rechte* und

G.P. *mancher englischer Könige* bestätigt wird. HANSEN (1961: 141) hebt hervor, daß Verwendungsweisen wie *manch alter Ritter* von Thomas Mann (*Der Erwählte*) bewußt als archaisierendes Stilmittel neben anderen Merkmalen eingesetzt werden, während nach WÄLTERLIN (1941: 49) diese Verwendungsweise in der Pressesprache „ausnahmslos" gilt. Auch PFEFFER /LINDER (1984: 157) führen aus ihrem, auch gesprochene Sprachformen enthaltenden Material mit *manch neues Küken* bzw. *mit manch anderer menschlicher Betätigung* keine anderen Gebrauchsweisen an.

169.13 Beim Indefinitum EINIGER, EINIGE, EINIGES ist die parallele Flexion von Pronomen und Adjektiv im Typus D_1 + A + S nach GELHAUS (in: DUDEN 1984: 293; 1995: 283) bereits relativ ausgeprägt. Im N.S.M. und G.D.F. richtet sich die Adjektivflexion nach dem Pronomen (*einig-er jugendlich-er Unverstand-ø*), im G.S.M. und G.S.N. dagegen wie im G.S.M. *einig-en* (selten: *einig-es*) *jugendlich-en Unverstand-es* ist die umgekehrte Ausrichtung vorhanden (so auch bei PFEFFER/LINDER 1984: 155). Im Plural folgt die morphologische Struktur des Adjektivs wieder dem Pronomen (*einig-e übernational-e Aspekt-e; die Machtentfaltung einig-er wichtig-er Staat-en*).

169.14 Beim Indefinitum ALLER, ALLE, ALLES ist eine parallele morphologische Struktur von Pronomen und Adjektiv wie in *all-er inflationär-er Pomp-ø* „heute nur noch selten" (GELHAUS, in: DUDEN 1984: 293; 1995: 282). PFEFFER/LINDER (1984: 154f.) können diese Struktur nicht belegen.

169.15 Das Indefinitum IRGENDWELCHER zeigt nach GELHAUS (in: DUDEN 1984: 294; 1995: 284) und PFEFFER/LINDER (1984: 156f.) neben der im Deklinationsparadigma B aufgeführten morphologischen Struktur fast gleichberechtigt eine Verwendung gleicher RM beim Pronomen und Adjektiv.

169.16 Beim Indefinitum MEHRERE scheint nach den Angaben von GELHAUS (in: DUDEN 1984: 295; 1995: 284) und von PFEFFER/LINDER (1984: 158) die Parallelität in der morphologischen Struktur von Pronomen und Adjektiv sogar regelmäßiger zu sein als die im Deklinationsparadigma B aufgeführten morphologischen Beziehungsgefüge.

170.1 Bei den Typen D_2 + A + S und P + D_2 + A + S kann noch ein vom adjektivischen Deklinationsparadigma B abweichendes morphologisches Beziehungsgefüge im adjektivischen Deklinationsparadigma C nachgewiesen werden (Tabelle 49).

Als Determinanten der Gruppe 2 (= D_2 in der Typenangabe) treten neben der hier im Paradigma erscheinenden Subklasse der Possessiva MEIN noch die Subklasse der Interrogativa WAS FÜR EIN, die Subklassen der Indefinita KEIN und IRGENDEIN und die Subklasse des unbestimmten Artikels EIN auf.

Tabelle 49: Adjektivisches Deklinationsparadigma C (der Typen $D_2 + A + S$ und $P + D_2 + A + S$ mit Determinanten der Gruppe II)

Genus / Kasus + Numerus	Maskulinum			Femininum			Neutrum		
N.S.	mein-Ø	weich-er	Stoff-Ø	mein-e	warm-e[1]	Speise-Ø	mein-Ø	hart-es[2]	Metall-Ø
G.S. (statt)	mein-es	weich-en	Stoff-(e)s	mein-er	warm-en	Speise-Ø	mein-es	hart-en	Metall-s
D.S. (aus)	mein-em	weich-en	Stoff-Ø	mein-er	warm-en	Speise-Ø	mein-em	hart-en	Metall-Ø
A.S. (für)	mein-en	weich-en	Stoff-Ø	mein-e	warm-e[1]	Speise-Ø	mein-Ø	hart-es[2]	Metall-Ø
N.P.	mein-e	weich-en	Stoff-e	mein-e	warm-en	Speise-n	mein-e	hart-en	Metall-e
G.P. (statt)	mein-er	weich-en	Stoff-e	mein-er	warm-en	Speise-n	mein-er	hart-en	Metall-e
D.P. (aus)	mein-en	weich-en	Stoff-en	mein-en	warm-en	Speise-n	mein-en	hart-en	Metall-en
A.P. (für)	mein-e	weich-en	Stoff-e	mein-e	warm-en	Speise-n	mein-e	hart-en	Metall-e

Unter isolierender Betrachtungsweise ausschließlich der Adjektivflexion und im Kontrast zu den adjektivischen Deklinationsparadigmata A und B wird in Grammatiken das Paradigma C als „Mischung" der Paradigmata A und B angesehen und von „gemischter Deklination des Adjektivs" gesprochen (GELHAUS, in: DUDEN 1984: 290; 1995: 279). Bei der Begründung, daß bei den Pronomina des Paradigmas C „teils pronominale [= determinierende] Endungen" vorliegen und „teils nicht" (ebd), wird jedoch einmal die unterschiedliche syntaktische Struktur der verglichenen Wortgruppen (A + S, P + A + S vs. D_2 + A + S, P + D_2 + A + S) vernachlässigt, zum anderen bleibt unbeachtet, daß die determinierende Funktion von verschiedenen Wortarten und ihren Subklassen ausgeübt wird, und schließlich wird übersehen, daß im Paradigma C spezifische morphologische Beziehungsgefüge existieren, die sich nicht einfach aus einer Addition (= 'Mischung') der morphologischen Strukturen der Paradigmata A und B ergeben. Problemlos syntaktisch und morphologisch vergleichbar sind die Paradigmata B und C, weil identische Distributionen vorliegen.

170.2 Selbst bei isolierter Betrachtung des Adjektivs besitzt das RM {ər} im Paradigma C eine andere Funktion als im Paradigma A. Während es dort zu den homophonen Adjektivformen gehört, steht es im Gesamtparadigma C isoliert, d.h. es signalisiert eindeutig alle drei grammatischen Kategorien des Adjektivs Kasus, Numerus und Genus. Die in der Wortgruppe hinzutretenden morphologischen Strukturen des Substantivs und des possessiven Pronomens führen zu keiner weitergehenden morphologischen Präzisierung.

170.3 Im Paradigma C kommen bei isolierender Betrachtung des Adjektivs insgesamt drei homophone Formen vor, von denen nur *warme* und *hartes* mit einer Indizierung versehen werden, während bei den Adjektivformen mit dem RM {ən} aus Gründen einer einfachen Darstellung auf eine solche verzichtet wird. Das RM {ə} zeigt im Teilparadigma des Femininums die gleiche Verteilung wie im Paradigma B. Der morphologische Unterschied in der Gesamtparadigmatik besteht jedoch darin, daß es im Paradigma C spezifischere grammatische Funktionen besitzt als in den Paradigmata A und B. Im Paradigma C ist das RM {ə} ein eindeutiger Hinweis auf die grammatischen Kategorien Numerus und Genus, ferner sind die Kasus Genitiv und Dativ ausgeschlossen. Tritt eine Präposition auf, ist auch der Kasus Akkusativ festgelegt. Der substantivische Nukleus signalisiert zusätzlich die Numeruskategorie; das Possessivum *meine* verweist nur auf die Kasus Nominativ und Akkusativ, ohne Numerusdifferenzierung.

170.4 Das RM {əs} im Teilparadigma des Neutrums signalisiert – wie im Paradigma A – die grammatischen Kategorien des Numerus und Genus und schließt die Kasus Genitiv und Dativ aus. Durch den substantivischen Nukleus und das Possessivum erfolgt keine weitere Kasusfestlegung; sie ergibt sich im Verbalsatz durch die Erscheinungen der grammatischen Kongruenz und Rektion.

170.5 Das RM {ən} kommt im Paradigma C in denselben Flexionsformen der Adjektive wie im Paradigma B vor. Da sich auch die RM der Pronomina entsprechen und sich die bereits behandelten morphologisch bedingten Unterschiede in den gleichen Flexionsformen N.S.M., N.A.S.F. und N.A.N. befinden, ergeben sich für die mit dem adjektivischen RM {ən} verbundenen morphologischen Beziehungsgefüge dieselben Regelungen wie im Paradigma B.

170.6 Werden alle Substantive in das adjektivische Deklinationsparadigma C einbezogen, entstehen unter dem Aspekt der Homophonie dieselben Subklassen wie beim Paradigma B (§ 169.6).

170.7 Durch die Analyse der morphologischen Beziehungsgefüge anhand der Deklinationsparadigmata A bis C ergibt sich ein wesentlich differenzierteres Bild gegenüber den in Grammatiken und Einzeldarstellungen vermittelten Regelformulierungen. Es ist nicht einfach so, daß das Adjektiv „zwei Formreihen" besitzt, deren Verwendung „syntagmatisch streng geregelt" sei, und zwar so, daß im „Nominalblock" das „kennzeichnende Morphem nicht unnötigerweise wiederholt" werde: „Wenn kein Artikelwort die Form zum Ausdruck bringt, übernimmt das Adjektivattribut diese Aufgabe; wenn sie schon vom Artikelwort erledigt ist, hat das Adjektivattribut die schwache Endung, die nicht mehr die Form kennzeichnet, sondern nur die Zugehörigkeit zum Nominalblock zeigt." (LINDGREN 1974: 538). Ohne Spezifizierung der morphologischen Kennzeichnungsfunktion durch die RM der Adjektive wird eine syntagmatische Systematik vermittelt, die so für keine der drei grammatischen Kategorien des Adjektivs Kasus, Numerus und Genus zutrifft. Andererseits verstellen solche Formulierungen (ähnlich HENTSCHEL/WEYDT 1990: 189; SOMMERFELDT/STARKE 1992: 131f.) die in den generellen Distributionstypen erkennbaren, paradigmatische und syntagmatische Strukturen verbindenden morphologischen Gesetzmäßigkeiten des „Zusammenwirkens aller oder einiger Formative der deutschen Substantivgruppe", durch die eine „Unterdifferenzierung der relevanten Eigenschaften trotz der weitgehenden Mehrdeutigkeit der Formative höchst selten vorkommt" (DURRELL 1977: 48), wobei die Mehrdeutigkeit oft erst metasprachlich durch eine isolierende Betrachtungsweise und Darstellung nur zusammen erscheinender Phänomene entsteht.

170.8 Morphologisch unbegründet ist der von WEINRICH (1993: 481f.) neben dem Null-Flexiv vorgenommene Ansatz von „fünf hörbaren [sic] Flexive[n] des deutschen Adjektivs", nämlich „-e [ə] -n -m -r -s", weil dadurch einmal in inhomogener Metasprache eine „Kürzungsregel", eine „Erweiterungsregel" und „einige Sonderfälle" verbunden sind und zum anderen das morphologische Beziehungsgefüge zu undifferenziert behandelt wird (ebd.: 483). So nimmt WEINRICH (1993: 481f.) an, daß bei Adjektiven wie MÜDE und WEISE, die „auf unbetontes -e [-ə]" enden, durch eine Kürzungsregel „das gleichlautende Flexiv -e [-ə] zu [ø] gekürzt" werde, während bei Adjektiven wie FREI und GUT, die „auf betonten Vokal (auch Diphthong) oder Konsonant (außer den unter Ziffer 3 beschriebenen Sonderfällen)" enden, durch eine Erweiterungsregel „vor die konsonantischen Flexive der Gleitvokal *-e*" trete. Bei FREI und GUT ist der Gleitvokal kein Element des RM, was den Oppositionen von {ø} : {ər} in postnuklearer und pränuklearer attributiver Verwendung widerspricht (*der Mensch, frei und gut : ein freier und guter Mensch*). Auch die Annahme einer Kürzungsregel ist unnötig, wenn von einem einheitlichen RM-Satz für alle pränuklearen attributiven Adjektivverwendungen ausgegangen wird (§ 168.8).

171.1 Die anhand der adjektivischen Deklinationsparadigmata A bis C dargestellten morphologischen Strukturen gelten prinzipiell auch dann, wenn Adjektive oder Determinanten gereiht auftreten und so die Grundtypen erweitert werden (BUSCHA 1986: 127f.). Allerdings gibt es bei den Erweiterungstypen auch einzelne morphologische Besonderheiten (zu den inhaltsseitigen KOLDE 1985: 264f.; EICHINGER 1993; SCHECKER 1993). Bei den Typen A + A + S und P + A + A + S ist im D.S.M. und N. die zweimalige Verwendung des RM {əm} die Regel (WÄLTERLIN 1941: 90; LJUNGERUD 1955: 256), doch findet sich daneben noch das RM {ən} beim zweiten Adjektiv wie in *mit frischem roten Gesicht*. Für den D.S.F. und den G.P. stellt GELHAUS (in: DUDEN 1984: 298; 1995: 288) in Verbindung von Deskription und Präskription fest, daß die „frühere Regel", also ein ehemaliger sprachlicher Zustand bzw. eine Grammatikerforderung des 19./20. Jahrhunderts (WÄLTERLIN 1941: 90), zur Abfolge der adjektivischen RM {əm} und {ən} wie in *bei dunklem baierischen Bier* nicht mehr gelte.

Von diesem Nebeneinander zweier morphologischer Strukturen sind Normverstöße in komplex aufgebauten Satzgliedern wie „Troxlers vom mächtigen Strome der abendländischen Mystik genährten psychologischen Einsichten ... passten nicht in eine Psychologie ohne Seele." zu trennen. Nach HOTZENKÖCHERLE (1968: 3, 6) haben „Attributgruppen mit zwei Adjektiven bzw. Attribut-Doppelgruppen [...] eine besondere Anfälligkeit für das Abgleiten in die normwidrige, inhaltgesteuerte Form des Adjektivs". Sie betrifft gewöhnlich das zweite Adjektiv, dessen syntaktische Distanzstellung „vom bestimmenden Genitiv", dessen „determinierende Kraft [...] dem bestimmten Artikel mindestens gleichwertig" ist, die „Stringenz der Formregel" lockert und „das Gewicht der inhaltlichen Vorstellung" vermehrt.

171.2 Wenn in den Erweiterungstypen A + A + S und P + A + A + S an erster Position die unbestimmten Zahladjektive *viel, wenig* u.ä. verwendet werden, kommt wie bei einzelnen Pronomina der Typen D_1 + A + S und P + D_1 + A + S (§§ 169.8-16) ein morphologisches Nebeneinander von zwei Abfolgen adjektivischer RM vor (GELHAUS, in: DUDEN 1984: 285, 292, 296f.; 1995: 274, 281f., 285f.). So finden sich im N.A.N., D.M. und D.N. „fast ausschließlich" die RM-Abfolgen {əm} und {ən} wie in *mit vielem kalten Wasser*, in den anderen Kasus einschließlich des N.S.M. wie in *vieler schöner Putz* dagegen eine parallele morphologische Struktur. HANSEN (1961: 135) kann dagegen in seinem Material im Typus A + A + S bzw. P + A + A + S *viel* „ausnahmslos unflektiert" wie in *viel einsames Solistentum* (N.S.N.), *über viel natürlichen Menschenverstand* (A.S.M.) belegen.

171.3 Bei den Zahladjektiven *zwei* und *drei*, die im Genitiv im Typus A + S (*mit Ausnahme zweier Berliner*) und im Typus A + A + S flektiert werden, kommt im Typus A + A + S regelmäßig eine parallele morphologische Struktur (*in der Betreuung zweier weiblicher Wesen, dreier achtbarer Einwohner*) vor, die RM-Abfolge {ər} und {ən} wie in *Wirkungen zweier mitgestaltenden Kräfte* ist „selten" (GELHAUS, in: DUDEN 1984: 291; 1995: 281).

171.4 Wird der Typus D_2 + A + S um ein Demonstrativum zum Typus D_1 + D_2 + A + S erweitert wie in *dieses mein großes Glück*, orientiert sich die Flexion des Demonstrativums am Typus D_1 + S (*dieses Glück*) (GELHAUS, in: DUDEN 1984: 297; 1995: 286).

171.5 Bei den Typen Pr + S (*diese Jahre*) und $D_{1,2}$ + A + S (*die/meine dunklen Gedanken*) kommen bei einer Erweiterung durch das die Wortgruppe einleitende Indefinitum ALLER, ALLE, ALLES zu den Typen Pr + Pr + S (*alle diese Jahre*) und D_2 + $D_{1,2}$ + A + S (*alle die/meine dunklen Gedanken*) nicht nur flektierte Formen, sondern auch solche des Indefinitums mit dem RM {ø} (*all diese Jahre, all die/meine dunklen Gedanken*) vor. Aufgrund von Textanalysen von Romanen Hans Falladas hebt HANSEN (1953: 241) hervor, daß mit dem morphologischen Nebeneinander auch Bedeutungsunterschiede verbunden sind. Wenn die flektierte Form des Indefinitums vor einem Pronomen steht, „wird besonders hervorgehoben, dass kein einzelnes Glied *der genannten* Gesamtheit fehlt", bei einem Gebrauch mit dem RM {ø} liegt dagegen eine Einschränkung der vollen Allgemeingültigkeit vor.

171.6 Eine Sonderstellung nehmen Wortgruppen wie *ich alter Mann* ein, in denen eine Abfolge von Personalpronomen, Adjektiv und Substantiv zu einem Satzglied verbunden ist. Von GELHAUS (in: DUDEN 1984: 291) wird der syntaktische Status der Wortgruppenelemente nicht weiter behandelt, während er (in: DUDEN 1995: 280) in der folgenden Auflage mit Recht die Verbindung Adjektiv plus Substantiv (*alter Mann*) als Apposition zum Nukleus des Personalpronomens (*ich*) syntaktisch spezifiziert (so auch DARSKI 1979: 200; ÁGEL 1993: 31). Kontrastierbare Appositionsbildungen mit einem Adjektiv liegen in den Typen *ich als alter Mann; ich, ein alter Mann; ich, der alte Mann von nebenan* vor. Syntaktisch ist daher die Apposition zum Personalpronomen dem generellen Distributionstyp A + S zu vergleichen (§ 168.1), wenn dieser in einer Attributfunktion bei einem substantivischen Nukleus vorkommt. Bezogen auf den Nukleus ist ein Vergleich mit anderen Appositionstypen durchzuführen, die ebenfalls wie *er, der alte Mann / ein alter Mann* oder *sie, die alten Männer / alte Männer* bzw. *dieser, der alte Mann* oder *diese, die alten Männer* einen pronominalen Nukleus besitzen.

Aus dem Vergleich ergibt sich, daß nicht alle Personalpronomina als Nuklei für Appositionen des Typus A + S dienen. Nach LJUNDERUD (1955: 194-207) kommen folgende Formen vor, die in der Tabelle 50 zusammengefaßt sind.

Appositionen des Typus A + S sind zu Personalpronomina der 1. und 2. Person im G.S. und G.P. nicht nachzuweisen. Dies gilt auch für die Personalpronomina der 3. Person *er, sie, es*. Lediglich mit dem D.S. *ihm* und *ihr* sind Appositionen wie *ihm alten Mann* vorhanden, die LJUNGERUD(1955: 198) jedoch nur einmal belegen konnte.

Neben der Form D.S. *mir altem Mann* kommt bei einem maskulinen substantivischen Nukleus auch das RM {ən} in *mir armen Jungen* vor. Bei einem femininen substantivischen Nukleus gilt fast ausschließlich das RM {ən} wie in *mir alten Frau*, nur einmal ist das RM {ər} in *mir alter Person* durch LJUNGERUD(1955: 199) belegt.

Werden die Morpheme der aus Adjektiv + Substantiv gebildeten Appositionen untersucht, ergibt sich bis auf den D.S. *mir alten Frau* eine morphologische Übereinstimmung mit dem Typus A + S (§ 168.1) im Singular. Wird der seltene Beleg *mir alter Person* berücksichtigt, ist die morphologische Übereinstimmung noch deutlicher. Im Plural existiert die Übereinstimmung im D.P. und A.P., nicht aber im N.P. (*alt-e Männer* vs. *wir alt-en Männer*). Allerdings ist in 8,2% der Belege auch der N.P. *wir junge Kerle* vorhanden (LJUNGERUD 1955: 200). Aus diesem Befund kann zweierlei geschlossen werden: Erstens richtet sich die Adjektivflexion nach dem substantivischen Nukleus und nicht nach dem die Wortgruppe einleitenden Personalpronomen. Dies wird bei Zuordnungen von *wir junges Gemüse* besonders deutlich, in denen ein N.P. mit einem N.S.N. verbunden wird. Zwischen *wir* und *Gemüse* als Sammelbezeichnung für mehrere Gemüsesorten besteht zwar eine inhaltsseitige Verträglichkeit, die Adjektivform *junges* orientiert sich aber am Genus des Substantivs und spezifiziert darüber die grammatischen Kategorien des Numerus (Singular) und Kasus (Nominativ oder Akkusativ). Zweitens spricht die Genusindifferenz der Personalpronomina im Gegensatz zur genusmarkierenden Funktion der Determinanten dagegen, die morphologischen Strukturen des Adjektivs in

Tabelle 50: Verbindungen des Nukleus Personalpronomen (1. u. 2. Person) mit einer Apposition aus Adjektiv + Substantiv

Apposition aus A + S Nukleus Pers.-Pron.	Substantiv = Maskulinum	Substantiv = Femininum	Substantiv = Neutrum	2. Person (vertraulich/höflich)
N.S. ich +	alt-er Mann-Ø	alt-e Frau-Ø	alt-es Kamel-Ø	N.S. du + / Sie +
G.S. meiner +	–	–	–	G.S. deiner +
D.S. mir +	alt-em Mann-Ø	alt-en Frau-Ø	alt-em Kamel-Ø	D.S. dir +
A.S. mich +	alt-en Mann-Ø	alt-e Frau-Ø	alt-es Kamel-Ø	A.S. dich +
N.P. wir +	alt-en Männ-er	alt-en Frau-en	alt-en Kamel-e	N.P. ihr + / Sie +
G.P. unser +	–	–	–	G.P. euer +
D.P. uns +	alt-en Männ-ern	alt-en Frau-en	alt-en Kamel-en	D.P. euch +
A.P. uns +	alt-e Männ-er	alt-e Frau-en	alt-e Kamel-e	A.P. euch +

Verbindungen aus Personalpronomen + Apposition aus A + S in Relation zu den morphologischen Strukturen der Typen $D_{1,2}$ + A + S und P + $D_{1,2}$ + A + S zu beschreiben (so GELHAUS, in: DUDEN 1984: 291; 1995: 280f.). Nicht weil die Personalpronomina der 1. und 2. Person keine Genusdeterminierung besitzen, „muß das Adjektiv die Determination übernehmen" (DARSKI 1979: 210), sondern weil die Substantive ein Genus besitzen, orientiert sich das von ihnen abhängige Adjektiv an dieser grammatischen Kategorie.

Aus den beiden Folgerungen ergibt sich die Notwendigkeit einer anderen morphologischen Analyse der Wortgruppe aus Personalpronomen und Apposition aus A + S: In der Wortgruppe wird dem Nukleus des Personalpronomens die Verbindung aus A + S in weitgehender Übereinstimmung im Numerus und Kasus appositiv in der morphologischen Struktur zugeordnet, die der Typus A + S auch in anderen syntaktischen Verwendungsweisen besitzt. Die im N.P. und D.S.F. vorhandenen Abweichungen hängen nicht mit den Typen $D_{1,2}$ + A + S oder P + $D_{1,2}$ + A + S zusammen, sondern dürften auf morphologischen Analogien beruhen, auf Übertragungen der adjektivischen Relationsmorpheme aus den Appositionstypen N.P. *wir, die hart-en Männer* bzw. D.S.F. *mir, der/einer alten Frau* auf die Verbindungen *wir harten Männer* bzw. *mir alten Frau.* Die Auffassung von BRINKMANN (1971: 89), bei *mir armen Frau* statt *mir armer Frau* ein „Bedürfnis" anzusetzen, „einen so markanten Wortausgang wie den auf *-r* nur einmal zu setzen", erweist sich als unnötig, vor allem weil weder die Art des Bedürfnisses noch die Funktion des Markanten spezifiziert wird.

Daß die Wortgruppe aus Personalpronomen plus Apposition aus Adjektiv und Substantiv syntaktisch und morphologisch von Äußerungen wie *Dir, teurer Entschlafener, geloben wir ...*, „in denen ein Vokativ auf ein Anredepronomen folgt" zu trennen ist, hat bereits RIES (1928: 117f.) hervorgehoben.

ÁGEL (1993: 31) sieht in den ersten Wortformen der Äußerungen *wir kleinen Leute, ihr albernen Zaungäste, wir Deutschen* „keine Personalpronomina, sondern definite Determinantien", die er als „Personalartikel" bezeichnet. Die von ihm hervorgehobene Parallele zum bestimmten Artikel (*die kleinen Leute, die albernen Zaungäste, die Deutschen*) bezieht sich nur auf die syntaktische Position in einer Substantivgruppe und hängt mit seiner Auffassung von einem diskontinuierlichen Substantivflexiv zusammen (§ 169.1). Morphologisch und inhaltsseitig bestehen zwischen den Personalpronomina und dem bestimmten Artikel so viele Unterschiede, die den Ansatz eines 'Personalartikels' nicht zulassen.

3.4.2 Syntaktische und inhaltsseitige Funktionen

172.1 Bei der Behandlung der morphologischen Strukturen des Adjektivs in den Deklinationsparadigmata A bis C stand die attributive syntaktische Funktion des Adjektivs in pränuklearer Position – bezogen auf einen substantivischen Nukleus – im Vordergrund, weil nur in dieser Distribution paradigmatische morphologische Strukturen existieren. Mit dieser Distribution ist jedoch die syntaktische Funktionalität des Adjektivs noch nicht vollständig erfaßt. In attributiver Funktion kommt es auch postnuklear hinter einem substantivischen Nukleus vor (SOMMERFELDT 1971: 17). Dabei kann es allein auftreten (*Röslein rot, O Täler weit, mein Mann selig, Whisky pur*), in syndetisch verbundenen Doppelformen (*Die Kinder, lieb und gut, spielen im Garten.*) oder in umfangreichen Reihungen (*der Stier, schwarz, schwer, mächtig*). In allen Verwendungsweisen hat das Adjektiv das RM {ø}, dessen Ansatz in dieser Position in Relation zum pränuklearen Gebrauch zu begründen ist. Die morphologische Struktur bestimmt dabei „die Richtung der syntaktischen Dekodierung“, denn „Flektierte Adjektiv- und Partizipialattribute sind Dependentien des adjazenten rechtsstehenden Substantivs, unflektierte des adjazenten linksstehenden Substantivs“ (J.E. SCHMIDT 1993: 332).

ENGEL (1988/1996: 558) möchte wie RAABE (1979: 22f.) die postnukleare Verwendungsweise nach einem substantivischen Nukleus syntaktisch nicht als Adjektivattribut, sonder als „Apposition zum Nomen“ auffassen, doch fehlt für eine solche Auffassung das für den Zentralbereich der Appositionen (dazu und zu weiteren Typen GALLMANN 1990: 291, 314; GELHAUS, in: DUDEN 1995: 646-649) gültige Merkmal, daß die „Nachtragsgröße“ den „g l e i c h e n Kasus wie der 'Kern‘ der Wortgruppe“ (ERBEN 1980: 151; ähnlich RIES 1928: 118, 120) zeigt und Nukleus und Apposition zur gleichen Wortart gehören (JÜRGENS 1994: 38f.). Eine Auffassung als Apposition mit einer Ellipse des Nukleus innerhalb der Apposition aufgrund von Vorerwähntheit ist dagegen bei „flektierte[n] Nachstellungen“ wie *Hühnervolk, braunes und schmutzig weißes* [*Hühnervolk* = Ellipse], *irrte herum* (FLÄMIG, in: HEIDOLPH/FLÄMIG/MOTSCH 1981: 625) eher begründbar. Dabei handelt es sich um sprachliche Möglichkeiten, die in Anreden und Ausrufen wie *So ein Mistbauer, gottverdammter, beschissener!, Malefizlumpen, elendige!, Kerl du, infamer!* vorwiegend im süddeutschen Sprachgebiet in gesprochenen Varietäten, aber auch schriftsprachlich, realisiert werden (LJUNGERUD 1955: 311).

In isolierter postnuklearer Position erkennt GELHAUS (in: DUDEN 1984: 266f.; 1995: 255f.) bei den Adjektivattributen mit dem RM {ø} „Reste alten Sprachgebrauchs“, die sich als „dichterische Fügungsweise“ in archaisierender Funktion „meist im Nominativ“ zeigen (*Röslein rot, O Täler weit*), sonst aber „weitgehend veraltet" (*mein Mann selig*) seien. Zwar wird auf ein poetisches Weiterwirken verwiesen und die Verwendung in der Werbung (*Whisky pur*), in der Presse (*Sport total*) und in fachsprachlichen Texten (*70 Nadelfeilen rund nach DIN 8342*) hervorgehoben, doch wird GELHAUS damit weder der Häufigkeit noch den spezifischen Funktionen postnuklearer Adjektive in der Lyrik der Gegenwart und in literarischen Werken in Prosa gerecht, weil die besonderen, auf der Verbvalenz beruhenden und in den Nominalbereich hinübernehmbaren syntaktischen Möglichkeiten der aus Partizip I und II gebildeten Adjektive nicht einbezogen werden. Auch ist der Gebrauch in nicht-literarischen Texten nicht auf die Kommunikation in der Werbung, der nicht weiter spezifizierten 'Presse' und in Fachsprachen beschränkt. Lyrische Verwendungsweisen wie *wilder Klatsch-Mohn schwarzzüngig* (Rose Ausländer), *Die Gärten untergepflügt, Die Wälder zermahlen* (Marie Luise Kaschnitz), *im Tollkraut, dunkel und licht* (Bernd Jentzsch), *das herz randvoll mit himmel; mein raubvogel immer größer und dunkler werdend* (Doris Runge), *Himmel, beflogen von schreienden Vögeln* (Johannes Bobrowski), *Dein Bild in die Kälte geschnitten* (Karl Krolow) zeigen die textsortengebundene ungebrochene Tradition des postnuklearen adjektivischen Stellungstyps und sind in ihren Textfunktionen im Zusammenhang mit anderen nominalen Strukturen wie dem Einsatz von Nominalsätzen im Kontrast zu Verbalsätzen oder in Kombinationen mit ihnen und in Relation zu strophischen Makrostrukturen und zu Ausdrucksstellungen am Anfang und Ende von Gedichten zu erfassen (SIMMLER 1992a; 1993).

Neben der attributiven prä- und postnuklearen Position bei einem substantivischen Nukleus erscheint das Adjektiv in attributiver Funktion auch bei einem adjektivischen Nukleus (*ein richtig schöner Urlaub, der Urlaub ist richtig schön*) und bei einem adverbiellen Nukleus (*Das Dorf liegt tief unten.*). In allen diesen Verwendungsweisen ist das Adjektiv unflektiert (GELHAUS, in: DUDEN 1984: 270; 1995: 259), die Annahme eines RM {ø} ist unnötig und paradigmatisch nicht zu begründen (FLÄMIG, in: HEIDOLPH/FLÄMIG/MOTSCH 1981: 627).

WEINRICH (1993: 478) faßt die unflektierten, nicht-attributiven Verwendungsweisen des Adjektivs gemeinsam mit der adverbiellen Verwendungsweise (§ 172.4) unter dem Terminus der „applikative[n] Funktion" zusammen, in der „ein Adjektiv entweder ein Verb, ein anderes Adjektiv oder ein Adverb determiniert". Die attributive Verwendungsweise wird dadurch auf die Determination eines Substantivs beschränkt (ebd.: 477).

172.2 Außer in attributiver Funktion kann das Adjektiv noch in prädikativer und adverbieller Funktion nachgewiesen werden (SPITZ 1977: 167; EISENBERG 1976: 12). In beiden Verwendungsweisen wird das Adjektiv nicht flektiert. Ein RM {ø} könnte nur in Relation zur attributiven pränuklearen

Distribution angesetzt werden; da aber keine paradigmatische Struktur vorliegt, ist es besser, auf diese Annahme zu verzichten.

172.3 In prädikativer Funktion wird das Adjektiv subjektbezogen (*Das Auto ist rot.*) und objektbezogen (*Der Mann streicht die Wand rot*) gebraucht und syntaktisch als prädikatives Satzadjektiv, d.h. als Satzglied, interpretiert (GELHAUS, in: DUDEN 1984: 269,582; 1995: 258,626; zur Argumentation unter Berücksichtigung russischer Literatur HELBIG 1974: 66f.; zu den damit verbundenen Satzmodellen STARKE 1973). Das prädikative Attribut kann allein ein Satzglied konstituieren oder als Nukleus eines solchen fungieren.

OBJARTEL (1990: 152f.) möchte für Gebrauchsweisen wie (1) *Diese Affaire ist eine politische.* und (2) *Das Hauptproblem ist ein verkehrstechnisches.* „ein flektiertes Adjektiv in prädikativer Position" ansetzen. Dabei vernachlässigt er aber den Artikelgebrauch und die beim Satztyp E_N - V - E_N (ERBEN 1980: 264) gegebene Möglichkeit der Gleichsetzung, so daß die Annahme einer Ellipse des Nukleus aufgrund seiner Vorerwähntheit im ersten Satzglied oder in anderer Terminologie die Annahme des generellen Bezugs „auf eine latente Größe" (FLÄMIG, in: HEIDOPH/FLÄMIG/MOTSCH 1981: 627) und damit eine Integration in den Typus $D_{1,2}$ + A + S begründeter ist. Der Befund, daß „der Bedarf an typisierenden Aussageformen besonders in den Bereichen theoretischer Wissenschaft und öffentlicher Rhetorik" (OBJARTEL 1990: 165) ein Grund für diese Gebrauchsweisen ist, bleibt von der anderen syntaktischen Beurteilung unberührt.

172.4 In adverbieller Verwendungsweise ist das Adjektiv auf ein Verb bezogen (*Er läuft schnell.*); als sog. adverbiales Satzadjektiv (ebd.) konstituiert es allein ein Satzglied oder den Nukleus eines solchen.

172.5 Nicht alle Adjektive können attributiv, prädikativ und adverbiell verwendet werden. Die vorhandenen Restriktionen (GELHAUS, in: DUDEN 1984: 270-273; 1995: 259-262) führen unter syntaktischem Aspekt dazu, einen Zentralbereich von verschiedenen Peripherbereichen zu unterscheiden (so auch FLÄMIG, in: HEIDOLPH/FLÄMIG/MOTSCH 1981: 606; SOMMERFELDT 1987a: 543f.). Das Zentrum wird von den Adjektiven gebildet, die alle drei Funktionen besitzen (HÄRD 1976: 65). Etwas vom Zentrum weg, doch noch zu ihm hinzuzurechnen, sind diejenigen Adjektive einzuordnen, die eine attributive und prädikative Verwendungsweise (*ein nebliger Tag, der Tag war neblig*) bzw. eine attributive und adverbielle (*ein monatliches Treffen, sie trafen sich monatlich*) zeigen. Einen weiteren Schritt vom Zentrum weg, aber ebenfalls noch zum Zentralbereich gehörig, sind Adjektive, die nur attributiv verwendet werden. Es sind Adjektive, durch die jemand oder etwas inhaltsseitig in besonderer Weise charakterisiert wird. Die Charakterisierungen betreffen die räumliche oder zeitliche Lage (*der obere Rand, der gestrige Tag*), den Besitz, die Herkunft, den

Bereich, das Gebiet oder den Stoff (u.a. *die wirtschaftliche Sicherheit = Sicherheit im Bereich der Wirtschaft*) und die Quantität, eine Zahl, ein Jahr, die Rangfolge oder Reihenfolge (*der letzte Besucher*).
Einen Peripherbereich bilden Adjektive mit ausschließlich prädikativer Funktion (*Wir sind quitt, wir sind es leid*). ENGEL (1988/1996: 767) möchte diese Adjektive aus der Menge der Adjektive ausgrenzen und als „Kopulapartikeln" im Rahmen der unveränderlichen Wörter behandeln, was HENTSCHEL /WEYDT (1990: 186) unter Hinweis auf eine ausschließlich vorhandene „Distributionsbeschränkung" mit Recht ablehnen.
172.6 Syntaktisch sind alle Adjektive in attributiver Funktion unabhängig vom übergeordneten Nukleus Satzgliedteile. Nur in prädikativer und adverbieller Funktion als Satzadjektive und Satzadverbien konstituieren Adjektive allein oder in Verbindung mit von ihnen abhängigen Wortarten Satzglieder. Der Satzgliedstatus wiederum ist die Grundlage für die Konstitution von eingliedrigen oder mehrgliedrigen Nominalsätzen.
172.7 Da das Adjektiv die Fähigkeit hat, „auf Grund seiner Bedeutung Beziehungen zu anderen Wörtern herzustellen" (SOMMERFELDT/SCHREIBER 1977: 15), besitzt es auch die Fähigkeit der Valenz (L. HOFFMANN, in: ZIFONUN/HOFFMANN/STRECKER 1997: 48), die primär inhaltsseitig bestimmt ist (GANSEL 1987: 29). In dem Satz *Ein lediger Mann spielt Klavier* ist LEDIG in attributiver Funktion mit dem Semem$_1$ 'unverheiratet' einwertig gebraucht. Es ist auf einen Nukleus bezogen, eröffnet aber als Nukleus weitere potentielle, von ihm dominierte Relationen (*ein seit gestern lediger Mann*), die jedoch nicht besetzt werden müssen. Hat jedoch LEDIG das Semem$_2$'befreit von' (*Ein seiner Sorgen lediger Mann spielt Klavier.*), liegt eine Zweiwertigkeit vor (SOMMERFELDT/SCHREIBER 1977: 316). Die Valenz von Adjektiven wird auch „durch die Formen der Komparation beeinflußt" (VARNHORN 1993: 81).
173 Je nach syntaktischer Funktion übernimmt das Adjektiv bestimmte inhaltsseitige Funktionen. In attributiver Funktion beim Nukleus Substantiv ist es größencharakterisierend (ERBEN 1980: 170), bei den Nuklei Adjektiv oder Adverb fungiert es artverdeutlichend, graduell abstufend, den Sicherheitsgrad von Wertungen bestimmend (ebd.: 182). In adverbieller, auf ein Verb bezogener Funktion kennzeichnet es „die Art und Weise, in der das Geschehen vor sich geht, Umfang oder Intensität, örtliche und zeitliche Umstände, äußere und innere (subjektive) Bedingungen, bei denen sich das Geschehen vollzieht, schließlich Berechtigung oder Erfolg" (ebd.: 177f.). In prädikativer Funktion charakterisiert es ein Sein und einen bestehenden oder eintretenden Zustand (ebd.: 175). Nach VOGEL (1997: 426) zeigt sich in adverbieller und prädikativer Funktion das gemeinsame abstrakte Inhaltsmerkmal der „Aktualität".

174 Die syntaktischen, morphologischen und inhaltsseitigen Funktionen der Wortart Adjektiv führen unter Berücksichtigung der Wortdefinition (§ 22) zu folgender, den Zentralbereich erfassenden Definition: Das Adjektiv ist eine morphologisch-syntaktische und inhaltsseitige Funktionsgemeinschaft. Syntaktisch übernimmt es attributive, prädikative und adverbielle Funktionen und hat die Fähigkeit der Valenz. In attributiver Funktion fungiert es als Satzgliedteil pränuklear und postnuklear bei einem substantivischen und pränuklear bei einem adjektivischen oder adverbiellen Nukleus. In prädikativer und adverbieller Funktion ist es Satzglied und damit Basis von Nominalsätzen. Morphologisch kennzeichnet es aufgrund seiner Komparierbarkeit mit spezifischen Morphemen die Kategorien Positiv, Komparativ und Superlativ eindeutig. In prädikativer, adverbieller und in attributiver Funktion vor einem adjektivischen oder adverbiellen Nukleus ist es unflektiert. In attributiver pränuklearer Position vor einem Substantiv signalisiert es teilweise mit spezifischen Morphemen allein oder in Verbindung mit anderen Wortarten innerhalb der jeweiligen Distributionstypen die grammatischen Kategorien Kasus, Numerus und Genus mehr oder weniger eindeutig. Inhaltsseitig charakterisiert es in prädikativer Funktion ein Sein oder einen Zustand, in adverbieller Funktion ein Geschehen und in attributiver Funktion bei einem substantivischen Nukleus Größen; bei adjektivischen und adverbiellen Nuklei fungiert es artverdeutlichend, graduell abstufend und den Sicherheitsgrad von Wertungen bestimmend.

175.1 In der Definition sind die generellen Eigenschaften der Wortart Adjektiv begründet. Im Rahmen der morphologisch orientierten Analyse sind die in die Definition nicht aufgenommenen distributionellen Haupttypen und ihre Erweiterungstypen, die in ihnen vorkommenden adjektivischen Morpheme, RM-Sätze einschließlich ihrer Phonotaktik und ihrer unterschiedlichen Leistung bei der Kennzeichnung der grammatischen Kategorien Kasus, Numerus und Genus ausführlich behandelt. Bei der prädikativen und adverbiellen Verwendungsweise wurden nur so viele Informationen gegeben, um ihre Aufnahme in die Definition zu begründen. Dies gilt ebenso für die Hinweise auf die Konstitution von Nominalsatztypen auf der Grundlage prädikativer und adverbieller Gebrauchsformen und für die Aussagen zur Adjektivvalenz. Die dabei erkennbaren Typen sind bei einer syntaktischen Beschreibung im einzelnen zu behandeln.

175.2 Vom Zentrum der Wortart Adjektiv heben sich einzelne Wortgruppen ab, bei denen die eine oder die andere Eigenschaft der Definition fehlt. Dadurch bewegen Sie sich vom Zentrum weg zur Peripherie hin, ohne jedoch mit einer anderen Wortart zusammenzufallen. Einen ersten Schritt vom Zentrum weg zeigen die Adjektive, denen das Merkmal der Komparierbarkeit fehlt (§ 167.10) bzw. nach WURZEL (1988a: 182) 'blockiert' ist, die aber attributiv, prädikativ und adverbiell verwendet werden. Einen zweiten Schritt vom Zentrum entfernt sind die Adjektive, die nur in attributiver und prädikativer bzw. in attributiver und adverbieller Funktion vorkommen (§ 172.5). Noch weiter vom Zentrum abzuheben sind die Adjektive, die nur eine attributive Verwendungsweise besitzen (§ 172.5), aber wegen ihrer paradigmatischen morphologischen Strukturen noch zum Kernbereich der Wortart Adjektiv gehören. Einen deutlichen Peripherbereich bilden die ausschließlich prädikativ gebrauchten und nicht komparierbaren Adjektive (§§ 167.10, 172.5). Nur bei Ihnen stellt sich das Problem einer anders orientierten Wortartenklassifikation (dazu BALLMER/BRENNENSTUHL 1978: 7; FLÄMIG, in: HEIDOLPH/FLÄMIG/MOTSCH 1981: 606; EISENBERG 1986: 209f.; 1994: 219f.; VONHOEGEN 1994: 51f.). Aufgrund der Dominanz funktionaler und syntaktisch-semantischer Aspekte setzt L. HOFFMANN (in: ZIFONUN/HOFFMANN/STRECKER 1997: 8, 55) statt eines Peripheriebereichs der Adjektive bei FIT, GEWILLT, LEID, PLEITE u.a. eine eigene Wortart „Adkopula" an.

3.4.4 Adjektivklassen und Subklassen

176 Wie bei den Substantiven bildet der in den adjektivischen Deklinationsparadigmata A bis C vorgestellte RM-Satz die primäre Grundlage für die Festlegung der Adjektivklassen. Nur in den RM-Sätzen und nur in attributiver pränuklearer Position beim Nukleus Substantiv zeigt sich eine zur Klassenbildung heranziehbare paradigmatische Struktur. In allen übrigen syntaktischen Positionen ist das Adjektiv unflektiert, so daß eine morphologisch begründbare Klassenbildung ausscheidet und nur eine syntaktische Typologie vorgenommen werden könnte, wenn nicht dieselben GM und inhaltsseitigen Funktionen den Bezug zu den morphologisch begründeten Klassen herstellen. Das bedeutet aber für die Adjektive, daß syntaktische Funktionen – anders als bei den Substantiven – von vornherein viel stärker mit der morphologisch orientierten Klassenbildung verbunden sind. Die der Klassenbildung zugrunde liegenden RM-Sätze kommen nur in den generellen Distributionstypen A + S, P + A + S, $D_{1,2}$ + A + S, P + $D_{1,2}$ + A + S und ihren Erweiterungstypen vor. Daher können auch Subklassifizierungen nur auf dieser Grundlage vorgenommen werden.
Aus der Einbindung der Adjektive in die generellen Distributionstypen ist jedoch nicht der Schluß zu ziehen, daß sie sich generell „nicht wie Substantive in morphologisch determinierte Deklinationsklassen" gliedern ließen (FLÄMIG, in: HEIDOLPH/FLÄMIG/MOTSCH 1981: 605). Die syntaktische Abhängigkeit des Adjektivs „von den jeweiligen Partnerwörtern" (ebd.) spricht nicht gegen eine morphologisch-syntaktische Klassifikation, son-

dern muß zum Ausgangspunkt einer solchen gemacht werden. Dann allerdings genügt es nicht, statt der Herausarbeitung der spezifischen morphologischen Strukturen und Funktionen des Adjektivs innerhalb der generellen Distributionstypen auf vergleichbare morphologische Strukturen anderer Wortarten zu verweisen und zu konstatieren, daß die ,,pronominale starke Deklination [...] der Deklination des Pronomens“ und die ,,nominale schwache Deklination [...] der Deklination des schwachen Substantivs auf *-e*“ (ebd.: 628f.) entspreche. Die besondere Leistung der Adjektive in den generellen Distributionstypen A + S und P + A + S wird auch nicht dadurch sichtbar, daß Sie von den Typen D1,2 + A + S und P + D1,2 + A + S oder nur vom Typus Pr (= best. Artikel) + S aus beschrieben werden. Gegen die Auffassung, daß in einer Wortgruppe mit einem Adjektiv ein Begleiter des Substantivs ,,stark“ zu deklinieren und bei einem fehlenden Artikel bzw. Artikelwort das Adjektiv dessen Funktion mitzuübernehmen habe, wendet sich bereits EISENBERG (1986: 224f.; 1994: 236f.), indem er auf dieser einfachen Distributionsregel widersprechende Verteilungen der RM verweist, ohne jedoch eine umfassende morphologische Analyse vorzulegen.

177.1 In der Gegenwartssprache können unter Beachtung der RM-Sätze und der generellen syntaktischen Distributionstypen zwei Klassen von Adjektiven unterschieden werden, die im Schema 23 zusammengefaßt sind:

Schema 23: Adjektivklassen der deutschen Gegenwartssprache

Klasse	Klasse I (Typen A + S, P + A + S)			Klasse II (Typen $D_{1,2}$ + A + S, P + $D_{1,2}$ + A + S)		
gr. Kat.	Mask.	Fem.	Neutr.	Mask.	Fem.	Neutr.
N.S.	ər	ə	əs	D_1:ə / D_2:ər	ə	D_1:ə / D_2:əs
G.S.	ən	ər	ən	ən	ən	ən
D.S.	əm	ər	əm	ən	ən	ən
A.S.	ən	ə	əs	ən	ə	D_1:ə / D_2:əs
N.P.		ə			ən	
G.P.		ər			ən	
D.P.		ən			ən	
A.P.		ə			ən	

177.2 Das Schema 23 ist so aufgebaut: Auf der horizontalen Achse sind die Klassen mit den römischen Ziffern I und II in Verbindung mit den jeweiligen generellen Distributionstypen angegeben. Zusätzlich wird pro Klasse nach den Genera Maskulinum, Femininum und Neutrum unterschieden, wobei sich diese Angaben primär auf die substantivischen Nuklei beziehen. Auf der vertikalen Achse sind in einer ersten Spalte die grammatischen Kategorien von Kasus und Numerus angegeben. Unter der Angabe der Genera sind dann jeweils die RM-Sätze der Adjektive aufgeführt, die in den darüber verzeichneten generellen Distributionstypen vorkommen.

177.3 Die Klasse I beruht in der internen morphologischen Struktur auf den generellen Distributionstypen A + S und P + A + S. Es zeigen sich besondere phonotaktische Ausprägungen der RM für die Teilparadigmata der drei Genera im Singular, während für das Teilparadigma des Plurals für alle drei Genera dieselben RM erscheinen. GLINZ (1971: 126f.) hebt zwar „die größte Unterschiedlichkeit der Endungen" der Klasse I hervor, grenzt sie von der Klasse II mit einer durch die Existenz eines Pronominalteils bedingten reduzierten „Zahl der Adjektiv-Endungen" ab und kommt zur Unterscheidung „von 'voller' und von 'reduzierter' Adjektivdeklination"; er bleibt aber letzlich bei einer „dreiteiligen Struktur", indem er Strukturen ohne Pronominalteil und solche mit „Pronominalteil 'ein, kein, mein, dein, sein, ihr'" und „Pronominalteil 'der, dieser, jener, jeder, welcher'" unterscheidet (ebd.: 123f.). Die Klasse II repräsentiert die internen morphologischen paradigmatischen Strukturen der generellen Distributionstypen $D_{1,2}$ + A + S und P + $D_{1,2}$ + A + S. Wie in der Klasse I ergeben sich im Singular-Teilparadigma drei verschiedene phonotaktische Ausprägungen der RM je nach der Genuskategorie, während für das Plural-Teilparadigma nur dieselben RM für alle drei Genera vorhanden sind. Bezogen auf die beiden in den Distributionstypen erscheinenden Determinanten ergeben sich an drei Stellen der paradigmatischen Struktur Alternativangaben. Je nach Determinantengruppe wechseln im N.S.M. die RM {ə} und {ər} und im N.A.S.N. die RM {ə} und {əs}.

177.4 Eine vergleichbare Einteilung in zwei Adjektivklassen wird von JUNG (1971/1980: 308f.) und JUNG/STARKE (1984: 295f.) vorgelegt (übernommen von SOMMERFELDT/STARKE 1992: 131f.). Der Unterschied besteht darin, daß die mit den Deklinationsmustern verbundenen RM-Sätze nur allgemein in ihrer Verteilung auf verschiedene Distributionstypen benannt werden, eine exakte Analyse der in den morphologischen Beziehungsgefügen der Distributionstypen jeweils gekennzeichneten grammatischen Kategorien aber unterbleibt. So wird zum „Deklinationsmuster des schwachen Adjektivs" (*der dichte Nebel, die bildende Kunst, das gute Buch* u.a.) festgestellt: „Geht dem Substantiv der Artikel oder ein Pronomen voraus, ist es also auf diese Art im Numerus, Genus und Kasus bestimmt, so wird das Adjektiv schwach flektiert." (JUNG 1971/1980: 308; weitgehend ähnlich JUNG/STARKE 1984: 295). Zum „Deklinationsmuster des starken Adjektivs" findet sich die Regelformulierung: „Steht das attributive Adjektiv ohne Artikel und Pronomen beim Substantiv, kennzeichnet also das Adjektiv den Kasus des Substantivs, so muß es stark gebeugt werden." (JUNG 1971/1980: 309; fast identisch JUNG/STARKE 1984: 295). Wie genau die grammatischen Kategorien von Kasus, Numerus und Genus 'bestimmt' bzw. wie genau und ob nur die Kasus des Substantivs 'gekennzeichnet' werden, wird nicht weiter untersucht. Daher unterbleibt auch eine mit der Analyse der morphologischen Beziehungsgefüge verbundene Subklassifizierung.

178.1 Die Subklassen der Adjektivklassen sind im Schema 24 zusammengestellt:

Schema 24: Adjektivische Subklassen der Klassen I und II

Klasse Subklasse	Klasse I	Klasse II
Maskulina	1. Substantivklassen A, C, D, K, L 2. G (UHU) 3. E (BESEN) 4. J (MENSCH)	1. Substantivklassen A, C, D, G, K, L 2. E (BESEN), J (MENSCH)
Feminina	5. Substantivklassen B, F, H, I	3. Substantivklassen B, F, H, I
Neutra	6. Substantivklassen A, C, K, L, M 7. G (ECHO) 8. D (MITTEL), E (ZEICHEN)	4. Substantivklassen A, C, D, G, K, L, M 5. E (ZEICHEN)

178.2 Die Subklassifizierung orientiert sich an den durch einen Wechsel der Substantive in den generellen Distributionstypen entstehenden Formen homophoner Verbindungen und an den dadurch bedingten unterschiedlichen Ausdifferenzierungen der grammatischen Kategorien von Kasus und Numerus (§ 168.7). Auf der horizontalen Achse sind im Schema 24 die beiden Adjektivklassen angegeben, auf der vertikalen Achse erscheinen in einer ersten Spalte die Genera Maskulina, Feminina und Neutra, in der zweiten unter die Klassenangabe angeordneten Spalte werden bezogen auf die Genera die Subklassen aufgeführt. Pro Subklasse werden die Substantive mit den Klassenbezeichnungen A bis M aufgeführt, wie sie sich aus der Analyse der Wortart Substantiv (§§ 135.1-4) ergeben haben. Die erste Subklasse bildet jeweils den umfangreichen Zentralbereich, bei den weiteren Subklassen ist in Klammern jeweils ein Substantiv zur Erkläuterung angegeben.

178.3 Innerhalb der Adjektivklasse I können insgesamt acht Subklassen unterschieden werden, in der Klasse II dagegen nur fünf. Sowohl in der Klasse I als auch in der Klasse II zeigen sich bei den Substantivklassen E

(BESEN, ZEICHEN) und J (MENSCH) besondere Homophonieformen. Bei den Feminina ist jeweils nur eine Subklasse vorhanden.
178.4 Sowohl innerhalb der Subklassen der Adjektivklasse I als auch derjenigen der Adjektivklasse II lassen sich fünf weitere Subgruppen ausgrenzen. Sie entstehen durch die Existenz zweier Grundmorpheme bei einzelnen Adjektivgruppen und Adjektiven mit einem unterschiedlichen phonotaktischen Grundmorphemausgang, die in prä- und postnuklearer Position bei einem substantivischen Nukleus (§ 168.8) und bei der Bildung der Adjektivformen des Positivs im Vergleich zum Komparativ und Superlativ (§§ 167.2-9) vorkommen.

3.4.5 Andere Adjektivklasseneinteilungen

179 Da das Adjektiv eine auf morphologischen, syntaktischen und inhaltsseitigen Kriterien beruhende Wortart ist, sind bei anderer Gewichtung der primär, sekundär oder tertiär heranzuziehenden Kriterien und bei anderen Prämissen und Graden der Abstraktion auch andere Klasseneinteilungen als die hier vorgelegte möglich. Sie sollen hier – soweit auf sie nicht bereits in Verbindung mit der eigenen Klassifizierung eingegangen wurde (§§ 168.9, 177.4) – kurz vorgestellt werden, um Gemeinsamkeiten und Unterschiede erkennen zu können. Dabei wird ein Schwerpunkt auf solche Darstellungen gelegt, die von der hier begründeten abweichen.
180.1 Im DUDEN (1984: 288-290; 1995: 277-280) folgt die Festlegung der Klassen bzw. der Typen I bis III durch GELHAUS den Deklinationsparadigmata A bis C. Der zentrale Unterschied besteht in der Aufstellung einer dritten, einer gemischten Klasse, die in der hier vorgelegten Klassifizierung in der Klasse II aufgeht. Dabei erfolgt durch GELHAUS (in: DUDEN 1984: 290; 1995: 280) eine Konzentration auf die Relationsmorpheme, die im Typus III in Relation zu den Typen I und II beschrieben werden: „Ein Vergleich des Deklinationstyps III mit den beiden anderen zeigt, daß seine Endungen im Nominativ und Akkusativ Singular mit den Endungen des Typs I, im Genitiv und Dativ Singular sowie im Plural mit denen des Typs II übereinstimmen." Diese Aussage erweist sich im Hinblick auf das in den verschiedenen generellen Distributionstypen auftretende und durch die RM aufgebaute morphologische Beziehungsgefüge als zu global. Dies gilt auch für L. HOFFMANN (in: ZIFONUN/HOFFMANN/STRECKER 1997: 46), der ein 'gemischtes Muster' „nach indefinitem Artikel, possessivem Determinativ oder dem quantifizierenden Determinativ *kein* (*ein/mein/kein köstlicher Wein*)" beibehält. Nicht erfaßt werden so die unterschiedlichen morphologischen Markierungen der grammatischen Kategorien von Kasus, Numerus und Genus und die verschiedenen Formen von Homophonie in den

jeweiligen Wortgruppen. Eine Subklassifizierung wird daher auch erst gar nicht vorgenommen.

180.2 Ebenfalls drei Deklinationstypen legen HELBIG/BUSCHA (1986/1994: 301f.) vor. Der Unterschied zu GELHAUS (in: DUDEN 1984: 288; 1995: 277) besteht darin, daß der dort „Adjektive ohne Artikel u.a. (stark)" genannte erste Typ, bei HELBIG/BUSCHA als „Adjektive nach Nullartikel (starke Deklination)" erscheint (so auch ENGEL 1988: 572) und mit den Prämissen verbunden ist, die sich aus der Annahme eines Nullartikels (§§ 154.7-10) ergeben.

180.3 Neben der Angabe von Deklinationstypen legen HELBIG/BUSCHA (1986/1994: 308-316) eine primär syntaktisch orientierte Klassifikation vor. Als „Spitzenmerkmal" wird der attributive und/oder prädikative Gebrauch der Adjektive angesehen, der sich in den syntaktischen „Rahmen" *der ... Mann* und *der Mann ist ...* zeigt. Als „Untermerkmale" verwenden sie die morphologischen Merkmale der Deklinierbarkeit bei attributivem Gebrauch und der Komparierbarkeit. Zu einer weiteren Gruppierung wird das „morphosyntaktische Merkmal" der Valenz herangezogen. Die berücksichtigten Merkmale werden binär als (± attrib), (± prädik), (± dekl) und (± grad) erfaßt und führen zu drei Großklassen, „Gruppe A (+ attrib, + prädik)", „Gruppe B (+ attrib, - prädik)" und „Gruppe C (- attrib, + prädik)". Innerhalb der Großklassen werden Subgruppen unterschieden. Zur Gruppe A gehören die Subklassen „Gruppe A_1 (+ dekl, + grad)" mit dem Adjektiv KLEIN, „Gruppe A_2 (+ dekl, - grad)" mit dem Adjektiv TOT und die „Gruppe A_3 (- dekl, - grad)" mit dem Adjektiv LILA. Die Gruppe B besteht ebenfalls aus drei Subklassen, aus der „Gruppe B_1 (+ dekl, + grad)" wie *die obere, oberste Wohnung*, aus der „Gruppe B_2 (+ dekl, - grad)" wie *die väterliche Wohnung* und aus der „Gruppe B_3 (- dekl, - grad)" wie *die achtziger Jahre*. Die Gruppe C enthält keine morphosyntaktisch begründeten Subklassen, sondern solche, die sich aus einer unterschiedlichen Valenz ergeben.

Bei dieser Klassifizierung wird der adverbielle Gebrauch der Wortart Adverb zugewiesen, wobei jedoch der „Rahmen" *Der Mann ist ...* (HELBIG/BUSCHA 1986/1994: 338) die Abgrenzungsproblematik sichtbar macht, da in ihn DORT und KLEIN eingesetzt werden können (so bereits STARKE 1977: 194).

Von der Wortartenbegrenzung abgesehen bestehen die Unterschiede zur hier vorgelegten Klassifikation einmal darin, daß die Klassifikation nicht mit der Unterscheidung von Zentrum und Peripherie verbunden wird. Aufgrund der primär berücksichtigten syntaktischen Kriterien entsteht der Eindruck einer Gleichrangigkeit der Großklassen A bis C, während die Großklasse C selbst unter syntaktischem Aspekt als ganze einem Peripheriebereich zuzuweisen ist. Zum anderen besteht der zentrale Unterschied darin, daß das morphologische Merkmal (+ dekl) überhaupt nicht weiter differenziert und zur Klassenbildung herangezogen wird. So werden die im Zentralbereich (bei HELBIG/BUSCHA die Subklassen A_1, A_2 und B_1, B_2) vorhandenen morphologischen Unterschiede der RM-Sätze in den generellen Distributionstypen A + S, P + A + S und $D_{1,2}$ + A + S, P + $D_{1,2}$ + A + S klassifikatorisch überhaupt nicht sichtbar.

4. Wortbildungsmorphologie der Gegenwartssprache

4.0 Gegenstand und Aufgaben der Wortbildungsmorphologie

181 Da die Bildung neuer Wörter nicht nach denselben Prinzipien wie die Konstitution von Sätzen (§§ 35f.) oder Attributen (§ 37) beschrieben werden kann, erweist sich die Wortbildungsmorphologie als „derjenige Teil der Grammatik", der das Wort als „im Zeichensystem der deutschen Sprache [...] definierbare Einheit" voraussetzt (ERBEN 1975: 15; 1993: 16). Daher behandelt die Wortbildungsmorphologie die Erweiterungsmöglichkeiten des bestehenden Wortschatzes auf der Grundlage der Morphemtypen der Grundmorpheme (§ 24), der Formationsmorpheme (§§ 28f.), der Suppletivmorpheme (§§ 48, 188.12, 188.16-18) und Pseudomorpheme (§§ 39f.) unter den Aspekten ihrer generellen ausdrucksseitigen und inhaltsseitigen Kombinationsmöglichkeiten in den einzelnen Wortarten (SEIDELMANN 1979: 154; KASTOVSKY 1997: 306f.), unter Beachtung von Motivierungen und Lexikalisierungen (§ 38), unter Einschluß einer Skala von produktiven bis zu unproduktiven Bildungsprinzipien und unter Berücksichtigung ihrer von Textsorte zu Textsorte unterschiedlichen Rolle bei der Konstitution von Textexemplaren, wobei neben verschiedenen Graden der Kreativität (WILSS 1985: 285) bei Okkasionalismen (CHRISTOFIDOU 1994: 16) und ihren pragmatischen Bedingungen (BREKLE 1986: 44) auch eine bewußte Archaisierung, eine „Wiederbelebung untergegangener Ausdrücke" (FLEISCHER/BARZ 1992: 2) eine Rolle spielen kann (dazu FINKE-LECAUDEY 1992: 47f.). Daher erfordert „der Prozeß des Verstehens [...] nicht nur die Kenntnis der Bedeutung der einzelnen Wörter in der Beziehung zueinander", sondern auch die „Berücksichtigung situativer und kontextueller Faktoren" (OKSAAR 1993: 205).

In der Wortbildung zeigt sich „einer der universellen Grundzüge aller natürlichen Sprachen, daß sie immer wieder den sich verändernden kommunikativen Bedürfnissen der Menschen angepaßt werden" (FLEISCHER 1982: 9). Der „Druck gesellschaftlicher Bedürfnisse der Kognition und Kommunikation" kann in fachsprachlich orientierten Kommunikationsformen auch zu einer „Terminologisierung" und zu internationalen Normierungen führen (FLEISCHER/BARZ 1992: 2). Neben der Wortbildung besitzt jeder Sprecher/Schreiber zur Formulierung seiner Ausdrucks- und Mitteilungsbedürfnisse noch die Möglichkeiten der Wortschöpfung und der Übernahme sekundärsprachlicher Wörter.

182 Bei der Wortschöpfung werden auf der Basis des bestehenden Phoneminventars neue Wörter mit neuen Morphemen geschaffen. Mit Recht verweist ERBEN (1975: 17; 1993: 18) darauf, daß für „eine entwickelte Kultur- und Literatursprache" die Phase der Wortschöpfung, „der erstmaligen Zuordnungen völlig neuer Lautformen zu bestimmten Inhalten" vorbei ist. Dennoch bleibt die prinzipielle Möglichkeit der Wortschöpfung bestehen, wie sich bei den Onomatopoetica und in Neubildungen in der Kindersprache zeigt. Onomatopoetica sind 'schallnachahmende Bildungen' (PAUL 1880/1975: 179), die das Laut- und Phonemsystem einer Einzelsprache voraussetzen und sich dadurch als phonetisch bzw. phonologisch motiviert erweisen (ERBEN 1975: 17; 1993: 18). Die einzelsprachliche Gebundenheit der Onomatopoetica ergibt sich aus unterschiedlichen phonotaktischen Strukturen, mit denen im Deutschen *(kikeriki)*, Schweizerischen *(güggerigü)*, Englischen *(cock-a-doodle-doo)*, Französischen *(cocorico)* und Russischen *(kukareku)* das Krähen eines Hahns wiedergegeben wird.
Mit dem Hinweis auf die schallnachahmende Bildungsweise ist noch nichts über den Wortartenstatus der Onomatopoetica ausgesagt. In der Äußerung (1) *Plumps!* ist ein Onomatopoeticum isoliert gebraucht, konstituiert einen eingliedrigen Partikelsatz (ähnlich schon WILMANNS 1930: 664) und gehört zur Wortart der Interjektion, die morphologisch nur aus Grundmorphemen besteht und nicht in eine paradigmatische Struktur einbezogen ist. In (2) *Es gab einen fürchterlichen Plumps, und er lag im Wasser.* ist das GM {plumps} an der Konstitution der Wortart Substantiv beteiligt; es wird daher auch mit den entsprechenden RM der Substantivklasse Λ *(Trotz des Plumpses lachte er.)* verbunden. In (3) *Er plumpste mit Geschrei ins Wasser.* ist das GM {plumps} in einer Verbform des Verbums PLUMPSEN vorhanden. Hier zeigt sich – wie in (2) – durch die Integration in die flexionsmorphologischen Strukturen des Deutschen eine sog. „'morphologische' Motivation" (ERBEN 1975/1993: 17). In Äußerungen wie (4) *Er lag plumps im Wasser. – Plumps lag er im Wasser. – Im Wasser lag er plumps.* kommt es zur Integration des GM {plumps} in die Wortart Adverb. OKSAAR (1959/60: 272) bezeichnet diesen Wortartengebrauch als „Interjektionsadverb" und betont durch diesen Terminus die morphologische, syntaktische und inhaltsseitige Funktion und zugleich den Übergangscharakter dieser Wortart.
Neben den Onomatopoetica kommt es in der Kindersprache zu „spielerisch-versuchsweisen Wortschöpfungen" (ERBEN 1975/1993: 18), die sich gelegentlich wie *(das) Töfftöff* für 'Kraftfahrzeug' oder die Bezeichnungen der Eltern als *Mama* und *Papa* in der phonotaktischen Struktur der Reduplikation (PAUL 1880/1975: 181), in einer Sprachgemeinschaft durchsetzen, meist aber nicht. Dabei können sogar sekundärsprachliche Einflüsse eine Rolle spielen, da *Mama* und *Papa* „als höfische Modewörter" im 17.

Jahrhundert aus dem Französischen entlehnt wurden (WILMANNS 1930: 21). Wortschöpfungen von Kindern können aber in privaten Kommunikationsformen in einer Familie gruppal und situativ gebunden einen größeren Einfluß ausüben und auch in den Sprachgebrauch der Eltern und Verwandten Eingang finden.

Durch die Wortschöpfung entstehen neue Simplizia mit einer eigenen Phonotaktik, der eine Inhaltsseite in mehr oder weniger arbiträrer Weise zugeordnet wird. Auf diese Weise wird ein Prinzip zur Schaffung neuer Wörter angewendet, nach dem in einem „Frühzustand der menschlichen Sprachen [...] ein großer Teil der Wörter" entstanden sein dürfte (FLEISCHER/BARZ 1992: 5), so daß sich ein Bezug zur sog. „Urschöpfung" der Wörter (PAUL 1880/1975: 174) ergibt. Auch morphologisch zeigen die Simplizia eine spezifische Struktur (MEINEKE 1996: 251, 290), denn sie bestehen je nach Wortart aus einem Grundmorphem oder aus einem Grundmorphem und mindestens einem Relationsmorphem eines Relationsmorphemsatzes und unterscheiden sich so von Ergebnissen der Wortbildungsprozesse der Komposition und Derivation (§§ 29-32.4).

183.1 Eine wesentlich größere Rolle als Wortschöpfungen spielen Übernahmen sekundärsprachlicher Wörter bei der Ausweitung des bereits vorhandenen Wortschatzes. Für die Gegenwartssprache ist nach 1945 der anglo-amerikanische Einfluß besonders groß, doch besteht der Wortschatz der deutschen Gegenwartssprache aus unterschiedlich alten sprachlichen Traditionen, in denen sich – unabhängig von der Sekundärsprache – bestimmte Grundprinzipien der Integration in die Primärsprache des Deutschen wiederholen. Dabei werden Simplizia, Komposita und Affixbildungen integriert und in Entlehnungstypen beschrieben. Unter Berücksichtigung der Typisierungen von BETZ (1959: 128; 1948/1965: 28) und DUCKWORTH (1977: 40) und der hier entwickelten Wortdefinition (§ 22) werden die zentralen Typen anhand anglo-amerikanischer Beispiele kurz vorgestellt und in einer Skizze zusammengefaßt. Von Fremdwörtern, die weder eine ausdrucksseitige noch eine inhaltsseitige Integrationsform in eine Primärsprache zeigen, unterscheidet sich die Gruppe der Lehnwörter im weiteren Sinne durch mindestens eine Integrationsstufe.

Der erste Entlehnungstyp zeigt sich bei Simplizia wie *Band*, *Bar* und Komposita wie *Babysitter, Bestseller* und nach den Entlehnungen in produktiven Weiterverwendungen wie *Schallplattenbar* und *Strumpfbar*. Die Integration erfolgt hier graphisch durch die Anwendung der Regel der Substantivgroßschreibung, doch sind auch phonische oder phonologische Integrationen möglich. Ein Lehnwort im engeren Sinne ist damit ein sekundärsprachliches Wort, das auf mindestens einer Ebene der graphisch, phonisch und phonologisch beschreibbaren Ausdrucksseite an das System der Primärsprache angepaßt ist.

Der zweite Entlehnungstyp liegt bei Wörtern wie *Alibi, As, Ebene* vor, bei denen eine ausschließlich inhaltsseitige Integration festzustellen ist. Dieser Typus wird als Lehnbedeutung bezeichnet und läßt sich so definieren: Eine Lehnbedeutung ist ein inhaltsseitig integriertes sekundärsprachliches Wort, durch das ein in der Primärsprache unbekanntes, sekundärsprachliches Semem von einem bereits vorhandenen Wort der Primärsprache unter Beibehaltung der primärsprachlichen Ausdrucksseite übernommen wird. So hat das Wort ALIBI im Deutschen das Semem 'Nachweis der Schuldlosigkeit' und übernimmt unter anglo-amerikanischem Einfluß das Semem 'Entschuldigung'; das Wort EBENE mit dem Semem 'flaches Landstück' übernimmt unter dem Einfluß von *level* die Sememe 'linguistische Beobachtungsebene' oder 'hierarchischer Bereich' wie in der Äußerung (5) *Die Gespräche fanden auf höchster Ebene statt.*
Der dritte Entlehnungstypus ist bei Wörtern wie *atom bomb = Atombombe, brandnew = brandneu* vorhanden. Es ist der Typus der Lehnübersetzung, der vor allem bei Komposita zu belegen ist. Eine Lehnübersetzung ist ein inhaltsseitig und ausdrucksseitig integriertes sekundärsprachliches Wort, bei dem ein sekundärsprachliches Semem übernommen und zugleich eine neue primärsprachliche Ausdrucksseite nach einem sekundärsprachlichen Bildungsmuster mit primärsprachlichen Mitteln, die bei den einzelnen Segmenten eine klare Entsprechung zwischen Sekundärsprache und Primärsprache aufweisen, hergestellt wird.
Der vierte Entlehnungstypus, der Typus der Lehnübertragung, läßt sich bei Wörtern wie *understatement = Untertreibung, airfield = Flugfeld* erkennen und ist wie der dritte Typus überwiegend mit Komposita verbunden. Die Lehnübertragung unterscheidet sich von der Lehnübersetzung dadurch, daß nicht bei allen Segmenten eine klare Entsprechung zwischen denen der Sekundärsprache und denen der Primärsprache, sondern meist nur bei einem Segment, existiert. Eine Lehnübertragung ist ein inhaltsseitig und ausdrucksseitig integriertes sekundärsprachliches Wort, bei dem ein sekundärsprachliches Semem übernommen und zugleich eine neue primärsprachliche Ausdrucksseite nach einem sekundärsprachlichen Bildungsmuster hergestellt wird, wobei nur teilweise eine Entsprechung bei den einzelnen Segmenten zwischen Sekundärsprache und Primärsprache existiert.
Zum fünften Entlehnungstypus gehören die Wörter *air-conditioned = vollklimatisiert, barbecue = Holzkohlengrill, fifty-fifty = halbe-halbe*. Sie bilden den Typus der Lehnschöpfung. Eine Lehnschöpfung ist ein inhaltsseitig und ausdrucksseitig integriertes sekundärsprachliches Wort, bei dem ein sekundärsprachliches Semem übernommen und eine neue primärsprachliche Ausdrucksseite ohne Berücksichtigung eines sekundärsprachlichen Bildungsmusters hergestellt wird.

In Beispielen wie *to be in the same boat = im selben Boot sitzen, in einem Boot sitzen / sein* liegt der sechste Typus, eine Lehnwendung, vor. Eine Lehnwendung ist eine inhaltsseitig und ausdrucksseitig integrierte sekundärsprachliche feste Wendung, bei der eine sekundärsprachliche Inhaltsseite übernommen und eine neue nicht oder nur eingeschränkt substituierbare Ausdrucksseite nach einem sekundärsprachlichen Bildungsmuster hergestellt wird.
Der letzte Typus ist bei Wörtern wie DRESSMAN erkennbar. Es handelt sich um den Typus der Scheinentlehnung (vgl. HÖFLER 1990: 96f. mit Anm. 5), da im Englischen diese Bezeichnung nicht existiert, sondern dieselbe Person als *model* bezeichnet wird. Auch die Gerätebezeichnung HANDY für einen schnurlosen Telephonapparat statt englischem *mobile phone* ist eine Scheinentlehnung. Eine Scheinentlehnung ist ein mit sekundärsprachlichen Mitteln in der Primärsprache neu gebildetes Wort, das in der Sekundärsprache ausdrucksseitig und inhaltsseitig nicht existiert. Dieser Typus ist nur möglich, wenn der lexikalische Einfluß einer Sekundärsprache schon recht hoch ist.
183.2 Schematisch lassen sich die Entlehnungstypen in Skizze 8 (S. 360) zusammenfassen, wobei die Abkürzungen A = Ausdrucksseite und I = Inhaltsseite signalisieren.
Für die verschiedenen Integrationsformen sind nach BETZ (1965: 133) die Gründe der inhaltlichen Neuheit, der euphemistischen Absicht *(liquidieren)* und der Reiz des Fremden *(Haareschneider, Friseur, Coiffeur)* im Rahmen der Mitteilungs- und Ausdrucksbedürfnisse maßgebend, wobei die inhaltliche Neuheit deutlich dominiert: „Die inhaltliche Neuheit bezieht sich fast immer auf Konkreta, das Wort wird mit der Sache, mit dem Gegenstand, übernommen“ (ebd.: 134).
184 Insgesamt ergeben sich somit folgende Möglichkeiten der Wortschatzerweiterung:

Skizze 7: Möglichkeiten der Wortschatzerweiterung

Wortschatzerweiterung

Wortschöpfung	Wortentlehnung	Wortbildung
Grundlage:	Grundlage:	Grundlage:
Phoneminventar	sekundärsprachliche Wörter und ihre Morphemstrukturen	primärsprachliche Wörter und ihre Morphemstrukturen

Skizze 8: Entlehnungstypen im Deutschen

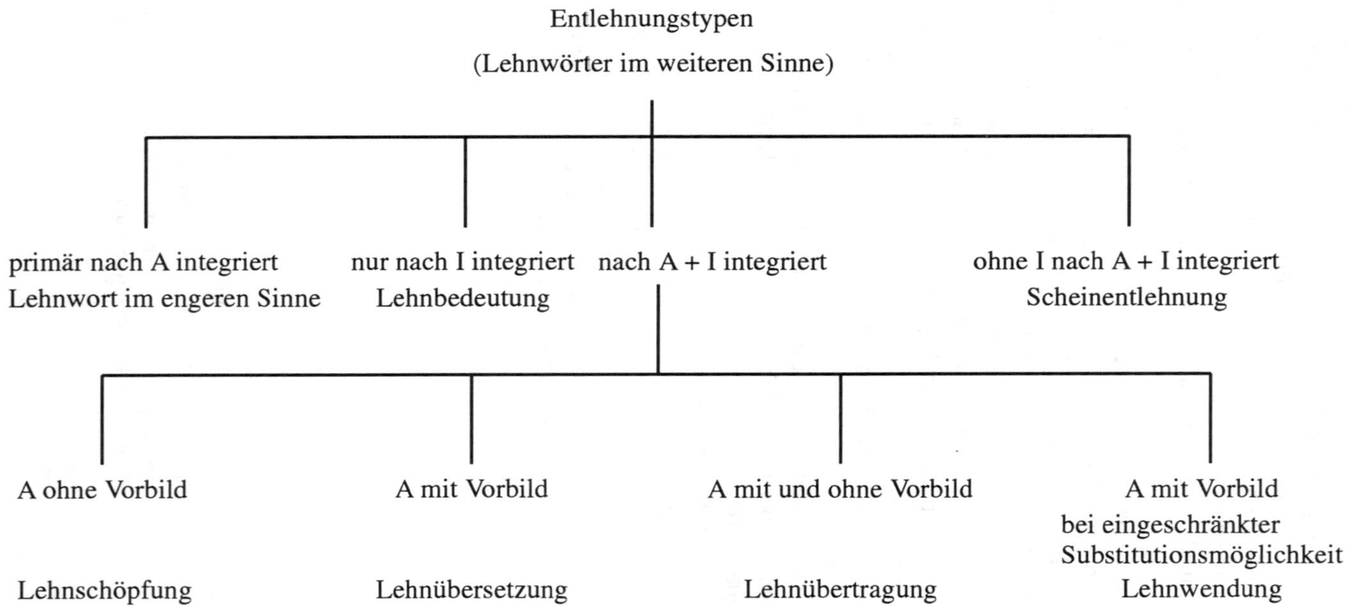

Die Grundlage der Wortschöpfung ist das Phoneminventar einer Einzelsprache, die Grundlage der Wortentlehnung sind Wörter und Morphemstrukturen einer Sekundärsprache, die Grundlage der Wortbildung sind primärsprachliche Wörter und ihre Morphemstrukturen. Dabei kann es zu Übergängen kommen, wenn eine sekundärsprachliche Wortschöpfung als Wort entlehnt wird *(Mama, Papa)* bzw. sekundärsprachliche Morpheme wie primärsprachliche nach ihrer zunächst wortgebundenen Entlehnung als Wortbildungskonstituenten produktiv weiterverwendet werden *(Schallplattenbar, Strumpfbar)*.

185.1 Neben den mit spezifischen Morphemkombinationen verbundenen Wortbildungsprozessen der Komposition und Derivation werden in der Wortbildungsmorphologie auch die Prozesse der Ausdruckskürzung und der Konversion behandelt. Zu den Ausdruckskürzungen gehören u.a. Initialwörter und Kurzwörter, deren morphologische Struktur und Phonotaktik an die Existenz von sog. Vollformen gebunden ist (§§ 290-293). So sind Initialwörter „aneinandergereihte[n] Großbuchstaben, die die Anfangslaute der Vollform bezeichnen, die der abgekürzten Form zugrunde liegt" (FLEISCHER 1982 : 230). Beispiele für Initialwörter sind *LKW = Lastkraftwagen, EDV = elektronische Datenverarbeitung, NASA = National Aeronautics and Space Administration* (= Nationale Luft- und Raumfahrtbehörde der USA), *NATO/Nato = North Atlantic Treaty Organization* (= Verteidigungsbündnis des Nordatlantikpakts). Bei der graphischen Realisation von *Nato* mit nur einem Großbuchstaben wird der Initialcharakter der ganzen Bildung zurückgedrängt. In einzelnen Fällen wie *Avus* (Automobil-Verkehrs- und Uebungsstraße) kann der Initialcharakter fast völlig aus dem Sprachbewußtsein der Kommunikationspartner verschwinden, so daß die abgeleitete Ausdrucksseite wie eine Wortschöpfung mit besonderer interner phonologischer Struktur angesehen werden kann (vgl. FLEISCHER 1982: 230f.; WELLMANN, in: DUDEN 1984: 392; 1995: 410).

185.2 Zu den Kurzwörtern gehören Bildungen wie *Auto* zu *Automobil* und *Bus* zu *Omnibus*. Mit FLEISCHER (1982: 231) können sie folgendermaßen definiert werden: „Unter K u r z w ö r t e r n im eigentlichen Sinne (engl. clippings) werden solche Kurzformen verstanden, die als zusammenhängender Teil einer Vollform (deren Anfang oder Ende oder als Kombination von Anfang und Ende) erscheinen. Die Kürzung muß nicht in Übereinstimmung mit den Morphemgrenzen innerhalb des Wortes erfolgen, insbesondere nicht bei Fremdwörtern."

185.3 Unter zeichentheoretischem Aspekt werden durch Ausdruckskürzungen „keine neuen Wörter gebildet" (WELLMANN, in: DUDEN 1984: 392; 1995: 410). Sie sind „als sprachliche Zeichen zweiten Grades (Z_2) aufzufassen", weil sie ihre „semantische bzw. kommunikative Funktion nur über die Vollformen (Z_1) realisieren" (HOFRICHTER 1972: Thesen zur Diss.,

S. 2). Sie besitzen im Hinblick auf den Zeichencharakter der Wörter die gleiche Inhaltsseite wie die Vollformen. Nur ihre Ausdrucksseite ist von den Vollformen verschieden, geht aber auf diese zurück, indem sie Teile der Vollformen wiedergeben. Andererseits durchlaufen sie einen Verselbständigungsprozeß und können dann fast wie Vollformen gebraucht werden. Um sie in diesem Stadium der Entwicklung zu kennzeichnen, können sie als Z_1' angesehen werden (HOFRICHTER 1972: 2). Unter dem Aspekt der Entstehung neuer Wörter aus Ausdrucks- und Inhaltsseite durch Wortbildungsprozesse ist es folgerichtig, daß für FLEISCHER (1982: 230) die Abkürzungen „nicht Gegenstand der Wortbildungslehre" sind (so auch FLEISCHER/BARZ 1992: 52). Andererseits bezieht er sie in seine Darstellung mit ein, weil „unter Umständen der Zusammenhang zwischen Kürzung und Vollform verloren gehen" kann (FLEISCHER 1982: 234). Aus diesem Grund werden sie auch hier mitbehandelt und systematisch beschrieben (§§ 290-293) und nicht, weil „die Kurzwortformen durch ihren alltäglichen Gebrauch schon als eigenständige Lexikonwörter angesehen werden müssen" (VIEREGGE 1983: 209).

185.4 Neben den Abkürzungen bilden auch Konversionen einen eigenen Teilbereich der Wortbildungsmorphologie. HENZEN (1965: 245) versteht unter Konversion den „Klassenwechsel von Wörtern in ihrer Normalform" und verweist sie in das „Grenzgebiet der Syntax und der Wortbildungslehre", während WELLMANN (in: DUDEN 1984: 391; 1995: 408-410) einen „Grenzbereich zwischen Wortbildung und grammatischer Formenbildung" annimmt, weil Konversionen wie die Substantivierung *(laufen – das Laufen)* „in erster Linie dem Wortartenwechsel" dienten. Im Gegensatz zu den Abkürzungen ist die Notwendigkeit einer Behandlung der Konversionen im Rahmen der Wortbildungsmorphologie unstrittig, auch wenn die mit diesem Terminus zu beschreibenden Wortbildungsprozesse nicht einheitlich beurteilt werden (§§ 284-289).

185.5 Aufgrund der bisher durchgeführten Vorklärungen können die in die Skizze 9 aufgenommenen Wortbildungsprozesse als relevante Gegenstände der Wortbildungsmorphologie angesehen werden (vgl. die Schemata bei ERBEN 1975: 55; 1993: 57; WELLMANN, in: DUDEN 1984: 392; 1995: 409):

Skizze 9: Wortbildungsprozesse

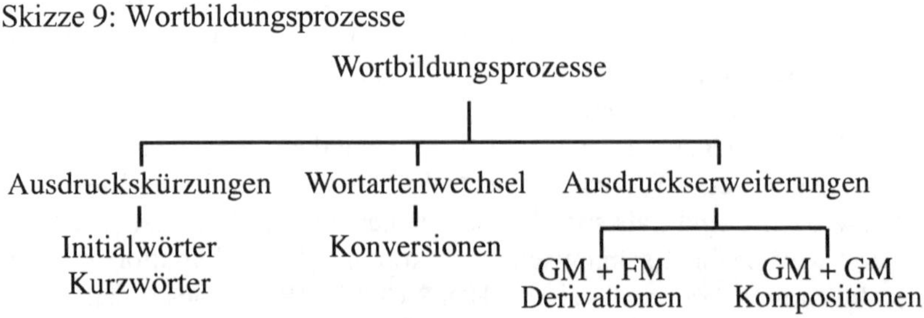

Dabei erweist es sich als notwendig, zwischen den Wortbildungsprozessen und den sich aus den Prozessen ergebenden und morphologisch zu beschreibenden Ergebnissen, den Wortbildungstypen und ihren Subklassifizierungen, deutlich zu unterscheiden.

4.1 Kompositionen, Kompositionstypen und Subklassifizierungen

4.1.1 Kompositionstypen, Wortarten und Wortgruppen

186 Ein Kompositum ist ein Wort, das aus mindestens zwei Grundmorphemen bzw. einem Suppletivmorphem oder einem Pseudomorphem und einem Grundmorphem besteht (§§ 188.2, 188.12, 188.16, 199.1). Da die GM und SM oder PsM Teile einer neuen Worteinheit sind, werden sie auch als Kompositionsglieder oder als Kompositionskonstituenten bezeichnet. Komposita aus mehr als zwei Grundmorphemen werden unter ausschließlicher Berücksichtigung der Gliederanzahl als Dekomposita aufgefaßt (J. GRIMM 1826: 405; HENZEN 1965: 222). Von FLEISCHER /BARZ (1992: 97) werden solche Bildungen als „polymorphemische Komposita" bezeichnet; unter Dekomposition wird von ihnen „ein der Komposition entgegenlaufender Prozeß" verstanden. Er zeigt sich 1. „in der Eliminierung des gleichen Kompositionsbestandteils in Reihen von Wörtern unter Verwendung des Ergänzungsbindestrichs" wie in *Wasserab- und Überlaufventil*, 2. in der „Verlagerung der Gesamtbedeutung eines Kompositums auf die erste oder die zweite UK [= unmittelbare Konstituente]" wie in *Gipfel* für *Gipfelkonferenz* oder *Platte* für *Schallplatte*, 3. in der sog. Remotivation wie *Hoch-Zeit* zu *Hochzeit* und 4. in „Verschiebungen vom Kompositum zum Simplex" wie in mhd. *nāchgebūre* zu *Nachbar*. Dieser Terminologievorschlag von FLEISCHER/BARZ wird nicht übernommen; die so zusammengefaßten Phänomene werden vielmehr anders beschrieben: Bei der ersten Beispielgruppe handelt es sich um das Phänomen der Elliptizität (aufgrund einer Nacherwähntheit), bei der zweiten um ein Referenzphänomen in Textexemplaren, das aber nicht mit einer Inhaltsidentität der verwendeten Wörter verbunden ist, bei der dritten Gruppe um eine Neumotivierung auf der Grundlage eines Kompositums mit einer neuen Inhaltsseite und bei der vierten um einen Morphemwandel, der synchron nicht zu erfassen ist und zu einem neuen GM mit neuer Phonotaktik führt.
Da die GM außer in Komposita auch in Simplizia vorkommen, werden Bildungen wie *Haustür* auch als aus zwei Wörtern, zwei Simplizia, bestehend beschrieben (§ 32.4), was dann zu Wortbildungstypen wie „Substantiv + Substantiv" führt (WELLMANN, in: DUDEN 1984: 441; 1995: 468). Von der terminologischen Unzulänglichkeit abgesehen, die Segmente einer neuen Einheit und die neue Einheit selbst mit demselben Terminus zu bezeichnen, werden durch diese Terminologie grundlegende *differentiae specificae*

zwischen Kompositum, Simplex und ihrer jeweiligen morphologischen Struktur verdeckt, was sich aus der Berücksichtigung der Wortdefinition ergibt (§ 22). So besitzt die erste Konstituente {haos} im Kompositum HAUSTÜR keinen RM-Satz und keine paradigmatische Struktur; sie zeigt keine Artikelfähigkeit, signalisiert keine grammatischen Kategorien und hat keine syntaktischen Funktionen, verhält sich also völlig anders als als Konstituente eines Simplex (§ 132). Im Vergleich zum Simplex sind die morphologisch-syntaktischen Funktionen des GM {haos} – bis auf die Funktion, als GM zu fungieren – beseitigt. Geblieben ist die inhaltsseitige Funktionalität der ersten Konstituente, und selbst diese zeigt sich nicht in einer einfachen Mitnahme seiner im Simplex erkennbaren lexikalischen Bedeutung (so auch KOTIN 1997: 100), sondern in einer spezifischen Inhaltsentfaltung in Relation zur zweiten Konstituente {tǖr}. Es besteht zwar durch die „Struktur 'genus proximum' (im Basiswort) + 'differentia specifica' (im Bestimmungsglied)" so etwas wie eine „begriffliche Hierarchie", doch ergibt diese noch nicht „eine Art Definition" (so aber WELLMANN 1977: 380).
Die zweite Konstituente {tǖr} besitzt eine größere Nähe zu seiner Verwendung im Simplex TÜR. Sie bestimmt die Wortart der neuen Einheit, legt den Artikelgebrauch und damit das Genus der neuen Einheit fest, besitzt eine paradigmatische Struktur und die der Wortart Substantiv entsprechenden syntaktischen Verwendungsweisen. Insofern sind Übereinstimmungen zum Simplex mit dem GM {tǖr} vorhanden. Inhaltsseitig bestehen jedoch Unterschiede. Während TÜR in einer Äußcrung (1) *Die Tür ist frisch gestrichen.* eine außersprachliche Realität in spezifischer Weise bezeichnet und ein Semem 'Vorrichtung zum Verschließen einer Öffnung, eines Ein- oder Durchgangs' (WAHRIG 1977: 3639) besitzt, bezeichnet {tǖr} in HAUSTÜR nicht dieselbe außersprachliche Realität, sondern gibt nur einen allgemeinen inhaltsseitigen Hinweis auf die Bezeichnungsklasse. Erst in Verbindung mit dem GM {haos} wird die außersprachliche Realität konkret bezeichnet und das Semem 'Vorrichtung zum Verschließen eines Hauses' realisiert.
Wegen der unterschiedlichen Funktionalität der GM in Komposita und Simplizia wird im folgenden bei Komposita nicht von der Verbindung zweier oder mehrerer Wörter, sondern von der Verbindung zweier oder mehrerer GM bzw. von SM oder PsM und GM gesprochen, und ihre Reihenfolge als Glieder oder Konstituenten der neuen Worteinheit wird – wenn es sich metasprachlich als notwendig erweist – durch Ordinalzahlen näher bestimmt.
187 So wie das Kompositum nicht als Verbindung von zwei Wörtern aufgefaßt werden kann, so läßt es sich auch nicht in Analogie zu den syntaktischen Bauprinzipien von Wortgruppen und den in ihnen vorhande-

nen morphologischen Beziehungsgefügen bzw. semantischen Relationen (so aber THIEL 1973: 404) beschreiben (so auch HÖHLE 1982: 76 im Rahmen einer lexikalistischen Wortbildungstheorie). Die Möglichkeit einer Paraphrasenbildung und die damit verbundene Erschließung der Bedeutungsindizierung (§ 34) kann unter morphologisch-syntaktischen Aspekten nicht zur Vorstellung einer Identität von Wortgruppe und Kompositum führen. Nach FLEISCHER (1982: 54-60) unterscheidet sich die Zusammensetzung von der freien syntaktischen Wortgruppe 'formal', d.h. ausdrucksseitig, 1. durch ihre Zusammenschreibung, 2. durch die Fixierung des Hauptakzents, 3. durch die Unvertauschbarkeit der Konstituentenreihenfolge, 4. durch „eine Vereinfachung der Flexion", die sich darin zeige, daß „nur noch die zweite unmittelbare Konstituente flektiert" werde, und 5. durch den inhaltsseitigen Aspekt der „Bedeutungsisolierung", durch den die „semantischen Beziehungen der unmittelbaren Konstituenten eines Wortes [...] weniger deutlich durch zusätzliche sprachliche Mittel ausgedrückt [sind] als in einer Wortgruppe" (ähnlich FLEISCHER/BARZ 1992: 22f.). WELLMANN (in: DUDEN 1984: 443-446; 1995: 468-473) dagegen weist ausdrücklich auf „Parallelen zwischen Zusammensetzungen und syntaktischen Fügungen" hin und sieht sie – anders als FLEISCHER/BARZ (1992: 22), die auf Abgrenzungsprobleme „vor allem bei zusammengesetzten Verben und Adjektiven bzw. Partizipien, weniger bei substantivischen Komposita" verweisen – „bei substantivischen Zusammensetzungen [...], deren Zweitglied wie in *Kindergeschrei* und *Kinderbetreuung* ein Verbalabstraktum ist, d.h. auf eine Verbprädikation zurückgeht", als gegeben an. Daher sind nach ihm in *Kindergeschrei* und *Kinderbetreuung* „Bestimmungswort [= *Kinder*] und Grundwort [= *geschrei* und *betreuung*] [...] in derselben Weise wie im entsprechenden Satz" *Die Kinder schreien.* bzw. *Man betreut die Kinder.* „Subjekt bzw. Objekt und Prädikat". Auf diese Weise werden aber nur sehr allgemeine, mit der lexikalischen Bedeutung der jeweiligen Elemente verbundene 'Entsprechungen' erfaßt; alle kategorialen und grammatischen Bedeutungsunterschiede dagegen werden ebenso vernachlässigt wie die Unterschiede in der morphologisch-syntaktischen Verwendungsweise. So ist die im Satz *Die Kinder schreien.* durch das Prädikat geleistete temporale und modale Fixierung der Äußerungen selbst in einer Nominalsatz-Realisierung *Kindergeschrei* als Überschrift einer Meldung oder eines Kommentars in einer Tageszeitung nicht vorhanden. Andererseits ist in *Geschrei* ein wiederholendes inhaltsseitiges Merkmal vorhanden (FLEISCHER/BARZ 1992: 208), das in der 3. Pl. Präs. Ind. *schreien* fehlt. Die durch das RM {ən} signalisierte grammatische Kategorie der 3. Person fehlt in *Geschrei* ebenso wie die Kennzeichnung der grammatischen Kategorie des Numerus (hier Plural). Der im FM {gə} ausgedrückte Hinweis auf eine mehrmalige wiederholte Handlung, d.h. auf Numeralität, ist nicht mit der grammatischen Kategorie Numerus des Verbs identisch, weshalb *Geschrei* auch mit der grammatischen Kategorie des Singulars gebraucht wird *(Das Kindergeschrei nervte die Nachbarn.)*. Ferner sind alle mit dem bestimmten Artikel *die* verbundenen grammatischen und inhaltsseitigen Informationen im Kompositum *Kindergeschrei* nicht mehr vorhanden, was sich nicht zuletzt im Artikelwechsel beim Kompositum zeigt. Schließlich sind alle Satzgliedfunktionen im Kompositum *Kindergeschrei* aufgehoben. Lediglich in der ersten Konstituente *Kinder* ist die grammatische Information des Numerus (Plural) enthalten, die auch im Subjekt *Die Kinder (schreien.)* signalisiert wird. Daneben gelten für die erste Konstituente alle Restriktionen, die bei der Behandlung des Kompositums HAUSTÜR aufgezeigt wurden (§ 186). Vor dem Hintergrund der dargelegten Unterschiede wird im folgenden keine morphologische Beschreibung von Komposita vorgenommen, die auf 'Entsprechungen' von Komposita und Wortgruppen aufbaut. Im folgenden wird vielmehr von der Einheit des Wortes auch bei Komposita ausgegangen, deren Aufbauprinzipien ausdrucksseitig in ihrer Morphotaktik und inhaltsseitig in ihren Relationen beschrieben werden sollen. Methodisch beginnt die Analyse bei Komposita aus zwei Konstituenten, ehe komplexere Einheiten einbezogen werden. Die Analyse wird dabei Wortart für Wortart vorgenommen (ebenso WILMANNS 1930: 24; HENZEN 1965; FLEISCHER 1982; FLEISCHER/BARZ 1992: 12; WELLMANN, in: DUDEN 1984: 406-408; 1995: 433f.), um wortartenspezifische Befunde leichter erfassen und wortartenspezifische morphologische Segmentierungs- und Klassifizierungsprobleme besser darstellen zu können.

4.1.2 Kompositionstypen bei Substantiven

188.1 Bei Substantiven können bei zweigliedrigen Komposita neun grundlegende Verbindungstypen festgestellt werden. Da das zweite Grundmorphem die Wortart festlegt, richtet sich die Typisierung nach der morphologischen Basis der ersten Konstituente, die ein Grundmorphem bei den Grundtypen oder ein Suppletivmorphem bei einzelnen Varianten mit jeweils spezifischer Phonotaktik sein kann und außer in Komposita auch in Simplizia verschiedener Wortarten erscheint. Von FLEISCHER (1982: 82) wird die erste Konstituente metasprachlich teilweise anders beschrieben; sie ist nach ihm „ein Grundmorphem (oder eine entsprechende Konstruktion), dessen Wortcharakter nicht ausgeprägt zu sein braucht; es ist ein Stamm, der als Substantiv, Adjektiv, Numerale, Pronomen, als Partikel oder als Verb verwendet werden kann. In den meisten Fällen läßt sich allerdings eine eindeutige Beziehung der ersten Konstituente zu einer bestimmten Wortklasse herstellen."

188.2 Die neun grundlegenden Verbindungstypen und ihre Varianten sind in der Tabelle 51 zusammengestellt:

Tabelle 51: Kombinationstypen aus GM + GM bzw. SM + GM und ihre Varianten bei Substantiven

morphologische Struktur / Komposita	Bezug zu Simplizia	morphologischer Verbindungstypus
1. (die) Haustür	(das) Haus, (die) Tür	sGM + sGM
2. (das) Hochhaus	präd. Adj. hoch, (das) Haus	aGM + sGM
3. (das) Vorhaus	Präp. vor, (das) Haus	pGM + sGM
4. (das) Waschhaus	Inf. waschen, (das) Haus	vGM + sGM
5. (der) Selbstzweck	Pron. selbst, (der) Zweck	prGM + sGM
6. (der) Innenraum	Adv. innen, (der) Raum	advGM + sGM
7. (der) Pfuiruf	Interj. pfui!, (der) Ruf	iGM + sGM
8. (das) Jawort	Satzäquivalent ja, (das) Wort	säGM + sGM
9. (der) Daß-Satz	Konj. daß, (der) Satz	kGM + sGM
1a. (die) Tagesreise	(der) Tag, (die) Reise	sGM + sGM
2a. (die) Bestmarke	attr. Adj. bester, beste, bestes; (die) Marke	aSM + sGM
4a. (die) Iststärke	Inf. sein, (die) Stärke	vSM + sGM
5a. (der) Ichmensch	Pron. ich, (der) Mensch	prSM + sGM
1b. (das) Seidenkleid	(die) Seide, (das) Kleid	sGM + sGM
4b. (das) Lesebuch	Inf. lesen, (das) Buch	vGM + sGM
1c. (der) Rebstock	(die) Rebe, (der) Stock	sGM + sGM
2c. (der) Nahkampf	präd. Adj. nah(e), (der) Kampf	aGM + sGM
4c. (das) Rechenbuch	Inf. rechnen, (das) Buch	vGM + sGM

Die Tabelle zeigt in der ersten vertikalen Spalte die Komposita, in der zweiten folgt die Angabe der Simplizia, in denen die GM ebenfalls vorkommen, in der dritten Spalte ist der morphologische Verbindungstypus angegeben, wobei sich die Indizierung nach der Wortarteneinteilung richtet. Daher wird für *Dreieck* kein eigener Typus angesetzt (so aber FLEISCHER 1982: 82; FLEISCHER/BARZ 1992: 115), weil die Numeralia keine eigene Wortart begründen, sondern als Zahladjektive zur Wortart Adjektiv gehören (GELHAUS, in DUDEN 1984: 275; 1995: 264). Auch auf den die nichtflektierbaren Wortarten umfassenden weiten Partikelbegriff wird bei *Innenraum* zugunsten der präziseren Wortartenangabe Adverb verzichtet (so auch FLEISCHER/BARZ 1992: 119f.). Nach den Grundtypen werden die Varianten aufgeführt, die sich durch eine besondere Phonotaktik der GM bzw. durch die Verwendung von SM ergeben. Bei den morphologischen Verbindungstypen werden folgende Abkürzungen bei der GM- und SM-Indizierung verwendet: s = substantivisch, a = adjektivisch, p = präpositional, v =

verbal, pr = pronominal, adv = adverbiell, i = interjektional, sä = satzäquivalent, k = konjunktional.

188.3 Bei allen neun Grundtypen besteht in den Beispielen (1) bis (9) die erste Konstituente nur aus einem GM; ein RM {Ø} kann neben den auch in flektierbaren Simplizia vorkommenden sGM, aGM, vGM nicht angesetzt werden, da eine paradigmatische Struktur fehlt (§§ 69f.). Bei den a GM *(Hochhaus)* bildet dasjenige adjektivische GM die Konstituente der Kompositionsbildung, das in prädikativer Verwendung vorkommt. Bei vGM *(Waschhaus)* ist die Annahme eines RM {Ø} auch deshalb unbegründet, weil ein RM {Ø} nur in einer Imperativform *Wasch die Socken!* auftritt und das Kompositum WASCHHAUS nicht mit der Paraphrase *Wasch in dem Haus!* statt *Haus, in dem man wäscht* in seiner Bedeutungsindizierung erfaßt werden kann. Bei pGM, prGM, advGM, iGM, säGM und kGM erübrigt sich die Frage nach einem RM {Ø}, da keine Paradigmata vorliegen. Vor allem die Morphemkombination sGM + sGM wird in anderer metasprachlicher Begründung seit GRIMM (1826: 408) als „eigentliche composition" und als „die älteste, anfänglich wohl die einzige art" bezeichnet und von den Komposita *Tagesreise* (1a in Tabelle 51) und *Seidenkleid* (1b) abgegrenzt, die den Terminus 'uneigentliche' und jüngere Kompositionsmöglichkeit erhalten, „welche unmittelbar anstoßende casus und partikeln, wie sie der alten freien construction gemäß waren, gleichsam aus dieser zieht und mit dem zweiten worte verbindet" (ebenso WILMANNS 1930: 4f.).

188.4 Neben der flexionslosen Verwendung von GM als erstem Kompositionsglied kommen beim Typus sGM + sGM auch Komposita wie TAGESREISE vor. In Paraphrasen wie *Reise eines Tages* hat das RM {əs} in der Wortform *Tages* in bezug auf den Nukleus *Reise* die syntaktische Funktion, zusammen mit der Artikelform *eines* und in Verbindung mit der postnuklearen Position *eines Tages* als Genitivattribut zu kennzeichnen. Trotz dieser Paraphrasemöglichkeit ist der Ansatz eines eigenen Typus „Kompositionsattribute" (EGGERS 1982: 290) unnötig. Morphologisch markiert das RM {əs} die grammatischen Kategorien von Kasus (Genitiv) und Numerus (Singular). Beide Funktionen sind im Kompositum TAGESREISE nicht mehr vorhanden, so daß <es> in *Tages-reise* „allenfalls als 'erstarrte' Flexionsendung[en]" (WELLMANN, in: DUDEN 1984: 450; 1995: 480) aufgefaßt werden kann. 'Erstarrte' RM treten auch bei Komposita wie STORCHENNEST, ERDENRUND auf, ohne daß sie durch eine Paraphrase in einer synchronen Analyse sichtbar gemacht werden können *(Nest des Storchs,* nicht: *Storchen; Rund der Erde,* nicht: *Erden)*; erst unter diachronem Aspekt läßt sich dieselbe Bildungsweise wie bei TAGESREISE erkennen. Dazu ist es notwendig, bei STORCH und ERDE eine ältere morphologische paradigmatische Struktur zu berücksichtigen (WEGERA 1987: 151,

135) und syntaktisch die besondere pränukleare Position von Genitiv-Attributen heranzuziehen (ERBEN 1975: 124; 1993: 128f.)

188.5 Bei diachron ausgerichteten Untersuchungen steht der synchron noch in der Paraphrase erkennbare „Übergang von syntaktischem Gefüge zum Kompositum" im Vordergrund des Interesses (PAUL 1880/1975: 328). Für PAUL (ebd.: 329, 335) wirken dabei eine Vorbedingung und eine „syntaktische und formale Isolierung" zusammen. Die Vorbedingung ist, „daß die zugrundeliegende syntaktische Verbindung als Ausdruck eines einheitlichen Begriffes gefasst werden kann". Die syntaktische Isolierung wird durch Wortstellungsregeln vorbereitet (so auch PAVLOV 1995: 119). So kann ein Substantiv als Genitiv-Attribut isoliert zwischen einen bestimmten Artikel und den Nukleus treten, auf den sich der Artikel bezieht *(ther mannes sun = der Menschen Sohn; diu gotes hant = die Hand Gottes, die Gottes Hand, die Gotteshand)*. Wird dieser Typus – ausgehend von in der Wortgruppe verbundenen Substantiven mit gleichem Genus – einmal zur „Verschmelzung" (ebd.: 336), d.h. zur Komposition, genutzt, kann er eine Vorbildwirkung für solche Entwicklungen wie *eines Tages Reise* zu *eine Tagesreise/die Tagesreise* erhalten, bei der mit der Komposition auch ein Artikelwechsel, dem Nukleus der syntaktischen Gruppe folgend, verbunden ist. Die morphologische Isolierung wird bei PAUL (ebd.: 331) als „Erstarrung einer Flexionsform" und als „Verdunkelung ihrer ursprünglichen Funktion" bezeichnet; sie besteht darin, daß die im Kompositum ausdrucksseitig mit dem RM im Genitiv-Attribut übereinstimmende Phonemfolge nicht mehr die Funktion des RM besitzt, die grammatischen Kategorien Kasus (Genitiv) und Numerus (Singular) direkt zu signalisieren, sondern auf sie im Rahmen der neuen Worteinheit des Kompositums als potentielle Realisierungsmöglichkeit zu verweisen, die sich erst in einer Paraphrase erschließt. Nur bei Komposita des Typus TAGESREISE und bei einem in der Geschichte der deutschen Sprache dokumentierbaren Nacheinander von syntaktischer Wortgruppe und Kompositum kann diese Sprachentwicklung in „die strukturelle Tendenz zur 'Univerbierung'" einbezogen werden, in „das Bestreben, statt einer umständlichen, mehrgliedrigen Zeichenkette ein einziges komplexes Wort als grammatischen 'Baustein' im Satz und als Benennung der bezeichneten Sache zu gewinnen" (ERBEN 1975: 21; 1993: 22).

188.6 Für die synchrone und morphologische Analyse bedeutet dies, daß das <es> in TAGESREISE noch als Morphem angesehen werden kann. Durch den Terminus 'Fugenmorphem' wird einmal seine Gebundenheit an die neue Worteinheit des Kompositums deutlich und zum anderen im Unterschied zum Relationsmorphem die fehlende paradigmatische Struktur und die indirekte Kennzeichnung grammatischer Bedeutungen ausgedrückt. (vgl. §§ 69f.).

188.7 Anders ist die morphologische Struktur bei Komposita wie SEIDENKLEID (1b in Tabelle 51) und LESEBUCH (4b) zu bewerten. Durch die Paraphrasen *Kleid aus Seide* und *Buch, in dem man lesen kann*, durch die Berücksichtigung der paradigmatischen Strukturen der in der Paraphrase verwendeten Simplizia und durch die Beachtung der syntaktischen Funktionen der Simplizia in den Paraphrasen oder in anderen Wortgruppen, ergibt sich, daß <n> und <e> zwar ebenfalls eine Fuge markieren, daß ihnen aber ausdrucksseitig keine RM entsprechen, so daß sie – selbst in 'erstarrter' Form – keine grammatischen Bedeutungen signalisieren (NAUMANN 1986: 24). Sie fungieren überwiegend als Ausspracheerleichterung und sollten terminologisch als Fugenzeichen von den Fugenmorphemen abgehoben werden. Die Funktion der Ausspracheerleichterung kann unter diachronem Aspekt in dem Moment übernommen werden, in dem die „Flexionselemente im Kompositum [...] im Sprachbewußtsein ihren grammatischen Wert als Flexiv" verlieren, so daß Phoneme und Phonemfolgen, die ausdrucksseitig RM entsprechen, auch dort „nach eingebürgerten Mustern" (ERBEN 1975: 124; 1993: 129) eingesetzt werden, wo sie – wie bei LIEBESBRIEF – im Deklinationsparadigma des Simplex nicht vorkommen. Die Annahme einer Ausspracheerleichterung für das Auftreten von Fugenzeichen wird nicht dadurch schon „problematisch", weil es für „diese euphonische Funktion [...] kaum Regeln zu geben scheint" (NAUMANN 1986: 24). Die Funktion des Fugenzeichens ist mit der phonologischen Struktur der ersten Konstituente der jeweiligen Komposita verbunden; daher können die Fugenzeichen als Elemente der ersten Konstituente aufgefaßt werden; sie sind am Aufbau neuer Grundmorpheme mit teilweise neuer Phonotaktik beteiligt, die auf Komposita beschränkt sind (vgl. §§ 69.2, 70). Wenn das Fugenzeichen Teil des Grundmorphems ist, dann kann ihm auch in Komposita wie *Landmann* vs. *Landsmann, Kindbett* vs. *Kinderbett, Volkskunde* vs. *Völkerkunde* keine „wortdistinktive Funktion" (so NAUMANN 1986: 25) oder „Sekundäre semantische Differenzierung" (so FLEISCHER 1982: 127) zugeschrieben werden. Die Wortdistinktion wird von der Phonotaktik des ersten Grundmorphems signalisiert und von der neuen Worteinheit des Kompositums getragen und nicht von den Fugenzeichen.

Die mit Fugenzeichen verbundenen unterschiedlichen morphologischen Wertungen hängen einmal davon ab, ob den Fugenzeichen eine Inhaltsseite zugewiesen werden kann, und zum anderen, ob die neue Worteinheit oder die durch Paraphrasen aufzeigbare Beziehung zu syntaktischen Wortgruppen stärker hervorgehoben wird. Die unterschiedlichen Vorgehensweisen lassen sich mit Hilfe der Skizze 10 dokumentieren:

Skizze 10: Morphologische Interpretation von Fugenzeichen

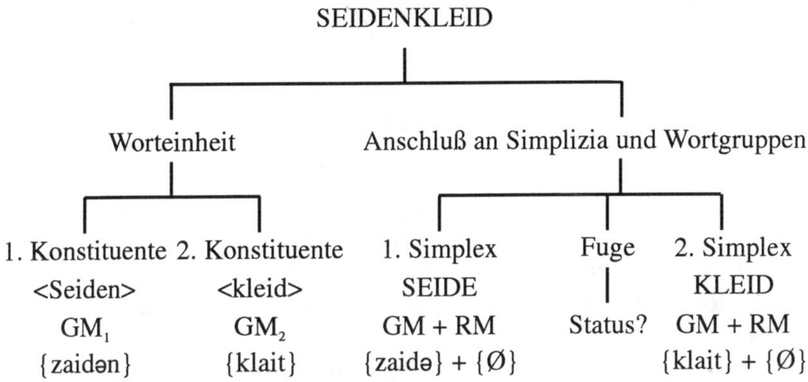

188.8 Neben der Erweiterung der phonologischen Struktur von GM im Vergleich zu den bei Simplizia vorhandenen GM können auch Reduktionen der phonologischen Struktur wie bei REBSTOCK (1c in Tabelle 51) oder MÜHLRAD (WELLMANN, in: DUDEN 1984: 450 Anm. 2; 1995: 480 Anm. 2) bzw. wie bei NAHKAMPF (2c in Tabelle 51; vgl. § 188.15) nachgewiesen werden. Die Reduktionen sind auf Feminina beschränkt, deren GM-Phonotaktik bei Simplizia einen GM-Ausgang auf /ə/ zeigt. Dieses /ə/ kann bei einer Verwendung als erste Konstituente eines Kompositums ausfallen, was bei REBSTOCK zusätzlich mit einer Fortisierung verbunden ist. Beispiele wie HETZJAGD oder WETTBÜRO reichen nicht aus, die Reduktion des /ə/ auf die Distribution „nach stimmlosen Konsonanten" (FLEISCHER 1982: 128) einzugrenzen.

188.9 Die Verwendung von Fugenmorphemen kommt nur beim Typus sGM + sGM vor. Die nachweisbaren Kombinationsmöglichkeiten und die durch die erste Konstituente signalisierten 'erstarrten' grammatischen Bedeutungen sind in der Tabelle 52 zusammengefaßt:

Tabelle 52: Anzahl und Typik der Fugenmorpheme beim Verbindungstypus sGM + sGM

Fugenmorpheme / Komposita	Phonotaktik des Fugenmorphems	'erstarrte' grammatische Bedeutung
1. Tagesreise	{əs}	G.S.
2. Liebesbrief	{s}	G.S.
3. Herzensfreude	{əns}	G.S.
4. Menschenfreund	{ən}	G.S.
5. Botengang	{n}	G.S.

Fugenmorpheme Komposita	Phonotaktik des Fugenmorphems	'erstarrte' grammatische Bedeutung
6. Hundehütte	{ə}	G.P.
7. Kinderfest	{ər}	G.P.
8. Staatenbund	{ən}	G.P.
9. Narbengesicht	{n}	G.P.

Wenn ein 'erstarrter' Verweis auf einen Genitiv Singular durch eine Paraphrase erkennbar wird, kommen alle Ausdrucksseiten vor, die auch bei RM existieren. Dies gilt auch bei entsprechenden Verweisen auf den Genitiv Plural; lediglich ein /s/ fehlt in dieser Funktion als Fugenmorphem (vgl. § 134 mit Schema 14).

Daß es sich um 'erstarrte' Verweise handelt, geht auch daraus hervor, daß sich die grammatischen Relationen auf den G.S. oder G.P. beziehen können (HASENBRATEN), was in syntaktischen Gruppen ausscheidet, und daß ein Nebeneinander zweier Fugenelemente existiert (RINDERBRATEN, RINDSBRATEN), ohne mit einer Konkretisierung der grammatischen Kategorie des Numerus verbunden zu sein.

188.10 Bei den Fugenzeichen kommen ausdrucksseitig Phoneme und Phonemfolgen vor, die mit den Ausdrucksseiten der Fugenmorpheme identisch sind, doch zeigen die möglichen Paraphrasen, daß bei ihnen eine Interpretation als RM nicht mehr möglich ist (ERBEN 1975: 59; 1993: 61). In der Tabelle 53 sind die beim Typus sGM + sGM vorhandenen Fugenzeichen zusammengestellt:

Tabelle 53: Anzahl und Phonotaktik der Fugenzeichen beim Verbindungstypus sGM + sGM

Fugenzeichen Komposita	Bezug der ersten Konstituente zu einem Simplex		Phonotaktik
	N.S.	G.S./(G.P.)	
1. Diebesbande	der Dieb	des Diebes	/əs/
2. Liebesbrief	die Liebe	der Liebe	/s/
3. Schmerzensgeld	der Schmerz	des Schmerzes	/əns/
4. Zitatenschatz	das Zitat	des Zitats	/ən/
5. Scheunentor	die Scheune	der Scheune(n)	/n/
6. Mausefalle	die Maus	der Maus/Mäuse	/ə/
7. Hühnerei	das Huhn	des Huhns/der Hühner	/ər/
8. Hilfsmittel	die Hilfe	der Hilfe(n)	/s/
9. Mietshaus	die Miete	der Miete(n)	/s/

Beim Kompositum DIEBESBANDE ist eine Paraphrase mit einem G.S. *Bande des/eines Diebes* zur Erläuterung des Semems des Kompositums ebensowenig sinnvoll wie bei HÜHNEREI eine Paraphrase *Ei der Hühner* mit einem G.P. (so auch V. SCHMIDT 1981: 266), so daß der Ansatz eines Fugenzeichens und nicht der eines Fugenmorphems begründet ist. Aufgrund von Paraphrasen wie 'Ei, wie sie von Hühnern gelegt werden' bzw. 'eine Stimme, wie sie Männer haben' für MÄNNERSTIMME spricht M. WANDRUSZKA (1968: 243) von „eingeschmolzene[n] Plurale[n]" bei der ersten Konstituente. Daß Fugenzeichen „wie Flexionsmorpheme aussehen können, aber nicht müssen", ist nach MEINEKE (1996: 308) „darin begründet, daß der Anschluß per analogiam am leichtesten fällt und sich deshalb Fugenelemente an bereits bestehende Ausdrucksseiten von Morphemen anschließen." Während in den Beispielen (1) bis (7) bei der Phonotaktik der ersten Konstituente im Vergleich zum GM des Simplex eine Erweiterung des GM durch ein bis drei hinzutretende Phoneme erfolgt, liegt in den Beispielen HILFSMITTEL (8) und MIETSHAUS (9) eine Veränderung der Phonotaktik des GM im Vergleich zu dem des Simplex vor. Beim ersten Kompositionsglied fällt das „auslautende -e" (WELLMANN, in: DUDEN 1984: 455; 1995: 485) des Simplex aus und wird durch /s/ ersetzt.

188.11 Außer beim Typus sGM + sGM läßt sich ein Fugenelement nur noch beim Typus vGM + sGM bei der ersten Konstituente nachweisen. Wie bei LESEBUCH (Beispiel 4b in Tabelle 51) kann dabei zur Erweiterung eines verbalen Grundmorphems nur das Fugenzeichen /ə/ verwendet werden (ERBEN 1975: 64; 1993: 67; FLEISCHER 1982: 129; FLEISCHER/BARZ 1992: 141; WELLMANN, in: DUDEN 1984: 452; 1995: 481).

188.12 Eine seltene Morphemkombination ist im Typus ISTSTÄRKE (4a in Tabelle 51) vorhanden. Nach FLEISCHER/BARZ (1992: 109) liegt eine finite Verbform als Erstglied vor, doch werden die mit der Verbform *ist* verbundenen grammatischen Kategorien 3. Sg. Präs. Ind. in der ersten Konstituente des Kompositums nicht mehr signalisiert. Die Besonderheit des Typus ist nicht an die Verwendung eines Verbum finitum gebunden, sondern an die Wahl eines Suppletivmorphems aus dem Paradigma des Verbums SEIN, wobei der Ableitungsweg nicht direkt vom verbalen SM zum Kompositum führt, sondern aus dem SM zunächst durch Konversion ein Substantiv *das Ist* gebildet wird, dessen morphologische Struktur dann als erste Konstituente des Kompositums ISTSTÄRKE verwendet wird (FLEISCHER 1982: 91; FLEISCHER/BARZ 1992: 109). Es handelt sich daher um die Variante vSM + sGM zum Typus vGM + sGM. Bei den Komposita SOLLSTÄRKE und KANNBESTIMMUNG, bei denen FLEISCHER/BARZ ebenfalls ein Verbum finitum als erste Konstituente ansetzen, wird als erste Konstituente ein vGM verwendet und keine finite Verbform; die Annahme einer der Komposition vorausgehenden Substantivierung *das Soll* bei

SOLLSTÄRKE (FLEISCHER 1982: 91; FLEISCHER/BARZ 1992: 109) ist unnötig. Die Besonderheit beim Kompositum KANNBESTIMMUNG ergibt sich daraus, daß bei der Wahl des GM nicht auf den Infinitiv, sondern auf die Singularformen des Präsens Indikativ zurückgegriffen wird.

188.13 Das Bildungsprinzip, daß ein verbales GM nicht nur aus dem Infinitiv übernommen und zur Kompositionsbildung verwendet werden kann, zeigt sich auch bei Morphemkonstruktionen, bei denen die verbale Konstituente synchron nicht mehr an GM angeschlossen werden kann, die im verbalen Konjugationsparadigma existieren. So ist ein *Zugvogel* ein 'Vogel, der regelmäßig bei Herannahen der kalten Jahreszeit wärmere Gegenden aufsucht' (WAHRIG 1977: 4131) bzw. in diese Gegenden zieht und nicht ein *Vogel des Zuges*. Das GM {tsuk} geht diachron auf das GM im Teilparadigma des Plurals im Indikativ Präteritum zurück, das im Althochdeutschen und Mittelhochdeutschen zum regelmäßig gebildeten Paradigma mit den Leitformen *ziohan, zog, zugum, gizogan* gehört (BRAUNE /EGGERS 1975: 276, PAUL /WIEHL /GROSSE 1989: 247) und durch den Ausgleich der GM im Präteritum-Teilparadigma im Frühneuhochdeutschen (DAMMERS/HOFFMANN/SOLMS 1988: 316-323) im Verbalbereich nicht weiter tradiert, jedoch als Simplex und in Komposita wie *zugerint* 'Zugrind' (SCHÜTZEICHEL 1995: 337) und im später gebildeten und bis in die Gegenwartssprache gebrauchten *Zugvogel* bewahrt wird.

188.14 Eine noch seltenere Morphemkombination zeigt sich beim Typus RECHENBUCH (4c in Tabelle 51). Nach WELLMANN (in: DUDEN 1984: 452 Anm. 1; 1995: 481 Anm. 2) „fällt in der Zusammensetzung der stammschließende Nasal *n* aus, und die Infinitivendung bleibt dafür formal erhalten". Diese im Vergleich zum Infinitiv *rechnen* synchron getroffene Aussage, bei dem das GM {rɛxn} auftritt, widerspricht diachron feststellbaren Entwicklungen. So handelt es sich bei ahd. *rehhen-ōn* 'ordnen, lenken' (SCHÜTZEICHEL 1995: 235) um eine Verbbildung mit dem Suffix *-ōn* zu einer adjektivischen Basis (SPLETT, I.2, 1993: 734), die über mhd. *rechenen* ins Frühneuhochdeutsche tradiert wird und dort zwei grundlegenden Sprachwandelerscheinungen unterliegt, einmal einer Synkope des zweiten <e> zu *rechnen*, was zu einem GM {rɛxn} führt, und zum anderen zu einer Tilgung des RM des Infinitivs, so daß der Infinitiv *rechen* aus dem GM {rɛxən} und dem RM {Ø} besteht (DAMMERS/HOFFMANN/SOLMS 1988: 214). Das GM {rɛxn} wird in der Verbalflexion und in Ableitungen wie RECHNUNG verwendet, während das GM {rɛxən} als erste Konstituente von Komposita wie RECHENBUCH eingesetzt werden kann (PFEIFER 1989: 1386f.), so daß keine prinzipiell andere Wortkonstitution als bei WASCHHAUS (4a in Tabelle 51) angenommen werden muß. Ähnliche Entwicklungen liegen bei den Verben ZEICHNEN, ATMEN und TROCKNEN vor. Ob sich bei ZEICHENGERÄT, ATEMGERÄT und TROCKEN-

HAUBE „die Wortbildung lautlich den [1995: dem] entsprechenden Nomen angleicht“ (WELLMANN, in: DUDEN 1984: 452 Anm. 1; 1995: 481 Anm. 2), d.h. ob ein morphologischer Quereinfluß von der Phonotaktik der seit dem Althochdeutschen tradierten Simplizia, den Substantiven ZEICHEN, ATEM und dem Adjektiv TROCKEN, gegeben ist, ist für den Wortbildungsprozeß nicht primär, sondern eher ein sekundärer Aspekt. Unter diachronem Aspekt ist es unhaltbar, von einem Ausfall des <n> und einer formalen Erhaltung des Infinitiv-RM {ən} in RECHENBUCH auszugehen. Auch synchron ist die Sonderstellung eines Kompositums aus der Infinitivform und einem substantivischen GM vor dem Hintergrund des sonst erkennbaren Typus vGM + sGM nicht zu begründen.

188.15 Beim Typus aGM + sGM kann – wie beim Typus sGM + sGM (§ 188.8) – bei einigen adjektivischen Grundmorphemen wie im Kompositum NAHKAMPF (2c in Tabelle 51) eine Reduktion der phonologischen Struktur festgestellt werden. FLEISCHER/BARZ (1992: 103) formulieren dabei eine relativ generelle <e>-Tilgungsregel, doch ist zu beachten, daß diese bei LEISE in LEISETRETER nicht gilt und bei dem angegebenen Beispiel ÖDLAND zum Adjektiv ÖD(E) selbst im prädikativen Gebrauch synchron ein Nebeneinander zweier Grundmorpheme vorhanden ist, so daß eine <e>-Tilgung nur diachron zu ermitteln ist. Insgesamt gilt jedoch, daß bei Adjektiven, die in ihrer Phonotaktik auf das Phonem /ə/ ausgehen und daneben ein GM ohne /ə/ besitzen wie BLÖD(E), FEIG(E), IRR(E), MILD(E), NAH(E), ZÄH(E) in Komposita als Erstglied das GM ohne /ə/ verwendet wird wie in BLÖDMANN, FEIGHERZIGKEIT, IRRLEHRE, MILDTÄTIGKEIT, NAHKAMPF und ZÄHFLÜSSIGKEIT, wobei als zweite Konstituente zur Beispielerweiterung auch morphologisch komplexere Kompositionsglieder einbezogen werden. Liegt als Basis eine Derivation wie ÜBERSETZUNG zur verbalen Affixoidbildung ÜBERSETZEN vor, dann kann dieses komplexe Zweitglied problemlos mit einem aGM zu einem Determinativkompositum NEUÜBERSETZUNG verbunden werden, das selbst wieder als Nukleus fungieren und attribuiert werden kann (*vollständige Neuübersetzung*). Um dies zu erkennen, muß nicht von einer Wortgruppe *vollständige neue Übersetzung* und einer Univerbierung der Wortgruppe *neue Übersetzung* zu *Neuübersetzung* ausgegangen und eine „kompositionsfördernde Wirkung eines präponierten Adjektivs“ (so WILLEMS 1990: 54) postuliert werden.

188.16 Eine weitere Besonderheit beim Typus aGM + sGM liegt vor, wenn als erste Konstituente eine morphologische Struktur erscheint, die auch in Superlativformen des Adjektivs in attributiver Funktion bei substantivischen, adjektivischen und adverbiellen Nuklei (§ 172.1) bzw. in prädikativer und adverbieller Funktion (§§ 172.2-5) vorhanden ist (FLEISCHER/BARZ 1992: 106). Im Kompositum HÖCHSTPREIS (vgl. *der höchste Preis, der*

Preis ist höchst unerfreulich, der Preis ist am höchsten) ist das RM {st} mit dem GM {hōx} zu einer Wortbildungskonstituente verbunden, in der die superlativische Funktion des {st} erhalten bleibt, aber alle kasus-, numerus- und genusanzeigenden RM fehlen. Wie die Beispiele zeigen, kommt die Morphemfolge {hōx + st} als Wortform des Adjektivs HOCH in attributiver Funktion bei einem adjektivischen Nukleus vor. Dies ist bei KLEINSTKIND (vgl. *das kleinste Kind, das Kind ist am kleinsten*) nicht der Fall. Daraus folgt, daß die morphologische Struktur einer adjektivischen Superlativform aus GM + RM {st} in gleicher Weise zur Konstitution des Typus aGM + sGM herangezogen wird wie ein aGM eines Simplex wie {klain} in KLEINKIND, KLEINBAHN. Als Erstglied kann in gleicher Funktionalität auch ein SM wie {bɛst} wie in BESTMARKE (vgl. *die beste Marke, die Marke ist am besten*) verwendet werden (FLEISCHER /BARZ 1992: 106), so daß als Variante des Typus aGM + sGM die Kombination aSM + sGM angegeben werden kann (2a in Tabelle 51).

188.17 Anders als superlativische Erstglieder, die „heute ganz geläufig" sind, erweisen sich komparativische Erstglieder als „kaum aktiv" (FLEISCHER /BARZ 1992: 106). Lediglich das SM {mer} wird in Komposita wie MEHRWERT als Erstglied häufiger verwendet. Bildungen wie ÄLTERMANN 'Zunftvorsteher', ÄLTERMUTTER, ÄLTERVATER 'Urahn, Vorfahr' „sind veraltet" (ebd.).

188.18 Der Typus prGM + sGM wird „sehr selten und auf bestimmte Teilklassen bzw. Einzelfälle beschränkt" (FLEISCHER/BARZ 1992: 113) verwendet. Relativ produktiv ist das Demonstrativpronomen SELBST (GELHAUS , in: DUDEN 1984: 330; 1995: 338) wie in SELBSTZWECK (5 in Tabelle 51) als Erstglied eines Kompositums, wobei nach FLEISCHER/ BARZ (1992: 114) „die Entwicklung des Substantivs *Selbst*" für die Kompositionsbildung „förderlich war".

Als Erstglied kommt jedoch nicht nur ein pronominales Grundmorphem vor. Auch pronominale Suppletivmorpheme wie in ICHMENSCH (5a in Tabelle 51) können als Erstglied eines Kompositums eingesetzt werden.

188.19 Beim Typus pGM + sGM (VORHAUS, 3 in Tabelle 51) ist nur „ein Teil der Präpositionen [...] als Erstglied geläufig" (FLEISCHER/BARZ 1992: 116). Eingesetzt werden die pGM {ap, an, aof, aos, bai, binən, gēgən, mit, nāx, nēbən, ǖbər, um, untər, fōr, vīdər, tsū, tsvišən} in Komposita wie ABGRUND, ANKREIS, AUFWIND, AUSLAND, BEIHEFT, BINNENMARKT, GEGENLICHT, MITMENSCH, NACHSOMMER, NEBENFACH, ÜBEREIFER, UMFELD, UNTERTASSE, VORFREUDE, WIDERWILLE, ZUBROT, ZWISCHENRAUM (ebd.: 116-119), so daß von einem systematischen Ausbau dieses Typus gesprochen werden kann (JEZIORSKI 1980: 212f.; WELLMANN, in: DUDEN 1984: 449; 1995: 478).

188.20 Der Typus advGM + sGM (INNENRAUM, 6 in Tabelle 51) ist dagegen „gering entwickelt" (FLEISCHER/BARZ 1992: 119). Sehr produktiv sind Komposita mit {nixt} wie NICHTCHRIST (vgl. VATER 1971: 34); weniger verbreitet, jedoch durchaus reihenbildend, sind die Erstglieder von Komposita wie SOFORTHILFE, AUSSENAMT, INNENDIENST, RÜCKWEG (FLEISCHER 1989/1990: 127). Werden morphologisch komplexe Zweitglieder einbezogen, kommen Bildungen wie DAHEIM-URLAUBER, OFT-FLIEGER, BEINAH-VERBESSERUNG, NURHAUSFRAU, SOFORT-BEZAHLUNG neben durch die Konversion von aGM in sGM bedingten Bildungen (§ 288.8) wie (die) SEHR-REICHEN in Tageszeitungen und Zeitschriften in produktiven Neubildungen vor (KANN 1974: 379f.).

188.21 Keine besondere Produktivität zeigen auch die weiteren Typen, in denen Grundmorpheme der nicht-flektierbaren Wortarten als Erstglieder eingesetzt werden, wobei das Problem einer widerspruchsfreien Klassifizierung der nicht-flektierbaren Wortarten hier ausgeklammert werden kann. In PFUIRUF liegt der Typus iGM + sGM (7 in Tabelle 51), in JAWORT der Typus säGM + sGM (8 in Tabelle 51) und in DASS-SATZ (9 in Tabelle 51) der Typus kGM + sGM vor. Die Bildungen mit Bindestrich, die bei diesen Typen nicht nur bei konjunktionalen Grundmorphemen auftreten, sondern auch in AHA-ERLEBNIS (Typus 7) belegt werden können, weisen auf die Neuheit der Komposita, ihren teilweisen ad-hoc-Charakter und ihre Gebundenheit an bestimmte Textsorten und spezifische Kommunikationsbedürfnisse hin. Von den Einschränkungen in der Produktivität einzelner Typen abgesehen, zeigen die insgesamt neun Verbindungstypen, daß in der binären Struktur aus GM + GM als erste Konstituente prinzipiell Morpheme jeder Wortart zur Erweiterung des bestehenden Wortschatzes verwendet werden können und die „semantischen Verknüpfungsbedingungen" (MOTSCH 1992b: 76) nicht zu global formuliert werden dürfen. Dies gilt auch für die Formulierung einer sog. „Wortbildungsaktivität lexikalischer Einheiten" (BARZ 1987: 6; ähnlich BARZ 1989: 33; FLEISCHER 1988: 14f.), weil die Aktivität eher bei den Kommunikationspartnern und ihren Ausdrucks- und Mitteilungsbedürfnissen liegt und weniger an den bei einzelnen Simplizia erkennbaren schon vorhandenen Sememen und Semen.

188.22 Von der Regel, daß die zweite Konstituente die Wortart Substantiv und das Genus durch die Artikelwahl bestimmt (§ 186), gibt es einzelne Abweichungen. Wortartenunterschiede im Vergleich zur Verwendung der Konstituenten in Simplizia sind zusätzlich mit inhaltsseitigen besonderen Relationen verbunden (vgl. JAHRHUNDERT, § 190.6). Die Genusdifferenzierungen bei (*der*) HOCHMUT und (*die*) GROSSMUT hängen damit zusammen, daß *muot* seit ahd. Zeit sowohl als Maskulinum als auch als Neutrum verwendet wird (SCHÜTZEICHEL 1995: 216; FLEISCHER/BARZ

1992: 89), die Genusunterschiede bei den Komposita daher verschieden alte sprachliche Traditionen repräsentieren und rein synchron durch den Bezug zu (*der*) MUT – von den inhaltsseitigen Unterschieden einmal abgesehen – nicht begründet werden können.

189 Neben den aus der besonderen Morphotaktik von $GM_1 + GM_2$ bzw. SM + GM und der spezifischen Phonotaktik der jeweiligen Erstglieder gewonnenen Grundtypen und ihren Varianten können aufgrund verschiedener inhaltsseitiger Beziehungsgefüge der beiden Kompositionsglieder weitere Subkategorisierungen vorgenommen werden. Grundsätzlich lassen sich die drei inhaltsseitig bestimmten Subklassen der Determinativkomposita, der Kopulativkomposita und der Possessivkomposita unterscheiden (ERBEN 1975: 57-66; 1993: 59-70; HENZEN 1965: 52-85), wobei der Ansatz einer eigenen inhaltsseitigen Subklasse bei den Possessivkomposita umstritten ist (FLEISCHER 1982: 106f.; FLEISCHER/BARZ 1992: 125; WELLMANN , in: DUDEN 1984: 440f.; 1995: 468).

190.1 Ein Determinativkompositum läßt sich aufgrund seiner inhaltsseitigen Merkmale und unter Beachtung der Wortdefinition (§ 22) folgendermaßen definieren: Ein Determinativkompositum besteht aus zwei unterschiedlich komplexen Kompositionsgliedern, die in einer hypotaktischen Relation so aufeinander bezogen sind, daß das Erstglied dem Zweitglied untergeordnet ist; das Zweitglied legt die Bezeichnungsklasse in allgemeiner Weise fest, während das Erstglied das Zweitglied inhaltsseitig intensivierend oder spezifizierend determiniert; Erstglied und Zweitglied bezeichnen gemeinsam die außersprachliche Realität in konkreter Weise.

190.2 Eine intensivierende Determination liegt bei RIESENFISCH vor, eine spezifizierende bei HAUSTÜR. Da das zweite Kompositionsglied bei Determinativkomposita die Bezeichnungsklasse allgemein festlegt, kann von einer endozentrischen Beziehung zwischen den Kompositionsgliedern ausgegangen werden, wobei durch den Terminus vor allem der Unterschied zu exozentrischen Beziehungen bei den Possessivkomposita (§ 192) hervorgehoben wird (WELLMANN, in: DUDEN 1984: 441; 1995: 468). Der Terminus der endozentrischen Beziehung besagt nicht, daß durch das Zweitglied bereits die außersprachliche Realität konkret festgelegt sei und das Erstglied nur präzisierende Inhaltsmerkmale hinzufüge. Die Bezeichnungsfunktion wird durch die neue Worteinheit und ihre Konstituenten gemeinsam erfüllt, auch wenn bei den einzelnen Kompositionsgliedern verschiedene Funktionsaspekte unterschieden werden können, die zur Kennzeichnung des Zweitgliedes als Grundglied oder Grundkonstituente und des Erstgliedes als Bestimmungsglied oder Bestimmungskonstituente führen können. Die Termini Grundwort und Bestimmungswort (ERBEN 1975: 58; 1993: 60; FLEISCHER 1982: 81; WELLMANN, in: DUDEN 1984: 440; 1995: 467) sollten wegen der neuen Worteinheit bei der Beschreibung der inhaltsseitigen Relationen der Kompositionsglieder vermieden werden (§ 186).

190.3 Alle in der Tabelle 51 zusammengestellten Kombinationstypen (§ 188.2) sind unter inhaltsseitigem Aspekt Determinativkomposita, wodurch sich deren „nach Häufigkeit und Leistung [...] außerordentlich wichtige Rolle" (ERBEN 1975: 58; 1993: 60) zeigt. In allen Typen geht die inhaltsseitig determinierende Funktion vom Erstglied aus. Eine determinierende Funktion durch das Erstglied ist auch vorhanden, wenn die Erstkonstituente von einem Nomen proprium wie bei BERLIN-KRISE und HOLLAND-HÄHNCHEN gebildet wird (dazu KANN 1972: 291-297 mit Subgruppierungen).

190.4 Dies ist jedoch nicht generell der Fall. Es gibt auch Determinativkomposita, bei denen die inhaltsseitig determinierende Funktion vom Zweitglied ausgeht, weshalb sie von ORTNER/ORTNER(1984: 61 mit Anm. 194) als „Echte Inversionskomposita" und von M. WANDRUSZKA(1968: 249) als „Postdetermination" und von PITTNER (1991: 271) als „postspezifizierende Determinativkomposition" bezeichnet werden, um ihren Sonderstatus gegenüber den häufigeren Typen hervorzuheben. Die dabei auftretenden Typen bei substantivischen Determinativkomposita sind in der Tabelle 54 zusammengestellt:

Tabelle 54: Typen substantivischer Determinativkomposita mit inhaltsseitiger Determination durch das Zweitglied

morphologische Struktur / Komposita	Bezug zu Simplizia	morphologischer Verbindungstypus
1. (das) Whiskysoda	(der) Whisky, (das) Soda	sGM + sGM
2. (das) Jahrhundert	(das) Jahr, Adj. hundert	sGM + aGM
3. Schmidt-Schnauze	Nomen proprium, (die) Schnauze	Np + sGM
4. Dresden-Nord	Nomen proprium, (der) Nord	Np + sGM
5. Hessen-Kassel	Nomen proprium, Nomen proprium	Np + Np
6. Berlin-Schöneberg	Nomen proprium, Nomen proprium	Np + Np
7. Schmidt-Bergedorf	Nomen proprium, Nomen proprium	Np + Np

Die Tabelle 54 ist wie die Tabelle 51 (§ 188.2) aufgebaut; der grundlegende Unterschied besteht darin, daß hier Nomina propria, der Namenwortschatz, mit aufgenommen sind, während in der Tabelle 51 die Verbindungstypen mit Hilfe des appellativischen Wortschatzes behandelt worden sind. Bei den morphologischen Verbindungstypen verweist die Abkürzung Np = Nomen proprium auf den zeichentheoretischen Sonderstatus der Eigennamen.

190.5 Der erste Typus (WHISKYSODA) „mit nur appellativisch gebrauchten Konstituenten" ist „sehr selten" (ORTNER/ORTNER 1984: 62). Er besteht wie der Typus HAUSTÜR aus zwei substantivischen Grundmorphemen. Aus der Paraphrase 'Whisky, der mit Sodawasser gemischt ist' geht jedoch hervor, daß die erste Konstiuente von der zweiten inhaltsseitig näher bestimmt wird.

190.6 Auch der zweite Typus (JAHRHUNDERT) ist nicht besonders produktiv. Mit JAHRHUNDERT wird ein 'Zeitraum von hundert Jahren' bezeichnet. Wiederum determiniert das Zweitglied das Erstglied inhaltsseitig. Darüber hinaus wird anders als bei HOCHHAUS und HAUSHOCH durch die zweite Konstituente die Wortart nicht festgelegt; das Kompositum JAHRHUNDERT ist als Worteinheit ein Substantiv und kein Adjektiv. Dies wird auch dadurch deutlich, daß das Kompositum zur Substantivklasse A gehört und den entsprechenden RM-Satz besitzt (§ 117).

190.7 Der dritte Typus (SCHMIDT-SCHNAUZE) stellt eine Verbindung eines Familiennamens mit einem sGM dar; durch die zweite Konstituente wird eine bestimmte Person, die sich durch verbale Schlagfertigkeit bis hin zur Schnodderigkeit auszeichnet, inhaltsseitig näher charakterisiert. Im vierten Typus (DRESDEN-NORD) liegt eine Kombination eines Ortsnamens mit einem sGM vor, das in Relation zum Ortsnamen eine durch die Himmelsrichtung präzisierte Autobahnausfahrt bezeichnet. Im Vergleich zu NORDEN zeigt das sGM eine besondere Phonotaktik, die fachsprachlich auch zur Angabe von Windrichtungen verwendet wird. Die Markierung der Kompositionsfuge durch einen Bindestrich ist bei onymischen Komposita mit appellativischen Elementen (FLEISCHER/BARZ 1992: 132-135) besonders häufig (WELLMANN, in: DUDEN 1984: 450; 1995: 480) und darüber hinaus ein Merkmal für eine noch nicht besonders feste Verbindung der Konstituenten.

190.8 Während an den Typen drei und vier noch appellativische Grundmorpheme beteiligt sind, bestehen die Typen fünf bis sieben nur aus Kombinationen von Nomina propria. In HESSEN-KASSEL liegt ein Gebietsname, in BERLIN-SCHÖNEBERG ein Ortsname und in SCHMIDT-BERGEDORF ein Personenname durch die Bezeichnung eines Abgeordneten mit seinem Familiennamen und seinem Herkunftsort vor. In allen drei Typen erfolgt die referentielle Präzisierung durch die zweite Konstituente (dazu KANN 1972: 297).

190.9 Nach MEINEKE (1996: 297) liegt bei SCHMIDT-BERGEDORF bzw. SCHULTE-UNNA überhaupt „kein Kompositum" vor. Vielmehr handele es sich bei *Bergedorf* und *Unna* erstens „um einen unterscheidenden Zusatz, der dazu dient, den Abgeordneten hinsichtlich seiner Herkunft näher zu bestimmen oder ihn von anderen Abgeordneten gleichen Nachnamens zu unterscheiden", und zweitens trage der Eigenname keine lexikalische Bedeutung, „die näher determiniert werden könnte". Das erste Argument ist kein Gegenargument, sondern beschreibt eine Determinativrelation, die auch syntaktisch durch SCHMIDT (BERGEDORF) mit Hilfe eines parenthetischen eingliedrigen Nominalsatzes ausgedrückt werden könnte, was in den stenographischen Berichten zu den Verhandlungen des Deutschen Bundestages in verschiedenen Redesorten belegt werden kann (SIMMLER 1978: 358f.). Es handelt sich dann um den Typus der kommentierenden Parenthesen, der sich durch die Geschäftsordnungsbestimmung der schriftlichen Fixierung des im Deutschen Bundestag Gesprochenen ergibt und der sich in unterschiedlichen Ausprägungen auch in den gesprochenen Äußerungen der Abgeordneten selbst belegen läßt (ebd.: 236-241). Wenn aber durch den Bindestrich eine Worteinheit geschaffen und diese in syntaktische Strukturen integriert wird (ORTNER/ORTNER 1984: 61), scheidet eine Analyse als Parenthese oder als Attribut aus. Auch das zweite Argument ist kein Gegenargument, da es von der nicht haltbaren Voraussetzung ausgeht, daß nur Kompositionsglieder mit lexikalischer Bedeutung zu einer Worteinheit verbunden werden können.

191.1 Sowohl in der Anzahl der Typen als auch in derjenigen der zu jedem Typus vorhandenen Komposita unterscheiden sich die Kopulativkomposita von den Determinativkomposita. Dies liegt an einer spezifischen Auswahl inhaltsseitiger Merkmale der Kompositionsglieder und ihrer besonderen Kombinatorik innerhalb der neuen Worteinheit, wie sich aus folgender Definition ergibt: Ein Kopulativkompositum besteht aus zwei oder mehr unterschiedlich komplexen Kompositionsgliedern, die – im Vergleich zu ihrer Verwendung in Simplizia – zur selben Wortart und zum selben Wortfeld gehören und in einer parataktischen Relation so aufeinander bezogen sind, daß die Inhaltsmerkmale der Kompositionsglieder im Hinblick auf die bezeichnete außersprachliche Realität addiert erscheinen, wobei die Addition antonymische oder sich ergänzende Relationen umfassen kann.

191.2 Während die Determinativkomposita, auch wenn sie aus mehr als zwei Kompositionsgliedern bestehen, immer auf eine Zweigliedrigkeit unterschiedlichen Komplexitätsgrades, auf eine binäre Struktur, zurückgeführt werden können (§§ 194.1-10), gilt dies für die Kopulativkomposita nicht. Auch bei ihnen überwiegen Komposita aus zwei Kompositionsgliedern wie STRUMPFHOSE oder DICHTERKOMPONIST; es sind aber auch mehrgliedrige Bildungen wie AUTOR-REGISSEUR-SCHAUSPIELER oder – bei Adjektiven – SCHWARZROTGOLD möglich und üblich (HENZEN 1965: 239; FLEISCHER/BARZ 1992: 129), so daß für Kopulativa „die binäre Konstituentenstruktur der Komposita“ (NEUSS 1981: 67) nicht generell postuliert werden kann. Ebensowenig kann von einem Kompositum „nur [sic] gesprochen werden, wenn das ihm eigene sprachliche Muster '(Determinans-Determinatum) Wort‘ mit der grundlegenden Binarität des gedanklichen Inhalts, des Begriffs, verbunden ist“ (MEINEKE 1996:

291). Die systematische Möglichkeit der Kopulativkomposita, mehr als zwei Konstituenten zu einer neuen Worteinheit ohne Rückbindung an eine Binarität zu verbinden, sollte nicht als „sekundärer Ausnahmefall“ (ebd.: 292) oder als „Neutralisierung einer Determination“ (NEUSS 1981: 62; zustimmend MEINEKE 1996: 293) interpretiert werden. Auch ist es nicht möglich, alle Komposita, die in einer Paraphrase eine kopulative und eine determinative Interpretation zulassen, generell den Determinativkomposita zuzuordnen (so aber BREINDL/THURMAIR 1992: 60; DONALIES 1996: 274, 282). Die additive Verbindung der Inhalte von mindestens zwei GM einzelner Wortarten zu einer neuen Worteinheit ist eine systematische Möglichkeit, die nicht als Subklasse einer anderen adäquat erfaßt werden kann.

191.3 Durch die Bedingung, daß die Konstituenten von Kopulativkomposita im Vergleich zu ihrer Verwendung in Simplizia zur selben Wortart (PITTNER 1991: 268) und zum selben Wortfeld oder in anderer Terminologie zu „demselben lexikalischen Paradigma“ (NEUSS 1981: 43) gehören müssen, wird gegenüber den umfangreichen Möglichkeiten der Morphemkombination bei Determinativkomposita ein zentraler Aspekt sichtbar, durch den „die mögliche Zahl von Kopulativkomposita eingeschränkt“ wird (ebd.: 42).

191.4 Die parataktische Relation der Kompositionsglieder kann durch verschiedene Paraphrasen verdeutlicht werden, wobei jedoch zu beachten ist, daß zwischen Kopulativkompositum und syntaktischer Paraphrase keine Inhaltsidentität besteht (NEUSS 1981: 44). ERBEN (1975: 37; 1993: 38f.) verweist darauf, daß den Kopulativkomposita „eine doppelte Ist-Prädikation zugrundeliegt, und daß sie auf Größen beziehbar sind, denen jedes der beiden Kompositionsglieder als Prädikativ zukommt: *R. Wagner ist ein Dichter-Komponist* = ein Dichter, der auch Komponist ist (bzw. umkehrbar: ein Komponist, der auch Dichter ist).“ Nach LUUKKAINEN (1992: 92) ist dagegen bei STRUMPFHOSE und DICHTER-KOMPONIST „bei der Thematisierung, bei der Wahl des 'Kopfes‘, die Entscheidung zugunsten der Glieder **hose** bzw. **komponist** gefallen“, weshalb er sie eher den Determinativ- als den Kopulativkomposita zuordnen möchte. Neben der Paraphrase (= „AB ist ein B, das [zugleich] auch A ist“) führt NEUSS (1981: 44) anhand von HOSENROCK noch zwei weitere Paraphrasemöglichkeiten auf, nämlich „AB bedeutet/ist B und (zugleich) auch A“ (Hosenrock bedeutet Hose und auch [zugleich] Rock) und „AB ist ein X, das A und (zugleich) auch B ist“ (Hosenrock ist ein Kleidungsstück, das Hose und [zugleich] auch Rock ist). MEINEKE (1996: 293) verweist noch darauf, daß das Bezeichnete wie KAPITÄNLEUTNANT 'Marineoffiziersdienstgrad zwischen Korvettenkapitän und Oberleutnant‘ oder PULLOVERJACKE, NORDWESTEN auch „Merkmale von A und B auf sich vereinigt, ohne aber das eine oder das andere zu sein“. Unter zeichentheoretischem Aspekt entsteht durch die Kopulativkomposita eine neue Worteinheit, deren spezifische neue Inhaltsseite durch die beiden letzten Paraphrasen am deutlichsten sichtbar wird.

191.5 Eine antonymische Relation zwischen den Kompositionsgliedern liegt vor allem bei Adjektiven wie SÜSSAUER vor. Sich ergänzende inhaltsseitige Relationen treten bei Kopulativa wie STRUMPFHOSE oder DICHTERKOMPONIST auf. Problematisch ist es, die Kopulativa mit den Begriffen der Exozentrik und Endozentrik weiter zu differenzieren, weil damit die spezifische Bezeichnungsfunktion der neuen Worteinheit zum Teil verdeckt und die in Textexemplaren mögliche wechselnde Bezeichnung derselben außersprachlichen Realität mit verschiedenen, in topikalen Sequenzen verbundenen Wörtern unnötigerweise mit einem morphologischen Prozeß, der Kopulativbildung, in Verbindung gebracht wird. So übernehmen FLEISCHER/BARZ (1992: 128) von ORTNER/ORTNER (1984: 66) den Begriff der 'exozentrischen Kopulativkomposita', „bei denen weder das Erst- noch das Zweitglied die ganze WBK [= Wortbildungskonstruktion] semantisch repräsentieren kann", und grenzen ihn von den 'endozentrischen oder konjunktiven Kopulativkomposita' ab, „deren UK [= unmittelbare Konstituenten] in einem additiven Verhältnis stehen und zwei Seiten eines Denotats bezeichnen". Wegen des a d d i t i v e n Verhältnisses der Kompositionsglieder bei der Bezeichnung einer einzigen außersprachlichen Realität wie STRUMPFHOSE sind alle Kopulativa 'exozentrisch', weil die zweite Konstituente – anders als bei den Determinativa – die Bezeichnungsklasse nicht in allgemeiner Weise festlegt. Auch bei den Berufsbezeichnungen wie DICHTERKOMPONIST handelt es sich nicht um 'endozentrische' Bildungen, denn ein DICHTERKOMPONIST ist gerade nicht ein *Komponist* mit einer zusätzlichen Berufsspezifizierung als *Dichter*. Von der inhaltsseitigen Relation der Kompositionsglieder und ihrer Bezeichnungsfunktion ist die Referenzfunktion auf dieselbe außersprachliche Realität innerhalb eines Textexemplars durch verschiedene Bezeichnungen zu trennen. So kann dieselbe Person in einer Kritik im Feuilletonteil von Tages- oder Wochenzeitungen als *Dichter, Komponist* oder *Dichterkomponist* bezeichnet werden, ebenso wie in einer Anzeige für dasselbe Kleidungsstück mit den Bezeichnungen *Strumpf, Hose* und *Strumpfhose* geworben werden kann. Da die Unterscheidung von exozentrischen und endozentrischen Kopulativa zu keiner zusätzlichen Klärung der inhaltsseitigen Relationen der Kompositionsglieder führt, sollte auf sie verzichtet werden.

191.6 Durch die parataktische Relation sind die Kompositionsglieder „ohne prinzipielle semantische und strukturelle Veränderung vertauschbar" (FLEISCHER /BARZ 1992: 128). Solche Umstellungen kommen bei Bezeichnungen für Modeartikel wie HOSENROCK/ROCKHOSE, BLUSENJACKE/

JACKENBLUSE, PULLOVERWESTE/WESTENPULLOVER, WESTENMANTEL/MANTELWESTE und bei Bezeichnungen für Wirtschaftsgüter wie UHRENRADIO/RADIOUHR und OFENKAMIN/KAMINOFEN vor (WELLMANN, in: DUDEN 1984: 439; 1995: 467). Da dies aber „nicht in jedem Fall sprachüblich ist, weil die Reihenfolge konventionalisiert ist“ (FLEISCHER/BARZ 1992: 128), und mehr Kopulativkomposita mit fester Reihenfolge als mit variabler existieren, wird der Aspekt der prinzipiellen Vertauschbarkeit nicht in die Definition aufgenommen (§ 191.1; das Kriterium wird ebenfalls abgelehnt von BREINDL/THURMAIR 1992: 46; DONALIES 1996: 280). Dies gilt auch für den Wortakzent (PITTNER 1991: 268), der als ausdrucksseitiges Merkmal wenig zur Unterscheidung von den Determinativkomposita beiträgt, da „im Deutschen die Mehrzahl der Kopulativkomposita in der Akzentregelung nicht von den Determinativa abweicht“, was auf eine „Analogiewirkung“ zum Akzentmuster der Determinativa zurückgeführt wird (NEUSS 1981: 68).

191.7 Die bei substantivischen Kopulativkomposita vorkommenden Typen sind in der Tabelle 55 zusammengefaßt, in die – wegen der begrenzten Anzahl von Beispielen – auch sGM verschiedenen Grades einbezogen sind, um einseitige Auswertungen zu vermeiden:

Tabelle 55: Kopulative Verbindungstypen aus sGM + sGM bzw. sGM verschiedenen Grades und ihre Varianten

morphologische Struktur Komposita	Bezug zu Simplizia bzw. morphologisch komplexeren Wörtern	morphologischer Verbindungstypus
1. (die) Strumpfhose	(der) Strumpf, (die) Hose	sGM + sGM
1a. (der) Westenpullover	(die) Weste, (der) Pullover	sGM + sGM
2. (der) Dichterkomponist	(der) Dichter, (der) Komponist	sGM + sGM
2a. (der) Schauspieler-Autor	(der) Schauspieler, (der) Autor	sGM + sGM
3. Elsaß-Lothringen	Elsaß, Lothringen	Np + Np
4. Garmisch-Partenkirchen	Garmisch, Partenkirchen	Np + Np
5. Meyer-Tochtrup	Meyer, Tochtrup	Np + Np
6. Franz-Josef	Franz, Josef	Np + Np

In den Aufbauprinzipien folgt die Tabelle 55 denjenigen der Tabelle 51 (§ 188.2)

191.8 Im ersten Typus (STRUMPFHOSE) liegt eine Verbindung von zwei substantivischen GM vor. Der Artikelgebrauch folgt der zweiten Konstituente; das Zweitglied signalisiert die grammatischen Kategorien und bestimmt auch die Wortart, trotz der Bedingung, daß beide Kompositionsglieder derselben Wortart, aber nicht derselben Substantivklasse, angehören müssen. Insofern liegt eine den Determinativkomposita entsprechende Morphemkombination vor. In der morphologischen Struktur entspricht der Typus STRUMPFHOSE dem Typus HAUSTÜR (1. in Tabelle 51).

191.9 Wie bei den Determinativkomposita kommen bei der ersten Konstituente der Kopulativa auch Fugenzeichen vor (1a in Tabelle 55). Während bei den Determinativa neun phonotaktische Ausprägungen belegt werden können (Tabelle 53, § 188.10), sind es bei den Kopulativa nur die drei /n/, /ən/ und /ər/ in WESTENPULLOVER, UHRENRADIO und KLEIDERSCHÜRZE. Sie treten überwiegend bei Kopulativa auf, bei denen auch eine Umstellung der Konstituenten möglich ist (§ 191.6). Wegen der additiven Form der Konstituentenkombination lassen sich bei der ersten Konstituente – anders als bei den Determinativa (§ 188.9 mit Tabelle 52) – keine als Fugenmorpheme interpretierbaren Phonemfolgen nachweisen.

191.10 Im zweiten Typus (DICHTERKOMPONIST) werden morphologisch komplexere Konstituenten miteinander verbunden. Die Variante mit Bindestrich (2a in Tabelle 55) signalisiert eine weniger enge Verbindung der Kompositionsglieder und hängt zusätzlich mit dem größeren morphologischen Komplexitätsgrad der Konstituenten zusammen (NEUSS 1981: 58).

191.11 In den Typen drei bis sechs sind Nomina propria einbezogen, bei denen in der Form der „Doppelnamen“ (NEUSS 1981: 51) den Nomina appellativa vergleichbare Relationen zu erkennen sind. Mit ELSASS-LOTHRINGEN wird eine politisch-geographische Einheit bezeichnet (KLUGE 1913: 62), mit GARMISCH-PARTENKIRCHEN eine neu entstandene Ortsgemeinde, durch MEYER-TOCHTRUP wird ein verbreiteter Familienname durch einen weiteren ergänzt und insgesamt damit stärker konkretisiert, in FRANZ-JOSEF liegt eine Verbindung von zwei auch isoliert gebrauchten Rufnamen zu einem einzigen vor, was ebenfalls einer leichteren Identifizierung eines Namenträgers dient.

191.12 Die inhaltsseitigen Beziehungsgefüge, die bei den morphologisch bestimmten Verbindungstypen der Kopulativa auftreten, sind in der Tabelle 56 erfaßt:

Tabelle 56: Inhaltsseitige Beziehungsgefüge der Kompositionsglieder substantivischer Kopulativa

Inhalt und Referenz / Komposita	inhaltsseitige Relationen der Kompositionsglieder	bezeichnete außersprachliche Realität
1. (die) Strumpfhose	additiv, sich ergänzend	Kleidungsstück
2. (das) Uhrenradio	additiv, sich ergänzend	Wirtschaftsgut
3. (der) Dichterkomponist	additiv, sich ergänzend	Beruf einer Person
4. (der) Strichpunkt	additiv, sich ergänzend	Interpunktionsmittel
5. (der) Schneeregen	additiv, sich ergänzend	Witterungserscheinung

Komposita	Inhalt und Referenz: inhaltsseitige Relationen der Kompositionsglieder	bezeichnete außersprachliche Realität
6. (der) Nordost	additiv, sich ergänzend	Himmelsrichtung
7. (der) Schwefelwasserstoff	additiv, sich ergänzend	chemische Verbindung
8. (die) Schafziege	additiv, sich ergänzend	biologische Kreuzung
9. Elsaß-Lothringen	additiv	Ländername
10. Garmisch-Partenkirchen	additiv	Ortsname
11. Meyer-Tochtrup	additiv	Familienname
12. Franz-Josef	additiv	Rufname

Auf der horizontalen Achse sind die Komposita, die inhaltsseitigen Relationen der Kompositionsglieder und die bezeichnete außersprachliche Realität aufgeführt. Insgesamt ist das Spektrum der bezeichneten außersprachlichen Realitäten begrenzt. Bei den Appellativa zeigt sich eine Produktivität in der Gegenwartssprache bei Bezeichnungen für Modeartikel und für berufliche Tätigkeiten (FLEISCHER 1982: 109) und fachsprachlich bei solchen für chemische Verbindungen.

191.13 Neben Kopulativa aus primärsprachlichen Morphemen gibt es auch solche, die durch Lehnübersetzungen (§ 183.1) aus sekundärsprachlichen Bildungen entstanden sind wie KÖNIGINMUTTER (18. Jh. franz. *reine-mère*) und PRINZGEMAHL (19. Jh. engl. *prince-consort*) (KLUGE 1913: 62; FLEISCHER 1982: 109).

192.1 Die Possessivkomposita werden in den einzelnen Darstellungen zur Wortbildungslehre klassifikatorisch unterschiedlich behandelt. Bei HENZEN (1965: 78-85) erscheinen die Possessiva unter der Überschrift „Possessivkomposita und Satznamen" als ein mit den Determinativ- und Kopulativkomposita gleichrangiger inhaltsseitiger Typus. Zusätzlich stellt er einen diachronen Zusammenhang zur indischen Grammatik her, die „solche Bildungen als Bahuvrihi" bezeichnet, „(d.i. 'viel Reis [habend]' – also selbst ein Beispiel der Gattung), ein Name, der noch geläufig gebraucht, aber wie der Ausdruck Possessivkomposita beanstandet wird, weil der eine wie der andere die mächtige Gruppe, zu welcher diese Bildungen allmählich herangewachsen sind, nicht mehr rein umfaßt." (HENZEN 1965: 78). ERBEN (1975: 65; 1993: 68) handelt die Possessiva unter den Determinativa ab, hebt aber ihre „abweichende[n] Funktion" hervor. FLEISCHER (1982: 106) stellt „diese Konstruktionen grundsätzlich zu den Determinativkomposita" und betont, daß das „syntagma-interne Verhältnis der Konstituenten in *Dickkopf* und *Langbein* [...] völlig dem in *Dickmilch* und *Langholz*" entspreche. Nach ihm liegt eine Subordination vor, da das aGM {dik} in beiden Fällen die sGM {kopf} und {milx} determiniere. „Daß die syntagma-externen und denotativen Beziehungen sich unterscheiden, also *Langholz* zwar *Holz*, aber *Langbein* kein *Bein* ist, sondern ein Mensch, der solche Beine besitzt", ist für FLEISCHER (ebd.: 106) „weniger eine Frage der Wortbildung selbst als vielmehr der Anwendung des betreffenden Wort-Syntagmas im Satz".

192.2 Die Klassifikationsunterschiede gehen auf eine jeweils andere Beurteilung der inhaltsseitigen Beziehungsgefüge der Kompositionsglieder innerhalb der neuen Worteinheit der Komposita und der Referenzunterschiede, die zwischen den Komposita und den Kompositionsgliedern bestehen, wenn diese an der Konstitution von Simplizia beteiligt sind, zurück. So bezeichnet das Simplex KOPF 'das vom übrigen Körper abgesetzte und unterschiedene Vorderende vieler Tiere und des Menschen', ein 'verdicktes Ende' (*Kopf eines Nagels*), den 'Leiter' einer Gruppe, eine herausragende Persönlichkeit (*der beste Kopf des Landes, ein kluger Kopf*) (vgl. WAHRIG 1977: 2126f.). Durch das Simplex BEIN werden 'Gliedmaßen höherer Wirbeltiere, untere Gliedmaßen des Menschen', 'beinähnliche Stützen' (*Beine eines Tisches*) und 'Knochen' bezeichnet (ebd.: 612). Das Simplex MILCH hat die Inhaltsseite 'weiße Flüssigkeit, die von weiblichen Säugetieren und von Menschen (nach dem Gebären) aus den Milchdrüsen ausgeschieden wird' (ebd.: 2429) und HOLZ das Semem 'aus verhärteten Zellen zusammengesetztes Gewebe von Bäumen und Sträuchern' (ebd.: 1816). Aufgrund der Frequenz und eines zeitlichen Nacheinanders kann bei den einzelnen Simplizia zwischen einer 'eigentlichen' und einer 'übertragenen' Inhaltsseite unterschieden werden (ŽEPIĆ 1970: 121). Bei den aufgeführten Simplizia wird die mit der jeweiligen Ausdrucksseite zuerst verbundene und am häufigsten vorkommende 'eigentliche' Inhaltsseite von den an erster Stelle genannten Sememen gebildet. Im Vergleich zu ihr erfordert die Monosemierung der 'übertragenen' Inhaltsseiten ein höheres Maß an Kontextdetermination, die am umfangreichsten bei okkasionellen Verwendungsweisen wie Paul Celans *schwarzer Milch der Frühe* ist.

192.3 Bei den Komposita DICKMILCH und LANGHOLZ bzw. DICKKOPF und LANGBEIN kommen die sGM der Simplizia als Zweitglieder vor. Durch die hinzutretenden Erstglieder, die aGM {dik} und {laŋ} wird lediglich signalisiert, daß die erste Konstituente mit der zweiten etwas zu tun hat. Wie diese Relation aussieht und welche außersprachliche Realität bezeichnet wird, ergibt sich erst aus der neuen Worteinheit und kann nicht bereits aus dem Vorkommen der GM in Simplizia entnommen werden. Bei DICKMILCH und LANGHOLZ entsprechen sich die Bezeichnungsklassen der jeweils zweiten Konstituente und die der Simplizia MILCH und HOLZ in allgemeiner Weise; das Erstglied spezifiziert in den Komposita diese Bezeichnungsklasse und macht aus der allgemeinen Festlegung eine konkrete, d.h. es liegt jeweils ein Determinativkompositum vor (§ 190.1). Bei DICKKOPF als Bezeichnung für einen störrischen Menschen und bei

LANGBEIN als Bezeichnung für eine Person, die lange Beine hat, sieht ŽEPIĆ (1970: 121) nichts anderes als den Übergang von einer 'eigentlichen' zu einer 'übertragenen' Inhaltsseite. Daher ist es für ihn „nicht notwendig, für die Zusammensetzung eine besondere Klasse von Bahuvrihi-Komposita einzuführen, weil es sich dabei um eine semantische Erscheinung handelt, die das ganze Korpus betrifft", d.h. er bereitet die Position von FLEISCHER (§ 192.1) vor.

192.4 Weder ŽEPIĆ noch FLEISCHER werden jedoch den besonderen, jeder Satzverwendung vorausgehenden Konstitutionsbedingungen der Komposita wie DICKKOPF und LANGBEIN und ihrer spezifischen Referenzfunktion gerecht, wenn sie von einer Parallelität zu Bedeutungsübertragungen bei Simplizia bzw. von einem monosemierenden Satzkontext ausgehen. So entstehen die Inhaltsseiten von KOPF und DICKKOPF nicht erst in den Satzkontexten (1) *Der dicke Kopf des Besuchers überraschte die Gastgeber.* bzw. (2) *Der Dickkopf des Besuchers ärgerte die Gastgeber.* Vielmehr führt die Kombination aus aGM + sGM zur Fixierung der Inhaltsseite 'störrisches Verhalten' und zur Referenz auf eine Person, die dieses Verhalten zeigt. D.h. die 'Monosemierung' oder exakter die Sememkonstitution erfolgt bereits durch die Wortbildung selbst und nicht erst durch den Satzkontext. In einem Satz wird jeweils nur inhaltsseitig konkretisiert, was vorher bei der Wortkonstitution bereits realisiert wurde. Auch eine Bedeutungsübertragung kann nicht wie bei den Sememen von KOPF angenommen werden. Während im Satzkontext (3) *Der Kleine hat ja einen richtig dicken Kopf.* eine Bedeutungsübertragung von der Kopfgröße zum störrischen Verhalten angenommen werden kann bzw. beide Inhaltsseiten realisiert sein können, ist in (4) *Der Kleine ist ja ein richtiger Dickkopf.* durch das Kompositum die Bezeichnung einer störrischen Person festgelegt. Sollte mit *Dickkopf* wieder die Körpergröße bezeichnet werden, müßte diese Inhaltsseite durch topikale Sequenzbildungen innerhalb von Textexemplaren erneut hergestellt werden (*Der Besucher hatte einen ausgesprochen dicken Kopf. Der Dickkopf rutschte auf der Couch unruhig hin und her.*).

192.5 Werden die Inhaltsseiten der Simplizia KOPF und BEIN mit den Inhaltsseiten der Komposita DICKKOPF und LANGBEIN und in einem isolierenden Verfahren mit den Inhaltsseiten der Zweitglieder der Komposita verglichen, ergeben sich inhaltsseitige Beziehungen zwischen den Zweitgliedern und den Simplizia, die mit Hilfe „der Redefigur des 'pars pro toto'" erfaßt (ERBEN 1975: 65; 1993: 68) und durch eine entsprechende Paraphrase, eine *haben*-Relation, verdeutlicht werden können. So bezeichnen die Simplizia Körperteile, während die Zweitglieder in Verbindung mit den Erstgliedern Personen bezeichnen, die diese Körperteile besitzen (LANGBEIN) bzw. im übertragenen Sinne (DICKKOPF) haben (so auch MORCINIEC 1990: 128f.). Der Bezug auf eine Person kann durch einzelne

Inhaltsseiten der Simplizia vorbereitet sein (KOPF) oder völlig fehlen (BEIN). Hergestellt wird dieser Bezug erst durch die Verbindung von Erstglied und Zweitglied, d.h. das Erstglied hat nicht nur eine das Zweitglied inhaltsseitig spezifizierende Funktion, sondern beide Kompositionsglieder sind an der Konstitution einer neuen Inhaltsseite beteiligt. Insofern ist die Funktion des Erstgliedes nicht auf eine determinierende Funktion wie bei den Determinativkomposita beschränkt. Ebenso legt das Zweitglied allein nicht die Bezeichnungsklasse, auch nicht in allgemeiner Weise, fest. Vielmehr zeigen Komposita wie DICKKOPF und LANGBEIN eine besondere, über die determinierende Funktion hinausgehende Form der Bezeichnung einer außersprachlichen Realität nach einem „hervorstechenden Merkmal" (HENZEN 1965: 85). Daher ist es begründet, eine eigene, inhaltsseitig bestimmte Subklasse neben den Determinativa und Kopulativa aufzustellen (so auch PAULY/TIEFENBACH 1974: 282, jedoch mit anderer Begründung). Wegen des durch eine *haben*-Paraphrase erläuterbaren Bezeichnungsprinzips kann diese Subklasse mit Hilfe des Terminus der Possessiva charakterisiert werden, auch wenn nicht alle dieser Subklasse noch zuzuordnenden Gruppen von Komposita in ihrer Funktion durch eine solche Paraphrase erläutert werden können. Es ist deshalb sinnvoll, am Terminus 'Possessivkompositum' nicht nur „aus Gründen der Tradition" (ORTNER/ORTNER 1984: 62) festzuhalten.

192.6 Neben den durch *haben*-Paraphrasen erläuterbaren Possessiva kommt eine zweite Gruppe von Komposita vor, deren 'hervorstechendes Merkmal' aus einer besonderen Eigenschaft besteht. Zu dieser Gruppe gehören Komposita wie HASENFUSS, SCHAFSKOPF, GRÜNSCHNABEL bzw. BRUMMBÄR, MAUERBLÜMCHEN, BÜCHERWURM, NASCHKATZE, LÖWENZAHN, STIEFMÜTTERCHEN. Die inhaltsseitige Beziehung ihrer Konstituenten kann durch eine komparativische Paraphrase, durch eine „vergleichende[r] Ist-wie-Beziehung" (PAULY/TIEFENBACH 1974: 278), verdeutlicht werden. Durch die Komposita wird einer Größe eine „betreffende Eigenschaft v e r g l e i c h s w e i s e zugesprochen" (ERBEN 1975: 65; 1993: 68). So ist ein HASENFUSS ein 'ängstlicher Mensch, ein Feigling' (WAHRIG 1977: 1664), ein Mensch, der sich wie ein *Hase* verhält und vor etwas [wie auf Füßen] wegläuft. Ein LÖWENZAHN ist eine 'Milchsaft enthaltende Pflanze aus der Gattung der Korbblütler mit grob gezähnten Blättern und goldgelbem Blütenkorb' (ebd.: 2315); die 'grob gezähnten Blätter' bilden die Vergleichsgrundlage zum Gebiß, zu den Zähnen des Löwen. Ein BRUMMBÄR ist 'ein brummiger, bärbeißiger, mürrischer Mensch' (ebd.: 769) bzw. 'eine Person, die sich wie ein Brummbär verhält' bzw. 'eine Person mit der Eigenschaft, brummig wie ein Bär zu sein', d.h. „die semantischen Beziehungen zwischen eigentlicher Tierbezeichnung und Übertragung sind noch nachvollziehbar" (FLEISCHER 1992:

108). Insgesamt werden durch die Komposita der zweiten Gruppe Menschen und Pflanzen bezeichnet. Die Bezeichnungen der Menschen haben als Zweitglieder sGM, die auch Simplizia konstituieren und dort Körperteile von Menschen und Tieren und Tiere bezeichnen. Kommen Körperteile von Menschen als Zweitglieder vor, wird durch die Erstglieder ein Bezug zur Tierwelt hergestellt (HASENFUSS, SCHAFSKOPF), so daß sich die besonders gekennzeichnete menschliche Eigenschaft aus einem Vergleich zur Tierwelt ergibt. Bei MAUERBLÜMCHEN wird die Vegetationsart einer Pflanze als ganzes auf einen Menschen und sein Verhalten übertragen. Vollständige Übertragungen von tierischen Körperteilen und Personenbezeichnungen aufgrund von vergleichbaren Formen und Existenzbedingungen liegen bei den Pflanzenbezeichnungen LÖWENZAHN und STIEFMÜTTERCHEN vor.

192.7 Eine dritte Gruppe wird von Personenbezeichnungen gebildet, die in ihren Zweitgliedern sGM enthalten, die auch in Simplizia vorkommen und dort Verwandte, Personen und Gegenstände bezeichnen. Diese Funktion besitzen die sGM als Zweitglieder in der neuen Worteinheit nicht. In Komposita wie KLATSCHBASE, ZECHBRUDER, KAFFEETANTE enthalten die Zweitglieder „keinen Hinweis auf die Verwandtschaft, sondern geben nur noch an, ob es sich um eine männliche oder weibliche Person handelt“ (FLEISCHER 1992: 108). Eine KLATSCHBASE ist 'eine Frau, die viel klatscht, eine geschwätzige Person‘ (WAHRIG 1977: 2042); mit diesem Kompositum kann neben einer weiblichen auch eine männliche Person bezeichnet werden. Ein ZECHBRUDER ist 'jemand, der häufig zecht; ein Zechgenosse‘ (ebd.: 4075); eine KAFFEETANTE ist 'eine weibliche Person, die sehr gern Kaffee trinkt‘ (ebd.: 1945). Die Funktion, ohne Verwandtschaftsbezug Personen zu bezeichnen, besitzen bereits einige Simplizia. So ist *ein finsterer Bruder* 'ein unheimlicher Kerl‘, und *eine komische Tante* kann als Bezeichnung 'einer nicht sehr sympathischen Frau‘ dienen (WAHRIG 1977: 768, 3524). Für BASE sind solche Verwendungsweisen in Wörterbüchern nicht belegt. Die generelle Personenbezeichnung in Simplizia bereitet die entsprechende Funktionsübernahme in Zweitgliedern von Komposita vor; der einmal geschaffene Typus fungiert als Vorbild für weitere Bildungen, bei denen dieser inhaltsseitige Bezug zwischen Simplex und Kompositionsglied nicht vorhanden ist. Neben der generellen Personenmarkierung durch das Zweitglied kommt im Erstglied ein 'hervorstechendes Merkmal‘ vor, eine besondere menschliche Eigenschaft, die den Personenbezug weiter absichert. Dies kann durch Paraphrasen verdeutlicht werden: Eine KLATSCHBASE kann mit 'eine Person, die viel klatscht‘ oder mit 'eine Person, die die Eigenschaft hat zu klatschen‘ paraphrasiert werden. Vor allem durch die zweite Paraphrase wird der possessive Bezug

der besonderen Charaktereigenschaft deutlich, der die Zuordnung zu den Possessiva sichert.
In den Komposita MANNSBILD, JAMMERLAPPEN, GLÜCKSPILZ, PLAUDERTASCHE enthalten die Zweitglieder keinen Hinweis auf eine Person. Dieser wird erst durch die erste Konstituente hergestellt, die entweder eine Person explizit bezeichnet oder auf menschliche Eigenschaften (*jammern, plaudern*) oder menschliche Wünsche verweist, so daß im Kompositum jeweils eine menschliche Eigenschaft im Vergleich zu Simplizia vorhanden ist, die die Bezeichnung einer Person durch das Kompositum sichern hilft.
Relativ unproblematisch wird der Personenbezug bei Komposita wie PRAHLHANS, WALDHEINI, HEULSUSE und KRAFTMEIER, SCHLAUBERGER bereits durch das jeweilige Zweitglied hergestellt, in dem sonst als Rufnamen und Familiennamen erscheinende Nomina propria auftreten. Als Zweitglieder geben die Nomina propria ihre Funktion, ein Individuum zu benennen bzw. als Familienangehörigen auszuweisen, zugunsten einer generellen Personenmarkierung auf und verhalten sich fast wie „appellativische Elemente" (FLEISCHER 1992: 108). Die Personenmarkierung besteht darin, daß Personen bezeichnet werden, „die oft, gern und ohne plausiblen Grund jene Tätigkeit ausüben, die im ersten Glied genannt wird" (BERGMANN 1971: 104). Von FLEISCHER/BARZ (1992: 130) werden Komposita aus appellativischen GM und Nomina propria als „deonymische Komposita" bezeichnet. Die „Deonymisierung des onymischen Zweitgliedes" entsteht durch eine „semantische Verallgemeinerung des onymischen Zweitgliedes" und erweist sich für die Gegenwartssprache als „produktiv" (ebd.: 135).
Für alle Personenbezeichnungen der dritten Gruppe gilt, daß „entgegen den etablierten ('eigentlichen') Bezeichnungskonventionen und entgegen alltagslogischen Kontiguitätserwartungen eine Größe (Bildempfänger [= Person]) mit der Bezeichnung einer anderen (Bildspender) angesprochen [wird], wobei im engeren Kontext, d.h. in der A-Konstituente [= Erstglied], oder im weiteren Kontext, d.h. in der Textumgebung des Kompositums, Signale vorhanden sind, die klarmachen, daß die fragliche B-Konstituente [= Zweitglied] 'konterdeterminiert', d.h. metaphorisch oder uneigentlich gebraucht wird." (ORTNER/ORTNER 1984: 64).
192.8 Aus den aufgezeigten Inhaltsrelationen ergibt sich folgende Definition des Possessivkompositums: Ein Possessivkompositum besteht aus zwei unterschiedlich komplexen Kompositionsgliedern, die in einer hypotaktischen Relation so aufeinander bezogen sind, daß das Erstglied dem Zweitglied zwar untergeordnet ist, aber Erstglied und Zweitglied erst gemeinsam die außersprachliche Realität nach einem hervorstechenden Merkmal bezeichnen, wobei sich das hervorstechende Merkmal possessivisch in der

Redefigur des pars pro toto bzw. komparativisch in direkter oder übertragener Weise in einer besonderen Eigenschaft zeigt.

192.9 Zur Definition der Possessivkomposita wird in einigen Darstellungen die Unterscheidung von endozentrischen und exozentrischen Zusammensetzungen herangezogen. Nach FLEISCHER (1982: 106) liegt bei LANGBEIN und DICKKOPF eine exozentrische Zusammensetzung vor, da „das Denotat", die außersprachliche Realität, „außerhalb der Zusammensetzung" bleibe. Bei DICKMILCH und LANGHOLZ dagegen handele es sich um eine endozentrische Zusammensetzung, bei der die Relation zur außersprachlichen Realität „unmittelbar innerhalb des Kompositums" gegeben werde (FLEISCHER/BARZ 1992: 125)

Die Gegenüberstellung von Endozentrika und Exozentrika innerhalb der Subordinationskomposita wird von PAULY/TIEFENBACH(1974: 278f.) bei den Exozentrika weiter ausgebaut, indem sie bei den exozentrischen Subordinationskomposita possessivische (LANGBEIN), komparativische (MAUERBLÜMCHEN) und transgressivische (JAMMERLAPPEN) unterscheiden. Bei den transgressivischen Exozentrika soll „der Bedeutungsinhalt [sic] des Zweitelementes in der Zusammensetzung über seinen Bedeutungsinhalt als Simplex" hinausgehen, während bei den possessiven und komparativischen Exozentrika „die Bedeutung des Zweitelementes innerhalb seines Bedeutungsumfanges als Simplex" liegen solle. Die transgressiven Exozentrika bildeten auch deshalb eine eigene Gruppe, da bei ihnen „weder eine pars-pro-toto- noch eine Ist-wie-Beziehung" in einer Paraphrase vorhanden sei. Insofern seien transgressive Exozentrika „weder possessivisch noch komparativisch", sondern „transgressivisch", da sie „den semantischen Bereich des Grundwortes" verließen. Bei Bildungen wie JAMMERLAPPEN liegt zwar eine dritte Gruppe von Possessiva mit einer besonderen Markierung eines 'hervorstechenden Merkmals' bei der Personenbezeichnung vor (§ 192.7), doch wird diese Besonderheit durch den Terminus des Transgressiven und seine Definition nur unzureichend erfaßt, weshalb auf ihn bei der Analyse der entsprechenden Komposita verzichtet wurde.

Die Unterscheidung von possessiven und komparativischen Exozentrika wird von ORTNER/ORTNER (1984: 62f. mit Anm. 197) und ORTNER u.a. (1991: 115f.) unter explizitem Hinweis auf PAULY/TIEFENBACH ebenso übernommen wie die generelle Unterscheidung von Endozentrika und Exozentrika.

192.10 Unter zeichentheoretischen Aspekten (§ 8) ist diese Unterscheidung jedoch problematisch. Mit Recht hebt COSERIU (1977: 50) hervor, daß sie mit „einer primären bzw. ausschließlichen Berücksichtigung der Bezeichnung" zusammenhängt und daß es von der „primär bestimmenden einzelsprachlichen Bedeutung aus [...] überhaupt keine Exozentrika, sondern ausschließlich Endozentrika" gibt. Bei den sog. Exozentrika handelt es sich nach COSERIU (ebd.: 50) „um eine traditionell fixierte antonomastische [= übertragene] Bezeichnung", bei der „die 'eigentliche' Bezeichnung normalerweise ausgeschlossen ist". Bei allen Komposita wird durch die Kompositionsglieder lediglich signalisiert, daß sie inhaltsseitig etwas miteinander zu tun haben. Wie diese inhaltsseitige Relation aussieht, ergibt sich aus der Kenntnis der bezeichneten außersprachlichen Realität. Da die neuen Worteinheiten, die Wortbildungsprodukte, „nie in der Bedeutung ihren Grundlagen äquivalent" sind und „immer mehr als ihre jeweiligen lexikalischen Grundlagen" enthalten (COSERIU 1977: 53), können die Vergleiche zu den Simplizia nur zu Bedeutungsindizierungen führen (§ 33f.). Die durch Simplizia bezeichneten außersprachlichen Realitäten sind nie mit den durch Komposita bezeichneten identisch. Daher entspricht die Unterscheidung von Endozentrika und Exozentrika nicht den jeweils anderen Bezeichnungsfunktionen der Komposita. Die Termini der endozentrischen und exozentrischen Bezeichnungsfunktionen fügen den über die Sachkenntnis beschreibbaren inhaltsseitigen Beziehungsgefügen der Kompositionsglieder keine neuen Informationen hinzu, sondern verdecken eher den zu neuen Worteinheiten mit neuen Referenzen führenden Wortbildungsprozeß, weshalb sie in die Definition der Kompositionstypen nicht aufgenommen wurden.

192.11 Die bei den inhaltsseitig begründeten Possessiva vorhandenen substantivischen Verbindungstypen aus GM + GM und ihre Varianten sind in der Tabelle 57 zusammengestellt:

Tabelle 57: Possessive Verbindungstypen aus GM + GM und ihre Varianten bei Substantiven

morphologische Struktur Komposita	Bezug zu Simplizia	morphologischer Verbindungstypus
1. (der) Geizhals	(der) Geiz, (der) Hals	sGM + sGM
2. (der) Dickkopf	präd. Adj. dick, (der) Kopf	aGM + sGM
3. (das) Lästermaul	Inf. lästern, (das) Maul	vGM + sGM
1a. (der) Schafskopf	(das) Schaf, (der) Kopf	sGM + sGM
1b. (der) Hahnenfuß	(der) Hahn, (der) Fuß	sGM + sGM
3b. (das) Hinkebein	Inf. hinken, (das) Bein	vGM + sGM
4. (der) Waldheini	(der) Wald, Heini	sGM + Np
5. (der) Dummerjan	präd. Adj. dumm, Jan (Johann)	aGM + Np
6. (die) Heulsuse	Inf. heulen, Suse	vGM + Np
7. (der) Kraftmeier	(die) Kraft, Meier	sGM + Np
8. (der) Schlauberger	präd. Adj. schlau, Berger	aGM + Np
9. (der) Drückeberger	Inf. drücken, Berger	vGM + Np

In den Aufbauprinzipien folgt die Tabelle 57 denjenigen der Tabelle 51 (§ 188.2). Da sowohl bei den Possessiva als auch bei den Determinativa eine hypotaktische Struktur vorhanden ist, wird ein Vergleich der Typen mit den Determinativa durchgeführt. Anders als in der Tabelle 51 sind in die Tabelle 57 auch Possessiva mit einem Nomen proprium aufgenommen.

192.12 Anders als bei den Determinativa können bei den substantivischen Possessiva innerhalb des appellativischen Wortschatzes nur drei Grundtypen nachgewiesen werden. Als Erstglied kommen nur substantivische, adjektivische und verbale GM vor. Dies gilt auch für die Typen 4 bis 9, bei denen Rufnamen und Familiennamen das Zweitglied bilden. Die Typen mit pGM, prGM, advGM, iGM, säGM und kGM als Erstglied werden bei den Possessiva nicht verwendet.

192.13 Im Vergleich zu den Determinativa ist auch die Anzahl der Komposita mit Fugenmorphem (§ 188.9, Tabelle 52) bzw. Fugenzeichen (§ 188.10, Tabelle 53) beim Typus sGM + sGM eingeschränkt. An Fugenmorphemen lassen sich {s} in SCHAFSKOPF und {n} in LÖWENZAHN belegen. Die Fugenzeichen {n} und {ən} sind in LÜGENMAUL und HAHNENFUSS vorhanden. Bei einem verbalen Erstglied läßt sich {ə} in HINKEBEIN als Fugenzeichen feststellen. Beim Typus aGM + Np kommt in DUMMERJAN das Fugenzeichen {ər} vor.

192.14 Im Hinblick auf eine inhaltsseitig begründete Festlegung der Subklasse stellen Komposita wie SCHAFSKOPF und LÖWENZAHN Besonderheiten dar. Sie sind – je nach bezeichneter außersprachlicher Realität – als Determinativkomposita oder als Possessivkomposita zu beschreiben. Wenn sie einen Körperteil eines Tieres bezeichnen, handelt es sich um Determinativkomposita, bezeichnen sie eine Person oder eine Pflanze, liegt ein Possessivkompositum vor.

4.1.3 Besonderheiten der Kompositionsbildung und kompositionsähnliche Strukturen bei Substantiven

193 Neben den ausdrucksseitigen Verbindungstypen und den inhaltsseitig begründeten Subklassen bei Substantiven aus zwei Morphemen (GM + GM, SM + GM, PsM + GM) kommen noch wesentlich komplexere Worteinheiten vor. Sie stellen als Ausbautypen der Grundtypen Besonderheiten der Kompositionsbildung dar oder zeigen „Konstruktionsbesonderheiten", die „in ein Übergangsfeld von 'kompositionsähnlichen Strukturen'" eingeordnet werden (ORTNER u.a. 1991: 121). Es handelt sich um die Erscheinungen der Dekomposition (§ 194), der Univerbierung (§ 195), der Zusammenrückung (§ 196), der Zusammenbildung (§ 197), der Affixoidbildung (§ 198) und der Pseudokomposition (§ 199).

194.1 Dekomposita sind Kompositionen aus mehr als zwei Grundmorphemen (§ 186), wobei die GM selbst einen unterschiedlichen Komplexitätsgrad aufweisen können. Unter inhaltsseitigen Aspekten sind substantivische Kopulativkomposita wie FLUGZEUGSCHIFFAUTO selten (§ 191.2). Die meisten Dekomposita gehören zu den Determinativkomposita. Von ORTNER u.a. (1991: 13-30) werden drei- bis sechs- und mehrgliedrige Dekomposita zusammengestellt. Sie können als Determinativkomposita alle auf eine binäre Struktur zurückgeführt und in ihrem Wortbildungsweg beschrieben werden. WELLMANN(in: DUDEN 1984: 440; 1995: 467f.) versucht, den Wortbildungsweg mit den Termini „Links-, Rechts-, Links-Rechts-Verzweigung" zu erfassen und mit Hilfe von graphischen Darstellungen (vgl. Skizze 11) sichtbar zu machen:

Skizze 11: Verzweigungsregeln bei Determinativkomposita (Dekomposita)

1. Linksverzweigung:

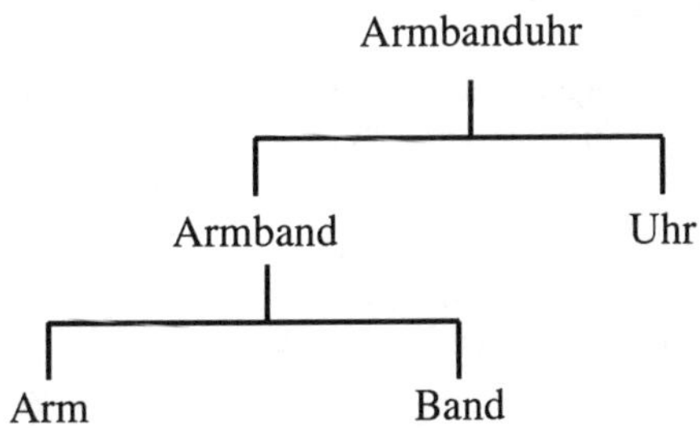

2. Rechtsverzweigung:

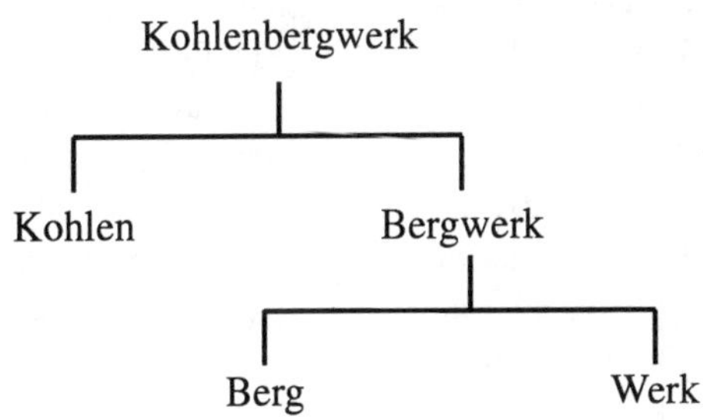

3. Links-Rechts-Verzweigung:

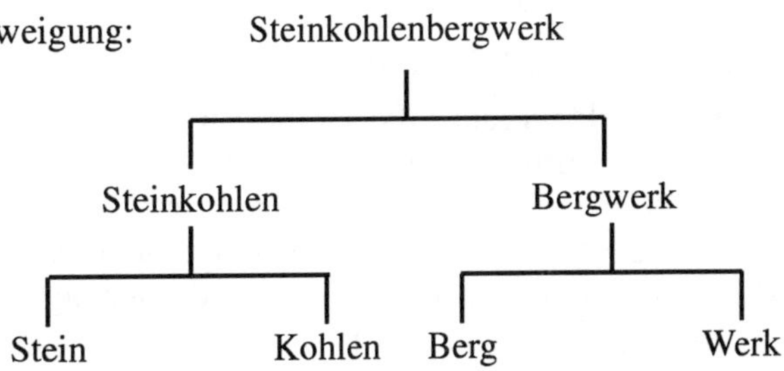

Für die Erfassung des Wortbildungsweges ist es bei Dekomposita wie ARMBANDUHR, KOHLENBERGWERK und STEINKOHLENBERGWERK wichtig, die erkennbaren GM nicht als gleichrangig, sondern über Stufen der Komplexbildung verbunden darzustellen. Ob dies zusätzlich mit Hilfe der Verzweigungsregel-Termini erfolgt, ist sekundär.

194.2 Bei Dekomposita aus einem kompositionellen Erstglied und einem substantivischen Zweitglied mit einem GM verschiedenen Grades können insgesamt siebzehn Verbindungstypen nachgewiesen werden. Die Einteilung der Verbindungstypen richtet sich dabei nach den morphologischen Strukturen des Erstgliedes. Die erkennbaren Typen sind in der Tabelle 58 zusammengestellt:

Tabelle 58: Dekomposita aus kompositionellem Erstglied (2 GM bzw. SM + GM) und substantivischem Zweitglied (1 GM verschiedenen Grades) und ihre Verbindungstypen

morphologische Struktur Dekomposita	Bezug zur binären Grundlage	morphologischer Verbindungstypus		
1. Armbanduhr	Armband, Uhr	(sGM	+ sGM)	+ sGM
2. Rotweinsorte	Rotwein, Sorte	(aGM	+ sGM)	+ sGM
3. Hinterhaus-Balkon	Hinterhaus, Balkon	(pGM	+ sGM)	+ sGM
4. Tragflügelboot	Tragflügel, Boot	(vGM	+ sGM)	+ sGM
5. Ich-Roman-Tradition	Ich-Roman, Tradition	(prSM	+ sGM)	+ sGM
6. Innendienst-Büro	Innendienst, Büro	(advGM	+ sGM)	+ sGM
7. Aha-Erlebnis-Buch	Aha-Erlebnis, Buch	(iGM	+ sGM)	+ sGM
8. Neinsager-Mentalität	Neinsager, Mentalität	(säGM	+ sGM)	+ sGM
9. Daß-Satz-Konstruktion	Daß-Satz, Konstruktion	(kGM	+ sGM)	+ sGM
10 Zahnputzglas	Zahn, putzen; Glas	(sGM	+ vGM)	+ sGM
11. Lauflernschuhe	laufen lernen; Schuhe	(vGM	+ vGM)	+ sGM
12. Langlaufschuhe	Langlauf, Schuhe	(aGM	+ vGM)	+ sGM
13. Magenbitterrest	Magenbitter, Rest	(sGM	+ aGM)	+ sGM
14. Ganz-nah-Frische	ganz, nah; Frische	(aGM	+ aGM)	+ sGM
15. Gas-Lava-Ausbruch	Gas, Lava; Ausbruch	(sGM	+ sGM)	+ sGM
16. Wohn-Schlaf-Zimmer	wohnen, schlafen, Zimmer	(vGM	+ vGM)	+ sGM
17. Schwarz-Weiß-Foto	schwarz, weiß; Foto	(aGM	+ aGM)	+ sGM

In der Tabelle 58 sind auf der vertikalen Achse Beispiele für Dekomposita aufgeführt; auf der horizontalen Achse wird die morphologische Struktur beschrieben, indem zunächst der Bezug zur binären Grundlage der Komposita aufgezeigt wird, ehe der morphologische Verbindungstypus angegeben wird. Die Zusammengehörigkeit der Morphemtypen des Erstgliedes wird durch Klammern signalisiert.

194.3 Die Typen 1 bis 9 zeigen im Vergleich zur Tabelle 51 (§ 188.2), daß alle substantivischen Kombinationstypen aus GM + GM bzw. SM + GM als Erstglieder in einer neuen substantivischen Worteinheit vorkommen können. Durch die Kompositionsfuge bedingte Varianten kommen nicht vor. Zum Teil wird die Struktur „durch einen Bindestrich als Lesehilfe" (ORTNER u.a. 1991: 16) verdeutlicht.

194.4 Neben den kompositionellen Erstgliedern mit einem sGM als zweiter Konstituente sind auch solche mit einem vGM bzw. einem aGM als Zweitkonstituente vorhanden (Typen 10-12 bzw. 13f.); sie sind im Vergleich zu den Typen 1 bis 9 „Weniger produktiv" bzw. sogar „unproduktiv" (ORTNER u.a. 1991: 16). Wenn ein vGM in der Abfolge der drei GM in der Mitte steht, kann „die Binnengrenze (zwischen A- und B-Konstituente) je nach Lesart" nach dem ersten oder dem zweiten GM liegen (ebd.: 14). So kann das Dekompositum GETREIDE-SAMMELSTELLE als 'Sammelstelle für Getreide' oder 'Stelle, an der man Getreide sammelt' paraphrasiert werden, was zur Annahme einer doppelten oder wie bei BOGENSCHIESSTAND ('Schießstand für Bogen', 'Stand zum Bogenschießen', 'Stand, an dem man mit dem Bogen schießt') mehrfachen Motiviertheit führen kann.

194.5 Während die Erstglieder der Typen 1 bis 14 selbst eine determinative Relation zwischen ihren Konstituenten zeigen, sind in den Typen 15 bis 17 zwischen den Konstituenten der Erstglieder parataktische Relationen zu erkennen.

194.6 Bei den Dekomposita aus einem GM als Erstglied und einem kompositionellen Zweitglied werden von ORTNER u.a. (1991: 19) die ersten neun Typen der Tabelle 59 aufgeführt:

Tabelle 59: Dekomposita aus drei GM (ein GM plus kompositionelles Zweitglied) und ihre Verbindungstypen

morphologische Struktur / Dekomposita	Bezug zur binären Grundlage	morphologischer Verbindungstypus
1. Gartengrundstück	Garten, Grundstück	sGM + (sGM + sGM)
2. Prüfdienststelle	prüfen, Dienststelle	vGM + (sGM + sGM)
3. Normalkraftstoff	normal, Kraftstoff	aGM + (sGM + sGM)
4. Rodelausleihstation	Rodel, Ausleihstation	sGM + (vGM + sGM)
5. Schnellkochtopf	schnell, Kochtopf	aGM + (vGM + sGM)
6. Gefrier-Kochbeutel	gefrieren, Kochbeutel	vGM + (vGM + sGM)
7. Eisschnellauf	Eis, Schnellauf	sGM + (aGM + sGM)
8. Rodelgroßveranstaltung	Rodel, Großveranstaltung	vGM + (aGM + sGM)
9. Rohbraunkohle	roh, Braunkohle	aGM + (aGM + sGM)

morphologische Struktur Dekomposita	Bezug zur binären Grundlage	morphologischer Verbindungstypus
10. Hang-Aufwind	Hang, Aufwind	sGM + (pGM + sGM)
11. Politiker-Selbstbedienung	Politiker, Selbstbedienung	sGM + (prGM + sGM)
12. Polizei-Innendienst	Polizei, Innendienst	sGM + (advGM + sGM)
13. Universitäts-Aha-Erlebnis	Universität, Aha-Erlebnis	sGM + (iGM + sGM)
14. Kirchen-Jawort	Kirche, Jawort	sGM + (säGM + sGM)

Der Typus 8 ist selten und kann – wie der Typus 4 – als durch ein sGM oder ein vGM „doppelt motiviert" angesehen werden. Da weitere Typen nicht genannt werden, ist die Aussage, daß sich bei den Typen der Tabelle 59 „der Fächer der morphologischen Subtypen [...] viel gleichmäßiger" entfalte als bei den Typen der Tabelle 58 (ORTNER u.a. 1991: 19) noch nicht begründet. Im Vergleich zur Tabelle 58 scheint die Verbindung von kGM+sGM (*daß-Satz*) als Zweitglied eines Dekompositums nicht üblich zu sein. Ob die in den Typen 10 bis 14 aufgeführten Dekomposita mit Zweitgliedern, die in den Typen der Tabelle 58 als Erstglieder auftreten, mehr als einen ad hoc-Charakter besitzen, müßte durch weitere Untersuchungen noch geklärt werden. Der ad hoc-Typus MILCHFRISCHPRODUKT wird von WILLEMS (1990: 55) auf das Kompositum MILCHPRODUKT zurückgeführt, das für ihn „offensichtlich mittels eines zusätzlichen Adjektivattributs [...] ausgebaut" wurde. Hier liegt jedoch weder ein attributiver Einschub noch ein „Trikompositum" der „Struktur S + A + S" vor, sondern der Typus sGM + (aGM + sGM), so daß sich der Ansatz eines besonderen Wortbildungstypus erübrigt.

194.7 Die viergliedrigen Dekomposita und ihre Verbindungstypen sind in der Tabelle 60 aufgeführt.

Die Anordnung der Tabelle 60 entspricht derjenigen in den Tabellen 58 und 59. Die Gruppen der morphologischen Verbindungstypen orientieren sich primär an den morphologischen Strukturen der Zweitglieder und sekundär an denen der Erstglieder. In den Typen 1 bis 12 kommen jeweils Komposita vor, die aus Gliedern zusammengesetzt sind, die wiederum eine Verbindung von jeweils zwei GM unterschiedlichen Grades sind. Bei den Typen 1 bis 12 handelt es sich jeweils um Determinativkomposita. Bei den Typen 1 bis 8 zeigen die Erstglieder selbst wieder eine determinative Relation; bei den Typen 9 bis 12 liegt „eine quasi parataktische Anordnung" der Konstituenten vor (ORTNER u.a. 1991: 23; so schon STÖTZER 1977: 154). Die Typen 13 bis 17 bestehen aus einem Erstglied mit drei GM und einem Zweitglied aus einem GM, teilweise verschiedenen Grades; es sind jeweils Determinativkomposita. Die Erstglieder der Typen 13 und 14 sind untereinander durch

Tabelle 60: Viergliedrige Dekomposita und ihre Verbindungstypen

morphologische Struktur / Dekomposita	Bezug zur binären Grundlage	morphologischer Verbindungstypus
1. Amtszeit-Höhepunkt	Amtszeit, Höhepunkt	(sGM + sGM) + (sGM + sGM)
2. Keuchhustenschutzimpfung	Keuchhusten, Schutzimpfung	(vGM + sGM) + (sGM + sGM)
3. Schmalspur-Eisenbahn	Schmalspur, Eisenbahn	(aGM + sGM) + (sGM + sGM)
4. Straßenbahnhaltestelle	Straßenbahn, Haltestelle	(sGM + sGM) + (vGM + sGM)
5. Leerlauf-Drehzahl	Leerlauf, Drehzahl	(aGM + vGM) + (vGM + sGM)
6. Kleinkinderspielplatz	Kleinkind, Spielplatz	(aGM + sGM) + (vGM + sGM)
7. Stromsparglühbirne	Strom sparen, Glühbirne	(sGM + vGM) + (vGM + sGM)
8. Schulhaus-Neubau	Schulhaus, Neubau	(sGM + sGM) + (aGM + sGM)
9. Ost-West-Tauschhandel	Ost, West; Tauschhandel	(sGM + sGM) + (vGM + sGM)
10. SPD/FDP-Bundesregierung	SPD, FDP; Bundesregierung	(sGM + sGM) + (sGM + sGM)
11. Kühl-Gefrier-Kombischrank	kühlen, gefrieren; Kombischrank	(vGM + vGM) + (vGM + sGM)
12. Alt-Neu-Rohstoffe	alt, neu; Rohstoffe	(aGM + aGM) + (aGM + sGM)
13. Stecknadelkopfaugen	Stecknadelkopf, Auge	(vGM + sGM + sGM) + sGM
14. Lastkraftwagenprogramm	Lastkraftwagen, Programm	(sGM + sGM + sGM) + sGM
15. Teppich-Tapeten-Vorhänge-Haus	Teppich, Tapete, Vorhang; Haus	(sGM + sGM + sGM) + sGM
16. Webstrickhäkelnadel	weben, stricken, häkeln; Nadel	(vGM + vGM + vGM) + sGM
17. Kognac-Schwarz-Gelb-Anzug	kognac, schwarz, gelb; Anzug	(aGM + aGM + aGM) + sGM
18. Taschentonbandgerät	Tasche, Tonbandgerät	sGM + (sGM + sGM + sGM)
19. Folien-Kleingewächshaus	Folie, Kleingewächshaus	sGM + (aGM + sGM + sGM)
20. Alu-Kinderplanschbecken	Alu, Kinderplanschbecken	sGM + (sGM + vGM + sGM)

determinative Relationen verbunden, die Typen 15 bis 17 durch kopulative Relationen. Beim Typus 17 wird *Kognac* als Farbbezeichnung verwendet (ORTNER u.a. 1991: 25 mit Anm. 51). Die Typen 18 bis 20 bestehen aus einem Erstglied aus einem GM und einem Zweitglied, das aus drei GM, teilweise verschiedenen Grades, aufgebaut ist. Es liegen jeweils Determinativkomposita vor, bei denen „der Inhalt eines dreigliedrigen Kompositums durch ein neues Bestimmungswort zusätzlich spezifiziert" wird (ORTNER u.a. 1991: 25).

194.8 Bei den fünfgliedrigen Dekomposita können sieben Typen nachgewiesen werden (Tabelle 61).

Die Typen 1 bis 3 bestehen aus Verbindungen von Erstgliedern und Zweitgliedern aus jeweils zwei bzw. drei GM. Die Typen 6 und 7 zeigen eine umgekehrte GM-Anzahl bei der Anordnung der Kompositionsglieder; beim Typus 7 liegt im Erstglied „eine Gleichordnung von merkmalangebenden Größen" vor (ORTNER u.a. 1991: 28). Die Typen 5 und 4 sind auf binäre Strukturen aus einem Erstglied mit einem GM und einem Zweitglied aus vier GM bzw. aus einem Erstglied aus vier GM und einem Zweitglied aus einem GM zurückzuführen. Bei allen sieben Typen handelt es sich um Determinativkomposita.

194.9 Bei den sechsgliedrigen „nichtusuellen" Dekomposita ist „kein Subtyp reihenhaft produktiv" (ORTNER u.a. 1991: 28). Zwei Beispiele sind 5-STERNE-MUSTERFREIZEITZENTRUM und KLEENEX-BABY-PFLEGE-ALLZWECK-TUCH. Sie sind „graphisch durch zwei oder mehr Bindestriche untergliedert", von denen eincr „an der Binnengrenze zwischen A- und B-Konstituente" steht (ebd.).

194.10 Dekomposita aus mehr als sechs GM „sind die Ausnahme" (ORTNER u.a. 1991: 30). Beispiele wie ATOMKRAFTWERKSSTANDORTS-SICHERUNGSPROGRAMM sind Bezeichnungen für „technische Vorkehrungen oder Einrichtungen". Das umfangreichste von ORTNER u.a. (1991: 30) gefundene Beispiel STROHHAUFEN-BROMBEER-BRENNNESSEL-NULLKOSTEN-NULLENERGIE-HAUS stammt „aus der journalistischen Textproduktion".

194.11 Auf eine binäre Struktur zurückführbare Dekomposita werden als ad hoc-Komposita von Schriftstellern wie Thomas Bernhard genutzt, um „durch ständige Rückgriffe und Variationen" einen „eng verzahnten Textzusammenhang" zu schaffen und besondere „Stilwirkungen" zu erzielen (BETTEN 1987: 79).

195.1 Unter Univerbierung ist die Bildung von komplexen Wörtern zu verstehen, die an die Stelle vorher gebrauchter syntaktischer Wortgruppen treten, um dieselbe außersprachlich in der Form einer Informationsverdichtung mit einem Wort zu bezeichnen.

Tabelle 61: Fünfgliedrige Dekomposita und ihre Verbindungstypen

morphologische Struktur Dekomposita	Bezug zur binären Grundlage	morphologischer Verbindungstypus
1. Verbundglas-Windschutzscheibe	Verbundglas, Windschutzscheibe	(sGM + sGM) + (sGM + sGM + sGM)
2. Sichtbetonflachdachbungalow	Sichtbeton, Flachdachbungalow	(sGM + sGM) + (aGM + sGM + sGM)
3. Bundeswehr-Treibstoffkanister	Bundeswehr, Treibstoffkanister	(sGM + sGM) + (vGM + sGM + sGM)
4. Fußballweltmeisterschafts-Zeiten	Fußballweltmeisterschaft, Zeit	(sGM + sGM + sGM + sGM) + sGM
5. SPD-Wohnbaustadtrat	SPD, Wohnbaustadtrat	sGM + (vGM + vGM + sGM + sGM)
6. Eiskunstlauf-Weltmeisterschaft	Eiskunstlauf, Weltmeisterschaft	(sGM + sGM + sGM) + (sGM + sGM)
7. Frühjahr-Sommer-Modeschau	Frühjahr, Sommer; Modeschau	(sGM + sGM + sGM) + (sGM + sGM)

195.2 Mit Recht weist ERBEN (1975: 21; 1993: 22) darauf hin, daß solche Univerbierungen „die 'morphosyntaktischen' Beziehungen auf der Ausdrucksebene" vereinfachen, „da größere 'Fertigteile' [...] eine einfachere Syntax erlauben". Beispiele für Univerbierungen sind nach ERBEN (ebd.: 22) HALTESTELLE statt der Wortgruppe *Stelle, an der öffentliche Verkehrsmittel im Bedarfsfalle halten*, und VERKEHRSZEICHEN statt *Zeichen zur Regelung des Straßenverkehrs*. FLEISCHER (1982: 17) nennt zusätzlich SENKRECHTSTARTER statt der „syntaktische[n] Wortgruppe" *senkrecht startendes Kampfflugzeug* bzw. VIRUSFILTER statt *Filter zum Herausfiltern von Viren aus einer Flüssigkeit*. Für ihn ist die Univerbierung „ein Ausdruck von Sprachökonomie, von Rationalisierung im sprachlichen Ausdruck", da „Ein-Wort-Benennungen [...] leichter handhabbar" sind und „ihren Zweck auch ohne die ausdrückliche Wiedergabe einer größeren Zahl von Merkmalen des benannten Begriffes" erfüllen. Problematisch ist jedoch die weitergehende Begründung, daß 'Ein-Wort-Benennungen' im Vergleich zu syntaktischen Wortgruppen „nur als 'Anhaltspunkt', 'Orientierungshilfe', nicht als vollständige Beschreibung zu betrachten" seien (ebd.: 17), denn kein Wort – sei es ein Simplex, ein Kompositum oder eine Univerbierung aus einer Wortgruppe – ist eine 'vollständige Beschreibung' der bezeichneten außersprachlichen Realität. Das bedeutet aber, daß die als Univerbierungen angegebenen Beispiele auch unabhängig von ihren tatsächlich vorhandenen oder bloß postulierten morpho-syntaktischen Vorlagen nach den verwendeten Morphemtypen als Komposita beschrieben und in die inhaltsseitigen Subklassen eingeordnet werden können. So besteht HALTESTELLE aus dem Typus vGM+sGM, VERKEHRSZEICHEN aus dem Typus sGM+sGM, SENKRECHTSTARTER aus dem Typus aGM+sGM und VIRUSFILTER aus dem Typus sGM+sGM, wobei GM verschiedenen Grades vorkommen. Alle vier Beispiele gehören zur Subklasse der Determinativkomposita und haben morphologische Verbindungstypen als Vorbilder (§ 188.2), ohne daß diese auf ursprüngliche umfangreichere Wortgruppen zurückgeführt werden müssen (vgl. ERBEN 1975: 124; 1993: 129).

195.3 Der Prozeß der Univerbierung spielt auch bei den „Großformen der 'Dekomposita'" vor allem bei Erstgliedern eine Rolle (ERBEN 1975: 123; 1993: 128). ORTNER u.a. (1991: 31) sprechen dann davon, daß „eine Wortgruppe in ein neues Kompositum 'eingebaut' wird". Dies ist zum Beispiel beim Typus 11 (LAUFLERNSCHUHE) der Tabelle 58 (§ 194.2) der Fall, bei dem das Erstglied *Laufler*n auf die Wortgruppe *laufen lernen* zurückgeführt werden kann, jedoch sowohl beim Erstglied als auch beim ganzen Kompositum die analogischen Beziehungen zu den vorhandenen zweigliedrigen Strukturen der Komposita deutlich erkennbar sind.

196.1 Die Zusammenrückung ist ein Sonderfall der Zusammensetzung. Bei ihr wird – in Anlehnung an die Formulierungen von ERBEN 1975: 31f.; 1993: 33) – eine syntaktische Gruppe zu einem neuen Wort oder zu einem Kompositionsglied eines neuen Wortes so zusammengefügt, daß die Wortfolge einschließlich der je nach Wortart eventuell vorhandenen Relationsmorpheme ganz oder wenigstens teilweise beibehalten wird.

196.2 Die durch Zusammenrückung entstehenden neuen Wörter und die dabei erkennbaren morphologischen Strukturen sind in der Tabelle 62 zusammengestellt:

Tabelle 62: Zusammenrückungen zu neuen Wörtern und ihre morphologischen Strukturen

morphologische Struktur Zusammenrückungen	tradierte oder mögliche syntaktische Gruppe	Beibehaltung der Wortfolge	eventuelle Beibehaltung der RM
1. (der) Dreikäsehoch	jemand ist drei Käse hoch	+	+
2. (der) Gernegroß	jemand ist gerne groß	+	+
3. (das) Vaterunser	Vater unser, unser Vater	+	+
4. (der) Taugenichts	jemand taugt nichts	+	–
5. (der) Störenfried	jemand stört den Frieden	+ –	–
6. (der) Hans-guck-in-die-Luft	Hans/jemand guckt in die Luft	+	+ –
7. Fürchtegott	fürchte Gott!	+	+
8. Holdwill	unser holder Wille	+	–
9. Springinsfeld	spring ins Feld!	+	+
10. Vergißmeinnicht	vergiß mein nicht!	+	+

Auf der vertikalen Achse sind die Beispiele für Zusammenrückungen angegeben. Auf der horizontalen Achse erfolgt die Erläuterung der morphologischen Struktur, indem ein Bezug zu einer tatsächlich tradierten oder gegenwartssprachlich wenigstens noch bildbaren und damit durch Paraphrasen aufzeigbaren möglichen syntaktischen Gruppe hergestellt wird. In den beiden darauf folgenden Spalten wird angegeben, ob bei der Zusammenrückung die Wortfolge der syntaktischen Gruppe und die in dieser vorhandenen RM beibehalten werden. Ein + gibt eine Beibehaltung an, ein – eine Nicht-Beibehaltung, ein +– signalisiert eine teilweise Beibehaltung.

196.3 FLEISCHER (1982: 62) möchte den Terminus 'Zusammenrückung' „so weit wie möglich" einschränken und mit ihm nur „substantivierte Sätze und Wortgruppen" bezeichnen, „bei denen die zweite unmittelbare Konstituente nicht Wortart (und eventuell Genus) der ganzen Konstruktion bestimmt". In den Beispielen 1 und 2 liegen Substantive vor, obwohl das letzte

GM der syntaktischen Gruppe an der Konstitution eines prädikativen Adjektivs beteiligt ist. D.h. daß mit den substantivischen Zusammenrückungen – anders als bei teilweise ähnlich beurteilten adjektivischen Zusammenrückungen (§ 210.2) – immer ein Wortartenwechsel verbunden ist. Da dieser Wortartenwechsel nicht durch FM herbeigeführt wird, ordnet VON POLENZ (1973: 146; 1980: 170) diese Zusammenrückungen in die Erscheinung der Konversion (§§ 284-289) ein und trennt sie von den sog. 'eigentlichen Zusammenrückungen', die er auf syntaktische Gruppen zurückführt, die synchron bei vergleichbarer Funktionalität neben den Zusammenrückungen existieren. HEINLE (1993: 76-78) nimmt den Gedanken von VON POLENZ auf und will „alle Fälle, die nicht mehr unmittelbar auf ein entsprechendes Syntagma zurückgeführt werden können, den Zusammensetzungen zurechnen." Selbst „unmittelbar syntaktisch motivierte Bildungen" möchte sie als „Konversionsbildungen" interpretieren, weil sie „sprachgeschichtlich nicht immer verifizierbar" seien und eine „rein synchronisch ausgerichtete Wortbildungslehre" auf den Begriff der Zusammenrückung „ganz verzichten" könne. Mit der Verlagerung der entsprechenden Bildungen in den Bereich der Konversionen (§§ 284-289) weitet sie den Begriff jedoch ohne zusätzliche Präzisierungen in einer Weise aus, die sie selbst bei den Phänomenen kritisiert, die unter dem Terminus der Zusammenrückung subsumiert worden sind (ebd.: 68f.). Daß Zusammenrückungen eine sprachliche Tradition besitzen, widerspricht nicht ihrer synchronen Beschreibbarkeit, sondern stellt sie wegen des Phänomens der Gegenwartsdiachronie gerade neben die Bildungen, die synchron als neue Worteinheiten neben syntaktischen Gruppen mit vergleichbarer Funktionalität existieren. Ausdrucksseitig wird die neue Worteinheit durch Zusammenschreibung und Großschreibung signalisiert. Morphologisch entstehen durch die Zusammenrückung innerhalb der verbundenen Wortformen keine direkt erkennbaren Veränderungen. Allerdings werden gegenüber der Wortgruppe die Substitutionsmöglichkeit (*vier, fünf Käse hoch*) eingeschränkt, und es werden die RM der entsprechenden Substantivklasse übernommen, in die die neue Worteinheit eingefügt wird. Inhaltsseitig ist diese Restriktion an der Veränderung der Bezeichnungsfunktion, von der Größenangabe einer weiblichen oder männlichen Person zur Bezeichnung eines 'kleinen Jungen' (WAHRIG 1977: 937), beteiligt. Beim Beispiel 1 werden drei, beim Beispiel 2 zwei GM zu einer neuen Einheit verbunden.

196.4 Das Beispiel 3 (VATERUNSER) geht auf einen eingliedrigen Nominalsatz in Anredefunktion zurück, der aus einem substantivischen Nukleus und einem postnuklearen flektierten Possessivpronomen besteht, eine morphologische Struktur, die sich in archaisierender Funktion bis in die Gegenwartssprache gehalten hat (zur Geschichte des Typus SIMMLER

1992b: 181-184). Als Bezeichnung des ganzen Gebetes liegt ein Substantiv vor; als Gebetsbeginn *Vater unser, der du* [...] ist ohne Zusammenschreibung weiterhin ein eingliedriger Nominalsatz vorhanden; dies gilt auch für die Verwendung des Possessivpronomens in pränuklearer Position (*Unser Vater, der du* [...]).

196.5 Bei den Beispielen 4 bis 6 ist die Zusammenrückung gegenwartssprachlich nicht mehr exakt nachvollziehbar, was einmal daran liegt, daß zwischen den in der möglichen syntaktischen Gruppe erkennbaren RM und den 'erstarrten' Verwendungsweisen im Substantiv keine exakten Zuordnungen mehr möglich sind, und zum anderen daran, daß eine die morphologische Vergleichbarkeit herstellende imperativische Satzbasis aus inhaltsseitigen Gründen ausscheidet. Insofern ist der Terminus „Exozentrische Satzwörter" (ORTNER/ORTNER 1984: 67) für diese Beispiele und das eigene Beispiel TUNICHTGUT unzutreffend. Ferner ist die Formulierung von MEINEKE (1996: 314), daß „bei der Zusammenrückung die ausdrucksseitige Struktur des Syntagmas unverändert in das Wortbildungsprodukt eingehen" müsse, im Hinblick auf die Wortfolge und die morphologische Struktur der syntaktisch verbundenen Wortformen zu präzisieren. Wegen des fehlenden Subjekts ist bei TRAUTSICHNICHTS nicht einfach eine Satzbasis zu postulieren; eine imperativische Satzbasis ist lediglich bei RÜHR-MICH-NICHT-AN erkennbar. Bei TAUGENICHTS ist die Basis einer indirekten Rede wie *man sagt, jemand/er tauge nichts* denkbar, doch fehlt in der Zusammenrückung ebenfalls das Subjekt. VAN DAM (1940: 375) ist zunächst skeptisch, „daß eine Systematisierung dieser relativ grilligen Formen viel ergibt", führt aber dann TAUGENICHTS und STÖRENFRIED als sog. „Satzwörter" auf Sätze wie „ich störe den Frieden" mit einer Verbform in der 1. Sg. Präs. Ind. zurück, ohne damit jedoch die spezifische kommunikative Funktion dieser Wortbildungen zu erfassen. Ähnlich versucht HENZEN (1965: 39), diese „Komposita aus ganzen Sätzen" auf „Satzmetaphern" zurückzuführen, doch trifft dies lediglich auf einzelne Beispiele wie GERATEWOHL und GOTTSEIBEIUNS zu, nicht aber auf Bildungen wie TAUGENICHTS.

196.6 In den Beispielen 7 bis 10 liegen „die sogenannten imperativischen Satznamen" vor, die nach HENZEN (1965: 83) „zum größten Teil als Familien- und Pflanzennamen weiterleben". FÜRCHTEGOTT und HOLDWILL sind Rufnamen, von denen jedoch nur der erste auf einen Imperativsatz zurückzuführen ist. SPRINGINSFELD ist ein Familienname, bei VERGISSMEINNICHT handelt es sich um einen Pflanzennamen; beiden liegt ein Imperativsatz zugrunde. Bei allen Nomina propria ist die appellativische Basis noch deutlich zu erkennen.

196.7 Zusammenrückungen kommen auch als Erstglieder und gelegentlich als Zweitglieder von Determinativkomposita vor. Die dabei auftretenden morphologischen Strukturen sind in der Tabelle 63 zusammengestellt:

Tabelle 63: Zusammenrückungen als Erstglieder (bzw. Zweitglieder) von Determinativkomposita und ihre morphologischen Strukturen

morphologische Struktur Belege	Satzbasis	syntaktische Gruppe
1. Gernegroß-Partei	–	+
2. Partei-Störenfried	–	+
3. Saure-Gurken-Zeit	–	+
4. Nichts-wie-weg-Stimmung	+	–
5. Nach-uns-die-Sintflut-Politik	+	–
6. Wir-werden-den-Laden-schon-schmeißen-Gesicht	+	–
7. Hol's-der-Teufel-Mentalität	+	–
8. Bäumchen-wechsel-dich-Spiel	+	–
9. „Zurück zur Natur"-Bekenntnis	+	–
10. Wieviel-darf-ich-trinken-Tabelle	+	–

Die Tabelle zeigt auf der vertikalen Achse die Belege; auf der horizontalen Achse ist durch + oder – angegeben, ob ein Satz oder eine syntaktische Gruppe die Basis für die Zusammenrückung im Erstglied (oder Zweitglied) bildet.

196.8 Die Beispiele 1 und 2 zeigen, daß ein bereits durch Zusammenrückung entstandenes Wort als Erstglied oder Zweitglied einer neuen Worteinheit fungieren kann. Das Beispiel SAURE-GURKEN-ZEIT steht für Wortgruppen, die erst in Verbindung mit einem Zweitglied zu einer Wortbildungskonstituente zusammengefügt werden bzw. – in einer Formulierung von HENZEN (1965: 239) – „die selbst nicht zu Kompositen verschmolzen sind". Daß eine Erstkonstituente eines Determinativkompositums durch eine Zusammenrückung entstanden sein kann, spricht noch nicht gegen die Brauchbarkeit des Terminus zur Beschreibung von Wortneukonstitutionen, die ausschließlich durch das Prinzip der Zusammenrückung entstehen (§ 196.2), sondern lediglich gegen eine fehlende Differenzierung zwischen Wortkonstitution und Konstitution eines Kompositionsgliedes aufgrund desselben Prinzips (anders HEINLE 1993: 67f.). Die Beispiele 4 bis 10 haben als Grundlage jeweils eine Satzbasis; KNOBLOCH (1978: 149) bezeichnet solche Bildungen mit „oft imperativischem oder devisenhaftem Charakter" scherzhaft als 'Bandwurmkomposita'. In 4 und 5 sind es Nominalsätze, in 6, 7 und 10 sind es Verbalsätze in der kommunikativen Funktion der Aussage (6), des Wunsches (7) und der Ergänzungsfrage (10). In Beispiel 8 liegt eine Verbindung von eingliedrigem Nominalsatz in Anredefunktion und einem Verbalsatz mit Imperativfunktion vor. Das Beispiel 9 zeigt, daß auch Zitate in unterschiedlicher syntaktischer Struktur als Erstglieder auftreten können (ORTNER u.a. 1991: 47-49). Vor allem in der variablen Gestaltungsmöglichkeit der Erstglieder als Nominalsätze, Verbalsätze und Zitate mit unterschiedlicher syntaktischer Struktur (vgl. LAWRENZ 1996: 1f.) sind bei Determinativkompositionen Zusammenrückungsmöglichkeiten vorhanden, die über diejenigen bei der Konstitution neuer Worteinheiten mit Hilfe der Zusammenrückung hinausgehen. Dies liegt einmal an der durch Erstgliedbesetzungen entstandenen großen Anzahl von Typen substantivischer Determinativkomposita und der Produktivität dieser Typen, so daß viele Muster für analoge, okkasionelle und kreative neue Wortbildungen existieren (dazu auch KNIPF-KOMLÓSI 1995: 125, 130). Zum anderen können Satzbasen als Zweitglieder nicht erscheinen, weil das Ergebnis der Wortbildung „ein Wort" sein muß (MEINEKE 1996: 290). Dieser Wortstatus wird bei den Beispielen 4 bis 10 durch das Zweitglied gesichert, in dem ein sGM unterschiedlichen Grades erscheint. Wird eine Satzbasis als Grundlage eines Zweitgliedes gewählt, entfällt diese morphologische Zuordnungsmöglichkeit auf ein Substantiv, es sei denn, das Zweitglied existiert neben seiner Verwendung als Kompositionskonstituente auch als eigene Worteinheit.

196.9 Eine explizit andere Position als FLEISCHER (§ 196.3) nehmen FLEISCHER/BARZ (1992: 212f., 279) ein, indem sie die Zusammenrückung nicht mehr der Komposition zuordnen, sondern sie innerhalb der Konversionen (§§ 284-289) als „Konversion von Wortgruppen" behandeln. Damit weiten sie den Begriff der Konversion aus, ohne die mit Konversionen verbundenen morphologischen Prozesse und Veränderungen zu systematisieren und zu präzisieren. Da alle Konversionen von Wortgruppen „mit Univerbierung verbunden" sind (ebd.: 212), die Univerbierung jedoch als gleichzeitiger oder der Konversion vorausgehender Wortbildungsprozeß ein Prozeß der Zusammenrückung ist, stellt die Behandlung der Zusammenrückungen als Konversionen keine neue Lösung, sondern lediglich eine Verlagerung des Sonderstatus dieser Bildungen von den Komposita zu den Konversionen bei gleichzeitiger Ausweitung des Konversionsbegriffs dar.

197.1 Ähnlich kontrovers wie die Zusammenrückungen werden die Zusammenbildungen, „das enfant terrible der deutschen Wortbildungslehre" (RENICKE 1965: 410), beurteilt, weil sie aufgrund ihrer morphologischen Strukturen kompositionelle und derivationelle Elemente enthalten. WILMANNS (1930: 516f.) behandelt Wörter wie FELDMESSER, GRABLEGUNG und INANGRIFFNAHME unter den Komposita, faßt sie als „Zusammenbildungen, in denen sich Composition und Ableitung vereinen", auf, und stellt sie zu den Wortgruppen *ein Feld messen, jemanden in ein Grab legen* und *etwas in Angriff nehmen.* Bei der Bildung der neuen

Worteinheit „nimmt das zweite Glied oft eine andere Form an, bald eine andere Flexion, bald ein ableitendes Suffix“. Da alle Wortgruppen aus einer Verbindung einer Verbform und ein oder zwei nominalen Satzgliedern bestehen und alle Ergebnisse der Wortbildung Substantive mit eigenem RM-Satz sind, ist der Flexionsunterschied offensichtlich. Auf das Zweitglied des Endergebnisses bezogen, sind an der Wortneubildung die FM {ər} und {uŋ} beteiligt, die Bildung INANGRIFFNAHME erfolgt nach WILMANNS (ebd.: 517) „ohne Ableitungssilbe“. Die neuen Wörter „lassen sich weder als Ableitungen zusammengesetzter Wörter erklären, noch als unmittelbare Zusammensetzungen, denn die letzten Compositionsglieder [...] sind teils überhaupt unüblich, teils haben sie nicht die Bedeutung, welche das Compositum erfordert“, weshalb WILMANNS(1930: 3) davon ausgeht, daß sie „nach Art abgeleiteter Wörter aus den Wortverbindungen [...] zusammengebildet“ sind, d.h. daß Prinzipien der Komposition und der Derivation in einem einzigen Wortbildungsprozeß in Analogie zu vorhandenen Typen zusammenwirken.

197.2 Die Formulierungen von WILMANNS werden von HENZEN (1965: 237) aufgenommen, der die Zusammenbildungen neben den Zusammensetzungen, Präfixbildungen und Ableitungen in einem eigenen Kapitel „Besondere Arten von Wortbildung“ behandelt, um den Sonderstatus hervorzuheben. ERBEN (1975: 32; 1993: 34) dagegen nimmt eine Zuordnung zu den Derivationen vor, indem er von einer „besonderen Art der Ableitung“, einer deverbalen Ableitung, ausgeht, bei der „eine Wortgruppe zur Basis einer suffixalen Ableitung 'zusammengebildet'“ worden sei. Sein Beispiel SCHWARZHÖRER 'einer, der ohne behördliche Erlaubnis Radio hört' wird „aus semantischen Gründen [...] von einer verbalen Fügung *schwarz* ('unerlaubt') *hören*“ abgeleitet, „obwohl *Hörer* – rein formal betrachtet – als Glied einer direkten Zusammensetzung mit *schwarz* angesehen werden könnte.“ (ebd.: 32f.). Allerdings werden die 'semantischen Gründe' nicht näher spezifiziert und sind beim Beispiel SCHWARZHÖRER auch kaum spezifizierbar. Der von WILMANNS herausgearbeitete Aspekt, daß die Ableitungsbasis mit dem FM (HABER zu LIEBHABER) synchron nicht vorhanden und auch diachron nicht zu belegen ist, wie bei LIEBHABER aus der Wortgruppe *jemanden lieb haben*, wird von ERBEN nicht zur Definition herangezogen.

197.3 Unter expliziter Berufung auf ERBEN setzen ORTNER/ORTNER (1984: 283 Anm. 128) eine Zusammenbildung an, „wenn eine Wortbildungskonstruktion ausgehend von einer suffixalen Konstituente, in eine Wortgruppe aufgelöst werden muß (oder kann)“. Aus der zu GOLDGRÄBER möglichen Paraphrase 'jemand, der nach Gold gräbt' ergibt sich jedoch nicht der Schluß, daß „*-er* [...] zum Kern der Wortgruppe“ werden könne, weil so der unselbständige Status eines FM eine ihm nicht zukommende morphologische Funktion erhält, da ein Kern einer Wortgruppe auch allein die Funktion der Wortgruppe übernehmen kann, was bei FM ausscheidet. Auch die Aussage, daß Bildungen auf {ər} wie ANTRAGSTELLER, BRIEFSTELLER, KALTBLÜTLER (so ebd.: 45 statt KALTBLÜTER), TEILHABER, „deren B-Konstituenten nicht als autonome lexikalische Einheiten existieren [...] nicht zu den Komposita" zu zählen seien (ebd.: 45), sondern „eindeutig [sic] in den Bereich der Ableitung" gehörten (ORTNER u.a. 1991: 122; so bereits VATER 1972: 246), wird dem morphologischen Wortbildungsprozeß nicht gerecht. Eine 'eindeutige Ableitung' ist nur beim Zweitglied einer angenommenen Wortgruppe wie *einen Antrag stellen* erkennbar, wobei die Vorbildwirkung zahlreicher deverbaler Nomina agentis-Bildungen wie *Lehrer* zu *lehren* offensichtlich ist. Mit dieser morphologischen Bestimmung ist aber die Einheit aus *Antrag* + *Steller*, die sich in *Antragstell-* zeigt, noch nicht erfaßt, so daß bei der neuen Wortkonstitution ein Aspekt der Wortbildung übrig bleibt, der nicht unter dem Begriff der Ableitung zu subsumieren ist und dem auch der Begriff der „Scheinkomposita" (WELLMANN 1975: 342 mit Anm. 197) nicht genügt, weil er – selbst wenn er sich auf identische Phänomene bezieht – anders als der Terminus 'Zusammenbildung' den kompositorischen Aspekt der Wortkonstitution ausklammert.

197.4 Nach FLEISCHER (1982: 64) ist für die synchrone Analyse „die morphologische und semantische Motivation maßgebend". Der diachrone Aspekt, d.h. wie die Entwicklung „historisch vor sich gegangen ist, ist für die synchrone Beschreibung nicht entscheidend". Von der generellen und unter den Bedingungen einer Gegenwartsdiachronie nicht akzeptablen Ausklammerung diachroner Aspekte bei der Beschreibung eines synchronen sprachlichen Zustandes (§ 39.2) abgesehen, ist die von FLEISCHER vorgenommene synchrone morphologische Analyse nicht vollständig und auch nicht widerspruchsfrei. Für ihn ist bei Wörtern wie GESETZGEBUNG und WICHTIGTUER die „erste unmittelbare Konstituente [...] eine Wortgruppe [...] und die zweite ein Suffix", weshalb diese Fälle „nicht von den Determinativkomposita geschieden" werden könnten und ebensowenig „die genannten Suffigierungen von den Ableitungen zu trennen" seien (ebd.: 63f.). Zu den Determinativkomposita besteht jedoch ein zentraler morphologischer Unterschied, denn das Zweitglied, die 'zweite unmittelbare Konstituente', ist bei ihnen immer ein GM verschiedenen Grades, nie ein FM, ein Suffix {uŋ} oder {ər}. Auch bei der ersten Konstituente ist morphologisch zu differenzieren, denn in *Gesetzgeb, Wichtigtu* ist zwar eine Morphemkombination aus sGM+vGM bzw. aGM+vGM vorhanden, nicht aber eine als Wortgruppe noch erkennbare Konstruktion wie bei den Zusammenrückungen (Tabelle 63 in § 196.7). Eine Wortgruppe ergibt sich erst aus einer Paraphrase oder aus einem synchronen Nebeneinander von Wortgruppe und Worteinheit, nicht aus der jeweiligen Worteinheit selbst. Ein synchrones Nebeneinander läßt aber die Frage nach einem potentiellen Nacheinander zu, so wie sich bei einer synchronen Textverflechtung bei einer Referenz auf dieselbe außersprachliche Realität in der Abfolge von Wortgruppe (*Fritz betrat das Haus und machte Krach.*) und neuer Worteinheit (*Der Krachmacher durchquerte den Flur und erreichte die Küche.*) die Frage von Basis und auf dieser Grundlage erfolgter Wortneukonstitution stellen kann.

Die Auffassung als Determinativkompositum wird bereits von RENICKE (1965: 415) abgelehnt, weil bei Bildungen wie NUSSKNACKER und WASSERTRÄGER nicht ein <Knacker> oder <Träger> determiniert werde, sondern vielmehr „das vorkompositionelle Rektionsverhältnis (Aussagegröße – Beziehungsgröße) verdichtet in die Zusammenfügung eingegangen“ sei, weshalb er von „Beziehungskomposita“ ausgeht und „die ’Zusammenbildungen‘ als gesonderte Gruppe unter den Zusammensetzungen behandelt“ (ebd.: 416) sehen will.

197.5 Da es nicht möglich ist, Beispiele wie LIEBHABER ohne Aufgabe von Aspekten des Wortbildungsprozesses den Komposita oder den Derivationen zuzuordnen, ist ihr Sonderstatus durch die Beibehaltung des Terminus ’Zusammenbildung‘ zu erfassen und folgendermaßen zu definieren: Eine Zusammenbildung ist das Ergebnis eines Wortbildungsprozesses, bei dem auf der Grundlage einer Wortgruppe Prinzipien der Komposition und Derivation gleichzeitig zusammenwirken, um ein neues Wort zu konstituieren, dessen ausdrucksseitige interne morphologische Strukturen und inhaltsseitige Beziehungsgefüge den Bildungsprinzipien von Determinativkomposita mit einem mit demselben Formationsmorphem gebildeten Zweitglied entsprechen, wobei ein klares zeitliches Nacheinander von Wortgruppe und neuer Worteinheit existiert.

Entscheidend ist der Nachweis des zeitlichen Nacheinanders und nicht die Bedingung, daß das Zweitglied mit dem FM in einem synchronen sprachlichen Zustand als eigene Worteinheit nicht existieren dürfe, da unter diachronem Aspekt GM verschiedenen Grades ihre Funktion, in Verbindung mit RM-Sätzen eigene Worteinheiten zu konstituieren, verlieren, als Kompositionsglieder aber erhalten bleiben können.

Einen viel zu weiten und unpräzisen Begriff der Zusammenbildung verwendet HÖHLE (1982: 96f., 100). Zusammenbildungen sind für ihn „Komposita“, die „nicht wie gewöhnlich frei als Wort vorkommen, sondern nur als Bestandteil eines anderen Wortes.“ Daher werden neben FÜNFACHSER und FÜNFACHSIG auch Bildungen wie REISELUSTIG und AUFSCHLÜSSELBAR, AUFSCHLÜSSELUNG diesem Typus zugeordnet, obwohl sie morphologisch unterschiedlich zu beurteilen sind. FÜNFACHSER entspricht der hier gegebenen Definition der Zusammenbildungen.

FÜNFACHSIG dagegen ist keine Zusammenbildung, sondern eine Adjektivableitung mit dem FM {ix}, die das Substantiv FÜNFACHSER voraussetzt und bei der das FM {ix} an die Stelle des FM {ər} in Relation zur Basis <Fünfachs> tritt. Bei REISELUSTIG handelt es sich um ein Kompositum mit der Zweitkonstituente <lustig>, die selbst wiederum eine Derivation mit dem FM {ix} zur Basis LUST ist. REISELUSTIG hat das Semen 'unternehmungslustig für Reisen', während LUSTIG die Sememe 'fröhlich, vergnügt, ausgelassen; lachend; unterhaltend, heiter (Fest, Geschichte); zum Lachen und Fröhlichsein geneigt (Mensch)' besitzt (WAHRIG 1977: 2326, 2903) von denen letzteres – vom Semem 'begierig' des Adjektivs mhd. *lustec*, *lustic* abgesehen (PFEIFER 1989: 1038) – bei der Kompositionsbildung eine Rolle gespielt haben dürfte, so daß eine inhaltsseitige Relation vorhanden ist und nicht etwa völlig fehlt (so aber HÖHLE 1982: 96). Bei den Wörtern AUFSCHLÜSSELBAR und AUFSCHLÜSSELUNG handelt es sich um Derivationen mit den FM {bār} und {uŋ} auf der Basis der verbalen Affixoidbildung AUFSCHLÜSSELN. Die Ausweitung des Begriffs der Zusammenbildung durch HÖHLE erweist sich als unbegründet.

198.1 Während bei den Zusammenbildungen Prinzipien der Komposition und der Derivation gleichzeitig zusammenwirken, markieren Affixoidbildungen in einem synchronen sprachlichen Nebeneinander zu Kompositionen einen Übergangsbereich von der Komposition zur Derivation. Wie bei den Zusammenbildungen ist die „Zweckmäßigkeit und Adäquatheit der Kategorie Affixoid" umstritten (FLEISCHER/BARZ 1992: 27), was mit der unterschiedlichen Anzahl der Definitionskriterien und mit ihrer verschiedenen hierarchischen Gewichtung zusammenhängt (FANDRYCH 1993: 10-41).

198.2 Zum Nachweis von Affixoiden werden insgesamt sieben Kriterien verwendet. Es sind 1. die Existenz eines ausdrucksseitig identischen oder äquivalenten GM, 2. ein etymologischer Zusammenhang mit diesem GM, 3. ein inhaltsseitiger Bezug zu diesem GM, 4. eine Bedeutungsveränderung gegenüber diesem GM, 5. eine Reihenbildung, 6. eine Übernahme einer affixartigen Funktion bzw. eine Integration in das System der Affixe und 7. eine besondere Paraphrasierungsmöglichkeit. Daß diese Kriterien zum Teil mit wenig exakten Abgrenzungen von Wort und Morphem, von sog. freien und gebundenen Morphemen, von Selbständigkeit und Unselbständigkeit von Wörtern bzw. Morphemen, von Inhaltsseiten der neuen Worteinheiten und ihrer Morphemstrukturen und Inhaltsseiten von Morphemen in Wortformen syntaktischer Gruppen verbunden sind, erschwert ihre Anwendung nicht unbeträchtlich.

198.3 Die beiden ersten Kriterien spielen in den historisch orientierten Wortbildungslehren eine entscheidende Rolle, auch wenn sie terminologisch ohne die Verwendung des Morphembegriffs formuliert werden. Sie werden in den Zusammenhang der historisch faßbaren Entwicklung der gegenwartssprachlichen FM {hait}, {tūm} und {šaft} aus GM, die in Simplizia und Komposita vorkommen, gestellt und auf synchron vergleichbare Entwicklungen bezogen. So nähern sich nach PAUL (1920/1968: 88) „zweite Kompositionsglieder [...] wenigstens der Natur von Ableitungssuffixen"; als Beispiele führt er u.a. AMTMANN und „die entsprechenden Bildungen mit *Frau*, *Weib, Mädchen* und dem Plural *Leute*" an; die Beispiele „mit *Werk*" und „mit *Zeug*" wie ASTWERK, BACKWERK bzw. NÄHZEUG, SPIELZEUG stehen nach ihm den „Kollektiva nahe", obwohl es sich noch um Zusammensetzungen handelt.

WILMANNS (1930: 555-560) bezieht in seine Darstellung der „Compositionsglieder als Mittel der Ableitung" auch Erstglieder ein und präzisiert gegenüber PAUL die inhaltsseitigen Bezüge im Sinne des Kriteriums 4. Für ihn tritt „in manchen Compositis mit *-werk*" der „Begriff des Simplex" zurück; das „erste Wort" bilde „den eigentlichen Kern", während sich „das zweite in seiner abstracten Allgemeinheit [...] dem Wert der Ableitungssilben" nähere. Die Bildungen mit *-werk* „bezeichnen zunächst Vorrichtungen und Maschinen, aber da sich hiermit oft die Vorstellung verschiedener in einander greifender Teile verbindet, gewinnen sie collective Bedeutung" (ebd.: 555). Bei Erstgliedern in Bildungen wie HÖLLENLÄRM, MORDSSPEKTAKEL, RIESENFLEISS verweist er auf deren „abstracte[r] Bedeutung" bzw. ihre „steigernde Bedeutung" (ebd.: 557f.). Wie bei PAUL werden die Wortbildungen trotz der hervorgehobenen inhaltsseitigen Aspekte weiterhin den Komposita zugeordnet.

Auch HENZEN (1965: 192) faßt sie als Komposita auf, obwohl „sie sich ihrer Art nach den Ableitungen [nähern], weil das zweite Glied schon nicht mehr, wie in wahren Zusammensetzungen, das – oder wenigstens ein – Hauptgewicht des Wortsinnes trägt, sondern in spielerischer Weise und mit verschwimmender Bedeutung an das erste als den eigentlichen Kern des Wortes angefügt wird." Im Unterschied zu den Suffixen, „die keine nachweisbaren Wörter darstellten oder enthalten", liefere aber „das neue Wortbildungsmittel nicht Abstrakta und keine neuen Wortarten" (ebd.: 186, 192).

198.4 In der Tradition von PAUL bis HENZEN steht ERBEN (1975: 125; 1993: 130), wenn er unter der Überschrift „Die Tendenz zur 'Grammatikalisierung' bevorzugter Kompositionsglieder zu Affixen" darauf hinweist, daß der „Reichtum an Baumustern der Zusammensetzung" und die „Neigung, bestimmte Morpheme bevorzugt als Erst- oder Zweitglied zu verwenden", dazu führten, „aus solchen bevorzugten Kompositiongliedern n e u e A f f i x e entstehen" zu lassen. Sie geben „ihren Status als 'freies' Morphem allmählich auf", doch ist dieser Vorgang erst abgeschlossen, „wenn das betreffende Morphem nicht mehr selbständig vorkommt". Wenn dieser Zustand noch nicht erreicht ist, liegen „a f f i x a r t i g e [r] Morpheme" wie bei *-werk* in BUSCHWERK vor, „die zwar reihenbildend auftreten, aber nicht im strengen Sinne 'gebunden' sind, sondern auch selbständig vorzukommen scheinen" (ERBEN 1975: 25; 1993: 26). Mit dem Hinweis auf die Reihenbildung fügt ERBEN der bisherigen Argumentation das Kriterium 5 hinzu, ohne zu neuen Beispielen zu kommen. Mit Recht wird das Kriterium der Reihenbildung von OLSEN (1988c: 83) als „keine affixspezifische Eigenschaft" angesehen.

Den Übergang vom Kompositionsglied zum Affix sieht ERBEN (1975: 125f.; 1993: 130) jedoch auch dann als abgeschlossen an, wenn die Kriterien 4, 5 und 6 erfüllt sind, d.h. „wenn zumindest eine lautliche (vgl. *bei/be-*) oder inhaltliche 'Differenzierung' eintritt, d.h. der reihenbildende präfix- oder suffixartige Gebrauch nicht mehr vom Funktionswert und Zeicheninhalt des 'homonymen freien Morphems' her voll [sic] erklärbar ist" und „wenn das neue Affix [sic] seinen besonderen Stellenwert im System der Präfixe/Suffixe erhalten hat." Hier wird ein zweiter Kriterienkatalog angewandt, der dazu führt, die entsprechenden Wortbildungen nicht mehr den Kompositionen, sondern den Derivationen zuzuordnen.

Eine generelle Zuordnung zu den Derivationen nimmt WELLMANN (1975: 18) vor, wobei er sich explizit auf die Kriterien 4 bis 6 stützt. Die Affixoide sollen „einen so weit reduzierten Zeichenwert aufweisen, daß sie in dieser Bedeutung nicht mehr als freie Lexeme verwendet und auch nicht mehr selbst zu Basen der Ableitung werden können, wenn das Lexikon auch noch ein lautgleiches Lexem aufweist." Ein Bezug zum Kriterium 1 wird zwar noch implizit hergestellt, wegen des Bedeutungsunterschiedes aber als eher marginal eingeschätzt. Das Zusatzkriterium einer fehlenden Basisfähigkeit für weitere Ableitungen ist ein Scheinargument, da allen Affixen diese Fähigkeit fehlt und die Formulierung nur in Bezug auf das Kriterium 1 einen Sinn ergibt.

198.5 Eine andere Hierarchisierung der Kriterien als ERBEN (1975, 1993) und dessen Vorgänger zur Unterscheidung von „Grundmorphem und Ableitungsmorphem" nimmt FLEISCHER (1982: 69f.) vor. Für ihn ist das Kriterium 1 – ähnlich wie bei WELLMANN (1975) – „von untergeordneter Bedeutung", entscheidend sind vielmehr die Kriterien 4 und 5. Nach ihm besteht die Bedeutungsveränderung, die zu Ableitungsmorphemen = FM führt, in einer gegenüber dem GM stärkeren Verallgemeinerung bzw. Entkonkretisierung bzw. in einer „Verschiebung" im „Bedeutungsverhältnis der beiden Konstituenten". So ist HYDRIERWERK ein Determinativkompositum, weil „*-werk* als 'Grundwort' den semantischen Kern 'Fabrik'" trägt; in LAUBWERK dagegen „trägt die erste Konstituente den semantischen Kern; *Laubwerk* ist kein 'Werk', sondern 'Laub'." Nach FLEISCHER (ebd.: 68) sind „homonyme Morpheme entstanden, die voneinander ebenso zu scheiden sind wie homonyme Wörter." Die Unterscheidung wird durch Indizes vorgenommen; so ist /$werk_1$/ in HYDRIERWERK ein GM in einem

Determinativkompositum und /werk$_2$/ in LAUBWERK „ein Suffix zur Bildung von Kollektiva“ (so auch VATER 1972: 248). Der von WILMANNS (§ 198.3) herausgearbeitete, die neue Worteinheit motivierende inhaltsseitige Bezug zwischen HYDRIERWERK und LAUBWERK spielt bei FLEISCHER keine Rolle mehr. Bei BÜLBÜLJAN (1984: 553) dagegen führt der Hinweis auf den weiterhin erkennbaren inhaltsseitigen Zusammenhang dazu, den ausschließlich mit dem Kriterium 4 begründeteten Affixoidbegriff aufzugeben.

Da sich aber nicht jedes Element „nach den genannten Kriterien klar in die eine oder die andere Gruppe einordnen“ lasse, nimmt FLEISCHER (ebd.: 70) eine „breite[n] Übergangszone zwischen Kombinationsglied [sic] und Affix“ an und schlägt für die dort einzuordnenden Elemente die Termini „Affixoid (Suffixoid, Präfixoid)“ vor. Die Affixoide bilden so eine Restklasse, die nicht selbst definiert, sondern in negativer Abgrenzung von den Kompositionsgliedern und Affixen bestimmt wird, wodurch „der Begriffsstatus des Affixoids in Frage gestellt ist“ (G.D. SCHMIDT 1987: 58).

198.6 Unter Rückgriff auf den Terminus 'semi-suffix' von H. MARCHAND (1969: 356) und Verweis auf Arbeiten sowjetischer Sprachwissenschaftler benutzt STEPANOWA (1973: 76f.) den Terminus 'Halbaffix' statt FLEISCHERs Terminus 'Affixoid'. Anders als FLEISCHER berücksichtigt sie ausdrücklich wieder die Kriterien 1 bis 3 und verbindet sie mit den Kriterien 4 bis 6. Sie hebt den „Hilfscharakter“ der Halbaffixe hervor, „weil sie die gleiche Hilfsfunktion wie ein Wortbildungsmittel bei substantivischen Stämmen ausüben“; die Halbaffixe gehen aber „nicht in die Katcgorie der Affixe über“, weil sie „die formale und semantische Verbindung mit den selbständig fungierenden Wurzelwörtern nicht verlieren“. In einer späteren Publikation (STEPANOWA/FLEISCHER 1985: 143) wiederholt sie die Kriterien 1 bis 5 „als Grundlage einer Arbeitsdefinition“, hebt hervor, daß sie nicht ausreichten, „die Kategorie der Halbaffixe [...] exakt zu bestimmen“, kommt aber zu keinen präzisierenden Ergebnissen.

198.7 Ein neues Kriterium, das siebte, führen KÜHNHOLD/PUTZER/WELLMANN (1978: 427) bei ihrer Behandlung der Adjektiv-Suffixe zur Unterscheidung von GM, Affix und Affixoid ein. Aus Gründen einer terminologischen Klärung werden ihre Argumente bereits hier, bei der Behandlung substantivischer Wortbildungsprozesse, einbezogen. Das Kriterium 7 wird durch die Kriterien 4 bis 6 ergänzt, auch das Kriterium 1 spielt – anders als bei WELLMANN (1975) – wieder eine stärkere Rolle. Das Kriterium 7 ergibt sich aus der „Änderung bzw. Einschränkung der Kombinationsmöglichkeiten gegenüber der Verwendung als zweites Kompositionsglied“ und wird mit einer sog. „Weglaßprobe“ begründet, die mit einer Paraphrasierung verbunden wird, durch die die „Strukturell bestimmend“ wirkende „Verschiebung der semantischen Relation zwischen Erst- und Zweitglied“ verdeutlicht werden könne. Dies wird anhand der Wortbildungen DEUTSCH-FREUNDLICH und HAUTFREUNDLICH und den Kontexten *deutschfreundliche Leute* mit dem Semem 'den Deutschen freundlich gesinnt' und *hautfreundliche Seife* mit dem Semem 'hautschonend' zu begründen versucht. So ergebe sich aus der 'Weglaßprobe' **freundliche Seife*, daß *freundlich* in HAUTFREUNDLICH ein Suffixoid sei, weil „ein Suffixoid ebensowenig wie ein Suffix ohne das Erstglied der Basis gebraucht werden" könne. Da die syntaktischen Wortgruppen *freundliche Leute* bzw. *den Deutschen gegenüber freundliche Leute* bildbar seien, erweise sich *freundlich* in DEUTSCHFREUNDLICH als zweites Kompositionsglied eines Determinativkompositums. Bei dieser morphologischen Interpretation ist aber zu beachten, daß nicht alle *deutschfreundlichen Leute* auch *freundliche Leute* sind (GERSBACH/GRAF 1985: 629), so daß durch die sog. 'Weglaßprobe' selbst hier inhaltsseitige Unterschiede beim jeweiligen Adjektiv und in der semantischen Kongruenz zwischen Adjektiv und Substantiv sichtbar werden.

Mit Recht werden die aus der 'Weglaßprobe' und den Paraphrasierungen gezogenen Schlüsse von G.D. SCHMIDT (1987: 63-65) als irrelevant für den Nachweis eines Affixoid-Status zurückgewiesen (ebenso FANDRYCH 1993: 16f.). Die inhaltsseitige Unverträglichkeit des Adjektivs FREUNDLICH mit dem Substantiv SEIFE ist ein Phänomen der semantischen Kongruenz und hat „mit der WB [= Wortbildung HAUTFREUNDLICH] gar nichts zu tun". Bei der Wortbildung HAUTFREUNDLICH existiert „die Vorstellung, daß die Seife sich gegenüber der (menschlichen) Haut freundlich verhält", d.h. es handelt sich um „einen übertragenen Gebrauch" von *freundlich*, der durch *haut* näher spezifiziert wird (G. D. SCHMIDT 1987: 63), so daß auch bei HAUTFREUNDLICH ein Determinativkompositum vorliegt. Werden alle Morpheme mit einer übertragenen Inhaltsseite und alle bei einem Morphem erkennbaren „semantische[n] Entfernung[en] [...] vom Inhaltswert des lautgleichen [...] Simplex" innerhalb von Wortbildungen ohne Spezifizierungen des Entfernungsgrades als hinreichender Grund für den Ansatz eines Affixoids angesehen, dann entsteht tatsächlich eine „außerordentlich große Vielfalt und Produktivität" vor allem „von suffixartigen Funktionsträgern" (KÜHNHOLD/PUTZER/WELLMANN 1978: 427). Dies gilt auch für die Annahme einer „Übergangszone zwischen Suffixen und zweiten Kompositionsgliedern", die mit derselben Weglaßprobe begründet (BRDAR-SZABÓ 1990: 314f.), aber statt mit dem Affixoid-Begriff mit der Unterscheidung von Zentrum und Peripherie in Verbindung gebracht wird.

198.8 Eine solche Ausweitung des Affixoid-Begriffs wird von ORTNER/ORTNER (1984: 75-91) vorgenommen. Dabei gehen sie von den Kriterien 4 bis 6 aus, die Kriterien 1 bis 3 spielen keine Rolle mehr. Sind die Kriterien

4 bis 6 vorhanden, liegen „Affixoidbildungen“ vor, bei ihrem Fehlen dagegen „Zusammensetzungen“ (ebd.: 77). Da nicht immer „alle Kriterien erfüllt sein müssen“, nehmen ORTNER/ORTNER (1984: 79) als weitere Klassifizierung „affixoidnahe Elemente“ an, die „zwischen den 'klassischen' [sic] Affixoidbildungen [...] und den Substantivkomposita mit reihenhaft belegter A- oder B-Konstituente, deren Bedeutung nicht mehr (ganz) der Bedeutung entspricht, die diese Konstituenten als selbständige Lexeme haben“, angesiedelt werden. Die Einteilung in Affixoide und affixoidnahe Elemente verbinden sie mit dem Begriff der Motivierung, und diesen wiederum leiten sie aus dem Vergleich zu syntaktischen Wortgruppen her, die durch Paraphrasen hergestellt werden.
Bei den Paraphrasen greifen sie explizit auf VON POLENZ (1973: 149; 1980: 173) zurück, der neben dem Kriterium 5 zur Bestimmung des Affixcharakters „eine deutliche Bedeutungsverschiebung, operationalisierbar durch negative WB [= Wortbildungs]-Definitionsprobe“, also die Kriterien 4 und 7, fordert, wobei das Kriterium 7 das Kriterium 4 begründen soll. Bei der 'Wortbildungs-Definitionsprobe' wird versucht, „die Bedeutung eines WB [= Wortbildungs]-Syntagmas durch eine Paraphrase zu definieren, in der die Wortkernplereme als Simplicia, d.h. als freie Plereme in freier Fügung vorkommen“ (VON POLENZ 1973: 154). So ist ein HYDRIERWERK 'ein Werk, in dem hydriert, d.h. unter dem Einfluß von Katalysatoren Wasserstoff an chemische Verbindungen angelagert wird', ein STAHLWERK 'ein Werk, in dem Stahl hergestellt wird', ein ASTWERK ist aber nicht in der Form 'ist ein Werk, das/in dem ...' paraphrasierbar, es liegt daher ein negatives Ergebnis der 'Definitionsprobe' vor. Daher sind HYDRIERWERK und STAHLWERK Determinativkomposita, bei ASTWERK liege dagegen ein Affix (VON POLENZ 1973: 149) bzw. ein Affixoid (ORTNER/ORTNER 1984: 76) vor. Von anderen, nicht syntaktisch orientierten Wortbildungsanalysen, die zum selben Ergebnis kommen (§ 198.5), abgesehen, gehen ORTNER/ORTNER nicht darauf ein, daß VON POLENZ (1973: 155) zunächst den Wert der Paraphrasenmethode selbst einschränkt, indem er in ihr „nur ein grobes, aber für exemplarische Sprachlehre und Textanalyse nützliches heuristisches Übersichtsschema für die meisten WB [= Wortbildungs]-Klassen“ sieht, die aber „keine automatisch anwendbaren Regeln“ ergebe, und daß er später sogar die Adäquatheit der Paraphrasenmethode völlig negiert, indem er feststellt, daß der „rein syntaktische Weg zu semantischen WB [= Wortbildungs]-Klassen [...] sich als nicht möglich und nicht lohnend erwiesen“ habe (VON POLENZ 1980: 174), was ihn dazu führt, auf eine entsprechende Analyse von ASTWERK zu verzichten.
Aus der Verbindung der Kriterien 4 bis 6 und der Berücksichtigung von Motivierungen und Paraphrasen kommen ORTNER/ORTNER (1984: 85) zu fünf „Lexikalisierungsbesonderheiten“ und einer Skala, die von „nichtle-

xikalisierten, vollmotivierten bis zu Affixoid-, affixoidnahen und vollkommen unmotivierten Bildungen" reicht. Nach ihnen ist HOCHABSATZ wegen der Paraphrase *hoher Absatz* „vollmotiviert" in der Motivationsstufe I; HOCHHAUS gehört zur „Motivationsstufe II (mit normiertem Extensionsbereich)", da es nicht mit *hohes Haus*, sondern mit *hohes Haus mit vielen (mehr als sechs) Stockwerken* zu paraphrasieren sei; HOCHOFEN mit der Paraphrase *hoher Ofen zur Erzeugung von Roheisen* ist ebenfalls motiviert und bildet die „Motivationsstufe III (asystematische Modifikation)". Auch HOCHBAU ist eine motivierte Bildung, ist aber eine „Affixoidbildung", weil es sich aus dem „Präfixoid *hoch* + autonomer lex.[ikalischer] Einheit" zusammensetze. Teilmotiviert „mit demotivierter" erster Konstituente ist HOCHWALD „in der fachsprachl.[ichen] Bed.[eutung] 'aus Samen erwachsener Wald (unabhängig von der Baumhöhe'"; HOCHMUT dagegen zeige eine demotivierte zweite Konstituente. HOCHZEIT schließlich sei eine „Vollkommen demotivierte Bildung[en]" (ebd.: 86f.).

198.9 Mit Recht kritisiert G.D. SCHMIDT (1987: 78), daß bei der Festlegung des Affixoid-Begriffs „die Feststellung der semantischen Abweichung der Konstituente vom lautgleichen Wort" immer wichtiger geworden sei, „ohne daß man im Bereich der Bedeutungsvergleiche wesentliche Fortschritte gemacht hätte" und die Zuordnungsschwierigkeiten „durch die Einführung von Zwischenkategorien im Grunde noch größer geworden" seien. Weiter hebt er mit Recht hervor, „daß die ausdrucksseitige Syntax mit den semantischen Beziehungen zwischen einzelnen Größen nicht übereinzustimmen braucht und die beiden Aspekte bei einem Vergleich von Morphemen auch nicht vermischt werden dürfen" (ebd.: 83) und „daß es nicht zulässig erscheint, aus der bloßen Paraphrasierung eines Wortgebildes den Inhalts-, Funktions- und Gebrauchswert einer Konstituente allgemeingültig zu erschließen", weil die „WB [= Wortbildungs]-Syntax [...] eigene 'Gesetze'" habe und „ein Vergleich der Verwendungen eines Morphems einmal in der WB [= Wortbildung] und zum anderen im Satz [...] notgedrungen zu Differenzen" führe (ebd.: 85). Seine aus der Auseinandersetzung mit den Kriterien 4 und 7 hergeleitete Folgerung, daß „dem Affixoid-Begriff neben der Notwendigkeit auch die Brauchbarkeit für die Erforschung bestimmter Phänomene der WB [= Wortbildung]" fehle (ebd.: 101) und er aufzugeben sei, eine Folgerung, der sich FLEISCHER/BARZ (1992: 28) ausdrücklich anschließen, diese Folgerung ist jedoch auf den Gesamtbefund vorhandener Wortbildungen bezogen ebensowenig zwingend wie die Behauptung, daß sich „synchron [...] zu einem bestimmten Zeitpunkt" nur Grundmorpheme oder Affixe „identifizieren" ließen (ebd.: 99). Mit dem Gebrauch des Affixoid-Begriffs ist nicht automatisch die Vorstellung einer „grundsätzlich starren Zuordnung von Inhalts- und Ausdrucksseite sprachlicher Zeichen" verbunden; auch signalisiert seine Verwendung nicht ein „Festhalten an der Vorstellung von der Bedeutungskonstanz von Wörtern auf der einen und Affixen auf der anderen Seite“ (so aber RICKHEIT 1993: 24). Der Affixoid-Begriff ist vielmehr durchaus mit der Konzeption einer „prinzipiellen Variabilität sowohl von Wortbedeutungen als auch von Wortkonstituenten“ (ebd.) vereinbar, wenn – unabhängig vom Affixoid-Begriff – die Variabilität der Inhaltsseiten von Wörtern und Morphemen nicht als beliebig angesehen wird, sondern sich aus einer Verbindung eines durch einen bereits vorhandenen Gebrauch erkennbaren semantischen Kerns mit durch neue Kontexte und Kommunikationssituationen hinzutretenden Semen ergibt, wobei sowohl die Sememe als auch die Seme durch Oppositionsbildungen begründet werden können (SIMMLER 1994: 28f.). Eine Beibehaltung des Terminus 'Affixoid' setzt aber eine Neubestimmung seiner Definitionskriterien voraus und ist mit einer Korrektur der „Affixoidomanie“ (ebd.: 101) verbunden. Bei der Neudefinition ist neben der Unterscheidung von Wort und Morphem, von Wortkonstituente und Wortform in einer syntaktischen Gruppe der bei der kontinuierlichen Erweiterung des Affixoid-Begriffs vorgenommene Verzicht auf diachrone Aspekte (§ 198.3) wieder zu korrigieren, weil ein synchroner sprachlicher Zustand auch zugleich immer aus unterschiedlich alten, diachron erschließbaren sprachlichen Traditionen besteht.

198.10 Vor diesem sprachtheoretischen Hintergrund ergibt sich folgende Definition des Affixoids: Affixoide bilden eine Subgruppe von gebundenen, nur in Komposita auftretenden Grundmorphemen. Sie gehen diachron auf Grundmorpheme in Simplizia und Komposita zurück und kommen synchron neben Grundmorphemen mit derselben Ausdrucksseite vor, die an der Konstitution von Simplizia und Komposita beteiligt sind. Sie besitzen eine spezifische Inhaltsseite, mit der sie eine bei koexistierenden Formationsmorphemen bereits vorhandene Funktion erweitern, aber anders als diese eine direkte oder übertragene Beziehung zur Inhaltsseite der ausdrucksseitig vergleichbaren Grundmorpheme erkennen lassen.

198.11 Die aufgrund der Definition als Affixoidbildungen zu erfassenden Wortbildungen und ihre morphologischen Strukturen sind in der Tabelle 64 zusammengestellt:

Tabelle 64: Substantivische Affixoidbildungen und ihre morphologischen Strukturen

morphologische Struktur Affixoidbildungen	morphologischer Verbindungstypus	Affixoid-Funktion	vergleichbare Bildungen mit FM
1. Blitzmädel	sAF + sGM	Augmentation	Un - menge
1a. Affenhitze	sAF + sGM	Augmentation	
2. Hochaltar	aAF + sGM	Augmentation	
3. Buschwerk	sGM + sAF	Kollektivierung	Röhr-icht
4. Grobzeug	aGM + sAF	Kollektivierung	Verwandt - schaft
5. Naschwerk	vGM + sAF	Kollektivierung	Nasch - erei

Auf der vertikalen Achse sind die Beispiele angegeben. Auf der horizontalen Achse erscheinen drei Angaben: Als erstes wird der morphologische Verbindungstypus aufgeführt. Als zusätzliche Abkürzung gegenüber der Tabelle 51 (§ 188.2) wird AF für Affixoid eingeführt. Als zweites wird die besondere, durch das Affixoid signalisierte Funktion vermerkt; als drittes wird eine aufgrund der internen morphologischen Struktur vergleichbare Wortbildung mit einem Formationsmorphem genannt, die im Vergleich zur Affixoidbildung deren besondere Funktionalität kennzeichnen soll.

198.12 In der Tabelle 64 geben die Typen 1 bis 2 die möglichen Präfixoidbildungen, die Typen 3 bis 5 die Suffixoidbildungen an. Die mit den Affixoiden verbundenen Indizes signalisieren den Bezug zu den GM, der sich in den Typen 3 bis 5 auch dadurch zeigt, daß die sAF wie die sGM in der Tabelle 51 (§ 188.2) die Wortart festlegen. Als Präfixoide kommen nur sAF und aAF vor. Der Typus 1 (BLITZMÄDEL) steht für alle Bildungen, bei denen keine Kompositionsfuge vorhanden ist; der Typus 1a (AFFENHITZE) repräsentiert die Bildungen, bei denen Fugenzeichen (Tabelle 53; § 188.10) nachgewiesen werden können. Der Typus 2 (HOCHALTAR) steht für adjektivische Affixoide als erste Konstituente. Alle Affixoidbildungen übernehmen die Funktion der Augmentation. Durch Affixoidbildungen mit *Affen-*, *Blitz-*, *Bomben-*, *Heiden-*, *Höllen-*, *Mords-*, *Pfunds-*, *Riesen-* und *Spitzen-* werden die „wenigen Augmentativbildungen", die mit dem FM {un} wie in UNMENGE möglich sind (WELLMANN 1975: 147), erweitert, so daß ein besonderes Ausdrucksbedürfnis für die Präfixoidbildungen zu erkennen ist. Nach STEPANOVA (1980: 402f.) werden durch die Verwendung von Affixoiden die „dynamischen Prozesse in der Wortbildung" sichtbar.

198.13 Mit den sAF können sGM, aGM und vGM als erste Konstituenten Kombinationen eingehen. Die Typen 3 bis 5 erweitern im Vergleich zu entsprechenden Bildungen mit FM die Möglichkeiten, Kollektiva zu bilden.

Der Typus 3 (BUSCHWERK) tritt neben Bildungen mit dem FM {ixt} wie in RÖHRICHT 'Dickicht aus Schilfrohr' (WAHRIG 1977: 2960), der Typus 4 (GROBZEUG) neben Bildungen mit dem FM {šaft} (WELLMANN 1975: 90, 161) und der Typus 5 (NASCHWERK) neben solche mit dem FM {ərai} (ebd.: 68). In der Fachsprache der Technik ist der Typus 3 in Bildungen wie HUBWERK, TRIEBWERK, FAHRWERK und BOHRWERK gegenwartssprachlich produktiv (VIGAŠOVÁ 1988/89: 303). Eine Produktivität zeigt sich auch in einzelnen dialektalen Bildungen wie MUSWERK 'Gemüse', TUCKWERK 'Soße' und WIRRWERK 'Nachrede' (ROSENKRANZ 1968: 229). Weitere Suffixoidbildungen mit kollektivierender Funktion zeigen sich in Verbindungen mit *-gut* (WORTGUT), *-kram, -kreis, -material, -reich, -welt, -wesen* und *-leute, -volk* (WELLMANN 1975: 185). Erleichtert wird die Suffixoidbildung zum Teil dadurch, daß die in Simplizia verwendeten GM bereits eine Vielheit bezeichnen, so daß von dieser Inhaltsseite aus die Verbindung mit sGM als erste Konstituenten, die diese Inhaltsseite in Simplizia nicht signalisieren, vorbereitet wird.

199.1 In noch stärkerem Maße als bei der Affixoidbildung spielen bei den mit Pseudomorphemen gebildeten Komposita diachrone Aspekte eine Rolle, um zu einer morphologischen Analyse zu gelangen (§§ 39f.). Nach KOTIN (1997: 108) ist der Status der Pseudomorpheme „panchron" zu begründen, weil „formal komplexe Wörter eine ihnen entsprechende – wenngleich asymmetrische – semantische Komplexität aufweisen." Die verschiedenen morphologischen Strukturen sind in der Tabelle 65 zusammengestellt:

Tabelle 65: Pseudomorpheme als Erst- und Zweitglieder und ihre historische Herkunft bei Substantiven

morphologische Struktur Komposita	morphologischer Verbindungstypus	historischer Bezug des PsM	historischer Morphemtypus
1. Auerhahn	PsM + sGM	ahd. *orre* 'Birkhuhn'	sGM
2. Freitag	PsM + sGM	Nomen proprium *Frīa* 'Tag der Göttin *Frīa*'	Np
3. Fledermaus	PsM + sGM	ahd. *fledarōn* 'flattern'	vGM
4. Brackwasser	PsM + sGM	mnd. *brak*, nd. *bra(c)k* 'salzig, brackig'	aGM
5. Notdurft	sGM + PsM	mhd. *durft* 'Bedürfnis'	sGM
6. Nachtigall	sGM + PsM	ahd. *galan* 'singen, betören'	vGM

In der vertikalen Spalte sind die verschiedene Morphemverbindungen repräsentierenden Beispiele aufgeführt. Die horizontale Spalte erläutert die jeweiligen PsM präzisiert und als letztes den ehemaligen historischen Morphemtypus angibt, der sich zum PsM entwickelt hat.

199.2 Die Beispiele 1 bis 4 zeigen Komposita mit einem PsM als Erstglied. Die Differenzierung der Typen entsteht dadurch, daß die PsM auf ehemalige GM verschiedener Wortarten bzw. ein Nomen proprium zurückgeführt werden können. So geht das PsM {aoər} in AUERHAHN auf ahd. *orre* 'Birkhuhn', ein sGM, zurück. Bezeichnet wird das Männchen des größten deutschen Waldhuhns. Bei AUERHUHN besitzt das PsM eine verdeutlichende Funktion, die es aber erst übernimmt, als in <Auer> der Hinweis auf ein weibliches Tier nicht mehr erkannt wird (PFEIFER 1989: 93). Die weitere Bildung AUEROCHSE zeigt, daß einzelne PsM mit mehreren GM verbunden werden können; allerdings geht hier das PsM {aoər} auf ahd. *ūr, ūro* 'Auerochse' zurück, so daß eine verdeutlichende Komposition vorliegt, die in *ūrohso* 'Auerochse' bereits im Ahd. nachgewiesen werden kann (SPLETT, I.2, 1993: 1046). Das Beispiel FREITAG zeigt im PsM ein Nomen proprium, den Namen der Göttin *Frīa*, und repräsentiert ein Bezeichnungsprinzip bei den deutschen Wochentagsnamen, die Benennung nach Götternamen, so daß der FREITAG mit 'der Tag, der der Göttin *Frīa* geweiht ist' paraphrasiert werden kann (PFEIFER 1989: 472). Beim Beispiel FLEDERMAUS ist das PsM {flēdər} mit dem ahd. Verbum *fledarōn* 'flattern' in Verbindung zu bringen und geht daher auf ein vGM zurück (SPLETT, I.1, 1993: 241). Im Kompositum BRACKWASSER ist durch das PsM {brak} ein Bezug zu mnd. *brak*, nd. *bra(c)k* 'salzig, brackig' und damit zu einem aGM herzustellen (PFEIFER 1989: 206f.). Insgesamt können wegen der Aufgabe des Gebrauchs in Simplizia GM der Wortarten Substantiv, Verb und Adjektiv zu PsM werden.

199.3 Dies gilt in gleicher Weise für PsM als Zweitglieder von Komposita. Das PsM {durft} zeigt sich im Mhd. *durft* 'Bedürfnis' als sGM. Es kommt mit dem Semem 'Bedarf an notwendigen Dingen (zum Lebensunterhalt)' im mhd. Kompositum *notdurft* vor. Mit dieser Ausdrucksseite wird es weiter tradiert, macht jedoch einen Bedeutungswandel zum Semem 'Ausscheidung aus Darm und Blase' durch, während das Semem 'das zum Leben Nötige' veraltet (PFEIFER 1989: 1179). Das PsM {igal} in NACHTIGALL kann auf ein vGM zurückgeführt werden, das im ahd. Verbum *galan* 'singen, betören' nachgewiesen werden kann (ebd.: 1148). Erstaunlich ist, daß das Kompositum ein Substantiv ist, obwohl das PsM auf ein vGM zurückgeht.

199.4 Ein morphologischer Wandel von einem Kompositum zu einem Simplex mit einem neuen Grundmorphem mit neuer interner phonologischer Struktur liegt vor, wenn zwei ehemalige Kompositionsglieder „erloschen oder getrübt" (WILMANNS 1930: 553) bzw. „verdunkelt" (HENZEN 1965: 74) sind. Beispiele sind u.a. SCHABERNACK, WIEDEHOPF und

schen oder getrübt“ (WILMANNS 1930: 553) bzw. „verdunkelt“ (HENZEN 1965: 74) sind. Beispiele sind u.a. SCHABERNACK, WIEDEHOPF und AMBOSS. Der SCHABERNACK ’ein schadenfroher, lustiger Streich‘ ist im Mhd. noch ein Kompositum; mhd. *schabernac* ist zum Verbum *schaben* ’kratzen‘ und zum Substantiv *nac, nacke* ’Nacken‘ zu stellen, bezeichnet daher ’einen den Nacken kratzenden Winterhut‘ bzw. ’einen neckenden Streich‘ in übertragener Bedeutung (PFEIFER 1989: 1484). Der WIEDEHOPF geht auf das ahd. Kompositum *wituhopfo* mit den Elementen *witu* ’Holz‘ und *hopfo* ’Hüpfer‘ aus dem Verbum *hopfōn* ’hüpfen‘ zurück und ist daher als ’Holzhüpfer‘ bzw. ’ein Vogel, der durch das Holz, den Wald, hüpft‘ zu paraphrasieren (PFEIFER 1989: 1974; SPLETT, I.1-2, 1993: 400, 1143). AMBOSS ’eine blockartige Unterlage aus Stahl zum Bearbeiten von Werkstücken‘ ist „eine mit ahd. *ana-* ’an, zu, auf‘ präfigierte Bildung zu ahd. *bōzen*, ’stoßen, schlagen‘ (8. Jh.) und bedeutet eigentl.[ich] ’woran, worauf man schlägt‘.“ (PFEIFER 1989: 42). Die morphologische Durchsichtigkeit blieb bis ins Mhd. erhalten. Ein erster Verlust an Durchsichtigkeit entsteht im Frühnhd. durch die assimilatorische Angleichung der Artikulationsstellen des dentalen <n> und des bilabialen <b> zu <mb>, zu zwei bilabialen Phonemen; die Weiterentwicklung zu einem einzigen GM im Neuhochdeutschen ist durch den Verzicht auf das Verbum *boßen* bedingt.

199.5 Auch sekundärsprachliche Morpheme unterschiedlichen Alters können als Pseudomorpheme in Verbindung mit primärsprachlichen GM an der Konstitution von Komposita beteiligt sein. Bei GRÜNSPAN ’durch Einwirkung von Essigsäure und Luft entstandener giftiger grüner Überzug auf Gegenständen aus Kupfer oder Messing‘ ist die zweite Konstituente ein sekundärsprachliches PsM. Das Kompositum wurde nach mlat. *viride Hispanicum* ’spanisches Grün‘ spätmhd. in der Form *grüenspān* bzw. *spāngrüen* gebildet, weil der aus Kupferoxid hergestellte Farbstoff aus Spanien eingeführt wurde (PFEIFER 1989: 614). Bei KANDISZUCKER ’kristallisierter Zucker‘ ist die erste Konstituente ein sekundärsprachliches PsM. Es geht auf das arabische Adjektiv *qandī* ’aus Rohrzucker‘ und die italienische Bildung *zucchero candì* zurück (ebd.: 782).

200.1 Von den mit sekundärsprachlichen Pseudomorphemen gebildeten Komposita sind diejenigen zu unterscheiden, die sekundärsprachliche Grundmorpheme enthalten. Dabei hängt die „formal-strukturelle und semantische Analysierbarkeit“ von der „Kenntnis der entsprechenden Fremdsprache“ ab (FLEISCHER/BARZ 1992: 67). Die sekundärsprachlichen GM kommen als Erst- und Zweitglieder vor. Beispiele für Erstglieder sind BLANKOSCHECK, BLANKOVOLLMACHT; BIOGAS, BIOREINIGER; PSYCHOREISSER, PSYCHOTERROR; PSEUDOMORAL, PSEUDOKUNST; MINIMODE, MINIGOLF. Das Erstglied {blaŋkō} wird auch als GM eines Adverbs BLANKO ’leer, nicht vollständig ausgefüllt‘

verwendet (PFEIFER 1989: 182), während dies für die übrigen Morpheme nicht gilt. {biō} ist an griech. *βíos* 'Leben' anzuschließen und wird bereits im Griechischen als erste Konstituente von Komposita wie in *βιογραφία* 'Biographie, Lebensbeschreibung' verwendet (ebd.: 178). {psūxō} und {psoidō} gehen auf griech. *ψυχή* 'Seele' bzw. *ψευδής* 'lügenhaft, falsch', *ψεῦδος* 'Täuschung, Lüge' zurück (ebd.: 1335f.). {minī} dagegen ist auf eine „wohl im Engl.[ischen] aufgekommene Kurzform für engl. *miniature*" zurückzuführen (ebd.: 1107). Wie primärsprachliche GM kommen die sekundärsprachlichen Morpheme mit derselben internen phonologischen Struktur als GM von Simplizia vor, oder sie werden nur als Erstglieder einer neuen Worteinheit verwendet und erfahren dabei einzelne Änderungen in ihrer Phonotaktik. Da sie aber – bei entsprechender Kenntnis der morphologischen Strukturen der jeweiligen Sekundärsprache – jeweils an sekundärsprachliche GM angeschlossen werden können, ist ihr Status als GM auch in der Primärsprache des Deutschen anzusetzen.

200.2 Beispiele für Zweitglieder sind BIOLOGIE, PSYCHOLOGIE; DISKOTHEK, PHOTOTHEK; AUTODROM, MOTODROM. {lōgī} geht auf griech. *λόγος*, ein Nomen agentis zu griech. *λέγειν* 'sammeln, sagen, vortragen', zurück und ist in Komposita an der Bezeichnung einer 'wissenschaftlichen Disziplin, Fachwissenschaft' beteiligt (PFEIFER 1989: 1028). {tēk} bezeichnet in Anlehnung an griech. *θήκη* 'Behälter, Kiste, Kasten, Schrank' eine Räumlichkeit (ebd.: 289). {drōm} ist in den einschlägigen etymologischen Wörterbüchern noch gar nicht erfaßt, doch ist der Bezug zu griech. *δρόμος* 'Laufbahn, Rennbahn' eindeutig (GEORGES, I, 1992: 2296). Neben *-thek* kommt bei gleicher historischer Herkunft das Simplex THEKE mit etwas anderer Phonotaktik vor (PFEIFER 1989: 1803), bei den beiden anderen Elementen handelt es sich um gebundene, nur als Zweitglieder von Komposita verwendete sekundärsprachliche GM.

200.3 FLEISCHER/BARZ (1992: 67f.) möchten bei den sekundärsprachlichen GM eine weitergehende terminologische Differenzierung vornehmen. Sie unterscheiden nach dem Kriterium der Wortfähigkeit zwischen wortfähigen 'freien' GM (BLANKO-), wortfähigen, „als kombinatorische Variante" als 'frei' zu beurteilenden GM (PSYCHO- zu PSYCHE) und Konstituenten, „die im Deutschen nicht frei als Grundmorpheme vorkommen" (BIO-). Letztere bezeichnen sie als Konfixe (ebd.: 120-122), die Elemente von „Konfixkomposita" bilden (ebd.: 67). Diese bei GM sekundärsprachlicher Herkunft getroffene Unterscheidung erweist sich als unnötig, weil durch sie eine Differenzierung erfolgt, die bei den gebundenen primärsprachlichen GM fehlt, weil die Annahme von gebundenen kombinatorischen Varianten ein Widerspruch zur Bedingung des sog. 'freien' Gebrauchs ist, weil die Ermittlung eines GM-Status sprachtheoretisch nicht an die Bedingung des sog. 'freien' Gebrauchs von GM in Simplizia gebunden

Konfixbildungen als Komposita ausgeschlossen ist. MURJASOV (1976: 123) ordnet die Morpheme *-log(e)*, *-nom*, *-soph*, *-arch*, *-graph*, *-urg*, *-(a)gog(e)* unter die „Halbsuffix[e]“ ein, weil sie „regelmäßig wie Suffixe sind und weil ihre Bedeutung wesentlich entkonkretisiert ist“, doch reichen die Kriterien der Bedeutungsveränderung und der Reihenbildung dazu nicht aus (§ 198.2), vor allem da die 'Bedeutungsentkonkretisierung' von der Kenntnis der morphologischen Strukturen der jeweiligen Sekundärsprache abhängt und nicht untersucht wird. Wegen des Kriteriums der Reihenbildung – das wie bei den Affixoidbildungen als Argumentationsgrundlage nicht ausreicht (§ 198) – behandelt dagegen FLEISCHER (1982: 114) Bildungen mit *mono-, neo-, poly-* „unter den Präfixen“. Wenn dagegen von sekundärsprachlichen GM ausgegangen wird, die Simplizia konstituieren und als Elemente von Komposita auftreten können bzw. als ausschließlich gebundene GM an der Konstitution von Komposita beteiligt sein können, entfallen die aufgezeigten Schwierigkeiten. Es handelt sich auch nicht um einen spezifischen „Worttyp, der offensichtlich morphologisch komplex, aber ebenso offensichtlich weder der Komposition noch der Derivation als Bildungstyp zuzuschlagen ist.“ (EISENBERG 1995: 35).

200.4 Wenn beim Verbindungstypus sGM + sGM das erste Kompositionsglied ein sekundärsprachliches GM ist, kommen andere Fugenzeichen als bei primärsprachlichen GM vor (vgl. Tabelle 53 in § 188.10). Sie sind in der Tabelle 66 zusammengestellt:

Tabelle 66: Anzahl und Phonotaktik der Fugenzeichen beim Verbindungstypus sGM (sekundärsprachlich) + sGM

Fugenzeichen Komposita	Bezug der ersten Konstituente zu einem Simplex (N.S.)	Phonotaktik
1. Kristallographie	Kristall	/o͞/
2. Turbobohrer	Turbine, lat. *turbo, turbinis*	/o͞/
3. Gymnasialbildung	Gymnasium	/a͞l/
4. Personalausweis	Person	/a͞l/
5. Diözesangrenze	Diözese	/a͞n/
6. Handikap	engl. *handicap, hand in cap*	/i͞/

Die Aufbauprinzipien der Tabelle 66 entsprechen denjenigen der Tabelle 53 (§ 188.10).

200.5 Beim Beispiel 1 (KRISTALLOGRAPHIE) wird der N.S. *Kristall* nach „fremdsprachigen (bes. griechischen) Vorbildern“ um eine „-o-Fuge“ erweitert (ORTNER u.a. 1991: 80). Auch bei TURBOBOHRER kann eine *-o*-Fuge angesetzt werden, „wenn zugleich eine Tilgung der Stammendung (hier *-ine* [...]) angenommen wird“ (ebd.: 80f.), was wegen der Mitte des

-*o*-Fuge angesetzt werden, „wenn zugleich eine Tilgung der Stammendung (hier *-ine* [...]) angenommen wird“ (ebd.: 80f.), was wegen der Mitte des 19. Jahrhunderts über franz. *turbine* erfolgten Übernahme des Substantivs *Turbine* möglich ist, wenn nicht von einer Neubesinnung auf lat. *turbo* 'wirbelförmige, rotierende Bewegung, Kreis‘ ausgegangen wird (PFEIFER 1989: 1861).

Beim Beispiel 3 (GYMNASIALBILDUNG) wird angenommen, daß „die Substantiv-Endung *-um* getilgt“ und durch eine „*-al*-Fuge“ ersetzt wird, „da Adjektive mit einer entsprechenden Endung im Deutschen ungebräuchlich sind“. In PERSONALAUSWEIS wird „-al- dem substantivischen Bestimmungswort“ angefügt (ORTNER u.a. 1991: 81).

In Beispiel 5 (DIÖZESANGRENZE) wird der N.S. *Diözese* um das Phonem /ə/ reduziert und dann um das Fugenzeichen /ān/ erweitert, um als erstes Kompositionsglied fungieren zu können (ebd.). Ob bei HANDIKAP eine /ī/-Fuge angesetzt werden kann (ebd.; FLEISCHER 1982: 131) ist wegen der angegebenen etymologischen Herleitung (PFEIFER 1989: 642) unsicher.

201.1 Eine besondere Form der Wortbildung zeigt sich bei den Wortkreuzungen, die auch als Wortmischungen, Kontaminationen und *blends* bezeichnet werden (ORTNER/ORTNER 1984: 101). Sie treten bei Simplizia und Komposita auf, im Rahmen der hier zu behandelnden kompositionsähnlichen Strukturen erfolgt eine Typisierung nur bei den Wortbildungen, an denen Komposita beteiligt sind. Beispiele für Wortkreuzungen auf der Grundlage von zwei Simplizia sind DERF aus *Dorf* und *Derp* im östlichen Hochpreußischen, LIGER aus *Löwe* und *Tiger*, LATÜCHTE aus *Laterne* und *Lüchte* und SMOG aus *smoke* und *fog* (HENZEN 1965: 249-255; ERBEN 1975: 51 Anm. 69, 1993: 54 Anm. 69; FLEISCHER/BARZ 1992: 47f.). Bei DERF handelt es sich um eine 'Kompromißform‘, eine dialektale Ausgleichsbildung zu zwei geographisch nebeneinander existierenden Wörtern mit gleicher Inhaltsseite, aber verschiedener Phonotaktik. Mit LIGER wird standardsprachlich eine Kreuzung aus *Löwe* und *Tiger* bezeichnet; LATÜCHTE ist eine eher umgangssprachliche Bildung; SMOG ist eine im Englischen aus *smoke* 'Rauch‘ und *fog* 'Nebel‘ entstandene und ins Deutsche entlehnte Bildung.

201.2 Die Wortkreuzungen, bei denen morphologische Strukturen eine Rolle spielen, sind in der Tabelle 67 zusammengestellt.

Auf der vertikalen Achse erscheinen die Beispiele, auf der horizontalen Achse sind zunächst die lexikalischen Grundlagen und dann die daraus ableitbaren morphologischen Verbindungstypen angegeben. An zusätzlicher Abkürzung wird GMT = Grundmorphemteil verwendet. Einzelne Unterstreichungen dienen zur Hervorhebung von Teilen, die in Bezug auf die lexikalischen Grundlagen ausdrucksseitig identisch sind.

Tabelle 67: Wortkreuzungen und ihre lexikalischen Grundlagen und morphologischen Strukturen bei Substantiven

morphologische Struktur / Beispiele	lexikalische Grundlagen	morphologischer Verbindungstypus
1. Heideweizen	Heidekorn + Buchweizen (zwei Komposita)	sGM + sGM
2. Strohwiede	Strohseil + Wiede (Kompositum und Simplex)	sGM + sGM
3. Ehrgeizhals	Ehrgeiz + Geizhals	sGM + (sGM + sGM) / (sGM + sGM) + sGM
4. Formularifari	Formular + Larifari	sGMT + sGM / sGM + sGMT
5. Erdtoffel	Erdapfel + Kartoffel	sGM + sGMT
6. Medizyniker	Mediziner + Zyniker	sGMT + sGM
7. Stagflation	Stagnation + Inflation	sGMT + sGMT

201.3 Die Beispiele 1 bis 3 repräsentieren die Verbindungstypen, bei denen jeweils eindeutige Morphemzuordnungen möglich sind. Die Beispiele 4 bis 7 verweisen auf Typen, bei denen nicht die vollständige Phonotaktik eines Grundmorphems zur Wortkreuzung verwendet wird, sondern nur einzelne Grundmorphemteile. Beim Beispiel 1 (HEIDEWEIZEN) wird die erste Konstituente *Heide* von *Heidekorn* mit der zweiten Konstituente *-weizen* von *Buchweizen* zu einer neuen Worteinheit verbunden, bei der wie bei den zugrundeliegenden Komposita ein determinatives Verhältnis zwischen Erst- und Zweitglied vorliegt, was dadurch ermöglicht wird, daß die Zweitglieder *-korn* und *-weizen* jeweils dieselbe außersprachliche Realität, die Getreideart, bezeichnen. Auch bei STROHWIEDE liegt ein Determinativkompositum vor; der Unterschied zu HEIDEWEIZEN besteht in der lexikalischen Grundlage aus einem Kompositum und einem Simplex; bei der Wortkreuzung übernimmt das GM des Simplex die Position des Zweitgliedes *-seil*, weil durch beide dieselbe außersprachliche Realität bezeichnet wird.

Eine besondere Stellung nimmt die Wortkreuzung EHRGEIZHALS ein, was auch dadurch zum Ausdruck kommt, daß rein ausdrucksseitig betrachtet zwei morphologische Verbindungstypen sGM + (sGM + sGM) bzw. (sGM + sGM) + sGM angegeben werden können, wobei die Klammern die Zusammengehörigkeit als Zweitglied oder Erstglied signalisieren und die Unterstreichung das jeweils ausdrucksseitig identische sGM. Inhaltsseitig ist jedoch nur der Typus sGM + (sGM + sGM) möglich, so daß der Schwerpunkt der Bezeichnung der Person im Kompositum *Geizhals* liegt.

Allerdings wird diese Inhaltsseite nicht durch das Erstglied *Ehr-* näher determiniert, sondern durch die mit *Ehrgeiz* zu verbindende Inhaltsseite, so daß hypothetisch die Bildung *Ehrgeizgeizhals* anzusetzen ist. Mit Recht geht MEID (1978: 444) bei solchen Bildungen von „haplologisch verkürzte[n] Komposita" aus, die „wegen ihres identischen Mittelstücks ihre Durchsichtigkeit behalten haben und daher leicht wieder in ihre Bestandteile dekomponiert werden können". Unter Haplologie ist dabei eine Erscheinung zu verstehen, bei der „zwei gleiche sich berührende Elemente bzw. Silben bei der Zusammensetzung nur einmal auftreten" (HENZEN 1965: 262). Neben der Dekomponierung ist auch eine doppelte Lesung möglich, die bei *Ehrgeiz|hals* und *Ehr|geizhals* durch die senkrechten Striche angedeutet wird: Zunächst wird die Inhaltsseite von *Ehrgeiz* aufgenommen, die durch *-hals* nicht zu einem Gesamtverständnis führt; durch eine zweite Lesung wird linear zurückgehend die Inhaltsseite von *Geizhals* erkannt. Beide Informationen werden dann vor dem Hintergrund des Wortbildungstypus der Determinativkomposita aufeinander bezogen und zur Inhaltsseite 'Person, die Ehrsucht mit Geiz verbindet' vereinigt. SOUDEK (1978: 464) bezeichnet solche Bildungen als 'overlapping blends' mit „a contact buffer zone between the two components".

201.4 Eine Haplologie ist auch beim Beispiel 4 (FORMULARIFARI) vorhanden; anders als bei EHRGEIZHALS bezieht sich das nur einmalige Vorkommen bzw. die Überlappung nicht auf ein GM, sondern nur auf einen GMT, hier die Phonemfolge /lār/. Die doppelte Verständnisrichtung wird durch die beiden morphologischen Verbindungstypen sGMT + sGM bzw. sGM + sGMT signalisiert.

Bei den Beispielen ERDTOFFEL und MEDIZYNIKER wird das Verständnis der Bildungen nicht durch vorhandene Elemente erleichtert. Vom Leser oder Hörer wird vielmehr erwartet, daß er den Bezug zu den lexikalischen Grundlagen selbst herstellt. Bei ERDTOFFEL tritt ein sGMT *-toffel* an die Stelle des Zweitgliedes *-apfel*; bei MEDIZYNIKER wird das GM zweiten Grades *Zyniker* um einen sGMT *Medi-* als erste Konstituente erweitert, wobei die phonologische und graphische Ähnlichkeit von /tsǖn/ und /tsīn/ bzw. <zyn> und <zin> die Herstellung eines Bezuges zu *Medizin(er)* erleichtert. Bei STAGFLATION werden zwei sGMT zu einer neuen Einheit verbunden.

Die „Domäne" solcher Wortkreuzungen liegt in der Wortart Substantiv (FLEISCHER/BARZ 1992: 47) und zeigt einen kreativen Umgang mit sprachlichen Elementen „zur Erzielung komischer, ironischer oder ähnlicher Effekte" (FLEISCHER 1982: 236).

202.1 Wie die Wortkreuzungen können auch die Reduplikationsbildungen bei Simplizia und Komposita nachgewiesen werden. Ohne explizite morphologische Differenzierung definiert BZDĘGA (1965: 6) die Reduplikation als „sekundäre Doppelsetzung von Morphemen und Wörtern" bzw. als „primäre, d.h. ohne Präexistenz selbständiger Simplizia auftretende Doppelsetzung von Silben". Innerhalb von Simplizia sind Verdoppelungen einer Phonemfolge bei kindersprachlichen Wortschöpfungen (§ 182) wie WAUWAU 'Hund' bzw. den sekundärsprachlich beeinflußten MAMA, PAPA zu belegen. Auch wenn der „Morphemstatus der reduplizierten Einheit nicht immer zu erkennen" ist, folgt daraus noch nicht zwingend, daß als metasprachliche „Einheit der Reduplikation [...] nur [sic] der prosodische Fuß", d.h. „die Folge aus einer betonten Silbe und den ihr folgenden unbetonten Silben" (WIESE 1990: 610) fungieren könne.

202.2 Die Reduplikationsbildungen, bei denen morphologische Strukturen eine Rolle gespielt haben bzw. solche vermutet werden können, sind in der Tabelle 68 zusammengestellt:

Tabelle 68: Reduplikationsbildungen und ihre morphologischen Strukturen bei Substantiven

morphologische Struktur Beispiele	lexikalische Grundlagen	morphologischer Verbindungstypus
1. (das) Klein-Klein	Adj. klein	GM + GM
2. (das) Bonbon	franz. Adj. bon	GM + GM
3. (der) Heckmeck	aushecken	GM + Reimbildung
4. (das) Picknick	franz. pique-nique, piquer 'aufpicken, erschnappen'	GM + Reimbildung
5. (der) Krimskrams	(der) Kram	GM + Ablaut
6. (der) Wirrwarr	Adj. wirr	GM + Ablaut
7. (der) Singsang	singen, sang	2 ablautende GM
8. (der) Mischmasch	mischen	GM + Ablaut
9. (der) Hokuspokus	keine	keiner
10. (der) Zickzack	franz. zigzag, ev. (die) Zacke	ungeklärt

In der vertikalen Achse erscheinen die Beispiele, auf der horizontalen Achse sind die lexikalischen Grundlagen angegeben und die daraus ableitbaren morphologischen Strukturen.

202.3 Die beiden ersten Beispiele KLEIN-KLEIN und BONBON zeigen primärsprachliche und sekundärsprachliche Verdoppelungen adjektivischer Grundmorpheme bei gleichzeitigem Wechsel der Wortart vom Adjektiv zum Substantiv.

Bei den Beispielen HECKMECK und PICKNICK ist bei der ersten Konstituente jeweils eine morphologische Grundlage, ein primär- oder sekundärsprachliches vGM, zu erkennen. Diese hat jeweils die Phonotaktik KVK, die in der Form der Reimbildung, nur durch eine Substitution des ersten

Konsonanten, wiederholt wird. Die Reimbildung ermöglicht keinen direkten Anschluß an ein Morphem, sondern ist in ihrer Inhaltsfunktion an das vorausgehende GM gebunden.
Bei den Beispielen 5 bis 8 ist die Wiederholung der Phonotaktik erkennbarer GM mit einer Vokalsubstitution verbunden, die den Prinzipien des Ablauts folgt. Dies wird besonders deutlich an SINGSANG, zwei vGM mit dem beim Verbum SINGEN vorhandenen Ablaut. Der /i/- /a/-Ablaut zeigt sich auch bei den übrigen Beispielen, bei denen jeweils eine Relation zu einem vGM (MISCHMASCH), einem sGM (KRIMSKRAMS) und einem aGM (WIRRWARR) hergestellt werden kann.
Bei der Zauberformel HOKUSPOKUS mit den Inhaltsseiten 'Taschenspielerei, Zauberkunststück, Blendwerk, Unfug, Faxen' ist zwar wegen der Reimbildungsprinzipien eine Zweiteiligkeit zu erkennen, doch läßt sich kein überzeugender Anschluß an eine lexikalische Grundlage durchführen, so daß sich auch keine morphologische Strukturierung ergibt. PFEIFER (1989: 701) hält eine „Zersprechung der Meßformel lat. *hoc est (enim) corpus (meum)*" für möglich. Bei ZICKZACK 'in spitzen Knicken verlaufende Linie' ist die Herkunft aus dem Französischen sicher belegt, „unklar bleibt jedoch, ob zugrundeliegendes frz. *zigzag* selbst lautmalende Schöpfung ist oder auf eine ältere alliterierende Wortform des Germ.[anischen] (möglicherweise verwandt mit *Zacke* 'Spitze, Zinke', s.d.) zurückgeht." (PFEIFER 1989: 2024).
Insgesamt sind die Reduplikationen „fast ganz auf Substantive beschränkt, fehlen im Verbalbereich [...] und sind auch beim Adjektiv selten". Bei Substantiven können die Reduplikationsbildungen selbst wieder als Erstglieder von Determinativkomposita verwendet werden, wie bei TIPPELTAPPELTOUR und WALLEWALLEHAAR (FLEISCHER/BARZ 1992: 48).

4.1.4 Kompositionstypen bei Adjektiven

203.1 Bei der Konstitution von kompositionellen Adjektiven ist grundsätzlich zwischen der Verwendung von GM, die auch in Simplizia vorkommen, und GM verschiedenen Grades bzw. dem adjektivischen Gebrauch von Partizip I- und Partizip II-Formen zu unterscheiden (PÜMPEL-MADER u.a. 1992: V). Bei der Ermittlung der Verbindungstypen zweigliedriger Komposita wird zunächst von adjektivischen GM der Simplizia ausgegangen; GM verschiedenen Grades und adjektivische Partizipialformen werden nur einbezogen, um die Aufstellung der generellen Verbindungstypen zu vervollständigen. Da die zweite Konstituente die Wortart festlegt, richtet sich die Typologie nach der Wortart der ersten Konstituente.

203.2 Insgesamt können bei der Adjektivkomposition fünf grundlegende Verbindungstypen mit einzelnen Varianten nachgewiesen werden. Sie sind in der Tabelle 69 zusammengestellt:

Tabelle 69: Kombinationstypen aus GM + GM bzw. GM verschiedenen Grades und ihre Varianten bei Adjektiven

morphologische Struktur Komposita	Bezug zu Simplizia	morphologischer Verbindungstypus
1. brusthoch	(die) Brust, präd. Adj. hoch	sGM + aGM
2. hellgrün	präd. Adj. hell, grün	aGM + aGM
3. reißfest	Inf. reißen, präd. Adj. fest	vGM + aGM
4. selbstsicher	Pron. selbst, präd. Adj. sicher	prGM + aGM
5. alleingültig	Adv. allein, präd. Adj. gültig	advGM + aGM
2a. bestmöglich	attr. Adj. bester, beste, bestes, präd. Adj. möglich	aSM + aGM
4a. ichbezogen	Pron. ich, präd. Adj. bezogen	prSM + aGM
1b. tagelang	(der) Tag, präd. Adj. lang	sGM + aGM
3b. lesekundig	Inf. lesen, präd. Adj. kundig	vGM + aGM
1c. freudvoll	(die) Freude, präd. Adj. voll	sGM + aGM
2c. leisblau	präd. Adj. leise, blau	aGM + aGM
4c. alltäglich	Pron. alle, präd. Adj. täglich	prGM + aGM

Die Aufbauprinzipien der Tabelle 69 entsprechen denjenigen der Tabelle 51 (§ 188.2). Aus dem Vergleich zu den Substantivkomposita ergibt sich, daß bei diesen die „Vielfalt der Bestimmungsglieder" größer ist (PÜMPEL-MADER u.a. 1992: 18). Konkret fehlen bei der Adjektivkomposition als Erstglieder pGM, iGM, säGM und kGM. PÜMPEL-MADER u.a. (1992: 22, 67) führen zwar ein kGM als erste Konstituente auf, geben dafür jedoch keinen Beleg an.

203.3 Am häufigsten treten als erste Konstituenten sGM (BRUSTHOCH) und aGM (HELLGRÜN) auf, auch vGM (REISSFEST) sind zahlreicher als allgemein angenommen. Nach FLEISCHER (1982: 238) neigen besonders „Adjektive wie *fähig, fest, gewandt, kundig, sicher* u.a. [...] dazu, Zusammensetzungen mit einem Verbalstamm als erster Konstituente einzugehen". Bildungen mit prGM (SELBSTSICHER) sind „sehr selten" (ebd.: 239). Während FLEISCHER (1982: 237-239) und WELLMANN (in: DUDEN 1984: 482-489; 1995: 514-522) keine advGM als Erstglieder nennen, erfolgt durch PÜMPEL-MADER u.a. (1992: 19) ein Hinweis auf Bildungen wie ALLEINGÜLTIG (Typus 5 in Tabelle 69), ALLEINERZIEHEND und GERNGESEHEN. Unter diachronem Aspekt geht die erste Konstituente *allein* auf ein Kompositum zurück (PFEIFER 1989: 36); die zweite Konstituente *gültig* ist ein GM zweiten Grades (ebd.: 531), das zum Verb GELTEN zu stellen ist. Die Belege mit einem advGM als Erstglied und einer Partizipform als Zweitglied sind zahlreicher als diejenigen mit einem aGM zweiten Grades (PÜMPEL-MADER u.a. 1992: 23f.). Aus Tageszeitungen und Zeitschriften können Bildungen wie NOCH-SOZIALISTISCH und NICHT-FISKALISCH mit morphologisch komplexen Zweitkonstituenten als gegenwartssprachlich produktiv belegt werden (KANN 1974: 379 Anm. 4).

203.4 Als Varianten der morphologischen Verbindungstypen aGM + aGM bzw. prGM + aGM können die Typen BESTMÖGLICH (2a in Tabelle 69) und ICHBEZOGEN (4a in Tabelle 69) jeweils mit einem SM als Erstglied nachgewiesen werden. Neben dem SM {best} kann die superlativische Funktion im Erstglied auch von morphologisch eindeutig segmentierbaren adjektivischen Superlativformen wie in KLEINST- und KÜRZESTMÖGLICH übernommen werden (FLEISCHER 1982: 248; FLEISCHER/BARZ 1992: 246; ferner § 188.16). Die bei Substantivkomposita mögliche erste Konstituente aus einem vSM (ISTSTÄRKE) kommt bei Adjektivkomposita nicht vor.

203.5 Wie bei den Substantivkomposita (§ 188.17) sind auch bei den Adjektivkomposita komparativische Erstglieder vorhanden. Neben dem SM {mēr} in MEHRWERTIG ist das Erstglied {mindər} in MINDERWERTIG zu belegen. Es ist morphologisch als Komparativform zu erkennen und besteht aus dem GM {mind} und dem RM {ər}, obwohl das GM in Verbindung mit einem adjektivischen RM-Satz nicht mehr attributiv verwendet wird (vgl. PFEIFER 1989: 1106).

203.6 Neben den Erstgliedern ohne ein RM oder ein Fugenzeichen wie in den Grundtypen 1 bis 5 lassen sich auch Erweiterungen der Erstglieder um ein Fugenzeichen wie in TAGELANG (1b in Tabelle 69) und LESEKUNDIG (3b in Tabelle 69) belegen. Das letzte Beispiel zeigt, daß die Aussage von WELLMANN (in: DUDEN 1984: 482; 1995: 515), „daß bei den Adjektivzusammensetzungen das Verb immer nahtlos, nie [sic] durch ein Fugenzeichen [1995: Fugenelement] mit dem Grundwort verbunden“ sei, zu korrigieren ist.

203.7 Beim morphologischen Verbindungstypus sGM + aGM zeigen sich bei der ersten Konstituente dieselben Fugenzeichen wie beim Typus sGM + sGM (§ 188.10 mit Tabelle 53). Sie sind in der Tabelle 70 zusammengestellt:

Tabelle 70: Anzahl und Phonotaktik der Fugenzeichen beim Verbindungstyp sGM + aGM

Fugenzeichen / Komposita	Bezug der ersten Konstituente zu einem Simplex		Phonotaktik
	N.S.	G.S./(G.P.)	
1. siegessicher	der Sieg	des Sieges	/əs/
2. arbeitsscheu	die Arbeit	der Arbeit	/s/
3. schmerzensvoll	der Schmerz	des Schmerzes, der Schmerzen	/əns/
4. dornenvoll	der Dorn	des Dorns, der Dornen	/ən/
5. wolkenfrei	die Wolke	der Wolke, der Wolken	/n/
6. tagelang	der Tag	des Tages, der Tage	/ə/
7. liedervoll	das Lied	des Liedes, der Lieder	/ər/
8. hilfsbereit	die Hilfe	der Hilfe	/s/

Ausdrucksseitig entspricht die Phonotaktik der Fugenzeichen der Ausdrucksseite einzelner substantivischer RM, ohne jedoch die entsprechenden grammatischen Kategorien zu signalisieren (PÜMPEL-MADER u.a. 1992: 25f.). Durch einzelne syntaktische Paraphrasen läßt sich ein Zusammenhang zwischen der Phonotaktik der Fugenzeichen und der Adjektivvalenz in syntaktischen Gruppen herstellen. So zeigt sich bei der Paraphrase *jemand ist des Sieges sicher* zu SIEGESSICHER ein Genitiv-Attribut; zu LEBENSFREMD ist die Paraphrase *jemand ist dem Leben fremd* mit einem Dativ-Attribut, zu TAGELANG die Paraphrase *etwas dauert einige Tage lang* mit einem Akkusativ-Attribut und zu HILFSBEREIT die Paraphrase *jemand ist zur Hilfe bereit* mit einem Präpositional-Attribut bildbar (WELLMANN, in: DUDEN 1984: 483; 1995: 516). Bei HILFSBEREIT wird bei der ersten Konstituente das /ə/ des GM {hilfə} durch ein /s/ ersetzt (vgl. § 188.10).

203.8 Neben Erweiterungen und Veränderungen der Phonotaktik durch Phonemsubstitutionen kommen bei der ersten Konstituente auch Reduktionen der phonologischen Struktur wie bei FREUDVOLL (1c in Tabelle 69), LEISBLAU (2c) und ALLTÄGLICH (4c) vor. Die Reduktion betrifft jeweils das Phonem /ə/ am Ausgang der GM von femininen Substantiven, prädikativen Adjektiven und vom Indefinitpronomen ALLE.

203.9 Bei MITTELSCHWER ist als Erstglied das aGM {mitəl} vorhanden, das zur Konstitution eines adjektivischen Simplex mit dem Semem 'in der Mitte befindlich' nicht mehr verwendet wird, sondern nur noch als Erstglied von Komposita erscheint. Die Komparativform (*mittlere Reife*) und die Superlativform (*die mittelste Säule*) kommen jedoch noch in attributivem Gebrauch vor (PFEIFER 1989: 1114).

203.10 Das Adjektiv BARFUSS stellt nach FLEISCHER (1982: 248) ein „Relikt" dar, weil die zweite Konstituente „ein Substantiv" wie in den

Komposita PLATTFUSS, VORDERFUSS, DICKFUSS sei, ohne jedoch die Wortart festzulegen, da das Kompositum „ein Adjektiv mit der Bedeutung 'einen baren (= nackten) Fuß haben'" ist. Die Ausführung zum Wortartenstatus des Kompositums ist unstrittig, ebenso die Feststellung, daß BARFUSS synchron nur noch in prädikativer und adverbieller Verwendung (*Er ist barfuß, er kommt barfuß*) vorkommt. Die Fixierung der zweiten Konstituente als 'Substantiv' bzw. als sGM wird jedoch der historischen Herkunft und dem Reliktcharakter des Kompositums nicht gerecht.
Bereits im Ahd. stehen sich Komposita mit dem sGM {fuoz} wie HANENFUOZ 'Gift-Hahnenfuß' und solche mit dem aGM {fuozi} in BARAFUOZI 'barfuß' und EINFUOZI 'einfüßig' gegenüber (SPLETT, I.1, 1993: 275), wobei das aGM {fuozi} nur als Zweitglied eines adjektivischen Kompositums vorkommt und nicht mehr als Konstituente eines Adjektivs. Beim aGM {fuozi} handelt es sich um eine sog. /i/-Erweiterung (KLUGE 1913: 66; HENZEN 1965: 194; WILMANNS 1930: 422), durch die der Status als aGM gegenüber dem sGM {fuoz} gesichert wird. Im Mhd. wird das /i/ zu /ə/ abgeschwächt, fällt im Frnhd. aus, so daß die Zweitglieder von HAHNENFUSS und BARFUSS ausdrucksseitig übereinstimmen, nicht jedoch in der Wortart und in den RM-Sätzen und auch nicht in den Inhaltskomponenten, die am Aufbau der Sememe der jeweiligen Komposita beteiligt sind. Der Sonderstatus von BARFUOZ entsteht durch phonologische Entwicklungen und nicht durch einen Wortbildungstypus, bei dem eine Zweitkonstituente aus einem sGM zu einem Adjektivkompositum führt.
Unter diachronem Aspekt ist zu beachten, daß die im Ahd. vorhandene Opposition von {fuoz} und {fuozi} als Wortbildungskonstituenten ein noch älteres Wortbildungsprinzip widerspiegelt. Durch den Wortbildungstypus der Possessiva (§ 192) entstehen bereits in der sog. „idg. Grundsprache" zunächst Substantivkomposita, „die aber dann weiter in adjektivischen Gebrauch übergehen konnten" (PAUL 1920/1975: 29), d.h. einen Wortartenwechsel erfuhren, der mit Veränderungen in den RM-Sätzen verbunden war. Zur Verdeutlichung des Wortartenwechsels konnten dann wie im Ahd. phonologische Erweiterungen bei einem GM eintreten oder eine „gramma-tische[n] Adjektivierung mittels Suffixen, z.T. wohl schon in der Grundsprache" erfolgen, so daß adjektivische Bahuvrīhis „in unerweiterter Form außer Gebrauch kommen" (KRAHE/MEID, III, 1969: 32).
204 Die Analyse der inhaltsseitigen Beziehungsgefüge von zwei Kompositionsgliedern mit einem aGM als Zweitglied führt zur Subklassenbildung der Determinativkomposita und der Kopulativkomposita. Die Subklasse der Possessivkomposita, die bei den Substantivkomposita angesetzt wurde (§ 192), läßt sich bei den Adjektivkomposita nicht begründen, weil bei ihnen zentrale Definitionskriterien (§ 192.8) fehlen, eine bloße Paraphrasierung mit einer *haben*-Relation wie bei BARFUSS 'einen baren (= nackten) Fuß

habend' zur Subklassenbildung nicht ausreicht (§ 203.10) und der Rückgriff auf einen idg. Wortbildungstypus, der in den einzelnen Sprachepochen des Deutschen zu unterschiedlichen Oppositionen und in der Sprachgeschichte des Deutschen zu verschiedenen phonologischen und sich morphologisch auswirkenden Wandlungen führte, die gegenwartssprachlich vorhandenen Oppositionen nicht hinreichend erfaßt (§ 203.10).

205.1 Bei allen in der Tabelle 69 (§ 203.2) aufgeführten morphologischen Verbindungstypen bei Adjektiven handelt es sich um Determinativkomposita. Erweiterungen der Definitionskriterien (§ 190.1) ergeben sich bei den Adjektiven nicht. Werden jedoch die determinativen Relationen inhaltsseitig noch weiter subkategorisiert, zeigen sich durchaus unterschiedliche Funktionen. So können PÜMPEL-MADER u.a. (1992: 74) bei den modifikativen Bildungen mit aGM verschiedenen Grades allgemein charakterisierende und beurteilende (SCHLEIMIG-JOVIAL), gradverdeutlichende (INTENSIV-GRÜN) und restringierende (EINGESCHRÄNKT-WÖRTLICH) nachweisen. SOMMERFELDT (1987b: 131) verweist bei Bildungen wie BLUTJUNG und TODTRAURIG zusätzlich auf emotionale Merkmale, die mit der Gradation verbunden sein können. Bei Neologismen wie SCHLÜSSELREIF, WAHLFAUL, EUROPAMÜDE bzw. solchen mit komplexerem Zweitglied wie DIÄTFREUNDLICH, HAUTSYMPATHISCH wird zwar die „konventionelle semantische Kongruenz [...] durch die Verbindung der Konstituenten verletzt", doch entsteht durch die „auf metaphorischer Grundlage" beruhenden Komposita eine neue semantische Kongruenz, die die „Dynamik" in Kontextverwendungen wie *schlüsselreife Häuser* ausmacht (OKSAAR 1993: 211f.).

205.2 Wie bei den Substantiven (§ 190.4) gibt es auch einzelne Adjektiv-Komposita, bei denen die determinierende Funktion vom Zweitglied ausgeht. Sie treten bei morphologisch komplexeren Bindestrich-Verbindungen wie ECKIG-KINDLICH (*in ihren Bewegungen manchmal noch eckig-kindlich*) auf, was durch Paraphrasen wie 'Bewegungen, die in kindlicher Art und Weise eckig sind' verdeutlicht werden kann (PÜMPEL-MADER u.a. 1992: 66, 68), doch ist auch eine andere Determinationsrichtung nicht ausgeschlossen. Bei Bildungen wie BÜRGERLICH-CHRISTLICH (*bürgerlich-christliche Hilfe*) sind beide Determinationsrichtungen möglich (ebd.: 71).

205.3 Zum Teil werden aus einseitigen Paraphrasenbildungen nicht haltbare Folgerungen gezogen. So ist für MÜLLER/MÜLLER (1961: 68) in der Bildung NERVENSCHWACH in *der nervenschwache Patient* wegen der Paraphrase *der Patient mit schwachen Nerven* die Zweitkonstituente „sinngemäß" als 'Attribut' zu *Nerven* zu verstehen. Wird jedoch die Paraphrase *der in bezug auf die Nerven schwache Patient* vorgenommen, entfällt die Argumentationsgrundlage und die mit ihr versuchte Typisierung.

206.1 Bei den adjektivischen Kopulativkomposita sind im Gegensatz zu den substantivischen keine Fugenzeichen beim Erstglied zu belegen (§ 191.9). Wie bei den Substantiven (§ 191.6) können bei einzelnen Komposita wie BLIND-TAUB, TAUBBLIND und BLUTIG-SCHLEIMIG, SCHLEIMIG-BLUTIG auch Umstellungen der Konstituenten „ohne Änderung der Relation" nachgewiesen werden (PÜMPEL-MADER u.a. 1992: 37f.). Ihre Anzahl ist jedoch begrenzt; eine generelle Umstellbarkeit existiert nicht.

206.2 Bei den inhaltsseitigen Beziehungsgefügen sind neben der generellen additiven Komponente einzelne zusätzliche Inhaltsmerkmale vorhanden. Die Verbindungstypen sind in der Tabelle 71 zusammengestellt, in die auch aGM verschiedenen Grades aufgenommen sind:

Tabelle 71: Inhaltsseitige Beziehungsgefüge der Kompositionsglieder adjektivischer Kopulativa

Inhalt und Referenz Komposita	inhaltsseitige Relationen der Kompositionsglieder	bezeichnete außersprachliche Realität
1. schwarzweiß	additiv	Farben
2. dummdreist	additiv	menschliche Eigenschaften
3. süßsauer	additiv, antonymisch	Lebensmittel
4. feuchtwarm	additiv	Wetter
5. fünfzehn	additiv	Zahlen
6. deutsch-französisch	additiv	Bevölkerung eines Landes
7. spätgriechisch-byzantinisch	additiv, sequentiell	zeitliche Abfolge
8. schnell-langsam	additiv, antonymisch, sequentiell	Musik

Die Aufbauprinzipien der Tabelle 71 entsprechen denen der Tabelle 50 (§ 191.12).

206.3 Die Beispiele 1 bis 6 geben Bezeichnungsklassen an, in denen adjektivische Kopulativkomposita besonders häufig vorkommen. Die Verwendung des Bindestrichs in DEUTSCH-FRANZÖSISCH (Beispiel 6) reicht nicht aus, solche Bildungen als „Zusammenbildungen" von den Kopulativkomposita abzugrenzen (so aber ROSENGREN 1972: 343). Nach CLYNE (1968: 125) können Kopulativkomposita wie MATHEMATISCH-STATISTISCH auch eingesetzt werden, um einer präziseren Aussage auszuweichen. Wird eine Konkretisierung gewünscht, kann sie durch spezifizierende Kontexte erfolgen, doch kann auch eine bewußte Vagheit das Ziel der Wortbildung sein. Insgesamt ist in den letzten Jahren nach den Frequenzberechnungen von PÜMPEL-MADER u.a. (1992: 43f.) eine starke Zunahme bei der Verwendung von Kopulativa zu beobachten (ferner R. SCHMIDT 1987: 1). Neben den additiven Relationen können zusätzlich antonymische (SÜSSAUER), sequentielle (SPÄTGRIECHISCH-BYZAN-

TINISCH) und antonymisch-sequentielle (SCHNELL-LANGSAM) Relationen festgestellt werden. Die sequentiellen Relationen sind nur dann erkennbar, wenn ein „Ordnungsverhältnis" vorliegt, das zeitlich oder räumlich bedingt ist (PÜMPEL-MADER u.a. 1992: 38f.).

206.4 Gegenüber den substantivischen Kopulationskomposita (§§ 191.5, 191.12) fällt bei den adjektivischen vor allem der Ausbau der Bildungen mit additiv-antonymischen Relationen auf. Sie sind unter stilistischem Aspekt ein Teil der Stilfigur des Oxymorons, das neben den Kopulativkomposita auch Wortgruppen wie *witzige Torheit, geschwätziges Schweigen, schlaue Dummheit* und *schwarze Milch der Frühe* umfaßt (SOWINSKI 1973: 307). Nach FLEISCHER/MICHEL (1977: 172) spiegeln Oxymora „komplexe, widerspruchsvolle Erscheinungen in komprimierter und paradoxer Form wider". Bei GOETHE finden sich Kopulativa wie ENGWEIT, NAHFERN, ERNSTHEITER (FLEISCHER 1982: 249); bei BORCHERT können auch Kopulativkomposita wie BLAUWEICH, VIOLETTSTINKEND, EISIGROSIG in der Stilfigur des Oxymorons nachgewiesen werden. Die besondere Technik BORCHERTs besteht darin, daß er verschiedene Sinnesempfindungen miteinander kombiniert; häufig werden die über das Auge aufgenommenen Farbempfindungen (*blau*, *violett*, *rosig*) mit Empfindungen des Tastsinns (*weich*) oder des Geruchsinns (*stinkend*) verbunden. Damit ist eine Nähe zur Stilfigur der Synästhesie gegeben, bei der „Bezeichnungsübertragungen in einen anderen Bereich dieser Sinnesempfindungen" (FLEISCHER/MICHEL 1977: 162) existieren. Wie bei den Oxymora sind diese nicht an das Wortbildungsprinzip der Kopulativkomposita gebunden, sondern kommen auch in Wortgruppen wie *grüne Geräusche*, *schreiendes Rot*, *dunkle Töne* (SOWINSKI 1973: 310) und *farblose Ideen* vor. Synästhesien sind auch die von DONALIES (1996: 284f.) genannten Bildungen MAGER-STRENG, SPITZGELB, GROBROT, STEINERN-DREIECKIG, WEISS-SCHARF. Ihr Hinweis, daß die Konstituenten dieser Kopulativkomposita „verschiedenen Paradigmen" entstammten, faßt dagegen den Paradigmenbegriff bzw. den der gleichen Bezeichnungsklasse bzw. den desselben Wortfeldes (vgl. § 191.1) zu eng, so daß ihrer Konsequenz, ihn als ungeeignet zur Bestimmung der Kopulativkomposita anzusehen, nicht gefolgt werden kann.

4.1.5 Besonderheiten der Kompositionsbildung und kompositionsähnliche Strukturen bei Adjektiven

207 Bei der Behandlung der Kompositionsbildung und der kompositionsähnlichen Strukturen bei Adjektiven wird in der Abfolge der einzelnen Besonderheiten derjenigen bei den Substantiven gefolgt (§ 193), um den

Vergleich zu erleichtern, auch wenn teilweise der Wortbildungstypus bei den Adjektiven anders beurteilt wird.

208.1 Wie bei den Substantiven (§ 194) können auch bei den Adjektiven Dekomposita nachgewiesen werden. Es kommen Determinativ- und Kopulativkomposita vor, doch machen sie gegenüber den zweigliedrigen Komposita nur 8% aller Bildungen aus (PÜMPEL-MADER u.a. 1992: 9).

208.2 Alle Determinativkomposita sind binär strukturiert. Am häufigsten sind Determinativa aus drei GM, die selbst einen unterschiedlichen Komplexitätsgrad aufweisen können. Bei SPORTARTSPEZIFISCH liegt eine Linksverzweigung, bei DUNKELGRAUBRAUN eine Rechtsverzweigung vor. Die binäre Struktur kann manchmal durch einen Bindstrich wie in MILCHKAFFEE-BRAUN markiert sein. Fast alle Komposita sind „Gelegenheitsbildungen" (PÜMPEL-MADER u.a. 1992: 11f.). In noch höherem Maße trifft dies auf Determinativa aus vier GM zu. Linksverzweigt ist KNACKWURSTSCHEIBEN-GROSS, rechtsverzweigt BLASS-PFIRSICHBLÜTENROT. Eine Links-Rechts-Verzweigung ist bei BIERFLASCHEN-DUNKELGRÜN vorhanden. Nach PÜMPEL-MADER u.a. (1992: 13) handelt es sich um „instabile Einzelfälle". Adjektivische Determinativkomposita aus mehr als vier GM werden in den eine umfangreiche empirische Materialbasis einbeziehenden Untersuchungen nicht mehr aufgeführt. Insgesamt ergibt sich dadurch ein deutlicher Unterschied zu den substantivischen Determinativkomposita. Da die komplexeren Konstituenten überwiegend aus Kombinationen von sGM bzw. aGM bestehen, erübrigt sich eine Aufstellung der morphologischen Verbindungstypen.

208.3 Kopulativkomposita aus drei aGM sind bei Farbbezeichnungen wie SCHWARZROTGOLD und bei Eigenschaftsbezeichnungen wie CHRISTLICH-PURITANISCH-ASKETISCH vorhanden. Mit den Farbbezeichnungen wird angegeben, „welche Farben auf einem Stoff (bes. einer Fahne), einem Fell, in dem Erscheinungsbild einer Blüte, eines Pilzes u.ä. miteinander vorkommen"; mit den Eigenschaftsbezeichnungen werden „verschiedene Betrachtungsaspekte" gebündelt bzw. verschiedene Eindrücke von einem Sachverhalt zusammenfassend charakterisiert (PÜMPEL-MADER u.a. 1992: 15). Vier aGM verschiedenen Grades kommen nur in „Gelegenheitsbildungen" wie KAROLINGISCH-OTTONISCH-SALISCH-STAUFISCH vor; ihr ad-hoc-Charakter wird durch Bindestriche zwischen den Konstituenten hervorgehoben (ebd.: 15). Insgesamt sind adjektivische Kopulativkomposita aus drei oder vier Kompositionsgliedern seltener als adjektivische Determinativkomposita gleicher Gliederzahl.

209 Als Univerbierungen (§ 195.1) interpretierbare Adjektive sind selten. ERBEN (1975: 22; 1993: 23) nennt nur VERKEHRSGÜNSTIG, das er auf die Wortgruppe *günstig hinsichtlich des Verkehrs mit Fahrzeugen* zurückführt. Wie bei den substantivischen Beispielen (§ 195.2) ist auch hier eine

Analyse aus zwei Kompositionsgliedern unterschiedlichen Grades und eine Einordnung in den Typus der Determinativkomposita möglich, ohne auf eine morpho-syntaktische Vorlage zurückgreifen zu müssen.

210.1 Die Möglichkeit, innerhalb von Adjektivbildungen den Wortbildungstypus der Zusammenrückung (§ 196.1) ansetzen und begründen zu können, wird kontrovers beurteilt und ist an die Existenz von adjektivischen Zweitgliedern gebunden, die auf Partizip II- bzw. Partizip I-Formen zurückgehen. Werden Zusammenrückungen nur bei Substantiven zugelassen (§ 196.3), entfällt für die Adjektive ihre Ausgrenzung, und die vorhandenen Wortbildungen sind als Komposita oder als Zusammenbildungen zu beschreiben (PÜMPEL-MADER u.a. 1992: 257-260, 301).

210.2 VON POLENZ (1973: 147; 1980: 171) behandelt Bildungen wie SCHWERBESCHÄDIGT und FEUERSPEIEND, aber auch solche wie TIEFBLAU und SECHSUNDZWANZIG bzw. DERSELBE und AUFGRUND, unter der Überschrift „'Wortbildung' im weiteren Sinne" als „Eigentliche Zusammenrückungen". Sie gehören für ihn nicht zur Wortbildung im engeren Sinne, weil man sie „ohne Folgen für das Verständnis getrennt schreiben" könne und „ihre Plereme trotz ihrer semantischen (idiomatischen) Bindung syntaktisch ebensogut als in verschiedenen EK [= Endkategorien = Wortformen] analysierbar" seien.

210.3 Die Rückführung auf eine in einem synchronen sprachlichen Zustand existierende syntaktische Wortgruppe ist jedoch nicht so problemlos möglich wie bei den Beispielen *jemand ist schwer beschädigt > schwerbeschädigt* und *etwas ist Feuer speiend > feuerspeiend*. Bei ihnen zeigt sich wegen der aus dem Verbalbereich in den Nominalbereich mitgenommenen Valenz, d.h. wegen der Besetzung der von Partizipien potentiell eröffneten Leerstellen mit ehemaligen Satzgliedern, die im Nominalbereich in Attribute übergehen, keine morphologische Veränderung. Dies gilt für Adjektive in adverbieller Funktion (wie *schwer*) generell, ist jedoch bei substantivischen Nuklei von ehemaligen Satzgliedern an eine bestimmte Kasusrektion und die Möglichkeit der artikellosen Substantivverwendung gebunden. Werden die Beispiele erweitert, ergeben sich morphologische Veränderungen, die bei einer Rückführung auf eine syntaktische Gruppe nicht unberücksichtigt bleiben können (MÜLLER/MÜLLER 1961: 70; ERBEN 1980: 284). So entfallen bei HEIMATVERBUNDEN (*jemand ist der verlassenen Heimat verbunden*) der Artikelgebrauch, alle Kasusinformationen und alle Attribuierungsmöglichkeiten; bei POSTLAGERND (*etwas ist auf der vereinbarten Post lagernd*) und STURMZERFETZT (*etwas ist vom ungeheuren Sturm zerfetzt*) fehlen zusätzlich die von der Präposition signalisierten grammatischen und inhaltsseitigen Informationen; bei SCHMUTZÜBERZOGEN (*etwas ist mit klebrigem Schmutz überzogen*) und WASSERLEBEND (*etwas ist im seichten Wasser lebend*) sind es die von der Präposition ausgehenden Informationen. Neben den Wortformenreduktionen zeigen sich auch noch solche von RM bei der ersten Konstituente der neuen Worteinheit wie bei HAUSGEMACHT (*etwas ist zu Hause gemacht*). Ferner können bei der ersten Konstituente phonologische Erweiterungen in der Fuge wie bei TRADITIONSVERHAFTET (*jemand ist der Tradition verhaftet*), ARBEITSGESCHÄDIGT (*jemand ist von der Arbeit geschädigt*), SERIENGEFERTIGT (*etwas ist in Serie gefertigt*), SEIDENGLÄNZEND (*etwas ist wie Seide glänzend*) nachgewiesen werden; auch phonologische Kürzungen kommen wie bei PERLSCHIMMERND (*etwas ist wie eine Perle schimmernd*) bei der ersten Konstituente vor. Insgesamt sind so viele morphologische Gemeinsamkeiten zwischen den Wortbildungen mit Partizipien und den Adjektiv-Kompositionen vorhanden (§ 203.2), daß es besser ist, auch die Bildungen mit Partizipien als Kompositionen aufzufassen und für sie nicht einen spezifischen Status als Zusammenrückungen anzunehmen (so auch FLEISCHER 1982: 62 und WELLMANN, in: DUDEN 1984: 483-485; 1995: 516-518, jedoch ohne explizite Argumentation). Die von MEINEKE (1991: 67) vorgenommene Zuordnung von „Zusammenrückungen“ wie WEICHGEKOCHT und HELLSTRAHLEND zur „Ableitung“, weil Komposita „nicht über den Weg des Syntagmas zustandegekommen“ seien, berücksichtigt zu wenig den Morphemstatus der verbundenen Elemente, überbetont die Juxtaposition als mögliche Voraussetzung einer Wortneukonstitution, die auch bei Komposita wie TAGESREISE vorhanden sein kann (§ 188.9), und geht von einer ’Ableitung‘ ohne FM aus, was die klare morphologische Klassifikation dieses Wortbildungstypus tangiert.

210.4 Die Sonderstellung der mit Partizipien als Zweitgliedern gebildeten Adjektivkomposita ergibt sich einmal daraus, daß die Bildung der Typen aGM + aGM (Part. I/II) bzw. sGM + aGM (Part. I/II) durch die Juxtaposition derselben GM in den Wortformen einzelner Wortgruppen gefördert wird (ähnlich FLEISCHER 1982: 62), so wie die Juxtaposition eines pränuklearen Genitiv-Attributs zu einem substantivischen Nukleus zur Förderung der Bildung von substantivischen Determinativkomposita mit einem Fugenmorphem beiträgt (§ 188.5). Zum anderen zeigt sich die Sonderstellung der partizipialen Zweitkonstituente darin, daß sie „meistens keine autonome lexikalische Einheit“ ist und daher „kaum im Wörterbuch als eigenes Stichwort“ erscheint, sondern sich „vollständig vom zugrundeliegenden Verb“ herleitet (PÜMPEL-MADER u.a. 1992: 259f.). Dies hängt jedoch damit zusammen, daß prinzipiell zu jedem Verb Partizipialformen bildbar und in den Nominalbereich überführbar sind, so daß die Motivierungen der mit ihnen durchgeführten Wortbildungen von den daneben existierenden finiten Verbformen aus leichter nachvollzogen werden können als bei Adjektivkonstitutionen mit FM wie {ix} und {lix} und weiteren von dieser Basis aus vorgenommenen Kompositionen, weil bei ihnen Restriktionen auftreten. Aus der Relation zu den finiten Verbformen oder aus sog. „Rückparaphrasierungen“ kann jedoch nicht geschlossen werden, daß die Komposita mit partizipialen Zweitkonstituenten „potentiell satzkonstituierend“ oder „funktional satzwertig“ seien, nur weil „der Inhalt von SPI [= Substantiv + Partizip I]-Syntagmen zusammen mit den ihnen zugeordneten nominalen Einheiten auch in Satzform ausgedrückt werden kann“ (WILSS 1983: 231, 236). Die Möglichkeit zur Nominalsatzkonstitution hängt mit der nominalen Verwendungsweise der Partizipialformen zusammen und nicht mit ihrer Rückführbarkeit auf Verbalsätze, durch die in Nominalsätzen nicht vorhandene temporale und modale grammatische Kategorien ausgedrückt und damit andere Integrationen in die jeweiligen Kommunikationssituationen vorgenommen werden.

210.5 Nach EROMS (1987: 119) sind Bildungen mit be-Verben wie SCHNEEBEDECKT, SCHMACHBELADEN, ZUKUNFTSBEZOGEN, die „durch Neutralisierung der lokalen Präposition gekennzeichnet“ sind, „besonders produktiv“, während bei den mit den Präfixen {ɛnt}, {ɛr}, {fɛr} und {tsɛr} gebildeten Verben Restriktionen im Hinblick auf die Verwendung als zweites Kompositionsglied existieren.

211.1 Von den Adjektivkomposita mit partizipialem Zweitglied sind adjektivische Zusammenbildungen zu unterscheiden. Wie bei den substantivischen Zusammenbildungen (§ 197.5) ist der Ansatz dieses Typus an zwei Bedingungen gebunden, erstens an die Existenz eines klaren zeitlichen Nacheinanders von Wortgruppe und neuer Worteinheit und zweitens an das Vorhandensein eines FM. Die erste Bedingung ist bei Bildungen wie AUSSCHLAGGEBEND, GRUNDLEGEND, HIMMELSTÜRMEND, MASSGEBEND, STRAFMILDERND, STRAFVERSCHÄRFEND vorhanden, die nach BEHAGHEL (II, 1924: 393) „Niemals lebendige Partizipia“ waren, sondern „nach dem Muster der adjektivischen Partizipia geschaffene Ableitungen von Wortgruppen“ sind, wobei als mögliche Ausgangsbasen syntaktische Gruppen wie *das den Ausschlag gebende Argument, der die Strafe mildernde Umstand* fungieren können. In gleicher Weise beschreibt STROBEL (1978: 162f., 170) im Englischen die Bildungen mit dem FM {iŋ} wie in *heart-breaking*, bei denen jedoch – anders als im Deutschen – bei der durch {iŋ} erfolgenden Transposition der Wortgruppe „Verb + Objekt in die Wortklasse Adjektiv“ eine Umstellung der Wortfolge vorgenommen werden muß.

In anderer argumentativer Gewichtung und unter Beachtung semantischer Kongruenzbeziehungen fallen nach FLEISCHER (1982: 240) Bildungen wie *wegweisende Worte* zu *den Weg weisende Worte, der diensthabende Offizier* zu *der heute den Dienst habende Offizier, eine wärmehaltende Isolierung* zu *eine die Wärme haltende Isolierung* darunter, weil ihre „zweite partizipiale Komponente nicht selbständig vor dem Bezugswort“ erscheinen kann.

Die zweite Bedingung ist erfüllt, wenn das Morphem {ənt} wie in GEBEND und HALTEND in Opposition zu den Infinitivformen *geben* und *halten* mit dem den Infinitiv kennzeichnenden RM {ən} als ein FM zur generellen Konstitution von Adjektiven auf der Grundlage von vGM aufgefaßt wird (so KRAMER 1976: 484f.; PÜMPEL-MADER u.a. 1992: 260) und damit denselben Morphemstatus erhält wie die FM {ix} und {lix}, die ebenfalls in Verbindung mit verbalen Grundmorphemen wie bei FINDIG zu *finden* bzw. FASSLICH zu *fassen* zur Konstitution von Adjektiven verwendet werden. Vom Wortbildungsprozeß mit dem FM {ənt} ist der danach einsetzende Gebrauch in attributiver, prädikativer und adverbieller Funktion zu trennen. Durch die Annahme eines FM {ənt} vereinigen Bildungen wie AUSSCHLAGGEBEND zu *den Ausschlag geben* bzw. DIENSTHABEND zu *den Dienst haben* kompositionelle und derivationelle Elemente in einem Wortbildungsvorgang, so daß – wie bei den substantivischen Zusammenbildungen (§ 197.1) – der Ansatz von adjektivischen Zusammenbildungen begründet ist.

211.2 Die von FLEISCHER (1982: 240) vorgenommene Einordnung der entsprechenden Adjektivkonstitutionen in die „explizite[n] Ableitungen (mit Suffix *-d*) von verbalen Wortgruppen" vernachlässigt einmal die vorhandenen kompositionellen Elemente der Wortkonstitution und nimmt zum anderen ein FM {d} an, das auf der Basis einer Infinitiv-Wortform zu einer Adjektivkonstitution führen soll. Diese Auffassung findet sich auch bei BRINKMANN (1971: 272), der das „auslautende *-d-*" als „Überführungsmorphem" interpretiert, „das einen Infinitiv in die Formenwelt des Adjektivs" integriert. Morphologisch bedeutet dies, daß nicht ein vGM – wie bei FINDIG und FASSLICH –, sondern eine Wortform aus vGM und RM {ən} mit der grammatischen Funktion der Infinitivmarkierung die Ableitungsbasis bildet, was zur Morphotaktik vGM + RM + FM + RM bei einer Wortform wie *ein ausschlag-geb-en-d-es Argument* führt, die wegen der Position eines RM vor einem FM einen Sonderstatus hätte und die Opposition von FINDIG zu FINDEND vernachlässigt. Wird ein FM {ənt} angesetzt, entfällt der morphologische Sonderstatus in der Morphotaktik, und die Adjektivkonstitution mit Hilfe von FM kann einheitlich beschrieben werden.

212.1 Zum Nachweis der adjektivischen Affixoidbildungen werden dieselben Kriterien wie bei der Ermittlung der substantivischen (§ 198.2) herangezogen. Es erübrigt sich daher eine erneute Auseinandersetzung über die Reichweite des Affixoid-Begriffs. Vielmehr werden auf der Grundlage der bei den Substantiven begründeten Definition (§ 198.10) die vergleichbaren Verhältnisse bei den Adjektiven behandelt, um dann spezifische Ausprägungen bei den Adjektiven einzubeziehen.

212.2 Die adjektivischen Affixoidbildungen und ihre morphologischen Strukturen sind in der Tabelle 72 zusammengestellt:

Tabelle 72: Adjektivische Affixoidbildungen und ihre morphologischen Strukturen

morphologische Struktur Affixoidbildungen	morphologischer Verbindungs-typus	Affixoid-Funktion	vergleichbare Bildung mit FM
1. blitzblank	sAF + aGM	Gradation: sehr	ur - alt
2. hochrot	aAF + aGM	Gradation: sehr	erz - dumm
3. knallhart	vAF + aGM	Gradation: sehr	
4. überreif	pAF + aGM	Gradation: mehr als	
1a. hundeelend	sAF + aGM	Gradation: sehr	
1b. scheißfreundlich	sAF + aGM	Gradation: sehr	
5. baumlos	sGM + aAF	Negation, Nichtvorhandensein	keine
6. reglos	vGM + aAF	Negation, Nichtvorhandensein	
7. selbstlos	prGM + aAF	Negation, Nichtvorhandensein	
5a. berufslos	sGM + aAF	Negation, Nichtvorhandensein	
5b. endlos	sGM + aAF	Negation, Nichtvorhandensein	

Die Aufbauprinzipien der Tabelle 72 entsprechen denjenigen der Tabelle 64 (§ 198.11).

212.3 Bei den Adjektivbildungen mit einem Affixoid als Erstglied ist gegenüber den substantivischen Affixoidbildungen eine Ausweitung der morphologischen Verbindungstypen vorhanden. Neben sAF und aAF kommen auch vAF (KNALLHART, Typus 3) und pAF (ÜBERREIF, Typus 4) vor. Bei den Typen 1 bis 4 ist keine Kompositionsfuge festzustellen. Der Typus 1a (HUNDEELEND) zeigt das Fugenzeichen /ə/, neben dem wie in HUNDSGEMEIN auch noch ein /s/ erscheint. Der Typus 1b (SCHEISS-FREUNDLICH) steht für eine phonologische Kürzung der Erstkonstituente; gekürzt wird nur ein /ə/ im Vergleich zum sGM. Die Funktion der Affixoide besteht in einem Ausbau der Gradationsmöglichkeiten, die sonst von den FM {ūr} und {ɛrts} übernommen werden. Da die Gradation der aGM der Augmentation bei sGM vergleichbar ist, finden sich z.T. dieselben Präfixoide als Funktionsträger (ERBEN 1975: 96; 1993: 100). Die Präfixoidbildungen mit {zao} (SAUDUMM), {arš} (ARSCHKLAR) und {štiŋk} (STINKFAUL) haben wie die in den Typen 3, 1a und 1b genannten nach WELLMANN (in: DUDEN 1984: 488; 1995: 521) „ausschließlich umgangssprachliche Geltung“. Nach ERBEN (1975: 97 Anm. 92; 1993: 100 Anm. 92) tendiert {zao} dazu, „eine Art Pejorativpräfix der Umgangssprache zu werden“.

212.4 Die Typen 5 (BAUMLOS), 6 (REGLOS) und 7 (SELBSTLOS) zeigen als Erstkonstituenten in Verbindung mit aAF ein sGM, ein vGM und ein prGM. Die beiden letzteren sind bei adjektivischen Affixoidbildungen relativ selten. Bei REGLOS dürfte ein Zusammenhang mit dem Verbum

REGEN 'eine leichte Bewegung machen, sich leicht bewegen' existieren (PFEIFER 1989: 1394; KÜHNHOLD/PUTZER/WELLMANN 1978: 149) ebenso wie bei LEBLOS zu LEBEN. Die Typen 5 bis 7 repräsentieren Adjektivbildungen ohne Fugenzeichen. Der Typus 5a (BERUFSLOS) steht für Verbindungen mit Fugenzeichen, der Typus 5b (ENDLOS) für eine Kürzung der Phonotaktik im Vergleich zum sGM. Das Suffixoid {lōs} hat die Funktion der Negation, es dient „zur wertungsneutralen Feststellung des Sachverhalts 'Nichtvorhandensein'" und ist das „am häufigsten verwendete privative Morphem" (KÜHNHOLD/PUTZER/WELLMANN 1978: 444). Es füllt eine Funktion aus, die von FM nicht wahrgenommen wird, und erweitert durch seine Verbindung auch mit prGM die morphologischen Verbindungstypen. Aus dem Vergleich zu den Sememen des Adjektivs LOSE 'locker, nicht ganz fest, nicht straff befestigt, beweglich; nicht verpackt, offen' (WAHRIG 1977: 2310) wird die spezifische Funktion des Suffixoids sichtbar und der Suffixoidstatus begründet. Nach FANDRYCH (1993: 80) weicht {lōs} „so stark von seinen formalen Entsprechungen ab, daß es besser als Suffix beschrieben wird".

212.5 Mit Recht verweist ERBEN (1975: 101; 1993: 104f.) darauf, daß „im Bereich der Adjektivbildung [...] das Aufkommen von 'Affixoiden' noch genauer zu untersuchen" sei (ähnlich STARKE 1992: 117). Zur Zeit besteht die Neigung, den Affixoid-Bereich zu weit auszudehnen und keine exakte Abgrenzung zwischen Affixoiden und „konkurrierenden Kompositionsgliedern" (KÜHNHOLD/PUTZER/WELLMANN 1978: 175, 427) vorzunehmen.

212.6 Adjektivische Affixoidbildungen können auch mit sekundärsprachlichen Morphemen vorgenommen werden. Die Funktion der Gradation zeigt sich bei Bildungen wie HYPERMODERN, EXTRAFEIN und SUPERKLUG. Das Präfixoid {hūpər} geht auf griech. *ὑπερ* 'übermäßig' zurück und ist „in der Wissenschaftssprache noch heute außerordentlich produktiv" (PFEIFER 1989: 722). Die Präfixoide {ɛkstra} und {zūpər} entstammen der Sekundärsprache des Lateinischen (PFEIFER 1989: 395, 1764), auch wenn bei attributiven und prädikativen Verwendungsweisen von SUPER (G. D. SCHMIDT 1990: 204) das anglo-amerikanische Vorbild gegenwartssprachlich prägend wirkt. Anders als in fachsprachlichem Gebrauch kann mit den Präfixoiden {hūpər} und {zūpər} auch „ein Zuviel über das zu akzeptierende Maß hinaus", d.h. „eine abwertende Komponente", verbunden sein, während durch {ɛkstra} immer eine „positiv bewertete Steigerung" ausgedrückt wird (FLEISCHER 1982: 295). Die Bildungen mit {hūpər} und {zūpər} treten neben solche mit dem primärsprachlichen Präfixoid {ūbər}, verbinden sich aber mit verschiedenen aGM. Wenn sie wie bei ÜBERREIF und SUPERREIF mit demselben aGM kombiniert sind,

wird durch {ǖbər} das semantische Merkmal 'mehr als' und durch {zūpər} das semantische Merkmal 'sehr' signalisiert.
Zu einer „modifizierenden Negation im Sinne von 'nicht, aber dem Anschein nach'" (WELLMANN, in: DUDEN 1984: 486; 1995: 519) wird das sekundärsprachliche GM {psoidō} wie in PSEUDOLEGAL eingesetzt. Es geht auf griech. *ψευδής* 'lügenhaft, falsch' zurück (PFEIFER 1989: 1335), zeigt wie bei den entsprechenden substantivischen Komposita (§ 200.1) eine determinative Relation zur Zweitkonstituente <legal> und sollte daher nicht als 'Halbpräfix' (so aber bei WELLMANN, in: DUDEN 1984: 486; 1995: 519) gewertet werden (vgl. § 214.1). Dies gilt auch für die Adjektivkonstitutionen mit den Erstgliedern „*chemo-*, *elektro-*, *physio-*, *psycho-*, *thermo-*", die sich nach R. SCHMIDT (1987: 2) schon „dem Status eines Präfixoids [...] nähern" sollen.

212.7 Während in den angegebenen Funktionen Präfixoidbildungen mit primär- und sekundärsprachlichen Morphemen vorkommen, sind bei den adjektivischen Suffixoidbildungen nur primärsprachliche Morpheme vorhanden.

213.1 Die bei Adjektiven zur Komposition verwendeten Pseudomorpheme (dazu WILMANNS 1930: 550-555; HENZEN 1965: 74f.) sind in der Tabelle 73 zusammengestellt:

Tabelle 73: Pseudomorpheme als Erst- und Zweitglieder und ihre historische Herkunft bei Adjektiven

morphologische Struktur Komposita	morphologischer Verbindungstypus	historischer Bezug des PsM	historischer Morphemtypus
1. rotwelsch	PsM + aGM	rotwelsch *rot(t)* 'schlauer Bettler'	sGM
2. rauschgelb	PsM + aGM	lat. *russus* 'rot'	aGM
3. blutrünstig	sGM + PsM	mhd. *bluot rünstec* 'blutig wund, Blut rinnend', mhd. *runst* 'das Fließen'	aGM
4. selbdritt	prGM + PsM	Ordinalzahl *dritt-*	aGM

Die Aufbauprinzipien der Tabelle 73 sind mit denjenigen der Tabelle 65 (§ 199.1) identisch.

213.2 Die Beispiele 1 und 2 enthalten ein PsM als Erstglied und ein die Wortart festlegendes aGM als Zweitglied. Das PsM {rōt} in ROTWELSCH 'gaunersprachlich, unverständlich' geht auf rotwelsch *rot(t)* 'schlauer Bettler', also ein sGM, zurück (PFEIFER 1989: 1959). Das PsM {raoš} in RAUSCHGELB 'rotgelb' oder substantiviert mit dem Semem 'roter Arsenik' (WILMANNS 1930: 551) ist auf lat. *russus* 'rot' zurückführbar (GEOR-

GES, II, 1992: 2432). Eine Besonderheit liegt bei MUNDTOT vor, das in der Wendung *jemanden mundtot machen* seit dem 19. Jahrhundert mit den Sememen 'zum Schweigen bringen, nicht zu Worte kommen lassen' gebraucht und damit inhaltsseitig mit dem Substantiv MUND 'durch Lippen verschließbare Öffnung in der unteren Gesichtshälfte' in Verbindung gebracht wird, aber ursprünglich ein Rechtsausdruck war und mit dem Substantiv ahd. mhd. *munt* 'Hand, Schutz' gebildet wurde und die Inhaltsseite 'tot [= unfähig] in bezug auf die *munt*, unfähig, die eigene Sache vor Gericht selbst zu führen' besaß (PFEIFER 1989: 1138). Durch die inhaltsseitige Uminterpretation liegt ein Kompositum aus sGM + aGM und nicht ein solches aus PsM + aGM vor. Im Vergleich zu den substantivischen Komposita mit einem PsM als Erstglied fehlen bei den Adjektiven solche mit einem PsM, das auf ein vGM bzw. ein Nomen proprium zurückgeführt werden kann.

213.3 Bei den Beispielen 3 und 4 kommen Komposita vor, bei denen das Zweitglied ein PsM ist, aber auf ein aGM zurückgeht, so daß die Komposita der Wortart Adjektiv angehören. Das PsM {rünstix} in BLUTRÜNSTIG ist auf ein aGM zurückführbar, das zu mhd. *runst* 'das Fließen' mit dem mhd. FM {ik} oder {ək} gebildet worden ist und in mhd. *bluotrünstec* 'blutig wund' bzw. 'Blut rinnend' zu belegen ist (PFEIFER 1989: 193). Die jetzige Inhaltsseite 'blutgierig' ließe sich daher als 'nach rinnendem Blut gierig' paraphrasieren. Das Erstglied {blūt} ist ein sGM.

Neben sGM kommt als Erstglied auch ein prGM in SELBDRITT vor. Das prGM ist an der Konstitution der Demonstrativpronomina DERSELBE, DIESELBE, DASSELBE (§ 150.13) und am Adjektiv SELBSTÄNDIG 'unabhängig' (WAHRIG 1977: 3260) beteiligt und an der Inhaltsseite 'in eigener Person, persönlich' erkennbar. Das Zweitglied <dritt> ist zwar ausdrucksseitig an die Ordinalzahl anschließbar und damit als aGM interpretierbar (*der dritte Mann*), doch ergibt sich von der Inhaltsseite der Ordinalzahl her kein inhaltsseitiger Aufschlußwert für das Kompositum SELBDRITT 'selbst zu dritt' (WAHRIG 1977: 3259), so daß die 'Verdunkelung' der Inhaltsrelationen der Kompositionsglieder nicht von der ersten Konstituente (WILMANNS 1930: 552), sondern von der zweiten ausgeht. Insgesamt ist die Bildung SELBDRITT veraltet (WELLMANN, in: DUDEN 1984: 282; 1995: 271), obwohl die Zusammensetzungen „mit den gewöhnlichen ordinalzahlen" von *selbander* bis *selbzwanzigst* im Frühnhd. noch häufig verwendet werden und sich auch noch bei Goethe (*selbdritt erschien der Wolf*) finden (GRIMM/GRIMM, X.1, 1905: 423-426).

Im Vergleich zu den substantivischen Komposita mit PsM stellt das Kompositum SELBDRITT mit einem prGM als Erstkonstituente eine Erweiterung der morphologischen Verbindungstypen dar. Allerdings ist dieser Typus auf dieses Beispiel beschränkt, der Typus mit einem sGM als

Erstglied kommt dagegen öfter vor. Während bei BLUTRÜNSTIG das PsM selbst bereits mit einem FM gebildet ist, liegt bei NASEWEIS eine Bildung mit einem Zweitglied vor, das als ehemaliges aGM auch an der Konstitution eines Simplex beteiligt ist und in WEISE 'klug, einsichtig, lebenserfahren, gereift, abgeklärt' (WAHRIG 1977: 3978) noch erscheint. Von diesem Simplex ausgehend, ergibt sich jedoch keine morphologische Durchsichtigkeit des Kompositums NASEWEIS. Im Mittelhochdeutschen war eine solche noch gegeben und mit der Inhaltsseite von *wīse* 'kundig' verbunden. Das Kompositum mhd. *nasewīse* bezeichnet zunächst eine Eigenschaft eines Jagdhundes und wird von dort auf den Menschen übertragen (PFEIFER 1989: 1154). Mit der Konzentration der Sememe von WEISE im Nhd. auf den Bereich der Lebenserfahrung geht der spezielle Bezug zum Sinnesorgan der Nase verloren und damit die inhaltsseitige Durchsichtigkeit. Daher kann NASEWEIS mit 'vorlaut, vorwitzig' eine Inhaltsseite erhalten, die der ursprünglichen sogar entgegengerichtet ist.

214.1 Wie bei der Konstitution von Substantiven (§§ 200.1-5) können auch bei der Adjektivbildung sekundärsprachliche GM als Erst- und Zweitglieder verwendet werden. Dabei sind sekundärsprachliche GM als Erstglieder wesentlich zahlreicher als solche als Zweitglieder. Die Erstglieder der Bildungen MONOTON 'eintönig, gleichförmig, ermüdend' und POLYPHON 'mehrstimmig, vielstimmig' gehen auf griech. *μόνος* 'allein, einzig, einsam' bzw. griech. *πολύς* 'viel, häufig, zahlreich, groß' zurück (PFEIFER 1989: 1122, 1298) und werden überwiegend fachsprachlich gebraucht (WELLMANN, in: DUDEN 1984: 489; 1995: 522). Die Erstglieder der Komposita QUASIOFFIZIELL 'gewissermaßen offiziell' und INTERGRUPPAL 'zwischen Gruppen befindlich' sind auf die lateinischen GM in *quasi* 'wie wenn, als wenn, gleichwie, weil angeblich' bzw. *inter* 'zwischen, unter' zurückzuführen (PFEIFER 1989: 1352, 746f.). In der Gegenwartssprache wird QUASI mit den Inhaltsseiten 'gewissermaßen, gleichsam, angeblich, nur zum Schein' in umgangssprachlichen Varietäten auch als Adverb häufig verwendet (ebd.: 1352).

214.2 Ein sekundärsprachliches Zweitglied in Verbindung mit einem ebensolchen Erstglied ist in BIBLIOPHIL 'schöne, seltene Bücher liebend' vorhanden. Es ist auf griech. *φίλος* 'lieb, liebend, freundlich' zurückführbar; die Erstkonstituente entspricht griech. *βίβλος* 'Buch' (PFEIFER 1989: 1269, 165). Während in PHILOLOGE das „Objekt der Zuneigung" im Zweitglied genannt wird, ist es in BIBLIOPHIL im Erstglied bezeichnet (ebd.: 1269).

215.1 Die bei Adjektiven vorkommenden Wortkreuzungen sind in der Tabelle 74 zusammengestellt:

Tabelle 74: Wortkreuzungen und ihre lexikalischen Grundlagen und morphologischen Strukturen bei Adjektiven

morphologische Struktur Beispiele	lexikalische Grundlagen	morphologischer Verbindungstypus
1. peepegal	Peepshow + piepegal (zwei Komposita)	vGM + aGM
2. funkelnagelneu	funkelneu + nagelneu (zwei Komposita)	vGM + (sGM + aGM)
3. senkgrad	senkrecht + grad (Kompositum und Simplex)	vGM + aGM
4. affenteuerlich	Affe + abenteuerlich	sGM + aGMT
5. alternatief	alternativ + tief	aGMT + aGM

Die Tabelle 74 entspricht in ihren Aufbauprinzipien der Tabelle 67 (§ 201.2).

215.2 Die Gesamtanzahl der morphologischen Verbindungstypen ist bei den Adjektiven etwas niedriger als bei den Substantiven. Ein dem Typus HEIDE-WEIZEN völlig entsprechender Typus ist bei den Adjektiven nicht vorhanden. Ein vergleichbarer Typus existiert bei der Bildung PEEPEGAL (ORTNER /ORTNER 1984: 102), die auf der Verbindung von GM der Komposita *Peepshow* und *piepegal* 'gleichgültig' beruht. Dabei ist die phonetische und phonologische Identität der jeweiligen, aus vGM bestehenden Erstglieder {pīp} zu (*to*) *peep* '(verstohlen) gucken' und {pīp} zu *piepen* 'einen hellen, pfeifenden Ton von sich geben; lachen' ein Grund für die Gelegenheitsbildung, deren Bildungsprinzip graphisch leichter sichtbar wird.

Der Typus FUNKELNAGELNEU (Beispiel 2) ist auf die Komposita *funkelneu* und *nagelneu* zurückzuführen, die beide als Zweitglied dasselbe aGM {noi} haben. Die Wortkreuzung erfolgt dadurch, daß die erste Konstituente des Kompositums *funkelneu* als Erstglied mit dem Kompositum *nagelneu*, das als Ganzes als Zweitglied fungiert, verbunden wird. Dabei übernimmt das Erstglied zusätzlich eine das kompositionelle Zweitglied verstärkende Funktion (HENZEN 1965: 65, 255). Eine vergleichbare Funktionalität ist bei substantivischen Wortkreuzungen nicht belegbar.

Der Typus SENKGRAD (Beispiel 3) stammt aus der Fachsprache der Handwerker (HENZEN 1965: 250) und entspricht dem Typus STROHWIE-DE. Eine adjektivische Wortkreuzung, die den Bildungsprinzipien von EHRGEIZHALS vergleichbar ist (§ 201.2), ist nicht vorhanden.

215.3 Die Typen AFFENTEUERLICH (Beispiel 4) und ALTERNATIEF (Beispiel 5) repräsentieren Kombinationen aus GM und GMT. Das von HEINE gebildete Beispiel 4 (FLEISCHER/BARZ 1992: 47) setzt an die Stelle der Phonemfolge /ābə/ des komplexen Adjektivs *abenteuerlich* ein sGM

und erzielt über die mit diesem GM verbundene Inhaltsseite eine negative Bewertung der Inhaltsseite des neu gebildeten Adjektivs. Während sich bei AFFENTEUERLICH der GMT in der zweiten Konstituente befindet, ist er bei ALTERNATIEF in der Wortgruppe *der alternatief gesunkenen Gegenkultur* (ORTNER/ORTNER 1984: 102) in der ersten Konstituente vorhanden. Die mit der Wortkreuzung verbundene und in ihr nur angedeutete negative Konnotation wird erst durch den Kontext endgültig konkretisiert.
Dem Typus STAGFLATION entsprechende adjektivische Wortkreuzungen aus zwei GMT lassen sich nicht nachweisen.

216.1 Die bei Substantiven feststellbaren morphologisch begründeten Typen von Reduplikationsbildungen finden sich auch bei Adjektiven, auch wenn es insgesamt mehr substantivische Reduplikationen gibt. Die verschiedenen Typen sind in der Tabelle 75 zusammengefaßt:

Tabelle 75: Reduplikationsbildungen und ihre morphologischen Strukturen bei Adjektiven

morphologische Struktur / Beispiele	lexikalische Grundlagen	morphologischer Verbindungstypus
1. halbe-halbe	Adj. halb	GM + GM
2. fifty-fifty	Adj. fifty	GM + GM
3. tief-tief	Adj. tief	GM + GM
4. tagtäglich	Adj. täglich, der Tag	GM + GM
5. ur-uralt	Adj. uralt	FM + (FM + GM)
6. doppelmoppel	Adj. doppelt	GM + Reimbildung
7. etepetete	westfäl. Adj. tēt 'zart'	GM + Reimbildung
8. ticktack	Verb ticken	GM + Ablaut
9. pickepackevoll	Adj. packevoll, Verb packen	GM + Ablaut

Die Tabelle 75 ist ebenso wie die Tabelle 68 (§ 202.2) aufgebaut.

216.2 Die Beispiele 1 bis 3 zeigen primär- und sekundärsprachliche Verdoppelungen aGM. HALBE-HALBE ist dabei eine Lehnschöpfung zu FIFTY-FIFTY (§ 183.1). Beide Bildungen werden prädikativ und adverbiell verwendet. TIEF-TIEF dagegen wird überwiegend attributiv gebraucht, und das erste aGM dient „der expressiven Verstärkung" wie in *mit tief-tiefer Sammetbläue* (FLEISCHER 1982: 250). Bei TAGTÄGLICH liegt dieselbe inhaltsseitige Funktion vor; sie wird jedoch nicht durch eine „Doppelung des Grundmorphems" (so FLEISCHER 1982: 250), sondern durch die Verbindung eines sGM mit einem komplexen Zweitglied aus sGM + FM {lix} erreicht, wobei die Ausdrucksseiten der beiden sGM bis auf den durch einen Umlaut hervorgerufenen Vokalgegensatz und die Inhaltsseiten weitgehend übereinstimmen.

In Beispiel URURALT (5. in der Tabelle 74) liegt eine seltene Reduplikation eines Präfixes „mit intensivierendem Effekt“ vor (FLEISCHER/BARZ 1992: 48).
Das Beispiel 6 (DOPPELMOPPEL) ist mit dem Adjektiv *doppelt* in Verbindung zu bringen. Das /t/ tritt erst sekundär auf; bei Komposita wie *Doppelpunkt* bleibt die erste Konstituente in der älteren sprachlichen Tradition erhalten (PFEIFER 1989: 299f.). *Doppel* hat die Phonotaktik KVKVK, die als zweite Konstituente in der Form der Reimbildung wiederholt wird, wobei lediglich der erste Konsonant substituiert wird. BZDĘGA (1965: 72) stellt einen Bezug zu *Moppel* 'dicker Gegenstand, Wesen‘ her. Bei Substantiven wie in der Äußerung (1) *Er ist ein Doppelmoppel.* müßte für DOPPELMOPPEL eine Inhaltsseite 'doppelt dicker Mensch‘ und ein Kompositum angenommen werden. Bei einer Äußerung (2) *Das ist doppelmoppel.* hat das Adjektiv die Inhaltsseite 'unnötigerweise zweimal‘, von der aus kein Bezug zu *Moppel* herzustellen ist, so daß die Annahme einer Reimbildung näher liegt.
Auch bei ETEPETETE mit den Inhaltsseiten 'langsam, sanft, allzu vorsichtig; zimperlich; peinlich ordentlich (in der Kleidung); wählerisch beim Essen‘ liegt eine Interpretation als über eine Reimbildung phonologisch veränderte Reduplikation des GM westfälisch *tēt* 'zart‘ nahe. Ob in der Phonemfolge /ētə/ zusätzlich noch ein Bezug zu einem „entstellten Rätselnamen für das Ei“ (BZDĘGA 1965: 74) hergestellt werden kann, ist zweifelhaft, jedoch nicht auszuschließen. Das Adjektiv ETEPETETE wird überwiegend in norddeutschen umgangssprachlichen Varietäten attributiv und prädikativ verwendet.
Beim Beispiel 8 (TICKTACK) ist die Wiederholung der Phonotaktik des vGM mit einer Vokalsubstitution verbunden, die sich nach den Prinzipien des Ablauts richtet. Dies ist auch beim Beispiel 9 (PICKEPACKEVOLL) der Fall (BZDĘGA 1965: 161f.). Während die Reduplikation mit Ablaut bei TICKTACK der ersten Konstituente folgt, geht sie bei PICKEPACKEVOLL dem Erstglied des Kompositums *packevoll* voran.

4.1.6 Kompositionstypen und kompositionsähnliche Strukturen bei Adverbien

217.1 Die Adverbien nehmen in mehrfacher Hinsicht im Vergleich zu den bisher behandelten Kompositionen eine Sonderstellung ein. Sie sind erstens unflektiert und damit nicht in eine paradigmatische Struktur einbezogen. Zweitens werden sie in viel höherem Maße als die Wortarten Substantiv und Adjektiv mit Hilfe von GM der nichtflektierbaren Wortarten Adverb und Präposition konstituiert. Daraus folgt drittens, daß bei Kompositionen aus zwei GM kein determinatives Verhältnis zwischen den beiden Konstituenten vorhanden ist. Auch eine eindeutig kopulativ zu fassende Relation liegt nicht vor, so daß sich inhaltsseitige Beschreibungen mit den Formulierungen behelfen, daß „eine Art kopulativer Bedeutungsverbindung" (WELLMANN, in: DUDEN 1984: 500; 1995: 534 wird auf diese Formulierung ohne Ersatz verzichtet) vorliege bzw. „eher von einem kopulativen [Verhältnis]" (FLEISCHER 1982: 297) zu sprechen sei oder es „sich nicht selten eher um ein additiv-kopulatives Verhältnis" (FLEISCHER/BARZ 1992: 280) handele. Viertens ergibt sich durch die Verwendung von GM der Wortart Präposition als Zweitglieder, daß bei einer großen Anzahl von Adverbien die Regel, daß die letzte Konstituente die Wortart festlege und die grammatischen Funktionen signalisiere, nicht zutrifft (WELLMANN, in: DUDEN 1984: 500; 1995: 534). Die von FLEISCHER (1982: 297; explizit zustimmend RONCA 1975: 25f.) und FLEISCHER/BARZ (1992: 280) praktizierte rein formale Trennung „nach Zusammensetzungen (die zweite Konstituente ist ein Adverb) und Zusammenrückungen (die zweite Konstituente ist kein Adverb)" bzw. von Komposition und Konversion mit derselben Begründung, damit es dabei bleibe, „daß das Zweitglied die Wortart des Ganzen bestimmt", reicht nicht aus. Sie wird weder der jeweils geschaffenen neuen Worteinheit gerecht noch dem Typus der Zusammenrückung, der – auch unter Berücksichtigung der Verhältnisse bei den Substantiven (§ 196) und den Adjektiven (§ 210) – bei den Adverbien differenzierter zu beschreiben ist. Da auch bei Substantiven und Adjektiven die letzte Konstituente nicht immer die Wortart festlegt, sollte dieser Aspekt bei Typisierungen der Wortbildungsprozesse nicht überbewertet werden.

217.2 Auch in der Gesamtzahl der adverbiellen Kompositionstypen und kompositionsähnlichen Strukturen existieren Unterschiede zu den nominalen Wortarten der Substantive und Adjektive. So können zwar adverbielle Komposita (§ 218), Zusammenrückungen (§ 219), Affixoidbildungen (§ 220) und Reduplikationen (§ 221) nachgewiesen werden, nicht aber Dekompositionen, Pseudokomposita, Kompositionen mit sekundärsprachlichen Grundmorphemen und Wortkreuzungen.

218.1 Die bei Adverbien erkennbaren Kombinationstypen aus zwei Grundmorphemen, in die zum Teil zur Vervollständigung der Typen GM verschiedenen Grades einbezogen werden, sind in der Tabelle 76 zusammengestellt. Die Tabelle 76 ist nach denselben Prinzipien aufgebaut wie die Tabellen 51 (§ 188.2) und 69 (§ 203.2).

Tabelle 76: Kombinationstypen aus GM + GM bzw. GM verschiedenen Grades bei Adverbien

morphologische Struktur / Komposita	Bezug zu Simplizia	morphologischer Verbindungstypus
1. sodann	Adv. so, Adv. dann	advGM + advGM
2. ebenso	Adv. eben, Adv. so	advGM + advGM
3. dorthin	Adv. dort, Adv. hin	advGM + advGM
4. linkshin	Adv. links, Adv. hin	advGM + advGM
5. ohnehin	Präp. ohne, Adv. hin	pGM + advGM
6. weithin	Adj. weit, Adv. hin	aGM + advGM
7. längerhin	Adj. lang, Adv. hin	aGM + advGM
8. dafür	Adv. da, Präp. für	advGM + pGM
8a. darauf	Adv. da, Präp. auf	advGM + pGM
9. hinüber	Adv. hin, Präp. über	advGM + pGM
10. durchaus	Präp. durch, Präp. aus	pGM + pGM
11. hellauf	Adj. hell, Präp. auf	aGM + pGM
12. landauf	Subst. Land, Präp. auf	sGM + pGM

218.2 Die Beispiele 1 (SODANN) und 2 (EBENSO) repräsentieren den morphologischen Verbindungstypus advGM + advGM, der „stark entwickelt" ist (FLEISCHER 1989/1990: 129). Zugleich zeigen sie, daß einzelne advGM als Erstglieder und Zweitglieder auftreten können. Mit {zō} als Erstkonstituente werden noch SOFORT, SOGAR, SOEBEN gebildet, mit {zō} als Zweitkonstituente noch GERADESO, wobei die ehemalige Präfixbildung bei *gerade*, die sich in ahd. *girado* 'plötzlich' zu ahd. *rad, giradi* 'rasch, schnell' noch nachweisen läßt (PFEIFER 1989: 544), in der Gegenwartssprache nicht mehr durch morphologische Oppositionen begründet werden kann. Die Komposita SOEBEN 'eben, in diesem Augenblick, unmittelbar vor dem gegenwärtigen Zeitpunkt' (KLAPPENBACH/STEINITZ, V, 1974: 3445) und EBENSO 'genauso, auch so' (WAHRIG 1977: 3311, 979) sind jeweils aus denselben Konstituenten aufgebaut, ohne daß sich ihre Inhaltsseiten auf eine Addition der Inhaltsseiten von SO 'auf diese Art und Weise, in solchem Maße' (WAHRIG 1977: 3308-3310) und EBEN 'gerade in diesem Augenblick, schnell einmal, gerade dies, besonders, nun einmal' (WAHRIG 1977: 978) zurückführen lassen, selbst wenn berücksichtigt wird, daß die Inhaltsseiten der Adverbien nicht in demselben Maße in Wörterbüchern erfaßt sind wie die Inhaltsseiten von Substantiven, Adjektiven und Verben. Auch der Hinweis auf einen Gegensatz von Idiomatisierung und Nicht-Idiomatisierung bei SOEBEN und EBENSO (FLEISCHER 1982: 298f.; FLEISCHER/BARZ 1992: 282) führt nicht weiter und ist im Gegensatz zur veraltenden Bildung von SODANN 'dann, danach' (WAHRIG 1977: 3310) bei SOEBEN auch nicht zu begründen. Vielmehr entstehen durch die neuen Worteinheiten neue Inhaltsseiten, die nur noch zum Teil mit den Ausgangseinheiten in Verbindung gebracht werden können. Bei SOEBEN 'gerade in diesem Augenblick' (*Er kommt soeben ins Zimmer.*) und EBENSO 'genau auf diese Weise' (*Er macht es ebenso.*) haben die Erstkonstituenten eher eine verstärkende, eine näher erläuternde, modifizierende statt einer kopulativen Funktion.

218.3 Die Beispiele 3 bis 7 zeigen, daß bei den eine Richtung signalisierenden advGM {hin} und {hēr} als Erstglieder GM verschiedener Wortarten vorkommen können, wodurch sie sich von den Bildungen der Beispiele 1 und 2 unterscheiden, bei denen als Erstglieder nur adv GM auftreten (FLEISCHER 1982: 297f.; FLEISCHER/BARZ 1992: 281f.) Mit {hin} und {hēr} als Zweitgliedern können advGM (DORTHIN, LINKSHIN), pGM (OHNEHIN) und aGM (WEITHIN, LÄNGERHIN) verbunden werden. Das Erstglied {liŋks} unterscheidet sich vom Erstglied {dort} dadurch, daß es aus einem GM zweiten Grades besteht, da es mit dem FM {s} konstituiert ist (FLEISCHER 1982: 302; FLEISCHER/BARZ 1992: 285). Das Erstglied {lɛŋər} zeigt, daß bei aGM auch solche Erstkonstituenten auftreten können, die aus einem aGM + RM {ər} bestehen, das eine komparativische Information signalisiert.

218.4 Das Beispiel 8 (DAFÜR) steht für Kompositionen aus den advGM {dā}, {hīr} (HIERFÜR) und {vō} (WOFÜR) mit pGM. Die so gebildeten Adverbien konstituieren eine besondere Subklasse von Adverbien, die von HELBIG/BUSCHA (1994: 340f.) als „Pronominaladverbien" bezeichnet, aber im Rahmen der sog. Substantivwörter behandelt werden. Der Terminus 'Pronominaladverb' wird dadurch begründet, daß die Pronominaladverbien durch präpositionale Wortgruppen aus P + D + S bzw. P + Pr wie in den Äußerungen (1) *Er bedankt sich dafür/für das Geschenk/für es.* und (2) *Er legt das Buch darauf/auf den Tisch/auf ihn.* substituiert werden können, d.h. als Nukleus des Satzgliedes auch ein Pronomen auftreten kann. Da den Pronominaladverbien jedoch die nominalen Kategorien Kasus, Genus, Person und Numerus fehlen (§ 157) und sie „in Beziehung zu den typischen Adverbialkategorien Temporalität, Lokalität, Kausalität, Modalität" stehen (FLÄMIG, in: HEIDOLPH/FLÄMIG/MOTSCH 1981: 691), werden sie hier als Subklasse der Adverbien behandelt.

Das Beispiel 8a (DARAUF) repräsentiert eine Variante des Beispiels 8, die dadurch entsteht, daß das advGM vor einem mit einem Vokal oder Diphthong beginnenden pGM um ein Phonem /r/ in der Funktion einer Ausspracheerleichterung erweitert wird. Bei allen Pronominaladverbien legt das letzte Kompositionsglied nicht die Wortart des Kompositums fest.

218.5 Bei einigen Adverbien kommt neben der Zusammenschreibung der Kompositionsglieder auch eine „Distanzstellung" der Elemente vor (FLÄMIG, in: HEIDOLPH/FLÄMIG/MOTSCH 1981: 689), so daß sich die Worteinheit durch das synchrone Nebeneinander beider Realisationsweisen, die einheitliche syntaktische Funktion und die inhaltsseitigen Gemeinsamkeiten ergibt. Beispiele für Zusammenschreibung und Distanzstellung sind (1) *Dorthin kommt er nicht. – Dort kommt er nicht hin.* bzw. (2) *Dafür kann er nichts. – Da kann er nichts für.* (FLEISCHER/BARZ 1992: 280). Nach ERÄMETSÄ (1990: 379) könnte „das Modell der häufig auftretenden trennbaren Verben den Gebrauch der diskontinuierlichen Formen befördert" haben. GROSSE (1992: 111) weist bei (3) *Dorthin geht er.* und (4) *Dort geht er hin (und kommt nicht wieder).* auf „Ansatzpunkte für semantische Differenzierungen" hin.
218.6 Die Beispiele 9 bis 12 zeigen die Typen von Komposita, bei denen ein pGM das Zweitglied bildet und die Erstglieder nicht aus den Konstituenten bestehen, die für die Konstitution von Pronominaladverbien verantwortlich sind. Wie bei den Pronominaladverbien wird durch die Zweitglieder nicht die Wortart der neuen Worteinheit festgelegt. Um die spezifische adverbielle Funktion der neuen Worteinheit zu erfassen, ist es nicht notwendig, für die Zweitkonstituente den Terminus „Präpositionaladverb" einzuführen (so FLEISCHER/BARZ 1992: 281) und darunter Elemente zu verstehen, „die als Adverbien wie auch als Präpositionen verwendet werden können" (FLEISCHER 1982: 298). Lediglich bei *über* 'übrig, überlegen' könnte in Äußerungen wie (1) *Ich habe noch fünf Mark über.* oder (2) *Er ist ihm in Geldangelegenheiten über.* ein Adverbstatus angesetzt werden (WAHRIG 1977: 3649), während *aus* und *auf* zwar auch als Präpositionen, nicht aber als Adverbien fungieren, so daß sich die Präpositionaladverb-Definition als unzureichend erweist. Auch die Annahme einer „Doppelpartikel" (OLSEN 1997: 20) ist im Hinblick auf alle relevanten Wortbildungen morphologisch kaum zu begründen.

Mit einem pGM können als Erstglieder advGM (HINÜBER), pGM (DURCHAUS), aGM (HELLAUF) und sGM (LANDAUF) verbunden sein. Beim Beispiel HINÜBER treten advGM, die Richtungen bezeichnen, auch als Erstglieder auf, so daß sich im Vergleich zum morphologischen Verbindungstypus OHNEHIN die entsprechenden advGM in beiden Positionen zeigen. Bei Bildungen wie NACHHER 'später' und HERNACH 'nachher, hinterher, danach, später' (WAHRIG 1977: 2512, 1726) ist das advGM {h$\bar{e}$r} als Zweitglied und als Erstglied mit dem pGM {n$\bar{a}$x} verbunden, ohne daß sich – wie bei EBENSO und SOEBEN (§ 218.2) – die Inhaltsseiten der neuen Worteinheiten durch eine Addition der Inhaltsseiten der Simplizia, des Adverbs HER 'auf den Sprechenden zu, bis jetzt, bis heute, seit' und der Präposition NACH 'in Richtung auf, später als, hinter, folgend, gemäß, entsprechend' (WAHRIG 1977: 1704f., 2506f.), ergeben.

218.7 Die Beispiele 8 bis 12 zeigen, daß die „sog. Kopfbedingung für Komposita", d.h. daß „der Kopf eines Kompositums (das Determinatum, das Operand; das was die Kategorie und evtl. Unterkategorie des Kompositums festlegt) stets [sic] die Zweitstelle hat" (WUNDERLICH 1987: 91f.), viel zu generell formuliert ist, vor allem wenn auch noch die Derivationen in dasselbe Prinzip einbezogen werden.

219.1 Neben den adverbiellen Komposita aus zwei GM kommt eine große Anzahl von Adverbien vor, die aus Wortgruppen durch Zusammenrückungen entstanden sind (FLEISCHER 1982: 297). Insgesamt treten wesentlich mehr und auch andere morphologische Strukturen als bei den Substantiven (§ 196) und Adjektiven (§ 210) auf. Die feststellbaren Typen sind in der Tabelle 77 zusammengefaßt:

Tabelle 77: Zusammenrückungen und ihre morphologischen Strukturen bei Adverbien

morphologische Struktur Zusammenrückungen	tradierte oder mögliche syntaktische Gruppe	morphologischer Verbindungstypus der Zusammenrückung
1. immerfort	immer fort gehen	advGM + advGM
2. vorgestern	der Tag vor gestern	pGM + advGM
3. kieloben	mit dem Kiel oben treiben	sGM + advGM
4. dorthinab	dort hinab gehen	advGM + (advGM + pGM)
5. berghinab	den Berg hinab gehen	sGM + (advGM + pGM)
6. rundheraus	etwas rund heraus sagen	aGM + (advGM + pGM)
7. irgendwoher	von irgend woher kommen	advGM + (advGM+advGM)
8. daraufhin	darauf hin kommen	(advGM+pGM) + advGM
9. überallher	von überall her kommen	(pGM + prGM) + advGM
10. zeitlebens	in der Zeit des Lebens	sGM + sGM
11. überhaupt	über das Haupt	pGM + sGM
12. zuschanden	zu den Schanden kommen	pGM + sGM
13. zuguterletzt	zu guter Letzt	pGM + aGM + sGM
14. insbesondere	in das Besondere	pGM + prSM + sGM
15. insgeheim	in das Geheime	pGM + prSM + sGM
16. zweifelsohne	des Zweifels ohne	sGM + pGM
17. kurzerhand	mit kurzer Hand	aGM + sGM
18. heutigentags	des heutigen Tags	aGM + sGM
19. derart	von der Art sein	prSM + sGM
20. jederzeit	zu jeder Zeit	prGM + sGM
21. manchmal	manches Mal	prGM + sGM
22. keineswegs	keines Weg(e)s	prGM + sGM

morphologische Struktur Zusammenrückungen	tradierte oder mögliche syntaktische Gruppe	morphologischer Verbindungstypus der Zusammenrückung
23. überdies	über dies	pGM + prGM
24. überall	über alles	pGM + prGM
25. außerdem	außer dem	pGM + prSM
26. demnach	dem nach	prSM + pGM
27. zumeist	zu meist dort sein	pGM + aSM
28. zutiefst	zu tiefst getroffen sein	pGM + aGM
29. vorlieb	für/vor lieb 'angenehm' nehmen	pGM + aGM
30. insofern	in so fern	pGM+advGM + aGM

Die Tabelle 77 ist so aufgebaut, daß in der ersten Spalte die Beispiele für Zusammenrückungen angegeben sind; in der zweiten Spalte folgen die den Zusammenrückungen tatsächlich oder möglicherweise zugrunde liegenden syntaktischen Wortgruppen, und in der letzten Spalte ist der morphologische Verbindungstypus bezogen auf die Struktur der Zusammenrückungen aufgeführt.

219.2 In den Beispielen 1 bis 9 liegen Zusammenrückungen vor, deren Wortartstatus vom jeweils letzten Morphem bzw. von einer Konstituente bestimmt wird, die aus zwei GM besteht und außerhalb der Zusammenrückung bereits als adverbielles Kompositum fungiert und in der Tabelle 76 (§ 218.1) beschrieben worden ist. IMMERFORT 'immerzu, ununterbrochen' (WAHRIG 1977: 1862) repräsentiert den Verbindungstypus advGM + advGM, der auf die syntaktische Wortgruppe *immer fort gehen* 'stets vorwärts gehen' zurückzuführen ist, bei der zwei Adverbien in Adverbialfunktion in Juxtaposition stehen und aufgrund inhaltsseitiger Verträglichkeitsbeziehungen und – wortartenbedingt – fehlender RM zu einer neuen Worteinheit verbunden werden können. In dieser wird das iterative semantische Merkmal verstärkt und die in *fort* vorhandene Richtungsinformation zurückgedrängt. Ebenfalls auf eine Juxtaposition von nichtflektierbaren Wortformen der Wortarten Präposition und Adverb geht das Beispiel 2 (VORGESTERN) zurück. Das den Typus sGM + advGM repräsentierende Beispiel KIELOBEN ist neben der Juxtaposition an weitere morphologische und syntaktische Bedingungen für eine Zusammenrückung gebunden. Morphologisch ist das sGM mit dem RM {Ø} verbunden, und syntaktisch befindet sich das Adverb OBEN in der zugrundeliegenden syntaktischen Wortgruppe in postnuklearer Position als Adverb-Attribut.

219.3 Die Beispiele 4 bis 7 bestehen ausdrucksseitig aus drei GM und sind unter dem ausschließlichen Aspekt der Morphemzahl mit Dekomposita zu vergleichen. Da sie jedoch auf syntaktische Wortgruppen zurückführbar sind, ist ihre Zuordnung zu Dekomposita nicht zu begründen. Aus den

Wortgruppen ergibt sich, daß der zweite Teil der neuen Worteinheit jeweils auf ein adverbielles Kompositum zurückgeht, an dem stets ein die Richtung signalisierendes adv GM beteiligt ist. Die diesem adverbiellen Kompositum in Juxtaposition vorausgehende Wortform aus den Wortarten Adverb (*dort, irgend*), Substantiv (*Berg*) und Adjektiv (*rund*) spezifiziert die adverbielle Information inhaltsseitig näher, was eine Zusammenrückung ebenso begünstigt wie die mit dem RM {ø} gebildeten substantivischen und adjektivischen Wortformen.

Die Beispiele 8 (DARAUFHIN) und 9 (ÜBERALLHER) zeigen, daß auch die Juxtaposition von einem adverbiellen Kompositum vor einem einmorphemigen Richtungsadverb zu einer Zusammenrückung führen kann.

219.4 Die Beispiele 10 bis 22 repräsentieren Adverbien, die auf eine Wortgruppe zurückgehen, in denen wenigstens eine Substantivform vorkommt. Das einzige Beispiel für den Verbindungstypus sGM + sGM ist ZEITLEBENS, das von FLEISCHER (1982: 301) „als adverbiale Zusammenrückung aus zwei Substantiven“ und von FLEISCHER/BARZ (1992: 283) als „Konversion“ aus einer „Genitivfügung“ aufgefaßt wird. Die Zusammenrückung erfolgt jedoch nicht ohne eine syntaktische Bedingung und auch nicht ohne morphologische Veränderung. Syntaktisch muß sich das Genitivattribut *des Lebens* in postnuklearer Position zum Nukleus *Zeit* befinden; in pränuklearer Position (*in des Lebens Zeit*) existieren die syntaktischen Voraussetzungen zur Bildung eines Determinativkompositums LEBENSZEIT. Bei einer Zusammenrückung muß der bestimmte Artikel *des*, der zur Konstitution eines Genitivattributs notwendig ist, ebenso entfallen wie die dem Nukleus *Zeit* eventuell vorausgehende Abfolge von Präposition und Artikel, damit das Adverb ZEITLEBENS an die Stelle des Temporaladverbiale *in der Zeit des Lebens* mit vergleichbarer Funktionalität treten kann. Ob die Zusammenrückung durch eine morphologische Uminterpretation des /s/ von einem substantivischen RM {s} in der Wortgruppe (*Leben-s*) zu einem FM {s} als Mittel zur Konstitution von Adverbien (FLEISCHER 1982: 302f.; FLEISCHER/BARZ 1992: 284f.) erleichtert worden ist, müßte noch näher untersucht werden.

Auch bei den Zusammenrückungen ÜBERHAUPT und ZUSCHANDEN (Beispiel 11,12) ist der Ausfall der Artikelform im Vergleich zu den zugrundeliegenden Wortgruppen eine Bedingung. Trotz der Zusammmenrückung bleibt bei ZUSCHANDEN das Phonem /n/ erhalten, es verliert in der neuen Worteinheit jedoch seine in der Wortgruppe vorhandene grammatische Bedeutung, Kasus (Dativ) und Numerus (Plural) zu signalisieren. Im Althochdeutschen fehlt in der festen Wendung *zi scantōn werdan* 'beschämt werden‘ ein Artikel (PFEIFER 1989: 1494), doch ist dies anders als in der Gegenwartssprache zu beurteilen, da im Althochdeutschen wegen der besonderen Funktionalität der RM-Sätze Substantive in ihren verschie-

denen syntaktischen Funktionen auch ohne bestimmten Artikel verwendet werden können.
Das von FLEISCHER (1982: 297) und FLEISCHER/BARZ (1992: 283) als Beispiel für die „univerbierende Transposition zur Klasse Adverb" aufgeführte ZUGUNSTEN gehört zu den präpositionalen Zusammenrückungen des Typus INFOLGE (§ 228.2).
219.5 In den Beispielen 13 bis 15 liegen Zusammenrückungen von Wortgruppen vor, die aus drei Wortformen bestehen. ZUGUTERLETZT 'zum guten Ende, schließlich' repräsentiert der Typus pGM + aGM + sGM. <letzt> geht auf das mhd. Substantiv *letze* 'Hemmung, Hinderung, Ende, Abschied, Abschiedsgeschenk, -trunk' zurück; noch frühnhd. ist die Wortgruppe *zu guter letzte* 'zum Abschied, schließlich' zu belegen, in der das Substantiv *letzte* in seiner internen phonologischen Struktur in Anlehnung an das Adjektiv *letzt* um das Phonem /t/ erweitert wurde (PFEIFER 1989: 1008). Die Apokope des /ə/ hängt mit phonetischen Abschwächungserscheinungen zusammen, die sich in Wortgruppen mit dem Substantiv *letzt* morphologisch auswirken, nicht aber bei dem neu entstehenden Adverb.
Bei INSBESONDERE und INSGEHEIM gehen FLEISCHER/BARZ (1992: 283) mit Recht „von einer phraseologischen Wortgruppe mit substantiviertem Adjektiv" aus. Am Beginn der Wortgruppe steht ein Portemanteaumorphem, eine Verschmelzung aus Präposition und Artikelform (§ 43.3.). Durch die Zusammenrückung bleibt bei INSBESONDERE das finale /ə/ erhalten, bei INSGEHEIM ist es im Vergleich zur Wortgruppe apokopiert.
Das Beispiel 16 (ZWEIFELSOHNE) repräsentiert den Verbindungstypus sGM + pGM, bei dem die Präposition auf den substantivischen Nukleus folgt. Die Genitivrektion der Präposition verweist auf einen älteren sprachlichen Zustand (PFEIFER 1989: 1196).
219.6 Die Beispiele 17 (KURZERHAND) und 18 (HEUTIGENTAGS) zeigen Zusammenrückungen von Adjektiv- und Substantivformen unter Aufgabe der die Wortgruppe einleitenden Präposition bzw. Artikelform, aber unter Beibehaltung der adjektivischen und substantivischen RM, die in der neuen Worteinheit des Adverbs jedoch ihre grammatischen Bedeutungen verlieren. Es ist also nicht so, daß die „durch die Auflösung erhaltene äquivalente Wortgruppe [...] keine zusätzlichen präzisierenden Elemente" (RONCA 1975: 26) enthält. Die Adjektivform *heutigen* besteht aus einem GM zweiten Grades, das sich bei Zusammenrückungen ebenso verhält wie ein GM eines adjektivischen Simplex.
219.7 Die Beispiele 19 bis 22 geben die Typen von Zusammenrückungen wieder, an denen pr SM bzw. prGM und sGM beteiligt sind. Bei DERART und JEDERZEIT entfällt die Präposition bei der Zusammenrückung, was bei Rückführungen auf syntaktische Wortgruppen generell vernachlässigt wird (RONCA 1975: 26), während die ehemaligen flexionsmorphologischen

Strukturen erhalten bleiben, jedoch die mit den RM verbundenen grammatischen Bedeutungen nicht mehr signalisieren. Bei MANCHMAL und KEINESWEGS erfolgt eine Zusammenrückung ohne Verlust einer Präposition; bei MANCHMAL liegt in <manch> eine Adjektivflexion mit dem RM {Ø} vor (WALCH/HÄCKEL 1988: 404, 432), die in der Gegenwartssprache in einer vergleichbaren Wortgruppe nicht mehr vorkommt. Obwohl RONCA (1975: 137 mit Anm. 221) bei KEINESWEGS die Herkunft aus einer „adverbial gebrauchte[n] genitivische[n] Verbindung *keines weges*" vermerkt, interpretiert sie das /s/ in <wegs> als „Ableitungsmorphem", was dieser Herkunft widerspricht. Eventuelle sekundäre morphologische Uminterpretationen wie bei KEINESWEGS sind von expliziten Adverbbildungen mit dem FM {s} wie bei NACHTS und von Erweiterungen einer bereits aus einer Wortgruppe (mhd. *halben wec*) entstandenen Zusammenrückung (frühnhd. *halbweg*) um das FM {s} zur Präzisierung des Adverbstatus wie bei HALBWEGS (vgl. PAUL/HENNE/OBJARTEL 1992: 1026f.) auch synchron zu unterscheiden (anders RONCA 1975: 137; FLEISCHER/BARZ 1992: 284f.), um relativ willkürliche morphologische Zuordnungen zu vermeiden.
219.8 In den Beispielen 23 bis 26 sind Zusammenrückungen aufgeführt, an denen prGM beteiligt sind. Dabei kommen in den Typen pGM + prGM, pGM + prSM und prSM + pGM Zusammenrückungen vor, die mit den substantivisch bestimmten Typen pGM + sGM und sGM + pGM vergleichbar sind. Die übrigen mit sGM verbundenen Zusammenrückungen besitzen keine Entsprechungen zu Wortgruppen mit einem pronominalen Nukleus. Bei ÜBERALL erfolgt eine Zusammenrückung mit einer Pronominalform <all> des A.S.N. (PFEIFER 1989: 1867), die im Frühnhd. mit dem RM {Ø} gebraucht wurde (WALCH/HÄCKEL 1988: 404, 457f.).
219.9 Die Beispiele AUSSERDEM und DEMNACH zeigen Zusammenrückungen mit einem prSM, dem das pGM vorausgeht oder folgt. Sie bilden zugleich eine besondere Subklasse der Adverbien, die der „Konjunktionaladverbien" (HELBIG/BUSCHA 1994: 341). Sie werden zu den Adverbien gerechnet, weil sie die Position vor einem Verbum finitum in Zweitstellung (*Er war krank, demnach blieb er im Bett.*) oder auch eine Position nach dem Verbum finitum (*Er war krank; er blieb demnach im Bett.*) einnehmen können, sich also wie Satzglieder verhalten. Da sie aber auch in einer Position wie eine echte Konjunktion vorkommen (*Er war krank, denn er blieb im Bett.*) und dort „die Rolle einer koordinierenden Konjunktion übernehmen" (ebd.), werden sie terminologisch von den übrigen Adverbien und von den Konjunktionen, die „nicht innerhalb des Satzes stehen und die Stelle vor dem finiten Verb nicht allein besetzen" (ebd.), abgegrenzt.
219.10 In einer Gruppe von Beispielen (27-29) läßt sich eine Zusammenrückung nachweisen, an denen aGM beteiligt sind. Bei ZUMEIST liegt der Typus pGM + aSM vor; das aSM ist eine Superlativform. Auch mit dem

RM {st} gebildete Superlativformen wie ZUTIEFST sind Grundlagen von Zusammenrückungen (FLEISCHER 1982: 301). Während die Zusammenrückungen bei ZUMEIST und ZUTIEFST gegenwartssprachlich noch nachvollzogen werden können, scheidet diese Möglichkeit für VORLIEB aus, weil es einen Wechsel in der Präposition von *für* zu *vor* (*für lieb nehmen*) und teilweise Veränderungen in der Inhaltsseite des Adjektivs *lieb* gegeben hat (PAUL/HENNE/OBJARTEL 1992: 1008). Bei TAGELANG, das den Typus sGM + aGM repräsentiert, ist keine Zusammenrückung über eine Wortgruppe mit einem Akkusativ der Erstreckung (ebd.: 506) vorhanden, sondern eine Zusammensetzung, die zu einem Adjektiv führt (vgl. §§ 203.2, 203.7).

219.11 Eine Zusammenrückung aus drei GM liegt im Beispiel 30 (INSOFERN) vor; zu diesem Typus gehören auch noch die Bildungen INWIEFERN, INSOWEIT und INWIEWEIT. Sie werden von FLEISCHER (1982: 301) als „Bildungen mit adjektivischem zweitem Element" und „mit zwischengeschaltetem *so* oder *wie*" beschrieben; FLEISCHER/BARZ (1992: 284) gehen ebenfalls von einer Zwischenschaltung von *so* und *wie* aus. Historisch liegt jedoch weder ein adjektivisches Zweitelement vor noch wurde ein *so* in eine bereits vorhandene Wortgruppe *in fern* 'zwischengeschaltet'. Es ist vielmehr von einer aus drei Elementen bestehenden Wortgruppe auszugehen, die zu einem Pronominaladverb (*Insofern war alles gut. Es war insofern alles gut.*) bzw. zu einem Interrogativadverb (zum Terminus HELBIG/BUSCHA 1994: 341; *Inwiefern ist alles gut?*) zusammengerückt wurde. Dabei ist die Entwicklung der Adverbien von derjenigen der Konjunktion SOFERN 'wenn' zu trennen (PAUL/HENNE/OBJARTEL 1992: 808).

220.1 Während bei den Adjektiven Affixoide als Erst- und Zweitglieder auftreten können, lassen sich bei den Adverbien nur Suffixoide nachweisen. Ihre Gesamtanzahl ist darüber hinaus begrenzt; historisch gehen sie auf ehemalige sGM und advGM zurück, die gegenwartssprachlich auch noch an der Konstitution von Simplizia beteiligt sind. Die verschiedenen morphologischen Verbindungstypen sind in der Tabelle 78 zusammengestellt. In den Aufbauprinzipien folgt die Tabelle 78 denjenigen der Tabellen 72 (§ 212.2) und 64 (§ 198.11).

Tabelle 78: Adverbielle Affixoidbildungen und ihre morphologischen Strukturen

morphologische Struktur Affixoidbildungen	morphologischer Verbindungstypus	Affixoid-Funktion	vergleichbare Bildungen mit FM
1. schrittweise	sGM + sAF	Modalität: in Form von	Freundschaft
2. dummerweise	aGM + sAF	Modalität: in der Art von	Dummheit
3. leihweise	vGM + sAF	Modalität: in der Art von	leihbar
1a. gruppenweise	sGM + sAF	Modalität: in der Art von	bürgerlich
4. dermaßen	prSM + sAF	Modalität: in der Art von	gleichsam
5. freiweg	aGM + advAF	Modalität: in der Art von	langsam
6. hinweg	advGM + advAF		

220.2 In den Beispielen 1 bis 3 sind die mit den sAF {vaizə} bildbaren morphologischen Verbindungstypen aufgeführt. Als erste Konstituenten können sGM (SCHRITTWEISE), aGM (DUMMERWEISE) und vGM (LEIHWEISE) auftreten. In allen Typen besteht die Affixoid-Funktion darin, eine Modalität auszudrücken, die mit den Paraphrasen 'in Form von, in der Art von' nachvollziehbar gemacht werden kann (WELLMANN, in: DUDEN 1984: 501; 1995: 535). Das Suffixoid {vaizə} ist „an den produktivsten adverbbildenden Modellen der deutschen Gegenwartssprache beteiligt" (FLEISCHER/BARZ 1992: 288). Ein inhaltsseitiger Bezug zum Substantiv WEISE 'Art (des Verhaltens und Handelns), Beschaffenheit, Merkmal' ist noch deutlich vorhanden. Der Übergang vom sGM zu einem sAF wird über präpositionale Satzglieder in Adverbialefunktion mit substantivischem Nukleus und pränuklearem Genitiv-Attribut wie in mhd. *in zornes wīs(e)* (PFEIFER 1989: 1955) vorbereitet. Wegen des syntaktischen Zusammenhangs und der inhaltsseitigen Bezüge wird für {vaizə} ein Affixoid-Status begründet (vgl. WELLMANN, in DUDEN 1984: 501; 1995: 535); der von WILMANNS (1930: 634) postulierte Status einer 'Ableitungssilbe', eine von FLEISCHER (1982: 303) und FLEISCHER/BARZ (1992: 288) übernommene morphologische Klassifizierung, ist bei {vaizə} im Gegensatz zu vergleichbaren Bildungen mit dem Suffix {šaft} wie in *Freundschaft*, das auf ein ehemaliges, ein Simplex konstituierendes sGM wie in ahd. *scaf* 'Beschaffenheit' (SCHÜTZEICHEL 1995: 254; SPLETT, I.2, 1993: 840) zurückgeführt werden kann, noch nicht erreicht.

Ausdrucksseitig kann beim sGM als Erstglied neben der fugenlosen Verbindung mit dem Affixoid auch ein Fugenzeichen auftreten. Bei GRUPPENWEISE (Beispiel 1a) handelt es sich um das Fugenzeichen /n/, bei SCHARENWEISE um /ən/ und bei SCHÄTZUNGSWEISE mit einem GM zweiten Grades als Erstglied um /s/. In den beiden ersten Adverbien ist in

den Erstgliedern noch ein Hinweis auf den Numerus Plural enthalten, nicht aber auf den ehemaligen Kasus Genitiv. Dieser morphologische Befund und die bei GRUPPENWEISE im Gegensatz zu substantivischen Determinativkomposita wie TAGESREISE nicht mehr synchron bildbare und auch tatsächlich nachweisbare Wortgruppe mit einem Genitiv-Attribut (*Reise eines/des Tages*; vgl. § 188.4) führen zum Ansatz von Fugenzeichen und nicht von Fugenmorphemen (vgl. § 188.10 mit Tabelle 53).
Wenn das Erstglied von einem aGM wie bei DUMMERWEISE (Beispiel 2 in Tabelle 78) gebildet wird, ist immer das Fugenzeichen /ər/ vorhanden. Dies gilt auch bei morphologisch komplexeren Erstgliedern (GLÜCKLICHER-, HERKÖMMLICHERWEISE) und bei solchen, die als Adjektive auf Partizipialformen zurückgehen (BEZEICHNENDER-, UNVERDIENTERWEISE; dazu FLEISCHER 1982: 303; FLEISCHER/BARZ 1992: 288). Bei vGM als Erstgliedern fehlen Fugenzeichen.

220.3 Weitere Affixoidbildungen sind mit den Suffixoiden {māsən}, {diŋs} und {vɛk} möglich. Das Suffixoid {māsən} wie in BILLIGERMASSEN zeigt noch einen ausdrucks- und inhaltsseitigen Zusammenhang zum Substantiv MASS 'die richtige Mitte, das rechte Verhältnis' (PFEIFER 1989: 1071). Dies ist auch bei Erstgliedern mit partizipialer Grundlage (UNVERDIENTERMASSEN) der Fall. Wie bei den Bildungen mit {vaizə} tritt bei den aGM das Fugenzeichen /ər/ auf. Zum Teil werden dieselben Erstglieder mit den Suffixoiden {māsən} und {vaizə} verbunden (FLEISCHER/BARZ 1992: 287).
Mit einem sGM wird das Suffixoid {māsən} nicht verbunden. Dafür geht es jedoch wie in DERMASSEN 'derart' eine Verbindung mit einem prSM ein und begründet so einen weiteren morphologischen Typus (Beispiel 4 in Tabelle 78).

220.4 Mit dem Suffixoid {diŋs} werden Adverbien gebildet, die ein aGM mit /ər/-Fugenzeichen (NEUERDINGS) und ein prGM mit /ər/-Fugenzeichen (ALLERDINGS) als Erstkonstituente besitzen. Der inhaltsseitige Bezug zum Substantiv DING 'Angelegenheit, Sache' ist noch herstellbar. Das Suffixoid {diŋs} ist aus adverbialen Genitiven wie *managero dingo* 'in mannigfacher Weise', *unverdienter dinge* 'mit Unrecht', die noch von Wieland (*neuer Dinge*) und Lessing (*freier Dinge*) gebraucht werden, entstanden (WILMANNS 1930: 635; PAUL/HENNE/OBJARTEL 1992: 174f.). Dabei trat an die Stelle der substantivischen RM das zur Adverbbildung verwendete Suffix {s}, wodurch der Adverbialstatus der neuen Worteinheit zusätzlich unterstrichen wurde. Nach FLEISCHER/BARZ (1992: 286) sind die Bildungen mit <dings> gegenwartssprachlich „noch schwach produktiv“.

220.5 Die Beispiele FREIWEG und HINWEG repräsentieren die einzigen morphologischen Verbindungstypen mit einem advAF. Das Suffixoid {vɛk} ist zwar „vom Substantiv *Weg* auch durch die unterschiedliche Vokalquantität geschieden" (FLEISCHER/BARZ 1992: 287), doch reicht diese ausdrucksseitige Differenz nicht aus, einen Suffixstatus zu begründen, vor allem da der inhaltsseitige Bezug zum Adverb *weg* 'von einem Ort entfernt oder sich entfernend, fort' und von ihm aus weiter zum Substantiv *Weg* auch synchron noch nachvollziehbar ist (PFEIFER 1989: 1946f.). Das Adverb *weg* geht auf mhd. *in wec* 'auf den Weg' und *enwec* 'hinweg, fort' zurück, ist aus *enwec* gekürzt (ebd.) und in der Verbindung mit aGM durchaus noch produktiv (*frischweg, flottweg*).

221.1 Bei den adverbiellen Reduplikationsbildungen können die in der Tabelle 79 zusammengefaßten morphologischen Verbindungstypen nachgewiesen werden:

Tabelle 79: Reduplikationsbildungen und ihre morphologischen Strukturen bei Adverbien

morphologische Struktur / Beispiele	lexikalische Grundlagen	morphologischer Verbindungstypus
1. soso	Adv. so	GM + GM
2. dallidalli	Adv. dalli 'schnell'	GM + GM
3. fortfortfort	Adv. fort	GM + GM + GM
4. umedum(e)	Adv. um	GM + Reimbildung
5. holter(di)polter	Verb poltern	GM + Reimbildung
6. rutzebutz	Subst. Butze 'Kerngehäuse'	GM + Reimbildung
7. gripschgrapsch	Verb grapschen	GM + Ablaut
8. kritzelkratz	Verb kritzeln	GM + Ablaut
9. vorvorgestern	Adv. vorgestern	GM + (GM + GM)

Die Tabelle 79 ist wie die Tabellen 75 (§ 216.1) und 68 (§ 202.2) aufgebaut. Grundsätzlich andere Gruppenbildungen kommen nicht vor, doch zeigen sich in den einzelnen Gruppen einige spezifische Ausprägungen.

221.2 Die Beispiele 1 bis 3 geben einfache Wiederholungen adverbieller GM wieder. Das Adverb SOSO hat die Sememe 'wirklich' in eingliedrigen Nominalsätzen in der Funktion der Entscheidungsfrage (*Soso? Was Sie nicht sagen!*) und 'leidlich' in Aussagesätzen (*Es geht soso.*). Das Adverb DALLIDALLI 'schnell' scheint stärker in Umgangssprachen verwendet zu werden (BZDEGA 1965: 63, 48). Die dreimalige Setzung eines GM wird in FORTFORTFORT von HENZEN(1965: 258) bei LILIENCRON in der Funktion der Steigerung belegt.

221.3 Bei den Beispielen 4 bis 6 handelt es sich um GM, die in der Form der Reimbildung wiederholt werden. Bei UMEDUM(E) 'um und um, ringsum, allenthalben' (BZDĘGA 1965: 122) wird das advGM {umə} erweitert um das Phonem /d/ in Reimform redupliziert, dabei folgt die Reimbildung als Zweitglied. Bei HOLTER(DI)POLTER 'Hals über Kopf, drunter und drüber, eiligst; ohne Ordnung, unüberlegt, mit großem Lärm' (BZDĘGA 1965: 87) ist eine Anlehnung an das Verb POLTERN 'mit dumpf krachendem Geräusch hinfallen (von Sachen)' (WAHRIG 1977: 2753) gegeben. Die Reimwiederholung erfolgt als Erstglied durch die Substitution des Phonems /p/ durch /h/ beim vGM, wenn nicht sogar von einer Anlehnung an das dialektale Verb *holdern* 'Radau machen, mit starkem Geräusch gehen' bzw. *holtern* 'unordentlich, oberflächlich arbeiten' ausgegangen werden muß (BZDĘGA 1965: 87). Beim Adverb RUTZEBUTZ 'ganz und gar, radikal' ist das Zweitglied an das Substantiv BUTZE(N) 'Kerngehäuse' anzuschließen (BZDĘGA 1965: 116; WAHRIG 1977: 796); im Erstglied liegt eine Reimwiederholung eines Teils der Phonotaktik des sGM vor.

221.4 Bei den Beispielen 7 und 8 wird das jeweils erkennbare vGM in der Form des Ablauts entweder an erster oder an zweiter Stelle wiederholt. Bei GRIPSCHGRAPSCH 'schnell greifend' (BZDĘGA 1965: 146) ist eine Anlehnung an das Verb GRAPSCHEN 'nach etwas greifen, raffen' vorhanden (PAUL/HENNE/OBJARTEL 1992: 368); bei der Erstkonstituente ist neben der ablautenden Reduplikation noch das norddeutsch umgangssprachliche Verb *grippen* 'raffen' mit der Iterativbildung *gripsen* als Grundlage der Bildung denkbar (ebd.: 371). Das Adverb KRITZELKRATZ 'kreuz und quer' (BZDĘGA 1965: 155) zeigt als Erstkonstituente das vGM {kritsəl}, von dem der erste Teil der Phonotaktik ablautend redupliziert wird, wobei eine zusätzliche Einwirkung vom Verb *kratzen* die Reduplikation begünstigt haben kann.

221.5 Das Beispiel 9 VORVORGESTERN, das um ÜBERÜBERMORGEN erweitert werden kann (FLEISCHER 1982: 299; FLEISCHER/BARZ 1992: 282), stellt insofern eine Besonderheit einer Reduplikation dar, weil bei ihm die erste Konstituente eines durch Zusammenrückung entstandenen Adverbs (§ 219.2) wiederholt wird. Die kommunikative Funktion ist es, eine exakte zeitliche Abfolge zu kennzeichnen.

4.1.7 Kompositionstypen und kompositionsähnliche Strukturen bei Pronomina

222 Da die Pronomina eine Wortklasse bilden, „deren relativ begrenzter Bestand sich kaum vermehrt“ und einige Pronomina wie *jeglicher* und *jedwelcher* „schon als veraltet“ gelten (FLÄMIG, in: HEIDOLPH/FLÄMIG/MOTSCH 1981: 635) werden sie in den meisten Wortbildungslehren nicht

behandelt; lediglich bei WILMANNS (1930: 579-592) findet sich ein umfangreicheres Kapitel. Die Begrenztheit von Elementen einer Wortklasse ist jedoch kein Grund, die erkennbaren Wortbildungsprinzipien unbeachtet zu lassen.
Im Hinblick auf die Gesamtanzahl der pronominalen Kompositionstypen und kompositionsähnlichen Strukturen ergibt sich gegenüber den Adverbien eine weitere Reduktion der Wortbildungsmöglichkeiten, denn es können nur Verbindungstypen aus zwei Grundmorphemen bzw. aus GM + SM (§ 223) und Zusammenrückungen (§ 224) festgestellt werden.

223 Kompositionen aus zwei Grundmorphemen bzw. aus einem GM und einem SM kommen nur mit dem advGM {irgənt} vor, das als Simplex nur noch in wenigen Kontexten (*wenn irgend möglich*) erscheint. Das advGM ist in den beiden Beispielen IRGENDEIN und IRGENDWER jeweils das Erstglied und konstituiert die morphologischen Verbindungstypen advGM + prGM und advGM + prSM mit. In beiden Typen hat das advGM eine verstärkende Funktion (WELLMANN, in: DUDEN 1984: 339, 344; 1995: 347, 353), bei der Bildung IRGENDWER dient es noch zusätzlich dazu, das Indefinitum IRGENDWER vom Interrogativum WER zu unterscheiden (WILMANNS 1930: 585).

224.1 Bei den Zusammenrückungen können fünf verschiedene Typen unterschieden werden; sie sind in der Tabelle 80 zusammengefaßt:

Tabelle 80: Zusammenrückungen und ihre morphologischen Strukturen bei Pronomina

morphologische Struktur Zusammenrückungen	tradierte oder mögliche syntaktische Gruppe	morphologischer Verbindungstypus der Zusammenrückung
1. derselbe	Demonstrativum der, Demonstrativum selb: der selbe	prSM + prGM
2. derjenige	Demonstrativum der, Demonstrativum jener, jenig: der jenige	prSM + prGM
3. jedermann	Indefinitum jeder, Subst. Mann: jeder Mann	prGM + sGM
4. meinesgleichen	Possessivum mein, substantiviertes Adjektiv gleich: meines Gleichen	prGM + sGM
5. untereinander	Präp. unter, Pron. einander: unter einander	pGM + (prGM + prGM)

Die Aufbauprinzipien der Tabelle 80 entsprechen denen der Tabelle 77 (§ 219.1).

224.2 Die Beispiele 1 (DERSELBE) und 2 (DERJENIGE) repräsentieren jeweils die morphologischen Verbindungstypen prSM + prGM; der Unterschied besteht darin, daß <jenig> ein GM zweiten Grades ist, das von *jener* mit Hilfe des FM {ig} (mit /g/ bei folgendem Vokal) gebildet und über die Wortgruppen mhd. *der jener*, frühnhd. *der jene, der jeniger, der jenige* seit dem 17. Jahrhundert zusammengerückt wurde (PFEIFER 1989: 760). Die Zweitkonstituente *jenig* ist in der Gegenwartssprache nicht mehr an der Konstitution einer eigenen Wortform beteiligt. Die Zweitkonstituente *selb* kommt dagegen noch in syntaktischen Gruppen vor, ist jedoch in diesen auf präpositionale Satzglieder wie *im selben Haus* beschränkt, die von Portemanteaumorphemen eingeleitet werden. Die Zusammenrückung ist bereits im 16. Jahrhundert durchgeführt (ebd.: 1613).

224.3 Im Beispiel 3 (JEDERMANN) ist das Indefinitum *jeder* mit dem sGM {man} zusammengerückt. Die Zusammenrückung erfolgte bereits im 14. Jahrhundert aus mhd. *ieder man* 'alle' (PFEIFER 1989: 760). Der Unterschied zu den Beispielen 1 und 2, deren Konstituenten jeweils flektiert werden, besteht darin, daß bei JEDERMANN in bezug auf die erste Konstituente ein Flexionsparadigma fehlt (§ 153.21). Unter Beibehaltung des ehemaligen RM wurde die Wortgruppe zusammengerückt, und das RM {ər} verlor seine grammatischen Bedeutungen in der neuen Worteinheit; nur insofern kann von Bildungen „mit unflectiertem ersten Bestandteil" (WILMANNS 1930: 590) gesprochen werden.

224.4 Auch in Beispiel 4 (MEINESGLEICHEN) liegt eine Zusammenrückung vor. Der Unterschied zum Typus prGM + sGM in JEDERMANN besteht darin, daß die Morpheme von verschiedenen Subklassen gebildet werden. Bei MEINESGLEICHEN ist eine Verbindung eines possessiven prGM mit einem sGM vorhanden, das auf eine Substantivierung eines aGM zurückgeht. Ehemalige Wortgruppen sind mhd. *mīn gelīche, mīne gelīchen*; das /əs/ in MEINESGLEICHEN ist nach WILMANNS (1930: 592) kein erstarrtes G.S.-Morphem, sondern ein Fugenzeichen.

224.5 Das Beispiel 5 (UNTEREINANDER) ist aus einem pGM und einem pronominalen Zweitglied, das aus zwei prGM besteht, zusammengerückt. Vorausgehende Wortgruppen sind ahd. *untar einandremo* bzw. *ze einemo andermo*. Bei der Zusammenrückung wurde auf einer Beibehaltung ehemaliger RM verzichtet, „so dass ein unveränderliches *einander* übrig" blieb (WILMANNS 1930: 591).

4.1.8 Kompositionstypen und kompositionsähnliche Strukturen bei Konjunktionen

225.1 Wie bei den Pronomina können bei den Konjunktionen nur die beiden Wortbildungsprinzipien der Komposition und der Zusammenrückung nachgewiesen werden. Die Kombinationstypen aus zwei Grundmorphemen sind in der Tabelle 81 zusammengestellt:

Tabelle 81: Kombinationstypen aus GM + GM bei Konjunktionen

morphologische Struktur / Komposita	Bezug zu Simplizia	morphologischer Verbindungstypus
1. obschon	Konj. ob, Adv. schon	kGM + advGM
2. obgleich	Konj. ob, Adj. gleich	kGM + aGM
3. sobald	Adv. so, Adv. bald	advGM + advGM
4. solange	Adv. so, Adv. lange	advGM + advGM
5. damit	Adv. da, Präp. mit	advGM + pGM

Die Aufbauprinzipien der Tabelle 81 entsprechen denjenigen der Tabellen 51 (§ 188.2), 69 (§ 203.2) und 76 (§ 218.1).

225.2 Die Beispiele 1 und 2 repräsentieren die Verbindungstypen des kGM {op} als Erstglied mit einem advGM (OBSCHON) oder einem aGM (OBGLEICH) als Zweitglied. Beim Typus kGM + aGM bildet die adverbielle Funktion des Adjektivs die Grundlage für die Komposition. Sowohl OBSCHON als auch OBGLEICH sind bereits im 16. Jahrhundert gebildet worden (PFEIFER 1989: 1188). Dieselben Typen sind auch mit dem kGM {vɛn} als Erstglied in WENNSCHON und WENNGLEICH vorhanden. Während durch die Konjunktion OB Teilsätze „nach Ausdrücken der Frage, der Unsicherheit oder des Zweifels in der indirekten Entscheidungsfrage" eingeleitet werden und die Konjunktion WENN u.a. einen Konditionalsatz eröffnet (HELBIG/BUSCHA 1994: 463, 473), wird durch die Komposita OBSCHON und OBGLEICH das konjunktionale Funktionsspektrum erweitert. Durch beide Konjunktionen erhalten die Teilsätze eine konzessive Funktion in Relation zum Verbum finitum des übergeordneten Teilsatzes (GELHAUS, in: DUDEN 1984: 379; 1995: 397); es wird eine Inkausalität ausgedrückt.

225.3 Die Beispiele 3 (SOBALD) und 4 (SOLANGE) repräsentieren die Kompositionen aus einem advGM und einem weiteren advGM, wobei in SOLANGE das Phonem /ə/ ein Reflex einer im Ahd. produktiven Adverbbildung mit dem FM {o} ist (PFEIFER 1989: 970). Durch die Komposition entsteht eine neue Wortart, an der die einzelnen Konstituenten als Basis von Simplizia nicht beteiligt sind. Lediglich durch die zweite Konstituente wird die inhaltsseitige Kennzeichnung der Temporalität in die neue Worteinheit der subordinierenden temporalen Konjunktion mitgenommen. Durch die Komposita SOFERN, SOVIEL und SOWEIT werden konditionale und modal-restriktive Subordinationen signalisiert (HELBIG/BUSCHA 1994: 465-468).

225.4 Das Beispiel 5 (DAMIT) ist hier aufgenommen worden, um auf funktionelle Erweiterungen eingehen zu können, die mit der einmal geschaffenen Einheit der Pronominaladverbien (§ 218.4) verbunden sind. Während ahd. *dārmit(i)* bereits die Funktion eines Pronominaladverbs besitzt, wird die Funktion einer subordinierenden finalen Konjunktion erst seit dem 14. Jahrhundert übernommen (PAUL/HENNE/OBJARTEL 1992: 160). Seit dieser Zeit liegen zwei Wortarten mit gleicher Ausdrucksseite, aber verschiedener Inhaltsseite und unterschiedlicher syntaktischer Funktionalität vor.

226.1 Eine kleinere Anzahl von Konjunktionen ist aus Zusammenrückungen entstanden. Die erkennbaren Typen sind der Tabelle 82 zu entnehmen, die wie die Tabellen 77 (§ 219.1) und 80 (§ 224.1) aufgebaut ist:

Tabelle 82: Zusammenrückungen und ihre morphologischen Strukturen bei Konjunktionen

morphologische Struktur Zusammenrückungen	tradierte oder mögliche syntaktische Gruppe	morphologischer Verbindungstypus der Zusammenrückung
1. seitdem	seit dem (Male)	pGM + prSM
2. zumal	zu (dem) Mal	pGM + sGM
3. wohingegen	wohin gegen, gegen wohin	(advGM + advGM) + pGM

226.2 Das Beispiel 1 (SEITDEM) geht auf das präpositionale Satzglied mhd. *sīt dem māle* 'seit der Zeit' zurück und wurde unter Auslassung des substantivischen Nukleus zunächst zu einem Adverb zusammengerückt und dann seit dem 18. Jahrhundert als eine Gleichzeitigkeit ausdrückende temporale subordinierende Konjunktion anstelle der Konjunktion SEIT verwendet (PFEIFER 1989: 1609f.; PAUL/HENNE/OBJARTEL 1992: 788).

226.3 Das Beispiel 2 (ZUMAL) zeigt eine vergleichbare Entwicklung. Es geht ebenfalls auf ein präpositionales Satzglied zurück, das sich in mhd. *ze dem māle* 'zu der Zeit' bzw. mhd. *ze māle* mit nicht gesetztem Artikel belegen läßt (PAUL/HENNE/OBJARTEL 1992: 552, 1087). Im Adverb DAZUMAL 'zu dem Zeitpunkt' ist die temporale Komponente noch vorhanden, während durch die subordinierende Konjunktion eine kausale, einen zusätzlichen Grund angebende Relation ausgedrückt wird (HELBIG/BUSCHA 1994: 474).

226.4 Das Beispiel 3 (WOHINGEGEN) setzt die Existenz des kompositionellen Adverbs WOHIN voraus (§ 218.3), das dann Nukleus eines Satzgliedes mit einer vor dem Nukleus (*gegen wohin*) bzw. hinter dem Nukleus (*wohin gegen*) stehenden Präposition werden kann. In der postnuklearen Position erfolgte eine Zusammenrückung und die Übernahme der Funktion einer subordinierenden Konjunktion, die – wie *während* – eine restriktive und adversative Relation herstellt (GELHAUS, in: DUDEN 1984: 378; 1995: 396).

4.1.9 Kompositionstypen und kompositionsähnliche Strukturen bei Präpositionen

227.1 Die Präpositionen bilden wie die Konjunktionen eine begrenzte Wortklasse. Wie bei den Konjunktionen können Kompositionen und Zusammenrückungen nachgewiesen werden. Die Verbindungstypen aus zwei Grundmorphemen sind in der Tabelle 83 zusammengestellt:

Tabelle 83: Kombinationstypen aus GM + GM bei Präpositionen

morphologische Struktur / Komposita	Bezug zu Simplizia	morphologischer Verbindungstypus
1. unterhalb	Adj. unter, Präp. halb	aGM + pGM
2. seitab	Subst. Seite, Präp. ab	sGM + pGM
3. abseits	Präp. ab, Subst. Seite	pGM + sGM
4. jenseits	Pron. jener, Subst. Seite	prGM + sGM

Die Tabelle 83 ist wie die Tabellen 51 (§188.2), 69 (§ 203.2), 76 (§ 218.1) und 81 (§ 225.1) aufgebaut.

227.2 Das Beispiel 1 (UNTERHALB) ist eine Komposition aus einem aGM, das in pränuklearer attributiver Funktion mit entsprechenden RM verwendet wird (*der untere Weg*), und einem pGM, das gegenwartssprachlich nicht mehr an der Konstitution eines präpositionalen Simplex beteiligt ist, aber „im Nhd. noch selbständig als lokale und kausale Präposition mit vorangestelltem Gen. geläufig" war (PFEIFER 1989: 633). Mit dem pGM {halp} sind nach diesem Verbindungstypus INNERHALB, OBERHALB und AUSSERHALB gebildet, wobei bei AUSSERHALB im Kompositum die nichtumgelautete Ausdrucksseite erscheint, während die umgelautete in attributiver Verwendungsweise vorkommt (*der äußere Weg*).

227.3 Die Beispiele 2 (SEITAB) und 3 (ABSEITS) repräsentieren den morphologischen Verbindungstypus aus sGM und aGM mit unterschiedlicher Reihenfolge der Konstituenten. Die ältere Bildung SEITAB wird durch die jüngere Bildung ABSEITS abgelöst (PFEIFER 1989: 8). Die Konstituente <seits> geht auf das Substantiv SEITE zurück, mit dem eine Reihe von Adverbien gebildet werden, indem die Phonotaktik des sGM durch die Ersetzung des /ə/ durch ein sekundäres /s/ verändert wird (PAUL/HEN-

NE/OBJARTEL 1992: 789). ABSEITS existiert gegenwartssprachlich als Adverb mit dem Semem 'beiseite, entfernt' und als Präposition mit dem Semem 'nicht in unmittelbarer Nähe' (PFEIFER 1989: 8). Da <seits> in dieser Phonotaktik kein Simplex konstituieren kann, befindet sich diese Konstituente nach HENZEN (1965: 97) „an der Schwelle der Ableitung".

227.4 Mit dem Zweitglied <seits> werden weitere Präpositionen gebildet, bei denen das Erstglied aus einem prGM wie bei JENSEITS besteht. Auf diese Weise wird sowohl der Bestand der Präpositionen als auch der der Adverbien erweitert (GELHAUS, in: DUDEN 1984: 380; 1995: 359, 378).

228.1 Alle aus Zusammenrückungen entstandenen Präpositionen gehen auf präpositionale Satzglieder zurück. Als Nuklei treten sGM, advGM und prGM auf; die Typen sind in der Tabelle 84 zusammengestellt:

Tabelle 84: Zusammenrückungen und ihre morphologischen Strukturen bei Präpositionen

morphologische Struktur / Zusammenrückungen	tradierte oder mögliche syntaktische Gruppe	morphologischer Verbindungstypus der Zusammenrückung
1. infolge	in (der) Folge	pGM + sGM
2. inmitten	in mitten	pGM + advGM

Die Aufbauprinzipien der Tabelle 84 entsprechen denen der Tabellen 77 (§ 219.1), 80 (§ 224.1) und 82 (§ 226.1).

228.2 Der Verbindungstypus pGM + sGM zeigt sich in Beispiel 1 (INFOLGE). Er geht auf die syntaktische Wortgruppe *in der Folge* zurück; die Zusammenrückung setzt den Verzicht auf den Artikel voraus. Während INFOLGE pränuklear verwendet wird, erscheint ZUFOLGE postnuklear (GELHAUS, in: DUDEN 1984: 364f.; 1995: 382f.). Bei einigen Wortgruppen ist die Entwicklung von der Wortgruppe zur Präposition noch nicht abgeschlossen, so daß sich bei *auf Grund* und *aufgrund* bzw. *an Stelle* und *anstelle* im Hinblick auf das ausdrucksseitige Merkmal der Zusammenschreibung noch unterschiedliche Regelungen finden (GELHAUS, in: DUDEN 1984: 359; 1995: 376). Anders als bei den Kompositionstypen, die bereits ältere sprachliche Traditionen repräsentieren, ist bei diesen Zusammenrückungen die Produktivität des Typus pGM + sGM erkennbar, die zu einem Nebeneinander älterer und jüngerer Traditionen der Zusammenrückungen führt. Die Präposition ANSTATT ist bereits im 15. Jahrhundert aus der Wortgruppe *an stat* zusammengerückt worden (PAUL/HENNE/OBJARTEL 1992: 45).

228.3 Das Beispiel 2 (INMITTEN) wird von PAUL/HENNE/OBJARTEL (1992: 431) auf die Wortgruppe *in der Mitte* zurückgeführt. Mit Recht geht PFEIFER (1989: 1113) von einem Adverb MITTEN und der Wortgruppe *in*

mitten aus, wobei *mitten* ein erstarrter Dativ Plural des Substantivs MITTE sein dürfte. Anders als der Typus pGM + sGM ist der Typus pGM + advGM nicht mehr produktiv.

4.1.10 Reduplikationsbildungen bei Interjektionen

229.1 Da es die Hauptfunktion der Interjektionen ist, ein „Interesse beim Hörer für die Gefühlslage des Sprechers oder für die geschilderte Situation zu wecken“, können die Gruppen der „Ausdrucks- bzw. Empfindungswörter“ und die der „Nachahmungen von Lauten bzw. Schalleindrücken“ nachgewiesen werden (GELHAUS, in: DUDEN 1995: 374). Die Interjektion als Wortart (§§ 77.1, 182) und ihre syntaktischen Verwendungsweisen müssen jedoch von eingliedrigen Nominalsätzen wie *Donnerwetter!* oder *mein Gott!* mit einer Ausrufefunktion deutlich unterschieden werden. Nicht alle „Wörter, vor allem Substantive, und feste Verbindungen“, die in Satztypen mit Ausrufefunktion vorkommen, werden „als Interjektionen gebraucht“ (so aber GELHAUS, in: DUDEN 1995: 374), d.h. sind in die Wortart der Interjektion übergegangen. Die Besonderheit der Interjektionen besteht darin, daß sie synchron nicht an die lexikalischen Bedeutungen von GM anderer Wortarten angeschlossen werden können, auch wenn unter diachronem Aspekt bei Interjektionen wie POTZ in zweigliedrigen Nominalsätzen wie *Potz Blitz*! und *Potz Donnerwetter*! eine Rückführung auf eine andere Wortart (BEHAGHEL, III, 1928: 435), bei POTZ auf eine Entstellung genitivischer Fügungen mit *Gottes* (PFEIFER 1989: 1306), möglich ist.

229.2 In bezug auf die Reduplikationsbildungen treten bei den Interjektionen dieselben Gruppierungen wie bei den Adverbien (§ 221.1) auf. Sie sind in der Tabelle 85 zusammengestellt:

Tabelle 85: Reduplikationsbildungen und ihre morphologischen Strukturen bei Interjektionen

morphologische Struktur Beispiele	morphologischer Verbindungstypus
1. huhu	GM + GM
2. eieiei	GM + GM + GM
3. rauzplauz	GM + Reimbildung
4. rumpump(el)	GM + Reimbildung
5. bimbam	GM + Ablaut
6. bimbambum	GM + Ablaut

Da bei den Interjektionen synchron keine lexikalischen Grundlagen aufgezeigt werden können, fehlt diese Spalte gegenüber den Tabellen 68

(§ 202.2), 75 (§ 216.1) und 79 (§ 221.1). Sonst entsprechen sich die Aufbauprinzipien der Tabellen.

229.3 Anders als bei den Reduplikationsbildungen anderer Wortarten sind an denen der Interjektionen nur iGM beteiligt. Sie können wie beim Typus HUHU einfach wiederholt werden, auch Dreifachsetzungen wie EIEIEI sind möglich. Die inhaltsseitigen Funktionen sind vielfältig und müssen überwiegend unter Berücksichtigung der externen Faktoren der Kommunikation bzw. des internen Kontextes ermittelt werden. Mit HUHU kann ein Kältegefühl oder ein Schaudern, mit AUAU ein Schmerz, mit IHIH ein Ekel, mit EIEI eine Verwunderung, mit NANA eine Beschwichtigung ausgedrückt werden (dazu GELHAUS, in: DUDEN 1984: 381-384).

229.4 Die Gruppe von Interjektionen mit einer Reduplikation in Verbindung mit einer Reimbildung wird vor allem zur Schallnachahmung verwendet. So kennzeichnet RAUZPLAUZ ein rutschendes und dann stoppendes Geräusch und RUMPUMP(EL) ein polterndes Geräusch (BZDĘGA 1965: 111, 127). Bei RAUZPLAUZ entsteht die Reimbildung durch den Ersatz des initialen /r/ durch die Phonemfolge /pl/, bei RUMPUMP(EL) einmal durch den Ersatz des initialen /r/ durch ein /p/ und zusätzlich durch eine Erweiterung der Phonotaktik der zweiten Konstituente nach Reimentsprechung.

229.5 Die Gruppe der Interjektionen, die mit der Reduplikation einen Ablaut verbindet, ist ebenfalls überwiegend bei Schallnachahmungen vorhanden. So werden mit BIMBAM bzw. BIMBAMBUM durch Schlagen erzeugte Geräusche wie bei Glocken und Glockenspielen wiedergegeben, durch KLIPPKLAPP klappernde und durch KLITSCHKLATSCH klatschende Geräusche (BZDĘGA 1965: 132, 153).

4.1.11 Kompositionstypen und kompositionsähnliche Strukturen bei Verben

230.1 Die Kompositionstypen und kompositionsähnlichen Strukturen des Verbs unterscheiden sich unter morphologischen Aspekten ausdrucksseitig und inhaltsseitig deutlich von den vergleichbaren Strukturen der Substantive (§ 188.2) und Adjektive (§ 203.2). 1. Bei den Kombinationstypen aus GM bzw. GM zweiten Grades + GM (§ 231.1) ist die Anzahl der morphologischen Verbindungstypen eingeschränkter als bei den Substantiven, weil – von der kontroversen Beurteilung des Morphemstatus von {fōr} in VORLESEN u.a. Bildungen zunächst abgesehen (dazu §§ 233.1-9) – als Erstglieder prGM, iGM, säGM und kGM nicht belegt werden können. 2. Auch bei den vorhandenen Erstgliedern, die zu den die Wortart festlegenden verbalen Zweitgliedern hinzutreten, zeigen sich „ausgeprägte Frequenzunterschiede“ und „qualitative Verschiedenheiten“ (FLEISCHER 1982: 306).

So kommen nur wenige Kompositionen aus zwei vGM vor, während Kompositionen aus zwei sGM bzw. aus zwei aGM sehr zahlreich sind. 3. Ausdrucksseitig bilden die aus zwei GM bestehenden Verben – bis auf wenige Ausnahmen – keine feste Einheit wie bei den Substantiven und Adjektiven, sondern konstituieren als Strukturierungszentrum von Verbalsätzen durch die Trennbarkeit der Erstglieder eine sog. Satzklammer (*Sie sagten ihm unter dem Beifall aller Zuhörer Dank.*), so daß sich ihre Einheit durch die inhaltsseitige Zusammengehörigkeit und die gemeinsame syntaktische Funktion ergibt, die darüber hinaus bei analytischen Verbformen (*Sie werden ihm unter dem Beifall aller Zuhörer danksagen.*) durch die Zusammenschreibung des infiniten Verbformteils unterstrichen wird. 4. Ausdrucksseitig bestehen die Erstglieder, wenn sie zugleich an der Konstitution von substantivischen, adjektivischen und verbalen Simplizia beteiligt sind, nur aus jeweils einem GM, so daß überwiegend zweigliedrige verbale Komposita vorliegen (WELLMANN, in: DUDEN 1984: 412; 1995: 435). Bei einigen adjektivischen Erstgliedern sind Morphemkonstruktionen aus GM + FM bzw. pGM + sGM zu belegen. Lediglich bei adverbiellen Erstgliedern kommen zweigliedrige Grundmorphemstrukturen zahlreicher vor, doch ändert das nichts an der generellen binären Struktur der verbalen Komposita. Anders als bei den Substantiven spielen bei sGM, aGM und vGM als Erstgliedern Dekomposita (§§ 194.1-10) keine Rolle. Auch Fugenmorpheme (§ 188.9) und Fugenzeichen (§ 188.10) sind bei den Erstgliedern nicht vorhanden. 5. Inhaltsseitig lassen sich keine eindeutig determinativ (§ 190.1) oder kopulativ (§ 191.1) oder possessiv (§ 192.8) interpretierbaren Relationen zwischen den Kompositionsgliedern ermitteln.

230.2 Bei den kompositionsähnlichen Strukturen sind einzelne Zusammenrückungen (§ 232), Wortkreuzungen (§ 234) und Reduplikationen (§ 235) vorhanden; den größten Umfang bei noch anhaltender Produktivität besitzen die Affixoidbildungen (§ 233).

231.1 Die Verbindungstypen aus zwei GM sind in der Tabelle 86 zusammengestellt; lediglich bei adverbiellen Erstgliedern sind zur Vervollständigung auch GM zweiten Grades aufgenommen worden.

Die Aufbauprinzipien der Tabelle 86 folgen denen der Tabellen 51 (§ 188.2), 69 (§ 203.2), 76 (§ 218.1) und 81 (§ 225.1).

Tabelle 86: Kombinationstypen aus GM bzw. GM zweiten Grades + GM bei Verben

morphologische Struktur Komposita	Bezug zu Simplizia	morphologischer Verbindungstypus
1. danksagen	(der) Dank, Inf. sagen	sGM + vGM
2. stattfinden	(die) Statt, Inf. finden	sGM + vGM
3. punktschweißen	(der) Punkt, Inf. schweißen	sGM + vGM
4. hohnlachen	(der) Hohn, Inf. lachen	sGM + vGM
5. festdrehen	Adj. fest, Inf. drehen	aGM + vGM
6. leichtfallen	Adj. leicht, Inf. fallen	aGM + vGM
7. näherbringen	Adj. nahe, Inf. bringen	aGM + vGM
8. liebäugeln	Adj. lieb, Inf. äugeln	aGM + vGM
9. fertigstellen	Adj. fertig, Inf. stellen	aGM + vGM
10. zufriedenstellen	Adj. zufrieden, Inf. stellen	(pGM + sGM) + vGM
11. grinskeuchen	Inf. grinsen, Inf. keuchen	vGM + vGM
12. preßschweißen	Inf. pressen, Inf. schweißen	vGM + vGM
13. hingehen	Adv. hin, Inf. gehen	advGM + vGM
14. fortgehen	Adv. fort, Inf. gehen	advGM + vGM
15. davorstehen	Adv. davor, Inf. stehen	(advGM + pGM) + vGM
16. hinübergehen	Adv. hinüber, Inf. gehen	(advGM + pGM) + vGM
17. gegenüberliegen	Adv. gegenüber, Inf. liegen	(pGM + pGM) + vGM
18. hinterherlaufen	Adv. hinterher, Inf. laufen	(pGM + advGM) + vGM
19. beiseitelegen	Adv. beiseite, Inf. legen	(pGM + sGM) + vGM

231.2 Die Beispiele 1 bis 4 repräsentieren den Verbindungstypus sGM + vGM. Wie bei den substantivischen Determinativkomposita, bei denen ein einem substantivischen Nukleus vorausgehendes Genitivattribut eine mögliche Komposition erleichtert (§ 188.4), werden die verbalen Komposita durch syntaktische Relationen zwischen dem Prädikat und Akkusativobjekten und Adverbialen begünstigt. Wie bei den substantivischen Determinativkomposita führt nicht jede Relation zwischen einem Prädikat und einem Akkusativobjekt (*Wir fahren gern Auto. – Wir wollen gern Auto fahren.*) bzw. einem Adverbiale (*Wir schreiben die Arbeit auf dem PC. – Wir werden die Arbeit auf dem PC schreiben.*) zu einem verbalen Kompositum. Doch selbst dann, wenn ein verbales Kompositum gebildet worden ist, ergeben sich wegen der Trennbarkeit des Erstgliedes in einzelnen Verbformen deutliche Unterschiede zu den substantivischen Determinativkomposita. Durch diese Trennbarkeit und durch die Möglichkeit, neben dem neuen Prädikat aus sGM + vGM (DANKSAGEN; *Wir wollen ihm in besonderer Weise danksagen.*) die außersprachliche Realität auch weiterhin durch eine

syntaktische Relation zwischen einem Prädikat, das aus einer mit demselben vGM gebildeten Verbform besteht (SAGEN), und einem nominalen Satzglied zu bezeichnen (*Wir sagen ihm unseren besonderen Dank.*), entstehen verschiedene Grade der kompositionellen Festigkeit der verbalen Komposita, die sich auch auf die ausdrucksseitigen Regelungen der Getrennt- und Zusammenschreibung auswirken (FLEISCHER 1982: 308; FLEISCHER/BARZ 1992: 296). Mit den Graden der kompositionellen Festigkeit sind syntaktische Distributionsbeschränkungen ebenso verbunden wie Unterschiede in der grammatischen und teilweise auch in der lexikalischen Bedeutung, so daß die Frage der sog. „fließende[n] Übergänge" zwischen „den Komposita dieses Typs und entsprechenden Wortgruppen" (FLEISCHER /BARZ 1992: 297) differenzierter zu betrachten ist. Dies gilt auch für die Behauptung, daß die „substantivischen Erstglieder [...] syntaktisch der Beziehung zwischen Objekt oder adverbialer Bestimmung zum Prädikat des Satzes" entsprechen (ebd.: 296), weil dabei – von der Vernachlässigung inhaltsseitiger Aspekte abgesehen – die syntaktischen Unterschiede zwischen einem Verbalkompositum wie DANKSAGEN und seinen Verbformen in Prädikatfunktion (*Wir werden ihm danksagen – Wir sagen ihm Dank.*) und Wortformen der Wortarten Verb (SAGEN) und Substantiv (DANK), die die Satzgliedfunktionen von Prädikat und Akkusativobjekt übernehmen (*Wir sagen ihm unseren besonderen Dank. – Den besonderen Dank unseres Hauses werden wir ihm sagen.*), unberücksichtigt bleiben. Bei Verbalkomposita wie DANKSAGEN entfallen innerhalb der neuen Worteinheit alle mit dem Substantiv DANK verbindbaren Attribuierungen einschließlich des Artikelgebrauchs. Dadurch wird ein Vorgang „als Ganzes" bezeichnet (WELLMANN, in: DUDEN 1984: 413; 1995: 436), und das Verbalkompositum erhält das semantische Merkmal der 'Generalität' des Danksagens, das mit dem Simplex SAGEN nicht verbunden ist.
Die Besonderheit des Beispiels DANKSAGEN besteht morphologisch neben der Trennbarkeit der Erstkonstituente darin, daß die neue Worteinheit nicht nur durch eine Zusammenschreibung des infiniten Verbformteils, des Infinitivs bzw. Part. II, bei analytischen Verbformen (*Er wird ihm danksagen. – Er hat ihm dankgesagt.*) signalisiert wird, sondern auch bei synthetischen Verbformen (*Er danksagte ihm.*) neben einer Getrenntschreibung (*Er sagte ihm Dank.*) vorkommt (WAHRIG 1977: 839).
Während bei DANKSAGEN in der Getrenntschreibung die erste Konstituente noch groß geschrieben wird und damit und durch bereits genannte Paraphrasen der Wortbildungsprozeß noch nachvollzogen werden kann, entfällt diese Möglichkeit bei Bildungen wie STANDHALTEN und STATTFINDEN (Beispiel 2), bei denen die Erstkonstituente bei Getrenntschreibung klein geschrieben wird. Dadurch wird einmal der Bezug zum sGM wie in *(der)* STAND und (*die*) STATT nicht mehr in gleicher Weise

wie bei DANKSAGEN hergestellt, zum anderen verweisen die fehlenden gegenwartssprachlichen Paraphrasierungsmöglichkeiten auf eine ältere sprachliche Tradition, in der sich die Loslösung von den gleichzeitig existierenden sGM in substantivischen Simplizia vollzog. Dadurch entstanden im 19. Jahrhundert bei STATTFINDEN durch Zusammenschreibung die Sememe 'geschehen, erfolgen, sich abspielen', die die Inhaltsseite 'einen guten Platz, eine gute Gelegenheit finden' ablösten (PFEIFER 1989: 1700) und die sich bis in die Gegenwartssprache hielten.
Das Beispiel 3 (PUNKTSCHWEISSEN) ist auf technische Fachsprachen beschränkt, in denen die kommunikative Notwendigkeit besteht, Tätigkeiten inhaltsseitig zu präzisieren (WELLMANN, in: DUDEN 1984: 413; 1995: 436). Das Semem 'an einzelnen Punkten durch Schmelzen miteinander verbinden' (vgl. WAHRIG 1977: 3214) und die Paraphrase *an einzelnen Punkten schweißen* zeigen, daß die Inhaltsseite des Verbalkompositums nicht unmittelbar aus der Kenntnis der Inhaltsseiten der Konstituenten hergeleitet werden kann und daß dem Wortbildungsprozeß eine Komposition und nicht eine Zusammenrückung zugrunde liegt. Syntaktisch werden diese Verbkomposita überwiegend in analytischen Verbformen verwendet (*Die Bleche werden punktgeschweißt. – Wir werden die Bleche punktschweißen.*); synthetische Verbformen (*Er punktschweißt die Bleche.*) sind selten (vgl. V. SCHMIDT 1981: 269).
Das Beispiel 4 (HOHNLACHEN) steht für solche Verbalkomposita, die nur untrennbar verwendet werden (FLEISCHER 1982: 309; FLEISCHER/BARZ 1992: 297) und dadurch die neue Worteinheit in besonderer Weise kennzeichnen. Es handelt sich – von den Neubildungen in den technischen Fachsprachen abgesehen – jeweils um ältere sprachliche Traditionen: *hōnlachen* 'hinterlistig lachen' begegnet bereits im Mittelhochdeutschen (PFEIFER 1989: 701). Dies gilt auch für *lob(e)singen*, das dann zum Vorbild für die im 18. Jahrhundert neu entstehenden Verbalkomposita LOBPREISEN bzw. LOBHUDELN 'durch Lob plagen' wurde, wobei LOBHUDELN im 19. Jahrhundert ein neues Semem 'unverdientermaßen loben (um sich einzuschmeicheln)' erhielt (PAUL/HENNE/OBJARTEL 1992: 537).
231.3 Die Beispiele 5 bis 8 zeigen den morphologischen Verbindungstypus aGM + vGM; die Beispiele 9 und 10 haben GM zweiten Grades als Erstglieder. Bereits aus der Gesamtanzahl der Typen geht hervor, daß dieser Typus „wesentlich stärker entfaltet" ist als der Typus mit sGM als Erstglied (FLEISCHER/BARZ 1992: 297). Für die Zusammensetzung entscheidend ist jeweils die adverbielle Funktion des aGM. Beim Beispiel 5 (FESTDREHEN) entspricht die inhaltsseitige Relation der Kompositionglieder derjenigen zwischen „adverbial gebrauchtem Adjektiv und Prädikat" (FLEISCHER 1982: 309) bei syntaktischen Relationen wie *gut spielen, schön singen*, die nicht zu Zusammensetzungen führen. Beim Beispiel 6

(LEICHTFALLEN) dagegen existiert zwischen dem Verbalkompositum (*Die Arbeit wird ihm leichtfallen.*) und dem Simplex FALLEN in Relation zu einem Adverbiale (*Er wird leicht fallen.*) ein klarer Sememunterschied (FLEISCHER 1982: 308), durch den die neue Worteinheit des Verbalkompositums LEICHTFALLEN 'keine Mühe machen' gegenüber dem Simplex FALLEN 'stürzen' (WAHRIG 1977: 2261, 1205) deutlich hervorgehoben wird. Das Beispiel 7 (NÄHERBRINGEN) zeigt, daß auch adjektivische Komparativformen als Erstglieder verbaler Komposita auftreten können (FLEISCHER 1982: 309; FLEISCHER/BARZ 1992: 298).

Bei den durch die Beispiele 5 bis 7 repräsentierten Typen handelt es sich um solche mit trennbarem Erstglied bei synthetischen Verbformen. Das Beispiel 8 (LIEBÄUGELN) steht für einige wenige Bildungen, bei denen die beiden Kompositionsglieder untrennbar miteinander verbunden sind (FLEISCHER/BARZ 1992: 297, 299). Wie bei HOHNLACHEN (Beispiel 4) mit dem Typus sGM + vGM handelt es sich bei LIEBÄUGELN 'mit den Augen etwas Liebes ausdrücken' (PAUL/HENNE/OBJARTEL 1992: 532) um eine ältere, hier schon seit dem 16. Jahrhundert vorhandene sprachliche Tradition. Dies gilt auch für FROHLOCKEN 'jubeln', zu dem gegenwartssprachlich keine Motivierung angegeben werden kann, da kein Bezug zum Simplex LOCKEN 'durch Rufe oder Gebärden zum Näherkommen zu bewegen suchen' (WAHRIG 1977: 1351, 2301) existiert. Es handelt sich um eine bereits spätmhd. entstandene Zusammensetzung mit mhd. *lecken* 'mit den Füßen ausschlagen, hüpfen', die nach mhd. *locken* 'durch Lockruf veranlassen, näher zu kommen' umgebildet wurde, während mhd. *lecken* zu nhd. *löcken* 'sich widersetzen' führte und nur noch in der aus der Bibelübersetzung stammenden festen Wendung *gegen den Stachel löcken* verwendet wird (PFEIFER 1989: 479, 1026). Auch bei den mit dem Erstglied {fol} gebildeten Verbalkomposita mit dem Wortakzent auf dem Zweitglied wie VOLLBRINGEN 'zustande bringen' liegen ältere, bei VOLLBRINGEN bis ins Althochdeutsche zurückreichende sprachliche Traditionen vor (PAUL/HENNE/OBJARTEL 1992: 1000f.).

Die Beispiele 9 (FERTIGSTELLEN) und 10 (ZUFRIEDENSTELLEN) zeigen, daß auch aGM zweiten Grades als Erstglieder von Verbalkomposita auftreten können (FLEISCHER/BARZ 1992: 298). Bei FERTIGSTELLEN 'beenden' ist wie bei FERTIGKOCHEN, -KRIEGEN, -MACHEN (WAHRIG 1977: 1248) zwar die morphologische Motivierung der Verbalkomposita-Bildungen gegenwartssprachlich nachvollziehbar, nicht jedoch die morphologische Struktur der Erstkonstituente <fertig>, bei der es sich um eine Adjektivbildung ahd. *fartīg, fertīg* '(zur Reise) bereit' zum sGM ahd. *fart* 'Reise' mit dem FM {īg} handelt (PFEIFER 1989: 426f.). Die Erstkonstituente <zufrieden> ist eine Zusammenrückung und unter diachronem Aspekt zum adverbiellen Typus pGM + sGM (Beispiel 12 ZUSCHANDEN;

vgl. §§ 219.1, 219.4) zu stellen. Sie wurde im 16. Jahrhundert zunächst als Adverb konstituiert, um seit dem 17. Jahrhundert auch prädikativ und attributiv verwendet zu werden, wodurch der Übergang zur Wortart Adjektiv vollzogen wurde (PFEIFER 1989: 476). Alle morphologisch aus zwei Morphemen bestehenden Erstglieder beruhen auf älteren, gegenwartssprachlich nicht mehr produktiven Wortbildungsprozessen. Werden sie wie <fertig> als GM zweiten Grades gegenwartssprachlich zur Konstitution neuer Verbalkomposita eingesetzt, verhalten sie sich wie die einmorphemigen Erstglieder.

231.4 Die Beispiele 11 (GRINSKEUCHEN) und 12 (PRESSCHWEISSEN) repräsentieren den morphologischen Verbindungstypus vGM + vGM. Sie kommen in literarischen und fachsprachlichen Textexemplaren vor, werden fachsprachlich überwiegend in analytischen Verbformen (*Wir werden die Bleche preßschweißen.*) und nur gelegentlich in synthetischen (*Er preßschweißt die Bleche.*) verwendet, sind dagegen in literarischen Textexemplaren häufiger in synthetischen Verbformen (*er grinskeucht*) gebräuchlich. In allen verbalen Verwendungsweisen erfolgt eine, die neue Worteinheit besonders kennzeichnende Zusammenschreibung der Kompositionsglieder (FLEISCHER 1982: 306f.; FLEISCHER/BARZ 1992: 295f.). Nach WUNDERLICH(1987: 98) stellen diese Wortbildungen „einen echten Verstoß gegen die Kompositionsregel" dar, was jedoch an der Formulierung der Kompositionsregel liegt (vgl. § 218.7) und nicht am morphologischen Verbindungstypus vGM + vGM.

231.5 Durch die Beispiele 13 (HINGEHEN) und 14 (FORTGEHEN) wird der morphologische Verbindungstypus advGM + vGM wiedergegeben. Die Beispiele 15 bis 19 zeigen Verbalkompositionen mit zweimorphemigen Erstkonstituenten, die außer als kompositionelle Erstglieder auch als Konstituenten von Adverbien vorkommen und deren Wortbildungsprinzipien bei der Behandlung der adverbiellen Komposita (§ 218.1 mit Tabelle 76) und Zusammenrückungen (§ 219.1 mit Tabelle 77) aufgezeigt wurden. Ihre Anordnung folgt den dort nachgewiesenen Typen und wird um einzelne zusätzliche Aspekte ergänzt.

Das Beispiel HINGEHEN steht für die zahlreichen Verbkomposita, die mit den eine Richtung signalisierenden advGM {hin} und {hēr} gebildet werden (FLEISCHER 1982: 310; FLEISCHER/BARZ 1992: 301f.). Das Beispiel FORTGEHEN zeigt, daß auch andere advGM mit primär räumlicher Inhaltskomponente als Erstglieder verwendet werden können. Daneben kommen mit den gleichen GM weitere Inhaltsrelationen vor, die die neue Worteinheit in besonderer Weise kennzeichnen und zeigen, daß die Bedeutungsindizierung nicht einseitig von der richtungsanzeigenden Funktion der Adverbien ausgeht. So wird in HINSIECHEN durch {hin} der neuen Worteinheit das Sem 'Aufhören der Existenz' hinzugefügt, in HINSAGEN das Sem 'flüch-

tige Ausführung‘, und durch {fort} wird in FORTWIRKEN eine zeitliche Komponente signalisiert (FLEISCHER/BARZ 1992: 302f.).
Das Beispiel 15 (DAVORSTEHEN) repräsentiert die Verbalkomposita, die mit einem advGM zweiten Grades gebildet werden, das innerhalb der Wortart Adverb die Subklasse der Pronominaladverbien begründet (§ 218.4). DARAUFKOMMEN zeigt in der Erstkonstituente die Variante mit einer /r/-Erweiterung zur Ausspracheerleichterung. Im Beispiel 16 (HINÜBERGEHEN) liegt als Erstglied ein advGM zweiten Grades vor, dessen Erstkonstituente wie bei HINTENÜBERFALLEN (PFEIFER 1989: 691) nicht aus einem Morphem besteht, das zur Konstitution von Pronominaladverbien verwendet wird (§ 218.6). Beim Beispiel 17 (GEGENÜBERLIEGEN) ist die Erstkonstituente aus einer Komposition von zwei pGM (§ 218.6) entstanden.
Die Erstkonstituente des Beispiels 18 (HINTERHERLAUFEN) besteht aus einer kompositionellen Verbindung von einem pGM und einem advGM (PFEIFER 1989: 693). Während beide Konstituenten noch in Simplizia vorkommen, gilt dies für das Erstglied <zusammen> in ZUSAMMENBLEIBEN nicht mehr, obwohl derselbe morphologische Verbindungstypus aus pGM + advGM zugrunde liegt. Er führte jedoch bereits in ahd. Zeit zu einer neuen adverbiellen Worteinheit in *zisamane* ’gemeinsam‘ (PFEIFER 1989: 2048). Die Bildungen mit dem Erstglied <zurecht> wie in ZURECHTBIEGEN sind nicht ganz so alt; sie sind am Ende der frühnhd. Sprachperiode entstanden, repräsentieren denselben Wortbildungstypus und sind morphologisch durchsichtig, wenn der Bezug zum advGM {rεxt} mit dem Semem ’richtig‘ und nicht ein solcher zum Substantiv *Recht* hergestellt wird (PAUL/HENNE/OBJARTEL 1992: 682, 1088).
Aus dem Vergleich zu den Kompositionstypen aus zwei GM bei Adverbien (§ 218.1 mit Tabelle 76) ergibt sich, daß nicht alle durch morphologische Verbindungstypen entstandenen Adverbien auch als Erstglieder von Verbalkomposita verwendet werden. So kommen fast alle Adverbkomposita – bis auf den Typus 5, der in HINTERHERLAUFEN (Beispiel 18) belegbar ist – mit einem advGM als Zweitkonstituente (Beispiele 1 bis 4, 6 und 7) nicht als Erstglieder von Verbalkomposita vor. Auch aus Adverbien der Typen aGM + pGM (Beispiel 11) und sGM + pGM (Beispiel 12) werden keine Erstglieder von Verbalkomposita gebildet.
Das Beispiel 19 (BEISEITELEGEN) hat als Erstkonstituente ein advGM zweiten Grades, das aus einer Zusammenrückung (Beispiel 12 in Tabelle 77, § 219.1) entstanden ist, die seit frühnhd. Zeit als Adverb üblich ist (PAUL/HENNE/OBJARTEL 1992: 108). Dieselbe morphologische Struktur ist auch bei ZURÜCKLEGEN vorhanden; die ahd. Wortgruppe *zi rugge* ’nach dem Rücken‘ ist seit dem Mittelhochdeutschen zu *zerucke, zerücke* ’hinter sich, rückwärts‘ zusammengerückt (PFEIFER 1989: 1446). Neben

dem Erstglied <zurück>, das immer trennbar ist (*Er legte die Ware zurück.*), kommt als Variante <rück> vor, das aus <zurück> durch Kürzung um die Erstkonstituente <zu> entstanden ist. Der Variantenstatus ergibt sich daraus, daß beide Bildungsweisen beim selben Verb auftreten (vgl. (ZU)RÜCKFRAGEN) und daß <rück> nur als Kompositionsglied und nicht als GM eines Adverbs verwendet wird, womit die Nichttrennbarkeit der Konstituente <rück> und die eingeschränkte syntaktische Verwendungsweise in analytischen Verbformen (*Wir werden im Amt rückfragen.*) und in synthetischen Verbformen in konjunktional bzw. pronominal eingeleiteten Teilsätzen (*während er im Amt rückfragt*) zusammenhängt. In einzelnen fachsprachlichen Kommunikationsbereichen werden die Verbkomposita mit <rück> wie RÜCKBLENDEN gegenüber den gemeinsprachlich üblichen mit <zurück> bevorzugt (FLEISCHER/BARZ 1992: 303).

232.1 Vom morphologischen Verbindungstypus vGM + vGM in GRINSKEUCHEN und PRESSSCHWEISSEN (§ 231.4) unterscheiden sich Bildungen wie SITZENBLEIBEN sowohl in ihrer morphologischen Struktur als auch in ihrer syntaktischen Verwendungsweise und ihrer historischen Herkunft. Als Erstkonstituente tritt eine Infinitivform auf, die morphologisch aus einem vGM und einem den Infinitiv signalisierenden RM {ən} besteht. Syntaktisch ist in Äußerungen wie (1) *Wir gehen gern im Mittelmeer schwimmen.* und (2) *Wir werden im Mittelmeer schwimmen gehen.* die Infinitivform vom übergeordneten Verb als Infinitivergänzung abhängig. Sie kann dabei von diesem durch andere Satzglieder getrennt stehen (1) oder sich in analytischen Verbformen in Juxtaposition unmittelbar vor dem infiniten Teil des übergeordneten Verbs befinden (2). Durch das übergeordnete Verb und den abhängigen Infinitiv werden zwei verschiedene und aufeinander folgende Handlungsweisen eines Handlungsträgers bezeichnet. Werden diese von Sprechern/Schreibern als eine inhaltsseitige Einheit aufgefaßt, können die beiden Elemente auch ausdrucksseitig zusammengefügt werden, was durch die Juxtaposition begünstigt wird. Eine solche Zusammenschreibung existiert dann synchron häufig neben einer Getrenntschreibung, so daß bei gleicher Inhaltsseite fließende Übergänge zwischen Getrennt- und Zusammenschreibung existieren. Wenn sich jedoch inhaltsseitige Differenzen zwischen getrennt- und zusammengeschriebenen Elementen ergeben, wie dies in den Äußerungen (3) *Einige Schüler werden selbst beim Eintritt des Bundespräsidenten unhöflicherweise sitzen bleiben.* und (4) *Einige Schüler werden am Ende dieses Schuljahres sitzenbleiben.* bei BLEIBEN 'in einem Zustand verharren, die Stellung nicht verändern' und SITZENBLEIBEN 'nicht in die nächste Klasse versetzt werden' (WAHRIG 1977: 708, 3302) der Fall ist, ist bei SITZENBLEIBEN eine Begründung für eine Zusammenschreibung und damit für den Ansatz einer neuen Worteinheit vorhanden. Andererseits ist zu beachten, daß völlig unabhängig von der Zusammen- oder Getrenntschreibung der jeweilige Satzkontext ausreicht, eine Monosemierung der Elemente <sitzen bleiben> herbeizuführen. Eine Zusammenschreibung kann besondere semantische Kongruenzbeziehungen signalisieren helfen; eine Getrenntschreibung (DUDEN. Rechtschreibung 1996: 875, § 34.6) verzichtet auf eine solche ausdrucksseitige Unterstützung besonderer inhaltsseitiger Relationen. Abgesehen von der Notwendigkeit einer Fixierung einer orthographischen Regel sind Bildungen wie SITZENBLEIBEN wegen der syntaktischen Juxtaposition eher als Zusammenrückungen zu interpretieren und weniger als Zusammensetzungen (so aber FLEISCHER 1989: 307; FLEISCHER/BARZ 1992: 296; WELLMANN, in: DUDEN 1984: 414; 1995: 437).

232.2 Die Anzahl der durch Zusammenrückung entstehenden neuen Verben ist begrenzt. Lediglich mit den Verben BLEIBEN, LASSEN und LERNEN als Zweitgliedern kommen häufiger Zusammenrückungen wie LIEGEN-, SITZEN-, STEHEN- und STECKENBLEIBEN bzw. LIEGEN-, SITZEN-, STEHEN- und STECKENLASSEN bzw. ACHTEN-, KENNEN-, LIEBEN- und SCHÄTZENLERNEN vor. Mit den Zweitgliedern FAHREN, GEHEN und REITEN wird SPAZIEREN als Erstglied zusammengerückt, wobei jeweils die Art und Weise der Fortbewegung näher spezifiziert wird (Beispiele bei FLEISCHER/BARZ 1992: 296).

232.3 Anders als in FLEISCHER/BARZ (1992: 296) werden Verben wie SITZENBLEIBEN und KENNENLERNEN von BARZ (1992: 83) als Zusammenrückungen behandelt. Bei ihrer Neuklassifikation geht sie von dem „Merkmalpaar fest/unfest“ aus und ordnet nur noch „die festen Verben aus Verbstamm oder Nomen und Infinitiv“ den Komposita zu, während die Verbbildungen mit „wortfähigen UK [= unmittelbaren Konstituenten]“ als Erstkonstituenten, die aber trennbar sind, den Zusammenrückungen zugewiesen werden. Das Ziel, nur solche Verbbildungen als Komposita anzuerkennen, die auch „über solche Merkmale verfügen, wie sie für (nominale) Komposita gelten“, und zwischen verbalen und substantivischen Wortbildungen spezifische Unterschiede herauszuarbeiten (ebd.: 88), ist mit einzelnen Konsequenzen verbunden, die die scheinbare Klarheit der Unterscheidung wieder aufheben.

Als erste Konsequenz ergibt sich, daß Verben wie SITZENBLEIBEN und DANKSAGEN, FREISPRECHEN jetzt zu einem Wortbildungsprinzip gehören und die hier herausgearbeiteten morphologischen Unterschiede wieder verlorengehen. Die zweite Konsequenz ist, daß Verben, die denselben morphologischen Verbindungstypus sGM + vGM zeigen, unterschiedlich klassifiziert werden, da DANKSAGEN den Zusammenrückungen, PUNKTSCHWEISSEN, HOHNLACHEN, LOBPREISEN und LOBHUDELN dagegen den Komposita zuzuordnen sind. Bei Veränderungen der syntaktischen Verwendungsweisen (*Er sagte ihm Dank. – Er danksagte ihm.*) sind beim selben Verb sogar zwei Zuordnungen notwendig (§ 231.1). Die dritte Konsequenz zeigt sich beim morphologischen Verbindungstypus aGM + vGM; bei ihm sind Bildungen wie FESTDREHEN als Zusammenrückungen, Verben wie LIEBÄUGELN, FROHLOCKEN und VOLLBRINGEN aber als Komposita zu interpretieren. Inwiefern FERNLENKEN zu den „partizipialen Adjektiven" gehören und „durch Konversion" entstehen soll (ebd.: 83, 88), ist nicht zu erkennen. Die vierte Konsequenz ergibt sich bei Verben, die mit den Konstituenten <durch-, über-, um-, unter-, wider-> gebildet sind (§ 233.1) und hier als verbale Präfixoidbildungen behandelt werden (§ 233.6), von BARZ aber – wenigstens im festen Gebrauch (*Wir durchfahren Frankreich.*) – als Komposita behandelt werden müssen. Daß die trennbaren Konstituenten wie bei ANMALEN und UMFAHREN trotz des Kriteriums der Wortfähigkeit bei BARZ (1992: 82f.) bei den Präfixderivationen erscheinen und nicht bei den Zusammenrückungen, müßte näher begründet werden. Als letztes müßten Verben des morphologischen Verbindungstypus advGM + vGM wie HINGEHEN (§ 231.1) als Zusammenrückungen interpretiert werden.

233.1 Wie bei den Substantiven (§ 198), Adjektiven (§ 212) und Adverbien (§220) kommen auch bei den Verben Affixoidbildungen vor. Während bei den Adverbien nur Suffixoidbildungen nachweisbar sind, sind es bei den Verben nur Präfixoidbildungen. Wie bei allen Affixoidbildungen wird auch bei den Verben der morphologische Status der entsprechenden Elemente unterschiedlich beurteilt. Es handelt sich um Verbbildungen mit den Konstituenten <ab-, an-, auf-, aus-, bei-, ein-, nach-, vor-, zu-> (= Gruppe A) und um solche mit den Konstituenten <durch-, über-, um-, unter-, wider-> (= Gruppe B). Die Konstituenten der Gruppe A tragen in der neuen Worteinheit den Wortakzent; in der syntaktischen Verwendungsweise sind sie bei analytischen Verbformen (*Er wird den Besuch absagen.*) im infiniten Verbformteil mit der Wortbildungsbasis zusammengeschrieben, bei synthetischen Verbformen (*Er sagt den Besuch ab.*) werden sie von der Basis getrennt und konstituieren mit ihr eine Satzklammer. Bis auf die Verbindungstypen aus zwei vGM (GRINSKEUCHEN, PRESSSCHWEISSEN) und die Bildungen PUNKTSCHWEISSEN und HOHNLACHEN zeigen die Erstkonstituenten der neuen Worteinheiten dieselben syntaktischen Verwendungsweisen wie die Verbkomposita der Tabelle 86 (§ 231.1). Lediglich bei Wortbildungen mit dem Morphem {an} und bereits präfigierten Basen wie bei ANERKENNEN besteht gegenwartssprachlich die Tendenz, bei synthetischen Verbformen auf eine Trennung und damit eine Klammerbildung zu verzichten. WELLMANN (in: DUDEN 1984: 425 Anm. 2; 1995: 449 Anm. 3) verweist auf Äußerungen wie (1) *Er anerkannte damit ihr Vorhaben.* neben üblicheren wie (2) *Er erkannte damit ihr Vorhaben an.*

Die Konstituenten der Gruppe B sind an der Konstitution von neuen Worteinheiten beteiligt, bei denen sie den Wortakzent besitzen oder nicht. Wenn sie mit derselben Wortbildungsbasis verbunden werden, übernimmt das suprasegmentale Merkmal des Wortakzents wie in den Äußerungen (3) *Wir werden auf dem Weg nach Spanien durchfahren.* und (4) *Wir werden auf dem Weg nach Spanien Frankreich durchfahren.* neben dem Satzkontext eine distinktive Funktion, auch wenn von dieser Möglichkeit zur Oppositionsbildung nicht bei jedem Morphem und nicht zu jeder Basis Gebrauch gemacht wird, so daß innerhalb dieser Gruppe ein Zentral- und ein Peripherbereich unterschieden werden kann (ŠIMEČOVÁ 1984: 136). In (3) hat DÚRCHFAHREN das Semem 'fahren, ohne anzuhalten oder größere Pausen zu machen', in (4) zeigt sich bei DURCHFÁHREN das Semem 'bereisen', wobei durchaus größere Pausen und auch Übernachtungen möglich sind (WAHRIG 1977: 959). Trägt die erste Konstituente den Wortakzent, ist sie bei synthetischen Verbformen trennbar (*Wir fahren auf dem Weg nach Spanien durch.*); hat die Basis den Wortakzent, sind beide Konstituenten untrennbar miteinander verbunden (*Wir durchfahren Frankreich.*).
OLSEN (1997: 10f.) möchte für DURCHFÁHREN den Status eines „Präfixverbs" und für DÚRCHFAHREN den eines „Partikelverbs" ansetzen. Bei Präfixverben soll „das präpositionale Relativum explizit zum Ausdruck" kommen, während „die Inkorporation einer Präpositionalbedeutung mit entsprechender Argumentvererbung für Partikelverben nicht typisch" sei.
Die von ŠIMEČOVÁ (1993: 19 mit Anm. 1) für inhaltsseitige Analysen gewählte „übergeordnete Bezeichnung" 'Präverb' für „feste, der Basis vorangestellte Elemente (Präfixe) und alle postponierbaren Elemente", d.h. für Verben wie BESTELLEN, AUFSTELLEN, ABBESTELLEN bzw. ANHABEN, DABEIHABEN, DURCHHABEN, TEILHABEN, LIEBHABEN (ebd.: 25), faßt zu heterogene Phänomene zusammen und ist für eine morphologische Analyse ungeeignet.
233.2 In den historisch ausgerichteten Wortbildungslehren werden die beiden Konstituentengruppen A und B zur verbalen Wortbildung gemeinsam mit den untrennbaren Erstkonstituenten <be-, er-, ent-, ver-, zer-> (= Gruppe C) wie in BEFAHREN, ERFAHREN, ENTFAHREN, VERFAHREN und ZERFAHREN behandelt, deren morphologischer Status als FM in der Gegenwartssprache unstrittig ist. Die drei Wortbildungsgruppen werden unter dem Terminus 'Partikelkomposition' (WILMANNS 1930: 129) beschrieben, wobei ein weiter Partikelbegriff verwendet wird, der alle nichtflektierenden Wortarten umfaßt. J. GRIMM (1826: 698) stellt kategorisch fest, daß alle untrennbaren Partikeln „auf einen früheren sprachstand hin[weisen], in welchem sie gleichfalls als lose und freie wörter erschienen sind". Nach WILMANNS (1930: 126) haben die Wörter, „die mit Verbis in

untrennbarer Composition verbunden sind, [...] mehr oder weniger den Charakter von Mitteln der Wortbildung angenommen. Nur die älteste Schicht der mit ihnen zusammengesetzten Wörter beruht auf wirklicher Composition, die andern wurden nach der Analogie gebildet und sind zum Teil zu sehr kräftigen Form- und Bedeutungsgruppen herangewachsen." Obwohl WILMANNS bei den untrennbaren Verbelementen den Charakter als Wortbildungsmittel, d.h. als Formationsmorphem, erkennt, dominiert bei seiner Klassifikation ein diachrones Element, nämlich die Rückführbarkeit auf Simplizia, auf ehemals als Wortformen 'selbständig' verwendbare Einheiten. Der synchrone Aspekt, die Frage nach den morphologischen Strukturen und Funktionen in einem sprachlichen Zustand, der durchaus gesehen wird, tritt für die Klassifikation hinter den diachronen Aspekt zurück. Auch PAUL (1880/1975: 347) hebt den „Ursprung[e] der Ableitungssuffixe und Präfixe" hervor, die für ihn „anfänglich stets so [entstehen], dass ein Kompositionsglied die Fühlung mit dem ursprünglich identischen einfachen Worte verliert."

233.3 In dieser Tradition steht HENZEN (1965: 98). Für ihn stellen in „sprachgeschichtlicher Sicht [...] die Präfixbildungen Zusammensetzungen dar (als Präfixkomposita); sonst kommt ihnen nun eine eigene Stellung zu." Die 'eigene Stellung' zeigt sich nach HENZEN (1965: 34) darin, daß die Präfixe nicht wie die Suffixe „die Fähigkeit besitzen, in andere Wortarten hinüberzuführen ('abzuleiten')". Andererseits sieht er deutlich, „daß die Wortbildung mit Präfixen – entgegen der Ansicht GRIMMs, Ableitung könne nur hinten am Wort erfolgen – den gleichen analogischen Prozeß darstellen wie die Ableitung durch Suffixe bzw. zu Suffixen erstarrte Kompositionsglieder." Dennoch will er die Präfixbildungen unter diachronem Aspekt nicht ganz „von der Zusammensetzung lösen und zur Ableitung schlagen." (ebd.: 34); er weist daher den „Bildungen mit Präfixen" einen „Sonderplatz" zwischen Zusammensetzungen und Ableitungen zu und hebt die 'fließenden Übergänge' von Zusammensetzungen zu Ableitungen hervor (ebd.: 35).

233.4 Die Annahme einer Zwischenstellung zwischen Komposition und Derivation durch die Morpheme der Gruppen A und B wird von FLEISCHER (1982: 325) zugunsten einer generellen Lösung explizit wieder aufgegeben. Während GRIMM, WILMANNS und HENZEN unter diachronem Aspekt eine Zuordnung zu Kompositionen vornehmen, ordnet sie FLEISCHER (1982: 76) den gebundenen Morphemen, d.h. den Formationsmorphemen, zu und stellt eine eigene Wortbildungsklasse, die der Präfixe, auf. Unter verbalen Präfixen versteht er „nicht nur *be-, er-, ent-, ver-* und *zer-* und die sowohl im Nominal- als auch im Verbalbereich auftretenden *ge-* und *miß-*, sondern auch Elemente wie *ab-, an-, los-, fehl-, nach-* usw."; er betrachtet „nicht nur die festen (untrennbaren) Bildungen mit *durch-, um-, über-* usw. als

Präfixbildungen, sondern auch die unfesten." (FLEISCHER 1982: 325). Ein Präfix ist daher für ihn „ein gebundenes Morphem, das reihenbildend vor ein Grundmorphem oder eine Morphemkonstruktion tritt, um ein Wort oder eine Flexionsform des betreffenden Wortes zu bilden." (ebd.: 76).
Die Kriterien zur Unterscheidung von Kompositionsgliedern und Präfixen sind für FLEISCHER (1982: 77f.) 1. die Reihenbildung, wobei das Präfix „in der gleiche Bedeutung" oder in „gesonderten Reihenbildungen" mit verschiedenen „Bedeutungsvarianten" vorkommen kann; 2. die Bedeutungsdifferenz zwischen Präfix und dem sog. freien homonymen Morphem, wobei sich die Präfixbedeutung „gewöhnlich in Richtung auf eine zunehmende Verallgemeinerung und Entkonkretisierung bei der Modifizierung des durch die Basis ausgedrückten Inhaltes entwickelt" und 3. die „Tendenz zur Beseitigung der Homonymie", die sich in einer „allmähliche[n] Einschränkung im freien Gebrauch des betreffenden Elementes" zeigen soll.
Da das dritte Kriterium nur eine Tendenz formuliert und nicht alle Elemente betrifft, ist es als generelles Unterscheidungskriterium ungeeignet. Dies gilt auch für das Kriterium der Reihenbildung, denn Reihenbildungen kommen auch bei Erstgliedern von Substantivkomposita vor, ohne daß an ihrem Status als GM gezweifelt wird. Als wichtigstes Unterscheidungskriterium bleibt somit die Bedeutungsdifferenz zwischen dem Präfix und dem ausdrucksseitig identischen GM übrig, das als Präposition oder Adverb auftreten kann.
Das Kriterium der Bedeutungsdifferenz ist jedoch nicht so problemlos handhabbar, wie FLEISCHER (1982: 77) möchte, für den sich „z.B. *ab-, an-, auf-, aus-* zu Präfixen entwickelt" haben. Dies soll anhand des Morphems {ap} gezeigt werden, das als Adverb und als Präposition ebenso wie als verbales Wortbildungselement vorkommt. Für das Adverb AB führt WAHRIG (1977: 254) die Sememe 'weg' (1a) 'ausgehend von' (1b) 'beginnend mit' (1c) 'mehr als' (1d) 'vermindert um' (1e) und 'abgehen' (1f) auf, die u.a. in den Äußerungen (1) *Der Knopf ist ab.* (1a), (2) *Ab heute arbeiten wir.* (1c) (3) *„Ab nach hinten" ist eine Bühnenanweisung.* (1f), (4) *Von da ab handelte er.* (1b) belegt sind. Die Präposition AB zeigt in den Äußerungen (5) *Ab Hamburg wird geliefert.* (1b), (6) *Socken ab drei Mark.* (1c und 1d), *Rechnung ab Diskont* (1e) vergleichbare – und in Klammern zur Verdeutlichung angeführte – Sememe, doch sichert die unterschiedliche syntaktische Funktionalität von Adverb und Präposition ihre Wortartenunterscheidung. Für das Morphem {ap} als verbales Wortbildungselement gibt WAHRIG (ebd.) „Bedeutungen" an, die jedoch innerhalb der neuen Worteinheiten eher den Status von Semen haben, die mit den Inhaltsseiten der Wortbildungsbasen eine Verbindung eingehen, und das Semem der neuen Worteinheit konstituieren. Die Inhaltsseiten und die sie signalisierenden Verben sind nach WAHRIG (ebd.) 'Trennung, Beseitigung' bei *abschaf-*

fen, abschaben (2a), 'Verminderung' bei *abtragen, abziehen*' (2b), 'Beginn' bei *abreisen, abfahren* (2c), 'Bewegung oder Richtung nach unten' bei *abspringen, abfallen* (2d), 'Verneinung, Rückgängigmachung' bei *absagen, ablehnen* (2e), 'Verstärkung' bei *abbetteln, abängstigen* (2f) und 'Nachahmung' bei *abschreiben, abmalen* (2g). Mit den Inhaltsseiten der zu den Gruppen 2a, 2b und 2g gehörenden Verben kann auch noch eine Kennzeichnung der Aktionsart verbunden sein; sie betrifft den „Verlauf der verbalen Handlung ohne Unterbrechung vom Anfangspunkt bis zum Endpunkt" (DIMITROVA 1990: 229). Aus dem Vergleich der Inhaltsseiten ergibt sich – unter Vernachlässigung der Frage nach der Genauigkeit der Inhaltsangaben in Wörterbüchern –, daß zwischen den Inhaltsseiten von 2a und 1a, 1e, von 2b und 1e, von 2c und 1b, von 2d und 1b klare Relationen bestehen, daß solche Relationen zwischen 2f und 1d nur noch eingeschränkt vorhanden sind und von den Inhaltsseiten 2e und 2g keine Relationen zu Inhaltsseiten des Adverbs AB und der Präposition AB hergestellt werden können. Vor diesem Hintergrund ist die Aussage von FLEISCHER (1982: 77), „daß das Präfix in Verbindung mit dem Verb abstraktere Funktionen übernommen hat, die das formal entsprechende freie Morphem nicht kennt", nicht haltbar und eine generelle Zuordnung der entsprechenden Morpheme zu den Präfixen, d.h. den FM, nicht zu begründen.

Die mögliche Alternative, Verben mit inhaltsseitigen Relationen zu Adverbien oder Präpositionen den Kompositionen zuzuweisen und bei fehlenden Relationen eine Derivation mit einem FM anzusetzen, erweist sich aus mehreren Gründen als nicht praktikabel. Einmal würde ein einheitlicher Wortbildungsvorgang zu Klassifizierungen in verschiedene Verbgruppen je nach verbaler Basis führen; zum anderen müßten selbst bei einer erkennbaren inhaltsseitigen Relation zu einer Inhaltsseite wie 'weg' (1a) bei Verben wie ABARBEITEN, ABBEEREN, ABBEISSEN, ABBEZAHLEN und ABBIEGEN durchaus vorhandene Grade des Entfernens/Beseitigens vernachlässigt werden; ferner müßte bei Verben wie ABBEKOMMEN (WAHRIG 1977: 255) beim Semem 'entfernen können' in der Äußerung (7) *Wir werden die Farbe abbekommen.* ein Kompositum wegen des Bezugs zur Inhaltsseite 1a angesetzt werden, bei den Sememen 'erhalten' und 'geschlagen werden' in Äußerungen wie (8) *Sie werden ihren Teil abbekommen.* und (9) *Er wird genug Prügel abbekommen.* wegen fehlender inhaltsseitiger Relationen dagegen eine Derivation mit einem FM. Ein solches Vorgehen widerspräche jedoch der Einheit des Wortes, ebenso wie es der neuen verbalen Worteinheit widerspricht, wenn den Konstituenten, seien sie nun trennbar oder untrennbar, feste Inhaltsseiten zugeordnet werden, die nur addiert zu werden brauchen, um die neue Inhaltsseite zu ergeben. Es muß daher ein morphologisches Beschreibungsverfahren gefunden werden, das einmal den vergleichbaren inhaltsseitigen Relationen zu den ausdrucksseitigen identischen Adverbien und Präpositionen und zum anderen den in den neuen Verben erkennbaren neuen Inhaltsrelationen gerecht wird. Dazu bietet sich der Affixoid-Begriff an (§ 198.10), der bereits zur Beschreibung entsprechender Wortbildungen bei Substantiven (§ 198), Adjektiven (§ 212) und Adverbien (§ 220) verwendet wurde.

233.5 Ein entsprechender Vorschlag wird von WELLMANN (in: DUDEN 1984: 416; 1995: 439) unterbreitet. Für ihn haben die untrennbaren Präfixe, die FM, bei der Verbbildung dieselbe grammatische, inhaltsseitig und stilistisch-pragmatische Funktion wie „in Verbindung mit Verben die Partikeln *ab-, auf-, aus-* usw., die als Wortbildungsbestandteile [1995: Wortbildungselemente] nur noch lautlich (ausdrucksseitig) mit den gleichlautenden [das Adjektiv fehlt 1995] Adverbien bzw. Präpositionen *ab, auf, aus* usw. übereinstimmen, semantisch (inhaltsseitig) aber – wenigstens zum Teil – eher mit den Präfixen *ver-, er-* usw. (vgl. *ab-* und *verblühen, auf-* und *erblühen, ab-/aus-* und *verklingen*). Deshalb werden sie als Halbpräfixe eingestuft und den Präfixen an die Seite gestellt." Der Terminus Halbpräfix entspricht dabei dem Terminus Präfixoid, der hier verwendet wird. Obwohl WELLMANN (in: DUDEN 1995: 439 Anm. 1) selbst hervorhebt, daß durch die Einordnung der Morpheme als Halbpräfixe „die Semantik zum Prinzip dieser Darstellung" gemacht werde, lassen sich aus seiner Begründung zwei weitere zentrale Aspekte herleiten, das synchrone Nebeneinander von Affixoiden und Simplizia und die funktionelle Vergleichbarkeit mit synchron eindeutig als FM zu klassifizierenden Elementen. Da die Affixoide auch diachron auf GM zurückgeführt sind, ergibt sich bei den Verben derselbe Begründungszusammenhang wie bei den Substantiven (§§ 198.9, 198.10).

233.6 Anders als bei den Substantiven können bei den Verben nur Präfixoide und keine Suffixoide nachgewiesen werden. Die verbalen Präfixoidbildungen sind in der Tabelle 87 zusammengestellt:

Tabelle 87: Verbale Affixoidbildungen und ihre morphologischen Strukturen

morphologische Struktur Affixoidbildungen	morphologischer Verbindungstypus	Affixoid-Funktion	vergleichbare Bildung mit FM
1. abdrängen	adv/pAF + vGM	Modifikation: weg	verdrängen
2. anrühren	adv/pAF + vGM	Modifikation: Kontakt	berühren
3. aufwachen	adv/pAF + vGM	Modifikation: inchoativ	erwachen
4. ausklingen	adv/pAF + vGM	Modifikation: perfektiv	verklingen
5. beifügen	pAF + vGM	Modifikation: Hinzufügen	
6. eintrocknen	advAF + vGM	Modifikation: Richtung	vertrocknen
7. nachklingen	adv/pAF + vGM	Modifikation: Fortdauer	verklingen
8. vorheizen	adv/pAF + vGM	Modifikation: voran	

morphologische Struktur Affixoidbildungen	morphologischer Verbindungs-typus	Affixoid-Funktion	vergleichbare Bildung mit FM
9. zubauen	adv/pAF + vGM	Modifikation: Ausfüllen	verbauen
10. durchbeißen	adv/pAF + vGM	Modifikation: Trennen	zerbeißen
11. überziehen	adv/pAF + vGM	Modifikation: Bedecken	beziehen
12. umschlagen	adv/pAF + vGM	Modifikation: Wenden	
13. unterwerfen	adv/pAF + vGM	Modifikation: Niederdrücken	
14. widerspiegeln	adv/pAF + vGM	Modifikation: Richtung zurück	

In den Aufbauprinzipien folgt die Tabelle 87 den Tabellen 64 (§ 198.11), 72 (§ 212.2) und 78 (§ 220.1).

233.7 Die Beispiele 1 bis 9 repräsentieren die Präfixoide der Gruppe A (§ 233.1). Beim morphologischen Verbindungstypus wird die Alternative adv/pAF angegeben, wenn die Erstkonstituente als Simplex vorkommt und neben dem üblichen Gebrauch als Präposition auch als Adverb belegt werden kann. Dies gilt auch für das AF {an}, das als Adverb nur noch in festen Verbindungen wie *ab und an* vorkommt (WAHRIG 1977: 361) und dessen ältere Verwendungsweisen als Adverb gegenwartssprachlich von HERAN, HINAN übernommen worden sind (PFEIFER 1989: 47). Zu {bai} wie in BEIFÜGEN ist gegenwartssprachlich kein Adverb vorhanden (PFEIFER 1989: 143), und zu {ain} wie in EINTROCKNEN existiert ausschließlich ein Adverb in festen Wendungen wie *ein und aus* (WAHRIG 1977: 1000).

Inhaltsseitig besitzen alle AF eine modifizierende Funktion in Relation zu den vGM. Sie verstärken und erweitern dabei bereits durch FM geschaffene Funktionsbereiche bzw. konstituieren wie bei BEIFÜGEN und VORHEIZEN neue Funktionsbereiche. Die Vielfalt der Affixoid-Funktionen im Verbalbereich übertrifft die Funktionalität der AF bei den übrigen Wortarten und ist Ausdruck der kommunikativen Notwendigkeit, Tätigkeiten, Vorgänge und Zustände in Verbalsätzen möglichst differenziert zu bezeichnen (§ 96).

233.8 Die Beispiele 10 bis 14 stehen für Affixoidbildungen mit den Konstituenten der Gruppe B (§ 233.1). Durch die Bildungen mit {durx} und {ǖbər} werden bereits vorhandene Funktionsbereiche erweitert, die übrigen Bildungen konstituieren Funktionsbereiche, die durch Verbbildungen mit FM nicht abgedeckt sind. Bei {untər} ist ein adverbieller Gebrauch nur noch vereinzelt in Äußerungen wie (1) *Der Mond ist unter.*, die schriftsprachlich kaum noch vorkommen (PAUL/HENNE/OBJARTEL 1992: 945), zu belegen. Das AF {vīdər} ist „nicht mehr produktiv“ (WELLMANN, in: DUDEN 1984: 430; 1995: 454). Das von WELLMANN (ebd.) zur selben Gruppe B hinzugefügte {hintər} „kommt nur in wenigen lexikalisierten Bildungen wie *jmdn. hintergéhen, etw. hintertréiben, hinterlégen* vor“ und zeigt „Übertragung[en] auf unräumliche Verhältnisse“ (PAUL/HENNE/OBJARTEL 1992: 410), was bei Bildungen mit längerer Sprachtradition wie dem im 16. Jahrhundert geschaffenen HINTERBRINGEN ’heimlich wissen lassen‘ (ebd.: 411) öfter zu belegen und nicht Ausdruck einer Affixoidbildung mit modifizierender Funktion ist, weshalb diese Wortbildungen hier den Zusammensetzungen zugeordnet werden (vgl. § 231.1 mit Tabelle 86).

233.9 Außer der Klassifikation in Komposita und Affixoidbildungen nimmt WELLMANN (in: DUDEN 1984: 430-432; 1995: 454-456) noch eine solche in „Verbzusätze, die schon einige (halb)präfixartige Züge haben, mit ihrer einheitlicheren, vorherrschend räumlichen Bedeutung aber den Zusammensetzungen [...] noch näherstehen“ vor. Als Verbzusätze wertet er Bildungen mit „*nach-, bei-, vor-, zu-, los-, wieder-, entgegen-, zurecht-*“. Ein einziges semantisches Merkmal, die ’vorherrschend räumliche Bedeutung‘, reicht jedoch nicht aus, um eine über den Affixoidstatus hinausgehende Klassifizierung zu begründen. Da auch die Bildungen mit <durch, um, über> und <unter> räumliche Verwendungsweisen zeigen (WELLMANN, in: DUDEN 1984: 428-430; 1995: 453f.), wird eine solche Klassifizierung von zu vielen nicht näher spezifizierten und subjektiven Einschätzungen inhaltsseitiger Relationen zwischen den Wortbildungskonstituenten beeinflußt. Daher wird hier auf eine solche zusätzliche Klassenbildung verzichtet. Die Bildungen mit <nach, bei, vor, zu> und <los> (§§ 212.2, 212.4) werden den Affixoidbildungen zugeordnet; die Bildungen mit <wieder, entgegen, zurecht> zeigen noch keinen Affixoidcharakter und sind in die in der Tabelle 86 behandelten Typen von Kompositionen zu integrieren (§ 231.1).

Auch die Verbbildungen mit <fehl>, die WELLMANN (in: DUDEN 1984: 424; 1995: 448) als „Restgruppe[n]“ nach den FM behandelt bzw. den „Wenig oder nicht produktiven Präfixe[n]“ zuordnet, werden hier wegen des Simplex FEHL mit den Inhaltsseiten ’falsch, erfolglos, unangebracht‘ in Äußerungen wie (1) *Der Schuß ging fehl.* bzw. (2) *Er war fehl am Platze.* und der inhaltsseitigen Vergleichbarkeit zur Erstkonstituente <fehl> in Verbbildungen wie FEHLGEHEN ’in falscher Richtung gehen, sich verlaufen‘ und FEHLSCHIESSEN ’vorbei-, danebenschießen‘ den Kompositionen zugewiesen und nicht den Verbkonstitutionen mit FM (so aber FLEISCHER 1982: 310).

233.10 Das sekundärsprachliche AF {zūpər} wird in Bildungen wie SUPERSPAREN ’sparen mit besonders günstigen Bedingungen für Sparer‘ außer mit sGM und aGM gelegentlich auch mit vGM der Primärsprache des Deutschen verbunden (G. D. SCHMIDT 1990: 205), was seine Beliebtheit und besondere Produktivität kennzeichnet.

234.1 Pseudokompositionen können im Verbalbereich kaum nachgewiesen werden. Das einzige sichere Beispiel ist RADEBRECHEN 'stümperhaft sprechen', dessen Erstkonstituente <rade> inhaltsseitig nicht mehr mit dem Substantiv (das) RAD in Beziehung gesetzt werden kann. Im Ahd. lag noch eine Zusammensetzung in *radebrechen* 'rädern, auf dem Rad brechen' vor, im Frühnhd. entstanden die Inhaltsseiten 'quälen' und 'eine Sprache mißhandeln' (PFEIFER 1989: 1359f.). Mit dem Verlust der Inhaltsseite 'rädern' durch andere Bestrafungsformen ging die Durchsichtigkeit der Wortbildung verloren, und aus dem Kompositionsglied wurde ein unikales Morphem, ein Pseudomorphem.

234.2 FLEISCHER (1982: 310) stellt RADEBRECHEN und KEHRTMACHEN innerhalb der Verbalkomposita in eine „Sondergruppe", in der die „jeweiligen ersten Konstituenten [...] in der Gegenwartssprache nicht mehr als freie Nomina" begegnen und „auch nicht als Präfix – reihenbildend – produktiv geworden" sind. Bei KEHRTMACHEN ist jedoch die Relation zum GM {kēr} wie in KEHREN, KEHRE, UMKEHREN, KEHRTWENDUNG noch herzustellen (PFEIFER 1989: 821f.), so daß ein Kompositum vorliegt.

235 Auch Wortkreuzungen sind im Verbalbereich selten. FLEISCHER/BARZ (1992: 47) führen die Verben VERSCHLIMMBESSERN 'durch eine vermeintliche Verbesserung noch schlimmer machen' und INSTANDBESETZEN 'ein leerstehendes Haus, besonders ein zum Abbruch bestimmtes Mietshaus, widerrechtlich beziehen und es für seinen Gebrauch zum Wohnen herrichten' auf. VERSCHLIMMBESSERN ist eine Kreuzung aus VERSCHLIMMERN und VERBESSERN, zwei deadjektivischen Präfixbildungen (FLEISCHER 1982: 330) mit dem GM {šlim} und dem SM {bɛsər} zu den adjektivischen Komparativformen *schlimmer* und *besser* (vgl. §§ 50.2, 167.9). Der morphologische Verbindungstypus FM + GM + SM + RM entsteht dadurch, daß die bei den Ausgangsverben vorhandenen Typen FM + GM + RM (Komparativ) bei VERSCHLIMMERN und FM + SM bei VERBESSERN als Grundlage der neuen Worteinheit in spezifischer Weise kombiniert werden. Die Ausgangsbasis wird durch das Verb VERBESSERN mit dem SM {bɛsər} gebildet, in die das GM {šlim} des Verbs VERSCHLIMMERN als GM vor das SM in der Form eines determinativen Verhältnisses gesetzt wird, um die Art der Verbesserung zu charakterisieren. Ein vergleichbarer Wortkreuzungstypus findet sich bei den Substantiven (§201.2) und Adjektiven (§ 215.1) nicht. Der Typus advGM zweiten Grades + vGM zweiten Grades von {inštant} und {bəzɛtsən} ist dagegen mit den substantivischen und adjektivischen Typen STROHWIEDE, FUNKELNAGELNEU und SENKGRAD im Hinblick auf die Art der Wortkreuzung vergleichbar (§§ 201.2, 215.1), auch wenn die GM zweiten Grades auf andere Wortarten zurückzuführen sind.

236.1 Bei den Reduplikationen im Verbalbereich lassen sich dieselben Großgruppen wie bei den Substantiven (§ 202.2), Adjektiven (§ 216.1) und Adverbien (§ 221.1) belegen. Die einzelnen Verbindungstypen sind in der Tabelle 88 zusammengestellt.

Tabelle 88: Reduplikationsbildungen und ihre morphologischen Strukturen bei Verben

morphologische Struktur Beispiele	lexikalische Grundlagen	morphologischer Verbindungstypus
1. dudeldudeldeien	Verb dudeln	GM + GM
2. hammhammen	Verb hammen, Interj. ham	GM + GM
3. rumpumpeln	Verb rumpeln	GM + Reimbildung
4. stolterpoltern	Verb poltern	GM + Reimbildung
5. hickhacken	Verb hacken	GM + Ablaut
6. zwickezwacken	Verb zwicken	GM + Ablaut

Die Aufbauprinzipien der Tabelle 88 entsprechen denen der Tabellen 68 (§ 202.2), 75 (§ 216.1) und 79 (§ 221.1).

236.2 Die Beispiele 1 und 2 zeigen den morphologischen Verbindungstypus, der durch die Wiederholung zweier GM entsteht. Beide Beispiele stammen aus umgangssprachlichen Varietäten, nicht der Standardsprache. Beim Verbum DUDELDUDELDEIEN 'den Dudelkasten spielen' liegt eine Verdoppelung des GM {dūdəl} zum Verb DUDELN 'die Sackpfeife, den Dudelkasten, die Drehorgel spielen' vor, das um eine weitere, den Klang nachahmende Phonemfolge erweitert wird. Ausschließlich eine Wiederholung des GM {ham} ist beim Verb HAMMHAMMEN 'tüchtig essen, einhauen' vorhanden, wobei HAMMEN eine verbale Ableitung zur Interjektion HAM ist (BZDĘGA 1965: 50, 53).

236.3 Die Beispiele 3 und 4 zeigen ein GM, das durch Reimbildung wiederholt wird. Beim Verb RUMPUMPELN 'rütteln und schütteln, rasseln' wird von BZDĘGA (1965: 127) eine Zuordnung zum Verb RUMPELN 'schütteln, stoßen' vorgenommen. Die Reimbildung besteht dann darin, daß der erste Teil /rum/ des GM {rumpəl} durch die Phonotaktik /pum/ in Reimform wiederholt wird, ehe der zweite Teil /pəl/ des GM gesetzt wird. Erfolgt jedoch eine Zuordnung zum Verb PUMPELN als Bezeichnung eines dumpfen Geräuschs, dann wird dem GM {pumpəl} die Phonotaktik /rum/ in Reimform vorangestellt. Das Verb STOLTERBOLTERN 'Purzelbaum schlagen' kann – wie das Adverb HOLTERDIPOLTER (§ 221.3) – zum Verb POLTERN gestellt werden. Die Reimbildung besteht dann darin, daß das Phonem /b/ durch die Phonemfolge /št/ ersetzt und die reimende Phonemfolge vor das GM gesetzt wird.

236.4 Die Beispiele 5 und 6 repräsentieren Reduplikationen in Verbindung mit einem Ablaut. Das Verb HICKHACKEN 'zanken' kann zum Verb HACKEN gestellt werden. Mit dem Ablaut von /a/ zu /i/ wird das GM vorangestellt redupliziert. Wird eine Zuordnung zum eher dialektal verwendeten Verb HICKEN 'mit dem Schnabel hacken' vorgenommen (BZDĘGA 1965: 147), erfolgt die GM-Wiederholung mit Ablaut in umgekehrter Reihenfolge. Diese Reihenfolge ist beim Verbum ZWICKEZWACKEN gegeben (ebd.: 176), wobei das GM {tsvik} zum Verbum ZWICKEN noch phonotaktisch um ein Phonem /ə/ erweitert ist, das aber nicht immer realisiert wird.

4.2 Derivationen, Derivationstypen und Subklassifizierungen

4.2.1 Derivationstypen und Wortarten

237 Von den Komposita (§ 186) unterscheiden sich die Derivata dadurch, daß sie aus mindestens einem Grundmorphem und mindestens einem Formationsmorphem bestehen. In Relation zum GM nehmen die FM zwei Positionen ein; sie stehen als Präfixe vor und als Suffixe hinter dem GM. Auch Wortbildungen mit Hilfe einer „Kombination aus Präfix und Suffix" wie in GEREDE zum vGM {rēd} kommen vor (FLEISCHER/BARZ 1992: 43). Sie bilden den Übergang zu komplexeren morphologischen Strukturen, bei denen nicht ein einziges GM als Basis von Derivationen fungiert, sondern die Derivationsbasen selbst Konstitutionen aus Kompositionen und Derivationen verschiedenen Grades sind (ebd.: 40f.). So sind z.B. zum substantivischen Determinativkompositum GROSSVATER die Derivationen URGROSSVATER und GROSSVÄTERLICH, zum Adjektiv HEILBAR die weiteren Derivationen UNHEILBAR und HEILBARKEIT und zum Verb VERSTEHEN die zusätzliche Derivation MISSVERSTEHEN bildbar. In der folgenden Darstellung wird von den Derivationen aus GM + FM ausgegangen, ehe die komplexeren Strukturen einbezogen werden. Wie bei den Komposita (§ 187) wird auch bei den Derivata Wortart für Wortart, getrennt nach Präfix- und Suffixbildungen, vorgegangen, um wortartenspezifische und wortartenübergreifende FM in ihren gemeinsamen und unterschiedlichen Funktionen einschließlich spezifischer morphologischer Segmentierungs- und inhaltsseitiger Subklassifizierungsprobleme leichter darstellen zu können.

238.1 Die Differenzierung der FM in Präfixe und Suffixe folgt ausschließlich dem Kriterium ihrer Position und ist nicht mit der von FLEISCHER (1982: 79; zustimmend noch BZDĘGA 1992: 41) vertretenen, von FLEISCHER /BARZ (1992: 12) aber – ohne explizite Argumentation – wieder aufgegebenen Vorstellung verbunden, daß „die Präfixbildung als eine dritte Hauptart der Wortbildung neben Zusammensetzung und Ableitung zu stel-

len" sei. Statt der in der Skizze 12 (S. 493) dargestellten Subkategorisierung der Ausdruckserweiterungen (vgl. Skizze 9 in § 185.5) nach FLEISCHER wird das in der Skizze 13 (S. 493) dargestellte Prinzip der Subkategorisierung der Ausdruckserweiterungen bevorzugt.
Über die bisher verwendeten Abkürzungen hinaus werden bei den Kompositionen und kompositionsähnlichen Strukturen folgende Abkürzungen verwendet: DeK = Dekomposita, ZR = Zusammenrückung, ZB = Zusammenbildung, WK = Wortkreuzung, RD = Reduplikation.

238.2 Das Einteilungsprinzip der Ausdruckserweiterungen und ihrer Subkategorisierung beruht auf den verschiedenen Morphemtypen (Skizze 2 in § 51), ihren Kombinationsmöglichkeiten und der Reihenfolge ihrer Anordnung. Bei den Derivationen bedeutet dies, daß ihre Klassenbildung durch die Existenz eines FM bestimmt wird und ihre Subkategorisierung durch die Position des FM zum GM. Weitere inhaltsseitig bestimmte Subgruppenbildungen wie die Unterscheidung von Determinativ-, Possessiv- und Kopulativkomposita beim Typus GM + GM sind anschließbar, werden jedoch hier in der Skizze 13 ausgelassen. Im Unterschied zur Skizze 12 (nach FLEISCHER) erfolgen die Klassen- und Subklassenbildungen nach einheitlichen Kriterien, die zu überschneidungsfreien Klassifizierungen führen. Bei den von FLEISCHER (1982: 79) angegebenen Kriterien der Wortartenfestlegung und der Akzentuierung zur Konstitution der auf einer Klassifikationsebene befindlichen Klassen von Komposition auf der einen und von Derivation/Ableitung und Präfixbildung auf der anderen Seite handelt es sich nicht um klare distinktive Merkmale. So soll nach FLEISCHER (1982: 79) ein Suffix die neue Worteinheit „kategorial in eine bestimmte Wortklasse" einordnen, während dem Präfix diese „klassifizierende Funktion" fehle. Einschränkend hält FLEISCHER selbst fest, „daß nicht jede Anfügung eines Ableitungssuffixes an eine bestimmte Basis ein Wort anderer Wortart bildet (vgl. *Bürger – Bürger-in*), sondern daß das letzte Suffix die Wortart klassifiziert." Beim Kriterium der Akzentuierung ist schon in der Hauptformulierung, daß Suffixe „normalerweise keinen Hauptakzent" haben, Präfixe dagegen betont und unbetont vorkommen, eine Einschränkung formuliert (FLEISCHER 1982: 79f.). Über FLEISCHERs eigene Einschränkungen hinaus bleibt festzuhalten, daß nicht jedes Suffix zu einem Wortartenwechsel führt (vgl. KIND, KINDCHEN), daß nicht jedes Suffix die Wortart festlegt (vgl. GOLD : GOLDEN mit dem FM {ən} und HEIL : HEILEN mit dem ausdrucksseitig identischen FM), daß es wortartengebundene Präfixe wie {tsɛr} in ZERLEGEN gibt und daß ausschließlich unbetonte Präfixe (wie {bə}, {fɛr}, {tsɛr} in BE-, VER-, ZERLEGEN) existieren und das Nebeneinander von Betontheit und Unbetontheit mit dem Präfixoidstatus verbunden ist (§§ 233.1, 233.6). Diese Einschränkungen lassen es nicht zu, den Suffix- und Präfixbildungen einen mit den Kompositionen

Skizze 12: Ausdruckserweiterungen (nach FLEISCHER)

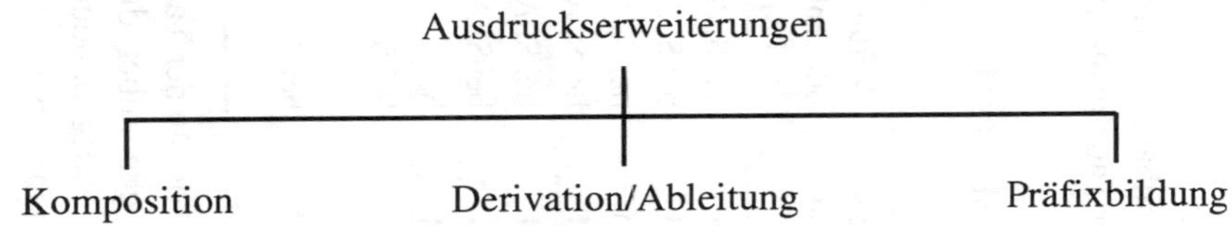

Skizze 13: Ausdruckserweiterungen und Subkategorisierungen

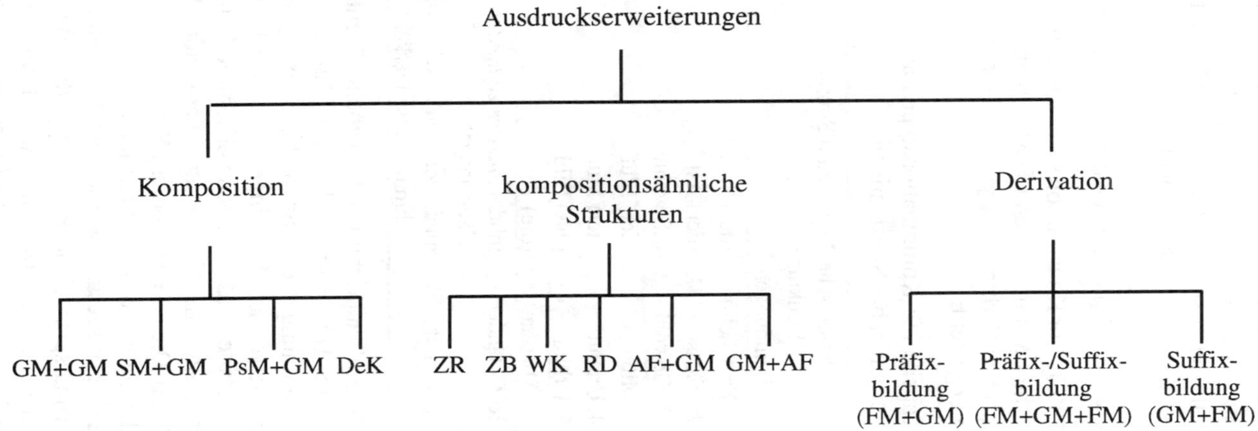

vergleichbaren Klassenstatus zu geben. Die von FLEISCHER aufgeführten einzelnen Unterschiede zwischen Suffixen und Präfixen reichen auch zur Subkategorisierung nicht aus, können aber zur Subgruppenbildung innerhalb der positionell begründeten Subkategorisierung der FM in Präfixe und Suffixe herangezogen werden.

4.2.2 Derivationstypen bei Substantiven

239.1 Zur Konstitution von Substantiven werden nur wenige primärsprachliche FM mit GM und PsM verbunden. Die dabei erkennbaren morphologischen Verbindungstypen und ihre Varianten sind in der Tabelle 89 zusammengestellt:

Tabelle 89: Kombinationstypen aus FM + GM bzw. FM + PsM und ihre Varianten bei Substantiven

morphologische Struktur Präfixbildungen	Bezug zum Simplex	morphologischer Verbindungs-typus	Wortartge-bundenheit des FM
1. Erzschelm	(der) Schelm	FM + sGM	bei S, A
2a. Geäst	(der) Ast	FM + sGM	bei S, A, V
2b. Gewühl	Inf. wühlen	FM + vGM	bei S, A, V
3. Mißmut	(der) Mut	FM + sGM	bei S, A, V
4. Unmut	(der) Mut	FM + sGM	bei S, A
5. Urbild	(das) Bild	FM + sGM	bei S, A
3a. Missetat	(die) Tat	FM + sGM	bei S
2c. Geländer	mhd. *gelander* zu *lander* 'Zaunstange'	FM + sPsM	bei S
4c. Unflat	mhd. *vlāt* 'Sauberkeit', *unflāt* 'Schmutz, Unsauberkeit'	FM + sPsM	bei S

Die Aufbauprinzipien der Tabelle 89 entsprechen einmal denen der Tabelle 51 (§ 188.2) und folgender Tabellen. Zusätzlich ist gegenüber diesen Anordnungen eine Spalte hinzugefügt, in der auf die Wortartgebundenheit des jeweiligen FM eingegangen wird. Dabei wird angegeben, bei welchen Wortarten das FM noch vorkommt. Für die Wortartenkennzeichnung werden folgende Abkürzungen verwendet: S = Substantiv, A = Adjektiv, V = Verb. Die Belege für diese Wortbildungen sind den Kapiteln zu entnehmen, die diese Wortarten behandeln.

239.2 Insgesamt werden zur Konstitution von Substantiven mit FM fünf primärsprachliche FM verwendet. Besondere Variantenbildungen treten dabei bei vier FM nicht auf. Lediglich bei MISSETAT ist die Phonemfolge /mis/ um ein /ə/ im FM {misə} erweitert (FLEISCHER/BARZ 1992: 201).

Kein einziges FM kommt nur bei einer einzigen Wortart vor. Mit allen fünf primärsprachlichen FM werden auch Adjektive konstituiert; die FM {gə} und {mis} sind zusätzlich an der Bildung von Verben beteiligt. Werden mit den FM neue Substantive geschaffen, erfolgt bei allen fünf FM eine Verbindung mit einem sGM, d.h. die neue Worteinheit bleibt in der Wortklasse des GM.
Lediglich mit dem FM {gə} entsteht in Verbindung mit einem vGM auch ein Substantiv wie bei GEWÜHL zum Verbum WÜHLEN (vgl. § 239.4). Ebenfalls direkt auf ein vGM sind die Bildungen GEBRÄU und GEBRÜLL zurückzuführen. Beide Bildungen sind seit dem Mhd. tradiert. GEBRÄU 'gemischtes Getränk' geht auf mhd. *gebriu, gebriuwe* und das Verb mhd. *briuwen* zurück. GEBRÜLL 'andauerndes lautes Schreien' entspricht mhd. *gebrülle*, das zu mhd. *brüelen* gebildet ist; die Vokalkürzung ist von den Präteritalformen beeinflußt und steht in Zusammenhang mit der md. Monophthongierung (PFEIFER 1989: 209, 221). Bei GEHEUL 'andauderndes Heulen' zu HEULEN handelt es sich erst um eine nhd. Wortkonstitution. Das von HENZEN (1965: 138) ebenfalls hierhin gestellte GESCHWÄTZ 'dummes, belangloses Gerede' geht nicht direkt auf ein Verbum zurück, sondern ist eine im Mhd. geschaffene Kollektivbildung mhd. *geswetz* zu mhd. *swaz* 'der Schwatz, die Plauderei'; ein Verbum *swetzen, schwätzen, schwetzen, schwatzen* ist erst seit frühnhd. Zeit zu belegen (PFEIFER 1989: 1589f.).
Die Funktion des Typus FM {gə} + vGM besteht darin, „die Vorstellung einer w i e d e r h o l t e n Handlung" (HENZEN 1965: 138) zu vermitteln. Bei einzelnen Bildungen wie GEBETTEL zu BETTELN, GEKLINGEL zu KLINGELN, GEFLATTER zu FLATTERN, GEKLAPPER zu KLAPPERN ist das Merkmal des Iterativen oder Frequentativen bereits in der Ableitungsbasis des vGM enthalten (WILMANNS 1930: 246) und wird durch das FM {gə} verstärkt. In umgangssprachlichen Verwendungsweisen ist zusätzlich „eine negative semantische Komponente aus der Sicht der gesellschaftlichen Norm" vorhanden, die sich bei Geräuschen (GEZISCH), Bewegungen (GEZAPPEL), Tätigkeiten (GEZAUDER) „auf Unnützes, Störendes, Lästiges" bezieht (H. NAUMANN 1974: 151f.).
239.3 Die Verbindungen des FM {gə} mit einem vGM werden morphologisch unterschiedlich behandelt. FLEISCHER (1982: 185) geht von Bildungen wie GEREDE mit dem Präfix {gə} und dem Suffix {ə} zum vGM {rēd} des Verbs REDEN aus und wertet sie als Suffixbildungen mit einem FM {gə ... ə}, das er „als diskontinuierliche Konstituente" bezeichnet (so auch FLEISCHER/BARZ 1992: 43). Auch OLSEN (1991: 356) geht bei der Diskussion der Relevanz der 'Righthand Head Rule' zur Beschreibung von Wortbildungen von einem „komplexe[n] Affix *Ge-e*" aus. Da bei GEWÜHL „das auslautende *-e* fehlt", ist nach FLEISCHER „von der diskonti-

nuierlichen Konstituente *Ge- -0* auszugehen“ und ein Anschluß „an die impliziten Ableitungen“ vorzunehmen. Morphologisch erweist sich die Annahme einer Suffixbildung mit dem FM {Ø} bei Wörtern wie FALL, BISS und WURF als unnötig (vgl. §§ 286.1-4, 287.1). Auch die Annahme eines diskontinuierlichen FM {gə ... ə} ist nicht zwingend erforderlich, weil auch Wortbildungen durch die gleichzeitige Verwendung zweier FM, eines Präfixes und eines Suffixes, möglich sind (§ 71.2), ohne den morphologischen Sonderstatus eines diskontinuierlichen Morphems, der auch in der Flexionsmorphologie bei den Formen des Partizip II wie <gesagt> und <geworfen> unbegründet ist (§ 71.1), annehmen und begründen zu müssen. PLANK (1986: 53) ist der morphologische Status der Wortbildungselemente bei der Formulierung der morphologischen Relationen zwischen Teil und Ganzes, zwischen Morphemen und Worteinheit, innerhalb einer „allgemeine[n] Vererbungsgesetzmäßigkeit“ (ebd.: 48, 55) relativ gleichgültig, er setzt daher – ohne Berücksichtigung historischer Entwicklungen – für alle Bildungen mit {gə} bzw. mit {gə} und {ə} als Ausgangspunkt eine „Kombination von Präfix *Ge-* und Suffix *-e*“ an und leitet die Bildungen ohne {ə} mit einer „Regel der /e/-Apokope“ (ebd.: 52) her.

239.4 Auch unter diachronem Aspekt erweist sich die Annahme eines diskontinuierlichen FM {gə ... Ø} als unnötig. Nach HENZEN (1965: 137) erfolgen die Substantivbildungen mit dem ahd. FM {gi} zunächst nur mit sGM wie bei ahd. *gibeini, gibeina* ’Gebein‘ zu ahd. *bein* ’Knochen, Gebein; Bein‘ (SPLETT, I.1, 1993: 46). Da aber bei einer Anzahl von Bildungen wie ahd. *gistrewi* ’Streu, Stroh(lager), Bettzeug‘ oder ahd. *gireda* ’Beredsamkeit‘ neben den Beziehungen zu einem Substantiv ahd. *strō* ’Stroh, Streu, Spreu‘ oder ahd. *reda* ’Rede(kunst)‘ und weiteren Sememen synchron auch Relationen zu Verben wie ahd. *strewen* ’(be)streuen, ausbreiten‘ oder ahd. *redōn* ’reden, sprechen, sagen‘ und weiteren Sememen (SPLETT, I.2, 1993: 730f., 948) hergestellt werden konnten, was bei Wörtern wie GELEIT, bei denen ein Substantiv mit dem GM {lait} wie in ahd. *leita, leitī* ’Führung‘ (SPLETT, I.1, 1993: 534f.) im Laufe der Geschichte der deutschen Sprache aufgegeben wurde, „besonders nahe“ liegt, können durch Analogie neue Wörter „unmittelbar aus Verben“ konstituiert werden (HENZEN 1965: 137; ebenso WILMANNS 1930: 244). Für das Neuhochdeutsche führt HENZEN (1965: 138) u.a. die Wörter GESCHWÄTZ, GEBRÜLL, GEHEUL, GEBRÄU und GEWÜHL an, von denen GEWÜHL mit dem Semem ’Tumult‘ Mitte des 16. Jahrhunderts als Verbalabstraktum zum Verb WÜHLEN gebildet wurde (PAUL/HENNE/OBJARTEL 1992: 355). Das nachweisbare, von den Wortbildungen mit dem Präfix {gə} und dem Suffix {ə} wie in GEREDE deutlich trennbare Wortbildungsprinzip aus dem FM {gə} und einem vGM kann nicht einfach mit den gegenwartssprachlich produktiven Präfix-/Suffixbildungen mit den FM {gə} und {ə} zusammengefaßt und insgesamt als Ableitung mit dem diskontinuierlichen Morphem {gə ... Ø} interpretiert werden, nur um die Regel aufstellen zu wollen, daß eine Derivation „grundsätzlich nicht durch Präfixe, sondern durch Suffixe" erfolge. Es existiert vielmehr in unterschiedlich alten sprachlichen Traditionen zur Konstitution von sog. Vorgangskollektiva (ERBEN 1975: 44; 1993: 46) der morphologische Verbindungstypus FM {gə} + vGM, der mit einem Wortartenwechsel verbunden ist.

239.5 Eine Besonderheit liegt im Beispiel 2c (GELÄNDER) vor, bei dem es sich um den morphologischen Verbindungstypus FM + sPsM handelt. Der Typus ist dadurch entstanden, daß bei der im Mhd. noch durchsichtigen Bildung mhd. *gelander*, einer Kollektivbildung zu mhd. *lander* 'Zaunstange' (PAUL/HENNE/OBJARTEL 1992: 329; PFEIFER 1989: 527), das Substantiv *lander* aufgegeben wurde (WILMANNS 1930: 242), so daß sich <länder> als unikales Morphem erweist. Es ist jedoch wegen der kollektiven Inhaltsseite des FM {gə}, der kollektiven Gesamtbedeutung von GELÄNDER 'aus Stangen, Latten bestehende Vorrichtung zum Festhalten und als Schutz' und den Oppositionsbildungen zu GEÄST durchaus noch segmentierbar. Daher sollten Bildungen wie GELÄNDER, GENICK, GEWEIH u.a. nicht als „Simplizia" (so FLEISCHER/BARZ 1992: 200) behandelt werden, vor allem da es selbst bei diesen Bildungen verschiedene Grade der Durchsichtigkeit gibt (vgl. PAUL/HENNE/OBJARTEL 1992: 312f. zu *ge-*). Andererseits bleibt zu beachten, daß sich jedes PsM in Verbindung mit anderen Morphemen auf dem Weg zu einer neuen morphologischen Struktur befindet.

239.6 Ebenfalls zum Typus FM {gə} + sGM und nicht etwa zum Typus FM {gə} + sGM + FM {ə} gehören Wortbildungen wie GEBIRGE, GEFILDE, GESINDE (HENZEN 1965: 137), obwohl in der Phonotaktik kein Unterschied existiert. Unter diachronem Aspekt handelt es sich z.B. bei GEBIRGE 'Gruppe zusammenhängender Berge und Täler, großes Gesteinsmassiv' um eine bereits im Ahd. vorkommende Kolletivbildung von ahd. *gibirgi* zu ahd. *berg* 'Berg' (PFEIFER 1989: 153, 514). Die Wortkonstitution erfolgt mit dem FM {gi}, und die Ableitungsbasis *berg* wird durch einen rekonstruierbaren *ja*-Stamm verändert, dessen Reflexe sich im Ahd. synchron in der Vokalerhöhung von /ɛ/ zu /i/ und im Stammausgang, im zweiten /i/ von *gibirgi*, zeigen (BRAUNE/EGGERS 1975: §§ 198 mit Anm. 1, 201; HENZEN 1965: 137; SPLETT, I.1, 1993: 54), wobei Wurzel und stammbildendes Element zu einer neuen Einheit, dem Stamm, verbunden sind. Die Bildungsweise entspricht der von ahd. *gimuoti* '(heftiges) Verlangen; Liebe, Gnade, Wohltat; Vortrefflichkeit' zu ahd. *muot* 'Seele, Herz, Gemütsverfassung u.a.' (SPLETT, I.2, 1993: 640f.). Da im Ahd. „die Ableitungen auf *-ja* bezeichnen, was irgendwie den Vorstellungskreis des Grundwortes berührt, so können sie auch den Begriff des Grundwortes ganz oder teilweise umfassen, so dass unter Umständen das eine Wort für das andere gebraucht werden kann“ (WILMANNS 1930: 241), obwohl aufgrund der Wortbildung von einer Bedeutungsdifferenzierung auszugehen ist, die aber in Übersetzungen nicht immer eindeutig nachvollzogen werden kann.

239.7 Auch die Wortbildung GESTADE 'Meeresufer, Küste, Strand' und GEKRÖSE 'Magen und Gedärm von Kalb und Lamm' repräsentieren den Typus FM + sGM und nicht den Typus FM + sGM + FM. GESTADE geht auf mhd. *gestat*, G.S. *gestades* zurück und ist eine Kollektivbildung zu mhd. *stat*, G.S. *stades* 'Ufer, Gestade' (PFEIFER 1989: 558). Das /ə/ in GESTADE ist eine im Frühnhd. erfolgte Erweiterung der Phonotaktik in Analogie zu den zahlreichen Bildungen des Beispiels GEBIRGE (§ 239.6), bei dem das /ə/ aus ahd. *gibirgi* durch die Abschwächung des auslautenden /i/ zu /ə/ seit mhd. Zeit entstanden ist und dann weiter tradiert wurde. GEKRÖSE läßt sich auf spätmhd. *gekroese* 'das kleine Gedärm' zurückführen und ist zu mhd. *kroes(e)*, mnd. *krōse* 'Eingeweide' gebildet (PFEIFER 1989: 527). Seine morphologische Durchsichtigkeit hat es dadurch verloren, daß die Ableitungsbasis, das Simplex *kroes(e)*, aufgegeben worden ist.

239.8 Auch das Beispiel UNFLAT 'widerlicher Dreck' repräsentiert den morphologischenVerbindungstypus FM + PsM. Es wurde im Mittelhochdeutschen zu mhd. *vlāt* 'Sauberkeit' gebildet (PAUL/HENNE/OBJARTEL 1992: 940), das als Simplex unterging, so daß <flat> trotz des Adjektivs UNFLÄTIG 'grob, unanständig' seine morphologische Durchsichtigkeit verlor und als PsM einzuschätzen ist. Auch bei den Bildungen UNGETÜM, UNGEZIEFER und UNHOLD ist die zweite, teilweise ehemals morphologisch komplexe Konstituente untergegangen (HENZEN 1965: 100; SCHNERRER 1982: 49), so daß auch bei ihnen der Status eines PsM anzusetzen ist. Während FLEISCHER/BARZ (1992: 33) bei UNFLAT von einem unikalen Morphem ausgehen, setzen sie bei GELÄNDER, GENICK, GEWEIH Simplizia (§ 239.5) an, was aufgrund der selbst herangezogenen Kriterien inkonsequent ist.

239.9 Neben den primärsprachlichen Präfixen existieren noch verschiedene sekundärsprachliche wie {an} in ANALPHABET oder {in} in INVARIANTE (FLEISCHER/BARZ 1992: 36, 204-207), bei denen keine prinzipiell anderen morphologischen Verbindungstypen auftreten (vgl. § 249.2 mit Tabelle 96).

240.1 Die inhaltsseitigen Funktionen der primärsprachlichen Präfixe innerhalb der neuen Worteinheiten bestehen darin, daß sie im Vergleich zu den GM eine Modifikation vornehmen. Die Arten der Modifikation sind in der Tabelle 90 zusammengestellt.

Die Tabelle 90 ist so aufgebaut, daß eine Zuordnung zur Tabelle 89 (§ 239.1) vorgenommen werden kann. Deshalb erscheinen in der ersten Spalte dieselben Beispiele. In der zweiten Spalte werden – ERBEN (1975: 79; 1993: 83) folgend – die Arten der Modifikation angegeben; in der dritten Spalte sind über die Angabe der generellen Modifikation hinausgehende zusätzliche semantische Merkmale aufgeführt. Wenn einzelne Präfixe mehrere Funktionen besitzen, werden sie durch zusätzliche Beispiele belegt.

Tabelle 90: Inhaltsseitige Funktionen der Präfixe bei Substantiven

Funktion Präfixbildungen	Art der Modifikation	zusätzliche semantische Merkmale
1. Erzschelm	Augmentation	unverbesserlich, pejorativ
2a. Geäst	Kollektion	sachbezogen
2b. Gewühl	Kollektion	vorgangsbezogen, iterativ
3. Mißmut	Taxation (taxierende Bewertung)	verdrießlich, schlecht
4. Unmut	Taxation	verdrießlich, schlecht
5. Urbild	Augmentation	ursprünglich
6. Erzbischof	Augmentation	höchstrangig
7. Gefasel	Kollektion	vorgangsbezogen, iterativ, pejorativ
8. Mißernte	Negation	abweichend, unzulänglich
9. Unmenge	Augmentation	unübersehbar
10. Unmensch	Negation	schlecht

240.2 Eine augmentative Funktion besitzen die Präfixe {εrts}, {ūr} und {un} (WELLMANN, in: DUDEN 1984: 461; 1995: 491 fehlt {ūr}). Diese Funktion und die zusätzlich hinzutretenden semantischen Merkmale ergeben sich aus den Verbindungen mit den folgenden GM zu einer neuen Worteinheit. Das Präfix {εrts} ist auf die Modifikationsart der Augmentation beschränkt. Dies gilt weitestgehend auch für das Präfix {ūr}, wobei das semantische Merkmal 'ursprünglich' bei Bezeichnungen der direkten Verwandtschaft wie URGROSSVATER noch weiter spezifiziert wird und „immer auf eine Generation weiter zurück" verweist (FLEISCHER/BARZ 1992: 204). In Bildungen wie URGEWALT ist auch noch eine verstärkende Komponente enthalten, ohne daß es jedoch in Bẹzug auf die GM zu einer Überschneidung mit dem Präfix {εrts} kommt und die inhaltsseitige „Konkurrenz" beider Bildungsweisen (ebd.: 200) differenziert zu betrachten ist. Daß die FM isoliert keine exakt faßbare Inhaltsseite signalisieren, zeigt sich zusätzlich an der Bildung URFEHDE 'feierlich geleistetes Friedensversprechen, erklärter Verzicht auf Rache' mit einer älteren Modifikationsart von {ūr}, der Negation (ebd.: 200). Dabei ist URFEHDE keine Bildung zu einem sGM, sondern geht auf mhd. *urvēde,* eine Abstraktbildung zum Adjektiv spätmhd. *urvēch*, frühnhd. *urfech* 'frei von Feindseligkeit', zurück (PFEIFER 1989: 419).

240.3 Die Modifikationsart der Kollektion wird nur durch das Präfix {gə} ausgedrückt. Sie kann sachbezogen wie in GEÄST, vorgangsbezogen und iterativ wie in GEWÜHL und vorgangsbezogen, iterativ und pejorativ wie in GEFASEL sein.

240.4 Mit den beiden Präfixen {mis} und {un} wird die Modifikationsart der Taxation signalisiert. Die Bildungen MISSMUT (Beispiel 3) und UNMUT (Beispiel 4) zeigen, daß gelegentlich Verbindungen mit demselben sGM möglich sind, ohne daß sich jedoch die Inhaltsseiten völlig entsprechen (FLEISCHER/BARZ 1992: 202), auch wenn in Wörterbüchern zum Teil gleiche Inhaltsseiten angegeben bzw. die eine Bildung durch die andere inhaltsseitig 'erläutert' wird (WAHRIG 1977: 2444, 3723). Sowohl {mis} als auch {un} sind auch noch an der Modifikationsart der Negation in Bildungen wie MISSERNTE (Beispiel 8) und UNMENSCH (Beispiel 10) beteiligt, {un} darüber hinaus noch an der augmentativen Funktion wie in UNMENGE (Beispiel 9). Allerdings ist die Verwendung von {un} in augmentativer Funktion „nicht sehr produktiv", sondern „auf wenige Basissubstantive beschränkt, die eine Anzahl, Menge, Maß bezeichnen" (SCHNERRER 1982: 46). Ferner drückt {mis} keine bloße Negation aus, sondern ist immer mit einer Wertungsumkehr verbunden. Dies wird auch an den zusätzlichen semantischen Merkmalen 'abweichend, unzulänglich' bei MISSERNTE deutlich (ROS 1980: 125f.). So ist MISSACHTUNG „mehr" als NICHTACHTUNG, MISSGUNST „impliziert aktive menschliche Negativemotionen", die beim eher objektive Verhältnisse bezeichnenden UNGUNST fehlen (FLEISCHER/BARZ 1992: 201f.). Eine Wertungsumkehr ist ebenfalls bei den Bildungen mit {un} vorhanden. Sie entwickelte sich durch die Verbindung von {un} mit sGM, die sich „auf positiv bewertete Begriffe beziehen, deren Negation zugleich negative Wertung impliziert" (ebd.: 202; SCHNERRER 1982: 49).

241 Anders als bei den Präfixen stehen zur Konstitution neuer Substantive mit Hilfe von Suffixen zahlreiche sprachliche Mittel zur Verfügung (ERBEN 1975: 76; 1993: 80). Unter Ausklammerung der Suffixoide (§§ 198.11, 198.13) werden von FLEISCHER/BARZ (1992: 37) 26 primärsprachliche und 28 sekundärsprachliche Suffixe einschließlich ihrer Varianten aufgeführt. Um eine systematische Darstellung zu ermöglichen, werden sie nach ihren Basen, die aus vGM, aGM, advGM und sGM bestehen können, getrennt behandelt. Die Kombinationstypen aus vGM + FM, aGM + FM, advGM + FM und sGM + FM ergeben deverbative, deadjektivische, deadverbielle und desubstantivische Substantive. Sie bilden die morphologische Grundlage der folgenden Beschreibung. Innerhalb der so gewonnenen Großgruppierung erfolgt eine Klassifizierung nach dem Kriterium der Basisgebundenheit der FM, d.h. es wird angegeben, zu welchen Basen die in den morphologischen Verbindungstypen einzeln aufgeführten FM ebenfalls hinzutreten können. Gleichzeitig wird so ein schneller und übersichtlicher Vergleich der die deverbativen, deadjektivischen, deadverbiellen und desubstantivischen Substantive bestimmenden FM ermöglicht.

242.1 Die Kombinationstypen aus vGM + FM und ihre Varianten bei deverbativen Substantiven sind in der Tabelle 91 zusammengestellt:

Tabelle 91: Kombinationstypen aus vGM + FM und ihre Varianten bei deverbativen Substantiven

morphologische Struktur Suffixbildungen	Bezug zum Simplex	morphologischer Verbindungstypus	Basisgebundenheit des FM
1. Füllsel	Verb füllen	vGM + FM {zəl}	nur vGM
2. Liege	Verb liegen	vGM + FM {ə}	vGM, aGM, advGM, sGM
3. Schlendrian	Verb schlendern	vGM + FM {iān}	vGM, aGM
4. Saufbold	Verb saufen	vGM + FM {bolt}	vGM, sGM
5. Blödelei	Verb blödeln	vGM + FM {ai}	vGM, sGM
6. Brüllerei	Verb brüllen	vGM + FM {ərai}	vGM, sGM
7. Wüterich	Verb wüten	vGM + FM {ərix}	vGM, sGM
8. Hebel	Verb heben	vGM + FM {əl}	vGM, sGM
9. Abweichler	Verb abweichen	vGM + FM {lər}	vGM, sGM
10. Knicks	Verb knicken	vGM + FM {s}	vGM, sGM
11. Lehrer	Verb lehren	vGM + FM {ər}	vGM, sGM, aGM
12. Kehricht	Verb kehren	vGM + FM {ixt}	vGM, sGM, aGM
13. Lehrling	Verb lehren	vGM + FM {liŋ}	vGM, sGM, aGM
14. Ereignis	Verb sich ereignen	vGM + FM {nis}	vGM, sGM, aGM
15. Rinnsal	Verb rinnen	vGM + FM {zāl}	vGM, sGM, aGM
16. Belegschaft	Verb belegen	vGM + FM {šaft}	vGM, sGM, aGM
17. Irrtum	Verb irren	vGM + FM {tūm}	vGM, sGM, aGM
18. Lesung	Verb lesen	vGM + FM {uŋ}	vGM, sGM, aGM
1a. Stöpsel	Verb stoppen	vGM + FM {zəl}	nur vGM
2a. Gosse	Verb gießen, goß	vGM + FM {ə}	vGM, aGM, advG, sGM
14a. Begräbnis	Verb begraben, er begräbt	vGM + FM {nis}	vGM, sGM, aGM

Die Aufbauprinzipien der Tabelle 91 entsprechen zum größten Teil denen der Tabelle 89 (§ 239.1). Anders als dort sind in der den morphologischen Verbindungstypus kennzeichnenden dritten Spalte neben der Angabe FM die einzelnen FM mit ihrer Phonotaktik aufgeführt. In der vierten Spalte ist statt der Wortartgebundenheit des FM die Basisgebundenheit des FM verzeichnet, weil dabei eine viel größere Variabilität als bei den Präfixbildungen vorhanden ist.

242.2 Da beim Typus vGM + FM das Ergebnis jeweils ein Substantiv ist und ein vGM die Basis bildet, ist mit jedem einzelnen FM eine Transposition in eine neue Wortart verbunden. Dadurch ergibt sich einmal ein zentraler Unterschied zu den Präfixbildungen (§ 239.1), durch die – bis auf GEWÜHL – kein Wortartwechsel stattfindet. Zum anderen entsteht durch den Wortartwechsel eine viel umfangreichere inhaltsseitige Funktionalität der FM. Um diese jeweils erfassen zu können und um Wiederholungen zu vermeiden, wird die Analyse der inhaltsseitigen Funktionen mit den einzelnen FM verbunden. Am Schluß der Analyse der morphologischen Verbindungstypen werden die Einzelanalysen nur noch einmal zusammengefaßt (§ 243).

242.3 Insgesamt lassen sich nach der Basisgebundenheit des FM fünf unterschiedlich umfangreiche Gruppen unterscheiden. Die erste Gruppe wird vom Beispiel FÜLLSEL mit dem FM {zəl} gebildet, das ausschließlich mit vGM verbunden wird. Es wird zur Konstitution von „Nomina acti mit Tendenz zur konkreten Sachbezeichnung" verwendet (FLEISCHER/BARZ 1992: 170) und kann auch komplexe Morphemverbindungen wie in ÜBERBLEIBSEL und MITBRINGSEL als Grundlage besitzen. Die neuen Worteinheiten haben überwiegend das Genus Neutrum; bei Bildungen wie (*der*) STÖPSEL 'verschließender Pfropfen' zu md. nd. STOPPEN (PFEIFER 1989: 1730) kommt auch das Genus Maskulinum vor; gelegentlich schwankt wie bei (*der, das*) STREUSEL 'Klümpchen aus Mehl, Butter und Zucker, auf Kuchen gestreut' zu STREUEN der Genusgebrauch (HENZEN 1965: 183; PFEIFER 1989: 1742). Bei ÜBERBLEIBSEL ist eine „Tendenz zu diminuierend-pejorativer Konnotation" (FLEISCHER/BARZ 1992: 170) vorhanden. Während bei FÜLLSEL zu FÜLLEN der Bezug zum vGM auch in der Phonotaktik des vGM deutlich wird, ist bei Bildungen wie (*der, das*) HÄCKSEL 'kleingeschnittenes Stroh zum Viehfüttern' zu HACKEN und STÖPSEL zu STOPPEN (Beispiel 1a) ein vGM mit einem Umlautphonem anzusetzen, wobei die Phonotaktik mit dem Umlautvokal innerhalb der paradigmatischen Strukturen dieser Verben nicht vorkommt, was bei stärker regional verwendeten Wörtern wie nordd. HÄCKSEL (PAUL/HENNE/OBJARTEL 1992: 380) die morphologische Durchsichtigkeit erschweren kann.

242.4 Die zweite Gruppe besteht aus Bildungen mit dem Suffix {ə}. Dabei sind vGM und aGM als Basen relativ häufig, während advGM und sGM nur eingeschränkt als Grundlagen neuer Substantive dienen. Die vGM können wie bei LIEGE zu LIEGEN in Verben der Verbklasse II (§ 104) oder wie bei FOLGE zu FOLGEN in solchen der Verbklasse I (§ 101) vorkommen. Zu vGM anderer Verbklassen existieren keine Suffixbildungen mit dem FM {ə}. Bei Verben der Verbklasse II bildet nicht nur das vGM des Infinitivs bzw. des Präsens Indikativ und Präsens Konjunktiv eine Ableitungsbasis, sondern auch das vGM des Präteritum Indikativ-Teilparadigmas wie in GOSSE zu GIESSEN (Beispiel 2a), GRUBE zu GRABEN,

STIEGE zu STEIGEN bzw. wie in ABGABE und VERGABE zu ABGEBEN und VERGEBEN bei komplexer Basis (FLEISCHER/BARZ 1992: 146f.).
Die Bildungen mit dem FM {ə} sind „nur noch ansatzweise in der saloppen Umgangssprache (bes. Jugendsprache) produktiv" (WELLMANN, in: DUDEN 1995: 501; 1984: 470 bis auf *bes.* identisch), wie die Beispiele SAUSE 'Feier, Zechtour' und ANMACHE 'Ansprechen' zeigen.
Mit dem FM {ə} werden Abstrakta und Konkreta geschaffen. Als Abstrakta kommen Vorgangs- und Handlungs- bzw. Prozeßbezeichnungen wie SUCHE, PFLEGE, SAUSE und ANMACHE vor. Die Konkreta zeigen sich in Ortsbezeichnungen wie BLEIBE, GOSSE, GRUBE und STIEGE, in Gegenstands- und Gerätebezeichnungen wie BINDE, LIEGE und BREMSE und in Sachbezeichnungen wie ABGABE und SPENDE (FLEISCHER/BARZ 1992: 146f.; WELLMANN, in: DUDEN 1984: 480f.; 1995: 512f.).
242.5 Bei einer Anzahl von Bildungen ist synchron ein Bezug zu einem vGM nur noch bedingt zu erkennen. Bei SCHÜTZE zu SCHIESSEN ist der Zusammenhang nur inhaltsseitig vorhanden, ausdrucksseitig existiert er nur in der Sprachstufe des Althochdeutschen. Zum Verb *sciozan* 'schießen' und den übrigen Leitformen *scōz, scuzzum, giscozzan* wird, vom GM *scuzz* des Teilparadigmas Präteritum Indikativ (1. Sg. bzw. 1.-3. Pl.) ausgehend, ein Nomen agentis *scuzzo* 'Schütze' gebildet (BRAUNE/EGGERS 1975: 276; HENZEN 1965: 134; SPLETT, I.2, 1993: 850f.), das ausdrucksseitig verschiedenen Sprachwandlungen bis zur jetzt vorhandenen Phonotaktik unterlag (PFEIFER 1989: 1583).
Das Substantiv SCHURKE 'gemeiner, ehrloser Mensch, Halunke' ist gegenwartssprachlich in seiner Wortbildung nicht mehr durchsichtig, weil der inhaltsseitige Zusammenhang zu SCHÜREN '(Feuer) anfachen, reizen' und SCHURIGELN 'quälen, plagen, schikanieren' nicht mehr erkennbar ist und der ausdrucksseitige Bezug, der neben dem inhaltsseitigen im Ahd. bei *scurien* 'Feuer anmachen', *fiurscurio* 'Bösewicht', *scurgen* 'stoßen' noch vorhanden war, durch die Aufgabe des Verbs ahd. *scurgen* auch nicht mehr existiert (PFEIFER 1989: 1580f.). Bei RÜDE 'männliches Tier von Hunden, Wölfen, Füchsen, Mardern', das seit ahd. Zeit (*rudo,* mhd. *rü(e)de*) tradiert ist, ist bereits im Ahd. die „etymologische Zuordnung nicht geklärt" (PFEIFER 1989: 1448).
Wenn in Substantiven wie SCHURKE und RÜDE ein ehemals vorhandenes FM nicht mehr zu erkennen ist, dann sind ehemalige GM und FM zu einem neuen GM mit neuer Phonotaktik verschmolzen. Es liegt eine monomorphematische Basis vor, die mit den RM der entsprechenden Substantivklasse (§ 126) versehen wird.
Auch das Verhältnis von DUSCHE zu DUSCHEN ist nicht „unklar" (ESCHENLOHR 1997: 30), wenn diachrone Entwicklungen berücksichtigt

werden. Sowohl das Substantiv als auch das Verb wurden im 18. Jahrhundert aus franz. *douche*, *doucher* entlehnt (PFEIFER 1989: 323) und an das primärsprachliche Phonemsystem angepaßt, bei DUSCHEN erfolgte durch die Verwendung des primärsprachlichen FM {ən} eine zusätzliche morphologische Integration. Wegen der sekundärsprachlichen Herkunft sollten Versuche unterbleiben, beide Wörter nach primärsprachlichen Derivationstypen aufeinander zu beziehen. Die Frage nach einem eventuellen primärsprachlichen Suffixstatus des <e> in DUSCHE stellt sich so nicht; das <e> ist Teil der Phonotaktik des sGM. Um auf ausdrucksseitige Übereinstimmungen der GM wie bei DUSCHE, REBE, MÜHLE auf der einen Seite und von Worteinheiten aus GM+FM wie bei LIEGE, FOLGE, GOSSE auf der anderen Seite (§ 188.8) zu verweisen, ist der Terminus der „Pseudosuffixe" für „Wortenden", die „einige suffixähnliche Eigenschaften aufweisen, aber synchron keinen Bezug auf eine Ableitungsbasis erlauben" (ESCHENLOHR 1997: 30) weder hilfreich noch erkenntnisfördernd.

242.6 Von der Konstitution neuer GM und von Verbindungen von vGM + FM sind „eine Reihe substantivischer Paare" zu trennen, von denen FLEISCHER (1982: 134) *das Eck – die Ecke, der Muff – die Muffe, das Rohr – die Röhre, der Trupp – die Truppe, der Typ – die Type, der Tann – die Tanne, der Zweck* (mhd. *zwec* 'Nagel') *– die Zwecke* (*Reißzwecke*) aufführt. Nach ihm liegen jeweils Bildungen „mit dem gleichen Grundmorphem, wo *-e* nicht als Ableitungssuffix zu bezeichnen, sondern eher als formbildendes Element anzusehen ist (genusbestimmend)" vor (ebd.). Unter Vernachlässigung historischer Entwicklungen werden hier hypothetisch Wortbildungen diskutiert, für die es selbst synchron keine Parallele gibt, da ein FM {ə} auf der Basis eines sGM nur zur Ableitung eines Substantivs anderen Geschlechts, d.h. zur Movierung, wie bei *Cousin : Cousin-e* verwendet wird, wobei das sGM zusätzlich eine sekundärsprachliche Herkunft besitzt (FLEISCHER 1982: 184). Auch der synchron vorgenommene Ansatz eines gemeinsamen GM erweist sich als voreilig. Er ist selbst bei ECK/ECKE nicht zu begründen, da ECK in süddeutschen und westdeutschen umgangssprachlichen Varietäten verwendet wird und daher einer anderen Varietät als das standard- und schriftsprachliche ECKE angehört (PAUL/HENNE/OBJARTEL 1992: 192).

Bei einzelnen 'Paaren' liegen unterschiedliche Entlehnungsvorgänge neben primärsprachlichen Traditionen vor, so daß die Annahme von einem GM ausscheidet. Bei MUFF/MUFFE handelt es sich um zwei verschiedene Wörter; (*der*) MUFF hat das Semem 'dumpfer, modriger Geruch, Moder, Schimmel', (*die*) MUFFE das Semem 'Verbindungsstück für Rohr- und Kabelenden'. MUFFE wurde im 18. Jahrhundert neu gebildet, wobei nd. *Muffe*, eine Nebenform zu *Muff* 'Handwärmer aus Pelz', wegen der äußeren Ähnlichkeit als Vorbild diente. Dieses MUFF wurde im 17. Jahrhundert aus

MUFFEL gekürzt, das aus mnl. *moffel, muffel* 'Pelzhandschuh, Muff' im gleichen Jahrhundert entlehnt wurde (PFEIFER 1989: 1132f.). Bei TRUPP/TRUPPE liegen zwei voneinander unabhängige Entlehnungen vor. TRUPP bezeichnet eine 'zusammengehörige Gruppe, kleine Schar' und geht auf mnl. *trop, troepe* 'Trupp, Schar' zurück; TRUPPE 'militärischer Verband' wurde ebenfalls Anfang des 17. Jahrhunderts entlehnt, jedoch aus franz. *troupe*; es wurde anfangs nur pluralisch verwendet mit der Inhaltsseite 'größere Abteilung von Soldaten' und danach singularisch mit dem Semem 'Gesamtheit der militärischen Einheiten, Heer, Armee' (ebd.: 1854f.). Auch TYP/TYPE repräsentiert zwei verschiedene Wörter unterschiedlicher Entlehnungsstufen. (*Der*) TYP geht auf lat. *typus* zurück und wurde im frühen 20. Jahrhundert durch die Übernahme primärsprachlicher RM morphologisch integriert und mit den Sememen 'Bauart eines in Serie gefertigten Erzeugnisses, seltsamer Kerl, männliche Person' verwendet. (*Die*) TYPE wurde als Fachwort des Buchdrucks um 1800 aus dem Plural *Typen* 'gegossene Lettern' rückgebildet. Ende des 19. Jahrhunderts erhält TYPE unter dem Einfluß des franz. *type* wie TYP die Sememe 'Mensch mit auffallenden Besonderheiten, Sonderling' und 'Sorte, Qualität' zur Klassifizierung von Müllereiprodukten (ebd.: 1864f.).

Bei anderen 'Paaren' liegen zwei verschiedene primärsprachliche Wörter vor. Dies gilt speziell für TANN/TANNE, ZWECK/ZWECKE und auch für ROHR/RÖHRE. (*Der*) TANN 'Wald' geht auf ahd. *tenni,* mhd. *tenne,* mnd. *denne* 'Lagerstätte von Tieren, Bodenvertiefung', mnl. *dan* 'Wald, Lagerstätte von Tieren' zurück, während (*die*) TANNE 'Nadelbaumgattung' ahd. *tanna* entspricht (PFEIFER 1989: 1781, 1797f.). Das heute veraltete TANN wurde erst volksetymologisch zu TANNE gestellt (PAUL/HENNE/OBJARTEL 1992: 877). (*Der*) ZWECK 'Ziel, Absicht, Sinn' ist auf ahd. *zwec, zwecki* 'Nagel, Pflock' zurückzuführen. Im 15./16. Jahrhundert bezeichnet *zweck* den Befestigungsnagel beim Schießen, der auch selbst als Ziel dienen kann, wie die Wendung *den zweck treffen* zeigt. Von daher erhält ZWECK im 17. Jahrhundert die übertragene Bedeutung 'Ziel, Absicht, Beweggrund, erkennbarer Sinn'. Das Semem 'Nagel' wurde aufgegeben und im 18. Jh. von dem aus dem Mitteldeutschen stammenden Femininum *die Zwecke* 'kleiner Nagel mit rundem Kopf, Holzstift, Schusternagel' übernommen, wobei der Singular *die Zwecke* schreibdialektal aus dem Plural zu *der Zweck* entstanden ist (PFEIFER 1989: 2049). Der Gegensatz von (*das*) ROHR 'Sumpfgras, langer runder Hohlkörper (zum Weiterleiten von Flüssigkeiten, Gasen u. dgl.)' und (*die*) RÖHRE 'Rohr, rohrartiges Gebilde' ist bereits im Ahd. *r$\bar{o}$r* 'Schilfrohr' und *r$\bar{o}$ra* 'Sumpfgras, Röhre' vorhanden (SPLETT, I.2, 1993: 764). Während im Ahd. Sememüberschneidungen existieren, entfallen diese seit frühnhd. Zeit, in der RÖHRE „ausschließlich auf rohrähnliche Hohlkörper beschränkt und zunehmend im

technischen Bereich gebraucht [wird], während die Bedeutung 'Sumpfgras' bei *Rohr* verbleibt" (PFEIFER 1989: 1435f.).
Vor diesem Hintergrund entfällt auch die Möglichkeit, die 'substantivischen Paare' synchron allein von ihrer Phonotaktik aus zu interpretieren und dem /ə/ eine 'genusbestimmende Funktion' in Relation zum 'gleichen GM' ohne /ə/ zuzuweisen. Es liegen jeweils zwei Wörter mit unterschiedlicher Phonotaktik, verschiedener Inhaltsseite, anderem Genus und einem spezifischen RM-Satz vor. Daß ihre Ausdrucksseiten teilweise übereinstimmende Phoneme besitzen, ist kein Grund, ihnen ein 'gleiches GM' zuzuordnen.
Auch die Frage, „ob das *-e* in Fällen wie *Katze, Kerze, Linde, Pfütze, Steppe, Wiese* als Morphem (Flexionselement) herausgelöst werden soll oder ob die betreffenden Wörter als monomorphematisch anzusehen sind" (FLEISCHER 1982: 134), ist rein hypothetisch und gegenwartssprachlich weder durch Oppositionen noch historisch durch Veränderungen der Morphemstrukturen begründet. Es liegen GM der Substantivklasse I (§§ 125.1-3) vor, die nur Feminina enthält. Vom RM-Satz des gesamten Paradigmas geht eine Hinweisfunktion auf das Genus aus, und in diese Kennzeichnungsfunktion ist die Phonotaktik des GM, der Ausgang auf das Phonem /ə/, einbezogen. Ein Morphemstatus des /ə/ ist dadurch nicht zu begründen, vor allem da bei maskulinen Substantiven wie BOTE, FUNKE und HASE, die zur Substantivklasse J (§§ 126.1-5) gehören, das GM ebenfalls auf das Phonem /ə/ ausgeht, so daß allein von der Phonotaktik aus keine 'genusbestimmende' Funktion hergeleitet werden kann.
242.7 Die dritte Gruppe enthält Wortbildungen mit dem FM {iān} und einer aus vGM und aGM bestehenden Ableitungsbasis. Die von FLEISCHER/BARZ (1992: 38, 197) vorgenommene Zuordnung zu vGM und sGM erweist sich als Irrtum, sie selbst führen kein einziges Beispiel mit substantivischer Ableitungsbasis auf. Auch das von HENZEN (1965: 168) genannte Beispiel SCHMUTZIAN ist nicht zum Substantiv SCHMUTZ, sondern zum Verb SCHMUTZEN zu stellen (PFEIFER 1989: 1551). Darüber hinaus nehmen es die einschlägigen Wörterbücher zur Gegenwartssprache nicht auf, so daß es eher einer umgangssprachlichen Varietät zuzuordnen ist. Eine die Ableitungsbasen weitgehend erfassende Zuordnung nimmt WILMANNS (1930: 395 Anm. 1) vor, indem er feststellt, daß sich das FM {iān} „mit (flectierten) Adjectiven und Verbalstämmen auf *-er*" verbindet.
Das Substantiv SCHLENDRIAN 'Schlamperei, Liederlichkeit, nachlässiger Mensch' (Beispiel 3) ist das einzige schriftsprachliche Wort, das auf der Basis eines vGM zu SCHLENDERN mit dem FM {iān} gebildet worden ist. Daneben existieren einige eher in umgangssprachlichen Varietäten übliche Wörter wie POLTRIAN zu POLTERN, SCHMIERIAN zu SCHMIEREN (FLEISCHER/BARZ 1992: 197). Bei SCHMIERIAN tritt das FM ohne Veränderung der Phonotaktik des vGM an dieses an, bei

SCHLENDRIAN wird vor dem FM das vGM der Ableitungsbasis um das Phonem /ə/ reduziert. FLEISCHER/BARZ (ebd.) weisen auf „verschiedene Quellen" des FM {iān} hin; bei SCHLENDRIAN denken sie eher an ein vom Rufnamen *Jan* (*Johannes*) hergeleitetes FM, während PFEIFER (1989: 1532) eine „Anlehnung an die lat. Endung *-(i)ānus*, vgl. lat. *hortulanus* 'zum Garten (*hortulus*, eigentl. 'Gärtchen') gehörig'" annimmt.

242.8 Die vierte Gruppe enthält FM, die sowohl mit einem vGM als auch mit einem sGM verbunden werden können. Mit dem Suffix {bolt} werden in Verbindung mit wenigen vGM Personenbezeichnungen gebildet, die wie SAUFBOLD (Beispiel 4) zu SAUFEN oder RAUFBOLD zu RAUFEN eine pejorative Konnotation besitzen (ERBEN 1975: 90; 1993: 94), die aber schon beim vGM auftritt, wenn das Verb mit einem menschlichen Subjekt in einer syntaktischen Relation verbunden wird. Bei {bolt} handelt es sich um ein deonymisches Suffix, das aus Nomina propria wie DIETBOLD gelöst und mit vGM von Nomina appellativa verbunden wird (FLEISCHER/BARZ 1992: 197).

242.9 Auch mit dem Suffix {ai} werden Substantive mit pejorativer Bedeutung auf der Basis vGM konstituiert. Das Suffix {ai} wurde im Mhd. aus dem Französischen (z.B. mhd. *profezīe*) als Lehnsuffix übernommen und gehört für diese Sprachepoche des Deutschen zu den sekundärsprachlichen FM. Da es aber im Deutschen weiter tradiert wurde, den Phonemwandel der nhd. Diphthongierung mitmachte (nhd. *prophezeien*) und in der Gegenwartssprache mit der neuen Ausdrucksseite produktiv geworden ist, wird es hier unter den primärsprachlichen FM mitbehandelt (HENZEN 1965: 185). Bei Bildungen wie BLÖDELEI (Beispiel 5) zu BLÖDELN liegt eine „Prozeßbezeichnung, z.T. mit sekundärer Prägung als Resultatsbezeichnung" vor (FLEISCHER/BARZ 1992: 150). Auch konkrete Sachbezeichnungen, die das Resultat eines Prozesses markieren, werden mit dem FM {ai} gebildet, wobei jedoch wie bei HÄKELEI zu HÄKELN pejorative Merkmale fehlen.

Dieselben Funktionen wie beim FM {ai} werden mit Hilfe des FM {ərai} wie in BRÜLLEREI (Beispiel 6) und STICKEREI zu STICKEN ausgedrückt (ebd.). Bei diesen Bildungen ist eine Zwischenstufe eines Nomen agentis wie BRÜLLER oder STICKER unwahrscheinlich. Direkte Ableitungen von einem vGM wie TOLLEREI zu TOLLEN, die nicht durch usuelle Nomina agentis-Bildungen mit {ər} gestützt werden, sind „selten" (WELLMANN 1975: 28). In den verschiedenen gesprochenen Varietäten wird das Suffix {ərai} häufig verwendet, um „dem Überdruss, der Missbilligung u.s.w. Ausdruck zu verleihen", auch in der „Sprache des Journalismus" existieren „manche glückliche Augenblicksprägungen" wie LEISETRETEREI (ÖHMANN 1973: 418). HÜNING (1995: 221) führt die Wortbildungen mit dem Suffix {ərai} auf einen „Handlungsframe" aus Resultat,

Handlung/Prozeß, affiziertem Objekt, Verhaltensweise, Betrieb/Geschäft, Ort/Gebäude (lokativ) und Personen (Agens) zurück. Er identifiziert einen solchen Handlungsframe „mit der kategorialen Wortbildungsbedeutung", die das „Bedeutungspotential der Wörter einer Wortbildungskategorie" repräsentiert und die Grundlage für das Verständnis von Neologismen bildet.

242.10 Das Suffix {ərix} gehört wie das Suffix {bolt} zu den deonymischen FM. Es ist aus Rufnamen wie *Dietrich, Friedrich, Heinrich* entnommen, wird mit Genusbezeichnungen auf {ərix} wie *Enterich* zu *Ente* in Verbindung gebracht und führt mit vGM zur Konstitution von „deverbale[n] Personenbezeichnungen mit pejorativer Konnotation" (FLEISCHER/BARZ 1992: 197). Die Bildungen sind 'schwach produktiv' (ebd.); Personenbezeichnungen sind WÜTERICH (Beispiel 7) zu WÜTEN, WÜRGERICH zu WÜRGEN, STREBERICH zu STREBEN und die scherzhafte Neubildung SENDERICH 'Rundfunkansager' zu SENDEN (HENZEN 1965: 168).

242.11 Mit dem Suffix {əl} werden auf der Basis vGM Nomina instrumenti wie HEBEL (Beispiel 8) zu HEBEN gebildet, d.h. Bezeichnungen von Geräten, mit denen „die durch das Verb bezeichnete Tätigkeit ausgeübt werden kann" (FLEISCHER/BARZ 1992: 150). Während diese Bildungen noch „schwach produktiv" sind, erweisen sich deverbale Nomina agentis-Bildungen wie BÜTTEL 'Ordnungshüter, Polizist, abschätzig: obrigkeitshöriger Diener' als isoliert (ebd.: 151). Sie repräsentieren eine ältere sprachliche Tradition, die in ihrer morphologischen Struktur gegenwartssprachlich nicht mehr erkennbar ist. So ist BÜTTEL ein bereits im Ahd. entstandenes Wort (ahd. *butil* 'Diener des Königs, Gerichtsdiener') mit dem FM {il} zum vGM {but} aus dem präteritalen Teilparadigma (2. Sg., 1.-3. Pl. Prät. Ind.) des Verbs *biotan* mit den übrigen Leitformen *bōt, butum, gibotan* und den Sememen 'bekanntmachen, entgegenstrecken, anbieten' (PFEIFER 1989: 169, 237f.).

242.12 Substantivbildungen mit dem Suffix {lər} auf der Basis von vGM sind nicht sehr zahlreich und werden gewöhnlich auf der Grundlage von GM zweiten Grades gebildet. Die Neubildungen zeigen wie ABWEICHLER (Beispiel 9) zu ABWEICHEN oder GEWINNLER zu GEWINNEN jeweils eine „pejorative Konnotation" (FLEISCHER/BARZ 1992: 158).

242.13 Mit dem Suffix {s} wie in KNICKS (Beispiel 10) zu KNICKEN werden mit vGM überwiegend Nomina actionis, Vorgangsbezeichnungen, gebildet. Auch Nomina acti, Ergebnisbezeichnungen, sind möglich. So ist der KLOPS 'Kloß aus Hackfleisch' zu md. KLOPPEN das Ergebnis eines Fleisch zerkleinernden Vorgangs (FLEISCHER/BARZ 1992: 167f.; PFEIFER 1989: 855f.). Bei den von FLEISCHER/BARZ (1992: 167) ebenfalls auf vGM zurückgeführten MUCKS zu MUCKEN, KLAPS zu KLAPPEN, SCHUBS zu md. SCHUPPEN, SCHWIPS zu SCHWIPPEN und STUPS zu md. STUPPEN 'stoßen' dürften jedoch komplexere Wortbildungsprozesse vorliegen. Bei MUCKS 'halb unterdrückter Laut, nur angedeutete Bewegung' geht PFEIFER (1989: 1132) von einer Rückbildung zum Verb MUCKSEN, einer Intensivbildung zum Verb MUCKEN 'murren, aufbegehren, sich leise, vorsichtig oder unwillkürlich bewegen', aus. Für KLAPS 'leichter Schlag mit der Hand' schließt er eine „unmittelbare Ableitung von *klappen*" als „unwahrscheinlich" aus und nimmt eine durch <s> verstärkte Bildung zum Schallwort *klapp* an, das dann substantiviert wurde (PFEIFER 1989: 841). Auch SCHWIPS 'kleiner, leichter Rausch' ist nach ihm aus der die Interjektion SCHWIPP verstärkenden Interjektion SCHWIPS durch eine Substantivierung entstanden und nicht direkt aus dem vGM des Verbs SCHWIPPEN 'mit Geräusch hin und her schwanken' (ebd.: 1599). SCHUBS bzw. SCHUP(P)S 'Anschub, leichter Stoß' stellt PFEIFER (1989: 1576) zu md. SCHUPP und zur intensivierenden Weiterbildung des 18. Jahrhunderts nd. SCHUPPS, die er beide als Verbalabstrakta zum Intensivum SCHUPPEN stellt, das zu SCHIEBEN gebildet worden ist. Auch STUPS 'kleiner Stoß' wird von ihm mit dem Verb STUPSEN 'leicht anstoßen', einer Intensivbildung zu nd. md. STUPPEN 'stechen, stoßen', in Verbindung gebracht (ebd.: 1752).

242.14 Die fünfte Gruppe wird von Substantiven gebildet, die auf der Basis eines vGM mit dem FM {ər} konstituiert werden, wobei dasselbe FM auch zu sGM und aGM hinzutreten kann. Durch das FM {ər} entstehen ausschließlich Maskulina; das Suffix ist „an mehreren Modellen mit hoher Produktivität beteiligt" (FLEISCHER/BARZ 1992: 151). Als vGM können wie bei LEHRER (Beispiel 11) zu LEHREN solche auftreten, die zu Verben der Verbklasse I gehören (§ 104), oder wie bei GIESSER zu GIESSEN und LESER zu LESEN solche zu Verben der Verbklasse II (§ 101). Bei den vGM von Verben der Verbklasse II stammt das vGM – anders als bei Bildungen mit dem FM {ə} (§ 241.4) – nur aus den Wortformen des Infinitivs bzw. denen der Teilparadigmata von Präsens Indikativ und Präsens Konjunktiv (GIESSER); dies gilt auch für LESER, jedoch scheiden wegen der Erscheinung der Vokalerhöhung die vGM der 2. und 3. Sg. Präs. Ind. als Basis der Wortbildung aus. Auf diese Weise werden Nomina agentis gebildet, d.h. Bezeichnungen von Personen, die die durch das Verb bezeichnete Tätigkeit ausüben. Dabei wird je nach Kommunikationsbereich und Textsorten, den Kommunikationsbedürfnissen folgend, eine unterschiedliche Differenzierung vorgenommen. So wird im Sport, in der Leichtathletik, zwischen GEHER und LÄUFER differenziert, während „die Allgemeinsprache mit *Fußgäng-er* auskommt" (ERBEN 1976: 305). Die Wortbildungen sind von „sachlich-textlichen Ausdrucksnotwendigkeiten und von semantisch-pragmatischen Unterscheidungsbedürfnissen bestimmt" und nicht etwa von einem „Mechanismus der vollständigen Ausfächerung aller formalen Möglichkeiten." (ebd.: 308). Einzelne Bildungen wie BOHRER zu BOHREN und SCHREIBER zu SCHREIBEN bezeichnen sowohl Personen als auch Geräte. Daneben werden mit dem FM {ər} Bezeichnungen für Vögel wie WÜRGER zu WÜRGEN, für menschliche Äußerungen wie SCHLUCHZER zu SCHLUCHZEN, für menschliche Bewegungsformen wie DREHER zu DREHEN und fehlerhafte Handlungen wie FEHLER zu FEHLEN und VERSPRECHER zu VERSPRECHEN geschaffen (FLEISCHER/BARZ 1992: 151-154).

242.15 Mit dem Suffix {ixt} werden auf der Basis vGM nur wenige Substantive wie KEHRICHT zu KEHREN gebildet, doch weisen FLEISCHER /BARZ (1992: 163) auf „expressive Neubildungen" wie WORTSPÜLICHT neben SPÜLICHT 'Menge des Weggespülten' zu SPÜLEN hin.

242.16 Das Suffix {liŋ} wird in Verbindung mit vGM verwendet, um Personen zu bezeichnen, „auf die sich die im Verb ausgedrückte Tätigkeit erstreckt" (FLEISCHER/BARZ 1992: 164). Solche Nomina patientis sind LEHRLING zu LEHREN oder PRÜFLING zu PRÜFEN. Daneben erscheinen Nomina agentis wie EINDRINGLING zu EINDRINGEN, Vorgangsbezeichnungen wie BÜCKLING zu BÜCKEN und Sachbezeichnungen wie SETZLING zu SETZEN.

242.17 Das Suffix {nis} erscheint vor allem in Verbindung mit vGM zweiten Grades wie in EREIGNIS zu SICH EREIGNEN und ERLAUBNIS zu ERLAUBEN, kommt jedoch auch mit vGM aus Simplizia wic in HEMMNIS zu HEMMEN vor. Bei einzelnen umlautfähigen Vokalen oder Diphthongen im vGM ist in Verbindung mit dem FM {nis} ein Umlaut im GM der neuen Worteinheit vorhanden, während er in den Verbformen fehlt. Dies gilt für VERLÖBNIS zu VERLOBEN; allerdings unterbleibt der Umlaut wie bei WAGNIS zu WAGEN auch. Bei BEGRÄBNIS (Beispiel 14a) zu BEGRABEN ist – anders als bei STÖPSEL (Beispiel 1a) – eine Verbform mit Umlaut (*er begräbt*) im Verbparadigma vorhanden. Bei ZERWÜRFNIS zu ZERWERFEN geht der Umlaut auf das GM zweiten Grades <zerwurf> aus dem ahd. Teilparadigma des Präteritum Indikativ (2. Sg., 1.-3. Pl.) zurück (BRAUNE/EGGERS 1975: 278; PFEIFER 1989: 2020). Mit dem FM {nis} werden Vorgänge und Handlungen (WAGNIS, ERLEBNIS) und Zustände (BESORGNIS, BETRÜBNIS) bezeichnet, sekundär können auch Sachbezeichnungen wie VERZEICHNIS, ZEUGNIS entstehen (FLEISCHER/BARZ 1992: 166).

Bei einzelnen Bildungen wie GEDÄCHTNIS, ERKENNTNIS geht PAUL (1920/1968: 70) von einem Partizip II aus, was durch die Existenz des RM {t} begründet ist. Auch bei GEFÄNGNIS, ERGEBNIS, VERSTÄNDNIS setzt er ein Partizip II wie *gefang - en* an, in dem „der Vokal der unbetonten Silbe frühzeitig ausgestoßen und dann naturgemäß das *n* vereinfacht" worden ist (ebd.).

242.18 Mit dem Suffix {zāl} werden auf der Basis vGM neutrale Substantive wie RINNSAL zu RINNEN und SCHICKSAL zu SCHICKEN gebildet, wobei die vGM in Verben der Klassen I und II auftreten. Die Substantive gehören zu den Konkreta (RINNSAL) und Abstrakta (SCHICKSAL). Der Bildungstyp ist „kaum noch produktiv" (FLEISCHER/BARZ 1992: 168).

242.19 Beispiele für Verbindungen des Suffixes {šaft} mit einem vGM sind selten. Ein sicherer Beleg ist ANWARTSCHAFT, das zu einem inzwischen veralteten Verb ANWARTEN 'auf etwas (mit Rechtsanspruch) warten' gebildet wurde und eine ältere Ableitung mit dem Suffix {uŋ} ANWARTUNG ablöste (PAUL 1920/1968: 84; PAUL/HENNE/OBJARTEL 1992: 49). In der ersten Hälfte des 19. Jahrhunderts wurde BELEGSCHAFT zum Verb BELEGEN gebildet. Es hatte zunächst das Semem 'Gesamtheit der Arbeiter eines Bergwerks', gegenwartssprachlich wird es mit dem Semem 'Gesamtheit der Beschäftigten eines Betriebes' gebraucht (PFEIFER 1989: 150).

Bei den von HENZEN (1965: 191), FLEISCHER (1982: 162) und FLEISCHER/BARZ (1992: 169) aufgeführten Bildungen LEIDEN-, LIEGEN-, MACHEN-, RECHEN- und WISSENSCHAFT, zu denen sie einen „Infinitiv als Basis", d.h. eine Verbindung von GM + RM, annehmen, ist mit PAUL (1920/1968: 84) eher von einem substantivierten Infinitiv als Ableitungsgrundlage auszugehen.

242.20 Während Substantivbildungen mit dem FM {šaft} auf der Basis von vGM in geringer Frequenz belegt werden können, ist die Annahme von vergleichbaren Bildungen mit dem FM {tūm} umstritten. Nach PAUL (1920/1968: 83) kommen nur IRRTUM und WACHSTUM in Frage, die nach ihm „Wohl nicht aus einem Verb abgeleitet, aber im Sprachgefühl an ein solches angelehnt sind". Dieser Auffassung schließen sich FLEISCHER (1982: 164) und FLEISCHER/BARZ (1992: 171) an. Ein relativ sicherer Bezug auf ein vGM ist bei der jedoch nur okkasionellen Bildung WANDERTUM zu WANDERN möglich (WELLMANN 1975: 240).

242.21 Das FM {uŋ} ist „das produktivste substantivbildende Suffix der deutschen Gegenwartssprache" (FLEISCHER/BARZ 1992: 172). Als Ableitungsgrundlage dienen vGM von Simplizia und von Verben mit vGM verschiedenen Grades, die den Verbklassen I und II angehören (§§ 104, 101). Auf der Basis vGM von Simplizia sind SPALTUNG, BINDUNG gebildet; auf einer präfigierten Verbbasis beruhen BELEBUNG, VERBINDUNG, auf einer Präfixoidbildung ABLÖSUNG, AUFHEBUNG; eine Verbbasis mit Präfixoid- und Präfixbildung haben ANERKENNUNG,

AUSERWÄHLUNG und VORENTHALTUNG; eine suffigierte Verbbasis aus Verben der Subklasse I (§ 104) zeigen HULDIGUNG, LACKIERUNG, KLASSIFIZIERUNG (ebd.).

Mit dem FM {uŋ} werden Konkreta und Abstrakta in verschiedenen Bezeichnungsklassen gebildet; der hohen Frequenz der Bildungen entspricht die Vielfalt der inhaltsseitigen Funktionen. Innerhalb der Konkreta werden Personengruppen (BEDIENUNG, REGIERUNG), Geräte (STEUERUNG), weitere Sachen (ERZÄHLUNG, DICHTUNG, LADUNG) und Orte (ANSIEDLUNG) bezeichnet. Bei den Abstrakta zeigen sich Bezeichnungen von Vorgängen und Handlungen (SCHWÄCHUNG, ERWERBUNG) und Zuständen (ERREGUNG, VERZWEIFLUNG). In vielen Bildungen ist „eine ausgeprägte Verflechtung der Handlungs- bzw. Vorgangsbezeichnung (Nomen actionis) mit der Resultatsbezeichnung (Nomen acti) in der Bedeutungsstruktur eines Derivats" vorhanden wie in SCHWÄCHUNG und RETTUNG (FLEISCHER/BARZ 1992: 175f.).

243.1 Die inhaltsseitigen Funktionen der FM bei deverbativen Substantiven können zusammenfassend in der Tabelle 92 zusammengestellt werden (zu vergleichbaren Tabellen FLEISCHER 1982: 198; FLEISCHER/BARZ 1992: 193; WELLMANN, in: DUDEN 1984: 480f.; 1995: 512f.):

Tabelle 92: Inhaltsseitige Funktionen der FM bei deverbativen Substantiven des Typs vGM + FM

Ko oder Ab	Bezeichnungsklassen	FM	Beispiele
Ko	1. Personen und Personengruppen	{bolt}	Saufbold
		{ər}	Lehrer
		{ərix}	Wüterich
		{iān}	Schlendrian
		{lər}	Abweichler
		{liŋ}	Lehrling
		{šaft}	Belegschaft
		{uŋ}	Bedienung, Regierung
	2. Geräte	{ə}	Leuchte, Pfeife, Bremse
		{əl}	Hebel
		{ər}	Bohrer, Kocher, Anlasser
		{zəl}	Stöpsel
		{uŋ}	Steuerung
	3. weitere Sachen	{ai}	Häkelei
		{ə}	Liege, Rinne, Abgabe, Spende
		{ərai}	Stickerei
		{uŋ}	Erzählung, Dichtung, Ladung

Ko oder Ab	Bezeichnungsklassen	FM	Beispiele
Ko	4. Orte und Räumlichkeiten	{ə}	Schmiede, Schwemme
		{ərai}	Druckerei
		{zāl}	Rinnsal
		{uŋ}	Ansiedlung
Ab	5. Vorgänge und Handlungen	{ə}	Suche, Pflege, Anmache
		{əlai}	Blödelei
		{ər}	Schluchzer, Dreher, Fehler, Versprecher
		{ərai}	Lauferei
		{iān}	Schlendrian
		{nis}	Wagnis, Erlebnis
		{s}	Knicks
		{uŋ}	Schwächung, Erwerbung
	6. Zustände	{nis}	Betrübnis, Besorgnis
		{zāl}	Schicksal
		{tūm}	(Irrtum, Wachstum: § 242.20)
		{uŋ}	Erregung, Verzweiflung

Die Tabelle 92 besteht aus vier Spalten: In der ersten Spalte werden die Großgruppen der Kollektiva (= Ko) und Abstrakta (= Ab) angegeben. In der zweiten Spalte sind die Bezeichnungsklassen aufgeführt und durchnumeriert. In der dritten Spalte sind die zur Konstitution der Bezeichnungsklassen beitragenden FM in alphabetischer Untereinanderordnung verzeichnet. In der vierten Spalte werden zu jeder Funktion ein oder mehrere Beispiele genannt.

243.2 Aus der Tabelle 92 ist ein unterschiedlicher Funktionsumfang der einzelnen FM zu entnehmen. Als einziges FM ist {uŋ} an der Konstitution aller sechs Bezeichnungsklassen beteiligt. Mit dem FM {ə} werden Substantive von vier Bezeichnungsklassen (2-5) gebildet. An drei Bezeichnungsklassen haben die FM {ər} (1, 2, 5) und {ərai} (3-5) Anteil. Zur Konstitution von jeweils zwei Bezeichnungsklassen tragen die FM {iān} (1, 5), {zāl} (4, 6) und {nis} (5, 6) bei. Alle anderen FM sind nur in jeweils einer Bezeichnungsklasse vorhanden, wobei sich eine deutliche Funktionsverteilung erkennen läßt: Die FM {bolt}, {ərix}, {lər}, {liŋ} und {šaft} bilden Bezeichnungen für Personen und Personengruppen, die FM {əl} und {zəl} solche für Geräte, das {ai} erweitert den Bestand an Sachbezeichnungen, die FM {əlai} und {s} konstituieren Vorgangs- und Handlungsbezeichnungen, und das FM {tūm} vergrößert die Möglichkeit, Zustände zu bezeichnen.

244.1 Die Kombinationstypen aus aGM + FM und ihre Varianten sind in der Tabelle 93 zusammengestellt:

Tabelle 93: Kombinationstypen aus aGM + FM und ihre Varianten bei deadjektivischen Substantiven

morphologische Struktur Suffixbildungen	Bezug zum Simplex	morphologischer Verbindungstypus	Basisgebundenheit des FM
1. Ehrbarkeit	Adj. ehrbar	aGM + FM {kait}	nur aGM 2. Grades
2. Fünftel	Adj. fünf	aGM + FM {təl}	nur aGM
3. Schnelligkeit	Adj. schnell	aGM + FM {ixkait}	nur aGM
4. Frische	Adj. frisch	aGM + FM{ə}	aGM, vGM, sGM, advGM
5. Blödian	Adj. blöd	aGM + FM {iān}	aGM, vGM
6. Schönheit	Adj. schön	aGM + FM {hait}	aGM, aSM, sGM
7. Kleinchen	Adj. klein	aGM + FM {xən}	aGM, sGM
8. Vierer	Adj. vier	aGM + FM {ər}	aGM, vGM, sGM
9. Dickicht	Adj. dick	aGM + FM {ixt}	aGM, vGM, sGM
10. Feigling	Adj. feig	aGM + FM {liŋ}	aGM, vGM, sGM
11. Wildnis	Adj. wild	aGM + FM {nis}	aGM, vGM, sGM
12. Trübsal	Adj. trüb	aGM + FM {zāl}	aGM, vGM, sGM
13. Barschaft	Adj. bar	aGM + FM {šaft}	aGM, vGM, sGM
14. Reichtum	Adj. reich	aGM + FM {tūm}	aGM, vGM, sGM
15. Festung	Adj. fest	aGM + FM {uŋ}	aGM, vGM, sGM
3a. Müdigkeit	Adj. müde	aGM + FM {ixkait}	nur aGM
4a. Kürze	Adj. kurz	aGM + FM {ə}	aGM, vGM, sGM, advGM
4b. Höhe	Adj. hoch	aGM + FM {ə}	aGM, vGM, sGM, advGM
4c. Säure	Adj. sauer	aGM + FM {ə}	aGM, vGM, sGM, advGM
5a. Weisheit	Adj. weise	aGM + FM {hait}	aGM, aSM, sGM

Die Tabelle 93 ist wie die Tabelle 91 (§ 242.1) aufgebaut.

244.2 Insgesamt können aufgrund der Basisgebundenheit der FM sechs unterschiedlich umfangreiche Gruppen von deadjektivischen Substantiven unterschieden werden. Wie beim Typus vGM + FM ist mit den einzelnen FM eine Transposition in die Wortart Substantiv verbunden. Die erste Gruppe wird vom morphologischen Verbindungstypus aGM + FM gebildet, bei dem die auftretenden FM {kait}, {təl} und {ixkait} ausschließlich aGM als Basis besitzen. Als Ableitungsbasis kommen beim FM {kait} ausschließlich aGM zweiten Grades vor. Neben dem Beispiel (1) EHRBARKEIT zum aGM zweiten Grades des Adjektivs EHRBAR sind Ableitungen mit dem FM {kait} zu den aGM zweiten Grades von Adjektiven wie TRAURIG, STÖRRISCH, LIEBLICH und FURCHTSAM vorhanden, die jeweils bereits einen Wortbildungsprozeß mit einem Adjektive konstituierenden FM erkennen lassen. Inhaltsseitig werden mit {kait} Eigenschaften bezeichnet.

244.3 Auch bei der Ableitungsbasis zum Suffix {təl} existieren einzelne Restriktionen. Die Basen werden ausschließlich von aGM von Kardinalzahlen wie (*das*) FÜNFTEL zu FÜNF (Beispiel 2) bzw. von aGM von Ordinalzahlen von *zwanzig* aufwärts wie (*das*) ZWANZIGSTEL zu ZWANZIGSTER, ZWANZIGSTE, ZWANZIGSTES gebildet. Bei Ordinalzahlen liegt jeweils ein aGM zweiten Grades vor, dessen Phonotaktik wie bei /tsvantsixst/ auf die Phonemfolge /st/ ausgeht. Daher ist der Ansatz einer Suffixvariante {stəl} durch FLEISCHER/BARZ (1992: 170) unbegründet. Phonotaktisch fallen in der neuen Worteinheit das letzte /t/ von /tsvantsixst/ und des /t/ des FM {təl} zusammen; es entsteht die Phonemfolge /tsvantsixstəl/. Alle mit dem Suffix {təl} gebildeten neuen Substantive haben ein neutrales Genus.

244.4 Mit dem Suffix {ixkait} werden auf der Grundlage aGM viele Substantive gebildet, die Eigenschaften bezeichnen. Die Ableitungsbasen können aus aGM von Simplizia oder aus aGM zweiten Grades bestehen. Bei aGM von Simplizia tritt das FM wie bei SCHNELLIGKEIT zu SCHNELL (Beispiel 3) direkt an das aGM an oder das aGM des Simplex wird wie bei MÜDIGKEIT zu MÜDE (Beispiel 3a) in der Phonotaktik geändert, indem das auslautende /ə/ getilgt wird (FLEISCHER/BARZ 1992: 159). Bei aGM zweiten Grades, die mit dem FM {haft} und dem AF {lōs} (§ 212.2) konstituiert sind, wird ausschließlich das Suffix {ixkait} zur Substantivbildung eingesetzt, wie die Beispiele ERNSTHAFTIGKEIT zu ERNSTHAFT und ARGLOSIGKEIT zu ARGLOS zeigen (ebd.). Beim AF {lōs} wird daher wegen des folgenden Vokals beim Suffix {ixkait} die Fortis /s/ in eine Lenis /z/ phonotaktisch verändert. Die Annahme von substantivischen Basen erweist sich als unbegründet (§ 246.13).

244.5 Die zweite Gruppe zeigt Bildungen mit dem Suffix {ə} und entspricht unter dem Aspekt der Basisgebundenheit der FM der Gruppe zwei des Typus vGM + FM (§ 242.4). Neben dem Haupttypus aGM + FM wie in FRISCHE zu FRISCH (Beispiel 4) läßt sich als Variante auch ein aGM mit Umlaut belegen, der in der Ausdrucksseite des GM des Adjektivs nicht vorhanden ist. Von den sieben prinzipiell möglichen Umlauten können sechs nachgewiesen werden. Es sind die Umlaute von /a/ zu /ɛ/ (<ä>) in NÄSSE zu NASS, von /u/ zu /ü/ in KÜRZE zu KURZ (Beispiel 4a), von /ā/ zu /ǟ/ in NÄHE zu NAH, von /ō/ zu /ȫ/ in RÖTE zu ROT, von /ū/ zu /ǖ/ in GÜTE zu GUT und von /ao/ zu /oi/ in BLÄUE zu BLAU. Ein Umlaut von /o/ zu /ö/ in Verbindung mit dem Suffix {ə} ist nicht vorhanden.

Da die Abstraktbildungen ein unterschiedliches Alter besitzen, sie und die mit ihnen in Relation stehenden Adjektive verschiedenen Sprachwandelphänomenen unterlagen, ist die Zuordnung von GM mit und ohne Umlaut nicht immer gegeben. So zeigen bei KÜHLE zu KÜHL und SCHRÄGE zu SCHRÄG beide Ausdrucksseiten den Umlaut. Bei KÜHLE liegt das daran, daß im Althochdeutschen sowohl das Adjektiv ahd. *cuoli* 'kühl, kalt' als auch das von ihm abgeleitete feminine Substantiv ahd. *cuolī* 'Kühle, Kälte' die umlautbewirkenden Faktoren /i/ und /ī/ besitzen (SPLETT, I.1, 1993: 499). Bei den erst im 15. und 16. Jahrhundert gebildeten Wörtern SCHRÄG und SCHRÄGE liegt eine ausdrucksseitige Anpassung beider Wörter an die durch den Primärumlaut geschaffenen und in ahd. *scregibant* 'Haarband' und *scregihōrī* 'Schrägheit' erkennbaren Verhältnisse vor (PFEIFER 1989: 1567).

Noch anders liegen die Verhältnisse bei RUNDE zu RUND. Im 16. Jahrhundert existierte neben RUNDE auch eine umgelautete Variante *ründe*, die sich jedoch während der Herausbildung der nhd. Schriftsprache nicht durchsetzte (PFEIFER 1989: 1454).

Bei einzelnen Abstrakta wie FÜLLE und WÜRDE ist der Bezug zu den Adjektiven VOLL und WERT nur noch inhaltsseitig herzustellen; der Wortbildungsprozeß ist gegenwartssprachlich nicht mehr nachvollziehbar. Im Althochdeutschen liegen bei ahd. *fullī, follī* 'Fülle, Sattheit, Sättigung' zu ahd. *fol* 'voll' dieselben Wortbildungsprozesse wie bei ahd. *guot, guotī*, nhd. *gut, Güte* vor (PFEIFER 1989: 485f.; 1918). Durch den Umlaut von /u/ zu /ü/ und die Vokalabschwächung von /ī/ zu /ə/ ging ein großer Teil der ausdrucksseitigen Durchsichtigkeit der Wortbildung verloren. Dies gilt noch mehr für ahd. *werd* 'wertvoll, wert, kostbar' und ahd. *wirdī* 'Ansehen, Verdienst, Ehre', die neben dem FM {ī} durch die Vokalerhöhung ausdrucksseitig aufeinander bezogen sind. Durch den Übergang von /i/ zu /ü/, von *wirde* zu *würde* im Frühneuhochdeutschen des 16. Jahrhunderts, und die Fortisierung von /d/ zu /t/ im Mittelhochdeutschen, von ahd. *werd* zu mhd. *wert*, wurde die morphologische Durchsichtigkeit ausdrucksseitig reduziert (PFEIFER 1989: 1965, 1995f.).

Die Bildung von HÖHE zu HOCH (Beispiel 4b) zeigt neben dem Umlaut noch einen in der ahd. und mhd. Sprachepoche regelmäßigen Wechsel zwischen den Phonemen /h/ und /x/, der auch bei den Wortformen des Adjektivs HOCH noch vorhanden ist (§ 167.8).

Regelmäßig ist im Althochdeutschen auch die Beziehung zwischen HITZE und HEISS, ahd. *hizza* und *heiz*; ahd. *hizza* ist eine ablautende Substantivbildung, zu der unter diachronem Aspekt eine *t*-Erweiterung der Wurzel vorauszusetzen ist, damit im Ahd. die Affrikata /ts/ = <zz> entstehen und in Opposition zur einfachen Frikativa /z/ = <z> in *heiz* treten kann (PFEIFER 1989: 670, 696). Der Zusammenfall der Frikativen /z/ und /s/ im Mittelhochdeutschen und die Aufgabe des Wortbildungsprinzips mit dem Suffix {ə} und Ablaut im GM lassen den Wortbildungsprozeß in der Gegenwarts-

sprache undurchsichtig werden, obwohl der inhaltsseitige Zusammenhang weiterhin besteht.
Ausdrucks- und inhaltsseitig durchsichtig ist das Verhältnis von SÄURE und SAUER (Beispiel 4c). Dies gilt für die Gegenwartssprache und die historischen Verhältnisse. Im Ahd. stehen sich das Adjektiv *sūr* 'bitter' und das Substantiv *sūrī* 'Schärfe, Säure' gegenüber; das Substantiv ist mit Hilfe des FM {ī} und des aGM gebildet, ausdrucksseitige Besonderheiten existieren nicht (PFEIFER 1989: 1479f.). Beim Adjektiv SAUER tritt im Frühnhd. aus euphonischen Gründen ein sog. Sproßvokal /ə/ zwischen den Diphthong /ao/ und den GM-Ausgang /r/ (REICHMANN/WEGERA 1993: 82); wegen der Zweisilbigkeit unterbleibt bei SÄURE die Sproßvokalbildung.

244.6 Auch in der dritten Gruppe kommt nur ein FM, das Suffix {iān}, vor. Es tritt an aGM und vGM (§ 242.7) an. Mit dem FM {iān} werden wie bei BLÖDIAN zu BLÖD (Beispiel 5) maskuline Personenbezeichnungen gebildet. Dieselbe Bildungsweise liegt bei GROBIAN zu GROB vor. Sie ist seit dem 15. Jahrhundert belegt. Daneben gibt es – spätestens seit der von Friedrich Dedekind verfaßten Satire, die 1549 in lateinischer Erstausgabe und 1551 in einer ersten deutschen Übersetzung erschien – vom 16. bis zum 18. Jahrhundert eine „latinisierende humanistische Scherzbildung", die mit der lateinischen Endung *-(i)ānus* der Heiligennamen *Cyprianus* und *Damianus* in Verbindung gebracht wird (FLEISCHER/BARZ 1992: 197; PFEIFER 1989: 608). Bei LIEDRIAN, LIEDERJAN 'liederlicher Mensch' besteht die Ableitungsbasis aus einem aGM, das nicht mehr in Simplizia vorkommt und mit ahd. *lotar* 'nichtig', mhd. *loter* 'leichtsinnig' über verschiedene Ablaufstufen in Beziehung zu setzen ist (PFEIFER 1989: 1016, 1033; WILMANNS 1930: 395 Anm. 1). In Verbindung mit dem FM {iān} wird das /ə/ der Ableitungsbasis synkopiert; bleibt es erhalten, wird statt {iān} die Suffixvariante {jān} verwendet. Dasselbe Nebeneinander der Varianten {iān} und {jān} zeigt sich bei DUMMRIAN und DUMMERJAN. Da im 16. Jahrhundert Wortgruppen wie *ein dummer Jan* belegt sind (WILMANNS 1930: 395 Anm. 1), dürfte in DUMMERJAN eine Zusammenrückung vorliegen, die in DUMMRIAN an die übrigen funktionell vergleichbaren Wortbildungen ausdrucksseitig angeglichen wurde.

244.7 Die vierte Gruppe wird von Substantiven mit dem FM {hait} wie SCHÖNHEIT zu SCHÖN (Beispiel 6) gebildet; das Suffix {hait} tritt als einziges FM außer an ein aGM und sGM auch noch an ein aSM wie in MEHRHEIT zu MEHR als Wortbildungsbasis an (PAUL 1920/1968: 85; FLEISCHER/BARZ 1992: 161). Wenn bei einzelnen Adjektiven wie WEISE das GM auf das Phonem /ə/ ausgeht, wird dieses in Verbindung mit dem Suffix {hait} wie in WEISHEIT (Beispiel 5a) getilgt. Mit dem Suffix {hait} entstehen inhaltsseitig Bezeichnungen von Eigenschaften.

Zur vierten Gruppe gehören ebenfalls Bildungen wie DREIHEIT, bei denen Kardinalzahlen als aGM die Wortbildungsbasis abgeben. Auch das unbestimmte Zahladjektiv VIEL (§ 171.2) fungiert in VIELHEIT als Basis. Mit der Beurteilung des Wortes VIEL als unbestimmtes Zahladjektiv entfällt der wortbildungsmorphologische Sonderstatus, den es einnehmen müßte, wenn es wie von FLEISCHER/BARZ (1992: 163) als „Indefinitpronomen" klassifiziert würde.

244.8 Werden die FM {kait}, {hait} und {ixkait}, deren gemeinsame Funktion die Eigenschaftsbezeichnung durch feminine Substantive ist, unabhängig von ihrer historischen Entwicklung miteinander verglichen, zeigen sich in Bezug auf die Phonotaktik der Basen neben einzelnen Überschneidungen relativ deutliche distributionelle Unterschiede. Die bisher behandelten Befunde sind in Anlehnung an FLEISCHER/BARZ (1992: 162) in der Skizze 14 zusammengefaßt:

Skizze 14: Distributionen der FM {hait}, {kait} und {ixkait}

FM Morphotaktik und Phonotaktik der Ableitungsbasis	{hait}	{kait}	{ixkait}
1. GM zweiten Grades mit den FM {bār}, {ix}, {iš}, {lix}, {zām}		+	
2. GM zweiten Grades mit dem FM {haft} und dem AF {lōs}			+
3. GM von Simplizia auf /ən/ und /ərn/	+		
4. GM von Simplizia auf /ə/			+
5. einsilbige GM	+		+
6. GM von Simplizia auf /əl/	+	+	
7. GM von Simplizia auf /ər/	+	+	

Auf der horizontalen Achse sind die FM angegeben; die vertikale Achse wird von Angaben zur Morphotaktik und Phonotaktik der Ableitungsbasis gebildet. Das Zeichen + gibt an, welche FM bei den entsprechenden Basen vorhanden sind.

In den Gruppen 1 bis 4 ist eine klare komplementäre Distribution vorhanden, in den Gruppen 5 bis 6 existiert jeweils die Wahl zwischen zwei FM. Beispiele für zweisilbige Simplizia, die in ihrer Phonotaktik auf /ən/ oder /ərn/ ausgehen, sind TROCKEN und NÜCHTERN mit den Abstraktbildungen TROCKENHEIT und NÜCHTERNHEIT. Die Verwendung zweier FM bei vergleichbarer Phonotaktik der Basis zeigt sich bei SCHÖNHEIT und SCHNELLIGKEIT, bei DUNKELHEIT und EITELKEIT bzw. bei SICHERHEIT und BITTERKEIT. Bei einzelnen GM kommt sogar ein Nebeneinander von zwei FM vor. Bei MATTHEIT und MATTIGKEIT,

SEICHTHEIT und SEICHTIGKEIT bzw. KLEINHEIT und KLEINIGKEIT, NEUHEIT und NEUIGKEIT ergeben sich dabei inhaltsseitige Unterschiede, die von Semdifferenzierungen bis zu solchen von Sememen reichen.

244.9 Die fünfte Gruppe besteht aus Substantiven, die ein aGM und ein sGM als Basis besitzen können. In dieser Gruppe kommt nur das FM {xən} vor, mit dem inhaltsseitig Diminuierungen, Verkleinerungen, ausgedrückt werden. Wie bei KLEINCHEN zu KLEIN (Beispiel 7) existieren bei aGM als Basen keine Varianten (FLEISCHER/BARZ 1992: 181). Insgesamt sind die Bildungen mit aGM als Basen produktiv. Die Produktivität ist vor allem in den gesprochenen Varietäten gegeben, in der Schriftsprache ist sie nicht sehr hoch.

244.10 Die sechste Gruppe enthält FM, die zur Konstitution von Substantiven auf der Basis von aGM, vGM und sGM verwendet werden. Auf sie wurde bereits bei der Behandlung der Substantivbildungen auf der Grundlage vGM eingegangen (§§ 242.1, 242.14-21). Bis auf die Bildungen mit dem Suffix {ər} wie VIERER (Beispiel 8) zu den als Adjektive klassifizierten Kardinalzahlen und diejenigen mit {liŋ} wie in FEIGLING (Beispiel 10) sind alle anderen mehr oder weniger vereinzelt und nicht mehr produktiv (FLEISCHER/BARZ 1992: 156-176). Mit den {ər}-Bildungen werden Noten, Münzen, Geldscheine und Menschen nach ihrem ungefähren Alter (*ein Dreißiger, Mitvierziger*) bezeichnet (ebd.: 156). Das FM {liŋ} wird gebraucht, um Personen zu bezeichnen. Von Bildungen wie ERSTLING und FREMDLING abgesehen, haben die Personenbezeichnungen überwiegend eine pejorative Konnotation, die bereits im aGM der Basis enthalten sein kann (FEIGLING), aber häufig bei positiver Inhaltsseite des aGM erst durch die Verbindung mit dem FM entsteht. Werden Tier- und Pflanzenbezeichnungen wie FRISCHLING und GELBLING 'Pfifferling' gebildet, ist mit ihnen keine pejorative Konnotation verbunden (ebd.: 165).

245 Auf der Basis von advGM kann eine Substantivbildung nur mit dem FM {ə} zu BALD nachgewiesen werden, die zu BÄLDE mit Umlaut im GM führt (FLEISCHER/BARZ 1992: 148). BÄLDE wird gegenwartssprachlich nur noch „in der (vor allem obd. und in geschäftsmäßiger Ausdrucksweise) die Bedeutung von *bald* umschreibenden adverbiellen Fügung *in Bälde*" gebraucht, die seit dem Anfang des 17. Jahrhunderts existiert (PFEIFER 1989: 114).

246.1 Die Kombinationstypen aus sGM + FM und ihre Varianten sind in der Tabelle 94 zusammengefaßt.
Die Aufbauprinzipien der Tabelle 94 entsprechen denjenigen der Tabellen 93 (§ 244.1) und 90 (§ 242.1).

Tabelle 94: Kombinationstypen aus sGM + FM und ihre Varianten bei desubstantivischen Substantiven

morphologische Struktur Suffixbildungen	Bezug zum Simplex	morphologischer Verbindungs-typus	Basisgebundenheit des FM
1. Wirtin	Subst. Wirt	sGM + FM {in}	nur sGM
2. Kindlein	Subst. Kind	sGM + FM {lain}	nur sGM
3. Schuldner	Subst. Schuld	sGM + FM {nər}	nur sGM
4. Schatzi	Subst. Schatz	sGM + FM {i}	nur sGM
5. Eifersüchtelei	Subst. Eifersucht	sGM + FM {əlai}	nur s Komposita
6. Biologe	Subst. Biologie	sGM + FM {ə}	sGM, aGM, vGM, advGM
7. Kindheit	Subst. Kind	sGM + FM {hait}	sGM, aGM, aSM
8. Kindchen	Subst. Kind	sGM + FM {xən}	sGM, aGM
9. Witzbold	Subst. Witz	sGM + FM {bolt}	sGM, vGM
10. Ziegelei	Subst. Ziegel	sGM + FM {ai}	sGM, vGM
11. Lumperei	Subst. Lump	sGM + FM {ərai}	sGM, vGM
12. Wegerich	Subst. Weg	sGM + FM {ərix}	sGM, vGM
13. Ärmel	Subst. Arm	sGM + FM {əl}	sGM, vGM
14. Sportler	Subst. Sport	sGM + FM {lər}	sGM, vGM
15. Dings	Subst. Ding	sGM + FM {s}	sGM, vGM
16. Schlosser	Subst. Schloß	sGM + FM {ər}	sGM, aGM, vGM
17. Röhricht	Subst. Rohr	sGM + FM {ixt}	sGM, aGM, vGM
18. Lüstling	Subst. Lust	sGM + FM {liŋ}	sGM, aGM, vGM
19. Bildnis	Subst. Bild	sGM + FM {nis}	sGM, aGM, vGM
20. Drangsal	Subst. Drang	sGM + FM {zāl}	sGM, aGM, vGM
21. Bruderschaft	Subst. Bruder	sGM + FM {šaft}	sGM, aGM, vGM
22. Christentum	Subst. Christ	sGM + FM {tūm}	sGM, aGM, vGM
23. Stallung	Subst. Stall	sGM + FM {uŋ}	sGM, aGM, vGM
1a. Ärztin	Subst. Arzt	sGM + FM {in}	nur sGM
1b. Botin	Subst. Bote	sGM + FM {in}	nur sGM
1c. Zauberin	Subst. Zauberer	sGM + FM {in}	nur sGM
2a. Bächlein	Subst. Bach	sGM + FM {lain}	nur sGM
2b. Zicklein	Subst. Zicke	sGM + FM {lain}	nur sGM
2c. Fädlein	Subst. Faden	sGM + FM {lain}	nur sGM
2d. Eng(e)lein	Subst. Engel	sGM + FM {lain}	nur sGM
3a. Söldner	Subst. Sold	sGM + FM {nər}	nur sGM
3b. Rentner	Subst. Rente	sGM + FM {nər}	nur sGM
4a. Mutti	Subst. Mutter	sGM + FM {i}	nur sGM
8a. Fäßchen	Subst. Faß	sGM + FM {xən}	sGM, aGM
8b. Tantchen	Subst. Tante	sGM + FM {xən}	sGM, aGM
8c. Bröckchen	Subst. Brocken	sGM + FM {xən}	sGM, aGM
8d. Kinderchen	Subst. Kind, Pl. Kinder	sGM + FM {xən}	sGM, aGM

morphologische Struktur Suffixbildungen	Bezug zum Simplex	morphologischer Verbindungs-typus	Basisgebundenheit des FM
10a. Pfarrei 10b. Wüstenei 10c. Bücherei	Subst. Pfarre Subst. Wüste Subst. Buch, Pl. Bücher	sGM + FM {ai} sGM + FM {ai} sGM + FM {ai}	sGM, vGM sGM, vGM sGM, vGM
11a. Käserei	Subst. Käse	sGM + FM {ərai}	sGM, vGM
12a. Gänserich 12b. Enterich 12c. Knöterich 12d. Fähnrich	Subst. Gans Subst. Ente Subst. Knoten Subst. Fahne	sGM + FM {ərix} sGM + FM {ərix} sGM + FM {ərix} sGM + FM {rix}	sGM, vGM sGM, vGM sGM, vGM sGM
13a. Eichel	Subst. Eiche	sGM + FM {əl}	sGM, vGM
14a. Künstler 14b. Völkerkundler	Subst. Kunst Subst. Völkerkunde	sGM + FM {lər} sGM + FM {lər}	sGM, vGM sGM, vGM
16a. Wächter 16b. Grenzer 16c. Wagner	Subst. Wacht Subst. Grenze Subst. Wagen	sGM + FM {ər} sGM + FM {ər} sGM + FM {ər}	sGM, aGM, vGM sGM, aGM, vGM sGM, aGM, vGM
17a. Tännicht	Subst. Tanne	sGM + FM {ixt}	sGM, aGM, vGM
18a. Däumling 18b. Stichling 18c. Engerling	Subst. Daumen Subst. Stichel ahd. Subst. *angar* 'Anger, Feld'	sGM + FM {liŋ} sGM + FM {liŋ} sPsM + FM {liŋ}	sGM, aGM, vGM sGM, aGM, vGM sGM, aGM, vGM
19a. Bündnis	Subst. Bund	sGM + FM {nis}	sGM, aGM, vGM
20a. Mühsal	Subst. Mühe	sGM + FM {zāl}	sGM, aGM, vGM
21a. Kundschaft	Subst. Kunde	sGM + FM {šaft}	sGM, aGM, vGM

246.2 Insgesamt lassen sich sechs Gruppen desubstantivischer Substantive ermitteln. Ihre recht umfangreichen Ausprägungen zeigen, daß die Verwendung von FM nicht nur zu Transpositionen in neue Wortarten führt, sondern daß die FM auch zum Ausbau einzelner Funktionsklassen innerhalb der Wortart eingesetzt werden, der das die Ableitungsbasis bildende GM bereits angehört.

Die erste Gruppe besteht aus FM, die nur in Kombination mit sGM vorkommen. Das Suffix {in} wie in WIRTIN zu WIRT (Beispiel 1) hat die Funktion der Movierung oder Motion, d.h. durch es wird zu einem GM, das an der Konstitution eines männlichen (WIRT) oder sexusneutralen (GIRAFFE) Substantivs beteiligt ist, eine sexusspezifische weibliche Entsprechung (WIRTIN, GIRAFFIN) gebildet (zu Neologismen wie FRÖSCHIN vgl. LJUNGERUD 1973: 148). Wenn das die Ableitungsbasis bildende GM einen umlautfähigen Vokal besitzt, wird er wie bei ÄRZTIN (Beispiel 1a), WÖLFIN, FÜCHSIN, GRÄFIN, BÄUERIN umgelautet. Allerdings erfolgt der Umlaut nicht konsequent, wie die Beispiele GATTIN, GENOSSIN, RUSSIN und BOTIN zeigen (WELLMANN, in: DUDEN 1984: 462; 1995: 492).

Wenn bereits eine komplexe Basis aus vGM + FM {ər} vorliegt (§ 242.14) und dabei kein Umlaut entstanden ist, unterbleibt er wie bei MALERIN und FAHRERIN auch bei der Movierung.
Eine zweite Variante entsteht, wenn die Ableitungsbasis auf das Phonem /ə/ ausgeht. Dieses /ə/ wird vor dem FM {in} wie in LÖWE zu LÖWIN, BOTE zu BOTIN (Beispiel 1b) und AFFE zu ÄFFIN getilgt.
Aus euphonischen Gründen wird bei der Movierung von ZAUBERER, das eine Bildung mit dem FM {ər} zu ZAUBER (ahd. *zoubar*; PFEIFER 1989: 2006) ist, vor dem Suffix {in} das FM {ər} getilgt, so daß das Substantiv ZAUBERIN (Beispiel 1c) und nicht *ZAUBERERIN entsteht (FLEISCHER/BARZ 1992: 183).
246.3 Mit dem Suffix {lain} werden Diminuierungen wie KINDLEIN zu KIND (Beispiel 2) auf der Basis von sGM geschaffen. Enthält die Basis des sGM einen umlautfähigen Vokal, so wird dieser vor dem FM {lain} generell umgelautet (FLEISCHER/BARZ 1992: 179). Für alle sieben Umlautmöglichkeiten sind in BÄCHLEIN (Beispiel 2a), DÖRFLEIN, HÜNDLEIN, RÄDLEIN, RÖSLEIN, BÜCHLEIN und BÄUCHLEIN Beispiele vorhanden.
Neben den Veränderungen der Ableitungsbasis durch den Umlaut kommen noch Varianten durch Reduktionen der Phonotaktik der Ableitungsbasis vor. Wie bei den Bildungen mit dem FM {in} wird ein auf das Phonem /ə/ ausgehendes sGM der Ableitungsbasis vor dem Suffix {lain} wie in ZICKLEIN zu ZICKE 'weibliche Ziege' (Beispiel 2b) und RÖSLEIN zu ROSE getilgt. Zusätzlich werden noch die sGM verändert, die auf die Phonemfolge /ən/ ausgehen. In Bildungen wie WÄGLEIN zu WAGEN bzw. FÄDLEIN zu FADEN (Beispiel 2c) wird die Phonemfolge /ən/ getilgt (ebd.: 179).
Bei sGM, die auf die Phonemfolge /əl/ ausgehen, stehen Bildungen wie ENGELEIN und ENGLEIN zu ENGEL (Beispiel 2d) bzw. VÖGELEIN und VÖGLEIN zu VOGEL nebeneinander und erfordern eine spezifische und differenzierte morphologische Analyse. Unter diachronem Aspekt handelt es sich um die Konstitution von neutralen Substantiven mit dem FM {īn}, um neben „dem Begriff des Zugehörigen den des Jungen, Kleinen" auszudrücken (HENZEN 1965: 143). Ohne distributionelle Besonderheit ist dieser Wortbildungstypus in ahd. *magat-īn* 'Mädchen' zu ahd. *magad* 'Jungfrau' belegt. Diminuierungen entstehen daneben im Ahd. durch das FM {il} wie in ahd. *steng-il* 'Stengel, Stab', *steng-ila* 'Stab' zu *stanga* 'Stange, Stab, Stock, Spieß' (SPLETT, I.2, 1993: 940), doch werden mit dem FM {il} ferner Nomina agentis und Nomina instrumenti gebildet. Die drei Gruppen sind „weder für sich ganz durchsichtig noch leicht auseinanderzuhalten" (HENZEN 1965: 155). Zudem gibt es auch Wortbildungen wie *tur-il-īn* 'kleine Türe, Hintertür' (SPLETT, I.2, 1993: 1035), bei denen die beiden FM {il} und {īn} gemeinsam auftreten. Bei einzelnen GM kommen alle drei Bildungsweisen nebeneinander vor, wie die Beispiele ahd. *kizz-ila*

'Ziege, Zicklein', *kizz-ilīn* 'Zicklein, junge Ziege', *kizz-īn* 'junge Ziege, Kitz' (SPLETT I.1, 1993: 460f.) zeigen.
Vor dem Hintergrund dieses morphologischen Nebeneinanders sind dann Bildungen wie ahd. *fugil-ilīn* 'kleiner Vogel, geflügeltes Insekt', *fugil-īn* 'kleiner Vogel, Vöglein' (SPLETT, I.1, 1993: 251), *esil-līn* 'kleiner Esel' (ebd.: 191) und *kamar-līn* 'kleines Gemach' (ebd.: 440) zu betrachten. Sie zeigen über *fugilīn* eine bereits im Ahd. einsetzende und an den GM-Ausgang /il/ gebundene Neu- oder Uminterpretation der Morphemgrenze, die zur Annahme eines spezifischen und neuen Diminutivsuffixes {līn} führt, das bei *esil-līn* an das GM mit der auslautenden Phonemfolge /il/ antritt, bei *kamarlīn* aber bereits distributionsunabhängig verwendet wird.
Das im Ahd. neu entstandene FM {līn} löst in der Produktivität das FM {īn} ab, das nicht mehr weiter tradiert wird. Das FM {līn} dagegen erhält im Mhd. eine hohe Frequenz (HENZEN 1965: 144f.). Andererseits werden die mit dem FM {īn} gebildeten Wörter weiter tradiert. Der in beiden FM vorhandene Langvokal /i/ wird durch die nhd. Diphthongierung zum Diphthong /ai/. Das ergibt bei Wörtern wie ENGELEIN, VÖGELEIN, ESELEIN und FINGERLEIN die ausdrucksseitig vergleichbaren Phonemfolgen /lain/ innerhalb der neuen Worteinheiten und führt bei FLEISCHER/BARZ (1992: 179) unter explizitem Bezug auf PLANK zu einer sog. „resultatorientierten Beschreibung" (PLANK 1981: 154), d.h. zum Versuch, bei diesen Wörtern unterschiedlicher morphologischer Traditionen, eine einheitliche, nur das gegenwartssprachlich produktive FM {lain} berücksichtigende morphologische Analyse vorzunehmen. So stellen FLEISCHER/BARZ (1992: 179) fest, daß bei der Bildung ENGLEIN zu ENGEL „bei der Verwendung von *-lein* [...] der unbetonte Zwischenvokal *-e-* in der Regel (seltener: *Engelein* u.ä.) getilgt" werde. Bei dem postulierten Ableitungsweg von ENGEL zu ENGELEIN vernachlässigen sie jedoch, daß gegenwartssprachlich ausdrucksseitig in /ɛŋəlain/ nur ein /l/-Phonem vorhanden ist. Wenn sie dieses dem FM {lain} zuordnen, müssen sie bei ENGLEIN nicht nur eine Tilgung des /ə/, sondern auch eine solche des /əl/ ansetzen, und bei ENGELEIN müßten sie von einer Tilgung des /l/ in der Ableitungsbasis /ɛŋəl/ ausgehen. Auch bei ESELEIN, wo FLEISCHER/BARZ (1992: 179) keine metasprachlichen Überlegungen zur morphologischen Segmentierung anstellen, müßten sie eine Tilgung des /l/ ansetzen bzw. den Zusammenfall von zwei /l/-Phonemen in der Morphemfuge vermerken, der historisch sogar nachvollzogen werden kann. Besser als die von FLEISCHER/BARZ vorgenommene Analyse, die bei ihrem scheinbar synchron begründeten und gegenwartssprachliche Oppositionen berücksichtigenden Verfahren die phonologische Ausdrucksseite von Ableitungsbasis und neuer Worteinheit nur unvollständig einbeziehen und relativ willkürliche morphologische Segmentierungen vor-

nehmen, ist es, die morphologisch unterschiedliche Herkunft exakter zu erfassen, die über die tradierten Worteinheiten trotz ihrer morphologischen Komplexität einen synchron funktionierenden Sprachzustand ergibt.

246.4 Mit dem Suffix {nər} werden Personenbezeichnungen auf der Basis sGM gebildet. Neben dem Typus SCHULDNER zu SCHULD (Beispiel 3), bei dem das FM ohne Veränderung der Ableitungsbasis an diese antritt, kommen einzelne Varianten vor. Bei SÖLDNER zu SOLD (Beispiel 3a) ist mit dem FM {nər} eine Umlautung des umlautfähigen Vokals in der Ableitungsbasis verbunden. Bei RENTNER zu RENTE (Beispiel 3b) wird das sGM der Ableitungsbasis bei der Verbindung mit dem FM {nər} um das den GM-Ausgang bildende Phonem /ə/ reduziert. Diese Reduzierung ist in Verbindung mit einem Umlaut auch beim sGM der Ableitungsbasis von PFÖRTNER zu PFORTE vorhanden.

246.5 Wie das Suffix {lain} (§ 246.3) dient auch das Suffix {i} auf der Basis sGM dazu, Diminuierungen auszudrücken. Allerdings sind Umfang und Funktion dieser Bildungen eingeschränkter als die Derivate mit {lain} (WELLMANN, in: DUDEN 1984: 460; 1995: 490). Mit dem Suffix {i} werden „hypokoristische[r] (zärtliche[r]) Anredeformen" gebildet. Dies geschieht auf der Basis sGM von Gattungsbezeichnungen wie SCHATZI zu SCHATZ (Beispiel 4) bzw. von Rufnamen wie HANSI zu HANS, bei denen das FM ohne Veränderungen der Phonotaktik der Ableitungsbasis an diese antritt.

Variantenbildungen entstehen dadurch, daß die phonologische Struktur des sGM der Ausgangsbasis vor dem FM {i} gekürzt wird. Bei MUTTI zu MUTTER (Beispiel 4a) wird die Phonemfolge /ər/ gekürzt. Noch umfangreicher sind die Kürzungen bei Nomina propria wie RUDI zu RUDOLF, GITTI zu BRIGITTE, ULI zu ULRICH und ULLI zu ULRIKE.

Bei Bildungen wie WESSI und OSSI zu WEST- und OSTDEUTSCHER ist eine diminuierende Funktion nicht vorhanden, eher wird eine distanziertere Stellungnahme des Sprechers/Schreibers ausgedrückt.

246.6 Das Suffix {əlai} dient dazu, Verhaltensweisen von Personen zu bezeichnen und mit einer pejorativen Konnotation zu versehen. Als Ableitungsbasis dienen Komposita der Wortart Substantiv. Beispiele sind EIFERSÜCHTELEI 'dauernde leichte Eifersucht' zu EIFERSUCHT (Beispiel 5) oder FREMDWÖRTELEI zu FREMDWORT. Das Suffix entstand durch eine Uminterpretation der Morphemgrenze in Analogie zu Bildungen wie TEUFELEI und EULENSPIEGELEI (FLEISCHER/BARZ 1992: 149). Das Beispiel EIGENBRÖTELEI 'einsiedlerisches Wesen' geht auf mhd. *eigen brōt* 'eigenes Hauswesen' zurück; die Personenbezeichnung EIGENBRÖTLER 'Sonderling, Einzelgänger' ist in der nhd. Schriftsprache erst seit dem ersten Viertel des 19. Jahrhunderts nachzuweisen (PFEIFER 1989: 336). In der Gegenwartssprache sind die Bildungen mit dem Suffix {əlai} im Gegensatz zu denen mit dem Suffix {ai} und einem vGM, dessen

Phonotaktik auf die Phonemfolge /əl/ ausgeht (§ 246.13), nicht mehr produktiv.

246.7 Die zweite Gruppe zeigt Wortbildungen mit dem FM {ə}, die bei sGM, aGM, vGM und advGM nachzuweisen sind. Bei den desubstantivischen Derivationen sind zwei morphologisch zu unterscheidende Subgruppen vorhanden. Bei der ersten besteht die Ableitungsbasis aus einem Kompositum mit einem sekundärsprachlichen GM wie bei BIOLOGIE und PSYCHOLOGIE (§ 200.2). Bei den mit griech. *λόγος* gebildeten Wissenschaftsbezeichnungen (WELLMANN 1975: 412) wird das /ī/ der Zweitkonstituente durch das FM {ə} ersetzt, um wie bei BIOLOGE (Beispiel 6) und PSYCHOLOGE die männlichen Personen zu bezeichnen, die das jeweilige Wissenschaftsfach an einer Ausbildungsstätte lehren bzw. es in einer Berufsausübung vertreten.

Bei der zweiten Subgruppe handelt es sich um deonymische Bewohnerbezeichnungen zu Ländernamen, deren Phonotaktik auf /ən/, /iən/ und /ai/ ausgeht. Die Phonemfolgen werden durch das FM {ə} ersetzt wie bei SCHWEDE zu SCHWEDEN, BULGARE zu BULGARIEN und MONGOLE zu MONGOLEI (FLEISCHER/BARZ 1992: 148).

246.8 Die dritte Gruppe ist auf Wortbildungen mit dem Suffix {hait} beschränkt, die in Verbindung mit sGM, aGM und aSM auftreten. Auf der Grundlage sGM sind die Wortbildungen „nur schwach produktiv und im Wortschatz mit wenigen Einheiten vertreten" (FLEISCHER/BARZ 1992: 161). KINDHEIT (Beispiel 7) repräsentiert mit dem Semem 'Lebensjahre des Menschen von der Geburt bis zur Geschlechtsreife' (WAHRIG 1977: 2027) wortgebundene Verwendungsweisen, während Bildungen wie MENSCHHEIT auf Menschen bezogene Kollektiva bezeichnen und eine gemeinsame Funktionalität erkennen lassen. Die sGM werden dabei ohne Variantenbildung mit dem FM {hait} verbunden (WELLMANN 1975: 305).

Eine Besonderheit liegt bei CHRISTENHEIT vor, das WELLMANN (1975: 176) mit 'die gesamten Christen (der Erde)' paraphrasiert und damit einen Bezug zum Plural *(die) Christen* herstellt. Unter diachronem Aspekt liegt jedoch eine Wortbildung ahd. *kristān-heit* 'Christenheit, Kirche; Christentum, Christsein' zum Adjektiv *krist-ān* 'christlich, kirchlich' vor (SPLETT, I.1, 1993: 487). Das so entstandene Wort wurde weiter tradiert, machte im Mhd. die Vokalabschwächung mit und fiel ausdrucksseitig mit dem Plural *(die) Christen* zusammen. Dieses Substantiv mit dem Semem 'Anhänger des Christentums' wurde als *Christe* aus dem Adj. mhd. *kristen* neu gebildet und verlor das auslautende /ə/ durch Apokope (PAUL/HENNE/OBJARTEL 1992: 155). Erst mit dieser Neubildung eines maskulinen Substantivs ist es möglich, die ältere Bildung *kristānheit* mit einer pluralischen Wortform eines Substantivs und nicht mit einem komplexen Adjektiv in Beziehung zu setzen.

246.9 Die vierte Gruppe besteht aus Wortbildungen mit dem Suffix {xən}, das an sGM und aGM antritt, eine diminuierende Funktion besitzt und sehr produktiv ist. Neben der Kombination sGM + FM ohne ausdrucksseitige Veränderungen in Bezug zur Ableitungsbasis wie bei KINDCHEN zu KIND (Beispiel 8) kommen auch Variantenbildungen vor. Wenn das sGM der Ableitungsbasis einen umlautfähigen Vokal besitzt, dann wird dieser in Verbindung mit dem FM {xən} in 90 % aller Fälle umgelautet (WELLMANN 1975: 38). Wie in FÄSSCHEN zu FASS (Beispiel 8a), BÖCKCHEN zu BOCK, SCHLÜCKCHEN zu SCHLUCK, PÄRCHEN zu PAAR, RÖHRCHEN zu ROHR, STÜHLCHEN zu STUHL und BÄUMCHEN zu BAUM sind alle sieben prinzipiellen Umlautmöglichkeiten nachzuweisen. Beispiele für einen fehlenden Umlaut sind MUSCHELCHEN, FRAUCHEN, PAPACHEN, wobei MUSCHELCHEN von WELLMANN (1975: 38) als nichtusuelle Bildung angesehen wird.

Die zweite Variante zeigt sich, wenn das sGM der Ableitungsbasis auf das Phonem /ə/ ausgeht. In Verbindung mit dem FM {xən} wird dieses /ə/ getilgt wie bei TANTCHEN zu TANTE (Beispiel 8b) oder LÖCKCHEN zu LOCKE mit zusätzlichem Umlaut in der Phonotaktik des sGM.

Die dritte Variante ist bei Ableitungsbasen vorhanden, die auf die Phonemfolge /ən/ ausgehen. In Verbindung mit dem Suffix {xən} wird diese getilgt; zusätzlich tritt wie bei BRÖCKCHEN zu BROCKEN (Beispiel 8c) ein Umlaut auf.

Eine vierte Variante entsteht dadurch, daß auch Pluraliatanta wie bei GESCHWISTERCHEN und LEUTCHEN diminuiert werden können (FLEISCHER/BARZ 1992: 179). Der GM-Ausgang auf /ə/ bei LEUTE wird in Verbindung mit {xən} getilgt. Neben Pluraliatantum können auch Pluralformen wie KINDER (Beispiel 8d), EIER, BILDER als Basis einer {xən}-Ableitung dienen. Dabei kann bei Äußerungen wie (1) *Kinderchen, das kann man doch nicht machen!* und (2) *Was sind denn das für Bilderchen?* von einem besonderen „stilistischen Effekt" (TIEFENBACH 1987: 13) ausgegangen werden, der in (1) in einer wohlwollenden Einschränkung des Vorwurfs und in (2) in einer distanzierteren Stellungnahme zum Gezeigten liegen kann.

Die drei ersten Varianten entsprechen den Variantenbildungen, die bei der Verwendung des FM {lain} auftreten. Die dort bei ENGLEIN und ENGELEIN behandelten morphologischen Segmentierungsprobleme (§ 246.3) kommen bei Diminuierungen mit dem FM {xən} nicht vor, wie die Beispiele ENGELCHEN, SPIEGELCHEN, ESELCHEN und DECKELCHEN zeigen.

246.10 Bei gleicher Morphotaktik hängt die Wahl der Suffixe {xən} und {lain} zum Teil von der Phonotaktik der sGM der Ableitungsbasis ab. Geht das sGM auf das Phonem /l/ aus wie bei TEIL, TEILCHEN, wird das FM {lain} nicht verwendet; dagegen wird es eingesetzt, wenn der GM-Ausgang wie bei BUCH, BÜCHLEIN aus dem Phonem /x/ besteht. Auch wenn die Ableitungsbasis, das sGM, auf die Phonemfolge /lə/ ausgeht wie bei SEELE, ROLLE und KEULE, erfolgt mit der Tilgung des /ə/ eine Kombination mit dem Suffix {xən}. Erst die /ə/-Tilgung führt innerhalb der neuen Worteinheit zu einer Vergleichbarkeit der Phonotaktik von TEILCHEN und SEELCHEN. Weitergehende Angaben zur distributionellen Verteilung beruhen auf ungenauen und nur graphischen Analysen der Ausdrucksseite und undifferenzierter Berücksichtigung der GM-Phonotaktik von Ableitungsbasis und Ableitungsergebnis. So tritt nach FLEISCHER (1982: 179) und FLEISCHER/BARZ (1992: 179) auch an „Substantive" auf „*-g* und *-ng*" das Suffix {lain} „in der Regel" an. Sie nennen als Beispiele ZWEIGLEIN und RINGLEIN, vernachlässigen aber Bildungen wie STEGCHEN, KRIEGCHEN bzw. FÄNGCHEN und GÖNGCHEN. Werden in diese Distributionsregeln Bildungen wie ÄUGLEIN zu AUGE und ZÜNGLEIN zu ZUNGE einbezogen (TIEFENBACH 1987: 13), wird nicht von der Ableitungsbasis ausgegangen, sondern vom Ergebnis.
In der Varietät der Schriftsprache existiert im Gegensatz zu den umgangssprachlichen Varietäten und zu den Dialekten keine regional unterschiedliche Verbreitung im Gebrauch der Suffixe {xən} und {lain} (WELLMANN 1975: 131). Mit Recht verweist TIEFENBACH (1987: 14) darauf, daß die Verwendung von {lain} „heute gewöhnlich mit bestimmten stilistischen Wirkungen verbunden" ist. Es wird eine gehobene Stilebene markiert, und gelegentlich liegen bewußte Archaisierungen vor, die mit den Textsorten in der Bibel und mit den Textsorten Volkslied und Volksmärchen verbunden sind.

246.11 Unter regionalem Aspekt kommen in den oberdeutschen umgangssprachlichen Varietäten verschiedene Suffixe vor, die sich alle mit dem {lain}-Typus in Verbindung bringen lassen. Es handelt sich um die Suffixe {əl}, {ərl}, {lə}, {l} und {li} wie in RÖSSEL zu ROSS, HUNDERL zu HUND, LEITERLE zu LEITER, KAMMERL zu KAMMER und KÄFERLI zu KÄFER (FLEISCHER/BARZ 1992: 180).

246.12 Eine morphologische Besonderheit liegt bei „in der nord- und mitteldeutschen Umgangssprache" (WELLMANN, in: DUDEN 1984: 460; 1995: 490) üblichen Bildungen wie BÜCHELCHEN zu BUCH, LÖCHELCHEN zu LOCH, RINGELCHEN zu RING, WÄGELCHEN zu WAGEN vor. FLEISCHER (1982: 181) geht von einer „Suffixverbindung", TIEFENBACH (1987: 13) in Anlehnung an KLUGE (1913: 28f.) von einem „erweiterte[n] Suffix *-elchen*" und WELLMANN (in: DUDEN 1984: 460) von einem

„Doppelmorphem *-el-chen*" bzw. einer „Suffix-variante *-el-chen*" (in: DUDEN 1995: 490) aus. Vor dem Hintergrund der umgangssprachlichen Bildung RÖSSEL zu ROSS und der schrift- und standardsprachlichen Bildung mit dem Suffix {əl} wie in BÜNDEL zu BUND, BÜSCHEL zu BUSCH (§ 246.15), die alle mit dem Suffix {xən} zu RÖSSELCHEN, BÜNDELCHEN und BÜSCHELCHEN erweitert werden können, ist die Annahme einer Suffixverbindung begründeter als der Ansatz eines einzigen Suffixes {əlxən}, das über Oppositionen wie ENGELCHEN : ENGLEIN und nicht nur durch „Analogie zu Bildungen wie *Beutelchen* (wo *-el* zum Stamm gehört)" (WELLMANN, in: DUDEN 1984: 460; 1995: 490) durch eine Neuinterpretation der Morphemgrenzen entstanden sein müßte, um dann 'selbständig' als neues, spezifisches Suffix bei Bildungen wie STRICHELCHEN zu STRICH (TIEFENBACH 1987: 13) verwendet zu werden, bei denen aber auch von einer Basis STRICHEL ausgegangen werden kann. Die Funktion der Suffixkombination besteht darin, die Diminuierung zu sichern und zu verstärken.

246.13 Von FLEISCHER/BARZ (1992: 162) wird bei ZWISTIGKEIT und STREITIGKEIT eine Wortbildung mit dem Suffix {ixkait} angesetzt, d.h. sie ordnen das Suffix in die vierte Gruppe ein, in der FM mit sGM und aGM neue Worteinheiten bilden. Sie gehen dabei „synchron" von einer Ableitung von den substantivischen Basen ZWIST und STREIT aus, „wobei die Derivate vor allem für den Plural zur Verfügung stehen". Unter diachronem Aspekt liegt jedoch ein mit dem FM {ix} gebildetes aGM zweiten Grades vor, so daß sich eine Zuordnung zum Typus EHRBARKEIT (§§ 244.1-2) ergibt. Das im Frühneuhochdeutschen vorhandene Adjektiv *zwistig* wird von PAUL/HENNE/OBJARTEL (1992: 1093) als 'veraltet' eingeschätzt; dieselbe Einschränkung erhält das seit ahd. Zeit tradierte Adjektiv ahd. *strītig*, mhd. *strītec*, frühnhd. *streitig* (ebd.: 861). Da gegenwartssprachlich mit dem FM {ixkait} auf der Basis aGM produktiv neue Substantive wie MÜDIGKEIT entstehen (§ 244.4), nicht aber solche auf der Basis eines sGM, ergibt sich keine morphologische Notwendigkeit, einen Wortbildungstypus sGM + FM {ixkait} zur Konstitution desubstantivischer Substantive anzusetzen, nur weil die Adjektive *zwistig* und *streitig* nicht mehr verwendet werden.

246.14 Die fünfte Gruppe wird von FM gebildet, mit deren Hilfe auf der Basis sGM und vGM (dazu § 242.8) neue Substantive geschaffen werden. Das deonymische Suffix {bolt} konstituiert wie bei WITZBOLD (Beispiel 9) mit sGM Personenbezeichnungen, die „pejorativ konnotiert" sind (FLEISCHER/BARZ 1992: 197).

246.15 Mit dem Suffix {ai} werden unterschiedliche Funktionen erfüllt. Auf der Basis von sGM entstehen wie bei ZIEGELEI zu ZIEGEL (Beispiel 10) Bezeichnungen von Orten und Räumlichkeiten, hier die Bezeichnung einer 'Ziegelbrennerei'. Das FM tritt dabei ohne ausdrucksseitige

Veränderungen an das sGM an. Bei Bildungen wie PFARREI zu PFARRE (Beispiel 10a) wird bei der Verbindung mit dem FM {ai} das auslautende /ə/ des sGM der Ableitungsbasis getilgt. Dies ist auch bei KARTEI zu KARTE der Fall, inhaltsseitig liegt hier eine Sachbezeichnung 'auf Karten oder Zetteln abgelegte, in Kästen aufbewahrte Materialsammlung, Zettelkasten' (PFEIFER 1989: 799) vor. Bei WÜSTENEI 'wüste Gegend, Einöde' zu WÜSTE (Beispiel 10b) wird das sGM bei der Verbindung mit {ai} um ein Phonem /n/ erweitert, um einen Hiat, ein Zusammentreffen von zwei Vokalen, zu vermeiden; der Ansatz eines „Interfix *-n*" (FLEISCHER/BARZ 1992: 149) ist unbegründet (§ 69). Die von WELLMANN (1975: 28) erwogene Möglichkeit, von einer adjektivischen Ableitungsbasis *wüst* auszugehen, müßte zu einem FM {ənai} führen. Da keine weiteren Bildungen zu diesem Typus zu belegen sind und das FM {ai} sonst nur an vGM und sGM antritt, ist die Zuordnung zur substantivischen Basis *Wüste* begründeter. Aus der im appellativischen Wortschatz erkennbaren lokalen Bezeichnungsfunktion hat sich das „toponymische[s] Suffix" {ai} zur Bezeichnung von Länder- und Landschaftsnamen wie TÜRKEI, MONGOLEI, WALACHEI entwickelt (FLEISCHER/BARZ 1992: 149, 196).
Eine Sonderstellung nimmt die Räumlichkeitsbezeichnung BÜCHEREI zu BUCH (Beispiel 10c) ein. Es handelt sich um eine im 17. Jahrhundert entstandene Lehnübersetzung (§ 183.1) zu *Liberei*, das auf mlat. *libraria*, spätlat. *librāria* 'Büchersammlung' zurückgeht (PFEIFER 1989: 225). In der Übersetzung wird als Basis eine pluralische Wortform gewählt, die auch – unabhängig von Lehnübersetzungen – bei primärsprachlichen Basen erscheint. So bezeichnet LÄNDEREI seit dem 16. Jahrhundert als Kollektivum ein 'zusammenhängendes, wirtschaftlich nutzbares Gebiet' (PFEIFER 1989: 969) und KINDEREI eine Verhaltensweise von Personen (FLEISCHER/BARZ 1992: 149).
Sehr häufig dienen Nomina agentis, die selbst aus dem Typus vGM + FM {ər} bestehen, als Basen einer weiteren Wortbildung mit dem FM {ai}, um die Orte zu bezeichnen, an denen der durch die Nomina agentis ausgedrückte Beruf ausgeübt wird (HENZEN 1965: 185). Beispiele sind DRUCKEREI zu DRUCKER und BÄCKEREI zu BÄCKER. Nomina agentis werden aber auch auf der Basis sGM gebildet. Es handelt sich um „Bezeichnungen von Handwerkern" wie SCHÄFER, FLEISCHER und FÖRSTER (WILMANNS 1930: 290), die als Grundlage von Ableitungen mit dem FM {ai} dienen, um die Orte der Berufsausübung zu kennzeichnen. Da seit der nhd. Sprachperiode „die v e r b a l e n Ableitungen das Übergewicht gewinnen", werden „alle Substantiva, die überhaupt auf einen Verbalstamm bezogen werden können, als verbale Nomina agentis" interpretiert (WILMANNS 1930: 289), auch wenn eine Relation zu einem sGM herstellbar ist.

Mit dem FM {ai} werden wie bei ESELEI zu ESEL und TEUFELEI zu TEUFEL auf der Basis sGM auch Verhaltensweisen von Personen oder das Ergebnis einer Handlung bezeichnet, wobei die bereits in der Ableitungsbasis vorhandene pejorative Konnotation erhalten bleibt (FLEISCHER/BARZ 1992: 149).

246.16 Aufgrund des Nebeneinanders von Wortbildungen wie DRUCKER und DRUCKEREI neben dem Verb DRUCKEN und dem Substantiv DRUCK bzw. von SCHÄFER zu SCHAF und SCHÄFEREI zu SCHÄFER konnte die Phonemfolge /ərai/ als eigenes Mittel zur Konstitution von neuen Wörtern auf der Basis sGM aufgefaßt werden. Als solches zeigt sich das durch Neuinterpretation der Morphemgrenzen entstandene Suffix bei Bildungen wie LUMPEREI zu LUMP (Beispiel 11) bzw. MOSTEREI zu MOST. Die Funktionen des FM {ərai} entsprechen denen des FM {ai}. Während bei den angegebenen Beispielen das FM ohne phonotaktische Veränderungen an das sGM antritt, wird bei Bildungen wie KÄSEREI zu KÄSE (Beispiel 11a) das auslautende /ə/ der Ableitungsbasis des sGM getilgt. Dies ist auch der Fall, wenn ein Kompositum die Ableitungsbasis bildet wie bei SCHLAFMÜTZEREI (FLEISCHER/BARZ 1992: 149).
Bei Bildungen wie SCHURKEREI zu SCHURKE und AFFEREI zu AFFE möchte WELLMANN (1975: 28) ein weiteres FM {rai} ansetzen, wenn die Ableitungsbasis auf einem Vokal ausgeht. Gegen diese Annahme sprechen mehrere Gründe: Einmal wird bei KÄSEREI von einer Tilgung des auslautenden /ə/ in der Ausgangsbasis des sGM ausgegangen und nicht von einem auch dort ansetzbaren Suffix {rai}. Zum anderen kommen Tilgungen des den GM-Ausgang bildenden /ə/ der Ableitungsbasis bei anderen FM vor. Ferner handelt es sich bei dem Suffix {ərai} um ein produktives FM, das auch an Ableitungsbasen antritt, die auf einen Konsonanten ausgehen, was für das angenommene Suffix {rai} nicht gilt. Daher ist es angemessener, auf den Ansatz eines weiteren Suffixes zu verzichten und auch bei Bildungen wie SCHURKEREI zu SCHURKE von einer Wortbildung mit dem Suffix {ərai} auszugehen, die mit einer Tilgung des den GM-Ausgang der Ableitungsbasis bildenden /ə/ verbunden ist.

246.17 Mit dem FM {ərix} werden auf der Basis sGM nur wenige neue Substantive gebildet (FLEISCHER/BARZ 1992: 87, 197; WELLMANN 1975: 104). Es kommen Pflanzenbezeichnungen wie WEGERICH zu WEG (Beispiel 12) und Movierungen wie GÄNSERICH zu GANS (Beispiel 12a) vor; Neologismen wie ELFERICH zu ELFE sind selten (LJUNGERUD 1973: 148). Dabei kann das Suffix wie bei WEGERICH ohne phonotaktische Veränderungen beim sGM der Ableitungsbasis mit dieser verbunden werden. Es können aber auch einzelne Varianten auftreten. Sie betreffen den Umlaut im sGM der Ableitungsbasis bei GÄNSERICH und MÄUSERICH, die Tilgung des auslautenden /ə/ bei ENTERICH zu ENTE (Beispiel 12b), die

Tilgung des auslautenden /ə/ in Verbindung mit Umlaut bei TÄUBERICH zu TAUBE und die Tilgung des auslautenden /ən/ plus Umlaut bei KNÖTERICH zu KNOTEN (Beispiel 12c). Die Movierung mit dem FM {ərix} führt zu einer männlichen Entsprechung zu einem als weiblich markierten Substantiv (HENZEN 1965: 168; FLEISCHER/BARZ 1992: 182).
Isoliert ist die Personenbezeichnung FÄHNRICH zu FAHNE (Beispiel 12d), die um 1500 gebildet wurde (PAUL/HENNE/OBJARTEL 1992: 257) und durch das FM {rix} ohne /ə/ den Bezug zu den Rufnamen noch deutlicher erkennen läßt (§ 242.10). Die Phonotaktik des sGM der Ableitungsbasis wurde durch die Tilgung des auslautenden /ə/ und den Umlaut in Verbindung mit dem FM {rix} verändert. Mit einem vGM wird die Variante {rix} nicht verbunden (§ 242.10).
246.18 Der Wortbildungstypus sGM + FM {əl} ergibt Kennzeichnungen der Zugehörigkeit und der Diminuierung. In der ersten Funktion ist er gegenwartssprachlich „unproduktiv" (FLEISCHER/BARZ 1992: 151). Bei ÄRMEL zu ARM (Beispiel 13) ist er mit einem Umlaut und bei EICHEL zu EICHE (Beispiel 13a) mit einer Tilgung des auslautenden /ə/ beim sGM der Ableitungsbasis verbunden. Auch Diminuierungen mit /əl/ sind in den Varietäten der Schrift- und Standardsprache selten (ebd.: 181). Bei BÜSCHEL zu BUSCH führt die Verbindung mit dem FM {əl} zu einem Umlaut des Vokals im sGM der Ableitungsbasis und bei KRÜMEL zu KRUME neben dem Umlaut zu einer Tilgung des auslautenden /ə/ in der Ableitungsbasis. In umgangssprachlichen Varietäten dagegen ist das Suffix {əl} zur Konstitution von Diminuierungen produktiv (§ 246.11).
246.19 Mit dem Suffix {lər} werden auf der Grundlage sGM mehr neue Wörter gebildet als auf derjenigen vGM (§ 242.12). Beim Substantiv SPORTLER zu SPORT (Beispiel 14) tritt das FM an das sGM an, ohne eine Veränderung in der Phonotaktik desselben zu bewirken. Bei den Beispielen DÖRFLER, KÜNSTLER (Beispiel 14a) und HÄUSLER ist in Verbindung mit dem Suffix {lər} ein Umlaut im Vergleich zur Phonotaktik der Ableitungsbasis vorhanden. Wenn Komposita die Ableitungsbasis bilden, ist wie bei MITTELSTRECKLER zu MITTELSTRECKE und VÖLKERKUNDLER zu VÖLKERKUNDE (Beispiel 14b) bei der Zweitkonstituente des Kompositums eine Tilgung des auslautenden /ə/ zu belegen. Bei Bildungen wie FÄCHERZÜNGLER zu FÄCHERZUNGE ist zusätzlich noch ein Umlaut in der Zweitkonstituente des Kompositums nachzuweisen (vgl. FLEISCHER/BARZ 1992: 157; WELLMANN 1975: 64). Als Ableitungsbasis können auch Abkürzungen wie *FDJler* dienen (VATER 1971: 35). Die Funktion der {lər}-Ableitungen wie SPORTLER besteht darin, daß eine Person bezeichnet wird, die sich mit der in der Ableitungsbasis genannten Sache habituell oder professionell beschäftigt. Bei Ableitungen wie FÄ-

CHERZÜNGLER wird eine Pflanze bezeichnet, die eine bestimmte Eigenschaft besitzt (FLEISCHER/BARZ 1992: 157; WELLMANN 1975: 377f.).

246.20 Das Suffix {s} wird nur zur Konstitution weniger Wörter auf der Basis sGM verwendet. Die vielfältigste Funktion ist mit dem Substantiv DINGS zu DING (Beispiel 15) verbunden. Mit neutralem Genus (*das Dings*) wird auf einen unbestimmten Gegenstand verwiesen, mit maskulinem und femininem Genus (*der, die Dings*) wird eine Person in unbestimmter Weise bezeichnet. Die Bildung (*das*) ZEUGS bezeichnet Gegenstände und sprachliche Äußerungen unbestimmt und mit pejorativer Konnotation (FLEISCHER/BARZ 1992: 168).

246.21 Die sechste Gruppe enthält FM, die in Verbindung mit sGM, aGM und vGM neue Wörter ergeben. Der Typus sGM + FM {ər} ist in Abhängigkeit von der morphologischen Struktur der Ableitungsbasis unterschiedlich produktiv. Beim Substantiv SCHLOSSER zu SCHLOSS (Beispiel 16) tritt das FM ohne Veränderungen in der Phonotaktik der Ableitungsbasis an das sGM an. Bei WÄCHTER zu WACHT (Beispiel 16a), SCHÄFER zu SCHAF, BÜRGER zu BURG ist mit dem FM ein Umlaut im sGM der Ableitungsbasis verbunden. Bei GRENZER zu GRENZE (Beispiel 16b) ist eine Tilgung des auslautenden /ə/ der Ableitungsbasis vorhanden, bei SCHÜLER zu SCHULE zusätzlich noch ein Umlaut im Vergleich zur Ableitungsbasis. Bei WAGNER 'Stellmacher' zu WAGEN (PFEIFER 1989: 1928), einem vor allem im süddeutschen Sprachraum verwendeten Wort, wird das /ə/ in der den Ausgang des sGM der Ableitungsbasis bildenden Phonemfolge /ən/ getilgt (Beispiel 16c); bei GÄRTNER zu GARTEN (PFEIFER 1989: 505f.) ist neben der Tilgung des /ə/ noch ein Umlaut im Vergleich zur Ableitungsbasis vorhanden. Wie beim Typus vGM + FM {ər} (§ 242.14) werden durch den Typus sGM + FM {ər} maskuline Personenbezeichnungen gebildet. Da im Laufe der Geschichte der deutschen Sprache der Typus vGM + FM {ər} immer mehr genutzt wird (WILMANNS 1930: 289) und in der Gegenwartssprache sehr produktiv ist, werden die genannten Bildungen mit einem sGM als Ableitungsbasis als deverbativ empfunden (HENZEN 1965: 159), obwohl die historische Entwicklung wie bei ahd. *waht-ări* 'Wächter' einen eindeutigen Bezug zu einem – in ahd. Zeit komplexen – sGM mit Hilfe eines spezifischen Suffixes {ări} zeigt, das die Funktion hat, in allgemeiner Weise eine Zugehörigkeit auszudrücken, und die Ausübung einer Tätigkeit einschließt, die durch die Inhaltsseite des sGM angedeutet ist (PFEIFER 1989: 1926; SPLETT, I.2, 1993: 1051f.).

In einzelnen Beispielen bestehen Ableitungen auf der Basis von sGM und vGM wie bei SCHNITTER zu SCHNITT und SCHNEIDER zu SCHNEIDEN bzw. SCHLOSSER zu SCHLOSS und SCHLIESSER zu SCHLIESSEN mit unterschiedlichen Sememen nebeneinander. Da Nomina agentis auf der Basis vGM das GM des Infinitivs und der Teilparadigmata des

Präsens Indikativ und Konjunktiv – unter Ausklammerung der Erscheinung der Vokalerhöhung bei einzelnen Verben wie *ich lese, du liest* – als Ableitungsbasis besitzen, ist bei einer anderen Phonotaktik von der Ableitungsbasis eines sGM auszugehen (WILMANNS 1930: 286).
Während Wortneukonstitutionen mit dem FM {ər} auf der Basis von sGM, die auch in Simplizia vorkommen, bis auf Beispiele wie GRENZER selten sind, werden auf der Grundlage sekundärsprachlicher Wörter auf <ik> wie MUSIK, KOMIK sehr viele neue Wörter wie MUSIKER, KOMIKER gebildet. Es handelt sich um Personenbezeichnungen, die eine Zugehörigkeit im weitesten Sinne ausdrücken, die im Hinblick auf einen Beruf (MUSIKER), eine Anhängerschaft (FANATIKER) oder die Verhaltensweise einer Gruppe (TAKTIKER) zu spezifizieren ist (FLEISCHER/BARZ 1992: 154).
Mit dem Suffix {ər} wird auf der Grundlage von Komposita auch „die Zugehörigkeit von Personen zu einem Betrieb" wie bei den Beispielen EISENBAHNER zu EISENBAHN und WALZWERKER zu WALZWERK gekennzeichnet (ebd.: 155).
Von Orts- und Ländernamen oder anderen geographischen Namen werden mit dem FM {ər} Bewohnerbezeichnungen gebildet wie BERLINER zu BERLIN, ITALIENER zu ITALIEN; dabei tritt das FM ohne Veränderungen in der Phonotaktik der Ableitungsbasis an diese an. Bei NEUSTÄDTER zu NEUSTADT ist ein Umlaut in Analogie zum Substantiv STADT, Pl. *Städter* in der Zweitkonstituente des Ortsnamens vorhanden. Bei SOLINGER zu SOLINGEN, ARGENTINIER zu ARGENTINIEN und KAPVERDER zu KAPVERDEN wird das auslautende /ən/ der Basis vor dem FM getilgt. Dies ist jedoch keine generelle Regel, wie DRESDENER zu DRESDEN und GIESSENER zu GIESSEN zeigen (ebd.: 154f.).
Bei einzelnen Ableitungen von Namen wird die Ableitungsbasis um einzelne Phoneme erweitert, um einen Hiat zu vermeiden. Dies ist bei TOKIOTER zu TOKIO, MÜNSTERANER zu MÜNSTER, AMERIKANER zu AMERIKA, ANHALTINER zu ANHALT der Fall, nicht aber bei EUROPÄER zu EUROPA. Auf der Grundlage dieser Bildungen können Uminterpretationen der Morphemgrenzen vorgenommen werden, wobei die Phonemfolgen /ānər/ bzw. /īnər/ bei MEXIKANER zu MEXIKO und BRASILIANER zu BRASILIEN bzw. MONTENEGRINER zu MONTENEGRO wie Suffixe gebraucht werden und die jeweilige Ableitungsbasis um das Phonem /ō/ bzw. die Phonemfolge /ən/ reduziert wird. Bei JENENSER zu JENA liegt eine Tilgung des auslautenden /ā/ der Ableitungsbasis und ihre Erweiterung um /ɛnz/ vor dem FM {ər} vor, bei VERONESER zu VERONA um eine /ā/-Tilgung bei gleichzeitiger Erweiterung um /ēz/. Bei DAMASZENER zu DAMASKUS sind die ausdrucksseitigen Veränderungen komplexer. Zuerst wird das /us/ der Ableitungsbasis getilgt, das /k/ durch /ts/ ersetzt,

und dann wird eine Erweiterung der Basis um /ēn/ vor dem FM {ər} vorgenommen. Bei FLORENTINER zu FLORENZ wird die Affrikata /ts/ der Basis durch das Verschlußphonem /t/ ersetzt, bevor eine Basiserweiterung um /īn/ vor dem FM {ər} erfolgt. In allen Fällen erhalten die Vokale der Basiserweiterungen den Wortakzent (FLEISCHER/BARZ 1992: 155).

246.22 Mit dem Suffix {ixt} werden auf der Basis sGM neutrale Kollektiva gebildet, die auf Orte verweisen, wo es das im sGM Genannte gibt. Beim Substantiv RÖHRICHT zu ROHR (Beispiel 17) wird der Vokal des sGM der Ableitungsbasis vor {ixt} umgelautet, bei TÄNNICHT zu TANNE (Beispiel 17a) wird die Ableitungsbasis zusätzlich um das auslautende /ə/ getilgt (vgl. FLEISCHER/BARZ 1992: 163). WELLMANN (1975: 104) führt TANNICHT ohne Umlaut auf.

246.23 Das Suffix {liŋ} hat in Verbindung mit sGM mehrere Funktionen (FLEISCHER/BARZ 1992: 164f.). Einmal werden Personen wie WITZLING zu WITZ, LÜSTLING zu LUST (Beispiel 18) und HÄUPTLING zu HAUPT bezeichnet. Dabei werden umlautfähige Vokale der Ableitungsbasis vor dem FM umgelautet. Neben neutralen Bezeichnungen wie HÄUPTLING kommen überwiegend solche vor, die eine pejorative Konnotation besitzen. Letztere ist vor allem bei einer bereits mit dem FM {ər} gebildeten Basis wie DICHTERLING zu DICHTER vorhanden. Bei DÄUMLING 'daumengroße Märchengestalt' zu DAUMEN (Beispiel 18a) wird die Ableitungsbasis um die Phonemfolge /ən/ gekürzt und umgelautet.

Neben Personen werden mit sGM und dem Suffix {liŋ} Tiere und Pflanzen bezeichnet. Tierbezeichnungen sind GRÜNDLING 'kleiner, auf dem Grund des Wassers lebender Fisch' zu GRUND und STICHLING 'Fisch mit Stacheln als Rücken- und Bauchflossen' zu STICHEL (Beispiel 18b). Bei STICHLING wird die Ableitungsbasis um die Phonemfolge /əl/ gekürzt. Pflanzenbezeichnungen sind RÖHRLING zu ROHR und PFIFFERLING, wobei der Bezug zur substantivischen Basis PFEFFER gegenwartssprachlich durch den Vokalwechsel nicht mehr direkt einsichtig ist (PFEIFER 1989: 1259, 1261).

Die Bezeichnungen ENGERLING und SCHIERLING können aufgrund von Oppositionen als Ableitungen mit dem Suffix {liŋ} erkannt werden, doch ist es gegenwartssprachlich nicht möglich, ein GM aus einem Simplex als Ableitungsbasis anzugeben, so daß ein Pseudomorphem vorliegt (FLEISCHER/BARZ 1992: 164). Bei ENGERLING 'Larve des Maikäfers, der Dasselfliege' (Beispiel 18c) ergibt sich eine Zuordnung zum ahd. Substantiv *angar* 'Anger, Feld' (PFEIFER 1989: 360). Eine eher eingeschränkte Durchsichtigkeit ist bei Sprechern/Schreibern gegeben, die vom Substantiv ANGER über den Umlaut auf die erste Konstituente schließen können bzw. denen die regionalen Bezeichnungen *Anger, Inger* für größere Insektenlarven und Schädlinge geläufig sind. Bei SCHIERLING 'Giftpflanze' fehlt jede Durchsichtigkeit. Eine solche ist im Ahd. vorhanden, da ahd. *scerning* 'Schierling' zu *scarno* 'Schierling' zu stellen ist und unter „Dissimilation des *-n-* zu *-l-* unter Anlehnung an das Suffix *-ling*" zu ahd. *scerling* 'Schierling' umgebildet wurde (PFEIFER 1989: 1516; SPLETT, I.2, 1993: 833).

Als drittes werden mit dem FM {liŋ} Sachbezeichnungen gebildet, die eine Zugehörigkeit ausdrücken. So bezeichnet FINGERLING zu FINGER eine 'Schutzhülle für einen verletzten Finger' und FÄUSTLING zu FAUST einen 'Fausthandschuh'.

246.24 Substantivkonstitutionen mit dem Suffix {nis} auf der Basis sGM sind „selten und wohl nicht mehr produktiv" (FLEISCHER/BARZ 1992: 167). Bei BILDNIS zu BILD (Beispiel 19) tritt das FM ohne Veränderung der Phonotaktik des sGM der Ableitungsbasis an diese an, bei BÜNDNIS zu BUND (Beispiel 19a) ist in Verbindung mit dem FM ein Umlaut des umlautfähigen Vokals der Basis vorhanden.

246.25 Auch die Substantivbildungen mit dem Suffix {zāl} auf der Basis sGM sind „kaum noch produktiv" (FLEISCHER/BARZ 1992: 168). Beim Substantiv DRANGSAL 'Zwang, Bedrängnis, Gewalttätigkeit' zu DRANG (Beispiel 20) führt die Verbindung von sGM + FM zu keinen phonotaktischen Veränderungen. Bei MÜHSAL 'Plage, Anstrengung' zu MÜHE (Beispiel 20a) liegt eine Tilgung des auslautenden /ə/ der Ableitungsgrundlage vor dem FM vor.

246.26 Das Suffix {šaft} kommt in Verbindung mit einem sGM als Ableitungsbasis in mehreren Funktionen vor. Auf der Grundlage von sGM, die in Simplizia Personen bezeichnen, werden Kollektiva wie ÄRZTESCHAFT, BAUERNSCHAFT, BEAMTENSCHAFT, KOLLEGENSCHAFT gebildet, bei denen in der Ableitungsbasis substantivische Pluralformen erscheinen (FLEISCHER/BARZ 1992: 168; WELLMANN 1975: 184). Durch Paraphrasen wie 'die Gesamtheit der Ärzte' werden im Genitiv Plural morphologische Reflexe eines Wortbildungsprozesses sichtbar, in denen das jetzige Suffix noch als sGM an der Konstitution von Determinativkomposita beteiligt war (HENZEN 1965: 190f.). Bei BRUDERSCHAFT (Beispiel 21) und MANNSCHAFT kommt als Ableitungsbasis ein sGM vor, das so auch in den Singularformen der Simplizia BRUDER und MANN erscheint. Bei Bildungen wie KUNDSCHAFT 'Käuferkreis' zu KUNDE (Beispiel 21a), GESELLSCHAFT 'Gruppe von Menschen, zweckgebundene Vereinigung von mehreren Personen, geselliger Kreis' zu GESELLE 'Facharbeiter, Handwerksbursche, Kamerad', KNAPPSCHAFT 'Gesamtheit der Knappen eines Bergwerks und deren Organisation' zu KNAPPE 'Bergmann' und SIPPSCHAFT 'Verwandtschaft' zu SIPPE wird das aus-

lautende /ə/ des sGM der Ableitungsbasis vor dem FM {šaft} getilgt (WELLMANN 1975: 47). Inhaltsseitig ist der Übergang im Bezug von Personen zu Personengruppen deutlich. Bei Bildungen wie BOTSCHAFT 'Verkündigung, Mitteilung' zu BOTE 'Überbringer, Abgesandter' und BÜRGSCHAFT 'Haftung, Garantie' zu BÜRGE 'Gewährsmann' liegt derselbe Wortbildungsprozeß vor, inhaltsseitig ist jedoch ein Übergang von einer Personenbezeichnung zu einem durch die Person bewirkten Ergebnis vollzogen. Auch bei Bildungen wie FEINDSCHAFT und FREUNDSCHAFT ist die Ausgangsbasis eine Personenbezeichnung; durch die Ableitung mit {šaft} wird ein Zustand bezeichnet, die Art und Weise des Feindseins und Freundseins (FLEISCHER/BARZ 1992: 168). Auch durch die Bildungen VATERSCHAFT und MEISTERSCHAFT werden Zustände ausgedrückt.
Die Bildungen mit dem FM {šaft} auf der Basis sGM, die in Simplizia keine Personen bezeichnen, sind „unproduktiv" (ebd.: 169). Beispiele sind ORTSCHAFT und LANDSCHAFT; es sind Kollektiva; die ORTSCHAFT bezeichnet eine aus mehreren Häusern bestehende Siedlung, die LANDSCHAFT bestimmte geographisch zusammenhängende Teile eines Gebietes.

246.27 Wie das FM {šaft} ist das FM {tūm} auf der Basis sGM, die in Simplizia Personen bezeichnen, an der Konstitution von Kollektiva beteiligt. Anders als die {šaft}-Bildungen schließen Kollektiva wie CHRISTENTUM zu CHRIST (Beispiel 22), MÖNCHSTUM, MANNESTUM, VOLKSTUM, BÜRGERTUM, BEAMTENTUM und BAUERNTUM „die Lebensform und Gedankenwelt der genannten Gruppe" ein (WELLMANN 1975: 178). Durch Paraphrasen wie 'das Ansehen der Christen' oder 'das Ansehen des Mönchs' zeigt sich an den G.S.- bzw. G.Pl.-Formen der Erstkonstituenten, daß neben dem Suffix {šaft} auch das Suffix {tūm} als ehemaliges sGM einen Anteil an der Bildung ehemaliger Determinativkomposita hatte. Auf die Gedankenwelt einer Person oder eines Volkes und die entsprechende Anhängerschaft verweisen auch Derivate wie LUTHERTUM und GERMANENTUM, bei denen ein Nomen proprium die Ableitungsbasis bildet. Wenn die Ableitungsbasis einen Herrscher bezeichnet, kann sich das Derivat mit {tūm} auf das Herrschaftsgebiet wie bei FÜRSTENTUM und HERZOGTUM beziehen (FLEISCHER/BARZ 1992: 171; WELLMANN 1975: 92).
Derivate mit sGM, die in Simplizia keine Personen bezeichnen, sind „kaum noch produktiv" (FLEISCHER/BARZ 1992: 171). BESITZTUM, BRAUCHTUM und SCHRIFTTUM sind Kollektiva; es werden jeweils mehrere Elemente vorausgesetzt, die als Einheit gesehen werden. Dies ist auch bei ALTERTUM der Fall, da die Bildung mehrere Zeitabschnitte umfaßt.

246.28 Das Suffix {uŋ} ist in Verbindung mit einem sGM als Ableitungsbasis im Gegensatz zu einer solchen mit vGM (§ 242.21) „allenfalls noch schwach“ produktiv (FLEISCHER/BARZ 1992: 176). Bei den Derivaten STALLUNG zu STALL (Beispiel 23), HOLZUNG zu HOLZ, WALDUNG zu WALD, WANDUNG zu WAND treten keine Veränderungen in der Phonotaktik im Vergleich zur Ableitungsbasis auf (PAUL 1920/1968: 73f.). Als Ergebnis des Wortbildungsprozesses liegen Kollektiva vor. Die Kollektivbildung bei ZEITUNG ’regelmäßig erscheinende Druckschrift mit aktuellen Nachrichten und Berichten‘ ist noch nicht vollständig ’idiomatisiert‘ (FLEISCHER/BARZ 1992: 176), sondern nachvollziehbar, wenn bei der Basis ZEIT das Semem ’Aufeinanderfolge von Ereignissen‘ zur Vergegenwärtigung der Motivierung herangezogen wird (vgl. PFEIFER 1989: 2013f.).

246.29 Der von FLEISCHER/BARZ (1992: 37, 198) vorgenommene und als „unproduktiv“ eingeschätzte Ansatz der Suffixe {də} und {t} ist für die Gegenwartssprache nicht zu begründen. Es handelt sich um Reflexe eines ehemaligen sprachlichen Zustandes, in dem aufgrund von synchronen Oppositionen der Status eines FM nachzuweisen ist. Dieser läßt sich aber wegen der Aufgabe einer produktiven Verwendung des FM, der eingetretenen phonologischen und morphologischen Sprachwandelphänomene und der teilweisen Aufgabe von Simplizia, die zu einer morphologischen Durchsichtigkeit beitragen könnten, gegenwartssprachlich nicht mehr erkennen. In der Gegenwartssprache sind aus der Verbindung ehemaliger GM und FM neue GM entstanden, auch wenn inhaltsseitige Beziehungen zum Teil noch existieren und einen ehemaligen morphologischen Zusammenhang vermuten lassen.

Die Phonemfolge /də/ in FREUDE, ZIERDE, BEGIERDE, GEMEINDE und FEHDE (KLUGE 1913: 18; HENZEN 1965: 174; WILMANNS 1930: 344) geht im Althochdeutschen auf ein Suffix {ida} zurück. Dieses ist im Ahd. produktiv und tritt an aGM an, um Abstrakta zu konstituieren. Die Morphemstrukturen werden durch Oppositionen wie ahd. *frewida* ’Freude, Wonne‘ : *frō*, G.S. *frāwes* ’froh, heiter, freudig‘ : *frawalīh* ’fröhlich‘ (PFEIFER 1989: 474, 479; SCHÜTZEICHEL 1995: 140f.; SPLETT, I.2, 1993: 268f.) bzw. ahd. *zierida* ’Schmuck, Schönheit, Pracht, Herrlichkeit‘ : *zieri* ’prächtig, kostbar, herrlich, schön‘ (PFEIFER 1989: 2028) bzw. ahd. *girida* ’Begierde, Verlangen, Leidenschaft, Eifer; Habgier, Gier, Gefräßigkeit‘ : *ger* ’verlangend, begierig‘ : *giri* ’(be)gierig, habgierig, geizig‘ (SPLETT, I.1, 1993: 298-300) bzw. ahd. *gimeinida* ’Gemeinde, Gemeinschaft‘ : *gimeini* ’bestimmt, gemeinsam, gemeinschaftlich, allgemein, übereinstimmend, zugleich‘ (PFEIFER 1989: 532f.) bzw. ahd. *(gi)fēhida* ’Feindschaft‘ : *gifēh* ’feindlich, geächtet‘ (ebd.: 419) begründet.

Bei einzelnen Bildungen, die bis in die Gegenwartssprache tradiert werden, sind vGM als Basen vorhanden. Beispiele sind GEFÄHRDE, BESCHWERDE und BEHÖRDE (WILMANNS 1930: 343f.). BESCHWERDE geht auf ahd. *biswārida* ’Bedrückung, Kummer, Betrübnis‘ zurück, das zu ahd.

biswāren 'bedrücken, belasten' mit dem FM {ida} gebildet wurde (PFEIFER 1989: 157). BEHÖRDE ist erst seit der 2. Hälfte des 17. Jahrhunderts gebräuchlich und ist an mhd. *zuo behoeren* '(zu)gehören, zukommen, gebühren' anzuschließen (ebd.: 142). GEFÄHRDE läßt sich auf mhd. *gevaerde* 'Hinterlist, Betrug' und die Verben ahd. *gifārēn*, mhd. *gevāren* 'nachstellen, streben' zurückführen, wird bis zum 18. Jahrhundert gebraucht und seit der Mitte des 19. Jahrhunderts von GEFÄHRDUNG 'Bedrohung, Gefährdetsein' abgelöst (PFEIFER 1989: 516f.; PAUL/HENNE/OBJARTEL 1992: 318).

246.30 Die Reflexe eines in ahd. Zeit produktiven Suffixes {t} finden sich gegenwartssprachlich in Wörtern wie SCHLUCHT, BUCHT, FLUCHT, SICHT, SUCHT, ZUCHT, MACHT, ANDACHT, VERDACHT, VERZICHT, GESICHT und SAAT, TAT, NAHT, GLUT, BRUT, FAHRT, LIST, LAST, VERLUST, ANSTALT, GESTALT, TRIFT, (MIT)GIFT, NOTDURFT, KLUFT (HENZEN 1965: 184; WILMANNS 1930: 329-332). FLUCHT geht auf ahd. *fluht* und das Verb *fliohan* '(ent)fliehen, flüchten, zurückweichen, ausweichen' zurück (PFEIFER 1989: 449, 454f.; SPLETT, I.1, 1993: 245f.; BRAUNE/EGGERS 1975: 276 Anm. 2) und ist in seiner morphologischen Struktur im Ahd. durchsichtig. Bei SUCHT ist eine Entsprechung in ahd. *suht* 'Krankheit' vorhanden, doch zur morphologischen Durchsichtigkeit ist bereits für das Althochdeutsche eine Relation zu einem gotischen sog. starken Verb *siukan* 'krank sein' notwendig, weil über das im Ahd. tradierte sog. schwache Verb ahd. *siohhēn* 'krank sein, schwach werden' der Ablaut nicht begründet werden kann (PFEIFER 1989: 1629, 1758f.; SPLETT, I.2, 1993: 820, 961f.). Bei BUCHT schließlich, das erst im 17. Jahrhundert vom Niederdeutschen in die nhd. Schriftsprache aufgenommen wurde, stehen sich mnd. *bucht* 'Biegung, Krümmung, eingefriedeter Raum, Pferch, Stall' und mnd. *būgen* 'beugen, verbiegen, sich biegen, ausweichen' in Opposition gegenüber (PFEIFER 1989: 167, 227; PAUL/HENNE/OBJARTEL 1992: 149).

247 Von den insgesamt 28 primärsprachlichen Suffixen, die in der Gegenwartssprache zur Bildung von Substantiven existieren, kommt nur das FM {ə} bei Basen vor, die aus vier verschiedenen Wortarten stammen. Elf Suffixe werden mit Basen aus zwei Wortarten und acht mit solchen aus drei Wortarten verbunden. Nur sieben Suffixe sind an GM einer einzigen Wortart gekoppelt und zwei weitere an ein GM zweiten Grades der Wortart Adjektiv bzw. an substantivische Komposita. Die basisspezifischen FM sind in der Tabelle 95 zusammengestellt.

In der Tabelle werden in der ersten Spalte die Beispiele, in der zweiten die Wortart des GM der Basis und in der dritten das jeweilige FM angegeben.

Tabelle 95: Basisspezifische FM zur Konstitution von Substantiven

morphologische Struktur / Beispiele	Wortart des GM der Basis	FM
1. Füllsel	vGM	{zəl}
2. Fünftel	aGM	{təl}
3. Schnelligkeit	aGM	{ixkait}
4. Ehrbarkeit	aGM 2. Grades	{kait}
5. Wirtin	sGM	{in}
6. Kindlein	sGM	{lain}
7. Schuldner	sGM	{nər}
8. Schatzi	sGM	{i}
9. Eifersüchtelei	subst. Komposita	{əlai}

248 Die 28 primärsprachlichen Suffixe zur Bildung von Substantiven sind in der Gegenwartssprache unterschiedlich produktiv. In der im einzelnen vorgenommenen Analyse wurde auf Grade der Produktivität verwiesen, soweit dazu Untersuchungen oder Einschätzungen vorliegen. Zusammenfassend finden sich die Ergebnisse in der Tabelle 96:

Tabelle 96: Grade der Produktivität der FM zur Konstitution von Substantiven

Produktivitätsgrade / FM	sehr produktiv	produktiv	wenig bis eingeschränkt produktiv	morphologisch durchsichtig, aber unproduktiv
1. {ai}		vGM, sGM		
2. {bolt}			vGM, sGM	
3. {ə}		vGM, sGM, aGM		advGM
4. {əl}			vGM	sGM
5. {əlai}				sGM (Komposita)
6. {ər}	vGM, sGM		aGM	
7. {ərai}		vGM, sGM		
8. {ərix}			vGM	sGM
9. {xən}	sGM	aGM		
10. {hait}		aGM	sGM	aSM
11. {kait}		aGM 2. Grades		
12. {i}		sGM		
13. {iān}			vGM, aGM	
14. {ixkait}		aGM		
15. (ixt}			vGM, sGM	aGM
16. {in}	sGM			

Produktivitätsgrade FM	sehr produktiv	produktiv	wenig bis eingeschränkt produktiv	morphologisch durchsichtig, aber unproduktiv
17. {lain}		sGM		
18. {lər}		sGM	vGM	
19. {liŋ}		aGM	sGM	vGM
20. {nər}			sGM	
21. {nis}		vGM		sGM, aGM
22. {s}			vGM	sGM
23. {zāl}				vGM, sGM, aGM
24. {šaft}		sGM		vGM, aGM
25. {zəl}		vGM		sGM, aGM
26. {təl}		aGM		
27. {tūm}			sGM	vGM, aGM
28. {uŋ}	vGM		sGM	aGM

Die Tabelle besteht aus fünf Spalten. In der ersten Spalte sind die 28 Suffixe genannt. In den vier nächsten Spalten werden vier Produktivitätsgrade angegeben; es wird auf der horizontalen Achse zwischen sehr produktiven, produktiven, wenig bis eingeschränkt produktiven und unproduktiven, aber morphologisch durchsichtigen Suffixen unterschieden. In die jeweilige Spalte wird dann eingetragen, ob diese Einordnung auf vGM, sGM, aGM oder advGM in Relation zu den in der ersten Spalte spezifizierten Suffixen zutrifft. So ist z.B. das Suffix {ər} sehr produktiv bei einem vGM und sGM als Ableitungsbasis, wenig bis eingeschränkt produktiv bei einem aGM als Basis.

Insgesamt erweisen sich nur die vier FM {ər}, {xən}, {in} und {uŋ} bei den angeführten Basen als sehr produktiv. Bei 15 Suffixen und entsprechenden Basen ist von einer produktiven Verwendung auszugehen. Dreizehn Verwendungsweisen von Suffixen sind als wenig bis eingeschränkt produktiv einzuschätzen. Bei 14 Verwendungsweisen ist eine morphologische Durchsichtigkeit vorhanden, auch wenn der morphologische Verbindungstypus unproduktiv ist. Als unproduktiv ohne einen anderen Produktivitätsgrad sind die Suffixe {əlai} und {zāl} zu klassifizieren. Bei fünf Suffixen treten unproduktive und wenig bis eingeschränkt produktive Verwendungsweisen in Abhängigkeit von der Ableitungsbasis gekoppelt auf. Fünfmal ist eine Kopplung von Unproduktivität und Produktivität vorhanden, bei {uŋ} sogar einmal eine solche von unproduktiv bis wenig bis eingeschränkt produktiver und sehr produktiver Verwendungsweise je nach Ableitungsbasis.

249.1 Neben den primärsprachlichen FM zur Konstitution von Substantiven werden auch sekundärsprachliche verwendet. Dabei hängt der Umfang des mit diesen FM gebildeten Wortschatzes und der Grad der Durchsichtigkeit der morphologischen Verbindungstypen einmal von der Kenntnis der morphologischen Strukturen der jeweiligen Sekundärsprache ab (FLEISCHER /BARZ 1992: 67f.). Zum anderen ist – anders als beim primärsprachlichen Wortschatz – die Verwendung von Wörtern mit sekundärsprachlichen FM von den nach sozialen Faktoren differenziert zu behandelnden Sprecher- und Schreibergruppen abhängig und von den von ihnen geschaffenen Textsorten. Das bedeutet, daß eine einigermaßen repräsentative oder sogar Vollständigkeit anstrebende Darstellung – unabhängig vom gegenwärtigen Forschungsstand, der eine solche kaum zuläßt – nicht möglich ist. Daher wird im folgenden lediglich eine Auswahl an FM in den Tabellen 97 und 98 mit je einem Beispiel aufgeführt. Die Auswahl richtet sich erstens nach den in einschlägigen Untersuchungen als wichtig eingeschätzten FM (FLEISCHER/BARZ 1992: 36f., 194, 204-207; WELLMANN, in: DUDEN 1984: 480f.; 1995: 512f.) und dann an den die primärsprachlichen inhaltsseitigen Funktionen darstellenden Tabelle 90 (§ 240.1) und 92 (§ 243.1), damit neben der generellen Existenz auch die Funktionalität der Bildungen einbezogen werden kann. Auf eine anschließende Detailanalyse wird jedoch – im Gegensatz zu den primärsprachlichen FM – verzichtet.

249.2 Die wichtigsten sekundärsprachlichen Präfixe und ihre inhaltsseitigen Funktionen bei der Konstitution von Substantiven sind in der Tabelle 97 enthalten:

Tabelle 97: Sekundärsprachliche Präfixe (Auswahl) zur Konstitution von Substantiven und ihre inhaltsseitigen Funktionen

Funktion / Präfixe	Beispiele	Art der Modifikation bzw. semantisches Merkmal
1. a-	Anormalität	Negation
2. an-	Analphabet	Negation
3. anti-	Antithese	Negation
4. de-	Dekomposition	Abgrenzung
5. des-	Desorganisation	Negation
6. dis-	Disharmonie	Negation
7. ex-	Exkanzler	Ehemaligkeit
8. in-	Inkongruenz	Negation
9. ko-	Kopilot	Beteiligung
10. kon-	Konfiguration	Beteiligung
11. kol-	Kollekte	Beteiligung
12. kom-	Kommilitone	Beteiligung
13. prä-	Präposition	vorausgehend
14. pro-	Pronomen	ersetzend
15. re-	Reaktion	gegenläufig

In der ersten Spalte sind die Präfixe in ihrer graphischen Ausdrucksseite und nicht in ihrer phonologischen Struktur aufgeführt. In der zweiten Spalte folgt ein Beispiel und in der dritten wird die Art der Modifikation oder ein mit dem Präfix verbundenes semantisches Merkmal angegeben.

249.3 Im Vergleich zur Tabelle 90 (§ 240.1) zeigt sich, daß durch die sekundärsprachlichen FM die Möglichkeiten zum Ausdruck der Negation weiter ausgebaut werden. Keine Rolle spielen die Modifikationsarten der Augmentation und Kollektion; dafür werden mit sekundärsprachlichen FM Beteiligungen bezeichnet.

249.4 Die wichtigsten sekundärsprachlichen Suffixe zur Konstitution von Substantiven und ihre inhaltsseitigen Funktionen sind in der Tabelle 98 zusammengestellt:

Tabelle 98: Sekundärsprachliche Suffixe (Auswahl) zur Konstitution von Substantiven und ihre inhaltsseitigen Funktionen

Ko oder Ab	Bezeichnungsklasse	FM	Ableitungs-basis	Beispiele
Ko	1. Personen und Personengruppen	-an	s	Kastellan
		-and	s, a	Diplomand, Doktorand
		-ant, -ent	v	Demonstrant, Dirigent
		-ar, -är	a	Bibliothekar, Legionär
		-ariat	a	Proletariat
		-arier	a	Proletarier
		-ast	v	Phantast
		-ator	v	Organisator, Zensor
		-ette	a	Brünette
		-eur	v	Masseur, Monteur
		-euse	v	Friseuse
		-ier	s	Bankier
		-iker	s, a	Fanatiker, Alkoholiker
		-ine	a	Blondine
		-ist	v, s, a	Komponist, Essayist, Optimist
	2. Geräte	-ator	v	Generator
	3. weitere Sachen	-ade	a	Marinade
		-ament	v	Fundament
		-ar	v, a	Glossar, Formular
		-ee	v	Gelee
		-elle	a	Novelle
		-esse	a	Delikatesse
		-iere	s	Bonbonniere
		-ur	v	Frisur, Glasur

Ko oder Ab	Bezeichnungsklasse	FM	Ableitungs-basis	Beispiele
Ko	4. Ort und Räumlichkeiten	-ade	v	Promenade
		-anz/-enz	v	Toleranz, Residenz
		-arium	s	Aquarium, Rosarium
		-at	a	Antiquariat, Konsulat
		-erie	s	Drogerie
		-ität	a	Lokalität, Universität
		-ur	s	Kommandantur
Ab	5. Vorgänge und Handlungen	-age	v	Massage, Montage
		-anz/enz	v	Dissonanz, Konferenz
		-(at)ion	v	Demonstration, Manipulation, Aktion, Explosion
		-(at)ur	v	Reparatur, Dressur
		-ement	v	Bombardement, Abonnement
		-(er)ie	s	Clownerie, Bürokratie
		-ing	v	Training
		-ismus	s	Vulkanismus
	6. Zustände	-(at)ion	v	Resignation, Isolation
		-ose	v	Phychose, Thrombose
	7. Eigenschaften und Verhaltens-weisen	-ement	a	Raffinement, Amüsement
		-esse	a	Akkuratesse
		-ik	a	Komik, Exzentrik
		-ion	a	Diskrction
		-ismus	s	Patriotismus, Despotismus
		-ität	a	Naivität, Nervosität

Die Tabelle 98 entspricht in ihrem Aufbau der Tabelle 92 (§ 243.1) und ist an vergleichbare Tabellen bei FLEISCHER (1982: 199), FLEISCHER/BARZ (1992: 194) und WELLMANN (in: DUDEN 1984: 480f.; 1995: 512f.) angelehnt. Wie in der Tabelle 97 (§ 249.2) werden die Suffixe in ihrer graphischen und nicht in ihrer phonologischen Ausdrucksseite aufgeführt. Über die Angaben der Tabelle 97 hinaus ist noch eine Spalte aufgenommen, die auf die sekundärsprachliche Ableitungsbasis hinweist. Die Abkürzungen a = adjektivisch, s = substantivisch und v = verbal markieren die jeweilige Basis.

249.5 Aus dem Vergleich zur Tabelle 92 (§ 243.1) ergibt sich folgender Befund: Erstens spielen mit sekundärsprachlichen FM gebildete Gerätebezeichnungen gegenüber den mit primärsprachlichen FM konstituierten nur eine untergeordnete Rolle. Zweitens werden die primärsprachlichen Möglichkeiten zur Bezeichnung von Eigenschaften und Verhaltensweisen von Personen mit Hilfe von Substantiven durch die Verwendung von Substantiven mit sekundärsprachlichen FM erweitert. Drittens erfolgt in allen anderen gemeinsamen Gruppen eine Ausweitung der Bezeichnungsmöglichkeiten durch die Substantive mit sekundärsprachlichen FM.

250.1 Neben den Wortbildungen mit verschiedenen Präfixen bzw. solchen mit Suffixen lassen sich auch kombinierte Präfix-/Suffixbildungen nachweisen (§ 71.2). Es handelt sich um Wortkonstitutionen von deverbativen Substantiven mit dem Präfix {gə} und dem Suffix {ə}, die wie bei GEKLOPFE mit der Ableitungsbasis eines vGM ({klopf} zum Verbum KLOPFEN) in einem Derivationsprozeß gleichzeitig und nicht nacheinander verbunden werden. In Abgrenzung von den morphologischen Verbindungstypen FM {gə} + vGM (§§ 239.2-4), FM {gə} + sGM (§§ 239.1-2, 6-7) und vGM + FM{ə} (§ 242.4) werden durch den Typus FM {gə} + vGM + FM {ə} Nomina actionis gebildet, bei denen mit den inhaltsseitigen Merkmalen des Iterativen und Frequentativen eine pejorative Konnotation verbunden ist (FLEISCHER/BARZ 1992: 208). Dies wird besonders bei der Gegenüberstellung von Wortbildungen wie GEBELL : GEBELLE, GESCHREI : GESCHREIE, GEMISCH : GEMISCHE deutlich, bei denen die pejorative Konnotation „in der Regel an die Form mit *-e* gebunden" ist (ebd.). Auch Wortbildungen wie GEBETTEL, GEKLINGEL, GEFLATTER und GEKLAPPER, deren vGM der Ableitungsbasis bereits ein iteratives oder frequentatives Merkmal besitzen (§ 239.2), können durch ein zusätzliches FM {ə} wie in GEBETTELE, GEKLINGELE, GEFLATTERE und GEKLAPPERE einen expliziten morphologischen Hinweis auf eine pejorative Konnotation erhalten (PAUL 1920/1968: 57). Mit Hilfe der FM {gə} und vor allem {ə} kann fast zu jedem Verb der Gegenwartssprache der „Nebensinn von etwas Lästigem oder Verächtlichem" ausgedrückt werden (ebd.: 56). Nach WILMANNS (1930: 246) und H. NAUMANN (1974: 151f.) sind solche Wortbildungen in den umgangssprachlichen Varietäten besonders häufig. H. NAUMANN (1974: 158) weist noch darauf hin, daß „zur stärkeren Betonung der semantischen Komponente des Lästigen" die Bildungen mit {gə} und {ə} als Zweitkonstituenten mit dem advGM {rum} als Erstkonstituente zu Komposita wie RUMGELAUFE, RUMGESAUFE verbunden werden können.

250.2 Nach FLEISCHER/BARZ (1992: 207f.) liegt nicht eine Wortbildung mit zwei FM vor, sondern sie führen die „kombinatorische Derivation" auf ein FM zurück und setzen eine „diskontinuierliche UK [= unmittelbare Konstituente]", ein diskontinuierliches FM, an. Auch OLSEN (1990: 208) legt ihrer Analyse den Morphemtypus eines „Zirkumfix[es]" zugrunde. WELLMANN (1975: 34) geht einmal von zwei „morphologischen Varianten der Substantivbildungen mit *Ge*-Präfix", nämlich „*Ge- -Ø/-e*", und zum andern von „kombinierten Präfixableitungen mit *Ge-* (+ *-e*)" (WELLMANN in: DUDEN 1984: 470; 1995: 501) aus. Durch diese Terminologie vermeidet er eine Festlegung des morphologischen Status der zur Wortbildung verwendeten Elemente, doch scheinen seine Formulierungen eher auf die Annahme von zwei FM hinzuweisen. ERBEN (1975: 44; 1993: 46) behandelt die „Affixe *Ge-* BV [= Basisverb] -(*e*) oder BV [= Basisverb] -(er)ei als wortbildende Morpheme“, d.h. er nimmt eine monomorphematische Wertung der Variante „Ge- BV [= Basisverb] -e“ vor. Wegen der erkennbaren und im einzelnen aufgezeigten Funktionsunterschiede der mit den FM {gə} bzw. {ə} in den Typen FM {gə} + vGM (§ 239.2) bzw. vGM + FM {ə} (§ 242.4) gebildeten Wörter ist es begründeter, statt von einem diskontinuierlichen FM {gə ... ə} von einem morphologischen Verbindungstypus FM {gə} + vGM + FM {ə}, d.h. von einer Wortbildung mit zwei FM, auszugehen.

250.3 Als Ableitungsbasis des Typus FM {gə} + vGM + FM {ə} können auch Präfixoidbildungen (§ 233.6), Komposita (§ 231.1) und Zusammenrückungen (§ 232.1) fungieren. Dabei zeigt sich eine besondere Morphotaktik, da bei Bildungen wie (*das*) ABGELESE zu ABLESEN, (*das*) HINAUSGELAUFE zu HINAUSLAUFEN und (*das*) SITZENGEBLEIBE zu SITZENBLEIBEN das FM {gə} nicht die Erstposition einnimmt, sondern zum vGM der Ableitungsbasis tritt, wie dies auch bei Wortbildungen zu einem Simplex wie GELESE, GELAUFE und GEBLEIBE üblich ist. Durch die Morphotaktik wird außer auf eine morphologisch komplexe Ableitungsbasis auf die in der Ableitungsbasis die Hauptinformation vermittelnde Konstituente hingewiesen; ein besonderer Status des Präfixes {gə} „als Infix“ (FLEISCHER/BARZ 1992: 208) wird dadurch jedoch nicht begründet.

250.4 Bei einer begrenzten Anzahl von Substantiven kann zwar noch ein FM {gə} isoliert werden; die übrigen ehemals an der Wortkonstitution beteiligten FM sind jedoch in der Gegenwartssprache nicht mehr zu erkennen, und der Bezug zu einer verbalen Ableitungsbasis ist nur noch über inhaltsseitige Relationen herzustellen (FLEISCHER 1982: 187; FLEISCHER/BARZ 1992: 209). Bei GEWICHT 'Schwere, Bedeutsamkeit' liegt ein seit ahd. Zeit tradiertes Wort vor. Es handelt sich um eine Präfixbildung ahd. *giwihti* zur Basis ahd. *wiht*, die im Kompositum *wihtstein* 'Senkblei, Lot' erscheint und die selbst wieder ein mit dem Suffix {t} gebildetes Verbalabstraktum zum vGM des Verbs ahd. *wegan* 'wiegen u.a.' ist. Das GM {vig} der Verbformen 2. 3. Sg. Präs. Ind. *wigist, wigit* dient im 16. Jahrhundert als Basis eines neugebildeten Verbs *wiegen*, das das ältere Verb *wegan* zurückdrängt und auf das Semem 'vorsichtig bedenken' eingrenzt. Das Graph <ä> in *wägen* wurde erst von den Grammatikern des 17. Jahrhunderts unter Bezug auf das Substantiv *Waage* eingeführt (PFEIFER 1989: 565, 1928f., 1974; SPLETT, I.2, 1993: 1079-1081). Die von FLEISCHER (1982: 187) und FLEISCHER/BARZ (1992: 209) vorgenommene Zuordnung von „*Ge - wich - t* (zu *wiegen*)“ entspricht nicht den diachronen Entwicklungen, isoliert für die Gegenwartssprache ein nicht mehr nachweisbares Suffix {t}

(§ 246.30) und setzt in Analogie zur Bildung „*Ge ... e*" eine „unproduktive Kombination mit altem *t*-Suffix" an, die in ihrem Morphemstatus als diskontinuierliches FM weder für die Gegenwartssprache noch für die Wortkonstitution im Ahd. zu begründen ist.
Auch bei GESCHWULST liegt die postulierte Ableitungsstruktur nicht vor. Es handelt sich um ein ebenfalls seit ahd. Zeit tradiertes Substantiv ahd. *giswulst* 'Geschwulst', das bereits im Ahd. zu ahd. *swulst* 'Geschwulst, (blutige) Schwellung' mit dem FM {gi} gebildet wurde (SPLETT, I.2, 1993: 979). Ahd. *swulst* wiederum ist eine Abstraktbildung zum vGM {svul} der präteritalen Leitform *swulum* für die 2. Sg. und 1. - 3. Pl. Prät. Ind. zum Verb ahd. *swellan* '(an)schwellen u.a.' (BRAUNE/EGGERS 1975: 278). Die Abstraktbildung erfolgt mit dem Suffix {st}, das als Zugehörigkeitssuffix oder als um einen Gleitlaut /s/ erweitertes Suffix {t} aufgefaßt werden kann (HENZEN 1965: 123, 184). Im 16. Jahrhundert verdrängt *geschwulst* das Substantiv *schwulst* in der Bedeutung 'Geschwulst, Schwellung'; *Schwulst* blieb seit dem 18. Jahrhundert nur noch mit dem übertragenen Semem 'Überladenheit im Ausdruck' als Stilbegriff erhalten, wodurch jedoch die Einsicht in den inhaltsseitigen Zusammenhang reduziert wurde (PFEIFER 1989: 555, 1600).
In gleicher Weise läßt sich bei GEBÄUDE und GEMÄLDE neben dem Präfix {gə} kein Suffix {də} begründen (§ 246.29). Überhaupt nicht in diesen Zusammenhang gehört GELÄCHTER, bei dem eine im Mhd. geschaffene Kollektivbildung mhd. *gelehter* zu einem mhd. Substantiv *lahter* 'Lachen, Gelächter' vorliegt, das im Laufe der weiteren Sprachgeschichte des Deutschen aufgegeben worden ist (PFEIFER 1989: 527). Bei GESCHREIBSEL 'schlecht Geschriebenes' ist ebenfalls kein diskontinuierliches FM vorhanden. Es liegt eine Suffixbildung mit dem FM {zəl} (§ 242.3) vor (WILMANNS 1930: 273), wobei die Ableitungsbasis aus einem vGM zweiten Grades {gəšraip} besteht, das mit anderer Phonotaktik in ahd. *giscrīban* '(auf)schreiben, nieder-, be-, eintragen' zu *scrīban* '(auf)schreiben, nieder-, be-' seit dem Beginn der schriftlichen Überlieferung des Deutschen existiert (SPLETT, I.2, 1993: 859). Während es sich bei GESCHREIBSEL um eine jüngere Wortbildung handelt und das Verb *geschreiben* nicht mehr existiert, kann der Ableitungsweg bei GERINNSEL 'Klümpchen geronnener Flüssigkeit' seit dem Anfang des 19. Jahrhunderts verfolgt und durch die Weiterexistenz des Verbs GERINNEN zusätzlich morphologisch motiviert nachvollzogen werden (PFEIFER 1989: 548f.).

4.2.3 Derivationstypen bei Adjektiven

251 Die Anzahl der Derivationstypen zur Konstitution von Adjektiven erreicht „bei weitem nicht die Vielfalt" der substantivischen Wortbildungen

(FLEISCHER/BARZ 1992: 224). Allerdings ist diese Aussage nach Präfixen und Suffixen bzw. nach primär- und sekundärsprachlichen FM zu differenzieren.

252.1 Bei den Präfixbildungen mit primärsprachlichen FM kommen dieselben FM wie bei der Substantivbildung vor (§ 239.1). Die einzelnen morphologischen Verbindungstypen sind der Tabelle 99 zu entnehmen:

Tabelle 99: Kombinationstypen aus FM + GM und ihre Varianten bei Adjektiven

morphologische Struktur Präfixbildungen	Bezug zum Simplex	morphologischer Verbindungstypus	Wortartgebundenheit der FM
1. erzfaul	präd. Adj. faul	FM + aGM	bei A, S
2a. getreu	präd. Adj. treu	FM + aGM	bei A, S, V
2b. geheim	Subst. (das) Heim	FM + sGM	bei A, S, V
3. mißvergnügt	präd. Adj. vergnügt	FM + aGM (Part. II)	bei A, S, V
4. unfein	präd. Adj. fein	FM + aGM	bei A, S
5. uralt	präd. Adj. alt	FM + aGM	bei A, S
4a. ungestüm	mhd. Adj. *gestüeme* 'sanft, still, ruhig'	FM + aGM	bei A, S
4b. unliebsam	Verb lieben	Analogie: unbiegsam	bei A, S
4c. unersättlich	Verb sättigen	Analogie: unerklärlich	bei A, S

Die Tabelle 99 ist wie die Tabelle 89 (§ 239.1) aufgebaut.

252.2 Das FM {ɛrts}, das „zumeist als verstärkung von worten mit tadelnswertem inhalt auftritt", wird seit dem 16./17. Jahrhundert zur Konstitution von Adjektiven verwendet (KLUGE 1913: 53). Es steigert wie bei ERZFAUL (Beispiel 1) „vorwiegend Adjektive negativer Wertung" (FLEISCHER /BARZ 1992: 232). Als Ableitungsbasis können auch aGM zweiten und dritten Grades wie in ERZKATHOLISCH und ERZKOMÖDIANTISCH auftreten. Auch bei ihnen liegt eine Augmentation vor, jedoch erhält die Ableitungsbasis keine negative Komponente.

252.3 Das FM {gə} ist „heute unproduktiv", bei einzelnen Bildungen aber weiterhin morphologisch durchsichtig (FLEISCHER 1982: 289). Es verbindet sich einmal wie bei GETREU 'treu, zuverlässig; genau entsprechend, gemäß' (Beispiel 2a) oder GESTRENG mit einem aGM. Daneben kommen Verbindungen mit einem sGM wie bei GEHEIM 'verborgen, streng vertraulich, nicht für Außenstehende bestimmt' (Beispiel 2b), einer seit dem 15. Jahrhundert tradierten Präfixbildung zum sGM des Simplex HEIM (PFEIFER 1989: 520), und GETROST vor. In beiden Typen wird durch das FM eine „Gemeinschaft und Verbindung" (WILMANNS 1930: 565 Anm. 1), ein „versehen mit etwas" (KLUGE 1913: 51) ausgedrückt.

252.4 Das FM {mis} zeigt eine eingeschränkte Distribution. Es wird nur mit aGM wie in MISSVERGNÜGT (Beispiel 3) verbunden, die durch eine Konversion einer Partizip II-Form in die Wortart Adjektiv entstanden sind (FLEISCHER 1982: 290; FLEISCHER/BARZ 1992: 270). Durch das FM wird eine taxierende Bewertung mit dem zusätzlichen semantischen Merkmal des Verdrießlichen, Schlechten vorgenommen.
252.5 Während das FM {mis} nur mit aGM einer partizipialen Basis verbunden wird, kommt das FM {un} in Verbindung mit aGM von Simplizia wie in UNFEIN (Beispiel 4) und mit aGM, die eine Konversion einer Partizip II-Form in die Wortart Adjektiv voraussetzen, wie in UNGEÖFFNET vor. Bei Bildungen wie *verhandlungs(un)fähig* und *entscheidungs(un) freudig* gehen FLEISCHER/BARZ (1992: 271) von einer „Negation des Kompositums als Ganze[s]" aus, obwohl sie auch an ein „Kompositum aus Substantiv + *un*-Adjektiv" denken, was wesentlich näher liegt. Von dieser Zuordnung abgesehen ist die dabei vorgenommene Klassifizierung des FM {un} als Infix unbegründet. Durch UNFEIN und UNGUT kann neben einer „verallgemeinerte[n] Negation" auch eine „graduelle Abstufung der Negation", eine „Abstufung der negierten Qualität" ausgedrückt werden (SCHNERRER 1982: 40f. mit der Skala gradueller Abstufungen auf S. 42).
Als Ableitungsbasis können aGM verschiedenen Grades wie in UNFÄHIG, UNVORSICHTIG auftreten. In einer Reihe von Fällen existiert die Ableitungsbasis nicht in einer eigenen Worteinheit (FLEISCHER 1982: 290; KLUGE 1913: 50; WILMANNS 1930: 571). In UNGESTÜM 'heftig, unbändig' (Beispiel 4a) liegt eine im Mhd. entstandene Präfixbildung zu mhd. *gestüeme* 'sanft, still, ruhig' vor, die bis zur Gegenwartssprache in Gebrauch blieb, während das Adjektiv *gestüeme* unterging (PFEIFER 1989: 1873). Zu UNLIEBSAM (Beispiel 4b) wird die Basis <liebsam> als eigene Worteinheit von PFEIFER (1989: 1014f.) nicht aufgeführt, ist jedoch in ahd. *liebsam* 'angenehm, schön, wohlgefällig, lieblich' (SCHÜTZEICHEL 1995: 198; MÖLLMANN 1994: 145-148) nachzuweisen, wobei es sich im Ahd. um ein deadjektivisches Adjektiv zur Ableitungsbasis ahd. *lieb* 'lieb(enswert), geliebt, teuer u.a.' handelt (SPLETT, I.1, 1993: 548; MÖLLMANN 1994: 279). Doch selbst ohne Kenntnis dieser diachronen Tradition ist die Bildungsweise in Formen wie UNBIEGSAM im Ableitungsweg UN + BIEGSAM, BIEG - SAM allerdings zum Verb BIEGEN (ebd.: 167f.) gegenwartssprachlich nachzuvollziehen, durch den sich analoge Wortkonstitutionen auch zu aGM ergeben können, vor allem wenn bei LIEB und LIEBEN ausdrucksseitig identische GM nebeneinander existieren. Bei UNERSÄTTLICH (Beispiel 4c) neben UNERKLÄRLICH dürfte eine morphologische Analogiebildung zu einem durchsichtigen und im Ableitungsweg KLÄREN, ERKLÄREN, ERKLÄRLICH, UNERKLÄRLICH belegbaren Typus (PFEIFER 1989: 1377f., 841f.) ohne entsprechende Zwischenschritte vorliegen.

Inhaltsseitig wird durch das FM {un} die Inhaltsseite der Ableitungsbasis negiert (FLEISCHER/BARZ 1992: 272; SCHNERRER 1982: 33).

252.6 Das FM {ūr} konstituiert mit aGM wie in URALT (Beispiel 5) neue Adjektive. Inhaltsseitig ist mit der Augmentation das semantische Merkmal „des zeitlich weit Zurückliegenden" verbunden (FLEISCHER/BARZ 1992: 232). Bei Bildungen wie URKOMISCH und URPLÖTZLICH dominiert als Modifikationsart die Augmentation, bei solchen wie URGERMANISCH die zeitliche Komponente.

252.7 Neben den primärsprachlichen Präfixen werden vergleichbare Funktionen auch mit sekundärsprachlichen Präfixen erfüllt. Besonders ausgebaut ist dabei die Modifikationsart der Negation wie bei {a} in AMUSISCH oder {in} in INAKTIV (FLEISCHER/BARZ 1992: 37, 273; vgl. § 262.1 mit Tabelle 108).

253.1 Die mit den primärsprachlichen FM verbundenen Arten der Modifikation können zusammenfassend in der Tabelle 100 dargestellt werden:

Tabelle 100: Inhaltsseitige Funktionen der Präfixe bei Adjektiven

Funktion Präfixbildungen	Art der Modifikation	zusätzliche semantische Merkmale
1. erzfaul	Augmentation	unverbesserlich, pejorativ
2a. getreu	Gemeinschaft, Verbindung	versehen mit
2b. geheim	Gemeinschaft, Verbindung	versehen mit
3. mißvergnügt	Taxation	verdrießlich, schlecht
4. unfein	Negation	schlecht
5. uralt	Augmentation	zeitlich weit zurückliegend
6. erzkomödiantisch	Augmentation	–
7. unaussprechbar	Augmentation	positiv
8. urkomisch	Augmentation	–
9. urgermanisch	–	zeitlich weit zurückliegend

Die Tabelle 100 entspricht in ihren Aufbauprinzipien der Tabelle 90 (§ 240.1).

253.2 Wie bei den zu Substantiven führenden Präfixbildungen spielt die Modifikationsart der Augmentation eine besondere Rolle. Werden Adjektive wie UNAUSSPRECHBAR (Beispiel 7) auf Eigenschaften übernatürlicher Wesen (*die unaussprechbare Güte Gottes*) bezogen, ist mit der Modifikationsart der Augmentation eine positive Konnotation verbunden. Bei den Bildungen mit dem FM {gə} zeigen sich unterschiedliche inhaltsseitige Funktionen. Während bei den Substantiven die Modifikationsart der Kollektion auftritt, ist es bei den Adjektiven diejenige der Gemeinschaft und Verbindung. Aus der Tabelle 100 nicht zu entnehmen ist, daß die mit dem FM {un} verbundene Modifikationsart der Negation nicht immer eine absolute Negierung der Inhaltsseite der Ableitungsbasis darstellt, sondern durch das FM {un} die Möglichkeit existiert, Grade der Negation auszudrücken. In der Gegenüberstellung von KLUG : DUMM : NICHT KLUG : UNKLUG wird der Aspekt der Graduierung einer negativen Wertung deutlich (FLEISCHER/BARZ 1992: 272).

254.1 Die Anzahl der Suffixe, die an der Konstitution von Adjektiven beteiligt sind, ist bei der Wortart Adjektiv wesentlich geringer als bei den Substantiven. Als Ableitungsbasen treten vor allem vGM, sGM und aGM auf; advGM und prGM spielen eine untergeordnete Rolle. Die Kombinationstypen aus vGM + FM und ihre Varianten sind in der Tabelle 101 zusammengefaßt:

Tabelle 101: Kombinationstypen aus vGM + FM und ihre Varianten bei deverbativen Adjektiven

morphologische Struktur Suffixbildungen	Bezug zum Simplex	morphologischer Verbindungstypus	Basisgebundenheit des GM
1. trinkbar	Verb trinken	vGM + FM {bār}	vGM, sGM, aGM
2. naschhaft	Verb naschen	vGM + FM {haft}	vGM, sGM, aGM
3. neckisch	Verb necken	vGM + FM {iš}	vGM, sGM, aGM
4. hinderlich	Verb hindern	vGM + FM {lix}	vGM, sGM, aGM
5. folgsam	Verb folgen	vGM + FM {zām}	vGM, sGM, aGM
6. findig	Verb finden	vGM + FM {ix}	vGM, sGM, aGM, advGM, prGM
7. kotzerig	Verb kotzen	vGM + FM {ərix}	nur vGM
8. klebrig	Verb kleben	vGM + FM {rix}	nur vGM
9. regnerisch	Verb regnen	vGM + FM {əriš}	nur vGM
10. fürchterlich	Verb fürchten	vGM + FM {ərlix}	nur vGM
3a. mürrisch	Verb murren	vGM + FM {iš}	vGM, sGM, aGM
4a. tunlich	Verb tun	vGM + FM {lix}	vGM, sGM, aGM
4b. hoffentlich	Verb hoffen	vGM + FM {lix}	vGM, sGM, aGM
4c. scheußlich	Verb mhd. *schiuzen* 'Scheu oder Abscheu empfinden'	vPsM + FM {lix}	vGM, sGM, aGM
6a. wacklig	Verb wackeln	vGM + FM {ix}	vGM, sGM, aGM, advGM, prGM (bei 6a-6d)
6b. strittig	Verb streiten, stritt	vGM + FM {ix}	
6c. erbötig	Verb erbieten, erbot	vGM + FM {ix}	
6d. schleunig	Verb ahd. *sniumen* 'beschleunigen'	vPsM + FM {ix}	

Die Aufbauprinzipien der Tabelle 101 entsprechen denjenigen der Tabelle 91 (§ 242.1).

254.2 Aufgrund der Basisgebundenheit der jeweiligen FM können drei unterschiedlich umfangreiche Gruppen ermittelt werden. Die erste Gruppe wird von solchen FM gebildet, die mit vGM, sGM und aGM kombiniert werden. Der Vergleich zu den deverbativen Substantiven des Typus vGM + FM (§ 242.1) ergibt, daß alle deverbative Adjektive konstituierenden FM eine spezifische Phonotaktik besitzen, d.h. daß auch die phonologische Struktur der FM neben ihrer inhaltsseitigen Funktion an der Kennzeichnung der Wörter der Wortart Adjektiv beteiligt ist. Das FM {bār} wie in TRINKBAR (Beispiel 1) ist nach FLEISCHER/BARZ (1992: 252) „das produktivste Modell deverbaler Adjektivbildung", das inhaltsseitig im Vergleich zur Ableitungsbasis eine Potentialität signalisiert (HENZEN 1965: 207). In Abhängigkeit vom vGM der Ableitungsbasis, die ein transitives und passivfähiges oder ein intransitives Verb konstituieren kann, lassen sich zwei Arten der Potentialität unterscheiden und durch Paraphrasen verdeutlichen. So besitzen TRINKBAR, LESBAR und BIEGBAR eine passivische Potentialität, die sich in den attributivischen Verwendungsweisen *ein trinkbares Wasser*, *ein lesbares Buch*, *ein biegbares Rohr* realisiert und in den Paraphrasen *ein Wasser, das getrunken werden kann*; *ein Buch, das gelesen werden kann*; *ein Rohr, das gebogen werden kann* nachvollzogen werden kann (KÜHNHOLD/PUTZER/WELLMANN 1978: 391). Bei GERINNBAR 'gerinnungsfähig' in *eine gerinnbare Flüssigkeit* mit der Paraphrase *eine Flüssigkeit, die gerinnen kann* liegt eine aktivische Potentialität vor (FLURY 1964: 89).

Nach FLEISCHER/BARZ (1992: 253) kommen bei LESBAR und BIEGBAR zum Aspekt der passivischen Potentialität noch semantische Merkmale wie 'gut' und 'leicht' hinzu, doch scheint dies eher am Adverbattribut im Beispiel „(gut) lesbares Buch, biegbares Material" zu liegen als am FM {bār}. Die semantischen Merkmale 'gut, leicht' sind eher mit dem FM {zām} in BIEGSAM verbunden (MÖLLMANN 1994: 295f.), so daß sich im Hinblick auf Modalitätskennzeichnungen eine Opposition von BIEGBAR zu BIEGSAM (*ein biegsames Material*) ausbildet.

Neben vGM der Klasse II (§ 104) bilden auch solche der Klasse I (§ 101) wie in BRAUCHBAR, HEILBAR und BRENNBAR eine Ableitungsbasis. Wie bei den vGM der Klasse II werden passivische Potentialität (BRAUCHBAR, HEILBAR) und aktivische Potentialität (BRENNBAR) ausgedrückt.

Auch vGM verschiedenen Grades wie ZERLEGBAR zu ZERLEGEN, BEWÄLTIGBAR zu BEWÄLTIGEN und ZUSAMMENROLLBAR zu ZUSAMMENROLLEN sind als Basis möglich. In allen diesen Fällen stammt das vGM aus der Infinitivform und bei der Verbklasse II aus den entsprechenden Formen der Teilparadigmata von Präsens Indikativ und Präsens Konjunktiv. Nach FLURY (1964: 87) sind 98% aller neuen Wortbildungen mit dem FM {bār} deverbativ.

Bei den Bildungen GANGBAR und SICHTBAR handelt es sich nicht um eine „ältere Nebenform" zum „Infinitivstamm" (so FLEISCHER/BARZ 1992:

252), sondern um Adjektivkonstitutionen auf der Basis sGM (HENZEN 1965: 207). Das Adjektiv GANGBAR 'begehbar, gängig, üblich, gültig' ist im 16. Jahrhundert mit dem GM des Substantivs GANG gebildet worden (PFEIFER 1989: 500). Im selben Jahrhundert wurde SICHTBAR 'was zu sehen ist' auf der Grundlage des Substantivs SICHT geschaffen (ebd.: 1627).

Das Wort RUCHBAR ist zwar morphologisch noch durchsichtig, doch ist die Basis gegenwartssprachlich – trotz des Substantivs GERÜCHT – kaum noch an andere Morpheme anschließbar, so daß ein PsM und der Typus PsM + FM vorliegt. Das Adjektiv RUCHBAR '(durch umlaufendes Gerücht) bekannt, offenkundig' wird gegenwartssprachlich vor allem prädikativ in der Wendung *ruchbar werden* 'bekannt werden, in die Öffentlichkeit dringen' gebraucht. RUCHBAR geht auf frühnhd. *ruchtbar* zurück, das im 16. Jahrhundert aus dem Niederdeutschen *ruchtbar*, das zu mnd. *ruchte* 'Ruf, Geschrei, Leumund' gebildet wurde, in die oberdeutschen Schreibdialekte aufgenommen wurde (PFEIFER 1989: 1445f.).

Bei einzelnen Bildungen wie UNLEUGBAR zu LEUGNEN ist zwar die verbale Basis noch deutlich zu erkennen, doch ist die durch das Präfix {un} negierte und mit dem Suffix {bar} gebildete Basis <*leugbar*> nicht üblich (HENZEN 1965: 207) und auch diachron nicht nachzuweisen (PAUL/HENNE/OBJARTEL 1992: 529).

254.3 Mit dem FM {haft} werden auf der Basis vGM von Verben der Klasse I (§ 101) Adjektive wie NASCHHAFT zu NASCHEN (Beispiel 2) gebildet. Durch die Adjektive wird inhaltsseitig eine Neigung zu der durch die Ableitungsbasis bezeichneten Handlung ausgedrückt (FLEISCHER/BARZ 1992: 256).

254.4 Dieselbe inhaltsseitige Funktion besitzt das Suffix {iš}, wenn es mit der Ableitungsbasis eines vGM von Verben der Klasse I (§ 101) wie in NECKISCH zu NECKEN (Beispiel 3) verbunden wird. Bei umlautfähigen Vokalen der verbalen Basis ist der Umlaut wie bei MÜRRISCH zu MURREN (Beispiel 3a) vorhanden. Derivate auf der Basis vGM „bleiben vereinzelt" (FLEISCHER/BARZ 1992: 260).

254.5 Wesentlich häufiger als die Bildungen mit den FM {haft} und {iš} sind auf der Basis vGM die Adjektivkonstitutionen mit dem Suffix {lix} wie bei HINDERLICH zu HINDERN (Beispiel 4). Neben vGM von Verben der Klasse I {§ 101} kommen auch solche von Verben der Klasse II (§ 104) wie in SCHLIESSLICH 'endlich, abschließend, am Schluß' vor. Relativ zahlreich sind Bildungen mit vGM zweiten Grades wie ZERBRECHLICH zu ZERBRECHEN und ERKLÄRLICH zu ERKLÄREN (HENZEN 1965: 204). Wie bei den Bildungen mit dem Suffix {bar} wird im Vergleich zur Ableitungsbasis eine Potentialität gekennzeichnet (FLEISCHER/BARZ 1992: 262).

Bei einzelnen „heute unproduktiven Typen“ denken FLEISCHER/BARZ (1992: 263) an „Infinite Verbformen als Basis“ und führen als Beispiele TUNLICH und FLEHENTLICH, HOFFENTLICH „mit *-t-* als Gleitkonsonanten“ an, d.h. sie gehen von einer Infinitivform als Basis aus. Diese Annahme ist jedoch nicht unproblematisch. Die einzige scheinbar sichere Infinitivform zeigt sich in TUNLICH 'zum Tun geeignet, ratsam, sinnvoll, zweckmäßig, möglich' zum Verb TUN (Beispiel 4a), doch weist PAUL (1920/1968: 103) darauf hin, daß dafür „früher *tulich* gebräuchlich war“, d.h. eine Ableitung auf der Basis eines vGM. Diese Form der Ableitung liegt noch heute bei BETULICH 'rührig, besorgt, zutraulich, beschaulich' auf der Basis eines vGM zweiten Grades zum noch frühnhd. üblichen Verb *betun* und mhd. *betuon* vor (PFEIFER 1989: 1859). Das /n/ in TUNLICH dürfte daher eher den Charakter eines die Phonotaktik des vGM erweiternden Gleitkonsonanten haben. Die historische Herkunft läßt es nicht zu, einen spezifischen Wortbildungstypus Infinitiv (GM + RM) + FM {lix} anzusetzen.
Die Bildungen FLEHENTLICH und HOFFENTLICH (Beispiel 4b) werden auch von WILMANNS (1930: 485) als auf „ein Part. Präs. oder einen Infinitiv“ beziehbar eingeschätzt. An ein Partizip I denkt er, weil im Ahd. von dieser Möglichkeit auf der Basis von sog. starken und schwachen Verben zur Konstitution von Adjektiven mit dem FM {līx} wie in *berantlīh* 'fruchtbar' zu ahd. *beran* '(hervor)bringen, (Frucht) tragen, gebären u.a.' und in *gibiogantlīh* 'reich an Krümmungen, gewunden' zu ahd. *gibiogan* 'biegen, beugen, krümmen' bzw. *heilentlīh* 'gesund, heilsam' zu *heilen* 'heilen, erlösen u.a.' häufig Gebrauch gemacht wurde (ebd.: 482f.; SPLETT, I.1, 1993: 49-53, 65f., 369-371). FLEHENTLICH 'dringlich bittend, inständig' und HOFFENTLICH gehen jedoch nicht direkt auf eine Infinitiv- oder Partizip I-Form der Verben FLEHEN und HOFFEN aus der Verbklasse I (§ 101) zurück, sondern wie die Bildungen mhd. *vlēhe(n)lich* und mhd. *hof(fen)lich* zeigen (PFEIFER 1989: 447, 700), auf ein vGM, das phonotaktisch um die Gleitphoneme /(ə)n/ erweitert wurde. Erst im Frühnhd. wurde seit dem 17. Jahrhundert das Phonem /t/ als weiteres Gleitphonem – wohl in Analogie zu den Partizip I-Bildungen auf /ənt/ – eingefügt und damit eine den Partizip I-Formen vergleichbare Phonotaktik geschaffen.
Von den im Ahd. ebenfalls häufig eine Ableitungsbasis bildenden Partizip II-Formen der sog. starken Verben wie ahd. *gigozzanlīh* '(aus Erz) gegossen' zu ahd. *giozan* '(ver)gießen, ausgießen u.a.' und ahd. *bifolanlīh* 'empfehlend' zu ahd. *bifelahan* 'anvertrauen, (an)empfehlen u.a.' (WILMANNS 1930: 483; SPLETT, I.1, 1993: 306f., 220f.) bzw. den selten als Ableitungsbasis fungierenden Partizip II-Formen der sog. schwachen Verben wie ahd. *firdenkitlīh* 'verächtlich' zu ahd. *firdenken* 'verachten, geringschätzen' (WILMANNS 1930: 484; SPLETT, I.1, 1993: 128-131) sind nur wenige wie GEFLISSENTLICH und GELEGENTLICH bis zur Gegenwartssprache

tradiert worden. GEFLISSENTLICH 'mit Eifer, mit Bedacht' ist auf der Basis des Partizip II *geflissen* zum Verb mhd. *vlīzen* 'eifrig sein, sich bemühen', frühnhd. *fleissen* im 16. Jahrhundert als *geflissenlich* gebildet worden und erhielt im 18. Jahrhundert mit dem Gleitphonem /t/ eine phonotaktische Erweiterung (PFEIFER 1989: 447f.). Dieselbe Entwicklung machte das Partizip II *gelegen* zum Verb *liegen* über mhd. *gelegenlich* 'gelegen, günstig, sich darbietend' und frühnhd. *gelegentlich* durch (ebd.: 529f.). Dabei dürften Analogien zu den bei Partizip I-Formen vorgenommenen /t/-Erweiterungen eine Rolle gespielt haben. In allen Fällen ist die Interpretation des Gleitphonems /t/ als „Interfix" (FLEISCHER/BARZ 1992: 263) und damit der Versuch, einen zusätzlichen Morphemtypus zu begründen, nicht gerechtfertigt.
Werden die wortgebundenen Entwicklungen berücksichtigt, dann scheidet die Annahme eines Wortbildungstypus Infinitiv + FM {lix} für die Gegenwartssprache – wie für das Ahd. (WILMANNS 1930: 483) – aus. Die Typen Partizip I + FM {lix} bzw. Partizip II + FM {lix} existieren in ahd. und mhd. Zeit, werden aber seit dem Frühneuhochdeutschen nicht mehr produktiv verwendet, so daß die einzelnen tradierten Wörter mit dem FM {lix} phonotaktische Erweiterungen an ihrer Ableitungsbasis erfahren, die eine direkte Herleitung aus partizipialen Basen für die Gegenwartssprache ebenfalls ausschließen.
Bei einzelnen Bildungen wie DÄMLICH und SCHEUSSLICH (Beispiel 4c) ist zwar noch eine morphologische Durchsichtigkeit über das isolierbare FM {lix} vorhanden, doch läßt sich die Ableitungsbasis gegenwartssprachlich kaum noch überzeugend an in Simplizia vorkommende GM anschließen und damit motivieren (PAUL 1920/1968: 104f.). DÄMLICH 'dumm, beschränkt' ist erst nach 1900 aus dem Niederdeutschen in die Schrift- und Standardsprache aufgenommen worden; es ist zum niederdeutschen Verb DÄMELN, DAMELN, DAMMELN 'herumschlendern, sich kindisch benehmen, faseln' zu stellen, das aber dialektal gebunden blieb (PFEIFER 1989: 252; PAUL/HENNE/OBJARTEL 1992: 160). SCHEUSSLICH 'grausig, eklig, unangenehm' (Beispiel 4c) geht auf mhd. *schiuzlich* 'scheu, verzagt, abscheulich, häßlich' zurück, das mit dem FM {lix} zum vGM des Simplex mhd. *schiuzen* 'Scheu oder Abscheu empfinden, grauen', einer Intensivbildung zu mhd. *schiuhen* 'scheu machen', gebildet wurde. Da sowohl bei DÄMLICH als auch bei SCHEUSSLICH die Ableitungsbasis in der Gegenwartssprache (Schrift- und Standardsprache) nicht mehr existiert, ist in beiden Fällen der morphologische Verbindungstypus vPsM + FM {lix} anzusetzen.
254.6 Adjektivbildungen mit dem FM {zām} auf der Basis vGM sind wie bei FOLGSAM zu FOLGEN (Beispiel 5) gegenwartssprachlich „Schwach produktiv" (FLEISCHER/BARZ 1992: 266). Inhaltsseitig drückt {zām} bei

Bildungen wie FOLGSAM, SPARSAM, WACHSAM eine Neigung zu der Handlungsweise aus, die in der Ableitungsbasis bezeichnet ist. Bei Bildungen wie BIEGSAM zu BIEGEN wird eine potentiell-passivische Relation mit den semantischen Merkmalen 'gut' und 'leicht' zur in der Ableitungsbasis ausgedrückten Handlungsweise hergestellt (§ 254.2).
Bei Adjektiven wie UNAUFHALTSAM zur Präfixoidbildung AUFHALTEN ist die nicht-negierte Adjektivbasis <aufhaltsam> nicht üblich, die morphologische Durchsichtigkeit bleibt jedoch erhalten (ebd.).

254.7 Die zweite Gruppe wird von Adjektivkonstitutionen mit dem FM {ix} gebildet, das zu vGM, sGM, aGM, advGM und prGM hinzutreten kann und sehr produktiv ist (KÜHNHOLD/PUTZER/WELLMANN 1978: 28; FLEISCHER /BARZ 1992: 256). Auf der Basis vGM wie bei FINDIG zu FINDEN (Beispiel 6) drückt das FM {ix} eine Neigung zu der im vGM bezeichneten Handlungsweise aus (ebd.). Als Adjektiv wird FINDIG auf Personen bezogen (*eine findige Person*). Bei anderen Bildungen wie HOLPERIG zu HOLPERN erfolgt ein Bezug auf Sachen (*eine holperige Straße*). Bei Adjektiven wie WACKLIG zu WACKELN (Beispiel 6a) wird die Phonotaktik des vGM der Ableitungsbasis vor dem FM {ix} um das Phonem /ə/ reduziert.
Neben vGM zu Infinitiven bzw. zu Verbformen der Teilparadigmata von Präsens Indikativ und Präsens Konjunktiv kommen auch vGM ersten und zweiten Grades vor, die wie bei STRITTIG zu STREITEN (Beispiel 6b) bzw. bei ERBÖTIG 'bereit, willig' zu ERBIETEN (Beispiel 6c) zu Verbformen der präteritalen Teilparadigmata der Klasse II (§ 104) gehören und bei einem umlautfähigen Vokal auch den Umlaut wie bei ERBÖTIG (PFEIFER 1989: 170) zeigen können (WILMANNS 1930: 461; FLEISCHER/BARZ 1992: 258).
Dieses Wortbildungsprinzip ist auch bei den Adjektiven wie ABTRÜNNIG '(der bisherigen Bindung) untreu' vorhanden, obwohl gegenwartssprachlich keine morphologische Durchsichtigkeit existiert und der Bezug zum Verb TRENNEN nur noch inhaltsseitig herzustellen ist (PFEIFER 1989: 11). Das Adjektiv ist bereits ahd. als *aba-trunn-īg* 'abtrünnig' zum vGM {trunn} der entsprechenden Verbformen (2. Sg., 1.-3. Pl. Prät. Ind.; ganzes Prät. Konj.) aus den präteritalen Teilparadigmata des Verbs -TRINNAN wie in INTTRINNAN 'entfliehen u.a.' gebildet (SPLETT, I.2, 1993: 1016), wie die Leitformen *trinnan, tran, trunnum, gitrunnan* zeigen (BRAUNE/EGGERS 1975: 277). Das Verb TRENNEN der Klasse I (§ 101) geht auf das vGM {tran} zurück und zeigt in den Reflexen Primärumlaut und Konsonantengemination ein ehemals vorhandenes FM <jan>.
Das von FLEISCHER/BARZ (1992: 258) ebenfalls hier eingeordnete ANRÜCHIG 'übel beleumdet, berüchtigt, verrufen' ist nicht direkt zu RIECHEN zu stellen. Es handelt sich um eine Ableitung mnd. *anruchtich* zum mnd.

Substantiv *ruchte* 'Ruf, Leumund', die seit dem 15. Jahrhundert als *anrüchtig* in hochdeutschen Rechtsquellen erscheint und in der ersten Hälfte des 19. Jahrhunderts in Anlehnung an GERUCH und RIECHEN phonotaktisch um das Phonem /t/ gekürzt wurde (PFEIFER 1989: 56).
Bei SCHLEUNIG 'schnell, sofort' (Beispiel 6d) ist im Vergleich zu BESCHLEUNIGEN, BESCHLEUNIGUNG zwar eine eingeschränkte morphologische Durchsichtigkeit vorhanden, doch die Ableitungsbasis wird durch den Vergleich nicht sichtbar. SCHLEUNIG ist auf der Basis eines vGM gebildet. Es ist zu ahd. *sniumen* 'beschleunigen' zu stellen (SPLETT, I.2, 1993: 890), zu dem bereits in ahd. Zeit die Adverbien *sniumo* und *sliumo* 'schnell, rasch u.a.' gebildet wurden, wobei die Phonemfolge /sl/ eine Dissimilation der Phonemkombination /sn/ ist. Die dissimilierte Form diente im Mhd. als Basis zur Konstitution des Adjektivs *sliunec, sliunic* (PFEIFER 1989: 1543). Durch die Aufgabe des Simplex *sliunen* ging die Einsicht in die Ableitungsgrundlage verloren. Da an allen gegenwartssprachlich noch gebräuchlichen Bildungen das FM {ix} beteiligt ist und mit dem Morphem {šloi} eine komplexe morphologische Basis zur Konstitution komplexerer Wörter bereitstellt, erweist sich das Morphem {šloi} als ein vPsM.
254.8 Die dritte Gruppe umfaßt FM, die nur mit einem vGM als Ableitungsbasis verbunden werden. Das FM {ərix} wie in KOTZERIG zu KOTZEN (Beispiel 7) ist gegenwartssprachlich nicht produktiv und auf wenige Adjektive beschränkt, die überwiegend in umgangssprachlichen Varietäten verwendet werden (HENZEN 1965: 198; KÜHNHOLD/PUTZER/WELLMANN 1978: 28). Das FM {ərix} ist in Analogie zu Bildungen wie HOLPERIG zu HOLPERN durch eine Uminterpretation der Morphemgrenzen entstanden (FLEISCHER 1982: 262). Da die Phonemfolge /ər/ Teil des neuen FM {ərix} ist, „eine Erweiterung des Suffixelementes [-*ig*] durch -*er*-" darstellt (FLEISCHER 1982: 262), erweist sich die weitergehende Interpretation „als Interfix" (FLEISCHER/BARZ 1992: 257) als unnötig. Inhaltsseitig drücken die Adjektivbildungen mit dem FM {ərix} wie die mit dem FM {ix} eine Neigung zu der im vGM bezeichneten Handlungsweise aus.
254.9 Auch bei Adjektivbildungen wie KLEBRIG (Beispiel 8) mit dem FM {rix} geht FLEISCHER (1982: 262) von einer Suffixerweiterung /r + ix/ aus. FLEISCHER/BARZ (1992: 257) stellen einen direkten Bezug zum Verb KLEBEN her und setzen bei *kleb-r-ig* ein „Interfix" -(e)r- an, ohne nähere Angaben über die Variante ohne /ə/ zu machen. KÜHNHOLD/PUTZER/WELLMANN (1978: 28) führen das FM {rix} auf das FM {ərix} zurück und gehen bei den Beispielen KLEBRIG, SCHLÄFRIG, SCHLÜPFRIG von einem „Ausfall des *e*" und einer „silbische[n] Vereinfachung" aus.
Die auf wenige Adjektive begrenzten Bildungen mit dem FM {rix} sind jedoch unter diachronem Aspekt von den Adjektivkonstitutionen mit dem

neuen, durch morphologische Uminterpretation der Morphemgrenzen entstandenen Suffix {ərix} zu unterscheiden, da sie Reflexe zweier verschiedener Wortbildungsprozesse sind. Das Adjektiv KLEBRIG wurde bereits in ahd. Zeit als ahd. *klebarīg* 'festhaltend' gebildet. Grundlage für die Konstitution mit dem ahd. FM {īg} war die Ableitungsbasis ahd. *klebar* 'fest(haltend), zäh', die selbst wieder morphologisch komplex aufgebaut ist und aus einem vGM {kleb} zum Verb *klebēn* 'kleben, hängen, (fest) haften, sitzen bleiben' und einem spezifischen Suffix {ar} zu Adjektivbildungen (WILMANNS 1930: 430; PFEIFER 1989: 846; SPLETT, I.1, 1993: 465) besteht. Im Ahd. liegt somit eine zweifache Derivation *kleb-ar-īg* mit der Morphotaktik GM + FM + FM vor. Das Adjektiv unterlag im Laufe der Sprachgeschichte einzelnen Phonemwandlungen; die Abschwächung der Vokale in RM und FM zu /ə/ führte im Mhd. zur Phonotaktik *kleberic*, der Ausfall des /ə/ zur gegenwartssprachlichen Form KLEBRIG.
Eine vergleichbare Entwicklung läßt sich bei SCHLÄFRIG feststellen, zu dem das ahd. Adjektiv *slāf-ar-ag* 'schläfrig' existiert (PFEIFER 1989: 1524; SPLETT, I.2, 1993: 869). Etwas komplizierter ist die Entwicklung von SCHLÜPFRIG 'glatt, rutschig, feucht'. Das Adjektiv geht einmal auf das Verb ahd. *slipfen* '(aus)gleiten, herabgleiten, straucheln u.a.', mhd. *slipfen*, eine Intensivbildung zu ahd. *slīfan* 'gleiten, kriechen, schleifen u.a.', mhd. *slīfen* zurück. Zur Ableitungsbasis des vGM wurde im Ahd. das Adjektiv *slipfīg* 'abschüssig' gebildet, das im Mhd. als *slipfec, slipfic* erscheint. Daneben wurde – in Analogie zu den die Phonemfolge /ərik/ zeigenden Adjektiven wie mhd. *kleberic* – das Adjektiv mhd. *slipferic* gebildet, was auf die Produktivität dieses Wortbildungstypus im Mhd. verweist. Im 16. Jahrhundert erfolgt eine vokalische Angleichung an das Adjektiv mhd. *slupheric*, frühnhd. *schlüpfferig* 'glatt, zum Gleiten geeignet', das zum Verb ahd. (*int*)*sluphen* 'entkommen, entschwinden', einer Intensivbildung zu ahd. *sliofan*, mhd. *sliefen* 'gleiten, schlüpfen, sich verkriechen', gebildet wurde (PFEIFER 1989: 1540; SPLETT, I.2, 1993: 875, 878).
Mit der unterschiedlichen Herkunft des FM {rix} und der weiterhin hohen Produktivität des FM {ix} dürfte es zusammenhängen, daß das FM {rix} zwar wortgebunden und morphologisch durchsichtig existiert, aber gegenwartssprachlich keine Produktivität entfaltet hat. Unter diachronem Aspekt fallen zwei FM zu einem Suffix zusammen; der spezifische Morphemstatus eines „Interfixes“ {r} läßt sich weder so noch durch synchrone Opposition begründen.
Inhaltsseitig wird durch das FM {rix} wie durch das FM {ix} eine Neigung zu der im vGM der Ableitungsbasis signalisierten Handlungsweise ausgedrückt.

254.10 Wie das FM {ərix} ist auch das Suffix {əriš} durch eine Uminterpretation der Morphemgrenzen entstanden. Dabei dienten desubstantivische

Adjektivbildungen mit dem FM {iš} als Vorlage, die wie DICHTERISCH zu DICHTER und DARSTELLERISCH zu DARSTELLER eine Ableitungsbasis besitzen, die mit dem FM {ər} Nomina agentis zu entsprechenden vGM bildete. Bei REGNERISCH zu REGNEN (Beispiel 9) scheidet ein Nomen agentis als Ableitungsbasis aus (FLEISCHER/BARZ 1992: 259f.). Bei TRÜGERISCH 'betrügerisch, hinterlistig, irreführend' ist zwar eine Anlehnung an die Nomina agentis-Bildungen ahd. *triogāri* 'Heuchler' zu ahd. *triogan* '(be)trügen, täuschen u.a.' bzw. mhd. *triegaere, trieger* möglich (PFEIFER 1989: 1852f.; PAUL/HENNE/OBJARTEL 1992: 908), doch ist zu beachten, daß das Substantiv TRÜGER in frühnhd. Zeit veraltet und seit dem 15. Jahrhundert durch BETRÜGER ersetzt wird, so daß das erst im 16. Jahrhundert gebildete TRÜGERISCH durchaus direkt aus dem vGM des Simplex TRÜGEN abgeleitet sein kann.

254.11 Auch mit dem Suffix {ərlix} können wie bei FÜRCHTERLICH zu FÜRCHTEN auf der Ableitungsbasis vGM einige deverbative Adjektive konstituiert werden. Anders als beim FM {ərš} dienen dabei vGM, die auf die Phonemfolge /ər/ ausgehen wie HINDERN, als Vorbild. Durch eine Uminterpretation der Morphemgrenzen erscheint die Phonemfolge /ərlix/ als eigenes FM und wird als solches neben FÜRCHTERLICH auch bei WEINERLICH und LESERLICH verwendet (KLUGE 1913: 42; FLEISCHER/BARZ 1992: 262). In der inhaltsseitigen Funktionalität stimmen die durch die FM {lix} und {ərlix} signalisierten Relationen zum vGM der Abeitungsbasis nicht überein. Während durch {lix} eine Potentialität ausgedrückt wird, dominiert bei {ərlix} der inhaltsseitige Aspckt der Neigung (KLUGE 1913: 9; FLEISCHER/BARZ 1992: 262).

255.1 Die inhaltsseitigen Funktionen der FM bei deverbativen Adjektiven sind in der Tabelle 102 zusammengestellt:

Tabelle 102: Inhaltsseitige Funktionen der FM bei deverbativen Adjektiven des Typus vGM + FM

inhaltsseitige Relation zum vGM der Ableitungsbasis	FM	Beispiel
1. Potentialität	{bār}	trinkbar
	{lix}	hinderlich
2. Neigung	{haft}	naschhaft
	{ix}	findig
	{ərix}	kotzerig
	{rix}	klebrig
	{iš}	neckisch 'zu Neckereien aufgelegt'
	{əriš}	regnerisch
	{ərlix}	fürchterlich 'furchterregend'
	{zām}	folgsam

Die Tabelle 102 besteht aus drei Spalten. In der ersten Spalte wird die inhaltsseitige Relation der FM angegeben, die sie generell oder mit einem Semem zum vGM der Ableitungsbasis herstellen. In der zweiten Spalte sind die diese Funktion erfüllenden FM aufgeführt, in der dritten Spalte folgt ein bereits in der Tabelle 101 (§ 254.1) verwendetes Beispiel.

255.2 Insgesamt können zwei große Funktionsklassen, die der Potentialität und die der Neigung, nachgewiesen werden. Weitergehende inhaltsseitige Spezifizierungen je nach Kontext bzw. lexikalisch gebundene Sonderentwicklungen sind damit jedoch nicht erfaßt. Die beiden Funktionsklassen sind deutlich von den „zwei elementare[n] semantische[n] Regeln" abzuheben, auf die MOTSCH (1992c: 113) die Bildung „deverbale[r] Adjektive" zurückzuführen versucht. Während hier die Funktionsklassen aus den inhaltsseitigen Relationen der Suffixe zu den vGM der Ableitungsbasis unter Beachtung der Inhaltssseiten der neuen Worteinheit, d.h. auf der Grundlage konkreter Morphemrealisationen, ermittelt werden, geht es MOTSCH (ebd.: 109) darum, „Wortbildungsmuster auf Typen von semantischen Grundstrukturen [...], d.h. auf mögliche semantische Wortstrukturen, deren phonologisch-morphologische Realisierung offen ist", zurückzuführen. Sein Ergebnis, daß ein „Verbkonzept [...] in ein Adjektivkonzept umgeformt werden" könne, „indem das externe oder ein internes Argument des Verbkonzepts zum externen Argument eines Adjektivkonzepts umgewandelt" werde, ist entsprechend allgemein formuliert und führt zu „einer semantischen Repräsentation", die „durch bestimmte Suffixe, durch lexikalische Mittel oder durch Komposition" (ebd.: 113) realisiert werden kann.

256.1 Die Kombinationstypen aus sGM + FM und ihre Varianten bei desubstantivischen Adjektiven sind in der Tabelle 103 zusammengestellt:

Tabelle 103: Kombinationstypen aus sGM + FM und ihre Varianten bei desubstantivischen Adjektiven

morphologische Struktur Suffixbildungen	Bezug zum Simplex	morphologischer Verbindungstypus	Basisgebundenheit des FM
1. golden	Subst. Gold	sGM + FM {ən}	nur sGM
2. ledern	Subst. Leder	sGM + FM {n}	nur sGM
3. blechern	Subst. Blech	sGM + FM {ərn}	nur sGM
4. Berliner	Nomen proprium Berlin	sGM + FM {ər}	nur Np/sGM
5. dienstbar	Subst. Dienst	sGM + FM {bār}	sGM, aGM, vGM
6. glückhaft	Subst. Glück	sGM + FM {haft}	sGM, aGM, vGM
7. tierisch	Subst. Tier	sGM + FM {iš}	sGM, aGM, vGM
8. zeitlich	Subst. Zeit	sGM + FM {lix}	sGM, aGM, vGM
9. tugendsam	Subst. Tugend	sGM + FM {zām}	sGM, aGM, vGM

morphologische Struktur Suffixbildungen	Bezug zum Simplex	morphologischer Verbindungstypus	Basisgebundenheit des FM
10. staubig	Subst. Staub	sGM + FM {ix}	sGM, aGM, vGM, advGM, prGM
3a. hölzern 3b. wollen	Subst. Holz Subst. Wolle	sGM + FM {ərn} sGM + FM {n}	nur sGM nur sGM
5a. schandbar	Subst. Schande	sGM + FM {bār}	sGM, aGM, vGM
6a. heldenhaft 6b. lückenhaft 6c. geisterhaft 6d. frühlingshaft 6e. sündhaft	Subst. Held Subst. Lücke Subst. Geist Subst. Frühling Subst. Sünde	sGM + FM {haft} sGM + FM {haft} sGM + FM {haft} sGM + FM {haft} sGM + FM {haft}	sGM, aGM, vGM sGM, aGM, vGM sGM, aGM, vGM sGM, aGM, vGM sGM, aGM, vGM
7a. wölfisch 7b. schulisch 7c. teuflisch 7d. bäurisch 7e. grimmsch	Subst. Wolf Subst. Schule Subst. Teufel Subst. Bauer Np Grimm	sGM + FM {iš} sGM + FM {iš} sGM + FM {iš} sGM + FM {iš} Np/sGM + FM {š}	sGM, aGM, vGM sGM, aGM, vGM sGM, aGM, vGM sGM, aGM, vGM nur Np/sGM
8a. männlich 8b. friedlich 8c. morgendlich 8d. willentlich	Subst. Mann Subst. Friede Subst. Morgen Subst. Wille	sGM + FM {lix} sGM + FM {lix} sGM + FM {lix} sGM + FM {lix}	sGM, aGM, vGM sGM, aGM, vGM sGM, aGM, vGM sGM, aGM, vGM
10a. kräftig 10b. blumig 10c. striemig 10d. winklig 10e. schaurig 10f. hurtig	Subst. Kraft Subst. Blume Subst. Striemen Subst. Winkel Subst. Schauer Subst. mhd. *hurt* 'Stoß, Anprall, stoßendes Losrennen'	sGM + FM {ix} sGM + FM {ix} sGM + FM {ix} sGM + FM {ix} sGM + FM {ix} sPsM + FM {ix}	sGM, aGM, vGM, advGM, prGM (bei 10a-10f)

Gegenüber der Tabelle 101 (§ 254.1) bleiben die Aufbauprinzipien gleich.

256.2 Insgesamt können vier Großgruppen nach der Basisgebundenheit der FM unterschieden werden. Die erste Gruppe besteht aus FM, die ausschließlich mit sGM eine Verbindung eingehen. Die sGM der Basen bezeichnen dabei überwiegend Stoffe und Pflanzen. Das Suffix {ən} wie in GOLDEN zu GOLD signalisiert, daß das Adjektiv eine Eigenschaft des im sGM bezeichneten Stoffes oder Materials besitzt (*goldenes Haar*) bzw. das vom Adjektiv attribuierte Substantiv aus diesem Stoff oder Material (*goldene Uhr*) besteht (KÜHNHOLD/PUTZER/WELLMANN 1978: 317). Die Bildungen mit {ən} sind gegenwartssprachlich „produktiv" (FLEISCHER/BARZ 1992: 254).

256.3 Wenn das sGM der Ableitungsbasis auf die Phonemfolge /ər/ ausgeht wie bei LEDER, dann wird das Suffix {n} wie bei LEDERN (Beispiel 2) verwendet. In Analogie zu diesen Bildungen kann durch eine Uminterpretation der Morphemgrenze die Phonemfolge /ərn/ als Suffix aufgefaßt werden und wie bei BLECHERN zu BLECH (Beispiel 3) auch an sGM mit anderer Phonotaktik angefügt werden. Besitzt das sGM einen umlautfähigen Vokal, wird dieser gewöhnlich wie bei HÖLZERN zu HOLZ (Beispiel 3a) und STÄHLERN zu STAHL umgelautet. Eine generelle Regel kann jedoch nicht aufgestellt werden, wie das Adjektiv STROHERN zu STROH zeigt (PAUL 1920/1968: 89; FLEISCHER/BARZ 1992: 254).
Das Suffix {n} wird auch dann verwendet, wenn das sGM der Ableitungsbasis auf das Phonem /ə/ ausgeht wie bei WOLLEN zu WOLLE (Beispiel 3b) oder SEIDEN zu SEIDE (KÜHNHOLD/PUTZER/WELLMANN 1978: 27).
256.4 Die zweite Gruppe wird vom Suffix {ər} gebildet, das an onymische Basen antreten kann. Bei deonymischen Adjektivbildungen kommen als Ableitungsbasen Ortsnamen (BERLIN) und andere geographische Namen (HARZ in *Harzer Käse*) vor. Bei Bildungen wie BERLINER zum Nomen proprium BERLIN (Beispiel 4) in Adjektiv-Substantiv-Verbindungen wie *Berliner Mauer* liegt ein Adjektiv mit einem Suffix {ər} und dem RM {Ø} vor (so auch SUGAREWA 1974: 201, 203f.), das FLEISCHER/BARZ (1992: 239) mit Recht von den „detoponymischen substantivischen Bewohnerbezeichnungen auf *-er*“ wie in der Äußerung *die Berliner und ihre Mauer* funktional unterscheiden. Inhaltsseitig wird eine Zugehörigkeit signalisiert.
256.5 Die dritte Gruppe enthält die FM, die zu sGM, aGM und zu den schon behandelten vGM hinzutreten. Das Suffix {bā̄r} wird dabei ohne Veränderungen in der Phonotaktik des sGM der Ableitungsbasis mit diesem wie bei DIENSTBAR zu DIENST (Beispiel 5) verbunden oder das auf ein Phonem /ə/ ausgehende sGM der Basis wird vor dem Suffix {bār} um dieses Phonem reduziert wie bei SCHANDBAR zu SCHANDE (Beispiel 5a). Der Typus sGM + FM {bār} ist „kaum noch produktiv“ (FLEISCHER/BARZ 1992: 253), nach FLURY (1964: 87) kann er „praktisch als erloschen gelten.“ Mit dem FM {bār} wird in Relation zum sGM inhaltsseitig ein Zielbereich ausgedrückt (KÜHNHOLD/PUTZER/WELLMANN 1978: 277).
256.6 Das Suffix {haft} wird mit sGM verbunden, um Adjektive „mit der Grundbedeutung 'mit etwas behaftet, versehen'“ (HENZEN 1965: 208), d.h. ein Vorhandensein des vom sGM der Ableitungsbasis Bezeichneten, zu konstituieren. Bei GLÜCKHAFT 'glückbringend, -versprechend' zu GLÜCK (Beispiel 6) tritt das Suffix ohne Veränderung der Phonotatkik des sGM der Ableitungsbasis an diese an und erweitert die 'Grundbedeutung' um das semantische Merkmal des Vergleichs (KÜHNHOLD/PUTZER/WELLMANN 1978: 321, 331). Bei HELDENHAFT zu HELD (Beispiel 6a) und LÜCKENHAFT zu LÜCKE (Beispiel 6b) wird die Phonotaktik des sGM

um die Phonemfolge /ən/ bzw. das Phonem /n/ erweitert. Innerhalb der Flexionsparadigmata haben die Phonemfolge /ən/ und das Phonem /n/ den Status von RM und signalisieren die grammatische Kategorie des Numerus (vgl. *der Held, die Helden; die Lücke, die Lücken*). Da aber auch Bildungen wie SINNENHAFT zu SINN und GREISENHAFT zu GREIS vorkommen, bei denen im Flexionsparadigma kein RM {ən} zur Kennzeichnung des Plurals existiert, kann den phonotaktischen Erweiterungen der sGM der Ableitungsbasis kein Morphemstatus zugesprochen werden (KÜHNHOLD/PUTZER/WELLMANN 1978: 65).

Die Existenz von Phonemfolgen und Phonemen, die ausdrucksseitig mit Fugenmorphemen (§ 188.9 mit Tabelle 52) und Fugenzeichen (§ 188.10 mit Tabelle 53; § 203.7 mit Tabelle 70) bei Komposita übereinstimmen, ist jedoch bei den Adjektivbildungen mit dem Suffix {haft} kein Zufall. Das FM {haft} geht unter diachronem Aspekt auf ein Verbaladjektiv ahd. *haft* 'gehalten, gebunden, gefangen; (m. Gen.) schwanger (mit)' (SCHÜTZEICHEL 1995: 158) zurück, das in Bildungen wie *hanthaft* 'dienstbar' als Zweitglied von Adjektivkomposita verwendet wird (SPLETT, I.1, 1993: 366). Als aGM eines Simplex HAFT ist eine Kontinuität bis ins Mhd., vereinzelt noch bis ins Frühnhd., gegeben, ehe das GM nicht mehr zur Konstitution von Simplizia verwendet wird, seinen Morphemstatus ändert und weiterhin nur noch als FM fungiert (HENZEN 1965: 207f.; PFEIFER 1989: 627f.). Der Funktionswandel beeinflußte jedoch nicht die Phonotaktik der sGM der Ableitungsgrundlage. Daher finden sich auch noch vereinzelt andere phonotaktische Erweiterungen, die mit ehemaligen Fugenmorphemen und mit Fugenzeichen ausdrucksseitig übereinstimmen. Bei GEISTERHAFT (Beispiel 6c) zu GEIST (*der Geist, die Geister*) handelt es sich um eine /ər/-Erweiterung. Bei deadjektivischen Substantiven des Typus aGM + FM {liŋ} wie FRÜHLING und JÜNGLING erscheint bei den Verbindungen mit {haft} in FRÜHLINGSHAFT (Beispiel 6d) und JÜNGLINGSHAFT eine /s/-Erweiterung des sGM zweiten Grades der Ableitungsbasis (vgl. KÜHNHOLD/PUTZER/WELLMANN 1978: 66).

Anders als bei WOLKENHAFT zu WOLKE kann bei einzelnen auf das Phonem /ə/ ausgehenden sGM der Ableitungsbasis auch eine Reduktion um dieses Phonem wie bei SÜNDHAFT zu SÜNDE (Beispiel 6e) und NAMHAFT zu NAME festgestellt werden. Bei SCHADHAFT 'beschädigt, ramponiert' zu (*der*) SCHADEN, SCHADE handelt es sich um einen Reflex von ahd. *scadahaft* 'verderblich, schädlich, unselig' zum Substantiv ahd. *scada* 'Schaden, Unheil' (PFEIFER 1989: 1486f.; SPLETT, I.2, 1993: 827f.). Obwohl die aus den obliquen Kasus übernommene Phonotaktik für den N.S. *der Schaden* gegenwartssprachlich überwiegt (vgl. §§ 140.1-2), sollte wegen der Kontinuität der Worttradition von einer Tilgung des /ə/ des phonologischen GM-Ausgangs der Ableitungsbasis ausgegangen werden und nicht von einer /ən/-Tilgung (so aber KÜHNHOLD/PUTZER/WELLMANN 1978: 66). Auch LEBHAFT gehört nicht zu den /ən/-Tilgungen, da die Ableitungsbasis nicht der substantivierte Infinitiv *das Leben* sein dürfte, sondern das vGM des Verbs LEBEN, da bereits seit mhd. Zeit das Adjektiv *lebehaft* 'Leben habend, lebendig' neben dem substantivierten Infinitiv *daz leben* existierte (PFEIFER 1989: 986).

256.7 Das FM {iš} wird produktiv verwendet, um vor allem auf der Basis sGM, die in Simplizia Tiere und Personen bezeichnen, Adjektive zu bilden (PAUL 1920/1968: 90). Inhaltsseitig wird durch das Suffix {iš} in Relation zum sGM der Ableitungsbasis ein Vergleich ausgedrückt (KÜHNHOLD/PUTZER/WELLMANN 1978: 321, 333). Dabei tritt das Suffix einmal ohne phonotaktische Veränderungen beim sGM der Ableitungsbasis wie bei TIERISCH zu TIER (Beispiel 7) an diese an. Besitzt das sGM der Ableitungsbasis einen umlautfähigen Vokal, wird dieser überwiegend wie bei WÖLFISCH zu WOLF (Beispiel 7a) umgelautet. Insgesamt können alle sieben möglichen Umlautungen nachgewiesen werden; weitere Beispiele sind NÄRRISCH zu NARR, BÜNDISCH zu BUND, SCHWÄBISCH zu SCHWABE, HÖFISCH zu HOF, BÜBISCH zu BUBE, SÄUISCH zu SAU (FLEISCHER/BARZ 1992: 259; KÜHNHOLD/PUTZER/WELLMANN 1978: 58). Es kommen jedoch auch Ableitungen wie SCHOTTISCH zu SCHOTTE, TURNERISCH zu TURNER, MALERISCH zu MALER, SCHULISCH zu SCHULE, LAUNISCH zu LAUNE ohne Umlautung im sGM der Ableitungsbasis vor. Bei Ableitungen von sGM sekundärsprachlicher Wörter wie KLASSISCH zu KLASSE und BARBARISCH zu BARBAR fehlt generell der Umlaut (FLEISCHER/BARZ 1992: 259; KÜHNHOLD/PUTZER /WELLMANN 1978: 58).

Geht ein sGM einer Ableitungsbasis auf das Phonem /ə/ aus, wird dieses wie bei SCHULISCH zu SCHULE (Beispiel 7b) vor dem Suffix {iš} getilgt (KÜHNHOLD/PUTZER/WELLMANN 1978: 42). Wenn das sGM der Ableitungsbasis auf die Phonemfolge /əl/ endet, wird das /ə/ wie in TEUFLISCH zu TEUFEL (Beispiel 7c) getilgt. Ist die substantivische Ableitungsbasis morphologisch komplex mit dem FM {ər} gebildet, liegt also ein sGM zweiten Grades vor, erfolgt wie bei TURNERISCH zu TURNER keine Tilgung des /ə/. Eine Sonderstellung nimmt das Adjektiv BÄURISCH (Beispiel 7d) neben BÄUERISCH zu BAUER ein, bei dem in einer Variante eine /ə/-Tilgung vorkommt. Daß dabei eine fehlende Einsicht in die morphologische Durchsichtigkeit der Basis BAUER eine Rolle spielt (KÜHNHOLD /PUTZER/WELLMANN 1978: 43), ist wegen des vorhandenen Nebeneinanders mit und ohne /ə/ eher unwahrscheinlich. ISSATSCHENKO (1974: 159) setzt ein „Schwa mobile“ an, einen „'flüchtige[n]‘ Vokal“ (ebd.: 142 mit Anm. 1), der vor dem Adjektivsuffix {iš} „regelmäßig synkopiert“

werden soll, so daß sich eine morphologisch bedingte Voraussagbarkeit ergebe.
Etwas anders verhalten sich sekundärsprachliche Wörter wie ZYLINDER, das aus lat. *cylindrus* ('Walze') im 16. Jahrhundert entlehnt wurde (PFEIFER 1989: 2056). Durch die flexionsmorphologische Anpassung an die Primärsprache, d.h. den Ersatz des RM {us} durch das RM {Ø}, ergibt sich als GM <cylindr>, das zur Ausspracheerleichterung um ein <e> zu <cylinder> erweitert wurde. Bei dem im 17. Jahrhundert gebildeten ZYLINDRISCH erwies sich eine Ausspracheerleichterung als unnötig. Die Annahme einer /ə/-Tilgung setzt eine Ableitung des Adjektivs ZYLINDRISCH von der Basis ZYLINDER voraus (KÜHNHOLD/PUTZER/WELLMANN 1978: 43), die nicht vorliegt. Auch bei METRISCH zeigt sich keine /ə/-Tilgung (so aber ebd.). Zwar ist METER wie METRUM, METRIK, METRISCH auf griech. μέτρον zurückzuführen, doch die im 16. Jahrhundert entstandene Ableitung METRISCH geht auf lat. *metricus*, griech. μετρικός zurück (PFEIFER 1989: 1098f.) und nicht auf METER, so daß neben dem Austausch eines sekundärsprachlichen FM durch ein primärsprachliches keine phonotaktische Veränderung bei der Ableitungsbasis existiert.
Auch die von KÜHNHOLD/PUTZER/WELLMANN (1978: 43) aufgeführten Adjektive FLANDRISCH, NIGRISCH, ZYPRISCH, die eine /ə/-Tilgung aufweisen sollen, sind anders zu beurteilen. Bei ihnen handelt es sich nicht um direkte Ableitungen von den Ländernamen FLANDERN, NIGER und ZYPERN, sondern um solche von den Bewohnerbezeichnungen FLANDRER, NIGRER und ZYPRER. Wie bei AFRIKANER, INDIANER und MEXIKANER wird bei ihnen das Bewohnerbezeichnungen konstituierende FM {ər} durch das Adjektive konstituierenden FM {iš} ersetzt (PAUL 1920/1968: 92); eine phonotaktische Veränderung der Ableitungsbasis findet daher nicht statt.
Eine mit Nomina propria als Ableitungsbasis verbundene Besonderheit liegt bei einzelnen Familiennamen wie GRIMM und KLOPSTOCK vor, bei denen „eine Tendenz zur Verwendung von *-sch* statt *-isch* erkennbar" ist wie in den attributiven Verwendungsweisen *Grimmsche Märchen* (Beispiel 7e) und *Klopstocksche Oden* (FLEISCHER/BARZ 1992: 239).
256.8 Das Suffix {lix} „gehört mit *-ig* und *-isch* zu den wichtigsten Suffixen für die desubstantivische Adjektivderivation" (FLEISCHER/BARZ 1992: 260). Das FM {lix} kann ohne phonotaktische Veränderungen beim sGM der Ableitungsbasis an diese antreten wie bei ZEITLICH zu ZEIT (Beispiel 8). Wenn im sGM der Ableitungsbasis ein umlautfähiger Vokal vorhanden ist, wird er häufig umgelautet. In den Beispielen MÄNNLICH zu MANN (Beispiel 8a), GÖTTLICH zu GOTT, MÜTTERLICH zu MUTTER, VÄTERLICH zu VATER, KLÖSTERLICH zu KLOSTER, BRÜ-

DERLICH zu BRUDER und BRÄUTLICH zu BRAUT kommen alle sieben Umlautmöglichkeiten vor. Für alle Verwandschaftsbezeichnungen gilt bei einem umlautfähigen Vokal eine generelle Umlautregel, die vom Umlaut in den Pluralformen des jeweiligen Flexionsparadigmas beeinflußt sein könnte (KÜHNHOLD/PUTZER/WELLMANN 1978: 54). Von dieser inhaltsseitig begrenzbaren Wortgruppe abgesehen können keine generellen Regelungen formuliert werden; kein Umlaut zeigt sich bei Bildungen wie GASTLICH zu GAST, SOMMERLICH zu SOMMER, WUNDERLICH zu WUNDER, STAATLICH zu STAAT, HERZOGLICH zu HERZOG, BERUFLICH zu BERUF und FRAULICH zu FRAU (PAUL 1920/1968: 105).
Wenn das sGM der Ableitungsbasis auf /ə/ ausgeht, wird es wie bei SACHLICH zu SACHE und FRIEDLICH zu FRIEDE (Beispiel 8b) getilgt; eine Ausnahme ist EHELICH zu EHE (KÜHNHOLD/PUTZER/WELLMANN 1978: 42). Bei den Himmelsrichtungen wie NORDEN, NORD und den auf sie zurückgehenden Suffixbildungen mit {lix} wie NÖRDLICH ist nicht problemlos von einem „Abfall von *-en*" (FLEISCHER/BARZ 1992: 261; ähnlich KÜHNHOLD/PUTZER/WELLMANN 1978: 66) bei der Ableitungsbasis auszugehen, nur weil gegenwartssprachlich das Substantiv NORD besonders in der Seemanssprache und Meteorologie üblich ist. Seit ahd. Zeit existieren die Substantive ahd. *nord* 'Norden, Nordwind' und *nordan* 'Norden' nebeneinander (SPLETT, I.2, 1993: 675f.), so daß bei dem im 17. Jahrhundert gebildeten *nordlich* und dem ab dem 18. Jahrhundert üblichen umgelauteten *nördlich* auch eine Ableitung von dem sGM {nort} angenommen werden kann (PFEIFER 1989: 1176f.).
Bei einzelnen Adjektiven mit dem FM {lix} lassen sich wortgebunden weitere phonotaktische Veränderungen bei den sGM der Ableitungsbasen erkennen. So ist bei MORGENDLICH zu (*der*) MORGEN (Beispiel 8c) eine Erweiterung der Basis um das Phonem /t/ zu erkennen, wobei von einem Einfluß durch die Phonotaktik der Bildung ABENDLICH zu ABEND auszugehen ist (FLEISCHER 1982: 269; KÜHNHOLD/PUTZER/WELLMANN 1978: 66). Bei WILLENTLICH zu WILLE (Beispiel 8d) liegt eine /nt/-Erweiterung des sGM der Ableitungsbasis vor. Bei WÖCHENTLICH zu WOCHE, das im 16. Jahrhundert gebildet worden und seit dem 17. Jahrhundert üblich ist, läßt sich die Erweiterung der Ableitungsbasis im Mhd. im Nebeneinander von mhd. *wochlich, wochenlich, wochentlich* belegen (PFEIFER 1989: 1986f.). Bei NAMENTLICH zu NAME erscheinen im Mhd. die Formen *namelich* und *namenlich*, das /t/ wird seit dem 15. Jahrhundert hinzugefügt. Die Aussage, daß „das *-n-* zum Flexionsparadigma" gehöre (KÜHNHOLD/PUTZER/WELLMANN 1978: 66) ist in dieser allgemeinen Formulierung nicht geeignet, die morphologische Durchsichtigkeit zu erhöhen. Im mit dem FM {lix} verbundenen Wortbildungsprozeß hat das /n/ keinerlei flexionsmorphologische Funktion als RM; sein Vor-

handensein in substantivischen Flexionsformen kann höchstens seine Verwendung als Gleitphonem begünstigt haben.
Noch anders liegen die Verhältnisse beim Adjektiv WESENTLICH, das nicht problemlos zum Substantiv (*das*) WESEN gestellt werden kann (so aber FLEISCHER 1982: 269; FLEISCHER/BARZ 1992: 261; KÜHNHOLD/PUTZER/WELLMANN 1978: 66). Hier handelt es sich nicht um eine frühnhd. phonotaktische Erweiterung des GM einer substantivischen Ableitungsbasis, sonders es liegt eine seit dem Ahd. tradierte Ableitung zu einer Partizip I-Form ahd. *wesantlīh* 'wesentlich' des Verbs ahd. *wesan* 'sein, werden u.a.' vor (PFEIFER 1989: 1966; SPLETT, I.2, 1993: 1111f.), d.h. das /t/ ist Teil des Partizip I-Morphems {ant}, das unter Abschwächung des Vokals zu /ə/ bis zur Gegenwartssprache tradiert wurde. Die morphologische Durchsichtigkeit wird dadurch eingeschränkt, daß der Infinitiv *wesen* seit dem Frühnhd. aufgegeben wurde.
Inhaltsseitig werden durch die Relation des Suffixes {lix} zum sGM der Ableitungsbasis und durch die Einordnung des so entstandenen Adjektivs in ein syntaktisches Beziehungsgefüge verschiedene Funktionen signalisiert. So kann VÄTERLICH eine Zugehörigkeit (*väterliches Haus*), GÖTTLICH einen Ausgangsbereich (*göttliche Gnade*), SPRACHLICH einen Zielbereich (*sprachlicher Ausdruck*), MÜTTERLICH einen Vergleich (*mütterliche Freundin*), KLÖSTERLICH einen Raumbezug (*klösterlicher Garten*), SOMMERLICH einen Zeitbezug (*sommerliche Hitze*), BRIEFLICH ein Mittel (*briefliche Mitteilung*) und NACHDRÜCKLICH eine Durchführungsart (*nachdrückliche Aufforderung*) ausdrücken (dazu KÜHNHOLD/PUTZER/WELLMANN 1978: 259, 269, 276, 324, 354, 360, 367, 373).
256.9 Das Suffix {zām} wird mit sGM verbunden, um in Relation zu dieser Ableitungsbasis und durch den syntaktischen Bezug auf einen Nukleus das Vorhandensein des durch das sGM Bezeichneten zu signalisieren (HENZEN 1965: 225; FLEISCHER 1982: 278; FLEISCHER/BARZ 1992: 266). Wie bei TUGENDSAM zu TUGEND (Beispiel 9) tritt das FM {zām} ohne phonologische Veränderungen beim sGM der Ableitungsbasis an diese an.
256.10 Die vierte Gruppe besteht aus dem FM {ix}, das mit sGM, aGM, vGM, advGM und prGM eine Verbindung eingehen kann. Das Suffix {ıx} gehört „zu den produktivsten Adjektivsuffixen der deutschen Gegenwartssprache" (FLEISCHER 1982: 259). Es kann ohne phonotaktische Veränderungen beim sGM der Ableitungsbasis an diese antreten wie bei STAUBIG zu STAUB (Beispiel 10) oder BERGIG zu BERG. Wenn das sGM der Ableitungsbasis einen umlautfähigen Vokal besitzt, kommen bei allen sieben Umlautmöglichkeiten Basen mit und ohne Umlaut vor, was – von jüngeren, verschiedene Analogien zeigenden Bildungen abgesehen – damit zusammenhängt, daß im Ahd. Adjektive mit dem FM {īg} und {ag} gebildet wurden und nur im Phonem /ī/ von {īg} ein umlautbewirkender Faktor

existiert (PAUL 1920/1968: 93). Da in der Gegenwartssprache nur noch das Suffix {ix} zur Adjektivkonstitution verwendet wird, läßt sich keine Regel für die Verteilung von sGM mit und ohne Umlaut in Verbindung mit dem FM {ix} angeben. Beispiele für Ableitungen mit Umlaut im sGM der Basis sind KRÄFTIG zu KRAFT (Beispiel 10a), KÖRNIG zu KORN, FLÜCHTIG zu FLUCHT, BÄRTIG zu BART, NÖTIG zu NOT, MÜSSIG zu MUSSE, GLÄUBIG zu GLAUBE. Kein Umlaut erscheint bei den Adjektiven SANDIG zu SAND, FROSTIG zu FROST, DUFTIG zu DUFT, GRASIG zu GRAS, KOTIG zu KOT, BLUMIG zu BLUME und STAUBIG zu STAUB. Bei KRÄFTIG zeigt sich der Primärumlaut bereits im Ahd. im Adjektiv ahd. *kreftīg* 'kräftig, stark, mächtig u.a.' zu ahd. *kraft* (SPLETT, I.1, 1993: 480). Im Beispiel GRASIG ist im Ahd. in der Ableitung ahd. *grasag* 'grasreich, grasgrün' zu ahd. *gras* wegen der Verwendung des FM {ag} kein Primärumlaut vorhanden (ebd.: 321). Der Versuch, den Umlaut in der Adjektivableitung in Beziehung zum Umlaut in den Flexionsformen des Substantivs zu setzen, ergibt keine zusätzliche Systematik. So ist zwar KRÄFTIG zur Pluralform *die* KRÄFTE stellbar, doch bei DUFTIG zur Pluralform *die* DÜFTE fehlt ein Aufschlußwert (vgl. FLEISCHER/BARZ 1992: 257; KÜHNHOLD/PUTZER/WELLMANN 1978: 56f.)

Geht das sGM der Ableitungsbasis auf das Phonem /ə/ aus, wird dieses wie bei BLUMIG zu BLUME (Beispiel 10b) getilgt. Eine Tilgung erfahren auch die sGM der Ableitungsbasis, die auf die Phonemfolge /ən/ ausgehen, wie STRIEMIG zu STRIEMEN (Beispiel 10c) bzw. STIERNACKIG zu STIERNACKEN zeigen (FLEISCHER 1982: 260; KÜHNHOLD/PUTZER/WELLMANN 1978: 42).

Wenn die sGM der Ableitungsbasis auf die Phonemfolge /əl/ und /ər/ ausgehen, wird die Phonotaktik des sGM in Verbindung mit dem FM {ix} teils nicht verändert wie in HÜGELIG zu HÜGEL und FASERIG zu FASER, teils erfolgt eine Tilgung des /ə/ wie in WINKLIG zu WINKEL (Beispiel 10d) und SCHAURIG zu SCHAUER (Beispiel 10e). Bei NEBELIG, NEBLIG zu NEBEL und WÄSSERIG, WÄSSRIG zu WASSER werden sGM mit und ohne das Phonem /ə/ nebeneinander gebraucht (FLEISCHER 1982: 260; KÜHNHOLD/PUTZER/WELLMANN 1978: 43f.; DUDEN 1996: 518, 820).

Bei den Adjektiven HURTIG (Beispiel 10f) und SCHWIERIG läßt sich zwar das FM {ix} isolieren, doch die Ableitungsbasis ist nicht an andere in der Gegenwartssprache existierende morphologische Strukturen anschließbar (FLEISCHER/BARZ 1992: 257). Das Adjektiv HURTIG wurde in mhd. Zeit gebildet. Es ist eine Verkürzung von mhd. *hurteclich* 'im Hinblick auf einen Stoß, einen Anprall heftig losrennend, zum Gebrauch beim stoßenden Losrennen geeignet' zu mhd. *hurtec*; beide Bezeichungen sind zum Substantiv mhd. *hurt* 'Stoß, Anprall, stoßendes Losrennen' zu stellen, das mit dem Verzicht auf ritterliche Turniere nicht mehr verwendet wurde, während das Adjektiv HURTIG mit den Sememen 'eifrig, schnell, flink, behende' erhalten blieb (PFEIFER 1989: 719). Das Adjektiv SCHWIERIG 'kompliziert, schwer zu behandeln' geht auf ein frühnhd. Adjektiv *swiric, sweric* zurück, das eine Ableitung von mhd. Substantiv *swer(e)* 'leiblicher Schmerz, Krankheit, Geschwulst, Geschwür' ist, das als SCHWÄRE 'eiternde Beule, Geschwür' neben dem Verb SCHWÄREN 'eitern' (PFEIFER 1989: 1588) bis zur Gegenwart weiter tradiert ist. Seit dem 16. Jahrhundert entwickeln sich zu *swiric* die Sememe 'reizbar, unzufrieden, aufrührerisch' und 'leicht aufgebracht, empfindlich, schwer zu behandeln', so daß SCHWIERIG gegenwartssprachlich zu SCHWER gestellt werden kann (PFEIFER 1989: 1597). Wegen der aufgezeigten Entwicklungen ist für HURTIG der Wortbildungstypus sPsM + FM {ix} anzusetzen, und SCHWIERIG nähert sich diesem Typus an.

Die inhaltsseitige Hauptfunktion des Suffixes {ix} ist es, in Relation zum sGM der Ableitungsbasis und in Bezug auf einen substantivischen Nukleus „einen B e s i t z oder ein o r n a t i v e s M e r k m a l" der Bezugsgröße zu bezeichnen (KÜHNHOLD/PUTZER/WELLMANN 1978: 295). So ist ein *bärtiger Mann* jemand, der einen Bart hat. Neben dieser Hauptfunktion kommen auch solche Funktionen vor, die von FM wie {lix} ausgeübt werden (§ 256.8).

256.11 Die in der Tabelle 103 (§ 256.1) aufgeführten und in die Gesamtanalyse einbezogenen phonotaktischen Veränderungen der sGM beim Typus sGM + FM zur Konstitution desubstantivischer Adjektive können in der Tabelle 104 zusammenfassend systematisch dargestellt werden:

Tabelle 104: Phonotaktische Veränderungen der Ableitungsbasis bei der Konstitution desubstantivischer Adjektive durch den Typus sGM + FM

morphologische Veränderungen / Suffixe	Umlaut	Tilgungen				Erweiterungen		
		ausl. /ə/	ausl. /ən/	/ə/ in ausl. /əl/	/ə/ in ausl. /ər/	/t/	/nt/	/ən/, /n/, /ər/ und /s/
{ərn}	+							
{bār}		+						
{haft}		+						+
{iš}	+	+		+	+			
{lix}	+	+				+	+	
{ix}	+	+	+	+	+			

Die Tabelle 104 gibt auf der vertikalen Achse die einzelnen Suffixe an; auf der horizontalen Achse sind die phonotaktischen Veränderungen beim sGM der Ableitungsbasis erfaßt. Dabei wird zwischen Umlaut, Tilgungen und Erweiterungen unterschieden. Bei den Tilgungen erfolgt eine Differenzie-

rung danach, ob die auslautenden Elemente /ə/ oder /ən/ erfaßt werden oder ob eine Tilgung des /ə/ bei den Phonemfolgen /əl/ und /ər/ stattfindet. Bei den Erweiterungen werden diejenigen um /t/ und /nt/ einzeln aufgeführt, während die um /ən/, /n/, /ər/ und /s/ zusammengefaßt sind. Das Vorhandensein der entsprechenden phonotaktischen Veränderungen wird durch ein + signalisiert.
Insgesamt kommt bei den phonotaktischen Veränderungen der Umlaut und die Tilgung des auslautenden /ə/ am häufigsten vor. Die meisten phonotaktischen Veränderungen treten bei den Suffixen {iš}, {lix} und {ix} auf, was beim Umlaut mit dem einen solchen bewirkenden Phonem /i/ zusammenhängt und bei der Tilgung des /ə/ damit, daß eine unübliche Vokalabfolge /ə/ + /i/ vermieden werden soll. Deutlich wird auch die Sonderstellung des FM {haft}, denn nur in Verbindung mit ihm sind Phoneme und Phonemfolgen vorhanden, die auch bei Kompositionen der Typen sGM + sGM und sGM + aGM auftreten.

257.1 Die Kombinationstypen aus aGM + FM und ihre Varianten zur Konstitution deadjektivischer Adjektive sind der Tabelle 105 zu entnehmen:

Tabelle 105: Kombinationstypen aus aGM + FM und ihre Varianten bei deadjektivischen Adjektiven

morphologische Struktur Suffixbildungen	Bezug zum Simplex	morphologischer Verbindungstypus	Basisgebundenheit des FM
1. hellicht	Adj. hell	aGM + FM {lixt}	nur aGM
2. dreifach	Adj. drei	aGM + FM {fax}	nur aGM, aSM
3. dreißiger	Adj. dreißig	aGM + FM {ər}	nur aGM 2. Grades
4. offenbar	Adj. offen	aGM + FM {bār}	aGM, vGM, sGM
5. krankhaft	Adj. krank	aGM + FM {haft}	aGM, vGM, sGM
6. linkisch	Adj. link	aGM + FM {iš}	aGM, vGM, sGM
7. kleinlich	Adj. klein	aGM + FM {lix}	aGM, vGM, sGM
8. sattsam	Adj. satt	aGM + FM {zām}	aGM, vGM, sGM
9. kundig	präd. Adj. kund	aGM + FM {ix}	aGM, vGM, sGM, advGM, prGM
7a. ärmlich	Adj. arm	aGM + FM {lix}	aGM, vGM, sGM
7b. gräßlich	Adj. mhd. *graz*, nhd. *graß* 'wütend, zornig'	aPsM + FM {lix}	aGM, vGM, sGM
9a. völlig	Adj. voll	aGM + FM {ix}	aGM, vGM, sGM, advGM, prGM
9b. niedrig	Adj. nieder	aGM + FM {ix}	(bei 9a, b)

In ihren Aufbauprinzipien entspricht die Tabelle 105 den Tabellen 101 (§ 254.1) und 103 (§ 256.1)

257.2 Auf der Grundlage der Basisgebundenheit der FM können fünf Gruppen von Adjektivbildungen unterschieden werden. Die erste Gruppe besteht aus dem FM {lixt}, das wie bei HELLICHT zu HELL (Beispiel 1) und GELBLICHT zu GELB nur in Verbindung mit aGM vorkommt. Die Anzahl der Adjektive ist beschränkt, und alle Adjektive sind mehr oder weniger veraltet. Inhaltsseitig kennzeichnet das FM {lixt} in Relation zum aGM eine „Ähnlichkeit in Gestalt, Farbe, Geschmack" (WILMANNS 1930: 469), d.h. es wirkt graduierend. Unter diachronem Aspekt besteht ein Zusammenhang mit den FM {loxt} und {lεxt}, die selbst wieder /l/-Erweiterungen der FM {oxt} und {εxt} sind (ebd.: 469; HENZEN 1965: 200; PAUL 1920/1968: 106 Anm. 4). Zu GELBLICHT, GELBLICH 'leicht gelb, ins Gelbe spielend' findet sich im Mhd. die Ableitung *gelbloht*, im Frühnhd. erscheint im 16. Jahrhundert *gelblicht*, das wegen der anderen Ableitungen mit dem eine andere historische Herkunft besitzenden FM {lix} zum Neuhochdeutschen hin das auslautende /t/ aufgibt (vgl. PFEIFER 1989: 528). Das Adjetkiv GELBLICHT wird noch von Schiller gebraucht (PAUL 1920/1968: 106 Anm. 4).

257.3 Das FM {fax} bildet die zweite Gruppe. Es wird einmal mit aGM von Kardinalzahlen wie DREIFACH zu DREI (Beispiel 2) verbunden und geht auch eine Verbindung mit dem aSM {mēr} in MEHRFACH ein (FLEISCHER/BARZ 1992: 255). Inhaltsseitig unterstreicht das FM {fax} die bereits im aGM bzw. aSM enthaltene kollektivierende Funktion (HENZEN 1965: 81).

257.4 Auch die dritte Gruppe besteht nur aus einem einzigen FM, dem Suffix {ər}, das an aGM antritt (FLEISCHER/BARZ 1992: 255). Wie beim FM {fax} besteht die adjektivische Ableitungsbasis aus Kardinalzahlen, die aber im Gegensatz zu den Basen der {fax}-Ableitungen wie bei DREISSIGER zu DREISSIG (Beispiel 3) selbst wieder abgeleitet sind (PFEIFER 1989: 305, 2029), so daß als Ableitungsbasis für die {ər}-Bildungen aGM zweiten Grades vorliegen.

257.5 Die vierte Gruppe ist wesentlich umfangreicher. Sie enthält die FM, die mit aGM, vGM und sGM eine Verbindung eingehen können. Mit dem Suffix {bār} konstituierte deadjektivische Adjektive sind selten, der Typus ist unproduktiv (FLURY 1964: 87). Als in der Gegenwartssprache noch allgemein üblich kann nur das Adjektiv OFFENBAR 'klar ersichtlich, eindeutig' zum aGM des Adjektivs OFFEN 'nicht verschlossen, nicht bedeckt' (Beispiel 4) angesehen werden, das seit ahd. Zeit von ahd. *offenbāri* 'feierlich, augenscheinlich' über mhd. *offenbaere, offenbār* bis zur Gegenwartssprache tradiert ist (FLEISCHER 1982: 253; FLEISCHER/BARZ 1992: 253; PFEIFER 1989: 1193f.). Auch das Adjektiv SONDERBAR gehört zu diesem Wortbildungstypus, doch ist die morphologische Durchsichtigkeit dadurch beeinträchtigt, daß das die Ableitungsbasis bildende

Adjektiv <sonder> seit dem 18. Jahrhundert nicht mehr verwendet und durch das Adjektiv BESONDERER, BESONDERE, BESONDERES ersetzt wird (PFEIFER 1989: 1652). Allerdings reichen die übrigen mit {zondər} gebildete Wörter wie SONDERLING, SONDERN, ABSONDERN aus, den GM-Status des Morphems zu sichern, lediglich die Fixierung als aGM ist unter diachronem Aspekt vorzunehmen.
257.6 Wie die Bildungen mit dem Suffix {bār} sind auch die mit dem FM {haft} auf der Grundlage aGM in der Gegenwartssprache selten und nicht mehr produktiv. Zu diesem Wortbildungstypus gehören die Adjektive KRANKHAFT zu KRANK (Beispiel 5) und BOSHAFT zu BÖSE, bei denen das Suffix {haft} in Relation zum aGM eine Neigung zu der in der Ableitungsbasis bezeichneten Eigenschaft ausdrückt (FLEISCHER/BARZ 1992: 256). Das Adjektiv KRANKHAFT wurde erst im 17. Jahrhundert mit dem Semem 'von einer Krankheit herrührend' gebildet, im 19. Jahrhundert kam das Semem 'wie eine Krankheit sich äußernd', d.h. eine Verwendung mit übertragener Bedeutung, hinzu (PFEIFER 1989: 923). Vor diesem historischen Hintergrund ist es unwahrscheinlich, statt von einer Ableitung zu einem aGM von einer solchen zu einem sGM, mhd. *der kranc*, auszugehen (so WILMANNS 1930: 503). Bei BOSHAFT 'hinterlistig, schlecht', das im 16. Jahrhundert gebildet wurde, und dem schon im 15. Jahrhundert erscheinenden *boshaftig* (PFEIFER 1989: 203) ist aufgrund der seit ahd. Zeit tradierten Belege (SPLETT, I.1, 1993: 89) sowohl eine Zuordnung zu einem aGM als auch eine solche zu einem sGM möglich, das nach WILMANNS (1930: 503) in md. *(der) bōs* 'Bosheit' vorliegt. Da bei dem Adjektiv WAHRHAFT zu WAHR, das seit ahd. Zeit eine sprachliche Kontinuität als ahd. *wārhaft* 'wahr, auf Wahrheit beruhend, wirklich; wahrhaft(ig), ehrlich' besitzt, aufgrund aller vorhandenen FM und Wortbildungstypen eher eine Ableitung vom aGM der Basis ahd. *wār* 'wahr, wirklich, richtig u.a.' als eine solche zum sGM der Basis ahd. *wār* 'Wahrheit, das Wahre' anzusetzen ist (SPLETT, I.2, 1993: 1063-1065), sollte weder für WAHRHAFT noch für BOSHAFT von „substantivischen Adjectiven (Adjectiv-Abstractis)" (WILMANNS 1930: 503) ausgegangen werden.
257.7 Das FM {iš} wird mit primär- und sekundärsprachlichen adjektivischen Ableitungsbasen verbunden. Als einziges Adjektiv mit einer primärsprachlichen Basis kommt LINKISCH 'unbeholfen, ungeschickt' zu LINKER, LINKE, LINKES (Beispiel 6) vor, das seit dem 15. Jahrhundert neben *linkes, linkiß* tradiert ist (PFEIFER 1989: 1021f.).
Bei den auf sekundärsprachlichen Basen beruhenden Bildungen wie ANTIKISCH, AUTARKISCH, GENIALISCH, PRÄDIKATIVISCH hat das primärsprachliche FM {iš} die Funktion, die neugebildeten Adjektive stärker in das morphologische System der Primärsprache zu integrieren (FLEI-

SCHER 1982: 267; FLEISCHER/BARZ 1992: 260; KÜHNHOLD/PUTZER/WELLMANN 1978: 409).

257.8 Im Gegensatz zu allen bisher behandelten FM wird das Suffix {lix} in größerem Umfang zur Konstitution deadjektivischer Adjektive verwendet. In Bildungen wie KLEINLICH zu KLEIN (Beispiel 7) signalisiert das FM {lix} in Relation zum aGM der Ableitungsbasis und in attributivem Bezug auf eine Personenbezeichnung als Nukleus eine Neigung zu der durch das aGM ausgedrückten Eigenschaft. Wenn aGM von Farbadjektiven die Ableitungsbasis bilden, dann wird wie bei GRÜNLICH zu GRÜN eine Graduierung der im aGM der Basis bezeichneten Farbe gekennzeichnet (FLEISCHER 1982: 272; FLEISCHER/BARZ 1992: 263; WILMANNS 1930: 482; KÜHNHOLD/PUTZER/WELLMANN 1978: 413).

Wenn in den aGM der Ableitungsbasis ein umlautfähiger Vokal vorkommt, dann erscheint überwiegend der Umlaut vor dem Suffix {lix}. Beispiele sind ÄRMLICH zu ARM (Beispiel 7a), SCHWÄRZLICH zu SCHWARZ, DÜMMLICH zu DUMM, GRÄMLICH zu GRAM, FRÖHLICH zu FROH, RÖTLICH zu ROT, GÜTLICH zu GUT, SÄUERLICH zu SAUER und BRÄUNLICH zu BRAUN. Gelegentlich fehlt eine Umlautung wie bei RUNDLICH zu RUND und FAULIG zu FAUL.

Eine gegenwartssprachlich nicht mehr morphologisch völlig durchsichtige Struktur ist bei den Adjektiven GRÄSSLICH und LIEDERLICH vorhanden (WILMANNS 1930: 488). Zwar ist das FM {lix} abgrenzbar, doch kann die Basis gegenwartssprachlich nicht näher spezifiziert werden. Bei GRÄSSLICH 'abscheulich, schrecklich, sehr schlimm' (Beispiel 7b), das im 14. Jahrhundert von mnd. *grēselīk* 'schaudererregend, gräßlich' ins mittel- und oberdeutsche Sprachgebiet übernommen wird, erfolgt fälschlicherweise eine Zuordnung zu ahd. *graz-līhho* 'gründlich', mhd. *graz*, nhd. *graß* 'wütend, zornig', obwohl mnd. *grēselīk* mit ahd. *grīsantlīh* 'furchtbar' zu einem nicht tradierten Verb *grīsan* '(mit den Zähnen) knirschen' verwandt ist (PFEIFER 1989: 597; SPLETT I.1, 1993: 322, 328). Aufgrund der gegenwartssprachlich fehlenden morphologischen Anschließbarkeit und der in der Sprachentwicklung von den Kommunikationspartnern vorgenommenen Zuordnung zu *graß* wird hier ein aPsM als Ableitungsbasis angesetzt.

LIEDERLICH 'unordentlich, leichtfertig, ausschweifend' geht auf spätmhd. *liederlich* 'leicht und zierlich in Wuchs und Bewegung', frühnhd. *liederlich* 'leicht, geringfügig, unwichtig; leichtfertig, ausschweifend' zurück. Das GM {līdər} ist mit dem GM {lotər} verwandt, das in *verlottern, Lotterbube, Lotterbett* gegenwartssprachlich vorkommt (PFEIFER 1989: 1016, 1033). Da {lotər} auf ein aGM in ahd. *lotar* 'nichtig, unnütz' zurückzuführen ist (SPLETT, I.1, 1993: 564), ist auch für LIEDERLICH eine ehemals adjektivische Ableitungsbasis anzusetzen. Wie bei GRÄSSLICH liegt somit der morphologische Verbindungstypus aPsM + FM {lix} vor.

Eine weitere Besonderheit ist beim Adjektiv MISSLICH 'unangenehm, unerfreulich, heikel' vorhanden. Bei ihm handelt es sich nicht um eine Wortneukonstitution aus Präfix und Suffix, sondern um eine Wortbildung mit dem Typus aGM + FM. Diese Wortkonstitution fand bereits im Ahd. statt, als MISSI 'verschieden, unterschiedlich' noch als Adjektiv existierte. Auf der Grundlage des aGM wurde mit dem FM {līx} ein weiteres Adjektiv ahd. *missilīh* 'verschieden(artig), ungleich u.a.' gebildet (SPLETT, I.2, 1993: 628), das bis in die Gegenwartssprache tradiert wurde, während *missi* als Simplex unterging und als Präfix seinen Morphemstatus veränderte. Für ROS (1980: 127) ist diese Bildung trotz und vielleicht sogar wegen ihrer Ausnahmestellung eine Grundlage, um für <miß> eine „Grundsemantik", ein „Konstituierungssem", zu ermitteln und dieses mit 'unangenehm, unerfreulich' anzugeben.

257.9 Mit dem Suffix {zām} werden auf der Ableitungsbasis von aGM nur wenige neue Adjektive gebildet; der Wortbildungstypus ist gegenwartssprachlich nicht produktiv. Bei den Adjektiven SATTSAM zu SATT (Beispiel 8) und GEMEINSAM zu GEMEIN tritt das FM {zām} ohne Veränderungen der Ableitungsbasis, des aGM bzw. des aGM zweiten Grades, an diese an.

Eine Sonderstellung nimmt das Adjektiv SELTSAM ein, das unter rein gegenwartssprachlichen Aspekten als eine Ableitung mit dem FM {zām} zum aGM des Adjektivs SELTEN unter Tilgung der auslautenden Phonemfolge /ən/ angesehen werden könnte (FLEISCHER 1982: 278; FLEISCHER/BARZ 1992: 266). Unter diachronem Aspekt liegt jedoch im Ahd. ein Kompositum des Typus aGM + aGM vor. Das Kompositum ahd. *selt-sā-ni* 'wunderbar, ungewöhnlich, staunenerregend, fremd; selten' (SPLETT, I.2, 1993: 800) besteht erstens aus dem aGM <selt> zum Adjektiv ahd. *selt-an* 'selten', und zweitens aus einem aGM zweiten Grades <sāni>, das aus dem vGM <sā> zum Verb *sehan* und einem schon im Ahd. nicht mehr produktiven Suffix <ni> zur Konstitution von Adjektiven (WILMANNS 1930: 437) gebildet ist. Schon im Mhd. erfolgte durch das Nebeneinander der Formen *seltsaene, seltsaeme, seltsān, seltsam* eine „Umbildung" (PAUL 1920/1968: 101) und damit eine phonotaktische Anpassung des zweiten Kompositionsgliedes an das Morphem <sam>, das seit ahd. Zeit in Verbindung mit vGM, sGM und aGM zur Konstitution von Adjektiven verwendet wird (HENZEN 1965: 205f.).

Beim Adjektiv UNLIEBSAM ist die negierte Bildung in der Gegenwartssprache noch gebräuchlich, während die Basis <liebsam>, die aus einem aGM und dem FM {zām} besteht (§ 252.5), veraltet, aber noch von Heine verwendet wird (PAUL 1920/1968: 101f.).

257.10 Wie mit dem Suffix {zām} werden auch mit dem Suffix {ix} auf der Ableitungsgrundlage aGM nur wenige Adjektive gebildet; der Typus ist unproduktiv (FLEISCHER 1982: 262; FLEISCHER/BARZ 1992: 258). Bei KUNDIG zu KUND (Beispiel 9) kommt das aGM der Ableitungsbasis im Simplex KUND nur noch in prädikativer Verwendungsweise (*es wurde ihm kund*) vor. Bei VÖLLIG zu VOLL (Beispiel 9a) ist der umlautfähige Vokal des aGM der Ableitungsbasis umgelautet; bei NIEDRIG zu NIEDER (Beispiel 9b) wird die Phonotaktik der Ableitungsbasis um das Phonem /ə/ reduziert.

258.1 Deadverbielle Adjektivkonstruktionen sind selten und – bis auf SÄMTLICH, eine gerade noch morphologisch durchsichtige Bildung mit dem FM {lix} (§ 258.2) – auf den Typus advGM + FM {ix} beschränkt, der jedoch produktiv ist (FLEISCHER 1982: 262; FLEISCHER/BARZ 1992: 258). Beispiele sind BALDIG zu BALD, DORTIG zu DORT, WOHLIG zu WOHL, bei denen das FM {ix} ohne phonotaktische Veränderungen der advGM der Ableitungsbasis an diese antritt. Dies gilt auch, wenn die Ableitungsbasis morphologisch komplex ist und wie bei SOFORTIG zu SOFORT aus zwei advGM (§§ 218.1-2), bei EINSTIG zu EINST aus aGM + FM (SPLETT, I.1, 1993: 174), bei ALLEINIG zu ALLEIN aus einem Kompositum zweier aGM (PFEIFER 1989: 36) bzw. bei NACHHERIG zu NACHHER aus dem Kompositionstyp pGM + advGM (§§ 217.1, 217.3) besteht.

Bei Adverbien, die mit dem FM {s} gebildet wurden, wird dieses durch das FM {ix} ersetzt, wenn auf der Grundlage advGM verschiedenen Grades neue Adjektive wie bei DAMALIG zu DAMALS, ABSEITIG zu ABSEITS und RÜCKWÄRTIG zu RÜCKWÄRTS geschaffen werden.

Andere phonotaktische Veränderungen der advGM der Ableitungsbasis treten vor dem FM {ix} vereinzelt auf. So wird bei OBIG zu OBEN das /ən/ des advGM getilgt, bei ÜBRIG zu ÜBER erfolgt eine Tilgung des /ə/ in der auslautenden Phonemfolge /ər/. Das Adjektiv GESTRIG ist zwar zu GESTERN zu stellen, doch ist es nicht direkt von ihm abgeleitet. Bereits im Ahd. wurde zum Adverb ahd. *gestare* 'gestern' ein Adjektiv *gestarīg* 'gestrīg' gebildet (SPLETT, I.1, 1993: 301f.), das die Vokalabschwächung des /a/ zu /ə/ und schließlich die Synkope des /ə/ mitmachte und so zur Phonotaktik des GM /gɛstr/ führte. Noch anders liegen die Verhältnisse bei HIESIG zu HIER. Das Adverb HIER wird seit ahd. Zeit tradiert (ahd. *hier*) und hatte im Mhd. zwei Formen, mhd. *hier* vor vokalisch anlautendem Folgewort und mhd. *hie*, von denen sich im Nhd. die Form HIER durchsetzte. Zur Basis <hie> wurde im 15. Jahrhundert das Adjektiv *hieig* gebildet, das im 16. Jahrhundert zwischen den beiden Vokalen einen Einschub des Phonems /z/, graphisch <s>, zur Ausspracheerleichterung erhielt und bis zur Gegenwartssprache beibehielt (PFEIFER 1987: 687).

258.2 Eine Sonderstellung nimmt das unbestimmte Zahladjektiv (HELBIG/BUSCHA 1994: 336) SÄMTLICH 'alle, ohne Ausnahme' ein (FLEISCHER

1982: 273; FLEISCHER/BARZ 1992: 263), dessen morphologische Struktur durch den Vergleich mit der festen Wendung *samt und sonders* (*Sie kamen samt und sonders.*) und mit dem Kompositum ALLESAMT 'alle miteinander, alle zusammen', einem im Schweizerischen gebräuchlichen Adverb (WAHRIG 1977: 335), noch durchsichtig gemacht werden kann (PFEIFER 1989: 1473). Als Ableitungsbasis von SÄMTLICH ist ein advGM {zamt} zu erkennen, dessen Vokal vor dem FM {lix} umgelautet wird.
Ebenfalls hierhin gehört das Adjektiv WIDERLICH 'ungünstig, schlecht, unangenehm, abstoßend', dessen Basis nur unter diachronem Aspekt auf ein advGM zurückgeführt werden kann (WILMANNS 1930: 488); gegenwartssprachlich kommt das advGM {vi̅dər} in einem Simplex nicht mehr vor (PFEIFER 1989: 1971f.).

258.3 Das von FLEISCHER/BARZ (1992: 266) ebenfalls unter den deadverbiellen Adjektiven behandelte GENUGSAM 'genügend, vollauf' ist im Vergleich zum umgelauteten Adjektiv GENÜGSAM 'leicht zu befriedigen, anspruchslos' gegenwartssprachlich veraltet (WAHRIG 1977: 1461). Beide Wortbildungen haben als Ableitungsbasis jedoch nicht ein advGM, sondern ein aGM. Im pränuklearen attributiven Gebrauch (*genug Geld, Spaß, Hitze*) wird das Adjektiv GENUG gegenwartssprachlich mit dem RM {Ø} verwendet; unter diachronem Aspekt handelt es sich um eine flexionsmorphologisch erstarrte, ehemals nur neutrale Form (PFEIFER 1989: 540f.).

258.4 Bei der von FLEISCHER/BARZ (1992: 260) aufgeführten Bildung HINTERRÜCKISCH (*hinterrückische Dame*) ist eine Zuordnung zum komplexen Adverb HINTERRÜCKS vorzunehmen, doch handelt es sich um eine ad hoc-Bildung, die zwar die potentiellen Übertragungsmöglichkeiten der hier behandelten Wortbildungsprinzipien zeigt, aber den Ansatz eines eigenen Typus advGM zweiten Grades + FM {iš} noch nicht rechtfertigt.

259 Auf der Basis von prGM werden Adjektive nur in Ansätzen konstituiert; ein produktiver Wortbildungstypus existiert gegenwartssprachlich nicht. KÜHNHOLD/PUTZER/WELLMANN (1978: 420) weisen auf die vereinzelte Bildung ICHHAFT (*ichhafte Lyrik*) hin. FLEISCHER (1982: 268) gibt die Bildung SELBSTISCH 'egoistisch' an, schließt aber nicht aus, daß die Ableitungsbasis auch zu einem Substantiv (*das*) *SELBST* gestellt werden könne, während PAUL/HENNE/OBJARTEL (1992: 791) an eine Lehnübersetzung von englisch *selfish* denken.
Die von KÜHNHOLD/PUTZER/WELLMANN (1978: 419f.) zu prGM von Possessiva und Demonstrativa zusammengestellten und als pronominale Adjektive interpretierten {ix}-Bildungen wie SEINIG und DERJENIGE, DIEJENIGE, DASJENIGE führen nicht zu einem Wortartwechsel von Pronomen zu Adjektiven, sondern lediglich zu einer Erweiterung der attri-

butiven Funktion dieser Pronomina, so daß sie bei der Derivation von Pronomina (§ 267) behandelt werden.

260 Von den insgesamt 16 primärsprachlichen Suffixen zur Konstitution von Adjektiven in der Gegenwartssprache kommt nur das FM {ix} bei Basen vor, die aus vier verschiedenen Wortarten stammen. Fünf Suffixe werden mit Basen aus drei Wortarten verbunden. Die überwiegende Anzahl der Suffixe ist nur mit Basen einer einzigen Wortart gekoppelt. Einmal liegt zwar bei {ər} dieselbe Ausdrucksseite eines FM vor, doch tritt sie an GM verschiedener Wortarten, an ein Np/sGM (*Berliner*) und an ein aGM zweiten Grades (*dreißiger*) an, so daß sie durch diese Zuordnungen differenziert werden können.

Die basisspezifischen FM sind in der Tabelle 106 zusammengestellt:

Tabelle 106: Basisspezifische FM zur Konstitution von Adjektiven

morphologische Struktur Beispiele	Wortart des GM der Basis	FM
1. kotzerig	vGM	{ərix}
2. klebrig	vGM	{rix}
3. regnerisch	vGM	{əriš}
4. fürchterlich	vGM	{ərlix}
5. golden	sGM	{ən}
6. ledern	sGM	{n}
7. blechern	sGM	{ərn}
8. Berliner	Np/sGM	{ər}
9. hellicht	aGM	{lixt}
10. dreifach	aGM, aSM	{fax}
11. dreißiger	aGM 2. Grades	{ər}
12. dortig	advGM	{ix}

Dic Aufbauprinzipien der Tabelle 106 entsprechen denjenigen der Tabelle 94 (§ 247).

261 Die 16 primärsprachlichen Suffixe zur Bildung von Adjektiven zeigen in der Gegenwartssprache unterschiedliche Grade der Produktivität. Nach denselben Prinzipien wie in der Tabelle 95 (§ 248) sind die vorhandenen Angaben zur Produktivität in der Tabelle 107 zusammengestellt:

Tabelle 107: Grade der Produktivität der FM zur Konstitution von Adjektiven

Produktivitätsgrade FM	sehr produktiv	produktiv	wenig bis eingeschränkt produktiv	morphologisch durchsichtig, aber unproduktiv
1. {bār}	vGM			sGM, aGM
2. {ən}		sGM		
3. {ər}		Np/sGM	aGM 2. Grades	
4. {ərix}				vGM
5. {əriš}				vGM
6. {ərlix}				vGM
7. {ərn}				sGM
8. {fax}		aGM		
9. {haft}		sGM	vGM	aGM
10. {ix}	vGM, sGM, aGM	advGM		
11. {iš}		sGM, aGM	vGM	
12. {lix}	sGM, aGM		vGM	
13. {lixt}				aGM
14. {n}			sGM	
15. {rix}				vGM
16. {zām}			vGM, sGM	aGM

Als sehr produktiv erweisen sich bei den angeführten Basen nur drei FM. Dabei nimmt das Suffix {ix} eine Sonderstellung ein, weil es in Verbindung mit drei von verschiedenen Wortarten stammenden Ableitungsbasen sehr produktiv ist. Denselben Produktivitätsgrad besitzt das FM {lix} bei sGM und aGM; das FM {bār} ist nur bei vGM sehr produktiv. Bei sechs Suffixen und entsprechenden Basen ist eine produktive Verwendungsweise vorhanden; ebenfalls bei sechs Suffixen liegt wenig bis eingeschränkte Produktivität vor. Bei neun Suffixen und ihren Ableitungsbasen sind die Typen zur Adjektivkonstitution zwar noch morphologisch durchsichtig, aber unproduktiv. Ausschließlich unproduktiv sind die Suffixe {ərix}, {əriš}, {ərlix}, {ərn}, {lixt} und {rix}.

262.1 Neben den primärsprachlichen Präfixen und Suffixen werden auch sekundärsprachliche zur Konstitution von Adjektiven verwendet. Wie bei den Substantivbildungen (§ 249.1) wird ein Überblick gegeben, ohne den Anspruch auf Vollständigkeit zu erheben. Die wichtigsten sekundärsprachlichen Präfixe und ihre inhaltsseitigen Funktionen sind in der Tabelle 108 zusammengestellt:

Tabelle 108: Sekundärsprachliche Präfixe (Auswahl) zur Konstitution von Adjektiven und ihre inhaltsseitigen Funktionen

Funktion Präfixe	Beispiel	Art der Modifikation bzw. semantisches Merkmal
1. a-	amusisch	Negation
2. an-	anorganisch	Negation
3. anti-	antiseptisch	Negation
4. de-	dezentral	Ausgrenzung
5. des-	despotisch	Negation
6. dis-	disproportional	Negation
7. ex-	exterritorial	Ausgrenzung
8. in-	inaktiv	Negation
9. il-	illegal	Negation
10. im-	immateriell	Negation
11. ko-	koexistent	Beteiligung
12. kor-	korrelativ	Beziehung, wechselseitig
13. kol-	kollateral	Beziehung, seitlich
14. kon-	konkordant	Beziehung, übereinstimmend
15. kom-	komparabel	Beziehung, übereinstimmend
16. prä-	pränatal	vorausgehend
17. pro-	progressiv	vorangehend
18. re-	reproduktiv	wiederholend

262.2 Wie bei den Substantiven (§§ 249.2f.) werden durch die sekundärsprachlichen Präfixe vor allem die Negationsmöglichkeiten ausgebaut (FLEISCHER/BARZ 1992: 273). Zusätzlich werden die Beziehungsmöglichkeiten erweitert. Insgesamt stimmen die Modifikationsarten bei Substantiven und Adjektiven weitgehend überein. Gegenüber den Adjektivkonstitutionen mit primärsprachlichen Präfixen (§ 253.1 mit Tabelle 99) erfolgt eine Ausweitung der inhaltsseitigen Funktionen.

262.3 Die wichtigsten sekundärsprachlichen Suffixe, die zur Bildung von Adjektiven herangezogen werden, sind in der Tabelle 109 zusammengefaßt:

Tabelle 109: Sekundärsprachliche Suffixe (Auswahl) zur Konstitution von Adjektiven und ihre inhaltsseitigen Funktionen

inhaltsseitige Relationen zum GM der Ableitungsbasis	FM	Ableitungsbasis	Beispiele
1. Potentialität	-abel -ibel	v, s v	diskutabel, komfortabel disponibel
2. Neigung	-ant -ent	v, s s	tolerant, interessant intelligent

inhaltsseitige Relationen zum GM der Ableitungsbasis	FM	Ableitungsbasis	Beispiele
3. Relationalität, in der Art von	-al	s	formal
	-ar	s	molekular
	-är	s	regulär
	-ell	s	materiell
	-iell	s	finanziell
	-uell	s	aktuell
	-esk	s	balladesk
	-iv	s	effektiv
	-oid	s	faschistoid
	-ös	s	religiös
	-iös	s	infektiös

In der Tabelle 109 sind Aufbauprinzipien der Tabellen 97 (§ 249.4) und 102 (§ 255.1) miteinander verbunden.

262.4 Die sekundärsprachlichen Suffixe kommen fast nur in Verbindung mit sekundärsprachlichen Ableitungsbasen vor. Allerdings findet eine morphologische Integration in das System der Primärsprache allein dadurch statt, daß sie in attributiver pränuklearer Position mit den primärsprachlichen RM gebraucht werden. Eine weitere Form morphologischer Integration besteht darin, daß sie als neue morphologische Strukturen, als GM zweiten Grades, ,,with native semi-prefixes or prefixoids such as hoch : hochindustriell, hochinteressant, hochmolekular, hochneutral" (RUSS 1986: 10; zum Morphemtypus § 212.2) zur Konstitution neuer Wörter verwendet werden. Als Basen fungieren ausschließlich vGM und sGM (FLEISCHER/ BARZ 1992: 267-269). Bilden sekundärsprachliche vGM die Ableitungsbasis, werden – wie bei primärsprachlichen FM (§ 255.1) – durch die sekundärsprachlichen FM in Relation zur Basis vor allem die inhaltsseitigen Funktionen der Potentialität und Neigung ausgedrückt. Treten sGM als Basen auf, signalisieren die sekundärsprachlichen FM im Vergleich zur Basis vor allem eine Relationalität, sie drücken aus, daß etwas in der Art der Basis vorkommt.

262.5 Eine Sonderstellung nimmt das Suffix {lai} ein, das im Mhd. entlehnt wurde und auf afranz. *loi, lei* 'Art', ein Substantiv, und weiter auf das Vulgärlatein oder Mittellatein zurückgeht (ÖHMANN 1969: 447). Im Mhd. wird afranz. *loi, lei* zunächst als Substantiv in den Ausdrucksseiten mhd. *lei(e), leige, leije* 'Art (und Weise), Weg' übernommen. Syntaktisch wird mit dem substantivischen Nukleus ein pränukleares Genitiv-Attribut von Zahladjektiven wie mhd. *drīer leie* und Pronomina wie mhd. *aller lei, deheiner lei, der lei* verbunden. Von dieser syntaktischen Struktur aus entwickelt sich {lai} seit der frühnhd. Zeit, in der das Substantiv als Simplex nicht mehr verwendet wird, zum Suffix (PFEIFER 1989: 994f.). Das FM {lai} wird verwendet, um auf der Ableitungsbasis von aGM, aSM und prGM Adjektive zu konstituieren. Bei DREIERLEI zu DREI wird das aGM der Kardinalzahl vor dem FM {lai} um die Phonemfolge /ər/ erweitert. Dies gilt auch, wenn wie bei MEHRERLEI zu MEHR ein aSM die Ableitungsbasis bildet. Auch bei einem aGM, das auf eine Partizip II-Form zurückgeht, wird wie bei VERSCHIEDENERLEI zu VERSCHIEDEN eine Erweiterung der Phonotaktik der Ableitungsbasis um die Phonemfolge /ər/ vorgenommen. Dieselbe phonotaktische Erweiterung liegt vor, wenn ein prGM die Ableitungsbasis bildet wie bei JEDERLEI zu JEDER, JEDE, JEDES bzw. KEINERLEI zu KEINER, KEINE, KEINES (FLEISCHER/BARZ 1992: 287). Die Sonderstellung der mit dem Suffix {lai} gebildeten Adjektive beruht darauf, daß sie in attributiver pränuklearer Position mit einem substantivischen Nukleus nicht flektiert werden (*dreierlei, mehrerlei, verschiedenerlei Früchte; jederlei, keinerlei Aufmerksamkeit*).

4.2.4 Derivationstypen bei Adverbien

263 Anders als bei den bisher behandelten Derivationstypen der Substantive und Adjektive kommen bei den Adverbien keine Präfixe vor, die auf der Basis von GM verschiedener Wortarten Adverbien konstituieren. Nach FLEISCHER/BARZ (1992: 288) „läßt sich die Adverbialisierung der Superlativformen mit Hilfe von *zu*-“ wie bei ZUTIEFST am ehesten „als Präfigierung qualifizieren“. Da kein eindeutig als Präfix klassifizierbares Morphem existiert und wegen der Parallelität zu vergleichbaren Bildungen werden Morphemverbindungen wie ZUTIEFST hier als Zusammenrückungen eingeordnet. (§ 219.1 mit Tabelle 97).

Suffixe werden dagegen zur Konstitution von Adverbien eingesetzt. Allerdings ist ihre Anzahl wesentlich geringer als die bei den Adjektivbildungen. Auch die Verbindungsmöglichkeiten mit Ableitungsbasen unterschiedlicher Wortarten sind eingeschränkt. Als Basen kommen aGM, advGM und sGM bei einzelnen Suffixen vor. Zu einem vGM existiert als einziges Beispiel MEUCHLINGS 'aus dem Hinterhalt', das mit dem Suffix {liŋs} auf das Verb MEUCHELN 'heimlich und hinterrücks ermorden' zu beziehen ist (FLEISCHER/BARZ 1992: 286; PFEIFER 1989: 1100).

264.1 Am häufigsten werden Adverbien auf der Ableitungsbasis von aGM gebildet. Die einzelnen Kombinationsmöglichkeiten und ihre Varianten sind in der Tabelle 110 zusammengestellt.

Die Aufbauprinzipien der Tabelle 110 stimmen mit denen der Tabellen 101 (§ 254.1), 103 (§ 256.1) und 105 (§ 257.1) überein.

Tabelle 110: Kombinationstypen aus aGM + FM und ihre Varianten bei deadjektivischen Adverbien

morphologische Struktur Suffixbildungen	Bezug zum Simplex	morphologischer Verbindungstypus	Basisgebundenheit des FM
1. frühestens	Adj. früh	aGM + FM {əns}	nur aGM, aSM
2. freilich	Adj. frei	aGM + FM {lix}	nur aGM
3. stets	Adj. stet	aGM + FM {s}	aGM, sGM
4. blindlings	Adj. blind	aGM + FM {liŋs}	aGM, sGM, vGM
1a. zweitens 1b. übrigens	Adj. der zweite (Mann) Adj. übrig	aGM + FM {əns} aGM + FM {əns}	nur aGM, sGM nur aGM, sGM
2a. gnädiglich	Adj. gnädig	aGM + FM {lix}	nur aGM
3a. eilends 3b. vergebens 3c. längst 3d. vollends	Adj. eilend (Part. I) Adj. vergeben (Part. II) Adj. lang Adj. voll	aGM + FM {s} aGM + FM {s} aGM + FM {s} aGM + FM {s}	aGM, sGM aGM, sGM aGM, sGM aGM, sGM

264.2 Nach der Basisgebundenheit der FM können vier Gruppen unterschieden werden, wobei in jeder Gruppe nur jeweils ein Suffix vorkommt. Die erste Gruppe wird von Adverbien gebildet, die auf der Ableitungsgrundlage von aGM bzw. aSM mit dem FM {əns} konstituiert sind (FLEISCHER 1982: 302; FLEISCHER/BARZ 1992: 285). Bei FRÜHESTENS zu FRÜH (Beispiel 1) besteht die Ableitungsbasis aus dem GM {frṻ} und dem RM {əst}, das die Superlativform des Adjektivs FRÜH signalisiert. Bei BESTENS zu GUT, BESSER, BEST und MEISTENS zu VIEL, MEHR, MEIST liegt ein aSM als Ableitungsbasis vor. Als Adverb kann aber auch MEIST ohne FM verwendet werden (PAUL 1920/1968: 129 Anm. 1). Bei HÖCHSTENS zu HOCH ist der Umlaut durch die Superlativform bedingt, so daß für die Ableitung des Adverbs keine Variante anzusetzen ist. Auch Komparativformen können wie bei ÖFTERS zu ÖFTER und WEITERS zu WEITER als Ableitungsbasis fungieren. Bei NÄCHST und NÄCHSTENS hat sich – anders als beim Nebeneinander von MEIST und MEISTENS – eine inhaltsseitige Differenzierung herausgebildet, indem NÄCHST eine räumliche und NÄCHSTENS eine zeitliche Relation signalisiert (PAUL 1920/1968: 129 Anm. 1). Die Bildungen mit dem FM {əns} sind gegenwartssprachlich produktiv (FLEISCHER/BARZ 1992: 285).
Auf der Grundlage von Ordinalzahlen werden mit dem FM {əns} Modaladverbien wie ERSTENS zu *der erste*, ZWEITENS zu *der zweite* (Beispiel 1a) und ZWANZIGSTENS zu *der zwanzigste* gebildet (HELBIG/BUSCHA 1994: 329, 346). Nach WILMANNS (1930: 631) haben sich die

{əns}-Ableitungen „an präpositionale Verbindungen" wie *zum ersten, zum zweiten* angelehnt.
Bei ÜBRIGENS 'nebenbei bemerkt, gesagt; außerdem' zu ÜBRIG (Beispiel 1b) bildet ein GM zweiten Grades die Ableitungsbasis. WILMANNS (1930: 630) führt ÜBRIGENS auf eine Verbindung zweier FM {ən} und {s} zurück, während PFEIFER (1989: 1867) bei dem im 17. Jahrhundert entstandenen Adverb an eine Analogie zu ERSTENS denkt.
264.3 Die zweite Gruppe besteht aus Adverbien, die mit dem FM {lix} auf der Ableitungsbasis von aGM gebildet werden. Da das Suffix {lix} auch zur Konstitution von deadjektivischen Adjektiven wie KLEINLICH verwendet wird (§§ 257.1, 257.8), hängt die Zuordnung zu den Wortarten Adjektiv bzw. Adverb ausschließlich von der syntaktischen Verwendungsweise und der damit verbundenen morphologischen Struktur ab, was zu Übergängen zwischen diesen Wortarten im Laufe der Sprachgeschichte führen kann. Gegenwartssprachlich erweisen sich FREILICH zu FREI (Beispiel 2), SCHWERLICH zu SCHWER und SICHERLICH zu SICHER als Adverbien (WAHRIG 1977: 1336, 3219, 3282). Bei BITTERLICH zu BITTER und KÜRZLICH zu KURZ liegen wegen der attributiven Verwendungsweise (*ein bitterliches Weinen, eine kürzliche Umfrage*) Adjektive vor.
Bei Ableitungsbasen, die bereits mit dem FM {ix} gebildet sind wie GNÄDIGLICH zu GNÄDIG (Beispiel 2a), LEDIGLICH zu LEDIG, WONNIGLICH zu WONNIG und INNIGLICH zu INNIG, dient das FM {lix} zur Konstitution von Adverbien (FLEISCHER/BARZ 1992: 263), die jedoch bei entsprechender syntaktischer Verwendungsweise auch in Adjektive übergehen können.
264.4 Die dritte Gruppe enthält Adverbien, die mit dem Suffix {s} auf der Ableitungsbasis von aGM und sGM gebildet werden. Bei STETS 'immer' zu STET 'gleichmäßig, fortdauernd, dauerhaft, beständig' (Beispiel 3) liegt ein erstarrter Genitiv des Adjektivs mhd. *staet(e)*, *staetes*, mnd. *stēde*, md. *stēte, stētes* vor (PFEIFER 1989: 1715). Solche Verwendungsweisen führen dazu, daß das ehemalige RM als FM uminterpretiert und mit anderen Basen als FM zur Konstitution von Adverbien eingesetzt wird. Dies gilt vor allem für Adverbbildungen auf der Grundlage von aGM, die auf Partizip I-Formen bzw. Partizip II-Formen zurückgehen, wie EILENDS zu EILEND (Beispiel 3a) bzw. VERGEBENS zu VERGEBEN (Beispiel 3b).
Bei ANDERS setzen FLEISCHER/BARZ (1992: 285) eine pronominale Ableitungsbasis an. Wenn – wie hier – ANDERS zu ANDER als Zahladjektiv aufgefaßt wird (HELBIG/BUSCHA 1994: 256, 303), erübrigt sich die Annahme eines spezifischen Ableitungstypus. Auch bei ANDERS ist aufgrund des Vergleichs mit ahd. *anderes*, mhd. *anders* ein „erstarrter, adverbiell gebrauchter Genitiv" (PFEIFER 1989: 50) vorhanden.

In LÄNGST zu LANG (Beispiel 3c) ist die mit dem Suffix {s} geschaffene adverbielle Phonotaktik um das Phonem /t/ erweitert worden (WILMANNS 1930: 631); es liegt also kein Suffix {st} vor. Im Mhd. lassen sich noch die Formen ohne /t/ mhd. *langes, langens, lenges* belegen, seit dem Frühnhd. existieren die Formen frühnhd. *längst, langest, leng(e)st* mit /t/. Das Adverb LÄNGST hat das Semem 'vor langer Zeit' und grenzt sich dadurch von dem Adverb LÄNGS in den Äußerungen (1) *Sie kamen längs*. und (2) *Sie fielen längs hin*. mit dem Semem 'an etwas entlang, der Länge nach' ab, das mit dem Suffix {s} gebildet ist und gegenwartssprachlich „kaum noch in Gebrauch" ist (PFEIFER 1989: 970).
Nicht unmittelbar morphologisch durchsichtig ist VOLLENDS 'völlig, ganz, überdies noch' zu VOLL (Beispiel 3d). Es handelt sich um ein im 17. Jahrhundert mit dem Suffix {s} gebildetes Adverb zur Ableitungsbasis frühnhd. *vollent*, das eine /t/-Erweiterung zu mhd. *vollen* ist; mhd. *vollen* ist eine Adverbbildung mit dem Suffix {ən} zum aGM des Adjektivs mhd. *vol*. Die Einfügung eines /t/ in die Phonotaktik des Adverbs kann durch Analogie zu Partizip I-Bildungen wie EILENDS erfolgt sein (WILMANNS 1930: 630; PFEIFER 1989: 1918).

264.5 Die vierte Gruppe besteht aus Adverbbildungen mit dem FM {liŋs} auf der Basis von aGM, sGM und vGM. Bei BLINDLINGS zu BLIND (Beispiel 4) und JÄHLINGS 'unerwartet, steil' zu JÄH tritt das Suffix {liŋs} unmittelbar an das aGM der Ableitungsbasis an. Der Bildungstypus ist nicht mehr produktiv (PAUL 1920/1968: 131).

265.1 Die Adverbien und ihre morphologischen Verbindungstypen auf der Ableitungsbasis sGM und ihre Varianten sind in der Tabelle 111 zusammengestellt:

Tabelle 111: Kombinationstypen aus sGM + FM und ihre Varianten bei desubstantivischen Adverbien

morphologische Struktur Suffixbildungen	Bezug zum Simplex	morphologischer Verbindungstypus	Basisgebundenheit des FM
1. abends	Subst. Abend	sGM + FM {s}	sGM, aGM
2. rittlings	Subst. Ritt	sGM + FM {liŋs}	sGM, aGM, vGM
3. bergwärts	Subst. Berg	sGM + FM {vɛrts}	sGM, advGM
2a. bäuchlings	Subst. Bauch	sGM + FM {liŋs}	sGM, aGM, vGM
3a. seitwärts	Subst. Seite	sGM + FM {vɛrts}	sGM, advGM
3b. sonnenwärts	Subst. Sonne	sGM + FM {vɛrts}	sGM, advGM

Die Tabelle 111 ist wie die Tabelle 110 (§ 264.1) aufgebaut.

265.2 Es können insgesamt drei Gruppen von Adverbbildungen nach dem Kriterium der Basisgebundenheit der FM nachgewiesen werden. Wie beim

Typus aGM + FM besitzt jede Gruppe nur ein einziges FM. Die erste Gruppe besteht aus Adverbien, die mit dem Suffix {s} auf der Basis sGM und aGM konstituiert werden. Wie bei ABENDS zu ABEND (Beispiel 1) kann das FM unmittelbar an die Ableitungsbasis antreten. Bei ABENDS handelt es sich um eine G.S.-Form des Substantivs ABEND, die sich bereits um 1200 in den Formen mhd. *ābendes, ābents* „in adverbiellem Gebrauch" verselbständigt (PFEIFER 1989: 3). Bei NACHTS zu NACHT findet sich diese Verselbständigung bereits im Ahd., wobei *nahtes* in Analogie zu *tages* gebildet wurde (BRAUNE/EGGERS 1975: 214 Anm. 2). Aufgrund dieser Isolierung wurden „adverbial gebrauchte Nomina als eine besondere Wortart empfunden", und daher wurden „ihre Endungen als Mittel der adverbialen Bildung auch ausserhalb der Grenzen ihres ursprünglichen Gebrauchs angewandt" (WILMANNS 1930: 628; ähnlich PAUL 1920/1968: 127; KLUGE 1913: 47).

Das Suffix {s} kann mit Komposita wie MITTWOCH, FREITAG zu MITTWOCHS, FREITAGS ebenso verbunden werden wie mit präpositionalen Ausdrücken wie ahd. *hintar rugge* 'zurück' (SPLETT, I.2, 1993: 769), mhd. *hinder rucke,* frühnhd. *hinter rücke, hinterrücks* 'hinter dem Rücken' (PFEIFER 1989: 693), die vor der Verbindung mit dem FM zusammengerückt werden und ihr auslautendes Phonem /ə/ verlieren, damit das Adverb HINTERRÜCKS entstehen kann (WILMANNS 1930: 629).

265.3 Die zweite Gruppe zeigt Adverbkonstitutionen mit dem Suffix {liŋs}, das an sGM, aGM und vGM antreten kann. RITTLINGS 'im Reitersitz' (Beispiel 2) ist ohne phonotaktische Veränderungen der Ableitungsbasis zum sGM des Substantivs (der) RITT gebildet (PFEIFER 1989: 1431). Bei BÄUCHLINGS 'auf dem bzw. den Bauch' zu BAUCH (Beispiel 2a) ist mit dem FM {liŋs} eine Umlautung des Diphthongs der Ableitungsbasis verbunden. Bei RÜCKLINGS 'rückwärts, nach hinten, mit dem Rücken nach vorn oder nach unten' ist die Zeit der Adverbkonstitution zu beachten, damit nicht unhaltbare morphologische Verbindungstypen aufgestellt werden. Bereits im Ahd. wurde das Adverb *ruggilingūn* 'rückwärts, rücklings, nach hinten' zum Substantiv *ruggi* 'Rücken, Rückgrat' gebildet (SPLETT, I.2, 1993: 769). Es wurde bis ins Frühneuhochdeutsche *rückelingen* 'rücklings' tradiert, ehe im 15. Jahrhundert die Phonemfolge /ən/ durch das Phonem /s/ ersetzt wurde, das aus erstarrten adverbiellen Genitivformen übertragen wurde (WILMANNS 1930: 633; PFEIFER 1989: 1020). Im 16. Jahrhundert übernimmt das Substantiv frühnhd. *rück*(*e*) das RM {ən} aus den obliquen Kasus und wechselt damit die Substantivklasse (PFEIFER 1989: 1446). Wenn also gegenwartssprachlich RÜCKLINGS zu RÜCKEN gestellt wird, darf keine Tilgung der Phonemfolge /ən/ der substantivischen Ableitungsbasis vor dem FM {liŋs} angesetzt werden, um den Ableitungsweg zu kennzeichnen. Die Bildungen mit dem Suffix {liŋs} auf der Grundlage sGM sind nicht mehr produktiv (PAUL 1920/1968: 131).

265.4 Die dritte Gruppe enthält Adverbbildungen mit dem FM {vɛrts} auf der Ableitungsbasis sGM und advGM. Mit dem aGM <wert> werden bereits im Ahd. Adjektive wie *āwert* 'abwesend' und Adverbien wie *ūzwert* 'außen, äußerlich, außerhalb, von außen' und *ūzwertes* 'draußen, von außen' gebildet (SPLETT, I.2, 1993: 1109), wobei letzteres eine Genitivform ist, um Ortsadverbien zu markieren (WILMANNS 1930: 636). Das aGM, das in Simplizia nicht mehr vorkommt, signalisiert die Richtungsbedeutung. Im Mhd. gehen die Bildungen mit <wertes> zurück, was die Uminterpretation des aGM als FM im Frühneuhochdeutschen – neben dem Fehlen eines Simplex – erleichtert. Erst im Nhd. entstehen Bildungen wie BERGWÄRTS (Beispiel 3) mit dem Suffix {vɛrts} und einem sGM (ebd.: 637).
Wenn das sGM auf das Phonem /ə/ ausgeht, wird es vor dem Suffix {vɛrts} wie in SEITWÄRTS zu SEITE (Beispiel 3a) oder ERDWÄRTS zu ERDE getilgt. Bei SONNENWÄRTS zu SONNE (Beispiel 3b) wird die Phonotaktik des sGM zur Aussprachеerleichterung um das Phonem /n/ erweitert. Neben WALDWÄRTS zu WALD können auch ad hoc-Bildungen mit substantivischen Pluralformen wie WÄLDERWÄRTS (von Eichendorff) geschaffen werden (HENZEN 1965: 233).

266 Mit dem Suffix {vɛrts} werden auch neue Adverbien auf der Ableitungsbasis advGM gebildet. Bei HERWÄRTS ist die Ableitungsbasis des advGM eindeutig, ebenso bei EINWÄRTS. Bei Bildungen wie ABWÄRTS, AUSWÄRTS und VORWÄRTS sind die Erstkonstituenten in der Gegenwartssprache als Präpositionen vorhanden, in Verbindung mit dem Suffix {vɛrts} liegen jedoch advGM vor, deren Existenz in Simplizia unter diachronem Aspekt jeweils nachgewiesen werden kann (PAUL/HENNE/OBJARTEL 1992: 1023; FLEISCHER/BARZ 1992: 286).

4.2.5 Derivationstypen bei Pronomina

267 Derivationen zur Konstitution von Pronomina sind noch seltener als Kompositionen und Zusammenrückungen (§§ 222-224). Mit dem FM {ix}, das auch zur Bildung von Adjektiven (§ 254.1 mit Tabelle 101) verwendet wird, entstehen auf der Ableitungsbasis von prGM neue Pronomina (vgl. WILMANNS 1930: 580f.). Bei MEINIG, DEINIG, SEINIG tritt das FM {ix} unmittelbar an die prGM aus der Klasse der Possessiva an, bei UNSRIG und EURIG zu UNSER und EUER wird die Phonotaktik /unsr/ als Ableitungsbasis gewählt (vgl. § 149.10). Bei JENIG besteht die Ableitungsbasis aus einem prGM der Klasse der Demonstrativa; in DERJENIGE ist JENIG zusätzlich als Element einer Zusammenrückung (§ 224.1 mit Tabelle 80) vorhanden.

Die Pronomina mit dem Suffix {ix} werden vor allem in süddeutschen Umgangssprachen gebraucht und erweitern die attributiven Verwendungsweisen (ERBEN 1980: 233 Anm. 905). So besteht ein Funktionsunterschied zwischen *sein Hut* (d.h. *der Hut des Vaters*) und *ein seiniger Hut* (d.h. *einer der Hüte des Vaters*). Die letztere Funktion wird sonst durch ein Präpositionalattribut wie in *ein Hut von ihm, von meinem Vater* ausgedrückt. Zusätzlich wird das suffigierte Pronomen im Zusammenhang mit der Erscheinung der Elliptizität bei Vorerwähntheit verbunden, um den Bezug zu verdeutlichen und den Kontrast stärker hervorzuheben wie in der Äußerung (1) *Ich berichte von meinen Erlebnissen und du erzählst von den deinigen.* (KÜHNHOLD/PUTZER/WELLMANN 1978: 419). Wird DERJENIGE attributiv verwendet, hat das Demonstrativum eine auf eine noch folgende nähere Erläuterung vorausweisende Funktion wie in der Äußerung (2) *Derjenige Brief, der gestern gekommen ist, enthält eine gute Nachricht.* (ebd.: 420; ferner § 150.13).

4.2.6 Derivationstypen bei Konjunktionen

268 Während bei der Erweiterung des Bestandes an Konjunktionen die Wortbildungsprinzipien der Komposition und Zusammenrückung eine wenn auch eingeschränkte Rolle spielen (§§ 225f.), kommen produktive Derivationstypen zur Konstitution von Konjunktionen nicht vor. Wie bei der Bildung von Adverbien (§ 265.2) kann in FALLS 'wenn; im Falle, daß' ein erstarrter Genitiv Singular des Substantivs FALL nachgewiesen werden, „der im 17. Jh. ganz in konjunktionalen Gebrauch übergeht" (PFEIFER 1989: 405). Anders als bei den Adverbien entsteht jedoch kein Suffix {s}, das auf andere Ableitungsbasen übertragen wird, um neue Konjunktionen zu schaffen.

Auch bei der Konjunktion SONDERN handelt es sich um einen erstarrten Kasus, um den Dativ Plural zum Adjektiv SONDER 'für sich abgetrennt, extra'. Da das Adjektiv als Simplex seit dem Ende des 18. Jahrhunderts nicht mehr gebraucht wird, ist die morphologische Struktur von SONDERN weniger durchsichtig als die von FALLS. Die Konjunktion SONDERN setzt sich seit dem 16. Jahrhundert gegenüber der seit dem Ahd. tradierten Konjunktion ahd. *suntar* 'sondern, doch', mhd. *sunder* 'ausgenommen, außer, gleichwohl, vielmehr, indessen, aber' durch (PFEIFER 1989: 1652). Wie bei FALLS entsteht bei SONDERN kein Suffix {n}, das in produktiver Weise auf andere Ableitungsbasen übertragen wird.

4.2.7 Derivationstypen bei Präpositionen

269.1 Anders als Konjunktionen werden Präpositionen neben Komposition und Zusammenrückung (§§ 227f.) auch mit Hilfe von Derivationen gebildet. Wie bei den Adverbien (§ 265.2) spielt dabei das Suffix {s} eine besondere Rolle. Es geht bei verschiedenen Ableitungsbasen auf erstarrte Genitiv Singular-Formen zurück, wird aber dann als FM uminterpretiert und mit Basen verbunden, bei denen kein erstarrter Genitiv Singular vorhanden ist. Die Präposition ANGESICHTS 'in Anbetracht' ist auf einen G.S. des Substantivs ANGESICHT zurückzuführen, wird aber bereits im 15. Jahrhundert als Präposition mit Genitivrektion verwendet. Ein Bezug zu den Adverbien zeigt sich darin, daß es bis in die Barockzeit auch als Adverb mit dem Semem 'augenblicklich, sofort' gebraucht wurde (PFEIFER 1989: 557; PAUL/HENNE/OBJARTEL 1992: 35). Eine produktive Verwendung des Suffixes {s} ist im 19. Jahrhundert bei der Konstitution der Präposition ZWECKS 'zum Zwecke, mit dem Ziel' zur Ableitungsbasis des sGM von ZWECK festzustellen. Die Neubildung ist im Kommunikationsbereich von Behörden üblich (PFEIFER 1989: 2049); vergleichbare Bildungen sind AUSGANGS, BETREFFS und MANGELS.

Die Präposition MITTELS 'mit Hilfe von, durch' wird in ihrer Entstehung unterschiedlich beurteilt. PFEIFER (1989: 1113) denkt an einen erstarrten Genitiv Singular des Substantivs (*das*) MITTEL, der im 17. Jahrhundert zur Präposition wurde. WILMANNS (1930: 631) leitet es explizit von *vermittels* unter Ablehnung einer substantivischen Basis her. PAUL/HENNE/OBJARTEL (1992: 579) setzen zunächst eine Adverbbildung mit dem Genitiv Singular des Adjektivs *mittel* an.

269.2 Eine Präpositionsbildung, die sicher auf einer Genitiv Singular-Form zu einem Adjektiv beruht, ist in LÄNGS zu LANG vorhanden (PFEIFER 1989: 970).

269.3 Das /s/ in SEITENS, einer erst im 19. Jahrhundert entstandenen Präposition, ist anders zu beurteilen. Es tritt unter dem Einfluß von Adverbbildungen mit dem Suffix {s} an den Dativ Singular des Substantivs SEITE an, der im 18. Jahrhundert in der Präpositionalgruppe *von seite*(*n*) existiert, die durch die Neubildung SEITENS abgelöst und in ihrer Funktion ersetzt wird (PFEIFER 1989: 1611).

269.4 Bei der Präposition MITTELST handelt es sich um eine Erweiterung der Phonotaktik von MITTELS um das Phonem /t/, eine zusätzliche Suffigierung existiert dadurch nicht.

Die Präposition NEBST 'zugleich mit' zeigt dieselbe Phonemfolge /st/, ist aber etwas anders entstanden. Als erstes wurde zur Präposition NEBEN unter Einfluß des adverbiellen Suffixes {s} eine Präposition NEBENS Ende des 15. Jahrhunderts gebildet, dann erfolgte wie bei MITTELST in der ersten Hälfte des 17. Jahrhunderts eine phonotaktische Erweiterung um das Phonem /t/ zu NEBENST, ehe durch eine Tilgung der Phonemfolge /ən/ im 18. Jahrhundert die seitdem allein gebräuchliche Präposition NEBST entstand (PFEIFER 1989: 1157).

269.5 Die Präposition AUSSER 'außerhalb, abgesehen von' besitzt eine sprachliche Tradition seit dem Ahd. Sie wurde als ahd. *ūzar* 'außer, wenn nicht u.a.' zum advGM in ahd. *ūz* 'heraus, hinaus, hervor, draußen u.a.' mit dem FM {ar} gebildet und dann weiter tradiert, wobei neben den phonologischen Sprachwandelphänomenen eine inhaltsseitige Funktionsverschiebung eintrat (PFEIFER 1989: 100; SPLETT, I.2, 1993: 1047f.). Die Sprachtradition führt nicht dazu, daß ein produktives Suffix {ər} entsteht.
Die Phonemfolge /ər/ tritt auch in der Präposition HALBER 'wegen' auf. HALBER löst Ende des 15. Jahrhunderts die Präposition HALBEN ab, die auf eine erstarrte Kasusform des Substantivs ahd. *halba* 'Seite, Richtung, Gegend' zurückgeht. In HALBER wird die Phonemfolge /ən/ durch die Phonemfolge /ər/ ersetzt, wobei PFEIFER (1989: 634) einen Einfluß vom RM {ər} des Adjektivs HALB (in *ein halber Sack*) vermutet.

4.2.8 Derivationstypen bei Verben

270 Wie bei den Wortarten Substantiv und Adjektiv kommen bei der Konstitution von Verben sowohl Präfixbildungen als auch Suffixbildungen vor, auch Präfix-/Suffixkombinationen treten auf. Schließlich können auch bereits durch Präfixbildungen entstandene komplexe vGM Wortbildungskonstituenten für weitere Verben schaffende Präfixoidbildungen sein (§ 271.3). Nicht immer ist ein genauer Ableitungsweg erkennbar; wenn eine morphologische Durchsichtigkeit fehlt, bilden auch Pseudomorpheme eine Ableitungsbasis (§ 271.4).
Die Möglichkeit, den Verbbestand durch Präfixbildungen zu erweitern, wird wesentlich häufiger eingesetzt als die Suffixbildung (KÜHNHOLD/ WELLMANN 1973: 20). Insgesamt existiert fast zu jedem verbalen Simplex eine Präfixbildung (ebd.: 143). Daher kann es im folgenden nicht die Aufgabe sein, die ausdrucksseitigen und inhaltsseitigen Strukturen jeweils an allen oder sehr vielen Verben zu behandeln; vielmehr werden die grundlegenden Strukturen anhand ausgewählter und repräsentativer Verben aufgezeigt.
271.1 In Abgrenzung von den Verbkonstitutionen mit Hilfe von Präfixoiden (§ 233.6 mit Tabelle 86) können zur Bildung von Verben mit primärsprachlichen Präfixen die in der Tabelle 112 zusammengestellten morphologischen Verbindungstypen nachgewiesen werden.
In den Aufbauprinzipien entspricht die Tabelle 112 denjenigen der Tabellen 89 (§ 239.1) und 99 (§ 252.1).

Tabelle 112: Kombinationstypen aus FM + vGM und FM + vgGM und ihre Varianten bei deverbativen Verben

morphologische Struktur Präfixbildungen	Bezug zum Simplex	morphologischer Verbindungstypus	Wortartgebundenheit des FM
1. befahren	Verb fahren	FM {bə} + vGM	bei V
2. entfahren	Verb fahren	FM {ɛnt} + vGM	bei V
3. erfahren	Verb fahren	FM {ɛr} + vGM	bei V
4. geloben	Verb loben	FM {gə} + vGM	bei V, S, A
5. mißfallen	Verb fallen	FM {mis} + vGM	bei V, S, A
6. verfahren	Verb fahren	FM {fɛr} + vGM	bei V
7. zerfallen	Verb fallen	FM {tsɛr} + vGM	bei V
1a. belächeln	Verb lächeln	FM {bə} + vGM	bei V
1b. beginnen	Verb ahd. *biginnan*	FM {bə} + vgGM	bei V
6a. veranlassen	Verb anlassen	FM {fɛr} + vGM	bei V

271.2 Von den sieben zur Verbkonstitution verwendeten FM kommen nur die Präfixe {gə} und {mis} bei drei verschiedenen Wortarten vor. Fünf Präfixe sind ausschließlich mit vGM als Ableitungsbasis verbunden. Damit unterscheidet sich die Wortart Verb deutlich von den Wortarten Substantiv und Adjektiv, die keine spezifischen Präfixe zur Wortkonstitution besitzen, sondern jeweils über dieselben verfügen (§§ 239.1, 252.1).

271.3 Die Präfixe können mit vGM unterschiedlichen Komplexitätsgrades verbunden werden, wobei je nach Präfix und Ableitungsbasis verschiedene Auswahlprozesse vorliegen. Am häufigsten sind Präfixbildungen mit vGM von Simplizia (FLEISCHER/BARZ 1992: 316), die wie BEFAHREN zu FAHREN (Beispiel 1) der Verbklasse II (§ 102) oder wie BEWOHNEN zu WOHNEN der Klasse I (§ 99) angehören können. Verbale GM zweiten Grades entstehen vor allem durch Suffigierungen, die wie LÄCHELN zu LACHEN selbst wieder die Basis für Präfigierungen wie BELÄCHELN zu LÄCHELN (Beispiel 1a) abgeben können. Auch mit Präfixoiden geschaffene Verben wie ANLASSEN zu LASSEN können als Basen von Präfixbildungen wie VERANLASSEN (Beispiel 1b) zur Erweiterung des Verbalwortschatzes genutzt werden. Umgekehrt können auch Präfixbildungen wie VERKAUFEN zu KAUFEN oder VERLEGEN zu LEGEN als Grundlage einer Präfixoidbildung wie AUSVERKAUFEN oder VORVERLEGEN fungieren. Da in dieser Arbeit im Morphemstatus zwischen Präfixen und Präfixoiden differenziert wird, können solche Verbbildungen nicht mit dem Terminus der „Doppelpräfigierung" (KÜHNHOLD/WELLMANN 1973: 143; KÜHNHOLD 1974: 193; FLEISCHER/BARZ 1992: 318) erfaßt werden, da dieser die Verwendung eines gleichen Morphemtyps voraussetzt. ERBEN

(1975: 50; 1993: 52) weist zusätzlich darauf hin, daß unter Beachtung des Ableitungsweges bei den sog. Doppelpräfixen „stets eine schon vorhandene, sprachübliche Präfixbildung die Basis [bildet], vor die ein weiteres Präfix tritt, den Raum- bzw. Zeitbezug präzisierend oder die aktionale Abstufung verdeutlichend“.

271.4 Bei einzelnen Verben läßt sich aufgrund von synchronen Oppositionsbildungen zwar die Existenz eines FM erkennen; da jedoch das die Basis bildende Morphem nicht an der Konstitution eines gegenwartssprachlich noch vorhandenen Simplex beteiligt ist, ist es als gGM zu klassifizieren. Ein Beispiel für den morphologischen Verbindungstypus FM + vgGM ist BEGINNEN (FLEISCHER/BARZ 1992: 321), zu dem bereits seit ahd. Zeit kein Simplex belegt und das auch unter Berücksichtigung anderer germanischer Sprachen etymologisch nicht sicher deutbar ist (PFEIFER 1989: 140; SPLETT, I.1, 1993: 306). Bei den vgGM ist bei einer völligen lexikalischen Isolierung, der bei BEGINNEN wegen der verschiedenen verbalen GM, des Adjektivs BEGONNEN und des Substantivs (*der*) BEGINN noch nicht vorhanden ist, der Übergang zum Morphemtypus der PsM gegeben (§ 66.3). Etwas anders sind die Verben BEGEHREN und BEDINGEN zu beurteilen. Bei BEGEHREN ’wünschen, verlangen‘ ist seit ahd. Zeit eine Ableitungsbasis in ahd. *gerōn* ’begehren, (gierig) verlangen (nach) u.a.‘ und ahd. *gerēn* ’begehren u.a.‘ vorhanden, die selbst durch Suffigierung zum Adjektiv ahd. *ger* ’verlangend, begierig (nach)‘ entstanden ist. Im Ahd. ist lediglich eine verbale Präfixbildung in ahd. *gigerōn* ’begehren, verlangen u.a.‘ belegt, das FM {bə} läßt sich erst in mhd. *begern* neben mhd. *gern* ’begehren‘ nachweisen. Seit frühnhd. Zeit wird die verbale Basis *geren* nicht mehr verwendet (PFEIFER 1989: 140; PAUL/HENNE/OBJARTEL 1992: 102; SPLETT, I.1, 1993: 298). Dennoch ist ein höheres Maß an morphologischer Durchsichtigkeit als bei BEGINNEN gegeben, da die morphologisch vergleichbaren Wörter AUFBEGEHREN, BEGEHRLICH, GIER, BEGIERDE und GERN noch im Gebrauch sind und – selbst bei fehlender Einsicht in die ausdrucksseitigen und morphologischen Zusammenhänge – eine inhaltsseitige Zusammengehörigkeit erkennen lassen.

Bei BEDINGEN ’zwangsläufig zur Folge haben, voraussetzen, fordern‘ stellt PFEIFER (1989: 137, 286) einen Bezug zum Simplex DINGEN ’in Dienst nehmen‘ ohne Einschränkungen her, während PAUL/HENNE/OBJARTEL (1992: 99, 175) eine eingeschränkte Verwendung des Simplex „in gehobener Sprache“ mit dem Semem ’jemanden durch ausgemachten Lohn zu seiner Verfügung gewinnen‘ konstatieren und die Verbindung mit dem Akkusativ der Sache (*Wagen und Reiter dingen*) als „veraltet“ einschätzen.

271.5 Neben den primärsprachlichen Präfixen sind verschiedene sekundärsprachliche wie {dē} in DEMONTIEREN und {rē} in REGENERIEREN vorhanden. Prinzipiell andere morphologische Verbindungstypen sind bei ihnen nicht zu belegen (vgl. § 280.1 mit Tabelle 120).

272.1 Wie bei den substantivischen und adjektivischen primärsprachlichen Präfixbildungen haben auch die mit vGM und vgGM verbundenen verbalen Präfixe in Relation zu ihren Ableitungsbasen die inhaltsseitige Hauptfunktion der Modifikation. Während jedoch bei den Substantiven und Adjektiven die inhaltsseitigen Funktionen der Präfixe einigermaßen gleich bleiben und überschaubar sind, ergeben sich bei den präfigierten Verben vielfältigste inhaltsseitige Relationen. Dies liegt an folgenden Faktoren: 1. Die sieben primärsprachlichen Präfixen werden in Relation zu vGM von Simplizia nicht gleichmäßig, sondern in unterschiedlichem Maße verwendet. 2. Nicht jedes verbale Präfix hat nur eine einzige inhaltsseitige Funktion (vgl. § 272.7), sondern diese Funktionen variieren je nach dem Semem der Ableitungsbasis, auf das sich das Präfix bezieht (vgl. FLEISCHER/BARZ 1992: 319). 3. Sowohl die Inhaltsseiten der Simplizia als auch die Inhaltsseiten der verbalen Präfixbildungen liegen nicht fest, sondern werden durch die Mikrokontexte des jeweiligen Satzexemplars bzw. die Makrokontexte des jeweiligen Textexemplars mitkonstituiert, d.h. durch die Kontexte werden vorhandene Sememe nicht nur monosemiert, sondern es werden auch neue Sememe geschaffen, wobei eine unterschiedliche Anzahl von Semen eine Rolle spielt, ohne daß ihre Anzahl und ihre Kombinationsmöglichkeiten beim gegenwärtigen Forschungsstand für eine Varietät der Gegenwartssprache generell oder nach Textsorten differenziert angegeben werden können. Für die Darstellung der inhaltsseitigen Funktionen der Präfixbildungen bedeutet dies, daß sie nur in den hauptsächlichen Grundzügen und mit einzelnen diese repräsentierenden Verben vorgenommen werden kann.

272.2 Zwei Hauptfunktionen der präfigierenden Modifizierung einer verbalen Ableitungsbasis bestehen in einer Differenzierung des zeiträumlichen Bezuges und in einer solchen der Aktionsart (ERBEN 1975: 68; 1993: 72). FLEISCHER/BARZ (1992: 316) fügen noch als dritte Hauptfunktion die modale Spezifizierung eines Geschehens hinzu. Die drei Hauptfunktionen sind in den Tabellen 113 bis 115 zusammengestellt:

Die Aufbauprinzipien der Tabellen 113-115 entsprechen denen der Tabellen 89 (§ 240.1) und 99 (§ 253.1).

Tabelle 113: Raumzeitliche Differenzierungen durch den Typus FM + vGM

Funktion / Präfixbildungen	Art der Modifikation	zusätzliche semantische Merkmale
1. entströmen, errichten	lokal, dynamisch	resultativ
2. entreißen		resultativ, intensiv
3. ersteigen		resultativ, aufwärts
4. enteilen, verjagen, verreisen		resultativ, weg
5. zerschneiden		resultativ, auseinander
6. verkleben		resultativ, abschließend
7. beginnen, entbrennen, erbeben	zeitlich	Beginn
8. gefrieren, verheilen		Ende
9. ertragen		Verlauf

Tabelle 114: Modale Geschehensspezifizierungen durch den Typus FM + vGM

Funktion / Präfixbildungen	Art der Modifikation	zusätzliche semantische Merkmale
1. mißverstehen, sich verrechnen	modal	falsch
2. mißbrauchen		falsch, negativ
3. versalzen		falsch, zu viel
4. entbinden, entfärben	modal	reversibel
5. mißgönnen, verachten	modal	Negation
6. zerbeißen, zerkratzen	modal	beschädigend

Tabelle 115: Aktionsartdifferenzierungen durch den Typus FM + vGM

Funktion / Präfixbildungen	Art der Modifikation	zusätzliche semantische Merkmale
1. beginnen, entschlafen, erblühen	inchoativ	
2. erahnen	durativ	
3. erfreuen, erleiden	durativ	intensiv
4. gerinnen, verblühen	perfektiv	
5. besteigen, erhandeln, verlöschen, zerreißen	perfektiv	resultativ
6. verhallen, verklingen	perfektiv	allmählich
7. verhaken, verkitten	perfektiv	verbindend
8. befragen, vermeiden	intensiv	
9. betreten	punktuell	

272.3 Bei den lokalen Differenzierungen (Tabelle 113) spielen vor allem dynamische Einordnungen des Geschehens eine Rolle (FLEISCHER/BARZ 1992: 316), die EICHINGER (1989: 12f., 19) mit dem Begriff des „dreidimensionale[n] räumliche[n] Koordinatensystem[s]“ anhand von Verben wie AUFSTEIGEN, HERAUFSTEIGEN und HINAUFTEIGEN beschreibt. An dieser Art der Modifikation sind auch die Präfixe {ɛnt}, {ɛr}, {fɛr} und {tsɛr} beteiligt. Sie besitzen alle zusätzlich das semantische Merkmal 'resultativ‘, d.h. eine Kennzeichnung des Ergebnisses wie bei ENTSTRÖMEN und ERRICHTEN (Beispiel 1). Innerhalb der Kennzeichnung des Ergebnisses erfolgen weitere inhaltsseitige Spezifizierungen. So besitzt ENTREISSEN (Beispiel 2) noch das Merkmal 'intensiv‘, ERSTEIGEN (Beispiel 3) das Merkmal 'aufwärts‘, ZERSCHNEIDEN (Beispiel 5) das Merkmal 'auseinander‘ und VERKLEBEN (Beispiel 6) das Merkmal 'abschließend‘, so daß sich im Rahmen einer Hauptfunktion eine gewisse, an einzelne FM gebundene funktionelle Ausdifferenzierung ergibt. Daß diese nicht vollständig durchgeführt ist, zeigen Funktionsüberschneidungen bei ENTEILEN und VERJAGEN (Beispiel 4), die beide über das Merkmal 'weg‘ verfügen, oder solche bei ENTSTRÖMEN und ERRICHTEN (Beispiel 1), bei denen keine über das 'resultativ‘ hinausgehende Differenzierung vorgenommen wird. Weitere inhaltsseitige und durch Seme markierbare Spezifizierungen sind bei jedem Verb möglich, doch ergeben sich dadurch keine weiteren zusammenfaßbaren Funktionsgruppen.
In noch höherem Maße als mit Präfixbildungen werden lokale Differenzierungen mit Präfixoidbildungen des Typus AF + vGM vorgenommen (vgl. KÜHNHOLD/WELLMANN 1973: 231-272; WELLMANN, in: DUDEN 1984: 420; 1995: 443f.; FLEISCHER/BARZ 1992: 350f.).
272.4 Bei den zeitlichen Differenzierungen (Tabelle 113) werden vor allem Beginn, Ende und Verlauf durch den Typus FM + vGM markiert. Als charakteristisch für diese Wortbildungsprinzipien erweist sich die Kopplung der Zeitdifferenzierungen mit Aktionsartdifferenzierungen (Tabelle 115). Auf einen zeitlichen Beginn verweisen Bildungen mit den Präfixen {bə}, {ɛnt} und {fɛr} wie in BEGINNEN, ENTBRENNEN und ERBEBEN (Beispiel 7). Das zeitliche Ende wird mit den Präfixen {gə} und {fɛr} wie in GEFRIEREN, VERHEILEN (Beispiel 8) markiert. Wiederum zeigt sich eine gewisse funktionelle Verteilung bei einzelnen Präfixbildungen, die jedoch beim Präfix {ɛr}, das in ERTRAGEN (Beispiel 9) einen zeitlichen Verlauf kennzeichnet, wiederum durch eine funktionelle Vielfalt überlagert wird.
Zeitliche Differenzierungen werden auch mit Hilfe von Präfixoidbildungen signalisiert (KÜHNHOLD/WELLMANN 1973: 272-281), doch ist ihr Funktionsspektrum nicht so ausgebaut wie das bei räumlichen Differenzierungen.

272.5 Bei den modalen Spezifizierungen des durch Verben bezeichneten Geschehens (Tabelle 114) ergeben sich vier Untergruppen durch die semantischen Merkmale 'falsch', 'reversibel', 'Negation' und 'beschädigend', die zum gemeinsamen Merkmal der Modalität hinzutreten. Eine gewisse funktionelle Aufgabenverteilung existiert bei den Präfixbildungen mit {ɛnt} und {tsɛr}; Bildungen wie ENTBINDEN, ENTFÄRBEN (Beispiel 4) besitzen die Markierung 'reversibel', d.h. des Rückgängigmachens von Handlungen, Bildungen wie ZERBEISSEN, ZERKRATZEN (Beispiel 6) haben das Merkmal 'beschädigend'. Die Präfixbildungen mit {mis} und {fɛr} kommen in den Untergruppen mit den Merkmalen 'falsch' wie MISSVERSTEHEN, SICH VERRECHNEN (Beispiel 1) und 'Negation' wie MISSGÖNNEN, VERACHTEN (Beispiel 5) vor, zeigen also gemeinsame Funktionseigenschaften. Selbst innerhalb der Untergruppe mit demselben Merkmal 'falsch' führen zusätzliche Merkmale wie 'negativ' bei MISSBRAUCHEN (Beispiel 2) und 'zu viel' bei VERSALZEN (Beispiel 3) nicht zu klaren Funktionsunterschieden bei den Präfixen; die modale Spezifizierung ist Verb für Verb zu ermitteln. Bei den Verben MISSGÖNNEN und MISSLINGEN spielt neben dem inhaltsseitigen Kern, dem Konstituierungssem, der Gegensatz der semantischen Merkmale 'beabsichtigt' zu 'unbeabsichtigt' eine Rolle (ROS 1980: 126f.).

272.6 Bei den Aktionsartdifferenzierungen durch den Typus FM + vGM (Tabelle 115) können fünf größere Funktionsgruppen unterschieden werden. Die inchoative Modifikationsart, die die Eingangsphase eines Geschehens und das Übergehen in einen anderen Zustand markiert, zeigt sich bei Bildungen mit den Präfixen {bə}, {ɛnt} und {ɛr} wie in BEGINNEN, ENTSCHLAFEN und ERBLÜHEN (Beispiel 1). Die durative, die Dauer eines Geschehens kennzeichnende Modifikationsart zeigt sich bei mit dem Präfix {ɛr} gebildeten Verben wie ERAHNEN (Beispiel 2) und ERFREUEN, ERLEIDEN (Beispiel 3), wobei bei letzteren noch das semantische Merkmal der Intensität hinzutritt.

Die perfektive, das Ende eines Geschehens signalisierende Aktionsart ist mit Verbkonstitutionen mit Hilfe der Präfixe {bə}, {ɛr}, {gə}, {fɛr} und {tsɛr} verbunden. Eine perfektive Modifikationsart zeigt sich bei GERINNEN, VERBLÜHEN (Beispiel 4). Bei BESTEIGEN, ERHANDELN, VERLÖSCHEN, ZERREISSEN (Beispiel 5) kommt zum Merkmal der Perfektivität noch das der Resultativität hinzu. Bei VERHALLEN und VERKLINGEN (Beispiel 6) bzw. VERHAKEN und VERKITTEN (Beispiel 7) sind die Merkmale der Perfektivität und des Allmählichen bzw. die der Perfektivität und des Verbindenden miteinander gekoppelt.

Die intensive Modifikationsart ist bei BEFRAGEN und VERMEIDEN (Beispiel 8) vorhanden und die punktuelle bei BETRETEN (Beispiel 9).

272.7 Aus der Analyse der Hauptfunktionen, die mit verbalen Präfixbildungen verbunden sind, ergibt sich, daß unter inhaltsseitigem Aspekt zwar funktionelle Großgruppen und Untergruppen verschiedenen Grades aufgestellt werden können, daß aber die einzelnen Präfixe nicht in 1: 1-Relationen solchen Funktionsgruppen zugeordnet werden können. Anhand des aus den Tabelle 113 bis 115 auswählend herausgegriffenen Präfixes {ɛr} und den mit ihm in dem Typus FM + vGM verbundenen und in der Skizze 15 zusammengefaßten Modifikationsarten zeigt sich vielmehr eine Funktionsfülle, die für die Verbkonstitutionen in Abgrenzung von den Präfixbildungen bei Substantiven und Adjektiven typisch ist:

Skizze 15: Modifikationsarten beim Typus FM {ɛr} + vGM

Art der Modifikation (einschließlich zusätzlicher semantischer Merkmale)	Beispiele
1. lokal, dynamisch + resultativ	errichten
2. lokal, dynamisch + resultativ, aufwärts	ersteigen
3. zeitlich, Beginn	erbeben
4. zeitlich, Verlauf	ertragen
5. inchoativ	erblühen
6. durativ	erahnen
7. durativ + intensiv	erfreuen, erleiden
8. perfektiv + resultativ	erhandeln

Die Beispiele dokumentieren, daß den Präfixen keine feste Inhaltsseite zugeordnet werden kann und die Funktionsfülle erst in der neuen Worteinheit und in entsprechenden Kontextverwendungen entsteht.

273.1 Da das Verb das Strukturierungszentrum von Verbalsätzen ist und die Verbvalenz primär von der Inhaltsseite der Verben bestimmt wird, können mit den durch verbale Präfigierungen gebildeten neuen Verben mit neuen Sememen im Vergleich zu den Valenzen der Ableitungsbasen neben Kontinuitäten auch neue Strukturen entstehen. Die Neuerungen können bei gleicher Verbvalenz die ausdrucksseitigen Besetzungen der Leerstellen, d.h. qualitative Veränderungen, betreffen, sie können jedoch auch über Veränderungen der Quantität, über Valenzerweiterungen oder Valenzreduktionen im Vergleich zur Ableitungsbasis, zu anderen und auch neuen Verbalsatztypen führen (ERBEN 1975: 74f.; 1993: 78f.; KÜHNHOLD/WELLMANN 1973: 160-164; WELLMANN, in: DUDEN 1984: 416f.; 1995: 439f.; FLEISCHER/BARZ 1992: 318).

273.2 Wenn die Verben, deren GM die Basis für Präfigierungen bilden, einwertig sind, erfolgt bei der Verbalsatzkonstitution meist keine Änderung in der Anzahl der Leerstellen und ihren Besetzungen. Bei den Äußerungen (1) *Die Erde bebte.* und (2) *Die Erde erbebte.* bzw. (3) *Die Blumen blühen.*

und (4) *Die Blumen erblühen.* stehen ausschließlich die Aktionsartdifferenzierungen im Vordergrund.

273.3 Wenn die Simplizia zweiwertig sind, bleibt bei den Präfigierungen häufig die Wertigkeit identisch. Allerdings ist mit der Verwendung der Präfixbildung ebenso häufig eine andere ausdrucksseitige Besetzung der zweiten Leerstelle verbunden. Bei den Äußerungen (5) *Sie steigen auf einen Berg.* mit dem Verbalsatztypus E_N – V – E_{pA} und (6) *Sie ersteigen einen Berg.* mit dem Typus E_N – V – E_A wird die E_{pA} durch die E_A ersetzt. Bei den Äußerungen (7) *Sie handeln mit alten Lampen.* mit dem Typus E_N – V – E_{pD} und (8) *Sie erhandeln alte Lampen.* mit dem Typus E_N – V – E_A ist eine Ersetzung der E_{pD} durch eine E_A gegeben. Nach KÜHNHOLD/WELLMANN (1973: 161) scheint die „Normalform bei *er-* [...] die 'Transitivierung' eines Grundverbs mit Präp.obj. [= Präpositionalobjekt]" zu sein.

273.4 Valenzreduktionen zeigen sich bei zwei- und dreiwertigen verbalen Simplizia im Vergleich zu den Präfixbildungen. So wird aus dem zweiwertigen Verb TRINKEN mit dem Semem 'Flüssigkeit zu sich nehmen' und dem semantischen Merkmal 'Zielgerichtetheit' in der Äußerung (9) *Er trinkt Wasser.* durch die Präfigierung ein einwertiges Verb ERTRINKEN wie in der Äußerung (10) *Er ertrinkt.* (ERBEN 1975: 75; 1993: 78). Das dreiwertige Verb TRAGEN in der Äußerung (11) *Sie tragen alle Streitereien vor die Gerichte.* steht einem zweiwertigen ERTRAGEN in der Äußerung (12) *Sie ertragen alle Streitereien.* gegenüber. Während beim dreiwertigen TRAGEN eine Richtungsergänzung notwendig ist, fehlt eine solche beim zweiwertigen ERTRAGEN.

273.5 Valenzerweiterungen durch Präfixbildungen sind vor allem im Vergleich zu einwertigen verbalen Simplizia zu erkennen. So ist DICHTEN in der Äußerung (13) *Er dichtet.* einwertig, in der Äußerung (14) *Er erdichtet Geschichten.* dagegen zweiwertig. In der Äußerung (15) *Der Mittelstürmer spielt.* ist SPIELEN einwertig, in der Äußerung (16) *Der Mittelstürmer erspielt Torchancen.* zweiwertig.

Mit der Präfigierung kann auch eine Reflexivierung verbunden sein wie in der Äußerung (17) *Der Mittelstürmer erspielt sich Torchancen.* Während es sich hier um ein partim-reflexives Verb handelt, kann die Präfigierung jedoch auch zu einem ausschließlich reflexiv gebrauchten Verb führen, wie die Gegenüberstellung der Äußerungen (18) *Er geht in den Wald.* und (19) *Er ergeht sich im Wald.* zeigt.

274.1 Während zur Bildung von Substantiven auf der Grundlage von sGM, vGM, aGM und advGM insgesamt 28 primärsprachliche Suffixe verwendet werden (§ 248 mit Tabelle 95), kommen zur Verbkonstitution nur die sieben primärsprachlichen FM {ən}, {n}, {əln}, {ln}, {ərn}, {rn} und {igən} vor. Sie können zugleich weder bei sGM, aGM noch vGM festgestellt werden,

sondern sie verteilen sich auf die verschiedenen Ableitungsbasen und besitzen bei ihnen eine unterschiedliche Häufigkeit und Produktivität.
In Kombination mit sGM zur Herleitung desubstantivischer Verben sind die fünf in der Tabelle 116 aufgeführten Suffixe vorhanden:

Tabelle 116: Kombinationstypen aus sGM + FM und ihre Varianten bei desubstantivischen Verben

morphologische Struktur Suffixbildungen	Bezug zum Simplex	morphologischer Verbindungstypus	Basisgebundenheit des FM
1. tagen	Subst. (der) Tag	sGM + FM {ən}	sGM, aGM, vGM
2. ackern	Subst. (der) Acker	sGM + FM {n}	sGM, aGM
3. radeln	Subst. (das) Rad	sGM + FM {əln}	sGM, aGM, vGM
4. fensterln	Subst. (das) Fenster	sGM + FM {ln}	nur sGM
5. huldigen	Subst. (die) Huld	sGM + FM {igən}	sGM, aGM
1a. dämpfen	Subst. (der) Dampf	sGM + FM {ən}	sGM, aGM, vGM
1b. regnen	Subst. (der) Regen	sGM + FM {ən}	sGM, aGM, vGM
1c. atmen	Subst. (der) Atem	sGM + FM {ən}	sGM, aGM, vGM
1d. koken	Subst. (der) Koks	sGM + FM {ən}	sGM, aGM, vGM
1e. rahmen	Subst. (der Rahmen)	sGM + FM {ən}	sGM, aGM, vGM
2a. färben	Subst. (die) Farbe	sGM + FM {n}	sGM, aGM
2b. blättern	Subst. (das Blatt), (die) Blätter	sGM + FM {n}	sGM, aGM
3a. hänseln	Np Hans	Np/sGM + FM {əln}	sGM, aGM, vGM
4a. schlängeln	Subst. (die) Schlange	sGM + FM {ln}	sGM

Die Tabelle 116 richtet sich in den Aufbauprinzipien nach den Tabellen 90 (§ 242.1), 92 (§ 244.1) und 93 (§ 246.1).

274.2 Rund 80% aller Verben werden zu sGM als Ableitungsbasis gebildet, und von ihnen entfallen ca. 75% auf die Derivationen mit den Suffixen {ən} und {n} (KÜHNHOLD/WELLMANN 1973: 26).

274.3 Das Suffix {ən} tritt wie bei TAGEN zu TAG (Beispiel 1) ohne phonotaktische Veränderungen an das sGM der Ableitungsbasis an. Mit dem FM kann jedoch auch eine Umlautung beim umlautfähigen Vokal des sGM verbunden sein. Dabei lassen sich alle sieben prinzipiellen Umlautmöglichkeiten in den Verben DÄMPFEN zu DAMPF (Beispiel 1a), KÖPFEN zu KOPF, STÜRMEN zu STURM, HÄUTEN zu HAUT, QUÄLEN zu QUAL, STRÖMEN zu STROM und PFLÜGEN zu PFLUG nachweisen. Eine generelle Umlautregel ist aber nicht formulierbar, weil bei den Verben SALZEN zu SALZ, ROSTEN zu ROST, WURMEN zu WURM, SAUEN zu SAU, TAGEN zu TAG, KOHLEN zu KOHL 'Geschwätz, Unsinn' und BUCHEN zu BUCH der Umlaut fehlt.

274.4 Neben der Veränderung der Ableitungsbasis durch den Umlaut lassen sich noch Varianten durch phonotaktische Reduktionen nachweisen. Wenn

ein sGM der Ableitungsbasis auf die Phonemfolge /ən/ ausgeht, wird das /ə/ wie in REGNEN zu REGEN (Beispiel 1b) und SEGNEN zu SEGEN getilgt (KÜHNHOLD/WELLMANN 1973: 22). Die Tilgung des /ə/ erscheint auch bei der Phonemfolge /əm/ wie in ATMEN zu ATEM (Beispiel 1c).
Vergleichbare Reduktionen bei sGM in Relation zur Ableitungsbasis existieren bei desubstantivischen Substantiven wie WAGNER zu WAGEN bzw. GÄRTNER zu GARTEN (§§ 246.1 mit Tabelle 93, 246.18). Bei desubstantivischen Adjektiven wie TEUFLISCH zu TEUFEL, BÄURISCH zu BAUER bzw. WINKLIG zu WINKEL, SCHAURIG zu SCHAUER (§§ 256.1 mit Tabelle 103, 256.7, 256.10) wird das /ə/ in den Phonemfolgen /əl/ und /ər/ der sGM der Ableitungsbasen vor den Suffixen {iš} und {ix} getilgt.
Isoliert bleibt die Verbbildung KOKEN zu KOKS (Beispiel 1d) mit einer Tilgung des finalen /s/ des sGM der Ableitungsbasis. Da eine vergleichbare Bildung wie GIPSEN zu GIPS das finale /s/ nicht tilgt, könnte die Bildung KOKEN damit zusammenhängen, daß das Substantiv KOKS aus dem engl. *cokes*, einem Plural zu *coke*, entlehnt wurde, die verbale Ableitung zu *coke* erfolgte und KOKS erst später als Singular verstanden wurde (PFEIFER 1989: 875).
Eine morphologische Besonderheit liegt bei den Verben RAHMEN zum Substantiv RAHMEN (Beispiel 1e) und dem Verb HÄUFEN zum Substantiv HAUFEN vor. Nach KÜHNHOLD/WELLMANN(1973: 22) ist ein besonderer Wortbildungstypus vorhanden. Sie behandeln „die Basisendung [...] als Infinitivmorphem [...], primär aus dem euphonischen Grund eine Konsonantenhäufung zu vermeiden", für die sie hypothetisch von **rahmen-en* oder **rahm-n-en* ausgehen. FLEISCHER/BARZ (1992: 305) setzen sogar ein morphologisch markiertes Konversionsprodukt an, indem sie eine „Uminterpretation des *-en* als Infinitivmorphem (*Rahmen – rahmen*) zur Vermeidung der *-en*-Doppelung beim Verb" postulieren. In beiden Fällen führt die Vernachlässigung der Isolation der Beispiele, der fehlenden Produktivität und der historischen Herkunft zu einer nicht haltbaren morphologischen Interpretation. Das Substantiv RAHMEN geht auf ahd. *rama*, mhd. *ram(e)* 'Stütze, Säule, Gestell, Web-, Stickrahmen' zurück, das lange Zeit mit unterschiedlichem Genus verwendet wurde. Zu nhd. (*der*) *Rahmen*, (*die*) *Rahm*(*e*) wurde das Verb RAHMEN gebildet, entweder mit dem Suffix {ən} oder mit {n}; die Phonotaktik des Substantivs mit finalem /n/ ist eine sekundäre Übertragung der Phonotaktik der RM aus den obliquen Kasus des schwachen Maskulinums auf den Nominativ Singular und stellt nicht die Ableitungsbasis für das Verb dar (PFEIFER 1989: 1365f.).
Zum Substantiv HAUFEN und dem Verb HÄUFEN existieren sprachliche Traditionen seit dem Ahd. Das Substantiv ahd. *hūfo* 'Haufen, Menge, Anhäufung', mhd. *hūfe* macht die nhd. Diphthongierung mit und übernimmt in frühnhd. *haufen* das finale /n/ aus den obliquen Kasus. Das Verb HÄU-

FEN geht auf ahd. *hūfōn*, mhd. *hūfen, houfen* '(an-, auf-)häufen' zurück; die umgelautete Form setzt sich in frühnhd. Zeit durch (PFEIFER 1989: 656). Aus dem so entstehenden gegenwartssprachlichen Nebeneinander der Verben RAHMEN, HÄUFEN und der Substantive RAHMEN, HAUFEN läßt sich ein besonderer morphologischer Wortbildungstypus nicht begründen.

274.5 Wie das Suffix {ən} kann auch das Suffix {n} ohne phonotaktische Veränderungen beim sGM der Ableitungsbasis mit dieser verbunden werden. Dies ist der Fall, wenn die sGM auf die Phonemfolgen /ər/ und /əl/ wie bei ACKERN zu ACKER (Beispiel 2), HOBELN zu HOBEL bzw. auf das Phonem /ə/ wie bei FEILEN zu FEILE ausgehen (KÜHNHOLD/WELLMANN 1973: 21).

Wenn das sGM der Ableitungsbasis auf das Phonem /ə/ ausgeht, kann vor dem FM {n} auch noch eine Umlautung erscheinen. Beispiele sind FÄRBEN zu FARBE (Beispiel 2a), SCHÄLEN zu SCHALE, KRÖNEN zu KRONE und BÜSSEN zu BUSSE. Kein Umlaut ist bei den Verbkonstitutionen SATTELN zu SATTEL, GONDELN zu GONDEL, UNKEN zu UNKE, JAUCHEN zu JAUCHE, PLAGEN zu PLAGE, WOGEN zu WOGE und RUDERN zu RUDER vorhanden. Wie bei den Verbbildungen mit dem Suffix {ən} läßt sich keine Verteilungsregularität erkennen. Bei Bildungen wie FLÖTEN zu FLÖTE und LÖFFELN zu LÖFFEL ist der Umlaut bereits im sGM der Ableitungsbasis vorhanden.

Einige wenige Verben, die mit dem Suffix {n} gebildet sind, haben als Ableitungsbasis nicht ein sGM, sondern Pluralformen (HENZEN 1965: 224; FLEISCHER/BARZ 1992: 310). Es handelt sich um die Verben BLÄTTERN zum N.Pl. *die Blätter* (Beispiel 2b) und GLIEDERN zum N.Pl. *die Glieder* (vgl. PFEIFER 1989: 184, 578). Bei dem ebenfalls hier aufgeführten LÖCHERN mit dem bis ins 19. Jahrhundert geltenden Semem 'Löcher machen' und dem seit dem 20. Jahrhundert üblichen Semem 'durch anhaltendes Fragen oder Bitten jemandem keine Ruhe lassen' handelt es sich um eine seit dem Mhd. vorhandene Iterativbildung mhd. *löchern* zum Verb mhd. *lochen* und nicht um eine direkte Derivation zum Substantiv mhd. *loch* (PFEIFER 1989: 1025).

274.6 Die Bildungen mit dem Suffix {əln} in Kombination mit sGM sind relativ selten (FLEISCHER/BARZ 1992: 310); lediglich in einzelnen Varietäten des Deutschen ist eine eingeschränkte Produktivität vorhanden. Das FM {əln} tritt wie bei RADELN zu RAD (Beispiel 3) ohne phonotaktische Veränderungen beim sGM der Ableitungsbasis an diese an. Bei STÜKKELN zu STÜCK ist der Umlaut bereits im sGM der Ableitungsbasis vorhanden. Bei HERBSTELN zu HERBST ist von der Verwendung in süddeutschen und österreichischen umgangssprachlichen Varietäten auszugehen; SÜFFELN zu SUFF kommt in umgangssprachlichen Varietäten vor und besitzt eine scherzhafte Konnotation (FLEISCHER/BARZ 1992: 310).

Bei BRÖCKELN, das KÜHNHOLD/WELLMANN (1973: 34) zum Substantiv BROCKEN stellen, liegt eine Iterativbildung zum Verb BROCKEN, EINBROCKEN vor (PFEIFER 1989: 217). Auch das Verb HÄUFELN ist statt auf ein Substantiv HAUFEN eher auf ein Verb HÄUFEN zu beziehen (PFEIFER 1989: 656). Lediglich beim Verb HÄNSELN zum Nomen proprium HANS (Beispiel 3a) ist eine Variantenbildung beim sGM der Ableitungsbasis durch die Umlautung vorhanden.

274.7 Bildungen mit dem Suffix {ln} kommen ausschließlich in Kombination mit sGM zur Konstitution desubstantivischer Verben vor. Wie die Bildungen mit dem FM {əln} sind sie nicht zahlreich. Bei dem in süddeutschen und österreichischen umgangssprachlichen Varietäten üblichen FENSTERLN zu FENSTER (Beispiel 4) tritt das Suffix {ln} an ein sGM an, dessen Phonotaktik auf die Phonemfolge /ər/ ausgeht. Bei KRISELN zu KRISE hat die Ableitungsbasis am Ausgang des sGM das Phonem /ə/. Bei SCHLÄNGELN zu SCHLANGE (Beispiel 4a) ist mit dem Suffix {ln} ein Umlaut verbunden. Das von KÜHNHOLD/WELLMANN (1973: 34) zum Substantiv FALTE gestellte Verb FÄLTELN ist eine seit dem 15. Jahrhundert tradierte Iterativbildung zum Verb FALTEN (PFEIFER 1989: 406).

274.8 Auch die Verbkonstitutionen mit dem Suffix {igən} sind begrenzt, eine Produktivität existiert nicht mehr (FLEISCHER/BARZ 1992: 310f.). Das FM tritt an das sGM der Ableitungsbasis direkt an und führt bei Bildungen wie HULDIGEN zu HULD (Beispiel 5) und PEINIGEN zu PEIN zu keinen phonotaktischen Veränderungen bei den Ableitungsbasen. Da das FM {igən} auf adjektivische Basen zurückgeht, die mit dem FM {ix} konstituiert sind (§§ 256 mit Tabelle 103; 256.10), und durch eine Neuinterpretation der Morphemgrenzen als eigenständiges FM interpretiert wurde und ohne adjektivische Zwischenstufe unmittelbar mit sGM zur Verbkonstitution verbunden wurde (HENZEN 1965: 114) und da entsprechende {ix}-Adjektive im Laufe der Sprachgeschichte untergegangen sein können, ist bei jedem Verb diese Sprachtradition zu prüfen, damit gegenwartssprachlich nicht überlieferte Wortbildungen angenommen und unbegründete Variantenbildungen angesetzt werden. Dies ist bei Verben wie ÄNGSTIGEN, ENDIGEN und SCHÄDIGEN der Fall, die von KÜHNHOLD/WELLMANN (1973: 34) und FLEISCHER/BARZ (1992: 311) direkt von den Substantiven ANGST, ENDE und SCHADEN abgeleitet werden, was zu entsprechenden Varianten führen müßte. Da aber zu allen drei Verben ein die Basis bildendes Adjektiv in frühnhd. *engstig* 'sorgsam, eifrig, bange', in spätmhd. *endec* 'zu Ende kommend, schnell, eifrig' und mhd. *schadec, schedec* 'schädlich' existiert (PFEIFER 1989: 53, 357, 1487), wird hier auf eine solche Variantenkonstitution verzichtet.

275.1 Werden die primärsprachlichen Suffixe zur Verbkonstitution mit den bisher behandelten Suffigierungen bei Substantiven und Adjektiven, vor allem mit den Derivationstypen sGM + FM (§§ 246, 256), verglichen, ergibt sich ein zentraler morphologischer Unterschied. Dieser wird besonders deutlich, wenn das FM {ən} zur Verbkonstitution wie in TAGEN dem ausdrucksseitig identischen FM {ən} zur Adjektivkonstitution wie in GOLDEN gegenübergestellt und die paradigmatischen Strukturen der neugeschaffenen Wörter in die Analyse einbezogen werden. Während beim Adjektiv GOLDEN aus der Verbindung von sGM {gold} + FM {ən} ein GM zweiten Grades entsteht, an das die der Wortart Adjektiv in der jeweiligen syntaktischen Verwendungsweise zukommenden RM wie in den Äußerungen (1) *Ein golden-er Ring liegt auf dem Tisch.* – (2) *Ich kaufe einen golden-en Ring.* – (3) *Der Ring ist wirklich golden.* antritt, verhalten sich die mit dem FM {ən} gebildeten Verben anders. In den Äußerungen (4) *Sie tag-en seit Stunden.* – (5) *Du tag-st wohl zu gern?* – (6) *Sie werden wie immer lange tag-en.* besteht die jeweilige Verbform aus einem GM und einem RM; ein die Derivation aus dem sGM der Ableitungsbasis TAG signalisierendes FM {ən} ist nicht zu erkennen. Daher hebt FLEISCHER (1982: 314) hervor, daß es sich bei der Phonemfolge /ən/ „einerseits um ein Wortbildungsmorphem, andererseits – im System der übrigen Flexionsformen des Verbs – aber auch um ein Flexionsmorphem" handele. Dieser Auffassung wird hier insofern gefolgt, als weitergehend zwischen der Wortbildung als Prozeß und der Verwendung des neuen Verbs in paradigmatischen und syntagmatischen Strukturen unterschieden wird. Im Wortbildungsprozeß liegt beim Verb TAGEN zu TAG ein FM vor, das in der Verwendung als Infinitiv in analytischen Verbformen (Äußerung 6) eine morphologische Uminterpretation als RM erfährt. Die Flexionsformen mit dem RM {ən} in den RM-Sätzen von verbalen Teilparadigmata (u.a. Äußerung 4) haben mit dem Wortbildungsprozeß direkt nichts mehr zu tun. Mit der morphologischen Uminterpretation in der Infinitivform ergibt sich das GM {tāg}, das mit den entsprechenden verbalen RM-Sätzen verbunden wird.

275.2 Eine andere morphologische Analyse schlägt VON POLENZ (1973: 146; 1980: 170) vor. Er geht bei TAGEN zu TAG von einer Konversion aus, bei der ein GM, hier ein sGM, „ohne jeden Zusatz", d.h. ohne ein FM, in eine andere Wortart, hier ein Verb, überführt werde und die entsprechenden RM-Sätze dieser Wortart übernehme. Dieser Auffassung schließen sich FLEISCHER/BARZ (1992: 49) unter explizitem Bezug auf VON POLENZ an, d.h. das „infinitivische *-en* wird also nicht (mehr) als Wortbildungsmorphem aufgefaßt, da es nicht – wie die Wortbildungsmorpheme – Bestandteil des Wortstammes ist, sondern wie die Flexionsmorpheme – innerhalb des verbalen Flexionsparadigmas verändert wird".

Die Annahme einer Konversion wird jedoch weder der besonderen Rolle der Konversion (§ §§ 284-289) noch den bei der Verbkonstitution auftre-

tenden morphologischen Strukturen gerecht. Während bei den Konversionen bei der Überführung in eine andere Wortart die interne phonologische Struktur unverändert bleibt, ergeben sich bei der Verbkonstitution phonotaktische Veränderungen, die bei der Konstitution von deverbativen Substantiven (§ 242.1 mit Tabelle 90), von deadjektivischen Substantiven (§ 244.1 mit Tabelle 92), von deverbativen Adjektiven (§ 254.1 mit Tabelle 101) und desubstantivischen Adjektiven (§ 256.1 mit Tabelle 103) jeweils mit der Existenz von Suffixen verbunden sind. Werden die jeweiligen phonotaktischen Veränderungen auf Konversionen zurückgeführt, kommt es zu einer unnötigen Ausweitung des Konversions-Begriffs durch sog. „verschiedene, die Konversion begleitende Prozesse" (FLEISCHER/BARZ 1992: 305) und zu zum Teil willkürlichen Entscheidungen. So müßte beim Verb DÄMPFEN zu DAMPF (Beispiel 1a) anders als bei TAGEN zu TAG von einer Konversion des sGM aus dem Teilparadigma des Plurals ausgegangen werden. Bei QUÄLEN zu QUAL ist der Umlaut im vGM durch die Annahme einer Konversion überhaupt nicht zu erfassen. Dies gilt in gleicher Weise für die Verben REGNEN zu REGEN, RAHMEN zu (*der*) RAHMEN, HÄUFEN zu (*der*) HAUFEN und KOKEN zu KOKS. Bei BLÄTTERN zu BLATT müßte sogar die Konversion einer Basis angenommen werden, die aus einem GM {blɛt} und einem RM {ər} besteht. Wenn die entsprechenden Bildungen mit phonotaktischen Veränderungen der Ableitungsbasis vor FM in Verbindung gebracht werden, entfallen die metasprachlichen Darstellungsprobleme.
Die Annahme einer Konversion im Verbalbereich hat darüber hinaus noch wortbildungsmorphologische und definitorische Konsequenzen, die FLEISCHER/BARZ nicht berücksichtigen. So werden einmal die Wortneukonstitutionen im Verbalbereich wortbildungsmorphologisch nicht einheitlich, sondern unterschiedlich metasprachlich beschrieben, indem bei TAGEN zu TAG von einer Konversion von <Tag> und bei RADELN zu RAD bzw. HULDIGEN zu HULD zunächst von einer expliziten Suffigierung mit den FM {əl} und {ig} und einer anschließenden Konversion von <radel> und <huldig> ausgegangen wird (FLEISCHER/BARZ 1992: 309). Zum anderen wird durch diese Vorgehensweise gegen die eigene Definition der Konversion als „syntaktische Transposition von Wörtern oder Wortgruppen bzw. Sätzen (dann Univerbierung) mit potentieller semantischer Eigenentwicklung und Lexikalisierung ohne Stammvokalveränderung oder Affigierung" (FLEISCHER/BARZ 1992: 48) verstoßen, denn bei TAGEN zu TAG könnte zwar noch – der anderen Terminologie folgend – von einer Konversion des Wortes TAG gesprochen werden, bei den Konversionsgrundlagen <radel> und <huldig> bei RADELN zu RAD bzw. HULDIGEN zu HULD werden jedoch nicht Wörter, sondern Morphemverbindungen, die noch keine Wör-

ter sind, in die Konversion einbezogen, was in der Definition gar nicht vorgesehen ist.

275.3 Eine noch andere morphologische Beschreibung legen KÜHNHOLD/WELLMANN (1973: 20f.) vor, der sich ERBEN (1975: 68 mit Anm. 31; 1993: 72 mit Anm. 31) ausdrücklich anschließt. Sie gehen von einem „Verbalisierungsmorphem" aus, das aus „pädagogischen Gründen" metasprachlich als „-*(en)*" angegeben wird, obwohl auch „ein zusammenfassendes Zeichen, etwa -f (= verbales Flexionsmorphem)" möglich wäre. Das Verbalisierungsmorphem hat die Funktion, „die Klassenprägung als 'Verb' hervorzuheben" und steht als „besonders häufig vorkommendes Morphem (Inf.; 1.3.Pl.) [...] stellvertretend für alle Verbflexive (*-e, -st, -t* usw.)". Auch I. ZIFONUN (1970: 36) weist auf die Konsequenz hin, daß bei der Annahme eines Verbalisierungsmorphems „das ganze verbale Flexionsparadigma als Varianten dieses Verbalisierungsmorphems" aufzufassen sei.

Neben dem Verbalisierungsmorphem nehmen KÜHNHOLD/WELLMANN (1973: 20) die „Formantien, die zwischen -*(en)* und die Basis treten können: *-l-, -el- /əl/, -ig-, -ier- /i: r/, -isier- /izi: r/*" an. Das führt sie dazu, bei AMTIEREN zu AMT oder BLONDIEREN zu BLOND ein „Ableitungsmorphem [...] *-ier-(en)*" anzusetzen. Von diesem Ableitungsmorphem aus werden Verben wie TAGEN zu TAG oder GRÜNEN zu GRÜN, bei denen „das Verbalisierungsmorphem unmittelbar an die Basis tritt und keine Lautgruppe eingeschoben wird" als Wortbildungen mit dem Ableitungsmorphem „*-ø-(en)*" interpretiert, d.h. ein „Nullzeichen (*ø*)" soll in Opposition zu „*-ier-*" eine Wortbildungsfunktion übernehmen.

Die Annahme eines Nullzeichens in der Wortbildung ist unnötig und auch paradigmatisch nicht begründet. Die vorhandene Opposition zwischen den Wortbildungsprinzipien bei den Verben AMTIEREN und TAGEN bzw. HULDIGEN und TAGEN wird metasprachlich wesentlich einfacher erfaßt, wenn von einer Opposition der Suffixe {īrən] und {ən} bzw. {igən} und {ən} ausgegangen wird.

275.4 Auch OLSEN (1990: 185, 187, 213) greift im Zusammenhang mit der Unterscheidung von „kombinatorischen Wortbildungsprozessen wie Komposition und Affigierung" und „nicht-kombinatorische[n]" bzw. „nicht-konkatenativen" auf die Annahme eines „Nullsuffixes" zurück, erhebt den Anspruch einer „erklärenden Theorie" und bezieht neben TAGEN zu TAG, GEIGEN zu GEIGE, SPEICHERN zu SPEICHER auch KÜRZEN zu KURZ, LOCKERN zu LOCKER, SÜSSEN zu SÜSS und LAUF zu LAUFEN, SCHLAF zu SCHLAFEN in ihre „kombinatorische Theorie der Konversion" ein. In dieser Theorie hat das „Null-Morphem" bzw. „leere Suffix" die „Hauptfunktion", das „Stamm-Morphem mit neuen Merkmalen zu versehen" und als „Head eines Wortes" zu fungieren (ebd.: 206), obwohl es nicht durch Oppositionen begründet werden kann. Es soll als „leere

Kategorie" (ebd.: 213) ein „Ableitungsverhältnis" signalisieren, das „nicht durch ein hinzugefügtes Element zum Ausdruck" kommen soll (ebd.: 186), aber doch dieselben Funktionen wie phonologisch realisierte FM hat, so daß sich kein genereller Unterschied zu ihnen ergibt. Der Ansatz eines Nullmorphems ist nicht in der Lage, mit den Wortneukonstitutionen verbundene phonotaktische Veränderungen gegenüber der Ausgangsbasis adäquat zu beschreiben; der Hinweis auf eine „phonologische[n] Ähnlichkeit" bzw. eine „semantische[n] Verwandtschaft" (ebd.: 186) genügt nicht, um das Zusammenwirken von Ausdrucksseite und Inhaltsseite, von interner phonologischer und interner morphologischer Struktur bei Wortneukonstitutionen angemessen zu erfassen, so daß der 'erklärende' Gehalt der vorgelegten metasprachlichen Beschreibung begrenzt ist.

276.1 Die auf ein aGM als Ableitungsbasis zurückgehenden Verbkonstitutionen sind in der Tabelle 117 zusammengefaßt:

Tabelle 117: Kombinationstypen aus aGM + FM und ihre Varianten bei deadjektivischen Verben

morphologische Struktur Suffixbildungen	Bezug zum Simplex	morphologischer Verbindungstypus	Basisgebundenheit des FM
1. kranken	Adj. krank	aGM + FM {ən}	aGM, sGM, vGM
2. dunkeln	Adj. dunkel	aGM + FM {n}	aGM, sGM
3. blödeln	Adj. blöd	aGM + FM {əln}	aGM, sGM, vGM
4. festigen	Adj. fest	aGM + FM {igən}	aGM, sGM
1a. schwärzen	Adj. schwarz	aGM + FM {ən}	aGM, sGM, vGM
1b. trocknen	Adj. trocken	aGM + FM {ən}	aGM, sGM, vGM
1c. kräftigen	Adj. kräftig	aGM + FM {ən}	aGM, sGM, vGM
2a. säubern	Adj. sauber	aGM + FM {n}	aGM, sGM
2b. bessern	Adj. Komparativ besser	aGM + FM {n}	aGM, sGM
2c. albern	Adj. albern	aGM + FM {n}	aGM, sGM
3a. klügeln	Adj. klug	aGM + FM {əln}	aGM, sGM, vGM
4a. sättigen	Adj. satt	aGM + FM {igən}	aGM, sGM

Die Tabelle 117 folgt in ihren Aufbauprinzipien der Tabelle 116 (§ 274.1). Bis auf das FM {ln} kommen dieselben Suffixe in Kombinationen mit aGM wie bei der Verbbildung durch den Typus sGM + FM vor.

276.2 Das FM {ən} kann wie bei KRANKEN zu KRANK (Beispiel 1) ohne phonotaktische Veränderungen beim aGM der Ableitungsbasis an diese antreten. Bei SCHWÄRZEN zu SCHWARZ (Beispiel 1a) ist eine Umlautung bei der Ableitungsbasis vorhanden. Weitere Umlautungen sind bei KLÄREN zu KLAR, RÖTEN zu ROT, KÜRZEN zu KURZ und BRÄUNEN zu BRAUN vorhanden; bei Verben wie WACHEN zu WACH,

LAHMEN zu LAHM und FAULEN zu FAUL fehlt der Umlaut; bei Verben wie TRÜBEN zu TRÜB ist der Umlaut bereits im aGM der Ableitungsbasis vorhanden. Wie beim Typus sGM + FM läßt sich für das Vorhandensein oder Fehlen des Umlauts gegenwartssprachlich keine Regel angeben.
Bei einzelnen Verbkonstitutionen zeigen sich phonotaktische Reduktionen im Vergleich zum aGM der Ableitungsbasis (FLEISCHER/BARZ 1992: 314). Wenn das aGM auf die Phonemfolge /ən/ ausgeht, wird das /ə/ wie bei TROCKNEN zu TROCKEN (Beispiel 1b) oder EBNEN zu EBEN getilgt.
Neben den aGM von Simplizia bilden auch morphologisch komplexere Elemente Ableitungsbasen. Bei KRÄFTIGEN zu KRÄFTIG (Beispiel 1c) handelt es sich um eine adjektivische Basis, die bereits mit dem FM {ix} gebildet ist. Dieses Wortbildungsprinzip ist jeweils zu beachten, wenn eine Unterscheidung zu Verbkonstitutionen mit dem FM {igən} wie bei FESTIGEN zu FEST (Beispiel 4) vorgenommen wird.
276.3 Das FM {n} wird bei aGM als Ableitungsbasis verwendet, wenn diese wie DUNKELN zu DUNKEL (Beispiel 2) oder SÄUBERN zu SAUBER (Beispiel 2a) auf die Phonemfolgen /əl/ und /ər/ ausgehen. Bei SÄUBERN ist zusätzlich ein Umlaut vorhanden. Bei den wenigen noch auf das Phonem /ə/ ausgehenden aGM wird das Suffix {n} ebenfalls eingesetzt, um wie bei SICH REGEN zu REGE Verben zu konstituieren. Bei BESSERN zu BESSER (Beispiel 2b) und MILDERN zu MILDER bildet eine adjektivische Komparativform die Ableitungsbasis (FLEISCHER/BARZ 1992: 314).
Eine Sonderstellung nimmt das Verb ALBERN zum Adjektiv ALBERN (Beispiel 2c) ein. Während FLEISCHER/BARZ (1992: 314) davon ausgehen, daß Verb und Adjektiv „formal identisch" seien und – wie beim Verb RAHMEN und Substantiv RAHMEN (§ 274.4) – eine Konversion mit morphologischer Uminterpretation des Phonems /n/ annehmen, erwägen KÜHNHOLD/WELLMANN (1973: 21) „eine Bildungsweise mit Nullmorphem zu postulieren". Es liegt aber weder synchron noch diachron ein solches Wortbildungsmuster vor. Das Verb ALBERN 'sich kindisch, unernst benehmen' ist vielmehr im 18. Jahrhundert zum damals noch existierenden Adjektiv ALBER mit dem Suffix {n} gebildet worden. Neben frühnhd. alber entstand durch Übernahme aus den flektierten Adjektivformen bereits in frühnhd. Zeit die Ausdrucksseite albern, die sich schriftsprachlich durchsetzte (PFEIFER 1989: 32). Das gegenwartssprachliche Nebeneinander des Verbs ALBERN und des Adjektivs ALBERN ist das Ergebnis unterschiedlicher sprachlicher Traditionen, es repräsentiert nicht einen besonderen Wortbildungstypus und ist auch nur bedingt als 'formal identisch' anzusehen, denn die Phonemfolgen repräsentieren unterschiedliche morphologische Strukturen. Das Verb ALBERN besteht aus dem GM {albər} und entsprechenden RM-Sätzen, das Adjektiv ALBERN aus dem GM {albərn} und den der syntaktischen Verwendungsweise entsprechenden RM-Sätzen.

276.4 Das Suffix {əln} wird zur Verbkonstitution in Kombination mit aGM als Ableitungsbasis relativ selten verwendet. Bei BLÖDELN zu BLÖD (Beispiel 3) wird es ohne phonotaktische Veränderungen beim aGM der Ableitungsbasis mit dieser verbunden. Bei KLÜGELN zu KLUG (Beispiel 3a) und bei FRÖMMELN zu FROMM ist zusätzlich eine Umlautung im Vergleich zum aGM der Ableitungsbasis festzustellen. Bei KRÄNKELN 'ständig, immer wieder ein wenig krank sein', das KÜHNHOLD/WELLMANN (1973: 34) zum Adjektiv KRANK stellen, ist eher von einer Iterativbildung zum Verb KRANKEN 'an etwas erkrankt sein' auszugehen (PFEIFER 1989: 923).
Völlig anders ist das Verb ÄHNELN zu behandeln, das ohne weitere Erläuterungen nicht mit einem aGM als Basis in Verbindung gebracht werden kann (so KÜHNHOLD/WELLMANN 1973: 34). ÄHNELN geht auf das Verb mhd. *anelīchen*, frühnhd. *ähnlichen* zurück, das zum Adjektiv ahd. *anagilīh* 'ähnlich, angeglichen, gleich', mhd. *anelich, enlich, ellich* gebildet worden ist. ÄHNELN entstand Mitte des 17. Jahrhunderts, indem <lichen> in frühnhd. *ähnlichen* durch <eln> ersetzt wurde (vgl. PFEIFER 1989: 25).
276.5 Das Suffix {igən} wird wie das Suffix {əln} mit aGM als Ableitungsbasis zur Verbkonstitution nur eingeschränkt genutzt. Bei FESTIGEN zu FEST (Beispiel 4) wird es ohne Veränderung der Phonotaktik des aGM der Ableitungsbasis mit dieser verbunden. Bei SÄTTIGEN zu SATT (Beispiel 4a) ist zusätzlich eine Umlautung vorhanden. Die Bildungsweise ist „nicht produktiv" (KÜHNHOLD/WELLMANN 1973: 107).
277.1 Verbkonstitutionen mit dem morphologischen Verbindungstypus vGM + FM „stellen quantitativ neben der Masse an Präfixderivaten nur eine Randerscheinung dar" (FLEISCHER/BARZ 1992: 348). Die vorhandenen Typen und ihre Varianten sind in der Tabelle 118 erfaßt:

Tabelle 118: Kombinationstypen aus vGM + FM und ihre Varianten bei deverbativen Verben

morphologische Struktur Suffixbildungen	Bezug zum Simplex	morphologischer Verbindungstypus	Basisgebundenheit des FM
1. deuteln	Verb deuten	vGM + FM {əln}	vGM, sGM, aGM
2. folgern	Verb folgen	vGM + FM {ərn}	nur vGM
3. legen	Verb liegen; ahd. *liggen, lag*; got. *ligan, lag; lagjan*	vGM + FM {ən}	vGM, sGM, aGM
1a. lächeln	Verb lachen	vGM + FM {əln}	vGM, sGM, aGM

Die Aufbauprinzipien der Tabelle 118 entsprechen denen der Tabellen 116 (§ 274.1) und 117 (§ 276.1). Im Vergleich zu den dort aufgeführten Typen erscheint mit dem FM {ərn} ein ausschließlich zur Konstitution deverbativer Verben genutztes Suffix.

277.2 Das Suffix {əln} verbindet sich mit vGM als Ableitungsbasis und besitzt in Relation zu dieser eine diminutiv-iterative Funktion (KÜHNHOLD/WELLMANN 1973: 116; FLEISCHER/BARZ 1992: 348). Bei Verben wie DEUTELN zu DEUTEN (Beispiel 1) tritt das Suffix ohne Veränderung der Phonotaktik des vGM der Ableitungsbasis an diese an. Bei LÄCHELN zu LACHEN (Beispiel 1a) erscheint vor dem Suffix in Relation zum vGM der Ableitungsbasis ein Umlaut. Weitere Verbbildungen mit Umlaut sind SPÖTTELN zu SPOTTEN, HÜSTELN zu HUSTEN; ohne Umlaut kommen TAPPELN zu TAPPEN, TROTTELN zu TROTTEN, ZUCKELN zu ZUCKEN vor; bei DRÄNGELN zu DRÄNGEN und ZÜNDELN zu ZÜNDEN ist der Umlaut bereits in der Ableitungsbasis vorhanden. Gegenwartssprachlich ist eine Regelung für das Vorhandensein oder Fehlen des Umlauts nicht zu erkennen.

Bei einer Reihe von Bildungen ist aufgrund der Relationen zu den mit dem Typus vGM + FM {əln} konstituierten Verben zwar die Phonemfolge /əln/ abgrenzbar, doch ist dem verbleibenden Rest kein GM eines Simplex zuzuordnen, so daß FLEISCHER/BARZ (1992: 348f.) von „nicht mehr segmentierbare[n] Bildungen" ausgehen. Bei BABBELN, BIMMELN und NUSCHELN handelt es sich um schallnachahmende Bildungen.

Doch nicht alle von FLEISCHER/BARZ in diese Wortgruppe eingeordneten Verben gehören dorthin. Bei QUASSELN 'ohne Überlegung, unverständlich sprechen' liegt vielmehr eine Iterativbildung zu nd. *quāsen* 'plaudern, schwatzen' vor (PFEIFER 1989: 1352). Während QUASSELN um 1900 von Berlin aus in die einzelnen Umgangssprachen gelangt, bleibt *quāsen* dialektal begrenzt, so daß die morphologische Durchsichtigkeit eingeschränkt ist.

277.3 Auch einzelne Verbkonstitutionen mit dem Suffix {ərn} haben eine iterative Funktion, jedoch fehlt ihnen eine diminuierende Komponente (FLEISCHER/BARZ 1992: 349). Beim Verb FOLGERN 'eine Folge ableiten, einen Schluß ziehen' zu FOLGEN 'sich nach etwas richten, sich aus etwas ergeben' (Beispiel 2) wird das FM ohne phonotaktische Veränderung beim vGM der Ableitungsbasis an diese angeschlossen.

Das von FLEISCHER/BARZ (1992: 309) mit Einschränkung zum Substantiv KLECKS gestellte Verb KLECKERN gehört zum Verb ahd., mhd. klecken 'platzen, krachen, klecksen u.a.' und ist eine Iterativbildung zu dem gegenwartssprachlich nur noch dialektal vorhandenen Verb KLECKEN '(von Flüssigkeiten) geräuschvoll fallen, Flecke machen, schmieren' (PFEIFER 1989: 846).

Wie bei den Bildungen mit dem Suffix {əln} existieren auch mit dem FM {ərn} konstituierte schallnachahmende Verben, die nicht weiter segmentierbar bzw. an ein GM eines Simplex anschließbar sind. Zu ihnen gehören PLAP-

PERN, POLTERN, WIMMERN und WISPERN. Bei GLUCKERN neben GLUCKEN handelt es sich um eine Iterativbildung, die aber ebenso wie die Basis eine schallnachahmende Funktion besitzt (PFEIFER 1989: 582).
Etwas anders ist LABERN 'schmatzend schlürfen, unsinniges Zeug reden' zu beurteilen. Es ist eine Iterativbildung zu mnd., nd. *labben* 'schlürfend trinken, lecken, schlecken' und ist seit dem 18. Jahrhundert in die Schriftsprache aufgenommen worden, während die Basis dialektal gebunden blieb (PFEIFER 1989: 959).

277.4 Die Verbkonstitutionen mit dem Suffix {ən} auf der Grundlage vGM als Ableitungsbasis sind in der Gegenwartssprache nicht mehr produktiv. Da sie aber „durch die mehr oder weniger deutlichen Motivierungsbeziehungen zu formativähnlichen Verben mit jeweils anderen Stammvokalen" zum Teil als Derivate zu erkennen sind (FLEISCHER/BARZ 1992: 349), werden sie hier in Auswahl aufgenommen.
Eine inhaltsseitig zusammenhängende Verbgruppe bilden die Kausativa, die „ein Bewirken der im Grundwort genannten Tätigkeit ausdrücken" (HENZEN 1965: 212). Nach KÜHNHOLD/WELLMANN (1973: 114) führt eine methodisch strenge Analyse, die unter einem Kausativum eine Verbableitung versteht, „in der das Subjekt des intrans[itiven] Verbs zum Akkusativobjekt der trans[itiven] Ableitung wird", dazu, „nur noch Einzelfälle wie *etw. legen, etw. senken, etw. setzen* zu diesem Muster zu zählen". Das Verb LEGEN ist unter dieser Voraussetzung inhaltsseitig zum Verb LIEGEN (Beispiel 3) zu stellen, wie die Äußerungen (1) *Das Kind liegt im Bett.* und (2) *Ich lege das Kind in das Bett.* verdeutlichen. Ein ausdrucksseitiger Bezug ist in der Phonotaktik KVK der vGM der Leitformen *liegen, lag, gelegen* gegeben. Im vGM des Partizip II {lēg} ist sogar eine ausdrucksseitige Übereinstimmung im Vokal /ē/ zum Verb LEGEN vorhanden, doch wird damit nicht die Ableitungsbasis erfaßt, die mit einem ehemals produktiven Suffix zur Konstitution sog. schwachen Verben (Klasse I) herangezogen wurde. Dazu diente jeweils das vGM der 1.3. Sg. Prät. Ind. der sog. starken Verben. So wurde im Gotischen zum starken Verb *ligan* 'liegen' mit der 1.3. Sg. Prät. Ind. *lag* und dem FM {jan} das schwacheVerb *lag-jan* 'legen = liegen machen' gebildet (HENZEN 1965: 212). Im Ahd. stehen sich das starke Verb *liggen, lag, lāgum, gilegen* und das schwache Verb *leggen* gegenüber (BRAUNE/EGGERS 1975: 282, 289), wobei letzteres in der Ausdrucksseite durch den Primärumlaut und die westgermanische Konsonantengemination bestimmt ist. Weitere Sprachwandelerscheinungen (Aufgabe der Gemination, Dehnung der Vokale in offenen Silben) führen dann zum gegenwartssprachlichen Gegensatz von LIEGEN zu LEGEN. Sprachgeschichtlich bedeutsam ist, daß das Suffix {ən} zur Verbkonstitution bereits seit ahd. Zeit – neben den FM {ēn} und {ōn} – existierte und zum produktivsten Suffix im Verbalbereich geworden ist.

Bei anderen Verbpaaren wie ESSEN – ÄTZEN, RINNEN – RENNEN, SPRINGEN – SPRENGEN, REISSEN – REIZEN, WINDEN – WENDEN, BEISSEN – BEIZEN, BIEGEN – BEUGEN, DRINGEN – DRÄNGEN, GENESEN – NÄHREN existierten ehemals vergleichbare wortbildungsmorphologische Relationen (FLEISCHER 1982: 319; FLEISCHER/BARZ 1992: 349).
Ehemals morphologisch durchsichtige Bezüge sind zwischen FAHNDEN – FINDEN, BÜCKEN – BIEGEN, NICKEN – NEIGEN, TROPFEN – TRIEFEN, SCHLÜPFEN – SCHLIEFEN, RUPFEN – RAUFEN, RITZEN – REISSEN, SCHNITZEN – SCHNEIDEN, SCHWENKEN – SCHWINGEN vorhanden, um die „Intensität eines Vorgangs oder einer Tätigkeit zu kennzeichnen“ (ERBEN 1980: 75).
278.1 Neben sGM, aGM und vGM spielen GM anderer Wortarten bei der Verbkonstitution mit Hilfe von Suffixen nur eine untergeordnete Rolle (FLEISCHER /BARZ 1992: 351f.). Mit dem Suffix {ən} werden von iGM Verben gebildet; vor allem in umgangssprachlichen Varietäten ist dieser Typus produktiv. So werden von den Interjektionen MIAU, PLUMPS und GLUCK die Verben MIAUEN, PLUMPSEN ’dumpf, ungeschickt fallen, ins Wasser fallen‘ und GLUCKEN ’den Laut gluck ausstoßen, brüten‘ abgeleitet (PFEIFER 1989: 1291, 582), um Schallnachahmungen zu bezeichnen.
Auch die FM {əln} und {ərn} werden in gleicher Weise verwendet. Dem Verb BIMMELN ’klingeln, mit hellem Ton läuten‘ liegt die Interjektion BIM zugrunde (PFEIFER 1989: 176), das Verb BLUBBERN geht auf die Interjektion BLUB zurück, die das Geräusch aufsteigender und zerplatzender Wasserblasen bezeichnet.
Das Verb ÄCHZEN ’stöhnen, seufzen, (weh)klagen‘ ist mit dem Suffix {tsən} zur Interjektion ACH gebildet und bereits seit mhd. Zeit als mhd. *ach(z)en, echzen* tradiert. Das Suffix {tsən} geht auf die ahd. Suffixe *-azzen, -azen, -ezen, -izen* zurück, die mit intensivierender und iterativer Funktion zur Konstitution von Verben verwendet werden (PFEIFER 1989: 12; HENZEN 1965: 226f.).
BREKLE (1976: 364, 368) ordnet Verben wie ÄCHZEN sprechakttheoretisch in die sog. delokutiven Verben ein, mit denen „ein Sprecher in seiner Äußerung über einen Sprechakt berichtet und dabei die phonetisch-lokutive Qualität dieses Sprechakts [...] genau angibt“. Seine morphologische Klassifizierung solcher Verben „als Nullableitungen (mit oder ohne Fugenelement“ (ebd.: 377) ist unbegründet und behandelt ein tradiertes und gegenwartssprachlich unproduktives wie ein produktives Wortbildungsmuster.
278.2 In eingeschränkter Weise werden auch prSM als Ableitungsbasen zur Verbkonstitution genutzt. Bei SIEZEN und DUZEN zu den prSM {zī} und {dū} (§ 147.5), die BREKLE (1976: 365) ebenfalls den delokutiven Verben zuordnet, erfolgt die Ableitung mit dem Suffix {tsən}.

279.1 Durch die Verbkonstitution mit Hilfe von Suffixen wird das Funktionsspektrum der Verben wesentlich erweitert. Die mit den Suffigierungen verbundenen inhaltsseitigen Funktionen ergeben sich aus der Bezeichnungsklasse der GM der Ableitungsbasis, aus der Übernahme der Prädikatfunktion in Verbalsätzen und aus dem jeweiligen Äußerungskontext. Die Funktionen können durch Paraphrasen verdeutlicht werden. Das Verb SCHMIEDEN zu SCHMIED in der Äußerung (1) *Er schmiedet das Eisen.* wird funktionell durch Äußerungen wie (2) *Er ist tätig wie ein Schmied.* und (3) *Er bearbeitet das Eisen als Schmied.* näher erläutert. Insgesamt lassen sich bei Suffigierungen zu sGM, aGM und vGM folgende Hauptfunktionen erkennen, die in der Tabelle 119, die sich an vergleichbaren Tabellen bei ERBEN (1975: 70; 1993: 73f.) und FLEISCHER/BARZ (1992: 317f.) orientiert, zusammengefaßt sind:

Tabelle 119: Inhaltsseitige Funktionen von Suffixen auf der Basis sGM, aGM und vGM bei der Verbkonstitution

inhaltsseitige Funktion	Ableitungs-basis	FM	Beispiele
1. aktualisierend	sGM	{ən}	tagen
2a. imitativ, vergleichend	sGM	{ən}, {n}	schmieden; robben, büffeln
2b. imitativ, charakterisierend	aGM	{əln}	frömmeln
3a. resultativ	sGM	{ən}, {n}	lammen; ferkeln, bündeln
3b. resultativ, übergehend	sGM	{ən}	rosten
3c. resultativ, beginnend	aGM	{ən}	reifen, welken
4. privativ	sGM	{ən}, {n}	häuten; pellen
5. faktitiv	sGM	{ən}	schroten
	aGM	{ən}, {igən}	kürzen, demütigen; festigen, reinigen
6a. ornativ	sGM	{ən}, {n}	teeren; fliesen, kacheln
6b ornativ, zufügend	sGM	{igən}	peinigen
7. instrumental	sGM	{n}	flöten, trommeln, rudern
8. lokativ	sGM	{ən}, {n}	hausen, landen; schultern
9. iterativ	sGM	{əln}, {ln}	frösteln; kriseln
	vGM	{əln}	tröpfeln, spötteln
10. durativ	aGM	{ən}	wachen
11. kausativ	vGM	{ən}	legen

Die Tabelle 119 ist primär nach den inhaltsseitigen Funktionen aufgebaut, die in der ersten vertikalen Spalte angegeben sind. In der zweiten Spalte wird die Ableitungsbasis in der Abfolge sGM, aGM, vGM aufgeführt, in der dritten Spalte folgen die FM, und die letzte Spalte enthält einzelne Beispiele.

279.2 Von den elf unterschiedenen Hauptfunktionen werden fünf nur mit sGM signalisiert (1, 4, 6-8), drei zeigen sich bei sGM und aGM (2, 3, 5) und je eine ist mit einem aGM (10), einem vGM (11) und mit sGM und vGM (9) verbunden.
Bei imitativen Verben wird ausgedrückt, wie jemand und als was jemand tätig ist, bezeichnet wird eine Rolle oder ein Beruf. Durch resultative Verben wird auf das Ergebnis, die Tätigkeit, die Wirkung verwiesen; dabei kann wie bei ROSTEN noch eine zusätzliche Markierung des Übergangs oder wie bei REIFEN und WELKEN eine solche des Beginns des Übergangs erfolgen. Privative Verben bezeichnen ein Entfernen und Wegnehmen, ornative dagegen ein Versehen mit einer Sache bzw. ein gegen eine Person gerichtetes Zufügen wie PEINIGEN. Faktitive Verben drücken aus, daß jemand oder etwas zu etwas gemacht wird. Durch instrumentale Verben wird ein Arbeiten mit etwas, ein Bearbeiten einer Sache oder ein Benutzen von etwas gekennzeichnet. Lokative Verben enthalten eine orts- oder richtungsbezogene Information, iterative eine zur Wiederholung, durative eine zur Dauer und kausative eine zur Veranlassung.
280.1 Neben den primärsprachlichen FM zur Konstitution von Verben werden auch sekundärsprachliche verwendet. Die wichtigsten sekundärsprachlichen Präfixe und ihre inhaltsseitigen Funktionen sind in der Tabelle 120 zusammengestellt:

Tabelle 120: Sekundärsprachliche Präfixe (Auswahl) zur Konstitution von Verben und ihre inhaltsseitigen Funktionen

Funktion Präfixe	Beispiel	Art der Modifikation bzw. semantisches Merkmal
1. de-	dekompensieren	reversativ
2. des-	desorientieren	reversativ
3. dis-	disqualifizieren	reversativ
4. ex-	exkommunizieren	Ausgrenzung
5. in-	a) invalidieren ’entkräften‘	Negation
	b) injizieren	lokal, hinein
6. ko-	kooperieren	Beteiligung
7. kol-	kollabieren ’einen Kollaps erleiden‘, ‘kollationieren ’vergleichen	Beteiligung
8. kom-	kommandieren	Beteiligung
9. kon-	konstruieren	Beteiligung
10. prä-	prädisponieren	vorausgehend
11. pro-	prolongieren	voran-, weitergehend
12. re-	reagieren	gegenläufig

Die Aufbauprinzipien richten sich nach denen der Tabellen 96 (§ 249.2) und 108 (§ 262.1).

280.2 Die Arten der Modifikation entsprechen weitgehend denen bei den Substantiven und Adjektiven. Anders als bei diesen spielen die Präfixe *a-, an-, anti-* mit der inhaltsseitigen Funktion der Negation keine Rolle. Beim Präfix *in-* ist die Funktion der Negation nur noch beim veralteten Verb INVALIDIIEREN vorhanden; bei Verbkonstitutionen überwiegt bei Bildungen wie INJIZIEREN die lokale Funktion mit dem Merkmal 'hinein' (FLEISCHER/BARZ 1992: 328).

280.3 Die sekundärsprachlichen Suffixe {īrən}, {izīrən} und {ifitsīrən} kommen im Deutschen seit dem 12. Jahrhundert vor. Es handelt sich um primärsprachliche Integrationen des sekundärsprachlichen französischen Infinitivmorphems <er> durch die Verbindung mit dem primärsprachlichen Suffix {ən}, wobei bei der Fixierung der Phonotaktik noch die Ausdrucksseite französischer Substantive auf <ier> eine Rolle spielte (FLEISCHER/BARZ 1992: 311), was KOLB (1980: 288, 290) zum Ansatz eines „verbalen Interferenzsuffixes" <ieren> führt. Die Suffixe sind überwiegend mit sekundärsprachlichen Basen verbunden, seit dem 14. Jahrhundert tritt das Suffix {īrən} wie bei AMTIEREN und GASTIEREN bzw. SINNIEREN auch an primärsprachliche Basen an.

280.4 Die verschiedenen sekundärsprachlichen Suffixe und die mit ihnen verbundenen Funktionen sind in der Tabelle 121 zusammengestellt:

Tabelle 121: Sekundärsprachliche Suffixe (Auswahl) zur Konstitution von Verben, ihre Basen und inhaltsseitigen Funktionen

Funktion Suffixe	Ableitungs-basis	Beispiel	Art der Modifikation bzw. semantisches Merkmal
1. -ieren	sGM	gastieren, spionieren	imitativ, vergleichend
	aGM	brüskieren	imitativ, charakerisierend
	sGM	argumentieren	resultativ
	sGM	gelieren	resultativ, übergehend
	sGM	skalpieren	privativ
	sGM	amnestieren	faktitiv
	aGM	blondieren	faktitiv
	sGM	asphaltieren	ornativ
	sGM	torpedieren, telefonieren	instrumental
	sGM	arretieren	lokal
	vGM	sinnieren	iterativ
2. - isieren	sGM	nomadisieren	imitativ, vergleichend
	sGM	moralisieren	imitativ, charakerisierend
	sGM	kristallisieren	resultativ, übergehend
	sGM	pulverisieren	faktitiv
	aGM	fanatisieren	faktitiv
	sGM	kanalisieren	ornativ
	sGM	inventarisieren, kanonisieren	lokal
3. -ifizieren	sGM	exemplifizieren, klassifizieren	ornativ

Die Tabelle 121 besteht aus vier Spalten. In der ersten sind die Suffixe aufgeführt, in der zweiten folgen die Angaben zur Ableitungsbasis, in der dritten erscheinen Beispiele, und in der vierten Spalte sind die Modifikationsarten angegeben.

280.5 Das Suffix {ī̄rən} ist als einziges mit sGM, aGM und vGM verbunden und besitzt das umfangreichste Funktionsspektrum. Das Suffix {izīrən} wird überwiegend mit sGM und gelegentlich mit aGM kombiniert; das Suffix {ifitsīrən} geht nur mit sGM eine Verbindung ein.

Bei den Modifikationsarten zeigen sich dieselben inhaltsseitigen Funktionsgruppen wie bei den primärsprachlichen Suffixen (§ 279.1 mit Tabelle 119), d.h. die bereits vorhandenen Möglichkeiten werden in der Frequenz erhöht; eine spezifische inhaltsseitige Funktionalität ergibt sich durch die sekundärsprachlichen Suffixe nicht. Allerdings existieren einzelne primärsprachliche Suffixfunktionen, die durch die sekundärsprachlichen nicht ergänzt werden.

281.1 Während kombinierte Präfix-/Suffixbildungen (§ 71.2) nur bei deverbativen Substantiven (§ 250) mit einem Typus nachgewiesen werden können, sind sie bei der Verbkonstitution mit mehreren Typen vertreten. Dabei bilden sGM und aGM in den Typen FM + sGM + FM und FM + aGM + FM die zentrale Grundlage der Wortbildungsprozesse. In eingeschränkter Funktionalität kommt auch der Typus FM + säGM + FM vor (§ 283). KÜHNHOLD/WELLMANN (1973: 127-131) folgend werden nur solche Präfix-/Suffixbildungen behandelt, „neben denen keine einfachen Suffixableitungen vorkommen." Das bedeutet, daß auch Präfixe eine „Umkategorisierung" bewirken können (ESCHENLOHR 1997: 39). OLSEN (1990: 209f.) nimmt statt kombinierter Präfix-/Suffixbildungen „komplexe Affixe (genauer: Zirkumfixe, der Art be/ent/er/ge/ver/zer + X + Suffix)" an, ohne den morphologischen Sonderstatus des Morphemtyps 'Zirkumfix' begründen zu können (§§ 71.2, 250). BARZ (1992: 79) stimmt OLSEN explizit zu und ordnet die entsprechenden Bildungen als „Zirkumfixderivate" ein.

281.2 Die mit dem Typus FM + sGM + FM verbundenen Kombinationsformen sind in der Tabelle 122 zusammengestellt:

Tabelle 122: Kombinierte Präfix-/Suffixbildungen des Typus FM + sGM + FM und ihre Varianten bei der Verbkonstitution

morphologische Struktur Typus	Bezug zum Simplex	Beispiel(e)
1. {bə} + sGM + {ən}	Subst. Sold	besolden, bedachen
2. {bə} + sGM + {n}	Subst. Pflaster	bespitzeln, bepflastern, beurkunden
3. {bə} + sGM + {igən}	Subst. Schein	bescheinigen, beaufsichtigen
4. {ɛnt} + sGM + {ən}	Subst. Thron	entthronen, entkernen
5. {ɛnt} + sGM + {n}	Subst. Sahne	entsahnen

morphologische Struktur Typus	Bezug zum Simplex	Beispiel(e)
6. {ɛr} + sGM + {ən}	Subst. Dolch	erdolchen
7. {fɛr} + sGM + {ən}	Subst. Brief	verbriefen, verschrotten
8. {fɛr} + sGM + {n}	Subst. Trottel	vertrotteln, vergittern, verfliesen
9. {tsɛr} + sGM + {n}	Subst. Bombe	zerbomben, zertrümmern
3a. {bə} + sGM + {igən}	Subst. Erde	beerdigen, beseitigen

In der ersten Spalte der Tabelle 122 ist der Typus angegeben, in der zweiten der Bezug zu einem Simplex; in der dritten Spalte folgen zum Teil weitere Beispiele.

281.3 Insgesamt können neun Kombinationstypen nachgewiesen werden. Von den primärsprachlichen Präfixen sind fünf beteiligt, lediglich die Präfixe {gə} und {mis} kommen nicht vor (§ 271.1). Von den mit sGM verbundenen primärsprachlichen Suffixen werden {ən}, {n} und {igən} in die Kombinationstypen einbezogen, die Suffixe {əln} und {ln} nicht (§ 274.1). Die fünf Präfixe {bə}, {ɛnt}, {ɛr}, {fɛr} und {tsɛr} werden jedoch nicht mit allen Suffixen kombiniert. Nur das Präfix {bə} wird gemeinsam mit dem Suffix {igən} zur Verbkonstitution verwendet. Alle fünf Präfixe sind dagegen mit den Suffixen {ən} oder {n} kombiniert. In Abhängigkeit von der Phonotaktik der als Ableitungsbasen dienenden sGM und ihrer Auswahl kommen die Typen {ɛr} + sGM + {n} und {tsɛr} + sGM + {ən} nicht vor.

Der Typus {bə} + sGM + {n} erscheint, wenn die sGM in ihrer Phonotaktik auf die Phonemfolgen /əl/ und /ər/ bzw. auf das Phonem /ə/ wie bei BESPITZELN, BEPFLASTERN, BEURKUNDEN (Beispiel 2) ausgehen. Wenn beim Typus {bə} + sGM + {igən} das sGM auf das Phonem /ə/ wie bei ERDE ausgeht, wird es vor dem Suffix {igən} getilgt (Beispiel 3a). Der Typus {ɛnt} + sGM + {n} zeigt sich bei einem auf das Phonem /ə/ ausgehenden sGM wie bei ENTSAHNEN (Beispiel 5). Der Typus {fɛr} + sGM + {n} ist wie der Typus {bə} + sGM + {n} an die Phonotaktik des die Basis bildenden sGM gebunden, wenn diese wie bei VERTROTTELN, VERGITTERN, VERFLIESEN (Beispiel 8) auf die Phonemfolgen /əl/ und /ər/ bzw. auf das Phonem /ə/ ausgehen. Der Typus {tsɛr} + sGM + {n} ist bei Basen vorhanden, die wie ZERTRÜMMERN und ZERBOMBEN eine auf die Phonemfolge /ər/ bzw. das Phonem /ə/ ausgehende Phonotaktik besitzen.

Eine Reduktion der Phonotaktik der Basis begegnet nur bei BEERDIGEN, BESEITIGEN (Beispiel 3a); die übrigen bei desubstantivischen Verbkonstitutionen aufgezeigten Variantenbildungen (§ 274.1 mit Tabelle 116) kommen hier nicht vor.

281.4 Auch das sekundärsprachliche Suffix {īrən] ist in die kombinierte Präfix-/Suffixbildung einbezogen. Allerdings kommt nur der Typus {fɛr} + sGM + {īrən} wie in VERBARRIKADIEREN zu BARRIKADE vor.

281.5 Die Verbkonstitutionen mit dem Typus FM + aGM + FM sind in der Tabelle 123 zusammengefaßt, die wie die Tabelle 122 aufgebaut ist:

Tabelle 123: Kombinierte Präfix-/Suffixbildungen des Typus FM + aGM + FM und ihre Varianten bei der Verbkonstitution

morphologische Struktur Typus	Bezug zum Simplex	Beispiel(e)
1. {bə} + aGM + {ən} 2. {bə} + aGM + {igən}	Adj. frei Adj. grad	befreien, betätigen begradigen
3. {ɛnt} + aGM + {ən}	Adj. ledig, Suffigierung	entledigen
4. {ɛr} + aGM + {ən} 5. {ɛr} + aGM + {n}	Adj. blind Adj. leichter, Komparativ	erblinden, erniedrigen, ermöglichen erleichtern
6. {fɛr} + aGM + {ən} 7. {fɛr} + aGM + {n} 8. {fɛr} + aGM + {igən}	Adj. spät Adj. edel Adj. unrein	verspäten, verflüchtigen, verdeutlichen veredeln, verschlimmern verunreinigen
9. {tsɛr} + aGM + {ən} 10. {tsɛr} + aGM + {n}	Adj. mürb Adj. kleiner, Komparativ	zermürben zerkleinern
2a. {bə} + aGM + {igən}	Adj. sanft	besänftigen
3a. {ɛnt} + aGM + {ən}	Adj. bloß	entblößen
4a. {ɛr} + aGM + {ən}	Adj. kalt	erkälten

281.6 Insgesamt kommen zehn Kombinationstypen vor. Wie beim Typus FM + sGM + FM sind an ihnen die fünf Präfixe {bə}, {ɛnt}, {ɛr}, {fɛr} und {tsɛr} und die Suffixe {ən}, {n} und {igən} beteiligt. Mit dem Suffix {igən} werden die Präfixe {bə} und {fɛr} zur Verbkonstitution verwendet, beim Typus {fɛr} + aGM + {igən} bildet ein aGM zweiten Grades wie bei VERUNREINIGEN (Beispiel 8) die Basis. Alle fünf Präfixe gehen mit dem Suffix {ən} eine Kombination ein; mit dem Suffix {n} ergeben aufgrund der ausgewählten aGM und ihrer Phonotaktik nur die Präfixe {ɛr}, {fɛr} und {tsɛr} einen Kombinationstypus.
Der Typus {ɛnt} +aGM + {ən} hat bei ENTLEDIGEN (Beispiel 3) ein aGM zweiten Grades als Grundlage; je nach Wortbildungsbasis ist ein Typus mit dem Suffix {ən} wie hier bzw. bei BETÄTIGEN (Beispiel 1), ERNIEDRIGEN (Beispiel 4), VERFLÜCHTIGEN (Beispiel 6) oder mit dem Suffix {igən} wie bei BEGRADIGEN (Beispiel 2) vorhanden. Auch aGM zweiten Grades mit dem Adjektivsuffix {lix} werden in Kombinationstypen einbezogen, wie die Bildungen ERMÖGLICHEN (Beispiel 4) und VERDEUTLICHEN (Beispiel 6) zeigen. Bei einzelnen Bildungen wie ERLEICHTERN (Beispiel 5), VERSCHLIMMERN (Beispiel 7) und ZERKLEINERN (Beispiel 10) dienen adjektivische Komparativbildungen als Wortbildungsbasen.

Variantenbildungen sind auf Umlautungen der Phonotaktik der aGM der Wortbildungsbasen beschränkt; Beispiele sind BESÄNFTIGEN zu SANFT (Beispiel 2a), ENTBLÖSSEN zu BLOSS (Beispiel 3a) und ERKÄLTEN zu KALT (Beispiel 4a).

281.7 Wie beim Typus FM + sGM + FM (§ 281.4) ist auch beim Typus FM + aGM + FM das sekundärsprachliche Suffix {i̅rən} beteiligt. Es kommt wie dort jedoch nur im Typus {fɛr} + aGM + {irən} wie in VERABSOLUTIEREN zu ABSOLUT vor.

282.1 Durch die kombinierten Präfix-/Suffixbildungen bei der Verbkonstitution werden die inhaltsseitigen Funktionsgruppen verstärkt, die bereits bei der Verbkonstitution mit Hilfe von Suffixen auf der Basis sGM und aGM ermittelt werden konnten (§ 279.1 mit Tabelle 119). Da die kombinierten Präfix-/Suffixbildungen dazu bei sGM und aGM als Basen einen unterschiedlichen Beitrag leisten, werden sie hier getrennt behandelt.

282.2 Durch die kombinierten Präfix-/Suffixbildungen des Typus FM + sGM + FM werden die in der Tabelle 124 zusammengefaßten Funktionsgruppen ausgebaut:

Tabelle 124: Inhaltsseitige Funktionen von Präfix-/Suffixbildungen des Typus FM + sGM + FM bei der Verbkonstitution

inhaltsseitige Funktion	Typus	Beispiel(e)
1. imitativ, vergleichend	{bə} + sGM + {ən}	bevormunden
	{bə} + sGM + {n}	bespitzeln
	{fɛr} + sGM + {ən}	verarzten
2. resultativ, übergehend	{fɛr} + sGM + {n}	vertrotteln
3. privativ	{ɛnt} + sGM + {ən}	entkernen
	{ɛnt} + sGM + {n}	entsahnen
4. faktitiv	{fɛr} + sGM + {ən}	verschrotten, verschiffen
	{tsɛr} + sGM + {n}	zertrümmern
5. ornativ	{bə} + sGM + {ən}	besolden, bedachen
	{bə} + sGM + {igən}	begnadigen, beaufsichtigen
	{fɛr} + sGM + {ən}	vergolden
	{fɛr} + sGM + {n}	verwunden
6. instrumental	{ɛr} + sGM + {ən}	erdolchen
	{fɛr} + sGM + {ən}	verbriefen
	{tsɛr} + sGM + {ən}	zerrädern
7. lokativ	{bə} + sGM + {igən}	beerdigen
	{fɛr} + sGM + {ən}	verhaften

Die Tabelle 124 ist ähnlich wie die Tabelle 119 (§ 279.1) aufgebaut. Statt der dort in zwei Spalten zur Ableitungsbasis und zum FM gegebenen Informationen werden sie hier in einer Spalte in einer Angabe des Kombinationstypus vereinigt.

282.3 Im Vergleich zu den Verbkonstitutionen mit Suffixen und sGM als Ableitungsbasen erfolgt durch die kombinierte Präfix-/Suffixbildung des Typus FM + sGM + FM kein Ausbau der aktualisierenden und iterativen Funktionsgruppen, an der Verstärkung der übrigen Gruppen ist dieses Wortbildungsprinzip jedoch beteiligt. Dabei kommen die neun ermittelten Typen (§ 181.2 mit Tabelle 122) nicht in jeder Funktionsgruppe vor; auch die einzelnen Typen zeigen sich nicht in allen Funktionsgruppen.

282.4 Die Kombinationstypen, an denen das Präfix {fɛr} beteiligt ist, sind in sechs Funktionsgruppen vorhanden und fehlen nur bei den privativen Verben. Diese wiederum werden nur mit Hilfe der Typen {ɛnt} + sGM + {ən} (ENTKERNEN) und {ɛnt} + sGM + {n} (ENTSAHNEN) erweitert. Der Typus {ɛr} + sGM + {ən} (ERDOLCHEN) ergänzt ebenfalls nur eine Gruppe, die der instrumentalen Verben. Am Ausbau der instrumentalen inhaltsseitigen Funktion sind drei Typen mit drei verschiedenen Präfixen beteiligt. Kombinationstypen mit dem Präfix {tsɛr} zeigen sich bei faktitiven und instrumentalen Verben, solche mit dem Präfix {bə} bei imitativen, ornativen und lokativen.

282.5 Der Typus {fɛr} + sGM + {īrən} (VERBARRIKADIEREN) mit einem Suffix sekundärsprachlicher Herkunft erweitert den Bestand an ornativen Verben.

282.6 Die durch die kombinierten Präfix-/Suffixbildungen des Typus FM + aGM + FM ausgebauten Funktionsgruppen sind in der Tabelle 125 zusammengestellt, die wie die Tabelle 124 (§ 282.2) aufgebaut ist:

Tabelle 125: Inhaltsseitige Funktionen von Präfix-/Suffixbildungen des Typus FM + aGM + FM bei der Verbkonstitution

inhaltsseitige Funktion	Typus	Beispiel(e)
1. imitativ, vergleichend	{bə} + aGM + {ən}	begütigen
2a. resultativ	{bə} + aGM + {ən}	belustigen
	{ɛr} + aGM + {ən}	erkälten, erdreisten, befleißigen
	{fɛr} + aGM + {ən}	verspäten
2b. resultativ, übergehend	{fɛr} + aGM + {ən}	verarmen
2c. resultativ, beginnend	{ɛr} + aGM + {ən}	erblinden
3. faktitiv	{bə} + aGM + {ən}	befreien
	{bə} + aGM + {igən}	begradigen
	{ɛnt} + aGM + {ən}	entblößen
	{ɛr} + aGM + {ən}	ermöglichen
	{fɛr} + aGM + {ən}	vereinheitlichen
	{fɛr} + aGM + {igən}	verunreinigen
	{tsɛr} + aGM + {n}	zerkleinern

282.7 Mit aGM als Basen werden nur noch drei inhaltsseitige Funktionsgruppen erweitert. Alle fünf Präfixe sind innerhalb der angeführten Typen am Ausbau der Gruppe der faktitiven Verben beteiligt. Als einziges Präfix kommt {bə} mit den angegebenen Kombinationstypen in allen drei Funktionsgruppen vor. Der Typus {ɛnt} + aGM + {ən} (ENTBLÖSSEN) ist nur bei faktitiven Verben vorhanden, der Typus {tsɛr} + aGM + {n} ebenfalls nur bei diesen. Die Typen, an denen die Präfixe {ɛr} und {fɛr} Anteil haben, erweitern jeweils die resultativen und faktitiven Verben.
282.8 Der Typus {fɛr} + aGM + {ī̄rən} (VERABSOLUTIEREN) mit einem Suffix sekundärsprachlicher Herkunft baut die umfangreichste Gruppe der faktitiven Verben weiter aus.
283 Neben sGM und aGM sind auch die säGM {nain} und {jā} in die kombinatorischen Präfix-/Suffixbildungen zur Verbkonstitution einbezogen. Bei VERNEINEN liegt der Typus {fər} + säGM + {ən} vor und bei BEJAHEN der Typus {bə} + säGM + {ən}. Beide Präfix-/Suffixkombinationen traten bereits in Verbindung mit sGM und aGM auf. BREKLE (1976: 376) sieht die spezifische inhaltsseitige Funktion dieser Verben darin, eine Delokution auszudrücken (vgl. § 278.1).

4.3 Konversionen, Transpositionen und implizite Ableitungen

284 Neben den Ausdruckserweiterungen, den Derivationen und Kompositionen, bilden auch Konversionen einen Teil der Wortbildungsprozesse (§ 185.5). Dies gilt völlig unabhängig davon, daß der Begriff der Konversion weder einheitlich definiert ist (§ 185.4) noch daß klare Abgrenzungen zu den Begriffen der Transposition und der impliziten Ableitung existieren. Im folgenden wird daher in den Kapiteln Derivation versus Transposition (§ 285) und Transposition versus Konversion versus implizite Ableitung (286) zunächst eine begriffliche Klärung vorgenommen, bevor die Substantivkonstitutionen durch Konversionen (§ 287), die besondere Rolle der Partizipien II und I als Konversionsgrundlagen (§ 288) und Adjektivkonstitutionen durch Konversionen (§ 289) und die dabei auftretenden Strukturen behandelt werden.
285.1 Eine begriffliche Fixierung des Terminus Transposition kann unter Rückgriff auf die bereits erfolgte Definition von Komposition (§ 186) und Derivation (§ 237) vorgenommen werden. Während Kompositionen aus der Kombination von mindestens zwei GM oder einer solchen von SM + GM, PsM + GM bestehen und Derivationen aus den Typen FM + GM, GM + FM und FM + GM + FM gebildet werden (§ 238.1 mit Skizze 12), handelt es sich bei der Transposition um eine Subklasse der Derivationen. Unter Transpositionen werden die Typen von Präfix-, Suffix- und kombinierten Präfix-/Suffixbildungen verstanden, die mit Hilfe von eine besondere Pho-

notaktik zeigenden FM mit der Wortneukonstitution in Relation zum GM der Ableitungsbasis einen Wortartwechsel herbeiführen. Die Transpositionen werden damit von den Derivationstypen abgegrenzt, durch die mit Hilfe von Präfixen und Suffixen ohne Wortartwechsel neue Wörter konstituiert werden. Als einzige *differentia specifica* erweist sich, abgesehen von der unterschiedlichen Phonotaktik und Funktionalität der FM, der mit ihnen verbundene Wortartwechsel. Bei BARZ (1987: 7) handelt es sich dagegen bei „Modifikation und Transposition" um „semantische Klassen".

285.2 In gleicher Weise verwendet bereits ERBEN (1975: 43; 1993: 45) den Begriff der Transposition. Im Gegensatz zu ihm wird jedoch die sog. Nullableitung bei HUB und ZUG (ebd.: 1975: 83, 89; 1993: 87, 92) weder zu den Derivationstypen noch zu den Transpositionen hinzugerechnet (vgl. §§ 286.1-4, 287.1). Für SEIDELMANN (1979: 167) ist die Transposition „lediglich eine syntaktische Verschiebung des Basislexems in eine andere Wortart, also eine Erweiterung der syntaktischen Verfügbarkeit desselben Wortinhalts." Allerdings bezieht er „nur Ableitungen" ein und vernachlässigt damit, daß nicht jedes Suffix eine Wortartveränderung ergibt (§ 246.1) und daß auch Präfixe zu einem Wortartwechsel (§ 239.2) führen können.

285.3 Mit ERBEN bezieht auch WELLMANN (in: DUDEN 1984: 464) die Nullableitung zunächst in die Transposition ein, die er primär als „grammatische Umwandlung" begreift, ohne jedoch inhaltsseitige Aspekte völlig zu vernachlässigen. Später (in: DUDEN 1995: 409, 414) verzichtet er auf den Begriff der Transposition, nicht jedoch auf den der Nullableitung, und beschränkt die „grammatische Umsetzung" in eine andere Wortart auf die Konversionen.

286.1 Von der Transposition ist die Konversion zu unterscheiden. Bei ihr liegt zwar auch ein Wechsel der Wortart im Vergleich zur Ausgangsbasis vor, die *differentia specifica* besteht jedoch darin, daß dabei keine FM beteiligt sind. Als Ausgangsbasen dienen GM, Wortformen und Wortformteile, die ohne FM und Veränderungen in ihrer Phonotaktik (dazu MOTSCH 1992: 12) in eine andere Wortart überführt werden und die mit dieser Wortart verbundenen Funktionen übernehmen. Dies geschieht je nach Ausgangsbasis in unterschiedlicher Weise, was zu Subgruppierungen innerhalb der Konversionen und zu verschiedenen Beurteilungen führt.

Unter rein synchronem Aspekt gibt es keine „Handfeste[n] Kriterien für die Bestimmung der Ableitungsrichtung", doch die dann vorgeschlagenen „zwei Lösungsmöglichkeiten", eine Ableitungsrichtung „intuitiv" festzulegen oder „ungerichtete Ableitungsbeziehungen" zuzulassen (ESCHENLOHR 1997: 32 mit Anm. 11), wird der historischen Dimension jeder Einzelsprache nicht gerecht.

Von der von MARCHAND (1969: 359) vorgeschlagenen Beschreibung als „zero-derivation", als Ableitung mit Nullmorphem, abgesehen, wird allge-

mein davon ausgegangen, daß generell eine Konversion von GM der Simplizia verschiedener Wortarten in die Wortart Substantiv vorgenommen werden kann (FLEISCHER 1982: 75). Nach ERBEN (1975: 26; 1993: 27) handelt es sich beim „paradigmatische[n] Umsetzen eines Grundmorphems“ um den „einfachste[n] Typ des Neuworts“. Beispiele mit GM aus den nichtflektierenden Wortarten sind – mit den wortartspezifizierenden GM-Angaben in Klammern – (*das*) FÜR *und* WIDER (pGM), (*das*) UND (kGM), (*das*) HEUTE (advGM), (*das*) ACH (iGM) und (*das*) NEIN (säGM). Bei ihrer Überführung in die Wortart Substantiv werden sie alle in die Substantivklasse G (*das* ECHO; § 123.1) integriert, sie erhalten den RM-Satz dieser Substantivklasse, werden mit dem das neutrale Genus signalisierenden bestimmten Artikel *das* ausgestattet und übernehmen die grammatischen Kategorien, die kategoriale Bedeutung und die syntaktischen Funktionen der Wortart Substantiv.
Auch GM von Simplizia und SM flektierender Wortarten können – neben komplexeren Basen – in Substantive konvertiert werden, wie die Beispiele (*das*) HOCH (aGM), (*das*) DU (prSM), (*das*) WER (prSM), (*ein*) JEMAND (prGM) und (*der*) LAUF (vGM) zeigen.
286.2 FLEISCHER (1982: 72) ordnet Substantivbildungen wie (*der*) LAUF zu LAUFEN in die „impliziten Ableitungen“ ein und unterscheidet sie von den expliziten, die durch FM erfolgen. Nach ihm ist eine implizite Ableitung „ein freies Morphem oder eine freie Morphemkonstruktion ohne Ableitungssuffix, das nicht durch zwei unmittelbare Konstituenten, sondern als Ganzes durch seine semantische und formale Beziehung auf ein anderes freies Morphem oder eine Morphemkonstruktion motiviert ist. Es liegt eine Transposition in eine andere Wortart vor.“
In die impliziten Ableitungen bezieht FLEISCHER (ebd.: 73f.) auch „Fälle wie *Band, Bund <binden*“ und solche wie „*Bruch, Schuß, Wurf, Zug*“ ein. Bei ersteren ist ein direkter ausdrucksseitiger und inhaltsseitiger Bezug zu einer Verbform (*er band, er hat gebunden*) möglich, bei letzteren scheidet ein solcher aufgrund von Sprachwandelphänomenen gegenwartssprachlich aus, doch ist für FLEISCHER (ebd.: 74) die „semantische Abhängigkeit der Substantive von den Verben [...] offensichtlich“.
Morphologisch besteht der Unterschied zwischen LAUF und BAND, WURF darin, daß bei LAUF das vGM aus dem Infinitiv bzw. einzelnen Wortformen des Teilparadigmas des Indikativ Präsens, bei BAND gegenwartssprachlich aus den Wortformen des Teilparadigmas des Indikativ Präteritum und bei WURF historisch aus der 2. Sg., 1.-3. Pl. Prät. Ind. stammt, so daß sich verschiedene vGM als in Substantive überführbar erweisen.
Im „Zusammenhang mit der impliziten Ableitung“ behandelt FLEISCHER (ebd.: 74f.) auch die Konversion, bei der auch „eine Bildung neuer Wörter“ vorliege, „aber im Unterschied zur impliziten Ableitung durch Überführung in

eine andere Wortklasse ohne formale Veränderungen". Unter explizitem Hinweis auf HENZEN (1965: 245) übernimmt er von ihm die zusätzliche Bestimmung der Konversion als „Klassenwechsel von Wörtern in ihrer Normalform", ohne jedoch den Begriff der Normalform näher zu erläutern.
Der Hinweis auf eine sog. Normalform verdeckt lediglich die nicht ausreichende Unterscheidung von Wort, Wortform, Wortformteil und Morphem. Sowohl bei (*das*) FÜR *und* WIDER, (*das*) DU, (*das*) WENN als auch bei (*der*) LAUF, (*das*) BAND, (*der*) WURF werden GM in eine andere Wortart überführt, und die Zuordnung zur Präposition FÜR, zur Konjunktion WENN, zum Suppletivmorphem {dū} der Personalpronomenform bzw. zum Infinitiv LAUFEN erfolgt über 'Normalformen', solche die aus dem Paradigma für den Wörterbuchgebrauch ausgewählt werden. Daß auf der einen Seite vGM (FLEISCHER 1982: 51) und auf der anderen Seite GM und SM anderer Wortarten stehen, reicht nicht aus, das Wortbildungsprinzip der impliziten Ableitung überzeugend von dem der Konversion zu trennen. Der Wortbildungsprozeß der impliziten Ableitung, die Überführung einzelner vGM in die Wortart Substantiv, entspricht dem hier beschriebenen Konversions-Begriff und ermöglicht eine einheitliche morphologische Klassifizierung. Daher wird auf den Terminus der impliziten Ableitung verzichtet.
286.3 Auch ERBEN (1975: 26f.; 1993: 27f.) unterscheidet zwischen impliziter Ableitung und Konversion. Anders als FLEISCHER legt er die implizite Ableitung auf Umsetzungen von GM in andere Wortarten fest, ohne zwischen vGM und anderen GM als Ausgangsbasis zu unterscheiden. Implizite Ableitungen sind daher das Adjektiv ERNST zum Substantiv (*der*) ERNST, das Substantiv (*das*) TIEF zum Adjektiv TIEF, das Substantiv (*der*) LÄRM zum Verb LÄRMEN, die Substantive (*das*) BAND, (*der*) BUND zum Verb BINDEN und das Substantiv WURF zum Verb WERFEN mit der als Basis dienenden verbalen Leitform *wurfen* (1. Pl. Ind. Prät.), die erst in frühnhd. Zeit durch den morphologischen Ausgleich der GM im Teilparadigma des Indikativ Präteritum zugunsten von *warfen* wie *warf* (1.3.Sg. Prät. Ind.) aufgegeben wurde.
Von der impliziten Ableitung, „der paradigmatische[n] Umsetzung eines Grundmorphems (evtl. einer Ablautvariante)" mit „fortwirkende[r] semantische[r] Motiviertheit durch die Basis", hebt ERBEN die sog. 'syntaktische Konversion' ab, bei der „auch F l e x i o n s morpheme der Ausgangsreihe beibehalten sind, wo also nur s y n t a k i s c h e 'K o n v e r s i o n' in die Satzrolle der anderen Wortklasse vorliegt". Hierhin gehören nach ihm Substantivierungen von Infinitiven „mitsamt Infinitivmorphem" wie TREFFEN zu (*das*) TREFFEN und Substantivierungen von Adjektivformen „mit Beibehaltung der Adjektivflexion" wie *der neue Wagen, das neue Auto, ein neuer Wagen, ein neues Auto* zu (*der, das*) NEUE und (*ein*) NEUER, NEUES.

Durch diese Unterscheidung werden jedoch nicht zwei verschiedene, auch terminologisch zu differenzierende Wortbildungsprinzipien erfaßt. Es liegen vielmehr zwei Subgruppen der Konversion vor. Der Begriff der impliziten Ableitung ist morphologisch unnötig, denn es fehlen spezifische FM, die eine Zuordnung zu Derivationen begründen könnten; Umsetzungen von GM sind keine Ableitungen, für sie ist eine terminologische Abgrenzung aufgrund einer klaren *differentia specifica*, Wortartwechsel ohne FM, begründet. Ein Wortartwechsel ohne FM liegt auch bei den Umsetzungen von Infinitiven und Adjektivformen vor, so daß sich dadurch die Zuordnung zu den Konversionen ergibt; daß als Ausgangsbasen vGM + RM bzw. aGM + RM dienen, führt zu Subklassifizierungen.

286.4 Die Unterscheidung von impliziter Ableitung/Derivation und Konversion findet sich auch bei FLEISCHER/BARZ (1992: 48-51). Allerding ergeben sich gegenüber FLEISCHER(§ 286.2) einzelne Unterschiede in der Zuordnung der Wortbildungsergebnisse. Als implizite Ableitung/Derivation werden „Prozesse deverbaler Derivation von Substantiven und deverbaler Derivation von Verben zusammengefaßt, die wie die Konversion ohne Verwendung von Affixen erfolgen. Im Unterschied zur Konversion ist diese Wortbildungsart aber mit einem Wechsel des Stammvokals verbunden; die Derivation wird nicht durch Hinzufügung von Substanz (Affix) – explizit – sondern durch 'Stammalternation' [...] – implizit – indiziert." Das bedeutet einmal, daß LAUF zu LAUFEN jetzt zur Konversion, BAND, BUND und WURF aber zur impliziten Derivation gehören, was morphologisch gleich zu beurteilende Phänomene unnötigerweise terminologisch getrennt behandelt. Zum anderen werden Beispiele wie FALLEN – FÄLLEN, LIEGEN – LEGEN, SITZEN – SETZEN, FAHREN – FÜHREN als „Restgruppe impliziter verbaler Derivate" in die implizite Derivation einbezogen, obwohl dieses Wortbildungsprinzip „heute nicht mehr produktiv ist" und die „Motivationsbeziehungen zu formativähnlichen Verben mit anderen Stammvokalen" nicht immer deutlich sind (FLEISCHER/BARZ 1992: 51, 349). Bei diesen Beispielen handelt es sich aber nicht um implizite Ableitungen, sondern um explizite Ableitungen mit dem FM {ən} (§ 277.4), die historisch einmal produktiv gewesen sind und bis in die Gegenwartssprache tradiert wurden. Während bei BAND, BUND und WURF historische Kenntnisse und Traditionen zum Teil berücksichtigt werden, führt ihre Nichtberücksichtigung bei FALLEN – FÄLLEN u.a. zu einer auch gegenwartssprachlich unbegründeten morphologischen Klassifikation.

286.5 Eine Ausweitung des Begriffs der Konversion nimmt BARZ (1992: 82f.) vor, was zum Teil durch ihre Abgrenzung von Komposition und Zusammenrückung (vgl. § 232.3) mitbedingt ist. Sie unterscheidet „Präfixkonversion", „(reine) Konversion", „Tilgungskonversion" und „Stammwechselkonversion". Präfixkonversionen sind nach ihr die Verben ENT-

GLEISEN, VERARMEN und ÜBERWINTERN. Selbst wenn das Morphem {ən} „nicht als Wortbildungsmorphem" gelten soll und „den grammatischen Morphemen zugeordnet" wird (ebd.: 89 Anm. 4), müssen die Ergebnisse „zweier simultan ablaufender Bildungsprozesse, der Präfixderivation und der Konversion" (ebd.: 79) angenommen werden, was die Zuordnung zu einem morphologischen Wortbildungsprozeß 'Konversion' mit wenigstens einer morphologischen *differentia specifica* gegenüber dem Wortbildungsprinzip 'Derivation' aufhebt.
(Reine) Konversionen sollen bei Verben wie FILMEN, FERNLENKEN, BRUCHRECHNEN vorliegen (ebd. 82f.). Bei FILMEN setzt diese Annahme neben der Interpretation des Morphems {ən} als RM eine „Umkategorisierung ohne Strukturveränderung" voraus (ebd.: 79), die aber bei FERNLENKEN und BRUCHRECHNEN nicht gegeben ist. Wenn bei BRUCHRECHNEN eine Konversion „aus Substantiven" angenommen wird, sind als Basen „Nomina actionis", d.h. „ein komplexer substantivierter Infinitiv wie *das Bruchrechnen*" (FLEISCHER/BARZ 1992: 293) anzugeben. Das bedeutet aber, daß die Ableitungsbasis entweder phonotaktisch verändert wird oder die Phonemfolge /ən/ eine morphologische Uminterpretation erfährt, so daß keine 'Umkategorisierung ohne Strukturveränderung' vorliegen kann.
Eine Tilgungskonversion nimmt BARZ (1992: 82f.) bei NOTLANDEN, ZWANGSRÄUMEN, KURPFUSCHEN an. Bei NOTLANDEN ergibt sich eine Tilgung des FM {uŋ} in Relation zum Substantiv NOTLANDUNG, bei KURPFUSCHEN eine solche des FM {ər} in Relation zum Substantiv KURPFUSCHER (FLEISCHER/BARZ 1992: 293), so daß auch hier morphologische Strukturveränderungen vorhanden sind.
Eine Stammwechselkonversion setzt BARZ (1992: 82f.) bei FÄLLEN, SÄUGEN, SETZEN (vgl. § 286.4) an. Ihre Zuordnung schränkt sie selbst ein, indem sie als Bedingung für die Annahme einer Konversion einen „nicht obligatorischen Wortartwechsel" fordert (ebd.: 88), wodurch der Konversionsbegriff noch unpräziser wird. Ihr weitergehender Vorschlag, daß die „Stammwechselkonversionen aber auch als Simplizia interpretiert und damit aus der Systematik ausgeklammert werden" könnten, zeigt wie bei der Interpretation von BAND und TRUNK (§ 287.1) eine Beliebigkeit morphologischer Interpretationen, wenn auf diachrone Kenntnisse unnötigerweise und sprachtheoretisch unbegründet völlig verzichtet wird.
Insgesamt ist die von BARZ (1992: 83) erstrebte Integration der Rückbildungen (dazu §§ 293.4f.) in die Konversionen ebensowenig gelungen wie eine Neusystematik der unter den Begriff der Konversion subsumierbaren Wortbildungen.
287.1 Neben den auf GM von Simplizia der nichtflektierbaren Wortarten zurückgehenden Substantivkonstitutionen durch Konversion (§ 286.1) kom-

men auch solche vor, die vGM als Konversionsbasen besitzen. Die Umsetzung kann mit vGM von Infinitiven bzw. Flexionsformen der Teilparadigmata von Indikativ Präsens und Indikativ Konjunktiv wie bei (*der*) LAUF zu LAUFEN erfolgen. Auch (*das*) SOLL zu SOLLEN gehört hierhin und erfordert nicht den Ansatz einer spezifischen Subgruppe (so FLEISCHER/BARZ 1992: 50). Es können aber auch vGM aus Flexionsformen des Teilparadigmas des Indikativ Präteritum als Basis gewählt werden wie BAND zu BINDEN (*er bindet, er band*). Dabei handelt es sich um einen gegenwartssprachlich nicht mehr produktiven Typus, um Reflexe und Traditionen eines im Ahd. noch produktiven Wortbildungsprinzips. BAND geht auf eine Form der 1.3. Sg. Prät. Ind. zurück und nicht auf andere gegenwartssprachlich im präteritalen Teilparadigma vorhandene Formen. In gleicher Weise läßt sich die Basis für Substantive wie BUND und WURF ermitteln. Sie beruhen auf Umsetzungen des vGM, das in Flexionsformen der 2. Sg., 1.-3. Pl. Prät. Ind. erscheint. Eine Relation von BUND auf das Partizip II (*er hat*) *gebunden* bzw. von TRUNK auf das Partizip II (*er hat*) *getrunken* vermag zwar gegenwartssprachlich noch einen gewissen Aufschlußwert haben, erfaßt aber nicht das nicht mehr produktive Wortbildungsprinzip. Bei WURF zu (*er hat*) *geworfen*, bei ZUG zu (*er hat*) *gezogen* und bei FLUG zu (*er ist*) *geflogen* läßt sich das Wortbildungsverfahren anhand der Partizip II-Formen nicht erkennen. Wird bei BAND, TRUNK „mit dem Wechsel des Stammvokals eine Umkategorisierung" vom Verbal- in den Nominalbereich angesetzt (so BARZ 1992: 80) bzw. werden „Nominalisierungen durch Ablaut. Vgl. *Flug – flieg*(*en*), *Bruch – brech*(*en*), *Sog – saug*(*en*)" den „Formen der nicht-konkatenativen Wortbildung" zugewiesen, bei denen „an die Stelle der segmentalen phonologischen Form des Affixes eine regelhafte Veränderung der phonologischen Form des Basiswortes tritt", wodurch sie in einem „sehr engen Zusammenhang mit Affigierungen stehen" (MOTSCH 1992a: 11) sollen, geht die Einsicht in das vorhandene Wortbildungsprinzip völlig verloren, da der Vokalwechsel bereits zwischen den verbalen GM existiert und nicht erst durch den Wechsel, eine 'Umkategorisierung' oder einen Ablaut, eines eventuell aus dem Infinitiv stammenden vGM in ein sGM entsteht.
Nach SANDBERG (1976: 54) liegt bei LAUF und SCHAU eine „Nullableitung", ein Suffix {Ø}, vor. Die von ihm herangezogenen 'Oppositionen' von LAUF : LAUFEREI : GELAUFE führen ihn dazu, dem „Nullmorphem den Wert sowohl eines Suffixes wie eines Präfixes" und einen „Genuswert" zuzuschreiben. Bei der mit der Konversion vGM verbundenen Übernahme der RM-Sätze der entsprechenden Substantivklassen ist die generelle Annahme eines Derivationsprozesses und eines den Wortartenwechsel begleitenden oder ihn sogar signalisierenden FM {Ø} unnötig (NAUMANN 1986: 23). PREUSS (1962: 97f.) weist darauf hin, daß die Konversion „immer an

ganz bestimmte Wörter gebunden" ist und auch im Englischen keine „'Latenz' der Wortarten" im Hinblick auf die Umsetzung von GM von einer Wortart in eine andere existiert. Insgesamt hält er den „Bezeichnungsstreit" für „akademisch" (ebd.: 98) und vertritt damit eine Position, der hier nicht gefolgt werden kann, da begriffliche Klärungen der verwendeten Terminologie unter den Aspekten ihrer Konsequenz und Reichweite bei einer morphologischen Gesamtanalyse notwendig sind.

287.2 Während die Konversion vGM in der Gesamtanzahl begrenzt und jetzt unproduktiv ist, handelt es sich bei der Konversion von Infinitiven in Substantive um einen produktiven Typus, der gegenwartssprachlich auf prinzipiell alle Infinitive angewandt werden kann. Daß „Substantivierungen von Verben (Infinitiven) [...] syntaktischen Zwecken" dienen, indem sie in ihrer neuen Funktion „als Nominalphrasen bzw. als Kerne von Nominalphrasen fungieren können", macht sie noch nicht „durchaus den Flexionsformen vergleichbar" (so WURZEL 1988a: 197). Infinitive kommen im verbalen Paradigma in analytischen Verbformen wie *er wird laufen* vor, sind also Wortformteile. Innerhalb der Verbform signalisieren sie die lexikalische Bedeutung durch das vGM; darüber hinaus kennzeichnet das RM {ən} in Verbindung mit dem Verbum finitum <wird> die grammatische Kategorie des Infinitivs. Wird der Infinitiv in ein Substantiv (*das*) LAUFEN umgesetzt, wird mit der Übernahme des RM-Satzes der Substantivklassen A (§ 117.1) und der kategorialen Bedeutung der Wortart Substantiv auch die morphologische Struktur verändert. Während der Infinitiv *laufen* aus einem vGM {laof} und einem RM {ən} besteht, ist das Substantiv LAUFEN aus dem sGM {laofən} und dem RM {ø}, die Substantivform (*des*) *Laufens* aus dem sGM {laofən} und dem RM {s} aufgebaut. D.h. mit der Konversion in die Wortart Substantiv entsteht aus vGM + RM ein neues sGM. In (*das*) LAUFEN signalisiert die Phonemfolge /ən/ nicht mehr die grammatische Kategorie des Infinitivs und das „in eine andere Wortklasse überführte Wort" ist nicht „durch seine ursprüngliche verbale [...] Flexion charakterisiert" (so aber OLSEN 1990: 186). Auch die Annahme, daß „der Infinitiv gleichzeitig verbale und substantivische Eigenschaften zeigen" könne (HÖHLE 1982: 110), wird den morphologischen Strukturen ebenso wenig gerecht wie die Vorstellung, daß bei „Umkategorisierungen von flektierten Formen, einschließlich der substantivierten Infinitive" die „erstarrte[n] Endungen praktisch zu wortbildenden Suffixen erhoben werden und folglich explizite Ableitungen ergeben." (BZDĘGA 1992: 42). Es sind nicht die „F l e x i o n s - morpheme der Ausgangsseite beibehalten" (ERBEN 1975: 27; 1993: 28); beibehalten wurde ausschließlich die ausdrucksseitige Phonotaktik, die aber unterschiedliche morphologische Strukturen und Inhaltsseiten repräsentiert.

Mit Recht lehnen FLEISCHER/BARZ (1992: 49) die Auffassung von WURZEL (1988a: 189, 197) ab, daß es sich bei der Phonemfolge /ən/ in substantivierten Infinitiven wie (*das*) SCHREIBEN „eher“ um „Flexionsformen“ handele und daß substantivierte Infinitive keine „spezifische Kategoriensemantik“ besäßen, denn mit dem neutralen Genus von (*das*) LAUFEN bzw. (*das*) SCHREIBEN ist neben der kategorialen Bedeutung und den grammatischen Kategorien des Substantivs (SANDBERG 1976: 50f.) kategoriell auch das Merkmal der „Nicht-Person“ (FLEISCHER/BARZ 1992: 49) verbunden. Andererseits kann nicht davon ausgegangen werden, daß substantivierte Infinitive in Äußerungen wie „*er kam zum Schreiben / war beim Schreiben / blieb beim Schreiben / ließ das Schreiben sein*“ das „verbale Flexionparadigma“ ergänzten (ebd.: 49). Die „Möglichkeit zum Ausdruck der Aktionsdifferenzierung“ (ebd.) in den angegebenen Beispielen ergibt sich syntaktisch durch die Relationen zwischen den Satzgliedern Prädikat und Adverbiale bzw. Objekt und darf nicht mit den die paradigmatische Struktur der Verben bestimmenden Morphemstrukturen verwechselt werden.

287.3 Nach SANDBERG (1976: 48f.) wird nicht der Infinitiv substantiviert oder konvertiert, „sondern irgend eine *finite* Form“, die sich aus dem Kontext ergebe und „unter gewissen Umständen durch die Nominalisierung eine Form, die äußerlich mit dem Infinitiv zusammenfällt“, erhalte. Nach ihm entsteht das Substantiv LAUFEN nicht durch eine Konversion des Infinitivs, sondern durch ein Suffix {ən} zur Ableitungsbasis des vGM {laof}. Neben dem Suffix {ən} kommt nach ihm auch noch das Suffix {n} zur Konstitution von Substantiven wie (*das*) SCHEITERN und (*das*) KLINGELN hinzu. Nach ihm liegen „neutrale -(*e*)*n*-Ableitung[en]“ vor (ebd.: 55). Das bedeutet, daß der G.S. (*des*) *Laufens* morphologisch in ein GM {laof}, ein FM {ən} und in ein RM {s} zu segmentieren ist. Die gleiche Auffassung wird von BZDĘGA (1985: 153) innerhalb einer generativen Beschreibung und von SEIDELMANN (1979: 168) vertreten.

Da diese Konzeption mit der Annahme eines {ø}-Suffixes bei (*der*) LAUF zu LAUFEN verbunden ist (§ 287.1) und wegen der Parallelität der Umsetzungsprozesse bei Infinitiven und dem Partizip II, bei dem dann ebenfalls Nullableitungen angesetzt werden müßten, wird sie hier nicht übernommen.

287.4 Von der Konversion vGM und von Infinitiven ist die Konversion von (*das*) IST als eigene Subgruppe abzugrenzen. Es liegt zwar eine „Personalform“ (*er, sie, es ist*) vor (FLEISCHER/BARZ 1992: 50), doch ergibt sich die Konversionsmöglichkeit weniger aus der Personalform, weil Konversionen anderer Personalformen aus vGM + RM nicht vorkommen, sondern aus dem spezifischen morphologischen Typus dieser Personalform, aus dem Typus des vSM.

288.1 Einen besonderen Status bei der Konversion besitzen die Partizipien II und I, weil sie sowohl zur Substantivkonstitution als auch zur Adjektivkonstitution verwendet werden (FLEISCHER/BARZ 1992: 50). Dabei zeigen sie einzelne morphologische Gemeinsamkeiten und Unterschiede, die bei der Subklassenbildung zu berücksichtigen sind. Eine problemlose Zuordnung der beiden Partizipien zum Verbalparadigma und ein Ansatz einer direkten Konversion von einer verbalen Basis zu Substantiven bzw. zu Adjektiven (so ebd.: 50) ist nicht möglich.

288.2 Eine mit der Konversion von Infinitiven vergleichbare produktive Möglichkeit zur Substantivkonstitution durch Konversion existiert nach FLEISCHER/BARZ (1992: 50) auf der Grundlage des verbalen Wortformteils des Partizips II, das in analytischen Verbformen wie *er wird gelobt, er wird getragen* im Verbalparadigma vorkommt und dort mit Hilfe der RM {gə} und {t} bzw. {ən} an der Kennzeichnung der grammatischen Kategorie des Partizips II und der Verbklassen I und II beteiligt ist.

Anders als die Infinitive erhalten die Partizipien II im Substantivbereich jedoch keine spezifischen RM-Sätze einzelner Substantivklassen, und sie sind im Genus nicht auf das Genus des Neutrums beschränkt. Vielmehr können sie in Substantive aller drei Genera umgesetzt werden (*der/die/das Gelobte, der/die/das Getragene*). Die dabei erkennbaren RM entsprechen den RM-Sätzen der Adjektive in den generellen Distributionstypen Determinans + Adjektiv + Substantiv (§§ 166.1, 169.1 mit Tabelle 48, 170.1 mit Tabelle 49). So zeigen die Adjektive *der weich-e Stoff, ein weich-er Stoff* dieselben RM wie die Substantive *der Gelobt-e* und *ein Gelobt-er* und dieselben RM wie die in Adjektive konvertierten Partizipien II wie in *der gelobt-e Mann, ein gelobt-er Mann*.

288.3 Ebenso wie die Partizipien II verhalten sich die Partizipien I (*lobend, tragend*). Von ihnen ausgehend können Konversionen in Substantive (*der/die/das Lobende; der/die/das Tragende*) und in Adjektive (*der lobende Mann, der tragende Mann; ein lobender Mann, ein tragender Mann*) erfolgen. Der Unterschied zum Partizip II besteht jedoch beim Partizip I darin, daß es sich beim Partizip I gegenwartssprachlich gar nicht um eine Verbform oder einen Verbformteil aus dem verbalen Paradigma handelt (ERBEN 180: 122f.; FLÄMIG, in: HEIDOLPH/FLÄMIG/MOTSCH 1981: 630; GELHAUS, in: DUDEN 1984: 192, 194; 1995: 187, 190). Das Partizip I *lobend* läßt sich zwar morphologisch eindeutig in ein vGM {lōb} und ein Morphem {ənd} segmentieren; das Morphem {ənd} ist aber kein RM des Verbalparadigmas. Es signalisiert einmal die grammatische Kategorie des Partizip I und bewirkt zum anderen eine Transposition in die Wortart des Adjektivs. D.h. das Morphem {ənd} ist mit den FM vergleichbar, die auf der Ableitungsbasis vGM Adjektive konstituieren (KRAMER 1976: 484f.) und von denen {ərix}, {rix}, {əriš} und {ərlix} nur bei vGM vorkommen (§ 254.1 mit Tabelle 101). Der Unterschied zu ihnen ergibt sich daraus, daß sie erstens zu fast allen vGM hinzutreten können, während bei den bisher behandelten FM Verteilungen auf einzelne Verbgruppen vorliegen. Zweitens besitzt das Morphem {ənd} eine einzige inhaltsseitige Funktion, indem es „das mit dem Verb genannte Geschehen oder Sein als ablaufend (und zwar im allgemeinen in aktiver Bedeutung), dauernd, unvollendet" kennzeichnet (GELHAUS, in: DUDEN 1984: 197; 1995: 187; ähnlich ERBEN 1980: 122), während die bisher behandelten FM verschiedene inhaltsseitige Funktionen haben. Da das Morphem {ənd} eine spezifische Inhaltsseite besitzt, die nicht mit der Kennzeichnung der verbalen grammatischen Kategorien identisch ist, und da es wie die bisher behandelten FM die mit diesen übereinstimmende Funktion besitzt, ein Adjektiv zu konstituieren, sollte das Morphem {ənd} nicht als RM, sondern als FM aufgefaßt werden. Das bedeutet dann, daß die Wortform *lobende* in *der lobende Mann* aus der Morphemverbindung GM + FM + RM (*lob-end-e*) besteht. Durch das FM {ənd} wird ein vGM in ein Adjektiv, hier LOBEND, transponiert, das die verschiedenen RM-Sätze des Adjektivs je nach syntaktischer Funktion übernimmt. Bei der Adjektivkonstitution auf der Grundlage eines vGM liegt somit keine Konversion, sondern eine Derivation vor. Auch OLSEN (1990: 186) grenzt neben der Umsetzung des Infinitivs in Substantive (§ 287.2) die Umsetzungen der Partizipien I und II in Adjektive aus der Erscheinung der Konversion aus, doch reicht die von ihr gegebene Begründung, daß die „ursprüngliche verbale oder partizipiale Flexion" bei der Umsetzung erhalten bleibe, dazu nicht aus.

288.4 PÜMPEL-MADER u.a. (1992: 260) weisen zwar darauf hin, daß das „Partizipialmorphem *-(e)nd* [...] als Adjektivierungssuffix in eine Reihe mit *-ig* (*schwerhörig*) oder *-lich* (*maßgeblich – maßgebend*; *sachdienlich – sachdienend*) gestellt werden" könnte, ziehen aber keine weiteren morphologischen Konsequenzen.

288.5 DITTMER (1983: 106) unterscheidet bei den Partizip I-Formen zwischen einem „Dynamische[n] Partizip" (ANLÄCHELND) und einem „Statische[n] Partizip" (FASZINIEREND). Bei ANLÄCHELND handele es sich wegen Attribuierungen wie (1) *das ihn süß anlächelnde Mädchen* „nicht um Wortbildung, sondern um das syntaktische Phänomen der Attribuierung"; es liege „ein Translationsmorphem oder speziell ein Attribuierungsmorphem" vor, und es entstehe „keinesweges [sic] ein Adjektiv", denn die „Zugehörigkeit zum Verb" sei nicht zu leugnen (ebd.: 97, 106). Bei FASZINIEREND dagegen liege wegen der Möglichkeit eines „objektlosen" Gebrauchs des Partizip I in Attribuierungen wie (2) *die faszinierende Frau* neben (3) *die mich faszinierende Frau* „ein aus dem Verbinhalt abstrahiertes adjektivisches Merkmal", die Bezeichnung einer „generalisierte[n] Wirkung", und damit eine „Wortbildung" (ebd.: 104, 114) vor. Durch die Unterscheidung von Partizipien als Elementen der Wortart Verb und durch Wortbildung entstandenen Partizipien der Wortart Adjektiv wird ein einheitlicher Wortbildungsprozeß unnötigerweise getrennt, und aus den mit den jeweiligen Wortneukonstitutionen verbundenen besonderen inhaltsseitigen Merkmalen und syntaktischen Verwendungsweisen werden zu weitreichende Schlüsse gezogen.

288.6 Morphologisch anders ist die Substantivkonstitution auf der Grundlage von Partizipien I zu beurteilen. Wenn aus einer Wortgruppe wie *der lobende Mann* ein Substantiv (*der*) *Lobende* konstituiert wird, ist keine Derivation, sondern eine Konversion vorhanden. Im Unterschied zur Substantivkonstitution auf der Basis von Infinitiven liegt jedoch kein Wortformteil einer Verbform der Konversion zugrunde, sondern eine Adjektivform. Da aber Adjektive je nach syntaktischer attributiver, prädikativer und adverbieller Funktion unterschiedliche RM-Sätze besitzen, erfolgt die Konversion nicht mit einem mehr oder weniger komplexen GM, sondern mit den RM. Das bedeutet weiter, daß mit den adjektivischen RM verbundene grammatische Kategorien in die substantivische Funktionalität mitgenommen werden, was dadurch erleichtert wird, daß Adjektive und Substantive dieselben grammatischen Kategorien signalisieren. Bei den durch Konversionen entstehenden Substantiven geschieht dies mit denselben RM, bei den übrigen Adjektiven und Substantiven mit jeweils spezifischen und sich funktional ergänzenden RM.

288.7 Vor dem Hintergrund der morphologischen Verhältnisse bei den Partizipien I erfahren auch die bei den Partizipien II erkennbaren Strukturen eine andere morphologische Interpretation. Bei Substantiven wie *der/die/das Gelobte; der/die/das Getragene* handelt es sich nicht um direkte Konversionen, die von der Basis des verbalen Wortformteils *gelobt, getragen* ausgehen, sondern um Konversionen, die die Adjektive *gelobt, getragen* und die attributiven Verwendungsweisen *der gelobte Mann, das getragene Kind* voraussetzen. Wie beim Partizip I erfolgt die Substantivkonstitution von der adjektivischen Grundlage aus und nicht von der verbalen. Die Annahme einer „Nominalphrase mit elliptischem Kopf" (OLSEN 1990: 186) ist unnötig. Ist ein Ellipsengrund vorhanden (OLSEN 1988b: 338, 343), liegt ein Adjektiv und kein Substantiv vor.

288.8 Dieselben Konversionsbedingungen wie bei den Partizipien I und II existieren bei den primären Adjektiven wie KLEIN und HOCH, wenn durch Konversion Substantive wie *der/die/das Kleine* und *der/die/das Hohe* entstehen.

289.1 Von der Adjektivkonstitution durch Konversion bei Partizip II-Grundlagen abgesehen, sind weitere adjektivische Konversionsprodukte selten (ERBEN 1975: 26; 1993: 27). FLEISCHER/BARZ (1992: 50) führen noch Konversionen der Substantive SCHMUCK und KORALLE zu den ausdrucksseitig identischen Adjektiven bzw. die Konversion des vGM {vax} von WACHEN zum Adjektiv WACH an. Die Konversion zum Adjektiv WACH 'munter, nicht schlafend, lebhaft' erfolgte im 16. Jahrhundert (PFEIFER 1989: 1925) und führte dazu, daß WACH in allen syntaktischen Verwendungsweisen eines Adjektivs gebraucht wird. Dies gilt auch für das Adjektiv SCHMUCK. Da aber sowohl das Adjektiv SCHMUCK 'hübsch, nett anzusehen' als auch das Substantiv SCHMUCK 'Verzierung, Geschmeide' im 16. Jahrhundert auf der Grundlage des Verbs SCHMÜKKEN, spätmhd. *smucken, smücken* gebildet wurden (PFEIFER 1989: 1550), handelt es sich um kein eindeutiges Beispiel für eine Konversion auf der Grundlage eines sGM. Dies ist jedoch bei KORALLE der Fall, das in neuester Zeit als Farbadjektiv auch in attributiver Verwendungsweise (*ein koralles Kleid*) erscheint. Selbst geographische Nomina propria wie BAHAMA und BERMUDA werden in der Werbung in Adjektive konvertiert und als Neologismen zur Kennzeichnung von Farben verwendet (REIN 1988: 475).

289.2 Eine ältere sprachliche Tradition bilden die Adjektive ERNST, ANGST und FEIND, die auf sGM zurückgehen (ERBEN 1975: 26; 1993: 27). Bei ihnen liegt nicht eine generelle Konversion in die Wortart Adjektiv vor, sondern eine durch eine besondere syntaktische Verwendungsweise des Substantivs vorbereitete Konversion, was zum Teil damit verbunden ist, daß das neu entstandene Adjektiv „nicht an allen grammatischen Formmöglichkeiten der Zielklasse" teil hat (ebd.). So sind FEIND und ANGST (*er ist mir feind; mir ist angst*) auf die prädikative Verwendungsweise eingeschränkt, obwohl ANGST in dieser syntaktischen Verwendungsweise seit Luther und FEIND sogar schon seit mhd. Zeit vorkommen (PAUL/HENNE/OBJARTEL 1992: 36, 268). Das ebenfalls im Mhd. entstandene Adjektiv ERNST (PFEIFER 1989: 372) wird dagegen in allen syntaktischen Verwendungsweisen des Adjektivs gebraucht.

4.4 Ausdruckskürzungen

290 Von den Möglichkeiten zur Neukonstitution von Wörtern durch die Wortbildungsprozesse der Komposition, Derivation und Konversion ist der Prozeß der Ausdruckskürzung, zu dem Abkürzungswörter und Kurzwörter gehören, deutlich zu trennen (§§ 185.1-3, 185.5). Alle Ausdruckskürzungen sind zeichentheoretisch sprachliche Zeichen zweiten Grades und setzen Vollformen voraus, mit denen sie inhaltsseitig identisch sind, von denen sie sich aber ausdrucksseitig in ihrer Phonotaktik unterscheiden. Das bedeutet, daß die ausdrucksseitigen Relationen zwischen Abkürzungen und Vollformen zur Grundlage einer Subkategorisierung gemacht werden können (HOFRICHTER 1972: Thesen zur Diss., S. 3). Zu den Ausdruckskürzungen gehören auch die sog. Rückbildungen (§ 293).

291.1 Bei den Abkürzungswörtern können lineare und nichtlineare Abkürzungen unterschieden werden. Unter linearen Abkürzungen versteht HOFRICHTER (1972: Thesen zur Diss., S. 3) „Kurzformen, deren Bildungselemente in ihrer Aufeinanderfolge der ununterbrochenen Kette von Graphemen der Vollform entsprechen". Nichtlineare Abkürzungen sind dagegen „Kurzformen, deren Strukturelemente nicht die regelmäßige, d.h. ununterbrochene lineare Folge von Graphemen der Vollform widerspiegeln". In beiden Klassen von Abkürzungswörtern können je zwei Subgruppen unterschieden werden, wie aus den in der Tabelle 126 zusammengestellten Beispielen zu entnehmen ist:

Tabelle 126: Typen von Abkürzungswörtern in ausdrucksseitiger Relation zu den Vollformen

Abkürzungsformen	Vollformen	Typus
1. S. – Pf.	Seite – Pfennig	lineare Initialabkürzung: Bezug GM
2. LKW – Jg. – Kfz. – B – D – U – BSG – DHfK – DDR	Lastkraftwagen – Jahrgang – Kraftfahrzeug – Baumwolle – Durchgangszug – Unterseeboot – Betriebssportgemeinschaft – Deutsche Hochschule für Körperkultur – Deutsche Demokratische Republik	lineare Initialabkürzung: Bezug GM, Wort, Wortgruppe
3. Jan. – Angeh. – bras. – brosch.	Januar – Angehöriger – brasilianisch – broschiert	lineare Nichtinitialabkürzung: Bezug Wort
4. Bf. – Bd. – LdRt	Brief – Band – Landrat	nichtlineare Abkürzung: Rahmenstruktur
5. mdst. – Jg.Hb. – Drgt.	mindeste – Jugendherberge – Dirigent	nichtlineare Abkürzung: Gerüststruktur
6. ff. – Mss.	sehr fein/folgende – Manuskripte	Isolierungen
7. U-Bahn; S-Bahn	Untergrundbahn – Schnellbahn	Mischformen
8. Hbf. – Ldrb. – Ldgem.	Hauptbahnhof – Lederband – Landgemeinde	Kombinationsformen
9. Leica – Fewa – Persil	Leitz-Camera – Feinwaschmittel – Perborat + Silikat	Silbenwörter
10. SED – KMU – ABUS – ND	Sozialistische Einheitspartei Deutschlands – Karl-Marx-Universität – Volkseigene Betriebe für Ausrüstung von Bergbau und Schwerindustrie – Neues Deutschland	
11. StVO – MdV	Straßenverkehrsordnung – Mitglied der Volkskammer	
12. WKK	Wehrkreiskommando	
13. ORWO – Lefa	Original Wolfen – Lederfaserwerkstoff	

Die Tabelle 126 gibt in der ersten Spalte die Abkürzungsformen, in der zweiten die Vollformen und in der dritten den Typus an.

291.2 Innerhalb der linearen Abkürzungen kommen zwei Subgruppen vor, die Initialabkürzungen und die Nichtinitialabkürzungen. Die Beispielgruppe (1) enthält Initialabkürzungen. Sie beziehen sich auf die interne morphologische Struktur der Vollformen und auf die Phonotaktik der Morpheme, indem sie das jeweils erste Phonem bzw. die ersten beiden Phoneme der GM in ihren graphischen Realisationen wiedergeben, wobei die Affrikata <pf> biphonematisch gewertet ist.

In der Beispielgruppe (2) sind Initialabkürzungen aufgeführt, die die interne morphologische Struktur der Vollformen durch eingliedrige oder mehrgliedrige Initialen vollständig oder nur teilweise wiedergeben. Bei *LKW, Jg.* und *Kfz.* verweist jede Initiale auf ein GM, wobei neben einer Abfolge von Großbuchstaben auch eine Kombination von Großbuchstaben und einem oder mehreren Kleinbuchstaben möglich ist; bei letzteren ist dann ein Punkt als zusätzlicher Hinweis auf eine Abkürzungsform üblich. Bei den Initialabkürzungen *B, D, U* wird die morphologische Struktur der Vollform nur teilweise wiedergegeben, so daß sich als entscheidender Bezugspunkt die Worteinheit und nicht die Morphemstruktur erweist.

Die aus Rationalisierungsgründen entstandenen Abkürzungen werden in den Varietäten der Schriftsprache und der Standardsprache in unterschiedlicher Weise verwendet. Die Initialabkürzungen *S.* (1) und *Jg.* sind auf die Schriftsprache beschränkt; werden sie gesprochen realisiert, wird die Vollform vollständig wiedergegeben. Die Abkürzungen *LKW* und *Kfz.* erscheinen in geschriebenen und gesprochenen Äußerungen. Neben der vollständig aufgelösten Initialabkürzung kommt in gesprochenen Äußerungen auch eine Realisation als Kürzung vor, wobei die phonetische Realisation der sog. „Buchstabierweise" (FLEISCHER 1982: 230) wie in [ɛlka: ve:] und [ka: ɛfts ɛt] folgt.

Die Initialabkürzungen können sich auf Komposita wie *LKW* und auf Wortgruppen wie *DDR* beziehen, die als Ganzes auf eine einzige außersprachliche Realität verweisen. Wie bei Komposita (*Jg.*) können auch bei Wortgruppen neben den Großbuchstaben auch Kleinbuchstaben verwendet werden (*DHfK*). Wenn bei Komposita wie *BSG* die Kompositionsglieder selbst morphologisch komplex sind und aus FM + GM (*Betrieb*) bestehen, richtet sich die Wahl des Initialelements nach der Einheit der Kompositionsglieder und nicht nach der Einheit der GM.

In der Beispielgruppe (3) sind lineare Nichtinitialabkürzungen aufgeführt. Sie kommen fast ausschließlich in geschriebenen Äußerungen vor und werden gesprochen als Vollformen realisiert. Bei ihnen werden die ersten Phoneme von Wortformen, und zwar mehr als zwei Phoneme, in ihren graphischen Realisationen wiedergegeben.

291.3 Bei den nichtlinearen Abkürzungen können die beiden Subgruppen der Rahmenstrukturen und der Gerüststrukturen, die beide nur in geschriebenen Äußerungen vorkommen, unterschieden werden. Nach HOFRICHTER (1972: Thesen zur Diss., S. 3) sind Rahmenstrukturen „nichtlineare Abkürzungen, deren Strukturelemente nur den Anfang und das Ende der entsprechenden Vollform repräsentieren, während der mittlere Teil der Vollform eliminiert wird". Gerüststrukturen dagegen sind „Konstruktionen aus Konsonanten, die aus Anfang, Mitte und Ende der Vollform stammen und in vereinzelten Fällen auch Vokale enthalten".
Bei den in der Beispielgruppe (4) aufgeführten Abkürzungen wird vor allem bei *LdRt* deutlich, daß der entscheidende Bezugspunkt der Rahmenstrukturen die interne phonologische Struktur der GM in ihren graphischen Repräsentationen ist. Bei *StRt* = *Studienrat* liegt nur im zweiten Teil der Abkürzung eine Rahmenstruktur vor. Bei den Gerüststrukturen (5) existieren keine besonderen Relationen zu den internen morphologischen Strukturen der abgekürzten Vollformen. Statt *Jg.Hb.* ist auch die Abkürzung *JH* üblich, die zur Gruppe (2) gehört.
291.4 In der Beispielgruppe (6) wird als dritte Klasse von Abkürzungen die der Isolierungen sichtbar. Es handelt sich um „Abkürzungen, die in der Regel aus zwei bis drei Buchstaben bestehen, von denen der letzte bzw. die letzten zwei nicht Bestandteil der Vollform, sondern nur eine wiederholte Setzung des in der Kurzform vorausgehenden Buchstabens sind" (HOFRICHTER 1972: Thesen zur Diss., S. 3). Die Abkürzungen *ff.* und *Mss.* sind in wissenschaftlichen Publikationen gebräuchlich; *ff.* für *sehr fein* ist in seiner Reichweite begrenzt.
291.5 In der Beispielgruppe (7) sind Mischformen aufgeführt. Bei ihnen handelt es sich um Komposita, bei denen das erste Kompositionsglied als Initiale erscheint und durch einen Bindestrich mit dem zweiten Kompositionsglied verbunden ist, um die Worteinheit zu kennzeichnen. HOFRICHTER (1972: Thesen zur Diss., S. 3) wird mit dem Klassenkennzeichen „Konstruktionen aus Abkürzungen und Vollformen" dem Typus nicht gerecht und gebraucht den Terminus 'Vollform' nicht einheitlich. Auch die Klassifizierung dieser Wortformen von FLEISCHER (1982: 231) als „Bildungen aus einer Initiale und einem Vollwort" ist terminologisch ungenau.
291.6 Die Beispielgruppe (8) enthält eine fünfte Klasse von Abkürzungen, die HOFRICHTER (1972: Thesen zur Diss., S. 3) als „Kombinationsform" bezeichnet, weil sie Verbindungen der bisher unterschiedenen Typen enthält. So werden bei *Hbf.* = *Hauptbahnhof* die Typen der Gruppen (1) und (4), bei *Ldrb.* = *Lederband* die Typen der Gruppen (6) und (1) und bei *Ldgem.* = *Landgemeinde* die Typen der Gruppen (4) und (3) in der jeweils angegebenen Abfolge miteinander kombiniert.

291.7 Den fünf von HOFRICHTER unterschiedenen Klassen fügt FLEISCHER (1982: 231) eine sechste Klasse, die „Silbenwörter" hinzu. Beispiele sind in der Gruppe (9) enthalten. Ihre Grundlage ist bei *Leica* und *Persil* die Silbenstruktur; auch bei *Fewa* entsteht in der Abkürzung eine diesen Bildungen vergleichbare Struktur, auch wenn <Fe> in der Phonfolge nicht der Silbenstruktur von <Fein> entspricht. Durch die aus der Vollform bzw. den Vollformen ausgewählten Phonemfolgen mit der Phonotaktik KV bzw. KVK und ihre Verbindung zu den Phonemfolgen KVKV bzw. KVKKVK entsteht eine interne phonologische Struktur, die der von Simplizia bzw. Derivata des appellativischen Wortschatzes (ROSE, BÜNDEL) entspricht. Daher stellen die Silbenwörter einen Übergang zu den Simplizia und auch zu den Kurzwörtern dar.

291.8 Der bisher vorgeführten Klassifizierung nach morphologischen und phonologischen Kriterien stellt HOFRICHTER(1972: Thesen zur Diss., S. 5) noch eine Klassifizierung nach dem phonetischen Prinzip gegenüber. Diese fügt der bisherigen Einteilung nur einzelne zusätzliche Aspekte hinzu und führt nicht zu einer Neugliederung des Bestandes an Abkürzungen. Nach dem phonetischen Prinzip unterscheidet HOFRICHTERgraphische und phonetische Kurzformen. Graphische Abkürzungen „werden als Kurzformen phonetisch nicht realisiert, sie existieren nur in schriftlicher Form. Bei der Umsetzung graphischer Abkürzungen in die gesprochene Sprache werden statt der Kurzformen die entsprechenden Vollformen verwendet." Die phonetischen Abkürzungen dagegen „besitzen wie die Vollformen eine graphische und eine phonetische Form."

Innerhalb der phonetischen Abkürzungen treten zwei Varianten auf, einmal die Aussprache nach der Buchstabenbezeichnung (*LKW, DDR*) und zum anderen die Aussprache nach dem Lautwert (*NASA, Nato, Leica, Avus*). Beide Varianten kommen wie bei *MPi* = *Maschinenpistole* = [ɛmpi:] auch kombiniert vor. Auch Kombinationen graphischer und phonetischer Abkürzungsprinzipien lassen sich wie bei *Dr. h.c.* = [*dɔkto: r ha: tse:*] nachweisen.

291.9 Bei der Verwendung von Abkürzungsformen müssen die Prinzipien der Ökonomie und der Verständlichkeit unterschieden werden. Abkürzungen sind „nicht in jeder Situation und in jedem Textzusammenhang beliebig verwendbar" (FLEISCHER 1982: 233). Die Verwendung von Abkürzungen darf nicht zur Manie des *Abküfi* (= *Abkürzungsfimmel*) oder zur bewußten Erschwerung des Textverständnisses durch scheinbar erhöhte Wissenschaftlichkeit führen. Durch zuviele und spezifische oder nur im Text und nicht auch in einem Abkürzungsverzeichnis erläuterte Abkürzungen können Verständnisschwierigkeiten entstehen. Dies war z.B. der Fall bei Abkürzungen, die in Medien in der ehemaligen DDR und in der Bundesrepublik Deutschland verwendet wurden und im jeweils anderen deutschen Sprachgebiet unüblich waren. So kannte die DDR eine Reihe von DDR-spezifischen

Abkürzungsneubildungen, auf die in den Beispielgruppen (10) bis (13) verwiesen wird. In der Gruppe (10) sind Kurzformen von Bezeichnungen für Organisationen, Institutionen, Betrieben und Presseerzeugnissen aufgeführt. In der Gruppe (11) sind Bezeichnungen für Verordnungen und Funktionen zusammengefaßt, die um solche zu Gesetzen und Vorschriften erweitert werden können. *WKK* (Gruppe 12) ist eine Abkürzung aus dem Militärwesen; vergleichbare Abkürzungen existieren in den Kommunikationsbereichen von Technik, Wissenschaft und Verkehrswesen. In der Gruppe (13) sind Abkürzungen für DDR-Erzeugnisse aufgeführt. Wie schnell sich solche spezifischen Verwendungsweisen ändern können, zeigt der sprachliche Gebrauch nach dem Fall der Mauer und seit der Wiedervereinigung Deutschlands.

292.1 Innerhalb der Kurzwörter (zur Definition §§ 185.2f.) lassen sich drei Subgruppen unterscheiden, die Kopfformen, Schwanzformen und Klammerformen (WELLMANN, in: DUDEN 1984: 394; 1995: 412). Die dabei auftretenden Realisierungsformen sind aus der Tabelle 127 zu entnehmen:

Tabelle 127: Kurzwörter und ihre Typisierung

Kurzwort	Vollform	Typus
1. (das) Kilo; (das) Tele; (der) Vize; (das) Super	(das) Kilogramm; (das) Teleobjektiv; (der) Vizepräsident; (das) Superbenzin	Kopfform: sekundärsprachliche GM
2. (das) Auto; (das) Foto; (die) Limo; (das) Abi; (die) Uni; (der) Krimi	(das) Automobil; (die) Fotografie; (die) Limonade; (das) Abitur; (die) Universität; (der) Kriminalroman	Kopfform: spezifische Phonotaktik
3. Kino; Profi; Taxi	Kinematograph(ie); Professional 'Berufssportler'; Taxameter	Kopfform: Wortkürzung + FM
4. Bock; Korn; Ober	Bockbier; Kornschnaps; Oberkellner	Kopfform: primärsprachliche GM
5. Zoo	Zoologischer Garten	Kopfform: Basis Wortgruppe; graphische Vergleichbarkeit mit der Vollform
6. Bioladen	biologischer Laden	Kopfform: Basis Wortgruppe; Verwendung als Kompositionsglied
7. Uni-Betrieb	Universitätsbetrieb	Kopfform: Basis Kompositum, Kürzung der Erstkonstituente
8. Bus; Bahn; Platte; Cello	Omnibus; Eisenbahn; Schallplatte; Violoncello	Schwanzform
9. Fernamt; Ölzweig	Fernsprechamt; Ölbaumzweig	Klammerform

Kurzwort	Vollform	Typus
10. Laubsäge; Spitzenzeit; Gleiskolonne	Laubholzsäge; Spitzenbelastungszeit; Gleisbaukolonne	Problematische Klammerform

Wie die Tabelle 126 besteht die Tabelle 127 aus drei Spalten, in denen Informationen zu Kurzwort, Vollform und Typus enthalten sind.

292.2 In der Beispielgruppe (1) sind Kopfformen aufgeführt. Sie entstehen dadurch, daß die jeweils ersten Morpheme eines komplexen Wortes isoliert gebraucht werden. Bei den angegebenen Beispielen ist die isolierte erste Konstituente jeweils ein sekundärsprachliches GM (PFEIFER 1989: 832, 1795, 1915, 1764f.; dazu §§ 200.1, 200.4). Die von WELLMANN(in: DUDEN 1984: 393) dafür gegebene 'Erläuterung', daß sich bei ihnen „der Schwerpunkt der Bedeutung auf das Vorderglied verlagert" habe, wird daher mit Recht aufgegeben (in: DUDEN 1995: 441). Durch das Prinzip der Reduktion einer Vollform auf eine erste Konstituente werden insgesamt mehr Kurzwörter gebildet als durch die beiden anderen Prinzipien.

Durch die Kopfformbildungen entstehen besondere interne phonologische Strukturen, die in der Phonotaktik VKV, KVKV, KKVKV in finaler Position häufig die Phoneme /ō/ und /ī/ besitzen (Gruppe 2), die in Simplizia (OMA, UHU, ECHO) in dieser Distribution nicht mehr häufig vorhanden sind. Dies führt dazu, daß diese Phoneme morphologisch interpretiert und als FM, als Suffixe, eingeschätzt und als „sekundäre Ableitungssuffixe" (FLEISCHER 1982: 231) neu eingesetzt werden können. Solche Bildungen sind in der Beispielgruppe (3) enthalten, wie der Vergleich zu den Vollformen ergibt. Für die Wörter dieser Gruppe ist daher von einer Kombination von Wortkürzungen + FM auszugehen.

Wie bei sekundärsprachlichen Konstituenten (Gruppe 1) folgt die Wortkürzung auch bei primärsprachlichen der morphologischen Struktur der Vollform (Beispielgruppe 4). Meist werden – wie hier – Komposita gekürzt.

Belege für Kürzungen auf der Grundlage von Wortgruppen wie bei ZOO (Beispiel 5) sind selten. Bei dieser Kürzung ist eine klare Vergleichbarkeit nur bei der graphischen Ausdrucksseite gegeben; phonetisch fehlt sie, denn in <Zoologischer> folgen zwei lange [o:]-Phone aufeinander, in <Zoo> ist dagegen nur eins realisiert.

Das Beispiel BIOLADEN (6) geht zwar auch auf eine Wortgruppe aus Adjektiv plus Substantiv zurück, anders als bei ZOO erscheint die aus der Kürzung hervorgegangene Konstituente <Bio> jedoch nicht als Worteinheit, sondern nur als erste Konstituente eines Kompositums. Auf die Wortgruppenbasis bezogen erfolgt die Kürzung nur beim Adjektiv, und das Kürzungsergebnis wird als Erstglied mit einem Zweitglied, das dem substantivischen Nukleus der Wortgruppe entspricht, zu einer neuen Worteinheit verbunden.

Noch anders liegen die Verhältnisse bei UNI-BETRIEB (7), da als Kürzungsgrundlage ein Kompositum existiert. Bei der Kürzung bleibt der Status der Worteinheit als Kompositum aus zwei Kompositionsgliedern unverändert. Verändert wird lediglich die morphologische Komplexität der ersten sekundärsprachlichen Konstituente. Diese wird bis auf das erste sekundärsprachliche GM (PFEIFER 1989: 1874) gekürzt und als Kompositionsglied bei der unverändert bleibenden zweiten Konstituente belassen.

292.3 Die Beispielgruppe (8) enthält Schwanzformen oder „Endformen" (WELLMANN, in: DUDEN 1995: 412). Alle Beispiele stammen aus Komposita und gehören zum inhaltsseitigen Typus der Determinativkomposita. Bei ihnen wird durch Kürzung das Erstglied getilgt. Da bei diesen Komposita (wie GARTENTOR) das zweite Kompositionsglied die Bezeichnungsklasse festlegt, ergibt sich innerhalb von Textexemplaren die Möglichkeit, auf dieselbe außersprachliche Realität mit Hilfe eines Determinativkompositums und eines Simplex zu verweisen. Es entstehen topikale Sequenzen aus einer Abfolge von spezifizierter und allgemeiner Bezeichnung wie in den Äußerungen (1) *Das Gartentor war verschlossen. Vorsichtig kletterten wir darüber und ließen das Tor schnell hinter uns.* und (2) *Der Überlandbus war voll belegt. Bereits an der ersten kleineren Steigung hatte er Schwierigkeiten. Am ersten längeren Steilstück blieb der Bus stehen.* Solche Sequenzen (vgl. SCHRÖDER 1978: 87f.) müssen von den Schwanzformen als Kurzwörtern unterschieden werden (so auch WELLMANN, in: DUDEN 1984: 394; anders dagegen in: DUDEN 1995: 412), bei denen die inhaltsseitige Relation der Identität besteht, denn in Äußerungen wie (3) *Wir fuhren mit dem Bus vom Flughafen ins Zentrum der Stadt.* bezeichnet die Kurzform <Bus> immer den <Omnibus> und nicht etwa einen <Überlandbus>.

292.4 Bei dreigliedrigen Kompositionen aus GM unterschiedlichen Grades kann aus Gründen der „Sprecherleichterung" das „Mittelfeld", das zweite GM, weggelassen werden, so daß Klammerformen entstehen (WELLMANN, in: DUDEN 1984: 393; 1995: 412 fehlt der Hinweis auf die 'Sprecherleichterung', der auch unbegründet ist). Die so entstandenen Wörter (9) sind nicht sehr zahlreich.

Mit Recht weist FLEISCHER (1982: 100) darauf hin, daß einzelne Komposita „auch ohne den Umweg über die längere Form direkt entstanden" sein können (ähnlich PLANK 1981: 125). Solche Bildungen dürften in der Beispielgruppe (10) vorliegen. Der Ansatz einer Klammerform setzt die vorherige Existenz eines dreigliedrigen Kompositums und ein klares zeitliches Nacheinander zur gekürzten Bildung voraus. Ist dieser diachrone Nachweis nicht möglich, ist von einem zweigliedrigen Determinativkompositum als Wortbildungsprinzip auszugehen.

293.1 In den Zusammenhang der Wortkürzung sind auch einzelne Wortneukonstitutionen zu stellen, die in den Wortbildungslehren unter dem

Begriff der 'Rückbildung' zusammengefaßt werden. Allerdings existieren dabei durchaus unterschiedliche Grade der Vergleichbarkeit, so daß sich eine Differenzierung in Rückbildungen im engeren Sinne und solche im weiteren Sinne als notwendig erweist.

293.2 Eine eindeutige, mit den behandelten Wortkürzungen morphologisch vergleichbare Rückbildung ist bei den „Erleichterungsrückbildungen" (HENZEN 1965: 243) vorhanden. Sie können als 'Rückbildungen in engerem Sinne' verstanden werden. Während bei den Kurzwörtern (§ 292.1 mit Tabelle 127) vor allem GM unterschiedlichen Grades getilgt werden, sind bei den Erleichterungsrückbildungen FM, Suffixe, im Vergleich zur Vollform betroffen. Wie bei den Kurzwörtern bleibt die Wortart der Rückbildung dieselbe wie bei der Vollform, auch die Inhaltsseite bleibt identisch, die Kürzung betrifft nur die Phonotaktik der Ausdrucksseite.

Erleichterungsrückbildungen können bei Wörtern der Wortarten Adjektiv, Substantiv und Verb nachgewiesen werden (HENZEN 1965: 243; ERBEN 1975: 33; 1993: 34). Bei den Adjektiven WAHRHAFTIG zu WAHRHAFTIGLICH, NUTZBAR zu NUTZBARLICH und GENIAL zu GENIALISCH werden die Suffixe {lix} und {iš} getilgt. Bei {lix} dürfte die Suffixtilgung damit zusammenhängen, daß {lix} im Frühnhd. ein Mittel zur Adverbkonstitution war, was sich beim Übergang vom Adverb zum Adjektiv als unnötig erwies. Während bei WAHRHAFTIG und WAHRHAFTIGLICH noch ein synchrones Nebeneinander existiert mit deutlich höherer Frequenz der Rückbildung hat NUTZBAR den Gebrauch von NUTZBARLICH abgelöst, so daß die Rückbildung nur noch durch die Berücksichtigung diachroner Entwicklungen zu erkennen ist. Bei GENIAL und GENIALISCH ist noch ein Nebeneinander beider Adjektive vorhanden, jedoch mit deutlicher Dominanz des ersten (PFEIFER 1989: 537; PAUL/HENNE/OBJARTEL 1992: 336).

Bei WAHRHAFTIG ist noch eine weitere Reduktion zu WAHRHAFT möglich, doch ist sie mit einer inhaltsseitigen Differenzierung verbunden. WAHRHAFTIG hat die Sememe 'aufrichtig, wahrheitsliebend', WAHRHAFT die Sememe 'wirklich, tatsächlich' (WAHRIG 1977: 3933). Eine vergleichbare Reduktion ist bei ELEND zu ELENDIG zu ELENDIGLICH vorhanden (ebd.: 1064).

Eine Erleichterungsrückbildung zu substantivischen Vollformen zeigt sich bei ERWEIS zu ERWEISUNG und bei AUSDRUCK zu AUSDRÜKKUNG. Getilgt wird jeweils das Suffix {uŋ}; die {uŋ}-Bildungen sind gegenwartssprachlich nicht mehr üblich. Bei AUSDRUCK erfolgte die Aufgabe des Umlauts /ü/ in Analogie zu anders entstandenen Wörtern wie EINDRUCK (ERBEN 1975: 33; 1993: 34; PFEIFER 1989: 312).

Das von BZDĘGA (1992: 42) für „Rückbildungen im Rahmen der gleichen Wortart" angenommene „Minussuffix" erweist sich als unnötig.
Eine verbale Erleichterungsrückbildung ist nach ERBEN (ebd.) bei LAKKEN neben LACKIEREN vorhanden, wenn nicht eher von einem Ersatz des Suffixes {īrən} durch das Suffix {ən} auszugehen ist (vgl. PFEIFER 1989: 961).
Auf der Grundlage der behandelten Beispiele ergibt sich abschließend diese Definition: Eine Rückbildung im engeren Sinne bzw. eine Erleichterungsrückbildung ist eine Form der Wortkürzung, bei der unter Beibehaltung der Ausgangswortart ein Suffix einer Vollform getilgt und die Vollform zurückgedrängt oder aufgegeben wird und gelegentlich phonotaktische Anpassungen an morphologisch und inhaltsseitig vergleichbare Wörter vorkommen.
293.3 Von den Rückbildungen im engeren Sinne sind zwei Gruppen von 'Rückbildungen im weiteren Sinne' abzugrenzen, die mit der Konstitution von Substantiven und Verben auf der Grundlage von Wörtern anderer Wortarten verbunden sind.
Eine erste Gruppe von Rückbildungen im weiteren Sinne unterscheidet sich von den Kurzwortkonstitutionen dadurch, daß mit der Suffixtilgung eine Konversion in eine andere Wortart verbunden ist. Auf diese Weise entstehen sehr viele Substantive aus Adjektiven, die mit dem Suffix {ix} gebildet sind (HENZEN 1965: 240f.). Beispiele sind SANFTMUT zu SANFTMÜTIG, BLÖDSINN zu BLÖDSINNIG, RAUBGIER zu RAUBGIERIG, WEITSICHT zu WEITSICHTIG, RUHMSUCHT zu RUHMSÜCHTIG, AUSSATZ zu AUSSÄTZIG und DREIZACK zu DREIZACKIG. Der Verzicht auf den Umlaut im Vergleich zur Vollform ergibt sich durch eine phonotaktische Anpassung an Simplizia wie MUT, SUCHT und SATZ. Da die Substantive und Adjektive in der Gegenwartssprache nebeneinander existieren, ist das Prinzip der Rückbildung zur Wortneukonstitution in der überwiegenden Anzahl der Beispiele nur durch diachrone Analysen festzustellen. Beim Prinzip der Rückbildung zur Konstitution von Substantiven aus Adjektiven müssen zwei Aspekte unterschieden werden, einmal die Tilgung des Adjektivsuffixes und dann die Konversion, die Umsetzung der so entstandenen Basis in die Wortart Substantiv in Verbindung mit der Übernahme der kategorialen Bedeutung dieser Wortart und ihrer morphologisch-syntaktischen Funktionen.
BZDĘGA (1992: 42) möchte die „Rückbildungen mit Wortartwechsel" als Kombinationen von Minussuffix (vgl. § 293.2) und einem „Nullmorphem" als FM bzw. „konstitutives Derivatem", das den Wortartenwechsel herbeiführt, beschreiben. Sowohl die Annahme eines Minussuffixes bzw. eines Nullmorphems als auch die ihrer Kombinatorik erweisen sich als unnötig.
293.4 In der zweiten Gruppe von Rückbildungen im weiteren Sinne entstehen Verben auf der Grundlage von substantivischen Komposita, bei denen

das zweite Kompositionsglied eine komplexe morphologische Struktur mit einem Suffix besitzt. Beispiele sind NOTLANDEN zu NOTLANDUNG, KURPFUSCHEN zu KURPFUSCHER, EHRABSCHNEIDEN zu EHRABSCHNEIDER (HENZEN 1965: 241; ERBEN 1975: 34; 1993: 35; FLEISCHER /BARZ 1992: 52), FUSSBALLEN zu FUSSBALLER, NESTHOKKEN zu NESTHOCKER. Der Typus ist produktiv und wird in umgangssprachlichen Varietäten, auch zum Erzielen humoristischer Wirkungen, gern genutzt. Da auf diese Weise Verben konstituiert werden, sind von diesen über Partizipformen abgeleitete Adjektive wie EHRABSCHNEIDEND, NOTGELANDET, ZWANGSERNÄHRT möglich (PÜMPEL-MADER u.a. 1992: 10).

Anders als in der ersten Gruppe von Rückbildungen im weiteren Sinne wird bei der Verbkonstitution nicht nur das Suffix des Kompositums, bei dem es sich um die FM {uŋ} und {ər} handelt, getilgt, sondern es wird durch das Verben konstituierende Suffix {ən} ersetzt, wodurch nicht eine Konversion, sondern eine Transposition (§ 285.1) in eine andere Wortart vorliegt.

293.5 Für die Rückbildungen im weiteren Sinne ergibt sich abschließend folgende, die Bestimmung von FLEISCHER/BARZ (1992: 51) als „Tilgung oder Austausch eines Wortbildungssuffixes mit gleichzeitiger Transposition in eine andere Wortart" spezifizierende Definition: Eine Rückbildung im weiteren Sinne ist eine Verbindung von Wortkürzung durch Suffixtilgung bei einer adjektivischen bzw. substantivischen Vollform und Konversion bzw. Transposition der so entstandenen Basis zur Konstitution von Substantiven bzw. Verben.

Literaturverzeichnis

ABRAHAM, WERNER (1974): Terminologie zur neueren Linguistik. Zusammengestellt von Werner Abraham unter Mitwirkung von R. Elema, R. Griesen, A. P. ten Cate und J. Kok (= Germanistische Arbeitshefte. Ergänzungsreihe 1), Tübingen.

ADMONI, WLADIMIR G. (1971): Grundlagen der Grammatiktheorie. Übersetzt und mit einem Vorwort von Theodor Lewandowski (= Grundlagen der Sprachdidaktik. Uni-Taschenbücher 94), Heidelberg.

ADMONI, WLADIMIR [G.] (^{4}1982): Der deutsche Sprachbau (= Beck'sche Elementarbücher), München.

ÁGEL, VILMOS (1993): Valenzrealisierung, Finites Substantiv und Dependenz in der deutschen Nominalphrase (= KLAGE. Kölner Linguistische Arbeiten – Germanistik 29), Hürth-Efferen.

AGRICOLA, ERHARD/FLEISCHER, WOLFGANG/PROTZE, HELMUT/EBERT, WOLFGANG (1969-1970): Die deutsche Sprache. Kleine Enzyklopädie in zwei Bänden, Leipzig.

ALDENHOFF, JULES (1961): Doppelformen im Verbalsystem der heutigen deutschen Schrift- und Umgangssprache, in: Revue des Langues Vivantes 27: 501-543.

ANDERSON, STEPHEN R. (1985): Inflectional Morphology, in: Language Typology and Syntactic Description. III. Grammatical Categories and the Lexicon. Ed. by Timothy Shopen, Cambridge – London – New York – New Rochelle – Melbourne – Sydney: 150-201.

AUGST, GERHARD (1971): Über den Umlaut bei der Steigerung, in: Wirkendes Wort 21: 424-431.

AUGST, GERHARD (1975a): Über das Fugenmorphem bei Zusammensetzungen, in: Augst, Gerhard: Untersuchungen zum Morpheminventar der deutschen Gegenwartssprache (= Forschungsberichte des Instituts für deutsche Sprache Mannheim 25), Tübingen: 71-155.

AUGST, GERHARD (1975b): Lexikon zur Wortbildung Morpheminventar A-G (= Forschungsberichte des Instituts für deutsche Sprache Mannheim 24.1), Tübingen.

AUGST, GERHARD (1975c): Wie stark sind die starken Verben? Überlegungen zur Subklassifizierung der nhd. Verben, in: Augst, Gerhard: Untersuchungen zum Morpheminventar der deutschen Gegenwartssprache (= Forschungsberichte des Instituts für deutsche Sprache Mannheim 25), Tübingen: 231-281.

AUGST, GERHARD (1975d): Zum Pluralsystem, in: Augst, Gerhard: Untersuchungen zum Morpheminventar der deutschen Gegenwartssprache (= Forschungsberichte des Instituts für deutsche Sprache Mannheim 25), Tübingen: 5-70.

AUGST, GERHARD (1979): Neuere Forschungen zur Substantivflexion [Forschungsbericht], in: Zeitschrift für germanistische Linguistik 7: 220-232.

AUGST, GERHARD (1986): Zur Struktur komplexer Wörter, in: Zeitschrift für germanistische Linguistik 14: 309-320.

BÆRENTZEN, PER (1995): Zum Gebrauch der Pronominalformen *deren* und *derer* im heutigen Deutsch, in: Beiträge zur Geschichte der deutschen Sprache und Literatur 117: 199-217.

BALLMER, THOMAS T./BRENNENSTUHL, WALTRAUD (1978): Zum Adverbial- und Adjektivwortschatz der deutschen Sprache, in: Linguistische Berichte 78: 1-32.

BARTSCH, RENATE/VENNEMANN, THEO (1982): Grundzüge der Sprachtheorie. Eine linguistische Einführung, Tübingen.

BARZ, IRMHILD (1987): Zur Wortbildungsaktivität als Eigenschaft primärer Lexeme, in: Beiträge zur Erforschung der deutschen Sprache 7: 5-11.

BARZ, IRMHILD (1989): Determinanten der Wortbildungsaktivität primärer Lexeme, in: Beiträge zur Erforschung der deutschen Sprache 9: 32-36.

BARZ, IRMHILD (1992): Die Wortbildung sekundärer Verben, in: Rudolf Grosse, Gotthard Lerchner, Marianne Schröder (Hgg.): Beiträge zur Phraseologie, Wortbildung, Lexikologie. Festschrift für Wolfgang Fleischer zum 70. Geburtstag, Frankfurt/M. – Berlin – Bern – New York – Paris – Wien: 79-91.

BAYER, HANS (1975): Sprache als praktisches Bewußtsein. Grundlegung einer dialektischen Sprachwissenschaft, Düsseldorf.

BECH, GUNNAR (1969): Zur Flexion von *haben* und *werden*, in: Kopenhagener germanistische Studien 1: 113-118.

BECHERT, JOHANNES (1969a,b): Ein Bauprinzip in der Morphologie der indogermanischen Sprachen. [Mit] Nachtrag, in: Münchener Studien zur Sprachwissenschaft 25 (1969a): 11-26; 26 (1969b): 17f.

BECKER, KARL FERDINAND (1824): Die Deutsche Wortbildung oder die organische Entwickelung der deutschen Sprache in der Ableitung (= Abhandlungen des frankfurtischen Gelehrtenvereins für deutsche Sprache 4), Frankfurt/M.

BEHAGHEL, OTTO (1924, 1928): Deutsche Syntax. Eine geschichtliche Darstellung. II. Die Wortklassen und Wortformen. B. Adverbium. C. Verbum; III. Die Satzgebilde (= Germanische Bibliothek. I. Sammlung germanischer Elementar- und Handbücher. I. Reihe: Grammatiken 10), Heidelberg.

BELLMANN, GÜNTER (1989): Zur Metakommunikation der Pronomenverwendung, in: Bayerisch-österreichische Dialektforschung. Würzburger Arbeitstagung 1986. Unter Mitarbeit von Regina Frisch und Olaf Stolzmann hg. v. Erwin Koller, Werner Wegstein und Norbert Richard Wolf (= Würzburger Beiträge zur deutschen Philologie 1), Würzburg: 335-351.

BENTZINGER, RUDOLF (1976): Zum Artikel in der deutschen Sprache der Gegenwart, in: Germanistica Pragensia 7: 49-58.

BERGENHOLTZ, HENNING (1976): Zur Morphologie deutscher Substantive, Verben und Adjektive. Probleme der Morphe, Morpheme und ihrer Beziehung zu den Wortarten (= Beihefte zur Kommunikativen Grammatik 1 / Dümmlerbuch 8385), Bonn.

BERGENHOLTZ, HENNING/MUGDAN, JOACHIM (1979): Einführung in die Morphologie (= Urban-Taschenbücher 296), Stuttgart – Berlin – Köln – Mainz.

BERGENHOLTZ, HENNING/SCHAEDER, BURKHARD (1977): Die Wortarten des Deutschen. Versuch einer syntaktisch orientierten Klassifikation, Stuttgart.

BERGMANN, GUNTER (1971): Zur Theorie der Wortbildungsregeln (Der Typ 'Heulsuse'), in: Deutsch als Fremdsprache 8: 104-108.

BEST, KARL-HEINZ (1980): Überlegungen zu einigen Problemen morphologisch orientierter Wortartenmodelle, in: Kwartalnik Neofilologiczny 27: 23-42.

BETTELHÄUSER, HANS-JÖRG (1976): Studien zur Substantivflexion der deutschen Gegenwartssprache (= Monographien zur Sprachwissenschaft 2), Heidelberg.

BETTEN, ANNE (1987): Die Bedeutung der Ad-hoc-Komposita im Werk von Thomas Bernhard, anhand ausgewählter Beispiele aus 'Holzfällen. Eine Erregung' und 'Der Untergeher', in: Neuere Forschungen zur Wortbildung und Historiographie der Linguistik. Festgabe für Herbert E. Brekle zum 50. Geburtstag. Hg. v. Brigitte Asbach-Schnitker und Johannes Roggenhofer (= Tübinger Beiträge zur Linguistik 284), Tübingen: 69-90.

BETZ, WERNER (1948; ^{2}1965): Deutsche und Lateinisch. Die Lehnbildungen der Althochdeutschen Benediktinerregel, Bonn.

BETZ, WERNER (^{2}1959): Lehnwörter und Lehnprägungen im Vor- und Frühdeutschen, in: Deutsche Wortgeschichte, hg. v. Friedrich Maurer und Friedrich Stroh, Band I (= Grundriß der germanischen Philologie 17/I), Berlin: 127-147.

BIRKMANN, THOMAS (1987): Präteritopräsentia. Morphologische Entwicklungen einer Sonderklasse in den altgermanischen Sprachen (= Linguistische Arbeiten 188), Tübingen.

BISLE-MÜLLER, HANSJÖRG (1991): Artikelwörter im Deutschen. Semantische und pragmatische Aspekte ihrer Verwendung (= Linguistische Arbeiten 267), Tübingen.

BITTNER, ANDREAS (1985): Wie schwach sind die starken Verben? Überlegungen und Vorschläge zu einer Klassifizierung der neuhochdeutschen Verben, in: Studien zur Morphologie und Phonologie I, hg. v. Wolfgang Ullrich Wurzel (= Linguistische Studien. Reihe A Arbeitsberichte 126), Berlin: 51-74.

BITTNER, ANDREAS (1996): Starke 'schwache' Verben – schwache 'starke' Verben. Deutsche Verbflexion und Natürlichkeit (= Studien zur deutschen Grammatik 51), Tübingen.

BITTNER, DAGMAR (1988): Motivationsstrukturen im Flexionsverhalten der neuhochdeutschen Substantive – Vorschlag eines Modells, in: Studien zur Morphologie und Phonologie III, hg. v. Wolfgang Ullrich Wurzel (= Linguistische Studien. Reihe A Arbeitsberichte 188), Berlin: 36-52.

BITTNER, DAGMAR (1994): Die Bedeutung der Genusklassifikation für die Organisation der deutschen Substantivflexion, in: Funktionale Untersuchungen zur deutschen Nominal- und Verbalmorphologie. Hg. v. Klaus-Michael Köpcke (= Linguistische Arbeiten 319), Tübingen: 65-80.

BITTNER, DAGMAR/BITTNER, ANDREAS (1990): Sind Flexionsklassen nur morphologische Klassen?, in: Wurzel(n) der Natürlichkeit. Studien zur Morphologie und Phonologie IV, hg. v. A. Bassarek, D. Bittner, A. Bittner, P. Thiele (= Linguistische Studien. Reihe A Arbeitsberichte 208), Berlin: 16-36.

BLOCH, BERNARD (1947): English Verb Inflection, in: Language 23: 399-418.

BLOOMFIELD, LEONARD (1933/1967): Language, New York – Chicago – San Francisco – Toronto. Reprint London.

BLOOMFIELD, LEONARD (1926): A Set of Postulates for the Science of Language, in: Language 2: 153-164 [übersetzt unter dem Titel 'Eine Grundlegung der Sprachwissenschaft in Definitionen und Annahmen' in: Bense, Elisabeth/Eisenberg, Peter/Haberland, Hartmut (Hgg.) (1976): Beschreibungsmethoden des amerikanischen Strukturalismus (= Linguistische Reihe 16), München: 36-48].

BORN, RENATE (1980): Disintegration and Reintegration – The History of the Verbal Ablaut from Proto-Germanic to Modern German, in: Leuvense Bijdragen 69: 385-444.

BORNSCHEIN, MATTHIAS/BUTT, MATTHIAS (1987): Zum Status des s-Plurals im gegenwärtigen Deutsch, in: Linguistik in Deutschland. Akten des 21. Linguistischen

Kolloquiums, Groningen 1986. Hg. v. Werner Abraham und Ritva Århammar (= Linguistische Arbeiten 182), Tübingen 1987: 135-153.

BRAUNE, WILHELM/EGGERS, HANS ([13]1975): Althochdeutsche Grammatik (= Sammlung kurzer Grammatiken germanischer Dialekte. A. Hauptreihe 5), Tübingen.

BRAUNMÜLLER, KURT (1977): Referenz und Pronominalisierung. Zu den Deiktika und Proformen des Deutschen (= Linguistische Arbeiten 46), Tübingen.

BRDAR-SZABÓ, RITA (1990): Überlegungen zur Strukturiertheit von Merkmalbündeln bei der Beschreibung der Übergangszone zwischen Derivation und Komposition, in: Germanistisches Jahrbuch DDR – Republik Ungarn 1990. Hg. von Werner Biechele. 9. Jahrgang, Budapest: 311-321.

BREINDL, EVA/THURMAIR, MARIA (1992): Der Fürstbischof im Hosenrock. Eine Studie zu den nominalen Kopulativkomposita des Deutschen, in: Deutsche Sprache 20: 32-61.

BREKLE, HERBERT E. (1970; [2]1976): Generative Satzsemantik im System der englischen Nominalkomposition. Zweite, mit einem kritischen Vorwort versehene Auflage (= Internationale Bibliothek für allgemeine Linguistik 4), München.

BREKLE, HERBERT E. (1976): Delokutive Verben. Ein sprechakttheoretisch fundierter Wortbildungstypus, in: Sprachwissenschaft 1: 357-378.

BREKLE, HERBERT E. (1986): The Production and Interpretation of *ad hoc* Nominal Compounds in German: A Realistic Approach, in: Acta Linguistica 36: 39-52.

BRINKMANN, HENNIG (1965): Zum grammatischen Geschlecht im Deutschen, in: Brinkmann, Hennig: Studien zur Geschichte der deutschen Sprache und Literatur. Band I. Sprache, Düsseldorf: 357-399.

BRINKMANN, HENNIG ([2]1971): Die deutsche Sprache. Gestalt und Leistung, Düsseldorf.

BÜHLER, KARL (1934/1965): Sprachtheorie. Die Darstellungsfunktion der Sprache. 9 Abbildungen im Text und auf 1 Tafel. Mit einem Geleitwort von Friedrich Kainz, Stuttgart. Nachdruck (= Ullstein Buch 3392).

BÜLBÜLJAN, STEPAN (1984): Über die Annahme einiger Wörter als Suffix bzw. Halbsuffix und Präfix, in: Folia Linguistica 18: 549-554.

BÜNTING, KARL-DIETER ([2]1975): Morphologische Strukturen deutscher Wörter (= Forschungsberichte des Instituts für Kommunikationsforschung und Phonetik der Universität Bonn 19), Hamburg.

BÜNTING, KARL-DIETER ([10]1983): Einführung in die Linguistik (= Athenäum Taschenbücher Sprachwissenschaft 2011), Königstein/Ts.

BUSCHA, JOACHIM (1986): Die Darstellung der Adjektivdeklination in den Grammatiken der deutschen Gegenwartssprache, in: Sprachpflege 35: 125-128.

BUSSMANN, HADUMOD (1983): Lexikon der Sprachwissenschaft (= Kröners Taschenausgabe 452), Stuttgart.

BUSSMANN, HADUMOD ([2]1990): Lexikon der Sprachwissenschaft. Unter Mithilfe und mit Beiträgen von Fachkolleginnen und -kollegen (= Kröners Taschenausgabe 452), Stuttgart.

BYBEE, JOAN L. (1985): Morphology. A Study of the Relation between Meaning and Form (= Typological Studies in Language 9), Amsterdam – Philadelphia.

BZDĘGA, ANDRZEJ ZDZISŁAW (1965): Reduplizierte Wortbildung im Deutschen (= Poznanskie towarzystwo przyjaciól nauk. Wydzial filologiczno-filozoficzny. Tom III zeszyt 2), Poznan.

BZDĘGA, ANDRZEJ ZDZISŁAW (1985): Zur Syntax und Wortbildung der Nominalisierung im Deutschen, in: Forschungen zur deutschen Grammatik – Ergebnisse und Perspektiven. Referate der Arbeitstagung der Sektion Grammatik der Germanistenkommission DDR-VRP vom 6. bis 8.11.1984 in Berlin (= Linguistische Studien. Reihe A. Arbeitsberichte 127), Berlin: 147-158.

BZDĘGA, ANDRZEJ Z[DZISŁAW] (1992): Implizite Ableitung im Bereich deverbaler Nomina des Deutschen und Polnischen, in: Studia Neerlandica et Germanica. Edenda curavit Stanislaus Pr"dota (=Acta Universitatis Wratislaviensis 1356), Wratislaviae: 41-49.

CARSTAIRS, ANDREW (1986): Macroclasses and Paradigm Economy in German Nouns, in: Zeitschrift für Phonetik Sprachwissenschaft und Kommunikationsforschung 39: 3-11.

CARSTENSEN, BRODER (1980): Das Genus englischer Fremd- und Lehnwörter im Deutschen, in: Viereck, Wolfgang (Hg.): Studien zum Einfluß der englischen Sprache auf das Deutsche. Studies on the Influence of the English Language on German (= Tübinger Beiträge zur Linguistik 132), Tübingen: 37-75.

CHARITONOVA, IRINA J. (1977): Zur Frage von Zentrum und Peripherie einer Wortart im Deutschen, in: Beiträge zur Klassifizierung der Wortarten. Hg. v. Gerhard Helbig (= Linguistische Studien), Leipzig: 28-38.

CHRISTOFIDOU, ANASTASIA (1994): Okkasionalismen in poetischen Texten. Eine Fallstudie am Werk von O. Elytis (= Tübinger Beiträge zur Linguistik 394), Tübingen.

CLYNE, MICHAEL (1986): Ökonomie, Mehrdeutigkeit und Vagheit bei Komposita in der deutschen Gegenwartssprache, insbesondere in der Zeitungssprache, in: Muttersprache 78 (1968) S. 122-126.

CONFAIS, JEAN-PAUL (1993): Nullkasus und Nichtmarkierung der Nominalgruppe im heutigen Deutsch, in: Vuillaume, Marcel/Marillier, Jean-François/Behr, Irmtraud (Hgg.), Studien zur Syntax und Semantik der Nominalgruppe (Eurogermanistik 2), Tübingen: 185-212.

COSERIU, EUGENIO (1976): Die funktionale Betrachtung des Wortschatzes, in: Probleme der Lexikologie und Lexikographie. Jahrbuch 1975 des Instituts für deutsche Sprache (= Sprache der Gegenwart 39), Düsseldorf.

COSERIU, EUGENIO (1977): Inhaltliche Wortbildungslehre (am Beispiel des Typus 'coupe-papier'), in: Perspektiven der Wortbildungsforschung. Beiträge zum Wuppertaler Wortbildungskolloquium vom 9.-10. Juli 1976. Anläßlich des 70. Geburtstags von Hans Marchand am 1. Oktober 1977. Hg. v. Herbert E. Brekle und Dieter Kastovsky (= Gesamthochschule Wuppertal. Schriftenreihe Linguistik 1), Bonn: 48-61.

COSERIU, EUGENIO (1988): Einführung in die Allgemeine Sprachwissenschaft (= Uni-Taschenbücher 1372), Tübingen.

VAN DAM, J. (1940): Handbuch der deutschen Sprache. II. Wortlehre, Groningen – Batavia.

DAMMERS, ULF/HOFFMANN, WALTER/SOLMS, HANS-JOACHIM (1988): Grammatik des Frühneuhochdeutschen. Beiträge zur Laut- und Formenlehre hg. v. Hugo Moser, Hugo Stopp (†) und Werner Besch. IV. Flexion der starken und schwachen Verben (= Germanische Bibliothek. Erste Reihe. Sprachwissenschaftliche Lehr- und Elementarbücher), Heidelberg.

DANEŠ, FRANTIŠEK (1982): Zur Theorie des sprachlichen Zeichensystems, in: Grundlagen der Sprachkultur. Beiträge der Prager Linguistik zur Sprachtheorie und Sprachpflege. Teil 2. In Zusammenarbeit mit Karel Horálek und Jaroslav Kuchar hg. und bearbeitet von Jürgen Scharnhorst und Erika Ising (= Akademie der Wissenschaften der DDR. Zentralinstitut für Sprachwissenschaft. Reihe Sprache und Gesellschaft 8/2), Berlin: 132-173.

DARSKI, JÓZEF (1979): Die Adjektivdeklination im Deutschen, in: Sprachwissenschaft 4: 190-205.

DARSKI, JÓZEF (1984): Die pädagogische Aufbereitung der Adjektivdeklination im Deutschen, in: Studia Germanica Posnaniensia 13: 31-41.

DARSKI, JÓZEF (1985): Die Einteilung der Substantive in Deklinationsklassen nach ihren syntaktischen Exponenten im gegenwärtigen Deutsch, in: Grammatische Studien. Beiträge zur germanistischen Linguistik in Polen (= Göppinger Arbeiten zur Germanistik 447), Göppingen: 83-127.

DEDENBACH, BEATE (1987): Reduktions- und Verschmelzungsformen im Deutschen. Schwache Formen bei Artikeln und Pronomina (= Europäische Hochschulschriften. Reihe I. Deutsche Sprache und Literatur 1016), Frankfurt/M. – Bern – New York.

DELACK, JOHN B. (1975): Ablaut in German Strong Verbs Revisited, in: Dressler, Wolfgang U./Mareš, F. V.: Phonologica 1972. Akten der zweiten Internationalen Phonologie-Tagung. Wien, 5.-8. September 1972, hg. v. Wolfgang U. Dressler und F. V. Mareš unter redaktioneller Mitarbeit von G. Neweklowsky und O. E. Pfeiffer, München-Salzburg: 253-266.

DIEWALD, GABRIELE (1997): Grammatikalisierung. Eine Einführung in Sein und Werden grammatischer Formen (= Germanistische Arbeitshefte 36), Tübingen.

DIMITROVA, MARIJKA (1990): Zur semantischen Differenzierung von Präfixverben mit *auf-*, *ab-*, *aus-* bci der Kennzeichnung der Abschlußphase des verbalen Prozesses im Deutschen, in: Deutsch als Fremdsprache 27: 225-230.

DITTMER, ARNE (1983): Über das Partizip I im Deutschen, in: Kopenhagener Beiträge zur Germanistischen Linguistik 21: 93-116.

DONALIES, ELKE (1996): *Da keuchgrinste sie süßsäuerlich*. Über kopulative Verb- und Adjektivkomposita, in: Zeitschrift für germanistische Linguistik 24: 273-286.

DREBENSTEDT, MARGA (1986): Ein fünfter Kasus des deutschen Nomens?, in: Germanistyka. Wyzsza Szkola Pedagogiczna. Studia i Materialy 21 Zielona Góra 2: 95-103.

DUCKWORTH, DAVID (1977): Zur terminologischen und systematischen Grundlage der Forschung auf dem Gebiet der englisch-deutschen Interferenz. Kritische Übersicht und neuer Vorschlag, in: Sprachliche Interferenz. Festschrift für Werner Betz zum 65. Geburtstag. Hg. v. Herbert Kolb und Hartmut Lauffer in Verbindung mit Karl Otto Brogsitter, Wolfgang Huber, Hans H. Reich und Hans Schottmann, Tübingen: 36-56.

DUDEN (^{2}1974; ^{3}1990): Aussprachewörterbuch. Wörterbuch der deutschen Standardaussprache. Bearbeitet von Max Mangold in Zusammenarbeit mit der Dudenredaktion (= Duden Bd. 6), Mannheim – Wien – Zürich.

DUDEN (^{2}1966; ^{3}1973): Grammatik der deutschen Gegenwartssprache. Bearbeitet von Paul Grebe unter Mitwirkung von Helmut Gipper, Max Mangold, Wolfgang Mentrup und Christian Winkler (= Der Große Duden 4), Mannheim – Wien – Zürich.

DUDEN (^{4}1984): Grammatik der deutschen Gegenwartssprache. Hg. und bearbeitet von Günther Drosdowski in Zusammenarbeit mit Gerhard Augst, Hermann Gelhaus,

Helmut Gipper, Max Mangold, Horst Sitta, Hans Wellmann und Christian Winkler (= Duden Bd. 4), Mannheim–Wien–Zürich.

DUDEN ([5]1995): Grammatik der deutschen Gegenwartssprache. Hg. und bearbeitet von Günther Drosdowski in Zusammenarbeit mit Peter Eisenberg, Hermann Gelhaus, Helmut Henne, Horst Sitta und Hans Wellmann (= Duden Bd. 4), Mannheim – Leipzig – Wien – Zürich.

DUDEN ([19]1986): Rechtschreibung der deutschen Sprache und der Fremdwörter. Hg. von der Dudenredaktion. Auf der Grundlage der amtlichen Rechtschreibregeln (= Duden Bd. 1), Mannheim – Wien – Zürich.

DUDEN ([21]1996): Rechtschreibung der deutschen Sprache. Hg. von der Dudenredaktion. Auf der Grundlage der neuen amtlichen Rechtschreibregeln (= Duden Bd. 1), Mannheim – Leipzig – Wien – Zürich.

DUDEN (1976-1981): Das große Wörterbuch der deutschen Sprache in sechs Bänden. Hg. und bearbeitet vom Wissenschaftlichen Rat und den Mitarbeitern der Dudenredaktion unter Leitung von Günther Drosdowski. Bd. 1-6, Mannheim – Wien – Zürich.

DUDEN ([2]1993-1995): Das große Wörterbuch der deutschen Sprache in acht Bänden. Hg. und bearbeitet vom Wissenschaftlichen Rat und den Mitarbeitern der Dudenredaktion unter der Leitung von Günther Drosdowski. Bd. 1-8, Mannheim – Leipzig – Wien – Zürich.

DURRELL, MARTIN (1977): Zur morphologischen Struktur der deutschen Nominalgruppe, in: Deutsch als Fremdsprache 14: 44-52.

EBNER, JAKOB (1969): Wie sagt man in Österreich? Wörterbuch der österreichischen Besonderheiten (= Duden-Taschenbücher 8), Mannheim – Wien – Zürich.

EGGERS, HANS (1980): *Derer* oder *deren*? Zur Normenproblematik im Deutschen, in: Moderna Språk 74: 133-138.

EGGERS, HANS (1982): Kompositionsattribute. Gedanken zur Wortbildung im heutigen Deutsch, in: Hans Eggers, Kleine Schriften. Hg. v. Herbert Backes, Wolfgang Haubrichs, Rainer Rath, Tübingen: 285-295.

EICHINGER, LUDWIG M. (1989): Raum und Zeit im Verbwortschatz des Deutschen. Eine valenzgrammatische Studie (= Linguistische Arbeiten 224), Tübingen.

EICHINGER, LUDWIG M. (1993): Vom Nutzen der Nominalklammer. Eine funktionale Erklärung für die Reihenfolge gestufter Adjektivattribute im Deutschen, in: Vuillaume, Marcel/Marillier, Jean-François/Behr, Irmtraud (Hgg.), Studien zur Syntax und Semantik der Nominalgruppe (= Eurogermanistik 2), Tübingen: 85-104.

EISENBERG, PETER (1976): Oberflächenstruktur und logische Struktur. Untersuchungen zur Syntax und Semantik des deutschen Prädikatadjektivs (= Linguistische Arbeiten 36), Tübingen.

EISENBERG, PETER (1986; [3]1994): Grundriß der deutschen Grammatik, Stuttgart, Stuttgart – Weimar.

EISENBERG, PETER (1995): Grammatik der geschriebenen Sprache als Symbolgrammatik. Ein Versuch an ausgewählten Themen der Morphologie, in: Grammatik und deutsche Grammatiken. Budapester Grammatiktagung 1993. Hg. v. Vilmos Ágel und Rita Brdar-Szabó (= Linguistische Arbeiten 330), Tübingen: 23-38.

ENDRE, FÜLEI-SZÁNTÓ (1977): Das System der Determinanten, in: Beiträge zur Klassifizierung der Wortarten. Hg. v. Gerhard Helbig (= Linguistische Studien), Leipzig: 53-65.

ENGEL, ULRICH (1988; [3]1996): Deutsche Grammatik, Heidelberg.

ENGEL, ULRICH/SCHRAMM, ANGELIKA (1975), Lexeme und Wortgruppen. Beitrag zu einer Grammatik der deutschen Gegenwartssprache, in: Deutsch als Fremdsprache und neuere Linguistik. Referate eines Fortbildungskurses in Mannheim, 26.2.-9.3.1973, veranstaltet vom 'Institut für deutsche Sprache', Mannheim, und vom 'Goethe-Institut', München hg. v. Otmar Werner und Gerd Fritz, München: 1-26.

ENGSTRÖM-PERSSON, GUNHILD (1979): Zum Konjunktiv im Deutschen um 1800 (= Acta Universitatis Upsaliensis. Studia Germanistica Upsaliensia 22), Uppsala-Stockholm.

ERÄMETSÄ, ERIK (1990): Über einige diskontinuierliche Strukturen (*"Wo hat er die Pistole her?"*), in: Deutsche Sprachgeschichte. Grundlagen, Methoden, Perspektiven. Festschrift für Johannes Erben zum 65. Geburtstag. Hg. v. Werner Besch, Frankfurt/M. – Bern – New York – Paris: 371-380.

ERBEN, JOHANNES (1975; [3]1993): Einführung in die deutsche Wortbildungslehre (= Grundlagen der Germanistik 17), Berlin.

ERBEN, JOHANNES (1976): Zur deutschen Wortbildung, in: Probleme der Lexikologie und Lexikographie. Jahrbuch 1975 des Instituts für deutsche Sprache (= Sprache der Gegenwart 39), Düsseldorf: 301-312.

ERBEN, JOHANNES ([12]1980): Deutsche Grammatik. Ein Abriß, München.

ERBEN, JOHANNES (1984): Deutsche Syntax. Eine Einführung (= Germanistische Lehrbuchsammlung 12), Bern – Frankfurt/M. – New York.

ERBEN, JOHANNES ([2]1998): Grundzüge der deutschen Syntax (= Germanistische Lehrbuchsammlung 12), Berlin.

ERNST, GERHARD (1981): Ein Blick durch die durchsichtigen Wörter. Versuch einer Typologie der Wortdurchsichtigkeit und ihrer Einschränkungen, in: Linguistica 21: 47-70.

EROMS, HANS-WERNER (1987): "Was man nicht bespricht, bedenkt man nicht recht". Bemerkungen zu den verbalen Präfixen in der Wortbildung, in: Neuere Forschungen zur Wortbildung und Historiographie der Linguistik. Festgabe für Herbert E. Brekle zum 50. Geburtstag. Hg. v. Brigitte Asbach-Schnitker und Johannes Roggenhofer (= Tübinger Beiträge zur Linguistik 284), Tübingen: 109-122.

EROMS, HANS-WERNER (1988): Der Artikel im Deutschen und seine dependenzgrammatische Darstellung, in: Sprachwissenschaft 13: 257-308.

EROMS, HANS-WERNER (1989): Artikelparadigmen und Artikelfunktionen im Dialekt und in der Standardsprache, in: Bayerisch-österreichische Dialektforschung. Würzburger Arbeitstagung 1986. Unter Mitarbeit von Regina Frisch und Olaf Stolzmann hg. v. Erwin Koller, Werner Wegstein und Norbert Richard Wolf (= Würzburger Beiträge zur deutschen Philologie 1), Würzburg: 305-328.

EROMS, HANS-WERNER (1993): Der indefinite Nominalnegator *kein* im Deutschen, in: Vuillaume, Marcel/Marillier, Jean-François/Behr, Irmtraud (Hgg.): Studien zur Syntax und Semantik der Nominalgruppe (= Eurogermanistik 2), Tübingen: 1-18.

ESCHENLOHR, STEFANIE (1997): Zur kategorialen Determiniertheit von Wortformen im Deutschen, in: Lexikalische Kategorien und Merkmale. Hg. v. Elisabeth Löbel und Gisa Rauh (= Linguistische Arbeiten 366), Tübingen: 27-43.

FABRICIUS-HANSEN, CATHRINE (1977a): Zur Klassifizierung der starken Verben im Neuhochdeutschen, in: Deutsche Sprache 5: 193-205.

FABRICIUS-HANSEN, CATHRINE (1977b): Die starken Verben (= Kontra. Arbeitsberichte 2), København.

FANDRYCH, CHRISTIAN (1993): Wortart, Wortbildungsart und kommunikative Funktion. Am Beispiel der adjektivischen Privativ- und Possessivbildungen im heutigen Deutsch (= Reihe Germanistische Linguistik 137), Tübingen.

FAUST, MANFRED (1980): Morphologische Regularisierung in Sprachwandel und Spracherwerb, in: Folia Linguistica 14: 387-411.

FENSKE, HANNELORE (1973): Schweizerische und österreichische Besonderheiten in deutschen Wörterbüchern (= Institut für deutsche Sprache. Forschungsberichte 10), Mannheim.

FICHTNER, EDWARD G. (1990): Noun Modifier Inflection in German: A Morphological System in Flux, in: American Journal of Germanic Linguistics and Literatures 2: 23-52.

FINKE-LECAUDEY, GENEVIÈVE (1992): Poetische Verfahren der Wortbildung in *Also sprach Zarathustra*, in: Beiträge zur Lexikologie und Lexikographie des Deutschen. Articles réunis par Daniel Bresson. Cahiers d' études germaniques 23: 47-59.

FISCHER, EBERHARD (1985): Das 'gebundene Grundmorphem' in der deutschen Sprache der Gegenwart, in: Beiträge zur Erforschung der deutschen Sprache 5: 210-224.

FISCHER, PAUL (1929): Goethe-Wortschatz. Ein sprachgeschichtliches Wörterbuch zu Goethes sämtlichen Werken, Leipzig.

FLÄMIG, WALTER (1986): Systemzusammenhänge (Ebenen – Strukturen – Oppositionen), in: Beiträge zur Erforschung der deutschen Sprache 6: 303-312.

FLEISCHER, WOLFGANG (1967): Zur Funktion des Artikels in der deutschen Sprache der Gegenwart, in: Germanica Wratislaviensia 11: 131-160.

FLEISCHER, WOLFGANG (1980): Wortbildungstypen der deutschen Gegenwartssprache in historischer Sicht, in: zeitschrift für germanistik 1: 48-57.

FLEISCHER, WOLFGANG (^{5}1982): Wortbildung der deutschen Gegenwartssprache, Tübingen.

FLEISCHER, WOLFGANG (1988): Produktivität – Akzeptabilität – Aktivität. Zur Theorie der Wortbildung im Deutschen, in: Zur Theorie der Wortbildung im Deutschen. Dem Wirken Wolfgang Fleischers gewidmet. Hg. im Auftrage des Präsidenten der Akademie der Wissenschaften der DDR von Vizepräsident Heinz Stiller (= Sitzungsberichte der Akademie der Wissenschaften der DDR. Gesellschaftswissenschaften. Nr. 4/G), Berlin: 8-18.

FLEISCHER, WOLFGANG (1989/1990): Zur Wortbildungsaktivität des Adverbs im Deutschen, in: German Life & Letters 43: 125-130.

FLEISCHER, WOLFGANG/BARZ, IRMHILD (1992; ^{2}1995): Wortbildung der deutschen Gegenwartssprache. Unter Mitarbeit von Marianne Schröder, Tübingen.

FLEISCHER, WOLFGANG/HARTUNG, WOLFDIETRICH/SCHILDT, JOACHIM/SUCHSLAND, PETER (1983): Deutsche Sprache. Kleine Enzyklopädie. Mit 93 Abbildungen und 31 Karten im Text sowie 16 Fototafeln. Herausgeber: Wolfgang Fleischer [u.a.] Redaktionssekretär: Ingrid Stahl, Leipzig.

FLEISCHER, WOLFGANG/MICHEL, GEORG (^{2}1977): Stilistik der deutschen Gegenwartssprache. Unter Mitarbeit von Rosemarie Gläser, Wolfgang Heinemann, Ursula Kändler, Günter Starke, Leipzig.

FLURY, ROBERT (1964): Struktur- und Bedeutungsgeschichte des Adjektiv-Suffixes *-bar,* Winterthur.

FOURQUET, JEAN (1970): Les verbes forts de l'allemand. Essai de classification, in: les langues modernes 64: 54-61.

FOURQUET, JEAN (1979): Zur Morphologie der deutschen Nominalgruppe, in: Linguistic Method. Essays in Honor of Herbert Penzl. Edited by Irmengard Rauch and Gerald F. Carr, The Hague – Paris – New York: 45-53.

FOURQUET, JEAN (1985): Les verbes forts de l'allemand actuel. Essai de classification, in: Nouveaux Cahiers d'Allemand 3: 1-7.

FUNKE, OTTO (1965): On What Principles are Wordclasses to be Defined and Named?, in: Otto Funke, Gesammelte Aufsätze zur Anglistik und zur Sprachtheorie (= Schweizer anglistische Arbeiten 56), Bern: 116-135.

GALLMANN, PETER (1990): Kategoriell komplexe Wortformen. Das Zusammenwirken von Morphologie und Syntax bei der Flexion von Nomen und Adjektiv (= Reihe Germanistische Linguistik 108), Tübingen.

GANSEL, CHRISTINA (1987): Zur Semantik und Valenz deutscher Adjektive des Vergleichens, in: Beiträge zur Erforschung der deutschen Sprache 7: 19-31.

GASSER, HERBERT (1984): Wortart oder Lexemklassen oder ...? Zu Fragen grammatischer Begriffsbildung, in: Deutsche Sprache 12: 41-53.

GAUGER, HANS-MARTIN (1971): Durchsichtige Wörter. Zur Theorie der Wortbildung (= Bibliothek der Allgemeinen Sprachwissenschaft), Heidelberg.

GECKELER, HORST (1971): Strukturelle Semantik und Wortfeldtheorie, München.

GEORGES, KARL ERNST (^{8}1992): Ausführliches lateinisch-deutsches Handwörterbuch. Aus den Quellen zusammengetragen und mit besonderer Bezugnahme auf Synonymik und Antiquitäten unter Berücksichtigung der besten Hilfsmittel ausgearbeitet von Karl Ernst Georges. Unveränderter Nachdruck der achten verbesserten und vermehrten Auflage von Heinrich Georges, I-II, Darmstadt.

GERSBACH, BERNHARD/GRAF, RAINER (1985): Wortbildung in gesprochener Sprache. Die Substantiv-, Verb- und Adjektiv-Zusammensetzungen und -Ableitungen im 'Häufigkeitswörterbuch gesprochener Sprache', Bd. II (= Idiomatica 13), Tübingen.

GLEASON, HENRY ALLAN JR. (1955; ^{2}1961): An Introduction to Descriptive Linguistics, London – New York – Sydney – Toronto.

GLINZ, HANS (^{5}1968): Die innere Form des Deutschen. Eine neue deutsche Grammatik (= Bibliotheca Germanica 4), Bern – München.

GLINZ, HANS (1971): Deutsche Grammatik II. Kasussyntax – Nominalstrukturen – Wortarten – Kasusfremdes (= Studienbücher zur Linguistik und Literaturwissenschaft 3), Frankfurt/M.

GRIMM, HANS-JÜRGEN (1970, 1971): Der Artikel im modernen Deutsch (I-V), in: Sprachpflege 19: 5-11, 82-89, 137-145, 206-209; 20: 14-24.

GRIMM, HANS-JÜRGEN (1971): Synonymische Beziehungen zwischen einigen Artikelwörtern der deutschen Sprache, in: Deutsch als Fremdsprache 8: 262-268.

GRIMM, HANS-JÜRGEN (1982): Zur Unterscheidung von 'ein' als unbestimmtem Artikel und als Numerale (Germanistische Vorüberlegungen für konfrontative Untersuchungen), in: Wissenschaftliche Zeitschrift der Karl-Marx-Universität Leipzig. Gesellschafts- und Sprachwissenschaftliche Reihe 31: 329-341.

GRIMM, HANS-JÜRGEN (1986): Untersuchungen zum Artikelgebrauch im Deutschen (= Linguistische Studien), Leipzig.

GRIMM, JACOB (1826): Deutsche Grammatik, II, Göttingen.

GRIMM, JACOB/GRIMM, WILHELM (1854-1961): Deutsches Wörterbuch. Bd. 1-16. Leipzig.

DE GROOT, A.W. (1948): Structural Linguistics and Word Classes, in: Lingua 1: 427-500.

GROSSE, RUDOLF (1992): Sprachhistorische Bemerkungen zu den Präpositionaladverbien, in: Rudolf Grosse, Gotthard Lerchner, Marianne Schröder (Hgg.): Beiträge zur Phraseologie, Wortbildung, Lexikologie. Festschrift für Wolfgang Fleischer zum 70. Geburtstag, Frankfurt/M. – Berlin – Bern – New York – Paris – Wien: 111-114.

GRUBE, HENNER (1976): Die Fugenelemente in neuhochdeutschen appellativischen Komposita. Mit 18 Tabellen, in: Sprachwissenschaft 1: 187-222.

GRUCZA, FRANCISZEK (1972): Zur Stratifikation morphemischer Alternationen im heutigen Deutsch, in: Linguistische Studien II (= Sprache der Gegenwart 22), Düsseldorf: 194-205.

GUCHMANN, MIRRA M. (1961): Über die verbalen analytischen Formen im modernen Deutsch, in: Beiträge zur Geschichte der deutschen Sprache und Literatur. Halle. Sonderband 82: 415-427.

HAAS, W. (1957): Zero in Linguistic Description, in: Studies in Linguistic Analysis. Special Volume of the Philological Society, Oxford: 33-53.

HABERLAND, HARTMUT (1985): Zum Problem der Verschmelzung von Präposition und bestimmtem Artikel im Deutschen, in: Osnabrücker Beiträge zur Sprachtheorie 30: 82-106.

HÄRD, JOHN EVERT (1976): Adjektivadverb oder adverbiales Adjektiv. Ein Beitrag zur Forschungsgeschichte der deutschen Grammatik (= Acta Academiae Aboensis. Ser. A Humaniora 54.1), ÅBO.

HALLE, MORRIS (1953/1970): The German Conjugation, in: Word 9: 45-53 [übersetzt unter dem Titel 'Die Konjugation im Deutschen' in: Vorschläge für eine strukturale Grammatik des Deutschen. Hg. v. Hugo Steger (= Wege der Forschung 146), Darmstadt: 319-331].

HALLIDAY, M. A. K. (1961): Categories of the Theory of Grammar, in: Word 17: 241-292.

HANSEN, THOROLF (1953): In *allen* diesen Jahren – in *all* diesen Jahren, in: Moderna Språk 47: 240-242.

HANSEN, THOROLF (1961): Zum Gebrauch der flektierten und unflektierten Formen der Adjektive und adjektivischen Pronomina in der deutschen Literatursprache nach 1945, in: Deutschunterricht für Ausländer 11: 131-145.

HANSEN, THOROLF (1963): Zur Flexion der Adjektive nach Pronominaladjektiven in der deutschen Literatursprache nach 1945, in: Deutschunterricht für Ausländer 13: 129-137.

HARNISCH, RÜDIGER (1994): Stammerweiterung im Singular – Stammflexion im Plural. Zum Bautyp der deutschen Substantivdeklination, in: Funktionale Untersuchungen zur deutschen Nominal- und Verbalmorphologie. Hg. v. Klaus-Michael Köpcke (= Linguistische Arbeiten 319), Tübingen: 97-114.

HARRIS, ZELLIG S. (1942): Morpheme Alternants in Linguistic Analysis, in: Language 18: 169-180 [übersetzt unter dem Titel 'Morphemalternanten in der linguistischen Analyse' in: Bense, Elisabeth/ Eisenberg, Peter/ Haberland, Hartmut (Hgg.) (1976): Beschreibungsmethoden des amerikanischen Strukturalismus (= Linguistische Reihe 16), München: 129-143].

HARRIS, ZELLIG S. (1945): Discontinuous Morphemes, in: Language 21: 121-127.

HARRIS, ZELLIG S. (1946): From Morpheme to Utterance, in: Language 22: 161-183 [übersetzt unter dem Titel 'Vom Morphem zur Äußerung' in: Bense, Elisabeth/Eisenberg, Peter/Haberland, Hartmut (Hgg.) (1976): Beschreibungsmethoden des amerikanischen Strukturalismus (= Linguistische Reihe 16), München: 181-210].

HARTMANN, DIETRICH (1978): Verschmelzungen als Varianten des bestimmten Artikels? Zur Semantik von Äußerungen mit präpositionalen Gefügen im Deutschen, in: Hartmann, Dietrich [u.a.] (Hgg.): Sprache in Gegenwart und Geschichte. Festschrift für Heinrich Matthias Heinrichs zum 65. Geburtstag, Köln: 68-81.

HEGER, KLAUS (1985): Flexionsformen, Vokabeln und Wortarten (= Abhandlungen der Heidelberger Akademie der Wissenschaften. Philosophisch-historische Klasse 1985, 1), Heidelberg.

HEIDOLPH, KARL ERICH/FLÄMIG, WALTER/MOTSCH, WOLFGANG (1981): Grundzüge einer deutschen Grammatik. Von einem Autorenkollektiv unter der Leitung von Karl Erich Heidolph, Walter Flämig und Wolfgang Motsch, Berlin.

HEIKE, GEORG (1972): Phonologie (= Sammlung Metzler M 104), Stuttgart.

HEINLE, EVA-MARIA (1993): Die Zusammenrückung, in: Synchrone und diachrone Aspekte der Wortbildung im Deutschen. Hg. v. Hans Wellmann, Heidelberg: 65-78.

HELBIG, GERHARD (1974): Notizen zu einigen umstrittenen Fragen der Satzglieder (im besonderen: des prädikativen Attributs und des 'Modalgliedes') im Deutschen, in: Linguistische Arbeitsberichte 10: 62-70.

HELBIG, GERHARD/BUSCHA, JOACHIM (^{9}1986): Deutsche Grammatik. Ein Handbuch für den Ausländerunterricht, Leipzig [^{16}1994 Leipzig – Berlin – München – Wien – Zürich – New York].

HELL, GYÖRGY (1972): Zur Frage der Adjektivdeklination, in: Deutsch als Fremdsprache 9: 364-366.

HEMPEL, H[einrich] (1954): Wortklassen und Bedeutungsweisen (= Suomalaisen Tiedeakatemian Toimituksia. Annales Academiae Scientiarum Fennicae. Sarja-Ser. B Nide-Tom. 84,25), Helsinki: 531-568.

HENKEL, HARALD (1973): Zur Konjugation im Deutschen, in: Linguistische Studien III. Festgabe für Paul Grebe zum 65. Geburtstag. Teil 1 (= Sprache der Gegenwart 23), Düsseldorf: 171-183.

HENKEL, HARALD (1974): Verbalmorphem und Verballexem, in: deutsche sprache 1: 1-10.

HENTSCHEL, ELKE (1993): Flexionsverfall im Deutschen? Die Kasusmarkierung bei partitiven Genitiv-Attributen, in: Zeitschrift für germanistische Linguistik 21: 320-333.

HENTSCHEL, ELKE/WEYDT, HARALD (1990): Handbuch der deutschen Grammatik. Berlin – New York.

HENTSCHEL, ELKE/WEYDT, HARALD (1995): Die Wortarten des Deutschen, in: Grammatik und deutsche Grammatiken. Budapester Grammatiktagung 1993. Hg. v. Vilmos Ágel und Rita Brdar-Szabó (= Linguistische Arbeiten 330), Tübingen: 39-60.

HENZEN, WALTER (^{3}1965): Deutsche Wortbildung (= Sammlung kurzer Grammatiken germanischer Dialekte B. Ergänzungsreihe 5), Tübingen.

HERBERMANN, CLEMENS-PETER (1981): Wort, Basis, Lexem und die Grenze zwischen Lexikon und Grammatik. Eine Untersuchung am Beispiel der Bildung komplexer Substantive, München.

HERINGER, HANS JÜRGEN (1984): Wortbildung: Sinn aus dem Chaos, in: Deutsche Sprache 12: 1-12.

HERINGER, HANS JÜRGEN/KELLER-BAUER, FRIEDER (1984): Probleme einer gebrauchsgrammatischen Terminologie. Ein Beitrag zu einer durch die KMK-Empfehlung wieder entfachten Diskussion, in: Sprache und Literatur 53: 65-86.

HIMMELMANN, NIKOLAUS P. (1997): Deiktikon, Artikel, Nominalphase. Zur Emergenz syntaktischer Strukturen (= Linguistische Arbeiten 362), Tübingen.

HOCKETT, CHARLES F. (1947): Problems of Morphemic Analysis, in: Language 23: 321-343.

HOCKETT, CHARLES F. (1954): Two Models of Grammatical Description, in: Word 10: 210-234 [übersetzt unter dem Titel 'Zwei Modelle für die grammatische Beschreibung' in: Bense, Elisabeth/ Eisenberg, Peter/Haberland, Hartmut (Hgg.) (1976): Beschreibungsmethoden des amerikanischen Strukturalismus (= Linguistische Reihe 16), München: 303-331].

HÖFLER, MANFRED (1990): Zum Problem der 'Scheinentlehnung', in: Archiv für das Studium der neueren Sprachen und Literaturen 227: 96-107.

HÖHLE, TILMAN N. (1982): Über Komposition und Derivation: zur Konstituentenstruktur von Wortbildungsprodukten im Deutschen, in: Zeitschrift für Sprachwissenschaft 1: 76-112.

HOFRICHTER, WERNER (1972): Die Abkürzungen in der deutschen Sprache der Gegenwart, Masch. Diss. Univ. Rostock.

HOOK, DONALD (1968): Die Klassifizierung der starken Verben in der deutschen Gegenwartssprache, in: Deutsch als Fremdsprache 5: 219-221.

HOTZENKÖCHERLE, RUDOLF (1968): Gegenwartsprobleme im deutschen Adjektivsystem, in: Neuphilologische Mitteilungen 69: 1-28.

HÜNING, MATTHIAS (1996): Metonymische Polysemie in der Wortbildung, in: Lexical Structures and Language Use. Proceedings of the International Conference on Lexicology and Lexical Semantics Münster, September 13-15, 1994. Volume 2. Session Papers. Ed. by Edda Weigand and Franz Hundsnurscher. In Collaboration with Eckhard Hauenherm (= Beiträge zur Dialogforschung 10), Tübingen: 215-224.

ILUK, JAN (1987): Sind privative Adjektive graduierbar? Einige Beobachtungen und deren syntaktische Konsequenzen, in: Deutsche Sprache 15: 97-109.

IMSIEPEN, ULRIKE (1983): Die *e*-Epithese bei starken Verben im Deutschen, in: Karl-Heinz Best/Jörg Kohlhase (Hgg.): Exakte Sprachwandelforschung. Theoretische Beiträge, statistische Analysen und Arbeitsberichte, Göttingen: 119-141.

ISSATSCHENKO, ALEXANDER (1974): Das 'Schwa mobile' und 'Schwa constans' im Deutschen, in: Sprachsystem und Sprachgebrauch. Festschrift für Hugo Moser zum 65. Geburtstag. Hg. v. Ulrich Engel und Paul Grebe. Teil 1 (= Sprache der Gegenwart 33), Düsseldorf: 142-171.

JANIKOWSKI, KRZYSZTOF (1980): Das Problem der klassischen Morphonologie, in: Germanica Wratislaviensia 36: 143-159.

JANIKOWSKI, KRZYSZTOF (1982): Die Allomorphie im Dänischen und Deutschen (= Acta Universitatis Wratislaviensis 625. Germanica Wratislaviensia 48), Wroclaw.

JARNATOWSKAJA, V. E. (1968): Die Kategorie des Genus der Substantive im System der deutschen Gegenwartssprache, in: Deutsch als Fremdsprache 5: 213-219.

JEZIORSKI, JAN (1980): Zur Komposition 'Präposition + Substantiv' im Deutschen, in: Zeitschrift für germanistische Linguistik 8: 211-213.

JØRGENSEN, MOGENS WIED (1980): Zur Anzahl der Klassen in der deutschen Substantivdeklination, in: Festschrift für Gunnar Bech. Zum 60. Geburtstag am 23.

März 1980 (= Kopenhagener Beiträge zur Germanistischen Linguistik. Sonderband 1), Kopenhagen: 228-261.

JØRGENSEN, MOGENS WIED (1987): Zur Kasus- und Numerusflexion der deutschen Substantive, in: Festschrift für Karl Hyldgaard-Jensen. Zum 70. Geburtstag am 3. Februar 1987 (= Kopenhagener Beiträge zur Germanistischen Linguistik. Sonderband 3), Kopenhagen: 135-142.

JØRGENSEN, PETER (1963): German Grammar I. A Revised Edition Translated by G[erlinde) Kolisko in Consultation with the Author, and with F. P. Pickering. New York.

JÜRGENS, FRANK (1994): Zur Entwicklung substantivischer Wortgruppen in wissenschaftlichen Texten des 19. und 20. Jahrhunderts (= Sprache. System und Tätigkeit 12), Frankfurt/M. – Berlin – Bern – New York – Paris – Wien.

JUILLAND, ALPHONSE/ROCERIC, ALEXANDRA (1972): The Linguistic Concept of Word. Analytic Bibliography, The Hague-Paris.

JUILLAND, ALPHONSE/ROCERIC, ALEXANDRA (1976): The Word and its Definitions, in: Linguistic Studies Offered to Joseph Greenberg on the Occasion of his Sixtieth Birthday, Bd. 1 (= Studia Linguistica et Philologica 4), Saratoga/Cal./USA: 43-55.

JUNG, WALTER (^{4}1971; ^{6}1980): Grammatik der deutschen Sprache, Leipzig.

JUNG, WALTER/STARKE, GÜNTER (^{8}1984): Grammatik der deutschen Sprache, Leipzig.

KAISER, STEPHAN (1969-1970): Die Besonderheiten der deutschen Schriftsprache in der Schweiz, I. Wortgut und Wortgebrauch, II. Wortbildung und Satzbildung (= Duden-Beiträge 30a-b), Mannheim – Wien – Zürich.

KALTZ, BARBARA (1983): Zur Wortartenproblematik aus wissenschaftsgeschichtlicher Sicht (= Hamburger philologische Studien 57), Hamburg.

KANN, HANS-JOACHIM (1972): Bemerkungen zum Wortbildungsmuster 'Name + Substantiv' ('Holland-Hähnchen'), in: Muttersprache 82: 290-298.

KANN, HANS-JOACHIM (1974): Zur Wortbildung 'Adverb + Substantiv', in: Zeitschrift für deutsche Philologie 93: 378-384.

KASTOVSKY, DIETER (1971): Studies in Morphology. Aspects of English and German Verb Inflection (= Tübinger Beiträge zur Linguistik 18), Tübingen.

KASTOVSKY, DIETER (1973a): Morphologie I. Die Analyse der Morphemebene, in: Funk-Kolleg Sprache. Eine Einführung in die moderne Linguistik. [Hg. v.] Klaus Baumgärtner [u.a.], Bd. 1, Frankfurt/M.: 152-161.

KASTOVSKY, DIETER (1973b): Morphologie II. Die Beschreibung der Morphemebene, in: Funk-Kolleg Sprache. Eine Einführung in die moderne Linguistik. [Hg. v.] Klaus Baumgärtner [u.a.], Bd. 1, Frankfurt/M.: 162-172.

KASTOVSKY, DIETER (1973c): Generative Morphologie I. Aufbau der Morphologie zwischen Syntax und Phonologie, in: Funk-Kolleg Sprache. Eine Einführung in die moderne Linguistik. [Hg. v.] Klaus Baumgärtner [u.a.], Bd. 1, Frankfurt/M.: 365-378.

KASTOVSKY, DIETER (1973d): Generative Morphologie II. Aufbau der Morphologie zwischen Syntax und Phonologie, in: Funk-Kolleg Sprache. Eine Einführung in die moderne Linguistik. [Hg. v.] Klaus Baumgärtner [u.a.], Bd. 1, Frankfurt/M.: 379-394.

KASTOVSKY, DIETER (1997): Einige Überlegungen zur Wortbildungstheorie, in: Ulrich Hoinkes/Wolf Dietrich (Hgg.), Kaleidoskop der Lexikalischen Semantik (= Tübinger Beiträge zur Linguistik 428), Tübingen: 305-313.

KEFER, MICHEL (1996): Superlativbildung auf *st* oder *est*?, in: Zeitschrift für germanistische Linguistik 24: 287-298.

KERN, PETER CHR./ZUTT, HERTA (1977): Geschichte des deutschen Flexionssystems (= Germanistische Arbeitshefte 22), Tübingen.

KESELING, GISBERT (1968): 'Irregularitäten' in der deutschen Substantivflexion, in: Zeitschrift für Mundartforschung 35: 233-243.

VON KIENLE, RICHARD (^{2}1969): Historische Laut- und Formenlehre des Deutschen (= Sammlung kurzer Grammatiken germanischer Dialekte. A. Hauptreihe 11), Tübingen.

KLAPPENBACH, RUTH/STEINITZ, WOLFGANG † (^{7}1974 - ^{3}1978): Wörterbuch der deutschen Gegenwartssprache. Hg. von [..]. Bd. 1-6 (= Akademie der Wissenschaften der DDR. Zentralinstitut für Sprachwissenschaft), Berlin.

KLUGE, FRIEDRICH (1913): Abriß der deutschen Wortbildungslehre, Halle.

KLUGE, FRIEDRICH/MITZKA, WALTHER (^{21}1975): Etymologisches Wörterbuch der deutschen Sprache, Berlin – New York.

KLUGE, FRIEDRICH/SEEBOLD, ELMAR (^{23}1995): Etymologisches Wörterbuch der deutschen Sprache, Berlin – New York.

KNIPF-KOMLÓSI, ELISABETH (1995): Argumentbindung, semantische Transparenz von Nominalkomposita im heutigen Deutsch, in: Grammatik und deutsche Grammatiken. Budapester Grammatiktagung 1993. Hg. v. Vilmos Ágel und Rita Brdar-Szabó (= Linguistische Arbeiten 330), Tübingen: 123-131.

KNOBLOCH, JOHANN (1978): Bandwurmkomposita im heutigen Deutsch, in: Moderna Språk 72: 147-149.

KÖPCKE, KLAUS-MICHAEL (1982): Untersuchungen zum Genussystem der deutschen Gegenwartssprache (= Linguistische Arbeiten 122), Tübingen.

KÖPCKE, KLAUS-MICHAEL (1993): Schemata bei der Pluralbildung im Deutschen. Versuch einer kognitiven Morphologie (= Studien zur deutschen Grammatik 47), Tübingen.

KÖPCKE, KLAUS-MICHAEL (1994): Zur Rolle von Schemata bei der Pluralbildung monosyllabischer Maskulina, in: Funktionale Untersuchungen zur deutschen Nominal- und Verbalmorphologie. Hg. v. Klaus-Michael Köpcke (= Linguistische Arbeiten 319), Tübingen: 81-95.

KÖPCKE, KLAUS-MICHAEL/ZUBIN, DAVID A. (1983): Die kognitive Organisation der Genuszuweisung zu den einsilbigen Nomen der deutschen Gegenwartssprache, in: Zeitschrift für germanistische Linguistik 11: 166-182.

KÖPCKE, KLAUS-MICHAEL/ZUBIN, DAVID A. (1984): Sechs Prinzipien für die Genuszuweisung im Deutschen: Ein Beitrag zur natürlichen Klassifikation, in: Linguistische Berichte 93: 26-50.

KOHLER, KLAUS J. (1977; ^{2}1995): Einführung in die Phonetik des Deutschen (= Grundlagen der Germanistik 20), Berlin.

KOLB, HERBERT (1980): Über verbale Interferenzsuffixe, in: Hans Dieter Bork (Hg.): Romanica Europaea et Americana. Festschrift für Harri Meier, Bonn: 282-292.

KOLDE, GOTTFRIED (1985): Zur Topologie deutscher Substantivgruppen. Rahmenbildung und mehrfache Attribuierung, in: Zeitschrift für germanistische Linguistik 13: 241-277.

KOLDE, GOTTFRIED (1989): Der Artikel in deutschen Sachverhaltsnominalen (= Reihe Germanistische Linguistik 96), Tübingen.

KOLDE, GOTTFRIED (1996): Nominaldetermination. Eine systematische und kommentierte Bibliographie unter besonderer Berücksichtigung des Deutschen, Englischen und Französischen. Tübingen.

KORTE, BARBARA (1986): Die Pluralbildung als Paradigma linguistischer Theorien, in: Der Deutschunterricht 38: 15-30.

KOTIN, MICHAIL L. (1997): Die Wortbildung als sprachtheoretisches Problem, in: Das Wort. Germanistisches Jahrbuch 1997. Hg. Iris Bäcker, Moskau: 97-111.

KRAHE, HANS/MEID, WOLFGANG: Germanische Sprachwissenschaft, Bd. 2: Krahe, Hans/Meid, Wolfgang ([7]1969): Formenlehre (= Sammlung Göschen 780/780a/780b), Berlin; Bd. 3: Meid, Wolfgang ([7]1969): Wortbildungslehre (= Sammlung Göschen 1218/1218a/1218b), Berlin.

KRAMER, GÜNTER (1976): Das Partizip I als Adjektiv und Adjektivkomponente – Seine Entwicklung innerhalb der Klasse der Adjektive, in: Zur Ausbildung der Norm der deutschen Literatursprache auf der syntaktischen Ebene (1470-1730). Der Einfachsatz unter Leitung von G[erhard] Kettmann und J[oachim] Schildt (= Bausteine zur Sprachgeschichte des Neuhochdeutschen 56/I), Berlin: 477-509.

KÜHNHOLD, INGEBURG (1974): Über *veranlassen*, *anvertrauen* und verwandte Typen der verbalen Doppelpräfigierung im neueren Deutsch, in: Sprachsystem und Sprachgebrauch. Festschrift für Hugo Moser zum 65. Geburtstag. Hg. v. Ulrich Engel und Paul Grebe. Teil 1 (= Sprache der Gegenwart 33), Düsseldorf: 193-205.

KÜHNHOLD, INGEBURG/PUTZER, OSKAR/WELLMANN, HANS unter Mitwirkung von FAHRMAIER, ANNA MARIA/MOSER, ARTUR/MÜLLER, ELGIN/ORTNER, LORELIES (1978): Das Adjektiv (= Deutsche Wortbildung. Typen und Tendenzen in der Gegenwartssprache. Eine Bestandsaufnahme des Instituts für deutsche Sprache. Forschungsstelle Innsbruck. Dritter Hauptteil, Sprache der Gegenwart 43), Düsseldorf.

KÜHNHOLD, INGEBURG/WELLMANN, HANS (1973): Das Verb. Mit einer Einführung von Johannes Erben (= Deutsche Wortbildung. Typen und Tendenzen in der Gegenwartssprache. Eine Bestandsaufnahme des Instituts für deutsche Sprache. Forschungsstelle Innsbruck. Erster Hauptteil, Sprache der Gegenwart 29), Düsseldorf.

KÜRSCHNER, WILFRIED (1974): Zur syntaktischen Beschreibung deutscher Nominalkomposita. Auf der Grundlage generativer Transformationsgrammatiken (= Linguistische Arbeiten 18), Tübingen.

KUNG-ZENG, HU (1980): Der Gebrauch des Artikels in der deutschen Gegenwartssprache (= Germanistica Friburgensia 5), Freiburg/Schweiz.

LANGE, KLAUS-PETER (1981): Über Referenzzeichen (bisher bekannt unter den Namen 'Pronomen' und 'Artikel'), in: Amsterdamer Beiträge zur neueren Germanistik 13: 1-22.

LAWRENZ, BIRGIT (1996): Der Zwischen-den-Mahlzeiten-Imbiß und der Herren-der-Welt-Größenwahn: Aspekte der Struktur und Bildungsweise von Phrasenkomposita im Deutschen, in: Zeitschrift für germanistische Linguistik 24: 1-15.

LEHNERT, MARTIN (1969): Morphem, Wort und Satz im Englischen. Eine kritische Betrachtung zur neueren Linguistik, in: Zeitschrift für Anglistik und Amerikanistik 17: 5-40, 117-158.

LEIBIGER, CAROL ANDREA (1985): Derivation, Inflection, and the Paradigm in German: The Definition of Basic Concepts in Morphology, Phil. Diss. University of Illinois at Urbana-Champaign.

LEISI, ERNST (1978): Sprachgeschichte: Eine Apologie, in: Leisi, Ernst: Aufsätze, Heidelberg: 150-160.

LEYS, ODO (1973): Bemerkungen zum Reflexivpronomen, in: Linguistische Studien IV. Festgabe für Paul Grebe zum 65. Geburtstag. Teil 2 (= Sprache der Gegenwart 24), Düsseldorf: 152-157.

LEYS, O[DO] (1983): Kohärenz-Infinitive oder Infinitive der Unmittelbarkeit, in: Neuphilologische Mitteilungen 84: 87-93.

LEYS, O[DO] (1986): Zur Geschichte und zur Formulierung der Pluralregeln der deutschen Substantive, in: wortes anst. verbi gratia. donum natalicium gilbert a. r. de smet. h. l. cox, v. f. vanacker et e. verhofstadt (eds.), Leuven/Amersfoort: 303-308.

LINDGREN, KAJ B. (1957): Über den oberdeutschen Präteritumschwund (= Suomalaisen Tiedeakatemian Toimituksia. Annales Academiae Scientiarum Fennicae. Sarja-Ser. B. Nide-Tom. 112,1), Helsinki.

LINDGREN, KAJ B. (1967): Morphem-Wort-Wortart-Satzglied. Versuch einer Begriffsklärung, in: Wirkendes Wort 17: 217-228.

LINDGREN, KAJ B. (1974): Paradigmatische und syntagmatische Bindungen im heutigen Deutsch, in: Neuphilologische Mitteilungen 75: 527-551.

LIPKA, LEONHARD (1981): Zur Lexikalisierung im Deutschen und Englischen, in: Wortbildung. Hg. v. Leonhard Lipka und Hartmut Günther (= Wege der Forschung 564), Darmstadt: 119-132.

LJUNGERUD, IVAR (1955): Zur Nominalflexion in der deutschen Literatursprache nach 1900 (= Lunder Germanistische Forschungen 31), Lund-Kopenhagen.

LJUNGERUD, IVAR (1973): Bemerkungen zur Movierung in der deutschen Gegenwartssprache. Eine positivistische Skizze, in: Linguistische Studien III. Festgabe für Paul Grebe zum 65. Geburtstag, Teil 1 (= Sprache der Gegenwart 23), Düsseldorf: 145-162.

LODGE, K. R. (1971): The German Strong Verbs: A Prosodic Statement, in: Archivum Linguisticum. New Series 2: 71-94.

LÖBNER, SEBASTIAN (1986): In Sachen Nullartikel, in: Linguistische Berichte 101: 64-65.

LOUNSBURY, FLOYD G. (1953): Oneida Verb Morphology (= Yale University Publications in Anthropology 48), New Haven.

LÜHR, ROSEMARIE (1991): Die deutsche Determinansphrase aus historischer Sicht. Zur Flexion von *der, die, das* als Demonstrativpronomen, Relativpronomen und Artikel, in: Beiträge zur Geschichte der deutschen Sprache und Literatur 113: 195-211.

LUUKKAINEN, MATTI (1992): Zur Attribution als Zwischenstufe von Illokution und Nomination, in: Phraseologie und Wortbildung – Aspekte der Lexikonerweiterung. Finnisch-deutsche sprachwissenschaftliche Konferenz, 5.-6. Dezember 1990 in Berlin. Hg. v. Jarmo Korhonen (= Linguistische Arbeiten 284), Tübingen: 81-97.

LYONS, JOHN ([4]1975): Einführung in die moderne Linguistik, München.

MANGOLD, MAX (o. J.): Sprachwissenschaft, Darmstadt.

MARCHAND, JAMES W. (1955): The Use of Prediction in Teaching the German Verb, in: Language Learning 5: 138-143.

MARCHAND, HANS ([2]1969): The Categories and Types of Present-Day English Word-Formation. A Synchronic-Diachronic Approach, München.

MARKO, ERNEST (1972): Beitrag zum Deklinationssystem des deutschen Substantivs, in: Deutsch als Fremdsprache 9: 359-364.

MARKO, ERNEST (1978): Zur Ausgliederung der substantivischen Formeme im Deutschen, in: Receuil linguistique de Bratislava 5: 79-86.

MATTHEWS, P. H. (1974): An Introduction to the Theory of Word-Structure (= Cambridge Textbooks in Linguistics), Cambridge.

MATTHEWS, P. H. (1975): Neuere Entwicklungen in der Morphologie, in: Lyons, John (Hg.): Neue Perspektiven in der Linguistik (= rororo studium 66), Reinbek: 88-103.
MAYERTHALER, WILLI (1981): Morphologische Natürlichkeit (= Linguistische Forschungen 28), Wiesbaden.
MEID, WOLFGANG (1978): Beziehungen zwischen äußerer und innerer Sprachform: Verschränkte Zeichen und fusionierte Inhalte, in: Proceedings of the Twelfth International Congress of Linguists. Vienna, August 28 - September 2, 1977. Editors: Wolfgang U. Dressler, Wolfgang Meid. Assistent Editors: Oskar E. Pfeiffer, Thomas Herok, Innsbruck: 443-447.
MEIER, GEORG FRIEDRICH (1961): Das Zéro-Problem in der Linguistik. Kritische Untersuchungen zur strukturalistischen Analyse der Relevanz sprachlicher Form (= Schriften zur Phonetik, Sprachwissenschaft und Kommunikationsforschung 2), Berlin.
MEINEKE, ECKHARD (1991): Springlebendige Tradition. Kern und Grenzen des Kompositums, in: Sprachwissenschaft 16: 27-88.
MEINEKE, ECKHARD (1996): Das Substantiv in der deutschen Gegenwartssprache (= Monographien zur Sprachwissenschaft 17), Heidelberg.
MEINHOLD, GOTTFRIED/STOCK, EBERHARD (^{2}1982): Phonologie der deutschen Gegenwartssprache, Leipzig.
MÖLLMANN, ULRICH (1994): Die althochdeutschen Adjektive auf *-sam* (= Studien zum Althochdeutschen 24), Göttingen.
MORCINIEC, NORBERT (1992): Zu den exozentrischen Wortzusammensetzungen, in: Rudolf Grosse, Gotthard Lerchner, Marianne Schröder (Hgg.): Beiträge zur Phraseologie, Wortbildung, Lexikologie. Festschrift für Wolfgang Fleischer zum 70. Geburtstag, Frankfurt/M. – Berlin – Bern – New York – Paris – Wien: 125-132.
MOSER, VIRGIL (1909/1971): Historisch-grammatische Einführung in die frühneuhochdeutschen Schriftdialekte, Halle/S., Nachdruck Darmstadt.
MOSKALSKAJA, O. I. (1975): Grammatik der deutschen Gegenwartssprache, Moskau.
MOTSCH, WOLFGANG (1967a): Zum Ablaut der Verben in der Frühperiode germanischer Sprachen, in: Phonologische Studien (= studia grammatica 6), Berlin: 119-144.
MOTSCH, WOLFGANG (1967b): Können attributive Adjektive durch Transformationen erklärt werden?, in: Folia Linguistica 1: 23-48.
MOTSCH, WOLFGANG (1992a): Zur Analyse von Derivationen, in: Cahiers d'études germaniques 23: 11-22.
MOTSCH, WOLFGANG (1992b): Wieviel Syntax brauchen Komposita?, in: Rudolf Grosse, Gotthard Lerchner, Marianne Schröder (Hgg.): Beiträge zur Phraseologie, Wortbildung, Lexikologie. Festschrift für Wolfgang Fleischer zum 70. Geburtstag, Frankfurt/M. – Berlin – Bern – New York – Paris – Wien: 71-78.
MOTSCH, WOLFGANG (1992c): Wortbildungsaffixe. Einheiten des Lexikons oder Indikatoren für semantische Wortstrukturen?, in: Phraseologie und Wortbildung – Aspekte der Lexikonerweiterung. Finnisch-deutsche sprachwissenschaftliche Konferenz, 5.-6. Dezember 1990 in Berlin. Hg. v. Jarmo Korhonen (= Linguistische Arbeiten 284), Tübingen: 99-121.
MÜLLER, WOLFGANG/MÜLLER, EDITHA (1961): Wortbildung – Ausdruck der Zeit, in: Muttersprache [71]: 65-78.
MUGDAN, JOACHIM (1977): Flexionsmorphologie und Psycholinguistik. Untersuchungen zu sprachlichen Regeln und ihrer Beherrschung durch Aphatiker, Kinder

und Ausländer, am Beispiel der deutschen Substantivdeklination (= Tübinger Beiträge zur Linguistik 82), Tübingen.
MUGDAN, JOACHIM (1986): Was ist eigentlich ein Morphem?, in: Zeitschrift für Phonetik Sprachwissenschaft und Kommunikationsforschung 39: 29-43.
MULLER, FRANÇOIS (1988): Qu' est-ce qu'un verbe?, in: Nouveaux Cahiers d'Allemand 6: 55-69.
MURJASOV, R. Z. (1976): Zur Wortbildungsstruktur der Ableitung mit Fremdsuffixen, in: Deutsch als Fremdsprache 13: 121-124.
MUTHMANN, GUSTAV (1994): Doppelformen in der deutschen Sprache der Gegenwart. Studie zu den Varianten in Aussprache, Schreibung, Wortbildung und Flexion (= Reihe Germanistische Linguistik 145), Tübingen.
NAUMANN, BERND (²1986): Einführung in die Wortbildungslehre des Deutschen (= Germanistische Arbeitshefte 4), Tübingen.
NAUMANN, HORST (1974): Differenzierungserscheinungen bei gleichartigen Wortbildungsmodellen, in: Zeitschrift für Phonetik Sprachwissenschaft und Kommunikationsforschung 27: 149-166.
NEEF, MARTIN (1996): Wortdesign. Eine deklarative Analyse der deutschen Verbflexion (= Studien zur deutschen Grammatik 52), Tübingen.
NEUMANN, WERNER (1961): Zur Struktur des Systems der reinen Kasus im Neuhochdeutschen, in: Zeitschrift für Phonetik Sprachwissenschaft und Kommunikationsforschung 14: 55-63.
NEUMANN, WERNER (1967): Notizen zur Genusbestimmung der deutschen Substantive und zur Definition des Wortes, in: Deutsch als Fremdsprache 4: 16-22.
NEUSS, ELMAR (1981): Kopulativkomposita, in: Sprachwissenschaft 6: 31-68.
NIDA, EUGENE A. (1948/1976): The Identification of Morphemes, in: Language 24: 414-441 [übersetzt unter dem Titel 'Die Identifikation von Morphemen' in: Bense, Elisabeth/Eisenberg, Peter/Haberland, Hartmut (Hgg.) (1976): Beschreibungsmethoden des amerikanischen Strukturalismus (= Linguistische Reihe 16), München: 144-180].
NIDA, EUGENE A. (²1949/1967): Morphology. The Descriptive Analysis of Words, 10. Druck, Ann Abor/USA.
NIDA, EUGENE A. (1972): Ein System zur Beschreibung von semantischen Elementen, in: Aspekte der Semantik. Zu ihrer Theorie und Geschichte 1662-1970 hg. v. Laszlo Antal, Frankfurt/M.: 135-155 [erstmals unter dem Titel 'A System for the Description of Semantic Elements', in: Word 7 (1951): 1-14].
NOWICKA, IRENA (1972): Wurzelmorpheme und ihre Allomorphe im Bereich der schwachen Verben, in: Germanica Wratislaviensia 16: 89-92.
OBJARTEL, GEORG (1990): Das flektierte prädikative Adjektiv in Gegenwartssprache und Geschichte, in: Muttersprache 100: 152-166.
ÖHMANN, EMIL (1969): Suffixstudien. V. Das deutsche Suffix *-lei*, in: Neuphilologische Mitteilungen 70: 441-448.
ÖHMANN, EMIL (1973): Suffixstudien IX. Die deutschen Verbalabstrakta auf *-erīe, -erei*, in: Neuphilologische Mitteilungen 74: 412-420.
OGDEN, C[harles] K[ay]/RICHARDS I[vor] A[rmstrong] (¹⁰1960): The Meaning of Meaning. A Study of the Influence of Language upon Thought and of the Science of Symbolism. With Supplementary Essays by B. Malinowski and F.G. Crookshank, London.

OKSAAR, ELS (1959/1960): Interjektionaladverbien als Wortart, in: Sprachforum 3: 272-274.

OKSAAR, ELS (1993): Zur Interpretationsstruktur deutscher Komposita, in: Sprachgeschichte und Sprachkritik. Festschrift für Peter von Polenz zum 65. Geburtstag. Hg. v. Hans Jürgen Heringer und Georg Stötzel, Berlin – New York: 204-218.

OLSEN, SUSAN (1986): Wortbildung im Deutschen. Eine Einführung in die Theorie der Wortstruktur, Stuttgart.

OLSEN, SUSAN (1988a): The 'Possessive' Pronoun in German, in: Groninger Arbeiten zur germanistischen Linguistik 29: 137-160.

OLSEN, SUSAN (1988b): Das 'substantivierte' Adjektiv im Deutschen und Englischen: Attribuierung vs. syntaktische 'Substantivierung', in: Folia Linguistica 22: 337-372.

OLSEN, SUSAN (1988c): *Flickzeug* vs. *abgasarm*: Eine Studie zur Analogie in der Wortbildung, in: Semper idem et novus. Festschrift for Frank Banta. Ed. by Francis G. Gentry (= Göppinger Arbeiten zur Germanistik 481), Göppingen: 75-97.

OLSEN, SUSAN (1990): Konversion als ein kombinatorischer Wortbildungsprozeß, in: Linguistische Berichte 127: 185-216.

OLSEN, SUSAN (1991): *Ge*-Präfigierungen im heutigen Deutsch. Ausnahmen von der 'Righthand Head Rule'?, in: Beiträge zur Geschichte der deutschen Sprache und Literatur 113: 333-366.

OLSEN, SUSAN (1997): Zur Kategorie Verbpartikel, in: Beiträge zur Geschichte der deutschen Sprache und Literatur 119: 1-32.

ORTNER, HANSPETER/ORTNER, LORELIES (1984): Zur Theorie und Praxis der Kompositaforschung. Mit einer ausführlichen Bibliographie (= Forschungsberichte des Instituts für deutsche Sprache Mannheim 55), Tübingen.

ORTNER, LORELIES/MÜLLER-BOLLHAGEN, ELGIN/ORTNER, HANSPETER/WELLMANN, HANS/PÜMPEL-MADER, MARIA/GÄRTNER, HILDEGARD (1991): Substantivkomposita (Komposita und kompositionsähnliche Strukturen 1) (= Deutsche Wortbildung. Typen und Tendenzen in der deutschen Gegenwartssprache. Eine Bestandsaufnahme des Instituts für deutsche Sprache. Forschungsstelle Innsbruck. Vierter Hauptteil, Sprache der Gegenwart 79), Berlin – New York.

OSSNER, JAKOB (1988): Wortarten: Form- und Funktionsklassen. Unter besonderer Berücksichtigung ihrer Behandlung in neueren Grammatiken, in: Wortarten. Herausgeber dieses Heftes: Brigitte Schlieben-Lange und Hubert Ivo (= Zeitschrift für Literaturwissenschaft und Linguistik 19, Heft 76), Göttingen: 94-117.

OTTO, ERNST (1928): Die Wortarten, in: Germanisch-romanische Monatsschrift 16: 417-424.

PALMER, FRANK (1974): Grammatik und Grammatiktheorie. Eine Einführung in die moderne Linguistik (= Beck'sche Elementarbücher), München.

PATTEE, JOSEPH (1994): Le problème de l'article: sa solution en allemand (= Linguistische Arbeiten 322), Tübingen.

PAUL, HERMANN (1880/⁹1975): Prinzipien der Sprachgeschichte, Tübingen.

PAUL, HERMANN (1920/1975): Deutsche Grammatik, Band 5. Teil 4, Halle/S., Nachdruck Tübingen.

PAUL, HERMANN (1920/1968): Deutsche Grammatik. Band 5. Teil 5: Wortbildungslehre, Halle/S., Nachdruck Tübingen.

PAUL, HERMANN/HENNE, HELMUT/OBJARTEL, GEORG (⁹1992): Deutsches Wörterbuch unter Mitarbeit von Heidrun Kämper-Jensen, Tübingen.

PAUL, HERMANN/MOSER, HUGO/SCHRÖBLER, INGEBORG/GROSSE, SIEGFRIED ([22]1982): Mittelhochdeutsche Grammatik (= Sammlung kurzer Grammatiken germanischer Dialekte. A. Hauptreihe 2), Tübingen.

PAUL, HERMANN/WIEHL, PETER/GROSSE, SIEGFRIED ([23]1989): Mittelhochdeutsche Grammatik (= Sammlung kurzer Grammatiken germanischer Dialekte. A. Hauptreihe 2), Tübingen.

PAULY, PETER/TIEFENBACH, HEINRICH (1974): *Jammerlappen.* Zum Problem der semantischen Gliederung von Zusammensetzungen in der deutschen Gegenwartssprache, in: Sprachsystem und Sprachgebrauch. Festschrift für Hugo Moser zum 65. Geburtstag. Teil 1. Hg. v. Ulrich Engel und Paul Grebe (= Sprache der Gegenwart 33), Düsseldorf: 273-286.

PAVLOV, VLADIMIR M. (1995): Die Form-Funktion-Beziehungen in der deutschen substantivischen Zusammensetzung als Gegenstand der systemorientierten Sprachgeschichtsforschung, in: Andreas Gardt/Klaus J. Mattheier/Oskar Reichmann (Hgg.), Sprachgeschichte des Neuhochdeutschen. Gegenstände, Methoden, Theorien (= Reihe Germanistische Linguistik 156), Tübingen: 103-125.

PÉRENNEC, MARIE-HÉLÈNE (1993): Was leistet der Nullartikel, falls es ihn gibt?, in: Vuillaume, Marcel/Marillier, Jean-François/Behr, Irmtraud (Hgg.): Studien zur Syntax und Semantik der Nominalgruppe (= Eurogermanistik 2), Tübingen: 19-40.

PFEFFER, ALAN J./JANDA, RICHARD D. (1979): Die Bildung des Dativs mit oder ohne *-e*, in: Zielsprache Deutsch 10: 34-39.

PFEFFER, ALAN J./LINDER, BETH (1984): The Inflection of Adjectives after Indefinites in Written and Spoken German, in: J. Alan Pfeffer: Studies in Descriptive German Grammar. Edited by J. Alan Pfeffer (= Studies in Descriptive Linguistics 12), Heidelberg: 134-162.

PFEFFER, ALAN J./MORRISON, SCOTT E. (1984): The Genitive Singular with *-s* and/or *-es* in Spoken and Written German, in: Alan J. Pfeffer: Studies in Descriptive German Grammar. Edited by J. Alan Pfeffer (= Studies in Descriptive Linguistics 12), Heidelberg: 9-18.

PFEIFER, WOLFGANG (1989): Etymologisches Wörterbuch des Deutschen erarbeitet von einem Autorenkollektiv des Zentralinstituts für Sprachwissenschaft unter der Leitung von Wolfgang Pfeifer. Autoren: Wilhelm Braun [u.a.], Akademie der Wissenschaften der DDR. Zentralinstitut für Sprachwissenschaft, Berlin.

PHILIPP, MARTHE (1974): Phonologie des Deutschen (= Urban-Taschenbücher 192), Stuttgart – Berlin – Köln – Mainz.

PIIRAINEN, ILPO TAPANI (1969): Die absoluten Kasuskonstruktionen des Deutschen in diachronischer Sicht, in: Neuphilologische Mitteilungen 70: 448-470.

PIKE, KENNETH L. (1965): Non-linear Order and Anti-redundancy in German Morphological Matrices, in: Zeitschrift für Mundartforschung 32: 193-221.

PITTNER, ROBERT J. (1991): Der Wortbildungstyp 'Kopulativkomposition' im heutigen Deutsch, in: Neue Fragen der Linguistik. Akten des 25. Linguistischen Kolloquiums, Paderborn 1990, Band 1: Bestand und Entwicklung. Hg. v. Elisabeth Feldbusch, Reiner Pogarell und Cornelia Weiß (= Linguistische Arbeiten 270), Tübingen: 267-272.

PLANK, FRANS (1981): Morphologische (Ir-)Regularitäten. Aspekte der Wortstrukturtheorie (= Studien zur deutschen Grammatik 13), Tübingen.

PLANK, FRANS (1984): Zur Rechtfertigung der Numerierung der Personen, in: Pragmatik in der Grammatik. Jahrbuch 1983 des Instituts für deutsche Sprache. Hg. v. Gerhard Stickel (= Sprache der Gegenwart 60), Düsseldorf: 195-205.

PLANK, FRANS (1985): Die Ordnung der Personen, in: Folia Linguistica 19: 111-176.

PLANK, FRANS (1986): Das Genus der deutschen *Ge*-Substantive und Verwandtes (Beiträge zur Vererbungslehre, 1), in: Zeitschrift für Phonetik Sprachwissenschaft und Kommunikationsforschung 39: 44-60.

VON POLENZ, PETER (1972): Neue Ziele und Methoden der Wortbildungslehre (1. Teil) (Fortsetzung und Schluß), in: Beiträge zur Geschichte der deutschen Sprache und Literatur. Tübingen 94: 204-225, 398-428.

VON POLENZ, PETER (1973; [2]1980): Synpleremik I: Wortbildung, in: Lexikon der Germanistischen Linguistik. Hg. v. Hans Peter Althaus, Helmut Henne, Herbert Ernst Wiegand, Tübingen: 145-163 (2. Aufl. 169-180).

POLLAK, HANS (1958): Gibt es Wortklassen vom Standpunkt der Bedeutung?, in: Beiträge zur Geschichte der deutschen Sprache und Literatur. Tübingen 80: 33-47.

PONTEN, JAN-PETER (1976): Das Konjugationssystem der starken Verben im Niederländischen und im Deutschen. Ein Versuch zur Typologisierung, in: Akten des V. Internationalen Germanisten-Kongresses Cambridge 1975. Heft 2. Hg. v. Leonard Forster und Hans-Gert Roloff (= Jahrbuch für Internationale Germanistik. Reihe A. Kongreßberichte 2), Bern – Frankfurt/M.: 43-52.

PREUSS, FRITZ (1962): Konversion oder Zero-Derivation, in: Lebende Sprachen 7: 97-105.

PÜMPEL-MADER, MARIA/ GASSNER-KOCH, ELSBETH/WELLMANN, HANS unter Mitarbeit von ORTNER, LORELIES (1992): Adjektivkomposita und Partizipialbildungen (Komposita und kompositionsähnliche Strukturen 2) (= Deutsche Wortbildung. Typen und Tendenzen in der Gegenwartssprache. Ein Bestandsaufnahme des Instituts für deutsche Sprache. Forschungsstelle Innsbruck. Fünfter Hauptteil, Sprache der Gegenwart 80), Berlin – New York.

PÜSCHEL, ULRICH (1978): Wortbildung und Idiomatik, in: Zeitschrift für germanistische Linguistik 6: 151-167.

RAABE, HORST (1979): Apposition. Untersuchungen zum Begriff und zur Struktur der Apposition im Französischen und weiterer Berücksichtigung des Deutschen und Englischen (= Tübinger Beiträge zur Linguistik 119), Tübingen.

RAMAT, PAOLO (1971): Die Analyse eines morphosemantischen Feldes: die germanischen Modalverben, in: Indogermanische Forschungen 76: 174-202.

RAMAT, PAOLO (1987): (Rand)bemerkungen über Morphologisierungs- und Entmorphologisierungsprozesse, in: Zeitschrift für Phonetik Sprachwissenschaft und Kommunikationsforschung 40: 455-462.

RASTER, PETER (1980): Paradigmatische Strukturen von Verbalsystemen indogermanischer Sprachen, in: Kwartalnik Neofilologiczny 27: 259-286.

RASTER, PETER (1985): Zur Didaktik der zusammengesetzten Verbformen des Deutschen, in: German Studies in India 9: 111-124.

REDDER, ANGELIKA (1992): Funktional-grammatischer Aufbau des Verb-Systems im Deutschen, in: Deutsche Syntax. Ansichten und Aussichten. Hg. v. Ludger Hoffmann (= Institut für deutsche Sprache. Jahrbuch 1991), Berlin – New York: 128-154.

REED, CARROLL E. (1973): Verb Conjugation in Modern Standard German, in: Linguistische Studien III. Festgabe für Paul Grebe zum 65. Geburtstag. Teil 1 (= Sprache der Gegenwart 23), Düsseldorf: 163-170.

REICHMANN, OSKAR (1969): Deutsche Wortforschung (= Sammlung Metzler M 82), Stuttgart.

REICHMANN, OSKAR (^{2}1976): Germanistische Lexikologie. Zweite, vollständig umgearbeitete Auflage von 'Deutsche Wortforschung' (= Sammlung Metzler M 82), Stuttgart.

REICHMANN, OSKAR/WEGERA, KLAUS-PETER (Hgg.) (1993): Frühneuhochdeutsche Grammatik von Robert Peter Ebert, Oskar Reichmann, Hans-Joachim Solms und Klaus-Peter Wegera (= Sammlung kurzer Grammatiken germanischer Dialekte. A. Hauptreihe 12), Tübingen.

REIN, KURT (1988): Zu Wortbildung und Wortwahl im heutigen Werbedeutsch, in: Deutscher Wortschatz. Lexikologische Studien. Ludwig Erich Schmitt zum 80. Geburtstag von seinen Marburger Schülern. Hgg. von Horst Haider Munske, Peter von Polenz, Oskar Reichmann, Reiner Hildebrandt, Berlin – New York: 464-489.

RENICKE, HORST (1965): Fragen zur Kompositionslehre, in: Zeitschrift für deutsche Philologie 84: 409-419.

RETTIG, WOLFGANG (1972): Sprachsystem und Sprachnorm in der deutschen Substantivflexion (= Tübinger Beiträge zur Linguistik 32), Tübingen.

RICKHEIT, MECHTHILD (1993): Wortbildung. Grundlagen einer kognitiven Wortsemantik (= Psycholinguistische Studien), Opladen.

RICHTER, HELMUT (1982): Zur Systematik der Personendungen des deutschen Verbs, in: Detering, Klaus [u.a.]: Sprache beschreiben und erklären. Akten des 16. Linguistischen Kolloquiums Kiel 1981. Band 1. Hg. v. Klaus Detering, Jürgen Schmidt-Radefeldt, Wolfgang Sucharowski (= Linguistische Arbeiten 118), Tübingen: 179-188.

RIES, JOHN (1928): Zur Wortgruppenlehre. Mit Proben aus einer ausführlichen Wortgruppenlehre der deutschen Sprache der Gegenwart (= Beiträge zur Grundlegung der Syntax 2), Prag.

ROBINS, R[OBERT] H. (1959): In Defence of WP, in: Transactions of the Philological Society, Oxford: 116-144.

RONCA, DORINA (1975): Morphologie und Semantik deutscher Adverbialbildungen. Eine Untersuchung zur Wortbildung der Gegenwartssprache, Diss. Bonn.

ROS, GISELA (1980): Zur semantischen Beschreibung deutscher Wortbildungsmorpheme, in: Fragen der semantischen Analyse (= Akademie der Wissenschaften der DDR. Zentralinstitut für Sprachwissenschaft. Linguistische Studien. Reihe A Arbeitsberichte 65), Berlin: 123-133.

ROSENGREN, INGER (1972): Der Wortbildungstyp *wissenschaftlich-technisch*, in: Karl Hyldgaard-Jensen (Hg.): Linguistik 1971. Referate des 6. Linguistischen Kolloquiums 11.-14. August 1971 in Kopenhagen (= Athenäum-Skripten Linguistik 1), Frankfurt/M.: 335-351.

ROSENKRANZ, HEINZ (1968): Komposita auf *-ding, -sache, -werk, -(ge)zeug, -geschirr* und *-kram* im thüringischen Sprachraum, in: Beiträge zur Geschichte der deutschen Sprache und Literatur. Halle 90: 212-248.

ROSS, JOHN ROBERT (1967): Der Ablaut bei den deutschen starken Verben, in: Phonologische Studien (= studia grammatica 6), Berlin: 47-118.

RUSS, CHARLES V. J. (1986): The Integration of Foreign Suffixes into German: A Synchronic and Diachronic Study Exemplified by the Adjectival Suffixes: -abel /-ibel, -al /-ell, -ant /-ent, -är /-ar, -iv, and -ös /-os, in: Quinquereme. New Studies in Modern Languages. University of Bath 9: 1-15.

SADZINSKI, ROMAN (1982): Präliminarien zur Analyse des deutschen Artikels, in: Acta Universitatis Lodziensis. Folia Linguistica 3: 27-34.

SADZINSKI, ROMAN (1984): Wort und Lexem, in: Acta Universitatis Lodziensis. Folia Linguistica 8: 41-46.

SANDBERG, BENGT (1976): Die neutrale - (e)n-Ableitung der deutschen Gegenwartssprache. Zu dem Aspekt der Lexikalisierung bei den Verbalsubstantiven (= Göteborger Germanistische Forschungen 15), Göteborg.

DE SAUSSURE, FERDINAND (²1967): Grundfragen der Allgemeinen Sprachwissenschaft. Hg. v. Charles Balley und Albert Sechehaye unter Mitwirkung von Albert Riedlinger übersetzt von Herman Lommel. Mit neuem Register und einem Nachwort von Peter v. Polenz, Berlin.

SCHANEN, FRANÇOIS (1993): ALL -: Determinans? Quantor? Identifikator? Totalisator?, in: Vuillaume, Marcel/Marillier, Jean-François/Behr, Irmtraud (Hgg.), Studien zur Syntax und Semantik der Nominalgruppe (= Eurogermanistik 2), Tübingen: 41-64.

SCHECKER, MICHAEL (1993): Zur Reihenfolge pränominaler Adjektive im Rahmen einer kognitiv orientierten Grammatik, in: Vuillaume, Marcel/Marillier, Jean-François/Behr, Irmtraud (Hgg.), Studien zur Syntax und Semantik der Nominalgruppe (= Eurogermanistik 2), Tübingen: 105-129.

SCHELLINGER, WOLFGANG (1988): Zu den Präposition-Artikel-Verschmelzungen im Deutschen, in: Linguistische Berichte 115: 214-228.

SCHIFKO, PETER (1973): Zero in der Allgemeinen und Romanischen Sprachwissenschaft, in: Zeitschrift für romanische Philologie 89: 1-51.

SCHLACHTER, WOLFGANG (1968): Zum Begriff der Stammform, in: Schlachter, Wolfgang: Arbeiten zur strukturbezogenen Grammatik auf der Grundlage finnisch-ugrischen und indogermanischen Materials. Hg. v. Björn Collinder, Hans Fromm, Gerhard Ganschow, München: 260-271.

SCHLEMMER, HEINRICH (1985): Algorithmus für die Aneignung der Flexion der Adjektive im Deutschen, in: Nouveaux Cahiers d'Allemand 3: 75-89.

SCHLICK, WERNER (1984): Die Kriterien für die deutsche Genuszuweisung bei substantivischen Anglizismen, in: The German Quarterly 57: 402-431.

SCHMIDT, GÜNTER DIETRICH (1987): Das Affixoid. Zur Notwendigkeit und Brauchbarkeit eines beliebten Zwischenbegriffs der Wortbildung, in: Gabriele Hoppe/Alan Kirkness/Elisabeth Link/Isolde Nortmeyer/Wolfgang Rettig/Günter Dietrich Schmidt: Deutsche Lehnwortbildung. Beiträge zur Erforschung der Wortbildung mit entlehnten WB-Einheiten im Deutschen (= Forschungsberichte des Instituts für deutsche Sprache Mannheim 64), Tübingen: 53-101.

SCHMIDT, GÜNTER DIETRICH (1990): Super- und top-. Ein Vergleich von zwei im Deutschen heute produktiven Lehnpräfixen, in: Muttersprache 100: 204-210.

SCHMIDT, JÜRGEN ERICH (1993): Die deutsche Substantivgruppe und die Attribuierungskomplikation (= Reihe Germanistische Linguistik 138), Tübingen.

SCHMIDT, RENATE (1987): Produktive adjektivische Wortbildungsmodelle. Zur Bildung von zusammengesetzten Adjektiven in modernen Fachtexten, in: Sprachpflege 36: 1-4.

SCHMIDT, VERONIKA (1981): Probleme der Zusammensetzung im Deutschen, in: Jzyki Obce w Szkole 25: 265-269.

SCHMIDT, WILHELM (⁶1977): Grundfragen der deutschen Grammatik. Eine Einführung in die funktionale Sprachlehre, Berlin.

SCHMIDT, WILHELM (³1980): Geschichte der deutschen Sprache. Mit Texten und Übersetzungshilfen. Verfaßt von einem Autorenkollektiv unter Leitung von Wilhelm Schmidt, Leipzig.

SCHNERRER, ROSEMARIE (1982): Funktionen des Wortbildungsmorphems *un-* in der deutschen Gegenwartssprache, in: Beiträge zur Erforschung der deutschen Sprache 2: 22-51.

SCHRÖDER, MARIANNE (1978): Über textverflechtende Wortbildungselemente, in: Deutsch als Fremdsprache 15: 85-92.

SCHRÖDER, WERNER (1959): Zu Wesen und Bedeutung des *würde* + Infinitiv-Gefüges, in: Wirkendes Wort 9: 70-84.

SCHÜTZEICHEL, RUDOLF (⁵1995): Alhochdeutsches Wörterbuch, Tübingen.

SCHULZ, DORA/GRIESBACH, HEINZ (¹¹1978): Grammatik der deutschen Sprache, München.

SEIDELMANN, ERICH (1979): Ausdruck- und inhaltbezogene Wortbildungslehre. Grundzüge eines funktionalen Modells, in: Zeitschrift für Dialektologie und Linguistik 46: 149-186.

SEILER, HANSJAKOB (1962/1970): Laut und Sinn: Zur Struktur der deutschen Einsilbler, in: Lingua 11: 375-387 [erneut abgedruckt in: Vorschläge für eine strukturale Grammatik des Deutschen. Hg. v. Hugo Steger (= Wege der Forschung 146), Darmstadt 1970: 414-428].

SEILER, HANSJAKOB (1966): Das Paradigma in alter und neuer Sicht. Jerzy Kurylowicz gewidmet, in: Kratylos 11: 190-205.

SEPPÄNEN, LAURI (1986): Leere Bedeutungen, falsche Namen? Okkasionelle (und andere) Komposita aus referenz- und sprachsemantischer Sicht, in: Zeitschrift für germanistische Linguistik 14: 82-97.

SERÉBRENNIKOW, B. A.: Allgemeine Sprachwissenschaft. Von einem Autorenkollektiv unter der Leitung von B. A. Serébrennikow. Ins Deutsche übertragen und herausgegeben von Hans Zikmund und Günter Feudel, Bd. 1: 1973, München – Salzburg, Bd. 2: 1975: München – Salzburg, Bd. 3: 1976, München – Salzburg.

ŠIMEČKOVÁ, ALENA (1984): Komplexe Verben im Deutschen. Ein Beitrag zur Untersuchung der distanzierbaren Verbaleinheiten, in: Beiträge zur Erforschung der deutschen Sprache 4: 132-190.

ŠIMEČKOVÁ, ALENA (1993): Zur semantischen Konstituierung des komplexen Verbs im Deutschen, in: Synchrone und diachrone Aspekte der Wortbildung im Deutschen. Hg. v. Hans Wellmann, Heidelberg: 19-27.

SIMMLER, FRANZ (1978): Die politische Rede im Deutschen Bundestag. Bestimmung ihrer Textsorten und Redesorten (= Göppinger Arbeiten zur Germanistik 245), Göppingen.

SIMMLER, FRANZ (1981): Zur Syntax von Volksmärchen. Untersuchungen zu Frequenz und Distribution von Satztypen und ihrer Relevanz für den Schulunterricht, in: Sub tua platano. Festgabe für Alexander Beinlich. Kinder- und Jugendliteratur. Deutschunterricht. Germanistik von Dorothea Ader [u.a.], Emsdetten: 361-389.

SIMMLER, FRANZ (1984): Zur Fundierung des Text- und Textsorten-Begriffs, in: Studia Linguistica et Philologica. Festschrift für Klaus Matzel zum sechzigsten Geburtstag überreicht von Schülern, Freunden und Kollegen. Hg. v. Hans-Werner Eroms, Bernhard Gajek, Herbert Kolb, Heidelberg: 25-50.

SIMMLER, FRANZ (1985): Elliptizität und Satztypen, in: Grammatische Kategorien. Funktion und Geschichte. Akten der VII. Fachtagung der Indogermanischen Gesellschaft Berlin, 20.-25. Februar 1983. Hg. v. Bernfried Schlerath unter Mitarbeit von Veronica Rittner, Wiesbaden: 449-477.

SIMMLER, FRANZ (1987): Morphologische Grundlagen zur Beschreibung althochdeutscher Schreibdialekte, in: Althochdeutsch. In Verbindung mit Herbert Kolb, Klaus Matzel, Karl Stackmann hg. v. Rolf Bergmann, Heinrich Tiefenbach, Lothar Voetz, Bd. 1, Heidelberg: 114-146.

SIMMLER, FRANZ (1989): Zur Geschichte der Imperativsätze und ihrer Ersatzformen im Deutschen, in: Festschrift für Herbert Kolb zu seinem 65. Geburtstag. Unter Mitarbeit von Barbara Haupt und Hilkert Weddige hg. v. Klaus Matzel und Hans-Gert Roloff, Bern – Frankfurt/M. – New York – Paris: 642-691.

SIMMLER, FRANZ (1992a): Zum Verhältnis von Satz und Text in lyrischen Gedichten, in: 'Der Buchstab tödt – der Geist macht lebendig'. Festschrift zum 60. Geburtstag von Hans-Gert Roloff von Freunden, Schülern und Kollegen. Hg. v. James Hardin und Jörg Jungmayr, I, Bern – Berlin – Frankfurt/M. – New York – Paris – Wien: 55-105.

SIMMLER, FRANZ (1992b): Nominalsätze im AHD, in: Althochdeutsch. Syntax und Semantik. Akten des Lyonner Kolloquiums zur Syntax und Semantik des Althochdeutschen (1-3 März 1990), hg. v. Yvon Desportes (= Série germanique ancien 1), Lyon: 153-197.

SIMMLER, FRANZ (1993): Zur Textfunktion von Nominalsätzen in der Lyrik. *Die Gegenstände in ihrer Verzerrung. Syntax, glatt vor Entscheidungsfremdheit,* in: Wahrnehmungen im Poetischen All. Festschrift für Alfred Behrmann zum 65. Geburtstag. Hg. v. Klaus Deterding (= Beiträge zur neueren Literaturgeschichte. Dritte Folge 129), Heidelberg: 105-135.

SIMMLER, FRANZ (1994): Bezeichnungen für Angriffs- und Zuspielaktionen und ihre Valenz in Mannschaftssportarten, in: Zeitschrift für germanistische Linguistik 22: 1-30.

SITTA, HORST (1972): Semantische Probleme beim deutschen Possessivpronomen, in: Linguistische Studien II (= Sprache der Gegenwart 22), Düsseldorf: 181-193.

SLOTTY, F[RIEDRICH] (1929): Wortart und Wortsinn, in: Travaux du Cercle Linguistique de Prague 1: 93-106.

SMIRNIZKI, A. I. (1953): Über das Wort (Das Problem der 'Selbständigkeit' des Wortes), in: Sowjetwissenschaft. Gesellschaftswissenschaftliche Abteilung: 825-847.

SOETEMAN, C. (1967): Praeteritopraesentia Revisa, in: Satz und Wort im heutigen Deutsch. Probleme und Ergebnisse neuerer Forschung. Jahrbuch 1965/1966 (= Sprache der Gegenwart 1), Düsseldorf: 137-147.

SOLMS, HANS-JOACHIM/WEGERA, KLAUS-PETER (1991): Grammatik des Frühneuhochdeutschen. Beiträge zur Laut- und Formenlehre hg. v. Hugo Moser (†), Hugo Stopp (†) und Werner Besch. VI. Flexion der Adjektive (= Germanische Bibliothek. Erste Reihe. Sprachwissenschaftliche Lehr- und Elementarbücher), Heidelberg.

SOMMERFELDT, KARL-ERNST (1971): Zur Wortstellung in der Gruppe der Substantive, in: Deutsch als Fremdsprache 8: 13-19.

SOMMERFELDT, KARL-ERNST (1987a): Zu Kern und Peripherie der Wortart Adjektiv, in: Deutschunterricht 40: 541-545.

SOMMERFELDT, KARL-ERNST (1987b): Zum Verhältnis von Lexik und Grammatik. Die Rolle lexikalischer Mittel bei der Gradation, in: Sprachpflege 36: 130-132.

SOMMERFELDT, KARL-ERNST/SCHREIBER, HERBERT ([2]1977): Wörterbuch zur Valenz und Distribution deutscher Adjektive, Leipzig.

SOMMERFELDT, KARL-ERNST/SCHREIBER, HERBERT ([3]1983): Wörterbuch zur Valenz und Distribution der Substantive, Tübingen.
SOMMERFELDT, KARL-ERNST/STARKE, GÜNTER ([2]1992): Einführung in die Grammatik der deutschen Gegenwartssprache, Tübingen.
SOUDEK, LEV I. (1978): The Relation of Blending to English Word-Formation: Theory, Structure, and Typological Attempts, in: Proceedings of the Twelfth International Congress of Linguists. Vienna, August 28 - September 2, 1977. Editors: Wolfgang U. Dressler, Wolfgang Meid. Assistant Editors: Oskar E. Pfeiffer, Thomas Herok, Innsbruck: 462-466.
SOWINSKI, BERNHARD (1973): Deutsche Stilistik. Beobachtungen zur Sprachverwendung und Sprachgestaltung im Deutschen (= Fischer Handbücher 6147), Frankfurt/M.
SPIEWOK, WOLFGANG (1975): Semantische Konsequenzen morphologischer Dubletten beim deutschen Substantiv, in: Deutsch als Fremdsprache 12: 164-169.
SPITZ, ERICH (1966/1971): Die morphologische Klassifizierung der deutschen Verben, in: Deutsch als Fremdsprache 3: 19-27 [erneut abgedruckt in: Probleme der Sprachwissenschaft. Beiträge zur Linguistik, The Hague-Paris: 305-315].
SPITZ, ERICH (1977): Versuch einer funktionalen Klassifizierung der Monemarten, in: Beiträge zur Klassifizierung der Wortarten. Hg. v. Gerhard Helbig (= Linguistische Studien), Leipzig: 157-172.
SPLETT, JOCHEN (1993): Althochdeutsches Wörterbuch. Analyse der Wortfamilienstrukturen des Althochdeutschen, zugleich Grundlegung einer zukünftigen Strukturgeschichte des deutschen Wortschatzes, I.1-II, Berlin – New York.
STAMMERJOHANN, HARRO (1975): Handbuch der Linguistik. Allgemeine und angewandte Sprachwissenschaft. Aus Beiträgen von Hans Arens [u.a.] unter Mitarbeit von Hildegard Janssen zusammengestellt von Harro Stammerjohann, München.
STARKE, GÜNTER (1973): Satzmodell mit prädikativem Adjektiv im Deutschen, in: Deutsch als Fremdsprache 10: 138-147.
STARKE, GÜNTER (1977): Zur Abgrenzung und Subklassifizierung der Adjektive und Adverbien, in: Beiträge zur Klassifizierung der Wortarten. Hg. v. Gerhard Helbig (= Linguistische Studien), Leipzig: 190-203.
STARKE, GÜNTER (1992): Der Übergang von Kompositionsgliedern zu Suffixen im Spiegel des einsprachigen Wörterbuchs, in: Rudolf Grosse, Gotthard Lerchner, Marianne Schröder (Hgg.): Beiträge zur Phraseologie, Wortbildung, Lexikologie. Festschrift für Wolfgang Fleischer zum 70. Geburtstag, Frankfurt/M. – Berlin – Bern – New York – Paris – Wien: 115-124.
STEDJE, ASTRID (1987): Warum nur im Germanischen? Altes und Neues zum Ablaut der starken Verben, in: Acta Universitatis Stockholmiensis. Studier i modern språkvetenskap. Ny Serie 8: 96-113.
STEPANOWA, M. D. (1973): Methoden der synchronen Wortschatzanalyse. [Übersetzt von Gerhard Helbig] (= Linguistische Studien), München.
STEPANOVA, M. D. (1980): Dynamische Prozesse in der synchronen Wortbildung der deutschen Gegenwartssprache, in: Zeitschrift für Phonetik Sprachwissenschaft und Kommunikationsforschung 33: 401-404.
STEPANOWA, M. D./FLEISCHER, W[OLFGANG] (1985): Grundzüge der deutschen Wortbildung, Leipzig.
STÖTZER, URSULA (1977): Betonung der Komposita im Satz, in: Deutsch als Fremdsprache 14: 152-155.

STROBEL, WOLFGANG (1978): Der Adjektivtyp 'heart-breaking'. Eine Studie zum Verhältnis zwischen Wortbildung und Syntax, Diss. Tübingen.

STUTTERHEIM, C. F. P. (1965): Diachronische Traditionen in synchronischen Grammatiken, in: Tradition und Ursprünglichkeit. Akten des III. Internationalen Germanistenkongresses 1965 in Amsterdam. Hg. im Auftrage der Internationalen Vereinigung für germanische Sprach- und Literaturwissenschaft von Werner Kohlschmidt und Herman Meyer, Bern – München: 102-112.

SUGAREWA, TEKLA (1974): Adjektivderivate zu Eigennamen und ihre Konkurrenz mit Substantivkomposita und syntaktischen Wortverbindungen, in: Beiträge zur Geschichte der deutschen Sprache und Literatur. Halle 94: 199-256.

SZEMERÉNYI, OSWALD (^{2}1980): Einführung in die vergleichende Sprachwissenschaft (= Die Sprachwissenschaft. Einführungen in Gegenstand, Methoden und Ergebnisse ihrer Teildisziplinen und Hilfswissenschaften), Darmstadt.

SZULC, ALEKSANDER (1974): Diachronische Phonologie und Morphologie des Althochdeutschen, Warszawa.

SZULC, ALEKSANDER (1987): Historische Phonologie des Deutschen (= Sprachstrukturen. Reihe A 6), Tübingen.

TARANTOWICZ, ALFRED (1979): Zur Nullalternation im Deutschen und Polnischen, in: Acta Universitatis Lodziensis. Folia Germanica. Seria I. 59: 109-115.

TARANTOWICZ, ALFRED (1984): Zur allgemeinen Charakteristik formbildender Alternationen im Deutschen und Polnischen, in: Acta Universitatis Lodziensis. Folia Linguistica 8: 11-26.

TARANTOWICZ, ALFRED (1986): Zur Morphologie des deutsche Verbs aus der Sicht eines Nichtmuttersprachlers, in: Acta Universitatis Lodziensis. Folia Linguistica 13: 171-182.

TATZREITER, HERBERT (1988): Besonderheiten in der Morphologie der deutschen Sprache in Österreich, in: Das österreichische Deutsch, hg. v. Peter Wiesinger (= Schriften zur deutschen Sprache in Österreich 12), Wien – Köln – Graz: 71-98.

TAUCH, HEIKE (1995): Prowortsemantik und Pronomina. Zum semantischen Spektrum der Prowörter der deutschen Gegenwartssprache (= Europäische Hochschulschriften. Reihe I. Deutsche Sprache und Literatur 1497), Frankfurt/M. – Berlin – Bern – New York – Paris – Wien.

TEUBERT, WOLFGANG (1979): Valenz des Substantivs. Attributive Ergänzungen und Angaben (= Sprache der Gegenwart 49), Düsseldorf.

THIEL, GISELA (1973): Die semantischen Beziehungen in den Substantivkomposita der deutschen Gegenwartssprache, in: Muttersprache 83: 377-404.

THIEROFF, ROLF (1992): Das finite Verb im Deutschen. Tempus – Modus – Distanz (= Studien zur deutschen Grammatik 40), Tübingen.

TIEFENBACH, HEINRICH (1987): *-chen* und *-lein*. Überlegungen zu Problemen des sprachgeographischen Befundes und seiner sprachhistorischen Deutung. Mit fünf Karten, in: Zeitschrift für Dialektologie und Linguistik 54: 2-27.

TRUBETZKOY, N. S. (1934): Das morphonologische System der russischen Sprache, in: Travaux du Cercle Linguistique de Prague 5: 5-94.

TRUBETZKOY, N. S. (^{6}1977): Grundzüge der Phonologie, Göttingen.

TSCHIRCH, FRITZ (^{3}1983): Geschichte der deutschen Sprache. Erster Teil: Die Entfaltung der deutschen Sprachgestalt in der Vor- und Frühzeit. 3. durchgesehene Auflage bearbeitet von Werner Besch (= Grundlagen der Germanistik 5), Berlin.

UERPMANN, HORST/FISCHER, HANS-DIETER (1982): Wortartendifferenzierungen in typologisch divergierenden Sprachen. Gibt es generell/universell gültige Wortartendefinitionen?, in: Papiere zur Linguistik 27: 3-24.

ULLMANN, STEPHEN: (²1972): Grundzüge der Semantik. Die Bedeutung in sprachwissenschaftlicher Sicht. Deutsche Fassung von Susanne Koopmann, Berlin – New York.

ULVESTAD, BJARNE (1956/1970): The Strong Verb Conjugation System in German, in: Word 12: 91-105 [übersetzt unter dem Titel 'Das Konjugationssystem der starken Verben im Deutschen' in: Vorschläge für eine strukturale Grammatik des Deutschen. Hg. v. Hugo Steger (= Wege der Forschung 146), Darmstadt: 332-348].

VALENTIN, PAUL (1988): Zu Natur, Funktion und Bedeutung der W-Wörter im heutigen Deutsch, in: Gedenkschrift für Ingerid Dal. Hg. v. John Ole Askedal, Cathrine Fabricius-Hansen und Kurt Erich Schöndorf, Tübingen: 202-213.

VALENTIN, PAUL (1989/1990): *Welch* im heutigen Deutsch, in: German Life & Letters 43: 177-181.

VARNHORN, BEATE (1993): Adjektive und Komparation. Studien zur Syntax, Semantik und Pragmatik adjektivischer Vergleichskonstrukte (= Studien zur deutschen Grammatik 45), Tübingen.

VATER, HEINZ (1963; ²1979a): Das System der Artikelformen im gegenwärtigen Deutsch, Tübingen.

VATER, HEINZ (1971): Tendenzen der Wortbildung im heutigen Deutsch, in: Biuletyn Fonograficzny 12: 29-38.

VATER, HEINZ (1972): Zur Abgrenzung von Ableitung und Komposition, in: Festschrift für Wilhelm Giese. Beiträge zur Romanistik und Allgemeinen Sprachwissenschaft. Hg. und redigiert von Harald Haarmann, Michael Studemund, Hamburg: 241-249.

VATER, HEINZ (1979b): Determinantien. Teil I: Abgrenzung, Syntax (= Kölner Linguistische Arbeiten Germanistik 6), Trier.

VATER, HEINZ (1984a): Determinantien und Quantoren im Deutschen, in: Zeitschrift für Sprachwissenschaft 3: 19-42.

VATER, HEINZ (1984b): Zur Pragmatik der Determinantien, in: Pragmatik in der Grammatik. Jahrbuch 1983 des Instituts für deutsche Sprache. Hg. v. Gerhard Stickel (= Sprache der Gegenwart 60), Düsseldorf: 206-223.

VATER, HEINZ (1985): Determinantien und Pronomina, in: Osnabrücker Beiträge zur Sprachtheorie 30: 107-126.

VATER, HEINZ: (1986a): Zur Abgrenzung der Determinantien und Quantoren, in: Vater, Heinz (Hg.): Zur Syntax der Determinantien (= Studien zur deutschen Grammatik 31), Tübingen: 13-31.

VATER, HEINZ (1986b): Zur NP-Struktur im Deutschen, in: Vater, Heinz (Hg.): Zur Syntax der Determinantien (= Studien zur deutschen Grammatik 31), Tübingen: 123-145.

VATER, HEINZ (1993): Determinantien in koordinierten NPs, in: Vuillaume, Marcel/ Marillier, Jean-François/Behr, Irmtraud (Hgg.): Studien zur Syntax und Semantik der Nominalgruppe (= Eurogermanistik 2), Tübingen: 65-83.

VEITH, WERNER H. (1982): Zur Konjugation in der deutschen Standardsprache, in: Muttersprache 92: 174-184.

VEITH, W[ERNER H.] (1984): The Strong Verb Conjugation in Modern English Compared with Modern German, in: Leuvense Bijdragen 73: 39-57.

VENNEMANN, THEO (1982): Isolation – Agglutination – Flexion? Zur Stimmigkeit typologischer Parameter, in: Festschrift für Helmut Stimm zum 65. Geburtstag.

Fakten und Theorien. Beiträge zur romanischen und allgemeinen Sprachwissenschaft. Hg. v. Sieglinde Heinz und Ulrich Wandruszka (= Tübinger Beiträge zur Linguistik 191), Tübingen: 327-334.

VIEREGGE, WERNER (1983): Zum Gebrauch von Kurzwörtern im Neuhochdeutschen, in: Sprachwissenschaft 8: 207-235.

VIGAŠOVÁ, GABRIELA (1988/89): Produktive nominale Wortbildungstypen in der Fachsprache der Technik, in: Brücken. Germanistisches Jahrbuch DDR – ČSSR, Prag: 299-305.

VOGEL, PETRA MARIA (1997): Unflektierte Adjektive im Deutschen: Zum Verhältnis semantischer Struktur und syntaktischer Funktion und ein Vergleich mit flektierten Adjektiven, in: Sprachwissenschaft 22: 403-433.

VONHOEGEN, BIRGIT (1994): Probleme der Wortarteneinteilung am Beispiel der Unterscheidung Adjektiv und Adverb im Deutschen und Französischen. Eine Forschungsdarstellung, in: Satz – Text – Diskurs. Akten des 27. Linguistischen Kolloquiums, Münster 1992, Bd. 1. Hg. v. Susanne Beckmann und Sabine Frilling (= Linguistische Arbeiten 312), Tübingen: 51-56.

WÄLTERLIN, KURT (1941): Die Flexion des Adjektivs hinter Formwörtern in der neueren deutschsprachigen Presse. Phil. Diss. Zürich.

WÄNGLER, HANS-HEINRICH (^{2}1967): Grundriß einer Phonetik des Deutschen mit einer allgemeinen Einführung in die Phonetik, Marburg.

WAHRIG, GERHARD (^{2}1977): Deutsches Wörterbuch. Hg. in Zusammenarbeit mit zahlreichen Wissenschaftlern und anderen Fachleuten. Mit einem 'Lexikon der deutschen Sprachlehre', Gütersloh – Berlin – München – Wien.

WALCH, MARIA/HÄCKEL, SUSANNE (1988): Grammatik des Frühneuhochdeutschen. Beiträge zur Laut- und Formenlehre hg. v. Hugo Moser, Hugo Stopp () und Werner Besch. VII. Flexion der Pronomina und Numeralia (= Germanische Bibliothek. Erste Reihe. Sprachwissenschaftliche Lehr- und Elementarbücher), Heidelberg.

WANDRUSZKA, MARIO (1968): Englische und deutsche Nominalkomposition, in: Wortbildung, Syntax und Morphologie. Festschrift zum 60. Geburtstag von Hans Marchand am 1. Oktober 1967. Hg. v. Herbert E. Brekle und Leonhard Lipka (= Janua Linguarum. Series Maior 36), The Hague-Paris: 242-250.

WANDRUSZKA, ULRICH (1997): Syntax und Morphosyntax. Eine kategorialgrammatische Darstellung anhand romanischer und deutscher Fakten (= Tübinger Beiträge zur Linguistik 430), Tübingen.

WEBER, HEINRICH (1973; ^{2}1980): Synpleremik II: Morphemik, in: Lexikon der Germanistischen Linguistik. Hg. v. Hans Peter Althaus, Helmut Henne, Herbert Ernst Wiegand, Tübingen: 163-175 (2. Aufl. 159-168).

WEGENER, HEIDE (1995): Die Nominalflexion des Deutschen – verstanden als Lerngegenstand (= Reihe Germanistische Linguistik 151), Tübingen.

WEGERA, KLAUS-PETER (1987): Grammatik des Frühneuhochdeutschen. Beiträge zur Laut- und Formenlehre hg. v. Hugo Moser, Hugo Stopp () und Werner Besch. III. Flexion der Substantive (= Germanische Bibliothek. Erste Reihe. Sprachwissenschaftliche Lehr- und Elementarbücher), Heidelberg.

WEINRICH, HARALD (1985): Wieviele Bedeutungen hat eine grammatische Form?, in: Zeitschrift für französische Sprache und Literatur 95: 225-238.

WEINRICH, HARALD (1993): Textgrammatik der deutschen Sprache unter Mitarbeit von Maria Thürmair, Eva Breindl, Eva-Maria Willkop, Mannheim – Leipzig – Wien – Zürich.

WELKE, KLAUS (1965): Untersuchungen zum System der Modalverben in der deutschen Sprache der Gegenwart. Ein Beitrag zur Erforschung funktionaler und syntaktischer Beziehungen (= Schriften zur Phonetik Sprachwissenschaft und Kommunikationsforschung 10), Berlin.

WELLMANN, HANS (1975): Das Substantiv (= Deutsche Wortbildung. Typen und Tendenzen in der Gegenwartssprache. Eine Bestandsaufnahme des Instituts für deutsche Sprache. Forschungsstelle Innsbruck. Zweiter Hauptteil, Sprache der Gegenwart 32), Düsseldorf.

WELLMANN, HANS (1993): Die Bedeutung der Nominalkomposita, in: Synchrone und diachrone Aspekte der Wortbildung im Deutschen. Hg. v. Hans Wellmann, Heidelberg: 147-168.

WELLMANN, HANS (1997): Transformation, Nomination, Kondensation und Projektion durch Wortbildung. Der *Wenderoman* in der Literaturkritik, in: Irmhild Barz, Marianne Schröder (Hgg.), Nominationsforschung im Deutschen. Festschrift für Wolfgang Fleischer zum 75. Geburtstag, Frankfurt/M. – Berlin – Bern – New York – Paris – Wien: 375-386.

WELLMANN, HANS/REINDL, NIKOLAUS/FAHRMAIER, ANNEMARIE (1974): Zur morphologischen Regelung der Substantivkomposition im heutigen Deutsch, in: Zeitschrift für deutsche Philologie 93: 358-378.

WERNER, OTMAR (1970a): Vom Formalismus zum Strukturalismus in der historischen Morphologie. Ein Versuch, dargestellt an der Geschichte deutsche Indikativ-/Konjunktiv-Bildungen, in: Vorschläge für eine strukturale Grammatik des Deutschen. Hg. v. Hugo Steger (Wege der Forschung 146), Darmstadt: 349-384.

WERNER, OTMAR (1970b): Das deutsche Pluralsystem. Strukturelle Diachronie, in: Sprache – Gegenwart und Geschichte. Probleme der Synchronie und Diachronie. Jahrbuch des Instituts für deutsche Sprache 1968 (= Sprache der Gegenwart 5), Düsseldorf: 92-128.

WERNER, OTMAR (1975): Zum Genus im Deutschen, in: Deutsche Sprache 3: 35-58.

WERNER, OTMAR (1977): Suppletivwesen durch Lautwandel, in: Drachman, Gaberell (Hg.): Akten der 2. Salzburger Frühlingstagung für Linguistik. Salzburg vom 29. bis. 31. Mai 1975, Tübingen: 269-283.

WERNER, OTMAR (1989): Sprachökonomie und Natürlichkeit im Bereich der Morphologie, in: Zeitschrift für Phonetik Sprachwissenschaft und Kommunikationsforschung 42: 34-47.

WERNER, OTMAR (1994): Auch Paradigmen entstehen und vergehen, in: Funktionale Untersuchungen zur deutschen Nominal- und Verbalmorphologie. Hg. v. Klaus-Michael Köpcke (= Linguistische Arbeiten 319), Tübingen: 5-28.

WICHTER, SIGURD (1988): Signifikantgleiche Zeichen. Untersuchungen zu den Problembereichen Polysemie, Homonymie und Vagheit auf der Basis eines kommunikativen Zeichenbegriffs am Beispiel deutscher Substantive, Adjektive und Verben (= Tübinger Beiträge zur Linguistik 160), Tübingen.

WIESE, BERND (1994): Die Personal- und Numerusendungen der deutschen Verbformen, in: Funktionale Untersuchungen zur deutschen Nominal- und Verbalmorphologie. Hg. v. Klaus-Michael Köpcke (= Linguistische Arbeiten 319), Tübingen: 161-191.

WIESE, RICHARD (1987): Phonologie und Morphologie des Umlauts im Deutschen, in: Zeitschrift für Sprachwissenschaft 6: 227-248.

WIESE, RICHARD (1990): Über die Interaktion von Morphologie und Phonologie – Reduplikation im Deutschen, in: Zeitschrift für Phonetik Sprachwissenschaft und Kommunikationsforschung 43: 603-624.

WILLEMS, KLAAS (1990): Tageshöchsttemperaturen, Billigst-Flüge und Halbknaben. Zur Syntax, Semantik und Stilistik eines beliebten Wortbildungsmodells im heutigen Deutsch, in: Deutsche Sprache 18: 52-75.

WILMANNS, WILHELM ([2]1930): Deutsche Grammatik. Gotisch, Alt-, Mittel- und Neuhochdeutsch. Zweite Abteilung: Wortbildung, Berlin – Leipzig.

WILSS, WOLFRAM (1983): Wortbildungstendenzen in der deutschen Gegenwartssprache, dargestellt an Syntagmen des Typs Substantiv + Partizip I (kostendeckend), in: Muttersprache 93: 230-241.

WILSS, WOLFRAM (1985): Zur Produktion und Rezeption von Wortbildungserscheinungen, in: Zeitschrift für germanistische Linguistik 13: 278-294.

WOTJAK, GERD ([2]1977): Untersuchungen zur Struktur der Bedeutung. Ein Beitrag zu Gegenstand und Methode der modernen Bedeutungsforschung unter besonderer Berücksichtigung der semantischen Konstituentenanalyse. Mit zahlreichen Skizzen, Tabellen und Schemata im Text und einer Falttabelle als Beilage (= Sammlung Akademie-Verlag. Sprache 10), Berlin.

WOTJAK, GERD (1997): Bedeutung und Kognition. Überlegungen im Spannungsfeld zwischen lexikalischer und kognitiver Semantik, in: Ulrich Hoinkes/Wolf Dietrich (Hgg.), Kaleidoskop der Lexikalischen Semantik (= Tübinger Beiträge zur Linguistik 428), Tübingen: 31-59.

WUNDERLICH, DIETER (1973): Referenzsemantik, in: Funk-Kolleg Sprache. Eine Einführung in die moderne Linguistik. [Hg. v.] Hans Bühler [u.a.], Bd. 2, Frankfurt/M.: 102-112.

WUNDERLICH, DIETER (1987): Schriftstellern ist mutmaßen, ist hochstapeln, ist Regeln mißachten. – Über komplexe Verben im Deutschen, in: Neuere Forschungen zur Wortbildung und Historiographie der Linguistik. Festgabe für Herbert E. Brekle zum 50. Geburtstag. Hg. v. Brigitte Asbach-Schnitker und Johannes Roggenhofer (= Tübinger Beiträge zur Linguistik 284), Tübingen: 91-107.

WURZEL, WOLFGANG ULLRICH (1970): Studien zur deutschen Lautstruktur (= studia grammatica 8), Berlin.

WURZEL, WOLFGANG ULLRICH (1975): Die Klassifizierung der deutschen Substantive und die morphologische Markiertheit, in: Ferenc Kiefer (Hg.), Morphologie und generative Grammatik (= Linguistische Forschungen 24), Frankfurt/M.: 223-256.

WURZEL, WOLFGANG ULLRICH (1984a): Flexionsmorphologie und Natürlichkeit. Ein Beitrag zur morphologischen Theoriebildung (= studia grammatica 21), Berlin.

WURZEL, WOLFGANG ULLRICH (1984b): Was bezeichnet der Umlaut im Deutschen?, in: Zeitschrift für Phonetik Sprachwissenschaft und Kommunikationsforschung 37: 647-663.

WURZEL, WOLFGANG ULLRICH (1985a): Zur Suppletion bei den Dimensionsadjektiven, in: Studien zur Morphologie und Phonologie I, hg. v. Wolfgang Ullrich Wurzel (= Linguistische Studien. Reihe A Arbeitsberichte 126), Berlin: 114-143.

WURZEL, WOLFGANG ULLRICH (1985b): Deutsch *der Funke* zu *der Funken*: Ein Fall für die natürliche Morphologie, in: Forschungen zur deutschen Grammatik – Ergebnisse und Perspektiven. Referate der Arbeitstagung der Sektion Grammatik der Germanistenkommission DDR-VRP vom 6. bis 8.11.1984 in Berlin (= Linguistische Studien. Reihe A Arbeitsberichte 127), Berlin: 129-145.

WURZEL, WOLFGANG ULLRICH (1986a): Zur formalen Variabilität der deutschen Morpheme, in: Studien zur Morphologie und Phonologie II, hg. v. Wolfgang Ullrich Wurzel (= Linguistische Studien. Reihe A Arbeitsberichte 156), Berlin: 156-183.

WURZEL, WOLFGANG ULLRICH (1986b): Die wiederholte Klassifikation von Substantiven. Zur Entstehung von Deklinationsklassen, in: Zeitschrift für Phonetik Sprachwissenschaft und Kommunikationsforschung 39: 76-96.

WURZEL, WOLFGANG ULLRICH (1988a): Derivation, Flexion und Blockierung, in: Zeitschrift für Phonetik Sprachwissenschaft und Kommunikationsforschung 41: 179-198.

WURZEL, WOLFGANG ULLRICH (1988b): Gedanken zur Flexionsklassenmarkiertheit, in: Syntax, Semantik und Lexikon. Rudolf Rçñika zum 65. Geburtstag. Hg. v. Manfred Bierwisch, Wolfgang Motsch und Ilse Zimmermann (= studia grammatica 29), Berlin: 259-277.

WURZEL, WOLFGANG ULLRICH (1994): Gibt es im Deutschen noch eine einheitliche Substantivflexion? oder: Auf welche Weise ist die deutsche Substantivflexion möglichst angemessen zu erfassen?, in: Funktionale Untersuchungen zur deutschen Nominal- und Verbalmorphologie. Hg. v. Klaus-Michael Köpcke (= Linguistische Arbeiten 319), Tübingen: 29-44.

ŽEPIČ, STANKO (1970): Morphologie und Semantik der deutschen Nominalkomposita (= Zagrebake Germanistike Studije 3), Zagreb.

ZIFONUN, GISELA/HOFFMANN, LUDGER/STRECKER, BRUNO (1997): Grammatik der deutschen Sprache [unter Mitarbeit von] Joachim Ballweg, Ursula Brauße, Eva Breindl, Ulrich Engel, Helmut Frosch, Ursula Hoberg, Klaus Vorderwülbecke, I-III (= Schriften des Instituts für deutsche Sprache 7. 1-3), Berlin – New York.

ZIFONUN, IRADI (1970): Alternation in der Wortbildung des heutigen Deutsch, Diss. Heidelberg.

ZIMMERMANN, EVA-MARIA (1989): Semantische Analyse der Basismorpheme der Substantive der deutschen Gegenwartssprache (= Stuttgarter Arbeiten zur Germanistik 218), Stuttgart.

ZIMMERMANN, GERHARD (1987): Medien basteln am Plural. Über einige Unsicherheiten in der deutschen Mehrzahlbildung, in: Der Sprachdienst 31: 97-103.

ŽIRMUNSKIJ, V. M. (1966): The Word and its Boundaries, in: Linguistics 26: 65-91.

SACHREGISTER

(Die Ziffern beziehen sich auf die Einteilung in Paragraphen und Unterparagraphen. Unter einzelnen Stichwörtern wie *Morphem* werden zusätzliche Spezifizierungen in alphabetischer Anordnung aufgeführt und durch einen Einzug vom Haupteintrag abgehoben. Dabei stehen adjektivische Erläuterungen der Stichwörter vor den Zweitkonstituenten von Komposita; die den jeweiligen Stichwörtern entsprechenden und ausgelassenen Erstkonstituenten bzw. Zweitkonstituenten sind durch einen Abkürzungsstrich gekennzeichnet. Danach sind – durch *s.* = *sieh* eingeleitet – Querverweise auf andere Stichwörter angeordnet.)

Wortregister

(Die Ziffern verweisen auf die Gliederung in Paragraphen und Unterparagraphen. In das Register sind auch Portemanteaumorpheme wie *am* und Suppletivmorpheme wie *mehr* und *ihm* aufgenommen, um ein Auffinden der mit ihnen verbundenen morphologischen Analysen zu erleichtern. Präfixe und Suffixe sind nicht losgelöst von ihren Basen verzeichnet; sie sind leicht über die zahlreichen Tabellen zu verifizieren. Die Anordnung ist streng alphabetisch; dabei werden Umlaute wie <ä> wie Graphfolgen <ae> eingeordnet; <ß> wird wie <ss> behandelt. Auf den gegenwartssprachlichen Wortschatz (a) folgen die Wörter aus den historischen Sprachstufen des Deutschen, aus dem Althochdeutschen (b), Mittelhochdeutschen (c), Mittelniederdeutschen/Mittelniederländischen (d) und Frühneuhochdeutschen (e) und schließlich solche aus dem Englischen (f) und dem Lateinischen (g) und Griechischen (h), bei letzeren teilweise in lateinischer Umschrift. Diese Wortregister sind jeweils mit Kleinbuchstaben (a) bis (h) gekennzeichnet. Einige wenige sekundärsprachliche Wörter wie franz. *cocorico*, russ. *kukareku* (§ 182) erhalten kein eigenes Register. Zu den in Klammern aufgeführten Abkürzungsformen wie (*Bd.* =) wird jeweils die Vollform nach einem Gleichheitszeichen angegeben. Bei Kurzwörtern wie *Bahn* = *Eisenbahn* wird die Basis hinzugefügt, das Kurzwort selbst wird aber nicht in Klammern gesetzt und der alphabetischen Anordnung folgend aufgenommen. In das Register des gegenwartssprachlichen Wortschatzes sind auch regional, umgangssprachlich und dialektal verwendete Wörter aufgenommen; sie erhalten in runden Klammern die entsprechenden Kennzeichnungen als *reg.* = *regional* (vgl. *Baute*), *umg.* = *umgangssprachlich* (vgl. *Anmache*) und *dial.* = *dialektal* (vgl. *bra(c)k*). Zur Spezifizierung sind in Klammern wie bei *ab* (*Adv.*) und *ab* (*Präp.*) auch Wortartenangaben aufgeführt, wenn es sich als notwendig erweist. Dies gilt auch für hinzugefügte Genusspezifizierungen wie bei (*das, der, die*) *Band*.)

(a) Wortregister zur Gegenwartssprache

(b) Wortregister zum Althochdeutschen

(c) Wortregister zum Mittelhochdeutschen

(d) Wortregister zum Mittelniederdeutschen/Mittelniederländischen

(e) Wortregister zum Frühneuhochdeutschen

(f) Wortregister zum Englischen

(g) Wortregister zum Lateinischen

(h) Wortregister zum Griechischen (teilweise in lateinischer Umschrift)

Germanistische Lehrbuchsammlung
Herausgegeben von Hans-Gert Roloff (Berlin)

Abteilung I · Sprache

1 Grundbegriffe der Sprachwissenschaft. Ein Nachschlagewerk
(Franz Simmler, Berlin / Hans-Gert Roloff, Berlin)

2 Der Weg zur deutschen Sprache. Von der indogermanischen zur Merowingerzeit
(Piergiuseppe Scardigli, Firenze)
Erscheint 1999

3 Geschichte der deutschen Sprache
(Ingo Reiffenstein, Salzburg)

4 Morphologie des Deutschen
(Franz Simmler, Berlin)
ISBN 3-89693-304-3 • DM 79,00

5 Historische Syntax des Deutschen I
Von den Anfängen bis 1300
(Franz Simmler, Berlin)

6 Historische Syntax des Deutschen II
Von 1300 bis 1750
(Robert Peter Ebert, Princeton/N.J.)
Erscheint 1999

7 Althochdeutsch
(Franz Simmler, Berlin)

8 Mittelhochdeutsch
(Franz Simmler, Berlin)

9 Frühneuhochdeutsch
(Franz Simmler, Berlin / Hans-Gert Roloff, Berlin)

10 Phonetik und Phonologie des Neuhochdeutschen
(Günter Lipold, Wien)

11 *Band I:* Historische Lautlehre
Band II: Historische Formenlehre

12 Grundzüge der deutschen Syntax
(Johannes Erben, Bonn)
ISBN 3-89693-312-4 • DM 44,00

13 Semantik des Deutschen
(Marthe Philipp, Strasbourg)
ISBN 3-89693-313-2 • DM 49,00

14 Lexikologie des Deutschen – Lexikographie, Wortgeschichte, Wortgeographie

15 Etymologie des Deutschen
(Helmut Birkhan, Wien)

16 Soziolinguistik des Deutschen
(Matthias Hartig, Frankfurt a.M.)
ISBN 3-89693-316-7 • DM 54,00

17 Psycholinguistik des Deutschen
(Matthias Hartig, Frankfurt a.M.)
Erscheint 1999

18 Sprachkontakte und Mehrsprachigkeit im Deutschen
(Matthias Hartig, Frankfurt a.M.)

19 Linguistische Theorien der Moderne
(Gerhard Helbig, Leipzig)
Erscheint 2000

20 Dialektologie des Deutschen
(Peter Wiesinger, Wien)

21 Deutsche Namenkunde
(Gerhard Bauer, Mannheim)
ISBN 3-89693-321-3 • DM 84,00

22 Geschichte der deutschen Sprachwissenschaft

23 Probleme des Übersetzens aus älteren deutschen Texten
(Bernhard Sowinski, Köln)
ISBN 3-89693-323-X • DM 54,00

24 Die gotischen Sprachreste
Übersicht und Einführung
(Piergiuseppe Scardigli, Firenze)
Erscheint 1999

25 Die Sprachenlandschaft Skandinaviens
Übersicht und Einführung
(Ulrich Groenke, Köln)
ISBN 3-89693-325-6 • DM 56,00

26 Niederdeutsche Sprache
(Dieter Stellmacher, Göttingen)
Erscheint 1999

27 Jiddisch. Eine Einführung

Abteilung II · Literatur

Reihe A · Literaturgeschichte

28 Deutsche Literatur vom 8. bis 10. Jahrhundert
(Roswitha Wisniewski, Heidelberg)
Erscheint 1999

29 Deutsche Literatur im 11. und 12. Jahrhundert

30 Deutsche Literatur im 13. Jahrhundert
(Volker Mertens, Berlin)

31 Deutsche Literatur im 14. Jahrhundert
(Dietrich Schmidtke, Berlin)

32 Deutsche Literatur im 15. und 16. Jahrhundert
(Hans-Gert Roloff, Berlin)

33 Deutsche Literatur im 17. Jahrhundert

34 Deutsche Literatur im Zeitalter der Aufklärung I. Frühaufklärung – Hochaufklärung – Empfindsamkeit (1720 bis 1770)
(Wolfgang Proß, Bern / Friedrich Vollhardt, Gießen)
Erscheint 1999

35 Deutsche Literatur im Zeitalter der Aufklärung II. Sturm und Drang – Spätaufklärung (1770 bis 1795)
(Wolfgang Proß, Bern / Friedrich Vollhardt, Gießen)
Erscheint 1999

36 Deutsche Literatur im klassisch-romantischen Zeitalter I (1795 bis 1805)
(Helmut Koopmann, Augsburg)

37 Deutsche Literatur im klassisch-romantischen Zeitalter II (1805 bis 1830)
(Helmut Koopmann, Augsburg)

38 Deutsche Literatur im 19. Jahrhundert
(Gerd Müller, Kiel)

39 Deutsche Literatur der Jahrhundertwende (1870-1910)
(Franz Norbert Mennemeier, Mainz)

40 Deutsche Literatur des Expressionismus
(Wolfgang Paulsen, Amherst/Mass.)
ISBN 3-89693-340-X ♦ DM 68,00

41 Deutsche Literatur zwischen den Weltkriegen I. Die Literatur der Weimarer Republik
(Walter Delabar, Berlin)

42 Deutsche Literatur zwischen den Weltkriegen II. Literatur im Exil
(Frithjof Trapp, Berlin)

43 Deutsche Literatur zwischen den Weltkriegen III. Literatur im Dritten Reich
(Karl-Heinz Schoeps, Urbana/Illinois)
Erscheint 1999

44 Deutsche Literatur nach 1945
Band I: Erzählende Literatur
(Kurt Bartsch, Graz)

Band II: Lyrik
(Kurt Bartsch, Graz)

Band III: Dramatische Literatur
(Kurt Bartsch, Graz)

45 Germanische Heldenepik von der Urzeit bis ins Spätmittelalter
(Carola Gottzmann, Leipzig)

46 Mittelalterliche Literatur
(Fidel Rädle, Göttingen)

47 Neulateinische Literatur

Reihe B · Literaturwissenschaftliche Grundlagen

48 Praxis der Literaturinformation Germanistik. Grundbegriffe und Methodik – Systematisches Verzeichnis
(Carl Paschek, Frankfurt a.M.)
Erscheint 1999

49 Germanistische Handschriftenkunde

50 Druckkunde
(Hans A. Halbey, Mainz)

51 Buch- und Verlagskunde

52 Deutsche Bibliotheksgeschichte
(Wolfgang Schmitz, Köln)
Erscheint 2001

53 Die philologische Methode in der Germanistik
(Bernhard Sowinski, Köln)

54 Editionswesen
(Hans-Gert Roloff, Berlin/Winfried Woesler, Osnabrück)

55 Deutsche Metrik
Band I: Ältere deutsche Metrik

Band II: Neuere deutsche Metrik
(Leif Ludwig Albertsen, Aarhus)
ISBN 3-89693-455-4 ♦ DM 52,00

56 Rhetorik

57 Poetik (bis 1750)
(Ferdinand van Ingen, Amsterdam)
Erscheint 2005

58 Literaturästhetik (ab 1750)
(Karol Sauerland, Warszawa)
Erscheint 1999

59 Stilkunde
(Georg Michel, Potsdam)

60 Literarische Textanalyse

61 Rezeptionsgeschichte

62 Kommunikationstheorie und Literatursemiotik
(Ernest W.B. Hess-Lüttich, Bern)
Erscheint 2000

63 Die deutsche Sachliteratur des Mittelalters
(William Crossgrove, Providence/Rhode Island)

64 Gelegenheitsdichtung

65 Literaturwissenschaftliche Betrachtungsweisen I
(Zoran Konstantinovic / Albert M. Reh / Karol Sauerland)

Literaturwissenschaftliche Betrachtungsweisen II
(Walter Falk / Viktor Zmegac / Gisela Brude-Firnau)

66 Grundbegriffe der Literaturwissenschaft
Ein Nachschlagewerk

Reihe C · Interdisziplinäre Aspekte

67 Literatur und Medien

68 Literatur und Geschichte
(Hinrich C. Seeba, Berkeley/California)

69 Literatur und Politik
(Urs Jaeggi, Berlin)

70 Literatur und Gesellschaft

71 Literatur und Schule
(Uwe Grund, Saarbrücken)

72 Literatur und Psychologie
(Albert M. Reh, Amherst/Mass.)
ISBN 3-89693-372-8 • DM 58,00

73 Literatur und Linguistik

74 Literatur und Volkskunde
(Dietz-Rüdiger Moser, Freiburg i.Br.)

75 Literatur und Theater

76 Literatur und Kunst
(Reingard Nethersole, Johannesburg)

77 Literatur und Musik
(Christian Martin Schmidt, Berlin)
Erscheint 1999

78 Literatur und Recht
(Heinz Müller-Dietz, Saarbrücken)

79 Literatur und Religion

80 Literatur und Antike
(Werner M. Bauer, Innsbruck)
Erscheint 1999

Reihe D · Deutsche und europäische Sprache und Literatur

81 Vergleichende Literaturwissenschaft
(Zoran Konstantinovic, Innsbruck)
Erscheint 1999

82 Englisch: Eine Sprachengeschichte nach Texten von 350 bis 1992
(Herbert Penzl, Berkeley/California)

83 Geschichte der niederländischen Sprache
(Herman Vekeman / Andreas Ecke, Köln)

84 Deutsche Literatur des Auslandes
(Erwin Theodor Rosenthal, São Paulo)

85 Kulturwissenschaften

86 Literarische Frauenforschung
(Barbara Becker-Cantarino, Columbus/Ohio)
Erscheint 1999

87 Literarisches Übersetzen

88 Deutsch als Fremdsprache